SYRIE, LE PAYS BRÛLÉ

SOUS LA DIRECTION DE CATHERINE COQUIO/JOËL HUBRECHT/NAÏLA MANSOUR/FAROUK MARDAM-BEY

SYRIE
LE PAYS BRÛLÉ

LE LIVRE NOIR DES ASSAD
(1970-2021)

SEUIL

Tous les droits d'auteur de ce livre seront reversés
à l'attention d'associations d'aide aux victimes et réfugiés syriens.

ISBN : 978-2-02-150233-6

www.seuil.com

Avant-propos

Le comité éditorial

« Assad, ou nous brûlons le pays ! »

Slogan des partisans de Bachar al-Assad.

Ce *livre noir* retrace la mise à mort d'un peuple et de son élan de liberté. Cet élan, après d'autres tentatives avortées, avait pris une nouvelle vigueur au printemps 2011, dans le sillage des révolutions arabes, par un large mouvement insurrectionnel, pacifique et non armé, qui a fait vaciller un pouvoir dictatorial monopolisé par la dynastie des Assad depuis un demi-siècle. Très vite réprimé, broyé par un régime sans pitié, entraîné dans la spirale de la militarisation et finalement pris en étau entre lui et l'enracinement de l'État islamique (Daech), ce mouvement insurrectionnel a vu se briser l'aspiration démocratique qui l'animait. Temporairement.

Après avoir méthodiquement saccagé son pays en le plaçant sous la coupe de ses alliés étrangers (Russie, Iran), le président syrien s'est attelé à reconstruire les murs de la peur à l'intérieur de la Syrie. À l'extérieur, il tente d'enfermer à nouveau dans le silence une population qui avait osé le défier. Celle-ci a cependant systématiquement documenté, filmé et écrit sa lutte et son écrasement, produisant un phénomène inouï dans ce pays, mais aussi au Proche-Orient et à l'échelle mondiale : aucun événement historique n'a produit une telle somme de documents en si peu de temps et avec une telle intensité. En cela, la rupture est nette avec la période où Hafez al-Assad pouvait écraser à huis clos les premières manifestations de rébellion (comme à Hama en 1982), même si les victimes actuelles du régime souffrent, malgré l'abondance d'images rendues possibles par les technologies et leur diffusion sur les réseaux sociaux, d'une autre forme d'invisibilité : celle due à l'indifférence, à la mauvaise conscience et à la multiplication des « infox » et des analyses mensongères.

C'est grâce à ce travail sans précédent que ce livre a pu voir le jour. Mais l'abondance de l'archive comportait un risque de noyade et nécessitait d'opérer des choix : on s'est efforcé ici de retenir les textes les plus significatifs, et de les accompagner d'analyses assez éclairantes pour qu'émergent la logique et l'étendue d'une criminalité politique de grand format, qui relève non seulement de la violation des droits de l'homme, mais du crime de guerre et du crime contre l'humanité, et qui, en certains de ses aspects, pose la question du génocide.

À ce travail de sélection s'est ajouté un travail de commande et de collecte qui fait que ce livre apporte un grand nombre de contributions inédites.

*

Tous ces documents sont aussi essentiels qu'incontestables. Au-delà de l'établissement des faits à des fins historiques et judiciaires, ils sont destinés à comprendre et pénétrer de l'intérieur ce qui a eu lieu, en donnant accès à ce qu'en ont vu, vécu et compris les acteurs et les témoins. L'objectif était de couvrir les crimes les plus significatifs d'une décennie de guerre (2011-2021), mais aussi d'un régime tyrannique depuis sa mise en place par Hafez en 1970, en éclairant l'arrière-plan idéologique du régime qui les a perpétrés et l'arrière-plan culturel de la société syrienne qui les a subis dans sa chair.

Beaucoup parmi les textes rassemblés font entendre des voix célèbres ou familières issues de deux générations, voix que le régime des Assad tente toujours de faire taire : Faraj Bayrakdar, Yassin al-Haj Saleh, Majd al-Dik, Omar Kaddour, Moustafa Khalifé, Abdallah al-Khatib, Waad al-Kateab, Hala Kodmani, Subhi Hadidi, Joumana Maarouf, Ziad Majed, Ossama Mohammed, Hosheng Ossi, Chamsy Sarkis, Samar Yazbek, Razan Zaitouneh et bien d'autres encore. Il fait entendre des voix méconnues du public français, et parfois de témoins restés anonymes du fait du risque de représailles qui pèse toujours contre eux.

Leurs contributions, qu'elles soient inédites, traduites pour la première fois en français ou extraites d'ouvrages marquants, sont mises en perspective par les analyses d'une vingtaine de chercheurs et investigateurs, journalistes et spécialistes reconnus de la Syrie et de l'histoire des violences de masse : outre les membres de l'équipe qui a porté ce livre, ont contribué Racha Abazied, Estelle Amy de la Bretèque, Édith Bouvier, Mahmoud El Hajj, Antoine Garapon, Hussam Hammoud, Nicolas Hénin, Cécile Hennion, Albert Herskowicz, Romain Huët, Sarah Kilani, Firas Kontar, Garance Le Caisne, Ziad Majed, Olivier Mongin, Véronique Nahoum-Grappe, Valentina Napolitano, Ali Othman, Thomas Pierret, Abdulhay Sayyed, Ibrahim Simou, Mohamad Taha, Cécile Vaissié, Leïla Vignal. Les témoignages inédits d'anciens détenus – Najah Albukai, Mariam Hayed, Hussam Alnhar… – ou de leurs proches, comme Obeida Dabbagh, de survivants des sièges ainsi que ceux de survivantes yézidies, ont été recueillis par des collecteurs et chercheurs qui se sont associés au projet à des moments différents de sa réalisation : Racha Abazied, Hala Alabdalla, Frédérik Detue, Franck Mermier, David Tuaillon.

La réunion de ces textes ne vise pas à faire masse mais à créer un ensemble dans lequel ils s'éclairent les uns les autres, donnant à les lire pour la première fois ou à les relire autrement. Ce dispositif est avant tout destiné à faire entendre la voix des témoins, anciens détenus, civils assiégés, survivants des bombes et de la terreur, rescapés de l'horreur. Une part essentielle de ce volume leur est consacrée. Leurs récits nous font revivre les épreuves mais aussi mesurer le courage de ces êtres et de ces villes, dont le sort tragique a scandé les dix ans qui ont fait basculer d'une révolution à une répression déshumanisante et exterminatrice : Deraa, Homs, Darayya, Alep, la Ghouta, Idlib… Les textes émanent aussi de responsables et d'exécutants du régime qui ont choisi de cesser de le servir (général Ahmad Tlass).

Enfin, certains textes et images présentés dans ce livre sont des *œuvres* sans cesser d'être des *témoignages* : nous ne nous sommes pas interdit de donner sa place au langage de l'art dès lors qu'il aidait à transmettre les expériences et permettait de sonder et interroger le sens de ce qui avait eu lieu.

Dans la longue et inégale tradition des livres noirs, s'il y a bien un régime et un événement du XXIe siècle qui en méritent un, c'est le régime de Bachar al-Assad et la répression sanglante qui a suivi le printemps syrien de 2011. Ils en mériteraient même des dizaines. En voici déjà au moins un. Il s'inscrit de façon originale dans ce genre et le renouvelle en produisant de l'information, de l'archive et de l'analyse sans esquiver les controverses parfois violentes que l'histoire du temps présent soulève immanquablement.

*

La conception et la composition de ce livre sont le fruit de cinq années d'un travail collectif, coordonné par Catherine Coquio, Joël Hubrecht, Naïla Mansour, Farouk Mardam-Bey, et auquel ont participé Cécile Boëx, Emma Aubin-Boltanski, Cécile Hennion, Claire A. Poinsignon ainsi que – irremplaçable documentaliste et lecteur des publications et réseaux sociaux sur l'actualité syrienne – Marc Hakim. D'autres soutiens ont été essentiels mais, à notre grand regret, ne peuvent être nommés ici du fait des menaces que le régime syrien fait toujours peser sur les opposant(e)s qui sont à sa portée. Ce comité éditorial est né de la rencontre du Comité Syrie-Europe constitué en 2016 et hébergé par la revue *Esprit* et de l'équipe du programme de recherche SHAKK de l'École des hautes études en sciences sociales (EHESS) intitulé « De la révolte à la guerre en Syrie », auxquels se sont jointes des personnalités indépendantes.

Nous avons œuvré ensemble en refusant de nous laisser enfermer dans un cadre purement académique ou militant. La volonté d'agir sur les termes du débat public pour soutenir l'appel à la liberté et la demande de justice qui émanent de la population syrienne fait le pari d'être renforcée par la rigueur scientifique, le souci d'exactitude des savoirs mobilisés (histoire, droit, sociologie, sciences politiques, littérature).

Cet ouvrage ne prétend à aucune exhaustivité, objectif qui serait ici dérisoire et vain. Il n'était pas concevable de rendre compte en quelques centaines de pages de l'ensemble des crimes commis depuis mars 2011, au cours d'une décennie de répression implacable, et encore moins sous le régime des Assad depuis cinquante ans. Mais c'est toujours à regret que nous avons dû écarter des faits qui méritaient aussi d'être mis en lumière. L'ampleur du drame syrien est impossible à décrire dans sa totalité, sauf à vouloir en faire la synthèse par une compilation de chiffres, de dates et de lieux, piège que nous avons justement désiré éviter. Malgré ce choix méthodologique assumé, il manque à ce livre certains éclairages ou approfondissements indispensables, comme sur la situation actuelle à Idlib. Outre des difficultés d'agendas, l'insécurité qui règne encore en Syrie a empêché certaines de nos collaborations d'aboutir. Et nous avons conscience de n'avoir qu'esquissé ce qui concerne les crimes de Daech et des autres groupes armés. Cela ne signifie aucunement que ces crimes soient moindres en horreur. Mais c'est avant tout les crimes du régime qu'il s'agissait ici de documenter, convaincus que nous sommes de l'immense et primordiale responsabilité qu'il porte dans le désastre qui a succédé au soulèvement de mars 2011, et qui n'est pas achevé.

Nous sommes également convaincus que ce travail ne peut prendre tout son sens qu'en lui adjoignant le récit et l'analyse de ce moment révolutionnaire, y compris des divisions qui l'ont entravé, ainsi que des expériences démocratiques locales qui ont été conduites dans les zones temporairement libérées, et de l'espoir qui a animé tant d'acteurs et de témoins présents dans cet ouvrage.

En dépit de ses limites, il nous a semblé important de livrer ce travail sans attendre davantage au public français et francophone. Nous espérons que ces contributions, ces témoignages et ces documents donneront à un lectorat le plus large possible les clés de compréhension de cette « guerre locale mondialisée » qui a précipité notre monde au bord d'un gouffre toujours béant, et de ce qui l'avait précédé et rendu possible : un pouvoir dictatorial monopolisé par la dynastie des Assad depuis un demi-siècle.

*

Ce travail a bénéficié d'une bourse d'étude du programme SHAKK de l'EHESS, des aides de l'association Fehmi Agani, de l'association Paris-Sarajevo-Europe et de l'association Women Now for Development ainsi que du soutien du laboratoire Cerilac de l'université de Paris Cité (ex-Paris 7), de l'Institut des études et de la recherche sur le droit et la justice et de la revue *Esprit*.

Nous tenons à remercier les auteurs et les éditeurs qui nous ont donné l'autorisation de republier des articles ou de larges extraits d'ouvrages dont on trouvera la liste en fin de volume.

Ce livre doit beaucoup aux traducteurs, parfois de l'anglais mais le plus souvent de l'arabe, qui ont rendu accessibles dans toute leur richesse des textes et des voix essentiels : parmi eux, Racha Abazied, Salma al-Azmeh, Marianne Babut, Jonathan Chalier, Mahmoud El Hajj, Marc Hakim, Valérie Maës, Farouk Mardam-Bey.

Nous exprimons également notre gratitude aux photographes, artistes, cartographes, documentalistes dont le travail ne fait pas qu'illustrer le volume mais donne à voir ce que les mots seuls peinent à dire : Shilan Abdullah, Saeed Al Batal, Najah Albukai, Ahmat Salam Aleak, Mohammed Badra, Reem al-Ghazi, Baraa al-Halabi, Aboud Hamam, Ammar Abd Rabbo, Azza Abo Rebieh, Burham Shamo-Roto, Mohannad Zayat et les cartographes des destructions à Alep et des villes assiégées. Le fonds rassemblé par Sana Yazigi sur le site de la Mémoire créative de la révolution syrienne (creativememory.org) constitue une ressource très précieuse pour accéder aux témoignages visuels de nombreux photographes syriens. Nous remercions Francis Bueb, ancien directeur du centre André Malraux de Sarajevo, d'avoir fait la jonction des résistances à la barbarie par les livres et la culture.

Enfin nos remerciements s'adressent à Hala Alabdalla, Maria al-Abdeh, Christophe Boltanski, Frédérik Detue, Irène Goldstein, Salam Kawakibi, Soulayma Mardam-Bey, Franck Mermier, Rémy Ourdan, Jean-Philippe Rémy, Nadine Vasseur, Pierre Zaoui et à ceux, trop nombreux pour être tous nommés, qui, à diverses étapes de cette longue et difficile aventure humaine et intellectuelle, dans le cadre du Comité Syrie-Europe, du Centre d'études en sciences sociales du religieux ou de nos échanges et rencontres, ont apporté leur soutien et leurs conseils à cette entreprise. Gratitude toute particulière envers Olivier Mongin qui a accompagné le processus éditorial avec toute la force de ses convictions et nous a apporté ses conseils et son énergie.

En reformulant la célèbre citation de Vladimir Jankélévitch, nous affirmons que quoi qu'il arrive par la suite, ce qui a été commis et vécu en Syrie, ne peut plus désormais ne pas avoir été : c'est notre viatique pour l'éternité. Nos pensées, nos efforts et les pages de ce livre vont aux victimes de ce cauchemar qui semble sans fond ni fin, mais que beaucoup illuminent de l'intérieur par leur courage et leur soif de justice et de sens, faisant résonner les deux grandes exigences qui au printemps 2011 avaient fait crier aux foules des rues leur désir d'être un « peuple un » : dignité, liberté.

Introduction

La guerre de Syrie, laboratoire de nos faiblesses et de nos espoirs

Joël Hubrecht et Antoine Garapon

Ce livre ouvre au lecteur les portes de l'enfer syrien. C'est pourquoi sa lecture lui sera souvent pénible. Elle se révélera néanmoins bénéfique à condition de vaincre ses propres résistances, de ne pas se laisser gagner par une sorte de lassitude, de « Middle East fatigue » comme disent les diplomates américains, devant une complexité jugée inextricable. Certains voudraient se protéger en voyant dans ce conflit qui n'est toujours pas fini, la répétition d'une violence tristement familière que l'on a déjà connue au Liban, en Irak et ailleurs. Il serait néanmoins dommage que le lecteur cédât à ces facilités qui lui masquent la singularité de cette guerre.

Une guerre qui marque le basculement du monde. Les nouvelles figures du tyran, du réfugié, du terroriste et de l'internaute

Il pourrait être tentant de prendre la guerre de Syrie comme la dernière des guerres du XXe siècle, alors qu'elle pourrait bien être la première d'une nouvelle ère. Tant qu'on circonscrira les causes et les effets du conflit à cette région explosive, coincée entre la poudrière libanaise et le détonateur irakien, on ne percevra pas à quel point cette guerre est aussi proche de l'Europe. En y voyant paresseusement l'éternel retour d'une barbarie malheureusement trop connue, l'observateur passe à côté de la nouveauté des formes de violences auxquelles nous avons assisté impuissants en Syrie. Doutant de manière un peu défaitiste de l'éventualité d'une justice des crimes qui y ont été commis, il sous-estimera l'abondance extraordinaire des preuves potentielles que les nouvelles ressources numériques ont permis d'accumuler. Bref, si le lecteur arrive à surmonter ses résistances, son effort de lecture sera généreusement rétribué.

Même si l'on sait bien que l'histoire ne se répète jamais, les similitudes avec la guerre d'Espagne sont frappantes. Comme pour l'intervention de l'aviation allemande en Espagne, la Syrie s'offrit comme un laboratoire pour essayer de nouvelles armes, pour expérimenter de nouvelles stratégies meurtrières comme les bombardements directs des hôpitaux et des écoles, un terrorisme d'État qui entend « vider l'eau parce qu'il n'arrive pas à prendre les poissons » et également pour tester le seuil de la tolérance des Occidentaux (qui, malheureusement s'est avéré très élevé). Les promesses non tenues à propos des bombardements chimiques menés par l'armée d'Assad resteront comme une capitulation des démocraties.

« Dès 2012, écrit Michel Duclos, un ancien ambassadeur français à Damas, j'ai eu pour ma part le sentiment que le conflit qui prenait son essor en Syrie était *notre guerre d'Espagne* – plus exactement la guerre d'Espagne d'une génération de dirigeants des démocraties occidentales, celle d'Obama, de Merkel, de Cameron et de Hollande[1]. » C'est ainsi que des leaders autoritaires d'un genre nouveau, de Poutine à Erdogan, ont trouvé sur le sol syrien le moyen de se repositionner avantageusement sur la scène internationale.

Le président turc Recep Tayyip Erdogan a ainsi troqué le vieux mirage d'une démocratie musulmane tournée vers l'Union européenne avec le rêve d'une grandeur nationale historique restaurée et d'un Islam conquérant. En pondérant sa rivalité avec la Russie pour une entente stratégique (certes fragile et temporaire) avec Moscou qui lui permet de contrôler la région d'Idlib et une partie des zones kurdes, le « nouveau sultan » use de toute sa force de nuisance (au sein de l'OTAN, en exerçant un chantage avec les populations de réfugiés) pour faire mentir ceux qui, depuis des années, prédisent son inévitable chute. En sursis toujours, comme Bachar al-Assad qu'il avait juré de renverser mais qu'il contribue aujourd'hui, de fait, à maintenir en place. Comme l'ayatollah Ali Khamenei, le guide suprême de l'Iran qui reste le principal allié régional de Damas et s'appuie lui sur son chantage au nucléaire pour neutraliser les Occidentaux. Comme Vladimir Poutine, qui brandit, de façon encore plus angoissante, la menace nucléaire après s'être engagé dans une fuite en avant militaire en Ukraine qui resserre toujours plus à l'intérieur le contrôle dictatorial de sa population et avive à l'extérieur le spectre d'une « troisième guerre mondiale ».

Comme en 1936, si les gouvernements n'ont pas réagi, des militants se sont en revanche individuellement engagés. Mais ce ne furent pas les mêmes : à la différence des Brigades internationales, ce ne sont pas des intellectuels engagés comme Malraux ou Orwell qui firent le voyage, poussés par leur solidarité avec une révolution démocratique en péril, mais des jeunes et des familles entières qui partirent pour des raisons très diverses : certains pour combattre au service du califat et de Daech, pour s'arroger des privilèges et un statut qui leur étaient inaccessibles dans leur pays, d'autres enfin pour vivre leur islam. À la différence de leurs lointains aînés, ces jeunes et ces familles qui émigrèrent, ne portaient pas l'espoir d'un monde meilleur promis à toute la terre, comme le faisaient hier le socialisme et le communisme. Ils militaient pour le retour d'un passé mythique, archaïque et brutal. Ils n'étaient pas portés par l'idéal d'une politique émancipatrice mais par celui d'une religion castratrice.

Des groupes djihadistes ont bâti en Syrie et en Irak un « État islamique » éphémère et ont ourdi depuis ce territoire des attentats, comme ceux du 13 novembre. La Syrie est devenue également dans la tête des jeunesses désemparées du monde entier, la destination de leur rêve d'aventure et de révolution. Ces nouvelles formes d'agression ont suscité dans les démocraties une demande de sécurité qui s'incruste profondément dans les mentalités et pervertit à terme les idéaux démocratiques.

Si les puissances du monde entier se sont coalisées pour mener « la guerre contre la terreur », elles l'ont réduite à la lutte contre Daech tandis que la terreur d'État, pourtant objectivement bien plus meurtrière, du régime des Assad était reléguée à l'arrière-plan. Les Syriens qui ont payé de leur sang leur rêve de liberté se sont sentis trahis et abandonnés. Comme le déplore, dans les pages de ce livre, ce médecin de la Ghouta orientale : « Les cris des enfants, les lamentations des femmes, la colère réprimée des hommes et l'impuissance des médecins ont réussi à atteindre mon scalpel meurtri et paralysé par tout ce qu'il a vu. Mais tous ces hurlements ne sont pas parvenus jusqu'aux cœurs endormis de ce monde. »

1. https://legrandcontinent.eu/fr/2019/11/15/la-contamination-syrienne-et-les-nouveaux-autoritaires/.

De la même manière que la guerre d'Espagne jeta sur les routes de l'exil nombre de Républicains, la guerre de Syrie engendra un grand nombre de réfugiés. Mais à la différence de celle-là, ces réfugiés n'étaient pas une conséquence de la défaite mais procédaient de l'utilisation délibérée des populations civiles comme une arme de déstabilisation de l'Europe. Des flots de Syriens sont venus, pour la plupart en vain, frapper à nos portes ou hanter nos rues et nous rappeler que, à l'époque des échanges mondialisés, les désastres humanitaires, les camps, les frontières et les questions identitaires ont pris de nouvelles formes sans disparaître. Les civils, à qui ce livre donne amplement la parole, ne sont plus des victimes collatérales de l'action militaire mais ils sont devenus la cible et pire encore, l'arme de la guerre.

Le rapprochement avec la guerre d'Espagne montre à la fois la répétition mais aussi la singularité des protagonistes en jeu. La guerre en Syrie a consacré de nouvelles figures avec lesquelles il nous faut désormais compter. Il y a toujours eu des tyrans mais d'aussi cyniques et décomplexés, rarement. Depuis des siècles des réfugiés sont jetés sur les routes du monde mais le degré d'instrumentalisation de leur sort dans les relations internationales atteint des sommets. Les terroristes sont aussi vieux que l'humanité mais il n'empêche que la Syrie a engendré un nouveau terrorisme qui ne cesse de se recomposer et qui risque d'empoisonner les démocraties pour longtemps. La figure la plus nouvelle est sans conteste celle de l'internaute.

Le rôle inédit des images numériques

Le conflit syrien a incontestablement marqué un tournant par le rôle central qu'y a joué l'image numérique. Les attaques chimiques, les hélicoptères lâchant du ciel leurs barils d'explosifs, les restes des bombes à fragmentation, les victimes civiles démembrées ou empoisonnées, les tirs de snipers sur les manifestants, les colonnes de réfugiés terrorisés, tout ce qui a fait l'indescriptible quotidien d'horreur des Syriens a été filmé (souvent en respectant les modes de prise de vue permettant d'authentifier et de donner une valeur probatoire optimale). Et là où les caméras ne pouvaient pas pénétrer, comme plusieurs documents réunis dans ces pages nous le montrent, la représentation de l'indicible violence de la dictature a été rendue par d'autres moyens, comme le dessin. Une telle couverture contraste avec le black-out presque total qui s'était abattu sur les massacres commis en 1982 à Hama par le père de Bachar, Hafez al-Assad, un traumatisme sur lequel plusieurs contributions reviennent ici.

Le conflit syrien n'est pas le premier conflit filmé mais il est sans doute celui qui a le plus été filmé de l'intérieur, par ceux qui étaient voués à la soumission ou à l'extermination. L'accès à l'image, incroyablement facilité par le numérique, a ainsi suscité beaucoup d'espoir. Cet espoir n'a pas tardé à se heurter à de nouveaux obstacles. À l'évidence, cette abondance d'images n'aura pas permis aux Syriens de briser le mur de l'indifférence ou du renoncement. Si, comme le pensent les économistes, la rareté constitue la valeur d'un bien, réciproquement l'abondance risque de nuire à la force d'une image. Les vidéos amateurs, militantes ou professionnelles qui ont été prises sous les bombes ou au milieu des ruines, se comptent par centaines de milliers voire par millions, ce qui pose d'ailleurs des difficultés inédites de conservation, de classement et d'exploitation. En raison de cette surabondance, une image à fort potentiel probatoire risque de perdre sa force en étant noyée dans l'océan d'informations – vraies ou fausses – que produit sans discontinuer l'Internet, voire de sombrer dans l'oubli, si un travail de collecte et d'analyse sans précédent n'était mené.

C'est d'ailleurs pour pallier ce danger qu'a été institué le Mécanisme international impartial et indépendant basé à Genève et créé par l'Assemblée générale de l'ONU en décembre 2016 (le fameux M3I), qui est sans conteste l'une des autres innovations majeures héritées de ce conflit. Ce mécanisme est chargé de faciliter les enquêtes sur les crimes internationaux les plus graves commis en Syrie depuis mars 2011 et d'aider à juger les personnes qui en sont responsables en permettant notamment aux procureurs des pays où des procédures sont ouvertes l'accès à et l'exploitation de cet immense corpus de documents et d'images légué par les activistes, les citoyens syriens, les missions d'experts et les journalistes.

Ces innovations révèlent le rôle, lui aussi radicalement inédit, rempli par les GAFAM. Ceux-ci détiennent à leur corps défendant toutes les preuves des crimes commis pendant cette sale guerre. Ils peuvent aussi bien être le berceau que la tombe des espérances démocratiques du peuple syrien. Seront-ils à la hauteur de leur responsabilité historique ? Que vont faire les grandes entreprises du Net pour que le terrible patrimoine dont elles héritent puisse être mis en forme, consolidé et travaillé ? En se lançant dans une telle entreprise afin de constituer une mémoire de l'humanité, de sa part la plus sombre, non seulement elles honoreraient les survivants et les descendants des victimes mais alimenteraient aussi le travail de générations entières d'historiens. L'immense mémoire ainsi constituée, telle qu'il n'en a jamais existé dans l'histoire humaine, permettrait de comprendre plus finement et donc de mieux combattre les penchants criminels et autodestructeurs de nos sociétés. N'est-ce pas là l'occasion pour elles de manifester concrètement leur responsabilité sociale ?

Le travail de justice ne fait que commencer

La tâche de la justice est en effet immense. Sur le plan pénal, la justice internationale, celle que devrait rendre la Cour pénale internationale ou un tribunal ad hoc, est entravée par les manœuvres de la Russie au Conseil de sécurité. Mais des plaintes ont néanmoins pu être déposées, en vertu du principe de compétence universelle ou par le biais de la double nationalité de certaines victimes, devant des juridictions nationales. En octobre 2020, trois ONG ont déposé un dossier pour crimes contre l'humanité, devant le parquet de Karlsruhe, en Allemagne, pour l'attaque chimique perpétrée le 21 août 2013, dans la Ghouta orientale et celle du 4 avril 2017 sur Khan Shaykhoun. Plusieurs instructions sont en cours. En juin 2020, un médecin syrien, accusé d'avoir torturé à mort un détenu en 2011 a été interpellé en Hesse (Allemagne). Un petit exécutant, mais des mandats d'arrêt contre de hauts responsables ont aussi été émis ces dernières années, en Allemagne et en France, notamment, pays qui collaborent étroitement sur ces enquêtes. Ainsi Ali Mamlouk, Jamil Hassan, Abdel-Salam Mahmoud sont poursuivis dans le cadre de l'affaire Dabbagh en France, qui fait l'objet d'un témoignage dans cet ouvrage.

L'Allemagne, du fait de la présence de réfugiés plus nombreux qu'ailleurs dans l'Union européenne, s'est placée à l'avant-poste de la lutte contre l'impunité en Syrie. L'histoire retiendra ainsi que c'est sur son sol que se sont ouverts les deux premiers procès contre des tortionnaires du régime des Assad. Celui de Coblence, dont des éléments clés sont rapportés dans le *livre noir*, s'est achevé en janvier 2022, au moment où s'ouvrait à Francfort le second procès. On ne sera pas surpris d'apprendre que le procès de Coblence s'est en partie fondé sur les centaines de photographies de cadavres de prisonniers syriens, photos exfiltrées par un ancien fonctionnaire du régime connu sous le pseudonyme de César, dont l'histoire et le contenu du dossier sont présentés dans un chapitre de ce livre.

Les qualifications de crimes contre l'humanité et de crimes de guerre, visées par les procédures en cours, ne semblent pas poser de difficultés au vu de toutes les preuves accumulées. Sous couvert de combattre l'Armée libre syrienne puis Daech et les autres groupes djihadistes, la guerre lancée par le régime syrien aura en fait été une guerre contre sa propre population. Au point que certains se demandent si le ciblage de pans entiers de la société de religion sunnite et l'extermination, par le recours aux bombardements et à l'arme chimique de familles entières, ne seraient pas même justiciables d'inculpation de génocide. Le débat est lancé et le travail de la justice sera facilité par l'abondance de documents. L'avantage, si l'on peut dire, des dictatures bureaucratiques comme le régime des Assad est de pouvoir remonter facilement à sa tête, même s'il peut s'avérer difficile de démêler l'incroyable écheveau que constitue le système tentaculaire des services de renseignements syriens.

Au-delà des responsabilités individuelles, à l'initiative du gouvernement néerlandais en septembre 2020, la responsabilité de l'État syrien en tant qu'État partie à la Convention contre la torture et autres peines ou traitements cruels inhumains ou dégradants, conclue à New York, le 10 décembre 1984, pourrait également être examinée par la Cour internationale de justice (à ne pas confondre avec la Cour pénale internationale).

*

Verrons-nous un jour le procès de Bachar al-Assad et de la dictature syrienne ? On répliquera à cette question à laquelle bien sûr personne ne peut répondre, par une autre question : qui aurait pu imaginer, en 1998, Slobodan Milošević comparaître un jour devant une juridiction pénale internationale ? Ne perdons donc pas espoir. Ce qui est certain c'est que rien n'arrivera si l'on ne sauvegarde pas dès à présent la mémoire des crimes du régime, en démontrant les ressorts du régime assassin.

Il est malheureusement trop tard pour sauver ces centaines de milliers de victimes mais nous ne sommes pas pour autant condamnés à l'impuissance. Prenons la peine d'écouter les voix fidèlement retranscrites ici. Elles émanent d'écrivains reconnus, de militants actifs sur les réseaux sociaux qui sont devenus des figures emblématiques de la révolution syrienne ou de victimes plus anonymes restituant les faits auxquels elles ont assisté ou participé. Ces voix, au lieu de nous accabler et de nous pétrifier, nous font au contraire partager, au-delà de leur douleur et de leur désespoir, leur soif de dignité et de justice. C'est pourquoi cet ouvrage, le premier *livre noir* de cette ampleur sur ce régime clanique et sur cette décennie de feu et de sang, par la documentation rassemblée, apporte un soutien précieux aux efforts entrepris pour sanctionner les criminels de guerre et apporter des réparations à leurs victimes.

Ce que nous a appris le terrible XXe siècle, c'est que le travail de la justice commence très en amont, dans la prise de conscience par chacun de l'horreur des crimes, dans le cri d'indignation qui exige justice. Comme celui que lancera le lecteur qui aura accepté de se plonger dans cet enfer.

Prologue

Et si Bachar l'emportait ? (2012-2020)

Moustafa Khalifé

Huit années chargées d'événements tragiques séparent ces deux textes de Moustafa Khalifé. Il a écrit le premier à contre-courant au moment où le soulèvement populaire déclenché en 2011 prenait de l'ampleur et semblait en mesure de renverser avant longtemps le régime de Bachar al-Assad. Ses prévisions pessimistes se sont malheureusement avérées en grande partie pertinentes. Le second texte, rédigé exprès pour le livre noir, *est en quelque sorte un post-scriptum où il dresse le bilan des années écoulées, non pour constater la justesse de son analyse, mais pour l'affiner.*
Figure parmi les plus attachantes de l'opposition syrienne, tant par sa perspicacité politique que par sa rigueur morale et son grand talent littéraire, Moustafa Khalifé est né en 1948 à Jarablus, dans le nord de la Syrie, et réside actuellement en France comme réfugié politique. Il militait dans les rangs de la Ligue d'action communiste quand il a été arrêté, en 1982, et il n'a été libéré que treize ans plus tard, après avoir subi les pires sévices dans différents centres de détention, dont la prison militaire de Palmyre, véritable camp d'extermination. Son roman, La Coquille, prisonnier politique en Syrie, *marque une date dans la littérature syrienne contemporaine car il résume à lui seul l'esprit destructeur qui animait le pouvoir absolu de Hafez al-Assad. Largement autobiographique, il dévoile dans un style d'une remarquable sobriété le processus de déshumanisation des prisonniers et, bien au-delà, de la société syrienne tout entière. Sa publication dans sa langue originale, l'arabe, n'a pu avoir lieu à Beyrouth qu'un an après sa parution en français chez Sindbad-Actes Sud en 2007. Il a été par la suite traduit dans une dizaine de langues étrangères, dont l'anglais et l'espagnol.*

« Et si Bachar al-Assad gagnait… » (2012)[1]

Observateurs, analystes et politiciens s'accordent à considérer que le régime des Assad est condamné et que ce n'est plus qu'une question de temps. Et si ce régime parvenait à vaincre encore une fois son peuple ? Quelles en seraient les conséquences en Syrie et sur les scènes régionale et internationale ?

Pour mieux les mesurer, il faut rappeler les principales caractéristiques de ce pouvoir. D'abord, une extrême brutalité accompagnée par un esprit de vengeance hargneuse. C'est

1. Ce texte a paru dans *Libération* le 17 février 2012, traduit par Hala Kodmani.

« la nature criminelle du régime », selon l'opposition. Ensuite, l'arrogance hautaine qui le retient de faire la moindre concession sous la pression (s'il se trouve obligé de le faire, il tient rancune à la partie adverse et attend une occasion pour prendre sa revanche). Comme la « victoire » ne peut se réaliser qu'après une escalade irrésistible de la répression contre les opposants avec massacres collectifs et absence de réaction internationale en dehors de condamnations indignées ou de sanctions inefficaces, le régime jugera, à juste titre, qu'il a les mains libres pour faire ce qu'il veut à l'intérieur de la Syrie. Ceux qui considèrent que, même victorieux, le régime sortira affaibli de l'épreuve sont dans l'erreur car il ne s'agit pas d'une confrontation avec un ennemi extérieur mais avec le peuple.

Toute analyse de la situation en Syrie après la victoire doit prendre en compte la dimension communautaire, niée par toute l'opposition. La mobilisation communautaire est en effet un des fondements de la politique du régime. Tout observateur qui ignorerait le rôle de la religion et l'exploitation qui en est faite passerait à côté de la réalité syrienne. Le régime a joué sur les peurs communautaires pour rallier diverses populations, y compris les élites militaires, politiques et intellectuelles – alaouites, bien sûr, mais aussi des autres minorités.

En cas de victoire du régime, à peine la tempête calmée, celui-ci passera de la position défensive à une offensive féroce pour rétablir sa domination. Il a déjà établi ses forces et ses faiblesses.

Le premier point faible concerne la structure communautaire de la société syrienne. Du fait de son appartenance à la minorité alaouite, qui représente à peine 10 % de la population, la question de la légitimité de la famille au pouvoir se pose. Ce problème, présent depuis l'époque de Hafez al-Assad, avait amené ce dernier, après son conflit avec les Frères musulmans au début des années 1980, à réaffirmer son appartenance musulmane à la télévision en récitant la profession de foi. Deuxième faiblesse, le régime n'est pas maître du jeu économique dans le pays, du moins il ne le domine pas aussi globalement que sur les plans politique, militaire et sécuritaire. Bien qu'il soit devenu la première entreprise capitaliste et que nombre d'hommes d'affaires alaouites profitent de la corruption, les capitaux privés en Syrie restent aux mains de la bourgeoisie sunnite et chrétienne. Au passage, la proportion de fortunés chrétiens dépasse la taille de leur communauté (5 % de la population) car nombre d'entre eux ont émigré à l'époque du père Assad pour des raisons politiques et économiques. La bourgeoisie chrétienne représente 15 % à 20 % de la bourgeoisie syrienne. Cette faiblesse pour le régime se traduit par le besoin de faire des concessions aux commerçants et industriels en vue de gagner leurs faveurs ou leur neutralité dans tout conflit intérieur.

Quant aux points forts du régime, ils s'appuient d'abord sur la machine répressive avec ses trois composantes : les troupes d'élite de l'armée, dirigées par Maher al-Assad (frère cadet du président), les groupes de *chabbîha* (miliciens), essentiellement alaouites, et les services de sécurité. Ces groupes se ressemblent de plus en plus dans leur comportement puisqu'ils pratiquent tous crimes, pillages et arnaques. Autres points forts du régime, ses soutiens extérieurs : Iran, Irak et Liban (grâce au Hezbollah) ; l'impuissance et la complicité internationales ; les hésitations des pays arabes, pourtant les premiers menacés par l'alliance du « croissant chiite » (Iran-Irak-Syrie-Liban).

S'appuyant sur une force de 300 000 hommes armés par les Russes et les Iraniens, un régime syrien victorieux chercherait à atteindre divers objectifs imbriqués. Il tenterait de réédifier le mur de la peur pour terroriser les Syriens, de se venger des protestataires et des manifestants comme de tous ceux qui l'ont affaibli, de reprendre en main l'économie du pays (surtout le secteur privé), enfin de modifier la structure communautaire de la société.

L'ex-ministre de la Défense, Moustapha Tlass, a écrit un livre sur le conflit qui s'est produit en Syrie en 1983-1984 quand Rifaat al-Assad, frère du président Hafez al-Assad, dirigeait les « Brigades de Défense » devenues la 4ᵉ Division de l'armée, aujourd'hui dirigée par Maher al-Assad. Dans ce livre intitulé *Trois mois qui ont secoué la Syrie*, le général Tlass écrit : « Le plan de Rifaat était de bombarder Damas aveuglément dans le but de terroriser les habitants. Ce pilonnage devait être fait au rythme de 720 projectiles en 1,2 minute pour bien montrer qu'une main de fer s'était emparée de la capitale. Puis l'infanterie des Brigades de Défense devait envahir la ville pour la saccager et la piller. Le général Rifaat aurait dit à ses hommes qu'ils pouvaient disposer pendant trois jours de la ville jusqu'à ce qu'aucun d'entre eux ne reste pauvre et n'ait à demander une aide ou une prime. »

Rifaat n'avait pas pu mettre son plan à exécution mais si Bachar et Maher sortent victorieux de l'épreuve actuelle, le même scénario pourrait être appliqué. Une nouvelle ère s'ouvrirait qu'on pourrait appeler « le temps des *chabbîha* », plus redoutable que tout ce que le pays a connu, y compris sous la mainmise des Brigades de Défense jusqu'en 1984 qui ont commis des exactions, notamment à Alep et à Hama. Le pillage serait encouragé pour motiver les *chabbîha*, qui ne sont à la base que des trafiquants et des voleurs. Sachant qu'une grande partie des richesses se trouve autour des mains et des cous des femmes, tous les bijoux en or passeraient aux mains des *chabbîha*. L'essentiel de ces pillages se ferait dans les grandes villes où se concentre la richesse : Damas, Alep, Homs ou Hama. Ces perquisitions seraient accompagnées de viols, en particulier dans les milieux sunnites en vue d'humilier les habitants et de les pousser au désespoir. Il faut dire que ce genre d'exactions se produit déjà mais n'est pas systématique, tandis qu'à l'avenir les sbires du régime pourraient agir en toute impunité.

Les attaques seraient menées d'une maison à l'autre, comme en 1980 à Alep lorsque la ville de 2 millions d'habitants avait été ratissée pour rechercher les Frères musulmans. Des pillages, des vols et des viols avaient eu lieu à l'abri des regards, comme tout ce qui s'est passé dans les années 1980. Cette fois, le prétexte serait la recherche des membres « des bandes armées terroristes ». Le président syrien avait annoncé au début des troubles que 64 000 personnes étaient recherchées, puis il a signalé que ce chiffre s'était multiplié. Comme la révolte syrienne est cette fois filmée par les protestataires comme par les forces de sécurité et leurs agents, toutes ces images seront à la disposition de la répression et l'on peut estimer le nombre de gens recherchés entre 1 et 1,5 million. Chacun de ceux-là serait confronté à trois possibilités : la mort, la prison ou l'exil. Les militants qui ont vécu les événements des années 1980 considèrent que 200 000 à 250 000 personnes seraient tuées en deux ans par balle ou sous la torture tandis que le nombre de prisonniers atteindrait le double. En outre près de 1 million de réfugiés quitteraient le pays vers la Turquie, le Liban ou la Jordanie puis vers les pays du Golfe et dans une moindre mesure l'Europe.

Deux ans après sa « victoire », le régime aurait atteint deux objectifs : la soumission du peuple par la réédification d'un mur de la terreur puis la vengeance contre les opposants. Il se retournerait alors contre les populations suivantes auxquelles il a dû faire des concessions sous la pression des événements :

– *Les Kurdes*. Après cinquante ans de persécution, le régime a tenté au lendemain du déclenchement de la révolte de « gagner les faveurs » des Kurdes pour qu'ils ne participent pas au mouvement. Le danger de les voir rejoindre la protestation, et d'être soutenus par leurs frères du Kurdistan irakien voisin a poussé le régime à accorder, par décret présidentiel, la citoyenneté syrienne à des dizaines de milliers d'entre eux. Mais cette politique de « gain de faveur » se renversera au lendemain de la victoire et le régime s'attaquera à nouveau aux Kurdes et à leurs formations politiques. Car non seulement il a été obligé de leur faire des concessions mais certains de leurs dirigeants ont refusé publiquement de rencontrer le président qui ne leur pardonnera pas une telle humiliation. En outre, dans l'alliance entre l'Iran, l'Irak, la Syrie et le Liban, l'Iran voudra imposer ses vues sur la question kurde puisqu'il ne reconnaît pas l'existence d'un peuple kurde.

– *Les chefs de tribus arabes.* Le régime a acheté ces « cheikhs » bédouins avec des sommes substantielles afin qu'ils usent de leur influence auprès de leurs tribus pour qu'elles ne participent pas au soulèvement. Il a ainsi permis à ces chefs locaux de regagner de l'influence auprès de leurs populations alors qu'il avait tout fait dans le passé pour les en empêcher. Il va donc se retourner contre ces chefs en leur demandant de rembourser et en les humiliant. Il est arrivé que certains cheikhs soient arrêtés pour ne pas avoir fait allégeance au régime et qu'on leur rase la moitié de la moustache, symbole de l'honneur.

– *Les* chabbîha *d'Alep.* Dans la deuxième ville de Syrie, des milliers de sbires *chabbîha* (25 000 selon certains) tiennent Alep pour empêcher toute manifestation. Contrairement aux autres, ailleurs en Syrie, ces *chabbîha* appartiennent à la communauté sunnite et à des bandes de trafiquants de drogue et d'armes. Dès lors qu'il n'aura plus besoin de leurs services, le régime voudra écraser ces voyous qui auront gagné trop d'influence dans la ville.

– *La bourgeoisie syrienne.* Sunnite ou chrétienne, elle va subir le contrecoup le plus dur, non pour des concessions accordées mais pour la réalisation du troisième objectif du régime : dominer l'économie du pays. Conformément à la mentalité sectaire du régime, celui-ci voudra « alaouiser » le secteur privé en mettant la main sur les entreprises confiées aux proches de la famille Assad et aux officiers alaouites les plus loyaux. Ceux-là ont accumulé des fortunes grâce à la corruption et aux trafics d'influence. Ils seront appelés à participer à la stratégie de conquête de toute l'économie par des voies légales ou illégales. Dès lors, les entrepreneurs et les commerçants des grandes villes seront soumis à des pressions insoutenables, y compris des arrestations et des meurtres mais surtout à un accablement d'impôts et des difficultés administratives insolubles. Ils se trouveront forcés de vendre leurs affaires aux hommes de paille du régime ou d'être ruinés. Ils pourront choisir l'exil, servant ainsi le quatrième objectif du régime : le changement de la structure communautaire.

Ce dernier but s'inscrit dans le long terme. Il devrait se réaliser en deux temps. D'abord en faisant baisser la majorité sunnite, par les tueries, les arrestations et l'exil. Puis en encourageant la diffusion du chiisme parmi les sunnites, un processus qui a commencé depuis une vingtaine d'années.

Quant aux conséquences extérieures, une nouvelle donne géopolitique s'imposerait dans la région avec l'émergence d'une alliance dirigée par l'Iran et comprenant l'Irak, la Syrie et le Liban. Ce « croissant chiite » évoluerait vers une alliance politique et militaire intégrée, au poids considérable. L'ensemble s'étendrait jusqu'aux frontières de l'Afghanistan et de l'Asie centrale ainsi que de la Méditerranée, soit 130 à 150 millions d'habitants, une capacité pétrolière de 6 millions de barils par jour et une force militaire de plus de 2 millions d'hommes, en temps de paix. Cette alliance, dotée d'une capacité nucléaire, renverserait les équilibres régionaux et serait source de tension permanente.

Géographiquement, cette alliance en croissant tiendrait l'étoile de la péninsule arabique avec les six pays du Golfe, ainsi que le Yémen, la Jordanie et la Palestine, pesant sur une région qui exporte 20 millions de barils par jour de pétrole. Le monde qui a empêché Saddam Hussein de mettre la main sur le pétrole du Golfe en annexant le Koweït est bien mou face aux tentatives iraniennes de mettre en place cette alliance quadripartite.

Quant aux conséquences directes pour les pays de l'étoile, elles se traduiraient par des conflits violents au Yémen attisés par les Iraniens à travers les rebelles houthistes, Al-Qaida ou autres organisations djihadistes, déjà infiltrées par l'Iran et la Syrie. Les pays du Conseil de coopération du Golfe seraient aussi exposés à des troubles fomentés par les services iraniens qui pourraient renverser certaines familles régnantes.

La Jordanie aurait la corde au cou. Car, si elle ne va pas dans le sens voulu par l'alliance, elle sera étranglée. L'entité du pays serait menacée d'une part par les forces sur lesquelles l'alliance peut s'appuyer à l'intérieur du pays – islamistes proches de l'Iran, de la Syrie ou du Hamas – mais aussi par une convergence d'intérêts de l'alliance avec Israël pour faire de la Jordanie « une patrie de substitution » pour les Palestiniens. En Palestine, on assisterait à une domination du Hamas tandis que le Fatah serait réduit à une petite formation dans l'OLP. La question palestinienne ne serait plus qu'un objet de négociation entre l'Iran et Israël.

Au Liban, membre de l'alliance quadripartite du fait de la domination du Hezbollah, on verrait s'étendre ce contrôle sur toutes les régions en très peu de temps et sans grande résistance. La formule de coexistence libanaise serait détruite avec l'annulation des accords de Taef et du principe de partage tandis que les familles politiques des Joumblatt, Hariri ou Gemayel disparaîtraient. Sur le plan confessionnel, les sunnites du Liban connaîtraient le même sort que leurs frères syriens. Étranglés physiquement et économiquement, ils seraient poussés à l'exil tandis que les grands perdants seraient les chrétiens. Le Hezbollah n'ayant plus besoin d'allié chrétien (comme aujourd'hui avec le général Aoun) et visant à établir un État chiite au Liban, il ne s'attaquerait pas directement aux chrétiens par peur des réactions européennes, mais les pousserait à l'exil par des pressions économiques et sur les libertés personnelles.

D'autres conséquences toucheraient la Turquie et Israël. Mais le plus important, en cas de victoire du régime syrien, serait l'épreuve de force entre les projets iranien et israélien pour un partage d'influence dans la région, surtout si les extrémistes au pouvoir dans les deux pays sont remplacés par des gouvernements modérés et pragmatiques.

Post-scriptum : Neuf ans après, que s'est-il passé ?[1]

Demandons-nous d'abord, pour répondre correctement à cette question : que s'est-il réellement passé en Syrie depuis mars 2011 ?

Beaucoup de gens ont été tentés de nommer d'un seul mot tous les événements qui ont eu lieu dans ce pays depuis cette date, mais c'était sous-estimer leur complexité, due à la diversité des parties engagées dans le conflit, et cela en trois étapes successives. Il faut toutefois, me semble-t-il, avant d'aborder très rapidement chacune de ces étapes, évoquer la longue période qui les a précédées, à partir de février 1966, et qui a préparé le terrain des futures guerres.

Dans une société multiethnique et multiconfessionnelle comme la société syrienne, où les identités prénationales sont demeurées puissantes, les luttes intercommunautaires pour le pouvoir et la richesse peuvent se durcir dans deux cas, jusqu'à aboutir à une guerre civile : le premier, c'est lorsqu'une communauté s'estime défavorisée au sujet de sa part de pouvoir et de richesse et n'hésite pas à recourir à la violence pour corriger cette

1. Texte inédit traduit par Farouk Mardam-Bey (mai 2020).

injustice, et le second, c'est lorsqu'une communauté s'empare par la force du pouvoir et de la richesse au détriment des autres.

Le coup d'État de février 1966 correspond à ce second cas : en effet, des officiers issus de trois communautés minoritaires (alaouite, druze et ismaélienne) ont pris le pouvoir sans avoir forcément obtenu l'aval des chefs traditionnels de ces communautés et en tirant profit, non de leur ascendant sur elles, mais des positions dominantes qu'ils occupaient au sein de l'armée nationale. La majorité sunnite étant désormais politiquement marginalisée, le ministre de la Défense, Hafez al-Assad, trancha en sa faveur la lutte qui l'opposait à d'autres officiers alaouites en menant un nouveau coup d'État, en novembre 1970. Peu nous importe à présent de savoir s'il était motivé dès le début par des sentiments confessionnels, il est toutefois incontestable qu'en usant à la fois de la répression et de la corruption, il assura progressivement et durablement à sa communauté un statut politique hégémonique, et partant un accès privilégié à la richesse.

Il est important de le souligner : la Syrie se trouvait en fait depuis 1966, et surtout depuis 1970, en pleine guerre civile, mais une guerre larvée, muette, gagnée d'avance par le belligérant le plus puissant qui détenait l'appareil d'État et le monopole de la violence. Le feu est resté sous la cendre jusqu'à la confrontation armée, vers la fin des années 1970, entre le communautarisme assadien et celui des organisations islamistes djihadistes. La guerre civile encore silencieuse s'est alors bruyamment révélée au grand jour, et ses ravages pendant une bonne dizaine d'années ont marqué à jamais l'histoire du pays.

Depuis mars 2011, comme évoqué plus haut, les événements se sont succédé en trois temps.

Les protestations pacifiques d'abord, passablement timides. Les Syriens savaient bien qu'ils avaient affaire à un régime sanguinaire. Ils se sont donc contentés, avec leurs mots d'ordre de liberté et de dignité, et en insistant sur l'unité nationale, de revendiquer des réformes qui amélioreraient leurs conditions de vie. C'est la réaction brutale du régime, ainsi que l'extension des manifestations à l'ensemble du pays, qui ont radicalisé le mouvement, six ou sept semaines après son déclenchement, et l'ont transformé en une véritable révolution populaire. Il n'était plus question d'une réforme du régime mais de sa chute, de l'émergence d'un nouveau pouvoir et de l'édification d'un État démocratique appartenant à tous ses citoyens. Révolution qui est toutefois demeurée fondamentalement pacifique pendant au moins six mois, et malgré les premiers signes de sa militarisation, elle a gardé ses traits originaux jusqu'au milieu de 2012.

Dans les débats sur ce qui s'est passé en Syrie, on a parfois prétendu que la guerre civile n'était qu'une conséquence de la révolution. Il est pour moi évident, au contraire, que celle-ci, si elle l'avait emporté au terme de cette première étape, aurait mis fin pour de bon à la guerre civile menée par le régime depuis des décennies.

La deuxième étape a donc commencé vers le milieu de 2012 avec la militarisation, mais le paysage n'a changé de fond en comble qu'un an plus tard, quand les formations militaires djihadistes ont pris le dessus sur toutes les autres. Aux deux belligérants, le régime despotique d'un côté et de l'autre les forces révolutionnaires en lutte pour la démocratie, s'est ainsi ajouté un troisième, opposé certes au premier mais tout autant, sinon plus, au second. Totalement étranger aux mots d'ordre de la révolution, il n'a cessé de la combattre par les armes, réprimant aussi avec férocité les militants civils qui lui tenaient tête dans les zones qu'il était parvenu à contrôler. Il n'est pas exagéré de dire qu'il s'est ainsi comporté comme un allié objectif du régime et que celui-ci a su tirer profit de ses exactions sur tous les plans.

Cette étape a duré jusqu'à la fin de 2015, c'est-à-dire jusqu'à l'intervention directe et massive de la Russie dans le conflit. Certes, les interventions étrangères, régionales et internationales, n'y étaient pas absentes, mais c'est à partir de cette date qu'elles sont devenues décisives et que la situation a définitivement échappé à toutes les parties syriennes en présence, y compris au régime de Bachar al-Assad. La Syrie est depuis lors un pays occupé par plusieurs puissances étrangères, défendant chacune ses intérêts avec le seul souci d'éviter un affrontement militaire avec les autres.

En partant de ce bref rappel, que faut-il répondre à ma question initiale : qu'arriverait-il si Assad gagnait ?

Les réponses qu'on entend dépendent de l'attitude de chacun à l'égard du régime, et peuvent paraître paradoxales. Parmi ses partisans, outre ses affidés de toute sorte et ses fidèles par communautarisme, il y en avait qui justifiaient leur soutien à un despote comme Bachar al-Assad, coupable de crimes contre l'humanité, par leur souci de la sécurité nationale et de la pérennité des institutions de l'État dont le régime serait le garant. Ils pensaient probablement qu'en le disant ils se déculpabilisaient devant leur propre conscience. Où en est à présent cet État souverain si cher à leurs yeux ? Ses citoyens qui ne sont pas morts se partagent entre prisonniers, réfugiés, déplacés et affamés. Le territoire national est occupé et morcelé. Le pouvoir de décision censé être à Damas se trouve à Moscou et Téhéran. En le constatant, et ils ne peuvent pas ne pas le constater, ces loyalistes-là estiment-ils que le régime a vraiment gagné la partie ?

Sur l'autre rive, la plupart des opposants, sinon tous, sont convaincus que l'État syrien est depuis longtemps gangrené par le régime et que celui-ci n'est qu'une mafia qui tire sa force de sa capacité illimitée de nuisance, en se servant de ses appareils répressifs tentaculaires et de ses réseaux de corruption. Ils ont plutôt tendance, eux, à penser que le régime, dont le seul objectif est de durer, a finalement gagné puisqu'il est toujours là.

L'intervention russe a permis à l'armée de Bachar al-Assad de récupérer des villes et des villages qui avaient échappé à son contrôle.

Des villes et des villages où des soldats ont aussitôt été filmés par les services de propagande en train de hisser des drapeaux tout neufs sur les décombres.

La victoire du régime ressemble à cet affreux paysage après la bataille.

PREMIÈRE PARTIE

Terreur et violence

Une tyrannie héréditaire et communautaire

Damas, pochoir représentant Bachar al-Assad, dit « Le champion du monde de l'acceptation de la surtension électrique avec un esprit sportif », 28/12/2021. Source : Mémoire créative de la révolution syrienne. Photographie anonyme. DR.

Sommaire

Introduction

Farouk Mardam-Bey

Cette première partie porte sur les deux fondements du régime instauré par Hafez al-Assad et légué à son fils : la terreur comme mode de gouvernement, illustrée par des massacres et des assassinats, et l'esprit de corps communautaire. Il se termine par une indispensable clarification des thèmes qui sous-tendent sa propagande.

Michel Seurat a été le premier à explorer en profondeur le terrorisme d'État en Syrie. Un extrait de son œuvre, publié ici dans le premier chapitre (« Un système de terreur permanente »), est présenté par Olivier Mongin. Il est suivi par l'analyse solidement documentée de Salwa Ismail sur la violence telle qu'elle a été instituée et légitimée pour se maintenir éternellement au pouvoir. Figure ensuite une chronologie des assassinats politiques perpétrés par les sbires du régime ou avec sa connivence, notamment au Liban.

Le deuxième chapitre (« Les massacres de Palmyre et de Hama [1980-1982] ») évoque deux massacres exemplaires, l'un à la prison de Palmyre, l'autre à Hama, qui ont réduit la société syrienne au silence pendant deux décennies. On trouvera sur le premier le témoignage d'un membre de la milice qui y a participé, puis un éditorial menaçant paru dans le quotidien officiel, *Tishrîn*, signé par leur instigateur, Rifaat al-Assad, et un extrait du roman de Khaled Khalifa, *Éloge de la haine*. Quatre textes rendent compte du second : celui de Cécile Boëx qui rappelle les faits et montre comment a été rompu le long silence qui l'a suivi ; un reportage de Sorj Chalandon (paru sous le pseudonyme de Charles Baupt dans *Libération* en mars 1982) ; un article de Jean-Pierre Perrin qui a réussi difficilement, en 2000, à interroger des survivants ; enfin des extraits du roman de Manhal al-Sarrâj, *Comme il sied à un fleuve*, fondé aussi sur des témoignages oculaires. Cet ensemble est précédé d'un rappel des tueries à Alep en août 1980, d'un témoignage sur celle de Hama en avril 1981 et d'un compte rendu de l'enquête menée peu après par Michel Seurat.

La nature clanique du régime, déjà abordée dans le premier chapitre, est traitée dans le troisième chapitre (« La dynastie et le clan »), qui comprend un autre extrait de l'œuvre pionnière de Michel Seurat et revient sur la mise en place du pouvoir absolu de Hafez al-Assad. L'article qui suit de Subhi Hadidi sur l'attitude de la communauté alaouite, celle des Assad, à l'égard du soulèvement, pose la question de savoir dans quelle mesure ce pouvoir peut être qualifié d'alaouite. Celui de Yassin al-Haj Saleh éclaire le phénomène des *chabbîha*, c'est-à-dire les nervis du régime recrutés dans leur grande majorité au sein de cette communauté.

Le dernier chapitre comprend quatre articles. Le premier, de Nisrine Al-Zahre, décortique le langage du pouvoir dans sa violence inouïe, ses aberrations et ses effets destructeurs du potentiel politique des citoyens. Dans le deuxième, Véronique Nahoum-Grappe analyse en ethnologue la notion d'impunité, notamment à partir du cas syrien où le crime est un dispositif stratégique du pouvoir. Cécile Boëx explique comment ont circulé les vidéos de torture, filmées par les tortionnaires eux-mêmes, en mettant l'accent, justement, sur le sentiment d'impunité de ces derniers. Enfin, Chamsy Sarkis témoigne des tentatives pour contrer cette propagande par l'activisme journalistique syrien, qui a réussi à se développer à partir de 2011 mais a finalement été neutralisé au plan politique par la logique des agences internationales et retourné à son profit par la dictature syrienne qui en a fait un instrument pour tester le seuil de tolérance de la communauté internationale vis-à-vis de la répression et de l'impunité de ses crimes.

1

Un système de terreur permanente

Une interminable barbarie d'État. Sur Michel Seurat

Olivier Mongin

Michel Seurat, dont le sort tragique en 1982 est encore dans toutes les mémoires, travaillait dans un centre de recherche à Beyrouth (le Cermoc alors dirigé par André Bourgey). Depuis cet observatoire, il pouvait constater les violences qui secouaient déjà violemment le Proche-Orient dans les années 1980. Sans jamais tomber dans le culturalisme et soucieux d'imaginer une conception de la démocratie ne consistant pas à copier l'Occident, Michel Seurat avançait ses recherches dans une triple direction : il cherchait d'abord à comprendre ce qu'il appelait « le mouvement brownien » des identités au Liban (Pourquoi un militant palestinien progressiste devient-il d'un jour à l'autre un militant fondamentaliste ?) ; il se penchait ensuite sur la particularité des mouvements fondamentalistes sunnites liés aux Frères musulmans dont il soulignait la dimension utopique[1] ; enfin, il auscultait à la loupe les ressorts du régime politique syrien issu du coup d'État de Hafez al-Assad dont *L'État de barbarie*, un ouvrage publié après sa disparition, propose un examen clinique incomparable de cet État[2]. Se méfiant des approches politistes et sociologiques qui, se focalisant sur les notions d'État et de société civile au sens wébérien, ne permettaient pas selon lui d'éclairer les ressorts anthropologiques et politiques de la région, Michel Seurat lisait des auteurs comme Hannah Arendt, Claude Lefort ou Thomas Hobbes et surtout Ibn Khaldûn pour tenter d'y voir un peu plus clair.

Mettant en avant une triade conceptuelle inspirée par ce dernier – *'asabiyya/jamâ'a/da'wa* – pour comprendre la singularité de « l'État de barbarie » qui s'est vite consolidé à Damas – une expression qui n'a bien sûr rien à voir avec la culture syrienne et renvoie à une dynamique de puissance – il a relié celui-ci à un cycle khaldûnien dont le rapport est consubstantiel à la Cité dans des sociétés en mal d'État. « Lorsque la société citadine (celle des villes sunnites qui sont des villes de commerçants) est en crise, tous les clans des exclus de la ville s'agitent et constituent une *'asabiyya* afin de conquérir le lieu du pouvoir et de profiter de la crise qui détruit l'État. » Mais aussitôt, la corruption le luxe, la volonté de régner sans partage laissent place à une autre compétition, à la constitution d'une autre *'asabiyya* qui, elle,

1. Voir son livre écrit avec Olivier Carré, *Les Frères musulmans*, Paris, Gallimard collection « Archives/Gallimard », 1983 (à l'époque Michel Seurat a recours au pseudonyme de Gérard Michaud), rééd. L'Harmattan, 2002.

2. Voir Michel Seurat, *L'État de barbarie*, publié initialement aux Éditions du Seuil en 1989 dans la collection « Esprit » que je dirigeais à l'époque puis repris aux PUF en 2012 avec un avant-propos de Gilles Kepel et de moi-même, sous le titre *Syrie. L'État de barbarie*.

va accaparer et occuper l'État-*jamâ'a*. Dans le cas de la Syrie de Hafez al-Assad, le cycle khaldûnien est indissociable d'une minorité confessionnelle – celle des alaouites, originaire des zones rurales et montagneuses du nord-ouest du pays et représentant 10 % de la population – qui a fait main basse sur l'État en récupérant pour son propre compte les idéaux du socialisme et du nationalisme arabe (la *da'wa*). Pour le dire autrement, une *'asabiyya* minoritaire s'empare de l'État en s'appuyant sur une *da'wa* (l'idéologie panarabiste qui vise un adversaire unique, Israël et l'internationale sioniste) pour constituer un État-*jamâ'a* qui va se perpétuer.

Appelée à soutenir la bourgeoisie commerçante sunnite présente dans les grandes villes de la région, comme les mercenaires d'hier, la minorité montagnarde a donc pris un pouvoir qu'elle a conservé en ne cessant pas de produire des violences internes et externes dont la guerre civile qui dure depuis des années est l'une des monstrueuses conséquences. Passé la période idéologique baathiste, qui a trompé la gauche laïque occidentale, le pouvoir syrien n'a pas cherché à se constituer une légitimité idéologique ou à s'assurer un soutien populaire. Proche de la « bande », de la « meute », expressions que Seurat reprend à Elias Canetti, la classe politique au pouvoir consolide celui-ci en dehors de toute raison politique et de toute volonté institutionnelle. Ce pouvoir dont la seule entreprise consiste à déstabiliser toutes les formations sociales (confessionnelles, politiques, militaires…), et toutes les institutions susceptibles de favoriser la construction nationale est au sens strict a-topique : « L'effritement de la légitimité politique du régime se traduit sur le terrain, d'une part par une réactivation des formes pré-politiques de légitimité… d'autre part, par un recours vite devenu systématique à la violence. » Mais celle-ci est diffuse et ne peut que se propager au-dehors, la violence interne qui est une première forme de déterritorialisation est relayée par une violence externe invasive et proliférante puisqu'elle vise, en s'appuyant sur des acteurs terroristes à leur solde, les pays voisins, le Liban où le Hezbollah assure le relais, mais aussi la France et d'autres pays occidentaux. « Il faut relever les agissements de nos mamelouks quand ils exportent leur terrorisme d'État pour l'ériger en nouveau code des relations internationales. »

Si l'État syrien s'institue à l'intérieur contre la citoyenneté et la paix sociale, il s'en prend simultanément à l'extérieur contre toute tentative de favoriser une stabilisation territoriale, ce qui vaut pour le Liban mais aussi pour les Palestiniens. Le pouvoir « nu » d'Assad n'a d'autre objectif qu'une déstabilisation permanente, ce qui le rend apte à modifier sans cesse ses alliances tant en Syrie qu'au Liban. Ce pouvoir, cet État de barbarie est qualifié d'a-topique par Seurat pour mieux le distinguer du mouvement des Frères musulmans, indissociable des cités, qu'il qualifie par contraste d'u-topique. Entre violence a-topique et revendication utopique, la violence fait rage et donne lieu au début des années 1980 à la destruction de quartiers, à coups de bulldozer, dans les cités de Hama et de Homs. La première phase de violence, celle qui correspond à l'époque de Hafez al-Assad, a connu des métamorphoses et des temps de pacification avec l'arrivée au pouvoir, trompeuse, de Bachar al-Assad après la mort de son père. Ce qui a fait illusion une nouvelle fois auprès des Occidentaux, l'ouverture économique devenant le refrain et la couverture après celui de la défense des minorités.

L'essentiel est alors de se demander comment un régime qui ne mise que sur la déstabilisation permanente n'est pas lui-même victime du cycle infernal de la violence qu'il entretient et qui ne peut que redoubler quand Daech se substitue aux Frères musulmans comme adversaire irréductible ?

Si les analyses de Michel Seurat portent sur la Syrie de Hafez al-Assad[1], il reste à saisir pourquoi son approche politique, radicale et originale, a conservé tout son sens après sa mort. Mais aussi, et surtout, pourquoi la guerre qui ensanglante la Syrie depuis des années confirme la justesse de l'interprétation qu'il était en train d'échafauder. Pascal Fenaux a montré combien celle-ci légitimait la comparaison entre les deux régimes syrien et irakien (le régime de Saddam Hussein lui aussi marqué du sceau de la laïcité pour les Occidentaux)[2]. Mais le plus important est de comprendre, dans le cas de la violence barbare de l'État syrien, que celui-ci n'en finit pas de produire une terreur qui donne lieu au massacre continué d'une partie de la population civile. Mais aussi à des « urbicides », à des destructions urbaines dont le cas d'Alep est encore dans toutes les mémoires même si d'autres cités et villages ont été lapidés, les massacres de Homs et Hama en 1982 marquant le début d'une histoire qui n'en finit pas. L'État de barbarie n'est pas une formule mais renvoie à un type d'État qui ne survit que par la force et pour la force, et ne se perpétue que par la division et pour la division. Un État qui n'en finit pas de produire de la terreur et de la violence pratique une guerre perpétuelle dont l'ennemi terroriste, une cible qui permet le soutien international (le plus minimal soit-il), est la raison d'être comme par effet de miroir. Le cycle de la violence est total puisque la terreur d'État ne vit que par une lutte contre la terreur.

1. Voir dans le dossier d'*Esprit*, *Michel Seurat, l'œuvre d'un médiateur*, juin 1986, mon article « Penser la politique contre la domination au Proche-Orient » ; voir également un article qui avait pour but de souligner le caractère conceptuellement très élaboré de la pensée politique de Michel Seurat : « Michel Seurat et le Machrek. Entre l'atopie du pouvoir et l'utopie de la cité », in *Les Cahiers de l'Orient*, 4e trimestre 1986, p. 185-211.

2. Voir, entre autres articles de Pascal Fenaux, « La terreur promise », in *La Question irakienne : dix ans après*, *La Revue nouvelle*, n° 10, octobre 2002.

Terrorisme d'État, terrorisme contre l'État. Le cas syrien

Michel Seurat[1]

« Notre science politique est obsédée par la croyance que les "jugements de valeur sont inadmissibles dans les considérations scientifiques et que le fait de qualifier un régime de tyrannique équivaut manifestement à prononcer un jugement de valeur". Le spécialiste en science politique qui accepte cette conception de la science parlera d'un État collectif, de dictature, de totalitarisme, d'autoritarisme, etc., et en tant que citoyen, il est en droit de condamner tout cela. Mais, dans le domaine strict de la science politique, il est contraint de rejeter la notion de tyrannie comme un "mythe". »

Leo Strauss, *De la tyrannie*

On sait que dans *Le Prince* de Machiavel, qui reste un des ouvrages fondateurs de la science politique moderne, il n'est fait aucune distinction entre les termes de roi et de tyran. Pour Leo Strauss, que nous citons en exergue[2], le rejet de cette distinction traditionnelle n'est pas étranger au fait que, depuis, l'on soit incapable de « saisir la tyrannie dans toute sa réalité ». Écrites en référence à l'expérience historique de l'Europe de l'entre-deux-guerres, ces lignes conservent aujourd'hui une étonnante « modernité » pour ce qui nous concerne. La vague du tiers-mondisme militant est depuis longtemps étale, sinon sur le reflux, mais il nous est toujours aussi difficile de rendre compte de la nature de nombre de régimes politiques issus de ce moment historique, empêtrés que nous sommes dans nos schémas d'analyse en termes de développement politique, de modernisation… ou de lutte des classes. On parlera ainsi – et l'on voit que le passage cité de Leo Strauss n'a pas pris une ride – de « situation autoritaire », de « révolution par le haut », de « césarisme », d'« autonomisation de l'État »[3], mais de « tyrannie », jamais. Que l'on se mêle, à titre d'exemple, de témoigner par quelques faits et de s'interroger sur la brutale réalité du régime syrien, il se trouve toujours une bonne âme – horizons politiques généralement confondus – pour arguer qu'« en

1. Michel Seurat, *L'État de barbarie*, *op. cit.*, p. 35-45. Première publication dans *Esprit,* octobre-novembre 1984, sous le titre « L'État de barbarie. Syrie 1979-1982 » et sous le pseudonyme de Gérard Michaud. (*N.D.E.*)

2. Leo Strauss, *De la tyrannie,* Paris, Gallimard, 1954, p. 42-43.

3. Voir à ce propos Jean-François Bayart, « L'analyse des situations autoritaires, étude bibliographique », *Revue française de science politique*, juin 1976, vol. 26, n° 3 ; et « La politique par le bas en situation autoritaire », *Esprit,* juin 1984, p. 142.

Occident aussi..., à tout prendre..., il n'y a pas si longtemps... » Variation sur le thème bien connu du rapport à l'autre, en l'occurrence à nous-mêmes, qui ne fait que compliquer en la matière le syndrome mis en évidence par Leo Strauss. À l'inverse, que ce régime soit projeté au-devant de la scène internationale, après une opération d'éclat qui dénote un sens très particulier de la gestion des rapports de force, il n'est alors pas de mots assez sévères pour le condamner, mais encore une fois pris dans une acception bien occidentale, que la formule de *terrorisme d'État* résume de manière significative. Non pas que cette formule soit à rejeter totalement – de fait, la politique extérieure correspondant à son meilleur champ d'application –, mais elle est pour le moins sujette à critique, surtout en tant que clé pour l'analyse du système social.

On partira donc de cette formule pour aller directement à l'essentiel : l'originalité de la pratique politique syrienne par rapport à d'autres pays du tiers-monde – on pense en particulier à l'Amérique latine – tient au fait qu'elle n'est pas la marque d'un État, mais qu'elle en est le plus souvent la négation. Avec toutes les nuances qu'il conviendra d'apporter à cette affirmation. Analysant ainsi la doctrine de la « sécurité nationale » dans le sous-continent américain, Jean-Pierre Faye s'arrête sur ce slogan : « La nation est absolue », pour nous souffler qu'il faut comprendre « l'État » en lieu et place de « la nation »[1]. Mais, au fond, ce n'est déjà pas si mal et, sur ce point, il ne serait pas difficile de se faire l'interprète du peuple syrien dans sa large majorité, lequel, à travers les formes variées que peut prendre la « violence révolutionnaire » dans son pays – assassinats, torture, extermination en règle –, n'a même pas la (maigre) consolation d'assister à l'enfantement de cet « État moderne », promis par les bons esprits du « développement politique ». Car, dans cette formule de terrorisme d'État, il y a encore le mot État, même s'il n'est pas de notre intention de justifier ici un terrorisme par rapport à l'autre, ou de coller des étiquettes qui permettraient de distinguer la « bonne » et la « mauvaise » terreur. Du point de vue des victimes, cette distinction relève assurément d'une casuistique insupportable.

La « terreur », nous explique Hannah Arendt, est « l'essence de la domination totalitaire ». En précisant plus loin : « En écrasant les hommes les uns contre les autres, (elle) détruit l'espace entre eux. En comparaison de ce qui se passe à l'intérieur de son cercle de fer, le désert de la tyrannie, dans la mesure où il est encore une sorte d'espace, apparaît comme une garantie de liberté. » Retour au concept de tyrannie, donc, dont Leo Strauss voulait favoriser la « promotion » scientifique et qui, à l'évidence, s'applique assez bien à la situation syrienne. En ce sens que le rapport État/société y est plutôt dominé par la brutalité, la violence aveugle, que par la « terreur », dans l'acception précise où l'entend Hannah Arendt, qui correspondrait ainsi à un état achevé de construction politique. En d'autres termes, l'« État » syrien n'a pas les moyens de son totalitarisme, lequel n'est qu'une image, un système de légitimation qu'il se donne, avec un parti dirigeant et des « organisations populaires » ayant pour tâche l'encadrement de la société sur le modèle des démocraties des pays de l'Est. Et assurément, par rapport à ces derniers, la Syrie apparaît bien comme un pays de « liberté », en application de la règle énoncée par Hannah Arendt. Mais, en retour, le citoyen syrien sent confusément que l'État, par le moyen de ses « Brigades » sous toutes sortes de dénominations, a sur lui *droit de vie et de mort*. Affirmation sans nuances, celle-là, au cœur de la problématique sur le rapport État/société en Syrie, qui nous

1. Jean-Pierre Faye, *Dictionnaire politique portatif en cinq mots*, Paris, Gallimard, 1982, p. 96.

autorisera à faire l'économie de quelques détours d'analyse.

Revenons sur cette image du « désert » que Hannah Arendt associe à la tyrannie. Pour rester dans l'allégorie, elle rappelle ce que Gilles Deleuze et Félix Guattari conçoivent dans *Mille Plateaux*[1] comme un *espace lisse* – obtenu après éradication du système politique –, par opposition à l'espace strié qui est celui de la construction politique et de la société civile, de la « différenciation », pour reprendre une formule chère aux politologues. Au centre de ce processus de destruction – « désertification » de l'espace politique, ce que Mouammar Kadhafi, qui représente la caricature du modèle, appelle la purification (*tathîr*) –, la violence apparaît non plus comme un moyen, un recours en vue d'un réajustement du système politique, mais plutôt comme le mode de fonctionnement d'un nouveau système. Lequel n'a jusqu'à présent suscité que peu d'intérêt de la part des analystes, trop occupés à entretenir le mythe de l'État fort intégrateur de la société. Seuls quelques intellectuels arabes, pour en être les premières victimes, commencent à l'incorporer dans leur cadre de réflexion.

Parmi eux, Yassin al-Hafez a consacré quelques bonnes pages à ce qu'il définit de manière insolite comme le *système chakhboutien*[2], à partir de quelques données d'analyse tirées de sa propre expérience politique. Pour cet auteur syrien trop tôt disparu (1978), c'est précisément sur les ruines de l'État-nation que, à la suite du « désastre » de juin 1967 et de l'effondrement du nassérisme, s'établissent au Machrek de nouveaux rapports de pouvoir fondés sur des formes prépolitiques d'allégeance : État-tribu, État-confession, etc. On ne reviendra pas sur les modalités d'application du système en Syrie. C'est là le thème d'un article publié précédemment par nous-même dans cette revue et intitulé : « l'État de barbarie[3] ». Au milieu de cet espace *chakhboutien*, ce désert politique, en lieu et place du parti, on y insistait sur le rôle éminent joué par la *bande* au pouvoir, la *jamâ'a* – maître mot de la nouvelle réalité syrienne[4], ou encore le *nomos*, pour reprendre la terminologie de Gilles Deleuze et Félix Guattari dans leur « Traité de nomadologie » (in *Mille Plateaux*), et pour rester dans le même champ allégorique. Pour ce qui concerne notre propos sur la violence du système, on retiendra simplement que les rapports sociaux y sont toujours des rapports de force. Ernest Gellner le montre bien dans *Muslim Society*[5], à cette réserve près qu'il veut y voir une règle absolue qui déterminerait l'aire arabo-islamique et non l'aboutissement d'un processus d'éradication du politique, ce dernier terme étant compris précisément comme niveau médian/médiateur entre l'organisation sociale et l'État.

1. *Mille Plateaux. Capitalisme et schizophrénie*, Paris, Minuit, 1980.

2. En référence au cheikh Chakhbout ben Sultan Al-Nahyân, émir d'Abu Dhabi, qui, jusqu'au milieu des années 1960, avait réussi à préserver autoritairement son émirat du choc de la modernisation, in *Al-Hazîma wal-îdiulujiyya al-mahzûma* (« La Défaite [du 15 juin] et l'idéologie défaite »), Beyrouth, Dâr al-Talî'a, 1979, p. 182 *sqq*.

3. *Esprit*, novembre 1983, p. 16-30 (ce texte était repris au début du volume *Syrie. L'État de barbarie*, *op. cit.*, *N.D.E.*).

4. À chaque niveau dans la hiérarchie de l'analyse sociale, ce terme représente un groupe qui se définit principalement par rapport à un adversaire, ou plusieurs, recrutant au même niveau, selon la règle bien connue : « Mon frère et moi contre mon cousin, mon cousin et moi contre l'étranger. » D'une utilisation assez souple, *jamâ'a* peut donc tout aussi bien désigner quelques individus vouant fidélité absolue à un obscur capitaine des *mukhâbarât* (services secrets – *N.D.E.*) qu'un pôle de regroupement au sein de l'équipe au pouvoir, ou encore la communauté alaouite, ou sunnite, au niveau des rapports interconfessionnels et même, cas limite, les Syriens dans leur ensemble, pris dans l'espace régional et international.

5. Ernest Gellner, *Muslim Society*, Cambridge, Cambridge University Press, 1981.

Pour une meilleure appréhension de la tyrannie, Leo Strauss souligne la nécessité d'un retour aux « classiques », en l'occurrence Xénophon et sa *Cyropédie*, Livre I, « L'éducation de Cyrus ». Concernant le cas particulier du monde arabe, on ne saurait trop recommander la lecture d'Ibn Khaldûn. On retrouve ainsi chez cet historien maghrébin du XIVe siècle l'opposition développée plus haut entre un pouvoir « politique » (*al-mulk al-siyâsî*), fondé sur la raison (la domination légale de Weber), et un pouvoir primitif ou « naturel » (*tabî'î*), où la domination n'est que simple violence. Comme est très bien analysé cet état des rapports sociaux, en fonction duquel on est « *dominant* ou *dominé* [...] aucune nuance n'est admise, aucune ambiguïté tolérée. [...] Logique du tout ou rien[1] ». À l'évidence, on tient dans cette dernière proposition la clé de la violence comme phénomène moteur du système social. On ne pourrait comprendre autrement l'acharnement avec lequel des unités spéciales du régime ont pilonné Hama, quatrième ville syrienne avec 250 000 habitants, tout au long du mois de février 1982, faisant entre 10 000 et 25 000 morts, selon un rapport d'Amnesty International de novembre 1983[2]. Certes, il s'agissait pour le pouvoir d'enrayer une insurrection conduite par les Frères musulmans. Mais comment expliquer l'ampleur de la répression et la destruction du centre historique, rendu à l'état de *tabula rasa* ?

On a vu, dans notre article cité plus haut[3], que la *jamâ'a* au pouvoir recrutait à partir de divers clivages : confessionnel, ville/campagne, civil/militaire, politique résiduelle (le pouvoir du Baath)... C'est au niveau des deux premiers qu'il faut rechercher l'explication du drame de Hama. Nul doute en effet que les alaouites – la minorité confessionnelle (10 % de la population syrienne contre 75 % de sunnites) – n'aient quelques comptes à régler avec la ville de Hama, qui symbolise à leurs yeux leur passé de paysans exploités et humiliés durant des siècles par les grands propriétaires citadins (sunnites). Mounir Moussa, auteur d'une thèse en français sur le sujet, nous rappelle qu'« avant la Première Guerre mondiale, un alaouite ne pouvait pas passer dans les rues de Hama, car il aurait été insulté, aspergé d'eaux sales, frappé, et quelquefois tué[4] ». Plus près de nous, il rapporte comment, en 1953, fut matée une jacquerie dans les villages alaouites : « Les Kaylani et les Barazi de Hama avec leurs régisseurs et leurs serviteurs aidés par la gendarmerie persécutèrent de façon cruelle les paysans, les frappant, les attachant aux queues des chevaux et jetant leurs enfants nus dans la neige. Beaucoup d'entre eux furent chassés. » À noter que le quartier Kaylani, au centre de la cité, est précisément celui qui a été rasé en février 1982. Analysant l'arrivée du parti Baath au pouvoir en 1963, E. Rouleau a écrit à juste titre qu'elle était « la revanche des campagnes[5] ». Il ne pouvait imaginer bien sûr la forme que prendrait celle-ci.

1. Abdesselam Cheddadi, « Le système du pouvoir en Islam d'après Ibn Khaldûn », *Annales ESC*, 35e année, n° 3, mai-août 1980, p. 534-550, *loc. cit.* p. 539.

2. Le chiffre le plus élevé tendrait à prouver que Rifaat al-Assad, frère du président et chef des Brigades de Défense, sait tenir ses promesses, qui, dans un éditorial du quotidien *Tishrîn* du 1er juillet 1980, se déclarait prêt à décimer la population de son pays, au sens premier du terme, pour sauver la « révolution ». Un million de morts sur une population totale de 10 millions, 25 000 tués sur 250 000 habitants, le compte y est.

3. Il s'agit de « L'État de barbarie. Syrie 1979-1982 », le premier texte du volume *L'État de barbarie*.

4. Mounir Moussa, *Étude sociologique des alaouites ou Nosaïris*, Paris, 1958, 2 vol., thèse sous la direction de Raymond Aron, tome 2, p. 762.

5. « La revanche des campagnes », Éric Rouleau, 17 octobre 1966, *Le Monde*, https://www.lemonde.fr/archives/article/1966/10/17/iii-la-revanche-des-campagnes_2688767_1819218.html.

Mais, avec le recul du temps, des phrases comme celle qui suit, tirée des *Quelques bases théoriques du VIe congrès national* (octobre 1965), texte fondamental de l'idéologie du parti, prennent une saveur toute particulière : « Durant des milliers d'années, la réaction a été sans merci pour les masses laborieuses, c'est pourquoi celles-ci doivent aujourd'hui poser sans équivoque la question de la lutte des classes : c'est à nous de vivre ou à la réaction. Tout règlement qui tendrait à la sauver ne serait que supercherie[1]. » Le système khaldûnien traduit dans la langue de la « révolution » : c'est eux ou nous ! Dominant ou dominé.

Aujourd'hui, plus de vingt ans après la prise du pouvoir par le Baath, les rapports sociaux à la campagne ont passablement évolué, de même que les positions respectives dans les rapports entre les différentes communautés. Et cependant, le problème se retrouve posé dans des termes absolument identiques, les alaouites demeurant persuadés que la moindre concession de leur part les ramènerait à leur ancien état de « damnés de la terre ». Encore une fois, la violence est inhérente au fonctionnement du système khaldûnien, elle n'est jamais condamnée *a priori*, du moins par ceux sur lesquels elle ne s'applique pas directement. Voire… Il est significatif à cet égard de relever dans la communauté maronite d'Achrafieh, quartier de Beyrouth périodiquement sous le feu des artilleurs syriens, des réactions généralement admiratives pour la « détermination » avec laquelle le pouvoir alaouite a maté l'insurrection de Hama… Avec le seul regret de ne pouvoir en faire autant pour « régler » la crise libanaise. Hafez al-Assad aurait donc cette vertu que Machiavel attribue aux « bâtisseurs d'État »… Il n'est pas jusqu'aux partis politiques syriens dits « de gauche » qui, dans leurs libelles, ne réclament, pour eux-mêmes, le rétablissement des libertés démocratiques, l'élargissement des prisonniers politiques « progressistes » et un surcroît de « violence révolutionnaire » à l'encontre de la « réaction ». De quoi dérouter d'honnêtes militants de la cause des droits de l'homme ! Assurément, nous sommes loin de notre tradition platonicienne de la « formation des gardiens » : l'autorité n'est acquise au *nomos* que dans la mesure où il préserve sa solidarité communautaire, la fameuse *'asabiyya* d'Ibn Khaldûn, laquelle est elle-même régénérée par la violence, dans l'exercice brutal du pouvoir.

« Spécifique », cette violence l'est non seulement dans la signification qu'elle recouvre quant à l'organisation du système social, mais aussi dans la forme qu'elle prend et qui relève souvent d'un « folklore » très apprécié des journalistes du monde entier : « Unités spéciales » d'Ali Haydar, « Brigades de Défense » de Rifaat al-Assad, « Chevaliers rouges » ou « Panthères roses » de Ali Id, hobereau alaouite de Tripoli au Liban… Tous ces bourreaux en puissance ne répondent de leurs actes que devant leur chef, le *mu'allim*, celui à qui l'on doit une obéissance absolue, à l'instar du « Vieux de la montagne » pour les assassins ismaéliens des XIIe-XIIIe siècles. Assassinats ponctuels, meurtres collectifs, exécutions sommaires de centaines d'innocents pris au hasard, comme à Alep ou au village de Jisr al-Shughour, liquidation de prisonniers mitraillés dans leurs cellules, comme à Palmyre (plus d'un millier de morts[2])… Comme l'écrit Canetti,

1. Dans l'édition *Le Combat du parti Baath arabe socialiste à travers ses congrès nationaux (1947-1964)*, Beyrouth, Dâr al-Talî'a, 1971 (en arabe), p. 196. Le ton grandiloquent nous rappelle ce jugement de Hannah Arendt sur le nazisme : « Une mentalité comme Cecil Rhodes pensait en continents et sentait en siècles. »

2. Cf. les aveux de trois des membres du commando ayant exécuté le massacre, in *Al-Ra'y*, quotidien jordanien, 26 février 1981 ; traduction dans Olivier Carré et Gérard Michaud (pseudonyme de Michel Seurat), *Les Frères musulmans (1928-1982)*, *op. cit.*, 1983, p. 146-148. Reproduit ici plus bas p. 53.

« les ordres de mort sont ceux qui laissent le moins de traces en celui qui les reçoit[1] ». À noter également le rituel dont s'entourent certaines opérations : à Beyrouth, le corps de Salim al-Lawzi[2], journaliste à la plume « intrépide », aurait été découvert avec la main droite calcinée ; à Hama, des avocats assassinés – on n'a pas oublié le rôle d'avant-garde joué par la profession dans les événements de 1980 – auraient été retrouvés avec la langue arrachée… Sur ce point, on ne saisit pas toujours très bien si ce rituel participe effectivement du « message » porté par l'acte en question ou s'il n'est que le produit de la rumeur publique. Toujours est-il que l'effet de terreur recherché par le pouvoir est largement acquis.

Revenons à cette notion de « terrorisme d'État ». On a dit notre réticence à l'employer dans le contexte syrien d'une éradication du politique, que le stock conceptuel propre au phénomène tyrannique, pour réduit qu'il soit, serait mieux à même d'appréhender. On a suggéré aussi que cette notion puisse retrouver un intérêt heuristique certain, au niveau des relations entre les différents États de la région, voire de ces États avec les grandes puissances. Parce que, dans cet espace *chakhboutien* que constitue aujourd'hui le Machrek, où les partis fonctionnent comme des *bandes*, les confessions comme des partis, où les sociétés sont structurées comme des organisations politiques, c'est sans doute au niveau de la région dans son ensemble qu'il faut lire le politique entre « durs » et « mous », droite et gauche, réaction et révolution, est et ouest, etc. Autrement dit, en dissociant la politique de l'instance juridico-institutionnelle, concevoir un élargissement géographique du *système politique* – dont on sait que Weber pose pour première définition qu'il s'exerce sur un territoire donné – à un cadre régional arabe de rapports interétatiques. Dans ce cadre-là, Clausewitz dirait que le terrorisme n'est que la poursuite de la politique sous d'autres formes. Et effectivement, l'à-propos et le dosage savants qui, en règle générale, caractérisent ces opérations donnent à penser que le *message* qu'elles renferment l'emporte sur toute autre considération : une voiture piégée à Fakhâni, Saïda (100 morts en moyenne) pour dissuader Yasser Arafat de faire cavalier seul dans un règlement négocié éventuel de la question palestinienne… Voitures piégées à Amman, enlèvement d'un diplomate jordanien, à Beyrouth, pour faire passer le même message au roi Hussein… Parallèlement, et par Abou Nidal interposé, quelques rafales de mitraillette à la sortie des synagogues à Vienne ou à Bruxelles, pour rappeler à l'opinion internationale que les Palestiniens sont des terroristes irrécupérables, ce qu'Israël a de plus en plus de mal à faire admettre… Chantage et menaces contre les chancelleries des pays du Golfe en période de fins de mois difficiles, pour rappeler à ces derniers leurs obligations financières au titre de la lutte contre Israël…

Yassin al-Hafez nous le dit bien : le pétrole est le nerf du système *chakhboutien*. Tout se passe comme si aujourd'hui, au Proche-Orient, le langage du terrorisme doublait les canaux diplomatiques habituels. Une situation que bien sûr le régime syrien a, pour une large part, contribué à créer. Mais, poussant le paradoxe, on peut se demander si l'aisance, magistralement démontrée ces derniers mois, avec laquelle ce régime se meut dans son espace politique régional, ne tient pas précisément au fait qu'il soit parvenu, à l'intérieur, à un degré zéro du politique. Expliquons-nous à partir d'un exemple : l'intervention syrienne dans le conflit libanais. L'opération eût été impensable avant 1970, sous Salah Jedid

1. Elias Canetti, *Masse et Puissance*, Paris, Gallimard, 1966, p. 350.
2. Rédacteur en chef de l'hebdomadaire libanais publié à Londres, *Al-Hawâdith*.

complètement isolé sur la scène politique régionale. Hafez al-Assad, à l'inverse, en engageant son « Mouvement de rectification » (*Haraka tashîhiyya*) dès son arrivée au pouvoir, en novembre 1970, avait su donner de son régime une autre image, acceptable par toutes les parties, de type *chakhboutien* dénoncé par Yassin al-Hafez. Il pouvait ainsi se permettre de dialoguer tout à la fois avec les islamo-progressistes de Kamal Joumblatt au nom du « progressisme arabe », avec Yasser Arafat dans l'intérêt de la « Cause », avec les Phalanges libanaises sur la base implicite d'une solidarité entre minoritaires… avant de les matraquer brutalement, chacun à sa mesure et en son temps, appliquant à merveille la sentence pascalienne : « S'il se vante je l'abaisse, s'il s'abaisse, je le vante. » Par ailleurs, s'il continuait d'entretenir des rapports privilégiés avec l'Union soviétique, il rétablissait aussi les relations diplomatiques avec les États-Unis, rompues en juin 1967, à la faveur de la visite de Nixon à Damas en 1974. Entre parenthèses, on a noté, lors du dernier rebondissement de la crise libanaise, leur hésitation constante entre la version du pays satellite de l'URSS et celle du régime « récupérable ».

Du point de vue des modalités de son fonctionnement, ce système politique régional est dans une large mesure le prolongement de ce que nous avons analysé au niveau propre de la Syrie, en ce sens qu'il obéit à la même logique de *bande*. Plus particulièrement, les opérations terroristes sont menées par des *jamâ'a* entretenant un rapport plus ou moins direct avec Damas, bâti sur diverses formes d'allégeances politiques ou confessionnelles. Selon les circonstances, une mission peut être confiée soit à un commando des Brigades de Défense de Rifaat al-Assad, donc à partir du noyau dur de l'État syrien (tentative d'assassinat du Premier ministre jordanien, Mudar Badran), soit à des organisations palestiniennes inféodées comme le groupe d'Abou Nidal, rendu célèbre par ses opérations en Europe, soit encore à l'une des innombrables organisations vassales qui recrutent sur le terrain libanais. On a cité plus haut l'exemple significatif du parti arabe démocratique d'Ali Id avec sa milice propre (les Chevaliers rouges), *za'îm* (chef) du quartier alaouite de Baal-Mohsen à Tripoli, brusquement projeté sous les feux des médias, pour avoir enlevé un diplomate jordanien à Beyrouth, alors que les relations syro-jordaniennes étaient au plus mal. Cette pratique des enlèvements est par ailleurs très instructive sur le plan du rapport qui lie ces obscures organisations de *pistoleros* libanais à la Syrie : la victime disparaît sans que jamais les auteurs de l'enlèvement ne revendiquent leur acte ou soient identifiés, mais elle réapparaît toujours – en cas d'issue heureuse – comme un lapin blanc sorti du chapeau des services de renseignements syriens. Ainsi, Al-Mohaysin, le diplomate jordanien, ainsi le vice-président Dodge de l'université américaine de Beyrouth, enlevé durant le siège israélien de l'été 1982, disparu une année entière… et, dernier exemple en date, Hussein Farrache, diplomate saoudien enlevé en janvier 1984, retrouvé un mois plus tard à la frontière syro-libanaise.

L'invasion israélienne au Liban, en juin 1982 – qui s'était donné entre autres prétextes, rappelons-le, de liquider le bastion du « terrorisme international » à Beyrouth – a évidemment modifié les composantes et l'organisation de ce réseau. D'une part, loin de disparaître, celui-ci s'est en fait déplacé de la capitale libanaise vers la plaine centrale de la Beqaa. D'autre part, l'intrusion de l'Iran sur la scène libanaise, à la faveur de l'invasion israélienne précisément, a donné à ce nouveau réseau une composante islamique extrémiste. Ce qui n'empêche pas la Syrie de le maintenir sous son contrôle absolu. Les informations sur ce sujet sont très parcellaires, comme on l'imagine. Le double attentat du 23 octobre 1983 contre les contingents américains et français à Beyrouth, qui a retenti comme un coup de tonnerre dans l'opinion occidentale, a tout de même mis quelques journalistes sur la piste de ces terroristes « islamiques ». Le *Sunday Times* (britannique) du 20 novembre 1983 révèle l'existence d'un camp d'entraînement militaire dans le village syrien d'Al-Zabadani, station estivale non loin de la frontière libanaise, qui servirait de base pour la préparation des opérations terroristes contre la Force multinationale stationnée au Liban, en liaison avec le quartier général des services de renseignements syriens, à Chtaura dans la Beqaa, gros bourg sur la route internationale Beyrouth-Damas. De son côté, l'hebdomadaire *Jeune Afrique* publie, dans son numéro de janvier 1984, une enquête fort bien documentée – avec organigramme à l'appui – sur ce nouveau réseau, qui rappelle étrangement l'internationale terroriste chiite ismaélienne des XIIe et XIIIe siècles. On a ainsi, sur cet « axe » stratégique chiite qui coupe le Moyen-Orient d'ouest en est : au Liban, l'organisation Amal islamique de Hussein Moussawi, née d'une scission du mouvement Amal en été 1982, basée à Baalbek dans la Beqaa ; en Syrie, l'État lui-même, investi, comme on l'a vu, par la minorité alaouite, secte historique issue (IXe-Xe siècles) du tronc commun du chiisme duodécimain ; en Irak, où les chiites constituent quelque 60 % de la population, le mouvement Al-Da'wa, créé au milieu des années 1950 à Najaf ; en Iran, enfin, encore l'État, l'appareil de la « révolution islamique », grand ordonnateur du réseau, et surtout pourvoyeur de la *da'wa*, la « prédication » islamique, le kérygme, indispensable au fonctionnement du réseau.

Encore une fois, l'analogie ne manquera pas d'être faite entre ces *muwahhidîn*[1] – dont le bandeau rouge sur le front a déjà supplanté le keffieh palestinien dans les canons beyrouthins de la mode politico-vestimentaire – et les *fidâ'iyyùn* [fedayin], tout de blanc vêtus, de Hasan al-Sabbâh, ou de Rashîd al-Dîn Sinân, grand maître de l'ordre en Syrie, les fameux « Assassins » dont Bernard Lewis écrit qu'ils furent les premiers terroristes[2] [...]

Pour ce qui concerne le rôle de la Syrie au sein de ce réseau, on se contentera de citer ce passage tiré de l'article de *Jeune Afrique*, qui se passe de commentaires : « (en réponse à une question posée à un adjoint de H. Moussawi) : Nous n'avons pas de liberté d'action. Nos opérations ne sont autorisées que si elles répondent aux intérêts de Damas. » Et le journaliste d'ajouter : « Toute la logistique d'Amal (islamique) est fournie par Damas : armes, argent, plans des objectifs visés, encadrement. Les camps d'entraînement situés dans la Beqaa sont dirigés par des officiers syriens appartenant aux services de Rifaat al-Assad. [...] Les Iraniens enseignent la religion, aspect important de la formation d'un homme-suicide. » À l'évidence, la notion de « terrorisme d'État » prend ici tout son sens. Du moins en tant qu'elle oppose cette forme de terrorisme *manipulée* à ce qui pourrait être, pour quelques esprits non encore revenus des catégories définies dans l'Europe révolutionnaire des XIXe et XXe siècles, l'expression d'un *mouvement* de la société.

1. Quelquefois écrit également *mujâhidîn*. En français le mot est transcrit en *moudjahid* (singulier) et *moudjahidin* ou *moudjahidine* (pluriel).

2. Bernard Lewis, *Les Assassins. Terrorisme et politique dans l'Islam médiéval*, présentation de M. Rodinson, Paris, Berger-Levrault, 1982 p. 174.

Mezzeh prison → Military & pol prisoners were held there.
widespread human rights abuses and torture there (most notably
during Hafez-al Assad).
↳ closed on the orders of Bashar al-Assad, in sept 2000.
≃ 600 were released. It had been reportedly converted
into an institute for historical science.

La violence comme modalité de gouvernance en Syrie[1]

Salwa Ismail

En 1970, lors du coup d'État qui a porté Hafez al-Assad au pouvoir, des personnalités clés du gouvernement baathiste, dont, entre autres, le président déchu, Salah Jedid, son Premier ministre, Youssef Zouaiyen, et le ministre de l'Industrie, Marwan Habach, ont été arrêtées et incarcérées dans la prison infâme de Mazzé, près de Damas. Arrêter et emprisonner des dirigeants politiques renversés, ce n'était pas quelque chose d'inhabituel dans ces circonstances. Le putsch militaire d'Assad était l'expression des conflits à l'œuvre au sein du parti Baath et de l'armée, dans un contexte syrien où une certaine agitation politique avait prévalu au cours des deux décennies précédentes. Des purges ont été effectuées dans le parti et dans l'armée pour éradiquer les menaces qui pesaient sur le groupe vainqueur dirigé par Assad. De telles tactiques étaient courantes pour consolider le contrôle politique sur les adversaires. Or le nouveau régime a exercé des pouvoirs d'exception qu'il s'est arrogé par le biais d'un état d'urgence, non seulement contre ses adversaires, mais également contre des segments plus larges de l'opposition politique. Avec le temps, ces pouvoirs ont été utilisés contre tous les groupes et les individus actifs de la société. En effet, incarcérer et tuer, à la fois de manière ciblée et massive, sont devenus des modes de gouvernance.

Comment la prison politique et le massacre sont-ils devenus des dispositifs de gouvernance en Syrie ? Traditionnellement, les réponses à des questions comme celle-ci s'emploient à expliquer le défi que l'opposition politique, en particulier les Frères musulmans, représentait pour le régime à partir de la fin des années 1970. Dans cette perspective, le recours à la violence de la part du groupe Al-Talî'a al-Muqâtila (considéré comme une branche des Frères musulmans) est perçu comme le déclencheur et la cause de la violence du régime. Cette vision de la violence politique sous le régime de Hafez al-Assad ne constitue, cependant, qu'une simple causalité qui ne reflète ni l'ampleur et les techniques de la violence, ni les objectifs que poursuit le gouvernement au moyen de cette violence. Il convient, en contrepoint de cette vision, de noter qu'avant même le conflit avec les Frères musulmans et les groupes militants islamistes, le recours à l'état d'urgence avait entraîné la poursuite, l'arrestation et l'emprisonnement incessants de dissidents politiques de tous les horizons. En effet, les journaux d'activistes politiques communistes, datant du début des années 1970, relatent la mise en place d'un climat de surveillance et d'un sentiment de siège ressenti par les citoyens

1. Salwa Ismail, *The Rule of Violence : Subjectivity, Memory and Government in Syria*, Cambridge, Cambridge University Press, 2008, p. 30-32. Extrait traduit pour ce livre par Mahmoud El Hajj.

ordinaires (voir Kamil Abbas[1] ; Abû Najm[2] ; Mahmoud Issa[3]).

À partir du début des années 1970, en même temps que des figures islamistes, des militants des milieux communistes et marxistes en Syrie étaient enlevés de force à leur domicile et dans les espaces publics. Ils comptaient désormais au nombre des disparus, souvent sans mot dire et sans laisser de trace. En réponse, une grande partie de l'activisme politique de l'époque s'est concentrée sur la revendication de mettre fin à l'état d'urgence. Malgré l'élargissement de la surveillance exercée par les forces de sécurité, la mobilisation et l'effervescence en faveur du changement ont persisté au sein de forces sociétales allant des syndicats professionnels aux ouvriers, en passant par les étudiants. Les actions violentes d'Al-Talî'a al-Muqâtila ont fourni un prétexte au régime pour généraliser et renforcer la violence gouvernementale. La campagne d'assassinats d'Al-Talî'a contre des personnalités du régime et ses affiliés, et ses attaques contre les infrastructures publiques, ont préparé le terrain à l'expansion des activités de surveillance et de répression des forces de sécurité à l'ensemble de la société[4]. Les services de sécurité ont mené une politique d'internement à grande échelle, tandis que des unités paramilitaires parrainées par le régime ont commis des massacres dans les villages et les quartiers des villes où vivaient les critiques du régime et les militants de l'opposition.

Comme indiqué dans l'introduction [de *The Rule of Violence* (*N.D.E.*)], la prison politique a servi de modèle de gouvernance et a formé, en tant qu'institution, une continuité avec la société en général. En effet, la prison, ou le camp de détention, est devenue un dispositif à travers lequel l'acte de gouverner s'est exercé en suscitant des sentiments d'humiliation et d'abjection chez les sujets du pouvoir. J'avance, en ce sens, un argument principal, à savoir que le pouvoir traite le sujet aussi bien comme un sujet sensible que de pensée. Partant de cette prémisse, la torture et les châtiments corporels devraient être considérés comme des technologies visant à défaire les sujets politiques. On peut reconnaître la rationalité de ces pratiques dans leur objectif, qui consiste à discipliner par l'affect. À ce titre, ma position ne confirme pas la distinction, soulignée par Michel Foucault dans sa généalogie du pouvoir disciplinaire moderne, entre la punition ciblant le corps et le redressement visant l'âme.

Outre le camp de détention, le massacre a également servi de dispositif à la violence gouvernementale. Le camp de détention et le massacre ont conjointement joué un rôle déterminant pour établir ce que l'on peut appeler un « régime de guerre civile », condition dans laquelle la guerre est devenue une « relation sociale permanente », pour reprendre les termes de Foucault[5]. La notion de guerre comprise comme relation

1. Kamil Abbas, *Ihtirâf thawrî 'alâ tarîqat mâ al-'amal fî madînat Hamâ 1977* (« Revolutionary Apprenticeship Taking the Path of What Is to Be Done in Hama City 1977 »), 2006 ; *Al-Hiwâr al-Mutamaddin*, 9 mai : www.m.ahewar.org/s/asp?aid=64351&r=0.

2. Abû Najm, *Arba'ûna'amân'alâ al-wilâda* (« Forty Years Since Birth »), 2017 ; *Al-Aan* 84 : http://facebook.com/pacsyria/posts/1480945861917823.

3. Mahmoud Issa, *Matar al-Ghiyâb* (« The Rain of Absence »), Beyrouth, Dâr al-Khayal, 2016.

4. Pour un aperçu des activités du groupe al-Talî'a, voir Abd al-Hakim, *Al-Thawra al-islâmiyya al-jihâdiyya fî Sûriya* (« The Jihadist Islamic Revolution in Syria »), 1991 ; Al-Sharbaji, *Mudhakkirât al-Talî'a al-muqâtila fî Sûriya* (« Memoirs of the Combatant Vanguard in Syria »), non daté (www.sooryoon.net) ; et Patrick Seale, *Asad of Syria : The Struggle for the Middle East*, Londres, I.B. Tauris, 1988, offre un compte rendu de la réponse du régime, basé sur des entretiens avec des activistes politiques informés.

5. Le terme « régime de guerre civile » est utilisé par Yassin al-Haj Saleh pour caractériser le déploiement, par le régime, de pratiques produisant des divisions socioculturelles qui menacent de provoquer la violence. Ainsi, il existe des similitudes entre nos utilisations.

sociale permanente met en évidence la polarisation du corps social dans un cadre biopolitique établissant des divisions entre ceux jugés dignes de vie et ceux destinés à l'élimination et à la mort. Un argument connexe soutient que les violences performatives ont une visée pédagogique : elles servent à instruire les citoyens-sujets des règles de la gouvernance et à orienter leurs états affectifs et cognitifs relativement au gouvernement.

Je commence cette discussion sur les dispositifs de violence par un aperçu du cadre juridico-politique de « l'état d'exception » dans le contexte syrien. Et j'avance l'idée que le pouvoir du souverain, tel qu'il est revendiqué dans ce cadre juridico-politique, est profondément investi dans une politique sacralisée de déification du dirigeant, et dans une sorte d'idéo-théologie semblable à ce que certains spécialistes de la gouvernance totalitaire (par exemple Gentile[1]) qualifient de « religion politique ». Dans cette perspective, je m'applique à démêler les modalités de gouvernement mises en œuvre par le biais de la prison politique, en examinant la vie quotidienne dans les camps de détention syriens telle que décrite et racontée dans des journaux d'anciens prisonniers et dans des récits fictifs d'incarcération. Ensuite, et enfin, je procède à une enquête sur le massacre de Hama comme servant de cadre pour les pratiques et les stratégies ayant institué un régime de guerre civile.

La politique du massacre : violence performative[2]

Lors d'une interview réalisée en mai 2011, un marchand de Damas m'a confié qu'il était convaincu que, sur son lit de mort, Hafez al-Assad avait conseillé à ses fils de « refaire Hama » si leur pouvoir était un jour contesté. De plus, au début du soulèvement, fin mars 2011, d'attentifs observateurs du régime m'ont parlé de l'anticipation, par de nombreuses personnes, du carnage que le régime était capable de provoquer pour mettre fin aux protestations. On dira peut-être que de telles prédictions, anticipations, craintes et prémonitions se limitent à la conjoncture du soulèvement. Pourtant, des années plus tôt, au cours de conversations, des Syriens m'ont parlé de leur anticipation du « massacre ». Je me souviens des réflexions du cinéaste Ossama Mohammed sur les idées qui l'avaient animé en réalisant son film *Sacrifices* (*Sondouk al-Dounya*, 2002). Il m'a déclaré, lors d'un échange en avril 2008, qu'il était mû par le désir de trouver une réponse à la question : « Qu'est-ce qui fait que vous êtes toujours prêts lorsque le massacre a besoin de vous ? » Mohammed a cherché une réponse dans les relations familiales et patriarcales, lesquelles cultivent la domination et la hiérarchie et exigent des membres du groupe une loyauté absolue. Il semblait considérer, comme le montre son film, qu'il existe une structure originelle de violence inhérente aux relations de type familial, laquelle constitue ensuite l'habitus du pouvoir. On peut reprocher à Mohammed d'avoir posé comme postulat l'anhistoricité de la violence, mais ce qui reste frappant, c'est le fait qu'il vivait, comme beaucoup d'autres Syriens, dans l'anticipation du massacre.

Une tentative similaire pour comprendre le permanent et sous-jacent état de guerre se fait entendre dans les mots de l'écrivain Mondher Bader Halloum, s'exprimant lors d'un séminaire public sur son œuvre littéraire, tenu à l'Ifpo de Damas en

1. Emilio Gentile, « The Sacralisation of Politics : Definitions, Interpretations and Reflections on the Question of Secular Religion and Totalitarianism », in *Totalitarian Movements and Political Religions*, vol. 1, n° 1, 2000, p. 18-55.

2. Salwa Ismail, *The Rule of Violence*, *op. cit.*, p. 166-168.

janvier 2011. Dans son intervention, il a parlé de l'atteinte à la culture en tant que domaine édifiant de la vie sous le règne du parti Baath et d'Assad. Cela a, selon lui, provoqué une régression vers un état de monstruosité primitive (*al-insilâkh ilâ al-wahch*) (Halloum, Damas, 10 janvier 2011). Le pronostic de Halloum exprime une sorte d'idéalisme résultant d'une foi dans le rôle « civilisateur » des œuvres culturelles que produisent les citoyens indépendants, en particulier les écrivains et les artistes. En dépit de cet idéalisme, Halloum, comme Ossama Mohammed et bien d'autres artistes et écrivains, a entrepris, au cours de la décennie précédant l'insurrection, d'explorer, à travers des productions culturelles, les conditions qui avaient permis l'irruption d'une violence extrême dans le passé, et qui pouvaient annoncer son éventuelle éruption à l'avenir. L'imaginaire de la violence que ces figures culturelles ont dépeint à travers leurs travaux et réflexions semble, rétrospectivement, avoir anticipé la descente progressive dans la guerre survenue avec le soulèvement de 2011. Partant de l'imaginaire d'un « massacre prédit », je souhaite explorer les champs d'action politiques exprimés et constitués par le massacre. Je le fais, d'abord, en revisitant quelques-uns des cadres explicatifs développés dans la littérature sur la guerre civile et la violence extrême, où les massacres structurent l'interaction entre les parties belligérantes.

La recherche des causes, des facteurs de motivation et des conditions favorables, représente une préoccupation majeure dans les écrits sur la violence extrême et les massacres. Les approches adoptées dans ces écrits ont été classées selon les variables qu'elles privilégient pour rendre compte des causes poussant des forces sociales et politiques à participer aux actes de meurtre de masse. Par exemple, Jacques Sémelin[1], dans une discussion sur le vocabulaire du massacre, a identifié des cadres explicatifs de la violence « par le haut » et « par le bas » : ceux qui identifient les acteurs et les motivations comme appartenant aux rangs supérieurs de l'État et du gouvernement, et ceux qui placent les auteurs dans leur contexte local. De manière similaire, Stathis Kalyvas[2] regroupe les cadres explicatifs en deux camps opposés : ceux qui défendent une conception abstraite de la violence politique, sur le modèle de la dyade schmittienne de l'ami et de l'ennemi, et ceux qui adoptent une perspective hobbesienne des meurtres de masse, compris comme expression du caractère anarchique intrinsèque du monde social. Jacques Sémelin et Stathis Kalyvas suggèrent que les variables par le haut et par le bas sont interreliés et qu'ils devraient être ainsi interrogés. Pour l'un comme pour l'autre, les conflits locaux éclatent lorsqu'un régime donné est contesté par des groupes armés insurrectionnels. Un conflit politique abstrait, impliquant une lutte pour le pouvoir entre les gouvernants et les concurrents au sommet de la structure politique, donnerait une impulsion à la violence par le bas pour reprendre des conflits collectifs localisés ou pour régler des comptes privés[3]. En période de tels conflits, les activités criminelles de pillage trouvent une issue dans les meurtres et les actes brutaux. Inversement, les conflits au niveau local peuvent provoquer l'irruption d'une guerre généralisée impliquant les gouvernants. Comme nous le verrons ci-dessous, ces traits fondamentaux de la

1. Jacques Sémelin, « Toward a Vocabulary of Massacres and Genocide », in *Journal of Genocide Research*, 5, 2, 2003, p. 193-210.

2. Stathis N. Kalyvas, « The Ontology of "Political Violence" : Action and Identity in Civil Wars », *Perspectives and Politics*, 1, 3, 2003, p. 475-494.

3. Pour la discussion de ces dynamiques, voir Charles Tilly, *The Politics of Collective Violence*, Cambridge, Cambridge University Press, 2003.

façon d'aborder la violence extrême, et en particulier les massacres, éclairent certains aspects de la violence qui a éclaté en Syrie au moment de la transformation du soulèvement. Cependant, le cadre interprétatif que je cherche à développer ici a pour but d'aboutir à une analyse du massacre en tant que technique au sein d'une gouvernance de la violence. En d'autres termes, je suis particulièrement préoccupée par la façon dont le massacre est devenu *technè* dans l'appareil émotionnel du pouvoir, opérant sur l'affect et la cognition, et produisant des champs d'action politiques et des langages de communication. À cette fin, je me tourne vers l'exploration de la structure affective de la violence extrême.

Comme discutée par Adriana Cavarero[1] et Michael Humphrey[2], la violence visant la destruction du corps est une caractéristique essentielle de l'horreur. Or l'analyse de la violence-horreur doit, en outre, tenir compte de la structure performative de celle-ci et des termes de sa narrativisation. À travers des actes signifiants et des mises en intrigue de violence, l'horreur s'adresse aux structures affectives et cognitives des sujets, qu'ils soient victimes, spectateurs ou victimes potentielles. En d'autres termes, la narrativisation et la discursivité étoffent les pouvoirs communicatifs et rhétoriques de la violence. Les champs de communication de la violence s'étendent au-delà des actes de dommages corporels infligés aux victimes. Ils englobent également les récits qui mettent en intrigue la violence. Le travail narratif est entrepris par les agresseurs, les survivants, les témoins et les spectateurs passants, ainsi que par les journalistes et les enquêteurs. Pour comprendre les effets d'horreur de la violence, nous devons prendre en compte les actes narratifs et les mises en intrigue des événements entrepris par ces divers acteurs. À cet égard, la distinction que l'on opère habituellement entre l'horreur comme genre cinématographique ou romanesque, d'une part, et l'horreur « naturelle », d'autre part, ne tient pas. Cette distinction est fondée sur le fait que l'horreur dans l'art est fabriquée et produite et que l'horreur naturelle est vécue par les victimes sans intermédiaire (voir Matt Hills[3]). Pourtant, la production d'une véritable horreur implique une mise en scène ainsi qu'une série d'actes reliés entre eux, investis de significations et qui suivent un plan ou une intrigue en vue d'obtenir les résultats attendus. Les actes vécus par les sujets-victimes sont également soumis à un ordre narratif et discursif qui acquiert des significations et des interprétations à travers la narrativisation et les articulations discursives dans les récits des protagonistes et des observateurs.

1. Adriana Cavarero, *Horrorism : Naming Contemporary Violence*, New York, Columbia University Press, 2011.

2. Michael Humphrey, *The Politics of Atrocity and Reconciliation : From Terror to Trauma*, Londres et New York, Routledge, 2002.

3. Matt Hills, *The Pleasures of Horror*, Londres et New York, Continuum, 2005, p. 132-133.

Hafez al-Assad -> 18th president of Syria. From 1971 (coup d'État) - 2000 (his death). Organised the state in line of sectarianism.

Bashar al-Assad -> 19th president of Syria. From 2000 - 2024 (8/12) -> fled the country w/ the succes of HTS.

Les assassinats perpétrés par le régime des Assad (1972-2013) Chronologie

Farouk Mardam-Bey

Dès son coup d'État, le 16 novembre 1970, Hafez al-Assad, alors ministre de la Défense, a cherché à éliminer toute opposition, et d'abord celle des anciens dirigeants du parti Baath avec lesquels il était en conflit ouvert depuis quelques mois. Ainsi de Noureddine al-Atassi, qui venait de démissionner de son poste de président de la République, et du général Salah Jedid, secrétaire général adjoint du parti, considéré comme l'homme fort du régime issu du coup d'État militaire de février 1966. Tous deux incarcérés sans jugement pendant plus de vingt ans, le premier, gravement malade, n'a été libéré qu'un mois avant sa mort survenue à Paris le 3 décembre 1992 et le second est mort en prison le 19 août 1993. Autant que le massacre de populations civiles, le meurtre d'hommes politiques, de journalistes et de diplomates allait par la suite ponctuer toute l'histoire du régime des Assad. Voici une liste chronologique non exhaustive des victimes (syriennes, libanaises ou autres) des attentats commis par ses services de renseignements ou indirectement par leurs acolytes. Il est à noter qu'aucune enquête les concernant n'a abouti.

Le 4 mars 1972, à Tripoli, Liban : le général Muhammad Omran, qui avait occupé peu après le coup d'État du parti Baath, le 8 mars 1963, les postes de vice-Premier ministre, puis de ministre de la Défense.

Le 11 novembre 1976, à Beyrouth : tentative d'assassinat de Raymond Eddé, ancien ministre et l'un des hommes politiques libanais les plus influents et les plus respectés.

Le 16 mars 1977, près de Baakline dans le Chouf : Kamal Joumblatt, dirigeant du parti socialiste progressiste et de la gauche libanaise.

Le 24 février 1980, à Aramoun, au sud de Beyrouth : Salim al-Lawzi, fondateur-directeur de l'hebdomadaire *Al-Hawâdith*, qui avait été enlevé et sauvagement torturé quelques jours auparavant.

Le 2 juin 1980, à Paris : Salaheddine al-Bitar, l'un des fondateurs du parti Baath et ancien Premier ministre.

Le 22 juillet 1980, à Beyrouth : Riad Taha, fondateur-directeur du quotidien *Al-Kifâh*, président du syndicat des journalistes libanais.

Le 17 mars 1981, à Aix-la-Chapelle, en Allemagne : Banan Tantawi, épouse de 'Issam al-Attar, dirigeant des Frères musulmans syriens.

Le 3 septembre 1981, à Beyrouth : Louis Delamare, ambassadeur de France au Liban.

Le 9 février 1986, à Tripoli : Khalil Akkawi, fondateur du mouvement Résistance populaire.

Le 18 septembre 1986, à Beyrouth : François Gouttière, attaché militaire français au Liban.

Le 7 octobre 1986, à Beyrouth : Subhi al-Saleh, professeur réputé de sciences religieuses, président du Haut Conseil islamique au Liban.

Le 9 mai 1989, à Beyrouth : Hassan Khaled, mufti de la République libanaise.

Le 21 septembre 1989, à Beyrouth : Nazem al-Kadiri, député libanais.

Le 22 novembre 1989, à Beyrouth : René Moawad, président de la République libanaise, dix-sept jours seulement après son élection.

Le 21 mai 2000, à Damas : Mahmoud al-Zu'bi, ancien Premier ministre syrien, « suicidé » juste avant la mort de Hafez al-Assad.

Le 1er octobre 2004, à Beyrouth : tentative d'assassinat de Marwan Hamadé, ancien ministre libanais, membre du parti socialiste progressiste.

Le 14 février 2005, à Beyrouth : Rafic Hariri, Premier ministre libanais. Bassel Fleihan, ministre de l'Économie, grièvement blessé lors du même attentat, est mort le 18 avril.

Le 10 mai 2005, à Qamichli, Syrie : enlèvement de Ma'chouq al-Khaznawi, dignitaire religieux kurde. Son cadavre a été découvert à Deir ez-Zor le 31 mai.

Le 2 juin 2005, à Beyrouth : Samir Kassir, historien et journaliste libanais.

Le 21 juin 2005, à Beyrouth : Georges Haoui, secrétaire général du parti communiste libanais.

Le 12 juillet 2005, dans la banlieue nord de Beyrouth : tentative d'assassinat d'Elias Murr, homme politique libanais, vice-Premier ministre et ministre de la Défense.

Le 25 septembre 2005, Jounieh, Liban : tentative d'assassinat de May Chidiac, journaliste libanaise.

Le 12 octobre 2005, à Damas : le général Ghazi Kanaan, ancien chef des services de renseignements syriens au Liban, ministre de l'Intérieur, « suicidé » dans son bureau.

Le 21 décembre 2005, à Mkalles, Liban : Gibran Tuéni, journaliste libanais, directeur du quotidien *Al-Nahâr*.

Le 5 septembre 2006, à Rmaylé, au nord de Saïda, Liban : tentative d'assassinat du commandant Samir Chéhadé, chargé du dossier de l'assassinat de Rafic Hariri. Quatre de ses accompagnateurs sont morts dans l'attentat.

Le 21 novembre 2006, dans la banlieue nord de Beyrouth : Pierre Amine Gemayel, dirigeant du parti des Phalanges libanaises, ministre de l'Industrie.

Le 13 juin 2007, à Beyrouth : Walid Eido, parlementaire libanais, membre du Courant du futur fondé par Rafic Hariri.

Le 19 septembre 2007, dans la banlieue est de Beyrouth : Antoine Ghanem, député, membre du parti des Phalanges libanaises.

Le 25 janvier 2008, à Hazmieh, Liban : le capitaine Wissam Eid, chargé du volet technique des enquêtes sur les attentats politiques commis au Liban, notamment l'assassinat de Rafic Hariri.

Le 24 mai 2011, à Aley, Liban : enlèvement de Chibli al-Aysami, figure historique du parti Baath en Syrie. Âgé de 88 ans, il est probablement mort peu après son transfert en Syrie.

Le 7 octobre 2011, assassinat à Qamichli de Mashaal Tammo, opposant kurde.

Le 19 octobre 2012, à Beyrouth : Wissam al-Hassan, chef de la branche du Renseignement des forces de sécurité intérieure libanaises.

Le 27 décembre 2013, à Beyrouth : Muhammad Chatah, ancien ministre des Finances, ancien conseiller de Rafic Hariri.

2

Les massacres de Palmyre et de Hama (1980-1982)

Récit d'un participant à l'opération

Isa Ibrahîm Fayyâd[1]

Au début de l'été 1980, le ton monte brusquement dans le subtil dialogue de la violence, entre terrorisme et répression. En réponse à un attentat manqué contre le président le 26 juin, Mu'în Nassif, major dans le corps des Brigades de Défense et gendre de Rifaat al-Assad, monte une expédition punitive contre la prison de Palmyre dans le désert syrien, où sont regroupés plusieurs milliers d'opposants, Frères musulmans ou apparentés pour la plupart. Plusieurs versions de l'événement sont alors colportées par la rumeur publique, mais tout le monde sent confusément que l'irréparable a été commis. Huit mois plus tard, les téléspectateurs damascènes, prévenus la veille, assisteront médusés à l'interrogatoire, retransmis par la télévision jordanienne, de trois des participants de l'opération. Interceptés en Jordanie en janvier 1981, ils avaient pour mission d'assassiner le Premier ministre jordanien, Mudar Badran, accusé de soutenir activement la « bande des Frères ». Voici un extrait de cet interrogatoire, reproduit le lendemain dans le plus grand quotidien jordanien :

'Isa Ibrahîm Fayyâd (né en 1960, alaouite) : ma première mission dans les Brigades de Défense fut celle de la prison de Palmyre. Le 26 juin 1980, le président Hafez al-Assad avait échappé à un attentat. À l'aube du matin suivant – le 27 à 3 heures – ils nous ont réveillés en nous disant de nous rassembler dans la cour en tenue de combat et armés. De là, ils nous ont emmenés dans la salle de cinéma de la Brigade 40, où le major Mu'în Nassif nous attendait pour nous faire un briefing. Il nous a expliqué que ces salauds de Frères musulmans assassinaient les gens du peuple, sans faire de quartier entre le musulman alaouite, le musulman sunnite ou le chrétien, que la veille ils avaient tenté d'assassiner le président, et que pour cette raison nous allions attaquer aujourd'hui la prison de Palmyre où il s'en trouvait un grand nombre. Il a demandé qui ne voulait pas participer à l'opération, mais personne n'a levé la main. Alors il nous a dit de monter dans les camions et nous sommes partis pour l'aéroport de Mazzé. Un autre groupe était déjà là quand nous sommes arrivés, la Brigade 138 du commandant Ali Dib, un alaouite de Lattaquié. Dix hélicoptères nous attendaient. [...]

Nous sommes arrivés à Palmyre vers 6 heures et demie du matin. À notre descente des hélicoptères, ils nous ont divisés en deux groupes : l'un est resté sur place, quant à nous, un camion Dodge est venu nous chercher pour nous emmener à la prison. Là, ils nous ont encore répartis en six ou sept pelotons. Dans mon peloton, on était onze environ, avec le lieutenant Munir Darwish. Autrement dit, on devait être en tout une soixantaine. Ils nous ont ouvert la

1. Extrait paru dans le quotidien jordanien *Al-Ra'y*, 26 février 1981. Reproduit par Olivier Carré et Michel Seurat, *Les Frères musulmans*, Paris, L'Harmattan, 2e édition, 2002, p. 146-148.

porte d'un baraquement. On est entré à six ou sept, et on a tué tout ce qui se trouvait à l'intérieur, c'est-à-dire soixante ou soixante-dix personnes. [...] Personnellement, j'ai dû en mitrailler une quinzaine. En tout, il a dû y avoir quelque cinq cent cinquante tués parmi ces salauds de Frères musulmans, et du côté des Brigades de Défense un mort et deux blessés. On est ressortis. Le lieutenant Ra'îf 'Abdallah est allé se laver les mains et les pieds, couverts de sang.

Q. : Combien de temps la mission a-t-elle duré ?

R. : Une demi-heure environ. Il y a eu un grand tumulte, des explosions de grenades, des cris, des Allahu akbar... On est remonté dans les hélicoptères... À Mazzé, le major Mu'în Nâsîf nous a accueillis. Il nous a remerciés pour notre effort et nous a présenté ses condoléances pour la mort de notre camarade. Puis il nous a dit de retourner à notre travail. Ce qu'on a fait.

« Nous sommes prêts à sacrifier un million de martyrs… »

Éditorial du quotidien Tishrîn *de Rifaat al-Assad, 1er juillet 1980*[1]

Quatre jours après le massacre de la prison de Palmyre, le 1er juillet 1980, un éditorial du quotidien Tishrîn, *signé Rifaat al-Assad, prévient que pour sa survie la « Révolution » n'hésiterait pas à décimer, au sens premier du terme, le peuple syrien.*

[…] Nous sommes dans cette nation les propagateurs du droit, les bâtisseurs d'une révolution, les défenseurs d'une cause […]

Quant à eux, ils ne sont pas de cette nation, et ne méritent pas l'honneur de s'y rattacher par leur identité. Dorénavant, ils ne devront même plus y poser le pied, et souiller sa terre sacrée…

La Syrie s'est dressée contre le Mongol, elle a défait les mamelouks et les croisés, elle a ébranlé le trône ottoman, rabaissé l'arrogance du colonialisme européen… Elle est aujourd'hui le dernier sanctuaire de la nation arabe, à la tête de sa résistance… Nombreux sont ceux qui butent contre cette résistance… Et c'est pourquoi la Syrie voit se tramer contre elle tous les complots, se lever toutes les armées, elle qui, grâce à sa révolution, et derrière son chef Hafez al-Assad, défend l'honneur de cette nation et représente l'arabisme dans ce qu'il y a de plus juste et de plus vrai…

Nous ne voulons nuire à personne et n'acceptons pas que l'on nous nuise. Nous sommes des missionnaires de la paix, de l'amour et du développement. Nous détestons la guerre et les destructions qu'elle cause. Mais si nécessaire, pour construire la paix et l'amour, nous sommes prêts à engager cent batailles, à détruire mille citadelles et à sacrifier un million de martyrs. Pour le bien et l'orgueil de la nation, pour l'honneur de l'homme dans cette nation…

Les ennemis de la nation sont les ennemis de la liberté, de l'humanité, du socialisme, du progrès et de la civilisation, les ennemis de notre souveraineté et de notre unité nationale. Ils ont tous passé un pacte avec le diable contre notre révolution, contre notre nation arabe et en elle contre toutes les forces du bien.

Ils veulent un islam à leur convenance, fonction de leurs machinations, comme un instrument entre leurs mains qu'ils utilisent, déforment, falsifient, au nom duquel ils trompent et ils tuent…

Or l'islam n'est la propriété de personne, mais la religion du droit, de l'amour, de la justice et de l'égalité. C'est ainsi que nous le comprenons et que nous le défendrons…, sans laisser personne le détourner de ses enseignements.

1. Reproduit dans Olivier Carré et Michel Seurat, *Frères musulmans*, *op. cit.*, p. 148-149.

Éloge de la haine

Extraits du roman de Khaled Khalifa[1]

*Khaled Khalifa, né à Alep en 1964, est l'un des écrivains syriens qui ont entrepris courageusement, au cours des années 2000, après la mort de Hafez al-Assad, de ranimer le souvenir des événements tragiques des deux précédentes décennies, mettant fin à l'amnésie que la grande majorité de leurs concitoyens s'étaient imposée, le plus souvent par peur et très rarement dans l'espoir d'une improbable réconciliation nationale. Littérature contre l'oubli, littérature de résistance, elle s'est notamment affirmée avec les romans de Manhal al-Sarrâj (*Comme il sied à un fleuve, *2002), Rosa Yassin Hassan (*Ébène, *2004), Khalil al-Ruzz (*Saumon irlandais, *2004), Samar Yazbek (*La Glaise, *2005) et Khaled Khalifa dont le roman* Éloge de la haine, *d'où sont extraites ces pages, a paru en français en 2011.*

Le personnage principal – en même temps que la narratrice de ce roman – est une jeune femme née dans une famille traditionnelle d'Alep et qui a passé toute son enfance et son adolescence auprès de ses trois tantes, dans un quartier de la vieille ville. Devenue lycéenne, elle se lie à des militantes islamistes et adhère à leur organisation. Mais en échappant à la prison familiale, avec son conservatisme rigide et ses occupations futiles, elle entre de plain-pied dans une autre où la haine, attisée par les exactions du pouvoir en place, marque chaque geste de la vie quotidienne. Se donnant désormais pour mission d'exécuter la volonté de Dieu sur terre, elle finit par être arrêtée, et c'est là, en prison, qu'elle se libère peu à peu de ses préjugés au contact de militantes ne partageant pas les mêmes origines ethniques, confessionnelles ou politiques.

Parallèlement à l'histoire de sa chute et de sa rédemption, la narratrice raconte l'évolution de chacun des membres de sa famille, prétexte à une évocation des terribles événements qui ont marqué sa vie et la leur, dont le massacre dans la prison de Palmyre en juin 1980 de près de mille détenus. La tuerie a été perpétrée par une centaine d'éléments appartenant aux Brigades de Défense commandées par Rifaat al-Assad.

Nous partîmes avant l'aube pour la prison du désert dans la voiture d'Omar. Des mères venues de toutes les villes nous avaient précédées pour humer l'air qu'avaient respiré leurs fils, refusant de croire cette histoire effarante. Les barrages et les fusils des soldats empêchaient les milliers de gens qui avaient dormi dehors de parvenir jusqu'à la prison, redevenue parfaitement calme. Les cadavres avaient été déplacés et tout avait été nettoyé au jet d'eau, comme si les soldats n'avaient rien accompli de plus que leur travail quotidien.

Je réalisai soudain que je n'avais même pas embrassé ma mère malgré notre longue séparation et, sans un mot, je glissai ma main dans la

1. Présentation de l'auteur et du roman par Farouk Mardam-Bey, son éditeur chez Actes Sud, ici p. 202-204.

sienne. Un froid étrange me pénétra jusqu'aux os et s'il n'y avait eu l'intense éclat de ses yeux, je l'aurais crue morte.

Devant la prison du désert, le spectacle ressemblait à une scène de film épique, fantastique. C'était un monde qu'on pouvait sentir et goûter. Il était impossible de croire à la réalité de ces exécutions. Des femmes en noir, brandissant les photos de leurs époux, frères ou fils, étaient agenouillées en rangs comme si elles priaient un Dieu en la miséricorde duquel elles avaient longtemps cru. La peur se lisait sur leurs visages. Puis, soudain, je vis ma mère sauter de la voiture d'Omar, se frayer un passage parmi une foule de femmes qui nous ressemblaient. Elle se précipita sur un blindé qui barrait le chemin vers le portail, le frappa des poings, invectivant les soldats des Brigades de la mort qui la regardaient, dissimulés dans leur engin, effrayés par la foule qui se pressait autour d'eux.

L'hystérie régnait. Des charrettes, des voitures, des hommes aux regards brisés, des enfants dont personne ne s'occupait et qui ramassaient des pierres, dressaient des stèles puis les faisaient tomber avec d'autres pierres ; des vendeurs de sandwichs et de boissons fraîches venus des villages voisins, profitant de l'occasion, dressaient leurs étals ; des odeurs de viande grillée dont personne ne voulait, des salades préparées à la hâte, comme si une petite ville surgissait des sables. La canicule n'empêchait pas les femmes de se lamenter, la bouche sèche, les lèvres gercées à cause de la soif ; elles se châtiaient, renonçaient aux plaisirs du monde, aspiraient à suivre dans la mort des êtres chers. J'essayais de faire le tri dans les histoires que se transmettaient les femmes et les hommes, d'abord avec une certaine retenue. Puis, midi passé, les voix des conteurs s'élevèrent et le vrai et le faux se mélangèrent. J'imaginais Houssam, cadavre froid, transporté comme un détritus par les bulldozers, jeté quelque part, à l'air libre peut-être, déchiqueté par les chiens. J'eus la nausée en entendant raconter les histoires des survivants qui s'accrochaient à la vie en retenant leurs entrailles, enjambant les cadavres de leurs frères, entassés dans des cellules exiguës, surmontant les coups de fouet, la pleurésie, la gale pour demeurer en vie. Personne dans la prison n'eut l'idée de sauver ces blessés après le départ en avion des soldats des Brigades de la mort. Beaucoup de temps passerait avant que ne soient connus les détails de leur passage et le nom des officiers qui avaient donné les ordres de sang-froid. Poursuivis par la malédiction des cadavres, six soldats devinrent fous ; on les vit grimper aux branches des saules, laisser un nuage de poussière derrière eux pour fuir des ennemis fictifs qui les poursuivaient jusque dans leurs lointains villages. Ils furent limogés de l'armée et rendus à leurs familles avec les médailles d'honneur que leur remit le commandant des Brigades de la mort, qui reçut personnellement tous les soldats rentrés dans leurs casernes. Il avait prononcé un discours louant leur bravoure, puis les avait récompensés de quelques sous qu'ils dépensèrent en sandwichs de falafel avant de retourner à leurs misérables chambres dans les banlieues de Damas.

Dans l'obscurité sur la route du désert, nous demeurâmes prostrés, silencieux. Ma mère était près de moi sur la banquette arrière, Omar évitait son regard dans le rétroviseur. À côté de lui, Mariam gardait les yeux fermés ; on entendait le cliquetis régulier de son chapelet pendant qu'elle murmurait des prières que je n'entendais pas. La monotonie de la route et la vanité de toute parole nous rendirent muets. Je me remémorais les images des femmes bien décidées à demeurer devant le portail de la prison pour récupérer les cadavres de leurs fils. La scène semblait tirée d'un spectacle surréaliste. Je revoyais les images et j'avais l'impression que la voiture était un coffre fermé et mouvant qui nous enfermait tous les quatre dans l'obscurité. À la lueur des phares, je fixai le visage de ma mère : elle avait le regard immobilisé sur un point dans le noir.

Témoignage du massacre de Mashâriqa[1]

Deux ans avant le massacre de Hama, d'autres avaient été commis dans différentes localités du pays, notamment à Alep. L'un des plus sanglants fut celui du quartier Al-Mashâriqa où, par suite de plusieurs attentats commis contre des éléments des services de renseignements (attentats revendiqués par le groupe qui agissait sous le nom d'Avant-garde où combattent des Frères musulmans), les Unités spéciales de l'armée se sont acharnées sur la population civile en guise de vengeance.

C'était le 11 août 1980, et le premier jour de la fête du Fitr (rupture du jeûne du mois de ramadan). Les habitants se rendaient visite les uns aux autres, selon la coutume quand le quartier fut soudain bouclé puis envahi par les Unités spéciales que commandait l'un des piliers du régime, le général Ali Haydar. Les soldats raflèrent arbitrairement 83 hommes, dont des fonctionnaires et même des membres du parti Baath, et les conduisirent vers le cimetière Hanono où ils furent fusillés, et leurs cadavres traînés par terre dans les rues du quartier par les véhicules militaires. Ils seront enterrés le lendemain dans un fossé creusé à proximité du cimetière, au-dessus duquel sera construite une mosquée nommée… Hafez al-Assad !

Les Unités spéciales avaient été dépêchées à Alep début avril, conduites par le colonel Hicham Mu'alla, et avaient déjà, à chaque attentat islamiste, durement puni la population civile. Ce fut notamment le cas, le 7 juillet, dans le marché populaire Souq al-Ahad, quand elles ouvrirent le feu sur la foule, faisant quelque 200 morts et blessés. Et elles allaient sévir de nouveau, le lendemain même du massacre d'Al-Mashâriqa, en tuant aussi arbitrairement 35 personnes à Bustân al-Qasr[2].

Tout a commencé dans notre quartier, Mashâriqa. Il devait être 1 h 30 du matin ce vendredi 24 avril. Je ne dormais pas. J'ai vu deux hélicoptères arriver et se poser dans le cimetière voisin. Des soldats en sont sortis. Ils ont bouclé le quartier. Vers 2 heures, les coups de feu ont commencé. Ils ont donné l'assaut aux maisons. Ils cognaient aux portes et embarquaient tous les hommes. Quand ils en avaient ramassé quinze ou vingt, ils les conduisaient dans une impasse ou dans l'entrée d'une maison et les exécutaient, puis passaient aux autres. Vers 5 heures, ce fut le tour de notre maison. Ils ont pris deux hommes chez les voisins. Il y a quatre appartements sur le palier, mais ils n'ont pas dû voir la troisième ou la quatrième porte parce qu'il n'y avait pas de lumière dans le couloir. Par chance, ils ne sont donc pas entrés chez nous. Je m'étais habillé et préparé à sortir, pensant qu'il s'agissait comme l'année dernière d'un passage » à tabac

1. Olivier Carré et Michel Seurat, *Frères musulmans*, *op. cit.*, p. 149. Le texte est présenté ainsi : « Un rescapé du massacre de Hama d'avril 1981 témoigne, dans ce document enregistré sur bande sonore, dont le *Washington Post* a publié quelques extraits dans son numéro du 25 juin 1981. »

2. Introduction par Farouk Mardam-Bey.

de quatre ou cinq jours, et qu'on serait relâchés. C'est ainsi qu'ils avaient procédé l'année dernière, en tirant en l'air et dans toutes les directions pour terroriser la population. Bien sûr quelqu'un pouvait être tué à l'occasion, mais ce n'était pas un problème. Cette fois nous n'avons pas compris tout de suite ce qui se passait. C'est pourquoi il n'y a eu aucune résistance, du moins dans notre quartier. Les coups de feu ont duré jusqu'à 9 heures, 9 h 30 le matin. Durant tout ce temps, j'entendais de chez moi les hurlements des femmes qui emplissaient tout le quartier, les cris des hommes aussi, qui devaient être tabassés avant d'être exécutés.

Vers 11 heures, j'ai reconnu la voix de mon frère dans la rue. Il n'habite pas chez nous, étant marié. Je l'ai entendu crier : « Ils n'ont pas laissé un homme, pas un garçon dans le quartier ! » Je suis descendu en enfilant ma chemise. J'ai fait quelques pas, avant de tomber sur un monceau de cadavres, puis un autre. Il devait y en avoir dix ou quinze, je suis passé devant, l'un après l'autre. Je les ai regardés longuement sans en croire mes yeux... Dans chaque tas il y avait quinze, vingt, trente corps. Les visages étaient totalement méconnaissables. Je pense que les rafales ont été tirées à la hauteur des têtes parce que j'ai vu des lambeaux de cervelle par terre et sur les murs. De la bouillie ! Il y en avait de tous les âges à partir de quatorze ans, en pyjama ou en *galabiya*, en sandales ou pieds nus. Du seuil des maisons au caniveau, le sang coulait comme un ruisseau.

Autour des cadavres se tenaient les familles en pleurs. J'ai vu une femme dans l'entrée d'une maison, près d'un de ces tas. Je lui ai dit qu'elle ferait mieux de rentrer et que le spectacle n'avait rien de réjouissant. « Comment pourrais-je rentrer chez moi ? m'a-t-elle répondu. La nuit dernière il y avait sept personnes à la maison, et maintenant les voilà. Comment rentrer et les laisser dehors ? » Je connais une famille qui a perdu neuf personnes, une autre onze. Il faut dire que durant toute la rafle, ils n'ont jamais demandé une carte d'identité. L'année dernière ils ne tuaient jamais plus de vingt ou vingt-cinq personnes à la fois. Et sur quelle base ? Quelqu'un d'une famille était recherché. Ils faisaient une descente dans le quartier, ramassaient tous ceux qui portaient le même nom ; le père, le frère, le cousin... Ils les liquidaient dans un coin et repartaient en les laissant sur place. Mais cette fois non, ils n'ont fait aucune distinction, ils n'ont pas demandé les cartes d'identité. D'ailleurs il y a eu six membres des Phalanges armées parmi les victimes, des baathistes qui avaient suivi un entraînement militaire pour la « défense de la Révolution ».

Le « petit Hama » : une enquête de Michel Seurat, 1981[1]

Michel Seurat s'entretient avec un informateur non identifié. Très troublé, celui-ci raconte les événements qui se sont déroulés dans la ville de Hama en avril 1981. Il ne se souvient plus précisément du jour où sont intervenues les Brigades de Défense de Rifaat al-Assad, un lundi ou un mardi, vers 2 heures du matin. Les Forces spéciales ont encerclé la ville de Hama, et plus particulièrement le quartier du Machrek, et l'ont soumise à un pilonnage d'artillerie qui a fait des dizaines de victimes. L'informateur décrit la violence de l'intervention des Forces spéciales. Sous le choc des souvenirs qu'il garde de ce massacre, durant lequel il a perdu presque tous ses amis et ses proches (dont toute la famille de son frère et son frère lui-même), l'informateur revient régulièrement sur les pertes humaines, en particulier les femmes et les enfants qui y ont été exécutés. L'informateur décrit le quartier après le massacre, choqué de la vision qu'il a eue : des gens âgés entre 14 ans et 70 ans abattus, leurs visages méconnaissables. Pas moins de 200 chiens se sont rassemblés dans le quartier pour manger la chair des cadavres restés dans les rues jusqu'à 18 heures. Les corps ont été ensuite ramassés dans des camions à ordures de la mairie, et personne n'a eu de nouvelles ensuite. Ce quartier, qui était connu pour être habité par des rebelles, courageux et armés, avait déjà connu des agressions, mais pas aussi intenses et cruelles. Personne n'imaginait un massacre d'une telle ampleur. L'année précédente il y avait eu une attaque mais pas du tout semblable à celle-ci. L'armée avait procédé à des arrestations de quelques habitants, ils avaient été détenus et torturés pendant trois à quatre jours, puis libérés. Le quartier d'Al-Hader a essayé de résister sans y réussir. Le lendemain du massacre, les autorités ont instauré un couvre-feu interdisant à la population de circuler quel que soit le motif, punissant toute désobéissance par la peine de mort. Les forces de sécurité ont multiplié les interpellations et les recherches des dissidents, menaçant l'ensemble des familles. L'armée s'est ensuite retirée du quartier à 11 heures du matin. D'après l'informateur, l'attentat a été commis par Katibat al-Chatb, un groupe de militaires spécialisé dans les opérations de tortures et de tueries, créé par un homme d'État puissant et très riche qui se prend pour le père de la révolution. Au moment de l'entretien, l'informateur est persuadé que ce massacre n'est qu'un début et qu'il se prépare désormais à d'autres attaques de la sorte. Selon lui, les jeunes de Hama devraient faire de même.

1. Enquête enregistrée en 1981 par Michel Seurat avec un interlocuteur non identifié. Ce document nous a été transmis par Véronique Ginouvès en juin 2019 sous la forme du résumé ici reproduit. Cette archive numérotée 3240 est issue de la Phonothèque MMSH http://phonotheque.hypotheses.org (AMU-CNRS USR3125, Maison méditerranéenne des sciences de l'homme, Aix-en-Provence).

Résurgences de la mémoire du massacre de Hama après 2011

Cécile Boëx

« Nous ne voulons nuire à personne et n'acceptons pas que l'on nous nuise. Nous sommes des missionnaires de la paix, de l'amour et du développement. Nous détestons la guerre et les destructions qu'elle amène. Mais si nécessaire, pour construire la paix et l'amour, nous sommes prêts à engager cent batailles, à détruire mille citadelles et à sacrifier un million de martyrs. » Ces mots sont ceux de Rifaat al-Assad, alors chef de la Sécurité et commandant des Brigades de Défense, qui signe l'édito du journal *Tishrîn*[1] paru quatre jours après le massacre de la prison de Palmyre perpétré le 27 juin 1980, qui a fait entre 600 et 1 000 morts. Hafez al-Assad, son frère, vient d'être la cible d'une tentative d'assassinat en plein cœur de Damas. Depuis un an, le régime fait face à un mouvement de révolte important. Si les Frères musulmans sont à la tête de la contestation et des actions violentes, d'autres acteurs politiques (nasséristes, socialistes, communistes et baathistes pro-irakiens) ainsi que des organisations professionnelles (avocats, médecins, ingénieurs) prennent également part au mouvement. Pour autant, tous les opposants sont assimilés aux Frères musulmans, catégorie floue et englobante qui permet une répression massive et aveugle au nom du progressisme et avec la complaisance du reste du monde. Celle-ci culminera à Hama en février 1982. Avant, les 9 et 10 mars 1980 la ville de Jisr al-Shughour est bombardée avec des hélicoptères de l'armée syrienne, faisant des centaines de victimes, puis dans les mois qui suivent, plusieurs attaques ont lieu à Alep, Homs, Hama et Saraqeb. Si le massacre de Hama de 1982 constitue un traumatisme collectif si aigu, c'est qu'il est lié à ceux qui l'ont précédé. Il est également paradigmatique de l'emploi d'une violence disproportionnée, indiscriminée et sans limites.

Pendant les quatre semaines de siège, les habitants ont dû faire face aux bombardements, aux exécutions sommaires, aux viols, aux pillages et à la pénurie. Des mosquées, des églises, des sites historiques ont été détruits. Des quartiers entiers ont été rasés. Hama devait servir d'exemple pour dissuader toute forme d'opposition. La fluctuation dans l'estimation du nombre des morts, qui oscille entre 15 000 et 40 000, en dit long sur l'opacité et le silence qui ont suivi le carnage. Ce bilan ne dit pas non plus la violence qui se perpétue dans l'après, avec les disparus, les détenus, les enlèvements, les expropriations, les déplacés et la stigmatisation des habitants de Hama qui se verront interdire l'accès aux carrières militaires ou à la fonction publique. Comme le montre Salwa Ismail[2], ce seuil maximal de terreur

1. Voir Michel Seurat, *Syrie. L'État de Barbarie*, Paris, PUF, 2012, p. 102.
2. Salwa Ismail, *The Rule of Violence*, *op. cit.*

et d'humiliation est devenu une technique de gouvernance basée sur l'anticipation du massacre pour annihiler toute velléité de rébellion. Il a été d'autant plus « performatif » que le régime en a fait une transaction intime, secrète entre lui et la population. En effet, le récit qu'il a imposé des événements a été écrasant et relayé par de nombreux médias internationaux. Le 24 février 1982, un article du *New York Times* intitulé « Syria Offers Picture of Hama Revolt[1] » fait état d'un communiqué officiel accusant les Frères musulmans d'avoir commis des atrocités contre des membres du parti Baath, leurs familles ainsi que les habitants de Hama. Les forces de sécurité n'ont fait qu'éradiquer les criminels, dont les cadavres sont exhibés à la télévision nationale. Perpétré à huis clos, le massacre a été couvert par le récit des tueurs, monolithique et exclusif. Il a été étouffé jusque dans la langue puisqu'il ne pouvait être évoqué que sous la neutralité du terme « les événements » [*al-ahdâth*]. Ce mutisme et cet effacement imposés ont prolongé la violence et entretenu le sentiment d'humiliation.

Rupture du silence. Exhumations d'images et de témoignages

Le 25 mars 2011, dix jours après la première manifestation à Deraa réprimée dans le sang, des habitants de Hama descendent à leur tour dans la rue pour demander la liberté et exprimer leur solidarité avec les martyrs de Deraa[2]. Au début de la révolution, partout en Syrie les manifestants filment pour contourner l'embargo médiatique imposé par le régime, mais aussi dans l'espoir de refréner la violence de la répression. Nombreux sont ceux qui pensent alors que l'image peut constituer un rempart contre l'impunité, contrairement au massacre de Hama, dont seules une poignée de photos prises par des journalistes après la levée du siège avaient circulé. Avec la révolution, c'est aussi la mémoire de Hama qui refait peu à peu surface. D'abord de manière subreptice et individuelle, dans la rue, avec des graffitis sur les murs de la ville « Hama, nous n'oublierons pas ». Sur Internet et les réseaux sociaux aussi, avec, par exemple, des dizaines de vidéos en hommage aux martyrs de 1982, mises en ligne sur YouTube, qui laissent découvrir leurs visages[3]. Les hommages se rendent aussi au nom de la ville. On voit alors resurgir des photos de cadavres et de ruines (voir ci-contre). Le 4 août 2011, la chaîne satellitaire Al-Arabiya diffuse le film (anonyme) *Hama, Smuggling 23 Minutes of a Revolution*[4], lequel, par le biais notamment de témoignages, tisse la mémoire du massacre de 1982 avec le mouvement de révolte à Hama au début de l'année 2011. Cette résurgence mémorielle prend une ampleur nationale le 2 février 2012, qui correspond au trentième anniversaire du massacre. Ce jour-là, l'ensemble des manifestations qui ont lieu en Syrie adoptent le mot d'ordre : « Désolés Hama, pardonne-nous ». Pour la première fois, une commémoration collective peut avoir lieu. À Hama, une grève générale est décrétée. Un groupe d'activistes macule l'une des norias de rouge pour rendre hommage aux martyrs. Sur la pierre, ils inscrivent ces mots : « Hafez al-Assad est mort mais Hama

1. https://www.nytimes.com/1982/02/24/world/syria-offers-picture-of-hama-revolt.html.
2. Pour l'analyse d'une vidéo documentant cette manifestation, voir Cécile Boëx, « Entre la vie et la mort. Images liminales de la révolte en Syrie », *Les Carnets du bal*, n° 8, 2017, p. 136-141.
3. Par exemple, cette vidéo, mise en ligne une semaine après le début de la révolution, le 21 mars 2011 par titosyria (pseudo) : https://www.youtube.com/watch?v=42sFMIMZuIo ou celle-ci, par Loulou al-Oumou (pseudo) le 26 janvier 2012 : https://www.youtube.com/watch?v=U3imheVgK64&t=134s.
4. Pour une version sous-titrée en français, voir https://www.youtube.com/watch?v=Zj3d_40wrrc.

est éternelle[1] ». Un autre groupe déverse du colorant rouge dans une rue fréquentée[2] et en tire une vidéo qui sera ensuite mise en ligne.

Deux semaines avant cette commémoration, un document audiovisuel inconnu jusqu'alors émerge sur Internet. Il s'agit d'un reportage de 57 minutes intitulé *Hama. Tragédie de notre temps* [*Hamâ, ma'sât al-'asr*], réalisé en 1984 par le Bureau médiatique de l'Alliance nationale pour la libération de la Syrie[3]. Ce reportage est en lien avec l'ouvrage éponyme paru en 1983[4] puisqu'il en reprend certains éléments. Tous deux constituent les uniques contre-récits de ce qui s'est passé à Hama. Ils sont d'autant plus précieux qu'ils ont été réalisés peu de temps après les faits. Extrêmement rigoureux et détaillés, ils s'inscrivent dans le registre du rétablissement de la vérité au moyen de descriptions circonstanciées, de listes précises (mais non exhaustives) des destructions et des victimes, de photos et, pour le reportage, de récits de témoins directs. Celui-ci a été

L'inscription en arabe indique : « Hama 2/2/2012. En souvenir du massacre de 1982 ». Photographie mise en ligne le 28 janvier 2012 sur le compte Flickr de Freedom House, album « Hama Massacre », https://www.flickr.com/photos/syriafreedom/albums/72157629066207885.

1. Voir la vidéo *Les norias de Hama et l'Oronte se sont teintés de sang 2-2-2012*, URL : https://www.youtube.com/watch?v=jYichZff0AQ, mise en ligne le 2 février 2012 sur le compte *Revo Syria*, 205 935 vues le 30 septembre 2019.

2. Voir la vidéo *Sham. Hama. Les rues se teintent de la couleur du sang en souvenir du massacre*, URL : https://www.youtube.com/watch?v=bI4aAX868cI, mise en ligne le 2 février 2012 sur le compte ShaamNetwork S.N.N., 1 012 vues le 30 septembre 2019.

3. Il s'agit d'une coalition de partis islamiques et nationalistes arabes opposés au régime, créée à Paris en mars 1982 et soutenue par l'Irak. Voir Chris Kutshera, « L'opposition démocratique et la difficile intégration du mouvement islamique », *Le Monde diplomatique*, mars 1983.

4. Signé « Un groupe de chercheurs du bureau médiatique des Frères musulmans » et publié par l'Alliance nationale pour la libération de la Syrie. Cet ouvrage est à ce jour le plus complet sur l'histoire de l'insurrection et du massacre de Hama. Il resitue les faits dans une perspective historique mais aussi dans leur contexte politique et militaire. Il comporte également de nombreuses photos des destructions.

mis en ligne sur plusieurs comptes YouTube[1] et provient très certainement d'une archive audiovisuelle privée, numérisée à partir d'une cassette vidéo, ce qui explique sa faible qualité de résolution. Pour autant, l'enregistrement et la réalisation correspondent aux standards du reportage télévisuel des années 1980 et laissent penser que des professionnels du secteur (Syriens ? Irakiens ?) y ont participé. Quant aux entretiens, ils ont pu être filmés en Syrie, au Liban ou en Irak. La première partie est réalisée à partir de photos de destruction, de cadavres et de quelques images filmées des attaques, sur une voix off aux accents solennels et accusateurs, accompagnée d'une musique triste. Interpellant directement le spectateur, le commentaire explique également l'importance culturelle et historique de Hama avec des images prises avant le massacre. Viennent ensuite les témoignages de rescapés. Chacun représente une catégorie de victime : les enfants, les hommes et les femmes. Au total, ce sont neuf survivants qui témoignent de manière anonyme. Malgré l'émotion très présente, leurs récits, assez brefs, sont détaillés et suivent une même trame : il s'agit de donner des éléments sur les destructions, les morts et les manières dont ils ont été exécutés. Les propos des témoins sont illustrés par de nombreuses photos ainsi que par des listes thématiques des destructions et des victimes tirées de l'ouvrage *Hama. Tragédie de notre temps*.

Ce sont d'abord deux enfants qui témoignent. Le premier raconte l'amoncellement des cadavres et les destructions qu'il a vues lorsqu'il a pu sortir de chez lui. Alors qu'il donne les noms de ses camarades tués, on voit apparaître une liste d'enfants martyrs à l'écran. Son frère, qui a plus de difficultés à s'exprimer, donne d'autres noms de victimes en précisant les lieux de leur exécution. C'est ensuite un homme d'une cinquantaine d'années, dont la voix off précise qu'il a perdu des enfants et des proches, qui raconte le bombardement de sa maison et donne les noms des hommes de sa connaissance qui ont été exécutés. Un autre homme, précisant qu'il habite le quartier du Souq al-Shajara, en pleurs, décrit une rafle. Des hommes du quartier, dont lui-même, ont été emmenés dans un hangar où ils ont été battus, privés de nourriture et séquestrés. Ils ont été triés par catégorie : les ingénieurs, les élèves, les cheikhs et les médecins. Il raconte comment l'ophtalmologiste Hikmat al-Khani s'est fait arracher les yeux par un officier des Brigades de Défense avant d'être exécuté. Un insert montre alors une liste des médecins et des ingénieurs martyrs. Lorsqu'il est rentré chez lui, tous les membres de sa famille avaient disparu. Son témoignage se termine avec une adresse au spectateur : « Je demande à l'opinion publique de regarder notre situation pour que de telles personnes soient jugées. » Ensuite, une mère dont le mari et les cinq enfants ont été tués, décrit des scènes d'horreur. Une liste de femmes martyres classées selon les quartiers accompagne ses propos. Une autre femme raconte comment son frère, son oncle et son père ont été fusillés devant leur maison. S'enchaînent ensuite les listes : les morts sous la torture, les démolitions, les enseignants et les professeurs, etc. Ce reportage constitue un ultime défi lancé au régime de Hafez al-Assad. Il s'agissait de résister à l'impunité en montrant qu'un travail de documentation des crimes commis était en cours. Malheureusement, lui aussi est resté enfoui, pendant trente ans.

1. Le 10 janvier 2012 par khalode 1987 (pseudo) et trois jours après par syrianrevolution (pseudo) où il bénéficie d'une visibilité plus importante. À ce jour, il comptabilise 260 004 vues et 374 commentaires sur ce seul compte, URL : https://www.youtube.com/watch?v=Elb5kq_2czw&t=14s.

Recouvrer et perpétuer la mémoire

La lutte contre l'oubli devient un véritable enjeu après 2011. Les commémorations et les hommages se multiplient et de nouveaux témoignages apparaissent, en Syrie et dans l'exil. Là encore, Internet constitue un espace privilégié de cette quête mémorielle. Depuis 2012, de nouveaux récits, filmés ou audios, sont mis en ligne. Certains sont anonymes, d'autres pas. Si leurs formats sont divers, les récits sont plus subjectifs et rendent compte de la persistance du traumatisme. L'urgence de la documentation et de la preuve a fait place à l'expérience vécue. Dans le moyen métrage (anonyme, 2011) *Hama 1982-2011*[1], un homme évoque un ami qui n'a pas pu parler pendant un an et demi après le massacre. Un autre, qui fait part d'une scène qui l'a profondément marqué alors qu'il n'avait que huit ans, demande à arrêter le tournage. Les récits insistent sur l'irruption de l'horreur au cœur même des maisons et des familles, l'effroi, la déshumanisation et la barbarie des méthodes d'exécution. D'un récit à l'autre, des détails reviennent : les longs jours passés dans des caves sans nourriture et dans le froid, le son des bombardements et des balles, les rues jonchées de cadavres que les vivants, embarqués par les forces armées, doivent piétiner, le vol de l'or des femmes dont certaines ont eu les mains coupées, les insultes et la menace de faire de Hama « un champ de patates ». Ces récits mettent également au jour un enjeu de transmission puisqu'ils sont sollicités et mis en forme par des activistes, des jeunes gens qui pour la plupart, n'ont pas vécu les événements. Il s'agit aussi pour eux d'établir des liens entre 1982 et l'après 2011. Au cours des entretiens,

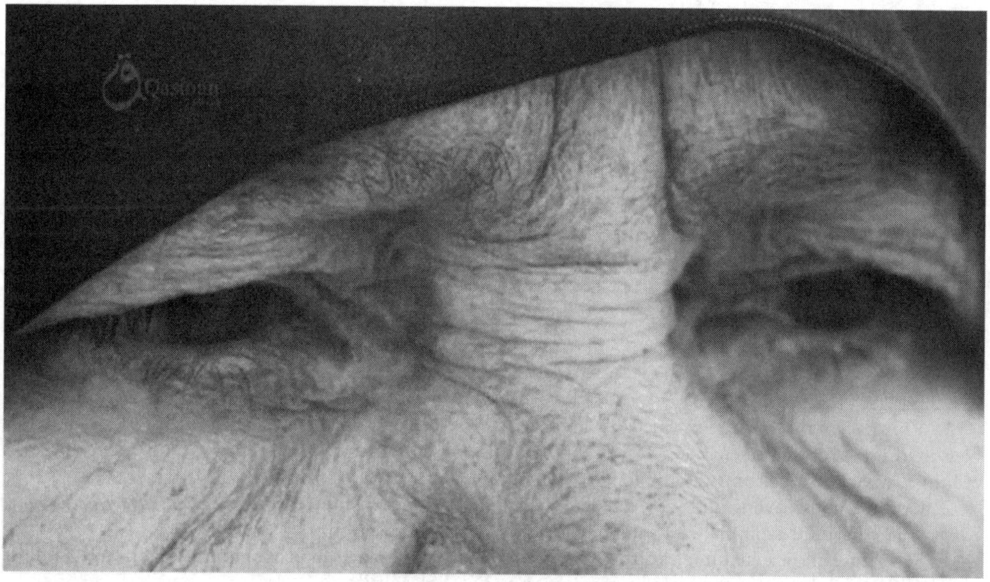

Capture d'écran de la vidéo : « Agence Qassioun. Une vieille dame de Hama raconte ses souvenirs du massacre de 1982 et de son nouveau voyage vers la mort », 2016.

1. Cf. https://www.youtube.com/watch?v=yidoO-cetTM&t=382s.

ils questionnent systématiquement les témoins dans ce sens[1] afin d'inscrire la révolte dans l'histoire plus longue de la violence du clan Assad. Certains témoins parlent de la réactualisation de la douleur et du traumatisme, à la vue d'autres scènes de massacre. Le peintre Khaled al-Khani, qui vit à Paris depuis 2011, fils de l'ophtalmologiste Hikmat al-Khani[2], déclare ne pas avoir été surpris par la violence de la répression[3]. Néanmoins, les images du massacre de Houla[4] ont immédiatement ravivé la mémoire des scènes d'horreur auxquelles il a assisté enfant.

La publication de témoignages de rescapés après cette longue période de mutisme constitue aussi un geste protestataire qui revendique la réappropriation de l'interprétation des événements et de l'histoire. Plus on avance dans le temps, plus les témoignages rendent compte d'un souci de précision historique[5]. Dans un entretien audio réalisé par le groupe médiatique « Agence de presse de Hama » avec une Hamiote qui avait seize ans au moment des faits, la jeune intervieweuse pose de nombreuses questions concernant les causes du massacre, son déroulement, ainsi que sur les différents acteurs du conflit et les tentatives de résistance de la population. Il est également question des conséquences sociales et économiques de ce que la rescapée appelle une « guerre ». D'autres entretiens font état de la double tragédie vécue par les rescapés, comme cette veuve (voir page précédente) qui raconte comment elle a perdu son mari en 1982[6], puis trois fils dans le bombardement de leur habitation à Alep, où elle s'était établie depuis la fin des années 2000. Au fil du temps, les commémorations et les témoignages du massacre de Hama se dissolvent dans ceux des autres crimes de masse, scrupuleusement documentés. Ce qui différencie fondamentalement la révolte de 2011 de celle de 1982, hormis l'ampleur et la durée de la violence, c'est le foisonnement d'images, de témoignages, de traces des événements et des morts. Durant trente années, Hama n'a pas seulement constitué une béance mémorielle : elle a été un affront pour tous ceux qui sont morts en silence et pour tous les vivants qui ont dû continuer à vivre parmi les criminels. En 1982, l'impunité et le négationnisme se nourrissaient de l'occultation, du mutisme et de la rareté de la documentation. Aujourd'hui, alors que les images, les témoignages et les preuves n'ont jamais été aussi nombreux, l'impunité est toujours là (mais jusqu'à quand ?), comme si la profusion de documentation faisait paradoxalement écran.

1. Voir par exemple les deux vidéos réalisées et mises en ligne par أبو حفص الدّمشقي (pseudo), « Hama, la blessure du passé et du présent » le 6 février 2012 : https://www.youtube.com/watch?v=9UuP7zV_U4o&t=2s et https://www.youtube.com/watch?v=fxk9L4wxSKs&t=2s.

2. Comme nous l'avons indiqué précédemment, l'un des témoins du reportage *Hama. Tragédie de notre temps* (1984) raconte avoir assisté à son énucléation avant son exécution.

3. Son témoignage a été filmé et diffusé par Dubai TV dans le cadre du programme « Arab Street » diffusé en juin 2012. Cf. https://www.youtube.com/watch?v=sXUF5RMlfPI.

4. Perpétré le 25 mai 2012 dans cette localité près de Homs par des soldats de l'armée syrienne et des membres de milices supplétives.

5. https://www.youtube.com/watch?v=v7d-wyBRcZ0 mis en ligne le 1er août 2016.

6. « Une vieille dame de Hama raconte ses souvenirs du massacre de 1982 et de son nouveau voyage vers la mort », mis en ligne par Qasioun News Agency le 23 février 2016, URL : https://www.youtube.com/watch?v=OENaTv-xZ-E&t=153s.

« Les dernières heures de Hama insurgée »

*Sorj Chalandon (*Libération*, lundi 1*[er] *mars 1982)*[1]

La radio officielle parle de « pertes énormes dans les troupes Baath ». Pendant tout le mois de février, Frères musulmans et forces gouvernementales se sont affrontés pour la reconquête du fief intégriste syrien.

Sortie de Damas. La capitale syrienne est d'un calme absolu, encore étourdie par l'hiver rude, écrasée par la neige qui couvre encore les hauteurs de l'Anti-Liban. Les occupants du bus de la compagnie Karnak ont été triés sur le volet. Depuis le début des événements de Hama le 3 février dernier, personne ne peut se procurer un billet de parcours pour Homs ou Alep sans se soumettre au contrôle de ses pièces d'identité et à la fouille des bagages. Un barrage à la périphérie, les parachutistes. Ils entrent dans le véhicule, réclament tous les noms des voyageurs au chauffeur et redescendent tranquillement.

Arrivé à Homs le bus fait une petite halte. « Quinze minutes seulement », prévient le chauffeur. Je prends mon sac, traverse deux rues et entre dans la pâtisserie Gandour. Les hommes de Rifaat al-Assad que l'on appelle ici les Panthères roses à cause des jolies taches lie-de-vin qui ornent le camouflage de leurs uniformes (mais aussi à cause de leurs uniformes unis, couleur vieux rose, qu'ils portent pendant le « repos »), sont partout dans la ville, armés, tendus. Lorsque le bus klaxonne le départ, je vais aux toilettes et j'attends. Il cornera encore quelques instants puis se mettra en route vers Alep. La place n° 8 est vide et Hama n'est plus qu'à 35 kilomètres.

Premier achat, un keffieh. Les Brigades de Rifaat me dévisagent. Reste maintenant à trouver un taxi assez fou pour aller dans une ville insurgée avec un étranger à son bord. Il n'y en a pas. Les chauffeurs veulent bien m'emmener à Beyrouth ou Bagdad, mais il n'est pas question pour eux de faire ces kilomètres-là. L'argent n'y fait rien et l'un d'eux ira même prévenir la police.

Et puis Vartan. Il prend son dîner à côté de moi dans un petit restaurant de Homs, mais je ne vois qu'une seule chose, la petite croix d'or qui pend à son cou. Vartan est arménien et sa famille s'est tout entière convertie au catholicisme en 1909 par réaction politique contre la domination turque. Il me parle du massacre de 1915, et même de l'ASALA. « Aller à Hama ? Pas question », mais il peut m'emmener chez des amis très chers près de Masyaf, vers l'ouest, en pays alaouite. Cela rapproche d'une dizaine de kilomètres encore, peut-être

1. Sorj Chalandon a signé ce texte sous le pseudonyme de Charles Baupt comme « envoyé spécial » à Hama. Grand reporter à *Libération*, il fut le premier en France à rendre compte des événements de Hama, c'est pourquoi son reportage, quelles que soient ses limites par rapport aux informations dont on dispose de nos jours, est un précieux document historique à la fois sur la visibilité du massacre et sur la vision que pouvait en avoir un journaliste étranger. Une partie de ce texte a été reprise dans *Libération* le 7 mai 2011 sous le nom réel de l'auteur. (Catherine Coquio)

même un peu plus. Et puis Vartan s'est piqué au jeu. Il dit tout haut qu'il a peut-être un moyen d'entrer dans la ville par les quartiers de la périphérie ouest, les plus pauvres, non encore nettoyés par l'armée. Manifestement, plus que les beaux billets craquants frappés du silo à grains de Lattaquié qu'il empoche, l'idée l'amuse. Arménien et chrétien, il m'assure qu'il ne lèverait pas le petit doigt si les sunnites et les alaouites s'entredéchiraient. « La Syrie est une patrie provisoire », dit-il en se mettant au volant.

La famille m'accueille à bras ouverts. Thé, noix, graines de tournesol et des dizaines d'yeux étonnés par les fenêtres de la petite maison de torchis. Il étudie le plan mentalement. « On pourrait entrer à la nuit et faire un petit tour, juste un petit tour et revenir. » J'accepte mais il veut être payé encore. Devant l'énormité du risque qu'il prend, je ne discute pas. D'un geste, il m'ordonne de tout laisser ici. Mon sac, mais aussi ma montre, mon argent, mon passeport, tout papier inutile. Froid dans le dos. Une demi-seconde pour réfléchir. Je pose tout ce que je possède dans un coin de la pièce mais je tiens à emporter absolument 100 livres syriennes avec moi[1]. Il me dit que c'est une erreur mais n'insiste pas. Je ne le connais que depuis deux heures mais j'ai décidé de lui faire confiance.

À peine 20 kilomètres dans la nuit noire. Son phare gauche est en panne. Il est nerveux comme moi. Une maison délabrée, puis une autre, deux autres et la masse sombre d'une ville. Hama. Il a suffi d'un éclair pour comprendre que la situation était loin d'être réglée dans la ville. Un éclair parti d'un bout de l'horizon pour s'écraser à l'autre dans un vacarme assourdissant. À la lueur des petits incendies de cageots et de pneus, des femmes, des enfants et des hommes qui fuient la ville, leurs baluchons sur la tête, leur matelas sur une charrette. Dans le village de Vartan, près de 200 personnes s'y sont réfugiées depuis le début des troubles, d'autres ont fui vers le nord. Nous roulons au pas. À travers la vitre, il me montre les grands incendies qui dévorent les quartiers ouest. Le feu partout. Je lui parle des grottes où se battraient encore les Frères musulmans, mais il refuse de m'y emmener. « Ils se battent partout », ajoute-t-il. Des maisons sombres, des éclairs espacés, des gravats sur la route, des blocs de ciment effondrés. Soudain, Vartan freine et nous sommes jetés de notre véhicule par une troupe d'hommes.

Deux sont armés de pistolets Herstal belges. Ils sont pauvres, exténués, très sales, comme s'ils sortaient de caveaux poussiéreux. Pris par le col, Vartan explique. Touriste français, les norias et le reste. Les hommes se calment. Je pensais que nous avions affaire à des gouvernementaux mais nous venons de tomber sur une petite troupe rebelle. Posément, l'un d'eux fouille la voiture et vole tout. Kleenex, lunettes, cassettes de musique, un peigne, tandis qu'un autre me soulève la manche. Une trace blanche, mais la montre n'est plus là.

Les 100 livres sont confisquées et les hommes se sauvent en entendant crépiter une arme automatique. L'armée n'est pas là, mais on la devine très proche, de l'autre côté de ces pâtés de maisons. Encore des tirs. Vartan s'encastre dans un mur, rate son demi-tour et me maudit d'avoir emporté les 100 livres.

À la maison, pendant de longues heures, je supplie l'Arménien de me ramener à Hama. Je n'ai encore rien vu. Il me regarde bizarrement et commence à trouver toute cette histoire de norias étrange. Je lui offre encore de l'argent et nous arrivons à un accord. Il me laissera demain matin très tôt aux portes de la ville et repartira. Il faudra que je me débrouille seul.

Avec les Frères musulmans

À 7 heures du matin, Vartan repart sur la route et agite la main par la fenêtre. En plein jour, Hama est une ville étrange. En construction. Tout est en construction, ou plutôt, tout

1. Une livre syrienne égale environ 1,10 F (note de *Libération*, 1er mars 1982).

l'a été, puis tout s'est arrêté brusquement. À côté des maisons traditionnelles, les nouveaux édifices ressemblent à de gros animaux blessés que l'on a jetés sur le dos. Les rez-de-chaussée en moellons bruts sont terminés mais les piliers qui devraient supporter les autres étages sont nus, tendus vers le ciel, droits avec en leur sommet des tiges de ferraille tordues et rouillées. Les gens vivent là, dans ces rez-de-chaussée lugubres avec, comme toit, le plancher d'un premier étage qui n'existe pas. À perte de vue, en regardant vers l'est, les maisons de Hama ont ce visage triste de chantier inachevé avec, en prime, la destruction et des dizaines de lourdes fumées noires qui s'élèvent au-dessus des toits. Sur toutes les façades, impacts de balles, trous d'obus, constellations calcinées. Je marche à travers des maisons en ruine, effondrées, des arbres abattus, des poteaux tordus ou déracinés. Peu d'habitants. Comme eux, je longe les murs. C'est là qu'on s'est battu et qu'on se bat encore le 22 février 1982 à 8 heures du matin. Pas la guerre. Plutôt la fin d'une bataille qui a été terrible. Des accrochages, des coups de feu ici et là, une batterie qui gronde dans la périphérie de la ville, un obus qui vient éventrer le milieu de la rue, une roquette qui embrasse le flanc d'un immeuble, une série d'explosions subites, un pan de mur qui s'écroule et une rue poussiéreuse brusquement percée comme si le tireur cherchait à former une ligne parfaite en pointillé.

Cette fois, il faut jouer le jeu. Des hommes m'entourent. Mon keffieh est aussi efficace que si j'étais peint en vert. Ils sont civils et armés. L'un d'eux m'annonce qu'il est dignitaire religieux et parle librement devant les autres en disant qu'il ne participe pas à cette insurrection et s'y est même opposé dans les premières heures. De mon côté, j'avoue tout, la presse, venu voir, expliquez-moi. Le religieux m'entraîne. Barbe grise, longue robe grise tachée, il m'emmène dans une petite maison basse pleine de femmes qui se lamentent. « L'armée est à quelques rues d'ici, me dit-il dans un anglais parfait. Elle prend tout son temps. Elle fouille tout, maison par maison mais toutes les maisons lui résistent. On en est à se battre des fenêtres et les rebelles ne décrochent de leurs positions que morts ou cernés de toutes parts. Les gens fuient. Par familles entières. » Dehors, dans un calme fantastique, les habitants de la vieille ville cent fois martyre. Le religieux, comme s'il s'agissait d'une révolte de plus, d'un carnage de plus, issu d'une ville cent fois martyre. Le religieux, avec patience, m'explique ce qu'il s'est passé au matin du 3 février 1982, et c'est simplement terrifiant.

> « Depuis quelques semaines, les forces gouvernementales ont échoué dans toute la ville à s'emparer des dépôts d'armes qu'avaient cachés les Frères musulmans. Ils sont passés à l'attaque brutalement pour répondre à ces recherches mais il faut savoir que la situation ici est très tendue depuis près de deux ans. Il n'y a pas eu, à ce que j'en sais, d'ordre venu de l'extérieur. Les membres de la secte ont attaqué les commissariats de police et une caserne dans les premières heures de la matinée du mercredi en hurlant le nom de Dieu. L'armée a répliqué mais les Frères musulmans ont été vainqueurs presque partout, principalement dans les régions de Al-Kaylaniyya et Al-Shamaliyya, dans le Nord. Les assauts contre le quartier de la Citadelle, à Al-Qalaa, et le jardin Umm al-Hassan, tentés par les forces gouvernementales ont échoué alors qu'au même moment, beaucoup d'habitants des quartiers pauvres de la ville confectionnaient des bombes à essence et s'attaquaient aux permanences du parti Baath et aux maisons des dignitaires politiques ou des sympathisants connus. »

Le religieux est assez pudique pour me passer un certain nombre de détails mais il avoue que des familles entières de militants du Baath ont été assassinées, avec enfants dans la foulée, que des femmes non voilées ont été taxées de prostituées et… exécutées dans la rue, que des policiers ont été seulement blessés par les rebelles et livrés ainsi à la foule qui les a lynchés ou pendus, d'autres ont été brûlés vifs dans la rue. Pendant ce temps, des Frères s'emparent sans mal des minarets et appellent à la révolte. « De là, avoue le religieux, je pensais que toute la Syrie était en flammes mais il n'y avait que Hama et la population a, pour une grande partie, préféré fuir que de se battre même si des hommes, des femmes et même des enfants sont sortis avec des bâtons et des couteaux pour s'opposer aux troupes. »

Damas contre-attaque

Damas réagit immédiatement. La présidence connaît bien Hama et sait que les choses sont cette fois sans comparaison avec les « incidents » des derniers mois.

Les troupes gouvernementales en décembre, des véhicules blindés détruits le même mois, quarante Panthères roses faites proprement prisonnières dans la première semaine de janvier 1982 sans qu'on ait pu les retrouver à ce jour, affrontements dans le quartier de Mazareb avec une cinquantaine de morts du côté de la troupe qui fera appel aux hélicoptères, affrontements encore sur la route d'Alep entre un barrage des forces du régime et un groupe de *mujâhidîn*. Mais cette fois, le carnage dépasse tout. Le frère du président insiste pour que ses Panthères partent en première ligne, mais Assad refuse. Il tient à les conserver à Damas au cas où la révolte prendrait de l'ampleur. Par contre, il envoie les parachutistes, les blindés, l'artillerie et les hommes de troupe à l'assaut de la ville. « La plupart des paras lancés sur la ville, notamment pour reprendre la citadelle, sont morts avant d'avoir touché le sol. » Je lui demande des chiffres, mais il ne les connaît pas. Les révolutionnaires islamiques assurent que le gouvernement a envoyé quatre vagues d'assaut et que chaque vague a eu près de deux cents tués. Les chars attaquent à leur tour, contrecarrés par des tirs de mortiers, de roquettes et même des jets de bouteilles incendiaires. Un enfant de 14 ans, devenu martyr islamique, brûle avec le char qu'il a attaqué, sur la route d'Alep. Environ 10 000 hommes de troupe commencent lentement le nettoyage de la ville, accueillis partout par les combattants islamiques. Il y a de la désertion, mais très localisée. Le dignitaire religieux a lui-même procuré des habits civils à cinq artilleurs pour qu'ils puissent fuir la ville. Des militaires parlementent à voix haute, notamment dans les quartiers Al-Juzdân et Al-Zanbaki, là où la résistance est la plus vive. Du haut des minarets, des religieux les exhortent de les rejoindre. Il y a même un instant de flottement avec un véritable duel entre deux divisions blindées syriennes, la 47e et la 21e, mais il ne s'agissait pas d'une rébellion. Simplement d'une erreur sur la personne. Tout autour de la ville, les chars et les canons pilonnent les quartiers ouest et les grottes qui servent de refuge aux rebelles. Les morts se comptent immédiatement par centaines puis par milliers dès les premières heures. « J'ai moi-même dénombré 800 morts le premier jour, explique le religieux qui a cessé de compter. Les soldats avançaient mais au prix d'énormes pertes. Les hôpitaux ont tout de suite été bondés, d'Alep à Damas en passant par les autres villes de Syrie. »

Nous allons de maison en maison. Au-dessus de nous, un hélicoptère invisible. Des familles en larmes, des cadavres traînés par les pieds ou portés sur les épaules, des corps qui se consument dans une odeur terrible, des enfants en sang qui courent en traversant la rue. Une femme refuse de nous ouvrir sa porte. Ce n'est pas une visite organisée. Je suis le malvenu partout. Nous errons simplement en prenant soin de rester dans les quartiers aux mains des insurgés, de plus en plus rétrécis. La femme cède aux supplications du dignitaire. Elle cachait son mari. Il trône, la tête arrachée, sur le plancher de la salle, mort depuis le 5 février. Beaucoup de gens cachent ainsi leurs blessés, de peur qu'ils ne se fassent achever. Les morts on les enterre à la hâte dans ce qui est déjà devenu le cimetière des martyrs, la Zaouiat al-Kaylani. Les hommes du régime, eux, creusent des charniers à la pelleteuse pour leurs propres hommes, dans toute la région de Wadi al-Ghamiq, sur la route internationale en direction d'Alep. Les morgues des hôpitaux sont pleines mais on me dit à Hama que les soldats sont mis nus, et leurs vêtements brûlés pour qu'on ne puisse pas connaître leur véritable identité. Ainsi, ils passent pour des rebelles.

Des coups de feu plus au sud et une salve terrible. Pendant dix minutes, les obus pleuvent n'importe où, déchaînant des cris de terreur et des appels à Dieu. Les combattants insurgés répondent. À quelques dizaines de mètres de nous, un homme est littéralement pulvérisé et s'étale contre un mur en écorché médical. Je ne voulais pas le croire mais quand les avions sont apparus au-dessus de nous, le religieux m'a poussé à couvert en disant simplement « les revoilà », une vingtaine, très haut dans le ciel. Un autre rase les toits et tire quatre salves courtes. Les balles frappent les murs et la rue. Il remonte sur l'aile et tout le monde sort. Des dizaines de coups de feu répondent dérisoires. Une roquette lancée trop tard va, en miaulant, s'écraser contre une voiture brûlée. Deux hommes sortent de la fumée noire en zigzaguant, l'un armé d'une kalachnikov, l'autre d'un pistolet automatique. Le religieux murmure « Beyrouth » en secouant la tête. « Les Frères musulmans sont perdus et ils le savent, me dit-il, et ils se battent jusqu'à la mort, dans un jour, peut-être deux, tout sera fini. »

Les Panthères roses en ligne

Hama – et Hama seule – s'est soulevée réellement. Partout ailleurs, il y a quelques flottements, des tracts distribués, une bombe à Homs mais aucun combat véritable. Dès le premier jour, la présidence de la République a été inondée par les messages de soutien venus de tout le pays. Syndicats, groupements socioprofessionnels, dignitaires sunnites, villages et villes entières ont écrit des télégrammes de loyauté fidèlement reproduits par la presse du Baath À Damas, à Alep, des centaines de passants arborent le badge du président et collent son effigie sur leurs voitures.

Un homme nous croise. Le religieux me le présente. Lui est médecin. En toute hâte, il me donne quelques feuilles et me traduit des noms de victimes. « Combien de morts ? Aucune idée, pas moins de 8 000 ou 10 000. On en a vu partout, enterrés à la hâte, emmenés par les familles ou brûlés sur place, à l'essence. Tenez, pour que tout le monde sache. Moustafa Chamié, Tarek Abdennour, Adib Sabah, Ahmad Tchelebi. » Je lui fais signe de la tête que c'est inutile, que je ne peux pas les noter tous mais il continue, frisant la crise nerveuse et me demande de noter impérativement. « Ibrahim Toukmadji, Fouad Jaoudat, Ghassan Jloussi, Rifaat Daimich ». Le religieux m'entraîne, et le médecin traverse la rue en courant. Nous sommes séparés par une colonne de fumée noire.

Quand Damas a vu le carnage, il a lancé les hommes de Rifaat al-Assad en première ligne, et ceux-ci vont entreprendre une reconquête de la ville méthodique et sauvage. Des hommes et des femmes sont alignés contre les murs et fusillés, des voitures pleines incendiées, des suspects torturés.

Nuit blanche. Le fief islamique respire doucement sous le tonnerre, les cris et les fusées éclairantes. Impossible d'imaginer qu'à 200 kilomètres de là, Damas sort tranquillement de la torpeur hivernale et qu'à 130, Alep s'endort au rythme du cri des vendeurs de graines et d'épices. Au matin, encombrant pour tout le monde, j'ai pris mon congé. Le religieux m'a assuré que la ville allait tomber dans les heures à venir et que me rendre aux gouvernementaux était la meilleure solution pour moi. Pas le choix. Aucune voiture, plus de bus. Les mains en l'air, avec mon sac à bout de bras, j'ai marché vers les gouvernementaux. Pas longtemps, à peine 200 ou 300 mètres. Ils étaient déjà là, enfonçant les portes. Il y en a eu un, puis deux, hurlant pour que je me couche à terre. J'attendais, je souhaitais les réguliers mais c'était les Panthères roses.

La Dodge est une des voitures les plus inconfortables qui soit surtout lorsque vous êtes couché sur le ventre avec un homme assis sur vous et un pistolet planté dans la nuque. Par la toile verte déchirée, une ville hallucinante et un spectacle de guerre véritable. Chars détruits, automitrailleuses camouflées, blindés légers, véhicules lanceurs de gaz peints en bleu roi, des pièces d'artillerie éparpillées, des obusiers moyens et des dizaines d'ambulances du Croissant rouge toutes sirènes hurlantes. Les soldats sont partout, les Panthères accrochées à leurs basques comme pour leur donner du courage. Ce sont elles qui marchent en première ligne, elles qui ratissent, pillent, bloquent les accès à toutes les rues, contrôlent les identités, commandent même les réguliers, allant jusqu'à gifler un officier devant moi. Ce sont elles aussi, comble d'ironie, qui déposent du pain dans des sachets en plastique, au coin des rues, pour prévenir de la famine.

Dans la Dodge, le chauffeur, trois Panthères et moi. Sur le toit, une autre et deux autres sur les ailes. Encore Beyrouth avec ce côté dangereux du cow-boy et de la petite frappe mauvaise. Je m'oblige à répertorier. Les chargeurs de kalachnikovs vont par trois, tête-bêche, entourés avec du chatterton. La mode, chez les Panthères, c'est le pantalon passé dans des bottines à la fermeture Éclair ouverte. Le pistolet se porte dans la ceinture et les grenades à même les poches, la cuillère dépassant dangereusement. Ce sont les civils qui m'inquiètent le plus et ce sont ceux qui me réceptionnent.

Un désert en bordure de Hama, vers l'est. Toiles de tentes, véritable camp militaire improvisé, des chars recouverts de bâches, un canon de 105 et des hommes qui dorment. La guerre est déjà loin. Impression de fin de bataille et d'être incontestablement aux mains des vainqueurs. On m'enlève les chaussures et je rejoins un petit groupe d'hommes surpris sur la route, assis, les mains sur la tête. À part un coup de crosse dans la nuque et un coup de pied dans le bas-ventre, aucune violence ni menace. Je suis plus encombrant que prisonnier. La mousse à raser est répandue sur le sable, mon dentifrice éclaté d'un coup de talon mais rien de grave. Un civil parlant le français vient me voir. Il a fouillé mon sac et y a trouvé une série de notes sur des pages qui ont eu la bonne idée de s'orner de monuments, de détails archéologiques de dessins, de sculptures diverses. Même les norias sont de la revue. Je lui débite mon histoire. Le car est parti sans moi, j'ai pris un taxi qui m'a laissé là et j'ai été arrêté. J'oublie simplement de dire que ça s'est passé la veille. Impression immédiate. Il s'en fout totalement. Il regarde la ville qui fume en tapotant mon passeport touristique. Je ne l'intéresse pas. Encore une fois, le vainqueur. Pour lui l'essentiel était d'écraser la révolte et il m'assure que c'est fait. Il parle avec moi trois mots de français, des gestes, quatre mots d'anglais. Il me dit que les Frères musulmans ont égorgé femmes et enfants, massacrant des populations entières alors il a fallu intervenir mais la Syrie est la plus forte et tout le monde est uni derrière le président. Tout cela est manipulé par l'étranger, l'Amérique, le sionisme, l'Irak et la Jordanie. Quant à son armée, il assure que les pertes sont minimes. Il va être démenti par la radio officielle qui, le lendemain, parlera pour la première fois – fait rarissime en Syrie – de « pertes énormes pour les troupes du parti Baath ». Au même moment, où la ville crépite encore, le journal syrien en langue anglaise *Syria Times* sort de l'imprimerie. En page une, un titre que je découvrirais le lendemain. « Hama est calme et paisible ».

Au milieu de la nuit, le civil revient me voir avec un grand sourire. Il tient un journal à la main. Irréel. Il me demande d'ôter mes mains de la tête et me parle de Claude Cheysson. J'ai froid dans le dos. La dernière fois, c'était un soldat égyptien qui m'apprenait au Caire, après la mort de Sadate, que notre ministre avait – selon lui – déclaré que le dernier obstacle à la paix était levé. Mais cette fois, c'est du velours. « Grand homme, me dit le civil, la France est un grand pays », et il m'explique que le ministre des Relations extérieures a condamné l'annexion du Golan et a déclaré que seule l'OLP devait être considérée comme interlocuteur valable.

On sent que tout se relâche et tout s'est relâché. Un fellah m'a couvert de son keffieh pour la nuit et m'a offert un petit chapelet rouge. Le lendemain, les hommes de Ribat m'ont accompagné sur la route qui contourne Hama et m'ont rendu, non sans m'avoir soufflé une cigarette au nez, aux réguliers. Encore quelques heures avant que n'apparaisse, superbe, le bus de la compagnie Karnak. On m'a simplement remis sur mon siège comme si, entre Homs et cette minute, rien ne s'était passé.

Un mélange d'effroi et de vide. Effroi en me souvenant des paroles du religieux. Selon lui, la population sunnite de Hama va être systématiquement et progressivement remplacée par les populations alaouites pauvres des environs. Et vide en m'apercevant que pas une seule fois, durant ces jours et ces nuits passés à Hama, le muezzin n'a appelé à la prière, comme si les minarets eux-mêmes s'étaient recroquevillés.

Hama coupée du reste du monde ne se laisse pas facilement approcher

Depuis le 3 février 1982, et jusqu'à nouvel ordre, il est impossible de se rendre dans la ville de Hama, en Syrie. D'habitude, la chose est simple. Pour quelques francs, un taxi vous y emmène ou même les luxueux cars de la compagnie Karnak qui empruntent plusieurs fois par jour la route internationale reliant Alep, au nord, à Damas, au sud en passant justement par Hama, puis Homs.

Aujourd'hui, Hama est rayée de la carte. En tout cas, tout le monde l'a oubliée. Quand je demande, comme n'importe quel touriste, de me rendre dans la ville pour admirer les célèbres norias, roues de bois de 20 mètres de diamètre qui plongent dans le « fleuve rebelle » et alimentent la ville en eau, le responsable du bureau touristique de Damas me regarde exactement comme si je venais de demander à quelle heure part le prochain train pour Israël : « Hama, connais pas. » Il m'explique que c'est impossible de s'y rendre, interdit, et me fait part des « événements » en termes pudiques et soupçonneux. Les norias, qui décorent la plupart des premières pages de ses dépliants touristiques ne sont, selon lui, que des « roues sans intérêt » et il me conseille plutôt de me rendre à Palmyre visiter le temple de Bêl ou à Alep jeter un œil attentif à la citadelle.

La compagnie de bus Karnak a la même réaction. Différence essentielle, l'employé évoque une « insurrection » à Hama. Réfléchir vite. Le seul moyen, les taxis refusant d'aller de Damas à Hama, c'est de prendre le bus régulier et de lui fausser compagnie lors de la halte qu'il effectue à Homs, à moins de 40 kilomètres de la ville rebelle. Là, il ne faut plus compter que sur la chance. Si un taxi accepte de vous emmener, il risque très gros, s'il n'accepte pas, vous pouvez toujours reprendre le bus régulier pour Damas.

Un Arménien a accepté. Pas même un taxi. Après de nombreuses hésitations et tout autant de billets glissés dans la main, il s'est aventuré jusqu'aux portes de la ville, par deux fois. Après, il est reparti. Plus son problème.

« Des massacres à faire pleurer des pierres »

Jean-Pierre Perrin
(Libération, *vendredi 7 juillet 2000)*

Retour à Hama, rasée en 1982 par l'armée syrienne

Près de vingt ans après la sanglante répression contre les insurgés islamistes, qui fit des milliers de morts parmi les habitants, la ville a effacé toute trace du martyre. Et n'affiche qu'un deuil, celui de Hafez al-Assad. Jour et nuit, les norias, les belles et grandes roues à eau de Hama, grincent lugubrement. Elles datent de l'Empire ottoman et avaient fait la célébrité touristique de la ville. À présent, on dirait qu'elles ont mission de moudre un chagrin sans fin et de rappeler un châtiment presque biblique : les terribles massacres que connut la ville à l'hiver 1982, l'épisode le plus sanglant de l'histoire de la Syrie moderne. Pourtant, assurent l'un après l'autre les habitants, il ne s'est jamais rien passé à Hama, ou alors des événements oubliés depuis longtemps et qui ne valent plus la peine d'être évoqués. Alors que se ferme l'ère Hafez al-Assad et que s'ouvre celle de son fils Bachar, on dirait que la ville a enfermé sa mémoire douloureuse à double tour et jeté la clé au fond des catacombes. Et si la vieille cité est aujourd'hui en deuil comme toute la Syrie, ce n'est pas à cause de vieilles lunes et de son passé tragique mais parce qu'elle affirme pleurer Hafez al-Assad.

« Oui, nous avons beaucoup de peine », dit un horticulteur rencontré dans un jardin public. À cause des massacres de février 1982 ? « Non, à cause de la mort du président. » Un vieillard aux jambes chancelantes veut bien parler. Pour dire qu'il ne se souvient de rien. Un homme moins âgé assure qu'il travaillait à cette époque en Arabie saoudite, « un pays où tu n'es jamais allé », se moque un petit vendeur de friandises qui l'a entendu. Sur un banc, un jeune dévot, la barbe militante, comme celle que l'on prête au Prophète, égrène un chapelet. Lui va sûrement confier ce qu'il sait. Mais non. Il dit que la ville a « 100 % de chagrin », mais c'est pour ajouter que c'est à cause de la disparition du raïs : « À Hama, les gens aiment le président d'un amour fou. Certains se sont suicidés en apprenant sa mort. Moi aussi, je l'aime d'un amour fou et j'ai pensé me suicider. Je ne l'ai pas fait à cause de mes enfants… »

Il ne s'est donc rien passé à Hama en février 1982. Pourtant, même le régime ne fait pas mystère de l'insurrection armée lancée à cette date par les rebelles islamistes. Mais y a-t-il eu massacre ensuite ? « Ces massacres ne me concernent pas. Je n'étais pas partie prenante. Qu'ils se débrouillent entre eux. Et puis, il y a eu beaucoup d'exagération », répond un artiste peintre d'une cinquantaine d'années, du quartier de Tawafa. C'est lorsqu'on a fini par se convaincre que la ville a oublié ces événements, que la page a été définitivement tournée, qu'on ne remarque, de surcroît, aucun signe de destruction que le hasard de la rue choisit d'intervenir. Un homme, un seul, un passant ordinaire d'une soixantaine d'années que l'on appellera Mahmoud, déchire brutalement le voile épais de la peur : « Hama est la ville des dix-sept roues à eau mais c'est aussi celle des massacres. Des massacres à faire pleurer les pierres si elles le pouvaient. Mais personne ici ne vous racontera. Les gens craignent que leurs interlocuteurs fassent partie des services secrets. Ce sont des lâches. Moi, j'ai perdu dix-sept membres de ma famille dans ces massacres. » L'homme, du même ton apaisé, poursuit : « La ville a peur. Mais dans son cœur, elle est heureuse de la mort du président. Car elle n'oubliera jamais ce qui a été commis ici. Même dans cent ans... »

« Des fosses avec des familles entières »

Au bout du jardin public, on aperçoit un immense bâtiment de neuf étages. C'est l'hôtel Cham, un luxueux cinq étoiles, quasi vide à cette époque de l'année. Son propriétaire est le milliardaire syrien Osman Aïdi[1]. L'hôtel est établi sur l'ancien quartier Kaylani. De ce qui fut l'une des plus anciennes cités du Moyen-Orient il ne reste rien. À peine deux bicoques. Tout le reste a été anéanti. « Si vous creusez ici, vous trouverez des fosses avec des familles entières, dit Mahmoud en montrant du doigt la nouvelle rue Abou Nuwâs, le long de l'hôtel. Le 17 février 1982, j'ai vu un bulldozer emporter les cadavres d'une famille de cinq personnes. Il y avait même un petit enfant. Dans ce seul quartier, les soldats ont tué environ 5 000 personnes et détruit au moins 500 maisons. »

C'est à Kaylani et dans le quartier voisin de Tawafa que l'insurrection islamiste eut son épicentre, profitant des antiques canalisations souterraines qui ne servaient plus depuis les années 1930 mais où les rebelles purent se cacher. Depuis le 8 février 1976, les Frères musulmans avaient déclaré la guerre au régime de Hafez al-Assad. Avant Hama, des assassinats collectifs commis par les islamistes ou des révoltes à leur initiative avaient eu lieu à Homs, Alep et Jisr al-Shughour, où l'on avait compté des dizaines de morts. Après ces événements, les islamistes semblent avoir changé de stratégie, privilégiant l'insurrection. Le 2 février 1982, les Frères musulmans de Hama, rejoints par ceux de Damas et d'Alep, s'emparent de la ville. Sans doute espèrent-ils naïvement que toute la Syrie les suivra. L'appel au djihad est lancé depuis les minarets des mosquées. Aussitôt, des membres du parti Baath au pouvoir et même des fonctionnaires sont assassinés froidement. Le gouverneur de la ville est assiégé dans sa résidence. L'armée commence à encercler la ville. Au total, des dizaines de milliers d'hommes font face à quelques milliers de *mujâhidîn* déterminés, prêts au sacrifice et excellents guerriers. Les combats, et la répression qui s'ensuivra, dureront plus d'un mois. Ce ne sont pas les Frères musulmans qui en pâtiront. La plupart d'entre eux, dont leurs chefs, semble-t-il, sont parvenus à se sauver. Mais la population de Hama environ 400 000 habitants sera tenue pour responsable de l'insurrection. Aujourd'hui encore, on ignore combien d'habitants ont été tués par l'armée quand elle a repris la ville : 15 000, 25 000, 30 000 ?

Les mosquées détruites

Un homme, un grand notable de la ville que l'on appellera Omar, a essayé de savoir. Il a mené l'enquête et accepté de se confier. « On peut dire que chaque famille a perdu entre un et deux membres. D'après mes estimations, les massacres ont fait entre 15 000 et 25 000 morts. On ne peut pas être plus précis. Même les parents, aujourd'hui encore, n'osent pas dire qu'ils ont perdu des proches. La ville n'a rien oublié, mais elle ne peut pas parler. » Omar se refuse à tout dire. « Je ne veux pas blesser l'unité nationale à un moment où on a besoin d'elle. Et puis ce serait une insulte à la pudeur. En tant que Syrien, ça me fait honte. » Il livrera uniquement ce qu'il estime racontable. Par exemple, ce qui s'est passé dans le principal hôpital : « L'armée avait dressé un tribunal de

1. Osman Aïdi est mort en octobre 2021.

campagne, dirigé par un caporal, qui faisait exécuter les blessés qui arrivaient pour se faire soigner. » Il racontera aussi comment les cadavres sont restés pendant deux semaines dans les rues avant de finir à la fosse commune. « Personne n'osait les ramasser. Heureusement, il faisait très froid. »

Les événements de février 1982 se sont passés en trois temps : l'insurrection, la reprise de la ville par l'armée et sa punition. « Le 27 février, après la fin des combats, le président Assad a réuni les membres du commandement régional du parti [le Baath étant un parti panarabe, il a une double direction, régionale pour la Syrie et nationale pour le reste du monde arabe, *N.D.L.R.*). Il leur a dit : "La ville de Hama n'a pas reçu la correction qu'elle mérite. Il lui faut une bonne leçon" », confie à Damas un ex-responsable baathiste. Les Unités spéciales (les troupes d'élite) sont chargées de cette mission.

« Dans le quartier de Tawafa, elles ont passé au peigne fin toutes les maisons. Les soldats ont fusillé tous ceux qui s'y trouvaient : vieillards, femmes, enfants », précise cette fois Omar. Et de poursuivre : « À Kalyan, presque toute la population a été exterminée. Le tiers de la vieille ville a ensuite été complètement détruit à la dynamite. »

Au total, pas moins de neuf quartiers de Hama seront anéantis ou détruits partiellement. Presque toutes les anciennes mosquées disparaîtront, à l'exception de trois d'entre elles (Abu'l-Fida, Hassanein, Nouri), que les imams sauveront en faisant valoir qu'elles ne sont pas de rite sunnite. Quinze vieux minarets seront décapités à coups de canon. Pour punir les chrétiens de la ville, qui avaient essayé de sauver des voisins sunnites et qui furent considérés comme « pires que des terroristes », les Unités spéciales dynamitèrent l'église. « Elles ont même tué des gens du Baath. À ceux qui leur criaient : "Ne tirez pas, nous sommes du parti", les parachutistes répondaient : "Vous êtes des habitants de Hama" », raconte Omar.

Le zèle de Rifaat al-Assad

Un diplomate occidental, connaisseur de la Syrie, souligne que la plupart des chefs militaires ont déployé tout leur zèle dans la répression pour plaire au président syrien. Mais c'est Rifaat al-Assad, le propre frère du président, qui s'est montré le plus sanguinaire, ce qu'il a toujours démenti. Omar l'appelle le *munaffidh* (l'exécutant) : « Ses Brigades de Défense [sa garde prétorienne, aujourd'hui dissoute, *N.D.L.R.*] opéraient avec une brutalité incroyable et ses officiers encadraient les troupes. » Mahmoud renchérit : « La rumeur prête à Rifaat d'avoir voulu raser toute la ville pour en faire un champ de patates. Le président, qui a fait des calculs à long terme, s'y est opposé. La population lui en est reconnaissante. »

Pour ces deux témoins, qui ne se connaissent pas, la cible du régime n'était pas tant les « terroristes islamistes que la ville ». « On a fait savoir ensuite à toute la Syrie ce qui s'était passé à Hama. C'est pour cela que les gens ont toujours peur. Et ont raison d'avoir peur », explique Omar. La population pardonnera-t-elle à Bachar al-Assad les massacres commandités par Hafez al-Assad ? « C'est son père que nous n'aimions pas. Les gens investissent beaucoup en lui. Parce qu'il est ouvert, cultivé, et lutte contre la corruption. Il allégera nos souvenirs… », répond Mahmoud.

Dans le vieux quartier de Tawafa, la vie coule doucement, le long de la rivière Oronte (Nahr al-Assi, en arabe). Impossible d'imaginer que toute une population y fut fusillée. Aucun signe de combat, à part quelques impacts, ici et là, et une façade brûlée. Devant la mosquée Nouri, une ancienne synagogue si l'on en croit les deux étoiles de David qui percent la façade, il faut lever les yeux pour s'apercevoir que le minaret est flambant neuf. L'allée 10001, qui fut jonchée de cadavres, est devenue une promenade touristique. Le hammam, où l'on entassa les corps pendant les événements, est redevenu hammam. Tout ce qui a été détruit a été maquillé ou reconstruit. Mais beaucoup de maisons semblent toujours vides. On trouve aussi quelques boutiques de souvenirs et des galeries de peinture. C'est grâce à un artiste qui a représenté la vieille cité avant février 1982 que l'on peut voir combien elle a souffert. Dans un autre atelier, un autre jeune artiste peint Bachar al-Assad au chevet de la ville. Il préfère vendre ses toiles que parler. Une question, quand même : dans cette rue, il y a bien eu des massacres ? « Non. Aucun massacre. »

Comme il sied à un fleuve

Extraits du roman de Manhal al-Sarrâj[1]

Ce roman, interdit en Syrie et paru en 2002, est le premier texte littéraire sur le massacre de Hama et l'un des tout premiers à rompre le silence sur la répression en Syrie dans les années 1980 et 1990. Manhal al-Sarrâj, née à Hama en 1964, s'est fondée pour l'écrire sur les témoignages qu'elle avait recueillis d'un grand nombre de survivants, ce qui le dote, outre ses dimensions éthique et affective, d'une précieuse valeur documentaire. Auteure d'un recueil de nouvelles et de cinq romans, elle a de nouveau exploré la mémoire douloureuse de sa ville natale dans le dernier, Le Sang rebelle, *paru en 2012. Les événements relatés ici sont ceux de 1982. Fatima, l'héroïne de ce roman, vit seule dans une grande maison qui autrefois rassemblait de nombreux proches, elle rumine le monde de souvenirs qui est devenu le sien après que « Abû Shâma*[2] *» – nom qui désigne l'armée aux ordres de Rifaat al-Assad – a envahi la ville. Cette invasion a coûté la vie à de nombreuses personnes autour d'elle et rompu ses liens avec les autres, emprisonnés dans des conditions inhumaines.*

L'assaut de la ville de Hama[3]

Les habitants de la ville couraient, se bousculant aux tournants car chacun voulait rentrer chez lui, au rez-de-chaussée ou à l'étage, pour sauver sa vie des balles des hommes d'Abû Shâma ou des hommes de l'oncle Nazir[4], qui tiraient dans l'air ou dans les têtes.

Abû Shâma attaqua avec ses hommes et ses armes modernes, chassant ceux qui couraient d'un quartier à l'autre, à Qassab, Al-Hor et Al-Safsâf. Ils essayaient de se réfugier derrière les murs étroits qui les aidaient à s'échapper et à se cacher.

Pour les hommes d'Abû Shâma ces lieux étaient mystérieux et effrayants. Lorsqu'ils traversèrent le pont et pénétrèrent le quartier de la deuxième rive, ils restèrent stupéfaits devant tous ces labyrinthes, fenêtres, toits, terrasses empilées, ces écuries qu'atteignaient les eaux de la rivière, bref, les circonvolutions et secrets anciens de la ville. Tout cela mit Abû Shâma dans une colère noire et il ordonna sa destruction par voie terrestre et aérienne.

[...] La catastrophe s'abattit sur la ville par un claquement de doigts d'hommes cagoulés. Dix mille victimes ? Non, entre 10 000 et 40 000. L'écart est large : Dieu seul le connaît.

Les hommes d'Abû Shâma ne se contentèrent pas de répondre aux claquements de doigts, ils firent beaucoup plus. Leur colère se déchaîna contre la ville entière, contre tous les jeunes et les hommes, et plusieurs enfants et femmes la subirent.

1. Traduction inédite réalisée pour ce livre. Présentation par Nisrine Al-Zahre.
2. Personnage du roman qui incarne le pouvoir des Assad.
3. Les titres des paragraphes sont ajoutés par nous.
4. L'expression désigne les Frères musulmans.

[...] Le vendredi matin, les hommes d'Abû Shâma revinrent et emmenèrent presque tous les hommes qui restaient. C'était le dernier jour, chacun pensait que c'était fini, personne n'imaginait que la ville serait vidée de tous, sauf des femmes et de tous ceux qui ne pouvaient nuire.

Le viol et le vol des femmes

Oum Ghalib, qui avait enterré son fils aîné, s'était résignée à donner ses bracelets aux hommes d'Abû Shâma. Mais ils avaient dû lui couper le bras, comme ils l'avaient fait pour les femmes qui avaient refusé de donner leur or. Ils n'avaient montré aucune patience à ses tentatives d'explication. Elle avait voulu leur expliquer qu'elle avait reçu ces bracelets en dot pour son mariage, quand elle était encore toute mince, mais les enfants que Dieu lui avait offerts et la vie prospère que lui avait assurée son mari avaient tellement fait forcir ses bras et ses mains qu'il lui était désormais impossible de les enlever. Alors elle se tenait là, le bras coupé, remerciant Dieu qu'ils ne l'aient pas violée, comme ils l'avaient fait pour d'autres.

Les hommes d'Abû Shâma s'avançaient vers les femmes dans le noir, braquant sur leur visage la lumière de leur lampe torche, et une fois qu'ils avaient découvert ce qu'ils cherchaient, des fillettes au joli minois, ils les arrachaient à leurs mères pour les violer, puis les tuer.

Les mères, qui tentaient de camoufler la beauté de leurs filles en maculant leur face de boue et de suie, ne réussissaient pas à éteindre l'éclat de leur regard juvénile, dont l'innocence terrorisée les signalait d'autant plus irrésistiblement.

De l'horreur

Au milieu des maisons en cours de destruction qui les environnaient, ils atteignirent deux immenses rochers que la résistance acharnée faisait encore tenir.

– Je t'en supplie, laisse-moi me reposer entre ces rochers, dit Fatima, prise de vomissements et de suffocations.

– Nous n'avons pas le temps, les bombardements vont nous atteindre.

Mais il la laissa et se glissa entre les rochers. Ses yeux emplis d'une épaisse poussière ne pouvaient plus rien voir. Elle s'effondra, inconsciente. Lorsqu'elle se réveilla, elle était face à un immense tas de cadavres. Elle poussa un cri, Faress la tira et lui fit signe de se taire. Mais un gémissement provenant de la pile de cadavres la fit crier de nouveau :

– Il y a des survivants, il faut les sauver !

Il lui répondit par un mensonge :

– Ce ne sont que des chats.

Dégoulinant de sueur, de larmes et d'horreur, il la tira en arrière.

Conditions d'emprisonnement et de torture

Quelque part là-bas, deux cents personnes sont entassées dans un endroit qui ne peut pas contenir plus de cinquante personnes. Ils dorment les uns contre les autres, tête-bêche, et ceux qui étaient autrefois des hommes sont devenus des masses de viande.

L'un d'entre eux ou plusieurs vont être appelés Al-Mu'allam[1], ce qui signifie « celui qui est marqué ». Al-Mu'allam est le détenteur de la marque que lui a attribuée un soldat d'un coup de tête. Ainsi appelle-t-il sa victime, qu'elle bouge, respire ou ne fasse rien du tout. Le soldat est si impatient de rencontrer celui qui est marqué.

C'est durant sa promenade matinale qu'il entame le délicieux repas de ces tas de viandes. Il fait son entrée en enchaînant les jurons, puis lance l'assaut contre le corps de celui qui porte la marque, armé d'un fouet en fer, puis d'un

1. L'auteur joue sur deux mots : *al-mu'allim* : celui qui est marqué, et *al-mu'uallim* : chef. Seule la vocalisation est différente et change le sens des lettres.

bâton en fer. Ensuite, il jette ses deux armes pour le bouffer par les mains en se concentrant sur les dents, pour le plaisir. Une fois qu'il s'est fatigué les mains, il le fait s'effondrer au sol et le piétine sous ses chaussures, elles aussi en fer.

C'est le sommet lorsqu'il sent que les os du marqué se brisent sous ses pieds. Alors il le laisse ramper vers la porte du lieu où s'entassent les masses de chair qui râlent et suffoquent.

Humiliations

Une fois que tous eurent brandi le drapeau blanc, Abû Shâma eut l'assurance que toutes ses insultes à leur encontre deviendraient l'hymne que les écoliers du pays allaient devoir répéter chaque matin. Après avoir fait écrire ces phrases sur une balle lumineuse de couleur vive accrochée sur le toit de la maison la plus haute du quartier, et s'être assuré qu'elles marqueraient de leur sceau les assiettes à dîner, les vêtements, les pare-brise, il ordonna à ses hommes de préparer des tableaux compliqués, pleins de colonnes et de lignes, selon lesquels une compensation serait versée aux habitants de la ville qui reconnaîtraient que la mort de tous ces hommes était due à Nazir, et qu'ils n'avaient pas été enterrés dans des fosses collectives, mais que chacun d'eux l'avait été dans sa tombe, sa tête tournée vers la Qibla.

Exécutions massives

Quant à ceux qui étaient destinés à être exécutés, ils furent rassemblés contre l'ancien mur du cimetière archéologique, les plus forts soutenant les plus faibles malgré la faiblesse qui les avait tous envahis. Ils avaient l'air de poulets empilés, « espérant que le massacre serait retardé ».

L'ordre de tirer fut donné, ils tombèrent d'un coup, comme des objets ! Ils étaient là, le corps dans des pyjamas tout légers, les doigts glacés de peur, l'enfant de treize ans au-dessus de l'homme de quatre-vingt-dix ans, celui de soixante-dix ans à côté de celui de cinquante. Ils moururent en attendant une miséricorde ou une pitié lointaine, très lointaine.

Usage des médias

Une fois devenu l'homme le plus puissant de la ville, Abû Shâma obligea ses habitants à proclamer leur repentir à destination du grand public à la télévision, dans les journaux et à la radio. Les gens cloués devant leur écran suivaient le programme de l'enquête, pleins de pitié pour le sort de la victime du soir, mais feignant de ne pas la connaître.

Cette fois, l'épisode concernait l'un des garçons de moins de treize ans. Il répondait aux questions, terrifié à l'idée que ses réponses ne soient pas les bonnes. Le fils d'Abdel Hakim était assis par terre aux pieds de son père quand il cria spontanément :

– Je le connais !

Son père lui dégaina un coup de pied en disant :

– Non, tu ne le connais pas.

Le jeune garçon insista :

– Il était avec moi à l'école !

Il reçut alors une grande claque sur la nuque :

– Je te l'ai dit, tu ne le connais pas.

3

La dynastie et le clan

Caste, confession et société en Syrie

Ibn Khaldûn au chevet du « progressisme arabe »

Michel Seurat[1]

[…] Depuis son accession au pouvoir en 1970, toute la politique de Hafez al-Assad a consisté à lier le destin de la communauté à son avenir personnel. Pour ce faire, il a dû éliminer certains chefs de *'asabiyyât* secondaires qui, pour entretenir de solides relations extracommunautaires, avec les sunnites de Damas en particulier, incarnaient une solution de rechange : ainsi le général Muhammad Omran, assassiné au Liban en 1972, qui était à la fois proche de l'aile civile de Salaheddine al-Bitar et chef historique du comité militaire du parti Baath, ainsi Muhammad al-Fadel, recteur de l'université de Damas, marié à une sunnite de la capitale, ministre de la Justice dans le cabinet Bitar en 1965, dont le meurtre en 1976 avait alors été imputé aux Frères musulmans. Depuis l'année dernière [1980], la communauté est mobilisée, en réponse à une vague d'agitation qui a touché la plupart des secteurs de la société, et a connu son paroxysme au mois de mars 1980, quand, pour fêter les dix-sept ans de pouvoir baathiste, des grèves et des manifestations ont paralysé toutes les grandes villes du pays, à l'exception de Damas. Des phalanges mixtes de « chemises noires » ont été constituées, et promenées dans toute la région alaouite jusqu'à Lattaquié, durant la période la plus critique. Derrière cette mobilisation se cacherait l'association dite « humanitaire » Ali al-Murtada, que sa noble pétition de principe apparente à une loge maçonnique. Activement mise sur pied par Jamil et Rifaat al-Assad, deux des frères du président, Mu'în Nassif et Ali Id, très influents auprès des alaouites de Tripoli au Liban, elle jouerait par ailleurs les intermédiaires entre l'État et les derniers villages alaouites de la montagne et de l'intérieur (*mohafazas* de Homs et de Hama) à ne pas encore bénéficier de certains services comme l'eau et l'électricité.

Plus sérieusement, une réunion au sommet de la confession s'est tenue à la mi-août, en présence de Hafez al-Assad, à Qardaha, son village natal, à l'occasion de la fête du ramadan que le président avait choisi de conduire dans son « fief » et non à la Grande Mosquée des Omeyyades à Damas, comme le veut la tradition. De tels « congrès » revêtent un caractère exceptionnel, et définissent la politique de la communauté sur le long terme, chaque tournant de son histoire. Au congrès de Qardaha en 1960 et à celui de Homs en 1963 on étudiait les moyens, pour les officiers alaouites, de s'infiltrer davantage dans l'appareil du parti Baath. En 1980 Hafez al-Assad a naturellement insisté devant la hiérarchie alaouite, religieuse et profane, sur la nécessité de faire bloc pour surmonter la crise. Sur le ton du reproche, il a demandé à ses

1. Michel Seurat, « Caste, confession et société en Syrie », in *L'État de barbarie*, *op. cit.*, p. 64-70 et p. 73-74.

coreligionnaires de cesser de se considérer comme vivant « sur » la société, c'est-à-dire en parasites, en tant que « communauté du pourcentage », mais au contraire d'« entrer dans la société » en disputant à la bourgeoisie sunnite le terrain de l'activité économique.

Enfin, il a été décidé de « moderniser » l'appareil religieux pour qu'il assure une emprise plus efficace sur la communauté, et surtout de raffermir les liens qui, historiquement, rattachent celle-ci au tronc commun du chiisme, mais qui, dans les consciences, sont plutôt ténus sinon inexistants. Cette « uniatisation[1] » des alaouites, dont on doute qu'elle soit bien acceptée par la hiérarchie religieuse, pourrait être un moyen, pour une secte honnie de l'historiographie islamique depuis le premier siècle de son existence (xe siècle), d'acquérir une certaine respectabilité. Plus sûrement, elle correspond au projet du régime de construire un « axe » chiite du Liban aux frontières du Pakistan qui, outre qu'il consoliderait sa position à l'intérieur du pays contre l'intégrisme musulman, lui permettrait de tenir à sa merci les pays du Golfe producteurs de pétrole, ses principaux bailleurs de fonds. Espoir insensé ? Il demeure que des points ont été marqués dans le sens de cette politique : d'abord, l'alliance stratégique conclue avec le nouveau régime iranien – et, à ce propos, 200 étudiants alaouites devront être envoyés à Qom pour se spécialiser dans le rite chiite jaafarite ; ensuite, la tutelle exercée sur les chiites du Liban par l'intermédiaire du mouvement Amal, qui représente les forces vives de cette communauté. Reste évidemment le « verrou » irakien (près de 60 % de chiites), que Damas attend désespérément de voir sauter à la faveur du conflit avec l'Iran. En avril dernier, des placards fleurissaient dans les rues de la capitale, qui appelaient les chiites irakiens à la révolte, en célébrant le premier anniversaire du martyre du cheikh Baqer al-Sadr, chef du mouvement Al-Da'wa – dont le chah [ou shah] est à l'origine de la création, en 1958, après la chute de la monarchie hachémite –, assassiné à Najaf par les sbires du président Saddam Hussein.

Vis-à-vis de la société, il importait donc au pouvoir d'enrayer ce mouvement qui l'avait secouée de l'été 1979 au printemps 1980, sur lequel on ne reviendra pas. L'ampleur des moyens répressifs mis en œuvre, la violence avec laquelle les opérations ont été menées – inouïe dans l'histoire de la Syrie contemporaine – ont plongé le pays dans un état de torpeur dont il n'est pas encore sorti. Dans les premiers jours de sa « reprise en main », l'État abandonnait résolument toute la façade « civile » de ses rapports avec la société, ce qu'Ibn Khaldûn appelle la souveraineté « politique » (*siyâsî*), en l'opposant au ***mulk tabî'î***, que l'on pourrait traduire par le « pouvoir primitif », le pouvoir comme simple violence. À grand renfort de publicité, il militarise tout son appareil d'encadrement corporatif de la société : des « phalanges » sont activement constituées parmi les paysans, les ouvriers, les étudiants, les femmes même, etc., pour défendre « les acquis de la révolution ». Comme il se doit, la jeunesse est placée à l'avant-garde du mouvement. À l'occasion, on la fait même sauter en parachute pour impressionner les consciences. À l'opposé, les derniers réduits de société que représentaient les syndicats professionnels des médecins, avocats, ingénieurs, pharmaciens sont dissous (9 avril 1980). Ils avaient conduit la lutte – et les derniers mois particulièrement – pour le retour des libertés démocratiques et la levée de l'état d'urgence, en vigueur depuis le matin du 8 mars 1963. Dernier détail d'ordre juridique, destiné à « faciliter les choses » : une loi est votée par

1. Par analogie avec les chrétiens d'Orient « uniates », dont les différents rites font, du XVe au XIXe siècle, déclaration d'allégeance au pape de Rome (les maronites au XIIe siècle).

l'Assemblée du peuple, qui punit de mort la simple appartenance à l'organisation des Frères musulmans (7 juillet 1980).

De fait, durant les opérations de ratissage des villes du Nord – Alep et Hama – et de la campagne avoisinante, menées au printemps et en été 1980 par les Unités spéciales et la 3e Division, les tribunaux d'exception fonctionnaient sur le mode tayloriste. Les Frères musulmans ne furent pas les seules victimes de la répression, il s'en faut. Partout, les notables furent particulièrement visés ; ainsi dans Hama, soumise au couvre-feu en avril 1980, où des médecins et des avocats étaient assassinés dans leur domicile. Comme s'il s'agissait d'une manœuvre délibérée d'anéantir la société en la frappant à la tête. Et on retrouve là le schéma khaldûnien de la *'asabiyya* dominante, d'origine rurale, s'acharnant sur la ville et sa structure civile d'encadrement. Il fallut aussi compter avec les inévitables « bavures » : près de 200 morts au mois de mars à Jisr al-Shughour, un gros bourg au sud-ouest d'Alep, 81 morts dans cette même ville, près du cimetière Ibrahim Hanano, le jour de la fête du ramadan (août), tous fusillés au pied du même immeuble, en représailles à un attentat commis un quart d'heure plus tôt contre des soldats des Unités spéciales. Parmi les victimes figuraient sept membres du parti Baath. Cependant, le plus haut fait d'armes de cette campagne de répression ne fut pas une « bavure ». Le 25 juin 1980, lors de la visite officielle du président malien à Damas, Hafez al-Assad échappait à un attentat perpétré par un membre de la garde présidentielle sur le perron du palais des hôtes. À l'aube du lendemain, Rifaat al-Assad dépêcha 80 de ses hommes, répartis dans huit hélicoptères, à la prison de Palmyre, avec pour mission de mitrailler dans leurs cellules le plus grand nombre possible de détenus. Selon les témoignages de trois des bourreaux, interceptés en Jordanie au mois de janvier de cette année, alors qu'ils projetaient d'assassiner le Premier ministre, toujours pour le compte de leur « maître » (*mu'allim*), entre 500 et 700 prisonniers auraient ainsi été liquidés. Selon un rapport des *mukhâbarât* tombés dans les mains de l'opposition, ce sont exactement 1 181 victimes qu'il faudrait dénombrer. Quatre jours plus tard, dans l'éditorial du quotidien *Tishrîn* du 1er juillet, Rifaat al-Assad se déclarait prêt à sacrifier un million de citoyens pour rétablir l'ordre et sauver la révolution. À l'automne enfin, le régime se retournait contre les différents courants de gauche qui avaient mené la lutte dans le cadre du « Rassemblement national ». L'Union socialiste de Jamal Atassi fut durement éprouvée par cette nouvelle vague d'arrestations, de même que le parti communiste d'opposition, dont les principaux dirigeants (Riyad al-Turk, Fayez al-Fawwaz, Omar Qashash) et une bonne partie des cadres sont aujourd'hui incarcérés. Dans cette « charrette » d'octobre, on compte des intellectuels francs-tireurs, tels Michel Kilo ou Wadi' Iskandar, dont le seul crime est de ne pas savoir se taire. En fin de compte, on estime à présent à 12 000 le chiffre des prisonniers politiques en Syrie.

Élargissant le champ de notre analyse au-delà de la société syrienne, on pourrait relever les agissements de nos mamelouks quand ils exportent leur terrorisme d'État, pour l'ériger en nouveau code de relations internationales et éliminer les « gêneurs » de toute sorte dans le monde. Les motivations de ces opérations sont diverses. Salaheddine al-Bitar, assassiné à Paris en juillet 1980, pouvait représenter un danger politique comme l'un des fondateurs du Baath, mais surtout il avait publié dans le dernier numéro de la revue *Al-Ihyâ' al-'arabî* (*Le Réveil arabe*) un article qui n'a pas plu au prince. Lequel est très attentif à l'image qui est donnée de lui dans la presse internationale, et s'est employé à le faire comprendre à tous les professionnels de l'information : assassinat de Salim al-Lawzi, rédacteur en chef de l'hebdomadaire *Al-Hawâdith* publié à Londres, attentat manqué contre le correspondant de l'agence Reuter à Beyrouth, rapatrié depuis, comme les correspondants de la BBC et du Figaro menacés de subir le même sort. À Aix-la-Chapelle, en Allemagne fédérale, à défaut de Issam al-Attar, guide suprême des Frères musulmans syriens jusqu'à une date récente, c'est sa femme qui, en mars dernier, est abattue à son domicile. En février, des opposants syriens sont assassinés au Koweït ; le chargé d'affaires jordanien à Beyrouth, Hisham al-Mohayssin, est enlevé et séquestré durant soixante-huit jours dans la plaine de la Beqaa par le même Ali Id que nous avons rencontré comme membre de l'association humanitaire Ali al-Murtada, sous couvert d'un « Front libanais de la confrontation ». Pour l'organisation de l'attentat contre le Premier ministre jordanien en janvier dernier, une telle mise en scène n'a pas été jugée nécessaire, et les médias ont revendiqué « le droit pour le peuple syrien de châtier Mudar Badran », accusé de soutenir les « traîtres » intégristes en Syrie.

Cette diplomatie de pistoleros trahit la situation « désespérée » qui, de l'avis de *The Economist*[1], est aujourd'hui celle de Hafez al-Assad, elle contribue à son isolement sur la scène régionale arabe. Et cependant, qu'il ferraille contre les Frères musulmans à l'intérieur ou à l'extérieur, contre l'opposition de gauche, contre la presse internationale qu'il masse ses troupes à la frontière jordanienne ou qu'il bombarde Zahlé au Liban, le régime syrien ne fait que s'accrocher à sa *da'wa*, sa « prédication » progressiste arabe, parce qu'elle est tout simplement sa seule base de légitimité. Ne pouvant s'appuyer sur la longue tradition égyptienne d'un pouvoir central ou sur un système traditionnel d'allégeance de type hachémite, l'État syrien baathiste a résolu de justifier son existence par sa prétention à défendre l'honneur de la nation arabe tout entière face au sionisme et à l'impérialisme. Situation toute pirandellienne dans laquelle il lui importe donc avant tout de tenir son rôle, et par là même de rester sur la scène du Moyen-Orient le maître de la distribution. Ainsi, les récentes manifestations de sa « mauvaise humeur » peuvent être comprises comme un moyen de rappeler au monde que le vent de l'histoire souffle toujours sur les pentes du Golan ou au Liban-Sud, et non sur les rives du Chott al-Arab. En novembre dernier, Hafez al-Assad boudait le sommet arabe d'Amman qui, pour la première fois, ne centrait pas toutes ses préoccupations sur le conflit avec Israël, mais consacrait le rôle de l'Irak sur son front oriental contre l'ennemi héréditaire. La défection de Damas a entraîné alors celle de Beyrouth, ce qui s'explique sans mal, et celle de la Résistance palestinienne, plus ou moins sous tutelle syrienne. Pour qui tient à conserver le premier rôle dans le scénario de la « bataille du destin », mieux vaut avoir cette dernière carte en main : ce que visait dans une large mesure l'entrée des troupes syriennes au Liban en 1976. On mesure tout de même la précarité de cette position, car les rodomontades et l'intimidation n'ont jamais fondé une politique. D'autant que la Résistance palestinienne ne laisse pas de montrer des velléités d'indépendance dans ses prises de position concernant l'« initiative européenne » ou l'« option jordanienne », comme en témoignent les résolutions du dernier Conseil national palestinien, qui s'est tenu à Damas en avril dernier[2]. Quant au deuxième volet de son système de légitimité – savoir sa fidélité au socialisme arabe –, il pose au régime syrien un autre problème : en signant un pacte d'amitié avec l'Union soviétique (octobre 1980), Hafez al-Assad a confirmé le soutien que lui apportaient déjà toutes les

1. « Quarterly Economic Review of Oil in the Middle East », *The Economist*, n° 1, 1981.

2. Finalement, de tous les acteurs sur la scène du Moyen-Orient, Israël reste le mieux disposé à jouer le jeu du jusqu'au-boutisme syrien.

langues de bois marxistes de par le monde, mais il s'est mis en marge d'un concert régional dominé par l'Arabie saoudite.

Sur le plan intérieur, le traité syro-soviétique lui a certes permis de confisquer tout le discours politique à gauche. Cependant, il faut savoir qu'en Syrie, après dix-huit années de pouvoir baathiste, le peuple frémit d'effroi au seul mot de « socialisme », et donc que celui-ci a perdu toute fonction de légitimation. Comme est contestée du reste la prétention de nos mamelouks de se présenter comme les légataires universels du mouvement national arabe des années 1960. Car, précisément, la *da'wa* n'est plus dans sa phase ascendante, et, comme on l'a vu, le militaire a remplacé l'intellectuel à la tête de l'État. Dans leur guerre idéologique contre le régime, les Frères musulmans ont ouvert le dossier de la chute du Golan et de sa capitale Qunaytra, annoncée au matin du 10 juin 1967 par un décret de Hafez al-Assad, alors ministre de la Défense, dix-sept heures avant l'entrée effective des troupes israéliennes dans la ville[1]. En révélant plusieurs faits troublants, ils accréditent la thèse de la « trahison » et retournent ainsi la pièce maîtresse de l'accusation qui leur est portée par le pouvoir. Sans entrer dans le détail, il faut dire que cette thèse rejoint ce que nombre d'hommes politiques syriens déchus écrivent entre les lignes de leurs Mémoires depuis longtemps déjà, savoir que le désastre de juin 1967 fut une excellente opération politique pour le régime baathiste, qui, avec l'élimination de Nasser, devenait de fait le porte-flambeau de la « révolution arabe ». De là à dire que le désastre fut « arrangé », il n'y a qu'une nuance sur laquelle la rumeur publique ne s'arrête pas toujours. Et il faut croire que le coup a porté, puisque, dans son discours du 25 mars dernier devant l'Union arabe des syndicats ouvriers, Hafez al-Assad a dû se justifier en déclarant que tous les chefs d'État arabes étaient responsables de la défaite.

Que la perte du Golan ait été une aubaine pour l'État baathiste, ce n'est pas faire preuve de malveillance que de l'affirmer. Parce que, effectivement, elle lui a donné cette légitimité arabe que le nassérisme lui avait refusée jusqu'alors. Et si ce point est d'une importance toute relative à l'intérieur quand on tient la société au bout d'une kalachnikov, il est capital dans le contexte régional : aujourd'hui, personne ne donnerait la moindre chance de survie au régime pour le cas où l'Arabie saoudite viendrait à concrétiser l'agacement qu'elle manifeste à son égard par une suspension de son aide financière. L'économie syrienne est en effet « sous perfusion », en ce sens que sa survie est conditionnée par l'apport des capitaux pétroliers, perçus au titre de la participation du pays à la lutte contre Israël. La part syrienne, telle que fixée depuis le sommet arabe de Bagdad à la fin de l'année 1978, s'élève à 1,850 milliard de dollars par an ou à 2,30 milliards si l'on tient compte de la facture de la force de dissuasion stationnée au Liban[2]. À chacune des trois échéances annuelles – janvier, mai et septembre – le versement de la rente est attendu avec anxiété : la Libye a la réputation d'être un très mauvais payeur, l'Algérie a suspendu sa participation pour des raisons économiques, l'Irak aussi, depuis septembre dernier, pour des raisons évidentes, les émirats du Golfe soumettent leur décision à celle de l'Arabie saoudite, qui reste ainsi le principal bailleur de fonds.

Les finances publiques sont dans un état très critique, et le député Mahmoud

1. L'ouvrage de référence est *La Chute du Golan*, publié à Amman et au Caire (en arabe), de Mustafa Khalil, officier des *mukhâbarât* en poste à Qunaytra avant et pendant les hostilités.

2. 1,2 milliard de dollars pour la Jordanie et 400 millions pour la Palestine (dont 250 pour l'OLP). Depuis la guerre d'octobre, la Syrie a ainsi touché 18 milliards de dollars. Il faut aussi tenir compte des prêts de développement à long terme sans intérêts.

Salameh faisait récemment remarquer devant l'Assemblée du peuple, au cours de la discussion du budget, que le taux de couverture des dépenses courantes n'est que de 32 % (exercice 1980)[1]. Les militaires sont connus pour être des budgétivores dans tous les pays du monde ; en Syrie, le poste « sécurité nationale » se chiffre à 9,4 milliards de livres syriennes, soit 30,8 % du budget 1981 (30,5 milliards).

En fait, ce dernier chiffre est surévalué, car il comprend le budget d'investissement, qui en général n'est exécuté qu'à moitié. Rapportée au seul budget de fonctionnement, la part des dépenses militaires se monte à plus de 50 %. Or, cette part est difficilement compressible, d'abord parce que le pays doit se donner les moyens de sa politique extérieure, ensuite et surtout parce que nos mamelouks accepteraient difficilement de voir rogner leurs privilèges. Il y va de la survie du système social. À ce niveau donc, l'impasse est totale. Et il ne faut pas compter sur la production nationale pour rétablir la situation : le poste « revenus spéciaux », qui représente le surplus dégagé du secteur public, agricole, industriel, commercial et bancaire, totalise 20 % des ressources budgétaires 1980 (31 % pour l'aide arabe), soit 7,8 milliards de livres syriennes. Autrement dit, ce poste, sur lequel est donc comptabilisée l'exportation du pétrole et du coton, matières premières sous monopole d'État (75 % des exportations en valeur), ne suffit pas à couvrir les dépenses militaires. Cela malgré les sommes considérables qui ont été investies dans le secteur industriel, comme le relève Mahmoud Salameh dans son intervention à l'Assemblée : 28,1 % du budget global pour l'exercice 1977, avant la sécurité nationale, 24,4 %[2].

Malgré les admonestations de Hafez al-Assad, ou plutôt suivant son exemple, comme celui d'un chef que les questions d'« intendance » rebutent, la caste dominante bureaucratique et militaire rechigne à la production. Elle préfère louer son sabre au service de la cause arabe, et si elle s'intéresse tant à l'industrie, c'est davantage pour la dépense encourue par la création d'une unité de production et sa maintenance que pour le « bénéfice » – le plus souvent négatif – qu'elle tirera de sa mise en exploitation. La masse des « commissions » que suppose cette dépense, savamment « saupoudrée », est une autre condition de la reproduction du système. Question d'« éthique », conclura-t-on avec Max Weber. Pour sa part, Ibn Khaldûn nous rappelle que, dans ce type de société, le *mulk* est une des sources principales de richesse. « Au niveau du premier détenteur du pouvoir, de son entourage et de ses émanations directes aux diverses fonctions d'autorité, c'est le prélèvement des impôts et taxes [5,6 milliards de livres pour le budget 1981, soit 33,4 % d'augmentation en un an, affectant presque uniquement les impôts directs : + 62,3 %], l'usurpation pure et simple [un exemple entre mille : confiscation, en 1977, de toute la fortune – biens meubles et immeubles – de la famille 'Alwani de Hama, pour intelligence avec l'Irak, transformée plus tard en complicité avec les Frères musulmans, soit sept personnes âgées alors de 6 mois à 78 ans], l'exploitation directe du travail d'autrui [...], les importantes commandes de l'État[3] » et, d'une manière générale, le contrôle des dépenses publiques.

Au niveau de la société globale, l'exercice du *mulk* a un effet économique d'entraînement (il faut rappeler à ce propos que

1. *Journal officiel*, 19 février 1981, p. 170.

2. *Fiches du monde arabe*, n° 696, Beyrouth. Le budget 1977. Il faut préciser que ce pourcentage est en baisse du fait des difficultés financières : 12,4 % pour 1981 ; soit la plus forte baisse – 26,4 % – par rapport à l'année précédente.

3. Abdesselam Cheddadi, « Le système du pouvoir en Islam d'après Ibn Khaldûn », art. cité, *loc. cit.*, p. 544-545.

le budget entre pour plus de 70 % dans le PIB). Dans un premier temps, « il joue un rôle d'accélérateur des divers procès de production et de circulation des biens [...] [et] contribue de manière décisive à la prospérité de la cité[1] ». Et ce temps semble oublié (1971), qui a vu les commerçants du souk d'Alep porter en triomphe, sur leurs épaules, la voiture de Hafez al-Assad, pour sa première visite comme président. En 1979-1980, ils entretenaient l'agitation contre le pouvoir en cheville avec les Frères musulmans et conduisaient, en mars 1980, la plus longue grève de l'histoire du pays. Il est indéniable qu'« une nouvelle bourgeoisie s'est épanouie à l'ombre du Baath [...], plus riche et plus étendue que l'ancienne classe de possédants[2] » après les premières retombées de la manne pétrolière, après la guerre d'octobre 1973. Mais par la suite, l'inflation aidant, « le jeu des mécanismes économiques semble échapper à ses promoteurs, entraînant comme un effet inéluctable le dérèglement et la ruine de la cité[3] ». Des tensions sociales se manifestent, qui obligent l'appareil bureaucratique et militaire, lieu privilégié de la distribution, à se raidir, par une réactivation du *mulk*, comme « force de contrainte monnayée jusqu'aux niveaux les plus bas de l'échelle sociale. Les « commerçants et les gens de métier » se désolidarisent alors de la caste dominante, et c'est l'impasse : exactement l'impression qui prévaut aujourd'hui à Damas.

Avec les décrets du 22 avril dernier organisant un marché parallèle des devises, l'État a fait un geste en direction des commerçants, lesquels étaient contraints jusqu'alors, faute de liquidités à la Banque centrale, de passer par le marché noir pour régler leurs importations (1 dollar = 6,75 livres syriennes), leur marge bénéficiaire restant évaluée en fonction du taux officiel, c'est-à-dire 3,95 livres syriennes. Par cette demi-mesure, l'État reconnaît sa dépendance à l'égard du marché occidental, tout en maintenant un secteur socialiste de façade, dont on peut douter qu'il résiste longtemps à la flambée des prix. En échange, il voudrait imposer un contingentement des importations. Mais aucune solution n'est à attendre de ce côté, car si le secteur public, qui représente 75 % du commerce extérieur, peut consentir à suspendre la plupart des projets d'équipement et ralentir ainsi les importations, le noyau de consommation des deniers publics, à savoir l'armée et la caste dominante, ne s'estimera jamais lié par cette mesure. À ce que l'on sache, la construction du palais présidentiel n'a pas été interrompue : son coût est estimé pour le moment à l'équivalent de l'aide arabe sur une année.

Du coup, les commerçants de Damas reparlent d'une « alternative » politique. Quand on leur rappelle insidieusement leur télégramme de soutien à Hafez al-Assad, le 8 mars 1980, au plus fort de la crise, ils font valoir la détérioration rapide, depuis, de l'économie et l'évolution du contexte politique régional qui leur a donné de retrouver leur base logistique traditionnelle : la Jordanie, à défaut du Liban. À ces stratèges retors, on ne fera pas lâcher la proie pour l'ombre. Mais ce qui est sûr, c'est que le fait d'être la seule force traditionnelle et organisée au sein de la société civile les place logiquement comme partie prenante dans un scénario plausible de changement, intermédiaires attitrés entre un nouveau bloc[4], qui, à l'issue d'une révolte de palais, émergerait de la caste dominante,

1. *Ibid.*

2. Mohammad Haydar, ancien responsable de l'économie au commandement régional du Baath, à Éric Rouleau, *Le Monde*, 4 juin 1976.

3. Abdesselam Cheddadi, « Le système du pouvoir en Islam d'après Ibn Khaldûn », art. cité, p. 546.

4. Il est significatif à cet égard que les forces d'opposition en soient venues à ramener toutes leurs ambitions politiques à la chute du clan Assad (Hafez et Rifaat) comme la seule chance de débloquer la situation en

et le « centre » du système régional de redistribution de la rente pétrolière, autrement dit, l'Arabie saoudite, qui devra nécessairement donner son feu vert à l'opération. Pour le moment, celle-ci n'est pas disposée à prendre ce risque. D'autant que malgré ses « maladresses », au Liban entre autres, cet État bénéficie toujours du soutien de la communauté internationale.

Que l'alternative émane directement d'une agitation de la rue semble peu probable pour plusieurs raisons, la plus évidente étant la chape de terreur qui pèse sur la population. Donnée historique essentielle, mais aussi aboutissement d'un long processus orchestré par le pouvoir baathiste, la faible intégration de la société syrienne explique également qu'elle demeure désemparée devant la brutalité de l'État. Au niveau politique, le cloisonnement est tel qu'il est difficile de parler de « masses populaires », et plus encore d'« opinion publique ». L'exemple de Damas est sur ce point très significatif : la fière cité qui avait animé le mouvement national et la vie politique des années 1950 n'est plus qu'une agglomération sans âme de populations disparates (2 millions d'habitants), venues des zones rurales dans l'espoir de s'intégrer dans le circuit étatique de redistribution. Dans les administrations, les services publics, les coopératives, les alaouites occupent souvent des fonctions de « petits chefs », qui exercent leur autorité de la façon la plus débile. Mais tout cela ne veut pas dire, comme certains observateurs ont tendance à le conclure trop rapidement, que le régime tient la situation bien en main dans l'ensemble du pays. Le 1er mai 1981, Hama (150 kilomètres au sud d'Alep, qui a conservé, quant à elle, sa cohésion sociale) en était à son dixième jour de lutte. Les Unités spéciales bombardaient toujours la ville au mortier, comme pour prouver qu'elles pouvaient « faire mieux encore que l'année dernière », sans toutefois oser pénétrer dans certains quartiers tenus par ce que l'on appelle désormais la « Résistance » hamiote, des groupes armés qui, de toute évidence, ne sont pas tous intégristes musulmans. Des habitants, réfugiés à Damas, rapportent les scènes d'horreur dont ils ont été les témoins : fusillades, exécutions en masse dans les rues, des gens égorgés chez eux… Les estimations varient entre 200 et plus de 500 tués. Comble de l'avanie, ce même 1er mai, les « ouvriers » de Hama, comme les autres, défilaient à Damas devant le président à l'occasion de la fête du Travail.

---

rétablissant ce que nous avons défini comme l'exercice « politique » du pouvoir (*mulk siyâsî*). Ainsi la Déclaration de la révolution islamique (9 novembre 1980) en page 11, qui expose pour la première fois le projet politique et de société des Frères musulmans syriens, et dont Jean Gueyras a rendu compte dans un article du *Monde*, 12-13 avril 1981.

La communauté alaouite et le régime syrien[1]

Subhi Hadidi

Depuis le déclenchement du soulèvement syrien, en mars 2011, et les questions redoutables, mais objectives et légitimes, qu'il a posées sur l'attitude des différentes communautés, et notamment la communauté alaouite, on a souvent entendu des propos selon lesquels il vaut mieux ne pas en discuter pour ne pas verser de l'huile sur le feu. Il serait même irresponsable, voire criminel, de prononcer l'expression « la région du littoral » parce que cela recélerait l'acceptation d'un morcellement du territoire national, ou de parler des « enfants de la communauté alaouite » car on rendrait ainsi service aux islamistes et on attiserait les haines confessionnelles.

C'est faire l'autruche, cela va sans dire, que d'agir de la sorte, d'abord parce qu'on a beau éviter de se poser ces questions, on n'en réduit en rien l'acuité, ensuite parce qu'il ne faut pas abandonner le terrain aux extrémistes de tous bords qui manipulent les notions politiques et sociologiques à leur guise. Il existe bien, sur les plans politique et communautaire, une « région du littoral », et il n'est pas aberrant de désigner par leurs noms les régions où vivent majoritairement les Druzes ou les Kurdes.

Face aux confusions qui encombrent, de bonne ou de mauvaise foi, le débat sur la relation des alaouites au régime instauré par Hafez al-Assad et hérité par son fils, rappelons pour commencer que Lattaquié, la capitale multiconfessionnelle de la « région du littoral », a été la deuxième ville après Deraa à s'engager dans le soulèvement et à en payer le prix, et que ses classes populaires, toutes communautés confondues, ont réagi dès le début aux manœuvres du pouvoir par des gestes hautement significatifs : un imam alaouite a ainsi dirigé la prière de vendredi à la mosquée de Bassatîn al-Rayhân, fréquentée essentiellement par des sunnites, et les fidèles de la mosquée alaouite Al-Hassan al-'Askari ont prié derrière un imam sunnite.

Rappelons aussi qu'en dépit de l'enracinement historique dans cette région du parti Baath et du parti nationaliste syrien (le PPS qui lui est inféodé), les jeunes militants alaouites de gauche, hommes et femmes, assez nombreux dans les rangs des partis d'opposition, ont payé lourdement leur engagement politique, pendant plus de quatre décennies, subissant doublement la vindicte du régime : en tant qu'opposants, et plus encore en tant que « traîtres » à la communauté du président. L'arrestation et l'interminable enfermement d'Abdel-Aziz al-Khayyer, l'un des dirigeants de Hay'at

1. Texte inédit en français, paru en arabe le 15 août 2013 dans *Al-Quds al-'arabî,* traduit par Farouk Mardam-Bey, qui l'a complété d'éléments puisés dans d'autres textes du même auteur, avec l'accord de celui-ci, en juin 2020.

al-tansîq (l'Organisme de coordination créé en 2011), s'inscrit dans cette démarche du régime qui consiste à punir les opposants alaouites avec davantage de sévérité. Arrêté déjà une première fois en 1992, il n'a été libéré qu'en 2005, soit quatre ans après le dernier détenu de son organisation, le parti de l'Action communiste.

Ajoutons qu'au tout début du soulèvement, des officiers et des soldats ont marqué leur réserve à tirer à balles réelles pour disperser les manifestations pacifiques, et certains sont allés jusqu'à refuser d'obéir aux ordres de leurs supérieurs en prenant le risque d'être abattus sur-le-champ. On n'a pas tardé à savoir que certains d'entre eux étaient alaouites. Les services de renseignements les avaient classés parmi les victimes des « bandes infiltrées » mais on a pu confirmer, en examinant les conditions dans lesquelles ils sont morts, qu'ils ont été exécutés par leurs chefs. Un signe parmi d'autres de la réticence de beaucoup d'alaouites à participer à « l'holocauste national » voulu par le régime.

Cela n'infirme nullement, quels que fussent les sentiments réservés ou hostiles d'une partie des alaouites, le fait que le régime a réussi à enrôler un grand nombre d'entre eux dans ses différents appareils de répression : services de renseignements, *chabbîha*, miliciens, « comités populaires » ou « Brigades de Défense nationale ». Ni que la grande majorité des alaouites s'est rangée derrière le régime, convaincue par ses propagandistes de l'imminente invasion de leurs villages par les islamistes sunnites et que le salut de leur communauté dépendait du maintien de Bachar al-Assad au pouvoir. Il s'agit là d'une autre donnée, incontestable, qu'on ne peut gommer dans toute discussion sérieuse de la question posée.

L'erreur majeure qu'on commet souvent à cet égard est de considérer la communauté alaouite comme un bloc homogène sur tous les plans, social, politique et idéologique, et de croire qu'elle éprouve une absolue fidélité à la personne de Bachar al-Assad. Dans un même village, les misérables masures côtoient les palais indécents construits par les hauts officiers et d'autres affidés du clan Assad, et si ceux-ci le soutiennent parce qu'ils sont intégrés dans ses réseaux de corruption et profitent de ses largesses, si d'autres, plus nombreux, le suivent par aveuglement communautaire, il y en a beaucoup qui le font tout simplement pour subvenir aux besoins quotidiens de leurs familles, exactement comme les dizaines de milliers de sunnites qui servent dans les institutions militaires et sécuritaires, ou qui travaillent dans la fonction publique.

S'il n'y a donc pas de doute que les réactions collectives des alaouites depuis le début du soulèvement ont conforté le clan qui détient le pouvoir, il faut noter aussi que la communauté en tant que telle, si l'on excepte ses membres enrôlés dans l'armée régulière ou dans les milices, ne s'est pas laissée entraîner, comme l'y incitait le régime, à des affrontements avec les habitants des régions adjacentes à majorité sunnite. Elle n'a jamais non plus, inversement, marqué publiquement ses doutes ou son hostilité même lorsque quelques-uns de ses membres ont été arrêtés. C'est pourquoi on se trompe quand on grossit l'importance de telle ou telle initiative prise par une personnalité alaouite, comme cet ancien ministre de l'Information, Muhammad Sulayman, qui a reconnu dès l'été 2011 que « le pays traversait une grave crise nationale » et que « tous les citoyens sincères devaient agir en commun pour l'en sortir ». De même, il faut ne pas prendre comme une sérieuse fissure de l'édifice les conflits qui n'ont pas manqué d'éclater entre certaines familles influentes, ou bien au sein de la famille Assad elle-même entre mafieux pratiquant la contrebande et le trafic d'armes ou de drogue.

La structure ternaire du régime (militaire, sécuritaire et économique) n'est pas en elle-même confessionnelle, elle n'est pas plus alaouite que sunnite, quelle que soit la composition confessionnelle de chaque appareil ou sous-appareil d'État. Il n'en reste pas moins que la décision politique est le fait d'une poignée d'individus, un clan, appartenant à la communauté alaouite. La cohésion de ce groupe n'est cependant pas d'ordre confessionnel, dans le sens d'une adhésion commune à une secte religieuse, mais relève avant tout d'intérêts et de privilèges partagés qui déterminent chez ses membres le sentiment d'une communauté de destin.

Par souci d'assurer son ascendant sur la communauté alaouite et d'éviter la constitution en son sein d'un groupe de pression qui ne lui fût pas totalement dévoué, ce clan a tenu à nourrir les différentes sensibilités régionales et tribales proprement alaouites. De là sa propension à « spécialiser » chaque région ou chaque tribu dans la gestion de l'un de ses appareils militaires ou sécuritaires. À titre d'exemple, c'est dans la localité de Qardâha et dans ses environs, fief de la famille Assad, que sont recrutés pour l'essentiel les soldats et les officiers de la Garde républicaine et de la 4e Division que commande Maher, le frère de Bachar, comme auparavant les miliciens des Brigades de Défense de leur oncle Rifaat. La direction des Renseignements militaires revient à un membre de la tribu Numaylâtiyya, alors que les Haddâdîn dominent les Renseignements des forces aériennes et les Kalbiyya les Renseignements généraux.

Quelle que soit cependant la cohésion tribale de chacun de ces appareils, ils ont tous été peu à peu ébranlés par la détérioration des conditions économiques (chômage massif, vie chère, mévente des produits agricoles) qui n'épargne pas la grande majorité des alaouites, surtout les habitants des petits villages éloignés des principales villes. Un paysan pauvre qui a perdu un, deux ou plusieurs fils dans la guerre, et qui a consenti cet énorme sacrifice par suivisme communautaire, ne se tait plus en se voyant obligé de brûler sa récolte de tabac parce que le prix de vente que lui fixe la régie ne couvre pas ses frais. Il ne croit plus par ailleurs comme naguère que son village est menacé d'une invasion de Daech ou d'autres organisations djihadistes sunnites, et n'a plus de raison par conséquent de s'identifier, sinon au régime, du moins au président et à sa sainte famille.

Cela d'autant plus qu'un autre changement important se dessinait depuis l'intervention militaire russe en septembre 2015. Profitant en effet de l'installation de sa base aérienne à Hmémim, près de Jablé, donc au cœur de la « région du littoral », comme d'ailleurs la base navale à Tartous, la Russie a cherché à se doter directement de « poches d'allégeance » recrutées tant parmi les civils alaouites que dans les rangs des milices ou même de l'armée régulière. Le colonel Souheil al-Hassan, qui commande l'ainsi nommée « Forces du Tigre », en est l'exemple le plus significatif d'un militaire de carrière prorusse, d'autant qu'il est devenu le troisième homme fort du régime après Bachar et son frère Maher. En plus de la 5e Brigade formée par les Russes et dont le commandement lui a été confié, sans doute pour contrebalancer la Garde républicaine et la 4e Division de Maher, Moscou a entrepris la création de la « Force des missions difficiles », toujours commandée par Al-Hassan, et qui compte quelque 10 000 hommes appartenant dans leur majorité à des familles alaouites moins soumises que les autres au clan des Assad.

Ces unités combattantes reçoivent de la part des Russes un soutien logistique nettement supérieur à celui dont bénéficient la 4e Division ou la Garde républicaine, qu'il s'agisse du matériel, de l'intendance, des soldes, des moyens de transport ou des permissions, ce qui renforce jour après jour le prestige des Russes dans la région. Il va sans dire que cette discrimination positive attire les jeunes alaouites frappés par le chômage à un niveau jamais atteint auparavant et fournit un contre-modèle séduisant en comparaison avec les deux forces d'élite de Maher qui ne disposent plus des privilèges auxquelles elles étaient accoutumées.

La fulgurante ascension d'Al-Hassan, grâce à la sollicitude des Russes, irrite évidemment Maher. Non que ce dernier soit forcément, comme cela a été dit, plus proche de Téhéran que de Moscou, ni qu'il partage les convictions des différentes milices iraniennes et pro-iraniennes, dont le Hezbollah libanais, mais parce qu'il se méfie de ce militaire alaouite adulé par ses hommes et qui ne fait pas partie du clan, même s'il ne cesse de jurer fidélité à « notre chef intrépide » Bachar al-Assad. On a d'ailleurs signalé, en marge des exactions des deux hommes contre la population, des heurts sanglants entre les « Forces du Tigre » et les troupes de Maher au sud et à l'ouest d'Idlib, comme au nord de Hama et dans la plaine du Ghab.

Personne dans ces conditions n'est en mesure de prédire comment se répartiront les alaouites si les Russes en venaient à marquer officiellement leur défiance à l'égard du clan Assad, comme certains indices semblent l'accréditer. Toujours est-il que la réconciliation nationale qu'ils prétendent appeler de leurs vœux – après avoir commis d'effroyables massacres et approfondi le fossé entre Syriens ! – dépend grandement à présent de leur volonté, et de leur capacité, de mettre un terme à l'interminable règne de ce clan.

Les *chabbîha* et leur État[1]

Yassin al-Haj Saleh

Le mot *chabbîha* est entré dans l'usage commun depuis que ceux qu'il désignait ont occupé les rues syriennes comme des démons, effrayants, haineux, assassins, rivalisant d'obscénité. Il était jusqu'alors inconnu hors de la Syrie et peu connu en Syrie même. Très vite, il fut intégré dans la famille des mots apparentés pour qualifier les nervis du régime, au moment où les jeunes opposants s'étaient nommés par dérision les « infiltrés ».

La signification de *chabbîha* s'est ensuite élargie à toute forme de soutien au régime ou de trahison de l'éthique révolutionnaire ou civique. L'écrivaine syro-britannique Rana Kabbani a utilisé pour la première fois l'expression « *chabbîha* de la plume » pour qualifier certains écrivains occidentaux pro-régime, tandis que Bernard-Henri Lévy a reçu le titre de « *chabbîh* de la philosophie » ! Plus tard, on a dénommé « *chabbîha* de la révolution » ceux qui se disaient partisans de la révolution sans cesser d'être hypocrites ou hargneux.

L'origine du mot n'est pas claire : serait-il dérivé de *ash-h,* qui signifie « fantômes », du fait que les *chabbîha* sont des hors-la-loi et agissent dans l'ombre, aux sens propre et figuré, et qu'ils apparaissent et disparaissent furtivement ? Ou alors fait-il référence aux véhicules Mercedes « Fantôme », non identifiables car dépourvus de plaques d'immatriculation, appréciés et utilisés par les plus grands *chabbîha* ? Sinon peut-être à la « reconduite des prérogatives, leur élargissement et leur expansion[2] », comme quand un prisonnier est plaqué debout contre une planche, les bras ouverts, puis « rallongé » de force…

Il est probable que le terme *chabbîha* est entré dans le langage parlé syrien durant la seconde moitié des années 1970, à la suite de l'intervention syrienne au Liban en 1976, en raison de la contrebande qui s'était développée entre la Syrie, au système économique verrouillé, et son voisin laxiste. Son usage se répandit davantage durant la crise nationale majeure des années 1980.

Depuis lors, et jusqu'à la mi-mars 2011, date du déclenchement de la révolution syrienne, la dénomination s'est circonscrite à de jeunes hommes de la région littorale, alaouites de naissance, dont les chefs appartenaient à la dynastie des Assad, et plus tard aussi à des familles alliées, telles que les Dib ou les Makhlouf (les cousins maternels des enfants de Bachar al-Assad). Ils étaient impliqués dans la contrebande d'électroménager, de tabac, de drogue, d'alcool, de vestiges archéologiques, etc., ils pratiquaient le

1. Extrait de Yassin al-Haj Saleh, *La Question syrienne*, Arles, Sindbad/Actes Sud, 2016, p. 49-68 sans la partie 4. La date et le lieu figurent sous le titre initial : « Damas, septembre 2011 ».

2. Mamdouh 'Udwan, *Haywanat al-insân* (« L'animalisation de l'humain »), Damas, Dâr Mamdouh 'Udwan, 2007, p. 134.

racket. Ils étaient connus pour leur cruauté, leur rudesse et leur subordination aveugle à leurs supérieurs, qu'ils appelaient *mu'allem*[1] (maître) ou « oncle[2] ». En cela ils étaient proches des organisations de la Mafia. Ils étaient évidemment connus des institutions du gouvernement central, qui fermaient les yeux sur leurs pratiques, ainsi que des autorités locales, qui leur garantissaient une totale impunité. Elles n'osaient même pas se défendre en cas de conflit d'intérêts[3].

Dans les années 1980, les *chabbîha* de la ville côtière de Lattaquié agissaient en toute impunité. Ils s'amusaient, par exemple, à forcer les clients d'un café à se jeter à plat ventre sous les tables, une scène dont a été témoin et victime le regretté philosophe Elias Morkos (1928-1991). Ils ont un jour froidement abattu un jeune homme qui ripostait aux humiliations d'un *chabbîh*[4]. Ils extorquaient les biens des citoyens sous la menace, arbitraient des conflits et tranchaient naturellement en faveur du plus offrant. Le viol des jolies jeunes filles était l'une des spécialités de leurs chefs[5].

Parmi les victimes des *chabbîha*, il y avait de nombreux alaouites. On raconte qu'au début des années 1990, une jeune femme nommée Hala Akel a été enlevée, violée, tuée puis jetée devant le domicile de sa famille. Dans la même période, le professeur d'université Samir Ghafar a été assassiné car il refusait de donner « un petit coup de pouce » à une étudiante proche d'un grand *chabbîh.* Comme les *chabbîha* vivaient dans des quartiers alaouites et mixtes, leurs premières victimes étaient leurs voisins.

Par exemple, le grand *chabbîh* Abi Ramah ridiculisait les habitants de son quartier à Lattaquié en fermant son accès pour en faire une aire de jeux pour ses enfants et y dressait une tente pour recevoir ses acolytes[6].

Le trait premier du phénomène des *chabbîha* est leur proximité avec les services de sécurité du régime. Cela est d'abord dû à la consanguinité entre leurs chefs et le président lui-même, d'ailleurs nommé « maître », ensuite à leurs agissements similaires en matière de *taballi* (calomnie) et de *salbata* (exaction)[7]. Ce dernier mot renvoie à une pratique du pouvoir dans la « Syrie d'Assad » faite de *salb* (pillage), de *labt* (piétinement) et de *tasallot* (asservissement). Quant au *taballi,* il s'agit de l'accusation mensongère d'avoir insulté le président ou dénoncé le confessionnalisme[8].

1. Voir le dossier sur les *chabbîha* par Khawla Ghazi et l'ouvrage de Mamdouh 'Udwan URL : http://a114syria.info/web/archives/21043.

2. Mamdouh 'Udwan, *Haywanat al-insân, op. cit.*, p. 34. Il décrit l'« oncle » comme étant l'« ombrelle des *chabbîha* », il est « au-dessus des lois car il descend ou est proche de l'un des responsables », p. 38.

3. En 1993, un conflit a éclaté à Lattaquié entre les *chabbîha* de Fawwaz al-Assad (fils de Jamil al-Assad) et ceux de la famille Dib (dont le chef est Rabah Dib, apparenté aux Assad) qui s'est soldé par l'arrestation de Rabah Dib. Les *chabbîha* de ce dernier ont attaqué la prison de Lattaquié et libéré leur leader, tuant quelques policiers au passage. Il faut noter qu'en raison du peu de sources écrites sur le sujet, je me base essentiellement sur les informations les plus courantes, transmises et recoupées par des témoignages d'amis.

4. Le jeune Safwan al-Assar a été tué en 1994 car il s'était interposé entre un *chabbih* et une jeune fille que ce dernier humiliait dans un bus de transport public.

5. Comparer avec « Les milices *chabbîha,* des forces spéciales au-dessus des lois », *Al-Sharq al-awsat*, URL : http://aawsat.com/details.asp?section=4&issueno=11823&article=616865&feature= (en arabe).

6. Article de Rosa Yassin Hassan, « À propos des *chabbîha* et leurs maîtres : la mémoire aux couleurs de la peur », www.aleftoday. info/content/ (en arabe). Une écrivaine déclare avoir fait allusion à Abi Ramah avant la révolution, sans oser mentionner son nom.

7. Mamdouh 'Udwan, le seul écrivain syrien a avoir évoqué les *chabbîha* et le *tachbîh avant* la révolution, écrit : « Le *tachbîh* est un mot plein de sens. C'est un mélange de calomnie et d'arbitraire, et c'est tout ce qui se pose ouvertement au-dessus des lois », voir *Haywanat al-insân, op. cit.*, p. 135.

8. Durant l'été 1997, alors que j'étais dans un camp estudiantin d'entraînement militaire, un étudiant baathiste a accusé un lieutenant qui nous entraînait de sectarisme parce qu'il avait fait une plaisanterie sur

À partir de la deuxième moitié des années 1970 et durant toute une décennie, les Brigades de Défense étaient en fait une milice de hors-la-loi, financée par l'argent public. Jusqu'en 1985, leur chef, Rifaat al-Assad (le frère de Hafez), était un *chabbîh* au plein sens du terme. Un homme vulgaire, grossier, violent, cupide et débauché dont la cruauté et la corruption étaient sans limites. Il détenait en grande partie le monopole de la contrebande des antiquités. C'était un homme impulsif, contrairement à son frère, calculateur et patient. Rifaat a été l'acteur principal du massacre de Hama en 1982, et deux ans plus tôt de celui de la prison de Palmyre. Quant à Hafez, il « excellait » en tout. La preuve en était la torture sauvage des prisonniers politiques islamistes durant une vingtaine d'années, dans la prison de Palmyre.

Du moment où la priorité ultime du régime était sa pérennisation, la suspicion et la méfiance vis-à-vis de tout le monde étaient un dogme des services de renseignements. À cela s'ajoute le récit de victimisation répandu dans les milieux alaouites, d'où est issue la majorité des chefs du renseignement et de la sécurité. Ces derniers sont haineux et revanchards vis-à-vis des opposants, y compris alaouites, et de la société dans son ensemble. En période de tensions, il n'est pas surprenant qu'ils se comportent comme des *chabbîha*. Les Syriens et ceux qui s'intéressent à eux ont eu à regarder des vidéos montrant des groupuscules sécuritaires en train de mener des expéditions punitives de type colonial ou rappelant celles des milices confessionnelles durant les guerres libanaise et irakienne. La scène filmée au village Al-Bayda est la plus célèbre[1] mais il y en a d'autres qui montrent des *chabbîha* armés, vêtus de l'uniforme militaire, forcer un homme à scander : » Il n'y a d'autre dieu que Bachar[2] ! », ou en enterrer un autre vivant alors qu'il s'entêtait à crier : « Il n'y a d'autre dieu que Dieu[3] !

Dans la perception des *chabbîha* se mêlent quatre éléments caractéristiques. Le premier est la consanguinité avec les dirigeants, le deuxième l'hostilité à l'égard de la société qui prédispose les *chabbîha* à sévir avec une extrême violence, organisée ou non. Cette hostilité provient de vieux griefs contre l'ordre social, répandus dans les catégories marginalisées et chez les minorités, qui auraient pu avoir un contenu démocratique mais qui se sont transformés durant l'ère Assad en une pulsion agressive, conservatrice, au service du despotisme. La troisième caractéristique des *chabbîha* est l'allégeance personnelle à leurs chefs, ce qui assure leur cohésion, et la quatrième, l'intérêt financier, car la majorité des *chabbîha* sont impliqués dans des opérations de contrebande[4]. On disait couramment que la passion des *chabbîha* pour les Mercedes « Fantôme » s'expliquait par le coffre spacieux de ces voitures pouvant contenir une quantité importante de marchandises ! Et on savait qu'elles étaient volées au Liban et qu'elles étaient, malgré leur fabrication

---

les Homsiotes ! L'étudiant saisit le lieutenant brutalement à la gorge et lui hurla au visage : « Je fais partie de la direction de la Sureté nationale ! » Le confessionnalisme est le tabou le plus puissant de la politique assadienne en Syrie.

1. Voir la vidéo : www.youtube.com/watch?v=kVZk VMWJsg.

2. Voir la vidéo : www.youtube.com/watch?v=1k8EUrC4KV4.

3. Voir la vidéo : www.youtube.com/watch?v=aOCtla7RsOY.

4. Il y a toutefois une différence entre le contrebandier et le *chabbîh*. Le contrebandier est « un homme de l'obscurité, courageux, audacieux qui prend le risque de défier l'État ». Tandis que les *chabbîha* « utilisent les véhicules de l'État pour trafiquer en plein jour et circuler au vu et au su de tous dans les quartiers les plus fréquentés », voir Mamdouh 'Udwan, *Haywanat al-insân, op. cit.*, p. 136. Cette différence renvoie donc à l'immunité des *chabbîha* octroyée par le régime.

récente, dans un piteux état en raison du mauvais traitement qui leur était infligé par les *chabbîha.*

Les grands *chabbîha* usent de la force pour accaparer des privilèges ou des « fiefs » générateurs de gros revenus : les ports par exemple. Rifaat al-Assad possédait un port privé à Lattaquié, qui n'a été fermé qu'en 1984 à la suite du différend apparu entre lui et son frère. Tandis que leurs chefs jouissent de fortunes colossales, les *chabbîha* ont des revenus limités et manquent de qualifications leur permettant de vivre autrement que par des pratiques mafieuses. Il est probable que la raison du faible degré de développement de la zone littorale est d'avoir considéré ses habitants, en particulier les alaouites, comme un vivier de gros bras peu qualifiés et prêts à la défendre jusqu'au bout. C'est une véritable « force de pouvoir » (par référence à l'expression « force de travail ») disponible à bon marché. Le *chabbîh* type est quelqu'un de très peu éduqué, provenant d'un milieu social marginalisé et pauvre. Il est le plus souvent robuste, musclé, le crâne rasé, barbu et de noir vêtu[1]. Mais de nos jours, avec l'extension du phénomène des *chabbîha,* il n'y a plus de signes aussi marquants, sinon le port d'armes à feu et autres matraques électriques.

Le confessionnalisme est sans doute un moyen politique approprié dont se sert le régime pour mobiliser ses partisans sans qu'ils aient nécessairement un intérêt matériel direct à le soutenir. C'est précisément ce qui en fait un phénomène dangereux et irrationnel. Les pauvres et les démunis deviennent des nervis féroces au service des nantis qui les méprisent.

Mais le confessionnalisme n'est qu'un élément parmi d'autres qui facilitent la dépendance personnelle. Plus tard, le phénomène des *chabbîha* s'est répandu hors de son berceau originel pour toucher tout un monde de favoritisme et de clientélisme.

Les *chabbîha* sont d'une loyauté sans faille à l'égard du président et du régime. Ce dernier n'est jamais entré en conflit avec eux sauf dans de très rares circonstances, par exemple lorsque Bassel al-Assad, le fils aîné de l'ancien président, a mené une campagne contre certains d'entre eux dans les années 1990. Il était alors le successeur désigné de son père et devait faire preuve d'autorité. Certains ont été arrêtés et leurs chefs sommés d'avoir un peu de retenue dans leurs relations avec la société. Il n'en reste pas moins que le régime n'a jamais éradiqué ce phénomène ni manifesté une quelconque volonté d'y parvenir, même s'il y eut parfois des conflits d'intérêts entre tel appareil du régime et les *chabbîha.* En 2006, le cousin germain de Bachar, Namir al-Assad, et ses sbires ont été déplacés de la prison d'Adra à celle de Saidnaya, mais ils agissaient en *chabbîha* à l'égard des autres prisonniers sans que personne n'ose intervenir[2].

Si les *chabbîha* se sont maintenus, ce n'est certes pas à cause de l'impuissance du régime à les mater mais parce qu'ils lui ressemblent et lui sont structurellement liés. Ils sont l'autre visage, l'inconscient sombre du régime, dans sa brutalité, sa violence aveugle et scabreuse. C'est la cruauté, les liens de parenté et le despotisme entremêlés.

Cet inconscient politique s'est révélé avec force lors de l'essor de la révolution et la régression manifeste de l'idéologie proclamée du régime, nationaliste arabe et socialiste, mais aussi la remontée en surface de ses instincts criminels profonds. Il est alors apparu que les *chabbîha* étaient une armée de réserve, disposée à tout moment, pour

1. Voir ici l'article de Dima Wannous décrivant le phénomène des *chabbîha* : www.almodon.com/Culture/Articles/9237 (en arabe).

2. Sous sa direction, ils ont attaqué et cambriolé en plein jour la société de change Al-Haram à Damas en 2005. Ils réprimandaient aussi les prisonniers politiques à Adra en 2006.

de faibles gains et avec beaucoup d'ardeur, à le défendre quand il est menacé[1].

L'État avait intégré le *tachbîh* (comportement des *chabbîha*) comme un élément de sa structure, en particulier au sein des services de sécurité qui le pratiquaient en tant que violence organisée et légale. Mais il est difficile de qualifier cette violence de violence d'État, ou de considérer la prison de Palmyre comme une prison « classique ». En réalité, les services de sécurité sont davantage une armée d'occupation. Avec un dédain à la limite du racisme, ils paralysent la société et rendent impossible tout mouvement de contestation, sauf quand il prend la forme d'une révolution telle que celle que nous vivons aujourd'hui. Avec sa férocité barbare, son opacité et son arbitraire, la prison de Palmyre a été une usine à fabriquer de la terreur nationale deux décennies durant.

Dans son livre *Haywanat al-insân* (« L'animalisation de l'humain »), le regretté Mamdouh 'Udwan souligne le lien organique entre les *chabbîha* et le régime à travers cette anecdote : un homme dans son véhicule rouge attend à un carrefour que le feu passe au vert. Le moment venu, il démarre, tandis qu'arrive en trombe un homme à moto grillant le feu rouge du croisement. La collision est évitée de justesse. Alors que le *chabbîh* était en infraction, il se précipite en hurlant et insulte le chauffeur, et lorsque ce dernier lui explique qu'il est passé au vert et que, selon l'expression courante, « la voie lui appartenait », le *chabbîh* réplique tout de go en lui assénant un coup de poing au visage : « Ah bon ! La voie t'appartient ? Tu ne sais pas que tout le pays nous appartient ? » Le « nous » renvoyait à la fois au pouvoir et à la communauté (alaouite). Ce genre d'incidents humiliants était courant dans les années 1980, au point que l'accent alaouite était devenu une menace terrifiante. Il arrivait que des non-alaouites en fassent usage pour en tirer un quelconque bénéfice.

Un des traits marquants des *chabbîha* est leur langage obscène et le plaisir manifeste qu'ils éprouvent à insulter leurs victimes avec les mots les plus grossiers. Cette violence verbale est d'ailleurs une spécificité des services de sécurité assadiens, en particulier dans la prison de la terreur, à Palmyre. Les geôliers étaient au comble du bonheur quand ils nous interrogeaient sur la couleur du sexe de nos mères.

Certains geôliers simulaient verbalement des actes sexuels avec la sœur de l'un des nôtres, qui était supposée être calée contre l'épaule de celui-ci, témoin consentant de la scène. Le but de ce genre de violation extrême de la dignité humaine était de marquer la distance infranchissable entre les gouvernants et les gouvernés. C'est précisément la raison pour laquelle la revendication de la *kariima* (dignité), mot tant scandé dans les manifestations, a été primordiale dès le déclenchement de la révolution. [...]

Est-ce que la majorité des *chabbîha* alaouites serait prête à défendre le régime jusqu'au dernier souffle ? *A priori*, leur disposition à le faire serait supérieure à celle de non-alaouites en raison de leur affiliation confessionnelle. Ce qui ferait d'eux les premiers volontaires. Toutefois, cette mobilisation dépend aussi d'un facteur économique « pragmatique ». Nombreux sont ceux qui s'acharnent à préserver le régime, non parce qu'ils s'identifient à lui davantage que d'autres, mais parce que sa sauvegarde est gratifiante à peu de frais. On dit que les *chabbîha* toucheraient entre 7 000 et 10 000 livres syriennes pour travailler le vendredi et au moins 2 000 livres

1. Ahmad Beydoun a établi dans un de ses textes un lien entre le confessionnalisme et le clientélisme dans le système libanais. Voir par exemple *Mughâmarât al-mughâyara* (« Les aventures de la dissemblance »), Beyrouth, Dâr al-Nahâr, 2005, p. 20.

les autres jours de la semaine[1]. Compte tenu de la réduction du coût du travail en raison du caractère pacifique de la révolution[2], les choses peuvent changer si les revenus des *chabbîha* baissent et que les risques augmentent. Il est très probable que beaucoup d'entre eux se retrouveraient au chômage[3]. On dit que les *chabbîha* s'étaient en effet mis en grève en juillet 2011 pour cause de diminution de leur rémunération. Certains sont même retournés dans leurs villes et villages d'origine sur le littoral[4]. Ce qui nous autorise à considérer la majorité des *chabbîha* comme un « prolétariat » de la répression qui vend sa force aux « capitalistes » du pouvoir.

Certaines informations indiquent que le pillage des propriétés privées dans les foyers de la révolution relève de l'autofinancement des *chabbîha*, et qu'il est orchestré par un régime en mal de ressources. Selon un important rapport publié en octobre par les « comités locaux de coordination » (la source d'information la plus fiable concernant la révolution), les milices des *chabbîha* à Tall Kalakh s'adonnaient systématiquement au « pillage et au vol des biens des citoyens, tels que les bijoux[5] ». Quant à Rastan, le rapport indique que les *chabbîha* et les services de sécurité y ont pillé des magasins vendant toutes sortes de biens, y compris du matériel très coûteux qu'ils ont chargé dans leurs camions[6]. Les biens des citoyens volés sont considérés par ces *chabbîha* comme butin de guerre. On entend aussi beaucoup parler d'arrestations arbitraires dans d'autres régions, en particulier à Idlib, en vue de soutirer des rançons[7].

On constate dans ce qui précède, même s'il reste encore à faire une enquête de terrain, que le *tachbîh* est une tendance inhérente à la structure du régime. Elle refait surface chaque fois qu'il traverse une crise existentielle. Nous l'avons vu clairement dans les années 1980 quand le pouvoir pratiquait le *tachbîh* dans tout le pays. Ce phénomène a perduré et prospéré à Lattaquié et s'est développé dans une moindre mesure à travers la Syrie. On pourrait ainsi dire que les *chabbîha* sont le spectre accompagnant le pouvoir assadien. Sa présence et son impact sont d'autant plus puissants que l'on approche des véritables centres de pouvoir.

On constate en outre la corrélation directe entre les pratiques du pouvoir et l'expansion des *chabbîha.* Chaque fois que

1. Voir le site All4syria http://a114syria.info/web/archives/19669 (en arabe).

2. Il ne fait aucun doute que la militarisation de la révolution changera la donne, soit par le retrait des *chabbîha,* soit, au contraire, par leur armement. Je rappelle que le texte a été écrit durant l'automne 2011, tandis que vers la fin 2012 se constituait le phénomène des *chabbîha* au sein de ce que l'on appelle les « Forces de défense nationale ».

3. Parmi les financeurs des *chabbîha* à Lattaquié se trouve l'homme d'affaires Nizar Assad. Il figure d'ailleurs dans une liste de sanctions établie par l'Union européenne en août 2011. Est également inscrit sur la liste l'homme d'affaires Muhammad (ou Ayman) Jaber, en tant qu'assistant du général Maher al-Assad dans le dossier des *chabbîha.* Voir php?option=com_content&view=article&id=8832:2011-08-24-15-2504&catid=81:syria-politics-headlines&Itemid=55 (en arabe).

4. Voir le site All4syria http://all4syria.info/web/archives/19669 (en arabe).

5. Cf. p. 15 du rapport, URL : www.lccsyria.org/wp-content/uploads/2011/11/11.pdf (en arabe).

6. *Ibid.*, p. 17. Il est à noter que la violation des propriétés des citoyens a des précédents dans l'histoire du pays, en particulier à Hama en février 1982.

7. Informations du 25 août 2011 provenant de la page Facebook d'Ismail al-Hamod, un respectable médecin originaire de la montagne de la Zawiya à Idlib : www.facebook.com/Ismaeel.alhamed?ref=ts. Les montants des rançons varient de 25 000 livres syriennes à 1 million. Il semblerait qu'il existe toute une industrie de courtage en la matière. Ceux qui ne payent pas demeurent en état d'arrestation jusqu'à nouvel ordre. Le docteur Ismail a été enlevé par l'organisation criminelle Daech le 2 novembre 2013, en pleine rue dans la ville de Raqqa où il exerçait et vivait avec sa famille. À ce jour, nous n'avons aucune information à son sujet.

le pouvoir se comporte en *chabbîh* public apparaissent des *chabbîha* privés qui lui prêtent allégeance en échange d'une liberté d'action et de certains privilèges : des facilités ici et là, des passe-droits, un piston dans les études universitaires[1], sans compter les rétributions directes et les parts de butin, surtout pendant la révolution.

Depuis le milieu des années 1990 jusqu'au début de la révolution, le *tachbîh* public a décliné, mais seulement pour se mettre en veille, et n'a pas manqué de réapparaître instantanément avec la révolution. Si le dernier mot dans l'affrontement actuel revenait au pouvoir, le *tachbîh* serait aux commandes dans tout le pays. Nous serions témoins de niveaux d'horreur et de discrimination qui dépasseraient sans doute ce que le pays a connu dans les années 1980. Aucune sorte de « réforme » ne suivra l'écrasement de la révolution. Ce régime est incapable de gouverner autrement que par l'assujettissement de ceux qui abdiquent et l'anéantissement de ceux qui se révoltent. En finir avec les *chabbîha* nécessite de venir à bout de ce régime infâme.

C'est ce que résume parfaitement une banderole portée par des manifestants de la commune de Talbissé, près de Homs, en août 2011 : « Nous voulons un État séculier qui nous gouverne, et pas un État de *cabina* qui nous tue ! »

Si le *tachbîh* marque fortement le régime de Hafez al-Assad, il est en fait apparu dès le début du règne du parti Baath, en 1963. Les baathistes se sont en effet livrés dès leur premier coup d'État au *tachbîh* idéologique pour compenser leur manque de légitimité populaire. De la surenchère à la méfiance, des rumeurs aux fausses accusations de trahison, ils ont délibérément provoqué un climat de paranoïa afin que les gouvernés redoutent d'être considérés comme des conspirateurs et des traîtres.

Le *tachbîh* idéologique a été un facteur essentiel dans l'affaiblissement de la pensée critique en Syrie. La surenchère n'est certes pas une invention syrienne ou proprement baathiste. Elle est due à la fragilité des forces sociales et à leur besoin pour se revigorer de dogmes infaillibles. Mais la surenchère et ses dérives ont été élevées en Syrie baathiste au rang d'une politique d'État et ont provoqué un décalage sans précédent entre les discours et la réalité. Cette surenchère, notamment dans la confrontation avec Israël, a été à l'origine de la défaite tragique de juin 1967. Les baathistes en ont usé et abusé dans leur approche de la question nationale comme du socialisme, ce qui a déchiré la société syrienne, qui a nui aux Libanais et aux Palestiniens, et qui n'a pas peu contribué à la stagnation et à la régression d'une des sociétés les plus avancées du monde arabe.

Le *tachbîh* idéologique a endommagé le langage politique arabe. Il y a élevé le taux de mensonge et généralisé la disjonction entre signifiants et signifiés. Il a du coup privé le public de l'outil principal capable d'exprimer ses soucis et revendications. Il a imposé comme seule langue juste celle du pouvoir, conçue avant tout pour déposséder les gouvernés de leur possibilité de s'exprimer librement. C'est sans doute cette carence d'une langue pour « dire » qui a

1. Dans le contexte de la première guerre menée par le régime contre la société syrienne en 1980 et durant la période qui a suivi, les éléments des Brigades de Défense, sous le commandement de Rifaat al-Assad, ainsi que les Unités spéciales commandées par Ali Haydar et la 4e Division dirigée par Chafiq Fayyad, posaient leurs armes sur leurs bancs lorsqu'ils passaient des épreuves (brevet et baccalauréat). Ils trichaient ouvertement sans que personne n'ose s'y opposer. Par la suite, des points supplémentaires étaient octroyés aux brigades étudiantes armées impliquées dans la répression afin de permettre à leurs membres d'accéder aux facultés de leur choix malgré leur faible niveau. Nombre d'entre eux sont aujourd'hui professeurs dans les universités syriennes. Le caricaturiste Ali Ferzat a d'ailleurs été passé à tabac par les Brigades de Défense pour avoir dessiné un étudiant atterrissant en parachute à la faculté de médecine.

conduit à l'engagement des corps dans une révolution. La nouvelle opposition a enrôlé les corps dans le combat et les a forcément mis en péril. À ce jour, il y aurait environ 5 000 corps détruits dans cet affrontement[1].

L'éloquence du verbe, reprenant assez souvent le vocabulaire du régime, a été longtemps, pour l'opposition traditionnelle, le seul moyen de contestation, et c'était sans doute l'une des raisons de notre impuissance. Ce que la majorité des opposants a subi comme sévices en prison a, en quelque sorte, éloigné leurs corps de l'affrontement avec le pouvoir. De notre génération il ne reste que des mots. Notre opposition est un rassemblement de fantômes. Des âmes sorties de leurs corps, qui ne font plus le poids face à la masse musculaire et aux innombrables et assommantes langues du régime. Et, du fait de ce caractère fantomatique, aucune personne issue de l'opposition traditionnelle n'a été tuée et très peu ont été arrêtés[2].

La confiscation de la langue commune incite la révolution à adopter une langue et des mots d'ordre nouveaux, loin du jargon habituel et des clichés. On ne peut pas se séparer du régime sans rompre avec sa langue et son univers symbolique. Ceux qui attendent de la révolution syrienne des positions se référant au « nationalisme arabe », avec tout son vocabulaire désuet, ne comprennent pas cela. Ils ne prennent pas en considération ces deux points :
1° Le premier est que les slogans nationalistes du régime n'ont jamais été que du *tachbîh* déconnecté de la réalité. Il a suffi d'ailleurs que la Ligue arabe suspende la participation du régime à ses réunions pour que son arabisme tant clamé vole en éclats. Ses chaînes de télévision qualifient maintenant les membres de la Ligue d'« Arabes-Bédouins sous-développés », tandis que des baathistes vantent la grandeur de la « nation syrienne » qui n'a rien à voir avec les Arabes, et que des loyalistes scandent dans les rues : « Arabité, on t'emmerde ! »
2° Le second point est que la révolution constitue un effort global de rupture avec le régime, qui pourrait aboutir à une approche différente de tous les problèmes. Je dirais même que c'est un impératif de fidélité à la révolution.

Le régime a également agi en *chabbîh* au plan régional, ou en *baltagui,* selon l'usage égyptien. Ses partisans dans la région, en particulier au Liban, sont de vrais *chabbîha,* violents, corrompus, qui ont contaminé de leur *tachbîh* l'État et la politique libanaise. Il s'agit d'une reproduction à l'identique de leur modèle afin de leur garantir la même pérennité qu'en Syrie. L'ancien haut-commissaire syrien au Liban, le terroriste Rustum Ghazali, en est un agent actif, et c'est dans la pure tradition dénoncée par Orwell qu'il est devenu le chef des forces antiterroristes en Syrie…

En matière de *tachbîh,* les nouveaux riches qui, à partir de 2005, ont fait leurs choux gras de l'économie sociale de marché sont les dignes descendants de ceux dont le système économique était fondé sur la confiscation, le pillage, le travail forcé... Leur politique dite de « développement et modernisation » n'est qu'un subterfuge moins brutal pour atteindre les mêmes objectifs : accumuler des richesses énormes

1. D'après les chiffres des comités locaux de coordination, qui sont un cadre sérieux d'organisation des protestations et de couverture médiatique ainsi que du recensement des victimes. Leurs chiffres sont beaucoup plus fiables et précis que ceux des Nations unies ou d'autres organisations internationales de défense des droits de l'homme. Cinq ans après le déclenchement de la révolution, le nombre de victimes dépasse les 250 000.

2. Telle était la réalité lorsque j'ai écrit ce texte à l'automne 2011. Par la suite, de nombreux opposants ont été arrêtés dont nous sommes sans nouvelles. Ainsi d'Abdel-Aziz al-Khayyer, Jihad Asaad et Faiq al-Mir. Certains pensent qu'ils ont été éliminés. Il reste que, d'une façon générale, le pourcentage des détenus de l'opposition traditionnelle est minime par rapport à l'ensemble des prisonniers de la révolution.

et exercer un pouvoir total et éternel. Après la révolution, la génération des fils n'a pas trouvé mieux que de revenir aux méthodes expérimentées par leurs géniteurs[1].

Ces nouveaux féodaux qui dominent l'économie syrienne ont fait fortune en pratiquant le grand *tachbîh,* bien plus rémunérateur que celui dont vit la majorité des *chabbîha.* Les petits sont des miliciens qui s'en prennent aux opposants et tirent profit des services rendus au régime. Les grands, eux, se servent de l'État pour amasser des milliards. Ce sont eux qui gouvernent la Syrie et affrontent aujourd'hui la révolution avec une violence inouïe. Au bout de huit mois, l'État des grands *chabbîha* ne s'est montré aucunement disposé à renoncer à ses méthodes d'asservissement de la population par la force. C'est un État qui ne négocie pas, ne fait pas de politique et ne peut se réformer. Il est en ce sens un État khaldûnien, condamné après l'apogée au déclin. Mais il ne durera probablement pas aussi longtemps que les États d'Ibn Khaldûn, qui vivaient généralement plus d'un siècle…

Qu'y a-t-il en commun entre toutes ces formes de *tachbîh* ? L'usage de la violence brute pour régner sans partage à l'intérieur du pays et sur le plan régional ? La surenchère idéologique déconnectée de la réalité et du possible ? L'enrichissement illégal tiré de l'exercice du pouvoir ? La séparation entre les fruits du travail et le travail, entre les mots et le sens, entre les situations acquises et les compétences ? Le *tachbîh* est foncièrement une négation du travail comme source de revenu, et de la production comme source de richesse. C'est aussi un sabotage de la politique en tant que production de représentation et régulateur de la relation entre les intérêts privés et l'État.

Cela pose la question de la représentation en général. Celle des gouvernés dans les instances politiques, du travail par des revenus, des signifiés par des signifiants. En conséquence, le *tachbîh* est un mode de production (qui ne produit pas de richesses mais s'en empare), un régime politique (qui ne dirige pas mais opprime), une signification (qui n'engendre pas de sens nouveau mais vide la langue de sa substance). C'est une production sans travail et une gouvernance sans représentativité.

Cela impose à la révolution syrienne de repenser le travail en tant que fondement des valeurs morales et matérielles, la juste gestion des intérêts sociaux en tant que base de légitimité, le réel en tant que laboratoire des concepts et des idées. En d'autres termes, la révolution nous incite à reconsidérer la production matérielle, morale et politique. Elle constitue un immense projet de refondation à partir de ces trois types de production à la fois.

1. Selon certaines informations, le régime bénéficierait actuellement du soutien des hommes de main du père, Ali Douba et ses acolytes, mais il est difficile de s'en assurer.

4

Propagande et langages du pouvoir

Folie langagière et violence des mots

Nisrine Al-Zahre

> « […] *As an experience of self-negation, revolutionary violence is the* arrheton *par excellence, the unsayable that perpetually overwhelms the possibility of language and eludes all justification. It is precisely by going beyond language, by negating the self and powers of speech, that humanity gains access to the original sphere where the knowledge of mystery and culture breaks apart, allowing words and deeds to generate a new beginning* […]. »
>
> Giorgio Agamben[1]

La violence extrême en Syrie, que les Syriens essayaient de fuir avant la révolte, par l'isolement social, l'ineptie politique, ou le silence, leur a été injectée autrement par la langue. On se tromperait si on se limitait, en étudiant la violence du langage du régime, aux expressions déshumanisantes à l'égard des révoltés et des opposants, énoncées dans ses médias, ses différents supports de propagande, ou directement par Bachar al-Assad dans ses discours, de celui du 31 mars 2011 à ceux d'aujourd'hui. Des expressions telles que « *mundassîn* : infiltrés », « *irhabiyyîn* : terroristes », ne sont pas d'une force dévastatrice pour les Syriens, elles sont même presque « saines », tellement elles sont flagrantes et claires, à ce point que les protestataires les ont subverties en les revendiquant comme identifications d'opposant[2]. Or le plus insidieux et destructeur se construisait depuis des décennies plus loin, dans le foyer de la langue et des affects de tous les jours. La langue étant l'espace symbolique et l'acte le plus propice à distiller une violence destructrice et silencieuse à la fois.

Déconstruire la violence latente de la langue ne s'avère pas une tâche aisée. Cette démarche pourrait vite tourner à l'impressionnisme, ou au psychologisme. Il n'en reste pas moins que pour cerner une aussi vaste interface entre politique, sociologie et

1. Giorgio Agamben, une lettre à Hannah Arendt, in *On the Limits of Violence*, février 1970 : « […] En tant qu'expérience de négation de soi, la violence révolutionnaire est l'*arrheton* par excellence, l'indicible qui dépasse perpétuellement la possibilité du langage et échappe à toute justification. C'est précisément en dépassant le langage, en niant le moi et les pouvoirs de la parole, que l'humanité accède à la sphère originelle où la connaissance du mystère et de la culture se brise, permettant aux mots et aux actes de générer un nouveau commencement […]. » Édité par Lorenzo Fabbri et Elisabeth Fay, *Diacritics*, vol. 39, n° 4, 2009, p. 103–111. Titre original : « Sui limiti della violenza », *Nuoviargomenti*, hiver 1970.

2. Dans cette vidéo, le groupe « Mundassîn : infiltrés » se réapproprie cette étiquette pour qualifier les opposants : https://www.youtube.com/watch?v=nFkIDF2dc7c.

psychologie sociale, que le langage, il n'y a pas d'autres recours que de cumuler les observations sur les vécus, « compter les piqûres de moustiques qui font plus mal qu'un coup de tête » si on veut reprendre la métaphore de Victor Klemperer, joliment mise en images dans le film de Stan Neumann[1] : *La langue ne ment pas*. Il s'agit de recueillir des « signifiants » qui disent (et parfois ne disent même pas) des subjectivités et des signifiés, et essayer, si possible, de les lier à des schémas langagiers plus profonds, culturels, probablement archaïques, afin d'y repérer les dynamiques de la reproduction de la violence. Car la violence langagière a cette caractéristique de se reproduire et de se disséminer sous une multiplicité de formes, sur une diversité de supports, à l'intérieur même de la langue commune aux différents acteurs en opposition.

Légitimité volée

Au printemps 2019, au cours d'une conversation avec une amie qui résidait toujours à Damas et travaillait avec une chaîne médiatique internationale implantée dans la capitale syrienne, celle-ci me dit qu'il lui devenait très difficile d'obtenir des autorisations pour des missions de terrain de la part du ministère syrien de l'Information. J'ai spontanément demandé : « Tu ne peux pas préparer tes reportages à l'avance en vue d'une diffusion probable, en attendant la permission ? » ; elle a répliqué tout aussi spontanément : « Je ne voudrais commettre aucune erreur ! » Erreur : le terme met à nu les peurs et les limites de celui qui le prononce. Il l'infantilise, le minorise et l'asphyxie. Il met à nu un espace vague de violations illimitées. S'il faut en effet parler de nudité, c'est que la personne qui parle ainsi se dépouille du *possible*, pour entrer dans la case de ce qui est *permis* ou plutôt *légitime*, *mashrû'*, et le légitime se confond en Syrie avec le légal, *shar'î*. Ce légal-légitime a reçu un nom dans le langage du régime : il s'appelle *saqf al-watan* (le plafond de la patrie)[2], et selon l'idiome du régime cette image signifie qu'on peut agir, exprimer ses opinions, prendre des initiatives, faire partie de l'opposition politique, etc., tant qu'on ne nuit pas aux intérêts ultimes de la nation. Sauf que la hauteur du « plafond » n'est jamais définie. Personne ne possède le cahier des charges du « comment vivre sous le plafond de la patrie ». Ce plafond est mouvant et se modifie selon des lois insaisissables. L'insaisissable et sa part d'insensé étant les éléments primordiaux dans le jeu de la légitimité, cela s'apparente aux manœuvres qu'impose un pervers narcissique au sein d'un couple : il ne définit jamais les règles du jeu de la violence. Tout doit changer sans cesse afin de pouvoir opprimer toujours plus, sous le plafond de la patrie.

Dans la pratique, tout est fait pour que la capacité de l'individu reste maintenue dans une zone grise où les frontières entre le légitime et l'illégitime restent floues. La seule analyse de la langue des lois, des décrets et des circulaires, démontrera à quel point la carte du vague et de l'incertain est jouée. La loi telle qu'elle est formulée ne prédit jamais tous les cas de figure d'une jurisprudence. Pour s'y retrouver il faut se référer aux annexes explicatives et

1. Stan Neumann, *La langue ne ment pas*, film, 2004. Production et distribution : YLE, Les Films d'ici, Arte France.

2. Cet énoncé – « sous le plafond de la patrie » – était au cœur d'une pétition d'un groupe d'acteurs et artistes syriens en mars 2011, dans laquelle on essayait de formuler auprès du pouvoir des réclamations dites légitimes et qui ne devaient briser aucune cohésion nationale : http://www.dp-news.com/pages/detail.aspx?articleid=79270. Plus tard, la même expression a été utilisée comme titre d'une série dramatique télévisée.

exécutives, et chercher des détails qui, de toute façon, ne cernent jamais toutes les possibilités. C'est, dira-t-on, le cas de toutes les lois du monde pour pouvoir couvrir le maximum de cas de figure, or il est intéressant de noter l'explication basée sur le sens commun syrien. L'explication classique, c'est que ce vide dans la langue de la loi crée une marge de manœuvre nécessaire à la corruption : l'espace où tout est possible, ou à l'inverse impossible, selon des paramètres de pouvoir, de réseau, de positionnement politique et/ou d'argent qu'on pourrait mobiliser. Le philosophe syrien Al-Tayyib Tizini (1934-2019) l'a bien explicité dans une formule à présent devenue célèbre : « Il fallait corrompre tout un chacun, pour que tout un chacun soit potentiellement coupable, disponible, quand le régime le veut. » Bien au-delà du flou, générateur de corruption, l'ambiguïté ne cesse de rappeler celle décrite par Fanon concernant les colonisés : « Le colonisé est toujours sur le qui-vive car, déchiffrant difficilement les multiples signes du monde colonial, il ne sait jamais s'il a franchi ou non la limite[1]. »

Le cynisme est inséparable de ce langage délégitimant propre au régime Assad, et c'est un cynisme contagieux et généralisé. Nombre de militants et d'opposants confrontés à l'arrestation ou, dans le meilleur des cas, à la convocation auprès des services de renseignements et de sécurité, se rappellent avoir entendu des phrases du type : « Nous aurions pu vous arrêter, mais nous ne voulons surtout pas faire de vous des "héros" d'opposition, vous ne le méritez pas. » Le régime décide ainsi qui mérite d'être son opposant, c'est-à-dire un individu destructible, sinon physiquement par la torture, mentalement par le cynisme, l'humiliation et l'abjection. Ce régime qui décide de qui est opposant légitime a d'ailleurs adoubé une certaine « opposition patriotique » : il s'agit de personnalités indépendantes, au moins en apparence, résidentes en Syrie, et qui portent souvent un discours contre le dysfonctionnement du gouvernement ; autrement dit, qui se posent en défenseurs d'un « État transparent », mais jamais ne se prononcent sur l'État tel qu'il est : le régime et ses centres sécuritaires, ou ce qu'on appelle l'« État profond ». Cette opposition se cantonne dans un rôle de réclamation ou protestation en matière de prix du pain ou de dépenses d'électricité. Mais le « plafond » ne dépasse jamais pour eux celui d'un ministre au portefeuille secondaire, du gouverneur d'une ville ou du maire d'une commune, jamais au-delà.

La délégitimation des sujets gouvernés a toujours été une des grandes violences propres au régime des Assad, ces violences qui se jouent à l'interface de la langue et du politique. Ce procédé a été si pernicieux que ceux qui se sont révoltés contre le régime, se sont retrouvés à un moment ou à un autre, illégitimes pour parler, ou représenter les leurs. Il est étonnant de constater à quel point une *légitimité imaginaire* et non celle réelle qui relevait de leur raison d'être politique, a pu constituer un enjeu majeur chez les opposants du régime. À titre d'exemple, toute fraction des forces démocratiques et laïques de l'opposition syrienne, si mineure soit-elle, s'est vue obligée de se justifier de tout et pour tout : des dérives violentes de la révolte populaire, de son silence ou son alliance supposée avec des courants politiques islamistes comme les Frères musulmans, etc. Les mêmes opposants qui ont été frappés d'illégitimité pour représenter le peuple syrien, se sont laissés prendre au jeu de lancer à leur tour cette accusation contre l'Autre qui ne serait pas tout à fait du même bord. Le jeu devient dangereux

1. Frantz Fanon, *Les Damnés de la terre*, préface de Jean-Paul Sartre, Paris, François Maspero, 1961, réimpr. Paris, La Découverte 2002, p. 54.

entre les mains de tout un peuple blessé narcissiquement. Les arguments fondés sur l'illégitimité varient selon la conjoncture politique, selon l'accusateur et sa position politique, sociale et économique, ou encore selon l'accusé : un intellectuel peut en accuser un autre de n'être pas assez légitime pour parler de la souffrance des gens « ordinaires », parce qu'il appartient à l'élite. « Ordinaire », un qualificatif ambigu, n'ayant de définition que par un ensemble de négations (ni intellectuel, ni activiste, sans capital symbolique, etc.), une ambiguïté et une mouvance qui rappellent celle de la langue et des lois du régime.

Des joutes de légitimité ont lieu également entre les Syriens déplacés, réfugiés à l'extérieur du pays et les Syriens restés à l'intérieur du pays, dans les zones contrôlées par le régime. Tous s'accusent d'avoir quitté le pays, ou au contraire d'avoir choisi de rester sous le contrôle de la dynastie Assad. C'est comme si la politique ne pouvait se jouer que selon les termes fondés depuis des décennies par le régime et lui seul : infliger la mort à l'autre si ce n'est corporellement, au moins moralement.

Pendant les différents allers-retours de négociations entre le régime et les instances politiques de l'opposition, orchestrées par les Nations unies, en particulier à Genève, un épisode significatif a eu lieu : en février et mars 2016[1], Staffan de Mistura, le porte-parole des Nations unies, a voulu que les femmes jouent un rôle plus important dans la « construction de la paix » en en incluant dans ces pourparlers. Les participantes ont ainsi été livrées au lynchage verbal au sein du camp des opposants ; non seulement dans des sphères privées ou non officielles, mais aussi sur des sites médiatiques. Le grief principal, parmi d'autres[2], était qu'elles n'étaient pas légitimes pour représenter la femme syrienne. Ce « conseil féminin de De Mistura » était par ailleurs objectivement et politiquement critiquable pour différentes raisons, mais ce qui importe ici c'est de déconstruire cet argument de « légitimité » à représenter. Sur les réseaux sociaux on a appris que la majorité des femmes du conseil ne sont pas voilées, qu'elles appartenaient aux milieux aisés de la classe moyenne laïque, alors que « la femme syrienne » est pieuse et croyante. Il a également été mentionné qu'aucune n'avait perdu un fils ou un mari dans la guerre, qu'elles n'avaient pas de disparus ou de détenus politiques dans les centres de détention du régime. Il est stupéfiant de constater que la mort et la souffrance extrême sont bien souvent devenues *le* seul critère de légitimité dans les esprits de nombre de Syriens. Il ne s'agit pas simplement de la sacralisation et de l'icônisation du *shahîd* (martyr) comme figure du mort unanimement respecté (si on partage avec lui la même cause). Il s'agit plutôt d'une *sacralisation de la mort* elle-même, comme prix à payer pour se retrouver digne et légitime. Ce n'est pas sans rappeler la figure du Christ, sacrifié pour assurer la rédemption de l'humanité et se débarrasser de l'abjection[3] qu'a fait peser le régime sur les âmes. Ceci a contribué également à approfondir la hiérarchie des victimes, au sommet de laquelle trône *Le Mort*, seul capable de « parler » au nom du peuple et de le représenter.

1. https://news.un.org/ar/story/2016/02/245282.

2. Voir l'article de Laila al-Odat intitulé « La bataille reportée de l'émancipation » et publié sur le site aljumhuriya.net. Dans cet article, Laila al-Odat pose une question très simple, mais extrêmement pertinente du point de vue du genre, à savoir : « A-t-on posé déjà la question à un homme laïque s'il représente tous les hommes syriens ? »

3. Voir Salwa Ismail, *The Rule of Violence*, *op. cit.*, p. 119, pour une discussion de l'abjection comme moyen de gouverner.

Père, chef, régime, État, patrie : amalgame et contradictions

Face à un système langagier et discursif aussi abusif et qui fait opérer l'abjection comme technique de gouvernance, il n'est pas aisé de toujours subvertir et résister. À côté des expressions déshumanisantes, on retrouve nécessairement, juxtaposées, des expressions liées au champ sémantique de la « patrie ». À côté de *jarâthîm* (bactéries)[1], il y a toujours « patrie » et « traître » ; par conséquent si on souhaite s'autoproclamer « bactérie » à titre de moyen de résistance par la subversion, on s'interdit naturellement de s'autoproclamer de la suite des étiquettes, à savoir « traître à la patrie », pour ne pas se délégitimer par rapport à un concept si sensible (mais si vague également) que le patriotisme.

Là où opère à plein la sacralisation de la langue, c'est-à-dire dans la loi, il existe des charges juridiques accusant les opposants « terroristes », telles que *wahn 'azm al-umma* (affaiblir la force, ou l'élan, de la nation) ; *al-nayl min haybat al dawla* (attenter à la *hayba* de l'État), le mot *hayba* signifiant à la fois prestige, rayonnement, allure, fierté (l'adjectif dérivé désigne une personne redoutable et qui inspire le respect). Autres accusations encore : *itharat al-na'rât l-tâ'ifiyya* (attiser le confessionnalisme) ; *al-ta'âmul ma'a jihât ajnabiyya* (avoir des liens avec des instances étrangères) ; *khiyâna* (trahir) ; *id'âf al-thiqa bi-l-iqtisâd al-watanî* (affaiblir la confiance en l'économie nationale) ; *bathth al-firqa bayn 'anâsir al-umma* (désunir les membres de la nation). Pour un lecteur non syrien, il est sans doute insolite de constater à quel point ces termes relèvent du registre non juridique mais esthétique, affectif, culturel, et combien touchent à la fibre patriarcale et virile, comme *hayba* (fierté) ou *'azm* (élan). Dans « Syrie, les mots de la violence d'État[2] », Muhammad Jalal et Naïla Mansour discutent de la manière dont ces termes montrent la nature du lien instauré entre gouverneur et gouverné, un certain lien d'intimité parentale qui se noue dans la *loyauté*. Toutes les accusations citées ci-dessus sont des accusations de défaut de loyauté à la nation, à l'État, ou au chef de la nation. La trahison ne saurait engendrer que culpabilité et abjection, même pour un militant rodé qui parvient à en faire une parodie grotesque. Ce langage culpabilisant éduque chacun au non-mérite et à la non-légitimité.

Quant à l'illégitimité à être « citoyens », le régime, à travers ses deux présidents, a pu faire au mieux de petits gestes, à son gré, en dehors de tout ce qui relevait de la loi. Ainsi, un mot-valise, *makruma* (don), est apparu dans la sphère publique, pour désigner toutes les faveurs du régime : augmentation de salaire, amnistie, décret pour une session exceptionnelle de rattrapage accordée aux étudiants, modification des termes de la loi de la retraite, etc. Tout ce qui pouvait représenter un avantage pour les gouvernés, est appelé *makruma*, un mot dérivé de la racine *k.r.m/karam* (générosité). Le régime s'installe dans une posture de générosité au moment où il décide d'augmenter des salaires ou d'accorder des avantages. Il importe de signifier que ceux-ci ne doivent en aucun cas être perçus comme des acquis sociaux

1. Le 10 mars 2020, le ministre de la Santé syrien est interrogé par la chaîne d'informations officielle, concernant les chiffres des malades atteints du virus covid-19. Il répond en faisant les éloges de l'armée régulière syrienne qui, « salvatrice », aurait « purifié » le sol syrien de tout « virus » et « bactéries », des expressions que Bachar al-Assad a lui-même utilisées neuf ans plus tôt en juin 2011, durant son deuxième discours, prononcé au siège du rectorat de l'université de Damas. Le président qualifie alors les événements de « complot », et le complot comme étant des bactéries.

2. https://orientxxi.info/magazine/syrie-les-mots-de-la-violence-d-etat,3398.

collectifs, ou les fruits d'une lutte, il s'agit toujours d'un don offert à des individus isolés, et non pas à des groupes qui font corps, illégitimes collectivement. Il importe également que la *makruma* soit accordée en dehors de tout moment où un débat social est engagé, même timidement. En outre, le don arrive subitement sans signes précurseurs transparents, sinon par les rumeurs. C'est pourquoi sans doute les Syriens, sous les Assad, n'ont jamais pu s'approprier le temps, la temporalité imposée à tous étant celle du régime. Il n'est possible d'accéder aux événements ou les appréhender que par les *rumeurs*, en aucun cas par l'annonce transparente. Ils doivent tomber du ciel, afin de surprendre les gouvernés. On est toujours en attente sans attente. Voilà le paradoxe.

Il s'avère que l'image du « donneur généreux » a été largement intériorisée par les Syriens, de même que l'amalgame entre régime et État s'est largement répandu au début de la révolte. Au sein de certains milieux opposants, il est arrivé qu'on accuse un simple fonctionnaire administratif ou un professeur d'université de ne pas démissionner et déserter, la désertion étant conçue comme l'expression d'une position morale, voire la seule possible. De quoi s'agit-il ? Sinon de concevoir l'État comme *makruma* des Assad : refuser le don de l'État est alors la seule expression d'une position politique. Dans le camp des loyalistes, cet amalgame entre régime et État était un argument dressé contre les révoltés, ceux-ci étant accusés de vouloir « détruire leur État ». Par ailleurs, il faut nuancer deux strates à la notion de l'État en Syrie, l'État de surface, administratif et bureaucratique incarné par les ministres et le Premier ministre, et l'État profond, qui est le pivot de ce régime, incarné par les centres sécuritaires et l'organisation mafieuse entre des familles au pouvoir. Ce dernier est sans surprise identique au régime.

Le métalangage psychotique : « on brûle » le pays signifie on brûle le pays

En 2000, lors d'une interview donnée par le jeune président fraîchement héritier de la république à une chaîne de télévision officielle, une présentatrice lui demande si une vraie nouvelle langue, différente de la langue de bois habituelle, allait émerger. Le président répond : « Qu'est-ce que le bois ? Le bois est une matière rigide, mais qui contient à l'intérieur des fibres plus flexibles […]. » Plus tard, au cours d'une interview donnée lors de sa visite en France en 2001, questionné à propos du printemps de Damas, il réplique : « Le printemps est une des quatre saisons de l'année, mais il existe trois autres saisons […]. » Au début du soulèvement en 2011, dans une autre interview, alors qu'on lui parle du tremblement de terre qui frappe toute la région avec le « printemps arabe », il commence à donner la définition géologique du séisme : « Il s'agit d'un changement dans le niveau de superposition entre les différentes strates et couches du sol […] ». Dans d'autres occasions, il entreprend de livrer la définition philosophique précise de la notion de rumeur, etc.

Que dit, dans le langage de Bachar al-Assad, ce rétrécissement de l'espace métaphorique et symbolique entre le signifié et le signifiant ? Sans vouloir m'aventurer dans des propos psychanalytiques qui tendraient à voir dans cette absence de symbolisation un foyer de psychose profonde dû au fait que l'éloignement du monde physique et tangible n'aurait pas eu lieu durant l'enfance, je rappellerai plutôt de quelle manière se traduit cette absence de symbolisation dans le domaine des actes. En effet, quand la distance symbolisante n'est plus là, on passe à l'acte violent et barbare : celui d'arracher les yeux des médecins ophtalmologues pendant le massacre de Hama en 1982[1], ou de casser les mains d'un artiste caricaturiste[2] au début de la révolte en 2011. Cette impossibilité de symbolisation, ce littéralisme débouche sur l'horreur que les Syriens ont vécue dans leur pays littéralement brûlé, dans une sorte de mise en acte spectaculaire d'une menace inscrite sur les murs des différentes villes dès le début de la révolte. La prophétie-menace, *Al-Assad aw nuhriq al-balad* (« Al-Assad ou on brûle le pays »), taguée partout, se voyait accompagnée d'autres formules, aussi grossières, brutales, et non moins terrifiantes. Rappelons-nous la gamme de phrases du même genre, graffitées près des barrages de Damas, et probablement partout ailleurs, de préférence sur les bâtiments dévastés : à chaque fois ils renvoyaient à une réalité, à une mise en acte effective de la violence, à chaque fois signifiant et signifié étaient amalgamés dans une même totalité : « *Al-Assad aw lâ ahad* » (« Al-Assad ou personne ») ; « *Ikhtartum hurriyyat al ta'bîr wa ikhtarna hurriyyat l-tadmîr* » (« Vous avez choisi la liberté d'expression, nous, la liberté de destruction ») ; « *lâ tuwaffirûnâ, lan nuwaffir ahadan* » (« Ne nous épargnez pas, nous, nous n'épargnerons personne »). Cette suppression de l'espace d'évocation et de symbolisation entre signifiant et signifié fait en sorte que le mot se confonde avec l'acte même de la violence, qu'il devienne partie prenante de l'acte destructeur. Il importe d'ajouter que ces slogans sur les murs ne sont jamais signés, comme le sont les dits du président : on ignore leur auteur, et bien qu'ils soient soigneusement rimés, leur registre est plus relâché, souvent dialectal. On peut voir là la patte d'une présence sous-jacente de l'État, dans son volet sécuritaire, inscrit dans une langue anonyme, mais familière. L'État ici ne signe pas, il reste invisible, mais pèse de tout son poids. Et cet État-là connaît le langage du peuple. Un registre plus formel est réservé à l'État bureaucratique et administratif, qui pèse autrement, mais jamais de manière directement meurtrière. Dans cette non-signature on pourrait par ailleurs pointer le fait que le langage du pouvoir est dilué partout. Tout le monde « cite » et « répète »[3], parfois inconsciemment, le langage de la violence.

La sacralisation de la langue du leader

Cette perturbation constante du rapport entre signifiant et signifié et cette tendance à faire proliférer un métalangage vide au sein même d'un langage politique ont d'autres effets, comme celui de la déification[4] du pouvoir. Dans la mémoire collective de ceux de ma génération, nés dans les années 1970, résonnent toujours des bribes de citations tirées des discours et des propos de Hafez al-Assad ; ces « dits » ou adages (*aqwâl*) sont souvent banals : « Le sport c'est la vie » ; « Les enseignants sont des vrais constructeurs, car ils construisent l'homme et l'homme est l'objectif de la vie. » Passés en mantras à la télévision avec une musique et des échos sonores, ces « dits » devaient être appris par cœur pour les examens à l'école et à l'université. Les étudiants devaient les réciter littéralement comme des poèmes ou comme un texte religieux. Cette sacralisation de la banalité langagière ne contribue qu'à creuser davantage la psychose linguistique collective. Le jeune

1. Voir *supra*, p. 61, Cécile Boëx, « Résurgences de la mémoire du massacre de Hama après 2011 ».
2. https://www.lemonde.fr/blog/syrie/2011/08/25/le-caricaturiste-ali-ferzat-enleve-et-blesse-par-des-moukhabarat/.
3. Pour reprendre le sens de « citer » et « répéter », voir Judith Butler, *Excitable Speech. A Politics of the Performative*, New York et Londres, Routledge, 1997. Selon Butler, le langage de la haine ne blesse que parce qu'il représente des strates historiques de répétition déléguées à tous les acteurs discursifs dans un système.
4. Voir Salwa Ismail, *The Rule of Violence*, *op. cit.*, pour une ample discussion de la déification.

Syrien a deux possibilités : ou bien croire profondément qu'au-delà de la banalité de ces propos réside une certaine sagesse non révélée aux humbles comme lui, donc quasi divine, ou bien comprendre qu'il s'agit d'une nullité esthétique et intellectuelle mais qu'il faut « faire comme si[1]... » pour se préserver du pire.

Le non-dit tue

Parfois la folie langagière atteint un autre niveau, quand la réalité n'est dite officiellement nulle part. L'instrumentalisation de la question confessionnelle par le régime en est un exemple. Elle constitue un sujet tabou dans les médias où on ne jure que par les citoyens et la citoyenneté comme le veut la Constitution syrienne. Pendant toutes ces années de révolte et de guerre, aucun signe discursif, dans les médias, ne trahit la manipulation des affects confessionnels et ethniques des différentes composantes du peuple syrien. Il est extrêmement rare que les mots « alaouite » ou « sunnite » soient prononcés, tandis que dans la réalité tout est mis en œuvre pour attiser une peur mutuelle. Tout le monde est tacitement d'accord et comprend que la base loyale au régime, militaire et sécuritaire, est soigneusement choisie parmi les plus proches des Assad, proches en termes d'appartenance familiale et surtout confessionnelle. La représentation partagée par de nombreux Syriens selon laquelle les alaouites accumulent un pouvoir réel et symbolique ne se retrouve pas dans la parole officielle ou dans les productions culturelles contrôlées par le régime. Dans la réalité crue, aux barrages, les identités tuent. Un jeune alaouite ou un jeune chrétien opposant, et hautement politisé, risquent moins l'arrestation, la torture et la mort qu'un jeune sunnite qui n'entretient aucun lien avec le monde de l'opposition et du militantisme, du simple fait qu'on relie sa case d'immatriculation civile ou son nom de famille à une appartenance confessionnelle supposée. Et ceci alors même que, il faut le rappeler, les religions et les confessions n'ont jamais été mentionnées sur les cartes d'identité. Les rappels de la réalité confessionnelle se situent dans un registre plus informel. Au début de la révolte en 2011, je me rappelle très bien les chansons populaires diffusées dans les taxis dont beaucoup de chauffeurs, on le sait très bien, sont des hommes des services de renseignements, les fameux *mukhâbarât*. En guise de prélude à sa performance, le chanteur saluait les hommes des quartiers des différentes villes connues pour être habitées par une majorité alaouite.

Autre exemple flagrant du chaos sémantique né de ces signifiés sans signifiant, l'expression abstraite *al-sultât al-mukhtassa* (« les autorités compétentes ») et parfois une variable, *al-jihât al-mukhtassa* (« les instances compétentes ») qui désignent vaguement toute instance de coercition ayant l'autorité de détenir, torturer, tuer, piller, bombarder les civils. Tout est contenu dans ce terme froidement administratif de *al-sultât al-mukhtassa*.

L'euphémisme tue

Dans une nouvelle série télévisée[2], *Bibasâta* (*Tout simplement*), produite en 2019

1. Lisa Weeden parle amplement de cette idée de *as if* (« comme si ») dans le contexte syrien, dans son livre *Ambiguïtés de domination*. Cette dynamique du croire dont je parle est très proche du pari pascalien de la croyance, où la foi est un acte volontaire. On est bien dans un rapport religieux au leader, ses propos sont comparables aux hadith prophétiques auxquels il faut croire.

2. Les séries télévisées appelées *muslsalât* ont une grande importance pour faire une lecture sociale et politique synchronique du pays. Elles constituent un outil indirect d'encadrement de la société par le régime, mais ne sont pas toutes nécessairement censurées de la même façon.

par une société proche des cercles du pouvoir, on peut voir un des épisodes intitulé *ta'hîl watanî* : *Rééducation patriotique*[1]. Les locaux de l'appareil sécuritaire qui arrête arbitrairement les citoyens y prennent la forme de centres médicaux de rééducation ; les membres des forces de sécurité sont vêtus de blouses blanches et celle de l'officier en chef porte sur sa poche trois seringues en guise de logo. On le voit s'indigner chaque fois que ses hommes s'adressent à lui en l'appelant *sîdî* (« chef », « maître », « seigneur »), et dire qu'il est « docteur » et que sa mission consiste à rééduquer ceux qui manquent de patriotisme, au besoin par la torture. Les prisonniers sont des « patients » selon les termes du directeur du « centre », qui ont besoin d'un traitement, *'ilâj*. Dans les productions culturelles de ce genre, il est possible de faire allusion à la violence, pourvu qu'aucun responsable ne soit mentionné explicitement. C'est comme si la torture, l'enlèvement, les bombardements, l'assassinat existaient indépendamment de leurs auteurs. Comme s'il s'agissait d'une fatalité ou d'une catastrophe naturelle, séisme ou sécheresse. On n'y peut rien. Tout ce qu'on peut faire c'est alléger les mots, les rendre plus praticables et plus supportables. Il en résulte une déformation du langage commun. Les productions culturelles populaires qui se veulent sarcastiques sont cyniquement violentes, dès lors qu'elles contribuent à neutraliser la violence dans les esprits et à flouter la responsabilité des auteurs. Dans d'autres feuilletons[2], des scènes de dévastation de villes sont accompagnées d'une voix off qui parle de Caïn et Abel sans plus de précisions ; dans une série intitulée *Chaos*[3], à la question « Où a disparu Untel ? » l'un des personnages répond : *bi-l-'annîné* (dans la bouteille) sur un ton résigné. Comme s'il oubliait cette réalité tristement banale : tout un chacun sait en Syrie que la bouteille est un instrument de torture et de viol dans les prisons, cet euphémisme signifie également que l'intérieur de la bouteille est fatalement fermé à nos regards, que l'ouverture est étroite et que s'en sortir n'est jamais aisé. Cet euphémisme naturalise les prisons passées dans le sens commun, comme un deuxième service militaire dû au régime.

Là encore ces images prêtent à l'intériorisation : beaucoup d'opposants ex-détenus se vantent du nombre d'années passées dans les geôles des Assad, certains en accusent d'autres de n'y avoir pas assez souffert. La prison est dorénavant l'idiome d'une conscience politique à travers laquelle le sujet se conçoit et se différencie[4].

Ces caractéristiques de la violence langagière du régime politique syrien sont loin d'être exhaustives. Leur sélection relève d'un choix subjectif, c'est une sorte d'auto-ethnographie linguistique de ce que j'ai connu de la Syrie. J'ai essayé de démontrer la grande efficacité de cette folie langagière à détruire le potentiel politique des sujets. Le politicide est mis en œuvre également sur le plan discursif par la délégitimation, l'abjection, l'écartèlement traumatique entre

1. https://www.youtube.com/watch?v=CVxoZ9qRj2U&list=PLkW0JAepfnvxUsPB7s3JXrhMpLzKJRc-DM&index=45.

2. Voir la série télévisée dramatique *Distance de sécurité*, 2019 : https://www.youtube.com/watch?v=AO-HAfRRIU4U&list=PL2Gl4k3e_cvLxbFJqeAxsmDM36A32ggc4.

3. Voir la série télévisée dramatique *Chaos*, 2018 : https://www.youtube.com/watch?v=l_BQh5chqxM&list=PL4SKAxBjuOcspHbDAeGhhEG8_oWDZu-bv.

4. Dans l'ouvrage collectif *Violence et militantisme, parcours d'engagement au Proche-Orient*, CNRS éditions, 2017, sous la direction d'Erminia Chiara Calabrese et Valentina Napolitano, plusieurs articles abordent la prison comme lieu de construction politique et de transmission intergénérationnelle d'expérience. Dans *The Rule of Violence*, *op. cit.*, de Salwa Ismail, la prison et le camp d'extermination sont avec le massacre les deux paradigmes selon lesquels les subjectivités politiques des individus se construisent sous la dynastie d'Assad.

le signifié et le signifiant, ou au contraire par la fusion pathologique de ceux-ci sans distanciation symbolique. Cet écartèlement s'en accompagne d'un autre qui s'opère entre la psyché et le sujet social, et bien d'autres composantes du sujet. En outre, la violence langagière se manifeste par son efficace contamination et reproduction sans fin, qu'il faudra déconstruire inlassablement.

L'impunité comme système. Ethnologie politique de la criminalité d'État

Véronique Nahoum-Grappe

L'impunité est cette évidence partagée par le criminel, sa victime, et le cercle des témoins tout autour, que nul empêchement, nulle punition ne vont intervenir : non seulement pendant l'action criminelle elle-même, mais pas non plus dans sa suite plausible, suite prévue comme assez durable pour envelopper d'un puissant confort moral la première victoire physique du crime. Cette conviction peut résulter de plusieurs causes : une absence de plainte audible sur la place publique, ou une non-conscience culturelle de l'infraction subie de la part de la victime ou de ses alliés, ou encore l'appréhension d'une rétorsion dangereuse, liée à la position trop dominante de l'agresseur, à moins que l'effet de honte retombant sur la victime du crime subi et rendu public ne l'emporte…

Cette anticipation collective d'une non-menace de rétorsion n'est donc pas seulement un fait juridique[1]. Elle est liée à une perception collective partagée de la situation politique (en termes de rapports de force) et à une conviction intime des acteurs du possible, de l'impossible, de l'inimaginable, ce qui met en perspective l'imaginaire culturel du moment et du lieu. Elle est ainsi d'emblée un fait social prospectif qui anticipe l'avenir plausible. Tout le faire-société s'en trouve progressivement modifié au fur et à mesure qu'elle s'installe, d'où la nécessité d'une description ethnologique. La question de la temporalité devient cruciale. Prenons les décennies d'état d'urgence en Syrie entre 1963 et avril 2011. Nadim Houri, militant de Human Rights Watch, explique[2] qu'en 2011 le système de la répression avait « comme un cancer » envahi tout l'espace social syrien, au point de n'avoir plus besoin de son inscription juridique publique pour fonctionner dans le réel, et que des lois d'exception suffisaient à le maintenir. Cette métaphore d'invasion tumorale d'un corps social pointe des mécanismes « métastatiques » que l'ethnologue peut tenter de décrire en partie.

L'impunité à l'échelle du sujet : contexte de l'action et vertige du possible

Que l'impunité ait des effets sur le sujet lui-même est une intuition ancienne : « Si

1. Voir Bruno Villalba et Michel Hastings, *De l'impunité, tensions controverses et usages*, Villeneuve-d'Asq, Presses universitaires du Septentrion, 2017.

2. Dans son exposé le 27 mai 2019, « Longue durée de l'état d'urgence en Syrie » lors des Journées organisées par la section LDH de l'EHESS, l'ISP (université Paris Nanterre/CNRS) et la section LDH de l'université Paris Nanterre sur *La routinisation de l'état d'urgence ? Comparaisons internationales autour des « nouvelles » pratiques du maintien de l'ordre*, Paris, 27-28 mai 2019.

nous ne prenons de nous-mesmes la loy de bien faire, si l'impunité nous est justice, à combien de sortes de meschancetez avons-nous tous les jours à nous abandonner[1] ! » Montaigne définit d'emblée ici l'impunité comme l'affaire du « nous », et non pas seulement celle d'un criminel potentiel souvent posé dans les contes et récits de faits divers comme le « méchant », source individuelle et extérieure du mal. L'impunité « en lieu de justice » produit des « effets en nous » : elle n'est pas la cause des crimes mais celle de leur floraison foisonnante sur la scène du présent. L'impunité atteint l'espace intime de la subjectivité individuelle pour envelopper d'une enivrante libération le geste transgressif. À ce stade de la conscience individuelle, l'impunité est un « psychotrope » qui la modifie, et qui touche alors une donnée énigmatique du fonctionnement psychique humain, appelé par Winnicott « petit détail », oublié par les économistes, mais souvent bien décrit dans la littérature, l'Avidité[2]. Il n'y a pas que le sucre, l'alcool et la drogue comme substances addictives ; il y a aussi l'usage personnel du pouvoir de domination sur le corps d'autrui. La notion de « sadisme » serait réductrice : pour un malade psychiatrique sadique, on compte parmi les acteurs majeurs de crimes contre l'humanité bien plus de personnes « ordinaires[3] ». « Ils pouvaient tout faire » : la phrase récurrente de survivantes de crimes politiques d'État parlant de leurs bourreaux[4] résume sobrement ce pouvoir illimité sur le corps humain, cet objet nu, cru, dont l'obscène vulnérabilité confine au sacré, et qui devient le champ d'élection de la profanation…

La notion d'impunité pour l'ethnologue dépasse le simple fait juridique, pour désigner un état particulier psychique d'un sujet, lié à l'exercice décuplé de « pouvoir tout faire » à un autrui dominé. Ce vertige n'est pas forcément sexuel ou orgasmique (il peut l'être pour le cas psychiatrique), il relève plutôt de ces puissantes jouissances de confort : comme on « jouit » d'un beau paysage ou d'une grande fortune, on jouit de l'impunité. La plénitude intime d'être assuré du « manque de punition » situe d'emblée le corps du bourreau dans une position « noble », « haute », de domination. Et là, en prenant son temps il cherche l'idée, il s'amuse à vouloir jouer, comme dans ce souvenir de Maurice de Vlaminck datant de la guerre de 1914-1918 où « le petit lieutenant (le chef allemand) et les Boches obligèrent Fernand (le "lion" du village) à danser jusqu'au matin. Quand Fernand voulait s'arrêter, et pan ! un coup de badine et les revolvers. Au jour, le lieutenant fatigué de jouer du piano ouvrit la porte, prit Fernand par le bras et le poussa dehors

1. Montaigne, *Essais* [1580], Livre II, chap. xvi, in *Œuvres complètes*, Paris, Gallimard, « Bibliothèque de la Pléiade », éd. 1967, p. 604.

2. En 1945, Winnicott écrit « l'économie la science de l'Avidité dont toute mention d'avidité serait bannie », thématique reprise dans la revue *Penser Rêver. Un petit détail comme l'Avidité*, sous la direction de Michel Gribinsky, n° 16, automne 2009.

3. Expression devenue récurrente depuis les travaux classiques de Hannah Arendt sur « la banalité du mal » (1963) où le criminel est un homme « ordinaire », comme dans le titre de l'ouvrage phare de Christopher Browning (*Des hommes ordinaires*, 1992), œuvres relues depuis trente ans par l'ensemble des historiens de la violence politique. Ainsi, les génocides sont des situations où l'extension du nombre démesuré de crimes, l'accroissement de leur horreur exponentielle, et l'immense participation « d'hommes (femmes enfants !) ordinaires » dans leur réalisation sont des traits spécifiques. Voir Amélie Faucheux *Massacrer dans l'intimité : la question des liens sociaux et familiaux dans le cas du génocide des Tutsis du Rwanda de 1994*, thèse de doctorat EHESS soutenue le 14 janvier 2019.

4. Entendue par l'auteur de façon récurrente dès 1992, dans les camps de réfugiés, de survivant(e)s bosniaques de la purification ethnique. Voir l'ouvrage collectif, *Vukovar Sarajevo. La guerre en ex-Yougoslavie*, sous la direction de Véronique Nahoum-Grappe, Paris, Éditions Esprit, 1993.

avec un coup de pied au derrière[1]... » Le mot important ici est « fatigué ». Il y a une immédiate satiété du « pouvoir tout faire », quand la répétition des massacres et tortures rend ennuyeux et prédictif le prochain épisode. Il y a un ennui du bourreau, avide de plus d'excitation, qui fait naître la question « quoi faire ? », et chercher quel scénario sera plus assouvissant, plus drôle que la simple mort donnée trop rapidement.

« À quoi on joue ? » C'est l'impunité comme jouissance de confort qui permet l'irruption de la cruauté comme piment au programme de la domination criminelle, comme offre ludique et théâtrale de jeux imprévus encore plus « marrants ». La souffrance d'autrui est alors un champ à défricher, à diversifier, à envenimer... Le rire du méchant au comble de la domination physique donc morale est un stéréotype de BD[2], et une réalité des prisons et autres situations de dominations criminelles. « C'est l'impunité qui excite les méchants à faire des crimes[3] » : les dictionnaires citent de façon récurrente cet effet « d'excitation ». Le « pouvoir mal faire » en toute impunité est une expérience quasi psychotrope qui non seulement change le bourreau au plus profond de son intimité réflexive, mais aussi tout l'horizon social de son action : la terreur et la douleur des témoins et survivants, interdites de s'exprimer, vont « travailler » à bas bruit le faire-société quotidien réel des couches sociales et professionnelles les plus menacées, opposants politiques, minorités stigmatisées, souvent frappées de précarité économique, et vont ainsi renforcer la position des acteurs de la répression politique féroce à tous les échelons.

Intimité subjective et horizon politique

Tout l'enjeu de la responsabilité individuelle tient à la justesse de la description des mécanismes qui s'enclenchent entre le fait politique global et le « pli » intime du « je » des acteurs : « Analysez l'état du malfaiteur le plus farouche et le plus solitaire, au moment de son action ; ou aussi bien l'état d'âme de l'inventeur le plus sauvage, à l'heure de sa découverte ; et retranchez-en tout ce qui, dans la formation de cet état fiévreux, revient à des influences d'éducation, de camaraderie, d'apprentissage, d'accidents biographiques ; qu'en restera-t-il ? Bien peu de choses ; quelque chose pourtant, et quelque chose d'essentiel, qui n'a nul besoin de s'isoler pour être soi..., ce je-ne-sais-quoi, qui est tout le je individuel[4]... » Un « je-ne-sais-quoi[5] » résiduel mais résistant et essentiel.

La question du choix de mal faire, de son geste excitant de transgression métamorphose la subjectivité de l'impuni. Les bourreaux, seconds couteaux politiques, mais situés au premier rang sur le front des cruautés infligées, se ressemblent par bien des aspects, comme les tyrans entre eux, et leurs fils dilapidateurs et cruels : l'impunité qui vrille et blesse la faille intime de « l'avidité » du « je » – « avidité » au sens de Winnicott et « je » au sens de Gabriel Tarde – les dévaste de sa force d'évidence sociale et politique. Ce faisant, elle les produit systémiquement. Les bourreaux sont toujours partiellement des machines piégées par le vertige de cette liberté intime et primitive que permet l'impunité, et à

1. Maurice de Vlaminck, *Histoires et Poèmes de mon époque*, Paris, Gallimard, 1927, p. 28.
2. Véronique Nahoum-Grappe, « Le rire du méchant », *Esprit*, octobre 2013.
3. *Dictionnaire* de Furetière [1690], définition du mot « impunité ».
4. Gabriel Tarde, *Essais et Mélanges sociologiques*, Lyon, A. Storck, Paris, Masson, 1895. Dans le cadre de la collection « Les classiques des sciences sociales », URL : http://www.uqac.ca/Classiques_des_sciences_sociales/ p. 6.
5. Expression que Jankélévitch a rendue célèbre mais que l'on rencontre ici en 1895 pour désigner le « je ».

laquelle elle ouvre le « pouvoir tout faire ». Le lien entre l'impunité comme système politique d'État, installée dans une durée « n », et l'impunité comme vertige du bourreau au moment de choisir son geste, est immédiat, compliqué, obscur et d'une efficacité souveraine : le vertige intime du bourreau, son aventure psychotrope, son avidité atroce d'enfance, est la main même du politique, une main qui l'a attrapé par les tripes… Avec le temps, ce « mal faire » institué deviendra routine, et le bourreau gardien de prisons vieillissant appelle son épouse pour prévoir le dîner pendant qu'il écorche vif son prisonnier. Avec le temps, les liens sociaux changent, comme le contenu des rêves nocturnes, comme les manières de communications diurnes non verbales, les démarches et postures du corps dans l'espace public, au travers de mécanismes progressifs de mobilisation et d'envahissement des lieux de vie les plus divers, les plus protégés, comme, en soi, ce lieu des pensées propres. L'impunité instituée comme règle tacite imposée « d'en haut » par un pouvoir d'État arbitraire constitue très exactement un cadre au sens du sociologue Erving Goffman[1] : un encadrement qui enferme un espace, et une « ossature »/« *frame* » qui en articule tout le contenu, comme un squelette interne contraint et organise les mouvements et gestes du corps charnel.

L'impunité instituée comme cadre et système

Bien souvent, en temps de paix tellement bien installée dans sa trompeuse évidence[2], le lecteur contemporain de témoignages des violences extrêmes murmure : « Comment est-ce possible ? » Cette incompréhension se fonde sur une méconnaissance tragique des changements progressifs de registres[3] qui s'effectuent dans toute société quand un pouvoir tyrannique institue l'impunité de ses crimes et la « punité » de toute « sa » population. « Un garde qui se faisait appeler Hitler organisait à l'intention de ses collègues des séances de divertissements sadiques à l'heure du dîner », relate un survivant des geôles syriennes : « Il apportait de l'arak et des narguilés "pour mettre l'ambiance". Forcés à se prosterner, des prisonniers étaient transformés en tables ou en chaises vivantes, d'autres devaient se faire passer pour des animaux. « Hitler » dirigeait ses « acteurs » en les frappant brutalement. « Le chien devait aboyer, le chat miauler, le coq chanter, raconte Ghabbash. Tout ça sous les ordres de Hitler. Quand il caressait un chien, l'autre chien devait se montrer jaloux. Le "public" incluait les prisonniers des cellules voisines ou les détenus suspendus les yeux bandés à des grillages en mailles métalliques, dont les témoignages confirment le récit de Ghabbash[4]. » La scène est quasi théâtrale. Les rieurs sont du côté du

1. Erving Goffman, *Les Cadres de l'expérience*, Paris, Minuit, 1991, avec la magistrale introduction d'Isaac Joseph.

2. Même si une trentaine de guerres environ ont été menées par la France à l'extérieur de son territoire hexagonal depuis 1945, celui-ci est resté à l'abri de tout combat, ce qui fait que la seule « dernière guerre » pensée et citée comme telle par la majorité des Français reste celle du milieu du xxe siècle.

3. Cette notion de « changement de registre » s'est imposée à moi dans les années 1992 en travaillant sur le conflit en ex-Yougoslavie : en amont de la catastrophe guerrière, la fabrique du mensonge politique de la propagande qui construit la figure de l'ennemi, de l'impunité de crimes atroces et masqués du pouvoir liée à la poursuite d'innocents, opposants et/ou boucs émissaires collectifs, a entraîné un changement radical d'atmosphère à Belgrade, entre 1987 et 1991, que les visiteurs étrangers ne percevaient pas clairement.

4. Cité dans l'enquête de près de 20 pages publiée le 11 mai 2019 dans le *New York Times Magazine* : https://www.nytimes.com/2019/05/11/world/middleeast/syria-torture-prisons.html.

bourreau, et l'infamie du crime de souillure ne salit que la victime, couverte de crachats et d'excréments, dénudée, défigurée, chosifiée, animalisée, obligée « d'y mettre du sien » en miaulant plus fort, etc. « Recommence ! » « Encore ! encore ! » : la cruauté vise l'espace intime de repli de la victime, le creux du « pli » de son « je »... Reste le corps que le « je » est obligé d'habiter totalement, à cause de cet effort horrible que la tyrannie féroce et cinglée des ordres donnés oblige à faire physiquement. Cette obligation de « bien faire » le programme du « mal faire » contre soi, sa production d'épuisement incommensurable et grotesque en dessous de la souffrance programmée sont ce qui tue moralement avant d'exterminer physiquement.

Le premier cercle de l'impunité qui enveloppe le corps du bourreau tout-puissant et en uniforme, jouant au tyran local, s'inscrit au cœur d'un ensemble d'autres cercles de plus en plus larges, qui s'entre-pénètrent et se fortifient en permanence, jusqu'à produire l'apothéose paradoxale du grand criminel en chef, le tyran global situé au sommet du pouvoir. Le pouvoir de l'un rayonne et fait flamber celui de l'autre en fonction de mécanismes mimétiques qu'un Tarde contemporain, sociologue et neuro-cogniticien, devra un jour élucider. L'autoproclamé « Hitler » relève sans doute de la psychiatrie, mais la production de l'humiliation et de la souffrance extrême est instituée en système généralisé et s'inscrit dans la vie normalisée et quotidienne du pays plusieurs décennies durant. Le paramètre invisible qui entre en action dans le faire-société est la fin progressive de toute confiance dans ce tiers qu'est l'État à tous les niveaux, juridique, économique administratif et culturel. Cette perte de confiance est compliquée et paradoxale : elle produit peur et collaboration avilissante dans tous les domaines, mais aussi, dans les replis imprévisibles du social, lucidité et clairvoyance collectives.

Apothéose du criminel impuni, destruction du lien social

Quand l'impunité s'installe au sommet d'un État qui a choisi le crime comme tactique et la prédation égocentrée comme stratégie, mécanismes et fonctionnements tordus deviennent loi et routine perverses, pendant que l'hyperbole au pouvoir multiplie ses miroirs. « [...] Debout sur des monceaux de cadavres, cravache à la main [...] il y a si longtemps qu'il préside à notre destin qu'il est devenu riche et honoré : chaque fois qu'il tue, torture et opprime [...] la moitié de l'humanité lui lèche les bottes avec attendrissement[1] [...] » Dans ce texte un peu détourné de Romain Gary, le règne de « Merzavka », dieu criminel « des vérités absolues », semble installé « depuis toujours » et jusqu'« à jamais ! », ce qui entraîne richesse et adoration de tous : plus l'impunité dure, plus l'impuni au pouvoir serait célébré. La figure du tyran est pétrie et sans cesse recréée par cette consistance physique, cette puissance morale, que donne la confiance dans une impunité radicale et définitive. L'impunité qui disparaît en tant que mot et objet laisse la place au corps punissant du tyran – corps et visage sacralisés, reproduits à l'infini dans l'espace public en démesuré, en gigantesque, comme sa silhouette statufiée partout. C'est elle que reconstruit et bétonne en permanence la construction du mensonge politique éhonté comme seule version possible de toute vérité, dans la dévoration du temps historique par l'éternel présent dictatorial, qui clôture ainsi toute perspective de fin. Car l'idée d'une fin de l'impunité, « un jour », fait déjà se redresser et sourire, sans dents, le prisonnier victime de l'arbitraire absolu au

1. Romain Gary, *La Promesse de l'aube* (1960), Paris, Gallimard/Folio, 1989, p. 18.

fond de sa geôle enterrée. « Un jour ! », mot magique, merveilleux, le contraire du « à jamais » du tyran, les choses changeront et la justice aura des chances d'être entendue, puis rendue…

La culture de l'impunité va de pair avec la hantise d'être dévoilé, et donc l'obsession systémique de la trahison, du complot, que d'arbitraires décisions de purges vont nourrir sans assouvir. La rationalité collective de base des élites dirigeantes est fragilisée par l'absence de confiance collective dans un tiers (tous les « tiers » : l'État, le juge, le voisin, le passant…). Un fonctionnement de plus en plus mafieux d'alliances et de protections contre services qui entraîne une multiplication des crimes de vengeance à tous les niveaux, y compris au plus élevé, comme dans les pièces de Shakespeare. La laideur des signes et des gestes s'accroît, les cruautés minuscules gratuites se multiplient dans tous les domaines et à tous les échelons. Et paradoxalement la logique prédatrice de cette culture mafieuse s'effondre quand le « toujours plus du politique » impose le petit détail de son avidité : « Bachar ou brûler le pays » est un slogan du pouvoir syrien sans masque, quand la répression criminelle devenue culture d'État installée dans un pays pendant quarante ans s'exhibe en tant qu'intention meurtrière de brûler plus de la moitié du pays et tuer les trois quarts des restants, plutôt que d'imaginer quitter ce pouvoir ou le partager. En fait l'histoire des pouvoirs illégitimes pourrait être relue en fonction de leur degré institué d'impunité. Avec le temps le bétonnage du social tend à se solidifier, et les vieux tyrans gâteux et momifiés survivent jusqu'à leurs extrêmes fins parfois. Dans un enchaînement d'effets secondaires imprévus liés à la fin progressive de toute instance tierce, la route vers le pire se prend collectivement en fonction de mécanismes d'une reconfiguration généralisée du social : le réel des pratiques ordinaires entre dans une énorme montagne de silence, dont l'ombre plane partout, jusqu'à la table familiale. Les échanges de regards deviennent signifiants, les manières obliques d'informer s'aiguisent et la méfiance généralisée devient la règle. Mais naît dans le même temps une formidable adaptation paradoxale du faire-société aux duretés d'un présent féroce, où le mensonge politique ne fait plus peur mais rire, et devient masque grotesque et nul. La « vraie vie » dans les régimes mensongers d'impunité criminelle s'éloigne de son propre présent obligé, respire dans les interstices. La confiance collective s'écroule dans un fracas que le sociologue étranger n'entend pas, même si l'étincelle des différences brille et naît en permanence, clandestinement.

Au bout de décennies, l'atmosphère globale, très concrète[1], s'est métamorphosée, impossible à percevoir de l'extérieur. De nombreux témoignages et souvenirs attestent de ce moment intense, particulier, où la libération collective dès les premières manifestations de 2011 faisait voler en éclats cette atmosphère pesante physiquement dans les rues, asphyxiante, fabricatrice de la laideur de tout, dans l'avilissement généralisé de la domination aux « ordres » d'avoir à effectuer des gestes et des postures obligés, comme dans une prison. L'impunité comme hantée par son contraire…

Lorsque quarante années de répression obscène et féroce marquent des générations successives, en même temps que s'effondrent le lien social et la confiance collective dans les services de l'État, s'inventent dans l'invisibilité des formes de résistance affectives, sociales, culturelles, extraordinaires mais non visibles. L'impunité ne peut fonctionner que si, quelque part dans son ombre portée, il y a une perception

1. 1 Notion revisitée par les sciences sociales, voir par exemple le n° 103 de la revue *Communications* sur les « Ambiances », Seuil, 2018.

collective, même tacite, minoritaire et silencieuse, même partielle et travestie, de l'injustice commise : quelque part, tapie au fond des yeux de la victime et des témoins, dans l'insomnie collective des nuits où l'horreur des crimes d'État est pressentie, dans la rage et la peur ambiantes, il y a la forme d'un autre possible, moins injuste, qui porterait un reflet de la version du réel de la victime[1]. Les formes de résistance au mensonge global se ramifient, fabriquent des signes, deviennent culturelles, mettent le rire de leur côté. Quand le meneur n'est plus cru, il est cuit. L'enfer après la mort des catholiques est créé par la juste punition divine des méchants, mais l'enfer pendant la vie des politiques de l'injustice généralisée est d'une autre nature, bien pire, liée à l'absence de justice rendue « nulle part », à l'impunité comme cercle dominant tout l'horizon. Or cette fin mauvaise de l'histoire, la victoire du tyran sans fin, est de plus en plus inacceptable.

La révolution de 2011, comme toutes les révolutions démocratiques qui se soulèvent contre des tyrannies, démontre que quels que soient la détérioration du social et le tragique des vies réelles, le pouvoir n'a pas pu méduser le point de vue des victimes. Il y a eu partout, et sans que cela soit décidé, des poches de résistances diverses, nichées dans les interstices que le pouvoir ne comprend pas, n'imagine même pas, et qu'il faudrait décrire plus longuement. Un proverbe brésilien dit : « La bête dont tu as le plus peur te trouve. » Les pouvoirs tyranniques et criminels dont tout le travail est de construire leur impunité « pour toujours » ne savent pas que ce qui était « de toute éternité » n'existera pas plus que l'ombre de la mouche. L'impunité formidable du puissant politique criminel disparaîtra en un éclair, un jour, celui de sa défaite en termes de rapports de force, celui où il sera, à la lettre, défait. Celui où, à la barre d'un tribunal, il sera demandé au tyran, tête nue : « Nom ? Prénom ? Date de naissance ? », à lui, lui qui a tant fait pour inscrire son nom en lettres de feu partout dans l'espace de sa domination, même au fond des prunelles des enfants, et aussi sur les corps suppliciés de ses victimes.

1. Rêve que Gaétan Mootoo, militant des droits humains, disparu en 2018, travaillant à Amnesty International, proférait souvent en pensant aux tyrans impunis sur lesquels il enquêtait.

Impunité et cruauté

Les vidéos de torture filmées par des membres de l'armée syrienne[1]

Cécile Boëx

Depuis 2011, la révolte et le conflit en Syrie ont généré une somme considérable de vidéos mises en ligne sur Internet, émanant des différents protagonistes en présence : protestataires, activistes de l'image, groupes combattants rebelles ; organisations djihadistes. Les usages de la caméra sont multiples[2] et évoluent dans le temps. Certains ont filmé pour documenter, témoigner et rendre hommage à leurs morts[3], d'autres pour promouvoir leurs actions armées auprès de leurs sponsors[4], d'autres pour afficher leur puissance militaire (réelle ou supposée). Alors que le régime mobilise ses médias (TV, presse, cinéma) pour diffuser sa propagande, on voit également émerger des images amateurs filmées par des soldats de l'armée syrienne et, dans une moindre mesure, par des membres de la sécurité ou des forces spéciales. Ces vidéos, très diverses, rappellent les pratiques photographiques et audiovisuelles de l'armée française en Algérie[5] ou de l'armée d'occupation américaine en Irak : filmer les paysages lors d'un déplacement de blindés[6], l'entre-soi viril, les moqueries aux dépens des civils, mais surtout, les humiliations, la torture et les exécutions sommaires. Les soldats de l'armée syrienne ont particulièrement mobilisé la vidéo pour torturer et tuer au cours de la première phase de la révolte (2011-2013). Contrairement aux vidéos d'exécution de Daech largement diffusées et commentées par les médias traditionnels[7], les vidéos de torture et d'exécution filmées par des soldats de l'armée régulière

1. Ce texte est partiellement tiré du chapitre « Dramaturgies audiovisuelles de la terreur en Syrie. Les vidéos amateurs de soldats syriens et les vidéos-spectacles de l'Organisation de l'État islamique » de l'ouvrage collectif *La Transgression en temps de guerre. De l'Antiquité à nos jours*, dirigé par Isabelle Pimouguet-Pédarros et Nathalie Barrandon, Presses universitaires de Rennes, 2021.

2. Voir Cécile Boëx, « La vidéo comme outil de publicisation et de coordination de l'action collective et de la lutte armée dans la révolte en Syrie », *in* François Burgat et Bruno Paoli, *Pas de printemps pour la Syrie. Les clés pour comprendre les défis et les acteurs de la crise (2011-2013)*, Paris, La Découverte, 2013, p. 172-184.

3. Voir Cécile Boëx, « Figures remixées des martyrs de la révolte en Syrie sur YouTube. Réinterprétations politiques et mémoires vernaculaires de la mort héroïque des gens ordinaires », *Archives des sciences sociales des religions*, n° 181, 2018, p. 95-118.

4. Stefan Tarnowski, « What Have We Been Watching ? », *Bidayyat*, 2017, en ligne.

5. Voir Jean-Pierre Bertin-Maghit, *Lettres filmées d'Algérie. Des soldats à la caméra*, Paris, Nouveau Monde éditions, 2015.

6. Voir Kari Andén-Papadopoulos, « US Soldiers Imaging the Iraq War on YouTube », *Popular Communication*, n° 7, 2009, p. 17-27.

7. Surtout entre 2014 et 2016. Pour le rôle des médias comme relais de la propagande djihadiste, voir Jean-Pierre Filiu, « Barbarie djihadiste et terreur médiatique », *Cités*, n° 61, 2015, p. 27-38.

syrienne sont peu connues[1], alors qu'elles sont beaucoup plus nombreuses[2]. Elles ont émergé sur YouTube autour de mai 2011, deux mois après le début de la révolution, sous le label vidéos fuitées (*musarrab*). Leur diffusion se raréfie à la fin de l'année 2013, phase où la révolte et la lutte armée muent en conflit guerrier régional et international.

Ces vidéos ont un statut particulier de semi-clandestinité. Elles émanent d'abord d'un entre-soi militaire et ne sont pas censées être diffusées publiquement. Mais elles ont fuité sur Internet par plusieurs canaux. Ou bien elles ont été récupérées par des opposants auprès de militaires contre de l'argent, ou bien directement sur les portables de ces derniers lorsqu'ils ont été capturés ou tués. Elles ont donc été mises en ligne pour dénoncer la violence et l'humiliation subies par les civils et inciter à la révolte. Certains suggèrent que le régime a encouragé ce genre de fuites, à la fois pour terroriser la population et attiser la haine communautaire[3], puisque les soldats appartiennent majoritairement à la communauté alaouite. Il est clair que si celui-ci avait voulu interdire cette pratique, il aurait pu le faire. Cette diffusion semi-clandestine sur Internet, tolérée, voire encouragée par le régime, s'adresse et reste cantonnée à un « public » majoritairement syrien. Les vidéos, non traduites, de qualité médiocre, parfois à peine lisibles, sont destinées à ceux qui « savent déjà » de quoi il est question, qui sont les protagonistes. Il s'agit de vidéos brutes, fragmentaires, filmées avec les téléphones portables de ceux qui exercent la violence, lesquels retournent souvent la caméra sur eux en mode selfie. Dépourvues d'artifices de mise en scène, elles appartiennent pleinement au registre amateur qui renvoie à la proximité et à la banalité, ce qui les rend d'autant plus insoutenables. Il est en effet très perturbant d'entendre plaisanter et rire parfois ceux qui torturent et qui tuent. Beaucoup de ces vidéos sont encore en ligne aujourd'hui sur YouTube, avec, pour certaines, le message d'avertissement de rigueur sur leur contenu violent. Elles sont aussi toujours « actives » : des commentaires laissés des années après leur date de mise en ligne l'attestent. Certains expriment l'indignation et la colère alors que d'autres félicitent les tueurs.

La population syrienne n'a bien évidemment pas découvert la brutalité du régime avec ces vidéos. Beaucoup en avaient déjà fait l'expérience au début des années 1980 avec Hafez al-Assad, qui avait réprimé dans le sang un mouvement de contestation, notamment lors du bombardement et de la mise à sac de la ville de Hama, faisant plus de 30 000 morts. Suite à cet événement traumatique, l'anticipation du massacre, la détention et la torture se sont inscrites au sein d'une véritable stratégie de gouvernance[4]. Cette violence était enfouie. Peu évoquée dans les familles, elle était complètement tue dans l'espace public. Seuls quelques écrivains l'avaient abordée, surtout dans les années 2000[5]. Avec la révolte, même si beaucoup s'attendaient au pire, même si les familles voyaient revenir les corps mutilés de leurs proches en détention,

1. Le film *Eau argentée. Syrie autoportrait* du réalisateur syrien Ossama Mohammed (2014), coproduit par Arte, réemploie dans sa première partie certaines de ces vidéos. Si les choix esthétiques et narratifs de l'appropriation de ces images sont discutables, ce film contribue à en signaler l'existence.

2. Il est impossible de les quantifier de manière précise, YouTube n'étant pas un site d'archives, certaines ont probablement disparu depuis leur date de mise en ligne. Cependant, elles dépassent largement le millier.

3. Yassin al-Haj Saleh, تحديق في وجه الفظيع [« Scruter l'horreur »], site Al-Jumhuriya, 2015, en ligne.

4. C'est ce que démontre Salwa Ismail dans *The Rule of Violence*, *op. cit.*

5. À l'exemple du roman *La Coquille*, de Moustafa Khalifé, paru en 2007 en exil et de *L'Éloge de la haine*, de Khaled Khalifa paru en français en 2011.

voir et entendre des scènes de torture n'en constitue pas moins un véritable choc. Ces vidéos documentent, malgré elles, un vaste répertoire de sévices, d'insultes, de techniques de torture et de mises à mort. Elles montrent également les attitudes des bourreaux, curieux mélange de désinvolture, de haine et d'euphorie, ainsi que la souffrance et l'humiliation extrêmes des victimes, des civils sans armes. Ces vidéos ne relèvent pas de pratiques isolées, marginales. Leur nombre important et leur durée dans le temps (trois ans) indiquent qu'il s'agit d'une pratique courante, institutionnalisée. Elles montrent l'intensité, la diversité et l'ampleur des violences exercées contre la population civile engagée ou soupçonnée de l'être dans une révolte niée par le régime, qui considère ses protagonistes comme des terroristes ou des « agents infiltrés ». La cruauté et l'impunité se situent dans les mots et dans ce que les corps subissent. Elles résident aussi dans l'acte de filmer.

Il est difficile de faire un inventaire des actes de violence que j'ai pu voir dans ces vidéos tant ils sont divers[1]. Ceux-ci peuvent avoir lieu de manière collective ou individuelle dans la salle de torture d'un centre de détention, dans un bus pendant le transfert de détenus, dans un appartement privé ou à l'extérieur. Ils vont de l'humiliation (hommes dénudés, rasés, insultés et moqués) au meurtre. Les degrés et les cibles de transgression sont donc variables. Certains sont liés aux lieux mêmes de la torture, lorsque des détenus blessés sont frappés sur leur lit d'hôpital[2]. D'autres résident dans les paroles adressées aux victimes ou à ce qu'on leur fait dire. L'un des mots récurrents pour désigner les détenus est « animal » (*hayawân*). Certains demandent à leur victime d'aboyer ou de dire qu'ils sont des ânes quand on leur demande leur nom. De nombreuses insultes visent aussi les mères, les épouses et les sœurs que les soldats disent avoir ou vouloir « baiser ». Ces paroles sont toujours accompagnées de coups et de rires. Certaines vidéos montrent le viol, pratiqué autant sur les femmes[3] que sur les hommes. Sur d'autres apparaissent des techniques de torture et d'interrogatoire spécifiques : un homme les yeux bandés, pieds et mains liés aux extrémités d'une fourche suspendue sur les battants d'une porte, trois hommes coincés sous le pont d'une rivière, des officiers alaouites ayant fait défection mis nus dans des tonneaux en fer, les yeux bandés avec du scotch, un homme dont la peau est lacérée au couteau et dont les blessures sont enduites de sel, etc. Avec les chairs, ce sont aussi les identités, les valeurs, les convictions et les croyances qui sont niées et profanées. Dans de nombreuses vidéos, des manifestants sont obligés d'embrasser le portrait de Bachar al-Assad et de dire qu'il est leur dieu (voir ci-contre). Sur l'une d'entre elles, cette mise en scène est infligée à un cheikh. Les morts n'échappent pas à l'infamie. Les « jeux » avec les cadavres ou les ossements sont fréquents : deux soldats imitent une partie de football avec un crâne désigné comme celui d'un « terroriste », d'autres insultent des cadavres de combattants rebelles, les frappent ou dansent dessus.

1. J'aimerais dire toute la difficulté à travailler sur ces images ultra-violentes qui s'inscrivent dans une temporalité immédiate. Pour surmonter cette épreuve, j'ai développé des techniques de filtrage comme le visionnage préalable d'une vidéo sur la barre de défilement pour en découper les séquences en petites icônes, couper le son, ou pour certaines, n'écouter que la bande sonore. Je me suis également imposé une discipline en limitant mon temps de visionnage et en choisissant également les moments pour le faire. Pour les décrire, j'évite la profusion des détails macabres, tout en évitant d'aseptiser la violence.

2. De nombreux blessés ont été achevés dans les hôpitaux publics avec la connivence du personnel médical.

3. Dans le documentaire de Manon Loizeau et d'Annick Cojean, *Syrie, le cri étouffé*, réalisé en 2017, des femmes en exil, certaines de manière anonyme et d'autres à visage découvert, témoignent de leur bannissement familial et social après le viol.

Capture d'écran d'une vidéo mise en ligne le 22 janvier 2012. Pendant son interrogatoire par deux hommes des services de renseignements, un détenu est frappé et forcé, sous la menace d'une arme, de se prosterner devant ce portrait. Cf. https://www.youtube.com/watch?v=DfnK_KeJ-fQ.

La vidéo participe ainsi pleinement à « l'économie » de la cruauté. Tout d'abord, elle conforte ses acteurs dans leur supériorité et leur impunité (réelle ou supposée). Son caractère souvent « ludique », en plus d'être une sorte de rétribution implicite, permet de banaliser la violence, de l'assumer et de s'en vanter. On peut aisément imaginer que ces vidéos sont visionnées entre les soldats ou montrées à des proches, comme des trophées. Elles peuvent aussi être montrées à des supérieurs, comme preuve de la mission accomplie avec zèle. Pendant l'acte de violence, la vidéo contribue à conforter les bourreaux dans leur rôle. En effet, la présence familière et complice de la caméra du téléphone portable incite à la surenchère et à l'auto-mise en scène. Dans une vidéo mise en ligne le 11 février 2012[1] (voir page suivante), trois hommes des forces de sécurité plaisantent pendant l'interrogatoire d'un détenu, prostré, en débardeur (c'est l'hiver, comme l'indiquent les vestes des autres), les yeux bandés. Ils ne se contentent pas de le rouer de coups et d'insultes, ils se mettent en scène également, créant un faux dialogue entre eux et le détenu. L'un d'eux lance avec emphase : « Tu veux un miracle ? Tu vas voir, je vais personnellement te réaliser un miracle » (il le répète en claquant des mains). Un autre lui demande de se redresser, d'être fier de lui. Lorsqu'il relève la tête, il reçoit un autre coup. Les bourreaux semblent se disputer le privilège de la torture. Le troisième homme, muni d'une tige en fer, fait mine de s'impatienter : « Amenez-le-moi ! » Le premier insiste : « Non, je veux lui montrer comment je réalise un miracle ! » L'enregistrement s'arrête. Ici, on perçoit l'effet

1. Mise en ligne par Nimr Suriya (pseudo) sous le titre (en arabe) « Vidéo fuitée. Torture des détenus par les forces de sécurité ». URL : https://www.youtube.com/watch?v=rkt-gt4QjUg, consultée le 17 décembre 2019.

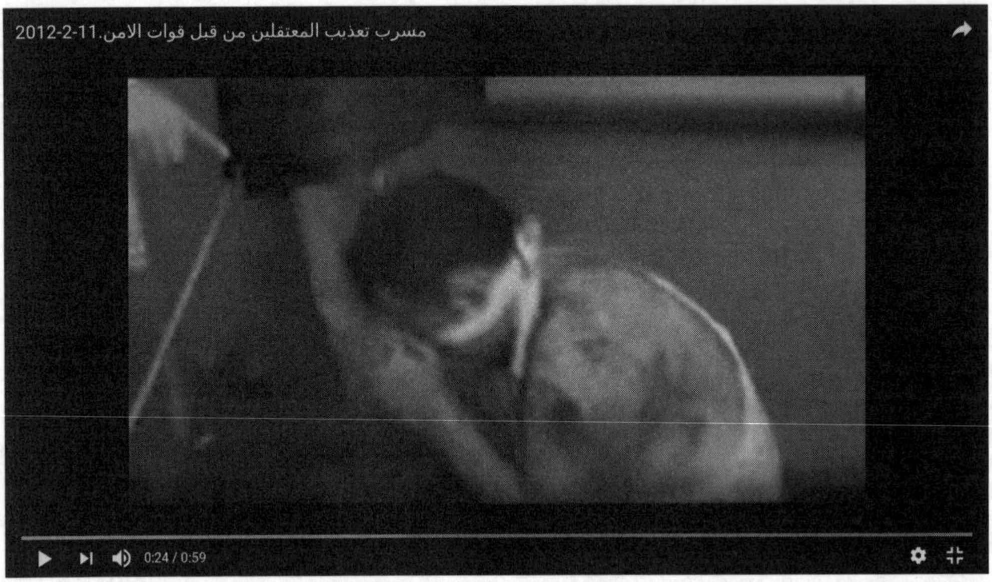

Capture d'écran, « Vidéo fuitée. Torture des détenus par les forces de sécurité », YouTube, 2012.

de groupe sur la montée en intensité de la violence, renforcée par la présence de la caméra. Il y a ceux qui voient, qui filment et qui montrent, et celui à qui on a ôté la vue, jeté en pâture à d'autres regards. Avec cette vidéo, on comprend aussi que plus fondamentalement, filmer procède de la logique même de l'acte de cruauté, dans le sens où c'est aussi une manière de s'approprier le corps de l'autre, de maximiser l'humiliation en s'octroyant le droit de la montrer à d'autres, de la rejouer et réaffirmer, à chaque fois, la toute-puissance du bourreau. Pour la victime, c'est une forme de mise à mort sociale et symbolique, qui prolonge et démultiplie l'indignité.

L'acte de cruauté par l'image peut aussi se jouer dans un cadrage. Le 4 octobre 2012, le comité de coordination[1] du quartier de Hajar al-Aswad, dans la banlieue de Damas (c'est précisé dans le texte qui accompagne le texte de mise en ligne) publie une vidéo[2] où l'on voit des militaires torturer des jeunes hommes, certainement parce qu'ils ont participé à des manifestations. Au début de la séquence, l'un d'eux s'évanouit sous un énième coup. L'un des militaires lui verse de l'eau sur le visage pour qu'il revienne à lui. L'objectif se dirige ensuite sur la droite, pour filmer deux autres jeunes hommes, assis contre un mur. Ils ont visiblement été frappés. L'un fixe le sol, l'autre est en train d'écrire sur des feuilles volantes. Il s'agit certainement d'une fausse déclaration selon laquelle il a été incité à prendre part aux manifestations par des agents infiltrés et dans laquelle il promet de ne plus manifester. La caméra s'approche de lui. L'homme qui filme ordonne : « Lève la tête. » Il approche le portable tout près

1. Ces comités se créent dès les premiers mois de la révolte à l'échelle des quartiers pour coordonner le mouvement, les cliniques clandestines ainsi que la médiatisation et la documentation (le plus souvent sur des chaînes YouTube dédiées, comme ici).

2. https://www.youtube.com/watch?v=lWTTlkb0Ga0, « Vidéo fuitée. Torture des civils par la bande de la caserne de la rue Nisrine », consultée le 19 décembre 2019.

de son visage et le retourne, comme pour « travailler » son gros plan (ci-dessous). Le jeune homme se fige, regarde, abattu, apeuré. Le regard, c'est à la fois la partie la plus visible et la plus intime, une frontière entre l'extérieur et l'intérieur. En filmant ainsi, le bourreau capture et s'approprie ce regard, il en jouit parce qu'il le renvoie à sa puissance, il s'y regarde lui-même. Il annule toute réciprocité. Ici, le jeune homme n'a pas les yeux bandés mais il est dépossédé de son regard. Cet acte d'image, d'une rare violence, isole la tête du reste du corps, comme pour le décapiter, le démembrer. C'est une manière de posséder le corps et la dignité de celui qu'on considère comme un ennemi. Capturer l'autre par son image avilie, créer le vide en lui en prenant son regard, en le rendant aveugle.

Filmer fait pleinement partie du dispositif de déshumanisation, en participant à la négation de l'autre, à l'anéantissement de son intégrité physique, psychique et sociale. Les victimes ne sont pas seulement réduites à néant par le traitement infligé, elles le sont également par l'image qu'elles contribuent à produire et qui perdure. Ces vidéos participent ainsi à la torture et à l'humiliation au moment de l'acte, mais aussi bien au-delà, par leur circulation via les téléphones portables des auteurs de la violence ou sur les réseaux sociaux. Les logiques de leur diffusion sont plurielles et contradictoires : récupérées par des activistes, elles dénoncent et attisent la colère ; tolérées par le régime, elles terrorisent tout en confortant sa prétendue puissance et son impunité. Abondamment regardées et commentées encore aujourd'hui, elles entretiennent la haine. Jamais la vidéo n'avait participé de manière aussi massive et banale à l'horreur. Jamais des criminels n'avaient été aussi peu soucieux des conséquences de leurs « exploits » filmés. Il serait temps de retourner ces vidéos contre leurs auteurs. Pas pour les étaler aux yeux du « grand public », mais pour reconstituer minutieusement les faits,

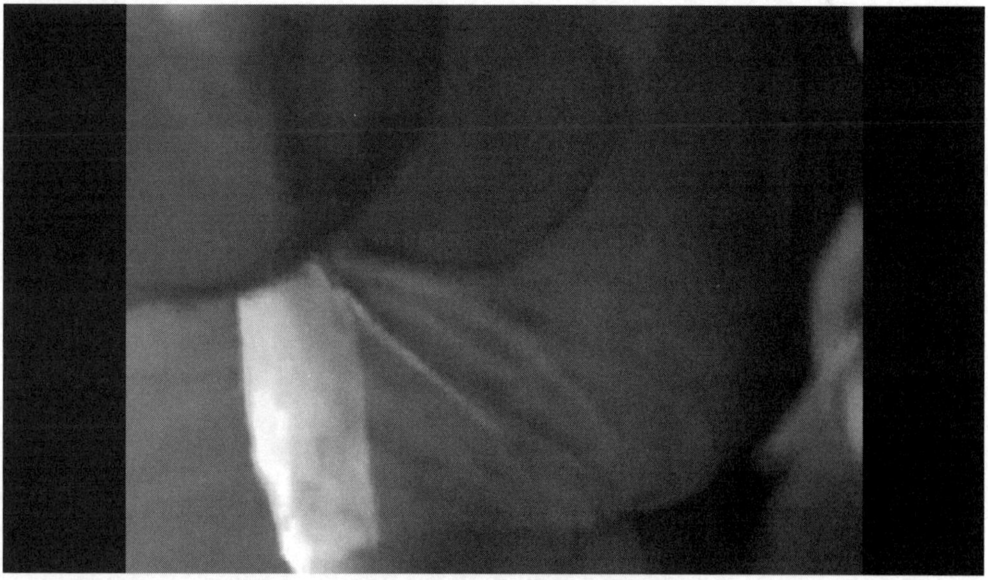

Capture d'écran, « Vidéo fuitée. Torture des civils par la bande de la caserne de la rue Nisrine », YouTube, 2012. Les yeux du jeune homme sont ici volontairement laissés hors cadre, pour ne pas relayer le geste du bourreau.

les responsabilités et les chaînes de commandement. Pour cela, il sera nécessaire d'exhumer ces vidéos enfouies sous d'innombrables strates d'images et de sons, de les désenclaver de leur territoire « local », de recréer de la cohérence dans la fragmentation et la dissémination. Il faudra les sauvegarder, les classer mais aussi soutenir le regard, être capable de voir et d'entendre l'inconcevable.

Le retournement et la neutralisation de l'activisme médiatique

Chamsy Sarkis

Le collectif SMART (Syrian Media Action Revolution Team) a fait partie des principaux acteurs du paysage médiatique syrien entre 2011 et 2020. Créé à Paris par une dizaine de Syriens vivant en France, jeunes chercheurs, médecins, ingénieurs, pharmaciens et avocats, il avait pour objectif de relayer les images de Syrie et de soutenir les activistes pacifiques manifestant sur les places des villes syriennes. Chamsy Sarkis, qui en a été l'un des fondateurs, témoigne ici des succès et des revers de cette bataille pour l'information menée par les activistes sur le terrain et la diaspora. Il montre comment les performances croissantes de cet activisme ont été à la fois neutralisées au plan politique par la logique des agences internationales et retournées à son profit par la dictature syrienne qui en a fait un instrument pour tester le seuil de tolérance de la communauté internationale, toujours plus grande, jusqu'à sa reprise en main, aujourd'hui presque totale, du pays[1].

Nos premiers succès : de la mise en réseau aux retransmissions en direct des manifestations

Nous commençons à nous mettre en lien avec des manifestants, tout d'abord avec des amis et certains membres de nos familles sur place. Rapidement, les contacts s'élargissent à des activistes. En quelques semaines, plusieurs centaines de contacts nous envoient des informations ou des vidéos filmées généralement avec des téléphones portables. À l'été 2011, notre réseau compte environ 2 000 activistes sur le terrain. L'organisation des communications avec eux s'effectue grâce à des forums, des groupes Facebook et surtout Skype[2]. Nous créons ainsi des dizaines de groupes locaux ou thématiques. Certains sont dédiés aux informations d'une région, d'une ville, voire d'un quartier, d'autres au recensement et à la documentation des personnes tuées et blessées, ou encore aux informations militaires. La plupart de ces groupes sont fermés pour assurer la sécurité de leurs participants. Nous relayons ce que nous recevons aux médias internationaux. Il s'agit principalement de vidéos des manifestations, et plus rarement, de la répression exercée par les forces de sécurité. Nous recevons également des vidéos des premiers manifestants tués et des cortèges funéraires. C'est une période riche en événements. Nous œuvrons tous de façon bénévole. Il nous paraît indispensable de couvrir et de relayer chaque manifestation, chaque blessé, chaque arrestation, chaque

1. Ce témoignage est une version révisée du texte paru dans Cécile Boëx et Agnès Devictor (dir.), *Syrie, une nouvelle ère des images. De la révolte au conflit transnational*, Paris, CNRS éditions, 2021, sous le titre « Les médias syriens libres. L'expérience de Syrian Media Action Revolution Team », p. 55-68 (Cécile Boëx).

2. Après quatre ans d'utilisation, nous optons pour Viber, WhatsApp puis Signal et Telegram, plus sécurisés.

mort. En Syrie, les activistes s'organisent en comités de coordination, en centre médias, en groupes de documentation ou encore en groupes « logistiques » en charge d'acheminer appareils photos, modems satellitaires et médicaments aux autres activistes. Chaque vendredi, jour principal de manifestation, nous recevons jusqu'à 6 000 vidéos. En un an, 700 000 vidéos ont été diffusées sur YouTube rien que sur la page de Shaam News Network[1] !

SMART devient un relais pour de nombreux médias (France 24, Al-Jazira, BBC, Al-Arabiya...). L'une de nos premières actions a été d'envoyer de l'argent en Syrie pour l'achat de matériel de prise de vue sur place ou par l'acheminement de caméras « handycam » (caméra digitale se tenant dans la main). Il faut également assurer les moyens de relayer les images et les informations. Dès le mois de mars 2011, le régime n'hésite pas à couper les communications dans les zones où il mène des opérations de répression. Lorsqu'un activiste est emprisonné, il est torturé jusqu'à donner les noms de ses camarades, qui sont arrêtés à leur tour. C'est en discutant avec mon père, dissident aguerri, que nous comprenons qu'il faut couper la chaîne de relation entre les activistes afin qu'ils puissent communiquer entre eux indirectement et sans se connaître. Nous devenons donc un « nœud de réseau » et jouons le rôle d'intermédiaire entre des activistes. Par ailleurs, nous distribuons, quand nous le pouvons, des comptes VPN[2] aux activistes, rendant le traçage des communications plus difficile. Une de nos activités principales consiste à installer des moyens de communication indépendants car le régime coupe et surveille les réseaux Internet et 3G.

Un autre défi est l'enjeu de la crédibilité. Le régime dément les informations que nous relayons. Les médias *mainstream* mentionnent que les images qu'ils diffusent proviennent de citoyens et qu'ils ne sont pas en mesure de les vérifier. Nous formons donc les activistes à authentifier leurs images en filmant des lieux reconnaissables (une place connue, un bâtiment administratif...) et en attestant la date de l'événement. Mais le régime nie toujours l'ampleur de la révolte et de la répression, et des médias internationaux hésitent à relayer les informations provenant des activistes. Nous décidons alors de rechercher des solutions permettant la diffusion en direct des images pour répondre au problème de l'authenticité des images. Fin avril 2011, nous diffusons nos premières secondes de direct depuis la ville de Qamichli, dans la province de Hassaké.

À l'été 2011, nous relayons en direct pendant environ quinze jours d'affilée les manifestations dans la ville de Lattaquié, bastion du régime, dans le camp palestinien d'Al-Ramel. Les forces de sécurité menacent les organisateurs des manifestations pour qu'ils arrêtent les directs. Ceux-ci décident de poursuivre. À la mi-août, le régime envoie l'armée et reprend le contrôle, arrêtant de nombreux activistes et contraignant certains à faire de faux témoignages à la télévision syrienne[3]. Néanmoins, les directs reprennent à Homs, mais aussi à Hama, Deraa, Rastan et partout ailleurs en Syrie. Avec les comités locaux de coordination,

1. Shaam News Network est la chaîne YouTube qui collecte le plus grand nombre de vidéos depuis sa création le 26 février 2011. Elle comptabilise 150 579 916 vues le 15 juillet 2020. Cf. https://www.youtube.com/c/SHAMSNN/featured.

2. Un VPN (Virtual Private Network) est un système permettant de créer un lien direct entre des ordinateurs distants, qui isole leurs échanges du reste du trafic se déroulant sur des réseaux de télécommunication publics. Il permet notamment de modifier l'adresse IP, rendant l'identification de la connexion plus difficile pour les services de sécurité.

3. « Aveux » filmés par la télévision syrienne d'un activiste ayant collaboré avec SMART pour la diffusion des directs depuis le quartier d'Al-Ramel à Lattaquié en 2011 : https://youtu.be/jHSilve2JAc et https://youtu.

nous faisons en sorte d'organiser les manifestations aux heures de diffusion. Nous avons en moyenne cinq à dix minutes de direct pour chaque manifestation, dont les heures exactes sont fixées le matin. Al-Jazira Moubachir (ou Al-Jazeera Mubasher, la chaîne de direct d'Al-Jazira) retransmet la plupart de ces directs sans intervenir. C'est une protection importante pour les manifestants pendant plusieurs mois. De plus, les communicants du régime sont ridiculisés sur les chaînes de télévision arabes. Alors même qu'ils sont interviewés à la télévision, niant l'existence des manifestations, des protestataires leur répondent en direct via des petits messages placés devant les caméras. Le régime est en train de perdre la guerre des images. Au même moment, des soldats de l'armée syrienne font défection. La communauté internationale reconnaît l'opposition et son Conseil national syrien. Nous pensons alors être proches de la victoire.

La défaite des images face à la stratégie du cynisme

Le régime parviendra pourtant à renverser la situation en sa faveur. Au lieu de diminuer la répression, il la renforce et facilite la diffusion d'images de torture et d'exactions commises par des soldats, des miliciens et des officiers. Il favorise la militarisation du conflit et, pour la première fois, ouvre le feu sur les protestataires alors que les manifestations sont filmées en direct. La nuit du 3 au 4 février 2012, nous relayons en direct les images des corps de personnes tuées dans un massacre de trente-huit personnes commis à Homs, dans le quartier de Khâldiyyé. Les images sont reprises par les télévisions du monde entier[1]. Mais le lendemain, la Russie et la Chine imposent leur veto contre une résolution condamnant le régime. C'est un tournant majeur : non seulement nos images ne protègent plus les manifestants, mais elles permettent au régime de tester les limites de la communauté internationale et d'élever le seuil de la fameuse « ligne rouge » de son impunité. Au printemps 2012, un an après le début de la révolution, nous faisons le constat amer que nous sommes en train de perdre la guerre de l'information. Pendant quelques mois, nous poursuivons la diffusion de directs, mais plus nous couvrons la répression et les massacres, plus le régime durcit ces derniers. Les semaines précédant la mise en place du plan « Kofi Annan » en avril 2012, le nombre quotidien de morts est démultiplié. Alors qu'il avoisinait jusque-là la vingtaine de morts par jour, pendant le sommet, il s'élève à plus d'une centaine de morts par jour (160 le 9 avril, 101 le 10 avril, 97 le 11 avril, 45 le 12 avril). Le régime se montre capable d'élever le niveau d'acceptation tacite de son impunité de plus en plus haut. Il nous semble que continuer à relayer les massacres qu'il commet lui permet de défier avec arrogance une communauté internationale paralysée. Il fallait donc changer de stratégie.

Les effets pervers du soutien international sur l'essor des médias syriens libres

Au deuxième semestre 2012, j'active l'Association de soutien aux médias libres[2] que j'avais créée fin 2011. L'objectif est de

be/SJgrb-2Hz2M « Le terroriste Tareq al-Balcha », parties 1 et 2, Syrian RTV, YouTube, 10 septembre 2011, 646 vues le 13 juillet 2020.

1. Cf. « VIOLENCE SPIKES IN SYRIA – 04-02-2012 », archivé et mis en ligne par jayeymediadesign le 4 février 2012 : https://youtu.be/x6pecG0YcE8.

2. ASML est une association à but non lucratif (loi de 1901) qui a pour but de développer les médias syriens et de promouvoir la liberté d'expression en Syrie : URL : www.asmlsyria.com.

pérenniser la liberté d'expression, l'un des acquis majeurs de la révolution, dans une optique de pluralisme démocratique. Pour ce faire, nous mettons en place des projets visant à développer les médias libres en Syrie : presse écrite, presse audiovisuelle et radios. Dès le printemps 2013, nous installons les premières antennes FM à Damas et à Hama puis à Alep et à Raqqa, puis à Deir ez-Zor. La tâche est ardue : il faut les placer suffisamment proches des fronts, pour cibler les deux camps, afin que les soldats de l'armée syrienne, que nous savons isolés du monde de l'information, puissent écouter les informations par le biais de leurs talkies-walkies capables de capter les ondes FM. Nous appelons notre bande FM « Hawa Smart » et en 2014, nous créons une radio du même nom. Au cours de la même période, nous créons une imprimerie dans la campagne d'Idlib, capable d'imprimer 6 000 magazines mensuels de douze à vingt-quatre pages, et nous constituons un réseau de distribution pour acheminer les magazines à des centaines de points de distribution (pharmacies, épiceries, conseils locaux, sièges d'ONG locales…) dans les provinces d'Idlib, de Hama, d'Alep, Raqqa, Deir ez-Zor, Lattaquié (zones hors contrôle du régime), de la banlieue de Damas (Ghouta) et du nord de Homs. Nous mettons également en place une équipe chargée de contrôler la diffusion des contenus. Par exemple, lorsqu'il est impossible de distribuer des magazines avec des articles critiques vis-à-vis de l'État islamique à Raqqa ou Idlib, nous les distribuons majoritairement à Hama et à Alep.

Nous soutenons également, sur les plans financier et technique, une dizaine de petits groupes d'activistes médias locaux. Nous n'intervenons pas dans leur ligne éditoriale, mais signons un accord sur des principes de base : le pluralisme, l'indépendance vis-à-vis des partis politiques ou des groupes armés et l'absence d'incitation à la haine et au sectarisme. Dès janvier 2013, nous formons également trente-cinq journalistes de guerre avec qui nous réalisons des reportages vidéo que nous diffusons gratuitement sur une dizaine de chaînes arabes et syriennes[1] ainsi que sur notre page YouTube[2]. En quelques mois, nous arrivons à produire quarante à soixante reportages mensuels qui touchent une audience de plusieurs millions de Syriens en Syrie et plusieurs dizaines de millions d'Arabes partout dans le monde. En août 2013, nous lançons notre agence de presse, Smart News Agency, composée d'environ six rédacteurs et de trente-cinq reporters de guerre et nous devenons une source principale de l'information en Syrie ; et surtout, une source gratuite pour les projets médias indépendants que nous soutenons. Nous créons également des partenariats avec une dizaine de centres médias en Syrie comme ceux d'Alep, de Hama ou de Deraa.

Arrivées fort tard dans le conflit (alors qu'elles auraient pu être beaucoup plus utiles en 2011 et 2012), les agences de développement médias, mandatées par les chancelleries européennes, telles qu'International Media Support, Free Press Unlimited, CFI, Irex ou Internews, soutiennent des médias indépendants en imposant leur conception du journalisme : proscription de certains termes, comme celui de « martyr », et surtout de toutes formes d'activisme. Elles exigent des lignes éditoriales « neutres et impartiales », ignorant l'origine même de structures nées de la révolution avec l'objectif parfaitement assumé d'œuvrer à la chute de la dictature assadiste. En l'espace d'une année, l'action de ces agences de développement médias a complètement destructuré l'activisme médiatique en Syrie, le

1. Al-Jazira Direct, Suria Alghad, Orient TV, Almustaqbal, Alaan, Deralzor, Suria Alshaab, Shadha Alhuriya, Al-Arabiya.

2. Cf. https://www.youtube.com/c/Smartnews-agency/videos.

transformant en une multitude de « projets alimentaires » : les sommes d'argent importantes qui circulent et le contexte guerrier favorisent la corruption. Des projets fictifs voient le jour. Par ailleurs, ce sont les agences de développement médias elles-mêmes qui ont perçu la grande part des aides internationales dédiées aux médias syriens – aides dépensées en frais de fonctionnement et de *monitoring and evaluation* (en moyenne 50 à 70 % des dotations). SMART est rentré en conflit avec ces agences, refusant de se plier à leurs directives, mais nous ne pouvions lutter contre cette « logique bienfaisante » qui a indirectement contribué à renforcer le régime.

En mai 2015, une section dédiée aux vidéos et aux photographies est ajoutée sur notre site web[1]. Là aussi, l'Internet qui a offert une échappatoire à la propagande du régime syrien et la diffusion d'une information libre, n'a pas été sans contre-effets. Ainsi l'un des problèmes des plates-formes comme YouTube est qu'une fois mises en ligne les vidéos deviennent leur propriété. Par ailleurs, les métadonnées des vidéos sont supprimées. Or ces métadonnées sont importantes pour en démontrer l'authenticité. C'est pourquoi nous avons sauvegardé ces vidéos et photos sur nos propres serveurs. En 2017, la page Youtube de Smart News Agency a été effacée par Google à cause d'un software contre les images violentes (la page est remise en ligne quelques semaines plus tard grâce à l'intervention de nombreux soutiens). Nous avons donc dû développer notre propre système d'archivage des contenus médias que nous avons produits, soit environ 450 000 vidéos, 150 000 photographies et 50 000 articles. Une partie de cette archive structurée a été confiée au Mécanisme international indépendant et impartial créé en 2016 par l'Assemblée générale des Nations unies dans le but de soutenir les enquêtes et les poursuites judiciaires pour les crimes commis en Syrie depuis mars 2011. Fin 2020, nous avons dû nous résigner à fermer l'accès public à notre site, la pandémie de Covid-19 nous assénant, après les reconquêtes des principales zones libérées du pays par le régime, l'ultime coup de grâce. Aujourd'hui, la plupart des acteurs de SMART sont réfugiés, en Turquie et en Europe essentiellement, et nombreux ont quitté l'activisme.

De mon point de vue, l'expérience du collectif SMART a été extrêmement positive sur le plan national. Les pièces journalistiques des médias syriens à destination de la population syrienne en Syrie ont été d'une grande efficacité dans le sens d'un journalisme de services. Elles ont permis d'aider directement des populations locales démunies grâce à des informations vitales pour leurs communautés. Néanmoins, la vision du développement média par l'Occident a été essentiellement délétère, éloignant les journalistes syriens des populations qu'ils étaient censés cibler et minimisant l'impact de leur travail sur le conflit. Ces médias étaient nés pour s'opposer à une dictature sanguinaire soutenue par des acteurs internationaux cyniques. Le soutien aux médias indépendants dans des pays en guerre doit prendre en compte la nature même de ces médias, c'est-à-dire des projets de résistance, et ne pas les dénaturer pour en faire des entités neutres et sans intérêt.

1. https://smartnews-agency.com/en.

DEUXIÈME PARTIE

L'univers concentrationnaire syrien

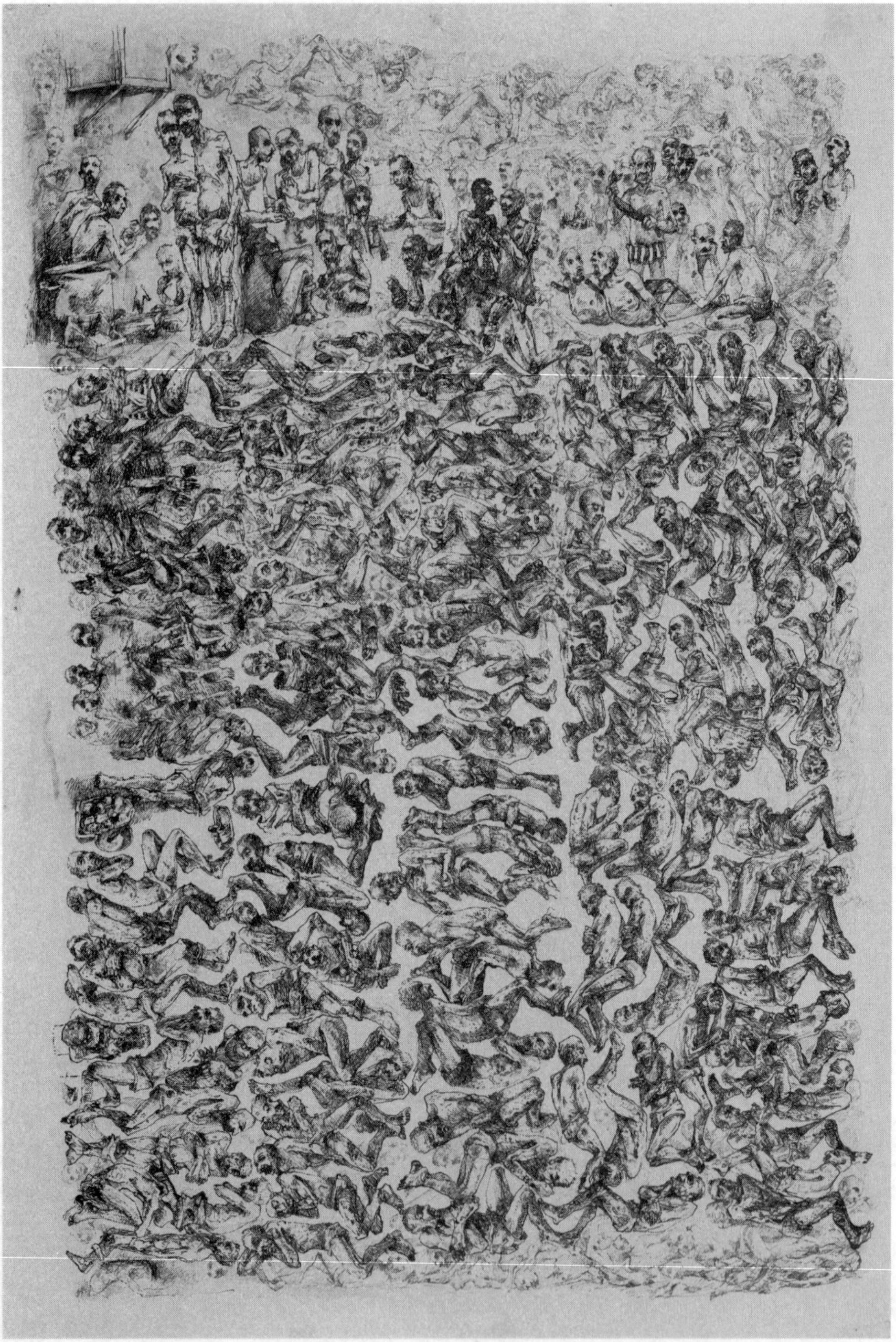

Najah Albukai, dessin de prison. Carnets Syrie, octobre 2015-juin 2020.

Sommaire

Introduction

Catherine Coquio

Introduite par un texte analytique de Catherine Coquio, la partie qui suit rend compte du système carcéral sous Hafez (chapitre 1) puis sous Bachar (chapitre 2) à partir d'un choix de témoignages dont certains sont aussi des œuvres, suivis de textes relatifs aux violences sexuelles (chapitre 3), à la disparition forcée et au deuil interdit (chapitre 4), puis à un cas d'évasion (chapitre 5).

Pour la période Hafez, figurent des extraits des témoignages de Yassin al-Haj Saleh et Aram Karabet, puis de Douha Achour, qui évoque sa grossesse et son accouchement en prison ; enfin, un ensemble de textes de Faraj Bayrakdar : son « autoplaidoyer » devant la Cour de sûreté de l'État suivi d'un choix de ses poèmes de prison. Nous avons renoncé à intégrer la fiction de Moustafa Khalifé, *La Coquille,* malgré sa dimension testimoniale et son rôle d'œuvre-phare pour deux générations de Syriens, mais elle est évoquée par Catherine Coquio dans le texte liminaire. Khalifé s'exprime par ailleurs dans le préambule de ce livre en « complétant » le texte fameux de 2012 où il imaginait comme un cauchemar la victoire de Bachar, huit ans après.

Pour la période Bachar, ce chapitre contient, après une présentation du « dossier César » par Garance Le Caisne, une synthèse du procès qui s'est tenu en Allemagne autour de la branche 251 par Joël Hubrecht, un dossier sur la prison de Saidnaya introduit par Jonathan Chalier, et des extraits de rapports d'ONG et d'articles concernant les hommes, les femmes et les enfants incarcérés ; viennent ensuite un texte réflexif d'Abdulhay Sayyed sur ce que les détenus appellent les « déconnectés » et deux témoignages plus longs qui font voir chacun l'itinéraire de l'opposant et les péripéties de son incarcération : ceux, inédits et recueillis pour ce livre, de Najah Albukai et de Mariam Hayed.

Plusieurs dessins sont joints à ces textes : ils émanent d'artistes trentenaires qui ont survécu aux geôles de Bachar. Ceux de Najah Albukai font imaginer le cauchemar vécu par les hommes dans ces centres, où il rencontra d'anciens détenus de Saidnaya et Palmyre[1]. Ceux d'Azza Abo Rebieh évoquent l'atmosphère qui régnait chez les femmes à Adra et dans un centre de torture où elle passa plus de deux mois. C'est à Beyrouth qu'elle a composé *Traces* (2018), recueil de dessins légendés où le témoignage et l'imagination se nourrissent l'un l'autre[2]. Comme les compositions hallucinées de Najah Albukai, il montre combien l'acte de témoigner peut animer des œuvres d'art.

---

1. https://www.liberation.fr/photographie/2018/08/13/damas-la-bureaucratie-de-la-mort_1672305 et https://www.middleeasteye.net/reportages/syrie-najah-albukai-la-main-qui-dessine-la-torture-d-assad-1969185963.

2. Thomas Abgrall, « La guerre en Syrie : Azza Abo Rebieh, la révolution par le dessin », TV5Monde, 18 septembre 2019.

Trois témoignages féminins et une synthèse de Haley Bobseine sur les violences sexuelles contre les hommes, moins souvent évoquées mais plus répandues qu'on ne le croit, composent le chapitre sur le viol, introduit par Claire A. Poinsignon. Sans nul doute, aucun autre crime ne nécessite plus de courage pour en témoigner, tant il détruit ce qu'il y a de plus intime. Et pourtant les femmes ont été nombreuses à briser le silence. À travers ces formes de violence, ce ne sont pas seulement les prisonniers qui sont visés, mais aussi leur famille et leur communauté.

De même, lorsque les geôliers, en plus des murs de la prison, dressent des murs de silence autour de leurs prisonniers, laissant leurs proches sans nouvelles de leur sort et face à la béance de la disparition, empêchant le deuil. C'est ce crime continué, sans fin, qu'évoque la journaliste Édith Bouvier à partir de témoignages qu'elle est allée recueillir en Syrie en 2020 et 2021. Disparition et destruction du deuil sont constitutives de ce qu'Omar Kaddour appelle « assadisme » dans le texte suivant, suivi de deux témoignages et d'un éclairage sur le couple Safadi et la mobilisation de Noura Safadi.

Le tout dernier texte raconte une évasion inespérée. Il a été rédigé par Razan Zaitouneh, icône de la révolution et créatrice du Centre de documentation des violations en Syrie, qui avait été particulièrement attentive au sort des prisonniers. Enlevée à Douma en 2013 par la brigade islamiste Jaysh al-Islam, qui avait son propre réseau carcéral, elle n'a jamais réapparu. Dans les faits, les évasions sont rares ; mais les barreaux des prisons, comme le prouvent tous ceux qui témoignent ici de leur calvaire, ne font pas plier ni taire celles et ceux qu'ils enferment.

LIEUX DE DÉTENTION SYRIENS OÙ DES VIOLATIONS DE DROITS ONT ÉTÉ COMMISES

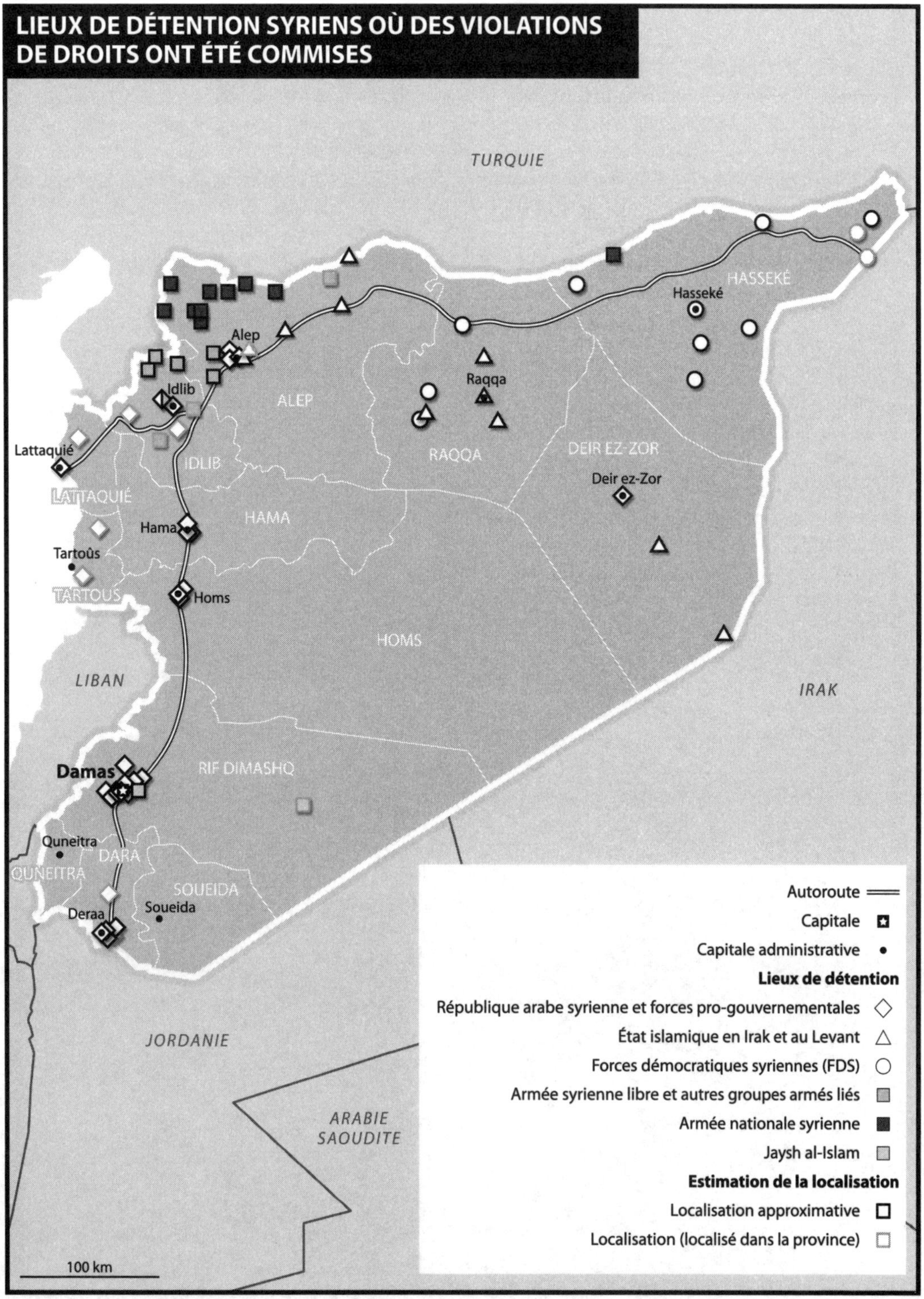

La carte a été établie à partir des données collectées par la commission d'enquête de l'ONU sur la Syrie (rapport de février 2016). Détruite le 30 mai 2015 par Daech, la prison de Palmyre n'y figure donc plus. © Légendes Cartographie.

Le système carcéral, de Hafez à Bachar : violations et exterminations

Catherine Coquio

La guerre qui fait rage en Syrie depuis 2011 a fait connaître au grand public la réalité vertigineuse des prisons syriennes. Les ONG et la presse internationale ont révélé la nature et l'ampleur d'un système carcéral qui a fait parler jusqu'à l'ONU d'« abattoir », de « machine de mort » et de « politique d'extermination » à propos des méthodes utilisées par le régime de Bachar al-Assad pour stopper cette révolution et « assainir » le pays en éradiquant toute dissidence. Très vite, les prisons du pays sont devenues – et souvent redevenues – des centres de torture et d'exécution : des lieux destinés moins à obtenir des informations et punir des crimes qu'à briser toute résistance et terroriser la population en faisant disparaître les opposants après les avoir soumis à des traitements dégradants d'une extrême cruauté, dont leurs proches étaient à leur tour menacés. Et le sont toujours : l'apparente fin de la guerre et l'annonce d'une « reconstruction » nationale n'ont pas fait cesser ce phénomène d'une ampleur d'exception, qui reste cruellement actuel malgré le volume et la précision de la documentation. L'impunité règne malgré des violations dont la gravité n'échappe à personne.

Les prisons-abattoirs de Bachar : « pas de différence », « on les violera tous »

Il est difficile d'évaluer avec exactitude le nombre de Syriens passés dans les prisons du régime depuis 2011, comme celui de ceux qui y sont morts, victimes de mauvais traitements ou exécutés, alors que vient s'y ajouter le nombre des « disparus », et que ces chiffres n'ont jamais cessé d'augmenter[1]. Les procès qui commencent sont de nature à modifier très sensiblement les chiffres, comme le montrent les révélations sidérantes du procès de Coblence[2]. Selon le Réseau syrien des droits de l'homme (SNHR), en août 2020, 215 000 Syriens auraient été détenus depuis 2011 dans les geôles du régime[3] à hauteur de 90 %[4], et 83 971 y auraient disparu, morts sous la

1. Sur l'usage des statistiques et leurs limites, voir Patrick Ball, directeur du Human Rights Data Analysis Group : https://foreignpolicy.com/2016/10/19/why-only-counting-the-dead-in-syria-wont-bring-themjustice-hrdag-pattern-analysis/.

2. « Prozess im Koblenz. Assad's Totengräber im Zeugenstand », Tageschau.de, 10 septembre 2020. Voir aussi Christophe Ayad et Madjid Zerrouky, « Syrie : la confession des fossoyeurs du régime Assad », *Le Monde*, 28 juillet 2022 ; et le texte que Joël Hubrecht consacre à ce procès dans le chapitre 2, p. 202.

3. Chiffres du Syrian Network for Human Rights. Voir les chiffres actualisés sur leur site : snhcr.org.

4. Contre 8,4 % dans les prisons de Daech et Al-Nosra et 2,7 % dans celles des autres groupes armés. Sur l'usage de la détention et de la torture par les groupes armés, voir https://www.hrw.org/news/2019/01/28/syria-arrests-torture-armed-group.

torture[1]. Dès 2012, Human Rights Watch appelait « archipel de torture » un réseau de 27 centres de détention (bâtiments, caves, hangars, hôpitaux et écoles réquisitionnés) géré par quatre services de renseignements différents, où les détenus subissaient torture, viol et famine, femmes et enfants compris[2]. En juin 2019, le Réseau syrien des droits de l'homme avait identifié 14 227 personnes mortes sous la torture, dont 62 femmes et 177 enfants[3].

Le précieux recueil *19 femmes : les Syriennes racontent*, rassemblé en 2019 par Samar Yazbek, comprend cinq témoignages carcéraux (Mariam, Zayn, Douha, Amina, Fatima)[4], qui montrent à quel point les femmes de toutes origines, loin d'être protégées, ont subi de plein fouet les pires violences. Vingt-trois femmes en témoignent encore dans le volumineux rapport du Syrian Center for Legal Studies and Research, paru en mars 2020 sous le titre *Words Against Silence*[5], qui revient sur les conditions de détention faites aux femmes, les violences physiques, sexuelles et psychiques et leurs effets spécifiques sur les femmes, sur une période longue qui couvre les deux présidences, de 1987 à aujourd'hui.

Le régime assadien a institué pour tous une culture de la cruauté dotée de méthodes dont la technologie artisanale – chaise allemande, pneu, *shabah*, câble tressé, jets d'eau glacé, brûlures, mutilations, coups de toutes sortes… – s'accompagne d'un système d'offense morale qui passe aussi par le verbe : le juron, l'insulte obscène et la plaisanterie pornographique, la scène d'humiliation et d'abjection dégradante sont de mise et se retrouvent, constamment répétés, d'un témoignage à un autre. Banalisée et ritualisée, la torture est d'ailleurs utilisée aussi contre les droits communs, mais à une moindre intensité : l'acharnement contre les corps et les âmes des dissidents est patent.

La torture en prison est volontiers mise en scène en direction du monde extérieur afin de répandre la terreur par témoin interposé : dans *Feux croisés*, Samar Yazbek raconte la « visite » horrifique qu'un « grand officier » lui a fait faire d'un des centres de torture de la banlieue de Damas – Mazzé peut-être, dit-elle –, en mai 2011. À quatre reprises en dix jours, on l'a fait entrer dans une suite de cellules où de très jeunes hommes au corps ensanglanté et au visage tuméfié étaient pendus à des crochets, évanouis ou recroquevillés – on lui a demandé de bien regarder « tes copains, les traîtres des manifs[6] ! », pour en parler à la télévision – ce qu'elle a refusé – puis, revenue chez elle, elle a observé le déchaînement de la campagne contre elle. La terreur passe par l'instrumentalisation du témoin oculaire – ici une femme alaouite traitée de « traîtresse » et d'« espionne à la solde de l'étranger » parce qu'elle a critiqué sur Facebook la politique d'alaouitisation de l'État, en se réclamant de ses prestigieux ancêtres.

1. http://sn4hr.org/blog/2018/09/24/record-of-enforced-disappearances1/. Pour Isis, 9 648, pour Hay'at Tahrir al-Cham (HTS), 1 997, pour les groupes d'opposition démocratiques, 1 951, pour les autres groupes armés d'opposition, 1 887.

2. https://www.hrw.org/fr/news/2012/07/03/syrie-revelations-sur-des-centres-de-torture.

3. http://sn4hr.org/blog/2019/06/27/53852/.

4. Samar Yazbek, *19 femmes : les Syriennes racontent*, postface de Catherine Coquio, Paris, Stock, 2019.

5. https://sl-center.org/wp-content/uploads/2020/03/WORDS-AGAINST-SILENCE.pdf. Ce travail important, conduit par Joumana Seif et Wejdan Nassif, a été soutenu par Euro-Mediterranean Feminist Initiative.

6. « Ils m'ont enfin ramenée chez moi. Je n'étais plus la même. C'est comme si je surveillais de l'extérieur une femme entre la vie et la mort. […] Quatre fois, ils m'ont fait descendre dans les cellules des prisonniers. Ils ne m'ont pas arrêtée, ne m'ont pas jetée dans l'une d'elles, mais ils me les ont montrées. Un jour, j'écrirai en détail à propos de ces descentes aux enfers », Samar Yazbek, *Feux croisés. Journal de la révolution syrienne*, Paris, Buchet-Chastel 2012, p. 82-83.

Une directive avait été promulguée dès le printemps 2011, qui sera reprise en 2012 dans la loi contre le terrorisme entrée en vigueur à la suite d'un décret présidentiel[1], pour recommander de ne pas « faire de différence entre mineurs et majeurs ». Des enfants de 12 ans se sont donc retrouvés dès 2011 en prison parce qu'ils manifestaient avec les adultes ou graffitaient : ce fut le cas à Deraa de Hamza al-Khatib, arrêté à 13 ans et dont les services de sécurité rendirent le corps sans vie, broyé et mutilé, à ses parents en mai 2011 après un mois de détention, geste qui eut pour effet d'enflammer le pays. Cet acharnement contre les enfants, qui est une des signatures du régime de Bachar, n'a jamais faibli depuis. Il a fait l'objet d'un rapport accablant de l'ONU en janvier 2020 sous le titre *« They Have Erased the Dreams of My Children » : Children's Rights in the Syrian Arab Republic*[2] : le rapport, qui emprunte son titre à la plainte d'une mère d'Idlib, consacre un chapitre aux « enfants en détention » et un autre aux « violences sexuelles contre les enfants »[3].

Si les violations sont légion, les témoignages d'enfants, eux, sont rares. En octobre 2013 un rapport du Violations Documentation Center in Syria, dirigé par Razan Zaitouneh, citait longuement le témoignage d'un adolescent de Hama, Moadh Abdel-Rahman (16 ans), sorti de prison très amaigri et marqué, après quatre mois dans plusieurs centres de renseignements où il avait été sans cesse torturé et battu, même lors des trajets d'un centre à un autre, et où il avait assisté à deux meurtres de sang-froid[4]. Une enquête réalisée en 2016-2017 dans le cadre de l'opération « Zero Impunity » (concernant les violences sexuelles en temps de guerre), évoque des tortures infligées à des enfants de 9 ans et des traitements d'une extrême violence, électrocution des organes génitaux, injections d'hormones aux fillettes, mutilations[5]... L'association Lawyers and Doctors for Human Rights a établi en décembre 2019 un rapport étayé sur le sort des enfants dans les centres de détention syriens, qui cite nombre de cas plus atroces les uns que les autres, *No Silent Witnesses : Violations against Children in Syrian Detention Centres*[6]. À partir du témoignage de 10 survivants mineurs au moment de leur détention (entre 10 et 17 ans) et de

1. Décret présidentiel approuvé par le Parlement syrien le 28 juin 2012.

2. *« They Have Erased the Dreams of My Children » : Children's Rights in the Syrian Arab Republic*, Conference Room Paper of the Independent International Commission of Inquiry on the Syrian Arab Republic. Human Rights Council, session 43, 24.2-20.3 2020. https://news.un.org/en/story/2020/01/1055412.

3. Le mécanisme de surveillance de l'ONU affirmait en 2018 qu'au moins 7 000 enfants avaient été tués ou mutilés en Syrie depuis 2011 (le chiffre mentionné de 20 000 n'avait alors pu être vérifié). Sur les violences faites aux enfants et les violences sexuelles, voir, dans cette 2e partie, les contributions de la fin du chapitre 2 et le chapitre 3.

4. http://www.vdc-sy.info/pdf/reports/1381096592-Arabic.pdf. Ce témoignage est résumé par Wladimir Glasman (alias Ignace Leverrier) dans « La détention, l'instrumentalisation et la torture des enfants, pratiques courantes dans la Syrie du "docteur" Bachar al-Assad (2/2) », blog Un œil sur la Syrie, *Le Monde*, 22 octobre 2013. https://www.lemonde.fr/blog/syrie/2013/10/22/la-detention-linstrumentalisation-et-la-torture-des-enfants-pratiques-courantes-dans-la-syrie-du-docteur-bachar-al-assad-22/. Voir également la première partie de l'enquête sur les méthodes d'incrimination d'enfants « terroristes » et de production de faux aveux médiatisés : https://www.lemonde.fr/blog/syrie/2013/10/11/la-detention-linstrumentalisation-et-la-torture-des-enfants-pratiques-courantes-dans-la-syrie-du-docteur-bachar-al-assad-12/.

5. Voir Cécile Andrzejewski, Leïla Miñano et Daham Alasaad, « Syrie : les viols d'enfants, l'autre crime de guerre du régime Assad », Mediapart, 7 février 2017.

6. « No Silent Witnesses : Violations Against Children in Syrian Detention Centers », LDHR Human Rights Report, decembre 2019 : http://ldhrights.org/en/wp-content/uploads/2019/12/NO-SILENT-WITNESSES.pdf. (« Killing and the Right to Life », p. 17, « Torture », p. 19, « Sexual Violence », p. 23, « Arbitrary Arrest », p. 25, « Rights of Children Deprived of Liberty », p. 28, « Impact », p. 38.)

25 témoins adultes, ils documentent des faits qui se sont produits entre 2011 et 2016 dans 20 centres de détention différents à Damas, Hama, Homs, Idlib, Lattaquié, Tartous, Adra, Saidnaya, Qatana, ceci dans l'ensemble des « branches » du réseau : Sécurité militaire, Sécurité politique, Sécurité criminelle, armée de l'air, branches 227, 251, 285, 291, branche Palestine[1].

D'autres types de témoignages, ceux d'anciens directeurs de prison qui ont déserté, font état des effets quotidiens de la directive d'en haut appliquée par l'ensemble des services de renseignements (*mukhâbarât*), lesquels les transmettaient à leur tour aux *chabbîha*, milices du régime officiant dans les quartiers. De sorte que la loi carcérale du « pas de différence » s'est transportée dans les rues et sur les *checkpoints*. D'après le témoignage de l'ex-directeur des prisons de Deraa et d'Alep, le général Bassam al-Aloulou, il y avait 1 000 mineurs dans la prison civile d'Alep lorsqu'il déserta le 18 juillet 2012, et il s'agissait selon ses termes à la fois de « vrais criminels » et d'enfants retenus pour faire pression sur les parents[2]. D'après l'ex-directeur de la branche 290 des renseignements militaires, Abdelrahim Mikhbat, qui fit défection en 2015, le 290 était une « maison de mort » où « la torture était aussi banale que boire un thé », et un mot-clé y régnait : « Pas de différence entre les adultes et les enfants[3] ».

L'autre règle indifférenciée est celle de la *violation* et du *viol*. En décembre 2017, l'enquête d'Annick Cojean et Manon Loizeau, *Syrie, le cri étouffé*[4], consacrée au sort des femmes dans les prisons syriennes, montrait que dès 2011 le viol carcéral, très souvent infligé à un détenu pour en torturer un autre, avait été systématisé pour déchirer les familles et les solidarités, celui des femmes visant à briser les hommes comme celui des enfants vise à briser les parents. Il montre aussi, comme les rapports d'ONG, que cet usage de la violence sexuelle et de la violation psychique, loin d'atteindre les seuls opposants sunnites, s'est acharné sur ceux censés soutenir le régime, chrétiens, Kurdes, alaouites. « En Syrie, le viol était le maître mot », dit Hasna al-Hariri, une survivante hantée par une formule prononcée par un tortionnaire : « On vous violera tous[5]. » Le « pas de différence » est également générique : la violence sexuelle s'est abattue et s'abat

1. Voir carte p. 143. Réseau ainsi détaillé p. 16 du rapport : « Tartous • Tartous Military Security Branch (1 witness, 2013) Lattakia • Military Security Branch (1 witness, 2014) • Airforce Intelligence Lattakia (1 witness, 2011) Homs • Military Security Branch Homs (1 juvenile detainee) • Political Security Homs (1 juvenile detainee) • Central Prison Homs (1 juvenile detainee) Hama • Criminal Security Hama (1 witness 2016) • Airforce Intelligence Hama (1 witness, 2012) • Political Security Branch Hama (1 witness 2013) Idlib • State Security Idlib (1 witness 2013) Damascus • Branch 215 (1 witness, 2013, 1 juvenile detainee) • Branch 227 (2 witnesses 2012-2013, 3 juvenile detainees) • Palestine Branch (235) (5 witnesses 2012-2014, 2016 ; 1 juvenile detainee) • General Intelligence Branch 251 Al-Khateeb (1 witness 2012) • Branch 285 (2 witnesses 2013) • Branch 291 Kafr Souseh, Damascus (1 witness, 2012) • Airforce Intelligence Al-Mazzé Branch (4 witnesses 2012-2014, 2 juvenile detainees) • Political Security Al Fayhaa Branch Damascus (2 witnesses, 2011-2012) • Adra Prison (2 juvenile detainees) • Sednaya (1 juvenile detainee) • Qatana (Rif Damashq, 1 witness 2013, 1 juvenile detainee). » Pour la traduction, voir p. 259.

2. Cité par Cécile Andrzejewski, Leïla Miñano et Daham Alasaad, « Syrie : les viols d'enfants, l'autre crime de guerre du régime Assad », art. cité.

3. *Ibid.*

4. *Syrie, le cri étouffé*, de Manon Loizeau et Annick Cojean diffusé sur France 2 le 12 décembre 2017. https://www.youtube.com/watch?v=djqLnSaAR6w. Voir aussi *Syrie : Adra, les survivantes* (2018), où témoignent 6 ex-détenues d'Adra, exilées en France, au Liban et en Turquie, rassemblées par Ramzy Choukair pour X-ADRA. https://www.arte.tv/fr/videos/080458-000-A/syrie-adra-les-survivantes.

5. https://www.lemonde.fr/syrie/article/2017/12/05/en-syrie-le-viol-etait-le-maitre-mot_5224603_1618247.html.

aussi méthodiquement sur les hommes, comme l'a montré en 2019 le rapport du Syria Justice and Accountability Center, *Do You Know What Happens Here*[1] ?

Le « pas de différence » est ainsi le mot-clé non seulement du traitement des enfants et des adultes, des femmes et des hommes, mais aussi de la transversalité institutionnelle de la torture dans les multiples secteurs du système sécuritaire et carcéral. Et le fait de placer les enfants parmi les adultes *mais avec les droits communs* a pour effet de les soumettre à toutes les violences à la fois : celles des gardiens comme celle des codétenus.

Au sein de cette culture généralisée de la cruauté, certains lieux se sont spécialisés dans des formes de destruction plus radicale et massive, qui font de ce système concentrationnaire un instrument d'extermination et pas seulement de déshumanisation. En 2014, l'horrifique dossier « César » né d'une fuite faisait apparaître un usage des tortures et exécutions dont « l'échelle industrielle » et le degré de violence ont suscité la comparaison avec le système nazi : 53 275 clichés dont 28 707 de personnes mortes, concernant 11 847 victimes, dont 6 786 étaient des détenus, 1 036 des soldats et 4 025 des civils non détenus, cadavres marqués, mutilés ou démembrés ; ces clichés, pris essentiellement dans deux centres de Damas entre 2011 et 2013, avaient été exfiltrés par le policier-photographe[2]. En novembre 2015 Amnesty International qualifiait de « crime contre l'humanité » les disparitions forcées, qui ont fait parler de « guerre invisible[3] », dont le chiffre, d'après le Réseau syrien des droits de l'homme (SNHR), s'élevait au début 2018 à 82 000 depuis 2011[4]. En août 2016, l'ONG s'appuyait sur 65 témoignages pour décrire des modes de torture et d'exécution dans des prisons devenues des centres de mise à mort[5]. Selon le Human Rights Data Analysis Group en octobre 2016, 17 723 détenus étaient morts entre mars 2011 et décembre 2015 dans les prisons du régime, soit plus de 300 par mois (contre 45 par an entre 2001 et 2011). Mais ce chiffre ne comprenait pas celui des exécutions extrajudiciaires, soit 13 000 d'après l'enquête menée par Amnesty International sur la période de décembre 2015 à décembre 2016, portant la moyenne des morts en prison à 500 par mois : en février 2017, l'ONG publiait un rapport sur les « pendaisons de masse » et parlait d'« abattoir humain » et de « politique d'extermination », après avoir entendu 84 témoins de Saidnaya (détenus, gardiens, juges, avocats, médecins, experts)[6], prison qui semble s'être dotée d'un four crématoire,

1. *Do You Know What Happens Here ? An Analysis of Survivor Accounts of SGBV in Syria*, avril 2019, Syriaaccountability.org. SGBV est le sigle de « Sexual and Gender-Based Violence », ces violences sont évoquées dans cette 2e partie, chapitre 3.

2. Voir le livre de Garance Le Caisne, *L'Opération César*, Paris, Stock, 2015 et le rapport de Human Rights Watch en décembre 2016, https://www.hrw.org/report/2015/12/16/if-dead-could-speak/mass-deaths-and-torture-syrias-detention-facilities. Garance Le Caisne revient *infra* sur ce dossier, p. 197.

3. Étienne Huver et Sophie Nivelle Cardinale, *Disparus : la guerre invisible de Syrie*, documentaire diffusé sur Arte en août 2016 (https://info.arte.tv/fr/disparus-la-guerre-invisible-de-syrie).

4. http://sn4hr.org/blog/2018/07/13/52450/.

5. https://www.amnesty.fr/peine-de-mort-et-torture/actualites/lenfer-des-prisons-syriennes.

6. « Human Slaughterhouse, Mass Hanging et Extermination at Sadnaya Prison », Amnesty International, MDE 24/5415/2017 ; « Abattoir humain : pendaisons de masse et extermination à la prison de Saidnaya », février 2017. https://www.amnesty.org/download/Documents/MDE2454752017FRENCH.pdf. Voir également : https://www.amnesty.fr/conflits-armes-et-populations/actualites/syrie-lhorrible-prison-de-saidnaya ; Jean-François Dubost, d'Amnesty International, déclarait en février 2017 dans *L'Express* : « Nous évaluons les décès à 500 par mois entre 2011 et 2015 en moyenne, si, aux 13 000 tués par pendaison, on ajoute les 17 000 décès des suites de tortures. La chaîne de commandement remonte jusqu'à la tête de l'État. Un tel degré de violence étatique, organisée, est une véritable entreprise d'extermination. » (https://www.lexpress.fr/actualite/monde/proche-moyen-orient/syrie-bachar-el-assad-la-torture-et-l-extermination-carcerale-en-heritage_1876981.

d'après les images satellites livrées par Washington. En mai 2016, l'Observatoire syrien des droits de l'homme avait identifié pour cette seule prison 14 456 morts, dont 110 enfants. La détention à Saidnaya est soumise à des « règles spéciales » : interdiction absolue de parler et même chuchoter, interdiction de regarder un gardien sous peine de mort, exécutions en sous-sol après passage, yeux bandés, devant un « tribunal militaire opérationnel » étranger à tout système légal. Ces conditions ont fait dire qu'ici « il vaut mieux être mort que prisonnier » : formule d'Amina Kolani dont l'époux avait passé un an à Saidnaya avant le soulèvement de 2011 et dont deux frères y sont morts, ce qui lui fut annoncé en 2018 : « Ceux qui sont à l'extérieur, dit-elle, pensent qu'un prisonnier syrien est simplement enfermé dans une cellule avec un lit et de la nourriture, mais il vit en fait dans un cercueil. C'est un cadavre, mais qui respire encore[1]. » « Saidnaya est la fin de la vie, la fin de l'humanité », dit un ancien gardien cité par Amnesty International[2].

« L'horrible prison de Saidnaya » a joué sous Bachar un rôle équivalent à celui que Palmyre (Tadmor) avait joué sous Hafez. En 2016, sortait le documentaire *Tadmor,* réalisé par Monika Borgmann et Lokman Slim, où d'anciens détenus (23 Libanais et un Palestinien) jouaient leur propre rôle et parfois celui de leurs tortionnaires dans une école désaffectée de Beyrouth : la gamme des tortures orchestrées du matin au soir y est restituée, narrée et mimée sans commentaire, du rituel du fouet au couchage des confinés en boîtes à sardines[3]. Or en juin 2017 Mediapart révélait que Tadmor avait été réouverte en 2011, que le gaz y était utilisé comme moyen de torture et qu'on y avait testé des armes chimiques qu'Assad avait envisagé d'utiliser dès 2009 contre sa population[4]. En 2015 on annonçait, avec la chute de Palmyre, que Daech avait détruit les murs de la prison, supprimant là les preuves d'un système ultra-violent dont Bachar avait hérité, et qu'il a porté à son comble. Saidnaya, que Hafez avait fait construire en 1987 pour 5 000 personnes, a « accueilli » sous Bachar jusqu'à 20 000 détenus en même temps.

La mise en place du système sous Hafez

Car le système carcéral syrien avait sévi déjà bien avant la révolution de 2011. Si le caractère meurtrier de la violence répressive s'est décuplé après 2011, celle-ci existait déjà dans la Syrie de Hafez al-Assad, qui

html.). Entendant le chiffre de 13 000 exécutions en quatre ans, le cinéaste Rithy Panh a dit son effroi et évoqué le site de Tuol Sleng au Cambodge : https://www.lemonde.fr/idees/article/2017/02/14/face-au-massacre-dans-les-prisons-de-bachar-al-assad-ne-pas-fermer-les-yeux_5079221_3232.html.

1. http://www.leparisien.fr/flash-actualite-monde/des-syriens-reclament-la-liberation-des-detenus-du-crematorium-de-saydnaya-18-05-2017-6960657.php.

2. Abou Muhammad, cité dans « Abattoir humain : pendaisons de masse et extermination à la prison de Saidnaya » », art. cité, p. 4.

3. *Tadmor,* de Monika Borgmann et Lokman Slim, 2016, coproduit par UMAM Prod. (Liban), Films de l'Étranger (France), GoldenEggProd. (Suisse). Extraits : https://vimeo.com/162184556. Multiprimé, le film a suscité de violentes polémiques (https://www.tadmor-themovie.com/presse), et inspiré la pièce *Untitled* montée à Beyrouth en 2018 par la Cie Zoukak, où jouaient sept anciens détenus. (https://www.lorientlejour.com/article/1148282/quand-sept-anciens-detenus-de-tadmor-desarconnent-le-public.html). Voir, au sujet du film *Tadmor*, Frédérik Detue, *Palmyre, dispositif d'alerte filmique. Témoigner après 2011 de la torture sous Hafez al-Assad*, Presses universitaires de Paris-Nanterre, coll. « Collège international de philosophie », 2020.

4. Voir p. 593. Voir aussi https://www.mediapart.fr/journal/international/010617/comment-bachar-al-assad-gaze-son-peuple-les-plans-secrets-et-les-preuves?onglet=full. https://www.mediapart.fr/journal/international/020617/armes-chimiques-le-regime-syrien-construit-son-arsenal-avec-laide-de-plusieurs-pays.

avait fait du camp de détention, selon le terme de Salwa Ismail, un « appareil de gouvernement » nécessaire à sa « politique du massacre »[1]. Ce que Michel Seurat nommait « État de barbarie[2] » avait déjà fait régner une *culture de la torture* qui héritait de techniques modernes. Le système répressif avait été mis en place avec l'aide d'un ancien nazi, Aloïs Brunner, qui, après avoir été l'ingénieur de la « Solution finale » auprès d'Adolf Eichmann et dirigé le camp de Drancy, avait trouvé refuge en Syrie en 1954, recruté par les services de sécurité – comme deux ans plus tôt Franz Rademacher, ex-chef du service des affaires juives[3]. Il devint le conseiller de Hafez devenu ministre de la Défense dès 1966, puis président (1970-2000)[4] : Brunner mit ses compétences au service du système de renseignements et de torture syrien. Mais c'est l'ensemble du spectre des régimes totalitaires qu'a concerné sa mise en place : les services syriens ont bénéficié aussi des expertises de l'Allemagne de l'Est et de l'URSS, puisque le régime se déclarait à cor et à cri « socialiste ».

Les arrestations sommaires et la torture n'avaient pas commencé en Syrie avec Hafez al-Assad. Utilisées sous le mandat français pour « pacifier » le pays, ces pratiques s'étaient développées après l'indépendance (1947) au gré des coups d'État, chaque régime incarcérant ses rivaux : à l'époque nassérienne (1958-1963), les communistes furent arrêtés, puis les nassériens après le coup d'État du Baath (1963) ; puis la seconde équipe baathiste (1966-1970) fit arrêter ses prédécesseurs et les communistes[5]. Mais après le coup d'État de Hafez en 1970, une nouvelle étape fut franchie : l'institution des tribunaux d'exception destinés aux « ennemis de la révolution » et le programme d'« assainissement » sous le nom de « question publique et nationale » permirent d'envoyer en prison des civils de tous horizons : islamistes, communistes, baathistes irakiens, journalistes démocrates, opposants kurdes, ou encore simples citoyens dénoncés par tel voisin ou rival, dans une société qui comptait plus d'informateurs que de prisonniers. La population carcérale se composait donc des militants de tous les partis ou formations d'opposition : Frères musulmans, parti communiste-bureau politique, parti de l'Action communiste, formations d'extrême gauche, baathistes irakiens et rivaux politiques, rassemblés dans la catégorie des « ennemis » du peuple syrien.

Un véritable univers concentrationnaire s'installa, systématisant la détention arbitraire avant de déférer en justice, infligeant des peines de dix, quinze, vingt ans,

1. Salwa Ismail, *The Rule of Violence*, *op. cit.* La première partie, « Violence as a Modality of Government in Syria », comporte un chapitre consacré au camp de détention comme appareil de gouvernement (« The Prison Camp as an Apparatus of Government ») et un autre à la « politique du massacre » (« Politics of the Massacre in the Civil War »). On trouve un extrait de l'introduction de cet essai important, non encore traduit en français, dans la première partie de ce livre en p. 44-48.

2. Michel Seurat, *L'État de barbarie*, *op. cit.*

3. Franz Rademacher est mort en 1973. Cf. Géraldine Schwarz, « Les nazis ne meurent jamais », *Le Monde*, 3 février 2015.

4. Brunner avait été condamné à mort par contumace par le tribunal permanent des forces armées à Paris le 3 mai 1954. Il fut condamné à la prison à perpétuité en France le 2 mars 2001, année de sa mort. Il avait été écarté et mis à l'isolement par Hafez à partir de 1995. Voir « Hedi Aouidj et Mathieu Palain, « Le nazi de Damas », revue *XXI*, 11 janvier 2017 : http://www.revue21.fr/zoom_sur/enquete-sur-le-nazi-de-damas-2/ Et Géraldine Schwarz, « Enquête sur la seconde vie des nazis », *Le Monde*, 28 janvier 2015, mis à jour le 19 août 2019.

5. Voir Yassin al-Haj Saleh, « Aperçu historique de l'arrestation politique en Syrie », *Récits d'une Syrie oubliée. Sortir la mémoire des prisons*, Paris, Les Prairies ordinaires, 2015, p. 69-75. Un extrait de ce chapitre est repris plus bas.

parfois plus, qui venaient s'ajouter aux longues années déjà passées en prison à attendre son « procès ». Les écrivains Moustafa Khalifé, Aram Karabet, Yassin al-Haj Saleh et Faraj Bayrakdar, évoqués plus bas, ont fait respectivement douze, treize, seize et dix-sept ans de prison. Le journaliste Ismaïl al-Hadji, accusé d'appartenir au parti Baath démocratique, fut arrêté en 1982 et condamné en 1994, douze ans plus tard, à quinze ans de prison ; Faysal Alloush, arrêté en 1985 pour son appartenance au parti de l'Action communiste ne fut jugé qu'en 1993, et, pour la même raison, Samir al-Hassan prit quinze ans. Anwar Badr, reporter à la radiotélévision syrienne, fut condamné en 1986 à douze ans. Riyad al-Turk, qui avait créé le « parti communiste syrien-bureau politique » pour échapper à la mainmise du parti Baath sur le PC syrien, fut arrêté et emprisonné sans jugement en 1980 pour avoir critiqué l'intervention militaire au Liban et refusé de condamner l'insurrection des Frères musulmans. Il ne sortit de prison qu'en 1998, et sera à nouveau arrêté en 2001, sous Bachar cette fois, pour avoir critiqué l'absence de réformes lors du « printemps de Damas[1] ». Marwan Habash, baathiste et ancien ministre de Salah Jedid, arrêté lors du coup d'État de Hafez en 1970, ne fut libéré qu'en 1993 : vingt-trois ans de prison, durant lesquels il fut régulièrement torturé par certains de ses anciens compagnons de parti.

La torture était partout, et elle allait fréquemment jusqu'à la mort. Selon Amnesty International, 17 000 personnes ont disparu dans les prisons entre 1980 et 2000 : Frères musulmans, opposants de gauche, Palestiniens, Libanais (du fait de l'occupation du Liban entre 1976 et 2005) ; et 35 moyens de torture étaient déjà utilisés dans les années 1980[2]. Les enfants n'étaient pas protégés contre ces pratiques. La règle du « pas de différence », instituée pour répondre à la montée des Frères musulmans, explique la présence de centaines d'enfants dans les centres et les pires prisons au début des années 1980. En 2004, un rapport du Réseau arabe d'information sur les droits de l'homme, repris par Wladimir Glasman[3], estimait que dans ces années 1980-1983 le nombre des « détenus politiques âgés de moins de 18 ans » avoisinait les 600. Ces enfants et adolescents devaient leur arrestation au fait que leur père appartenait aux Frères musulmans ou était de « religiosité suspecte ». « La plupart, ajoute Glasman, ont subi les tortures destinées à leurs parents et beaucoup en sont morts, y compris après l'arrestation ou la reddition de leurs pères… Quelques-uns ont même été condamnés à mort et exécutés. Ceux qui avaient été condamnés au terme d'un procès à des peines allant de six à douze ans de prison sont parfois restés détenus bien au-delà. Certains, en 2004, n'étaient toujours pas réapparus, sans que leurs proches aient pu apprendre s'ils étaient morts ou détenus quelque part dans l'une des innombrables prisons du pays[4]. »

Durant cette période ultra-répressive les prisons devinrent aussi des lieux de massacres. À Palmyre, près de 1 millier de détenus furent mitraillés une nuit de juin 1980 en représailles d'une tentative d'assassinat du président. Deux ans plus tard la terreur fut portée dans la rue à Hama, où

1. Il a témoigné dans divers entretiens et articles ainsi que dans le documentaire *Le Voisin* de Muhammad Ali Atassi. Il s'est exilé en 2018 en France, où son épouse, qui avait fui la Syrie dès 2011, était morte un an plus tôt.

2. Amnesty International, « Entre la prison et la tombe », 5 décembre 2015.

3. http://www.anhri.net/syria/shrc/pr040308-2.shtml ; Wladimir Glasman, « La détention, l'instrumentalisation et la torture des enfants, pratiques courantes dans la Syrie du "docteur" Bachar al-Assad » (2/2), blog Un œil sur la Syrie, art. cité.

4. *Ibid.*

10 000 à 30 000 civils furent exécutés en représailles d'un soulèvement des Frères musulmans, lesquels comptaient de très nombreux incarcérés[1]. Le pays tomba sous une chape d'amnésie organisée, les prisons s'engorgèrent tandis que les rues, les universités et les écoles étaient investies par les militaires, miliciens et agents de la Sûreté. L'idée se répandit que le pays entier était une prison, mais aussi, chez les opposants, que la *dignité* n'était plus possible qu'en prison[2]. Idée dont l'effet pervers fut de forger une martyrologie carcérale qui pesa son poids plus tard dans la culture de l'opposition au régime de Bachar[3], et que certains survivants des prisons de Hafez, la jugeant politiquement nocive, travailleront à déconstruire.

Le réseau de caves et hangars couvrant le pays était géré par les services de renseignements dits *mukhâbarât*, particulièrement ceux de l'armée de l'air, qui organisaient la délation sur fond d'une propagande effrénée, orchestrée autour de la personne du président : avant le « Assad ou nous brûlons le pays » de Bachar il y avait eu le « Assad pour l'éternité » de Hafez[4]. Les prisons les plus importantes, outre les terribles locaux des *mukhâbarât*, étaient Mussallamiyyé (à Alep), Saidnaya, Adra (au nord de Damas), et plus que tout, Palmyre (au centre dans le gouvernorat de Homs), « prison absolue » selon Yassin al-Haj Saleh, qui connut trois des pires d'entre elles[5]. Créée en 1920 par le mandat français, Palmyre gagna une réputation d'enfer sur terre au cours des années 1980-1990, fut fermée en 2000 puis réouverte en 2011 et en partie détruite par Daech le 30 mai 2015.

Une fabrique de la désappartenance régnait dans ce monde parallèle, dont tous savaient l'existence, mais avec lequel nul civil ne pouvait communiquer, sauf à en recevoir des messages de terreur ou à être rançonnés, pratique qui se généralisa après 2011. La détention des proches – femme ou enfants ou les deux – était efficacement utilisée comme moyen de pression sur les opposants qui se livraient pour les faire sortir, comme le fit le journaliste Nizar Nayyouf, condamné à dix ans en 1992[6]. L'attente des familles avait constitué sous Hafez une « autre prison[7] », avec son univers de fantômes, de photos et de visites sinistres, puis, au mieux, de retour d'hommes brisés dans des « foyers » devenus méconnaissables : ces amères séquences dévastaient les vies de tous, après que l'interminable présent avait été empoisonné par les résurgences d'espoir sur fond de désespoir. « Sortir de prison »

1. Voir le chapitre consacré à Hama dans ce livre, partie I.

2. Yassin al-Haj Saleh, *Récits d'une Syrie oubliée. Sortir la mémoire des prisons*, *op. cit.*, p. 199-202.

3. Nisrine Al-Zahre évoque ce point dans son analyse des discours du régime (voir la 1re partie p. 109-110).

4. Sur ce nihilisme, voir Yassin al-Haj Saleh, *La Question syrienne*, *op. cit.*, et Subhi Hadidi, Ziad Majed et Farouk Mardam-Bey, *Dans la tête de Bachar el Assad*, Arles, Solin/Actes Sud, 2018.

5. Yassin al-Haj Saleh, *Récits d'une Syrie oubliée. Sortir la mémoire des prisons*, *op. cit.*, p. 61 et p. 187.

6. Nizar Nayyouf, rédacteur en chef de la revue mensuelle *La Voix de la démocratie*, se rendit aux autorités le 2 janvier 1992, après vingt-deux jours de fuite, suite à la détention de sa fille et de son épouse. Deux mois plus tard, une cour militaire l'a condamné à dix ans de travaux forcés. Bien qu'atteint de leucémie, il subit un traitement particulier de deux heures de torture par jour dans chacune des prisons militaires où il fut transféré après ses tentatives d'évasion ou de rébellion. Il a été lauréat du prix de Reporters sans frontières-Fondation France en 1998.

7. Muhammad Ali Atassi et Nicole Gabriel, « L'autre prison », *Tumultes*, 2012/1-2, n° 38-39, p. 349-358 : https://www.cairn.info/revue-tumultes-2012-1-page-349.htm#). Les auteurs distinguent entre « l'ange de la mort » et « l'ange des prisons » : « L'ange de la mort rend des visites passagères, fauche l'âme et laisse un cadavre. Le cadavre trouve le chemin du cimetière après des rites spécifiques. Mais l'ange des prisons arrive sous l'aile de l'obscurité, menant grand tapage avec ses armes et son attirail, tirant du lit tous les membres de la famille, terrorisés. Il s'empare de sa victime, corps et âme, ne laissant derrière lui que l'absence et quelques photos au mur qui attendent un retour incertain. »

était impossible même aux survivants « libérés »[1]. Cette attente privée d'horizon, qui sous Hafez a plombé le quotidien de tant d'enfants syriens, est devenue sous Bachar un instrument de terreur et de pillage.

La prison et la torture ont joué un rôle décisif dans la chape de plomb qui a étouffé toute voix libre quarante ans durant. La carte du socialisme et de l'antisionisme qu'a jouée le régime pour se légitimer n'a remporté qu'un succès relatif, mais sous la « loi de la violence[2] », la légitimation devient superflue. À l'étranger en revanche ce discours d'autoparodie presque grotesque continue d'opérer vaille que vaille, auprès d'une extrême droite et d'une gauche « anti-impérialiste » chez qui la négation virulente des attaques chimiques recouvre un déni chronique de la déshumanisation carcérale, confortant l'impunité internationale et la déréalisation des pires crimes politiques[3].

L'essor et le renouvellement d'une « littérature de prison »

Tout ceci explique que l'incarcération répressive ait inspiré tôt en Syrie une « littérature de prison » : c'est un critique syrien, Nabil Souleiman, qui, en 1973, utilisa la formule de « littérature de prison » (*adab al-sijn*) à propos d'écrits relatifs à la réclusion politique dans le monde arabe, que les auteurs l'aient subie ou non[4]. Et c'est un romancier jordano-saoudien, Abdul Rahman Mounif (1933-2004), qui, dans *À l'est de la Méditerranée* (1975), dénonça le système carcéral en vigueur dans toute la région en racontant la chute morale d'un prisonnier, cédant à la torture sous la pression de sa sœur après cinq ans de détention. En 1991 parut *Maintenant… ici. La Méditerranée orientale revisitée*[5] : vingt ans après, la situation n'avait pas changé, disait l'auteur, qui était passé par l'Arabie saoudite, l'Irak, l'Égypte, le Liban, avant de s'installer en Syrie en 1986.

Depuis longtemps travaillée par le thème de la libre-pensée et de sa répression[6], la littérature syrienne s'est agrandie ces quinze dernières années d'œuvres testimoniales marquées au sceau des années Hafez, dont les auteurs ont mobilisé une immense énergie pour affronter le monstre par les moyens de la langue. La « littérature de prison » a changé de teneur dans le tournant des années 1990-2000, puis 2010, temps de son émergence publique en Occident, accomplissant une autocritique du genre au sein d'une littérature que la révolution de 2011 a fait relire et interpréter.

1. Le journaliste Rida Haddad avait été condamné en 1993 à quinze ans de prison ; malade, il fut « libéré » deux ans plus tard mais empêché d'aller se faire soigner en Europe. Il mourut le 10 juin 1996 à l'hôpital français de Damas après avoir écrit ces mots : « Quarante jours après ma libération, j'apprends que j'ai une leucémie. J'ai quitté la prison, mais la prison ne m'a pas quitté. Elle a contaminé mon sang mais mon esprit aspire toujours à la liberté, à la dignité et la justice. » Cité par Muhammad Ali Atassi et Nicole Gabriel, « L'autre prison », art. cité.

2. Salwa Ismail, *The Rule of Violence, op. cit.*

3. Ces questions sont traitées dans la dernière partie de ce livre.

4. Voir Shareah Taleghani, « Littérature carcérale : contre-récits et créativité », *Afkar*, été 2017, p. 71-73. (en ligne), et Rania Samara, « La littérature de prison dans le Machrek arabe », IreMMo, 6 avril 2013, https://www.youtube.com/watch?v=w3zAADsityc. Plusieurs fictions avaient paru en Syrie au cours des années 1960, dans le contexte d'un nationalisme anti-colonial : pièce et nouvelle de Saïd Hawraniyya (*Dortoir numéro six* et *Quatrième dortoir*, 1963 et 1964), romans de Sidqi Ismaïl (*Les Rebelles*, 1964), Hanna Mina (*La neige entre par la fenêtre*, 1969), Sami al-Joundi (*Mon ami Elias*, 1969).

5. Abdul Rahman Mounif, *À l'est de la Méditerranée*, Arles, Sinbad, 1999. L'auteur, de père saoudien et de mère irakienne, avait épousé une Syrienne, et était également passé par la Yougoslavie et la France avant de s'installer en Syrie avec ses quatre enfants. Il n'avait pas connu lui-même la prison.

6. Voir Élisabeth Vauthier, *Le Roman syrien de 1967 à nos jours*, Paris, L'Harmattan, 2003, et Kadhim Jihâd Hassan, *Le Roman arabe (1834-2004)*, Arles, Actes Sud, 2006.

La violente répression des années 1980-1990, qui avait envoyé nombre d'intellectuels et artistes en prison, forçant les autres à l'exil ou à l'autocensure, fit que l'expérience carcérale, à moins de se raconter sous la forme d'entretiens et d'articles parus ailleurs, souvent après la mort des détenus, fut d'abord évoquée de biais, à travers ses effets intimes ou par paraboles, dans des fictions[1]. Mais les années 1990 ont vu émerger une littérature plus testimoniale, sous forme à la fois de récits d'expériences – ceux de Rida Haddad furent parmi les premiers – et d'œuvres à caractère littéraire. En 1999 parut *Le Cocon* de Hassiba Abdel-Rahman, fiction autobiographique où une militante communiste, double de l'auteure, qui avait passé sept ans dans une prison de Douma, racontait sa résistance à l'écrasement en s'efforçant de se soustraire à l'imagerie héroïque. L'auteure y utilisait un journal clandestin qu'elle avait rédigé durant sa détention et qu'elle avait pu faire sortir. Cette réécriture de notes griffonnées en prison s'est pratiquée aussi en poésie : Faraj Bayrakdar, arrêté pour son appartenance au parti de l'Action communiste au début des années 1980, dit avoir écrit sur du papier à cigarettes ou mémorisé et fait mémoriser à ses codétenus les poèmes qui ont formé la trame de *Ni vivant ni mort*, recueil paru en France en 1998 alors que son auteur était en prison depuis onze ans. Un Comité international contre la répression avait réclamé sa libération : « Nous voulons l'entendre », avait dit Maurice Blanchot en 1997, à quoi l'ambassade de Syrie répondit d'une manière éloquente : « Faraj Bayrakdar n'existe pas[2]. » En 2006, un autre livre, *Les Trahisons de la langue et du silence*, restituait par fragments la très lourde expérience carcérale de l'inexistant : trois arrestations, une détention quasi ininterrompue entre 1983 et 2000, dont quatre ans à Palmyre et treize à Saidnaya. « La poésie m'a aidé à emprisonner la prison », dit l'auteur.

Au cours des années 2000, fictions et témoignages se sont développés et croisés, donnant naissance à des récits hybrides[3]. On voit apparaître les visages des témoins dans des films documentaires consacrés aux aînés, incarcérés parfois dès les années 1950, tel Muhammad al-Maghout filmé dans *Quand Qasiun est fatigué* (2005)[4] par Hala Mohammad, elle-même écrivaine. Ses films suivants, *Voyage à travers la mémoire* (2006) et *Pour un morceau de gâteau* (2007), font le portrait d'écrivains et artistes ex-détenus et protestent contre l'écrasement et la négation de l'individu. C'est une autre espèce de témoignage qui advient lorsque les détenus de l'ère Hafez, libérés à la fin des années 1990 ou au début 2000, sortis de leur militantisme premier par l'expérience de la prison, se mettent à écrire et chercher une langue. Entre 2007 et 2015 ont ainsi paru trois livres majeurs écrits en exil par d'ex-détenus communistes,

1. En 1990, les nouvelles d'Ibrahim Samuel, « Toussotements », et « La puanteur du pas lourd », in *Bleu abrupt. Douze nouvelles syriennes*, Paris, L'Harmattan, 2012, évoquent les ondes de choc et remous provoqués par la détention prolongée au sein des familles de détenus ; celles de Ghassan al-Jibaî utilisent l'allégorie onirique pour évoquer l'horreur carcérale (*Doigts de banane*, 1994). En 1999, la fiction *La Prison* de Nabil Souleiman exalte la résistance héroïque d'un prisonnier politique.

2. Ce recueil fut réédité en 2012, préfacé par Michel Deguy, dans une nouvelle traduction (Presses du réel, 2012). La première traduction était celle d'Abdellatif Laâbi (Éditions Al Dante, 1998). La seconde est celle de Saïd Nourine avec l'auteur, alors libéré.

3. Malek Daghestani, dans *Le Vertige de la liberté* (2002), évoque la mémoire trouée du détenu, thème que travaillera au théâtre Wael Ali (*Je ne m'en souviens pas,* Paris, 2016). Au Liban, Rosa Yassin Hassan a composé un montage polyphonique de récits oraux et de textes littéraires et critiques dans *Négatif*, appelé par elle « roman documentaire » (2008), avant d'évoquer le mal de vivre des épouses de détenus damascènes hésitant à divorcer, thème jusque-là tabou (*Les Gardiens de l'air*, 2009, Arles, Actes Sud, 2014).

4. Hala Mohammad, *Quand Qasyoun est fatigué* (2005, prod. Al-Jazira).

qui, tout en dessinant une autre histoire du pays, témoignent d'une expérience carcérale vécue comme épreuve du pire mais aussi « révolution intime » (Yassin al-Haj Saleh), qui leur a fait nouer des liens profonds avec le soulèvement révolutionnaire : en 2007 le très sombre roman *La Coquille* (*Al Qawqa'a*) de Moustafa Khalifé, publié en français avant de paraître en arabe au Liban avec son sous-titre initial, *Mémoires d'un voyeur*[1] ; en 2009, *Voyage vers l'inconnu* d'Aram Karabet, paru à Alexandrie avant de paraître en français en 2013 sous le titre *Treize ans dans les prisons syriennes. Voyage vers l'inconnu*[2] ; en 2012, *Pour votre salut, les jeunes ! Seize ans dans des prisons syriennes* de Yassin al-Haj Saleh, paru en arabe à Beyrouth puis en français en 2015 sous le titre *Récits d'une Syrie oubliée. Sortir la mémoire des prisons*[3]. Ce dernier livre reprend des textes rédigés entre 2003 et 2011, et un précieux entretien mené en 2009 par l'avocate Razan Zaitouneh[4].

Dans les trois cas, malgré la disparité des genres, le témoignage rend compte d'une très longue incarcération sous Hafez : douze ans pour Khalifé (dans plusieurs centres dont Palmyre), treize ans pour Karabet (Adra et Palmyre), seize ans pour Yassin al-Haj Saleh (Mussallamiyyé, Adra, Palmyre)[5]. À peine concevables, ces durées font raconter une expérience traumatique au long cours : chaque livre raconte une sombre *initiation*, plus ou moins cathartique selon les auteurs. L'effort pour aménager ce temps long et se l'approprier existentiellement, « attendre » simplement étant impossible, fait écrire une contre-histoire du pays, sociale, politique, culturelle[6]. Ces trois auteurs, grands témoins de l'ère Hafez, se sont lus et se connaissent, Karabet et Al-Haj Saleh ont même été codétenus à Palmyre, celui-ci évoque celui-là. Leurs textes sont précieux à plus d'un titre : documents historiques majeurs, ils témoignent aussi d'expériences de pensée vécues comme actes de résistance, et s'aventurent dans une sorte d'anthropologie et de philosophie en acte : en disant « je », les témoins font exister la prison comme monde singulier à l'intérieur du monde singulier qu'était cette Syrie bouclée sur elle-même.

Ces grands témoins de l'ère Hafez, issus d'origines différentes[7], furent arrêtés en tant qu'activistes communistes, mais leurs textes rompent avec toute idéologie carcérale, y

1. Moustafa Khalifé, *La Coquille. Prisonnier politique en Syrie*, Arles, Actes Sud/Sindbad, 2007, rééd. Babel, 2014 ; *id.*, *The Shell : Memoirs of a Hidden Observer*, Northampton, MA, Interlink Publishing, 2008. Je livre quelques aperçus sur ce roman à la fin de mon article « Syrie : "littérature de prison" et témoignage d'expérience », in *Écrits, images et pensées de prison*, Régis Salado et Carine Trévisan (dir.), Paris, Hermann, coll. « Cahier Textuel », 2019, p. 221-241.

2. Aram Karabet, *Al-Rahîl ilâ al-majhûl*, Alexandrie, 2009 ; *Id.*, *Treize ans dans les prisons syriennes. Voyage vers l'inconnu*, Arles, Actes Sud, 2013.

3. Yassin al-Haj Saleh, *Bi-l-khalâs ya shabâb !*, Beyrouth, Dar al-Saqi, 2012 ; *Récits d'une Syrie oubliée. Sortir la mémoire des prisons*, *op. cit.*

4. Yassin al-Haj Saleh, « C'est en prison que je me suis libéré, et que j'ai fait ma révolution. Entretien inédit avec Razan Zeitouneh », 2009, *ibid.*, p. 191-222.

5. Moustafa Khalifé, né à Jarablus en 1948, vivait à Alep et fut arrêté en 1979, relâché, puis arrêté à son retour de France en 1982 et envoyé à Palmyre, d'où il sortit en 1994. Aram Karabet, né en 1958 dans une famille arménienne de Kamichli, fut arrêté en 1987, enfermé sept ans à Adra avant d'être jugé et de prendre six ans à Palmyre, libéré en 2000 ; Yassin al-Haj Saleh, médecin de formation, arrêté en 1979, fut envoyé à Mussallamiyyé pendant onze ans, puis à Adra pour quatre ans, puis (alors qu'il avait purgé sa peine) un an à Palmyre, d'où il sortit à la fin 1996.

6. Voir Fanny Arlandis, http://www.slate.fr/story/136745/prison-syrie-amnesty-memoire-assad.

7. D'une famille arménienne pour Karabet, sunnite pour Khalifé et Yassin al-Haj Saleh. Mais les trois auteurs refusent toute assignation identitaire.

compris communiste[1]. Cette rupture passe par leurs choix d'écriture, qui rend compte de réalités corrosives par un effort de véridiction peu soucieux des tabous sociaux d'où qu'ils viennent : fiction ironique chez Khalifé, chronique testimoniale chez Karabet, essai critique chez Yassin al-Haj Saleh. Une tension nouvelle s'exprime entre témoignage et fiction[2]. En jetant une lumière crue sur des réalités partagées, ces textes interrogent l'espèce humaine, les zones grises, la mutation des sentiments et la plasticité morale, de sorte qu'ils rejoignent les grands récits de déportation de Rousset, Antelme, Borowski, Levi, Améry, Chalamov... Yassin al-Haj Saleh, en plus de méditer sa mue personnelle en termes de « libération », analyse la prison comme « village » et « patrie » en guerre, microcosme social et mutation culturelle, et il ouvre des perspectives sur le rôle émancipateur du témoignage et sa relation avec le mouvement révolutionnaire, comme « sortie de l'anonymat » des individus et accès au réel et à la « nomination ». Ce livre qui se dit étranger à la « littérature », mais veut muer la prison en « objet de culture », est ainsi un instrument critique possible pour lire les autres.

Ces auteurs, témoins de la dictature devenus témoins de la révolution, ont voulu rompre avec une culture sacrificielle qu'ils jugeaient trop présente dans la littérature carcérale comme dans l'opposition politique. Ces récits tournent donc le dos à la littérature issue des milieux islamistes, tout en disant l'énorme tribut payé par les Frères musulmans, en particulier à Palmyre. Il existe en effet aussi une littérature religieuse de témoignage, plus rare et peu traduite, non accessible en français[3]. Mais le récit qui se cherche à travers la « nouvelle écriture syrienne », dont parle aujourd'hui Yassin al-Haj Saleh, en observant une génération occupée à témoigner de la révolution et de ses suites, est inséparable du processus de sécularisation qui permet de dire « je » en cherchant ses fondements et espoirs dans la seule expérience, en vue d'une catharsis personnelle sans laquelle aucune émancipation politique ne se fera[4].

Issus d'esprits laïques et en rupture même avec leur baptême politique initial, les témoignages ici repris ne peuvent donc être dits « exemplaires » malgré leur profonde et vaste portée. Ils illustrent l'impressionnant clivage culturel qu'a révélé la révolution à l'intérieur de l'opposition syrienne, laquelle offre en ceci une image implacable et tragique du différend mémoriel qui disloque le monde, et dont les études mémorielles instituées se soucient étrangement peu. Ils montrent surtout le courage inouï qu'il aura fallu aux Syriens pour décider d'affronter ces expériences nées d'abominations au long cours, et qui ont toujours lieu : ce que Yassin al-Haj Saleh ne craint pas d'appeler « notre prodigieuse souffrance ». En quoi ces textes ne font pas que témoigner des prisons syriennes, ils témoignent, pour le monde, de la tragédie qu'aura été pour certains l'exigence d'être libre.

1. Voir l'entretien d'Aram Karabet avec Pierre Barbancey, *L'Humanité*, 12 août 2013, et celui de Khalifé : http://www.babelmed.net/article/2638-moustafa-khalife-lhomme-qui-doute/.

2. L'un des plus récents textes issus d'une expérience carcérale des années Hafez est un roman : celui de Rateb Chabo, *Matha warâ' l-judrân* [Qu'y a-t-il derrière ces murs ?], paru à Beyrouth en 2014 aux Éditions Dar Al-Adab, non traduit encore.

3. Shareah Taleghani parle des « témoignages déchirants » qu'on trouve dans les livres de Khalid Fadil, Muhammad Salim Hamad, Hiba al-Dabbagh, Baraa Sarraj (*in* « Littérature carcérale : contre-récits et créativité », art. cité) Voir aussi « Breaking the Silence of Tadmor Military Prison », *Middle East Report* 275-2015.

4. Yassin al-Haj Saleh, « La nouvelle écriture syrienne », *in* Franck Mermier (dir.), *Écrits libres de Syrie. De la révolution à la guerre*, Paris, Classiques Garnier, 2018.

1

Les prisons de Hafez

Récits d'une Syrie oubliée. Sortir la mémoire des prisons

Yassin al-Haj Saleh[1]

Yassin al-Haj Saleh est l'un des intellectuels opposants au régime les plus connus en Syrie et dans la diaspora syrienne[2]. *Né à Raqqa en 1961, il a commencé des études de médecine à Alep, interrompues très tôt suite à son arrestation en 1980 et son incarcération de seize années pour sa participation au parti communiste syrien. Les deux dernières années, ses conditions de détention se détériorent encore et il passe une seizième année extrêmement dure dans la « terrible prison de Palmyre ». Après sa libération en 1996, il achève ses études de médecine mais décide de se vouer à l'écriture et à la réflexion sur la Syrie, sa culture et son histoire, et sur le monde arabe. En 2011, il ne tarde pas à soutenir la révolution et se met à écrire de façon prolifique. Il vit caché pendant deux ans dans différents endroits de Damas sous contrôle du régime, puis rejoint des zones tenues par les rebelles, à Douma puis à Raqqa, sa ville natale. En décembre 2013 un de ses frères y est arrêté par Daech, un autre subira le même sort. Il se réfugie en Turquie, puis part à Berlin où il vit actuellement. Il y poursuit sa réflexion sur l'expérience syrienne et sa signification dans le monde et demande que lumière soit faite sur le sort de son épouse, Samira al-Khalil, dissidente communiste portée disparue depuis son enlèvement à Douma en décembre 2013, probablement par un « groupe armé salafiste », Jaysh al-Islam, avec trois autres militants : Razan Zaitouneh, Wael Hamada, et Nazem Hammadi.*

Cofondateur en 2012 du site indépendant Al-Jumhuriya avec d'autres intellectuels et universitaires syriens, Yassin al-Haj Saleh a publié sept livres et des centaines d'articles dans la presse arabophone, dont une partie est traduite en anglais et en français. Dans tous ses écrits on retrouve, outre son observation fine de la société syrienne et des échanges sociaux, son attention aux dynamiques de conflit interne mais aussi aux individus, une volonté implacable de combler les lacunes épistémiques et faillites de représentation qui marquent cette partie du monde appelée « Moyen-Orient », et singulièrement la Syrie. Yassin al-Haj Saleh fait de lui-même, de sa vie, de son corps, de son cerveau, de sa langue, un pont contre toute rupture cognitive et « trous » dans la représentation : cette « écriture pont », un pont fait de chair, de sang et parfois de larmes, travaille à inscrire la Syrie

1. *Récits d'une Syrie oubliée. Sortir la mémoire des prisons*, traduit de l'arabe par Marianne Babut et Nathalie Bontemps, Paris, Les Prairies ordinaires, collection « Traversées », 2015. Édition originale : *Bi-l-khalâs ya shabâb*, Beyrouth, Dâr al-Saqi, 2012. Ce livre, qui couvre seize ans d'écriture, est précédé d'une préface à l'édition française écrite à Istanbul en 2014, où l'auteur tire le bilan de son expérience de la prison puis de la révolution et de ses suites, très différente donc de la préface à l'édition arabe rédigée en octobre 2011 à Damas, également intégrée.

2. Voir par exemple le livre que lui a consacré Justine Augier : *Par une espèce de miracle. L'exil de Yassin al-Haj Saleh*, Actes Sud, 2021.

dans le monde et dans une dimension d'universalité, refusant de la figer ou de la geler dans son exceptionnalité. Cherchant à dépasser les limites du langage académique mais aussi politique, et à s'affranchir des codes d'une seule langue, il forge un langage analytique intrépide, capable de désigner fermement des seuils d'acceptabilité – « il n'est plus acceptable de ne pas comprendre » – et de proclamer la puissance légitime de l'émotion dans le processus de compréhension. Désireuse de rendre justice aux subjectivités, sa pensée se confronte à une lecture dominante de nos sociétés, où les vrais acteurs n'existent pas (ce qu'il appelle « l'analyse dépeuplée »). Son effort propre consiste à vouloir transformer sa propre expérience intense en concepts et catégories nominales, et à inviter à faire de même les individus invisibles. Son écriture dépasse le témoignage vers l'analyse et vise un acte de nomination capable de résister au pouvoir qu'exercent les fausses évidences et les codes insidieux, de dénouer leur ambiguïté. Son œuvre est un « manifeste de l'étonnement » et une résistance à l'indicible et au déterminisme[1].

Nisrine Al-Zahre

I
ÉPISODES PRINCIPAUX

J'ai été arrêté à l'aube du 7 décembre 1980. J'avais alors vingt ans, et j'étais en troisième année de médecine à l'université d'Alep. J'étais également membre du parti communiste-bureau politique. Je n'ai subi qu'une seule journée de torture, d'intensité moyenne, dans le « pneu » et sur le « tapis volant »[2].

Une semaine après mon arrestation, j'ai été transféré avec d'autres camarades vers la prison centrale d'Alep, à Mussallamiyyé, au nord de la ville.

Au cours de l'été 1982, après un an et demi de détention, on nous a autorisés à recevoir des livres. À partir du printemps 1983, nous avons commencé à sortir dans la cour pour faire du sport.

En 1985, on nous a fourni des réchauds à kérosène pour faire la cuisine et le thé. Avant cette date, il était arrivé qu'on en dispose, mais de façon ponctuelle.

En 1986, nous avons obtenu un poste de télévision.

À partir de la même année, nous avons eu le droit de circuler entre les dortoirs de 14 heures à 20 ou 21 heures.

En 1988, suite à une grève de la faim de huit jours, on nous a fourni des stylos.

Fin 1991, la plupart des prisonniers du quartier politique de Mussallamiyyé ont été libérés. Seize sont restés détenus, dont moi.

Le 14 avril 1992, on nous a transférés à la prison d'Adra, au nord-est de Damas.

Quelques semaines plus tard, nous avons comparu devant la Cour de sûreté de l'État, à Damas.

Au printemps 1994 j'ai été condamné *a posteriori* à une peine de quinze ans.

Le 7 décembre 1995 ma peine a expiré, mais je n'ai pas été relâché.

Au petit matin du 3 janvier 1996, on nous a transférés à la prison de Palmyre. Nous étions alors trente prisonniers, membres de partis différents.

Jeudi 19 décembre 1996, on m'a ramené de Palmyre à Damas.

J'ai été libéré le samedi 21 décembre 1996.

Seize ans et quatorze jours de prison.

1. Voir aussi « Entretien avec Yassin al-Haj Saleh, "écrivain syrien sans terre sous ses pieds" », Catherine Coquio et Nisrine Al-Zahre, *Diacritik*, 9 décembre 2021, 12 et 16 mai 2022, https://diacritik.com/2021/12/09/entretien-avec-yassin-al-haj-saleh-ecrivain-syrien-sans-terre-sous-ses-pieds-1-3/.

2. Supplice du pneu : on coince le corps du prisonnier dans un pneu de voiture, et on lui fouette la plante des pieds. Supplice du tapis volant : planche de bois pliable à laquelle on attache le détenu. Ses quatre membres sont attachés derrière son dos et reliés à son cou. La planche, en s'actionnant, le force à la contorsion.

II
DU SOUVENIR ET DE L'OUBLI

J'en suis probablement au même point que de nombreux Syriens dans la réticence que j'éprouve à me remémorer en détail les événements de ces années démentes : le massacre de Palmyre en 1980, l'histoire de sa prison durant les trois dernières décennies du siècle passé, ou encore la tragédie de Hama en 1982. Il en va de même pour l'évocation des différents moments de mon histoire personnelle en détention. Cette répulsion est semblable à celle qui nous fait changer de chemin pour ne pas voir un condamné pendu sur la place publique. Et après tant d'années, qui souhaiterait affronter aujourd'hui la vision de ce corps supplicié, putréfié ? Mais ce cadavre, c'est l'un des nôtres. La famille du défunt, c'est nous. Nous n'avons d'autre choix que d'aller l'identifier, le laver, puis lui rendre hommage en l'enterrant. Certes, se souvenir est terriblement douloureux, mais il est hors de question d'oublier. C'est ce qui me pousse, en surmontant une forte résistance, à écrire ces pages. (p. 35)

III
UNE ROUTE VERS PALMYRE[1]

L'arrestation au cœur de l'arrestation

« Normalement », quand des prisonniers d'opinion comme nous n'avaient pas été incarcérés à Palmyre immédiatement après leur arrestation, ils ne l'étaient qu'en cas de faute commise dans leur prison « d'origine », suite à une grève de la faim par exemple. (En revanche, on considère d'emblée Palmyre comme la prison « naturelle » des islamistes.) Pour nous, il était donc inimaginable qu'on nous transfère là-bas après tant d'années, après notre passage devant la Cour de sûreté de l'État, et alors qu'on approchait de l'an 2000. Me concernant, cela frôlait l'absurde, dans la mesure où j'avais déjà purgé mes quinze années de peine. J'étais pourtant loin d'être un cas isolé. Dans notre convoi vers Palmyre, en cette journée au plus dur de l'hiver, un bon nombre de détenus terminaient des peines allant de huit à quinze ans.

Le teint blême, on pénétra dans la prison du désert à midi. L'administration elle-même semblait étonnée de voir débarquer des prisonniers ayant plus de dix ans de détention derrière eux. On nous mit rapidement au parfum du protocole en vigueur : tête baissée en permanence, échanges à voix basse uniquement, cheveux, barbe et moustache constamment rasés. Puis on nous conduisit du quartier administratif au dortoir qui nous était réservé. Nous avancions en file indienne, pliés en deux, la tête touchant les reins de celui qui nous précédait, les yeux bandés par un maillot de corps ou une petite serviette. Notre troupeau se déplaçait en fonction des ordres indiquant ici des marches, là une porte, s'accompagnant à l'occasion d'un coup de pied dans les fesses ou de poing dans le dos. (p. 40-42)

Du bois qu'on cassait

Notre impression, en ce premier jour, fut celle de tomber dans un puits au milieu de nulle part. Peut-être est-ce le sentiment d'Adam se faisant chasser du paradis. Ils ont désigné l'un de nous pour être chef de dortoir. Ils lui ont dit qu'on devait se coucher à dix-neuf heures et se lever à sept, ont résumé le fonctionnement du « système de pointage », défini les horaires et le déroulement des repas. Quand je dis « ils », ce n'est pas pour les englober tous dans une identité différente de la mienne, mais parce qu'ils

1. Texte écrit en juin 2003 lors de la 23e année de commémoration du massacre perpétré dans la prison de Palmyre, repris dans *Récits d'une Syrie oubliée*, p. 35-48.

étaient parfaitement anonymes. Tout au long de notre détention, ni moi ni mes compagnons n'avons jamais pu voir l'expression de leurs visages, ni les regarder dans les yeux. C'était interdit. Comme dit le proverbe, « la parole ne dit rien sans le regard ». Ce dernier est vecteur de communication, de connivence et d'intuition. Autrement dit, de tout ce qui fait la relation humaine. Un jour, le chef de dortoir a demandé au premier adjudant, en charge directe de nous, s'il était possible de relever la tête pour s'adresser à nos geôliers. La belle âme a répondu : « Vous avez de quoi être fiers peut-être, pour relever la tête ici ? »

Le matin du deuxième jour, je perçus un bruit lointain que je pris d'abord pour du bois qu'on cassait. Le bruit, par moments, se rapprochait. À neuf heures et demie, la porte du dortoir s'ouvrit. On venait nous accueillir en bonne et due forme. Pour chacun d'entre nous, coincé en slip dans un pneu, 100 coups de câble sur la plante des pieds. (Les islamistes, eux, pouvaient « s'en bouffer » 500). Le but était de nous dresser à baisser durablement les yeux. Nous casser comme du bois leur prit environ une heure, car nous étions onze dans le dortoir. (Nous étions un groupe de vingt-deux communistes, répartis en deux dortoirs. Ils avaient mis à part, dans un troisième, huit membres du Baath irakien.) Pendant que certains agents nous « passaient au pneu », d'autres s'occupèrent de fouiller nos affaires, et ne nous laissèrent rien d'autre que nos vêtements.

Pendant des semaines, nos gardiens restèrent sans comprendre pourquoi on nous avait envoyés à Palmyre. Puis ils finirent par se faire à l'idée que si nous n'avions pas été des « fils de pute », nous n'aurions pas atterri là. Bakr Sidqi, l'un des nôtres, proposa qu'on adopte comme devise celle de l'enfer de Dante : « Vous qui entrez ici, abandonnez toute espérance. » On ne pouvait trouver formule plus éloquente. Bizarrement, en dépit du rude climat désertique, de l'hiver qu'on passa sans chauffage, mal habillés et avec insuffisamment de couvertures, en dépit aussi des douches invariablement glacées, je n'ai jamais contracté de rhume ni de grippe là-bas. Moi qui d'habitude tombe malade dès qu'il fait froid. Cela m'arrivait à Mussallamiyyé puis Adra, dont les conditions étaient pourtant bien meilleures. À croire que, en cas de grande détresse, le corps mobilise toute son énergie pour tenir bon.

Le « système du pointage »

Durant un mois et demi, si ce n'est quelques gifles, je n'ai subi aucune atteinte physique. En revanche, la plupart de mes compagnons ont été traités bien plus durement, surtout ceux qui étaient « pointés ». Le « pointage » consiste, pour les geôliers qui nous surveillent depuis une lucarne percée dans le plafond, à repérer certains d'entre nous. Ils les interpellent à partir de signes distinctifs : Untel au pyjama vert ! Untel sur le troisième matelas en partant de la droite ! etc. Ceux qui ont été signalés subissent un châtiment à l'ouverture du dortoir. Mais le plus souvent, c'est le lendemain, au moment du petit déjeuner ou de la sortie dans la cour. Il arrive également que ce soit au chef de dortoir de devoir livrer un certain nombre de victimes, décrété par le geôlier au prétexte qui lui chante. Le châtiment va d'une dizaine à quelques dizaines de gifles, ou peut envoyer l'infortuné au pneu.

Mais plus odieuse encore est l'attente. Quand, le cœur battant à tout rompre, monte l'épouvantable sensation d'être envahi des pieds à la tête par la progression de la peur. Sans doute ce système vise-t-il à conditionner chez nous les bons réflexes, à empêcher que l'état d'esprit du protocole d'accueil ne se perde, ou, tout simplement, à maintenir notre regard rivé au sol. Je soupçonne ce « système de pointage » d'avoir la même origine que notre démocratie populaire : l'Europe de l'Est. On raconte en effet qu'au moment où le pays entrait en crise, à la fin des années 1970, on fit venir de là-bas divers experts en interrogatoire, extorsion d'aveux, et autres méthodes visant à « éduquer » les prisonniers.

La nuit, nous devions à tour de rôle monter la garde pendant deux heures, pour surveiller nos camarades assoupis. Il fallait veiller à ce qu'ils dorment sur le flanc et pas autrement, que les bandeaux sur leurs yeux ne glissent pas, qu'aucun n'aille aux toilettes. À ce que tout se passe selon le bon plaisir de Monsieur le sergent-chef, en poste sur le toit. S'il lui prenait l'envie de nous lancer, par exemple : « La chatte de ta mère, elle est de quelle couleur ? » il fallait lui répondre. Nous appelions tous les geôliers « Monsieur le sergent-chef », par peur de tomber sur celui qui en aurait véritablement le grade. Quant à décliner la couleur de « la chatte de nos mères », c'était une routine. Une nuit où c'était mon tour, le geôlier remarqua, à travers la lucarne d'où provenaient d'habitude les ordres de pointage, que les chaussures de mes camarades n'étaient pas rangées à leur place. Il inventa sur-le-champ de quoi égayer mon ennuyeuse garde : il m'ordonna de déplacer les chaussures une à une vers un coin du dortoir en les prenant entre les dents. J'ai d'abord pensé les saisir à la main pour les porter à ma bouche, mais je fus rappelé à l'ordre. Je devais me baisser et mordre directement dans la chaussure. Le lendemain, je pris les devants et tournai l'affaire en dérision. J'annonçai à mes camarades qu'après un mois et demi de jeûne, j'avais mangé… des semelles ! Mais le temps allait m'apprendre que ce type de « repas » ne se résumait pas à la fantaisie d'un geôlier blasé.

L'été 1996 fut terrible. La peur était à son comble, le pointage tournait à plein régime, l'imagination des artisans de l'horreur était sans limites. Un jour où nous étions assis dans l'arrière-cour du dortoir sous le brûlant soleil d'août, têtes baissées et mains dans le dos, le surveillant nous ordonna de nous fourrer notre « honneur » dans la bouche. Il nous fallait mordre dans nos chaussures, les tenir serrées entre nos dents et demeurer ainsi courbés, les mains dans le dos. Monsieur le sergent-chef remarqua qu'un sexagénaire s'aidait d'une main pour maintenir son honneur bien calé dans son dentier. Magnanime, il le laissa faire. Cet été-là, j'ai connu la peur non comme angoisse, mais comme ressenti physique. Une sensation de prostration et d'usure qui me rongeait des côtes jusqu'aux épaules. Lors d'une de mes gardes nocturnes, j'ai failli perdre conscience sous la fulgurance d'une de ses attaques. J'ai dû réveiller le chef de dortoir pour qu'il prenne le relais, et assure les dernières minutes de mon service. (p. 42-46)

La repentance

J'aimerais ici revenir sur une idée qui m'a beaucoup travaillé au cours de mon effroyable séjour à Palmyre. Il ne faut pas démolir cette prison, ni la laisser tomber en ruine. Nous devons en faire un musée de la torture où l'on érigera un monument en hommage aux victimes, à leurs souffrances. Une stèle garantissant qu'on ne les oublie pas. On le nommera « monument de la repentance », de notre repentance à tous. Ce sera le premier pas d'un vaste processus politique, culturel, juridique et humain, qui permettra aux Syriens de surmonter la tentation de la vengeance. De rompre le cercle infernal qui consiste à intervertir les rôles de l'assassin et de l'assassiné, faisant de nous tous, du pays tout entier, une victime.

La prison de Palmyre est la honte de la Syrie. En rendant hommage à ses victimes, nous portons ensemble la charge de cet outrage, nous en répartissons équitablement le poids. Non pas pour dire que nous sommes tous responsables du passé à parts égales, mais pour affirmer que nous sommes prêts à en assumer ensemble la responsabilité à l'avenir. (p. 47-48)

IV
DE LA VIE ET DU TEMPS EN PRISON[1]

Apprivoiser le monstre

Schématiquement, les prisonniers se divisent en deux catégories suivant la manière dont ils

1. Texte paru en 2004 dans le supplément littéraire du quotidien libanais *Al-Nahâr*, dédié « à l'âme de mon camarade martyr Haytham al-Khouja », repris dans *Récits d'une Syrie oubliée*, p. 51-65.

envisagent le temps ouvert de la détention. Certains se mettent à « tuer le temps » à l'aide des moyens de distraction disponibles. Le détenu de cette catégorie refuse d'admettre l'existence de la prison. Il refuse de se réconcilier avec elle, de lui donner un sens, quel qu'il soit. Elle n'est que temps perdu, gaspillé. Il la supporte passivement, en attendant le moment d'en finir. En revanche, les prisonniers de l'autre catégorie optent pour mettre le temps de leur côté. Ils essaient de prendre un nouveau départ, d'enregistrer de nouveaux acquis dans leur nouvelle maison. Ce faisant, le détenu intègre la prison à ses projets de vie, il lui prodigue un sens dont elle manquait. Il élargit ainsi son espace de liberté, alors même qu'il est derrière les barreaux. Les meilleurs outils pour apprivoiser le temps sont les livres, les stylos, et toutes les techniques d'apprentissage en général. Ce classement est bien sûr extrêmement schématique. Il ignore de nombreux cas intermédiaires[1]. En réalité la plupart d'entre nous avons mêlé les deux techniques, celle de « tuer » le temps et celle de le « gagner », même si le dosage était différent pour chacun.

La prison est un monstre, et l'homme ne peut cohabiter avec lui que s'il le dompte et le domine. Si la constitution propre à chacun joue un rôle déterminant dans certaines circonstances, comme, par exemple, Ryad al-Turk[2] dans le film de Muhammad Ali Atassi, *Cousin*, il existe aussi des facteurs favorables dans des prisons moins cruelles. Dans les prisons d'Adra et Saidnaya près de Damas, et Mussallamiyyé à Alep, le prisonnier a accès, au bout d'un temps plus ou moins long, à des outils qui l'aident à apprivoiser le monstre. Tandis que, s'il échoue à Palmyre ou à la section d'interrogatoire militaire, nul doute qu'il aura besoin de mobiliser toute son énergie physique et psychique pour la stricte survie. Néanmoins, il me semble qu'on ne peut apprivoiser le monstre que dans la mesure où l'on s'adapte aussi à lui. J'entends par là qu'on admette la prison, qu'on s'accepte en tant que prisonnier, indépendamment de ce que l'on était à l'extérieur. Qu'on permette à la prison de nous « composer ». C'est peut-être précisément pour cela qu'il a été difficile, pour les leaders de partis que je connaissais, de vivre un « bon emprisonnement ». Ils acceptaient très difficilement que la détention et ses modes de vie soient complètement autonomes de l'existence qu'ils avaient menée auparavant. Après avoir bénéficié d'un statut d'exception, ils redevenaient comme les autres. C'est pourquoi les vrais leaders de la prison, ceux qui réglaient les problèmes du quotidien, qui facilitaient la vie de leurs camarades, n'ont jamais été les leaders des organisations. Cela était très clair chez nous, à la prison de Mussallamiyyé. Les dirigeants étaient source de fatigue pour eux-mêmes et pour autrui. En revanche, ce sont des jeunes gens qui s'occupaient d'organiser le bon déroulement de la vie quotidienne. Ils rencontraient en cela bien moins de difficultés que leurs aînés. (p. 52-53)

La prison absolue

Qu'on s'imagine une prison sans visites, sans livres ni stylos, sans divertissements, sans « outils de production » d'aucune sorte, sans facilités quotidiennes : ustensiles de cuisine, réchauds, eau chaude... Un simple huis clos ne s'ouvrant que pour la nourriture... et le châtiment. Telle est la prison de Palmyre : la honte indélébile de la Syrie. Là-bas, le temps ne passe pas. Il s'accumule sur les prisonniers et les étouffe. [...] Un temps stagnant, uniforme, une éternité indistincte, une peau sans pores. Cette situation extrême met en application le concept idéal de la prison : un lieu fermé, sans changements, hermétique au temps. Toutes les prisons participent de ce modèle idéal, qui est peut-être celui dont rêve tout tyran. Mais Palmyre est quasiment à la

1. Je ne parle pas ici de la prison de Palmyre, ni des prisonniers islamistes.
2. Ryad al-Turk a passé 19 ans dans une cellule d'isolement à la section d'interrogatoire militaire. (*N.D.T.*)

hauteur de l'archétype. Cette prison était en effet le laboratoire où s'élaborait l'essence des rapports de force dans le pays, la relation entre pouvoir et société dans sa forme la plus pure, véritable « constitution », usine d'éternité. Et si elle n'atteint pas l'archétype en totalité, c'est en partie grâce à la corruption. Car, bien que les différents directeurs de cette prison aient toujours été des hommes de confiance du régime, certains prouvèrent, lorsqu'ils en avaient la possibilité, qu'ils savaient répartir leurs allégeances entre un pouvoir auquel ils devaient leurs postes, et l'appât du gain, dont ils ne se rassasiaient jamais.

La prison et le temps

Toutes les prisons empêchent le temps de s'écouler, mais il existe des degrés. À Mussallamiyyé et Adra (où j'ai eu l'honneur de passer quinze ans), ainsi qu'à Saidnaya, le temps s'écoule proportionnellement au rythme des visites, à la possibilité d'étudier, de se divertir, de recevoir de l'argent. Prenons la situation négative absolue : « l'usine d'éternité » de Palmyre, où le temps n'existe pas, où, pour chaque prisonnier, il s'est figé lors de son entrée dans les lieux. Prenons maintenant, à l'extrême opposé, la situation idéale : l'extérieur, où chacun serait contemporain d'une vie publique citoyenne. Mussallamiyyé, Adra et Saidnaya occupent une place plus proche du monde extérieur. Le temps du prisonnier à Palmyre, surtout s'il est islamiste, s'est arrêté quelque part en 1980 (après le « nettoyage » sanguinaire de la prison le 27 juin de cette année-là), tandis que le temps du détenu dans les autres prisons est resté à peu près en phase avec celui du dehors. (p. 61-62)

V
LES ANCIENS PRISONNIERS POLITIQUES ET LEUR UNIVERS[1]. APERÇU HISTORIQUE DE L'ARRESTATION POLITIQUE EN SYRIE

L'arrestation politique dans la Syrie indépendante est liée aux systèmes de parti unique. On peut considérer que la première vague d'arrestations et de tortures relativement grande a eu lieu à l'époque de l'unité entre la Syrie et l'Égypte entre 1958 et 1961, sous la présidence de Gamal Abdel Nasser, et ses principales victimes étaient des communistes. La deuxième grande vague a eu lieu à l'époque baathiste, quatre mois après le premier coup d'État du parti Baath en mars 1963. Les baathistes y ont décimé leurs alliés nassériens, en exécutant des dizaines et en emprisonnant des centaines. Ils ont poussé les choses au point de transformer la torture en l'un des beaux-arts[2]. Durant la deuxième période du Baath, de 1966 à 1970, on arrêta des baathistes restés fidèles à la première période, des nassériens, des communistes, et d'autres. Quand Hafez al-Assad prit le pouvoir par un coup d'État militaire en 1970, il inaugura son règne par une nouvelle vague d'arrestations qui touchèrent ses camarades baathistes, que

1. Texte écrit en février 2006, réactualisé pour sa reprise dans *Récits d'une Syrie oubliée*, p. 71-81.

2. Sami al-Joundi est un homme des premières heures du Baath, qui fut quelque temps ministre de la Culture et de l'Information après le 8 mars 1963, puis ambassadeur en France. Il raconte que ses « camarades », quand ils s'ennuyaient, avaient pris l'habitude de se rendre à la prison de Mazzé. « Les tables étaient mises, le vin tournait, on amenait les accusés pour l'interrogatoire, et les rites révolutionnaires commençaient. Mes camarades étaient passés maîtres en la matière, et faisaient tous les jours une nouvelle trouvaille ». « Je crois que le pneu est une découverte de mars ». Par « mars », il entend le pouvoir baathiste. Le pneu est le nom d'une méthode de torture qui consiste à enfoncer le prisonnier dans un pneu, les mains attachés derrière le dos, tandis que les bourreaux font pleuvoir des coups de baguette, de bâtons ou de câbles (des fils électriques torsadés), sur la plante de ses pieds. Source : Sami al-Joundi : *Le Baath*, Beyrouth, Éditions Dâr al-Nahâr, 1969.

son coup d'État visait à évincer. À partir de ce moment, on a commencé à déférer les victimes des arrestations devant des tribunaux d'exception comme la Haute Cour de sûreté de l'État à Damas, ou bien des tribunaux militaires, même si les détenus étaient des civils.

Cependant, l'arrestation politique n'est devenue une question publique et nationale qu'au début des années 1980, quand le nombre des détenus, pour la première fois dans l'histoire du pays, a dépassé les 10 000. Ces derniers venaient d'horizons politiques et idéologiques divers : islamistes, communistes, adeptes du Baath irakien concurrent, militants kurdes. Ils pouvaient aussi bien être de simples citoyens dont la malchance avait voulu qu'ils soient dénoncés arbitrairement par un de ces informateurs dont le nombre, dans les années 1980, était probablement plusieurs fois supérieur à celui des prisonniers. La « routine » de l'époque consistait à torturer les détenus, et à les garder des années en détention arbitraire avant de les déférer devant les tribunaux. On pense que des milliers de détenus islamistes ont été exécutés dans la prison de Palmyre, où la torture était quotidienne jusqu'à la fin des années 1990. Les organisations des droits de l'homme parlent d'environ 15 000 personnes exécutées là-bas, en grande majorité des islamistes[1].

L'arrestation politique fut la part essentielle d'une campagne de terreur conduite par des appareils policiers et miliciens. Son but était d'écraser tout défi au régime du président Hafez al-Assad, auquel les islamistes résistaient par les armes, et les militants de gauche par la parole. Plus d'un massacre, petit ou grand, fut également l'un des éléments de cette campagne. Il y eut ceux d'Alep, de sa région, et de celle d'Idlib. Dans la prison de Palmyre, environ mille prisonniers islamistes furent mitraillés dans leurs dortoirs le 27 juin 1980, à la suite d'une tentative d'assassinat de Hafez al-Assad. Enfin, le sommet fut atteint avec le massacre de Hama, au cours duquel entre dix mille et trente mille personnes ont perdu la vie, suite à une rébellion d'islamistes locaux en février 1982. L'un des visages de cette campagne fut également l'intense occupation des rues et des universités par des agents de la sûreté, des militaires et des miliciens, leur présence prépondérante dans la vie quotidienne, la propagation de la délation, des « rédactions de rapports », des convocations par les services de renseignements, les agressions de passants pour les terroriser, et leur arracher définitivement de l'esprit l'idée de se pencher de manière indépendante sur la chose publique.

Après s'être emparé du pouvoir lors du coup d'État de 1970, le régime de Hafez al-Assad s'est donc aussi emparé de la société par la force. Au cours de cette campagne s'est enracinée en lui une redoutable hostilité à l'égard de toute organisation sociale indépendante. En conséquence, on a vu disparaître tout parti politique, toute association culturelle ou estudiantine, hormis les formations domestiquées du Front national progressiste[2]. Et ce qui existait est devenu de

1. J'ai passé presque toute l'année 1996 dans la prison de Palmyre. La torture y était arbitraire en fréquence et en proportions. Mais les islamistes étaient torturés de manière encore plus terrible que les communistes. Ceux qui sont restés après ma libération ont affirmé que l'année 1998 fut effroyable pour les islamistes, ainsi que pour tous les détenus de la prison. Un ancien détenu de cette prison m'a fourni un autre chiffre : quinze mille prisonniers islamistes, dont six mille auraient été exécutés. Et il insiste sur le fait que cette estimation est extrêmement prudente. Une autre de mes sources indique que le nombre de ceux qui ont été libérés s'élève à environ six mille. Par conséquent, il estime que le nombre de détenus exécutés serait de dix mille. Un troisième, décrit comme « obsédé par les chiffres et doué d'une mémoire d'éléphant », affirme que ce nombre atteint les quinze mille. L'Observatoire syrien des droits de l'homme a estimé à dix-sept mille le nombre des disparus. Il a présenté des listes nominatives pour quatre mille d'entre eux, ceux à propos desquels il a pu obtenir des informations. Mais il faut manier l'ensemble de ces chiffres avec prudence. En effet les sources viennent des islamistes eux-mêmes et l'on ne peut écarter l'hypothèse d'une exagération, alimentant ainsi le récit de victimisation sur lequel se construit leur cause depuis plus d'un quart de siècle.

2. Front créé en 1972 par Hafez al-Assad pour donner l'illusion d'un système multipartite. (*N.D.T.*)

plus en plus médiocre du fait de l'absence de concurrence.

À la fin des années 1980 la société syrienne était totalement harassée. Après s'être repliée sur elle-même pour se défendre, elle avait fini par se rendre pieds et poings liés. Entre les deux s'étaient écoulés dix ans d'arrestations hémorragiques, d'infiltration profonde et brutale de la société par les services de renseignements, et, les cinq dernières années, une crise économique sévère.

Les années 1990 ont donc été, sur le plan intérieur, confortables pour le régime. La fin de l'année 1991 a vu la première libération importante de prisonniers islamistes et communistes. Les milieux officiels ont affirmé alors que 2 865 personnes avaient été libérées, mais, sachant que les pouvoirs syriens n'ont pas publié de liste nominative, il n'existe aucun moyen de s'assurer de cette information. Au printemps 1992, 600 personnes, dont l'auteur de ces lignes, ont été déférées devant la Haute Cour de sûreté de l'État à Damas. J'étais détenu depuis onze ans et quatre mois lorsque j'ai été traduit devant ce tribunal, qui m'a accusé de « combattre les objectifs de la révolution » (c'est-à-dire le premier coup d'État de 1963) et « d'appartenir à une organisation secrète visant à changer l'entité de l'État ». La plupart des personnes traduites devant ce tribunal appartenaient à deux organisations communistes et au Baath irakien. Quelques autres venaient d'une formation nassérienne et d'une organisation baathiste restée fidèle à la deuxième période du parti, entre 1966 et 1970, et qu'on appelait « les gens de février »[1]. Aucune règle clairement établie ne présidait à la promulgation des jugements, pas plus qu'il n'existait de garantie que les prisonniers soient libérés à la fin de leur condamnation. Ainsi, bien qu'ayant déjà purgé les quinze ans auxquels la Haute Cour de sûreté de l'État m'avait condamné, j'ai été détenu arbitrairement une année supplémentaire, de surcroît dans l'effroyable prison de Palmyre, où j'ai été transféré avec vingt-neuf autres, dont les périodes de condamnation variaient entre huit et quinze ans. Certains d'entre eux, lors de notre exil à Palmyre, avaient déjà derrière eux entre six et quatorze ans de détention.

La période s'étirant de 1995 à 2005 vit la libération de ce qui restait des prisonniers, c'est-à-dire ceux qui n'étaient pas morts et n'avaient pas été libérés en 1991. Cependant, libérer les prisonniers politiques n'a strictement jamais signifié qu'on libérait la politique. Les détenus ont retrouvé une société terrorisée et repliée sur elle-même. Leurs partis avaient été complètement éradiqués, ou bien, au prix d'énormes difficultés, étaient parvenus à maintenir une présence tout juste symbolique.

De l'interrogatoire et de la prison

Dès qu'il est arrêté, le détenu est soumis à l'interrogatoire. La torture, comme moyen de lui arracher des informations, est une pratique absolument routinière. Cette dernière varie selon les organisations – elle est bien pire pour les islamistes que pour les communistes – et selon l'importance du prisonnier ainsi que des informations qu'il est supposé détenir. En général, la torture des communistes était « utilitaire » et s'arrêtait quand les informations étaient obtenues ou que le prisonnier parvenait à convaincre ses bourreaux qu'il n'en possédait pas. Tandis qu'il existait un fort élément de vengeance dans la torture des islamistes. Quelques communistes n'ont pas survécu, mais le plus probable est que leur assassinat ne relevait pas d'une politique délibérée de la part des appareils de sécurité. En revanche le meurtre était chose courante pendant les interrogatoires avec les islamistes. Dans les deux cas, les bourreaux et leurs supérieurs bénéficient d'une impunité absolue, interdisant qu'on leur demande le moindre compte sur les actes commis durant l'exercice de leurs fonctions.

1. En référence au coup d'État du 23 février 1966. (*N.D.T.*)

Après une période pouvant varier entre quelques jours, quelques semaines ou quelques mois, l'interrogatoire prend fin et le détenu est envoyé en prison. Mais il arrive que certains passent plusieurs années dans les centres d'interrogatoire, sans que cela puisse s'expliquer par une quelconque règle.

Les conditions de vie dans les prisons syriennes sont hétérogènes. Dans la prison centrale d'Alep, Mussallamiyyé, où j'ai passé onze ans et quatre mois, nous avons vécu quelque temps à vingt-six, tous communistes, dans un dortoir prévu pour sept. Au bout de quelques mois, en avril 1980, les islamistes qui partageaient avec nous le quartier des prisonniers politiques, et dont le nombre était plus de quatre fois supérieur au nôtre, ont été transférés à Palmyre. Nous nous sommes alors répartis à parts égales entre deux dortoirs. Durant deux ans et cinq mois, nous n'étions pas autorisés à sortir dans la cour de la prison. Après quoi nous avons pu « respirer » une heure ou une heure et demie par jour. Peu de temps après l'arrivée de chaque détenu, les visites lui étaient autorisées une fois par semaine. Leur durée était de dix minutes, et deux grillages de fer éloignés l'un de l'autre de 80 centimètres séparaient le prisonnier de ses visiteurs. Ces derniers devaient obligatoirement être des parents au premier degré. Tout au long du mois de février 1982, pendant le massacre de Hama, la visite hebdomadaire s'est interrompue. Au début de l'année 1985, elle est passée à tous les quinze jours, puis à tous les mois quelque temps plus tard. Entre 1988 et 1989, elle s'est totalement arrêtée pendant vingt mois[1]. Après quoi elle est redevenue mensuelle. À la prison d'Adra – où ont été transférés les prisonniers de la Sécurité politique n'ayant pas été libérés fin 1991, afin d'être jugés par la Haute Cour de sûreté de l'État – les visites avaient lieu deux fois par mois. Mais le président de la Cour, Fayez Nouri, fit interrompre pendant trois mois les visites à notre groupe – dix membres du parti communiste-bureau politique. Il semble que nous ayons eu « la langue trop bien pendue » pendant l'une des séances au tribunal[2].

Un an et demi après notre arrestation, durant l'été 1982, on nous autorisa à faire entrer des livres et des dictionnaires à Mussallamiyyé, la prison centrale d'Alep. Deux mois plus tard l'autorisation fut suspendue, mais on ne nous retira pas les livres qui étaient déjà en notre possession. Nous avons bénéficié de la corruption et des favoritismes (ce qui impliquait bien sûr de participer à ce réseau omniprésent), pour démultiplier nos acquisitions de livres.

Nos âges, nos niveaux de vie et d'études respectifs étaient hétérogènes. Parmi les vingt-six personnes arrêtées en 1980, il y avait cinq hommes mariés. Les autres étaient des étudiants célibataires, et deux seulement avaient dépassé la trentaine sans mariage. La plupart d'entre nous venaient de la classe moyenne inférieure, ou, si l'on préfère, la petite bourgeoisie. Il y avait parmi nous cinq fonctionnaires, un seul ouvrier, un seul diplômé de l'université, et les autres étaient étudiants.

Je mentionne ces informations car elles donnent une idée de l'ensemble des prisonniers politiques syriens. La plupart des prisonniers islamistes n'ont pas eu l'occasion, en quinze ans et plus, de recevoir ne serait-ce qu'une seule

1. Cependant, pour certains de nos codétenus qui étaient pistonnés, rien n'a changé. Leurs visites se sont poursuivies quasi régulièrement. Le piston signifie la parenté ou l'argent. On comprendra aisément que le rôle de ces deux facteurs se soit hypertrophié à cette période. On en conclura peut-être que le zèle apporté par la clique au pouvoir (le général Hachem al-Saleh, directeur de la Sécurité politique à Alep en ce temps-là) envers leurs « protégés » était en même temps l'occasion d'ouvrir la porte aux exceptions, avec tout ce que ces dernières entraînent en termes de profit et d'enrichissement. Le système des exceptions conduit finalement la société à se restructurer autour d'un rapprochement avec les hommes du pouvoir, qui lui-même donne accès à l'argent à profusion. La privation de piston se transforme alors en toute une variété d'autres privations, s'apparentant à un état de dénuement total.

2. Aram Karabet, dans son ouvrage *Treize ans dans les prisons syriennes, op. cit.*, parle de notre groupe, dont il faisait également partie, et rapporte le texte de notre jugement.

visite. Pour certains d'entre eux, leurs familles ignorent jusqu'à aujourd'hui s'ils sont morts ou vivants. Ils l'ignorent jusqu'au jour où on libère ceux qu'on libère, quinze ou vingt ans plus tard. Ils appartiennent en général à une catégorie sociale un peu plus haute. L'âge du mariage est plus bas chez eux, et par conséquent la proportion d'hommes mariés est plus élevée. Mais la proportion de jeunes est également très haute dans leur milieu, même plus que dans d'autres. Les détenus mineurs n'existaient que dans leurs rangs, où les exceptions se produisaient en permanence. Leurs combattants étaient presque tous des jeunes gens.

Toutes ces informations sont approximatives, issues de l'observation et de l'expérience personnelle, car il n'existe pas, jusqu'à aujourd'hui, d'études documentées sur le sujet.

Après leur transfert à Palmyre, les islamistes et les baathistes fidèles à l'Irak ont été traduits devant des tribunaux militaires qui ont condamné beaucoup d'islamistes à mort, ou à diverses peines pouvant atteindre la perpétuité. Le détenu recevait le jugement au bout d'une ou deux séances. Parfois, il le recevait sans avoir assisté à aucune d'entre elles[1]. Mais ces jugements n'avaient aucune valeur, car on pouvait être condamné à cinq ans et en purger en fait dix ou vingt[2]. Cela si on ne succombait pas aux épouvantables conditions de détention de Palmyre.

En 1988, tous ceux qui avaient achevé leur peine furent transférés de Palmyre à la prison de Saidnaya, qui à l'époque venait d'ouvrir. Certains, comme M.B. dont nous parlerons plus tard, avaient dépassé leur condamnation de deux ans, voire bien plus. Ils commenceront à être libérés, de façon arbitraire, à la fin de 1991. On trouve des « condamnés innocents[3] » ayant ainsi été détenus durant treize ou quatorze ans. Les prisonniers de gauche sont restés en détention arbitraire, ce qui signifie qu'ils ne savaient pas quand ils seraient libérés, et n'avaient aucune idée du sort qui les attendait. Être privé – durant onze ans et quatre mois dans mon cas – du droit de connaître notre sort, revenait à faire de nous des otages. Notre destin dépendait des aléas dans les affaires de nos « kidnappeurs » officiels, ou bien de leurs sautes d'humeur.

Les appareils de Sécurité annonçaient aux familles que les responsables de cette détention prolongée, c'étaient leurs fils, car ils avaient « la tête dure ». Cela signifiait qu'ils refusaient de collaborer et de rejoindre la véritable armée de délateurs, contraints ou non, qui minait la société syrienne dans les années 1980. Ce phénomène est toujours valable aujourd'hui, à un moindre degré. Les familles en général, et surtout les épouses, faisaient pression sur les détenus pour les inciter à collaborer et à sortir, ce qui souvent leur rendait la vie impossible.

Jusqu'au milieu des années 1990, le prisonnier politique ne sortait qu'avec un piston « gros calibre », ce qui concernait peu de gens, ou bien après une âpre négociation au cours de laquelle on lui imposait, même après qu'il

1. Voir *Juste cinq minutes ! Neuf ans dans les prisons syriennes* de Hiba al-Dabbagh. L'auteure a été accusée d'appartenir à l'organisation des Frères musulmans, et elle a perdu tous les membres de sa famille lors du massacre de Hama. Elle raconte comment elle a reçu son jugement sans avoir assisté à aucune séance du tribunal. J'ai lu ce livre en version électronique. Comme on pouvait le prévoir, son ouvrage est idéologique et recouvre une dimension de propagande, mais il n'en est pas pour autant inintéressant.

2. Redwan a été condamné à cinq ans et Abdelghani à dix. Ils avaient été arrêtés tous deux en 1980. Après avoir purgé leur peine, en 1985 pour Redwan et 1990 pour Abdelghani, ils ont été transférés dans l'aile politique de la prison centrale d'Alep, puis libérés en même temps à la fin de l'année 1991. Redwan, dont la peine était plus légère, a donc passé le même temps en détention qu'Abdelghani. Il a de surcroît subi des conditions plus difficiles, car il a passé six ans dans notre aile, privé de bien des choses par comparaison avec celle où il était détenu auparavant avec des prisonniers de droit commun. Alors qu'Abdelghani n'a passé qu'un an avec nous avant d'être libéré, et il a passé les dix années précédentes dans de meilleures conditions. Cette situation n'est pas un exemple rare de la justice telle qu'elle est pratiquée par le régime assadien.

3. Les « condamnés innocents » sont des détenus qui ont été innocentés par le tribunal, mais que les pouvoirs n'ont pas libérés pour autant. C'était un phénomène très répandu. (*N.D.T.*)

avait purgé sa « juste peine », de retourner sa veste. Il fallait parfois même recourir au piston simplement pour qu'on lui donnât l'occasion de se rendre lors d'une négociation. Quant à déclarer, seul ou en groupe, son intention de se soumettre et de collaborer dans l'espoir d'être libéré, c'était une illusion dont on portait seul la responsabilité.

Après le transfert devant la Cour de sûreté de l'État les choses ont changé, mais seulement dans une certaine mesure. Certains sont sortis sans négociation mais avec un avertissement, et d'autres, dont moi, y ont été soumis. Après l'an 2000, les détenus de gauche n'ont plus subi de négociations. Quant aux islamistes et aux militants du Baath irakien, ils ont toujours été contraints de signer des « contrats d'obéissance » qui les plaçaient à la merci de services de sécurité à la cruauté sans limites, et échappant à toute surveillance.

Un très lent dégel de la vie politique a commencé à s'amorcer dans la deuxième moitié des années 1990, surtout après 1998, année où s'aggrava la maladie du président Hafez al-Assad, et où Riyad al-Turk fut libéré. (Il était le seul opposant de gauche à n'avoir pas été déféré devant un tribunal, et on disait de lui qu'il était prisonnier pour le compte personnel du palais.) Puis la tendance s'est accentuée en 2000, quand mourut l'homme qui avait dirigé le pays pendant trente ans. Cela signifie qu'un grand nombre de détenus sont sortis de leur captivité pour retrouver une société gouvernée par le même régime, et transformée en « grande prison ». Une société craintive, renfermée sur elle-même, régentée par les mêmes appareils qui les avaient arrêtés, et soumise au même état d'urgence qui avait légitimé leur arrestation. Quand ils sont sortis, les membres de leur famille avaient vieilli de dix, quinze ou vingt ans (parfois même trente, dans les cas d'Imad Chiha et de Fares Mourad, arrêtés en 1974 et libérés en 2004). Pendant ce temps certains étaient morts. Le père, ou la mère. L'épouse ou l'amoureuse avait peut-être divorcé ou quitté l'homme prisonnier, ou, dans des cas plus rares, c'est l'inverse qui s'était produit. (p. 71-81)

Être en prison et y consentir[1]

Comment décririez-vous le temps derrière les barreaux ? Selon quelle horloge s'écoule-t-il, surtout en l'absence de jugement, quand vous êtes suspendu, sans rien savoir du sort qui vous attend ?

Il s'est écoulé des mois, une année peut-être, avant que je n'entre dans le temps de la prison. Je me souvenais d'un événement comme ayant eu lieu deux mois plus tôt, ou bien « l'année dernière », alors qu'en fait deux ans étaient déjà passés. Comme si le temps carcéral ne comptait pas. Le temps vécu passe lentement, tandis qu'il s'accélère dans la mémoire. On a l'impression que cinq ou dix ans sont passés en un clin d'œil… mais seulement quand ils sont révolus. Tant qu'on les vit, ils avancent à pas lourds.

Une des particularités temporelles de l'expérience carcérale est que le prisonnier est susceptible de « consentir à la prison », c'est-à-dire d'y vivre comme s'il y était chez lui. Après avoir été son pire ennemi, le temps devient alors en quelque sorte son allié. La relation entre eux se complexifie. Il voudrait sortir le plus vite possible, mais gère ses problèmes de manière satisfaisante. Il met bien à profit son temps. D'une certaine façon, il se sent libre. Sa liberté est au cœur de ce temps. Mais il reste un prisonnier, à la vie sans cesse grignotée par le passage des années.

J'ai consenti à la prison durant la deuxième moitié des années 1980, puis j'ai atteint le sommet du consentement après 1991. Quand mes quinze années de détention ont approché de leur fin, j'ai été pris d'angoisse devant la liberté et les décisions difficiles qui m'attendaient. Mais le pire est alors arrivé, à savoir le transfert à Palmyre, prison à laquelle il est impossible de consentir.

1. Entretien avec Muhammad Houjayri, paru dans le journal koweitien *Al-Jarida* en août 2011, repris dans *Récits d'une Syrie oubliée*, p. 225-233.

Que cela signifie-t-il d'avoir passé en prison la plus belle et la plus importante partie de votre vie ? Et comment essayez-vous de compenser cela ?

C'est sans espoir. C'est quelque chose auquel on ne peut conférer aucune valeur relative. Une perte absolue. La compensation est donc impossible. Je pense cependant que mon intense travail, depuis 2004 jusqu'au début du soulèvement, est une tentative de compensation. Elle est fatalement vouée à l'échec. Il existe un vide creusé dans la chair, qui n'accepte pas de se remplir. Il y en a aussi un dans l'imaginaire, que rien de réel ne peut combler, pas même toutes les femmes du monde.

Treize ans dans les prisons syriennes[1]

Aram Karabet

Né en 1958, à Hassaké (Hassetché), dans une famille de réfugiés arméniens, Aram Karabet travaillait comme aide-ingénieur et militait dans les rangs du parti communiste-bureau politique, quand il fut arrêté en 1987. Jugé par la Cour de sûreté de l'État, sept ans après son incarcération dans la prison d'Adra, à proximité de Damas, avec son lot de tortures et de privations, il fut condamné à treize ans de détention et à treize ans supplémentaires de déchéance de ses droits civils. Il ne tarda pas, en raison de son refus de « coopérer » avec ses geôliers, à être transféré à la prison militaire de Palmyre. Il en donne dans son témoignage publié en 2009, intitulé Voyage vers l'inconnu, *une description qui glace d'horreur. Il y dénonce notamment l'acharnement des tortionnaires à déshumaniser leurs victimes qui n'étaient pour eux que des hasharât, des insectes. Récit d'autant plus poignant que l'auteur ne se pose pas en héros et n'oublie jamais les souffrances de ses compagnons de malheur, dans leur diversité ethnique, confessionnelle ou politique, y compris les Frères musulmans, alors les plus éprouvés, mais aussi les nationalistes arabes ou kurdes. Après sa libération en 2000, Aram Karabet a continué à être harcelé par les services de renseignements, qui le savaient malade, sans emploi et privé de ses droits civils, et il n'hésitait pas de son côté à les défier, comme lors de sa confrontation tragi-comique avec le plus haut gradé du département, rapportée par Yassin al-Haj Saleh.*

Farouk Mardam-Bey

« NOCE »
EXTRAIT DE *TREIZE ANS DANS LES PRISONS SYRIENNES*

Ils tambourinèrent à la porte. « Sortez pour la *noce* ! »

Le cœur dans la gorge, on se précipita dans la cour, à la *noce*, comme un groupe de pigeons effrayés. « À genoux près du mur ! Déshabillez-vous ! Mains sur la nuque ! Tête baissée ! » Ils restèrent longtemps silencieux derrière nous. Je me demandais ce qu'ils étaient en train de nous préparer. Je grelottais de peur. D'habitude ils chuchotaient entre eux, se mettaient d'accord par signes. Mais l'attente prit fin rapidement. « Debout ! » On se leva tous. Les câbles commencèrent à nous mordre. Ils sifflaient autour de nous, dans la chaleur de l'été. Ils s'élevaient bien haut, pour se mêler ensuite au gémissement amer qui sourdait de nos poitrines. Nous n'avions pas le droit de lever les bras, ni de nous retourner. Les coups étaient drus et chaotiques. On sentait le claquement de l'air quand le câble s'élevait, pour s'abattre ensuite sur un dos ou

1. Aram Karabet, *Treize ans dans les prisons syriennes*, traduit de l'arabe par Nathalie Bontemps, Arles, Actes Sud, 2013. L'extrait se trouve p. 109-120. Présenté ici par Farouk Mardam-Bey, son éditeur.

une tête. Comme nos visages étaient baissés et tournés vers le mur, nous ne savions pas qui allait recevoir le coup. Le câble nous déchirait le dos. L'un d'eux poussa un soupir lubrique quand il vit le sang couler, les traces bleues et rouges sur les dos et les nuques.

« Allez au dortoir chercher de l'eau ! »

Certains d'entre nous se précipitèrent.

« Arrosez-les ! »

Ils jetèrent de l'eau sur notre dos pour refroidir les plaies qui saignaient.

Ils nous laissèrent agenouillés dans la cour, sous la surveillance des sentinelles du toit. Ils appliquèrent alors une autre de leurs tortures systématisées.

« À plat ventre ! Marchez à quatre pattes ! »

On marcha à quatre pattes sur le sol de la cour jusqu'à faire saigner nos bras et nos jambes.

« Chef de cellule ! »

Je me relevai et me mis au garde-à-vous, tapant du pied.

« Va là-bas, vers celui qui est dans le coin. »

Quand je fus face à face avec l'autre prisonnier, on attendit les ordres.

« Crache-lui au visage ! À ce vieux aux cheveux blancs qui est devant toi ! »

J'étais stupéfait.

« Sergent-chef... Il pourrait être mon père. Il pourrait être ton grand-père. Comment je pourrais lui cracher au visage ? »

Je parlai tête baissée. Lever la tête à Palmyre est considéré comme un crime.

« Tu es marqué, fils de pute ! Ici, il n'y a pas de père et de grand-père qui tienne ! Vous valez moins que des insectes, bande d'ordures ! Tu parles comme si j'étais ton pote ! Tu me paieras ça !

– Oui, sergent-chef !

– Crache sur le vieux !

Je restai pétrifié, tandis que le policier continuait à s'égosiller :

« Tu vas cracher, fils de pute ? Crache, sale traître ! Sale collabo ! »

Je restai immobile, ne sachant que faire. Il m'est impossible de décrire ce moment terrible, cette honte redoublée. Si j'acceptais de cracher, je ne leur échapperais pas pour autant. Et si je refusais, je ne leur échapperais pas non plus. J'étais paralysé. Existe-t-il au monde une pareille abjection ?

Feu Abdallah Qabbara, Abou Najm, me regarda avec tristesse. Ses yeux, où je vis des larmes, clignaient sans arrêt. Ses lèvres tremblaient.

« Crache, n'hésite pas. C'est notre destin. C'est le prix qu'on doit payer, dit-il. Et on doit payer encore beaucoup, beaucoup plus... Crache, n'aie pas honte. »

Abdallah Qabbara avait été aviateur de guerre. Il avait été renvoyé de l'armée à l'époque de l'union avec l'Égypte. Je regardais son visage où repoussaient les cheveux blancs, les rides que les années avaient dessinées sur son front et ses tempes, son buste incliné. Je pensai à son grand âge. Le temps avait dessiné comme un relief sur ce visage. La police attendait. Ils voulaient nous détruire, casser notre esprit de refus, faire disparaître en nous l'éclat de l'être humain. Je comprenais fort bien tout cela. Mais qu'il est terrible de défier un pouvoir despotique, d'être livré à toute sa cruauté, alors qu'on ne possède rien d'autre que la faculté de dire non. Tous me regardaient avec surprise et consternation.

La voix du policier se faisait de plus en plus lancinante :

« Je t'ai dit de lui cracher au visage, fils de pute ! Pourquoi tu craches pas ! Tu es où ? Tu t'opposes aux ordres ?! Je vais te régler ton compte, sale traître ! »

Puis les voix des policiers fusèrent de toutes les directions :

« Crache à la gueule du vieux, sale maquereau ! »

Je regardai si longtemps le visage d'Abou Najm qu'il devint une partie du mien. Ses yeux étaient les miens, tout comme était mien le gémissement qui s'échappait de sa gorge. Et c'est comme si chacun de nous avait craché sur l'autre, sur son ignoble destin. Je crachai sur moi-même, sur mon sort, sur le sien, sur celui de notre pays, sur ma misère et sur la sienne, sur celle du pays.

« Toi, avec le pyjama jaune ! Va au dortoir chercher de l'eau ! »

Omar revint avec un bidon vide.

« L'eau est coupée, sergent-chef !

– Tu mens ! Tu ne veux pas en amener ! »

Il m'appela.

« Va chercher de l'eau ! »

Je me précipitai vers le dortoir. Yassine al-Haj Saleh y était déjà, essayant de récupérer quelques gouttes du robinet. « Prends ces trois gouttes, et cloue-lui le bec avec », me dit-il. Je pris le bidon et sortis.

« Voilà quelques gouttes. L'eau est coupée ! » dis-je au policier qui se tenait sur le toit. Le policier se tourna vers Omar et lui dit : « Allonge-toi par terre, Pyjama-jaune ! » Puis il demanda à « Pyjama-bleu » de monter sur son dos. Moustafa Hussein » [aussi appelé par son surnom Abou Malek – *N.D.E.*], refusa de monter sur le dos d'Omar. Le policier lui envoya une flopée d'insultes en réitérant son ordre. Mais Pyjama-bleu ne voulut rien entendre. Il restait calme, sans parler ni bouger.

Il laissait ses regards vagabonder dans l'espace. Toute la police se rassembla sur le toit. Ils se mirent à hurler :

« Exécute l'ordre, fils de pute ! Monte sur son dos ! »

Mais Abou Malek ne leur prêtait aucune attention. Il y avait tant de cris, de hurlements, de glapissements qu'on eut l'impression que toute l'administration de la prison s'était rassemblée sur le toit. Ils m'ordonnèrent d'intervenir. Je m'approchai d'Abou Malek et chuchotai à son oreille, lui demandant d'exécuter l'ordre. Son visage s'était vidé de toute couleur. Je ne pouvais déterminer la teinte qu'il avait finalement prise. Il me regardait sans répondre, avec les yeux d'un animal qu'on s'apprête à égorger. « La facture va être double, Abou Malek, lui disais-je. Essaie de comprendre ! Ils n'hésiteront pas à nous liquider ! » Mais Abou Malek était imperturbable, muré dans son silence.

« Rentrez tous dans le dortoir ! » hurla le policier.

Quelques instants s'étaient à peine écoulés qu'on les entendit amener le tuyau de fer relié à la corde et le jeter par terre. Les câbles frappaient les murs, signe qu'ils venaient à nous. Nos cœurs se mirent à battre dans nos poitrines sous le coup de la peur et des hypothèses insolites. Emporté par la colère, je déclarai à tout le dortoir : « Je vais leur dire qu'Abou Malek est schizophrène et qu'il a besoin d'un traitement. Comme ça, ils ne nous fouetteront pas tous ! »

Safwan Akkach accourut vers moi, m'embrassa sur la tête et dit : « Ne fais pas cette erreur, mon ami ! Tu vas exposer Moustafa (Abou Malek) à des choses terribles. Je t'en prie, réfléchis bien avant de commettre une erreur pareille... Ils vont s'infiltrer entre nous, découvrir nos secrets, dissoudre nos liens... Ne les laisse rien savoir de lui ! Ils n'auront aucune pitié ! Tu crois vraiment qu'ils vont le soigner ? Ils lui en rajouteront une couche, et à nous aussi ! Ils le tortureront encore plus, tous les jours ! Ne commets pas d'imprudence ! Je t'en supplie ! Réfléchis bien avant de faire une chose aux conséquences pareilles ! Souviens-toi qu'ils se plaignent de nous parce qu'on ne collabore pas avec eux, qu'ils ne savent rien de ce qui se passe à l'intérieur du dortoir. Si tu leur ouvres la porte, ils vont s'y engouffrer et détruire tous les liens qui existent entre nous. »

De nombreuses voix s'élevèrent pour dire que Safwan était dans le vrai. « Bon, il semble que je me sois trompé, répondis-je. Je n'ai pas pensé que c'était aussi dangereux. On va voir ce qu'on peut faire. »

La porte s'ouvrit et ils entrèrent. « Visage contre le mur ! Tête vers le sol ! » Nuée d'insultes. On se tassa dans le côté ouest du dortoir. L'un d'eux me cria d'avancer vers lui.

« Qu'est-ce que tu as à nous dire, chef de cellule ? Qu'est-ce qui s'est passé ?

– Pyjama-bleu a une hernie discale. Il ne peut pas se tenir sur le dos de Pyjama-jaune.

– C'est ça et rien d'autre ?

– Rien d'autre, sergent-chef ! »

Nous étions prêts psychologiquement à être tous irrémédiablement fouettés. Nous attendions le signal du départ.

« Que Pyjama-bleu et Pyjama-jaune sortent dans la cour ! »

Quand ils furent sortis, la porte se referma sur nous. Ils fouettèrent Omar al-Hayek et Moustafa Hussein (Abou Malek).

Quand ils en eurent fini avec eux, ils nous firent sortir dans la cour. « Assis ! » Ils nous laissèrent brûler sous le soleil. Les policiers debout sur les toits prirent la relève.

« Mettez-vous votre honneur dans la bouche ! Chacun met sa chaussure dans sa bouche ! L'honneur dans la bouche ! »

Nous avions les mains dans le dos, notre chaussure dans la bouche et la tête baissée. Ils nous harcelaient à chaque instant :

« Toi, le vert, fais tenir ton honneur mieux que ça ! Toi le maillot blanc, sors-toi l'honneur de la gueule une minute ! » Leurs rires vulgaires éclataient.

Abou Najm leva la main, toujours tête baissée.

« Sergent-chef !

– Qu'est-ce que t'as, fils de pute ?

– Je ne peux pas mettre ma chaussure dans ma bouche.

– Et pourquoi tu ne pourrais pas ?

– Je n'ai pas de dents, sergent-chef ! Mon dentier ne peut pas soutenir mon honneur. »

Leurs rires et leurs cris éclatèrent de plus belle, et ils le couvrirent de toutes les grossièretés qu'ils purent. Puis ils nous ordonnèrent d'aboyer comme des chiens, de braire comme des ânes, de miauler comme des chats, tandis que la chaussure nous obstruait toujours la bouche.

Témoignage de Douha Achour[1]

Je m'appelle Douha Achour, j'ai 52 ans. [...] J'ai été membre du parti de l'Action communiste. J'occupais un poste de direction au sein du comité consultatif de ce parti qui prônait la chute du régime. [...] En 1982, une campagne contre notre parti a débuté. À partir de 1987, j'ai été contrainte de me cacher. Des camarades, des amis et des sympathisants avaient été arrêtés. Le simple fait de lire nos publications et nos journaux pouvait vous envoyer en prison. J'ai changé de nom et me suis fait fabriquer une fausse carte d'identité. [...]

J'ai vécu six ans dans la clandestinité. En 1993, j'ai fini par être arrêtée. Un ami m'avait dénoncée. J'ai paniqué, car je venais de me marier avec un camarade du parti, en secret pour ne pas le mettre en danger. J'étais enceinte de deux mois lorsque les hommes des Services ont débarqué. J'ai résisté. Ils étaient en civil, j'ai crié dans la rue et appelé au secours, mais les gens qui se sont rassemblés autour de nous pour m'aider ont reculé, effrayés. J'ai deviné qu'ils allaient me conduire à la section de la Sûreté politique qui se trouve à Mayssat au centre de Damas. [...]

Mon arrestation était une victoire pour la Sûreté : j'étais la dernière personne recherchée du parti de l'Action communiste. Ils étaient tout sourire : après six ans de traque, ils étaient heureux d'avoir enfin accompli leur mission. Une fois arrivée dans les locaux de la section Mayssat, j'ai éprouvé une forme de soulagement à entendre l'enquêteur m'appeler par mon vrai nom, dont j'avais été privée durant six années. Même mon mari m'appelait Qamar parce que nous avions caché mon identité à ses parents. J'avais la clé de ma chambre et mon alliance dans ma poche. J'ai jeté la clé dans les toilettes et j'ai prétexté une crise d'asthme pour qu'on me permette de sortir sur le balcon : de là, je me suis débarrassée de mon alliance. J'avais peur qu'ils arrêtent mon mari qui avait déjà fait un séjour en prison. Je m'attendais à ce qu'ils me tabassent, mais ils ne l'ont pas fait, ils étaient juste satisfaits de leur exploit.

Il m'arrivait de vomir. J'étais inquiète de ce qui se passerait si ma grossesse devenait trop visible. Je ne voulais pas compromettre mon mari. Puis je me suis reprise et j'ai décidé que rien au monde ne pourrait me faire flancher, même si on me torturait comme mes camarades. Cela dit, ils ne m'ont pas torturée. De mon côté, je n'ai pas cherché à les provoquer. Pourtant mes camarades, eux, ont subi un supplice. L'un d'eux en est mort. Il s'appelait Moudar al-Joundi. J'échafaudais des plans pour m'épargner le pire. J'étais préoccupée par ma grossesse : devais-je me faire avorter ? Ou attendre, en cachant mon ventre, de savoir ce qu'ils feraient de moi ? Le chef de section de la Sûreté politique m'a dit qu'aucune force ne serait capable de faire tomber le régime éternel à ses yeux ! Puis ses hommes m'ont jetée dans une cellule minuscule et sale. Quand ils ont verrouillé la porte, j'ai cru

1. Extraits du livre de Samar Yazbek, *19 femmes : les Syriennes racontent*, *op. cit.*

mourir. Je me souviens d'avoir crié et tapé à la porte. Je suffoquais. J'avais le sentiment de me désintégrer, de n'être plus rien. C'est à cet instant précis que j'ai réalisé ce qu'est la prison. Depuis, je ne peux plus dormir ou simplement rester dans une pièce fermée. À force de crier, le gardien est venu et m'a demandé pourquoi je hurlais. Sans réfléchir, je lui ai répondu : « La cellule est sale, je veux la laver ! » Il m'a apporté le nécessaire. Je l'ai nettoyée.

J'ai décidé de porter en permanence une longue veste pour cacher mon ventre. Lors de l'interrogatoire, j'ai compris qu'ils avaient entre les mains tous les documents du parti que j'avais rédigés. J'ai nié avoir adhéré au parti de l'Action communiste en prétendant que j'étais simplement la secrétaire d'Abdel-Aziz al-Khayyer, l'un de ses dirigeants les plus éminents. J'ai eu affaire à deux enquêteurs : un premier qui m'a bien traitée et un second très vulgaire et violent. L'interrogatoire a duré toute une semaine. Ils m'ont privée de sommeil. Parfois, je somnolais sur mon siège et me réveillais en sursaut. Trois mois plus tard, on m'a transférée à la prison civile de Douma.

Chaque branche des services de renseignements a ses méthodes. La section de la Sûreté politique procède comme la police. Une fois mon dossier clôturé, mon procès a débuté. Je ne mangeais pas, j'ai beaucoup maigri. Pendant trois mois, je ne me suis pas changée. Je souffrais d'abrasion cutanée, surtout entre les jambes et au ventre. Mon corps était comme usé. Tout en examinant ma peau infectée, je parlais à mon bébé. Je lui demandais de résister. Je tapotais mon ventre en disant : « Nous allons survivre, il faut tenir bon ! » Mais parfois, à cause de l'insalubrité de la cellule, je suffoquais au point de perdre conscience. Ils m'apportaient des serviettes hygiéniques dont je n'avais pas besoin. Je les déchirais et les jetais avec les restes de nourriture, pour que mes geôliers ne comprennent pas que j'étais enceinte. J'ai demandé à l'enquêteur qu'on apporte des vêtements, ce qui a été fait, mais mon corps dépérissait.

On m'a transférée au tribunal. Mon mari est venu me rendre visite. Lorsqu'ils ont découvert que j'étais mariée, les hommes de la Sûreté se sont mis en colère. Je leur ai répondu qu'ils ne m'avaient pas demandé ma situation maritale. J'ai gardé mon sang-froid, c'était ma façon de leur tenir tête. Dix minutes à peine après notre entrevue, ils ont commencé à torturer mon mari aux électrodes. Son supplice a duré trois jours, puis ils l'ont libéré.

Pendant trois années consécutives, j'ai été interdite de visite. Mon mari et mes parents avaient uniquement l'autorisation de m'envoyer les affaires dont j'avais besoin. À cause du froid j'avais des contractions. J'ignorais beaucoup de choses concernant la grossesse. Avec stupeur et panique, j'ai entamé mon quatrième mois. Un jour j'ai senti un frémissement dans mon ventre, comme un chatouillement. Le mouvement s'est répété. Je sentais un être dans mes entrailles, ainsi qu'une étrange chaleur. C'est à ce moment-là que je suis devenue une mère, que j'ai commencé à vouloir garder cet enfant à tout prix. J'ai décidé de le protéger, de changer mon mode de vie en veillant à ma santé et à ma nourriture. Je sentais une force grandir en moi.

À la prison de Douma, il y avait une infirmerie. L'infirmier m'a examinée et m'a dit : « Vous êtes chétive et très pâle. » En effet, j'étais anémiée et j'avais une infection urinaire. Mais là, je pouvais respirer et voir le soleil. J'ai été autorisée à prendre un bain et à laver mes habits. Je me suis remise à manger. Nous avions le droit de rester dans la cour de 8 heures à 18 heures. J'allais mettre au monde un enfant entre les murs de la prison. J'étais effrayée et je culpabilisais de l'exposer à cette cruauté.

J'attendais le jugement, sachant d'avance qu'il serait purement formel, que les services de renseignements avaient déjà préparé leur verdict. Le tribunal exceptionnel formé spécialement pour les membres de notre parti dépendait des lois d'urgence en vigueur en Syrie depuis 1963. Dans les années 1980, des tribunaux similaires ont condamné les Frères musulmans à la peine capitale. Nos camarades ont, quant à eux, pris quinze ans de prison ferme. Chaque jour, une patrouille de la Sûreté politique me conduisait au tribunal, et avant de me ramener à la prison, elle me faisait passer au siège des services de renseignements. C'est là que tout se décidait, y compris les condamnations.

En prison, je me suis portée volontaire pour ranger la bibliothèque. Les prisonnières politiques n'avaient pas le droit de lire. Une détenue a convaincu une femme juge de me laisser lire les lettres d'amour de Rosa Luxemburg, ainsi qu'un livre sur la grossesse. À mon entrée en prison, un prunier en fleur a attiré mon attention. Il était planté devant la fenêtre de ma cellule. Il me ressemblait : comme lui, j'étais enracinée en captivité ; mes fruits et mes branches aspiraient à percer l'espace : « Nous sommes tous deux prisonniers ! »

[...] J'ai travaillé comme volontaire à la cuisine et à la bibliothèque, j'ai donné des leçons aux enfants des prisonnières et me suis occupée d'eux. Ils étaient une trentaine, surtout en été : ils restaient plusieurs mois avec leurs mères et ressortaient. Un jour, je me suis évanouie dans la cour et j'ai perdu du sang, le bébé a arrêté de bouger, j'ai cru qu'il était mort. Mais il a survécu ! Le médecin qui m'a examinée a dit qu'il se recroquevillait étrangement, qu'il semblait effrayé. La date du terme était le 3 septembre 1993, mais l'accouchement a eu lieu plus tôt. Je travaillais à la cuisine quand j'ai commencé à perdre les eaux. Il fallait me transporter à l'hôpital, mais c'était un vendredi et le télégramme envoyé à la Sûreté est resté sans réponse. Parce que j'étais une prisonnière politique, les gardiens ont eu peur de me transférer sans autorisation. Ils risquaient des sanctions.

[...] Plusieurs femmes médecins m'ont examinée : toutes disaient qu'elles ne pouvaient pas me faire accoucher à l'intérieur de la prison et que je risquais de mourir. Malgré mon état comateux, je distinguais leurs paroles : « Elle va mourir », disaient-elles. Rien n'y faisait. Les prisonnières ont protesté en tapant sur les portes et en criant : « Elle est en train de mourir... Malheur à vous au jour du Jugement dernier... Elle est en train de mourir... » Elles frappaient également sur des casseroles. J'entendais leurs voix au loin.

Après six heures d'attente un télégramme de la Sûreté a fini par arriver, autorisant mon transfert. À l'hôpital, j'ai accouché difficilement. J'ai vraiment cru mourir. Ma fille est née toute gonflée et très maigre parce que j'avais perdu une partie du liquide amniotique et qu'elle avait manqué de nourriture. Quant à moi, j'ai été atteinte d'une infirmité chronique : l'opération que j'ai subie a affecté ma colonne vertébrale.

À l'hôpital, on m'a réveillée en me giflant. Quelqu'un criait : « Ne meurs pas... Ne meurs pas. » J'avais perdu beaucoup de sang du fait d'une hémorragie. J'étais trop faible pour ouvrir les yeux. Les pleurs de ma fille ont fini par me faire revenir à moi. La police a ordonné que je retourne dans ma cellule dans les deux heures. J'ai mis au monde ma fille en prison. Je culpabilisais. Ses yeux étaient fermés, son visage étrange et terriblement maigre. Son corps gonflé était difforme. Quand les infirmières ont su que j'étais une détenue politique, elles ont eu peur de moi.

Je suis retournée en prison avec des vêtements ensanglantés. Mes codétenues m'avaient préparé une fête avec beaucoup de nourriture pour célébrer l'arrivée de Diana. Après l'accouchement, je n'ai pas pu bouger pendant longtemps. Je restais couchée sur le dos. J'étais dans un état d'effondrement psychique et physique avancé. Mes camarades du parti emprisonnées avec moi m'ont sauvé la vie. Lorsque ma fille a atteint l'âge de quatorze mois, j'ai demandé à mon mari de la prendre avec lui. Toutes les deux semaines, elle passait une nuit avec moi puis retournait chez son père. Je suis sortie de prison en 1999, six ans après mon arrestation.

Mon plaidoyer devant la Cour suprême de sûreté de l'État, à Damas, en 1993

Faraj Bayrakdar[1]

Né en 1951 à Deir Maala près de Homs, Faraj Bayrakdar a été incarcéré deux fois en 1978 pour son activité intellectuelle et politique contre la dictature du régime Assad – il dirigeait une revue littéraire qui faisait entendre la voix de jeunes Syriens. Relâché quelques mois plus tard, il fait paraître son premier recueil de poésie, Tu n'es pas seul, *en 1979*[2]*. Accusé d'appartenir au parti communiste clandestin, il est arrêté à nouveau en 1987 et incarcéré jusqu'en novembre 2000, les demandes de libération adressées au régime par le Comité international contre la répression n'y font rien*[3]*. Après avoir résidé en Allemagne et aux Pays-Bas, Faraj Bayrakdar est arrivé en Suède en 2005, où il vit aujourd'hui.*

Au nom de la liberté trahie dans mon pays depuis plus de trente années de mort, de loi martiale et d'état d'urgence.

Au nom de ceux qui en sont matériellement et moralement privés, qui en sont privés corps, pensée ou âme.

Au nom de ma fille qui ne peut trahir son enfance, et qui croit aux slogans qu'elle est obligée de scander, avec ses camarades, tous les matins à l'école – je déclare, en ma qualité d'humain, poète et politique, que la liberté est la valeur la plus noble dans la philosophie de l'histoire humaine, et que je m'opposerai à quiconque s'oppose à la liberté, fût-ce moi-même ou mon parti.

J'ai chanté mon pays syllabe par syllabe en tant que poète. Et je l'ai porté en moi en tant que politique amoureux. C'est pourquoi la dictature l'a déchiré par deux fois : la première, en 1978, lorsque les fouets des Renseignements de l'armée de l'air ont lacéré ma peau de poète, et la seconde, en 1987, lorsque les fouets de la branche des Renseignements militaires ont lacéré ma peau de politique. Ce que l'on m'a infligé n'est en rien un cas particulier ou exceptionnel, la répression flagrante et généralisée étant la seule justice que nos gouverneurs s'efforcent d'appliquer aux gouvernés.

Je ne joue pas sur les mots lorsque je dis que ce qui prévaut en Syrie, c'est la loi de la force et non la force de la loi. En effet, tous les régimes qui ont successivement gouverné au cours des trente dernières années sont arrivés au pouvoir sur des chars, au moyen de coups d'État et non par le biais d'élections. Cela signifie qu'ils sont des régimes illégitimes et que toutes les

1. Texte traduit de l'arabe par Mahmoud El Hajj. Voir la présentation de Faraj Bayrakdar par Mahmoud El Hajj en introduction à ses poèmes p. 189.

2. وما أنتَ وحدك, Beyrouth, Dâr al-Haqâ'iq.

3. Maurice Blanchot écrit en 1997 : « L'intolérable répression policière voudrait qu'un nom ne soit pas prononcé, que le poète Faraj Bayrakdar, incarcéré pour ses opinions depuis 1987, demeure interdit de parole, pour que nous ne puissions l'entendre. Nous voulons l'entendre. » À ces demandes l'ambassade de Syrie à Paris répond : « Faraj Bayrakdar n'existe pas. »

lois, tous les décrets et toutes les institutions qu'ils ont mis en place sont également illégaux, y compris la Cour de sûreté de l'État, devant laquelle je me tiens en ce moment même en tant qu'accusé. Je le dis avec tout le respect que je dois aux personnes des magistrats, et non à l'institution d'exception.

Y a-t-il quelque chose qui justifierait cette tragédie infernale dont je vous parle ?

Les autorités successives ont tenté de répondre à cette question en jouant sur la corde des sentiments nationaux chez les masses, affirmant que les motifs, derrière toutes les lois d'exception et l'état d'urgence, s'expliquent par les nécessités du conflit avec l'entité sioniste ! Permettez-moi de mettre de côté, pour un instant, ma conviction que ces motifs sont infondés, et de supposer, temporairement, qu'ils sont vrais. N'est-il pas alors ridicule jusqu'au non-sens, et douloureux jusqu'aux larmes, que les décisions d'exception ne s'appliquent qu'au peuple et à ses forces politiques, et que, au moment où nous pénétrons dans cette salle de la Cour de sûreté de l'État, Israël entre dans la salle des négociations avec nos gouverneurs ? Est-ce à dire que les décisions d'exception visent en réalité notre peuple alors qu'on affirme, dans les médias, qu'elles visent Israël ? Je laisse la réponse aussi béante que les blessures des victorieux dans leur défaite, ou des vaincus dont les noms s'inscriront dans les pages des victorieux.

Il ne s'agit pas ici de la seule contradiction existante entre le pays que nous présentent les propos et les slogans du pouvoir en place, et le pays tel qu'il est dans la réalité. Le pouvoir ne manque pas une seule occasion pour déclarer la sincérité de sa volonté de paix et de réconciliation avec Israël, affirmant son plein respect de la légitimité internationale, de ses résolutions et de ses chartes. Mais si tel est le cas, pourquoi la légitimité internationale et ses chartes ne sont-elles nullement respectées lorsqu'il s'agit du peuple syrien ?

Messieurs, ce que vous entendez ou lisez là n'est pas un reportage journalistique destiné à la consommation ni l'une de ces fausses déclarations promues par des appareils suspects ou à gages. Ce sont les ruines de mon âme et de celles de centaines de détenus politiques honnêtes. Ce sont mon inspiration, mon expiration et les souvenirs du passé et les rêves de l'avenir qui se consument.

Encore une fois, au nom de la liberté, ce mot-mélodie, ce Saint-Esprit, je déclare qu'arrêter une personne dont l'arme est le mot et non le fusil est au sens moral une pure pratique criminelle. C'est une violation de l'humanité de l'Homme au sens absolu, et une violation de ses lois et constitutions au sens juridique. Un pays où le mot est considéré comme un crime pour lequel on peut être condamné est un pays qui ne mérite pas de vivre ni même d'être enterré. Et à plus forte raison s'il s'agit de ce genre de pays où le mot est dévoré par les fouets, les fusils et les cellules de prisons.

Le décret-massacre n° 6 dit : « Les tribunaux militaires d'exception sont compétents pour le jugement des délits suivants : 1. Les actes considérés comme incompatibles avec l'application du système socialiste dans l'État, qu'ils aient été commis effectivement ou en parole, par écrit ou tout autre moyen d'expression… ». Et la Constitution dit : « Tout citoyen a le droit d'exprimer son opinion librement et publiquement, que ce soit en parole, par écrit ou tout autre moyen d'expression. » Voyez-vous bien le scandale ? Comparez les deux discours, mot à mot, et répondez-moi : lequel est le piège de l'autre ? Ce que la Constitution considère comme un droit, le décret le considère comme un crime – pour lequel je suis actuellement en train d'être jugé ! Cette dévastation tragique, comment peut-elle être compatible avec la raison et la logique ? Comment peut-elle provenir d'un même pouvoir gouvernant un même peuple ? Il me faut un peu de folie pour être, peut-être, convaincu de la légitimité et de la légalité de ce décret qui, avec la permission de la tyrannie, peut faire de la Syrie un charnier !

Messieurs, j'ai honte d'être un humain. Je voudrais pouvoir prendre congé pour un instant de ma mémoire.

Je parlais à l'instant de la détention et de la violation qu'elle représente, mais en réalité les violations ne s'arrêtent pas aux limites de la détention. Elles comprennent la pratique des méthodes de torture les plus brutales et les plus cruelles : la flagellation, le *doulâb*[1], l'estrapade, la chaise allemande, le *faskh*[2], l'introduction d'outils solides dans l'anus, la suspension d'objets de poids sur les membres génitaux... Ces méthodes de torture conduisent à des déformations physiques et des handicaps permanents, et mènent parfois à la mort. Muhammad Abboud n'est pas le premier à en être victime, et je ne pense pas que Moudar al-Joundi, détenu disparu, en soit le dernier.

Je vous le demande : existe-t-il une loi dans le monde entier, ou même en Syrie, qui autorise la torture des détenus politiques, pour ne pas parler de leur élimination ? Même les lois d'exception, avec toute leur irrationalité, sont violées. Je vous le demande encore une fois : quel est le rôle de la Cour de sûreté de l'État en ce qui concerne les violations dont elle entend parler ?

Lorsque, au cours d'un « tour de torture », j'ai dit à l'officier-interrogateur que la Constitution stipule que « Nul ne peut être torturé physiquement ou mentalement, et la loi détermine la nature de la punition pour ceux qui en usent », l'officier-interrogateur a ri d'un rire malsain et a poursuivi sa mission. À dire vrai, j'ai moi-même souri avec toute l'amertume que portent l'oppression et l'humiliation. Votre Cour va-t-elle alors rire, ou sourire, ou bien se satisfera-t-elle de ce que le juge d'instruction m'a déjà répondu lorsque je l'ai informé que mes déclarations, à propos desquelles il m'interrogeait, ont été obtenues sous la torture ? Il m'avait répondu qu'il n'était pas concerné par ce qui se passe en dehors de la Cour et que, pour sa part, il n'exerçait aucune pression ou contrainte physique sur moi. Je lui ai dit : « Mais vous instruisez votre information judiciaire à partir de déclarations obtenues sous torture. Et vous insistez pour la coucher par écrit avant même que je puisse voir ma famille, que je n'ai pas vue depuis plus de cinq ans de détention passés dans l'infâme prison de Palmyre, où les conditions d'emprisonnement sont d'une atrocité qui dépasse absolument tout ce qu'en disent les médias. Cela signifie que vous enregistrez mes déclarations alors que je me trouve soumis à une pression psychologique non moins sévère que la pression physique. C'est pourquoi je mets en cause la légitimité et la véracité des déclarations que les services de renseignements m'ont arrachées, et je mets également en cause l'information judiciaire, qui est aussi illégitime que ces déclarations. »

Messieurs, il est évident que vous ne pourrez comprendre tout cela tant que vous n'aurez pas connu, par exemple, ce qu'on appelle « la chaise allemande » (ou « la chaise nazie », si nous voulons ne pas porter préjudice à tout le peuple allemand). Oui, vous n'avez pas connu ce genre de chaise, et vous n'avez certainement pas entendu les gémissements de Zénobie, reine de Palmyre[3], que les détenus de la prison de Palmyre entendent en rêve comme en état de veille. Vous n'avez certainement pas vu comment les éclairs se brisent dans les yeux d'une mère qui rend visite à son fils plus de cinq ans après son arrestation. Et vous ne savez certainement pas ce que signifient les larmes de cette autre femme qui a rendu visite à un prisonnier après plus de dix ans de détention dans ces maudits limbes. Le prisonnier, effondré, répétait son appel : « Maman,

1. Le bourreau immobilise le détenu dans un pneu de véhicule avant de le torturer. (*N.D.T.*)

2. Le détenu est forcé à s'allonger sur le dos, les jambes pliées sous lui et immobilisées par une chaise. Deux bourreaux pratiquent des sauts, chacun sur une jambe, pour écraser les os de ses genoux ou de son bassin. (*N.D.T.*)

3. Allusion à l'histoire légendaire de Zénobie. Fille du roi perse *curator* romain de l'Orient Odainath, devenue régente de la cité de Palmyre en 267, elle partit à la conquête de la Syrie, de l'Asie mineure et de l'Égypte en faisant acte d'allégeance envers Rome, puis fut arrêtée et emprisonnée en 273 sur ordre de l'empereur Aurélien, qui récupérera les territoires. Annie et Maurice Sartre, *Zénobie, de Palmyre à Rome*, Perrin, 2014.

comment vas-tu ? Qu'est-ce qu'il y a, maman ? Réponds-moi, maman, qu'est-ce qu'il y a ? » La femme sanglotait et demeurait incapable de lui dire qu'elle était sa sœur, et que sa mère était...

Je me demande, et je demande aux sensés comme aux insensés : est-ce qu'il existe encore, dans notre monde, un système judiciaire qui accepte ou permet l'arrestation ou le procès d'êtres humains selon des lois et des règles de ce genre ? Étant donné qu'il n'y a pas d'État ou de système judiciaire en Syrie capable de suivre son cours naturel, j'invite les membres de votre Cour en tant qu'individus, et tous ceux qui sont en lien avec la profession de magistrat et l'honneur qui y est attaché, quelles que soient leurs nationalités et leurs fonctions, à dire leur mot sur les atrocités, les violations et la confiscation des droits de l'homme et des libertés publiques qui sont à l'œuvre dans la « Syrie moderne ».

Pour que personne ne pêche en sang trouble, je dois rappeler, en préambule, les points suivants. – *Premièrement* : malgré ma conviction qu'aucun pouvoir, même légitime, et encore moins un pouvoir qui s'est instauré par la force des armes, n'a le droit d'interroger ou de poursuivre un citoyen pour ses opinions déclarées, que ce citoyen soit socialiste ou capitaliste, croyant ou athée, appartenant à un parti politique ou indépendant, en accord avec la politique du pouvoir en place ou en opposition, car toutes les constitutions sur terre garantissent le droit des êtres humains à l'opposition politique, y compris votre Constitution qui garantit ce droit même à ceux qui ne la valident pas ou qui ne la considèrent pas comme étant la leur, et si tel n'est pas le cas, seul le petit cercle rouge doit figurer sur le bulletin de vote au référendum sur la Constitution, je veux dire le cercle « pour » ; – *Deuxièmement* : malgré ma conviction de l'illégitimité de l'état d'urgence, de la loi martiale et des mesures d'exception permettant de maintenir tout citoyen en état de détention du berceau à la tombe, en renouvelant sa détention par précaution pour six mois, puis pour six autres mois, jusqu'à une durée indéterminée, et ce sans lui adresser ou trouver un quelconque chef d'accusation, et je ne pense pas que vous ignorez le fait que certains des détenus sont emprisonnés depuis vingt-deux ans – d'où votre Cour tient-elle le droit de les juger maintenant ? Et si vous n'aviez pas l'intention de les juger, au nom de quelle loi continuaient-ils d'être détenus pendant toutes ces années en l'absence d'un quelconque chef d'accusation ? – *Troisièmement* : malgré ma conviction que même la Cour de sûreté de l'État n'est pas dotée du pouvoir ni de l'autorisation de faire appliquer et exécuter ses décisions, car la loi de la force, qui cherche à afficher une certaine légitimité à travers cette Cour, lui reste supérieure en pouvoir si un jour ces deux pouvoirs viennent à s'opposer ; la loi de la force peut garder un détenu en détention même après qu'il a purgé la peine déterminée par la Cour ; elle peut le lâcher avant la fin de la période de peine ou encore avant son procès. Je dis, donc, que malgré tout ce qui précède, et en vertu même de tout ce qui précède, je me suis attelé et je m'attelle toujours à réfuter les accusations retenues contre moi par le parquet. Je suis même obligé de répondre en mon nom propre, car votre Cour a refusé de permettre à mon parti d'exercer son droit de se défendre. Et si je le fais devant un organe qui n'a fondamentalement pas le droit de me juger, c'est afin de révéler l'étendue de l'arbitraire et de la contradiction propres à la logique autoritaire prise en elle-même, et non seulement son arbitraire et sa contradiction qui se révèlent en la comparant à des lois, des droits et des principes humains généraux qui constituent un minimum sur lequel le monde entier s'est mis d'accord depuis des décennies.

Je souligne, tout d'abord, que le pouvoir, représenté par le parquet, n'est pas en mesure de fournir un quelconque document ou acte prouvant que notre parti est contre l'unité, la liberté et le socialisme[1]. Le parquet identifie, ici, le pouvoir aux objectifs qu'il prétend poursuivre.

1. Slogan ou objectifs du parti au pouvoir, le parti Baath.

Mais si jamais une telle identification était possible, votre Cour devrait alors commencer par juger le pouvoir en place lui-même, puisqu'il s'est instauré au moyen d'un coup d'État contre le pouvoir précédent, lequel, vous le savez, poursuivait les mêmes objectifs. Et l'on ne devrait pas être surpris devant l'hypothèse que si le coup d'État du pouvoir actuel avait échoué en 1970, votre Cour, sur ordre du pouvoir précédent bien sûr, aurait à juger les figures du coup d'État en tant qu'ennemis des objectifs de l'État/du parti et en tant qu'entravant l'application du socialisme !

C'est avec une telle arrogance autoritaire dans la compréhension et l'appréciation des choses que l'on nous accuse d'entraver le système socialiste parce que nous sommes opposés au pouvoir. Et comme le pouvoir, à ses propres yeux ou aux yeux de son représentant, fait corps avec les objectifs qu'il affiche, alors notre antisocialisme et l'entrave que nous représentons à l'application du socialisme deviennent des évidences ! Croyez-moi, même le lit légendaire de Procuste est moins terrible que ce lit dans lequel nous allonge le parquet, et ce à la fin du xxe siècle et non à l'âge de pierre.

Cette accusation nécessite, même selon la logique du pouvoir, de répondre à deux questions : 1. Le système existant est-il vraiment socialiste, ou est-il capable de prouver son socialisme, comme il le prétend ? 2. Entravons-nous vraiment la prétendue application du socialisme ?

Le socle sur lequel le pouvoir se fond pour se considérer comme socialiste est le secteur d'État qu'il appelle secteur public. Notre parti fait-il obstacle au socialisme lorsqu'il appelle à élargir ce secteur et à améliorer son fonctionnement, ses lois et ses mécanismes de travail, afin qu'il devienne un véritable secteur public, et non une vache à lait au service des avares sangsues de la bureaucratie en Syrie ?

Certes, nous considérons que le secteur public, sous sa forme actuelle, n'est en rien un secteur socialiste, et le monde entier partage cet avis avec nous. Mais votre Cour est-elle au courant de l'existence d'autres forces politiques, dont certaines font partie du soi-disant « Front national progressiste », qui considèrent également que le secteur public en Syrie n'est pas un secteur socialiste, et que la Syrie ne connaît même pas de transformations socialistes, mais des relations de production capitalistes qui se développent et se généralisent (je mémorise les textes de ces partis mot à mot, et je peux vous en fournir des preuves, avec leurs numéros de pages, si vous le voulez !) ? Alors votre Cour sera-t-elle cohérente avec elle-même et jugera-t-elle les partis concernés, ou est-ce que le fait que ces partis ne s'opposent pas au pouvoir en place les disculpera de l'accusation d'entraver l'application du socialisme ?

J'espère que mes propos ne seront pas compris comme appelant à la poursuite de quelconque parti, car toute opinion, qu'elle soit exacte ou erronée, est un droit naturel de tout individu et de tout parti politique. Ce que je voulais mettre en évidence c'était plutôt l'ardeur caricaturale du pouvoir pour le socialisme aujourd'hui – une ardeur qu'il n'a jamais autant manifestée, même lorsqu'il y avait dans le monde quelque chose qui s'appelait encore socialisme !

Quant à l'accusation de former une organisation secrète qui viserait à renverser le régime au moyen de la violence, il s'agit d'une basse accusation, dans tous les sens du terme. Tout d'abord parce qu'elle est illégale ; ensuite, parce qu'elle provient d'un pouvoir qui s'est lui-même instauré par la violence et, enfin, parce que nous sommes dans un pays privé d'une loi consacrée à l'existence et au travail des partis politiques ! Et ce n'est pas un hasard s'il n'y a aucun parti politique en Syrie qui ait une autorisation légale, y compris les partis du « Front national progressiste » eux-mêmes. On pourrait à la limite comprendre le comportement autoritaire d'un policier à l'égard d'un automobiliste sans défense, accusé de ne pas respecter un feu de circulation dans un village reculé, où aucune loi ne réglemente la circulation d'automobiles. Mais lorsqu'un pareil comportement se produit sur les plans politique et judiciaire, il devient absolument légitime de ne voir aucune différence fondamentale entre « Syrie » et « surréalisme ».

La Cour avait précédemment fait savoir que la référence faite par la Constitution à l'existence d'un Front dirigé par le parti Baath, mais qui ne mentionne pas les noms des autres partis membres, représente une réponse suffisante à notre question concernant l'existence d'une loi consacrée aux partis et une preuve évidente de l'existence officielle de partis politiques en Syrie. Oui, ce sont des partis officiels au sens politique du terme, mais ils demeurent privés d'autorisation au sens juridique, ce qui fait qu'une simple décision politique peut les exclure des auspices du pouvoir et de son Front. La Cour est censée être plus informée que moi du fait qu'un appareil judiciaire libre ne validerait jamais cette manière d'envisager les choses. La Cour a-t-elle besoin que je lui explique ce que signifie au juste une loi de partis politiques ? Dois-je expliquer que lorsque des personnes satisfont aux conditions légales requises pour former un parti, elles accèdent naturellement au droit d'obtenir une autorisation, quelle que soit la position de leur parti à l'égard du régime en place ?

Messieurs, l'illégalité de la première partie de l'accusation, c'est-à-dire la formation d'une organisation secrète, annulerait, par voie de conséquence, sa deuxième partie, à savoir le renversement du régime, et ce même dans le cas où nous la tiendrions pour fondée. Et si tel n'est pas le cas, je demande au parquet de bien chercher dans le classeur de preuves qu'il possède. Je suis certain qu'il ne sera pas en mesure de fournir une seule preuve tangible, même s'il cherche dans un chapeau de magicien !

Malheureusement pour le parquet, il n'y a, dans l'histoire de notre parti, aucune activité, projet ou action qui ait quoi que ce soit à voir avec la violence ou même l'admission de la violence. Le parquet compte-t-il nous tenir responsables de ses propres intentions et de sa lecture déformée de notre propre déontologie ? Ou bien veut-il nous imputer la responsabilité de l'Histoire et des possibilités qu'elle peut réserver à la Syrie dans le domaine stratégique, lesquelles possibilités sont impossibles à prévoir ou à approcher si ce n'est qu'en tant que possibilités théoriques abstraites ? Je crains que l'on n'impute des responsabilités de cette envergure qu'à des forces omnipotentes que les humains n'ont accordées, jusqu'à présent, qu'aux divinités.

Il est certainement difficile, pour un pouvoir qui s'est instauré au moyen de la violence, d'imaginer la possibilité d'être renversé sans violence. Et c'est pour cette raison que le parquet n'a pas pu faire la distinction entre la violence et l'objectif de renversement du pouvoir, lequel peut être atteint par la violence comme par d'autres moyens.

De plus, il me semble que le parquet n'a pas lu notre programme transitionnel qui indique, en première page, que le parti a suspendu son projet concernant le renversement du pouvoir. C'était déjà en août 1980, à une période où la bourgeoisie traditionnelle, qui représentait le plus grand danger pour l'avenir du peuple et de la nation, frappait aux portes de la capitale. Nous avons, depuis lors, remplacé cet objectif par celui de vaincre la dictature du régime, ce qui est différent du renversement total du régime. Et quiconque connaît l'ABC de la langue arabe comprend bien cette différence, alors pourquoi le parquet ne veut-il pas la comprendre ? Le slogan de notre parti, « Vaincre la dictature », est un appel à changer la forme politique du pouvoir, à changer son style et ses mécanismes de prise de décision. C'est un appel à vaincre les lois non démocratiques, les institutions non démocratiques et les pratiques non démocratiques.

Messieurs, si la dictature cultive la violence, la démocratie porte son cercueil. C'est pourquoi notre parti était partisan de la lutte pour gagner les libertés politiques.

L'un des paradoxes les plus risibles est que, lorsque nous défendions le projet de renverser le régime dictatorial, ce même régime a lâché, en février 1980, nos camarades détenus sans restriction ni condition, mais plutôt en les appelant chaleureusement à reprendre la pratique de leurs activités politiques, parce qu'ils sont des patriotes et parce que le pays est en danger ! Aujourd'hui, bien que le parti ait pour projet de vaincre la dictature plutôt que de renverser le régime, il est l'objet de poursuites, d'arrestations et de procès ! Pourquoi votre Cour n'a-t-elle pas fait son travail à l'époque ? Et pourquoi intervient-elle aujourd'hui ? Cela ne signifie-t-il pas que le procès que nous fait votre Cour est commandé par une décision politique et non judiciaire ? Cela ne signifie-t-il pas que la Cour de sûreté de l'État ne dispose d'aucune indépendance vis-à-vis du pouvoir exécutif et que son rôle n'est que de servir d'accessoire ou de simple couverture juridique, illégitime au fond, à une décision politique qui impose l'ordre à suivre à la Cour, à la Constitution et ailleurs ?

Je dois maintenant m'attarder un peu sur l'accusation de répandre de fausses nouvelles. Le pouvoir n'a laissé au parquet aucune chance pour que ce dernier puisse faire preuve d'un minimum de prudence, pour ne pas dire d'honnêteté, concernant la détermination de la partie à laquelle s'appliquerait cette accusation.

Mentons-nous lorsque nous disons qu'un régime dictatorial confisque les libertés et emprisonne l'opposition politique ? Comment nous appelons-nous, si ce n'est vrai ? Où nous trouvons-nous en ce moment même, et pourquoi ? Le pouvoir a franchi le stade du déni depuis assez longtemps pour changer la formule de l'accusation. Mentons-nous lorsque nous parlons de corruption, de pots-de-vin, de favoritisme et de dérèglement des appareils répressifs ? Les journaux du régime eux-mêmes se trouvent parfois obligés d'en parler, alors sont-ils véraces et nous menteurs ?

Mentons-nous en disant que les droits de l'homme... (Je voudrais m'excuser personnellement ici, étant convaincu que notre parti n'a pas suffisamment abordé cette question, sans doute parce que ses capacités et les circonstances dans lesquelles il se trouvait ne lui ont pas permis de donner à cette question l'importance qu'elle mérite. Ce qui se passe en Syrie en matière de violations est de loin plus grave que ce que le parti en a dit. J'en ai personnellement fait l'expérience à cause des années que j'ai passées dans le royaume de la mort et de la folie, je veux dire la prison de Palmyre, et avant cela dans les cellules de la branche 235.)

Et mentons-nous si nous disons que ce qui s'est passé avec les esclaves de Rome se reproduit en Syrie, mais d'une manière plus efficace, propre au XXe siècle, à commencer par l'enfer que nous avons connu pendant la période d'interrogation, et jusqu'aux cliquetis sanglant des chaînes avec lesquelles nous avons pénétré dans la salle d'audience ? (Je reconnais que le président de la Cour a refusé de tenir séance avant que nos poignets soient désenchaînés et que les fusils soient éloignés de la salle d'audience. Mais le président d'une Cour ne devrait-il pas témoigner de la tyrannie de ces chaînes et de ces fusils en dehors de la salle d'audience ?)

Je pense que tout ou une partie de ce qui a précédé fait de l'appel à vaincre la dictature un devoir humain général, personnel et partisan. C'est ce que nous avons entrepris de faire en tant que parti lorsque nous avons porté le slogan de vaincre la dictature, et c'est ce que je fais personnellement maintenant.

Messieurs, je suis assez conscient de la partialité des motifs à l'œuvre derrière l'accusation de terrorisme contre la Syrie. Mais je ne m'engagerai pas comme avocat à gages contre cette accusation, car je ne possède aucune donnée concernant ce qui se passe en dehors du pays. En revanche, je ne saurai absolument pas fermer les yeux ou nier la terreur à l'intérieur du pays. J'ai vu de mes propres yeux les coups de feu tirés sur mes camarades, dont je sais très bien que la seule arme était le journal ou le manifeste politique. J'ai côtoyé des camarades, des amis et des collègues qui auraient l'honneur de porter comme médailles les traces des balles autoritaires, terroristes et perfides sur leurs corps, même si l'on disait qu'il ne s'agissait pas de balles de terrorisme. Et j'ai lancé des nuées colorées de mots, mais lorsqu'elles n'ont pas trouvé d'horizon, elles sont tombées, imbibées du sang des premières étreintes de leurs amoureux.

En berne sont les étendards des mots. En berne sont les têtes des porteurs des mots.

Et ce n'est pas avec de l'encre que nous écrivons, mais avec du sang troublé par les lapements des lois de la dictature, et piétiné par ses appareils les plus féroces. Quel cauchemar est alors mon pays ?

Un régime, qui a capitalisé même les pierres, tient des procès pour condamner tous ses opposants, même les communistes parmi eux, sous prétexte d'hostilité à son prétendu socialisme ! C'est un étrange paradoxe, semblable à celui d'un joueur sans le sou qui, pourtant, veut faire tapis.

Je ne sais pas si ces accusations sont naïves ou sournoises, mais je suis certain que même les générations futures en Syrie rougiront chaque fois qu'elles liront ces pages noires de l'histoire de leur pays.

Enfin, je dois dire que je ne suis pas opposé à mon procès. Je considère au contraire qu'être jugé est l'un de mes droits – un droit que je veux entier. Cependant, ce droit ne peut pas être garanti par une illégitime cour d'exception. Pour cette raison, j'exige de mettre fin à mon procès dans cette Cour, la Cour de sûreté de l'État, et d'être jugé par une juridiction civile ordinaire, où peuvent être présents des représentants de la presse arabe et internationale, ainsi que des représentants d'organisations internationales des droits de l'homme et des prisonniers d'opinion. Je veux des témoins capables de déclarer qui en vérité juge qui. Sans quoi, ces accusations seraient illégitimes, et vos décisions injustes.

Je n'ai pas dit tout ce que je devais dire. Alors je demande pardon à ceux que j'ai essayé de défendre. Mes conditions sont faites de pierres… je n'ai pas pu faire mon devoir jusqu'au bout.

Merci à la justice-remise-à-plus-tard de mon peuple.

Merci à ma mère, qui m'a appris que la liberté à l'intérieur de nous est plus forte que les prisons à l'intérieur desquelles nous sommes.

C'est pourquoi la liberté prévaudra et les prisons seront vaincues.

Détenu depuis le 31 mars 1987 pour affiliation au parti de l'Action communiste en Syrie – Faraj Bayrakdar.

Ni vivant ni mort (poèmes)

Faraj Bayrakdar[1]

Vis-à-vis de la poésie, rien n'est aussi antinomique que la prison. La première ouvre, enjambe, déborde. L'autre clôt, contient, enténèbre. Et, s'agissant de l'une des prisons des Assad, elle éteint et atteint la vie, elle handicape, elle tue. Et lorsqu'elle n'y arrive pas, elle interdit la plume et le papier. Cette antinomie, Faraj Bayrakdar a dû la vivre pendant plus de quatorze ans passés dans les prisons du régime syrien. « Passés *» – un mot trop facile, trop pauvre. Il ne dit pas les multiples moments de presque-mort sous la torture que le poète a vécus ; il ne dit pas l'interdiction de voir sa fille, des années durant, et sa mère. Ce sont elles les premiers destinataires de ses poèmes de prison. Elles et ses amis, son village, près de Homs.*

Ces poèmes, Faraj Bayrakdar ne pouvait pas les écrire : il les mémorisait. Et lorsque cela lui semblait nécessaire, par crainte d'oublier ou lors d'un assaut de doutes sur son sort, il les confiait à la mémoire de ses camarades. Les poèmes devaient donc être brefs, et le poète ne devait pas les modifier par la suite, « pour ne pas être confus et pour ne pas affaiblir ma mémoire[2] *». Lorsque le spectacle du dehors, de la vie en mouvement, fait défaut, la mémoire prend le relais, et il devient nécessaire d'en prendre soin. Elle devient plume, papier et bureau, éditrice et première lectrice. Elle devient matière première des poèmes, avec les champs étroits de l'ouïe et du regard qui vont rarement plus loin que les corps des camarades, des codétenus. À ceux-là, à leurs corps torturés ou éteints, à leur condition « de pierre » qui était aussi la sienne, à leurs familles, Faraj Bayrakdar a consacré de nombreux poèmes.*

Certains de ces camarades, qui avaient la chance de sortir saufs de la prison, ont fait passer au monde du dehors quelques-uns de ces poèmes, qui allaient être édités, à son insu, pendant sa captivité, sous le titre Une colombe aux ailes déployées *(1997)*[3]*. Entre les quatre murs des prisons successives que le poète a connues, c'est la poésie qui tenait lieu de colombe. C'est elle qui atteignait la prison, la contenait, la maîtrisait : « La poésie m'a permis de maîtriser la prison, de l'empêcher de me maîtriser*[4]*. » Recourir à la poésie comme antidote de la prison n'était pas, pour Faraj, un choix ou le fruit d'un « calcul mental », mais quelque chose qui « se dictait » à lui : une réaction spontanée, un moyen naturel de survie. La poésie a su préserver une vie, et elle a su, par la suite, nous la livrer dans toute sa souffrance et toute sa beauté. Si la poésie*

1. Extraits de *Ni vivant ni mort*, traduction d'Abdellatif Laâbi revue par l'auteur avec Saïd Nourine, Éditions Al Dante, 2012, préface de Michel Deguy. 1re édition en 1998 par François Dominique.

2. Entretien avec Muhammad Ali Atassi, 22 janvier 2001, dans le Supplément du quotidien *Al-Nahâr*, Beyrouth.

3. حمامة مطلقة الجناحين, Beyrouth, Dâr Mukhtârât.

4. Entretien avec Muhammad Ali Atassi.

n'avait que cette vertu, celle de sauver une vie, une seule vie, alors cela suffirait.
Faraj Bayrakdar a publié une dizaine d'ouvrages, dont son témoignage carcéral, Les Trahisons du langage et du silence[1] *et le recueil poétique* Ni vivant ni mort *(1998), disponible en français*[2]*. C'est de ce recueil que les poèmes ci-dessous sont tirés.*

Mahmoud El Hajj

CONTE

(Damas. Centre de détention
pour prisonniers politiques
de la section Palestine
des Renseignements
syriens, avril 1987)

Il était une fois…
Le Temps fils d'Antan
raconte :
Le feu est un guide
Fais-en une bonne réserve
pour la route périlleuse et longue

Essaie de comprendre la nuit
Et si d'aventure le désespoir
frappe à ta porte
ne t'en fais pas
lève-toi et sans t'attarder aux détails
écris sur le mur :
Sire désespoir
va dire à ton seigneur roi
que la cellule n'est pas plus étroite
que sa tombe
Elle n'est pas plus courte
que sa vie
Cela si jamais terre consent
à accueillir sa charogne
là où il sera foulé aux pieds
jeté en pâture à l'oubli

*

HURLEMENT

Le cadavre qui pend
ce n'est que moi
et mon lendemain

La ville n'est ni une mère
pour arrêter ma mort interminable
ni une étoile
pour que je devienne son fils
Qui est derrière la porte ?
Avez-vous ramené ma dépouille ?
Peut-être est-ce le cadavre de l'étudiant
d'au-dessus
Le vent, un nœud de potence
puis le ciel neutre
et le fleuve
Qui frappe à la porte ?
Nous n'étions pas ici
depuis mille dévastations par vous semées
La peur a fermé doucement
la dernière fenêtre de la montagne
J'ai voulu m'adosser
à un rocher ou à un mur
mais il n'y avait que des plaines
Je hurlerai donc
Peut-être un loup m'entendra-t-il
et me répondra

Pleurons d'abord ensemble
Loup, ô loup, pleure derechef avec moi
La terre n'est pas une geôle
Tu es esseulé, triste
Je n'ai pas d'oiseau bleu
et nul amour ne nous lie

Ce jour-là, mon ami
le cadavre qui pendait
ce n'était que moi
et mon lendemain

*

1. خيانات اللغة والصمت, Beyrouth, Dâr al-Jadid, 2006.
2. Éditions Al Dante, 2012 (1re éd. 1998). Avec une préface de Michel Deguy. La première traduction était d'Abdellatif Laâbi. La seconde a été revue par Saïd Nourine avec l'auteur. Nos remerciements chaleureux à Claude Mouchard.

Grève de la faim
(Prison de Palmyre, 12-13 octobre 1989)

Aux derniers instants
du sang et des souvenirs
Au dernier hennissement
des estomacs vides
l'arbre humain annonce
sa prophétie
et déborde
de nos corps affamés

*

Hennissement
(Prison de Palmyre, 1992)

Arrêtez-vous et pleurez
non de tristesse sur les restes macabres
d'un dieu maudit
ou sur un oiseau abattu en plein ciel
Ne m'emportez pas
Ne me laissez pas
Peut-être un désastre innommable
adviendra-t-il
Peut-être repousserez-vous un peu, ô
compagnons
l'échéance de ma mort
Ma cellule est mon corps
et le poème, une liberté imprévue

Un palmier en pleurs
s'est délesté de son pollen
En qui m'insinuerais-je
si le pâtre des éclairs venait à s'égarer ?
Qui s'insinuera en moi ?
Prendra-t-il son ascension suivi par la terre ?
Chutera-t-il ?
Le ciel qu'il vise
est sûrement bas

J'ai dit
ce sont là mes visions
Ma saignée les confirme
Sans ce pari
le fleuve ne peut refluer
Mais quand une femme se déverse
à la fin de la nuit, j'oublie mes mains
sur sa voix, puis elle s'éclipse
me laissant à mes chaînes
pour que j'écrive un dernier texte
Et chaque fois que les oiseaux
attisent en moi le lever de l'horizon
une heure noire de mirage
me prend à la gorge
Couvrez-moi avec un petit espace
Ma cellule est le corps qui me fait défaut
la liberté à laquelle je fais défaut
Reposez-moi cette question
dont les réponses furent éparpillées par les
tribus
qui m'ont éparpillé
Qu'importe
un lendemain de trop me recueillera
larme après larme tel le poème en son
berceau
puis m'illuminera, subitement
tel le poème en son apogée
Il m'offrira son antipode

Sœur, ô mère
toute femme aimante
si Dieu voyait son image
dans nos étreintes, il se manifesterait
Mais il ne voit que ces portes fermées
des chaînes
un ciel courbé
devant les bottes de la soldatesque
ou un ciel victorieux
avec son trône de sang
et ses lois d'acide
Est-ce l'âme qui sanglote
dans un arbre de Dujaïl[1]
secoué par la description et le
bombardement
puis crache du sang
à Rabat ?
C'est un minaret
planté comme un poignard dans le vide
Un pilier au talon plongé dans le sable

1. Petite ville d'Irak.

qui n'aboutit pas au ciel
C'est un Golgotha
un sang vidant le Nil
de son eau
Barada[1] et l'Euphrate de leurs cauchemars

J'ai dit, ce sont là mes visions
et vous en êtes témoins
Un rougeoiement, puis deux, trois
l'aurore s'embrase
bleu qui ne trompe pas
De hennissement en hennissement
la course s'achève
annonce le lot de cette époque
Nous allons tous vers ce qui viendra
oui
tous s'en vont vers l'accompli
Avec le tendre de mes blessures
faites-moi un oreiller
et levez-vous
Avec l'eau de la mer, l'enfant a écrit
en tête de son cahier :
Ils se sont arrêtés
ils ont versé une larme
et sont repartis

*

DIAGNOSTIC
(Prison de Saidnaya, février 1993)

L'amoureux n'a qu'une moitié de cœur
car il a voué l'autre
à l'amour
le bourreau, lui, a deux cœurs
le premier
pour haïr jusqu'au bout les autres
le deuxième
pour se haïr lui-même jusqu'au bout
Mais il arrive parfois qu'il se fatigue
et soit obligé de travailler
avec un seul cœur

*

RÂLES
(Prison de Saidnaya, février 1993)

1.
Te voici seul
dans cet enfer béant
fou
Te voici seul
et la mort est là entière
avec ses fauves, ses devineresses
ses indicateurs
Peut-être irai-je jusqu'à mes possibilités
extrêmes
pour que tu atteignes le dernier rêve
Alors brûle pour que tu me voies
accomplis-toi pour que je te voie
et fais-moi revenir entre deux brasiers
Peut-être éveillerai-je la sagesse
au sein de cette dévastation
J'aurai essayé
jusqu'au terme de la rose et du feu
Comment donc ont-ils isolé ma voix
et ton silence ?
Me suis-je appuyé sur une épée
différée
ou ai-je changé une absence pour une
autre ?

2.
Te voici seul et tu n'es autre que moi
Je n'y étais pas avant moi
et toi tu y resteras
L'ombre a versé sur l'horizon
Le sang du soleil, et la nuit a sifflé
sifflé
Comme tu as tardé, tu as changé
Pardon, tu ne pouvais pas être nu
car tu revêtais ton linceul

3.
Le gardien a lissé tes oiseaux
avec des épines
et l'Etat t'a offert
la mort en réserve
un bon lot de ténèbres

1. Rivière qui traverse Damas.

pour que tu partes, alors pars
Tu ne connais que trop la démence de la mort
quand la musique fuse
et que tes légendes vibrent
Voici un autre corps dans la cour
Me demanderas-tu :
qui a arrosé de sang
le nom de Dieu et le trône ?
Pas le temps

Voici un autre corps
Qui me le prendra
ou me prendra de lui ?
Qui pourra attester que la mort
se lasse ?
L'obscur a lissé son royaume
avec ses barbelés impies
j'ai beaucoup essayé
Une étoile a pleuré sur l'horizon du poème
J'ai dit avoir beaucoup essayé
et avec des lilas
j'ai lissé la nuit

4.
Le fleuve s'est étranglé avec les larmes d'une femme
Son fils était doux
au-delà de ses espérances
et ses rêves se sont brisés dans la nuit
Dieu en était à son septième sommeil
Son fils aussi
Qui donc l'a alarmé
avant l'appel à la prière de l'aube ?
Qui donc, ô sœur
t'offre maintenant de sa taille
des palmiers
et de son rire
des nuages
un horizon de ses mains ?
Le fleuve s'est étranglé avec les larmes d'une femme
ressemblant à ma mère
autant que tu me ressembles
toi qui es seul maintenant

5.
Égaré dans ce désert
toi éclairé de nuit
enténébré de fleurs
Le vent t'a emporté
L'errance a prié pour toi
Et l'oubli t'a salué
Où porterai-je tes rendez-vous ?
Je ne cherche pas de lieux
Ma prison est le lieu
Et ces temps
ont été dépouillés du droit
à voyager librement
de leur droit au lieu
Ton souvenir et sept nuages
ont séché dans mon manteau
Pleures-tu ?
Tes larmes sont salées, le poète
est dans la cible du poème
Il l'écrit
disons que le poème l'écrit
ou qu'ils s'écrivent
Peut-être m'apporteras-tu des roses
mais après toi
il n'y aura personne
pour marcher dans ton cortège funèbre

Les thrènes de notre nuit
flotteront sur la vaste mer
Je verrai ma destination au-dessus des vagues
ou ton visage
Tes larmes sont salées
Alors permets-moi
de fermer les yeux
juste un peu

6.
Je n'ai pas encore abandonné ma destination
au décret des sables
Derrière moi une époque
qui a honte du mensonge de la géographie
Merci à l'oiseau
qui a fait son nid sur l'autre fenêtre
et s'est envolé
Ô toi qui as brisé mon dos

ton ombre est un lendemain en flammes
j'étends sur elle mes pensées
et je t'appelle avec ces râles de chevaux
que l'âme émet

M'entendras-tu ?
J'appelle
Je ne suis pas en quête de fosse commune
Mais… de mon pays

2

Les prisons de Bachar

Les preuves du « dossier César »

Garance Le Caisne

Damas. Dans une volonté de ne pas laisser le régime imposer sa version du conflit et de redevenir maîtres de leur vérité, des Syriens ordinaires ou activistes ont collecté des preuves de la répression des manifestations, des largages de barils de TNT et attaques chimiques, des arrestations arbitraires dans les rues. Au péril de leur vie, dans un geste souvent maladroit qu'ils ont ensuite discipliné, il leur fallait filmer pour raconter, à eux-mêmes d'abord, puis au monde. Jamais un conflit, en cours qui plus est, n'aura autant été documenté. Une documentation de la résistance, de l'appel à l'aide, de la survie ; d'événements visibles, essentiellement.

Mais des profondeurs nous est aussi parvenu un dossier unique, comme jamais – encore une fois – un procureur n'aurait espéré l'obtenir. La preuve de l'existence d'une machine de mort organisée par un État. Connu aujourd'hui sous le nom de « dossier César », il renferme des milliers de photos de détenus décédés sous la torture, de faim ou de maladies non soignées dans les prisons du régime. Des clichés officiels, répertoriés dans les archives d'un système, volés par un déserteur pour les montrer à la communauté internationale, dans l'espoir de faire stopper ce terrorisme d'État.

Ce déserteur, au pseudonyme de César, travaillait au département de médecine légale de la Police militaire du régime syrien, à Damas. Lui et une dizaine de photographes étaient employés dans le bureau des preuves criminelles. Avant la révolution, ils étaient chargés de photographier les incidents impliquant la mort de soldats dans des accidents, des crimes ou des incendies dans la capitale et ses environs. Appelés par le juge, ils se déplaçaient sur les lieux pour prendre des clichés afin d'établir un rapport pour la justice militaire.

Quand les premières manifestations éclatent en mars 2011, la hiérarchie leur demande de se rendre à la morgue de l'hôpital militaire de Tichrine (ou Tishrîn), dans le nord de la capitale. Là, pour la première fois, ils doivent photographier des corps de civils tués par balles. Il s'agirait de manifestants de Deraa, la ville du sud du pays où le régime a réprimé les marches. Les corps, identifiés par leur nom, sont qualifiés de « terroristes ». Alors que la répression des manifestations pacifiques se multiplie dans le pays, les photographes de la Police militaire sont de plus en plus souvent appelés à Tichrine. Les cadavres de civils remplissent la morgue, ils ne portent plus qu'un numéro. Ce sont maintenant des détenus, visiblement morts sous la torture.

Une nouvelle routine pour l'équipe de César s'installe. Plusieurs matins par semaine, leur département reçoit un appel de la morgue de l'hôpital. Vers 9-10 heures, un photographe doit venir à Tichrine où les cadavres sont entreposés dans une salle au rez-de-chaussée du bâtiment. Leur nombre augmente. Bientôt, les quelques chambres réfrigérées de la morgue sont pleines, les couloirs aussi. Alors les cadavres sont désormais envoyés à l'hôpital militaire 601 situé dans un endroit reculé du quartier résidentiel de Mazzé, à l'ouest de la capitale. La partie la plus récente de l'établissement, en service, reçoit les malades ordinaires. L'ancienne partie, « le vieil hôpital », où sont par ailleurs transférés et maltraités des prisonniers malades, est en retrait. Plus loin encore, à l'extrémité sud-ouest du complexe hospitalier, de l'autre côté d'une route, se situent les hangars des véhicules militaires.

C'est là, dans des garages à ciel ouvert que sont à présent abandonnés les corps des détenus, de moins en moins identifiables, de plus en plus nombreux. Certains jours, ils sont jusqu'à une cinquantaine entassée, sous le soleil. Faméliques, certains ne pèsent pas plus de 30 kilos, d'autres ont les yeux arrachés. D'autres encore portent des traces de brûlures ou de sang autour du cou. Certaines plaies sont remplies de pus. Beaucoup ont la chair écorchée autour des chevilles et des poignets, signe que les détenus ont été suspendus des heures.

Les corps portent deux numéros, inscrits au marqueur à même la peau et doublés sur un morceau de scotch collé sur le front. Le premier est celui du prisonnier. Le deuxième celui de la branche des services de renseignements où il était détenu : 215, 227, 258, 251… Pour ses registres, un médecin légiste militaire leur en attribue un troisième, écrit sur un carton, posé sur les corps. En silence, toute question est interdite, les photographes prennent trois ou quatre images par cadavre, le visage, le buste, le corps en entier. Ce travail fini, des soldats mettent les corps dans des sacs puis les transportent dans des camions vers un lieu inconnu.

Le soir, au bureau, les archivistes impriment les clichés, les classent par branches des services de renseignements puis les agrafent sur des fiches cartonnées, à en-tête du département de la photographie criminelle de la branche de la Police militaire de la République arabe syrienne. Un officier écrit un rapport, prétendant que le détenu, un « terroriste », est décédé d'un « arrêt cardiaque » ou un « arrêt respiratoire ». Cette documentation macabre est censée montrer aux supérieurs que l'ordre de torturer et d'exécuter a bien été appliqué et elle permet de délivrer un certificat de décès aux familles sans être obligé de rendre le corps.

Devant l'accumulation des corps, César commence à craquer. Il veut déserter et se confie à un de ses plus proches amis, ingénieur en construction, activiste dans la révolution qui répond au pseudonyme de Sami. « Je dois partir », plaide César. « Il faut que tu restes », lui enjoint Sami. L'homme comprend la valeur de ces photos, annotées, archivées, preuves des crimes de cet État répressif.

Au risque d'être arrêtés, Sami et César organisent alors cette collecte morbide pendant de longs mois, pour accumuler le plus de photos possible. Du printemps 2011 à l'été 2013, César en copie des milliers sur des clés USB qu'il sort clandestinement du QG de la Police militaire, cachées dans ses chaussettes ou sa ceinture. Quant à Sami, il les conserve sur plusieurs disques durs.

À l'été 2013, se sentant menacé, César est exfiltré de Syrie par des opposants au régime. Tout comme Sami. Le disque dur où sont stockées les copies des photos en haute définition passera par un troisième canal pour sortir du pays. Après quelques mois d'incertitude, les deux hommes se réfugieront dans le nord de l'Europe pour y vivre cachés, jusqu'à aujourd'hui.

À l'automne 2013, ils sont en liens étroits avec le Courant national syrien, un mouvement politique islamiste qui connaît les arcanes de la diplomatie et veut porter le dossier explosif sur la scène internationale. À sa tête, Imad Eddine al-Rachid, ancien vice-doyen de la faculté de droit islamique de Damas, qui a dû fuir la répression et s'exiler. Avec César et Sami, il est persuadé que ces images vont ébranler les consciences et montreront le vrai visage de Bachar al-Assad. Le mouvement politique veut s'en servir comme d'une carte dans les négociations de paix entre l'opposition et le pouvoir de Damas.

Le contenu du dossier est vertigineux. Précisément 53 275 clichés, dont 28 707 photos de personnes mortes en détention. D'autres représentent des soldats tués – l'équipe de César poursuivait son travail d'avant la guerre, en photographiant les militaires décédés – et une troisième partie du dossier contient des photos de civils morts en dehors des prisons.

Les 28 707 images de cadavres représentent 6 786 victimes, qui ont été prisonnières dans 24 centres de détention à Damas et dans ses environs, en majorité les branches 215 (52 %) et 227 (30 %) des services du Renseignement militaire.

Un premier et court rapport sur le dossier est établi en janvier 2014 par le cabinet d'avocat britannique Carter-Ruck and Co, financé par le Qatar et mené par trois avocats spécialistes des crimes de guerre. Sur la base des photos et de l'audition de César, David Crane et Desmond de Silva (anciens procureurs du tribunal spécial pour la Sierra Leone) et Geoffrey Nice (ancien procureur en chef du procès de l'ex-président yougoslave Slobodan Milošević) affirment alors que le régime pratique la torture à grande échelle sur ses prisonniers.

Le dossier sort d'abord de l'ombre en catimini, le 12 janvier 2014. Ce dimanche-là, le Core Group des Amis de la Syrie se retrouve au ministère des Affaires étrangères à Paris. Présidée par Laurent Fabius, la rencontre réunit son homologue américain John Kerry et les chefs de la diplomatie de neuf autres pays. Ils sont là pour apporter leur soutien à la Coalition nationale syrienne (CNS), principale représentation des opposants politiques à Damas, juste avant les négociations de paix, dites de Genève 2. Un film, apporté par Imad Eddine al-Rashid, présente les photos, dans un silence chargé d'effroi. Quelques jours plus tard à Genève, le monde entier les découvre. À la table des négociations, le président de la CNS Ahmad al-Jarba les brandit devant la délégation du régime. Qui nie l'évidence.

Après la France et la Suisse, le dossier part pour les États-Unis. La France tente de le renvoyer devant la Cour pénale internationale et demande un vote du Conseil de sécurité de l'ONU à New York. La Syrie n'a pas signé le traité de Rome instituant la CPI, il faut donc une résolution du Conseil de sécurité pour la saisir sur une affaire syrienne. Mais le 22 mai 2014, la Russie, alliée indéfectible de Damas, émet un veto. La justice internationale est paralysée, violée par le jeu des diplomaties, la loi du plus fort et des grandes puissances.

Déçu, Imad Eddine al-Rashid persuade « César » de faire lui-même le voyage de Washington pour tenter de convaincre l'administration de Barack Obama. Le 31 juillet 2014, caché au public, le déserteur témoignera devant la commission des Affaires étrangères du Congrès, dominée par les Républicains opposés à la politique de non-intervention du président démocrate américain. Des photos sont affichées sous les dorures de la salle. C'est la première intervention publique de César. Obama ne le recevra jamais.

Le dossier se referme sur les visages silencieux des victimes, disparaît des médias, rejoint les oubliettes de la « realpolitik ». Les dirigeants occidentaux préfèrent parler stratégie, alliance. La barbarie des djihadistes, incarnée par la puissance de Daech, occulte la souffrance des populations civiles sous la répression du régime. Trop d'images de morts sur les chaînes d'information. Lassée, l'opinion publique mondiale se persuade que le conflit est devenu « incompréhensible ».

Londres. Bruxelles. Sami et César continuent pourtant leur étrange tournée. Avril 2018. Parlement européen. Dans une cabine d'interprètes, aux vitres méthodiquement recouvertes de plastique noir, les deux hommes vont s'adresser aux députés des 28. Dans l'hémicycle en contrebas, des fonctionnaires pianotent sur leur téléphone portable, des députés feuillettent des dossiers. Ils attendent. On leur a promis des paroles fortes.

Une fois de plus, l'homme à la veste imperméable à capuche bleue qu'il porte pour se dissimuler à chaque intervention publique répète les mêmes mots : « Je m'appelle César. J'étais photographe dans la Police militaire, à Damas. Je devais photographier les corps de détenus tués dans les prisons… »

Deux mondes. L'homme qui se cache et les élus policés. Celui qui veut dire et ceux qui refusent d'entendre.

Les photos de César dérangent. Inhumaines, elles forcent à détourner le regard et deviennent invisibles. Les gisants sidèrent. Des photos de corps affamés, hideux, déformés, estropiés. Nus, enchevêtrés. Sans voix, sans mots. Par centaines. On voudrait se persuader que ces images appartiennent au passé, on les voudrait en noir et blanc. Mais elles sont en couleurs et d'aujourd'hui. De maintenant.

On les regarde et on ne voit d'abord que les brûlures, les marques rouges, le sang séché, la maigreur, la peau parcheminée sur les os, grise ou gonflée comme un fruit trop mûr, on sent la puanteur. Est-il possible qu'un homme avec qui nous avons partagé notre vie, que nous avons aimé, avec qui nous nous sommes disputés puisse finir ainsi, chairs repoussantes ?

Elles témoignent pourtant d'un ailleurs, entre la vie et la mort, dans les cellules surpeuplées des centres de détention, pendant lequel le prisonnier perd la notion du temps, de l'espace. Comme s'il disparaissait à lui-même. Déjà disparu pour ses proches.

Ces photographies aux corps numérotés témoignent aussi de la volonté du régime de déshumaniser sa propre population, de la torture qui cherche à réduire au silence bien plus qu'à faire parler. La torture et les disparitions forcées sont l'essence même du régime, le cœur de son pouvoir. Le pouvoir cherche à enterrer la mémoire, individuelle et collective.

César et Sami ont voulu redonner une voix aux disparus. Pas de traces, pas de lieux de détention officiels, la disparition est impensable. Elle n'existe pas. Déjà, quand il était en poste, César avait aidé des Syriens à la recherche de leurs proches. Au risque d'être arrêté, il a tenté quelquefois de donner des informations.

Avec l'exfiltration des photos, les deux hommes voulaient prévenir les familles que leur père, leur frère, leur fils étaient morts en détention, que leur infinie quête pouvait prendre fin. Que leur deuil – mais quel deuil sans corps ? – pouvait peut-être commencer.

Grâce à eux, et à des membres du Courant national syrien qui ont créé un site Internet répertoriant les photos, des familles ont reconnu les leurs disparus. Plus de 700 d'entre elles ont déjà osé l'affirmer, des centaines d'autres sont restées silencieuses dans la crainte des représailles du régime. Avoir un proche parmi les détenus décédés, des « terroristes » pour le pouvoir, fait de vous un complice.

En Syrie comme sur les routes de l'exil en Europe, les photos de César ajoutent à la douleur des familles de disparus mais guident aussi leur quête de justice. Pour dépasser la faillite du droit international, des Syriens ont cherché ailleurs, dans les juridictions nationales là où le principe de compétence universelle permet d'engager des procédures judiciaires quels que soient le lieu où les crimes ont été commis et la nationalité de leurs auteurs et de leurs victimes. C'est notamment le cas en Allemagne, en Suède, en Autriche, en Norvège.

Après le parquet français qui a récupéré l'ensemble des photos de César en basse définition à l'été 2015, ce qui lui a permis d'ouvrir une enquête préliminaire « pour crimes contre l'humanité » contre le régime, le procureur fédéral allemand a, à son tour en septembre 2017, reçu les 28 707 clichés, cette fois-ci en haute définition.

La matrice, comme les policiers et les gendarmes surnomment le dossier, est un élément clé de l'enquête structurelle pour décrypter le fonctionnement du régime, menée en France et en Allemagne. Un laboratoire indépendant germanique a analysé et authentifié ces archives morbides. Il faut imaginer les experts légistes se pencher sur ces 28 707 clichés de cadavres faméliques, un par un. Tâche si éprouvante qu'il leur a fallu beaucoup plus de temps que prévu.

Ces clichés, apparemment silencieux, ont « parlé ». L'un des trois numéros inscrits à même la peau sur les cadavres désigne la branche des services de renseignements dans laquelle ces victimes ont été détenues et torturées. La signature de l'assassin. Les analyses des blessures ont permis d'établir des types de tortures par période, par service de renseignements et par officiers responsables. Par assassins donc.

Une analyse capitale pour décrypter le fonctionnement de la machine répressive du système et un espoir pour les victimes de la reconnaissance des crimes contre l'humanité commis par le régime de Bachar al-Assad.

Le procès de la branche 251

Joël Hubrecht

La condamnation, le 24 février 2021, d'Eyad al-Gharib à une peine de quatre ans et demi d'emprisonnement pour complicité de crimes contre l'humanité représente la première condamnation pénale d'un exécutant du système tortionnaire syrien. Ce procès s'est tenu en Allemagne, dans la ville de Coblence, au titre de la compétence universelle. Le verdict a été assez largement médiatisé. Pourtant, en étant rendu dix années après les faits, il aurait pu paraître trop tardif ou, pire encore, insignifiant, dans la mesure où il ne concerne qu'un petit subalterne du régime, un agent chargé de procéder aux arrestations. Très en deçà de la sphère des principaux responsables, d'un Hafez Makhlouf, le chef de la division 40 pour laquelle Al-Gharib travaillait (et qui supervise aussi *de facto* la branche 251) ou du général Tawfiq Younes, le chef de la branche 251 de 2011 à 2016, pour ne pas parler d'Ali Mamlouk, le chef de la Sécurité nationale ou de Bachar al-Assad, vers qui l'ensemble du système répressif converge. De plus les faits incriminés se résumaient à l'arrestation d'une trentaine de personnes remises à la branche 251 des Services de renseignements généraux – une opération qu'avait relatée l'accusé lors de ses entretiens avec les services de la police fédérale allemande, en la décrivant comme celle de trop ; celle qui l'avait convaincu de déserter les rangs des *mukhâbarât* et de s'exiler.

Cependant ce jugement est historique à au moins deux titres. D'une part parce que sans ses innombrables petites mains, la surveillance omniprésente de la société ne serait pas possible, et surtout parce que, au-delà du cas particulier d'un individu, l'établissement de la culpabilité d'Al-Gharib nécessitait la démonstration préalable que le système répressif auquel il contribuait, non seulement pratiquait la torture mais la pratiquait à l'échelle d'un crime contre l'humanité (c'est-à-dire en droit, à celle d'une « attaque systématique ou généralisée d'une population civile »). Tel était le véritable enjeu de ce premier verdict.

C'est le jugement du second accusé de ce procès, le colonel Anwar Raslan, chef du service d'enquête de la branche 251 (surnommé également « branche intérieure » ou « Al-Khatib », du nom de la rue de Damas où se trouvent ses locaux) qui permettra de sanctionner un responsable de rang plus élevé. Ce dernier a été condamné le 13 janvier 2022 à une peine de prison à perpétuité, pour crimes contre l'humanité, en l'occurrence des actes de torture sur au moins 4 000 détenus, le meurtre d'au moins 27 d'entre eux et deux viols. Le juge Kerber a conclu, lors du jugement, que Raslan était bien plus qu'un simple exécutant et que, par carriérisme, il avait été un complice loyal, fidèle à la dictature et ayant jusqu'au bout tout fait pour tenir son rang[1]. Son cas est donc plus emblématique que celui d'Eyad al-Gharib. Avant de prononcer la disjonction des deux affaires en février 2021, les juges ont conduit conjointement leur procès. Soixante jours durant lesquels les preuves étayant la nature criminelle du système qu'ils servaient ont été longuement présentées.

Un premier volet de ces preuves retraça le calvaire des détenus de la branche 251 au travers des témoignages de nombreuses victimes. Tous ont décrit les cellules bondées, le manque de nourriture et de soins, l'absence du droit le plus élémentaire et l'ignorance de leur situation judiciaire et carcérale (ils apprenaient souvent le nom de leur prison grâce à d'autres prisonniers). Plongés en permanence dans l'obscurité des cellules et interrogés les mains liées et les yeux bandés, rares sont ceux qui ont pu voir directement leurs tortionnaires. Plusieurs témoins se disent en mesure d'identifier l'homme qui les avait interrogés au son de sa voix. Hélas – et on en soupçonne la raison – les avocats de Raslan se sont opposés à ce que leur client soit soumis à une telle procédure d'identification. L'accusé plaide non-coupable et sa ligne de défense consiste à mettre en avant son appartenance à la communauté sunnite, sa prétendue absence de réel pouvoir, sa défection en 2013 et sa participation ultérieure à des négociations menées par l'opposition au régime. Le procureur fait *a contrario* valoir que sa défection est relativement tardive, qu'il n'a pas cherché à dévoiler la vérité sur le fonctionnement de la branche 251 et que son adhésion opportune (sinon opportuniste) à l'opposition n'efface pas ses responsabilités antérieures.

Les avocats des deux accusés ont tenté d'exclure du dossier les entretiens que leurs clients avaient eus avec les services d'immigration et la police allemande avant qu'une enquête ne les mette officiellement en accusation. Plusieurs officiers ou personnels de l'administration de police allemande sont venus témoigner au sujet de ces anciennes dépositions. C'était un enjeu procédural majeur. Tout aussi crucial, le versement de preuves issues de l'intérieur de l'appareil syrien. Des preuves de nature documentaire car le régime, qui cultive l'art du secret à son sommet, est paranoïaque comme le sont toutes les dictatures. Conscient de l'absence d'adhésion de la population et doutant de la fidélité de ses propres serviteurs, il sécurise son système tentaculaire de répression par la production obsessionnelle de notes, de rapports et d'archives confidentielles. Les photographies et documents exfiltrés par un photographe de la Police militaire connu sous le pseudonyme de « César » et son ami « Sami » n'en représentent qu'une infime partie mais sans doute l'une des plus choquantes. Elle est à l'origine d'une enquête structurelle menée conjointement par les services spécialisés français et allemands depuis plusieurs années.

Sur les 11 847 victimes photographiées dont 6 786 détenus, 1 036 soldats et 4 025 civils non détenus, peu de photos concernent la branche 251, la plupart des cadavres photographiés étant liés aux branches 215 et 227. Ceux d'Al-Khatib étaient envoyés ailleurs. Cependant, des raisons logistiques circonstancielles ont fait qu'au moins 99 des corps photographiés par César proviennent de la branche 251. Le procès de Coblence a donc pu, pour la première fois, les examiner dans un cadre judiciaire avec l'appui de plusieurs témoins (dont la journaliste française Garance Le Caisne et l'officier allemand ayant interrogé « Sami ») et d'experts (dont un médecin légiste de l'université de Cologne ayant analysé durant trois années le corpus photographique de César).

1. Voir la synthèse en anglais du jugement par le Syria Justice and Accountablity Center : Trial monitoring, Report 58, « Inside the Raslan Trial : The Raslan Verdict in Detail », URL : www.syriaaccountability.org.

La Commission of International Justice and Accountability (CIJA) a pu, de son côté, récupérer des centaines de milliers de pages de documentation abandonnée par le régime mis en déroute dans certaines villes (*idem* pour Daech lorsque le groupe djihadiste a dû fuir à son tour). Le directeur des enquêtes, Christophe Engels, a produit, lors de son audition, deux rapports d'enquête signés par Raslan et un troisième portant son nom. Ces documents ont été corroborés par les témoignages de sept anciens détenus et mis en perspective avec d'autres documents récupérés par l'association : des protocoles d'interrogatoire et une directive renforçant la répression et émanant de la Cellule centrale de gestion des crises, mise en place par Bachar al-Assad en avril 2011.

Autres sources essentielles du procès, l'avocat syrien Anwar al-Bunni, à l'origine même de l'identification d'Anwar Raslan, et son compatriote Mazen Darwish, créateur et directeur du Centre syrien pour les médias et la liberté d'expression (CSM). Ce dernier a pu localiser quatre fosses communes dans la banlieue de Damas et produire un rapport sur des corps entreposés dans des chambres froides qui provenaient d'Al-Khatib, ainsi que l'organigramme de la branche avec les noms de 93 officiers et employés.

Au total la direction des Renseignements généraux (GID) emploie de 30 000 à 50 000 membres tandis que la branche 251 en compte entre 2 500 et 3 000. Raslan dirigeait une section d'enquête importante avec 30 à 40 subordonnés dont 7 interrogateurs. Certains employés de la branche 251 ont fini par s'exiler et ont été appelés à témoigner de ce qu'ils avaient personnellement vu au sein de l'appareil syrien et des fonctions qu'y occupait l'accusé. S'ils ne représentent, sur les 80 témoignages entendus au total, qu'une poignée, l'apport de ces « insiders » (témoins de l'intérieur) à la compréhension du système est crucial. Ils ont tous déposé sous pseudonyme en étant parfois aussi affublé d'une perruque ou d'une fausse barbe (des techniques rudimentaires de camouflage comparées aux techniques modernes de protection en usage à la Cour pénale internationale). À leur côté, un avocat les conseille lorsqu'ils hésitent à répondre par crainte de « s'auto-inculper » ou de dévoiler leur identité. Ce climat lourd de menaces a pesé jusqu'au cœur du prétoire, exacerbant la nervosité ou l'angoisse de certains témoins, limitant leur questionnement ou leurs réponses. Celles-ci étaient parfois maladroites ou embrouillées mais ce serait une erreur d'y déceler un caractère mensonger, tout comme il serait trop simple d'en attendre un portrait univoque et monstrueux de l'accusé. Certains ont au contraire signalé des gestes occasionnels de bienveillance de la part de Raslan – qui cependant démontraient en creux la réalité du pouvoir qu'il était en mesure d'exercer. Les juges ont l'habitude de prendre en compte cette complexité humaine et les effets de brouillage ou de distorsion dus à des défaillances de la mémoire sur des faits anciens, à la vision parcellaire qu'en ont eue les acteurs, à leur traumatisme ou plus prosaïquement aux défauts de communication et de traduction d'une procédure conduite dans une langue étrangère. Le tribunal n'est donc pas en mesure de faire entendre une parole complètement libre et assurée, ni de lever entièrement le voile sur toutes les zones d'ombre. Mais il pénètre tout de même en profondeur dans les soubassements du système.

Ainsi P5, un ancien gardien de la branche 251, a identifié l'accusé Raslan qu'il côtoyait très régulièrement. Généralement les officiers donnent oralement des ordres aux gardiens et aux tortionnaires sans avoir à se « salir les mains ». C'est sans doute le cas de Raslan que P5 n'a jamais vu maltraiter personnellement des détenus (mais P5 n'était pas non plus au côté de l'accusé lors des séances d'interrogatoire). P5 a par contre attesté avoir assisté aux coups et brutalités exercés à leur encontre par les gardiens, y compris en dehors des interrogatoires, ce que l'accusé lui-même a finalement reconnu.

Employé durant vingt années dans les services de renseignements, P10 a authentifié plusieurs documents signés par Raslan lorsque ce dernier était rattaché à la branche 285 (de pire réputation encore). Il livra une description détaillée de l'organisation des branches 251 et 285. Le chef de la division d'enquête commande les interrogateurs civils et militaires (eux-mêmes supérieurs aux gardiens) et leur ordonne – oralement – de torturer le détenu. Les diverses méthodes énumérées par P10 corroborent les récits qu'en ont faits les victimes et confirment leur usage systématique dans l'ensemble des services de renseignements, même s'ils peuvent l'être à des degrés divers selon les branches. Les corps des détenus décédés sont transférés vers les hôpitaux, la plupart par camions frigorifiques, mais peuvent, lorsque leur nombre excède les capacités de stockage, être laissés à même le sol en plein air jusqu'à ce que les services du procureur et de la Police militaire aient pu établir un certificat de décès (P10 parle de « faux certificats » car ils mentionnent tous une mort naturelle). Puis les corps sont enfouis dans des charniers ou – très rarement – sont rendus à leur famille.

P3 a travaillé dans plusieurs branches et en particulier au département des communications (par e-mail) de la branche 295. Son témoignage a essentiellement porté sur les listes des cadavres, comportant le numéro de la branche et le numéro de l'hôpital. Il a pu indiquer la localisation de deux charniers. Le nombre de corps transportés variait, allant de quelques dizaines à une ou plusieurs centaines (jusqu'à 300) mais, selon lui, le mois de décembre 2011 a correspondu à un pic. Un rapport dressait un bilan général de 8 000 corps. Le témoin tire ses informations des e-mails qu'il traitait (tout en notant que les chiffres indiqués ne correspondaient pas toujours au nombre réel – parfois plus élevé – de corps effectivement convoyés) ou de confidences de collègues. Sans avoir assisté personnellement à une telle opération, il déclara avoir vu à une occasion l'accusé Al-Gharib escorter des camions frigorifiques.

P14 supervisait l'enterrement des dépouilles en provenance des branches et hôpitaux militaires. Il était présent lors de cette ultime étape d'un processus de destruction qui avait démarré avec des ordres de représailles, puis l'arrestation, les séances de torture, l'emprisonnement dans des conditions inhumaines et pour ceux qui n'y survivront pas, le rassemblement des cadavres et leur enregistrement avant qu'ils soient jetés dans un charnier. C'est le dernier outrage, celui porté aux morts et, en scellant leur disparition, celui porté à leurs familles laissées, des mois et parfois des années durant, dans l'ignorance de leur mort. P14, qui conduisait les fossoyeurs jusqu'aux charniers et s'occupait aussi de tâches administratives, a décrit les squelettes faméliques, les stigmates crevant les chairs et des visages défigurés à l'acide.

Ce témoignage exceptionnel a particulièrement frappé l'auditoire et les journalistes présents qui s'en sont fait l'écho. P14 décrit en détail la composition de l'équipe de huit à douze fossoyeurs, les horaires de travail à l'aube, trois ou quatre jours par semaine, ainsi que la sécurisation de la zone par plusieurs *checkpoints*, la nature secrète de leur travail et des sites (le charnier d'Al-Quṭayfa entouré de collines et situé hors de vue, l'interdiction de parler ou d'emporter un téléphone mobile avec soi). Il parle aussi de l'odeur insoutenable et des cauchemars qui le poursuivent. Et ces phrases terribles sur le nombre des corps – « il y avait deux à trois camions, pouvant transporter chacun 700 à 750 cadavres » dont « une centaine, ou parfois plus, venaient d'Al-Khatib (la branche 251) » – et sur la taille gigantesque des charniers (« Il fallait plus d'une journée pour remplir une fosse, parfois cela prenait des mois »). P14 et ses collègues étaient appelés une à deux fois par mois pour « traiter » les dépouilles en provenance de plusieurs branches. Cependant la plupart des corps de la branche 251 allaient dans d'autres charniers que ceux où P14 travaillait. Le témoin avait accès aux registres des corps mais ses réponses sur le nombre global de corps en provenance d'Al-Khatib sont restées imprécises ou confuses (évoquant à un moment 3 000 à 5 000 corps pour l'année 2011 et jusqu'à 10 000 à un autre moment)[1].

Employé durant trente années à la direction des Renseignements généraux (GID) dont treize passées au sein de la branche 251, P21 était en poste en 2011-2012, lors de la période incriminée. C'était un responsable administratif chargé de l'archivage : un millier de feuilles scannées quotidiennement – c'est dire la boulimie bureaucratique du régime – dont des rapports d'interrogatoires de détenus et, signée par le chef du service d'enquête (Raslan à cette époque), la proposition de prolonger ou non la détention du prisonnier, ou, pour le faire parler, de prendre les « mesures nécessaires » (officiellement, le terme de torture n'était pas utilisé). La décision finale était ensuite endossée par le chef de la branche 251, le général Tawfiq Younes, sous supervision de Hafez Makhlouf. Une supervision qui dérogeait à l'organigramme officiel, l'obsession bureaucratique n'évitant pas l'existence de chaînes d'autorité parallèles plus directement reliées à l'entourage personnel de Bachar al-Assad. Ainsi, selon P21, même si Anwar Raslan était hiérarchiquement considéré comme le numéro 2 de la branche, en tant que sunnite, il compterait toujours moins que n'importe quel membre de la communauté alaouite. Un exemplaire du type de document signé par Raslan fut présenté et authentifié par le témoin lors de l'audience. P21 évoqua un courrier de la branche 251 à l'hôpital 601 (Mazzé) au sujet d'un prisonnier originaire du même village que P21, qui fut interrogé « par Raslan lui-même » et décéda après son transfert, « en mauvais état », à l'hôpital. P21 eut connaissance de la mort d'un autre détenu qu'il pouvait aussi identifier avec certitude. Il authentifia un autre document clé : une liste comportant le nom et le numéro de détenus, la date de leur arrestation, et parfois la date de leur mort[2]. Il ajouta qu'il avait pu assister personnellement, devant la porte de son bureau, à des bastonnades sur une quinzaine de prisonniers, frappés jusqu'au sang avec des bâtons ou des crosses de fusil, le long du parcours les conduisant jusqu'aux locaux du service de Raslan. C'était en mai-juin 2011, après l'émission d'ordres « venus du sommet » pour durcir la loi martiale et exiger de « prendre des mesures drastiques » contre les manifestants (un durcissement également décrit par P10). P21 avait un frère, dont il ne partageait pas les opinions révolutionnaires, et qui fut arrêté lors d'une manifestation. À sa grande surprise, P21 fut, en 2012 puis deux autres fois en 2014 et 2015, interrogé au sujet de son frère et, en dépit de son appartenance aux services de renseignements, il fut lui aussi isolé et torturé. Lors de son audition, P21, assisté d'un avocat, fit part des menaces qu'il avait reçues et sa crainte de « devoir payer » pour ce qu'il avait dit aux juges.

Le jugement en première instance prononcé en 2022 marque une date historique dans une recherche de justice qui, avec ce procès, n'en est encore qu'à ses débuts. Il

1. Pour plus de détails, voir aussi Christophe Ayad et Madjid Zerrouky, « Syrie : la confession des fossoyeurs du régime Assad », *Le Monde*, 26 juillet 2022.

2. Un document similaire, produit par l'hôpital, qui en plus pouvait indiquer un numéro de compartiment de réfrigération du corps, avait déjà été présenté lors de l'audition de P15, témoin entré en contact avec Raslan pour tenter d'avoir des informations sur son frère disparu (jour 35 et 36).

reste beaucoup à faire. Or, tandis qu'en Allemagne un nouveau procès s'est ouvert en janvier 2022 à Francfort pour juger un médecin-tortionnaire syrien, Alaa Moussa, pour crimes contre l'humanité, les procédures engagées en France ont connu un brutal arrêt avec la décision rendue par la Cour de cassation le 24 novembre 2021. En se basant sur une lecture étroite des conditions restrictives imposées par la loi de compétence universelle, elle a considéré que l'absence dans la loi syrienne d'un crime contre l'humanité semblable à la définition qu'en donne la loi française était de nature à empêcher la compétence des juridictions françaises. Une décision fortement critiquée dans le milieu même des juristes[1] qui y voient le risque d'un retard, sinon d'un retrait, de la France dans une lutte contre l'impunité dont elle se targue pourtant d'être le flambeau international. Elle possède pourtant certains atouts : outre son pôle d'enquêteurs et de magistrats spécialisés, et à la différence du droit allemand, la loi française permettrait d'ouvrir des procès par défaut contre de hauts responsables qui, à défaut de se rendre volontairement, ne peuvent pas être arrêtés, seraient jugés *in abstentia*. En attendant, et cette attente se compte aujourd'hui en années, c'est bel et bien la justice qui reste aux abonnés absents.

1. Voir notamment la tribune de la cheffe du Mécanisme international, impartial et indépendant sur les crimes commis en Syrie (MIII), Catherine Marchi-Uhel, « Syrie : Pour éviter de devenir leur refuge, la France devrait reconsidérer les conditions qui l'empêchent de poursuivre les auteurs de crimes contre l'humanité », *Le Monde* du 16 décembre 2021, et celle de la magistrate Aurélia Devos, ancienne chef du pôle Crimes contre l'humanité et génocide du TGI de Paris : « La France pourrait-elle devenir un refuge d'impunité pour les criminels contre l'humanité ? », *Le Monde* du 16 décembre 2021.

L'abattoir de Saidnaya

Jonathan Chalier[1]

Sur la base de près d'une centaine d'entretiens, Amnesty International accuse le régime syrien de crimes contre l'humanité : l'exécution sommaire de 5 000 à 13 000 personnes, dans la prison militaire de Saidnaya, au cours de la période allant de septembre 2011 à décembre 2015[2].

Le rapport de l'ONG rappelle la longue histoire de disparitions forcées et de massacres de prisonniers du régime syrien[3]. Ce dernier, contrairement à la fiction que la communauté internationale continue d'accréditer, n'est pas un État, mais un parti qui fonctionne comme une bande violente cherchant à éradiquer le politique[4]. À cet égard, la prison de Saidnaya est comme le microcosme de la Syrie, jusque dans la manière dont le régime a libéré les islamistes pour qu'ils dévorent la révolution[5]. Le rapport souligne également que la révolution syrienne a commencé en protestation contre la torture des quinze adolescents qui avaient défié le gouvernement sur les murs de leur école de Deraa en mars 2011.

La prison militaire de Saidnaya, située à 30 kilomètres au nord de Damas, détient entre 10 000 et 20 000 personnes. Elle est constituée d'un bâtiment blanc où sont enfermés des militaires suspectés de déloyauté envers le régime et d'un bâtiment rouge rempli de civils qui ont « confessé » un crime sous la torture. Lorsque les détenus arrivent à la prison, on les dépouille de tous leurs effets de valeur et, au cours de ce que les gardes appellent « la fête d'accueil », ils sont battus avec des câbles électriques, des barres métalliques et des sortes de fléaux fabriqués à partir de pneus de tracteurs découpés. Après un apprentissage de la peur en sous-sol qui peut durer jusqu'à un mois, les détenus sont ensuite placés à trente dans des cellules collectives au rez-de-chaussée, où un détenu est nommé *shâwish*, chef de dortoir, qui doit quotidiennement désigner des détenus ayant commis une transgression, sous peine de

1. Texte de Jonathan Chalier, paru dans *Esprit*, n° 433, 1er mars 2017.
2. Amnesty International, *Human Slaughterhouse : Mass Hangings and Extermination at Saydnaya Prison*, Syrie, 2017 (www.amnesty.org). Voir également https://www.amnesty.fr/conflits-armes-et-populations/actualites/syrie-lhorrible-prison-de-saidnaya.
3. Dans le film de Monika Borgmann et de Lokman Slim, *Tadmor* (Les Films de l'étranger, 2016), d'anciens détenus libanais reconstituent la prison de Palmyre dans une école désaffectée de Beyrouth et rejouent, ou racontent, leur quotidien de cruautés et d'humiliations. Voir aussi Yassin al-Haj Saleh, *Récits d'une Syrie oubliée. Sortir la mémoire des prisons*, *op. cit.*
4. Voir les analyses de Michel Seurat dans *Syrie. L'État de barbarie*, *op. cit.*, et celles de Jean-Pierre Filiu, *Le Nouveau Moyen-Orient. Les peuples à l'heure de la révolution syrienne*, Paris, Fayard, 2013.
5. Voir Firas Saad, « Sur l'expérience de Saidnaya » [26 décembre 2013], trad. fr. par Léa Plee et Rafif Rifaï, souriahouria.com, le 17 février 2014.

mort. La torture est régulière dans l'enceinte de la prison, non pas comme moyen d'obtenir des aveux, mais comme méthode de punition et d'avilissement. Les gardes ordonnent à des prisonniers d'en violer d'autres, sous peine de représailles. Les détenus sont privés de nourriture et leurs os ne tardent pas à saillir sous la peau. Ils sont souvent privés d'eau potable : « Au neuvième jour, les gens ont commencé à boire leur propre urine. » Les détenus sont soumis à la morsure du froid pendant l'hiver, forcés de rester en sous-vêtements. Ils souffrent de la gale, de poux, de diarrhée, et de gangrènes faisant suite à des blessures. Ils sont privés de tout soin médical et doivent tenir le silence en permanence.

Les détenus sont « jugés » en moins de trois minutes par un tribunal militaire, qui opère en dehors de toute juridiction, sans la présence d'avocat pour la défense et sans possibilité d'appel. Les peines de mort sont visées par les plus hautes autorités du régime.

Une à deux fois par semaine, dans la nuit, près d'une cinquantaine de détenus sont appelés au prétexte d'un transfert dans une prison civile et déplacés en file indienne (« le train » : chaque détenu doit saisir le détenu placé devant lui et baisser la tête au niveau de la taille) vers une salle du sous-sol, où ils se font injurier et tabasser jusqu'à l'arrivée de « la délégation », c'est-à-dire la commission d'exécution. Quand un détenu est conduit devant cette dernière, il a les yeux bandés et ignore toujours son sort. On lui demande de déposer une empreinte digitale sur un formulaire indiquant son nom, le nom de sa mère, son lieu de naissance, son numéro d'identité et sa dernière volonté. Une fois la plate-forme pleine de condamnés, on leur passe un nœud coulant autour du cou avant de les pousser dans le vide. Après avoir laissé les pendus un quart d'heure au bout de la corde, les aides de camp exercent une traction sur les survivants afin de leur briser le cou.

Avant l'aube, les corps sont chargés dans des camions, enregistrés à l'hôpital de Tichrine – les causes officielles du décès sont invariablement « arrêt cardiaque » ou « arrêt respiratoire » – et abandonnés dans des charniers voisins.

En conclusion, Amnesty s'interroge : « Que faut-il donc pour que la communauté internationale réagisse ? Le monde a déjà été le témoin du bombardement impitoyable des zones civiles, des disparitions en masse, des situations de siège provoquant la famine et de l'usage systématique de la torture. Ce rapport apporte les preuves d'exécutions sommaires massives et d'une politique d'extermination des détenus[1]. » Cette politique n'étant pas près de s'arrêter, le rapport contient un certain nombre des recommandations à divers organes de l'Organisation des Nations unies (ONU), la plupart étant impuissants à cause de l'opposition systématique de la Russie, et enjoint aux gouvernements nationaux d'exercer leur compétence universelle[2], de s'assurer que les demandeurs d'asile qui ont été victimes de la torture reçoivent les soins nécessaires et de soutenir les associations syriennes des droits de l'homme[3].

1. Amnesty International, rapport cité, p. 43. Cécile Andrzejewski et Leila Miñano et Daham Alasaad font état de viols d'enfants par les forces du régime : voir Mediapart, art. cité, dans le cadre du projet « Zero Impunity ».

2. En France, la justice conduit une enquête préliminaire et en Espagne, la justice examine une plainte, toutes deux sur la base du « dossier César », du nom de code d'un photographe des forces de sécurité syrienne qui a exfiltré, au moment de faire défection, près de 54 000 photographies, prises entre 2011 et 2013, de 6 786 corps de détenus décharnés portant les stigmates de la torture.

3. Le Working Group on Syrian Detainees a identifié plus de 150 000 prisonniers politiques en Syrie, mais considère que le chiffre total est plus proche de 300 000 personnes. Ce groupe réclame tous les soutiens possibles pour la mise en place d'une commission internationale indépendante qui puisse se rendre sur place.

Les exécutions de masse à Saidnaya

Témoignages de deux survivants[1]

Hamid

Il y avait d'abord un bruit de quelque chose qu'on tire – comme un morceau de bois, je n'en suis pas sûr – et puis on entendait le son que faisait leur gorge étranglée, si tu collais ton oreille au sol tu pouvais entendre une sorte de gargouillis. Ça durait environ dix minutes. Nous dormions au-dessus des bruits de ceux qui mouraient étouffés. C'était devenu normal pour moi à ce moment-là.

Ça arrivait après qu'ils nous disent de dormir, de sorte qu'on pouvait tout entendre. Je me suis empressé de monter sur les toilettes pour voir ce qui se passait alors que j'étais supposé dormir. J'ai vu le « frigo à viande » à l'extérieur de la prison, il était blanc, très grand. Ils les emmenaient à l'intérieur, et alors nous ne pouvions plus rien voir. Quinze ou trente minutes plus tard ils apportaient une autre cargaison d'hommes. […]

Je les ai vus marcher depuis la porte principale du bâtiment blanc. Ils marchaient à la queue leu leu tête baissée en tenant la chemise de la personne devant eux. La première fois que j'ai vu ça, j'ai été horrifié. Ils étaient amenés à l'abattoir, je les ai vus et je suis immédiatement retourné à ma place pour dormir. Mais ensuite j'ai éprouvé un sentiment de bonheur. Ils venaient pour être tués et j'étais heureux que leurs souffrances prennent fin. Souvent, à la nouvelle que quelqu'un était mort dans le bâtiment rouge, nous nous sentions heureux. C'était un cadeau d'être tué. Même dans le bâtiment blanc. Nous voulions mourir, l'idée ne nous attristait réellement pas ; car c'est ce que nous faisions en prison. Nous mourions chaque jour lentement.

Hussein

J'ai vu le « frigo à viande » à l'extérieur de la prison, ils utilisaient un « frigo à viande » ou un minibus. Le camion était tout blanc, les fenêtres étaient entièrement peintes en blanc. Les gens qu'on voyait à l'extérieur portaient des vêtements civils et ne venaient pas du bâtiment blanc. La salle où avaient lieu les exécutions se trouve sous le parloir. Quand ils nous ont emmenés au tribunal ils nous ont fait passer par le sous-sol. Ce n'était pas la porte habituelle, il fallait d'abord descendre quelques marches pour rejoindre la salle depuis la rue. Je l'ai vu quand je suis allé au tribunal. Quand les camions arrivaient, ils s'arrêtaient là.

---

1. Extrait du rapport d'Amnesty International, *Human Slaughterhouse : Mass Hangings and Extermination at Saydnaya Prison*, *op. cit.*

Témoignage de Najah Albukai[1]

Professeur de dessin à l'université internationale des sciences et techniques au sud de Damas, Najah Albukai, qui avait 41 ans en 2011, a pris fait et cause pour la révolution. Arrêté à trois reprises, en 2011, 2012 et 2014, il est rescapé de deux périodes d'emprisonnement, d'un mois en 2012, et d'une année en 2014-2015. Il n'a cessé de porter témoignage dans ses dessins depuis qu'il a pu s'exiler. Réfugié en France depuis le 5 décembre 2015, il a souhaité collaborer au livre noir *en y publiant quelques-uns de ses dessins et en livrant le récit de son expérience.*

La première arrestation : 5 mai 2011

J'ai été arrêté une première fois le 5 mai 2011 lors d'une manifestation à Damas en compagnie d'étudiants des Beaux-Arts. Nous avions organisé une « manifestation volante » place Arnous, dans le centre. Ce type de rassemblement, qui ne dure pas plus de cinq minutes, nous permettait de manifester pacifiquement notre présence tout en dénonçant la violence du régime. C'était un mardi parce qu'en semaine, le monde dans les rues nous protège davantage.

Lorsque nous sommes arrivés sur la place, elle grouillait de policiers et plusieurs bus étaient disposés pour embarquer les manifestants. Beaucoup ont vu ce dispositif à temps et ont réussi à repartir sans se faire remarquer. Quant à moi, je me suis retrouvé dans un groupe de vingt-cinq manifestants environ, pris dans cette nasse. Nous avons fait mine d'être venus boire un verre au bar Chez Nous, mais deux étudiants ont été repérés à cause des banderoles qu'ils portaient.

Nous avons été emmenés à la section de la Sûreté de l'État d'Al-Khatib, près de l'avenue Bagdad. Au sous-sol, les hommes ont été séparés des femmes. Nous étions douze, assis par terre. Le visage contre le mur, j'ai remarqué qu'il y avait du sang séché : d'autres avaient dû essuyer là leur bouche ou leur nez. Ensuite, j'ai été interrogé. On m'a ordonné de poser mon empreinte digitale et de signer une feuille blanche portant au bas mon nom et la date. Je savais ce que ça signifiait : ce document serait une prétendue « déclaration sur l'honneur » selon laquelle je prenais l'engagement de ne plus jamais participer aux manifestations. Dans cette situation, il ne faut pas être têtu : j'ai fait ce qu'on me demandait pour pouvoir sortir.

Si j'ai bénéficié dans ce cas d'une telle clémence, c'est que la violence est une affaire de classe. Celles et ceux qui manifestent à Damas appartiennent le plus souvent à la classe moyenne éduquée. Nous étions moins durement réprimés que les autres qui manifestaient dans la périphérie de Damas ou dans d'autres provinces, surtout au début de la révolution. D'abord, le régime ne nous prenait pas au sérieux ; pour

1. Témoignage inédit, écrit en collaboration avec Frédérik Detue en 2019.

lui, nous étions des « intellectuels », autrement dit des « femmelettes ». Puis nous n'avions pas le bon profil ; la propagande du régime voulait nous faire passer pour des islamistes, or la plupart des femmes qui manifestaient avec nous n'étaient pas voilées.

À partir de juillet de la même année, cependant, j'ai été de nouveau menacé. Les faits se passent cette fois chez moi à Jdeidet Artouz, dans la Ghouta occidentale au sud-ouest de Damas. J'ai d'abord échappé de peu à une arrestation. Déjà à l'époque, j'avais compris que j'étais repéré ; il régnait un tel climat de suspicion que je dormais dans différents endroits. Une semaine avant les faits, un agent de la *mukhâbarât* était d'ailleurs venu m'interroger et m'avait conseillé de me tenir tranquille. Ainsi, par chance, je n'étais pas chez moi le 28 juillet quand des miliciens et des militaires ont investi ma maison. Cela n'a fait que confirmer que j'avais fait l'objet d'une dénonciation, mais je n'en ai pas su tout de suite la teneur. Il a fallu pour cela attendre l'année suivante, lorsque j'ai été arrêté pour de bon et que j'ai dû subir des interrogatoires. C'étaient des affabulations, selon lesquelles j'étais le chef de la coordination de Jdeidet Artouz, qu'avec l'aide de ma femme et d'une amie artiste j'organisais des réunions chez moi et des manifestations et que j'y faisais participer des étudiants des Beaux-Arts. Les jeunes n'avaient pas besoin de moi pour préparer les manifestations, et d'ailleurs je ne sais pas s'il y eut dans la révolution syrienne, à un moment ou à un autre, un « chef de la coordination ».

Je me suis réfugié pendant quatre mois à Damas avec ma femme Abir et ma fille Nadia puis nous sommes rentrés. Je me suis alors efforcé de ne pas me faire remarquer : je suis retourné à l'université, j'ai repris le travail dans mon atelier. Par prudence, j'évitais aussi les *checkpoints* et les barrages. En avril 2012, cependant, des mouvements contre le régime ont repris dans la ville en réaction au massacre de Homs début février. Là-bas, l'armée avait bombardé des quartiers résidentiels, tuant plus de 250 civils. Ça a provoqué une escalade de la violence entre les forces du régime et l'Armée syrienne libre ; les actions de représailles se sont succédé de part et d'autre. Je me suis rendu compte que la situation devenait très dangereuse mais je suis resté là néanmoins. À cette époque, nous étions persuadés que le régime ne résisterait pas jusqu'à l'hiver. En outre, je restais prudent, j'évitais de m'engager dans les manifestations. Je me suis quand même mobilisé pour aider les déplacés de Homs qui étaient arrivés en nombre ; l'engagement humanitaire était tout aussi condamnable du point de vue du régime, mais cela me paraissait moins risqué.

La deuxième arrestation : 1er-30 juillet 2012

Bien sûr, la prison faisait peur. Beaucoup auraient préféré mourir plutôt que d'être arrêtés, tant cette perspective les terrorisait. Il fallait voir les mises en scène orchestrées par le régime ! Quand ils se faisaient arrêter, les habitants de Jdeidet Artouz étaient le plus souvent transférés à Damas dans la section 227 de la Sécurité militaire. En chemin, cependant, les prisonniers passaient quelques heures à Al-Kiswa, le temps d'être identifiés et de remplir un dossier. Comme la plupart des villes en Syrie, Al-Kiswa abrite des logements de fonction appelés *Massaken* à destination des officiers et autres agents du régime, souvent alaouites. Passages à tabac et actes de torture commençaient au pied de ces immeubles, à l'air libre, et, pour que nous sachions bien à quoi nous en tenir, les scènes étaient filmées et diffusées sur YouTube. Il s'agissait d'instaurer un climat de terreur et en même temps de diviser le mouvement de révolte en attisant les tensions communautaires entre sunnites, chrétiens et alaouites. De telles vidéos, comme celle d'une scène filmée à Al-Bayda le 12 avril 2011[1], ont eu un impact énorme. Le premier slogan de la révolution disait : « Le

1. https://tinyurl.com/yc82dfck.

peuple syrien ne s'humilie pas ! » Et voilà que les représailles du régime mettaient en scène cette humiliation.

En même temps, la prison fait en quelque sorte partie du CV des Syriens sous ce régime. Avant que cela ne m'arrive à mon tour, certains de mes cousins avaient déjà été détenus à plusieurs reprises. En 2012, c'était donc presque un déshonneur de ne pas avoir connu la prison ! Il faut dire qu'à cette époque, on n'entendait pas encore parler de disparitions. On était emprisonné un mois, un mois et demi au maximum. Les gens rentraient certes avec des traces de tortures mais souvent ils ne se plaignaient pas ; certains se vantaient même d'avoir supporté la torture. À leur libération, la famille et les voisins les accueillaient par de grandes embrassades. Ils avaient droit à un repas de fête. Dans le quartier, on entendait des youyous et des klaxons. Ils étaient comme des héros !

Finalement, j'ai été arrêté le 1er juillet, tandis que je me rendais dans mon université. J'aurais dû descendre du bus afin d'éviter un barrage, je savais pourtant qu'il y avait un risque. Mais j'ai été trop confiant. Au barrage, trois militaires armés de kalachnikovs sont montés dans le bus et ont contrôlé les identités. Ils vérifiaient que les noms des gens ne figuraient pas sur la liste de personnes recherchées dont ils disposaient. Or le mien y figurait : celui qui l'a découvert m'a aussitôt ordonné de descendre du bus en me menaçant de sa kalachnikov et en m'insultant.

Retenu au barrage, j'essayais de garder contenance en faisant l'innocent. J'expliquais que j'étais professeur de dessin à l'université et que je ne participais pas aux manifestations. C'était aussi possible qu'ils recherchent une autre personne de ma famille, car beaucoup avaient participé aux manifestations à Jdeidet. Mais, au bout d'une heure et demie, j'ai entendu un militaire dire au téléphone : « Oui, oui, il a les cheveux frisés. » Je l'ai compris plus tard : on avait retrouvé la dénonciation de l'année précédente, qui contenait visiblement ce signe distinctif. À partir de là, les choses se sont précipitées. À peine cinq minutes après cet appel téléphonique, trois hommes armés, en civil, sont arrivés pour m'emmener. Ils ont mis ce que je portais sur moi, y compris mon argent, ma ceinture et mes lunettes, dans un sac sur lequel ils ont inscrit mon nom. Puis ils m'ont fait monter dans leur voiture en me passant ma chemise sur la tête et en m'ordonnant de garder la tête baissée. L'un d'eux a tâté ma cuisse et a raillé : « Tu es bien gras. » Leur attitude était inquiétante mais ils n'étaient pas encore violents.

À l'arrivée, les trois hommes m'ont fait entrer dans un bâtiment par une porte métallique et m'ont allongé sur un tapis de sol militaire. Ils m'ont menotté en serrant trop fort, m'ont attaché les pieds avec du câble électrique puis ils se sont absentés. Dès lors, que les menottes me fassent saigner ou que j'aie besoin d'uriner, ce n'était pas leur problème ; malgré mes appels à l'aide, ils m'ont laissé dans cette position pendant bien trois heures. Quand pour finir ils sont revenus, ça n'a plus été la même chanson, cependant. Ils m'ont alors frappé si brutalement qu'ils m'ont brisé le tympan. Ils m'ont emmené ensuite dans le bureau d'un officier qui m'a expliqué : « Écoutez, Albukai, nous n'avons rien contre vous mais les services de renseignements veulent vous poser des questions. » Bien que l'officier leur ait reproché de m'avoir frappé, les trois hommes m'ont de nouveau roué de coups au sortir de son bureau. Ils n'ont pas cessé de me frapper jusqu'à ce qu'ils m'aient fait monter dans un bus.

Là, en baissant la tête, j'ai réussi à voir que je n'étais pas encore à Al-Kiswa, contrairement à ce que j'avais cru en arrivant ; je me trouvais à la base militaire 100 (qu'on appelle *Fawj Miyyé*), sur les hauteurs de Jdeidet Artouz. C'est à partir de ce moment que j'ai suivi le parcours que j'ai décrit plus haut. Le trajet de Jdeidet à Al-Kiswa a été très long, car le bus faisait le tour des différents barrages pour ramasser les personnes qu'on avait arrêtées. À Al-Kiswa, nous avons tous eu droit au tabassage réglementaire par les fanatiques du régime, mais j'ai été plus frappé que les autres : « artiste plasticien », « chef de la coordination de Jdeidet Artouz »,

« membre de la famille Albukai », voilà apparemment qui me valait un traitement spécial. Dans le bâtiment où l'on nous enregistrait, j'ai aussi vu deux jeunes hommes tout ensanglantés qui avaient été incroyablement torturés. Nous sommes arrivés à la section 227, à deux pas du ministère de l'Éducation supérieure, vers sept heures du soir.

Après un bref interrogatoire au cours duquel on m'a demandé si je savais ce qu'étaient devenus mes cousins Omar, Maher et Samir Albukai, j'ai subi mon quatrième « repas » de la journée : ce que, dans ce centre de torture, on appelle la « fête d'accueil ». Avant qu'on ne me rase, j'avais encore les cheveux bouclés assez longs, ça a bien excité les gardiens. À tour de rôle, ils m'attrapaient par les cheveux en m'insultant et ils me claquaient la tête contre le mur. Ils m'ont aussi donné des coups de bottes dans le sacrum, au bas de la colonne vertébrale. Les tortionnaires adorent frapper à cet endroit, ça paralyse.

On m'a ensuite emmené au sous-sol. On avait écrit le numéro de ma cellule sur mon épaule, en plus de mon nom : « G4 ». En descendant l'escalier, j'entendais beaucoup de bruit, des cris, mais je ne comprenais pas ce qui se passait. Il fallait vraiment le voir pour le croire. Je me suis retrouvé dans un couloir étroit le long duquel se trouvaient les cellules. Celles-ci étaient tellement bondées que des prisonniers étaient gardés dans le couloir. Il y avait une odeur de transpiration insupportable. Mais le pire, c'est ce qui provoquait les cris : comme il n'y avait pas de salle d'interrogatoire à ce niveau, on torturait les détenus dans le couloir lui-même, au beau milieu des autres.

On m'a fait entrer dans la cellule G4. C'était une petite pièce obscure de cinq mètres sur deux mètres trente environ, complètement bondée. Pendant les trois premiers jours, je n'ai même pas trouvé de place pour m'asseoir. Dans un espace aussi exigu, où l'on entasse parfois jusqu'à soixante-quinze personnes, il faut bien que s'instaure un semblant d'ordre. Cela n'empêchait pas les disputes, mais ça rendait quand même les choses un peu moins invivables. Une hiérarchie s'établissait ainsi à l'ancienneté pour l'attribution des places dans la cellule. Vu que l'atmosphère était irrespirable, les places les plus prisées se trouvaient près de la porte, où un peu d'air et de lumière entrait. Ça avait un côté radeau de la Méduse.

Le *shâwish*, l'ancien, qui était là parfois depuis un mois, pouvait s'asseoir près de l'entrée. Quant au *tartour*, le nouveau venu, il se retrouvait debout dans le fond de la cellule.

J'ai passé un mois dans cette cellule, c'était une torture en permanence. Je ne fais même pas encore référence aux séances d'interrogatoire que j'ai dû endurer. D'ailleurs, les interrogatoires, c'était une réalité au quotidien, vu que ça se passait dans le couloir. Entendre les cris des autres, se représenter les tortures qu'ils subissaient, se raconter les choses entre nous, c'était une épreuve terrible ; j'entends encore ces cris aujourd'hui. Mais je parle ici des conditions inhumaines et dégradantes d'emprisonnement dans la cellule. On n'imagine pas par exemple que l'un des grands dangers en prison est de passer « hors réseau », comme nous disions. C'est un état de faiblesse tel que tu perds conscience de tes faits et gestes et que tu agis comme un somnambule. Ma hantise était que ça m'arrive. J'ai vu un homme se faire frapper à mort par les autres détenus à cause de ça. C'était un soldat du régime qui avait été enfermé avec nous depuis deux jours ; passé « hors réseau » après une séance de torture, il s'était mis à marcher et à pisser sur les autres. Quand ça m'est arrivé une fois de me retrouver dans cet état, les autres m'ont frappé aussi, mais pour me faire revenir à moi.

Un autre de nos grands soucis, c'était de ne pas tomber malade. Alors qu'il faut lutter déjà pour pouvoir respirer correctement et pour pouvoir se reposer, c'est presque impossible. Forcément, étant donné la promiscuité dans la cellule, les conditions d'hygiène étaient épouvantables. J'ai tout de suite été confronté à la gale et aux poux, quand je suis arrivé. Le risque le plus dangereux, c'était d'attraper la diarrhée. Des détenus se vidaient au milieu de nous. En 2012, deux hommes sont morts comme ça dans la « G4 ». Il a fallu un peu de temps, à chaque fois, pour que nous nous rendions compte qu'ils ne bougeaient plus, qu'ils ne respiraient plus.

Nous ne savions jamais quand viendrait notre tour d'être interrogé ni si les séances seraient accompagnées de torture, aussi vivions-nous dans une angoisse permanente. J'ai subi cinq séances d'interrogatoire pendant ce séjour et, comme tous, j'ai été torturé. J'ai reçu beaucoup, beaucoup de coups, d'autant plus qu'avec mon tympan brisé, j'entendais mal ce qu'on me demandait. Jamais à main nue, les coups ; les tortionnaires ont trop peur de la contagion. Je n'ai connu qu'un gardien qui osait nous toucher, il s'appelait Bassem ; c'était un sadique, il attrapait les détenus à la gorge et les étranglait. Quant aux autres, l'usage, c'était le câble électrique. Sous la torture, tu essaies de dire quelque chose pour te sauver. J'ai dit et répété que je n'étais pas un islamiste, que j'étais laïque. Que je n'avais pas participé aux manifestations. Mais on n'a pas arrêté de me frapper. J'ai été soumis une fois à la torture du *shabah*, que les tortionnaires employaient fréquemment. On te menotte les poignets au plafond de façon que les pieds ne touchent pas le sol ou à peine, et on te frappe. Et on fait durer le plaisir encore et encore. Tu ne sens plus tes doigts pendant plusieurs jours. Ça te casse le torse, les épaules, la nuque, le dos ; j'ai eu plusieurs côtes cassées. Mes poignets aussi ont été fortement meurtris par les menottes, j'ai encore des cicatrices aujourd'hui.

Le 29 juillet, on m'a fait sortir de la section 227. On ne te dit jamais ce qui t'attend, ce fut donc un soulagement de me retrouver au palais de justice dans le centre de Damas. D'autant que j'ai pu y voir ma femme Abir, qui m'a dit : « Najah, ça y est, tu vas être libéré ! » On s'était trompé de juridiction, cependant ; je devais en fait passer devant le tribunal pénal de Zablatani al-Rif, dans la périphérie de la ville. On allait donc m'emmener pour la nuit à Adra, la prison centrale de Damas, en attendant le lendemain. Au moment de quitter le palais de justice, j'étais enchaîné dans le bus à d'autres prisonniers quand le chauffeur m'a interpellé et, de façon inattendue, m'a passé un téléphone. J'ai entendu une voix inconnue qui me disait : « Demain, tu ne diras qu'une chose au juge : que tu n'as jamais manifesté. Surtout rien d'autre. » C'est ce que j'ai fait en effet lors de mon audience, et j'ai été soutenu par un assesseur du juge qui a dit que j'avais avoué sous la pression. Enfin, le juge a ordonné ma libération. Un policier m'a mis un tampon sur la main pour que je ne sois pas de nouveau arrêté à un barrage, et j'ai pu rentrer chez moi.

Je dois cette libération à ma femme Abir. De connaissance en connaissance, elle s'est démenée pour parvenir à joindre un officier de la section 227 et elle l'a payé pour qu'il me fasse sortir. Cette année-là, la rançon était de 50 000 livres syriennes[1]. C'est pour ça aussi qu'elle a réussi à me voir au palais de justice de Damas : elle voulait être certaine que je sois sorti avant de payer. Tout l'enjeu était là, étant donné que mon incarcération dans la section 227 était extrajudiciaire. À ce moment-là, il était encore possible, du fait de la corruption, de me faire revenir dans un circuit judiciaire classique. Ce n'était pas une garantie absolue que je serais jugé équitablement, mais tout de même des juges pouvaient encore conserver une éthique professionnelle. Peu de temps après (en septembre 2012, je crois), le régime a créé une section anti-terroriste dans les tribunaux de sorte qu'il n'y a plus eu pour nous qu'une justice d'exception, gangrenée elle aussi par la corruption.

Le retour à Jdeidet Artouz a été très dur et de courte durée. Le lendemain, mercredi 1er août, les forces du régime entraient dans la ville et commettaient un massacre. Arrestations arbitraires, actes de torture, exécutions sommaires : on a dénombré cinquante-neuf victimes dans les rues et dans les maisons. J'ai eu de la chance que les soldats ne pénètrent pas chez moi, car j'étais alité : j'étais rentré si affaibli, blessé, malade... Face à ce danger,

1. Au taux de change de la livre syrienne le 30 juillet 2012, cette somme équivaut à 626 euros environ.

ma famille a pris la précaution ensuite de me mettre à l'abri dans un autre logement – et de fait, l'armée a de nouveau commis des exactions dans la ville le vendredi. Le samedi, j'ai assisté à l'enterrement de dix-neuf victimes, parmi lesquelles j'avais des cousins. Certaines personnes avaient été brûlées vives ; à d'autres, on avait cassé les reins. Des activistes ont filmé cet enterrement.

J'ai quitté Jdeidet Artouz le 5 août. Nous avons fait appel à deux amies alaouites pour qu'elles nous emmènent en voiture ; c'était plus sûr, afin de passer les barrages. Je n'ai plus jamais revu ma maison. En septembre, en représailles à une action de l'Armée syrienne libre, les forces du régime ont brûlé une centaine de maisons à Jdeidet. Elles agissaient toujours de cette façon lorsqu'elles subissaient une défaite militaire. Elles s'en prenaient aux quartiers civils qu'elles prenaient pour des foyers de la révolution. C'est ainsi que la maison familiale est partie en fumée.

Troisième arrestation : 3 septembre 2014-16 juillet 2015

Je me suis installé à Damas chez ma belle-famille, dans le quartier chrétien de Bab Touma. Abir est passée chez le juge pour obtenir une attestation officielle prouvant que j'avais été acquitté. Je voulais me sentir libre de circuler, d'autant que nous nous retrouvions à loger à proximité du siège des *mukhâbarât*. J'ai voulu en avoir le cœur net et suis retourné devant le juge avec le document. Il m'a dit : « Je vous conseille d'éviter les barrages. Surtout avec votre nom, je ne peux rien vous garantir. » Pendant deux ans, je ne suis pas sorti seul dans le quartier ; j'étais toujours accompagné de ma femme, parfois aussi de ma fille. J'ai repris par ailleurs mes activités à l'université, qui a déménagé fin octobre 2012 dans le centre de Damas près du parc Tichrine, la route de Deraa étant devenue trop dangereuse. Mais en 2014 j'ai appris que j'étais toujours recherché. Nous avons alors décidé de quitter la Syrie et de nous réfugier au Liban. Nous nous sommes adressés aux personnes qui avaient servi d'intermédiaires pour obtenir ma libération deux ans auparavant, car j'avais besoin de savoir si j'étais fiché à la frontière ou si je pouvais passer sans risque. Elles m'ont certifié qu'on n'avait rien à mon sujet, qu'elles avaient des contacts aux frontières et que je ne serais pas arrêté. Nous avons payé un nouveau pot-de-vin de 100 000 livres syriennes[1] pour ce service, mais c'était une arnaque.

Le 3 septembre 2014, vers 4 h 30 du matin, je me présentais avec ma femme et ma fille à la frontière syro-libanaise. Selon nos informateurs, le douanier en poste à cette heure-là nous laisserait passer. Nous portions aussi des croix au cou de façon à nous faire passer pour des chrétiens. Mais j'ai été tout de même arrêté une nouvelle fois. La croix que je portais m'a juste servi à ne pas prendre de coups dans ce moment-là.

À 9 heures, on m'emmenait. Là, j'ai vraiment cru que c'était fini. D'abord, on ne m'a pas recouvert la tête, c'était suspect. Puis nous sommes passés à côté de l'aéroport militaire de Mazzé, où se trouve la 4e Division de Maher al-Assad. J'ai retenu mon souffle : c'est l'un des centres de torture qui a la pire réputation dans la région de Damas. Mais on ne s'est heureusement pas arrêté là. J'ai été presque soulagé après ça de découvrir qu'on me reconduisait à la section 227 de la Sécurité militaire. Je me disais qu'au moins, Abir saurait où j'étais et qu'elle pourrait se servir de son expérience de 2012 pour me faire libérer. Tout n'était pas perdu.

À mon arrivée, les choses ne se sont pas passées exactement comme en 2012. J'ai eu droit à la « fête d'accueil », cela va sans dire. Mais on ne m'a pas rasé la tête et on m'a laissé ma chemise. Puis on m'a incarcéré dans une cellule au rez-de-chaussée, pas dans la « G4 ». Plus grande que la « G4 », elle contenait aussi plus de détenus, au moins cent vingt-cinq. Une autre différence était qu'il y avait une cuvette

1. Au taux de change de la livre syrienne le 3 septembre 2014, cette somme équivaut à 494 euros environ.

dans le fond de la pièce pour nos besoins. Ce qui m'a frappé, cependant, c'est que trois hommes restaient étendus à côté dont je n'arrivais pas à savoir s'ils étaient malades ou morts. Ce premier jour, le silence a été écrasant jusqu'au soir. Après le repas, un garde est entré et a réquisitionné quatre détenus au hasard : « Vous quatre, en slip, un drap ! » Les quatre sont restés absents une demi-heure environ. Quand ils ont reparu, je me souviens, il émanait d'eux une odeur de cadavre. Ils n'en avaient pas fini, cependant. Le gardien nous a ordonné de leur ménager un passage jusqu'au fond de la cellule et de tourner le dos pour ne pas regarder. Ils ont alors emporté deux des corps qui gisaient près de la cuvette. C'est là que j'ai compris qu'un seul des trois hommes était encore vivant ; il a d'ailleurs agonisé encore pendant une dizaine de jours.

Les jours qui ont suivi, j'ai été témoin du même manège et j'ai même vu des corps recouverts de draps. Mais je n'ai réalisé ce qui se passait exactement qu'à partir du moment où j'ai été réquisitionné à mon tour. Des camions faisaient la tournée des centres de torture tous les jours pour rassembler les cadavres puis les emporter. Le soir, un camion arrivait à la section 227 après avoir chargé des corps dans les trois sections voisines (la 291, la 215 et la 248, qui sont dans la même rue). Notre tâche était alors de les décharger et de les regrouper au sous-sol pour la nuit avec ceux de notre section. Le matin, un autre camion passait pour tous les emporter et nous devions cette fois remonter les corps et les charger. Chaque fois que j'étais réquisitionné le matin, je voyais que d'autres cadavres avaient été collectés dans d'autres points de regroupement et déposés dans le camion. Un gardien de la section un peu humain nous a confié une fois que les camions transportaient les cadavres au cimetière de Najha pour les inhumer dans une fosse commune. Il nous disait qu'on adressait aux familles toujours le même acte de décès : quelque chose comme : « Votre fils est décédé des suites d'une crise cardiaque. » La plupart du temps, les familles restent sans nouvelles de leurs disparus mais c'est vrai que, quand par exception elles reçoivent une information officielle, la cause du décès invoquée est invariablement la crise cardiaque. C'est une machine de mort très bien organisée. Tous les soirs, les cinq ou six cadavres regroupés dans notre section étaient numérotés. Un jour, j'ai relevé le numéro 5532, scotché sur l'un des cadavres. Je me souviens du dernier numéro que j'ai relevé, soixante jours plus tard : c'était le 5875. Il y avait donc eu 343 morts en deux mois rien que dans la section 227 et les trois sections voisines. Et à ceux-là s'ajoutaient dans le camion du matin ceux qui avaient été numérotés ailleurs.

J'ai beaucoup dessiné ces scènes où nous transportions les cadavres, c'était atroce. Certains corps étaient très maigres. Ces personnes avaient passé beaucoup de temps en détention. Mais ce n'était pas toujours le cas. On voyait, pour certaines, que cela ne faisait pas vingt jours qu'elles avaient été incarcérées. Imaginez ce que c'est que d'arriver dans une cellule où il n'y a pas de place pour s'asseoir. Les hommes de plus de soixante ans ne résistaient pas, ils mouraient en quinze jours. C'était non seulement une histoire d'âge mais aussi de santé. Si tu es diabétique, par exemple, tu n'as aucune chance de t'en sortir dans ces conditions. Un avocat qui s'est fait emprisonner le même jour que moi a attrapé la dysenterie. Il avait le même âge que moi mais il a été emporté en trois semaines. La seule possibilité que nous avions de nous soigner était de négocier avec les gardiens ; pour eux, les médicaments, c'était un marché. Mais encore fallait-il avoir été en possession de beaucoup d'argent au moment de son arrestation. Je me souviens qu'un commerçant a fait acheter des antibiotiques pour deux autres détenus qui avaient des enflures, mais c'était un cas exceptionnel. La règle avec les enflures, c'était la mort. Ça commence par des boutons, ça devient énorme, puis du sang, du pus commencent à couler. La plupart des cadavres avaient ça. La diarrhée, plein de boutons, des marques de torture, des enflures... Parfois c'était différent, on tombait sur les cadavres de personnes qui

Najah Albukai, dessin de prison. Carnets Syrie, octobre 2015-juin 2020.

venaient d'être exécutées. Il arrivait même dans ce cas que les corps portent encore des vêtements. Mais ça n'était pas moins angoissant pour autant. Quand le camion arrivait le soir, du sang coulait des draps. Les corps étaient chauds. De la vapeur sortait avec le sang.

Il est arrivé que les gardiens se trompent : qu'ils nous demandent de transporter un homme qui n'avait pas fini d'agoniser. Quand ils s'en apercevaient, c'était épouvantable : ils venaient aussitôt briser la nuque du mourant. Je n'ai pas assisté à cette scène, d'autres me l'ont racontée. Elle est véridique, je n'ai aucun doute. Quand un détenu agonisait trop longtemps à leur goût, les gardiens s'impatientaient souvent : « Il n'est pas encore mort ? » Il fallait faire de la place dans la cellule pour ceux qui arrivaient. J'ai entendu une fois un gardien menacer un détenu de lui briser la nuque ; « comme à Maysaloun », il disait.

La section 227 n'était pas faite pour recevoir plus de trois cents personnes, or elle en détenait dix fois plus. Nous l'avons appris en arrivant de la bouche du chef de la section en personne ; il criait aux nouveaux : « J'en ai trois mille, faites attention à vous ! » Il ne fallait pas que nous nous battions, il fallait rester propre. Mais comment éviter les disputes et conserver une bonne hygiène quand on a au mieux 50 centimètres à soi pour s'asseoir et étendre les jambes et qu'on dispose d'un robinet et d'un morceau de savon pour cent vingt-cinq personnes ? Et encore, nous étions privilégiés par rapport à la cellule G4 où il n'était même pas question de savon. Chaque fois que le régime gagnait une bataille, qu'il conquérait du terrain, une nouvelle vague de prisonniers arrivait et de nouveau l'espace manquait. Alors, la gale et les maladies reprenaient de plus belle. Il faut ajouter que nous recevions beaucoup moins de nourriture qu'en 2012. Notre lot quotidien, c'était une galette de pomme de terre matin et soir, parfois une tomate en plus, et du riz et des aubergines le midi. Tout était fait pour que nous nous affaiblissions de jour en jour.

Nous savions que les conditions étaient encore pires dans d'autres centres de torture. J'ai déjà dit la peur que m'inspirait l'aéroport militaire de Mazzé. Nous voyions aussi arriver des prisonniers qui étaient transférés d'autres sections. Certains venaient de Maysaloun, où se trouve une école des renseignements pour la Sécurité militaire. Ils avaient perdu apparence humaine ; de véritables squelettes. On pouvait tout voir : les côtes, le torse, la boîte crânienne... Du coup, chaque semaine, c'était l'angoisse à l'idée d'être soi-même transféré dans une telle section. Les transferts avaient lieu tous les vendredis. Il y avait deux destinations qui nous terrifiaient particulièrement : cette école des *mukhâbarât* de Maysaloun et la prison de Saidnaya. Nous savions qu'à Saidnaya, non seulement on torture mais on exécute.

J'ai subi deux interrogatoires lors de cette détention de 2014. Comme le régime avait perdu la trace de beaucoup de monde, les bourreaux cherchaient à savoir où se trouvait tel ou tel. En ce qui me concerne, ils s'intéressaient à mes cousins qui s'étaient engagés dans l'Armée syrienne libre. C'est dur de ne pas céder, parce que tu te sens très vulnérable. Tu es presque nu, en slip ; on t'oblige à t'asseoir par terre ou à te mettre à genoux ; on te bande les yeux. Et on te frappe sans arrêt. En plus, je savais des choses : que la plupart de mes cousins étaient morts ou s'étaient exilés au Liban et que trois étaient encore actifs en Syrie. Mais j'ai dit et redit que j'avais quitté ma région en 2012, que je n'avais jamais vu les armes que portaient mes cousins, que je ne savais rien. Il fallait tout nier, c'était impératif. Ils voulaient aussi savoir si j'avais porté les armes. Mais, même pour qu'ils arrêtent de te frapper, il ne faut surtout pas dire ce qu'ils veulent entendre : si tu dis que tu as porté des armes, tu vas tout droit à Saidnaya.

Au rez-de-chaussée comme au sous-sol, la torture se passait au milieu des prisonniers. J'ai assisté à des choses vraiment horribles. Dans la cellule, avec nous, il y avait des enfants d'une dizaine d'années, presque toujours isolés. Or eux aussi étaient torturés. Un jour, j'ai assisté à l'interrogatoire de deux garçons qui n'avaient même pas dix ans. Les bourreaux les humiliaient ; ils leur disaient : « Combien de terroristes ont baisé ta mère ? Compte ! » Qu'est-ce que les enfants pouvaient répondre à une question pareille ? Ils ont subi ce jour-là la torture de la « chaise allemande ». Je suppose que, comme le « Boger Swing » que j'ai vu utiliser par ailleurs, cet instrument de torture est un héritage des nazis. En tout cas, c'est très cruel. On te contraint à t'allonger au sol sur le ventre et on te cale dans le dos une chaise renversée dont on n'a gardé que l'armature métallique. On te passe les barres du dossier sous les aisselles tout en t'attachant les mains dans le dos. Imaginez ce qui se passe alors quand le tortionnaire appuie de tout son poids avec son pied pour redresser la chaise. Quand le haut du corps se relève, la chaise produit une telle pression sur ta colonne vertébrale que tu crois qu'elle va se briser. Des détenus passés à la chaise ont eu des vertèbres cassées, de fait. La torsion de la colonne provoque de plus une asphyxie, et comme les tortionnaires te fourrent des sacs plastiques ou des tissus dans la bouche pour t'empêcher de hurler, tu as l'impression que tu vas t'étouffer. Les enfants poussaient ainsi des cris étouffés, c'était terrible. Un jour, j'ai cru que j'allais passer à la chaise. Les bourreaux me l'ont fait croire, tout était prêt. Mais parfois la chaise n'était qu'une menace pour te faire parler, j'ai eu la chance qu'ils n'aillent pas plus loin.

Ce qui ajoutait à l'horreur, c'est que les tortionnaires faisaient collaborer des détenus. Dans la section 227, des détenus pro-régime étaient parfois enfermés avec nous. C'étaient des hommes qui s'étaient fait arrêter parce qu'ils suivaient les forces du régime dans une région et qu'ils se livraient à des pillages. Parfois, des membres des milices armées eux-mêmes. Ils participaient aux tortures pour se faire bien voir. Ils étaient d'autant plus brutaux et sans pitié avec nous qu'ils voulaient prouver leur fidélité au régime. Je l'ai vu et je l'ai vécu.

Najah Albukai, dessin de prison. Carnets Syrie, octobre 2015-juin 2020.

Après quarante jours, un gardien est entré et m'a appelé, je me rappelle son visage. C'était un vendredi, j'ai eu peur qu'il ne m'annonce mon transfert. En fait, il voulait savoir dans quel état je me trouvais. Il m'a dit : « Prends soin de toi et tu vas sortir d'ici, on va trouver une solution. » J'ai compris qu'Abir était de nouveau en train d'essayer de me sauver. Mais je n'étais pas au bout de mes peines.

D'abord, il m'a fallu endurer encore trente jours de détention avant d'être libéré de la section 227. Et encore, j'ai eu très peur sur le moment qu'après soixante-dix jours sans résultat on ne me transfère dans un autre centre de torture. Ce n'était heureusement pas le cas mais c'est néanmoins un nouveau long chapitre carcéral qui a commencé. On m'a emmené au tribunal militaire qui se trouve non loin du centre de torture. Là, j'ai pu voir Abir : elle croyait vraiment que nous avions réussi. Je devais passer devant le juge anti-terroriste, ça prendrait encore une quinzaine de jours mais je serais bientôt libéré, m'assurait-elle. Il y avait cependant des faits inquiétants. J'ai passé deux nuits dans une cellule répugnante, aux murs noirs de cafards, à la prison militaire du quartier d'Al-Qaboun, à Damas. Or j'y ai retrouvé des détenus que je croyais rentrés chez eux depuis un bout de temps ; ils avaient été libérés de la section 227 quarante jours auparavant ! À Adra où je me suis retrouvé ensuite, j'ai fait une autre rencontre qui m'a ébranlé, celle de Raghid al-Tatari, qui était le plus vieux « grand-père » des prisons syriennes. Je n'en revenais pas, il en était à sa trente-cinquième année de prison ! Quand il a vu ma tête, il a même rigolé : « Ne t'inquiète pas, ce n'est pas contagieux ! » Depuis les années 1980, il avait connu les prisons les plus dures : trois ans à Mazzé, seize ans à Tadmor, onze ans à Saidnaya… C'est après le début de la révolution en 2011 qu'il avait été transféré à Adra avec les prisonniers les plus anciens : on faisait alors place nette à Saidnaya pour les milliers de nouveaux détenus qu'on se préparait à recevoir.

Au bout de vingt-cinq jours à Adra, j'ai été convoqué au palais de justice de Mazzé en même temps qu'une centaine de prisonniers, tous attachés à une même chaîne. Nous devions être entendus par un des six juges de la section anti-terroriste. Pour ma part, j'ai eu affaire au cinquième, Houssam Makhlouf. Il m'a demandé pourquoi j'avais participé aux manifestations, pourquoi je les avais filmées, pourquoi je critiquais le gouvernement. J'ai tout démenti successivement, ça l'a agacé. Il m'a dit : « Mais si, tu sais très bien, tu philosophes trop. » Il m'a fait signer un document mais j'ai attendu en vain la sentence. Quand j'ai été reconduit à Adra, j'avais un mauvais pressentiment et de fait, le soir, dans le haut-parleur, mon nom n'a pas été appelé : je ne faisais pas partie des prisonniers à qui l'on annonçait leur libération pour le lendemain. J'ai demandé des explications, on m'a répondu que j'étais accusé d'apologie du terrorisme. J'avais fait l'objet d'une nouvelle dénonciation. Quelqu'un avait révélé mon pseudonyme sur Facebook, « Afrique noire », si bien que l'on avait pu lire ce que je postais sur mon mur. Déjà, à la section 227, les tortionnaires m'avaient demandé ce que ce pseudo voulait dire. Je ne sais pas d'où venait la dénonciation. L'hypothèse la plus probable est que j'ai été trahi par un collègue de l'université. Après mon retour en 2012, j'avais continué de m'engager dans des discussions, on n'ignorait pas mes positions sur le régime et la révolution.

Je suis resté encore plus de huit mois à Adra, toujours dans le même pavillon 6 : d'abord cellule 1, où nous avions trente lits pour quatre-vingt-quinze détenus, jusqu'au 25 janvier 2015 ; puis cellule 6 pour non-fumeurs, plus petite, mais où il y avait une vingtaine de prisonniers en moins. Adra est une prison moins dure que les autres ; on s'amuse même en Syrie à l'appeler « le Sheraton », parce que les gardiens y pratiquent moins la torture. Grâce à Raghid al-Tatari, qui lui-même gagnait sa vie dans la prison en dessinant, j'ai même pu disposer de papier A4 pour dessiner. J'ai été frappé deux fois : une fois à cause d'une dispute entre prisonniers ; l'autre fois parce que j'ai tenté de glisser une lettre à ma fille et deux dessins dans un courrier adressé au juge.

En mars 2015, une nouvelle tentative d'Abir pour me faire libérer a échoué. Au lieu de ça, elle a dû débourser encore beaucoup d'argent pour empêcher mon transfert à la section 215. Lorsqu'elle a fini par obtenir ma libération le 16 juillet, elle avait dépensé au total 2 550 000 livres en pots-de-vin : 750 000 pour me faire sortir de la section 227, 850 000 pour que mon nom ne figure plus sur les listes de la section 215, 950 000 enfin pour que je puisse sortir d'Adra[1]. Bien sûr, le cours de la livre syrienne avait beaucoup chuté depuis 2012 mais c'était tout de même beaucoup d'argent ; pour donner une idée de l'inflation, la libération de la section 227 en novembre 2014 a coûté à elle seule près de six fois la somme de juillet 2012. Abir a dû vendre notre voiture, mes frères ont envoyé de l'argent de l'étranger ; sinon elle n'aurait pas pu payer une telle somme. Et encore, le juge Houssam Makhlouf n'était pas le plus gourmand parmi les six juges de la section anti-terroriste ; on savait qu'on pouvait traiter avec lui à partir d'1 million de livres. Un autre juge demandait au moins 6 millions ! Ce qui est sûr, c'est que des gens comme ça ont bien profité des détentions massives après 2011 : ils se sont fait des fortunes.

Le 16 juillet, je faisais partie d'un groupe de deux cents prisonniers libérés. La veille, le régime avait organisé toute une mise en scène à des fins de propagande. On nous avait transportés dans une remorque de camion jusqu'à une salle de conférences où un officier de l'armée nous

1. Au taux de change de la livre syrienne respectivement en novembre 2014, en mars puis en juillet 2015, ces sommes font un total de 12 475 euros environ.

avait tenu un discours officiel : « Le président Bachar al-Assad vous offre cette libération, soyez dignes de sa générosité. Le ministre de la Justice va venir maintenant accompagné par une équipe de la télévision. Montrez-vous dignes et criez avec tout votre cœur que vous êtes prêts à sacrifier votre sang pour Bachar al-Assad. » Avant l'arrivée du ministre, une centaine de femmes détenues et, comme nous, libérées sont venues nous rejoindre, mais aussi environ deux cents jeunes. J'ai eu un doute, j'ai demandé à des jeunes de quelle section ils sortaient mais ils ne m'ont pas répondu. J'ai vraiment compris ce qui se passait en revoyant la scène plus tard à la télévision : le régime avait fait appel à des étudiants et des agents des *mukhâbarât* fidèles au clan des Assad pour venir faire de la figuration parmi nous et faire croire que nous étions plus nombreux à bénéficier de la « générosité » du président. En réalité, parmi les vrais prisonniers qui ont dû participer à cette mascarade, quarante-cinq n'ont même pas été relâchés le lendemain ; ils ont été transférés dans des sections qui les recherchaient pour d'autres motifs.

Après ma sortie de prison, il n'était pas question de rester en Syrie. Sur les conseils d'un ami avocat, nous avons payé un nouveau pot-de-vin afin que le juge Houssam Makhlouf gèle la procédure à mon encontre. Je me souviens, nous avons déposé l'argent devant la porte du tribunal : encore 1,5 million de livres ! Deux mois après ma libération, nous avons reçu la confirmation que mon nom avait été effacé des listes des douanes : nous pouvions tenter à nouveau de passer la frontière. Le moment venu, cependant, j'ai eu très peur. Je me souvenais trop bien du choc de l'année d'avant, alors que j'étais arrivé confiant à la frontière après avoir passé avec succès plusieurs *checkpoints*. Tant de choses peuvent être retenues contre toi, outre ce que tu as fait ou pas fait : ton nom de famille, ton métier… Un fonctionnaire comme moi qui quitte le pays est forcément un traître… Par bonheur, les choses se sont bien passées.

Dès que je suis arrivé à Beyrouth et que j'en ai eu le courage, j'ai décidé de reprendre le dessin : je voulais témoigner. Je faisais des petits dessins au format A4 avec ce qui me revenait en mémoire : des images de la révolution, de mon arrestation en 2012, de mes expériences de détention. Certains montrent des techniques de torture, d'autres nos transports de cadavres, etc. Je ne pouvais pas dessiner autre chose. Même encore aujourd'hui, j'y reviens sans cesse, c'est comme une sorte de psychothérapie. J'ai maintenant une centaine de dessins ; surtout au stylo à bille, parfois à l'encre de Chine. Je n'ai pas pensé à peindre, ça ne me paraît pas adéquat à mes sujets. Ça ne m'intéresse pas de faire de belles choses, je ne me soucie pas de ma carrière d'artiste. Je fais seulement ce qui me paraît nécessaire.

Les déconnectés

Abdulhay Sayyed[1]

Le rapport établi avec l'aide de fonds qataris par une équipe indépendante d'anciens procureurs des Nations unies dans lequel sont analysées des milliers de photographies des cadavres de détenus morts de faim et torturés dans les centres de détention syriens, confirme ce que l'on soupçonnait déjà : le meurtre de détenus à échelle industrielle. Le rapport faisait suite à d'autres comptes rendus d'organisations locales de défense des droits de l'homme, qui décrivaient ce que sont actuellement les conditions atroces de détention dans les prisons du régime syrien. Dans cet article, je parlerai de témoignages plutôt que d'images. En effet, nous disposons aujourd'hui de quantité de témoignages de détenus qui ont survécu aux prisons syriennes. Je m'intéresse ici à la manière dont des prisonniers ont survécu à l'espace de détention, à la manière dont leur corps a vécu cette lente descente jusqu'au fond de l'abîme, jusqu'à la limite entre la vie et la mort, et à la manière dont ils ont assisté à la « déconnexion » d'autres détenus avant que ceux-ci ne disparaissent. Je pose la question de savoir si l'expérience dévastatrice des *muselmänner* (musulmans), qui avait caractérisé Auschwitz dans la mémoire de Primo Levi et de nombreux autres rescapés, et que Giorgio Agamben a récemment érigée en paradigme, peut nous aider – et si oui, dans quelle mesure – à comprendre à la fois la tragédie actuelle des détenus « déconnectés » des prisons syriennes et les calamités infligées à l'espace politique syrien.

D'après les témoignages de nombreux survivants, de plus en plus de détenus, arrêtés pour avoir participé à des manifestations pacifiques ou à des opérations de secours, seraient morts en détention avant d'avoir été enterrés secrètement dans des fosses communes. Les témoignages font souvent état de la manière dont les détenus sont confrontés sur leur lieu de détention à un espace effroyablement réduit et surpeuplé. Les conditions extrêmes de torture sont devenues chose courante. Dans les centres de détention syriens, les violences et les traitements dégradants et inhumains ne se limitent pas aux séances d'interrogatoire mais font manifestement partie intégrante de la vie des détenus.

Des témoignages recueillis par le Centre de documentation des violations (CDV) – une ONG syrienne cofondée par Razan Zaitouneh, une avocate de renom qui a récemment été enlevée[2] – indiquent

1. Paru dans *Global Dialogue, International Sociological Association*, IV, 2, 17 mai 2014. Traduit par Jonathan Chalier.

2. Le texte a été rédigé en 2014, Razan Zaitouneh a été enlevée dans la nuit du 10 au 11 décembre 2013 à Douma, avec Samira al-Khalil, Wael Hamada et Nazem Hammadi. Voir sur ces « quatre » et sur la brigade présumée responsable, Jaysh al-Islam (« Armée de l'Islam »), le texte qui leur est consacré dans la 5e partie, « Quatre aspects de l'affaire des quatre disparus de Douma ».

que les geôliers affament souvent les détenus jusqu'à ce qu'ils soient sur le point de s'effondrer. Affamer les détenus serait utilisé à la fois comme technique de torture, et comme un moyen d'inscrire la faim dans la mémoire des survivants, comme une caractéristique du quotidien de la détention. Les conditions cruelles de détention ont souvent entraîné les détenus vers ce qui pourrait être désigné comme un état de « déconnexion ». Un survivant a décrit dans ces termes un centre de détention des services de renseignements militaires situé dans le quartier de Qaboun, à Damas, où de nombreux codétenus « déconnectaient » en raison des conditions de détention dans la cellule :

> « On m'a mis dans une cellule de deux mètres sur cinq avec quelque 180 autres détenus. Beaucoup d'entre eux étaient "déconnectés". C'est un mot qu'on utilise pour désigner les détenus qui commencent à parler et à se comporter de manière incohérente en conséquence des tortures extrêmes et de la température très élevée qui règne dans les cellules. [...] Nous étions habitués à voir chaque jour un ou deux détenus qui "déconnectaient" en raison de la pression psychologique, de l'air étouffant et de la chaleur. [...] Le détenu commençait à dire et à faire des choses extrêmement étranges et insensées. [...] »

Lorsqu'un détenu « déconnecté » perd connaissance, un système est prévu pour évacuer son corps de la cellule et l'emporter hors du centre de détention. Dans certains centres de détention, l'évacuation est confiée à des détenus vétérans, que l'on force à récupérer les corps inanimés pour les transporter à l'extérieur. Dans d'autres centres, des chambres dites de « consolation » sont créées, souvent juste à côté des lavabos, pour les « déconnectés » et les morts. Les survivants gardent fixé dans leur mémoire le souvenir de ces couloirs à l'extérieur des cellules, où les corps des détenus « déconnectés » sont entassés près des lavabos, dans l'attente d'une mort lente. Un survivant a décrit dans ces termes ce qu'il a vu dans le regard de ces détenus « déconnectés » :

> « Chaque jour, une vingtaine de détenus étaient jetés dans le couloir où les attendaient leur "destin" et une mort lente. [...] On rencontrait différents cas, ceux qui étaient sur le point de mourir après avoir été brutalement torturés, ou pour cause de "déconnexion" ou de température élevée, et ceux qui ressemblaient à des squelettes en raison d'ulcérations aiguës. Ils urinaient sur place, dans un espace couvert de pus et de sang. Ils étaient sur le point de mourir. Leurs yeux étaient encore ouverts et capables de fixer un regard, comme pour demander à leurs compagnons de détention qui pouvaient encore marcher, de témoigner de leur souffrance auprès du reste du monde. »

On est particulièrement frappé par l'étendue du moment dans l'expérience du détenu où la conscience « déconnecte » ou s'éteint simplement, laissant le corps dans un état végétatif, avant de mourir. On serait évidemment tenté d'établir un parallèle avec la figure du *muselmann* du camp de concentration d'Auschwitz (voir Giorgio Agamben, *Ce qui reste d'Auschwitz*, 1999). C'est Primo Levi qui, en tant que rescapé d'Auschwitz, a le premier témoigné dans son livre *Si c'est un homme*[1], écrit en 1946, de l'existence d'une catégorie de détenus à Auschwitz qui étaient appelés par les SS ainsi que par les autres détenus les *muselmänner*, c'est-à-dire les musulmans. La description de Levi était explicite : les *muselmänner* étaient les « damnés », ou les « non-hommes » qui peuplaient Auschwitz. C'était ceux qui « marchent en silence », le corps « décharné », « le front courbé et les épaules voûtées », et « dont le visage et les

1. Voir Primo Levi, *Si c'est un homme* (1946), Paris, Pocket, 1988.

yeux ne reflètent nulle trace de pensée ». D'après les témoignages de survivants, la figure du *muselmann*, comme celle d'un « mort-vivant », d'un « cadavre ambulant », d'un « squelette en mouvement », d'un « homme-momie », était connue dans d'autres camps de concentration quoique sous des appellations différentes. Peu de recherches ont été consacrées à l'origine et à l'emploi extrêmement péjoratif du terme *muselmann*.

Avec la figure du *muselmann*, ce sont deux questions liées entre elles qui intéressaient Agamben : comment était-il possible de porter témoignage de la situation extrême du camp de concentration, alors que l'intention des nazis était d'anéantir tous les prisonniers ainsi que toute possibilité de témoignage ? Et comment le pouvoir nazi a-t-il en définitive « désubjectivé » des êtres humains. Agamben a montré comment en affamant « l'autre », en laissant cet « autre » atteindre la condition de *muselmann*, le pouvoir gagne du temps. Il érige un « troisième domaine » entre la vie et la mort. La condition du *muselmann* symbolise le triomphe du pouvoir sur des êtres humains, en les désubjectivant et en les réduisant à leur existence biologique. Le pouvoir les laisse survivre dans une condition de « vie nue ».

Bien qu'on soit tenté d'établir un parallèle avec le détenu syrien qui « déconnecte », et qui est en effet désubjectivé, sa vie consciente étant séparée de sa vie biologique, la similarité s'arrête là. Il existe de nombreuses différences entre le *muselmann* d'Auschwitz et le détenu syrien « déconnecté ». La condition du *muselmann* était accessoire à Auschwitz, dans la mesure où le projet tout entier était orienté vers l'annihilation, y compris de la possibilité de témoigner. En revanche, la condition du Syrien « déconnecté » joue un rôle central dans l'ensemble des rouages du régime syrien. L'image du « déconnecté » a pour fonction première de donner l'exemple. Il faut que cette image reste gravée dans la mémoire des survivants. Le témoignage des survivants constitue et complète la condition du « déconnecté ». Il n'y a pas de « déconnecté » sans survivant, ni de survivant sans « déconnecté ». L'expérience du « déconnecté » doit être relayée par les survivants en liaison avec la détermination acharnée du régime d'inscrire la terreur dans l'esprit des Syriens.

D'autre part, la « muselmannisation » des détenus syriens illustre la manière dont le régime représente et se comporte dans l'espace politique syrien. Les instruments de pouvoir du régime n'ont pas pour priorité d'éliminer une catégorie de la population, mais visent plutôt à déposséder les citoyens de la capacité de développer dans un espace public quelque revendication politique collective d'opposition que ce soit, en réduisant les gens à un simple fait biopolitique ou en enrégimentant et en disposant à sa guise de la population. L'élimination au moyen du meurtre à échelle industrielle, de la destruction et du déplacement de populations n'est pas l'objectif du pouvoir, c'est seulement un moyen utilisé par le régime pour reconquérir et soumettre la société. Face à une mobilisation politique pacifique, le régime arrête les protestataires et les jette dans ses effroyables prisons, qui sont organisées de façon à déposséder les détenus de la conscience même de leurs droits politiques en les amenant à un état de « déconnexion », avant de rejeter quelques-uns parmi eux comme de simples déchets biologiques.

Peut-on établir un parallèle entre le traumatisme infligé aux corps des détenus dans les centres de détention syriens et celui infligé à la société syrienne, en tant que corps politique ? D'un côté, des corps sont soumis à la torture, de l'autre, des villes entières sont détruites ; d'un côté, des détenus sont amenés à être déconnectés, de l'autre, les espaces publics où des citoyens se rassemblent pacifiquement pour exprimer leurs aspirations politiques sont anéantis ;

d'un côté, les corps de détenus sont éjectés, de l'autre, des civils sont déplacés. Il s'agit assurément d'une comparaison simpliste et insoutenable sur le plan théorique, mais elle exprime de manière saisissante la réalité de la tragédie syrienne, qui est fondamentalement marquée par l'écrasement systématique par le régime de tout mouvement civil pacifique pour les libertés politiques.

La mort de Rehab al-Allawi

Témoignages de Hamzé al-Allawi, son frère, et d'une ancienne détenue, Hanadi[1]

Rehab al-Allawi était de Deir ez-Zor et résidait à Damas lors de son arrestation. Elle était étudiante ingénieure à l'université de Damas avant le soulèvement en Syrie. Ses photographies sont les seules images accessibles d'une femme morte parmi les photographies du « dossier César ».

Rehab avait environ vingt-cinq ans lorsque la Brigade des raids, une unité spéciale de la Police militaire, l'a arrêtée le 17 janvier 2013. L'unité est arrivée au domicile familial vers 22 heures. Selon Hamza, le frère de Rehab, un officier a déclaré à leur mère que l'affaire serait classée en quelques heures ! Rehab avait travaillé dans un des comités locaux de coordination de Damas – des réseaux de militants libres – et aidé des personnes déplacées à l'intérieur du pays qui avaient fui Homs, a déclaré son frère Hamza à Human Rights Watch. Après son arrestation, la famille a recherché des informations par le biais de contacts personnels au sein du gouvernement. Ils ont payé plus de 18 000 dollars à divers fonctionnaires des services militaires et services de sécurité pour obtenir des informations sur Rehab et essayer d'obtenir sa libération, mais ils n'ont reçu aucune information.

Après quelques mois, un général de brigade a dit à la famille qu'elle était décédée d'un accident vasculaire cérébral. L'autre frère de Rehab, Bassam, a demandé à voir sa tombe et en mars 2013, un officier l'a accompagné au cimetière d'Al-Najha, à la périphérie de Damas. Bassam a montré aux gardes une photo de Rehab et leur a demandé s'ils avaient vu sa dépouille. Les gardiens lui ont dit : « Oui, ils ont amené trois filles à 14 heures il y a dix jours. » Hamza a demandé à Bassam de la faire exhumer, mais cela n'a pas été possible. Le bureau a répondu : « Nous ne pouvons rien faire de plus. » La famille n'a jamais reçu de certificat de décès.

Peu de temps après, en juin 2013, ils ont organisé une célébration pour Rehab en Jordanie, et une autre en Arabie saoudite, où vivent les deux frères. Le mois de la seconde célébration, une relation qui connaissait le ministre syrien de la Justice a appelé la famille et leur a dit que Rehab était toujours en vie. Nous lui avons dit : « Bassam a vu sa tombe. » Il nous a dit : « Elle est dans la branche de la Sécurité militaire, j'ai vu son nom sur le registre, si elle était morte, elle n'y serait pas. »

Plusieurs mois plus tard, en octobre 2013, un officier de la Sécurité militaire a contacté la famille et a demandé 90 000 dollars pour obtenir la libération de Rehab : 50 000 dollars pour payer ses services et 40 000 dollars pour garantir sa sortie en sécurité vers la Turquie. Bassam a rencontré et payé un intermédiaire à Istanbul. Après le transfert de l'argent, l'officier a dit à la famille de Rehab qu'elle avait quitté la Syrie pour le Liban. « Nous l'avons cru, nous avons fouillé tout le Liban, chaque tente. Pendant huit

1. Entretiens téléphoniques de Human Rights Watch avec Hamzé al-Allawi, 19 juin 2015, et Hanadi, Turquie, juin 2015, traduits de l'anglais, « If the Dead Could Speak : Mass Deaths and Torture in Syria's Detention Facilities », HRW, 2015.

mois, nous avons espéré la retrouver », a déclaré Hamza à Human Rights Watch.

Une ancienne détenue, Hanadi, a déclaré à Human Rights Watch qu'elle avait été détenue avec Rehab pendant plus de trois semaines dans la branche 215 (Renseignements militaires). Selon Hanadi, et selon d'autres informations d'anciennes détenues, qui recoupent les premières, Rehab serait arrivée fin janvier ou début février 2013. Hanadi a déclaré : « Nous avons passé vingt-quatre jours ensemble dans la cellule, côte à côte, elle m'a parlé de ses parents. Elle voulait les voir. Elle parlait toujours de ses frères et sœurs, elle avait peur pour sa famille. » Hanadi a été transférée à la prison d'Adra après trois semaines et demie. Elle n'a jamais revu Rehab. Environ un mois plus tard, une nouvelle détenue est arrivée à Adra en provenance de la branche 215. Hanadi l'a interrogée sur le sort de Rehab. La détenue lui a dit qu'une nuit, à environ 11 heures du soir, un mois et demi après le transfert de Hanadi, le gardien était venu et avait dit à Rehab : « Fais tes bagages, tu rentres chez toi. »

En mars 2015, après la publication en ligne des photographies du « dossier César », un cousin a appelé la famille et a demandé si la photo de Rehab pouvait figurer parmi les personnes libérées. « Elle ressemble à Rehab », a dit le cousin. Bien que la famille ait reconnu Rehab, ils ont demandé aux anciens détenus qui l'avaient vue en prison de le confirmer, car son apparence avait considérablement changé pendant sa détention. Hanadi a déclaré à Human Rights Watch : « Un jour, son frère m'a appelée et m'a demandé si c'était Rehab sur les photographies publiées. Elle avait pris beaucoup de poids en détention parce que nous ne pouvions pas bouger, nous étions nourries de pommes de terre, de riz et de boulghour. J'ai reconnu son pyjama et son visage, et la forme de ses orteils était la même. Quand elle est arrivée elle n'était pas malade, son visage n'était pas jaune et elle était très maigre. »

Dans les photographies qui ont émergé de sa dépouille, il est écrit sur son front « branche 215 ». Trois photographies qui semblent bien être celles de Rehab ont été enregistrées dans un dossier daté du 4 juin 2013. Human Rights Watch les a montrées à Physicians for Human Rights. Les médecins légistes ont observé qu'elles représentaient une femme âgée d'une vingtaine d'années avec une cicatrice IV apparente sur le bras gauche, indiquant une intervention médicale[1]. Ils n'ont trouvé aucune trace visible de blessures ou de marque d'objet contondant.

1. « Décès en détention de détenus syriens : analyse médico-légale des photographies numériques pour l'évaluation des traumatismes », rédigé par Nizam Peerwani pour Physicians for Human Rights, 11 septembre 2015. Fonds Human Rights Watch.

Témoignage de Mariam Hayed[1]

I

Enfance, études

Je m'appelle Mariam Hayed, j'avais 27 ans quand je suis arrivée en France, le 15 octobre 2015. Avant cela, j'ai passé huit mois en Turquie.

En Syrie, je faisais des études de psychologie et je travaillais comme bénévole au Croissant-Rouge, dans la branche de Damas. J'étais responsable du soutien psychologique. On apportait notre soutien aux déplacés. Quand j'ai commencé, l'idée de faire un département de soutien psychologique était encore un projet. Je participais aux activités de la section « sociale » pour aider les handicapés et les personnes âgées, à Bab Sharqi, sur la route de Mlaha. Le centre s'appelait « Dâr al-Karama ». C'est en 2011 qu'on a ouvert la section de « Soutien psychologique ». À ce moment-là, des populations qui fuyaient des zones dangereuses étaient logées dans des écoles désaffectées. Tout cela se faisait sous la surveillance du régime.

Je suis la plus jeune d'une famille de neuf enfants. Nous avions une très bonne situation. Mon père était dans le commerce, il livrait des marchandises en camion et voyageait d'un pays à un autre. Lorsque les problèmes ont commencé en Irak il a cessé d'y aller. Il ne se déplaçait plus qu'en Syrie. J'ai compris que notre situation se dégradait. Les gens avaient des comportements contradictoires et je me demandais pourquoi. Cela m'a poussée à étudier les comportements humains puis à décider de faire des études de psychologie. C'est dans ce contexte-là, pendant mon adolescence, que j'ai commencé à lire des livres.

Mon but était d'aider les gens qui souffraient de la même façon que j'avais souffert. Pour clarifier les choses, pour aider à changer les mentalités, pour soulager. J'aurais pu être dépressive ou perdue. Je n'ai pas eu une enfance et une adolescence simples. J'ai grandi dans un milieu qui distingue clairement la place et le rôle qu'on attribue aux femmes et aux hommes. Toutes mes sœurs – j'en ai cinq – sont voilées. J'étais seule à lutter contre tout cela. J'aurais pu mettre le voile, me marier selon la tradition et faire des études de droit, comme le voulaient mes parents.

En 2008, j'ai déménagé d'Alep à Damas, où deux de mes frères vivaient, pour m'inscrire à la fac de psycho. J'ai imposé ce choix à mes parents qui me l'ont toujours reproché. Je suis restée trois ans en cité universitaire. Il y avait beaucoup de filles qui venaient de cultures et

1. Ce témoignage a été recueilli en 2018 pour ce livre par Hala Alabdalla sous la forme d'un long entretien oral, qui a été traduit par Marianne Babut, Salma al-Azmeh, et une traductrice anonyme. La mise en forme écrite a été faite par Catherine Coquio, Valérie Maës et Joël Hubrecht. Les titres internes ont été ajoutés. Un autre témoignage plus court de Mariam Hayed figure dans Samar Yazbek, *19 femmes : les Syriennes racontent*, *op. cit.*

de milieux très différents, de Homs, de Hama, de Soueida, de Deir ez-Zor, de Hassetché [ou Hassaké], réparties en groupes selon leurs études : ingénierie, médecine, éducation... Quand des manifestations étaient organisées en soutien au régime et qu'ils voulaient rassembler le plus de gens possible, ils fermaient la cité universitaire et frappaient à toutes les portes en disant : « Allez les filles, nous allons célébrer notre président. Celle qui se défilera aura droit à un rapport immédiat », c'est-à-dire à un interrogatoire, des coups et des menaces de représailles. Les filles que je fréquentais n'étaient pas des militantes, l'idée de lutter pour une idée n'existait pas. Plusieurs fois, j'ai essayé de leur proposer de ne pas y aller mais comme la plupart des gens, elles avaient peur d'avoir des problèmes.

La présence de mes frères Mustafa et Haïd m'aidait beaucoup. J'étais toujours en train de lire. Mustafa étudiait la littérature anglaise et était engagé pour la défense des droits humains. Un jour il m'a dit : « Les livres sont très importants mais ils ne te donnent pas accès aux gens dehors. » Il m'encourageait à agir avec d'autres. Il était alors recherché par les services de sécurité politique parce qu'il n'avait pas fait son service militaire. Haïd étudiait la sociologie. Les voir en fin de semaine me donnait beaucoup de force.

J'avais commencé à sentir que quelque chose ne tournait pas rond politiquement à l'âge de 10 ans. Le jour où est mort Hafez al-Assad, j'ai senti que quelque chose n'était pas normal, qu'il fallait essayer de comprendre. J'étais en CM2 ou en 6e. Quand la nouvelle est arrivée à la télévision, ma mère s'est mise à pleurer, mon père se taisait mais il était très nerveux. Mustafa est entré en riant et leur a dit : « Vous avez vu ? Hafez est mort ! Enfin ! Nous en avons fini avec lui ! » Il avait 20 ans, il était en 3e ou 4e année d'université. Il était en contact avec les groupes qui se formaient à Alep et il militait dans le mouvement « Pour que la Syrie soit plus belle », qui organisait des réunions culturelles, des conférences, des projections de films. Mustafa a demandé à ma mère : « Pourquoi tu pleures ? » Elle lui dit : « Il est mort ! Mort ! Notre président est mort ! » Comme si Dieu était mort ! Mon père a dit à Mustafa : « Ça te fait rire ? Tu sais ce que nous allons devenir maintenant ? » On le sentait très en colère. Moi, je pensais : quelqu'un rit de la mort de quelqu'un. Mais à 10 ans qu'aurait dû m'évoquer le mot « chef » ? Et que voulait dire « Syrie » ?

Pendant des jours nous avons eu des lectures du Coran sur les chaînes de télévision, ils racontaient la biographie de Hafez al-Assad, ses discours, ses paroles, ses funérailles. Puis il y a eu le « printemps de Damas », en 2004. Je lisais tout ce que mon frère ramenait de ses réunions, et qu'il rangeait dans un carton. Je ne comprenais rien ! Que veut dire « Bakdash », « le parti Baath », « dissidence » ? Qui est Moustapha Tlass ?[1] J'étais allée à l'école à Al-Atareb, un village de la province d'Alep, et lors des adhésions au parti Baath ils étaient venus dans la classe et nous avaient demandé d'apporter tel et tel papier sans dire pourquoi. J'avais demandé à l'institutrice : « Mais si on ne veut pas devenir membre du parti ? » Elle m'a répondu : « C'est impossible ! Tout le monde est devenu membre ! Quel est ton problème ? » On avait quatre jours pour apporter les papiers. Je ne l'ai pas fait.

Mes parents n'étaient pas vraiment ouverts d'esprit. Ils se souciaient beaucoup de l'image qu'ils donnaient dans la société. Ils ne pouvaient pas accepter qu'une fille ne mette pas le voile. C'en était arrivé au point que personne n'acceptait ma présence au village. J'avais une sœur déjà mariée. Quand son mari parlait de divorce elle revenait à la maison. Elle a finalement réussi à s'en séparer puis, après avoir obtenu le bac en candidate libre, elle s'est inscrite à la fac à Alep. Là, elle a subi le siège. Après la chute de la ville elle est retournée chez mes parents.

1. Moustapha Tlass a été le ministre de la Défense pendant tous les mandats de Hafez, et une partie du mandat de Bachar.

En 2010, il fallait que je fasse, dans le cadre de ma formation universitaire, un stage de terrain. J'ai travaillé dans un centre d'accueil aux familles et de traitement des maladies mentales. À cette époque j'étais bénévole dans un hôpital de pédiatrie pour enfants cancéreux. J'ai entendu dire que le Croissant-Rouge cherchait des bénévoles. Le département de soutien psychologique avait ouvert, j'ai commencé à y travailler. C'est alors que la révolution a débuté. Mon expérience au Croissant-Rouge a aussi été ma première expérience de travail en groupe. Comme j'avais entendu dire que l'organisation était sous le contrôle du régime, je n'ai jamais pensé faire quoi que ce soit de politique avec quelqu'un de cette organisation. À l'université j'ai commencé à me faire des amis, mais jamais au point de leur faire assez confiance pour leur proposer d'agir au niveau politique, ni même intellectuel.

Prise de conscience, engagement, révolution

Quand ça a commencé en Tunisie, des gens disaient que c'était impossible que ça arrive chez nous. Moi, je leur disais que ça allait se produire. J'avais lu Freud et Gustave Le Bon, qui parlaient de la « psychologie des foules » et de la « contagion ». La première fois que j'ai manifesté à Damas, c'était pour le sit-in de la place Arnous. Une fille m'avait prévenue, dit que les hommes viendraient aussi, et qu'on se séparerait vite. Avec ma cousine S., on était un groupe de filles à accrocher des draps blancs sur les murs. On s'était toutes caché le visage et les filles qui avaient les yeux clairs avaient mis des lunettes de soleil. J'ai participé à la lecture d'un discours transmis en direct sur Al-Jazira. Dès la lecture terminée chacune devait partir dans une direction. Le texte était une condamnation du régime dictatorial, de la façon dont il tuait les manifestants pacifiques. C'est comme ça que tout a commencé. C'est par le comité de coordination de Damas que j'apprenais que s'organisaient des sit-in et des protestations. Un ami ou un ami d'ami me prévenait. J'étais convaincue que nos protestations auraient un impact. C'est très beau ce qu'on éprouve en criant des slogans. J'éprouve le même plaisir ici, quand je participe aux rassemblements.

Je suis partie à Alep pour faire de l'humanitaire avec ma cousine S. Le trajet prenait environ cinq heures. Mais il s'est mis à durer onze voire douze heures de plus, il y avait les barrages du régime puis ceux de Daech. Mes allers-retours sont devenus plus rares. Tant qu'il était possible d'aller à Alep sans mettre le voile, j'y suis allée. Lorsqu'un barrage de Daech a été mis en place, j'ai dû mettre un foulard.

Quand j'avais davantage de temps, j'allais à Al-Atareb. Lorsque le village a été libéré du régime il n'y avait pas de parti officiel, mais un groupe de jeunes d'Al-Atareb qui s'organisaient entre eux, le Groupe 46. Avec le temps et les péripéties le groupe s'est divisé. Quand un village est libéré les gens changent beaucoup ! Le contrôle d'un village revient à qui reçoit le plus d'argent. Donc quand Daech est entré certains se sont rangés de son côté, et plus encore quand ils ont gagné Dana et sont devenus un émirat. Chacun alors s'est rallié à un mouvement. Certains sont restés fidèles au Groupe 46. L'Armée syrienne libre s'était créée puis décomposée. Les gens rejoignaient Al-Ahrar ou d'autres groupes.

Après que Daech avait pris de grands espaces au nord d'Alep, les gens ne se disaient pas daechi mais ils aidaient Daech en leur donnant des renseignements. Les kidnappings, les assassinats, les demandes de rançon, les viols ont commencé. Le Groupe 46 a donné aux femmes de mon village des grenades à cacher dans leur sac pour se faire exploser si quelqu'un essayait de les violer. Tous les jeunes qui avaient participé à « l'épopée d'Alep, la grande et la petite », revenaient avec leurs armes et les distribuaient.

Mes parents m'ont demandé de ne plus venir sous aucun prétexte. Quand j'ai été arrêtée, je ne les avais pas revus depuis très longtemps. Je suis restée un an en prison. Quand je suis sortie j'ai pu aller les voir, mais peu de temps, dix jours, un mois. Mes parents me suivaient comme mon ombre et ils m'ont fait porter le manteau et l'écharpe en raison de la présence d'ISIS et Al-Nosra dans le village, et de l'enlèvement de tous ceux qui violaient les lois imposées. Pendant que j'étais en prison à Adra, mon frère Abdallah a été recherché par Daech, qui menaçait ses enfants. Ils le traitaient de communiste, l'accusaient d'être athée. Ils lui ont envoyé une lettre de menace, disant qu'un jour il trouverait ses enfants assassinés ou disparus. Il a quitté le village. Mes parents ont eu encore plus peur.

Mes autres sœurs ont changé en même temps que la Syrie. Elles portaient le voile sans être très pratiquantes. Soudain elles ont commencé à prier, à jeûner, à mettre des voiles noirs, des manteaux noirs, puis le *niqâb*. Cela reflétait les changements que vivait le pays. Les zones qu'on libère ne sont jamais vraiment libres. On se débarrasse d'un régime oppressif et une autre forme d'oppression nous tombe dessus, peut-être pire, venant des groupes islamistes. Les enfants, même petits, ont été envoyés à la mosquée. L'endoctrinement est une chose incroyable. Tout a changé ! Tout le monde est devenu pratiquant. Pas mon oncle Ahmad, le père de Samar : lui n'a pas peur qu'on fasse des rapports sur lui, il s'exprime, écrit des scénarios pour des séries à la télévision. Quand j'allais à Alep, il m'hébergeait. On buvait de l'arak.

Mon deuxième oncle avait quatre enfants : M., A., Ma., R. Il ne lui reste plus que R. Quant à M., il avait 17-18 ans quand il a rejoint Daech. Quand ma cousine S. a été enlevée, il n'a jamais voulu nous dire où elle était. Cela s'est passé devant sa mère : deux voitures sont passées et ils l'ont attrapée par les cheveux. Elle ne portait pas le voile, elle revenait d'Égypte où elle faisait un master d'archéologie. Sa mère, certaine que c'était Daech, a questionné M. pour savoir si elle était encore vivante, il lui a dit qu'il ne la considérait pas comme sa cousine et qu'il était le premier à vouloir la tuer. Il avait aussi renié ses parents. Il s'est tué peu après, je ne sais si je dois dire « en martyr ». Peut-être, car finalement il était bien jeune. Avant sa mort, mon oncle, qui avait pris les armes, disait que la seule personne qu'il tuerait de ses propres mains serait son fils. Quand tu vois ça, tu te demandes vraiment ce qui se passe.

En 2015 ou 2016, quand les avions ont bombardé Al-Atareb, ils visaient le commissariat – enfin, ce qu'il en restait. Un jour mon cousin A., le deuxième, qui était encore petit, s'y trouvait par hasard. Il a couru mais une explosion l'a tué. C'est aussi lors d'un bombardement que Ma. est mort en 2017. Cela arrive par vagues, ils bombardent tout et disparaissent. Mon oncle n'a plus que R. C'est très dur pour lui.

II

La peur, les indics, les arrestations

Lorsque mon frère Mustafa a commencé à être recherché par la Sécurité politique, j'étais encore petite. Des patrouilles déboulaient à l'improviste chez nous pour le chercher, ils fouillaient toutes les affaires, renversaient des objets, interrogeaient et menaçaient ma mère sans aucun respect. Il y avait quelqu'un au village qui alertait la police dès qu'il sentait que Mustafa était chez nous à la maison. Mon frère ne pouvait pas passer plus de dix minutes chez nous, pour nous voir, rassurer mes parents et partir. L'indic du village était connu et on savait que si on le payait il traînerait et que mon frère pourrait rester quelques heures de plus. C'est à cet âge que j'ai découvert qu'il y avait des « branches de sécurité », et que si mon frère y allait, il n'en reviendrait pas, ou qu'ils lui feraient du mal. Quand il venait, nous ressentions la peur de maman dans toute la maison. Elle avait prévu de cacher Mustafa dans le réservoir d'eau vide si la police nous surprenait. Une fois j'y suis allée avec lui pour lui tenir compagnie au cas où ils resteraient longtemps. C'était terrifiant. Je n'ai pas raconté à mes parents ce que je faisais dans la vie, pour ne pas leur donner plus de raisons encore d'avoir peur. Et finalement, c'est moi qui me suis fait arrêter, pas mes frères et sœurs.

Damas, le Croissant-Rouge, l'arrestation

À Damas j'allais place Mayssat, au bureau du Croissant-Rouge. Je ne travaillais pas officiellement avec eux mais quand il y avait du matériel à décharger, je les aidais. Ils m'ont appris à évaluer les besoins des familles. Certaines choses n'étaient pas disponibles, comme le lait pour les enfants. Le Croissant-Rouge refusait d'en distribuer, je ne sais pourquoi. Alors je me suis mise à en trouver d'une manière pas très recommandable. Je réunissais de l'argent, je m'arrangeais pour trouver les associations qui s'en procuraient, et j'allais en chercher pour le distribuer aux familles dont je prenais les noms dans les dossiers d'aide humanitaire. Je mettais une ou deux boîtes de lait dans mon sac, ou je les apportais dans une voiture d'ami, pas trop suspecte.

À cette époque il est devenu clair que le Croissant-Rouge était constitué de deux groupes : un groupe pro-régime et un groupe d'opposants. Bien sûr pour adhérer on te disait qu'il ne fallait pas montrer d'appartenance religieuse, politique, ton engagement ne devait être qu'humanitaire. Mais seuls les premiers n'étaient pas inquiétés. Il fallait se méfier. Il y a eu des arrestations. Certains sont morts sous la torture. Dans notre équipe, il y avait une forte proportion d'opposants. Je ne voulais pas avoir de relations avec eux au niveau administratif. La responsable du secteur du soutien psychologique, par exemple, on ne pouvait pas deviner sa position. Le responsable du Croissant-Rouge était Abdel-Rahman al-Attar, mais je ne sais pas à quelle branche de sécurité il était rattaché. Ceux qui travaillaient à l'aide humanitaire se faisaient prendre au barrage de la Garde républicaine. D'autres au barrage de la rue de Bagdad, entre Damas et Qudsayya. Si on enquêtait sur ces barrages on trouverait quelles étaient les branches de sécurité chargées de cibler les volontaires « douteux ». Ils arrêtaient les jeunes de deux manières, que ce soit au sauvetage, à l'aide ou même au soutien psychologique. Quand il y avait une trêve entre le régime et une zone soulevée où se trouvait l'Armée syrienne libre, les ambulances avaient théoriquement le droit d'entrer dans cette zone, or l'accord n'était pas respecté. L'autre méthode était de passer par les délateurs. Quand je suis sortie de détention, tous mes amis m'ont dit : « C'est le Croissant-Rouge qui a fait un rapport sur toi. » Mais je sais que c'est impossible : le Croissant-Rouge ne savait rien sur moi car j'avais été très prudente.

J'ai été arrêtée le 10 janvier 2014. J'étais active dans l'aide d'urgence aux manifestations ou aux rassemblements, j'ai fourni de l'aide aux détenus d'Adra, mais encore aujourd'hui je ne sais pas ce qui a causé mon arrestation. J'avais eu un coup de fil de menaces quelque temps auparavant de la part d'un gars qui m'avait dit : « Je veux te poser une question. » J'ai demandé : « Qui est à l'appareil ? » Il m'a dit : « Peu importe, réponds. Qui est-ce que tu as à la prison d'Adra ? Réponds ! Je peux te faire du mal ! » Ça ne tenait pas debout, je lui ai dit : « Tu as mon numéro et tu sais que je m'appelle Mariam, donc tu sais si j'ai quelqu'un à Adra ! » Il me dit : « Ne fais pas la maline, dis-moi qui tu as à Adra. Je suis haut placé. » Je lui ai dit : « Et bien tu n'as qu'à descendre ! » J'ai rigolé et j'ai raccroché.

J'ai eu des moments de grande bêtise ; j'ai été imprudente. Je passais beaucoup de coups de fil depuis mon portable, j'informais des personnes qu'Untel était arrêté dans tel centre, il fallait l'aider, etc. Quand ma cousine M. était en prison à Adra, je lui faisais passer de l'argent et des affaires par un intermédiaire. Quand elle est sortie je savais qu'ils allaient faire les vérifications d'usage mais je pensais qu'ils me laisseraient tranquille en voyant que je n'étais pas recherchée. Je n'ai pas pensé qu'ils écriraient le rapport qui leur convenait. J'avais deux caméras rapportées du Liban, mon ordinateur et les affaires de M., cinq valises empilées en haut d'une armoire. Je m'étais dit que les agents viendraient fouiller mais qu'ils ne choisiraient pas celles du dessous où se trouvaient ses affaires et… ils n'ont pris que ces deux-là ! J'avais aussi six clés USB pleines. La veille au soir de la descente des agents chez moi, j'avais envoyé un message à M. pour lui demander quoi faire du disque dur, elle n'avait pas répondu. Il était camouflé dans un sac accroché derrière la porte. La Sécurité l'a trouvé ! Un jour de plus et j'aurais pu formater le disque dur, nettoyer mon ordi, mes clés USB.

L'enquêteur responsable de mon dossier, Mou'ayyad Abdel-Sattar al-Massouti, premier lieutenant, quand il m'a fait entrer les yeux bandés dans la salle d'interrogatoire, m'a dit : « Écoute Mariam, je ne veux ni me fatiguer ni te fatiguer. Je sais tout ce que tu as fait. Et je sais, sale pute, que si tu n'as pas quitté le pays, c'est que tu sais que tu n'es pas recherchée. Mais je sais tout de ta vie, tout ce qui peut te passer par la tête. » Je me suis dit qu'il voulait me faire peur. Mais ensuite il me dit : « Je connais l'histoire de Qudsayya, je sais que tu es sortie de la maison à 22 h 45 avec ta cousine, que vous avez pris une voiture noire… J'ai toutes tes communications sur le téléphone fixe enregistrées ici. Toutes celles de ton portable. Le sac du couloir. » Alors il s'est mis à me frapper. Il me disait : « Raconte-moi tout. » « Que veux-tu que je te raconte ? Je n'ai rien à dire. »

Alors j'ai senti derrière moi quelqu'un me lancer un coup de pied, je me suis étalée par terre. Ils m'ont électrocutée, puis remise debout. Je lui ai dit : « Mais qu'est-ce que je peux te dire si tu sais tout ? » Il me frappait sans me poser de questions ! Ils m'ont accueillie comme ça.

Je ne m'inquiétais pas de ce qu'ils allaient trouver sur Facebook, ou autre, je crois que j'avais oublié tout ça, mais c'est le disque dur qui m'inquiétait le plus. Je ne savais pas ce qu'il y avait dedans. Je savais qu'ils avaient été dans la Ghouta, qu'il y avait des choses en rapport avec leur travail avec Orient et Sky News. Mais quand, au centre de détention, ils l'ont ouvert et que j'ai vu les interviews et les photos du groupe de combattants armés dans la Ghouta, et Ch. près d'eux, combien je me suis pris de coups ! Ils voulaient savoir qui ils étaient. « Mais regardez, je ne suis pas avec eux. » Ils m'ont dit : « Nous savons où est Ch., nous allons lui envoyer un télégramme. » Ils l'ont envoyé, et il a mis un mois à être transféré. Il y avait la photo de M. en compagnie de Ch. Ils me frappaient et me frappaient : « C'est toi sur la photo avec Ch. ! » « Mais non ! C'est ma cousine ! » Et ils me frappaient encore et encore. Tu vois le niveau de bêtise ?! Je n'en pouvais plus. Soudain il y en a un derrière moi, un agent parmi les six présents (je n'ai su qu'à la fin lequel était l'enquêteur, à l'étape du tournage[1]) qui intervient dans mon dos : « Mais non chef, c'est pas elle ça, c'est M. ! C'est la pute M. ! » Je me faisais frapper pour identifier ces gens. Je lui disais : « C'est bon, tu as convoqué Ch., alors quand il sera là il te le dira. » « Sale pute, tu te crois maline ? »

Le centre de sécurité criminelle, Bab Msalla

J'ai été emmenée à la Sécurité criminelle à Bab Msalla. Pourquoi cette branche-là, je ne sais pas. Jamais un jeune homme du Croissant-Rouge n'a été emmené à la Sécurité criminelle. J'étais stupéfaite car je pensais que j'irais dans une branche politique. Il y avait des condamnés pour vol et meurtre. Je pensais que j'allais être transférée. Je crois que j'étais la seule détenue politique. J'y suis restée soixante-sept jours.

Quand ils m'ont emmenée à l'interrogatoire, j'ai compris qu'on était au deuxième sous-sol. Ils m'ont enlevé le bandeau. J'ai longé un long couloir. Je croyais que ce centre se résumait à ce lieu d'interrogatoire et ce long couloir. Mais quand tu arrives en bas de l'escalier tu tombes

1. Voir p. 236.

sur une pièce qui est la salle des agents, et sur une autre qui est le dortoir des filles, d'où, par la fenêtre, tu peux voir celle des hommes, puis tu découvres des cellules d'isolement et d'autres dortoirs pour hommes. Avec le temps j'ai pu me faire une idée du nombre de cellules. Lors des rondes d'appel, parfois entre 2 heures et 3 h 30 du matin, ils faisaient le tour en appelant les noms et chacun répondait, d'ici et là. On entendait beaucoup de voix, manifestement on était nombreux…

Le lendemain matin de mon arrivée les tortures ont commencé. La douche froide, puis la suspension au plafond. Ils m'ont emmenée à la salle d'interrogatoire au fond du couloir et là, pression psychologique : ils allaient faire venir mon copain. Cette peur ! Pour moi le pire était cette torture-là. Ils me bandaient les yeux et me mettaient dans un couloir plein de jeunes. Il y avait ces cris et ces hurlements, j'étais tournée vers le mur, il revenait me voir sans cesse et me demandait : « Alors, on réfléchit ? » C'était très douloureux. Quand il me menaçait de faire venir mon copain, je lui disais : « C'est un pro-régime, il est chrétien, tu veux qu'il devienne un opposant ? Il ne sait rien de mon activité. » Cela s'est répété vingt-cinq jours.

Ces heures d'interrogatoire si longues et inutiles, pleines de questions stupides, et cette façon de me parler qui me faisait sentir tout sauf un être humain, où je devais parler de la personnalité d'Untel, c'était très fatigant, mais il n'y avait pas de fil directeur clair et net, ni même de fil tout court. Jusqu'à ce qu'il me fasse monter chez lui et qu'il me demande les mots de passe de mes comptes. Je les lui ai donnés. Et là j'ai eu la surprise de voir que mes comptes n'avaient pas été modifiés ! Mon copain s'était fâché avec mes frères, il n'avait pas voulu leur donner mes mots de passe ! J'en ai pris plein la gueule avec Facebook et le reste. C'était : « Allez, on va tout revoir ensemble depuis le début », mais sans interrogatoire clair. Il n'y avait que des coups, une sorte de haine, de rancœur, de volonté de faire mal.

Ils avaient dû sans doute au départ surveiller mes communications, puis trouver plus de choses que prévu. Plusieurs fois je lui ai dit : « Tu me frappes et me tortures mais je ne comprends pas ce que tu veux. » « Je veux tout ! » Mon frère Mustafa avait créé à ce moment-là le « projet Dawlati[1] », très connu. Le premier livret qu'il avait publié était « Tactiques dans le mouvement révolutionnaire syrien », et je l'avais fait passer de chez mes parents jusque chez moi à Damas. Ça a beaucoup pesé contre moi. J'ai été accusée d'être une espionne pour le compte de mon frère, son œil à l'intérieur de la Syrie. J'ai eu la surprise de découvrir que j'avais pour chefs d'accusation la dissimulation (à cause de la fuite de M. vers le Liban) et l'espionnage (pour l'histoire de mon frère) ainsi que mon travail au Croissant-Rouge.

Le fait que je sois arrêtée et que j'aie travaillé pour le Croissant-Rouge prouvait que j'étais en lien avec les zones soulevées et que je faisais des choses contre le régime. Beaucoup d'accusations pouvaient en découler. Ma participation aux manifestations, c'étaient des actes de vandalisme, etc. Ils avaient des photos, des vidéos. Nous n'étions pas masqués à Arnous, on prenait ces précautions dans la Djézireh, mais pas à Damas. Toutes ces accusations transparaissaient dans le procès-verbal pendant qu'il l'écrivait.

Quand je suis arrivée à Adra, mon chef d'accusation est devenu : « Adhésion à une organisation terroriste et propagande en sa faveur ». Quand l'amnistie a été décrétée en juin 2014, j'étais chez Khouloud al-Hamoui, une juge connue de tous, la numéro 5. Elle avait eu un cas d'enlèvement dans la famille, son mari ou son fils, je ne sais pas. Quiconque arrivait chez elle avec une accusation d'ordre politique était coupable d'emblée, jusqu'à preuve du contraire. Quand l'amnistie a été décrétée, elle a changé mon chef d'accusation, de manière que je ne

1. Dawlati est un projet à but non lucratif de renforcement des capacités et travaille à l'élaboration de supports de formation visuels, audio et textuels sur la transition démocratique, la justice transitionnelle et l'état de droit en Syrie.

puisse pas bénéficier de l'amnistie. Ils ont libéré les prostituées et les droguées.

Au centre de Sécurité criminelle, l'enquêteur Mou'ayyad Abdel-Sattar al-Massouti et quelques autres m'interrogeaient tous les jours. Tu ne savais jamais d'où arrivait la claque. Il n'y avait pas d'horaires, ces officiers faisaient des tours de garde, la patrouille changeait chaque jour. Quand c'était le tour de garde de nuit de Mou'ayyad, personne ne pouvait dormir tellement il était sauvage et méchant… Il exigeait de torturer en personne. Les autres, la police, les sous-fifres ne faisaient que l'aider. Pour l'électricité, ils se relayaient, mais pour les coups il voulait le faire lui-même, ça lui tenait à cœur. Il me mettait dans le couloir les yeux bandés et me disait « Pense ! ». Ça a duré un mois. Il torturait sans cesse. Trois ou quatre fois par jour il me mettait sous la douche avec mes habits et ouvrait l'eau glacée. Parfois il me mettait dans une espèce de réservoir en aluminium avec deux robinets, froid et chaud, demandait à un sous-fifre de remplir un pichet d'eau froide et il me le versait dessus. Il avait de l'imagination, il était passionné. Il me disait : « Avec moi, tu ne t'ennuieras pas, j'ai toujours de nouvelles méthodes. Tu peux prendre tout le temps que tu veux. » La torture a augmenté. Parfois il me mettait sous la douche et m'électrocutait, ou brutalement me sortait et m'accrochait au plafond. J'ai fini par perdre mes forces.

Il me faisait mettre debout sur un réservoir. Il y avait une sorte de crochet au plafond. Il y liait mes mains avec la corde qui me menottait, puis il retirait le chauffe-eau de sous mes pieds et je restais suspendue en l'air. Ensuite il me frappait : « Allez Mariam, raconte-moi ! » Il me tapait avec trois ou quatre tuyaux de caoutchouc serrés avec un large ruban adhésif vert : le « Lakhdar Brahimi[1] ». C'est très douloureux. Je tenais dix minutes, ou sept, pas plus. Je m'évanouissais. Quand je reprenais conscience j'étais par terre et quelqu'un me relevait. Certains hommes restent accrochés trois ou quatre jours. Moi, sept minutes et j'ai des séquelles : imaginez les leurs !

Le pire, c'est quand ils te donnent à manger pour mieux te torturer. Ils prennent soin de toi pour mieux te frapper. Une fois le type m'a apporté du pain et du fromage et a dit aux filles de me faire manger. J'ai refusé. Il m'a demandé pourquoi, j'ai dit : « Tu crois vraiment que je vais manger pour que tu me frappes ? » Il m'a mise sur le « tapis volant » et m'a attachée. C'est un instrument fait de planches espacées rattachées par du métal, pour abîmer le dos. Un peu comme les chariots des vendeurs de maïs grillé dans le temps. Il m'a accrochée dessus au niveau des mains, de la taille et des pieds, il a pris la planche sous les pieds et l'a soulevée jusqu'à ce qu'elle soit à angle droit. Là, ça tirait sur le dos, il a frappé les pieds avec le Lakhdar Brahimi. Tout au long de ces soixante-sept jours, c'est ce qui m'a fait le plus mal. Cette torture-là a fait ressortir toute la douleur qui était en moi depuis mon arrivée. C'est le dernier appareil avec lequel j'ai été torturée avant qu'on filme mes aveux pour la télévision. Il avait enfin une question précise à me poser : « Qu'est-ce que tu scandais dans les manifestations, sale pute ? » Je criais : « Liberté ! Le peuple veut la chute du régime ! » Et plus il me frappait et me questionnait plus je criais « Liberté ! » À la fin ils m'ont détachée et obligée à marcher avec les pieds en feu. C'est la séance où j'ai le plus souffert et pleuré.

Après chaque séance de torture, dès que je revenais dans le cachot, je souriais aux filles. J'avais toujours le sentiment que dès qu'on m'ouvrait la porte du cachot et que je me retrouvais avec les filles, j'étais en sécurité. Je leur souriais. Même cette fois-là, alors que j'avais si mal et que je ne pouvais rien faire, les filles m'ont allongée sur le pas de la porte. J'avais la

1. Lakhdar Brahimi (né en 1934) incarne la figure du négociateur dans le monde arabe. Le 17 août 2012, il a succédé à Kofi Annan comme médiateur international de l'ONU dans le conflit syrien, fonction exercée jusqu'en 2014. On appelait le gros tuyau vert du nom de Lakhdar Brahimi par ironie, car *akhdar* en arabe signifie « vert ».

tête sur les genoux de N., la fille qui m'a le plus aidée là-bas, et j'ai souri. Il lui a dit : « Je vais t'apporter du sel anglais et tu lui en mettras sur les pieds. ». N. m'a dit : « Mariam, il faut que tu continues à boiter même si tes pieds sont guéris, pour qu'il ne te remette pas trop tôt sur le tapis volant. » C'était arrivé à beaucoup de filles, je l'avais vu. Ils leur faisaient faire des bains de pieds, elles guérissaient puis ils les torturaient à nouveau.

J'étais arrivée là sans habits de rechange. Après les douches froides, N. engueulait les autres filles pour qu'elles me prêtent une culotte par-ci, un tee-shirt par là. Je n'avais que mes habits sur moi et une pauvre couverture, j'étais frigorifiée en permanence, il faisait vraiment très froid. Elle me procurait des habits, j'allais aux toilettes et elle m'habillait. J'étais incapable de me changer moi-même, ni de manger, ni rien du tout. Le plus souvent, on dormait à tour de rôle. D'autres fois on dormait sur la tranche, ou certaines se mettaient là sur le pas de la porte, d'autres se serraient assises contre le mur, puis ça tournait à tour de rôle. On avait beaucoup de poux. Vers la fin ils nous ont distribué des produits. Une fois, une fille est arrivée, elle avait la tuberculose. Ils l'ont enfermée dans une chambre, elle y est morte.

Durant cette période de tortures quotidiennes, je n'ai pas un seul instant pensé à mes parents ! Je souffrais tant que je ne pouvais penser à rien, ni au temps que j'allais rester là. Soit j'étais torturée en continu sans pouvoir dormir un instant, soit j'entendais la voix des personnes torturées et je pleurais pour elles. Plus tard tu t'habitues aux bruits de la torture et ça ne te pose plus de problème ! Tu attends ton tour. « Il est torturé, c'est bientôt mon tour. » J'attendais. N. me disait : « Ça suffit ! Arrête d'attendre tout le temps ton tour, repose-toi. Quand Mou'ayyad viendra je te préviendrai. »

Les aveux télévisés

Quand Ch. est arrivé, ça faisait quatre jours que j'avais été mise sur le tapis volant. N. avait été transférée ailleurs, ça m'avait beaucoup affectée. Je n'avais plus personne avec qui discuter. Les copines avec qui j'avais vécu toutes ces choses étaient parties ! Chaque instant de ces journées passées avec elles valait une année. Le nombre de détenues n'a pas diminué. Il y a eu des arrivages de prostituées. Mais je n'avais plus l'envie de me lier à nouveau. Je ne connaissais pas N. avant, rien *a priori* ne nous réunissait, mais dans les instants les plus délicats, c'est elle qui était présente. D'où venait cet amour maternel qu'elle m'a donné là-bas ?

Deux ou trois jours après, Mou'ayyad m'a sortie et m'a dit : « Je vais te faire une proposition. H. et Ch. sont prêts à présenter des aveux à la télé sur leur activité. Et toi ? Je te laisse une heure pour réfléchir, tu me dis ce que tu décides. » Est-ce que vraiment H. et Ch. avaient accepté ? Je n'en étais pas sûre mais finalement j'ai dit que j'étais d'accord. C'était humiliant mais je ne supportais plus l'idée d'être torturée. Une semaine après ils sont venus me chercher : « Mariam, sors ! » C'était la première fois qu'ils m'appelaient par mon prénom. Ils m'ont donné des vêtements neufs et m'ont fait entrer dans une immense pièce avec l'équipe de tournage et sept ou huit personnes assises, dont le directeur de la branche criminelle. Il y avait là H. et Ch., je leur ai demandé ce qui se passait, Ch. m'a dit qu'on allait passer à la télévision. J'ai senti quelque chose se briser en moi : sous la torture ils n'avaient rien pu obtenir de moi, mais là, ils ont eu le dessus. J'acceptais de faire des aveux publics.

J'ai tout de même refusé de réciter les phrases que Mou'ayyad me disait de répéter. Il s'est mis en colère mais il a accepté que je raconte qu'on sortait manifester puis qu'on change la date, par exemple c'était le 15 février 2013 et on la transformait en... 5 mars 2014. C'était la date du tournage, pour faire comprendre à mes parents que j'étais encore vivante. Je voulais aussi que les gens comprennent qu'il ne s'agissait que d'aveux mensongers. Et envoyer un message aux pro-régime : on n'avait jamais fait de manifs dans les quartiers Al-Qassâ' et Bab Touma. Ils voulaient que j'exprime des regrets et appelle à revenir dans le giron de la patrie grâce à l'aide de Bachar al-Assad, mais j'ai refusé. Ils m'ont filmée et ont fait des coupes au montage.

Après ça, Mou'ayyad et ses hommes de main ont été promus. Ils avaient l'impression de bien avoir ficelé leur histoire, alors que c'était plein d'incohérences. Mou'ayyad nous a fait savoir à H., Ch. et moi qu'il n'avait pas apprécié qu'on eût osé lui tenir tête : « Il y avait un accord mais vous avez été des putes et des pédés ! Allez vous faire foutre, je vais vous garder ici jusqu'à votre mort. » Pourtant ils nous ont sortis au 67e jour. J'ai demandé à H. où nous allions, il ne savait pas. On allait à la prison d'Adra. Quand les agents m'ont remis les affaires confisquées, rien de ce que j'avais ne m'a été rendu, ni l'argent ni ma carte d'étudiante. Mou'ayyad avait déchiré le reçu de la carte d'identité. J'ai réclamé les six clés USB, mon téléphone portable et les 30 000 livres du Croissant Rouge. Il m'a répondu : « Tu veux sortir ou pas ? Alors il n'y a plus rien pour toi ici. » Puis il a pris 1 000 livres et m'a dit : « Voici de la part de Ch., pour te débrouiller le temps de recevoir une visite. » J'ai remercié Ch. et je n'ai rien dit à ce connard. J'étais plus fâchée pour mes papiers que pour l'argent.

Adra, le procès, la libération

Quand on est arrivés au secteur des hommes à Adra, je les regardais stupéfaite, eux aussi étaient surpris de me voir. Que fait cette fille ici ?! J'étais la seule femme à avoir été menottée. Tous les autres étaient des hommes. J'ai vu une quantité de gens tous habillés comme Pat et Mat avec des pyjamas rayés. J'ai vraiment eu l'impression d'être dans un film, ou plutôt dans un rêve. Ce nombre incroyable d'hommes dans le couloir, qui l'instant d'avant était vide, comme s'ils avaient senti l'odeur d'une femme. C'était comme si tous les jeunes de Syrie étaient là. Tous les hommes de Syrie.

On était en mars (2014). Ils m'ont fait entrer dans une grande pièce pleine de bureaux. Un enfant d'une dizaine d'années était assis derrière l'un d'eux. Je me suis dit que sûrement l'un des agents avait emmené son fils, pour lui montrer, pour en faire un petit monstre. Ils m'ont fait asseoir et m'ont dit qu'ils avaient envoyé un télégramme à Adra au secteur des femmes et que je devais attendre que ma patrouille vienne me chercher. Je suis restée là quatre heures. Je regardais les gens, les allées et venues, j'étais soulagée parce que sortie du centre, je n'allais plus entendre les cris de torture. J'étais à Adra, ce qui signifiait qu'il y aurait un procès, puis la libération. Au bout d'un quart d'heure j'ai compris que l'enfant qui était assis était lui aussi détenu. Il n'avait aucune famille à l'extérieur. Un officier est venu le réprimander : « Tu vas continuer longtemps à faire des bêtises et à revenir ici en prison ? » Tu sais ce qu'il a répondu ? « Je n'ai nulle part où aller. Ici je sais que vous me donnerez à manger, à boire, un endroit où dormir. Dehors je n'ai rien ni personne. Tant que vous me remettrez dehors, je continuerai à faire des bêtises pour revenir ici, je vous aime. » Ses paroles m'ont fait mal mais je ne pouvais pas lui parler de peur de me faire taper, même si j'imaginais qu'à Adra on ne frappait pas les prisonniers comme au centre où, même sur le trajet des toilettes, les geôliers se défoulaient. Quatre heures ont passé puis la patrouille est venue et m'a conduite en voiture jusqu'à la branche pour femmes d'Adra, ils m'ont fouillée, puis quelqu'un m'a emmenée. Je lui ai posé la question : « Est-ce qu'ici on frappe ? » « Non, ce n'est pas comme au centre de sécurité », m'a-t-elle répondu. Je lui ai demandé si elle avait une cigarette. Elle a sorti un paquet de sa poche et demandé 400 livres. Je n'ai pas discuté. Je ne pouvais pas négocier.

À Adra nous n'étions pas que des « politiques », il y avait de tout. Nous occupions cinq ailes différentes. La cinquième, c'était le « dépôt », l'aile des détenues politiques avant que le juge ne les voie. Dans l'aile 4, la plupart étaient des prisonnières politiques qui étaient là depuis longtemps, oubliées et maltraitées. L'aile 1 était « meurtre », l'aile 2 « pickpocket et vol », et l'aile 3 « prostitution et stupéfiants ». Quand ils voulaient punir une « politique », ils la mettaient dans une pièce avec des filles accusées d'un autre crime, où on lui menait la vie dure : harcèlement, humiliation, coups, cheveux tirés, etc. Moi je suis allée dans l'aile 3, puis la 5, puis à nouveau la 3, celle des « stupéfiants », où il y a le plus de harcèlements pro-régime. La cheffe se vantait : « La première fois que j'ai fait entrer une "terroriste" (le mot « politique » n'était pas employé) dans mon dortoir, j'ai essuyé le sol avec ! »

Quand je suis arrivée à Adra, je n'avais aucun moyen de prévenir mes parents. Pas de téléphone, pas d'avocat, pas d'argent, personne à corrompre ! Ma situation n'était pas bonne. Je voyais les filles obligées de laver le linge des autres, qui s'humiliaient en échange d'une bouchée de nourriture ou d'un paquet de clopes. Personne de ma famille ne pouvait venir m'aider. Jusqu'au jour où j'ai reçu un papier de mon ex-copain. Il savait que je n'avais personne d'autre que lui à Damas. Aucun autre de mes amis ne pouvait me rendre visite sans se mettre en danger. Il m'avait vu dans le reportage de l'émission « L'Œil qui veille » sur YouTube. Il m'a rendu plusieurs fois visite et a prévenu mes parents. Puis j'ai pu avoir aussi un avocat. Ma situation s'améliorait mais pas au point d'espérer une libération rapide. Depuis le temps où je venais rendre visite aux femmes à Adra, je connaissais la réputation de la juge, Khouloud al-Hamoui. Quand j'ai su, la veille de mon procès, que j'allais avoir affaire à elle, je me suis effondrée en larmes car je connaissais le résultat. En Syrie, les procès sont de pure forme. La juge ne m'a posé qu'une question : « M., c'est ta cousine ? », « Oui ». Puis « Comment as-tu connu Ch. ? » Je commençais à peine à parler qu'elle a dit : « Ça suffit, emmenez-la. » Finalement elle a été remplacée, on a trouvé un piston et on a payé 1,5 million de livres (officiellement, 10 000 livres ont été payées au tribunal) pour chacun des cinq jeunes du dossier : moi, Ch., H., M., O. On se disait attachés par « une chaîne unique ». La juge a signé le papier de remise en liberté. On savait qu'on allait sortir tous les quatre, et que Ch. serait le seul à ne pas sortir parce que ses aveux explicites à la télé sur sa collaboration avec l'Armée libre le condamnaient à rester plus de temps. Je ne sais pas exactement qui a passé l'argent ni comment, mais certaines organisations civiles ont joué un rôle très important en faisant campagne pour notre libération.

Une fois dehors, mes frères m'ont poussée à quitter Damas dans les dix jours car, selon l'accord passé avec la juge, si je me faisais attraper au-delà de ce délai, elle ne répondait plus de mon sort. Or j'avais un procès en attente qui pouvait se tenir n'importe quand.

J'ai d'abord rejoint mes parents au village. Quand je les ai embrassés, j'ai compris combien ils m'aimaient. Je pleurais parce qu'ils pleuraient, et aussi pour ce que j'avais laissé à Damas. J'ai revu toutes mes sœurs. Je suis restée un mois et dix jours. Puis je suis partie clandestinement en Turquie.

Le viol et la peur des femmes. Après Adra

Dans les centres politiques comme Al-Khatib, Al-Mantiqa, le centre Palestine, le centre de l'armée de l'air, la Sûreté, le viol était courant. J'ai entendu de nombreuses femmes en témoigner, même si beaucoup n'en parlent pas. Au centre de Sécurité criminelle, je n'ai pas subi de viol. Il faut dire que sans détenues politiques et avec des prostituées, le centre avait son propre fonctionnement : les geôliers faisaient sortir des filles à 3 heures du matin et les ramenaient à 7 heures ou 8 heures. Je craignais d'entendre des cris de torture mais non, je les entendais rire et revenir comme si de rien n'était en cellule. Un jour Mou'ayyad m'a fait une « offre ». Au cours de longues heures de l'interrogatoire à l'étage, il m'a fait asseoir et proposé une cigarette. « Si tu coopères avec moi, je suis prêt à te laisser dormir dans mon bureau et tu peux considérer mon lit comme le tien. » Comme si c'était une récompense de coucher avec lui ! Je lui ai répondu : « Mais qui t'a dit que ça me gênait d'être avec les filles en bas ? » Il m'a dit : « Je t'apporterai du maté, tu pourras en boire tant que tu veux... Tu pourras passer tes journées et tes nuits ici jusqu'à ce que tu reçoives ton mandat de comparution [*mozakara*]. » Je lui ai dit : « Non. Je veux rester avec les filles. »

Avant cette « invitation », j'avais subi des attouchements lorsqu'ils m'ont arrêtée et tout le long du trajet. Dans l'ascenseur, dans l'escalier, dans la voiture... J'ignore qui ils étaient, s'il y avait un enquêteur avec eux, mais tous y ont participé. Ils étaient très nombreux. J'avais les yeux bandés. Il y en a un qui me chahutait, un autre qui me tripotait, me mettait la main au cul... des choses comme ça... Ils ne me disaient rien, pas un mot. Ils voulaient m'humilier. Moi, je n'avais pas l'impression que c'était mon corps. Comme si autre chose était plus important. J'ai été très surprise par ma force et ma façon de vivre tout cela.

La société avec ses mœurs et ses traditions a un énorme impact sur la façon dont les femmes victimes de ce type d'exactions réagissent et intériorisent cette épreuve... Personnellement, je n'ai jamais accordé de valeur à mon corps en soi, c'est juste un outil. Et ce qui se fait vraiment violer, il n'y a que toi qui y as accès, et il n'y a que toi qui aies une prise dessus... Quand ils violent nos corps et nous font subir ces choses épouvantables, ils ne peuvent pas atteindre cet endroit-là. Parce que cet endroit est très éloigné de ce corps dans lequel je suis prise. Mais j'ai fréquenté des femmes qui ont subi le viol et toutes ont développé du ressentiment : « La seule chose qui puisse me soulager, c'est que celui qui m'a violée soit violé à son tour. » Alors que selon moi il y a pire que se faire violer physiquement. J'ai beaucoup essayé de discuter mais on te dit : « On a été dénaturées. » Tu imagines combien ce terme est terrible, violent ?!

C'est ce que dit A. quand elle raconte son histoire. Elle a été arrêtée une première fois en 2010 et une seconde fois en 2012. Dans son centre de détention une jeune femme a été violée sous ses yeux. Là, l'impact psychologique est encore pire. C'était la soirée du nouvel an et les gardes faisaient la fête. A. et une codétenue se sont mises à frapper à la porte de leur cellule pour avoir des couvertures. Eux ne répondaient pas et continuaient à boire. Les filles ont appelé plus fort. L'un d'eux a fini par se pointer et a demandé à A. et à sa copine : « Vous voulez quoi, bande de putes ? » La copine a répondu : « On veut des couvertures, bande de connards. » Après avoir prononcé ce mot elles ont pris peur et ont refermé la porte. Cinq minutes plus tard, le geôlier revient avec un de ses collègues. L'un d'eux attrape A., lui lie les mains et l'attache au mur. Puis ils se dirigent vers sa copine, avec un pneu et une corde. Ils la font entrer dans le pneu. Tout se passe en quelques secondes. Ils forcent A. à se tourner vers sa copine. Un geôlier se tient à la porte de la cellule, le deuxième, en une fraction de seconde, baisse son pantalon et viole l'amie d'A. alors qu'elle est dans le pneu. A. raconte que son amie a perdu ce jour-là sa virginité. Elle n'a poussé qu'un seul cri, puis sa voix a disparu. A. a été incapable de lui adresser le moindre mot ensuite. Elle n'en a plus entendu parler après être sortie... L'horreur, c'est la loi de la honte et du silence... A. accepte, dans une certaine mesure, ce qui lui est arrivé. Elle est consciente qu'elle ne va pas bien... Les épreuves ont continué après sa libération. Le viol qu'elle a subi ne se résume pas à ce qu'elle a vécu dans ce centre... Il faudrait vraiment que son histoire soit entendue.

Après Adra je suis devenue très concernée par la cause des femmes. Je crois que la femme est porteuse d'une immense énergie et que tout est fait pour réduire son moral, sa valeur, sa place dans la société, afin d'empêcher l'émergence de cette force. Je ne sais pas pourquoi les hommes, la société en général, ont peur de cette force qu'ont les femmes. C'est pourquoi je pense qu'il faut travailler à doter les femmes de moyens sur le plan économique, et social, et culturel, et politique. Et ce jour-là viendra. Parce que j'ai foi dans les droits des femmes et que je suis féministe, je pense qu'il faut un travail commun aux femmes, aux homosexuels, aux minorités, à toutes les catégories sociales minorisées. Parce que si tous ces gens-là agissent ensemble, je suis persuadée qu'ils obtiendront gain de cause.

Après Adra je suis devenue plus raisonnable, j'ai appris la patience, à savoir ce que je voulais. Et je suis restée très impliquée dans la cause des détenus et ex-détenus. Parce que la détention, ça ne se résume pas à la période où nous étions enfermés dans ces lieux d'oppression. Une fois libérés, on reste prisonniers de cette expérience qu'on n'arrive pas à dépasser, c'est cela aussi la détention. Mes études portent sur tout ça. En Syrie j'étudiais la psychologie, aujourd'hui je poursuis en psychanalyse. Ce qu'il me faut pour vraiment agir aujourd'hui, c'est obtenir mon diplôme universitaire.

Azza Abo Rebieh, *Traces*, planche 16. Gravure et aquatinte/mezzotinto de deux plaques imprimées sur papier Hahnemuhle, 30 x 50 cm, 2018 (reproduit en couleurs dans le cahier central). © Azza Abo Rebieh.

Azza Abo Rebieh : *Traces* (dessins)

Présentation par Nisrine Al-Zahre

Azza Abo Rebieh est née à Hama en 1980. Élève aux Beaux-Arts de Damas elle a obtenu un diplôme de lithographie en 2002. Elle a participé à de nombreuses expositions et a été primée à plusieurs reprises. Quand s'est déclenché le soulèvement, ayant décidé de soutenir la cause de son peuple par tous les moyens, elle a été arrêtée deux fois : à la fin 2012, pour avoir participé à une manifestation au quartier Al-Midan, on l'a gardée huit heures ; puis en 2015, et elle n'a alors été libérée qu'un an plus tard.

Elle a passé 70 jours dans les cellules de détention de la branche 215, une des branches de sécurité les plus redoutées de Syrie, dans une petite cellule crasseuse, avec quinze femmes entassées dans des conditions hygiéniques désastreuses, soumises à la pression des interrogatoires, dont elle a témoigné[1]*. « Voici la cellule de détention de la Sécurité militaire. Comme des dizaines, voire des centaines de milliers d'autres personnes disparues, les prisonniers étaient détenus au secret. Leurs familles n'avaient aucune idée de l'endroit où ils se trouvaient. » Soutenue par une amie activiste, elle résiste en fabriquant des marionnettes avec le fil des couvertures de sa cellule.*

Les conditions se sont améliorées lorsqu'elle a été transférée à Adra, prison officielle où elle a pu recevoir des visites et disposer de papier et d'un crayon. Elle a commencé à dessiner en noir, blanc, gris, les femmes avec lesquelles elle était enfermée, et appris à dessiner à certaines. « Il n'y avait pas de miroirs à l'intérieur de la prison, raconte-t-elle, alors les dessins que j'ai faits des femmes leur ont fait voir à quoi elles ressemblaient. Elles sont encore plus belles en réalité » ; « La veille du nouvel an, les gardiens nous ont laissés faire la fête. J'ai dessiné sur les visages des filles, sur l'un un chat, sur l'autre un papillon. Les gardes ont accepté de l'autoriser pour cette nuit seulement. Nous leur avons donc écrit une carte disant : « Les dames de la cellule 4 vous félicitent pour le nouvel an. » Quand les gardiens ont vu que nous nous appelions "les dames", ils sont devenus fous : "Vous êtes des terroristes, pas des dames !" »

Peu après sa sortie en janvier 2016, on lui a conseillé de quitter le pays plutôt que d'attendre son procès. Elle s'est exilée au Liban où elle a repris son travail après un temps de dépression et de blocage : « Je me suis sentie coupable d'être partie alors qu'ils étaient toujours là-bas. » Un psychologue l'a poussée à tout dessiner : « Il voulait me faire croire que j'étais sortie de prison. » Puis les images ont commencé à affluer, il en est né une série de gravures plus développées inspirées de son expérience carcérale. Telle est la genèse de sa

1. https://information.tv5monde.com/terriennes/la-guerre-en-syrie-azza-abo-rebieh-la-revolution-par-le-dessin-313673.

collection Athar : trace, *exposée à Beyrouth et publiée sous la forme d'un livre-album*[1]. *« Après avoir réalisé ce travail, je me suis sentie soulagée. Comme si ces choses que je retenais en moi étaient à présent dehors. »*

Le British Museum possède deux de ses œuvres créées après 2011. Elle poursuit son travail au Liban. « Nous devrions continuer à raconter l'histoire des prisonniers, dit-elle. Mon art est dédié à cela. »

Azza Abo Rebieh, *Ils l'ont battue jusqu'à ce qu'elle fasse une fausse-couche. Samar…* Aquarelle, 2018, 33,5 × 24 cm. © Azza Abo Rebieh.

1. Exposée au printemps 2018 à Beyrouth dans la galerie 392Rmeil393.

« Nés dans les geôles d'Assad » Témoignages de Rasha Sharbaji et Diana Ashour[1]

Le 22 mai 2014, Rasha Sharbaji, trente et un ans, s'est fait arrêter par les renseignements militaires syriens alors qu'elle se rendait à la préfecture de Damas, avec ses deux belles-sœurs et ses aînés, pour renouveler son passeport. Ses trois enfants, qui avaient alors un, deux et cinq ans, sont arrêtés avec elle.

« Pendant l'interrogatoire, toutes les questions ou presque portaient sur mon époux, qui est un activiste[2]. Grâce aux écoutes, ils savaient que j'étais enceinte de huit mois, de jumeaux. Ils m'ont menacée de taper fort sur mon ventre pour que je perde mes bébés, de tuer mes trois enfants. « Vous oubliez tout, votre nom, votre mari, qui vous êtes, m'a dit l'interrogateur. Vous vous souvenez juste de ce numéro : 714. C'est votre identité maintenant. » La famille est alors transférée au centre de détention de l'aéroport militaire de Mazzé, un des plus durs, surplombé par le palais de Bachar al-Assad. Séparée de ses belles-sœurs, Rasha se retrouve à l'isolement avec ses trois enfants, sous terre, dans une cellule de 9 mètres carrés. « Les draps étaient très sales, se souvient-elle. Il y avait des blattes et des poux partout. Les enfants n'arrêtaient pas de pleurer. Nous allions aux toilettes trois fois par jour, sinon nous faisions nos besoins sur place. Nous avons eu plusieurs fois de grosses poussées de fièvre. Les rations de nourriture n'étaient pas suffisantes. J'ai tout fait pour que mes enfants s'adaptent, mais ils n'y arrivaient pas. Très vite, ceux qui m'interrogeaient ont compris que mon point faible, c'étaient mes petits… »

« Si tu ne dis pas la vérité, on te jette par la fenêtre », lui répétaient ses geôliers. La jeune femme a accouché un mois et demi plus tard à l'hôpital militaire, attachée au lit avec des menottes, par césarienne et dans un bain de sang. « Je me suis réveillée et j'ai vu mes deux bébés dans du coton, sans aucun vêtement, s'émeut-elle encore. Je voulais les recouvrir des miens, mais mes vêtements étaient pleins de poux. » Lorsque l'hiver arrive, les plus grands déambulent dans la cellule en culotte, car leurs habits sont déchirés. Les nouveau-nés ne cessent

1. Résumé avec extraits de l'article de Camille Neveux, *Journal du dimanche*, 16 juillet 2017. Présentés par Marc Hakim. L'article débute ainsi : « Il y a deux mois encore, Safa et Marwa ne savaient pas ce qu'était un feutre ou du papier à dessin. À 3 ans, elles ne distinguaient pas les couleurs. Depuis qu'elles ont intégré une école turque, à la frontière syrienne, les jumelles s'en donnent à cœur joie, brandissant leurs crayons dans le salon familial, taquinant au passage leurs frères et sœurs, Waith (8 ans), Mouna (6 ans) et Batoul (5 ans). » L'entretien s'était déroulé en Turquie, où Rasha Sharbaji s'était exilée.

2. En marge de la colonne : « 75 % c'est le pourcentage de femmes arrêtées parce que leurs proches sont militants ».

de régurgiter le lait de leur mère. « Puis un jour, un médecin me dit : "Préparez vos enfants, je les prends pour le vaccin." Je savais que c'était faux, qu'il les emmènerait tous dans un orphelinat. Ce fut le pire jour de ma vie. Mes deux bébés étaient en plus sans papiers, sans état civil. Comment ferais-je pour les retrouver ? »

Rasha Sharbaji intégrera finalement la liste de « cellule des négociations » cinq mois plus tard, prélude à un échange de prisonniers entre le régime et l'opposition. Dehors, l'ambassadrice américaine à l'ONU, Samantha Power, s'active en intégrant son nom parmi ceux des vingt prisonnières politiques à libérer dans le monde dans le cadre de la campagne « Free the 20 », lancée en 2016. « Une soldate visiblement dérangée entrait et sortait de la cellule vingt fois par heure, nous ordonnant de nous lever à chaque fois, souffle encore avec peur la mère de famille. Une adolescente de 15 ans a reçu des seaux d'eau bouillante puis glacée, avant de rester nue dans le froid. On nous a demandé d'enlever nos pulls, de laver les toilettes avec, puis de les remettre. » Jusqu'à la délivrance, le 8 février 2017, dans un bus en direction de Hama, où Rasha a retrouvé ses petits, sortis de l'orphelinat.

Rasha s'est exilée en Turquie où elle vit aujourd'hui avec ses enfants. Elle constate lors de l'entretien en 2017 :

« Mes enfants n'arrivent pas à jouer une heure sans devenir violents. Quelque chose d'hostile s'est développé en eux. Ils ne lavent plus leurs mains, ils lèchent leur assiette comme des animaux. L'aîné parle difficilement, comme s'il était handicapé, car il a peur que les services de renseignements reviennent… Ils ont eu des difficultés à me reconnaître, car nous avons été séparés. Je pleure quand je les regarde. Il faudra du temps. » Les enfants de Rasha ont eu dans leur existence un départ bouleversé : ils ont grandi – les deux dernières y sont nées – dans les geôles du régime syrien, un des plus violents au monde.

Dans la Syrie d'Assad, son cas n'est pas isolé[1]. Des dizaines de femmes ont accouché dans les centres de détention militaire et les geôles du régime depuis le début de la révolution. « Rien qu'à la prison d'Adra, à 30 kilomètres de Damas, nous avons recensé trente et une naissances entre 2011 et 2015 », souligne Sema Nassar, chercheuse pour le réseau EuroMed Rights. Dans cet univers concentrationnaire, où se faire oublier est une des seules chances de survie, être enceinte devient un danger. La dictature attaque les femmes dans ce qu'elles ont de plus intime, de plus vulnérable. Selon des chiffres publiés en avril 2017 par le Réseau syrien des droits de l'homme (SNHR), 6 177 femmes sont toujours détenues.

De nombreux enfants viennent au monde dans les prisons du régime où ils sont, comme leurs mères, victimes de tortures psychologiques et physiques. *Le Journal du dimanche* a retrouvé des rescapés qui racontent leur descente aux enfers, et la difficile reconstruction. Les différents témoignages recueillis en Europe et au Moyen-Orient, lors de rencontres ou via Skype, font état d'avortements forcés, de bébés mourant de faim faute de nourriture et de soins, de tortures psychologiques et physiques. Sema Nassar rapporte ainsi le cas d'une mère originaire d'une ville rebelle du Nord, qui a accouché à Adra d'un bébé mort-né à la suite de tortures. Celui d'une autre, venue de la côte, dont la petite fille, en souffrance fœtale, est décédée une semaine après sa naissance. « Certains centres, comme celui de la branche Palestine, sont connus pour être particulièrement violents envers les femmes enceintes, relate la chercheuse syrienne. Lorsqu'elles ont des symptômes naturels de grossesse, comme les vomissements, on les laisse avec les autres prisonnières et on ne nettoie pas. Une détenue qui est partie accoucher n'est jamais revenue. »

Amina Khoulani, membre de l'association Women Now, fondée par l'écrivaine syrienne Samar Yazbek, a, elle aussi, été emprisonnée

1. En marge de la colonne : « 6 177 c'est le nombre de prisonnières détenues dans des conditions déplorables dont 107 avec leurs enfants et 319 mineures. »

pendant six mois en 2013 à Adra[1]. Une prison civile dotée d'une section pour les « terroristes », selon la terminologie du régime, mais qui accueille en réalité des prisonnières politiques. La jeune Amina se souvient de détenues frappant aux grilles pour appeler au secours lorsque la vie d'une femme enceinte en dépendait. De l'unique comprimé de paracétamol remis à une adolescente partie « accoucher » auprès du « médecin » de la prison, en réalité victime d'un avortement forcé. D'une mère incapable de donner du lait à son bébé faute de pouvoir se nourrir elle-même, devenue folle lorsque les soldats ont fait disparaître son petit dans un état de famine avancé. D'une fermière incarcérée sans son nourrisson quatre jours après son accouchement. « Elle souffrait d'importantes montées de lait qui tachaient ses vêtements, se souvient Amina. L'odeur était insupportable, tout le monde restait éloigné d'elle. À chaque montée de lait, elle pleurait encore plus, car cela lui rappelait que son bébé avait faim, quelque part, sans elle. »

La hantise du viol

Il y a aussi ce que chaque détenue redoute, la plus cruelle des armes de guerre : être violée et se retrouver enceinte. « Le nombre de femmes dans ce cas n'est pas anodin, mais peu en parlent, souligne Jalal Nofel, psychiatre au Mental Health Center de Gaziantep (Turquie), une structure qui accueille des réfugiés syriens. Elles ont honte et se sentent coupables, elles sont rejetées par leurs familles et par la société. Le viol humilie et donne du pouvoir aux tortionnaires du régime d'Assad, qui se vengent sur ces prisonnières venant de zones rurales soutenant la rébellion. Les enfants qui en naîtront seront souvent abandonnés. Ils rappellent des choses trop sales. »

Punition collective

Le viol a parfois lieu en prison, comme ce fut le cas pour cette jeune de 26 ans originaire de Damas, qui a pu avorter à sa sortie avant de rejoindre les Émirats arabes unis pour fuir l'opprobre. Ou cette autre, violée dans le centre de détention de la 4e Division dirigée par Maher al-Assad, le frère de Bachar al-Assad, et qui a accouché prématurément d'un enfant mort-né. « Le bébé était déjà décédé dans son ventre depuis longtemps, souffle Sema Nassar. Son état de santé était déplorable. » Parfois, les jeunes proies sont violées à des *checkpoints* ou lors des rafles par des soldats ou des miliciens du régime, les *chabbîha*. Comme cette Syrienne aujourd'hui réfugiée en Europe, originaire d'une banlieue rurale de Damas et abusée de multiples fois, ou cette autre, qui a osé porter plainte après son agression sexuelle. Toutes deux ont été incarcérées en guise de punition. Selon les activistes, l'objectif de ces détentions sans procès et sans charges est clair : anéantir toute opposition. « Le régime utilise les femmes et les enfants pour faire pression sur les maris, les fils, les frères afin qu'ils arrêtent la révolution, qu'ils rejoignent ses rangs ou se suicident, décrypte l'opposante Amina Khoulani. En sachant que ces épouses et ces sœurs, ce qu'ils ont de plus cher, seront battues ou violées. » Selon la chercheuse Sema Nassar, 25 % d'entre elles sont arrêtées parce qu'elles sont elles-mêmes militantes, 75 % parce que leurs proches le sont. « Elles sont en réalité des otages, un moyen de dissuader l'entourage de continuer la révolution. Ce n'est pas une question de classe ou de situation sociale, mais de régions où il y a de l'activisme local, et que les milices veulent soumettre. C'est une punition collective. »

Arrêtée lorsqu'elle avait 15 ans, emprisonnée pendant neuf ans, l'avocate Louma Anadane, 52 ans, rappelle que la loi civile appliquée aux délinquantes de droit commun est totalement différente. « Ces prisonnières peuvent aller à

1. Le témoignage d'Amina Kholani a paru dans le livre de Samar Yazbek, *19 femmes…*, *op. cit.*

l'hôpital, les visites médicales sont autorisées. Les détenues politiques, elles, n'ont aucun droit. À leur sortie, elles ne peuvent ni voyager ni travailler, elles doivent rendre des comptes aux services de renseignements. Elles sont rejetées et abandonnées par leurs proches, à tel point qu'on enregistre des cas de suicide. L'État syrien a vis-à-vis de ces prisonnières un comportement barbare. »

Directrice de l'institut Tastakel, détenue elle-même pendant onze ans dans les années 1980, Aziza Jaloud a élevé son bébé en prison pendant trois ans et demi. « Le nombre des naissances s'est aujourd'hui multiplié car les femmes sont plus nombreuses à être emprisonnées du fait de leur activité militante et de la politique d'arrestations systématiques du régime, témoigne-t-elle. Les moyens de torture sont aussi plus forts et plus cruels que par le passé. » L'avocate Louma Anadane est persuadée que la répression dont les Syriennes sont victimes a contribué à faire échouer la révolution. « Au début, la participation féminine était très importante, c'était un élément positif. Mais cette politique de détention et de viols les a empêchées de continuer. Sinon, les choses auraient évolué différemment.

De mère en fille

Diana Ashour en sait quelque chose. Cette étudiante de 23 ans est arrivée à Paris il y a deux ans et demi avec ses parents pour reprendre ses études de gestion. Lorsque la révolution a éclaté, elle a manifesté pendant plusieurs mois à l'université d'Alep, avant d'arrêter « pour ne pas répéter l'histoire familiale ». « J'avais une haine particulière de ce régime qui me poussait encore plus à m'engager, confie-t-elle. Je me demandais quand on allait rendre justice à ces gens emprisonnés à tort. Mais avec tout ce que j'avais vécu, j'étais prudente. Le traitement qui me serait infligé si j'étais arrêtée serait encore plus dur que pour les autres. » Et pour cause : Diana est née en 1993 à la prison de Douma, à 20 kilomètres de Damas, dans les geôles de Hafez al-Assad. Sa mère, Doha Ashour, était membre du parti du travail communiste (PTC). Elle a été arrêtée en février 1993, dans la rue, alors qu'elle était enceinte de trois mois, puis condamnée à six ans de prison. C'était il y a près de vingt-cinq ans, ce pourrait être aujourd'hui. « Quelqu'un m'a dénoncée, sans doute sous la torture, raconte-t-elle. Les services de sécurité ne savaient pas que j'étais mariée et enceinte. Mon mari était aussi en prison et notre relation n'était pas publique pour ne pas me mettre en danger. » Incarcérée dans le froid de l'hiver, Doha garde ses pulls et son manteau pour cacher son ventre qui s'arrondit, malgré le printemps qui arrive. « J'étais à l'isolement, ma peau était abîmée avec la chaleur et la saleté de la prison, se souvient-elle. J'avais tous les symptômes du début de grossesse démultipliés à cause de l'humidité. Je m'inquiétais beaucoup à propos de l'alimentation. Je faisais de l'anémie, l'évolution du poids du bébé n'était pas normale. » Lorsque le travail commence, ses geôliers mettent huit heures à l'envoyer à l'hôpital, qui jouxte pourtant la prison. « Elle va accoucher d'un nouvel opposant. Qu'il soit mort ou vivant, on s'en fout ! », scandent-ils. Deux heures après être entrée en salle d'accouchement, Doha retourne dans une cellule, cette fois-ci avec d'autres détenues. « J'ai eu des séquelles temporaires. Pour que j'allaite, on devait porter le bébé jusqu'à mes bras. Il était très, très petit, dit-elle d'une voix brisée. Ce n'était pas un accouchement, il n'y avait pas de famille, pas d'amis ni de voisins, pas de préparatifs ni de chambre pour le nouveau-né. C'était très triste. » Doha demande alors au tribunal de garder sa fille auprès d'elle pendant quatre ans, faveur accordée. « Tout le monde l'adorait, qu'elle était belle ! Diana s'est développée très vite au contact des autres prisonnières. Elle a commencé à parler au bout d'un an et deux mois. Mais tout cela n'était pas de son âge. Il fallait qu'elle découvre ce qu'étaient la lumière, la lune, un légume. J'ai pris la décision de la laisser partir à un an et demi. » Tous les quinze jours, son père la ramène en prison passer la nuit avec sa mère. Jusqu'à la sortie, enfin.

Diana a attendu ses 18 ans avant de dévoiler pour la première fois son histoire à quelqu'un. « Lorsque j'étais petite, je disais que maman étudiait dans un internat, car la prison, c'était pour les gens mauvais. Je me rappelle tous les détails, où je dormais, où on faisait du café. Je l'appelais maman Doha, car je n'avais pas beaucoup l'occasion de prononcer ce mot, "maman"... C'était quelque chose de précieux, la preuve qu'elle existait. À chaque départ, j'avais l'impression que je ne la reverrais jamais. » De retour chez elle, Doha explique à sa fille qu'elle a été incarcérée car elle défendait les droits des enfants. « Pendant longtemps, j'en ai beaucoup voulu aux gamins ! sourit Diana. Vers dix ans, j'ai compris la vraie histoire. Ma famille avait des problèmes sur le plan politique, elle n'avait rien fait de mal, elle défendait des choses nécessaires, mais c'était tabou. » Elle dénonce une double peine : non seulement être née en prison, mais aussi avoir été obligée de porter ce secret pendant dix-huit ans. « Beaucoup d'enfants sont dans le même cas, déplore-t-elle. Le régime crée des robots qui mangent et dorment, qui n'ont pas le droit d'écrire, de parler ou de se confier, sans émotions ni réflexion. Il nous fait peur et nous humilie pour étouffer toute opposition. De père en fils, il reste le même. »

L'enfant Ahmad al-Muselmani

Témoignage de Dahi al-Muselmani, son oncle[1]

L'oncle d'Ahmad, Dahi al-Muselmani, a exercé les fonctions de juge pendant vingt ans en Syrie avant de fuir le pays en mars 2013. Il a déclaré à Human Rights Watch qu'il était allé voir plusieurs représentants du gouvernement après la disparition d'Ahmad, dont le ministre des Affaires sociales. Il s'est approché d'Ali Haydar pour obtenir des informations. Sur le conseil d'un de ses contacts il a appelé la branche 248, contrôlée par le Renseignement militaire, pour savoir si Ahmad y était détenu ; ils lui ont dit que non.

Ahmad al-Muselmani était un garçon de Namr. Après que Shadi, son frère aîné, a été tué par balles le 23 mars 2011 lors d'une manifestation à Deraa, la famille a envoyé Ahmad au Liban pour sa sécurité. Il avait alors treize ans.

Sa mère est morte de cause naturelle en Syrie alors qu'il était séparé de sa famille. Le 2 août 2012, il avait alors quatorze ans, il y est retourné pour assister à ses funérailles. Il voyageait en minibus avec cinq autres personnes. L'un d'eux, plus tard, a joint la famille d'Ahmad et leur a décrit son arrestation. Des membres de la famille ont déclaré à HRW que selon ce compagnon de route des officiers des Renseignements aériens ont arrêté le véhicule au poste de contrôle du pont Al-Kiswa, sur la route entre Damas et Deraa, et que l'officier a demandé à Ahmad : « Pourquoi tu pleures ? » Il a répondu : « Je pleure parce que ma mère est morte. » L'officier a confisqué les téléphones des passagers et a commencé à les fouiller. Il a trouvé une chanson anti-Assad sur le téléphone d'Ahmad et s'est mis à l'insulter, le traitant de « sale bestiole » et lui lançant des jurons. Puis il l'a traîné dans une petite pièce au *checkpoint*. Les autres passagers ont continué sans lui.

En décembre 2012, cinq mois après l'arrestation d'Ahmad et alors qu'il n'y avait toujours aucune nouvelle de lui, un homme qui entretenait des contacts étroits avec le gouvernement – que Dahi a refusé d'identifier – est venu voir Dahi à son bureau et lui a dit que s'il payait 600 000 livres syriennes (environ 8 451 dollars à ce moment-là), Ahmad serait libéré. L'homme lui a dit que le bénéficiaire était un membre du Parlement, pro-Assad. Dahi l'a payé et l'a accompagné pour livrer l'argent.

Dix jours plus tard il a reçu un appel de l'homme : « Ahmad est vivant. Il est détenu dans la branche du Renseignement des forces aériennes à Zablatani. » Je lui ai dit : « Je veux qu'Ahmad soit libéré. » Il a répondu : « Vous vouliez savoir où il se trouvait, maintenant vous savez. Si vous en voulez plus, vous devrez payer 2 millions de livres. » J'ai répondu : « Je n'ai pas ce genre de somme, pour cela il faudrait que je sois un voleur ou très riche. » En vendant un terrain Dahi a pu lever 1 million de livres (environ

1. Interview de Dahi al-Muselmani par Human Rights Watch, le 18 mars 2015, extrait du rapport de Human Rights Watch, *If the Dead Could Speak* (« Si les morts pouvaient parler »), décembre 2015. Traduit de l'anglais par Valérie Maes. L'accès à la vidéo https://www.youtube.com/watch?v=z600vaiAcPk (consultée le 24 novembre 2015) a été supprimé depuis.

14 085 dollars à l'époque), mais l'homme lui a dit que ce n'était pas suffisant. « J'ai commencé à le supplier. J'étais juge et je suis devenu mendiant. » Il se disait : « Moi, le juge, je vais lui baiser les pieds jusqu'à ce qu'il accepte. » Il a accompagné l'homme et a attendu dans la voiture pendant qu'il livrait l'argent. Dahi a dit avoir vu le député accepter le sac d'argent. L'homme est revenu et a dit à Dahi qu'Ahmed serait libéré dans dix jours. Mais Ahmed n'a pas réapparu.

Trois mois plus tard, Dahi a reçu un appel de la branche du Renseignement des forces aériennes à Zablatani lui demandant de se présenter sur place. « Mes neveux m'ont dit de ne pas y aller : "Ils vont vous arrêter et vous tuer" », a déclaré Dahi à HRW. Dahi et ses neveux sont partis pour la Jordanie le lendemain. Le 16 mars, jour de leur départ, des membres de leur famille restés sur place l'ont informé que sa maison avait été perquisitionnée. Depuis la Jordanie la famille a continué à rechercher Ahmad, et à faire appel aux médias pour sa libération.

Lorsque les photographies ont été rendues publiques, Dahi a recherché Ahmad parmi eux. « Je suis allé directement dans le dossier du service de renseignements de l'armée de l'air et je l'ai trouvé. [*Sa voix se brise*] Ce fut un choc. Oh, ça a été le choc de ma vie de le voir parmi ces photos. Je l'avais cherché pendant 950 jours. Je les ai comptés. Au moment de mourir sa mère m'avait dit : "Je le mets sous ta protection." Quelle protection pouvais-je lui donner ? »

Cinq photographies d'Ahmad figuraient parmi celles du « dossier César » dans le fichier daté d'août 2012, mois de son arrestation. Human Rights Watch a montré ces cinq photos à des médecins légistes de Physicians for Human Rights, ils ont noté qu'elles représentaient un adolescent portant plusieurs marques de blessures à objet contondant[1].

1. « Décès en détention : analyse médico-légale des photographies numériques pour l'évaluation des traumatismes », rédigé par Nizam Peerwani pour Physicians for Human Rights, 11 septembre 2015. Fonds Human Rights Watch.

La détention, l'instrumentalisation et la torture des enfants[1]

Wladimir Glasman

La mise en scène des « aveux » télévisés de jeunes « terroristes »

Quelques jours après avoir fait de la jeune Rawan Qaddah (16 ans) la vedette involontaire d'une scabreuse affaire[2], le régime syrien a récidivé en présentant sur les écrans de la chaîne de télévision officielle, le 5 octobre, les aveux d'un redoutable franc-tireur de 13 ans[3], membre d'un groupe terroriste, qui revendiquait l'assassinat de 32 personnes ! Or, de toute évidence, le physique et la personnalité de ce *serial killer* ne lui auraient jamais permis de réaliser un tel exploit.

Le « franc-tireur terroriste » Chaaban Abdallah Hamida

Selon son récit, très tôt orphelin de mère et élevé par un père âgé en compagnie de deux autres enfants issus d'un second lit, le jeune Chaaban Abdallah Hamida occupait un modeste emploi à Alep, sa ville natale, lorsque son oncle maternel lui avait offert un petit pistolet, « de calibre 5.5 », précise-t-il. Il s'était entraîné au tir et y avait manifesté une certaine adresse. Trois mois plus tard, ce même oncle lui avait proposé de travailler comme franc-tireur et l'avait incité à rejoindre un groupe de *Sâmeh-nî yâ bâbâ* du Liwâ' Ahfad al-Rasoul[4].

À ses débuts, il a été conseillé par un autre spécialiste du tir de précision. La mort de sa première victime l'a empêché de dormir durant trois nuits. Son oncle lui a procuré un somnifère et il n'a pas tardé à s'accoutumer à son nouveau travail. Il a alors opéré seul, sans relâche de 7 heures du matin à 4 heures de l'après-midi, soit durant neuf heures d'affilée, et « sans ressentir de fatigue ». Il compte à son tableau de chasse 10 civils abattus sur le pont Al-Chaar à Alep, un bilan sans doute jugé insuffisant puisque, quelques minutes plus tard, il l'a « spontanément » porté à 32 personnes : « 13 civils, 10 militaires et

1. « La détention, l'instrumentalisation et la torture des enfants, pratiques courantes dans la Syrie du "docteur" Bachar al-Assad », deux articles signés « Ignace Leverrier, ancien diplomate » (Wladimir Glasman), blog Un œil sur la Syrie, *Le Monde*, 11 et 22 octobre 2013. Voir également https://www.lemonde.fr/blog/syrie/2013/02/12/le-sort-de-bachar-al-assad-en-syrie-necessite-t-il-darreter-et-de-torturer-des-enfants/.

2. https://www.lemonde.fr/blog/syrie/2013/09/29/vous-allez-etre-decus-le-djihad-du-sexe-en-syrie-na-jamais-existe/.

3. https://www.youtube.com/watch?v=GmesNK2CHXM. « Vidéo non disponible, le compte associé a été clôturé. » (Consulté le 24 juin 2020.)

4. Les *Sâmeh-nî yâ bâbâ* sont des jeunes gens adeptes d'une nouvelle mode, en vogue mais aussi très critiquée dans certains pays arabes, qui consiste à revêtir un pantalon dont la fermeture éclair est non plus devant mais derrière...

9 hommes armés ». Dénoncé à sa famille par un autre franc-tireur qui jalousait ses exploits, il a été sévèrement battu par son père, qui a aussitôt emmené les siens à Hama puis à Tartous, où Chaaban a été employé successivement dans plusieurs propriétés agricoles. Bien que prolixe dans ses réponses à certaines questions, le jeune « terroriste » n'a fait aucune allusion ni à la date ni aux circonstances de son arrestation. Il est également resté muet sur son sort actuel et, en particulier, sur le lieu et les conditions de sa probable détention.

Comme lors des aveux faits précédemment par d'autres jeunes « terroristes », la mise en scène s'est révélée affligeante. Le journaliste anonyme qui dirigeait le dialogue, mais dont les relances s'apparentaient souvent à une enquête de police, ne faisait pas que lui poser des questions. Il lui fournissait, en même temps, des éléments de réponse. Ainsi, prié de « parler de sa mère décédée », le jeune garçon a répondu sans surprise que sa mère était morte… Mais, quelques minutes plus tard, ayant oublié ce « détail », il indiquait que, à Tartous, il travaillait dans les champs et vergers « en compagnie de sa mère ». Il est souvent apparu perdu, hésitant, le regard dans le vague. Bien que s'exprimant en phrases décousues, il a fourni des détails dont la précision technique montrait qu'ils avaient été soigneusement choisis avec son interlocuteur ou avec les « préparateurs » des services compétents qui l'avaient mis en condition.

Pour les spécialistes, les invraisemblances de ce récit lui ôtent toute crédibilité. Il est impossible de former un tireur d'élite en moins de six mois. En raison du poids et de la taille des armes utilisées pour ce genre de travail, ceux qui l'exercent doivent posséder une force physique, une maîtrise corporelle, une puissance de concentration et un contrôle de ses émotions qu'un enfant de 13 ans n'a pas. Ni sa constitution, ni le caractère qu'il a laissé entrevoir dans ses réponses et son comportement ne permettent de penser que le jeune Chaaban puisse faire exception à la règle. Il est par ailleurs douteux qu'un franc-tireur puisse opérer neuf heures à la suite sans éprouver des baisses d'attention nuisibles à son rendement. Quant aux activistes syriens et aux médias arabes, intrigués par cette affaire, ils ont tenté, mais sans aucun succès, de retrouver à Alep la piste de la famille Hamida et du jeune tireur d'élite…

En se livrant conjointement à ce genre de manipulation, les *mukhâbarât*, qui fournissent les acteurs et le script, et le ministère de l'Information, qui en assure l'enregistrement et la diffusion, ont offert une nouvelle confirmation des relations étroites qu'ils entretiennent dans un système aussi répressif que *L'État de barbarie*. Tandis que les médias officiels, contrôlés de près par le ministre de l'Information, ont pour mission de transmettre aux Syriens ce qu'il leur faut croire, penser et faire, les services de renseignements ont pour tâche de sanctionner ceux qui refusent d'adhérer aux idées qu'on leur impose, de penser comme on leur demande et de faire ce qu'on leur ordonne. La présence à la tête de l'Information d'Omran al-Zoubi, un avocat de longue date des services de renseignements que rien ne prédisposait à assumer une telle fonction[1], montre que, plus que jamais, ces deux institutions travaillent la main dans la main au service du régime et non point de l'État.

Aucun des comparses de cette sinistre farce ne pouvant malgré tout imaginer que les téléspectateurs syriens, et à plus forte raison les autres, s'il en est, goberont tout ou partie de cette prestation, leurs motivations sont ailleurs. La présentation de ce jeune « terroriste » peut d'abord contribuer

1. Omran al-Zoubi a occupé le poste de ministre de l'Information de juin 2012 à juillet 2016. Il est décédé en juillet 2018.

à montrer la persistance du phénomène, dénoncé par quelques organisations de défense des droits de l'homme, de l'utilisation d'enfants en Syrie par certains groupes armés[1]. Si une telle exploitation est avérée et se poursuit de la part des « rebelles », elle doit être fermement condamnée. Mais de son côté, on notera que le régime n'hésite pas à utiliser des enfants – et des femmes – comme boucliers humains lors d'opérations militaires[2], comme otages en lieu et place de leurs parents recherchés, et, comme on le voit dans la présente affaire, comme instruments de la propagande officielle. Cette mise en scène est porteuse d'un autre message, dont les Syriens n'avaient pas vraiment besoin après cinquante ans de dictature du parti unique puis d'autoritarisme « assadien » et après plus de trente mois d'une répression sauvage. Il se lit ainsi : « En Syrie, nous sommes les maîtres et nous faisons ce que nous voulons, que cela vous plaise ou pas. Vous en voyez, dans ce spectacle, une nouvelle démonstration. »

Est-il utile de rappeler que la Syrie a signé la plupart des traités et pactes internationaux concernant, outre les droits de l'homme, ceux des femmes et des enfants ? Mais, comme elle le fait avec sa propre Constitution, avec sa législation, avec ses lois d'exception et avec les jugements de ses tribunaux civils et militaires, elle ne les respecte et ne les met en œuvre que pour autant que le régime y trouve son intérêt. En son temps, Hafez al-Assad a pratiqué sur une large échelle la prise d'otages, lorsqu'il a vu dans l'enlèvement et l'emprisonnement des enfants un moyen de contraindre leurs pères ou leurs frères aînés à se rendre. Pour accentuer les pressions sur ceux qu'il voulait à tout prix récupérer, il n'a pas non plus hésité à soumettre ces enfants à la torture. Plus d'un en est mort.

Son héritier n'a rien modifié à cette manière de faire, comme en témoigne l'arrestation, en 2002, du jeune Mousab al-Hariri alors âgé de 14 ans, dont la condamnation à mort en 2005 pour « appartenance aux Frères musulmans » a été commuée par la Haute Cour de sûreté de l'État en six ans de travaux forcés. En réalité, c'était son père, membre de l'Association, réfugié en Arabie saoudite depuis le début des années 1980, que les *mukhâbarât* voulaient capturer. Avec le déclenchement de la révolution, la situation s'est aggravée. Les prises d'otages d'enfants se sont multipliées, et même, dans un cas au moins, dénoncé par l'Observatoire syrien des droits de l'homme le 24 mai 2012, d'un enfant de 2 ans dont le père était activement recherché…

Depuis le début de la révolte populaire, le Violations Documentation Center in Syria (VDC) dont les chiffres sont considérés comme « prudents » a dénombré l'arrestation et l'emprisonnement de 997 garçons et 38 filles, tous mineurs. Sur ce nombre, selon le même centre, 75 au total, dont deux filles, sont décédés, les uns exécutés, les autres tués sous la torture… On n'ose imaginer quel bilan la Syrie présenterait aujourd'hui dans ce domaine, si elle n'avait pas à sa tête un « médecin » !

La torture des enfants en prison

Dans un rapport mis en ligne au début du mois d'octobre 2013, le VDC a donné la parole à un jeune Syrien[3], remis en liberté au mois d'août précédent, au terme de quatre mois d'emprisonnement. Comme

1. https://www.hrw.org/fr/news/2012/11/29/syrie-lopposition-recours-des-enfants-dans-le-cadre-des-combats.
2. https://www.hrw.org/news/2012/06/11/syria-stop-grave-abuses-children.
3. http://www.vdc-sy.info/pdf/reports/1381096592-Arabic.pdf.

le montrent les photos prises à la veille et au terme de sa mésaventure, il avait perdu plusieurs kilos durant sa détention. Alors que son âge aurait dû lui épargner de telles épreuves, il raconte son périple à travers les prisons de divers services de renseignements, les exactions dont il a été victime de la part des enquêteurs et des geôliers, et les scènes de barbarie ordinaire dont il a été témoin. Son témoignage recoupe nombre d'autres récits qui remontent, pour certains d'entre eux, à la décennie 2000-2010. Ils interdisent de ce fait de lier la brutalité dont font montre les *mukhâbarât* aux circonstances particulières de la révolution. Ils démontrent au contraire que la torture des enfants et des jeunes, dans des centres de détention où la loi interdit en principe leur admission, est une pratique ancienne, récurrente et tolérée, si ce n'est encouragée pour entretenir la peur.

Moadh Abdel-Rahman, avant et après sa détention

Le 2 avril 2013, le jeune Moadh Abdel-Rahman (16 ans) se trouvait avec un ami dans le *souq* de Hama lorsqu'une voiture d'agents de la Sécurité est passée à côté d'eux. Ils ont aussitôt rebroussé chemin, mais n'ont pas tardé à être rattrapés par les occupants du véhicule intrigués par leur manège. Après avoir été rossés, ils ont été embarqués de force jusqu'à un poste de contrôle où il est apparu que le nom du jeune Moadh figurait, comme celui de son père, sur une liste d'individus recherchés. Son camarade a quant à lui été relâché, non sans avoir été de nouveau frappé. L'adolescent a été conduit au siège des Renseignements militaires, où on a commencé par lui voler les quelques milliers de livres syriennes qu'il avait sur lui. Il a été enfermé dans une cellule d'isolement de 3 mètres carrés dans laquelle se trouvaient déjà quatre autres détenus. Le lieu était si exigu que, pour dormir, ses occupants étaient obligés de couvrir avec une planche le trou qui leur servait de latrines.

Le jour même, il a été emmené pour un premier interrogatoire. Il a subi la torture du pneu[1] et a été frappé sur toutes les parties du corps durant près de trois heures à coups de bâton. L'enquêteur voulait lui faire avouer qu'il avait pris les armes, ce qui était faux. Lors de l'interrogatoire du lendemain, il a été soumis au supplice du *shabah*[2]. Il consiste à attacher les mains du prisonnier derrière son dos au moyen d'une chaîne fixée au plafond. Tirée vers le haut, elle contraint la victime à rester sur la pointe des pieds, une posture rapidement douloureuse. On l'a dénudé et, pendant trois heures encore une fois, il a alternativement été frappé avec un bâton et arrosé d'eau froide. Il a refusé d'avouer, comme on le lui demandait, qu'il avait fait partie d'un groupe armé et de donner le nom du chef de ce groupe présumé. Il a uniquement reconnu qu'il avait participé à des manifestations contre le régime.

Au cours des deux semaines suivantes, il n'a plus subi d'interrogatoire. Mais, en raison de la saleté de la cellule, de la promiscuité et des blessures occasionnées lors des deux séances de torture, il a souffert de démangeaisons et d'abcès sur une partie du corps. Lorsqu'il a demandé à un gardien de quoi apaiser ces irritations, celui-ci l'a giflé en lui demandant s'il se croyait à l'hôtel.

Le 16 avril, il a été emmené pour un troisième interrogatoire. Entre-temps, les

1. https://www.youtube.com/watch?v=Gv3l72AiXxI (le document a été supprimé : « Cette vidéo a été supprimée car elle ne respectait pas les règles de YouTube concernant le harcèlement et l'intimidation ». (Consulté le 24 juin 2020.)

2. https://www.hrw.org/sites/default/files/reports/syria0712webwcover_0.pdf.

mukhâbarât avaient perquisitionné la maison familiale et avaient confisqué son ordinateur. Ils y avaient trouvé les vidéos prises durant les manifestations et lors du passage des chars de l'armée dans les rues de la ville. Ils y avaient également découvert des tracts et des tags hostiles au régime... Durant cette troisième séance, il a été frappé avec un câble tressé qui, à chacun des coups, emportait un morceau de peau et de chair[1]. Ses bourreaux frappaient si fort que la chaise sur laquelle il était attaché s'est cassée. Ils accompagnaient leurs coups d'insultes, de jurons et de toutes sortes de grossièretés. Treize autres comparutions ont suivi, dont une seule entrait dans le cadre de son interrogatoire. Les douze autres fois, il s'agissait pour les gardiens de se « distraire » en quelque sorte, puisqu'ils n'accompagnaient les tortures d'aucune question.

Un mois et quatre jours après son arrestation, Moadh Abdel-Rahman a été transféré du siège de la Sécurité militaire à celui de la Police militaire du gouvernorat de Hama. Pendant tout le trajet, il a été violemment battu. Il est resté là quatre jours, dans l'attente d'être conduit à Damas où la branche 215 de la Sécurité militaire voulait l'entendre. Le quatrième jour, il a été conduit à Homs à bord d'un camion agricole utilisé par les services de renseignements, comme les voitures civiles banalisées, pour déjouer les attaques de l'Armée syrienne libre. Durant les quatre heures passées dans ce centre de tri, il a été frappé comme jamais encore. La plupart des gardiens qui sévissaient là étaient originaires de la Djézireh. Ils utilisaient des câbles électriques qui lui ont ouvert le dos et l'ont fait abondamment saigner. Le trajet de Homs à Damas s'est effectué dans un camion frigorifique, une fois encore pour prévenir une éventuelle attaque de l'Armée syrienne libre.

En arrivant à la branche 215, le jeune garçon a été effrayé par la saleté et la puanteur des lieux qui surpassaient tout ce qu'il avait expérimenté jusqu'ici. Il a été enfermé dans une pièce de 2,5 mètres sur 2,5 mètres dans laquelle s'entassaient déjà entre 60 et 70 détenus. Il a dû vivre, manger et dormir assis durant vingt jours sur l'équivalent d'un carreau de 25 centimètres sur 25 centimètres. Le septième jour, il a été emmené pour un interrogatoire où on lui a posé les mêmes questions que précédemment. Il a confirmé dans ses réponses ce qu'il avait déjà dit à Hama.

Il raconte que, en raison du nombre considérable de détenus, des maladies provoquées par la promiscuité et de l'odeur pestilentielle des lieux, les agents de la branche 215 avaient l'habitude de déléguer une partie de leur travail aux prisonniers les plus anciens. Il appartenait à ces hommes, surnommés *sukhra*, « chargés de corvée », d'enregistrer les décès et de déplacer les cadavres, que les victimes aient péri sous la torture, succombé à des maladies ou se soient laissées mourir après avoir perdu la raison. En moyenne, de 15 à 30 dépouilles étaient ainsi extraites quotidiennement de cette branche.

Il arrivait souvent que les *sukhra* frappent eux-mêmes les autres prisonniers ou cherchent à leur nuire, profitant des privilèges – un espace plus large pour s'étendre et dormir, une nourriture de meilleure qualité... – dont ils bénéficiaient en accord avec l'administration de la prison. Pour superviser la distribution des repas aux autres détenus, ils s'alignaient sur deux rangs entre lesquels ceux-ci devaient passer et ils faisaient pleuvoir sur eux les coups. Ce manège se répétait trois fois par jour. Ils profitaient aussi des deux sorties quotidiennes aux toilettes pour donner aux gardiens, leur cravache à la main, des gages de leur zèle.

Après vingt jours dans la branche 215, l'adolescent a été déféré devant le procureur

1. https://www.hrw.org/video-photos/interactive/2012/06/28/syria-documented-torture-methods.

général de Damas qui a décidé de le faire comparaître devant la Cour terroriste... Dans cette attente, il a été mis en dépôt durant deux jours à la Police militaire, dans le quartier de Qaboun, avant d'être conduit à Adra où il devait attendre sa comparution. Mais, à son arrivée, la direction de la prison civile a refusé de l'admettre parce qu'il n'avait pas les 18 ans révolus. Après avoir été présenté une nouvelle fois au procureur, au Palais de justice de Damas, il a été ramené à Qaboun où il a attendu son procès pendant deux mois et demi... le temps, pour la Cour terroriste de retrouver son dossier, égaré durant ses déplacements à répétition.

Le 6 août 2013, l'adolescent a finalement été présenté à un juge qui a ordonné sa remise en liberté immédiate, faute de la moindre charge susceptible d'être retenue contre lui. Aussitôt expulsé du tribunal, il a été jeté dans la rue où il a été surpris par le nombre de gens qui cherchaient à obtenir des nouvelles de leurs proches emprisonnés.

Durant sa détention, le jeune Moadh a assisté à deux meurtres de sang-froid : le premier a été commis par un agent de corvée qui, reconnaissant dans un nouveau détenu un homme auquel l'opposait une hostilité de longue date, l'a bastonné jusqu'à la mort ; le second a été l'œuvre d'un capitaine, « humilié » d'avoir été involontairement bousculé par un détenu qui sortait de sa cellule pour être conduit au tribunal..., et qui décédera la nuque brisée d'un coup de gourdin.

En dépit de la crainte des familles des enfants concernés, qui redoutent souvent d'aggraver la situation en prenant un avocat et en rendant publique l'arrestation de leur progéniture, la mise en détention durant plusieurs mois de mineurs innocents est depuis longtemps habituelle en Syrie. Il s'agit souvent –147 cas étaient encore recensés en juin 2010[1]... – de prises d'otages décidées en haut lieu. Mais il s'agit aussi, dans un grand nombre de cas, de « faits du prince », d'initiatives de responsables politiques locaux ou de petits chefs des services de renseignements, à la décision desquels personne n'ose s'opposer avant qu'un tribunal, au vu de la vacuité des charges, prenne enfin la décision de remettre les « présumés coupables » en liberté.

Un fait parmi des dizaines d'autres. Le 12 août 2007, le village d'Al-Mazra'a, à l'ouest de Homs, a été durant quelques heures le théâtre d'affrontements entre les habitants et les forces de police dépêchées pour permettre aux agents de la municipalité et du gouvernorat de procéder à la démolition de constructions « illégales ». Il n'y avait rien dans tout cela d'extraordinaire. Le caractère suranné des plans d'occupation des sols, l'anachronisme de nombreuses lois et la corruption rampante ont depuis longtemps favorisé, en Syrie, la multiplication de ce genre de constructions. Les ordres de destruction sont souvent émis, au profit de spéculateurs proches du pouvoir ou sur ordre venant d'en haut, par les fonctionnaires ayant fermé les yeux sur l'illégalité de ce qui constituait pour eux une source de revenus complémentaires. Faute d'instances de médiation, les interventions des forces de l'ordre sont accompagnées, dans la majorité des cas, d'actes de violence... L'affaire d'Al-Mazra'a s'est donc soldée par plusieurs dizaines de blessés.

Parmi les habitants arrêtés le surlendemain à 3 h 30 du matin, figuraient plusieurs mineurs de 11 à 17 ans. Accusé d'avoir brisé le nez d'un agent de la force publique, l'un d'entre eux, Aref Hannouch (16 ans), n'avait pas un profil de casseur. Excellent élève, il avait été félicité quelques mois plus tôt par le chef de l'État en personne, lors de la remise de récompenses aux lauréats du certificat préparatoire. Déplacé de prisons en tribunaux, il a connu lui aussi le froid, la

1. http://www.sotaliraq.com/articlesiraq.php?id=68655#axzz2iMfgmEGn.

faim, les insultes, les mauvais traitements, les tortures, la surpopulation de cellules exiguës et l'humiliation de devoir se dévêtir entièrement devant une dizaine d'autres adolescents. Il a finalement été libéré sur décision d'un juge, dont nul ne sait s'il a bâti son intime conviction sur l'absence avérée du jeune Aref des lieux de la confrontation, sur les interventions en sa faveur de députés et d'avocats ou sur son palmarès scolaire. En tout cas, quelques semaines après sa remise en liberté, ses jeunes camarades de détention pourrissaient toujours en prison ou dans une maison de redressement.

Prétendant agir dans le cadre de l'état d'urgence, les autorités syriennes ont commis, entre 1980 et 1983, des crimes graves et des violations répétées des droits des enfants et des mineurs (*ahdâth*). Dans un rapport daté de 2004, le Réseau arabe d'information sur les droits de l'homme estimait que le nombre des « détenus politiques âgés de moins de 18 ans » (*sic*) avoisinait alors les 600[1] ! Certains, comme déjà indiqué, n'avaient pas commis d'autre crime que d'avoir été conçus par un père appartenant à l'Association des Frères musulmans, que leur arrestation devait contraindre à se rendre. D'autres avaient affiché une « religiosité suspecte » que le régime entendait éradiquer, en participant à la prière dans des mosquées ou en y étudiant le Coran. La plupart ont subi les tortures destinées à leurs parents et beaucoup en sont morts, y compris après l'arrestation ou la reddition de leurs pères... Quelques-uns d'entre eux ont même été condamnés à mort et exécutés. Ceux qui avaient été condamnés au terme d'un procès à des peines allant de six à douze ans de prison sont parfois restés détenus bien au-delà. Certains, en 2004, n'étaient toujours pas réapparus, sans que leurs proches aient pu apprendre s'ils étaient morts ou détenus quelque part dans l'une des innombrables prisons du pays.

Selon le Violations Documentation Center, le « docteur » Bachar al-Assad a d'ores et déjà fait mieux que son père. Entre le 15 mars 2011 et le 11 octobre 2013, 1 060 enfants ont été arrêtés en Syrie, 1 016 de sexe masculin et 44 de sexe féminin. Il s'agit là de chiffres prudents et recoupés, concernant des mineurs dont l'identité est avérée. Mais ils sont contredits par d'autres. Un décompte, publié le 22 septembre 2013 par le Réseau syrien des droits de l'homme[2], fait état de l'arrestation au total de 9 000 mineurs. Soumis à la torture, 79 d'entre eux auraient perdu la vie en prison.

Moins d'un an après le début de la révolution, la situation des mineurs en Syrie paraissait suffisamment préoccupante à l'organisation de défense des droits de l'homme Human Rights Watch, pour qu'elle exige, dans un rapport publié le 3 février 2012, de « mettre fin aux actes de torture infligés à des enfants[3] ». Elle écrivait alors :

> « Des enfants, dont certains à peine âgés de 13 ans, ont indiqué à Human Rights Watch que des officiers les avaient maintenus en isolement, les avaient brutalement battus et électrocutés, brûlés avec des cigarettes, et les avaient suspendus avec des menottes métalliques, parfois pendant des heures, à quelques centimètres du sol. Tous les enfants interrogés ont déclaré avoir reçu des quantités insuffisantes de nourriture et d'eau lors de leur détention, et dans la plupart des cas, aucun traitement médical pour les blessures liées aux tortures subies. »

1. http://www.anhri.net/syria/shrc/pr040308-2.shtml.
2. https://www.shrc.org/?p=17318.
3. https://www.hrw.org/fr/news/2012/02/03/syrie-il-faut-mettre-fin-aux-actes-de-torture-infliges-des-enfants.

Ce n'est donc pas le fait du hasard si la révolution contre Bachar al-Assad a débuté en Syrie après l'arrestation, l'emprisonnement et la torture de plus d'une dizaine d'enfants âgés de dix à quatorze ans.

Ce n'est pas non plus le fait du hasard si leur bourreau, le colonel Atef Najib, était l'un des membres en vue de la famille présidentielle.

Les violences contre les enfants dans les centres de détention syriens[1]

Les survivants

Au centre de ce rapport se trouve l'histoire de huit mineurs qui ont subi des violences au cours de leur arrestation et de leur détention. Ces histoires sont soutenues et complétées par vingt-cinq survivants adultes qui ont été les témoins oculaires de ces violences. Comme pour les rapports de Lawyers and Doctors for Human Rights (LDHR) concernant les femmes en détention et la violence sexuelle sur les hommes, les survivants dont les expériences sont présentées dans ce rapport n'ont pas de relation entre eux. Ils n'ont été arrêtés ni au même endroit ni au même moment. S'ils peuvent avoir été dans les mêmes lieux de détention, ils n'y ont pas été détenus ensemble. Une exception dans ce rapport est liée au fait que l'un des témoins oculaires est la mère d'une fille détenue. Le rapport s'inspire de leur expérience. Elles n'ont pas été arrêtées en même temps et n'ont été détenues ensemble que pour certaines périodes.

De manière générale, LDHR a procédé à des expertises médicales sur dix patients qui avaient moins de 18 ans quand ils étaient en détention. Tandis que huit de ces cas sont décrits dans ce rapport, LDHR a utilisé l'ensemble des dix cas pour ses statistiques concernant les violences, et sur leurs répercussions dans ce rapport[2].

– Neuf d'entre eux avaient 17 ans au cours de leur détention, un avait environ 10 ans.

– Quatre des cinq filles ont subi une forme de violence sexuelle.

– Neuf des dix enfants ont subi des violences physiques. L'enfant de 10 ans a été menacée d'exécution, et également de l'exécution de sa mère (dont elle était séparée en détention).

– Trois des cinq garçons ont été forcés de se dénuder. Quatre des cinq filles l'ont été.

– Tous ont été mêlés à la population adulte de la prison. L'enfant de 10 ans a enduré à deux reprises une semaine d'isolement. On l'a séparée de sa mère à sa détention.

– La durée moyenne de détention est de 438 jours.

– Quatre des dix enfants ont été présentés devant un tribunal.

Les survivants mineurs (10) et les témoins oculaires adultes (25) ont été victimes ou témoins de violences dans vingt lieux de détention différents, incluant :

1. Extrait du rapport de Lawyers and Doctors for Human Rights, *Aucun témoin ne doit garder le silence*, p. 13-20, traduit de l'anglais par Jonathan Chalier.

2. Garçons : Shahoud, Akram, Anas, Younis, Badei. Filles : Yasmine, Rawan, Subhiyah et deux cas qui ont donné leur consentement à des poursuites pénales et qui ne seront donc pas précisés ici.

Tartous	Sécurité militaire de Tartous (1 témoin, 2013)
Lattaquié	Sécurité militaire (1 témoin, 2011) Renseignement militaire aérien de Lattaquié (1 témoin, 2011)
Homs	Sécurité militaire de Homs (1 détenu mineur) Sécurité politique de Homs (1 détenu mineur) Prison centrale de Homs (1 détenu mineur)
Hama	Sécurité criminelle de Hama (1 témoin, 2016) Renseignement militaire aérien de Hama (1 témoin, 2012) Sécurité politique de Hama (1 témoin, 2013)
Idlib	Sécurité d'État (1 témoin, 2013)
Damas	Section 215 (1 témoin, 2013 ; 1 détenu mineur) Section 227 (2 témoins, 2012-2013 ; 3 détenus mineurs) Section Palestine/235 (5 témoins, 2012-2014, 2016 ; 1 détenu mineur) Sécurité générale section 251 Al-Khatib (1 témoin, 2012) Section 285 (2 témoins, 2013) Section 291 Kafr Souseh (1 témoin, 2012) Renseignement militaire aérien section Mazzé (4 témoins, 2012-2014 ; 2 détenus mineurs) Sécurité politique section Al-Fayhaa (2 témoins, 2011-2012) Prison d'Adra (2 détenus mineurs) Saidnaya (1 détenu mineur) Qatana (Rif Damashq, 1 témoin, 2013, 1 détenu mineur)

Les crimes et les violations des droits de l'homme contre les enfants

En plus de toutes les protections du droit pénal international, du droit international humanitaire et du droit international des droits de l'homme qui s'appliquent également aux enfants, il existe des règlements complémentaires qui s'appliquent spécifiquement à des actes commis sur des enfants. La Convention relative aux droits de l'enfant et le système des « violations graves » des Nations unies (selon la résolution de l'Assemblée générale des Nations unies A/Res/51/77, les résolutions du Conseil de sécurité des Nations unies n° 1882, n° 1998, n° 2225) précisent quels sont les droits et protections complémentaires et spécifiques pour ceux qui ont moins de 18 ans. En outre, quand ceux qui commettent des crimes sur des enfants ont été jugés coupables, les juges tiennent l'âge et la vulnérabilité de la victime comme circonstances aggravantes dans l'énoncé de la peine[1]. Enfin, les règles minima des Nations unies pour le traitement des détenus, les « Règles Mandela », sont complétées par les « Règles de Bangkok » qui s'appliquent aux femmes et aux filles, et les « Règles de La Havane » qui s'appliquent aux détenus mineurs[2]. Tous ces droits et ces protections sont discutés dans ce qui suit.

Le meurtre et le droit à la vie

Désignée comme la violation grave 2 (« meurtres et mutilations ») contre les enfants, la Convention relative aux droits

1. Le procureur *vs* Kunarac, Kovac et Vukovic, TPIY-96-23, Jugement, § 864, 867, 874, 879 – relatifs au fait que les victimes étaient jeunes, particulièrement vulnérables et sans défense.

2. Assemblée générale des Nations unies (AGNU), *Ensemble de règles minima des Nations unies pour le traitement des détenus*, 29 septembre 2015, A/C.3/70/L.3, « Règles Mandela » ; AGNU, *Règles des Nations unies concernant le traitement des détenues et l'imposition de mesures non privatives de liberté aux délinquantes*, 6 octobre 2010, A/C.3/65/L.5 « Règles de Bangkok » ; AGNU, *Règles des Nations unies pour la protection des mineurs privés de liberté*, 2 avril 1991, A/RES/45/113 « Règles de La Havane ».

de l'enfant insiste aussi sur l'obligation de l'État de protéger les enfants contre toute forme de violence physique[1]. C'est également interdit selon le droit international des droits de l'homme[2], le droit international humanitaire[3] et le droit international coutumier[4].

Cinq témoins oculaires ont vu des enfants se faire tuer, manquer de se faire tuer ou subir une exécution simulée pendant leur détention[5]. Abdullah (section 215, 2013) a été témoin de la mort d'un garçon de 13 ans qui a succombé à des violences sexuelles brutales et répétées. Le garçon est mort dans ses bras dans la cellule. Muntaha (Sécurité d'État d'Idlib, 2013) a vu un lycéen se faire gravement torturer et battre. Muntaha a essayé de compter le nombre de coups de fouet qu'il recevait. Elle ne pouvait plus supporter de compter après 250 coups de fouet. Après un certain temps, le garçon n'a plus fait de bruit. L'interrogateur a annoncé qu'il était mort.

Raghad (section de la Sécurité criminelle de Hama, 2016) a été retenu pendant trois jours dans une cellule avec plus de quarante femmes et enfants d'âges divers. Elle a entendu un garçon de 10 ans se faire torturer en dehors de la cellule – elle a regardé par la porte et l'a vu sur le sol, du sang coulant de sa bouche et de ses oreilles. Les geôliers l'ont soulevé et l'ont jeté à nouveau sur le sol.

On a bandé les yeux de Hakam (Mazzé, fin 2011) et on l'a aligné avec d'autres prisonniers. Il a entendu un père et ses quatre jeunes fils se faire tirer dessus près de lui. Il ne sait pas s'ils sont morts ou non, il a seulement entendu les coups de feu tirés sur eux sans pouvoir les voir. Qadri (section Palestine, 2012) a entendu les voix d'enfants sous la torture, et a parlé à un jeune homme dans sa cellule qui était sévèrement torturé et presque mort. Le garçon a demandé aux autres de dire au revoir à ses parents et à ses frères et sœurs s'il devait mourir.

Des huit mineurs dont les cas sont avérés, quatre ont été soumis à des exécutions simulées ou ont reçu des menaces de mort (un des garçons, les trois filles).

Subhiyah (section de la Sécurité politique de Homs, 2015) a été séparée de sa mère à son arrivée au centre de détention. Elle avait seulement 10 ans, et on l'a laissée

1. Cour internationale des droits de l'enfant (CIDE), article 19 : de même que toute forme de violence, d'atteinte ou de brutalités mentales, d'abandon ou de négligence, de mauvais traitements ou d'exploitation, y compris la violence sexuelle. La Convention exige également des mesures préventives ainsi que l'identification, le rapport, le renvoi, l'enquête, le traitement et le suivi pour les cas de mauvais traitements de l'enfant décrits ci-dessus et, comprend également, selon ce qui conviendra, des procédures d'intervention judiciaire. Voir aussi Bulacio *vs* Argentine [2003], Série C n° 100, Cour interaméricaine des droits de l'homme (CIADH) 1483 – concernant la compensation et les réparations appropriées pour la mort d'un enfant en détention, y compris le besoin d'une enquête et la prévention d'une nouvelle occurrence : « En son rôle de garant, l'État a la responsabilité de protéger les droits des individus qui sont sous sa garde, et de fournir les informations et les preuves relatives à ce qui est arrivé au détenu. »

2. Pacte international relatif aux droits civils et politiques (PIDCP), article 6 (droit à la vie).

3. Article 3(a) commun des Conventions de Genève [CG] (1949) ; art. 32, 147 de la IVe CG ; art. 4, 13 Protocole additionnel (PA) II ; Règle coutumière 89 du Comité international de la Croix-Rouge (CICR), (Jean-Marie Henckaerts et Louise Doswald-Beck, *Droit international humanitaire coutumier vol. 1 : Règles*, Bruxelles, Bruylant, 2005). Autres règles du droit international humanitaire concernant la protection des enfants : art. 24 de la Ve CG, art. 77 du PA I, art. 4(3) du PA II, Règle coutumière 135 du CICR (*ibid.*).

4. Par exemple, Statut de Rome de la Cour pénale internationale (CPI), article 7.1(a) le meurtre comme crime contre l'humanité ; article 8(2)(a)(i) homicide intentionnel ; (c)(i) ; article 3 commun des CG. Voir par exemple, Chambres extraordinaires au sein des tribunaux cambodgiens (CETC), cas n° 1, verdict du 26 juillet 2010, § 201, p. 214-216.

5. Il y a un autre témoin oculaire d'un cas d'enfant tué en détention qui a accepté de fournir des preuves dans des poursuites pénales.

seule. Les officiers ont menacé de la tuer et de tuer sa mère. Rawan (Sécurité militaire aérienne à Mazzé, 2015) avait 17 ans quand elle a été détenue. Elle a entendu un coup tiré dans la pièce voisine de celle où elle était interrogée, et a vu du sang couler sous la porte attenante. Elle a cru que son tour était venu. Elle était enceinte de deux mois et, après six jours en détention, elle a fait une fausse couche dans sa cellule. Elle a dû employer un sac plastique et des morceaux de vêtements pour attraper le sang et les tissus – elle a eu l'impression de se noyer dans le sang pendant quatre jours.

Quand Yasmine est arrivée à la section 155 (2013), un gardien l'a frappée à la tête et l'a giflée assez fort pour la faire tomber au sol. Yasmine a reçu des coups sur la tête et le visage, et a été électrocutée à l'aide d'un bâton électrique sur différentes parties de son corps. Son interrogateur a ordonné qu'elle soit emportée à l'extérieur et exécutée. On l'a mise dehors, alignée et les soldats ont armé leur fusil. On ne lui a pas tiré dessus.

Younis (section de la Sécurité militaire de Homs, 2014) a subi une violence extrême infligée par de nombreux soldats en même temps. Il a perdu conscience au cours d'une électrocution. On l'a pressé « d'avouer ou de perdre la vie ». En détention, Akram (section 227, 2016) s'est fait casser le nez et a été battu pendant trois jours jusqu'à perdre conscience, en raison de la violence extrême qui s'est abattue sur lui. Il avait tout juste 17 ans.

La torture

La torture est considérée par l'ONU comme la seconde des six violences graves contre les enfants durant les conflits armés (« Tuer et mutiler des enfants »)[1]. La Convention sur les droits de l'enfant interdit également la torture, et autres peines ou traitements cruels, inhumains ou dégradants contre les enfants[2]. C'est aussi interdit selon IHRL[3], IHL[4] et ICL[5].

À l'exception d'un seul, tous les cas de mineurs évalués par LDHR ont rapporté la violence extrême comme faisant partie des interrogatoires[6]. Elle prenait des formes diverses, incluant l'électrocution, la brûlure, la *falaqa*, le *doulâb* (le pneu), « le tapis volant », « la chaise allemande », le *shabah* (suspension), les coups, et des formes de torture psychologique telles que la privation de sommeil, des menaces de mort et de violence, et l'observation forcée de la torture des autres. La violence sexuelle a été reconnue légalement comme une forme de

1. Office du représentant spécial du Secrétaire général pour les enfants et les conflits armés, « The Six Grave Violations Against Children During Armed Conflict : the Legal Foundation », 2009 (version révisée en 2013), *Working Paper*, ONU, https://children andarmedconflict.un.org/publications/WorkingPaper-1SixGraveViolationsLegalFoundation.pdf.

2. CICR, art. 37.

3. International Human Rights Law (Droit international relatif aux droits de l'homme). Par exemple, PIDCP, art. 7, Convention contre la torture (CCT), art. 1.

4. International Humanitarian Law (Droit humanitaire international). Article 3(a) commun des CG (1949). Art. 32, 147 de la IVᵉ CG ; art. 4, 13 du PF II ; Règle coutumière 90 du CICR (*ibid.*). Règles complémentaires du droit international humanitaire sur la protection spéciale des enfants : art. 24 de la IVᵉ CG, art. 77 du PF I, art. 4(3) du PF II, Règle coutumière 135 (*ibid.*).

5. International Humanitarian Law (Droit humanitaire international). Par exemple, Statut du CPI, art. 7(1)(f), 8(2)(a)(ii), 8(2)(c)(i).

6. Observant la différence entre les critères de torture comme une violation des droits de l'homme selon la CCT (notamment la présence d'une finalité, ainsi que la participation ou le consentement d'un agent de la fonction publique), l'art. (7)(f) de la CPI qui ne requiert aucun de ces deux critères mais requiert la garde ou le contrôle par l'auteur du crime, et le droit international coutumier, qui est similaire à la définition de la CCT mais ne requiert pas l'implication d'un agent de l'État.

torture[1], mais elle est considérée à part dans le chapitre qui lui est consacré ci-dessous.

Subhiyah, qui avait 10 ans, n'a pas subi de violence physique, mais elle a été séparée de sa mère, menacée de mort et tenue en isolement pendant des périodes d'une semaine. Les interrogateurs lui ont aussi dit qu'ils avaient tué sa mère, et lui ont posé des questions sur son père, qu'ils savaient avoir tué quand elle avait 7 ans. Subhiyah était terrifiée, criait, pleurait et appelait sa mère. Elle pouvait entendre les bruits de la torture. Elle a été abandonnée à elle-même, persuadée qu'elle n'avait plus personne. Trois ans après sa détention, se remémorer les faits suscite toujours chez Subhiyah une impression de suffocation, comme si on prenait sa gorge dans ses mains pour l'étrangler. Cela équivaut vraisemblablement à de la torture : l'infliction d'une douleur ou d'une souffrance physique ou psychologique afin d'obtenir des informations ou un aveu, ou afin de punir, d'intimider ou de contraindre la victime ou une tierce personne, ou afin de discriminer sur quelque fondement que ce soit[2].

L'électrocution

Badei (Renseignement militaire aérien Mazzé, 2012) a été suspendu par des menottes qui lui cisaillaient les poignets jusqu'au saignement. Alors qu'il était suspendu, les interrogateurs le frappaient avec des tuyaux de plomberie verts, l'électrocutaient avec un bâton électrique sur la poitrine et l'estomac, et le fouettaient avec ce que Badei pense être un câble. Il avait les yeux bandés quand il était suspendu. Il l'a été pendant trois jours, on le décrochait seulement deux fois par jour pour lui permettre d'aller aux toilettes. Mais à chaque fois on le frappait sur le chemin des toilettes.

Au cours de ces interrogatoires répétés, on l'a giflé, frappé du poing, mis de force dans un pneu, battu sur les pieds (*falaqa*) et attaché à une planche de bois qui courbait son dos de manière contre nature (« le tapis volant »). Le jeune visage et le jeune corps de Badei sont toujours couverts des cicatrices de ces violences. Son « moral est dévasté ». Les répercussions de ces tortures sur sa vie sont dévastatrices.

Dans la section de la Sécurité militaire de Homs, on a bandé les yeux et menotté les mains de Younis. On l'a forcé à s'agenouiller dans un couloir, yeux bandés et mains menottés, pendant environ deux heures, au cours desquelles les soldats frappaient d'autres détenus autour de lui. Les soldats l'ont ensuite menacé d'amener ses parents dans la section (laissant entendre qu'ils seraient torturés). Deux jours plus tard, on l'a à nouveau appelé pour être interrogé. Cette fois, deux soldats l'ont gravement battu sur tout le corps avec des tuyaux de plomberie verts. Ils lui ont donné des coups de pied dans l'estomac, l'ont giflé et lui ont donné des coups de poing au visage. Cela a duré deux heures. Au cours du troisième interrogatoire, deux jours plus tard, les soldats l'ont attaché à une chaise, l'ont aspergé d'eau et l'ont électrocuté sur les mains et les jambes. La douleur lui a fait perdre conscience un moment. Suite à cet épisode, un point de contact de l'électrocution sur son bras droit s'est infecté et est devenu purulent. C'est lors de la quatrième session que l'interrogateur a menacé de le torturer à mort à moins qu'il n'avoue. On

1. Voir par exemple : Le procureur *vs* Mucic, TPIY-96-21, jugement, § 452-496.

2. Voir par exemple A.B. *vs* la France, Cour européenne des droits de l'homme, Candidature n° 11593/12 [2016] où des bruits intenses et une anxiété pendant dix-huit jours au cours d'une détention avec des parents correspondent à une violation de l'interdiction de la torture selon l'article 3 de la Convention européenne des droits de l'homme.

l'a suspendu par les mains à l'aide d'une chaîne, et battu sur le dos avec des tuyaux verts et des câbles métalliques. L'excès de douleur lui a fait raconter tout ce qu'ils voulaient.

Younis a par la suite été transféré à la Section 215, où il a été torturé encore davantage – battu avec des tuyaux verts pendant ses interrogatoires. L'interrogateur l'a maudit et menacé de le tuer alors qu'on lui frappait les pieds (*falaqa*). Peu après, dans sa cellule, il s'est évanoui, nu, devant le ventilateur et s'est réveillé incapable de se mouvoir sans assistance. Le dos de Younis est couvert de cicatrices. Son corps porte toujours les séquelles de l'électrocution. Il souffre de douleurs de dos handicapantes. Cette torture a eu des répercussions profondes sur sa vie.

Les brûlures

Shahoud (Idlib, 2013), qui s'est fait tirer dans le genou sur le lieu de son arrestation, a également été suspendu pendant de longues périodes. On l'a empêché de dormir en le gardant suspendu pendant la nuit. On l'a fouetté sur le ventre et les fesses avec un câble électrique. Les interrogateurs ont concentré leurs coups sur le genou blessé. Ils ont appliqué des cigarettes allumées sur sa peau à différents endroits de son corps, et lui ont brûlé le pied gauche avec un briquet. Shahoud a également été témoin de la torture d'un garçon de 15 ans devant son père pour obtenir ses aveux.

Les autres formes de violence extrême

Les interrogateurs et le gardien ont cassé le nez d'Akram, l'ont battu avec des tuyaux de plomberie solides et verts, et l'ont atteint avec un coup particulièrement fort sur sa tête, qui l'a laissé inconscient pendant trois jours. Akram a également été attaché à la « chaise allemande » (une chaise métallique avec des parties mobiles qui étirent le corps et courbent le dos et le cou dans la mauvaise direction), ce qui lui a causé des douleurs extrêmes.

L'officier responsable de la section 277 a donné des coups de pied au visage d'Anas avec ses bottes militaires, et lui a ensuite frappé la tête contre le mur. Anas a aussi été frappé avec un tuyau en plastique dur et vert à la section 227 et à nouveau à une section d'Al-Rif. Là, on lui a enfoncé deux crochets en cuivre dans les pieds qui déchiraient sa chair. Son cousin et lui ont été torturés l'un en face de l'autre.

Rawan a été frappée une seule fois sur l'arrière de la tête pendant ses interrogatoires. Cependant, elle a enduré une torture psychologique, et a subi des violences sexuelles par un geôlier. Elle a affirmé que son bandage des yeux était trempé de sang. L'interrogateur a menacé d'amener son père et de le torturer devant elle. À plusieurs occasions on l'a mise dans une pièce où de jeunes hommes étaient torturés. Elle y a vu un jeune homme se faire électrocuter alors qu'il était nu.

Yasmine a subi la violence décrite ci-dessus, mais elle a également vu son frère cadet (14 ans) se faire battre à son arrivée à la section 227.

Neuf témoins oculaires ont affirmé avoir vu ou entendu des tortures infligées à des enfants en détention[1].

Nadhem (section de la force aérienne de Lattaquié, 2011) a vu un garçon de huit ans se faire torturer devant son père, qui était l'imam de la mosquée locale. Il a entendu les cris d'autres enfants durant sa détention. Ali (section 291, 2012) est toujours hanté par le souvenir d'un garçon d'environ 11 ans que les gardiens battaient avec des

1. N'uman, Qadri, Ayham, Raghad, Nadhem, Sakher, Muntaha (ci-dessus), Ali, Duha (mère de Yasmine).

bâtons et qu'ils soulevaient pour le laisser tomber sur le sol.

Les violences sexuelles

La résolution du Conseil de sécurité des Nations unies considère le viol et les violences sexuelles sur mineurs comme des violations graves contre les enfants. La Convention relative aux droits de l'enfant exige des États qu'ils protègent les enfants de toutes formes d'exploitation et de violences sexuelles[1]. La violence sexuelle est également clairement interdite selon le droit international des droits de l'homme[2], le droit international humanitaire[3] et le droit international coutumier[4].

Deux des mineurs de sexe féminin en détention décrivent diverses formes de violences sexuelles exercées contre elles, notamment la nudité contrainte, le harcèlement sexuel verbal, les menaces de violences sexuelles, les attouchements à la poitrine, aux cuisses, aux fesses et aux organes génitaux, les baisers sur des parties du corps, l'exhibition indécente, l'éjaculation sur leur corps[5]. Parmi les huit mineurs dont les cas sont rapportés ici, cinq d'entre eux ont été contraints de se dénuder.

Akram n'avait que 17 ans au moment de son arrestation. On l'a complètement dénudé devant des femmes à son arrivée à la section 227. Il a « pleuré de honte[6] ».

Neuf des témoins oculaires ont rapporté des violences sexuelles sur des enfants[7], pour beaucoup extrêmement brutales et cruelles.

Deux témoins oculaires, Nadir et Taha ont indépendamment confirmé des violences sexuelles répétées sur un groupe important d'enfants (environ 70) détenus dans la salle des Ailes de Mazzé à la fin de l'année 2012[8]. Il est possible qu'il s'agisse d'esclavage sexuel.

Shahd (section de la Sécurité militaire de Tartous, 2013) a expliqué au médecin qui a évalué son cas : « Il n'y a rien de plus dur que ce que je les ai vus faire aux enfants. » Il y avait vingt et un enfants qui avaient été arrêtés dans un bus scolaire, et détenus pendant neuf mois. Ils étaient employés pour distribuer la nourriture aux autres prisonniers. Les geôliers les battaient avec des fouets et des chaînes. Un jour, un des garçons a donné plus de yaourt à une femme et sa fille de huit mois parce qu'elles lui rappelaient sa mère et sa petite sœur. Quand un des geôliers s'en est aperçu, le garçon a été traîné dans le couloir et deux des geôliers l'ont sodomisé de force, l'un après l'autre.

1. Article 34.

2. Voir l'art. 3 de la Déclaration sur l'élimination de la violence à l'égard des femmes, qui énumère les droits de l'homme qui sont menacés dans les violences sexuelles : « Le droit à la vie, le droit à l'égalité, le droit à la liberté et à la sûreté de la personne, le droit à une égale protection de la loi, le droit de ne subir de discrimination sous aucune forme, le droit au meilleur état de santé physique et mentale possible, le droit à des conditions de travail équitables et satisfaisantes, et le droit de ne pas être soumis à la torture, ni à des peines ou traitements cruels, inhumains ou dégradants. »

3. CCT 3(e) ; CG, art. 27, 32, 147 de la IVe CG ; art. 75, 76, 77 PF I ; Art. 4(1), (3) PF II ; et règles coutumières CICR 90, 93 (*ibid.*).

4. Voir par exemple Statuts de la CPI, art. 7(1)(g), 8(2)(b)(xxii), 8(2)(e)(vi). Et : Le procureur *vs* Kunarac, *ibid.* ; Le procureur *vs* Akayesu TPIR, jugement, § 416, 421-424, 429-431, 437 ; Le procureur *vs* Bemba, CPI-01/05-01/08, jugement, 21 mars 2016, § 493, 511, 516.

5. Il y a deux cas de mineures LDHR complémentaires qui impliquent un viol et une violence sexuelle qui ont donné leur consentement pour que les preuves soient retenues pour des poursuites pénales.

6. Voir LDHR, *The Soul Has Died*, 2019, p. 39-42 pour la jurisprudence et la discussion sur la nudité forcée des personnes de sexe masculin comme crime et violation des droits de l'homme.

7. Shahd, Abdullah, Sherzad, Ayham, Raghad, Nadir et Taha, Ubaidah, Duha.

8. Un troisième témoin séparé a consenti à des poursuites pénales.

Alors que l'un était en train de violer le garçon, l'autre le filmait. L'enfant saignait à profusion, et était incapable de marcher. Ils ont ensuite forcé le garçon à regarder la vidéo de son viol. Le garçon criait, se tapait la tête contre les murs et essayait de s'échapper en rampant. Les autres geôliers ont conduit deux autres enfants hors de leur cellule et leur ont fait subir le même sort. On pouvait entendre les cris des enfants dans tout le bâtiment. Les femmes détenues en ont été témoins.

Ubaidah (section de la force de l'air de Hama, 2012) a été témoin d'un dirigeant *chabbîha* qui est entré dans une cellule de détention et a commencé à torturer un garçon de 13 ans. Il a pénétré de force l'anus de l'enfant avec un objet qu'il a brutalement poussé au fond. Le garçon le suppliait d'arrêter, à cause de la douleur intense. Ayham (section Palestine, 2014) a été témoin du viol de nombreux détenus mineurs de sexe masculin par le geôlier, dans la cellule et devant les autres détenus. Quiconque tentait de résister était gravement battu. Le témoin a décrit une cellule couverte de sang, de selles et de vomissures. Il a également raconté comment les détenus de la cellule étaient forcés de boire l'urine et de manger les selles les uns des autres dans un seau. Ayham a compté quatre à cinq morts quotidiennes en cellule.

Duha a été arrêtée avec son fils de 14 ans en 2013. Au cours de son interrogatoire, elle a été battue et électrocutée devant lui. Un des soldats a déboutonné sa chemise pour l'électrocuter sur les seins. Parce qu'elle était en contact avec son fils, l'électricité l'a atteint lui aussi. Les soldats ont menacé son fils de déshabiller sa mère et de la violer un par un. Elle était terrifiée.

3

Les violences sexuelles

Le viol, « le crime le plus tu »

Claire A. Poinsignon

En novembre 2011, il y avait eu la prise de parole publique de l'écrivaine Samar Yazbek, après son arrivée à Paris : « Le viol est un des moyens de pression les plus forts contre les activistes. Enlever leurs femmes, leurs sœurs est une façon d'entraîner les hommes dans une spirale de violence[1]. » Et puis l'enquête d'Annick Cojean, présidente du prix Albert-Londres et grand reporter au *Monde*, publiée en mars 2014 : « Le viol, arme de destruction massive en Syrie[2] ». Dans cette enquête, Burhan Ghalioun, ancien président du Conseil national syrien, déclarait : « C'est cette arme, selon moi, qui a fait basculer dans la guerre notre révolution qui s'était voulue pacifique. » Un rapport du Réseau euro-méditerranéen pour les droits de l'homme (Euro-Mediterranean Human Rights Network, EMHRN) de novembre 2013 donnait déjà une idée de l'ampleur du phénomène, rappelait la journaliste. L'auteure principale de ce rapport, Sema Nassar, qui avait confié des cas datés et sourcés à Annick Cojean, insistait sur le fait que le recensement de ces crimes de guerre constituait seulement une première étape. S'il était un jour prouvé qu'ils avaient été planifiés, ils pourraient être qualifiés de crimes contre l'humanité. Abdel Karim Rihaoui, président de la Ligue syrienne des droits de l'homme, réfugié au Caire, estimait alors à plus de 50 000 le nombre de femmes violées dans les centres de détention et les prisons du régime depuis le début de la révolution, sans compter les viols pratiqués lors des raids dans les villages avec pour conséquence des centaines de crimes d'honneur sur les femmes sortant de prison dans les régions de Hama, d'Idlib ou d'Alep. Au sortir de la prison, certaines de ces femmes, anéanties, n'ont plus le courage de vivre. Les suicides ne sont pas rares, même s'il est impossible d'avancer des chiffres. Maryam, rejetée par son mari qui a demandé le divorce, répudiée par sa mère – « Maryam est morte pour moi » – et ses frères et sœurs, réfugiée en Turquie avec ses cinq enfants, a emprunté un autre chemin : ouvrir une école pour les filles mariées trop jeunes dans les camps de réfugiés… Au moment du siège de Homs, en 2012, Manon Loizeau, reporter de guerre et Prix Albert-Londres, avait eu vent de cas de viols en détention pour briser les familles mais aucune femme ne voulait témoigner. C'était tabou. Manon Loizeau ne partait donc pas de zéro en choisissant de travailler avec Annick Cojean comme coauteure, en s'appuyant sur les contacts de la chercheuse libyenne Souad Wheidi et avec

1. Voir aussi : « Samar Yazbek appelle à ne pas oublier les femmes syriennes », 13 mars 2017, URL : https://bibliobs.nouvelobs.com/documents/20170313.OBS6523/n-oublions-pas-le-calvaire-des-femmes-en-syrie.html.
2. Annick Cojean, « Syrie, le viol, arme de destruction massive », 4 mars 2014, URL : https://www.lemonde.fr/proche-orient/article/2014/03/04/syrie-le-viol-arme-de-destruction-massive_4377603_3218.html.

l'aide de Samar Yazbek pour le témoignage sur Houla. Il en est sorti le documentaire *Syrie, le cri étouffé*[1]. Tourné dans la clandestinité, ce film, « nécessaire », selon la cinéaste Hala Alabdalla, respecte la parole des femmes de Deraa, Hama, Houla… qui ont accepté de témoigner pour certaines à visage découvert, après s'être tues si longtemps. Les victimes connaissent les noms de leurs bourreaux. Ces derniers continuent de sévir. Elles le font pour celles qui sont encore dans les prisons du régime[2].

1. *Syrie, le cri étouffé*, documentaire de Manon Loizeau et Annick Cojean, diffusé sur France 2 en décembre 2017, est en libre accès sur YouTube, URL : https://www.youtube.com/watch?v=djqLnSaAR6w&t=4s ; Entretien avec Annick Cojean et Manon Loizeau avant la diffusion sur France 2 : https://teleobs.nouvelobs.com/actualites/20171130.OBS8037/un-film-coup-de-poing-sur-les-viols-perpetres-par-le-regime-syrien.html.

2. Voir également : « Syrie, des femmes activistes emprisonnées et victimes d'abus », rapport de Human Rights Watch, juin 2013, URL : https://www.hrw.org/fr/news/2013/06/24/syrie-des-femmes-activistes-emprisonnees-et-victimes-dabus ; Rapport du Réseau euro-méditerranéen pour les droits de l'homme (Euro-Mediterranean Human Rights Network, EMHRN), novembre 2013, URL : https://euromedrights.org/wp-content/uploads/2015/03/Doc-report-VAW-Syria1.pdf ; « Les Syriennes dans la révolution », bulletin du Comité Syrie-Europe, après Alep, mars 2018, URL : https://esprit.presse.fr/actualites/comite-syrie-europe-apres-alep/les-syriennes-dans-la-revolution-41425.

Témoignage de Hasna al-Hariri

recueilli par Annick Cojean[1]

C'est après la défection de l'un de mes fils, soldat dans l'armée syrienne, que ma vie a basculé et que toute la famille est officiellement devenue « ennemie du régime ». Il avait servi pendant onze ans, mais l'ordre de faire feu sur n'importe quel supposé révolutionnaire, fût-il pacifique, lui a été insupportable, et il a déserté le 20 avril 2011. Trois jours plus tard, notre maison, située dans un village de la région de Deraa, était investie par les militaires, fouillée, pillée, puis perquisitionnée à nouveau tous les deux jours, jusqu'à ce qu'un tir de lance-roquettes, le 10 mai, la détruise presque entièrement. Le 15 mai, un autre de mes fils, rebelle, qui était soigné dans un hôpital de Deraa, a été assassiné par des soldats du régime qui ont pris d'assaut le bâtiment et ont tué 65 hommes figurant parmi les blessés, cinq d'entre eux, réputés déserteurs, étant enterrés vivants.

J'ai ramené le corps de mon fils au village et me suis employée, dès lors, à chercher nourriture et médicaments pour ma famille, mais aussi pour les rebelles. Oui, bien sûr que je voulais les aider. Ils réclamaient le droit de s'exprimer, mais ne voulaient pas la guerre ! Comme j'étais surveillée et suivie, j'ai été arrêtée une première fois le 14 juin 2011, détenue d'abord dans une base des services secrets de Deraa, puis transférée à Damas, au centre 215 de la Sécurité militaire. Celui qu'on appelle « le centre de la mort », parce qu'il y meurt quotidiennement, sous la torture, un grand nombre de prisonniers.

Ce que j'ai vu alors dans les couloirs du sous-sol, avant même d'entrer dans ma cellule, ressemblait à une vue de l'enfer. Le sol ruisselait de sang, il y avait des cadavres dans les coins, et j'ai assisté à des scènes de torture inconcevables, sous les hurlements, les menaces, les injures : des jeunes hommes nus frappés avec des bâtons ou des câbles tressés leur arrachant la chair, suspendus par les bras à des chaînes accrochées au plafond, crucifiés, coincés dans des pneus, empalés sur des pieux. J'ai vu découper des membres à la tronçonneuse sur des êtres vivants, pour effrayer les autres et les faire avouer des choses qu'ils n'avaient pas faites. Des cris résonnaient dans toute la prison.

---

1. « En Syrie, le viol était le maître mot », *Le Monde*, 5 décembre 2017. *Le Monde* a rencontré Hasna al-Hariri en 2016 en Jordanie près de la frontière syrienne et de la région de Deraa, où elle habitait avant la révolution avec ses dix enfants, ses beaux-parents et ses petits-enfants. Le 2 décembre 2017, peu après son retour de la conférence de Riyad (Arabie saoudite) réunissant les différentes plates-formes de l'opposition syrienne, elle a confié par Skype ce récit à Annick Cojean, grand reporter au *Monde* et coauteure avec Manon Loizeau de *Syrie, le cri étouffé*. Nous remercions Annick Cojean de nous avoir autorisés à reproduire ici ce témoignage. Hasna al-Hariri, 54 ans alors, est présentée comme « meurtrie à jamais par l'assassinat de trois de ses fils, de son mari, de quatre beaux-frères et de quatre gendres, et par les violences qu'elle a subies en détention », mais « combative, respectée et entourée, en tant que *mère de martyrs*, par de jeunes rebelles exilés, obsédée par la nécessité de traduire Bachar al-Assad devant une juridiction internationale ».

Il y avait alors peu de femmes. Dès mon arrivée, et malgré mon âge, j'ai été mise à nu, et j'ai dû subir ainsi, sans vêtements, des jours et des jours d'interrogatoire. J'ai été profondément humiliée. Battue avec toutes sortes d'instruments. Soumise aux chocs d'une matraque électrique qu'on me passait sur tout le corps. Plongée des jours dans un bassin d'eau souillée dans laquelle on m'enfonçait la tête pour me forcer à répondre à leurs questions : « Qui sont les terroristes que tu soutiens ? Quel argent reçois-tu d'Israël ? Quels réseaux avec les Qataris et les Saoudiens ? » Ces questions étaient tellement absurdes, moi qui ne connaissais que des jeunes gens épris de liberté ! Un jeune soldat m'a enfoncé les doigts dans le sexe. J'ai hurlé : « Je pourrais être ta mère ! » Mais le viol était partout. Dans les actes, dans les menaces, dans les discours. C'était le maître mot. Viol. Pour me faire craquer, les gardes me faisaient entrer dans les salles de torture où des hommes nus se faisaient violer et ils me criaient : « Regarde bien ! C'est ce qui arrivera à tes fils et tes filles si tu continues à comploter contre le régime. On vous violera tous ! » Ils savent bien que dans nos sociétés, le viol est pire que la mort.

« Le pire, c'est ce qu'il a fait à nos filles »

J'ai été relâchée. Mon fils déserteur a été tué. Comme le mari de ma fille, qui s'était simplement arrêté au bord d'une route pour prêter secours à des blessés qui se vidaient de leur sang. Puis on a retrouvé le corps de mon neveu, lui aussi déserteur, les yeux arrachés. De nouveau, j'ai été arrêtée et placée dans une cellule étroite avec une vingtaine de femmes de tous les âges. On venait les chercher une par une. Elles revenaient déshabillées, tuméfiées, brisées, en pleurs. Au début, elles évoquaient gifles et tabassage, aucune n'osait avouer avoir été violée. Mais l'angoisse de tomber enceinte était si atroce et obsédante que rapidement, on n'a plus parlé que de ça. Les viols. Les viols au quotidien. Les viols par cinq ou dix hommes, qui déchiraient les femmes en criant : « Ton frère ou ton mari s'est révolté contre le régime ? Ils veulent la liberté ? Eh bien voilà ce qu'on leur répond ! Tiens ! Tiens ! Violée, tu ne vaux plus rien ! Voilà ce que récoltent les salauds ! »

Dans ma salle d'interrogatoire, j'ai vu violer une fille de 13 ans sous les yeux de sa mère. Violer des femmes de 18, de 30 ans, de 55 ans. Et j'ai vu mourir devant moi une jeune fille, bras et jambes écartelés, ficelés à des chaises, qu'une dizaine d'hommes ont massacrée. Le plus fou, c'est qu'au-delà de la souffrance physique, ces femmes détruites affrontaient une souffrance morale qui leur paraissait pire, en comprenant que leur futur venait d'être anéanti. Qu'elles ne pourraient plus se présenter devant leurs frères, leurs pères ou leurs maris. Qu'elles étaient souillées, à jamais déshonorées aux yeux de leurs proches. Et que Bachar, cette ordure, avait réussi ça : disloquer leur famille, comme il disloquait toute la société. C'est ce qu'il a fait de plus atroce dans sa guerre contre nous. Il a tiré sur nous avec des fusils et des lance-roquettes. Il nous a bombardés avec des tanks et des avions. Il nous a balancé des gaz chimiques. Mais le pire, c'est ce qu'il a fait à nos filles.

Ma troisième détention a duré dix-huit mois, au cours desquels mon mari a été assassiné en essayant de me faire libérer moyennant une grosse somme d'argent qu'ils lui ont bien sûr volée. Je suis sortie en janvier 2014, grâce à un échange de prisonniers.

Pendant tous ces mois, j'ai été transférée dans plusieurs endroits, dont le centre des Renseignements de l'armée de l'air de l'aéroport de Mazzé et une unité de la Sécurité politique de Damas. Mais c'est à la section 215, désormais pleine de femmes issues de toutes les villes – Deraa, Alep, Homs, Idlib, Deir ez-Zor – que j'ai assisté aux pires atrocités.

« J'ai dû m'improviser sage-femme »

J'ai vu des femmes mourir, au cours d'un énième viol. J'ai vu des femmes essayer d'avorter et mourir d'hémorragie. J'ai vu une fillette de 13 ans, suspendue par les poignets et la poitrine lacérée. J'ai vu des gardiens entrer dans notre cellule et tordre la bouche des filles en exigeant des fellations. J'ai vu une femme pleine du sang de ses règles à qui, en se moquant, on a jeté des rats qui lui ont bouffé le sexe. Oui, j'ai vu ça. Elle est morte. J'ai voulu la secourir, j'ai hurlé, réclamé une couverture sur son corps. On me l'a refusée : « Ce serait bien trop beau pour elle ! » Les Kurdes, les chrétiennes et les Alaouites – car il y en avait – étaient victimes d'un acharnement particulier, traitées de putes et de salopes. Et j'ai vu naître des bébés issus des viols. Qui a jamais parlé de cette infamie ? Oui, ce que les femmes redoutaient le plus au monde arrivait inévitablement : elles tombaient enceintes et accouchaient au milieu de nous toutes, dans la crasse, les poux, les infections, à même le sol.

J'ai dû m'improviser sage-femme. Quand on vit dans un village, on sait faire ces choses-là. J'ai fait ce que j'ai pu. Soulagé, assisté, encouragé, rassuré. Accueilli des bébés ensanglantés entre mes mains, sans même savoir où les poser, horrifiée. Nous n'avions ni draps ni couvertures. Et on ne nous laissait même pas opérer près des toilettes, où on aurait disposé d'un peu d'eau. Rien, nous n'avions rien, si ce n'est un bout de tissu donné par une femme qui, solidaire, venait de déchirer son voile et les ciseaux qu'un gardien nous prêtait pour couper le cordon ombilical et qu'il reprenait aussitôt en repartant avec le bébé hurlant. Le bébé de la honte. Le bébé du malheur. Un petit être vivant qui n'avait pas demandé à venir et dont on ne saurait rien…

Au début, ils nous les arrachaient dès l'accouchement. Puis, curieusement, ils les ont laissés aux mamans près de trois mois, afin qu'elles les nourrissent au sein. Certaines éprouvaient une répulsion immédiate pour l'enfant de l'ennemi. D'ailleurs, qui était le père ? Un Syrien ? Un Iranien ? Un Irakien ? Un type du Hezbollah ? Il y en avait parmi nos bourreaux. Mais les mères finissaient par s'attacher au bébé. Jusqu'au jour où, sans prévenir, on le leur arrachait. Elles hurlaient de douleur et imploraient la mort.

« Je serai la première à témoigner »

Certains accouchements étaient tragiques, des bébés sont mort-nés, d'autres se sont éteints quelques jours après leur naissance, faute de soins et de médicaments. Ils étaient aussitôt jetés. Je me souviens d'une très jeune fille qui, après trois jours de travail, ne parvenait pas à évacuer son enfant. Il aurait fallu pratiquer une césarienne. J'ai dû lui déchirer le périnée, la plaie s'est infectée, s'est putréfiée. J'ai supplié qu'on la soulage, un gardien compatissant m'a juste apporté du sel de table…

Lors de mes différents séjours, j'ai croisé dans ce sous-sol sordide des centaines de femmes enceintes. J'ai personnellement aidé à naître cinquante enfants, vu mourir dix bébés, cinq mamans… Des femmes retombaient rapidement enceinte après l'accouchement. Ma cousine de 20 ans a donné ainsi naissance à un garçon. Elle est encore détenue. Cela fait quatre ans et trois mois… Peut-être a-t-elle eu d'autres enfants. Alors, qu'on ne me parle plus de l'ONU ni des droits de l'homme ! Ça n'existe pas ! Le monde n'a rien fait pour nous. Le monde nous a laissés tomber. Nos filles entrent en prison, pures comme de l'argent. Elles en ressortent détruites et mortes-vivantes. Mais y a-t-il une seule voix forte, en Occident, qui se soit élevée pour les défendre et exiger leur libération ? Citez-m'en seulement une ? Eh bien non.

Personne ne songe aux femmes ! Je veux que le monde entier sache jusqu'où Bachar al-Assad est allé dans l'horreur et comment il a martyrisé son peuple. Un haut gradé de son armée m'a téléphoné, ici, en Jordanie, pour me dire que je serais assassinée si je révélais ce secret. Je m'en fous ! Il croyait me faire peur, mais c'est lui qui devrait trembler. Car j'ai tout retenu : les dates, les actes, les gestes, les insultes. Et les noms ! Oui, j'ai mémorisé les noms des officiers, des gardiens, des violeurs et de tous nos bourreaux.

Je garde des preuves. Je documente. Car je veux pouvoir raconter aux jeunes générations ce qui a été vécu par leurs aînés, pourquoi ils se sont révoltés, pourquoi ils ont dû s'exiler. Et surtout, je veux confondre un jour le despote de Damas et tous les salauds à sa solde. Car ils seront jugés un jour, *inch'Allah* ! Et je serai la première à témoigner contre eux devant un tribunal international. La première ! Inscrivez-moi ! C'est ça qui me tient debout.

Témoignage de Zayn[1]

Je suis voilée, mais normalement je ne porte qu'un foulard. Ce jour-là, j'ai revêtu le *niqâb* pour qu'on ne me reconnaisse pas. J'avais peur que la Sûreté ait eu vent de mes activités. Le barrage était tenu par des femmes et des hommes. Mon accoutrement a attiré leur attention. Ils m'ont arrêtée. Ils croyaient que je cachais une ceinture d'explosifs. C'était le 30 octobre 2013. Les femmes qui se trouvaient là collaboraient avec eux. Je pensais qu'elles feraient preuve de compassion à mon égard. Bien au contraire, elles m'ont battue sauvagement. Les hommes les ont rejointes et ont écrasé leurs mégots sur mon corps en disant que j'étais une terroriste. Un bâtiment composé d'une grande pièce se trouvait à côté du barrage. Ils m'ont fait rentrer dedans. Ils m'ont annoncé qu'ils allaient me violer les uns après les autres. L'un m'a frappée, l'autre m'a donné des coups de pied, un troisième a déchiré mes habits. Et un quatrième m'a violée. J'étais nue, il me pinçait violemment toutes les parties du corps, surtout entre les cuisses.

C'était un sadique que mes cris faisaient jouir, il m'a presque étranglée. Ça a duré toute la nuit. Ils ne m'ont jamais autorisée à parler. Puis ils m'ont transférée dans une branche de la Sûreté. Pendant toute la durée du trajet, leurs mains étaient sur moi. Ils manipulaient violemment et cruellement mon corps. Ils étaient particulièrement concentrés sur ce qu'il y a entre mes jambes. Je me mordais la lèvre et je me contractais, contractais. J'essayais de me replier sur moi-même. J'aurais voulu disparaître ! Ils n'ont cessé qu'une fois arrivés à la porte des locaux de la Sûreté. Je ne peux pas décrire mes sentiments encore aujourd'hui. Ils m'ont violée de la pire manière qui soit. Ce n'étaient pas des hommes de la Sûreté, mais des *chabbîha*, des femmes et des hommes ensemble. Devant moi ils ont reçu de l'argent des agents de la Sûreté militaire de Halab Jdida[2]. C'était leur récompense pour m'avoir attrapée.

Là-bas, on m'a bandé les yeux et fait descendre plusieurs étages sous terre pour me conduire dans une petite pièce où se trouvaient dix femmes qui avaient la gale et des poux. On ne nous autorisait à aller aux toilettes qu'une seule fois par jour. Le plus dur c'était l'odeur du tissu avec lequel ils m'avaient couvert les yeux. Une odeur de sang, putride et suffocante. [...]

Un jour, ils ont amené un jeune homme L'enquêteur m'a mise devant lui et lui a dit : « Cette fille fait partie de votre camp. Si tu n'avoues pas, on la viole devant toi. » Il a tout avoué. Ils ont procédé de la même manière avec d'autres. Ils savaient que je travaillais à l'hôpital. Une femme d'Alep m'avait dénoncée. Ils m'ont utilisée pour soutirer des aveux aux prisonniers

1. Témoignage extrait du livre de Samar Yazbek *19 femmes : les Syriennes racontent*, *op. cit.* En 2013, lors d'un ses trajets liés à ses activités, arrivée au dernier barrage du régime avant la zone contrôlée par l'opposition, Zayn se fait remarquer.

2. Quartier au sud-ouest d'Alep.

en les menaçant de me violer. À chaque fois, terrifiée, je me mettais à trembler.

Un jour, j'ai refusé de coopérer. Ils ont fait venir un jeune homme de l'Armée libre. Ils tenaient ma tête pour m'obliger à le regarder. J'aurais voulu ne pas voir. Il était nu. Le bourreau m'a frappée avec un fouet en disant : « Si tu ne regardes pas, je te viole » et j'ai donc regardé le jeune homme se faire violer. Ils m'obligeaient à fixer son visage. J'ai vu des prisonniers sombrer dans la folie. L'un d'eux était médecin. Ils l'ont torturé à l'électricité au point de le rendre fou. Un autre a perdu le contrôle de son corps, il s'est mis à déféquer et à uriner sur lui. [...]

Après un mois à la prison d'Alep, Zayn passe par la Sûreté à Hama et la Police militaire de Homs. De là, elle est transférée dans un bâtiment de la Sûreté à Damas.

Quand j'ai su que j'étais à la branche Palestine[1], je me suis dit que j'allais mourir. Je savais ce qui se passait là. On ne pouvait s'en sortir que par miracle. [...]

Un jour, ils ont amené une prisonnière de Deraa. Nous ne savions pas qu'elle avait été violée et qu'elle était enceinte. Elle nous le cachait. Nous pensions qu'elle était malade. Elle n'arrêtait pas de vomir. Elle a fini par nous dire qu'elle avait été violée dans les locaux de la branche 215 de la Sûreté. Elle était enceinte de trois mois. Elle se frappait violemment le ventre pour avorter. Ella a fini par avoir une hémorragie. Elle est tombée par terre, elle ne bougeait plus. Le geôlier a fait venir une prisonnière d'une autre cellule, une sage-femme. Une caméra nous filmait en permanence. C'était terrible, tellement avilissant qu'elle soit observée dans cet état, nue. Nous avons mis une couverture sur elle et nous nous sommes mises debout devant la caméra pour qu'on ne la voie pas. Nous étions vingt. Elle a fait une fausse couche devant nous en hurlant et en pleurant. Ils ne lui ont rien donné, ni aspirine, ni quoi que ce soit pour se nettoyer ensuite. [...]

Je suis sortie de prison grâce à un pot-de-vin versé par un avocat engagé par mes parents. Avec l'argent tout devient possible. J'étais détruite psychologiquement et physiquement. En prison, j'étais privée de médicaments. J'ai souffert d'un goitre et d'un gonflement du sein droit. J'ai eu des problèmes pour uriner, une infection gynécologique. Pendant toute la durée de mon emprisonnement, je n'ai plus eu mes règles. Après ma libération, je me suis soignée. Mes règles sont revenues, mais je suis restée anémiée et amaigrie.

1. Branche des services de renseignements, également appelée unité 235, connue pour être un centre de torture particulièrement violent.

Les violences sexuelles contre les hommes en Syrie

Haley Bobseine[1]

« Tout le monde sait qu'il y a des viols en prison. Quand quelqu'un revient d'interrogatoire avec des saignements au postérieur, on sait exactement ce qui s'est passé. Les violences sexuelles contre les hommes sont très fréquentes en Syrie. »

Khudr a été violé et torturé à de multiples reprises alors qu'il était détenu par le gouvernement syrien. Malheureusement, son expérience n'est pas exceptionnelle – des victimes, leurs avocats et des témoins de violences sexuelles prétendent que de telles violations sont fréquentes. Les violences sexuelles sont en effet une arme de guerre qui est utilisée non seulement sur les femmes mais aussi sur les hommes. Les agents du gouvernement syrien sont considérés comme les principaux auteurs de violences sexuelles contre les hommes dans le conflit syrien, en particulier dans les centres de détention administrés par le gouvernement. On a pu également constater des violences sexuelles à des points de contrôle, pendant ou après des campagnes militaires pour reprendre un territoire à des groupes djihadistes ou rebelles, ou encore en représailles d'une adhésion ou d'un soutien présumé à un groupe d'opposants.

Les violences sexuelles subies par les garçons et les hommes ont été commises par de multiples parties du conflit syrien, et pas seulement par les forces du gouvernement syrien et les milices qui lui sont affiliées. Des groupes djihadistes et rebelles ont en effet infligé des violences sexuelles horribles à leurs victimes, notamment sur les personnes homosexuelles. Néanmoins, parce que le gouvernement syrien est en train d'asseoir son autorité sur la majeure partie de la Syrie et parce que les victimes ont identifié les agents de sécurité et de renseignements du gouvernement syrien comme les principaux auteurs de violences sexuelles, les récits de victimes qui suivent se concentrent sur les violations commises par des agents du gouvernement syrien.

« On s'y fait »

Les récits des victimes et des témoins de violences sexuelles viennent s'ajouter aux archives de plus en plus nombreuses concernant les violences sexuelles commises contre les hommes durant le conflit syrien. En tenant compte des commentaires des victimes elles-mêmes, il sera possible d'élaborer des modes de prises en charge plus adaptés aux traumatismes propres à chacun des deux sexes. Ils rappellent aussi à la communauté internationale les menaces qui pèsent sur les réfugiés de sexe masculin

1. Traduit de l'anglais par Jonathan Chalier. L'auteure, chercheuse et essayiste indépendante, travaille au Moyen-Orient. Texte paru en arabe et en anglais sur le site Al-Jumhuriya, 11 mars 2019.

s'ils décident de rentrer chez eux. Les noms et les détails permettant d'identifier les personnes ne sont pas divulgués dans cet article, afin de protéger les victimes et leur famille de possibles représailles.

Les violences sexuelles sont utilisées comme une forme de torture afin d'obtenir des informations et des « aveux », mais plus souvent pour punir, humilier et dissuader. « Les agents de la Sécurité commettent ces actes en public parce qu'ils veulent qu'on sache ce qui se passe. C'est un moyen de dissuasion. Quand on est libéré, on raconte ce qu'on a vu, même si c'est juste à un ami proche. Ce confident le raconte alors à un autre, et l'information circule », affirme un témoin de violences sexuelles.

D'après son expérience de défense de détenus dans un tribunal militaire syrien, un avocat syrien juge que la plupart des prisonniers de sexe masculin détenus par le gouvernement sont soit témoins, soit eux-mêmes victimes de violences sexuelles. Les Syriens sont particulièrement vulnérables à la violence sexuelle, dans la mesure où ils ont plus de chance de se faire emprisonner et d'être associés à des groupes ou des forces armés que les femmes, et parce que la torture, notamment à caractère sexuel, est très répandue en prison. « Parce que les détenus en Syrie sont majoritairement des hommes, les violences sexuelles contre les hommes sont dramatiquement sous-estimées. » L'avocat raconte qu'un de ses clients a été sauvagement violé alors qu'il était détenu à la section du Renseignement militaire aérien de Deraa. « Un jour, il ne s'est pas présenté au tribunal. J'ai appris par la suite qu'il avait été violé avec une telle violence qu'il ne pouvait plus marcher. »

Plusieurs personnes interrogées affirment avoir subi des violences sexuelles à de multiples reprises. « Quand on ne s'attend pas à être violé et qu'on l'est, c'est le plus effrayant. Mais quand on s'y attend, soit parce qu'on a déjà été violé, soit parce qu'on connaît des gens qui se sont fait violer ou qu'on a les vus se faire violer, on s'y fait. C'est comme la première fois qu'on se fait frapper : c'est violent. Mais quand on s'y attend, c'est comme si un coup n'était plus qu'une simple gifle. »

Les violences sexuelles subies ou observées par les Syriens que j'ai interrogés incluent les coups sur les organes génitaux, le viol forcé d'un détenu par un autre, le viol à l'aide d'objets comme des bâtons, l'observation forcée de violences sexuelles, la brûlure des organes génitaux avec une cigarette ou une bougie, et les menaces de viol. Les agences des Nations unies, ainsi que le All Survivors Project (ASP), une organisation indépendante spécialisée dans les violences sexuelles commises contre les hommes au cours de conflits partout dans le monde, ont également recueilli des témoignages d'autres types de violences sexuelles contre les hommes en Syrie : actes sexuels contraints avec des membres de la famille ou des cadavres ; humiliation sexuelle par la dénudation ou la masturbation forcée, et d'autres formes de violences sexuelles de gravité comparable.

Les personnes interrogées racontent les violences et les agressions sexuelles qu'elles subissent à leur arrivée dans les centres de détention syriens. « Les violences peuvent commencer dès la fouille d'entrée. Un gardien m'a caressé le sexe, avant de le frapper à l'aide d'un bâton », raconte une victime.

Les auteurs de ces crimes exploitent les attentes sociales liées aux deux sexes pour punir et humilier les hommes, utilisant les violences sexuelles en vue de les déviriliser et de les priver du rôle qui est attendu d'eux, celui de gardien et protecteur de la famille. « J'ai vu mon ami se faire violer en prison. Il était plus âgé, autour de quarante-cinq ans. Il n'a jamais pu l'admettre, même s'il sait qu'on l'a vu. Après sa libération, il a coupé les ponts avec moi. Dans notre culture, un homme violé n'est plus un homme – il est considéré comme faible et incapable de protéger sa famille. Il ne pouvait pas supporter la honte. Je suis plus jeune, d'esprit plus citadin, et j'ai moins de responsabilités... Il est donc plus facile pour moi de parler des tortures que j'ai subies », raconte une autre victime.

Les violences sexuelles font sentir leurs effets à tous les niveaux : physique, psychologique, social et économique. Ainsi, les hommes peuvent souffrir d'un traumatisme rectal ; les victimes se débattent avec la honte, la culpabilité et les séquelles du traumatisme ; les hommes sont souvent méprisés et humiliés, parfois menacés de mort ; et ils peuvent avoir des difficultés à trouver un emploi à cause de leurs troubles mentaux, de leur marginalisation dans la communauté ou de leur mauvaise santé physique.

Si elle se trouve désormais en sécurité à l'étranger, une victime continue d'être hantée par ses souvenirs. « Je suis en thérapie depuis que je suis arrivé en Europe. J'ai tenté de refouler ce traumatisme en moi, mais quand on tente de refouler un traumatisme il ressort d'une autre manière. Je suis incapable de me concentrer au travail et je ne dors que quelques heures par nuit. Une fois par mois, je cauchemarde que les forces de sécurité syriennes viennent me chercher. »

Que la victime soit un homme ou une femme, les violences sexuelles en contexte de conflit sont commises pour les mêmes raisons. Certes, les femmes les subissent de manière disproportionnée en temps de guerre comme en temps de paix. Mais à trop se focaliser sur les victimes féminines on limite le débat sur la manière dont l'usage des violences sexuelles comme armes de guerre est entretenu par des représentations nocives en matière de genre. En prêtant davantage attention au déploiement des violences sexuelles dans les prisons syriennes, on peut souligner à quel point il importe de considérer les victimes de sexe masculin autant que les victimes de sexe féminin en contexte de conflit.

Omar et sa collègue ont été arrêtés par les forces du gouvernement syrien pour avoir transporté du matériel médical vers les zones alors assiégées du sud de Damas. En prison, un agent a violé Omar à l'aide de sa matraque. Plus tard, Omar a été forcé de violer sa collègue. « Je n'avais pas le choix : j'avais peur qu'ils nous tuent tous les deux si je ne le faisais pas. » Les deux victimes souffrent encore des effets du traumatisme. Après leur libération, Omar appelait régulièrement sa collègue afin de prendre de ses nouvelles. « Ma femme a commencé à se demander pourquoi je lui parlais autant, elle était de plus en plus méfiante. Mais je ne pourrais jamais lui raconter ce qui s'est passé. » La collègue d'Omar a divorcé deux mois seulement après son mariage. « Le poids du traumatisme sexuel l'a empêchée d'avoir des rapports sexuels normaux avec son mari. Elle m'a dit qu'elle devait renoncer à son mariage. »

Indépendamment de l'évolution du conflit en Syrie, les violences sexuelles commises sur les hommes comme sur les femmes resteront une menace pour la paix et la sécurité. On en a commis au cours de conflits précédents, mais aussi en temps de paix. L'avocat syrien Ibrahim al-Kasem rappelle que les militants et les avocats des droits de l'homme avaient constaté des cas lors du massacre de Hama en 1982. « Les cas actuels de violences sexuelles contre les hommes sont atroces, mais ils ne sont malheureusement pas nouveaux. Nous en avons déjà vu à Hama », déplore Ibrahim. Un travailleur humanitaire en Syrie affirme que « les violences sexuelles contre les hommes peuvent se produire n'importe quand. En temps de paix, elles peuvent se produire à la maison ou en prison. Même si le conflit s'interrompt, les violences sexuelles ne s'arrêteront pas. »

Prendre en compte les différences de genre en Syrie et ailleurs

Les victimes de sexe masculin ne doivent pas rester invisibles. Rien ne doit rester tabou, les victimes réclament que les injustices subies soient reconnues et demandent de l'aide pour s'en remettre. Les auteurs de violences sexuelles doivent être poursuivis pour que les victimes puissent demander réparation.

En négligeant les besoins spécifiques des hommes, on peut entretenir la spirale de la violence. Plusieurs travailleurs humanitaires engagés en Syrie insistent sur l'importance de garantir des prises en charge aux victimes, notamment pour les hommes déplacés à l'intérieur du pays et pour ceux qui, réfugiés à l'étranger, retournent en Syrie, afin de mieux soutenir l'ensemble des personnes vulnérables.

Actuellement, des barrières structurelles bloquent l'accès pour certains hommes à une aide et à un soutien, gratuits, qui satisfassent aux exigences de réactivité, de sécurité et de confidentialité, à l'écoute des besoins des victimes. Pourtant, les violences sexuelles contre les hommes sont suffisamment avérées et devraient être intégrées dans le développement pratique des programmes humanitaires. Des efforts intersectoriels, incluant l'assistance juridique, la médecine, la psychiatrie et le travail psychosocial, sont nécessaires pour une approche efficace qui prenne en compte les différences de genre. Selon un travailleur humanitaire engagé au nord de la Syrie, il importe aussi de mettre en place des formations au niveau local afin de favoriser la pérennité des pratiques chez les partenaires locaux, dans la mesure où les organisations internationales ne pourront sans doute pas rester longtemps.

Bien que le nombre de victimes ayant approché des organisations humanitaires ne représente qu'une petite fraction du nombre total de victimes en Syrie, les programmes de prise en charge devraient néanmoins être améliorés. « L'offre de services ne saurait dépendre de la demande déclarée. L'expérience montre que lorsque les services sont là, les victimes se présentent pour en bénéficier », affirme Charu Lata Hogg, directrice générale et fondatrice du All Survivors Project. « En plus de l'accompagnement médical et psychiatrique des victimes, il faut faire des efforts de sensibilisation. »

Sans doute est-il difficile de développer une prise en charge intersectorielle qui prenne en compte les différences de genre pour répondre aux besoins des victimes dans une Syrie déchirée par la guerre. Il faut donc aussi se concentrer sur le maintien de l'aide aux réfugiés syriens dans les pays voisins. Plusieurs travailleurs humanitaires ont rapporté que si les réseaux d'accompagnement des victimes s'améliorent, il faut faire encore plus d'efforts, notamment au Liban et dans d'autres pays voisins comme la Turquie, la Jordanie et l'Irak, pour mieux venir en aide aux victimes. « Les programmes pour les victimes féminines de violences sexuelles sont clairement sous-subventionnés. On ne peut pas leur retirer des financements pour aider les victimes masculines. Il ne faut pas partager la cagnotte, il faut l'augmenter », affirme le directeur de MOSAIC-Mena au Liban, le médecin Charbel Maydaa.

Le danger du retour

Les violences sexuelles comptent parmi les nombreuses violations graves des droits de l'homme caractérisant le conflit syrien, et elles entraînent des déplacements de personnes. Leur persistance dissuade les réfugiés de rentrer dans leur pays à cause du manque de sécurité, en particulier pour les civils en âge de se battre : ils représentent les principales victimes civiles de la torture, notamment sexuelle. Sachant le risque de se faire arrêter et incarcérer arbitrairement, et écoutant ce que disent les témoignages des rescapés des violences sexuelles systématiques en prison, toutes les victimes et tous les témoins interrogés pour cet article ont affirmé n'avoir aucune intention de rentrer.

« Je me suis fait violer et torturer à de multiples reprises. J'ai peur que cela n'arrive à nouveau si je reviens. Comment peut-on vivre avec cela ? » demande un homme réfugié au Liban.

Les appels de plus en plus pressants de la communauté internationale en faveur du retour des réfugiés sont à cet égard préoccupants. Si les zones où le conflit fait rage sont progressivement réduites, leurs habitants subissent toujours des violences, ce qui rend le retour dangereux pour la plupart des personnes. Il n'y a actuellement aucun contrôle international sur le terrain permettant de protéger et de fournir des informations sur ceux qui sont revenus en Syrie. En dépit de promesses de protection juridique par amnisties, régularisations ou procédures d'autorisation pour les réfugiés et les déplacés de l'intérieur qui rentrent chez eux, plusieurs organisations ont constaté des violations de ces accords. Comme le site Al-Jumhuriya en a fait état le mois dernier, des douzaines de civils et de rebelles qui avaient signé un accord de prétendue « réconciliation » ont été arrêtés et parfois assassinés dans la province de Deraa depuis que le gouvernement syrien et ses alliés ont reconquis le territoire l'été dernier. De tels incidents ne peuvent qu'achever de dissuader des réfugiés déjà méfiants.

En mars 2019, les bailleurs internationaux se réuniront à la conférence de Bruxelles III pour mobiliser l'aide humanitaire en réponse à la crise actuelle et pour soutenir le processus de paix politique syrien sous l'égide des Nations unies. « À défaut d'une transparence totale et d'une ouverture aux observateurs internationaux, on pourra difficilement dire aux Syriens qu'ils peuvent rentrer chez eux en toute sécurité », explique Sara Kayyali, chercheuse à Human Rights Watch. Les projets internationaux devraient plutôt concentrer leurs efforts pour réduire les violations des droits de l'homme et prendre en charge les victimes, notamment de violences sexuelles, et autres personnes vulnérables, en attendant que les conditions sur le terrain s'améliorent. Des encouragements au retour mal avisés et prématurés ne feront que mettre plus de Syriens en danger.

4

Faire disparaître ou rendre les corps

Le deuil interdit

Les disparitions forcées

Les chiffres officiels et ceux d'Amnesty International[1]

D'après Amnesty International en juillet 2018, au moins 82 000 personnes ont été victimes de disparitions forcées depuis le début du conflit. On parle de « disparition forcée » lorsqu'une personne est arrêtée, placée en détention ou enlevée par les autorités ou par des personnes agissant avec leur autorisation, et que les responsables nient ensuite que cette personne est privée de liberté ou dissimulent l'endroit où elle se trouve. Des milliers d'opposants présumés au gouvernement ont fait l'objet d'arrestations arbitraires et certains ne sont pas réapparus. D'autres ont été libérés après des mois de détention secrète après avoir été soumis à la torture et à d'autres mauvais traitements. C'est le cas notamment de Hussein Ghrer, blogueur syrien membre du Centre syrien pour les médias et la liberté d'expression (SCM), libéré grâce à l'action d'Amnesty International en juillet 2015.

En juillet 2018, le gouvernement syrien a confirmé publiquement la mort d'au moins 161 personnes qui avaient été victimes d'une disparition forcée depuis le début du conflit en 2011. Parmi les 161 personnes dont la mort a été confirmée, trois sont des militants pour lesquels Amnesty avait fait campagne : Yehya Shurbaji, Maan Shurbaji et Islam Dabbas. Leur décès a été inscrit sur des livrets de famille délivrés par les bureaux d'état civil locaux. Islam Dabbas, étudiant et militant de Darayya, avait été arrêté au cours d'une manifestation pacifique le 22 juillet 2011. Les frères Yehya et Maan Shurbaji l'avaient été à Darayya, dans la banlieue de Damas, le 6 septembre 2011.

De très nombreuses familles syriennes sont aujourd'hui confrontées à une nouvelle souffrance. Pendant des années, elles ont enduré l'insoutenable tourment que représente le fait de ne pas savoir ce qu'il était advenu de leurs proches disparus. Aujourd'hui, elles reçoivent la douloureuse confirmation qu'ils sont morts et sont plongées dans un nouveau cycle de deuil.

En décembre 2021, l'équipe du site d'archivage trilingue Creative Memory of the Syrian Revolution dirigée par Sana Yazigi a créé un programme sur les « Détenus et disparus » : https://creativememory.org/fr/detainees-and-disappeared/.

1. Extraits de comptes rendus d'enquêtes d'Amnesty International. Sources : Rapport du 5 novembre 2015 : « Syria : "Between Prison and the Grave" : Enforced Disappearances in Syria », https://www.amnesty.org/en/documents/mde24/2579/2015/en/ ; et « Syrie, un deuil impossible », 30.7. 2018 : https://www.amnesty.fr/conflits-armes-et-populations/actualites/syrie-un-deuil-impossible.

Les disparitions forcées et le deuil impossible

Édith Bouvier

Attendre le retour à la maison de son fils ou sa fille, son mari ou son épouse pendant des mois, des années. C'est le calvaire terrible auquel le président syrien soumet sa population depuis des années. Depuis les années 1980, et l'arrivée au pouvoir de Hafez al-Assad, plusieurs dizaines de milliers de Syriens auraient ainsi été arrêtés sans raison et incarcérés pour des durées parfois très longues[1]. Certains étaient des dissidents, d'autres de simples passants. Cette souffrance infligée à leurs proches est une tactique planifiée et utilisée par le régime syrien pour saper le soulèvement populaire pour la démocratie, pour intimider et détruire la société. Gouverner par la terreur pour soumettre la société.

Il existe de nombreuses normes et instruments internationaux qui traitent du crime de disparition forcée. Dès 1998, l'article 7 du statut de Rome de la Cour pénale internationale[2] qualifie de crime contre l'humanité les disparitions forcées lorsqu'elles sont commises dans le cadre d'une attaque généralisée et systématique. En décembre 2006, l'ONU adopte la Convention internationale pour la protection de toutes les personnes contre les disparitions forcées[3]. Selon ce texte la disparition forcée est définie comme : « L'arrestation, la détention, l'enlèvement ou toute autre forme de privation de liberté par des agents de l'État ou par des personnes ou des groupes de personnes qui agissent avec l'autorisation, l'appui ou l'acquiescement de l'État, suivi du déni de la reconnaissance de la privation de liberté ou de la dissimulation du sort réservé à la personne disparue ou du lieu où elle se trouve, la soustrayant à la protection de la loi. »

En mars 2011, lorsque débute le soulèvement syrien, le rythme des arrestations arbitraires s'accélère. Hamza al-Khatib est arrêté à un *checkpoint* le 29 avril, lors d'une manifestation à Deraa, foyer de la contestation situé dans l'extrême sud du pays, où la répression se fait particulièrement sanglante. Un mois plus tard, la famille récupère un corps entièrement mutilé, recouvert de cicatrices, presque méconnaissable. Aussitôt, le nom de cet adolescent de 13 ans devient le symbole national[4] de la révolte contre le régime de Bachar al-Assad. La preuve qu'il est capable du pire pour éteindre les braises de cette colère, préserver le mur de la peur qui poussait au silence les Syriens.

Dix ans plus tard, les détentions arbitraires[5], les disparitions forcées et la torture

---

1. https://www.hrw.org/report/2010/07/16/wasted-decade/human-rights-syria-during-bashar-al-asads-first-ten-years-power.
2. https://legal.un.org/icc/statute/french/rome_statute(f).pdf.
3. https://www.ohchr.org/fr/professionalinterest/pages/conventionced.aspx.
4. https://www.dawn.com/news/633325/clinton-citing-syrian-boy-sees-total-collapse.
5. https://sn4hr.org/blog/2018/09/24/record-of-arbitrary-arrests1/.

en toute impunité restent les armes de prédilection du régime et de ses rivaux pour soumettre le peuple au silence. Alors même qu'il s'engage dans une tentative de normalisation via des élections législatives prévues en mai 2021, le régime continue à appliquer un système de détention largement documenté où la torture est presque inévitable et où les exécutions sommaires sont endémiques. Ceux qui survivent à la détention en portent les cicatrices émotionnelles et physiques pour toujours. Au fil des ans, d'autres groupes armés, dont Daech, ont également mis en place leurs propres systèmes de détention parallèles, à une échelle plus réduite mais non moins brutale.

En juillet 2018, le gouvernement syrien a confirmé publiquement la mort d'au moins 161 personnes qui avaient été victimes d'une disparition forcée depuis le début du conflit en 2011[1]. Un chiffre très loin de la réalité, puisque quelques mois plus tard, Amnesty International a publié un rapport selon lequel « au moins 82 000 personnes auraient été victimes de *disparitions forcées* depuis le début du conflit ». Pour l'organisation de défense des droits de l'homme, des milliers d'opposants présumés au gouvernement ont fait l'objet d'arrestations arbitraires et certains ne sont pas réapparus. D'autres ont été libérés après des mois de détention secrète et après avoir été soumis à la torture. À la fin de son rapport, l'ONG appelait les autorités syriennes à mettre un terme « à l'angoisse psychique et à la torture des familles, qui ont tant besoin de connaître la vérité sur le sort réservé à leurs proches[2] ». Une demande faite en vain.

La majorité des personnes victimes de disparition forcée sont des hommes. Ce sont leurs femmes, leurs mères ou leurs sœurs qui mènent alors le combat pour tenter de retrouver leur trace. Ce sont elles qui gardent la flamme allumée et qui les attendent, malgré les doutes. Ce combat n'est pas anodin, dans leurs quêtes, elles sont souvent victimes d'intimidations et de violences. De très nombreuses familles syriennes sont aujourd'hui confrontées à une nouvelle souffrance. Pendant des années, elles ont enduré l'insoutenable calvaire que représente le fait de ne pas savoir ce qu'il était advenu de leurs proches disparus. Les plus chanceuses reçoivent la douloureuse confirmation qu'ils sont morts et sont plongées dans un nouveau cycle de deuil, les autres sont condamnées à espérer.

Le deuil impossible

Dans son bureau d'Al-Atareb, dans le nord-ouest de la Syrie, Hassan al-Hassan observe longuement des photos de cadavres sur l'écran de son ordinateur. À l'aide d'un logiciel, cet avocat, membre de l'association des avocats libres de Syrie, mesure la distance entre les yeux, d'un œil à la bouche ou jusqu'aux oreilles. Puis il lève la tête et regarde longuement l'homme assis en face de lui. Muhammad Saleh cherche ses neveux depuis leur enlèvement à Palmyre en 2012 alors qu'ils s'occupaient de leur bétail, des troupeaux de moutons et de chameaux avec lesquels ils faisaient visiter les environs aux touristes étrangers. Depuis toute la famille a fui à l'étranger. Il ne

1. https://www.hrw.org/fr/news/2018/07/30/en-syrie-la-bureaucratie-de-la-mort-et-le-sort-des-disparus et https://www.amnesty.org/fr/press-releases/2018/07/syria-government-must-return-remains-of-people-confirmed-dead-after-being-forcibly-disappeared/ ; et https://fr.scribd.com/document/40122318/Years-of-Fear-Forcibly-Disappeared-in-Syria.

2. Extraits de comptes rendus d'enquêtes d'Amnesty International. Sources : Rapport du 5 novembre 2015 : « Syria : "Between Prison and the Grave" : Enforced Disappearances in Syria », *op. cit.*, et « Syrie : un deuil impossible », article publié le 30 juillet 2018, URL : https://www.amnesty.fr/conflits-armes-et-populations/actualites/syrie-un-deuil-impossible.

reste plus que le vieil homme pour garder la flamme allumée. Appuyé sur sa canne, il a le regard vide. En 2019, il a reconnu un de ses neveux, Mounir, sur l'une des photographies du « dossier César ». Ce surnom, donné à un photographe de la Police militaire chargé de photographier les morts pour les archives administratives dans deux hôpitaux militaires de la Syrie. De 2011 à 2013, il photographie des milliers de clichés de cadavres morts sous la torture. Après deux ans à voir s'entasser les corps, « César » fuit la Syrie, emportant avec lui plus de 50 000 clichés[1]. « Ces photos veulent dire beaucoup pour moi. Les victimes sont de toutes les origines et communautés de Syrie, ces photos montrent que la répression de Damas n'épargne personne. Ils portent tous les stigmates de l'enfer qu'ils ont subis. Après bientôt dix ans à les chercher, je souffre, comme si je les connaissais », explique Hassan al-Hassan. Sa voix tremble, ses yeux continuent de fixer les images de morts comme s'il ne les voyait plus.

Muhammad Saleh sort ses lunettes de son veston. « Regarde cette photo, honnêtement, même si c'était mon frère je ne pourrais pas le reconnaître tellement il a été déformé. » C'est pour obtenir cette justice, un jour, que ses collègues et lui enquêtent sur ces archives. Hassan al-Hassan a commencé ce travail dès 2012 dans sa ville d'Alep, il commence en coordonnant avec le Croissant-Rouge l'échange de détenus entre les autorités et les différents groupes de combattants dans les différentes provinces du pays. Déjà, à l'époque, il constate que les corps s'accumulent dans les rues.

« Dans mon quartier, à Alep, on retrouvait souvent de nouveaux corps que l'on ne pouvait pas identifier. Certains étaient échangés contre des prisonniers qui croupissaient dans les geôles du régime syrien. Des femmes et des enfants, mais aussi des hommes incarcérés parfois depuis plusieurs années, ont alors été libérés de prison. Au total, une centaine de personnes ont retrouvé leurs familles. Certains avaient disparu depuis plusieurs années. À chaque fois, les échanges étaient organisés par l'intermédiaire du Croissant-Rouge arabe syrien[2], la seule organisation, avec le CICR[3], habilitée à parler aux deux parties en conflit. C'est à ce moment-là que les premières familles ont commencé à nous contacter afin d'avoir des informations sur le sort de leurs fils ou de leurs proches disparus dans les prisons. Des familles de soldats, des personnes disparues dans les régions sous contrôle du régime et d'autres dans les zones de l'opposition[4]. »

Le 29 janvier 2013, des dizaines de corps sont découverts dans la rivière Queiq, dans la région d'Alep[5]. Le cours d'eau traverse une partie de la ville. Son débit est faible, mais suffisant pour charrier des corps. Les victimes sont âgées d'une vingtaine d'années pour la plupart. Le plus jeune a 12 ans. Ils ont été exécutés d'une balle dans la tête. Vêtues en civil, la majorité des victimes ont les mains liées derrière le dos. En juin 2013, une équipe de HRW s'est rendue sur place.

1. https://www.lemonde.fr/proche-orient/article/2014/01/23/le-recit-de-la-defection-de-cesar-photographe-de-la-barbarie-syrienne_4353005_3218.html. Voir le texte de Garance Le Caisne dans ce livre p. 197.

2. Le Croissant-Rouge arabe syrien est une association d'aide humanitaire syrienne fondée en 1942. Elle est l'une des 190 sociétés nationales du Mouvement international de la Croix-Rouge et du Croissant-Rouge.

3. Le Comité international de la Croix-Rouge (CICR) est une organisation d'assistance humanitaire, créée en 1863, qui fournit une assistance humanitaire aux personnes touchées par un conflit ou une situation de violence armée.

4. Entretien avec l'auteure en septembre 2020.

5. https://www.hrw.org/fr/news/2013/06/04/syrie-de-nombreux-cadavres-ont-ete-retrouves-dans-la-riviere-dalep.

Selon eux, « au moins 147 corps ont été retrouvés dans la rivière d'Alep entre janvier et mars 2013, probablement exécutés dans les secteurs contrôlés par le gouvernement ».

Hassan al-Hassan a analysé les corps qui ont pu être photographiés afin de les identifier. À l'époque, malgré la vétusté des moyens techniques, 45 familles ont pu reconnaître les corps de leurs enfants. Les autres ont été enterrés sous un nom inconnu.

Face aux menaces du régime syrien, Hassan al-Hassan se déplace dans la campagne d'Idlib. Installé dans l'une des deux dernières régions qui résistent encore au pouvoir de Damas, le jeune activiste fait dérouler les photos de cadavres détenus dans les prisons du régime de Damas sur son ordinateur. Il connaît chaque dossier, chaque famille sur le bout des doigts. À chaque fois qu'un prisonnier est libéré d'un des centres de détention du pays, s'il vient se réfugier à Idlib, Hassan et sa collègue Asma partent recueillir son témoignage. « On réalise quasiment une enquête de police. On va aller chercher dans quels centres de détention il a été incarcéré, qui était dans la cellule avec lui... C'est très dur d'être exhaustif, car les données évoluent tout le temps, les détenus sont déplacés, certains disparaissent pendant des mois, puis réapparaissent parfois. » Sur des tableaux informatiques, Hassan renseigne consciencieusement le nom des prisonniers, ceux qui sont blessés, ceux qui sont déplacés. Cet archivage de l'horreur a fait perdre toute sensibilité à Hassan. « Après huit ans à zoomer sur les marques de tortures, à mesurer les cicatrices, à essayer de faire revivre les morts en écoutant les récits de prisonniers revenus de l'enfer, je ne ressens plus rien. Ni joie, ni tristesse. Ce combat, je l'ai commencé pour retrouver mes proches. Aujourd'hui, tous ces hommes et ces femmes, ce sont mes frères, mes cousines. » Grand et le torse carré, Hassan impose par sa stature. Mais après toutes ces années d'enquête, la seule chose qui l'empêche de chuter, c'est le travail méticuleux du recensement et l'exigence qu'il y met. L'homme se réfugie dans les chiffres, dans les détails de l'horreur pour ne pas sombrer. « Je sais que cela prendra du temps, beaucoup de temps, mais je me bats pour que les enfants des victimes sachent qu'on a essayé de leur apporter la justice. »

Le regard d'une mère malgré l'horreur

La colline est entièrement recouverte de tentes beige sable. À perte de vue, des abris de fortune, des bouts de vies qui s'accrochent malgré tout et, au loin, le mur de la frontière turque. Dans la vallée, on distingue au loin le fracas des bombes qui s'abattent sur les dernières maisons au sud de la région d'Idlib. À l'intérieur de sa tente, Jouri Mahmoud a le regard vide et le ton dur de ceux qui ont vu trop d'horreurs. À peine le nom de son fils est-il évoqué qu'une larme coule sur sa joue. À 64 ans, la vieille dame a attendu le retour de son fils, Jouma, pendant huit ans. « Chaque jour, j'espérais le voir franchir le seuil de la tente. Il aurait soulevé le drap de l'entrée et serait venu s'asseoir à mes côtés. Il attraperait ses trois filles dans les bras et le ciel se remettrait à tourner au-dessus de nos têtes. » Les larmes coulent le long de ses rides. Elle s'essuie le visage avec le long foulard noir à petites fleurs marron qui dissimule ses cheveux et tombe sur le haut de ses épaules. Ses yeux bleu azur sont vides. Assise en tailleur sur une bâche noire, elle scrute l'intérieur de ses mains comme si un quelconque espoir pouvait en jaillir. Elle se redresse et reprend son récit. « Dieu me l'a pris. Quand j'ai vu la photo, j'aurais voulu mourir. Je l'ai reconnu immédiatement, malgré les cicatrices de tortures, la violence des déformations, la maigreur de son visage. Le regard d'une mère ne peut pas se tromper. » En 2012, son fils Jouma a quitté son village du nord de Hama pour rejoindre Damas où l'homme de trente ans espérait trouver du travail. À un point de contrôle des forces du régime, il est arrêté au motif que sa carte d'identité est légèrement déchirée. Sa famille pense qu'il sera rapidement libéré, que sa faute ne mérite pas une lourde peine. Mais les semaines et les mois passent. Un an plus tard, c'est au tour de Mustafa, le second fils de Jouri Mahmoud, d'être arrêté alors qu'il cherche à savoir où est son frère. Depuis, la vieille dame se rend régulièrement à Damas pour supplier les autorités de lui rendre ses enfants. « Si j'avais de l'argent pour payer un avocat, j'aurais pu me battre, soudoyer les administrations, mais regardez autour de vous. Je vis dans une tente avec tout ce qui me reste de famille, on n'a pas de quoi nourrir tout le monde alors comment espérer le récupérer ? » Après sa mort en détention, le corps de Jouma est transféré à l'hôpital militaire 601 de Damas, c'est là que « César » le photographie pour les archives administratives.

Des familles détruites

Dans un village voisin, une autre femme se morfond. Malak Salah est originaire de Jobar, dans la banlieue de Damas. En 2012, les agents du régime syrien sont venus arrêter son mari Fayez Abdulrahman et son fils aîné Muhammad Fayez, âgé de 22 ans, alors qu'ils dormaient, pour les enfermer dans le centre de détention de la Sécurité aérienne. En 2016, c'est au tour de son autre fils, Abdallah, alors âgé de 17 ans d'être arrêté. « Il était coiffeur, puis vendeur de rue. Ils l'ont arrêté avec d'autres gens sans que l'on sache pourquoi. » En 2017, Muhammad parvient à lui faire passer un message par l'intermédiaire d'un prisonnier libéré de détention. L'année suivante, un homme lui dit avoir croisé son mari dans la tristement célèbre prison de Saidnaya.

« Mais depuis, je n'ai plus aucune nouvelle. Je survis car je ne peux pas mourir tant que je ne sais pas comment ils vont. Je tiens aussi car je dois m'occuper des enfants de mon fils. Mais je suis vraiment dans une situation terrible. J'ai dû quitter Jobar en 2017, depuis je déménage tout le temps, en fonction des bombardements et des conditions de sécurité. C'est une épreuve de Dieu. Je me donne la patience pour eux, mais c'est tellement dur. Si je ne trouve pas de solution très vite, je vais devoir vendre mon rein pour avoir de quoi payer des informateurs. C'est trop dur de vivre sans savoir s'ils ont faim, s'ils ont froid, s'ils respirent encore. Je vais exploser. »

Hassan tente de la réconforter, de l'apaiser mais rien n'y fait. Elle répète, presque comme si elle essayait de se convaincre elle-même, « je vais vendre un rein ». Toutes les familles de disparus sont prêtes aux pires sacrifices pour avoir des nouvelles de leurs proches et des mafias se sont organisées pour tirer profit de ce malheur.

« De nombreux proches de disparus ont été victimes d'extorsion et de vol par des membres du gouvernement syrien qui ont demandé de l'argent en échange de la libération de leurs enfants. Ils leur ont donné de l'argent afin de savoir où sont leurs proches disparus, mais le plus souvent ils n'ont obtenu aucune réponse. Parfois aussi, on leur a raconté des mensonges, demandé encore plus d'argent pour payer des médicaments ou obtenir une libération puis plus rien. Une fois que ces voleurs ont pris l'argent, ils disparaissent. Tout ce trafic est bien organisé. »

Sous une tente près de la frontière turque, Em Alaa attend elle aussi des nouvelles de son fils Yassin, de son mari Fayçal, et de son frère Maalek, tous ont disparu dans les prisons du régime syrien.

« Le premier à avoir été arrêté, c'est mon mari Fayçal. Les hommes de la Sécurité militaire l'ont gardé vingt-deux jours et quand ils l'ont relâché, ils lui ont dit qu'ils avaient perdu ses papiers d'identité. Il est rentré à la maison et quelques jours plus tard, il est retourné les voir pour demander son casier judiciaire et les documents nécessaires pour les refaire. Il a disparu dans leurs bureaux. Après cela, Yassin ne sortait travailler que tôt le matin ou tard le soir pour éviter de croiser des gens. Mais il a été dénoncé par des gens qui ont dit qu'il transportait des armes à l'intention de la rébellion, il a été arrêté en octobre 2012. Quelques semaines plus tard, c'est mon frère Maalek qui a été arrêté alors qu'il descendait de chez lui pour aider des voisins à porter des sacs. Depuis, je les cherche nuit et jour. Plusieurs personnes m'ont dit les avoir vus, mais je ne sais pas si c'était vrai. L'an dernier, un homme est venu me voir pour me dire que mon fils et mon mari sont encore vivants et qu'il pourrait les libérer si je lui donnais 10 000 dollars. J'ai refusé de payer avant qu'ils soient devant moi. J'ai commencé à demander de l'argent auprès de mes voisins, finalement il n'est jamais revenu. »

Em Alaa essuie ses larmes. Elle sait l'enfer, les tortures et le manque que subissent les détenus dans les prisons du régime syrien. « J'espère qu'ils sont toujours vivants malgré tout. J'ai toujours leurs photos chez moi et dans mon téléphone, au cas où je rencontre quelqu'un qui puisse m'aider dans ma quête. Ils ne sortent pas de ma tête. »

Depuis sept ans, elle affronte toutes les difficultés sans se résigner. Elle s'occupe des deux enfants de son fils disparu ainsi que de son épouse, mais aussi des deux enfants d'un fils aîné mort dans un bombardement ainsi que des quatre enfants d'un autre fils blessé de guerre. Em Alaa travaille pour une association de couture. Les autorités locales lui fournissent également une petite pension. « Je ne me plains pas, les bonnes personnes sont là pour nous aider. Mais ils me manquent. ». Ses paroles sont entrecoupées de pleurs nourris. « Jusqu'en 2015, je pouvais retirer le salaire de mon mari, il était concierge dans une école. Mais depuis cinq ans, la procuration n'est plus valable. Je me raccroche à Dieu, c'est mon dernier espoir pour ma famille. »

Comment dire le pire ?

En 2013, Youssef Abboud a été arrêté sur le chemin du travail à un point de contrôle du régime sur la route entre Idlib et Damas. Très vite, sa famille perd sa trace entre les différents centres de détention du pays. Quand les photos de « César » sont diffusées sur Internet en juin dernier, ses parents passent des heures à les regarder, en craignant de trouver des ressemblances avec leur fils unique Youssef. La violence et le chagrin dévastent le père, qui décède d'une crise cardiaque. Son épouse est inconsolable. « Notre travail consiste aussi et surtout à accompagner ces familles dans leur quête de vérité, lâche Hassan al-Hassan. Après toutes ces années d'espoir, la découverte est tellement douloureuse que beaucoup s'effondrent quand ils comprennent que leur proche est décédé dans de telles souffrances. »

Aujourd'hui, Hassan doit aller annoncer à une autre épouse la mort de son mari. « Je vais aller voir la famille une première fois pour évaluer leur état, s'ils sont capables d'accepter la nouvelle, dans quel état d'esprit ils sont… Ils l'attendent depuis neuf ans, ils vont être dévastés de chagrin quand ils sauront qu'il ne rentrera jamais. » Douleur supplémentaire, ces familles ne peuvent pas, la plupart du temps, récupérer le corps de leur proche décédé en prison. Ils reçoivent un simple message, par l'intermédiaire des autorités ou d'activistes comme

Hassan, mais jamais ils ne peuvent enterrer leur proche, pleurer sur sa dépouille et récupérer un bijou, un souvenir. « Malheureusement, de nombreux disparus sont morts en prison, les informations relatives à leur situation sont dissimulées et nous n'avons pas pu suivre les étapes de leur détention. Beaucoup de Syriens attendent un disparu qui ne rentrera jamais, un deuil qu'ils ne pourront jamais faire, une blessure qui ne peut pas cicatriser. »

Grandir sans son père

Depuis avril 2011, Rawan, 12 ans et Mahmoud, 11 ans, regardent la photo de leur père sur le téléphone portable de leur mère. C'est le seul lien qui les relie à lui encore aujourd'hui. Une nuit, à 2 heures du matin, les services de sécurité militaire ont enfoncé la porte de leur appartement d'Alep et emmené Abdo Ahmed Mahmoud. Quelques semaines plus tard, sa maman décide de partir à sa recherche. Elle se rend à Damas et se renseigne auprès de tous les centres de détention et les forces de sécurité.

« Je faisais la queue avec d'autres familles venues de toutes les régions de Syrie. On attendait plusieurs heures pour savoir si le nom de la personne recherchée était sur la liste des morts. Si ce n'était pas le cas, on n'avait pas d'autres détails sur sa localisation, son état de santé. Je voulais le voir, lui parler, m'assurer qu'il allait bien. Mais je n'avais rien, que le silence des militaires. Ils m'ont dit qu'ils le libéreraient quand ils auraient fini d'enquêter sur lui. Mais c'étaient des mensonges. »

Après 2013, la situation se durcit encore et Fadwa Sadiq a trop peur pour continuer ses recherches. En 2018, nouveau rebondissement et nouveaux espoirs. Un homme vient trouver la famille et l'informe qu'Abdo Ahmed Mahmoud est incarcéré à Saidnaya. Mais quand la famille commence à lui poser des questions sur son état de santé ou sur les conditions de vie dans la prison, il prend peur et se tait. Il est reparti sans leur donner plus de détails et surtout sans leur donner son nom ni ses coordonnées. « Je me serais accrochée à n'importe quelle information pour garder espoir », confie encore sa maman, Fadwa. Puis elle regarde tristement les deux enfants. « Le garçon ressemble tellement à son père. Dans son physique et dans ses attitudes. Pourtant, ils ne l'ont connu à peine que quelques mois. » Scolarisés à l'école des orphelins à Idlib, les enfants tentent de ne rien oublier de ce « fantôme » de père et ne savent pas répondre quand on leur demande ce qu'ils feront s'il revient.

Assadisme

Omar Kaddour[1]

Au début de 2018, les autorités d'Assad ont commencé à davantage informer les familles des détenus de la mort de leurs enfants en prison. On leur remettait un certificat de décès indiquant que le défunt était mort suite à une crise cardiaque, sans leur restituer son corps. L'été de la même année, les autorités ont abandonné cette procédure. Les familles étaient désormais officieusement informées que, en obtenant un extrait de la fiche familiale d'état civil, elles pouvaient savoir lequel de leurs enfants était mort : si le nom du détenu était mentionné décédé, l'extrait tenait lieu de certificat de décès ; si tel n'était pas le cas, cela signifiait, pour la famille, une lueur d'espoir en vue d'une nouvelle tentative qui pourrait déboucher sur un résultat différent. Certaines familles ont découvert qu'elles avaient été pendant des années victimes de faux espoirs puisque la date de la mort du détenu était ancienne selon les registres de l'état civil, alors que les autorités ne l'avaient actée dans leurs registres que récemment. Il est évident que la « mort » est ici un mot technique. Tout le monde sait qu'elle se produit sous la torture ou du moins dans des circonstances préméditées de négligence alimentaire et médicale – ce qui, dans tous les cas, porte à y voir un crime de génocide, car il s'agit ici de la vie d'environ 200 000 détenus dont le sort n'est pas connu.

Lorsque Hafez al-Assad a été confronté à la rébellion des Frères musulmans, il y a près de quatre décennies, le destin des détenus, y compris ceux qui étaient simplement suspects, ressemblait également à une torture collective. On ensevelissait à jamais le sort d'un détenu. Les familles n'osaient même pas s'enquérir de la situation de leurs enfants, frères et maris, sinon de manière indirecte et en versant d'exorbitants pots-de-vin. Avec la mort du père et l'arrivée du fils au pouvoir, le sort de milliers de détenus est resté officiellement inconnu : pas de certificats de décès confirmant leur mort, ni de nouvelles attestant qu'ils sont en vie – bien que cette dernière possibilité soit nulle.

Si le père avait pour méthode de torturer la population tant par l'espoir que par son absence, le fils semble décidé à la torturer par la seule absence d'espoir. La simultanéité de son choix et des victoires qu'ont remportées pour lui ses alliés se comprend d'une seule manière : il ne se soucie plus de couvrir ses crimes. Que la négligence soit le sort exclusif de tonnes de documents le condamnant pour de multiples crimes dans les instances internationales, cela ne signifie rien d'autre qu'un permis de tuer et de

1. Texte d'Omar Kaddour paru sur le site Almodononline le 11 février 2020. Cette version légèrement différente a été traduite par Mahmoud El Hajj.

rendre notoire le crime. Il ne s'agit, en effet, à aucun moment, de porter le coup de grâce aux faux espoirs des familles des détenus tués, mais d'écraser ces familles et de jubiler devant leur impuissance.

On se tromperait sans doute si on ne prenait pas en considération les familles qui ne croyaient pas à la mort de leurs proches, malgré l'obtention d'un document l'attestant. Car, dans l'ensemble de la culture humaine, la mort tient à un aspect physique en l'absence duquel elle demeure irréelle. Parler de la mort, c'est d'abord parler d'un cadavre, d'un enterrement et de derniers regards. À défaut de quoi la mort devient une affaire difficilement croyable, voire une affaire que l'on est enclin à nier. On omettrait une part de la brutalité assadienne si on ne prenait pas en considération les questions des familles contraintes de garder le silence : est-il vraiment mort ou a-t-on confondu son nom avec celui d'un autre ? Est-il mort sous la torture ou suite à une maladie ? À quoi ressemblait son corps meurtri et quel était son sort ?

Ces questions et bien d'autres que nous ignorons, faute de pouvoir nous mettre à la place des victimes que sont les familles des détenus, sont des questions qui inhibent la tristesse dans son sens humain simple, voire noble. Ce sont des questions qui ruinent le dernier espace qui reste pour accepter la tragédie et se réconcilier avec elle. Ce sont des questions que tient vivantes l'absence d'une tombe pour le mort. Car la tombe est pour nous la preuve toujours nouvelle de la vérité consistant à dire que celui qui nous a quittés ne reviendra pas, et que le seul moyen disponible pour communiquer avec lui est de déposer des fleurs à sa mémoire ou peut-être de lui parler pour se consoler et se soustraire à notre sentiment de perte. Pour comprendre ce dont il s'agit ici, il suffirait de se rappeler les vieux et ardus pourparlers américano-coréens, qui n'ont abouti que récemment, et qui avaient pour objet la restitution des restes des soldats américains décédés pendant la guerre de Corée. Les familles des soldats n'avaient connu l'apaisement qu'en obtenant enfin la tombe que leurs enfants méritaient.

Fin janvier 2020, des images de déplacés nous sont venues de Saraqeb, sous les bombardements des forces d'Assad. L'un des déplacés transportait avec lui les stèles des tombes de sa famille, après que les forces d'Assad, qui avaient pris d'assaut la ville de Ma'arrat al-Nu'mân quelques jours plus tôt, y ont déterré et saccagé les tombes. C'est également ce que les *chabbîha* d'Assad ont fait des tombes de la ville de Khan as-Souboul, et c'est ce qu'ils ont fait, l'été 2018, des tombes des victimes du bombardement chimique que les forces d'Assad avaient effectué le 21 août 2013.

Lors d'un exercice plus ancien, les bulldozers d'Assad père avaient enterré les cadavres du massacre de Hama, en 1982, et aplani la terre par-dessus. Une trentaine de milliers de proches des victimes ne savaient pas où se trouvaient les corps de leurs proches. Voilà le principal objectif poursuivi de jour en jour, et ce serait une grave erreur que de ramener les agissements barbares d'Assad au désir d'effacer les traces du crime. Effacer les traces de crimes est le comportement qu'adopterait un criminel qui se verrait menacé de rendre des comptes aujourd'hui ou demain. L'assadisme, au contraire, repose sur la profonde certitude qu'il n'y aurait qu'une alternative : l'impunité totale ou la chute totale, avec une plus grande probabilité pour la première possibilité. Celle-ci est renforcée par la complicité internationale que nous avons vécue au cours des années qui ont suivi la révolution.

Nous serons plus honnêtes dans notre description si nous notons que pourchasser les morts en déterrant leurs tombes, en dissimulant leurs cadavres ou en les brûlant est une manière de poursuivre le crime assadien et non de le couvrir. Le seul crime que l'histoire ait connu et qui ait un lien de parenté avec le crime assadien est celui de la Shoah et des persécutions méthodiques des Juifs et des Roms. Cette parenté se situe dans le champ de l'extermination qui se veut totale, et où tuer ne suffit pas mais implique aussi de brûler le cadavre et d'en abuser.

Ce qui distingue le nazisme de l'assadisme, c'est que le premier était un système au sens totalitaire du terme, tandis que le second serait un mélange de tyrannie et de vieilles conceptions de conquête dans ses pires formes, disposant de technologies modernes. À cet égard, l'assadisme croise les organisations islamistes les plus extrémistes en ce qu'il s'agit, dans les deux cas, d'une vieille mentalité adoptant des techniques modernes. Les schémas de comportements identiques entre les deux parties n'en sont par ailleurs que le résultat logique. La coopération de l'assadisme avec les organisations djihadistes était notable et manifeste à plus d'un stade – les services de renseignements internationaux le savent très bien. Cependant, elle n'a pas conduit à inscrire l'assadisme sur la liste du terrorisme international au même titre que ces organisations l'étaient.

Pour des raisons liées à ses intérêts, l'Occident a abordé le terrorisme des organisations islamistes à différents niveaux à la fois. Si l'approche officielle sécuritaire a prévalu, des centres de recherche et des individus ont quant à eux tenté de comprendre le phénomène sous plusieurs angles. À l'inverse, les tentatives de l'Occident pour comprendre l'assadisme restent rares, bien que ce dernier ait causé à l'Occident des désastres : son soutien au terrorisme, sa politique d'extermination et de déplacement forcé qui a poussé un grand nombre de réfugiés syriens vers l'Europe. L'étonnement que manifestent certains Occidentaux en découvrant que des années de formation en Angleterre n'ont pas empêché qu'un ophtalmologue [Bachar al-Assad] devienne un exterminateur reflète un manque flagrant de connaissances. C'est ce même manque qui est à l'œuvre chez ceux des Occidentaux qui voient dans les agissements d'Assad un comportement barbare mais banal, reposant sur la culture orientale, et dans les organisations islamistes extrémistes une représentation de l'essence de l'Islam.

Le manque de connaissances de l'assadisme va de pair avec sa non-incrimination, à l'inverse de l'incrimination du terrorisme islamique accompagnée de la tentative de le comprendre. On ne saurait expliquer ce manque par le désintérêt de l'Occident pour ce qui ne l'atteint pas directement. Le génocide d'Assad n'est pas comparable aux massacres du Rwanda par exemple. Là, les massacres ont eu lieu à une vitesse record et les puissances internationales n'étaient pas présentes sur place, tandis que le génocide commis par Assad a duré neuf ans sous les yeux des puissances internationales présentes sur le sol syrien ou de celles qu'affectaient les conséquences du massacre. La présence internationale comme témoin du génocide lui confère un sens contraire à ce qui s'est passé suite à l'élimination du nazisme. Comme nous le savons, le procès du nazisme et son incrimination étaient au cœur du système international issu de la Seconde Guerre mondiale, alors que la non-incrimination de l'assadisme représente une attaque des acquis juridiques et conceptuels tirés de la leçon du nazisme.

L'assadisme nous fournit toutes les données nécessaires pour être internationalement reconnu comme tel – tout comme le terme « djihadisme » s'est construit un champ sémantique internationalement reconnu, et avant lui le terme « nazisme ». Il est nécessaire que soit établi un parallèle entre la définition et l'incrimination que fournirait un terme de ce genre, afin de sortir du cercle où nous nous trouvons contraints de présenter de nouvelles preuves chaque jour. Autrement, c'est dans la littérature que nous devrions chercher matière à spéculer sur l'avenir. Dans le roman le plus célèbre de Gabriel García Márquez, *Cent ans de solitude*, José Arcadio Buendia se voit contraint de quitter son village après y avoir commis un meurtre. Arrivé à l'endroit inoccupé qui deviendra Macondo, il plante sa lance dans le sol et déclare à sa femme : « Nous resterons ici. » Ursula, sa femme, réplique en disant : « Comment allons-nous vivre dans un endroit où nous n'avons pas de tombes ? » La clé du roman tout entier se trouve peut-être dans cette phrase d'Ursula, qui exprime la symbolique des tombes et des racines réunies. Car, comme nous le savons, le sort de Macondo, après la solitude, fut la disparition.

« Pas de condoléances… »

Extraits de Lettres de Syrie *de Joumana Maarouf*[1]

« Joumana Maarouf », de son vrai nom Wejdan Nassif, a entretenu, de 2012 à 2014, depuis Damas puis du sud de la Syrie dans le Hauran, une correspondance avec une amie française arabophone qui avait habité à Damas. À vingt ans, son engagement au sein du parti de l'Action communiste (parti interdit) avait valu à Joumana Maarouf quatre ans et demi de prison. Dès le début du soulèvement, elle côtoie des gens de tous bords et livre dans ses Lettres de Syrie *des descriptions sur la réalité à laquelle les Syriens sont confrontés, toutes communautés confondues. Elle est particulièrement sensible aux déplacements de population et au deuil empêché. Traduites par Nathalie Bontemps et mises en ligne sur le blog Un œil sur la Syrie entre le 7 avril 2012 et le 5 mars 2014, ses lettres ont été publiées en 2014 avec une préface de Wladimir Glasman, qui écrit : « C'est du quotidien d'un pays en guerre et de ses répercussions sur l'état d'esprit de sa population que témoignent les lettres de Joumana Maarouf. »* Les Lettres de Syrie *débutent le 10 mars 2012 et s'arrêtent le 20 décembre 2013. L'auteure vit à présent en France, où elle est arrivée un mois après la parution de son livre.*

7 février 2013

Ayham Ghazoul n'est pas revenu. Il est mort sous la torture. Tant de gens ne sont pas rentrés. Ou bien sont revenus handicapés physiques ou mentaux. Ou bien à l'état de cadavres. Je pense à un jeune homme dont je connais la famille. Il avait vingt-quatre ans, comme Ayham. Il y a quatre ans, sa sœur lui avait donné un de ses reins. Quand ils l'ont arrêté, la première chose qu'ils ont faite a été de viser dans son corps le rein de sa sœur. Puis ils ont renvoyé son cadavre à sa famille en leur interdisant d'organiser des condoléances. Il y a tant d'histoires sur les prisonniers torturés jusqu'à la mort. […]

10 avril 2013

Deux jours après la visite d'Oum Ala' au ministère, un de ses voisins est sorti de prison. Il avait été détenu par le même service que celui qui avait arrêté Ala', son fils. C'est à peine si elle a pris le temps d'enfiler ses chaussures et de jeter un foulard sur sa tête avant de se précipiter pour l'interroger.

Il y avait tant de gens autour de lui qu'elle ne put même pas l'approcher. La maison du jeune homme s'était remplie de dizaines de familles de

1. Joumana Maarouf, *Lettres de Syrie*, préface de Wladimir Glasman, trad. Nathalie Bontemps, Paris, Buchet-Chastel, 2014, p. 137 et p. 153-157. La présentation de l'auteure et les annotations sont de Catherine Coquio. Deux autres extraits figurent dans la 4e partie, p. 442 et 451.

prisonniers. Beaucoup attendaient dehors que vienne leur tour.

« Tu as vu Untel, mon frère ? » « Tu as entendu quelque chose au sujet de mon fils ? » « Regarde bien cette photo. Est-ce que tu as vu ce jeune homme là-bas ? » Une main fatiguée lui tendait la photo, mais le garçon, libéré depuis quelques heures, arrivait à peine à répondre par oui ou par non. Cela faisait une demi-heure seulement qu'il était rentré chez lui, après une détention de six mois. Les gens le suivaient même jusqu'à la porte des toilettes.

Son voisin coiffeur lui tondait le crâne, et beaucoup de poux tombaient par terre avec les mèches de cheveux bouclés. Son épouse les balayait avec grand soin. Puis elle amena un seau rempli d'eau et de désinfectant, pour qu'il puisse y plonger ses pieds exténués. Elle commençait une tâche qui ne prendrait fin que des semaines plus tard : soigner les blessures putrides de son mari. Beaucoup ont vu ses larmes se mêler à l'eau du seau, mais personne n'a essayé de la réconforter. Comparée à eux, elle avait de la chance !

Quand le tour d'Ala' est arrivé, l'épuisement était manifeste sur le visage du jeune homme. Une des personnes sensées de l'assistance a proposé qu'on le laisse se reposer. Mais elle a accouru avec ses questions. Après avoir longuement regardé son visage angoissé, il lui a été répondu : « Ala'... Il va bien, mais je crois qu'ils l'ont transféré à l'hôpital. »

Comment ? Quand ? Pourquoi ? Autant d'interrogations restées accrochées à ses lèvres, auxquelles le jeune homme pouvait difficilement répondre.

Elle attendit le jour suivant, puis elle revint et trouva la même foule devant la porte. Cette fois-ci, il lui donna une nouvelle information : « Peut-être qu'ils l'ont emmené à l'hôpital 601. »

11 avril 2013

L'hôpital 601 est un hôpital militaire. Il s'est rendu tristement célèbre par ses méthodes criminelles à l'encontre des manifestants et des opposants. Une fois, j'ai eu l'occasion d'entendre le récit d'un homme qui avait été arrêté par la 4e Division. Il s'agit du pire lieu de détention que l'être humain puisse imaginer. Il a raconté que là-bas était détenu un homme ayant dépassé la soixantaine. Son pied s'était infecté et saignait sans arrêt. Il avait donc été transféré à cet hôpital. Il y était resté une semaine, et quand il était rentré à la 4e Division, il avait poussé un profond soupir de soulagement en s'exclamant : « Ici, c'est mille fois mieux que là-bas ! »

Il leur avait raconté comment les médecins de cet hôpital se comportaient comme des bourreaux, comment les infirmières s'amusaient à gratter les plaies des malades avec leur épingle à cheveux, comment elles crachaient chaque matin et chaque soir sur les détenus blessés en leur criant à la figure : « Tu voudrais quand même pas qu'on te soigne, espèce de terroriste ! »

Et malgré tout cela, lorsque Oum Ala' m'a dit que son fils avait probablement été transféré à l'hôpital 601, je lui ai répondu : « C'est bien, il est encore vivant... Prie pour qu'ils ne le traitent pas trop mal. »

Depuis ce jour-là, elle a cessé de dormir et de manger. Le doute s'est insinué dans son cœur. Serait-il mort ? Est-il vraiment dans cet hôpital.

Elle passe tout son temps à errer d'une maison de détenu à l'autre, pour demander des nouvelles de son fils. Elle a ainsi constitué une véritable banque de données sur les lieux de détention, les méthodes de torture et les maladies qu'attrapent les détenus.

Aujourd'hui, elle a appris que son fils Ala' n'était pas allé à l'hôpital. Elle a appris qu'aucun des détenus de cette section n'était jamais transféré dans un hôpital, mais qu'on les laissait mourir parmi leurs camarades. Son voisin, le jeune homme qui avait été détenu avec lui, lui a pourtant dit qu'on avait sorti Ala' du dortoir. Mais ce que le jeune homme ne savait pas, ou peut-être le savait-il mais le lui avait-il caché, c'est qu'il avait été transféré à la « quarantaine ».

Qu'est-ce que la « quarantaine » ? C'est une pièce où ils jettent ceux qui perdent la raison à cause de ce qu'ils voient et qui se détachent totalement de la réalité. Ceux-là sont relégués dans un même lieu avec les malades. On dit que l'exiguïté et le peu de nourriture peuvent les amener à s'entretuer. J'ai essayé de me renseigner là-dessus auprès de certains détenus libérés, mais, comme tu vas le voir, ils cachent beaucoup de ce qu'ils savent.

12 avril 2013

Ala' est mort.

Le jeune homme qui la comblait, selon les dires de sa mère, est mort. En guise d'avis de décès, un petit imprimé est parvenu à sa famille, la sommant de « venir récupérer les affaires de leur fils arrêté et décédé ».

Ala' est mort, laissant derrière lui une jeune épouse, deux enfants, dont le plus âgé n'a pas quatre ans, une mère inconsolable et un seul frère qui vivra, s'il vit, consumé par le désir de vengeance.

Ala', qui pesait quatre-vingt-dix kilos et avait du mal à passer la porte de sa maison, n'a pas supporté le supplice du *shabah*, qui consiste à être accroché par les mains ou par les pieds, des heures et des heures durant. On ne sait pas exactement ce qui s'est passé là-bas, dans les sous-sols de la section. Ce n'est d'ailleurs pas à proprement parler une section de services de sécurité, mais une sorte de caserne où, dans les sous-sols, sont entassés des milliers de détenus. Après les avoir torturés et frappés dans les zones mortelles du corps, ils sont jetés dans un coin et meurent à petit feu dans d'atroces souffrances.

Plus tard, j'ai appris que le jeune homme chez qui Oum Ala' s'était précipitée connaissait les noms de tous les prisonniers de son quartier, morts sous la torture. Mais il n'a dit la vérité à aucune des familles concernées. Il la révélait à d'autres. C'est ainsi qu'Oum Ala' a appris les noms de toutes les victimes, sauf celui de son fils. Il avait peur d'affronter sa douleur, de la voir s'effondrer. Il avait peur du scandale qui, peut-être, si l'on apprenait qu'il racontait ce qui se passait là-bas, lui vaudrait d'être arrêté une deuxième fois. La même chose s'est répétée avec d'autres familles de victimes.

Le cadavre ne sera pas remis à la famille. On ne leur permettra pas d'ouvrir leur porte aux gens venus présenter leurs condoléances. Ces derniers viendront en cachette pour réconforter la pauvre femme, veuve très tôt, qui avait consacré sa vie à élever ses deux garçons.

Pas de condoléances pour les mères. Pas de condoléances pour les Syriens qui perdent leurs enfants ; il leur est défendu de crier, de pleurer, de protester. Une semaine avant l'arrivée de « l'avis de décès », le frère d'une victime tuée en détention avait élevé la voix en apprenant la nouvelle. Les « protecteurs des foyers », comme on appelle l'armée, ont aussitôt envahi sa maison et ont ouvert le feu sur lui. Puis ils l'ont traîné dans la rue devant tout le monde, emmenant son petit frère, un adolescent de quinze ans. Ainsi ils étaient tranquilles : ils avaient appris à toutes les familles du quartier comment se désoler sur leurs enfants morts.

Pas de condoléances pour les Syriens, qui savent tout et ne peuvent rien. Il ne leur reste qu'à mettre du sel sur leurs plaies et à prier Dieu d'épargner les enfants qui leur restent.

20 décembre 2013

C'est dans cet état d'esprit qu'Imane s'est présentée elle aussi à la porte de cet homme[1]. Durant six heures, elle a attendu son tour. Elle

1. Il s'agit d'Ali Haydar, ministre de la Réconciliation nationale, homme respectable et courtois selon les visiteurs, et dans le bureau duquel « on trouve toute la Syrie », relève un vieux monsieur. « Il s'efforce de recevoir tout le monde et de compatir. Il octroie aux gens de l'espoir et des promesses à profusion ».

lui a parlé de ses trois fils, arrêtés au domicile familial, et du papier qu'elle avait reçu pour l'informer qu'ils étaient morts en détention. Toutefois, ce jour-là, elle ne venait pas pour eux mais pour le quatrième, le seul qui lui restait. Il avait été arrêté aux condoléances de ses frères aînés. Depuis lors, elle n'avait reçu aucune nouvelle de lui. Elle a raconté au ministre qu'elle avait embrassé la chaussure de l'officier qui arrêtait son dernier fils. Elle l'avait imploré de le lui laisser, car il était tout ce qui lui restait. Mais l'officier l'avait ignorée avec une froideur extrême. Elle a rapporté que le ministre avait eu les larmes aux yeux en l'écoutant. Il lui avait promis de l'aider. Il lui avait conseillé de rédiger une demande adressée au ministre de la Réconciliation nationale, c'est-à-dire à lui-même, où elle reprendrait par écrit ce qu'elle venait de lui raconter. À compter de ce jour, Imane s'est rendue quotidiennement au ministère de la Réconciliation nationale. Elle reste plantée toute la journée devant le bureau du ministre. Chaque fois qu'il entre ou qu'il sort, elle lui demande : « Vous ne m'avez pas oubliée ? » Le ministre lui sourit, et son cœur se remplit d'espoir.

Tous les habitants de Doummar[1] savent aujourd'hui que son dernier fils a été tué lui aussi. Il est mort le jour même de son arrestation. Mais personne n'a encore osé lui dire la vérité. Elle continue donc à passer la moitié de ses journées à attendre le passage du ministre pour lui demander : « Vous ne m'avez pas oubliée ? » Et lui, il continue à hocher la tête et à sourire. [...]

Oum Wassim n'a jamais vu la vidéo qui montre Ali Haydar en train de féliciter Ali al-Kilani, responsable du massacre de Banyas pour ses « efforts patriotiques[2] ». Ce jour-là, le ministre ne pensait pas du tout à la réconciliation... Oum Wassim est surnommée dans son quartier « la mère des révolutionnaires ». Elle a été arrêtée au début de l'année 2012. Elle a passé deux mois dans l'un des centres de détention des services de sécurité. Un mois après avoir été libérée, elle a appris qu'un autre service de renseignements la recherchait. Elle s'est réfugiée dans un secteur libéré de la vallée du Barada. Elle a vécu là-bas avec les jeunes de son quartier qui avaient rejoint l'Armée syrienne libre. Ce séjour s'est prolongé. Il a exténué cette femme d'une soixantaine d'années, à la santé fragile. Elle s'est vue contrainte de demander à sa fille d'aller voir le ministre pour trouver une solution à son cas. Elle voulait rentrer chez elle. C'est ce qui s'est passé. Mais auparavant elle a dû accepter d'apparaître pour un entretien sur une chaîne de télévision syrienne. Un entretien dont elle a honte, ainsi que toute sa famille. Il a donné à penser aux jeunes révolutionnaires dont elle avait été si longtemps « la mère » qu'ils étaient devenus orphelins.

Si l'on demande aux milliers de Syriens ayant présenté des demandes au ministère de la Réconciliation nationale s'ils ont reçu des réponses positives, on ne trouvera personne pour déclarer que oui. Ils n'en vont pas moins continuer à passer leurs journées dans l'antichambre du ministre, tout simplement parce que, comme ils le disent : « Celui qui se noie se raccroche à un fétu de paille. » Même lorsque ce fétu est l'homme qui félicite l'assassin et qui sourit à la victime.

12 mars 2014

Les chambres de torture ne servent plus à arracher des informations. Aujourd'hui, on torture pour la torture. Pour « éduquer » les gens d'une région. Pour « donner une leçon » aux

1. Doummar se trouve entre Damas et Darayya, ville de la périphérie de Damas.
2. Allusion au siège de Banyas entre le 7 et le 14 mai 2011, au cours duquel au moins dix civils, dont quatre femmes, ont été tués par l'armée. Source Razan Zaitouneh, citée par le *Los Angeles Times* du 8 mai 2012. http://latimesblogs.latimes.com/babylonbeyond/2011/05/syria-six-killed-during-clashes-with-female-protesters-in-baniyas.html.

gens d'un quartier. Pour humilier les familles. Pour que ceux qui continuent à croire en un combat pacifique quittent la Syrie. Pour qu'ils meurent. [...]

Marwan avait été arrêté le 17 février[1]. Et aujourd'hui, le 12 mars, ils ont téléphoné à sa famille pour lui demander de venir récupérer son cadavre à l'hôpital de Harasta[2]. La famille a demandé qui avait amené le cadavre à cet hôpital. Ils n'ont reçu aucune réponse. Personne ne sait rien aujourd'hui en Syrie, tout simplement parce qu'on ne peut pas demander. Comme on dit, « l'œil ne peut rien contre l'aiguille ».

Dans la voiture où ils avaient jeté Marwan, il y avait aussi Nasser Boundouq, qui est également originaire de Soueida, l'avocate Jihane Amine, originaire de la ville à majorité ismaélienne de Salamiyyé, et Ranim Maatouq, la fille de l'avocat chrétien Khalil Maatouq, lui-même détenu depuis un an et demi. Quatre Syriens issus de trois confessions minoritaires, convaincus par le combat pacifique et l'engagement dans la société civile, avaient été tirés de leurs maisons à Sahnaya, menottés, humiliés, passés à tabac... Aujourd'hui, Marwan est revenu à Sahnaya sous forme de cadavre. Il était défiguré au point d'en être méconnaissable. Personne ne l'a photographié à cause du choc, de la surprise, de la peur, mais surtout parce que, à la porte de l'hôpital militaire de Harasta, les soldats ont confisqué la carte mémoire des téléphones de ceux qui étaient venus récupérer sa dépouille.

Quand ses proches sont arrivés à l'hôpital, on les a tout de suite fait descendre à la morgue. L'odeur y était pestilentielle. Un responsable a fait ouvrir un réfrigérateur. « C'est lui ? » Ils ont acquiescé. Il a alors jeté le cadavre par terre. Ils lui ont demandé un drap ou une couverture pour l'emmener jusqu'à la voiture. « Il n'y a rien, débrouillez-vous », leur a-t-on répondu. Ils ont emporté le corps et l'ont déposé sur la banquette arrière. Ils l'ont recouvert d'une vieille couverture qui se trouvait par hasard dans le véhicule, et sont partis en silence. Ils avaient repris leurs téléphones à la porte de l'hôpital. Soudain l'un d'eux a sonné. La sonnerie avait été modifiée. En examinant les appareils, ils ont constaté que les cartes mémoires ne s'y trouvaient plus. Chacun a alors essayé de se rappeler s'il avait oublié sur la carte quelque chose de compromettant. Ils ont eu tellement peur des informations qui pouvaient s'y trouver qu'ils en ont oublié le cadavre de leur proche, de leur ami Marwan, défiguré et profané, sur la banquette arrière.

Cela faisait longtemps qu'on n'avait plus entendu dire qu'un service de renseignements rendait aux siens le cadavre d'un détenu. Quand une famille était convoquée pour « récupérer son fils », cela signifiait réceptionner sa carte d'identité, ses effets personnels et un certificat de décès. Dans ce cas précis, ils ont modifié la règle. Ils leur ont permis de le voir. Ils tiennent à ce que les habitants de Sahnaya, qui appartiennent pour la plupart à des minorités, voient la manière dont ils châtient. Tout comme ils avaient voulu qu'ils assistent à l'arrestation.

Aux condoléances, les femmes chantaient à la manière des Druzes une mélodie à fendre les

1. Il s'agit de Marwan al-Habani, homme d'une cinquantaine d'années, « aimé de ses amis, de ses collègues et de ses voisins », qui habitait Achrafiet Sahnaya, ville druze de la Ghouta orientale. Aucun de ses voisins n'avait osé demander aux hommes qui avaient fait irruption chez lui en vêtements militaires « pourquoi ils l'emmenaient et pourquoi ils le rouaient de coups devant sa femme et ses enfants, au lieu d'attendre d'arriver au siège des services de renseignements... » Il était originaire de Soueida, « ville habitée principalement par la minorité druze, dont le régime prétendait assurer la protection contre Daech et les groupes apparentés ». Soueida est une ville dans le Hauran, plateau volcanique appelé aussi Djebel druze car il représente le bastion de cette minorité, attachée à ses particularités ethniques, religieuses, politiques et culturelles. De par leur position géographique entre Israël et la Jordanie, les Druzes de Syrie avaient constitué un foyer important du nationalisme arabe et un réservoir de cadres pour le parti Baath au siècle dernier. Les inspecteurs de l'ONU y ont relevé des traces d'utilisation d'armes chimiques le 25 août 2013.

2. Harasta fait partie du district de Douma, dans la Ghouta orientale.

pierres[1]. J'écoutais. Je pleurais. La peur saisissait le cœur des hommes. La place était remplie de soldats et d'agents de sécurité. Il tombait des trombes d'eau, comme ce n'était jamais arrivé tout au long de cet hiver.

Reem Alghazzi, *Le Bus des détenus, janvier 2014*. © Reem Alghazzi.

1. Voir Waed Bouhassoun, « Le rituel funéraire chez les Druzes du sud de la Syrie », p. 49 à 75, *in* [Collectif], *Jouer la mort. Rituels funéraires, Internationale de l'imaginaire*, n° 30, Arles, Actes Sud, « Babel essai », 2017. Les Druzes pratiquent un islam ésotérique, fondé sur l'initiation, qui se rattache à l'islam ismaélien, branche dissidente du chiisme.

Témoignage d'Obeida Dabbagh sur son frère Mazen et son neveu Patrick[1]

Mon frère Mazen Dabbagh était conseiller pédagogique au lycée français Charles-de-Gaulle à Damas depuis plus de vingt-cinq ans. À ce titre, il a participé au rayonnement de la France à l'étranger. En plus de la nationalité syrienne, il possédait, ainsi que son fils, la nationalité française par filiation maternelle. Mais Mazen était d'abord une personne simple et altruiste. J'ai découvert ces aspects de sa personnalité sur lesquels il était resté discret : un orphelin nous a raconté qu'il devait tout au soutien de Mazen qui, pendant plusieurs années, avait subvenu à ses besoins et jusqu'aux frais de son mariage. Mazen avait aussi pris en charge l'éducation d'un autre garçon qui avait perdu ses parents lors d'un bombardement à Homs.

En plus de son âme charitable, Mazen, parce qu'il restait un homme de principe, refusait tout compromis avec l'injustice. Son point de vue sur ce qui se passait en Syrie et les crimes commis par le régime était connu de tous ceux qui le côtoyaient à l'école française de Damas.

À l'annonce de son décès, nous avons reçu des centaines de témoignages de tristesse et d'incompréhension sur ce destin tragique. Je voudrais n'en citer qu'un, écrit par un des élèves français du lycée.

> « Mazen Dabbagh n'était pas l'arabe du futur, il était l'un de ces millions de héros syriens anonymes du quotidien. Il n'était pas révolutionnaire mais œuvrait pour le Bien car élevé avec des valeurs de Justice et de Fraternité. À l'école française de Damas, Mazen ne distinguait pas les fils d'archevêques ou de tyrans des autres, car pour lui tous étaient des enfants syriens, français et d'ailleurs devant porter les valeurs de la République. Mazen Dabbagh est indissociable du souvenir de plusieurs générations d'écoliers francophones de Damas tant par sa bienveillance et son humour que l'amitié qu'il offrait à tous ceux qui possédaient un cœur grand comme le sien. Amoureux de l'Humain, il était bien plus que le surveillant du collège, il était un contremaître artisan d'une cohésion certaine et rendait possible cette formidable aventure que fut l'école française de Damas. Comme beaucoup de Syriens, révolutionnaires ou non, Mazen Dabbagh est mort dans les geôles gouvernementales syriennes après quatre ans d'agonie. Un « coupon administratif » l'a notifié à sa famille, qui était sans nouvelles de lui depuis son incarcération, à la fin de 2013. Son fils, Patrick, a subi le même sort pour avoir manifesté. Les deux dépouilles ne seront pas rendues. Mazen Dabbagh était syrien, français, père et mari, heureux vivant et humaniste. En brisant les âmes nobles, Bachar al-Assad a condamné tout espoir de convalescence d'une Syrie déjà grande brûlée. Repose en paix Mazen Dabbagh, puisse Justice t'être rendue un jour. Les élèves de l'EFD qui t'ont aimé te rejoindront un jour, là où tu es, pour te dire : "*Yâ* Monsieur

1. Recueilli par Joël Hubrecht en janvier 2020.

Mazen, encore 5 minutes de récréation, tu nous signeras un mot d'excuse". »

Mon neveu Patrick a obtenu son baccalauréat dans une école de Mazzé. Il s'est inscrit à la faculté de lettres et sciences humaines de Damas où il s'est spécialisé en psychologie. Il était en deuxième année lors de son arrestation.

Patrick était un enfant joyeux et souriant. Ses amis ne comprennent toujours pas pourquoi il a été arrêté, lui si doux et pacifique. Mon frère et mon neveu n'ont jamais été impliqués dans des mouvements de contestation contre le régime, ni avant le soulèvement populaire de mars 2011, ni après. Ma mère qui était très attachée à son petit-fils Patrick qu'elle avait dû quitter lorsque, la mort dans l'âme, elle avait fui précipitamment le pays au début des troubles. Elle ne saura jamais ce qui est advenu précisément à son fils et petit-fils. Elle nous a quittés en avril 2019 avec l'immense regret de n'avoir jamais pu les revoir ou leur parler.

Leur arrestation et le trou noir de leur détention

Le dimanche 3 novembre 2013 au soir, pendant les vacances de la Toussaint, Mazen se trouvait à son domicile en compagnie de sa femme et de leurs deux enfants. Vers minuit, cinq personnes (deux officiers, deux soldats et un spécialiste informatique), déclarant appartenir aux services de renseignements de l'armée de l'air syrienne, sont arrivées à leur domicile, afin d'arrêter Patrick, alors âgé de 19 ans. Ils ont procédé à une fouille minutieuse de la maison, ont saisi l'argent qu'ils ont trouvé. Le cinquième homme présent était chargé d'examiner toutes les données des portables et ordinateurs de Patrick, qui ont ensuite été saisis. Pendant ce temps, Patrick était menotté avec sa propre ceinture. Ils ont annoncé vouloir l'emmener pour l'interroger, sans préciser pour autant le motif, ni le fondement, de l'arrestation.

Le lendemain, lundi 4 novembre, les mêmes officiers, accompagnés cette fois d'une dizaine de soldats, tous armés, sont revenus à minuit, accusant Mazen de ne pas avoir su élever son fils correctement. Ils l'ont ensuite arrêté, au motif de vouloir lui apprendre à l'éduquer. Ils ont également saisi le véhicule de Mazen.

Un codétenu a pu nous livrer le récit de la suite de l'arrestation et des deux premiers jours de détention : le soir du 4 novembre, après que ces officiers et soldats se sont arrêtés à de multiples reprises dans des maisons pour procéder à une série d'autres arrestations, Mazen et ses autres compagnons d'infortune ont été conduits non loin de l'aéroport, dans le centre des services de renseignements de l'armée de l'air, à Mazzé.

Mazen et lui sont restés quatorze heures debout, les mains attachées derrière le dos et la tête baissée vers le sol. Les surveillants ont ôté les chaussures de Mazen pour les donner à un prisonnier qui gagnait cette nuit-là sa liberté et était pieds nus.

Ils ont ensuite amené le jeune Patrick devant son père. Il avait des hématomes et des blessures sur le cou et d'autres parties du corps. Mazen lui a demandé s'il avait été torturé. Patrick, tout en répondant par l'affirmative, essaya de rassurer son père. Le lendemain dans l'après-midi, le 5 novembre, les trois hommes ont été séparés mais des cris de Mazen se sont encore fait entendre pour supplier les gardiens d'ouvrir la porte de la cellule dans laquelle il venait d'être emmené : « J'étouffe, j'étouffe ! »

Ce furent les dernières paroles que l'on a pu nous rapporter de lui. Depuis, nous n'avons plus eu de nouvelles, malgré des dizaines et des dizaines de tentatives d'en obtenir. Contrairement à ce que beaucoup semblent penser en France, demander des nouvelles des prisonniers en Syrie n'est pas une démarche simple : la peur et la terreur sont omniprésentes.

Nos recherches infructueuses et le piège du racket

Malgré cela, nous n'avons cessé d'entreprendre toutes sortes de démarches auprès d'officiers syriens puis du ministère de la Réconciliation nationale syrien, sans succès ; cela au contraire nous a desservis car nous ne pouvons plus retourner en Syrie sous peine d'emprisonnement. Nous avons alors élargi notre action en contactant les plus hautes autorités françaises (président de la République, ministre des Affaires étrangères, plusieurs députés et sénateurs) ainsi que des responsables européens. Toutes ces tentatives sont restées sans résultats.

L'arrestation de Mazen ne suffisait pas aux sbires du régime. Ils allaient poursuivre leur sale besogne en rackettant la famille. En août 2015, un intermédiaire, se prévalant de parler au nom du chef du bureau d'investigation des services de renseignements de l'armée de l'air (un certain Abdel-Salam Mahmoud), proposa de transférer Mazen et Patrick vers la prison civile d'Adra. Dans cette prison, les familles pouvaient entrer en contact avec leurs proches détenus. L'intermédiaire demandait pour le transfert 30 000 dollars (la moitié au moment de l'accord et le reste après l'arrivée à Adra de Mazen et Patrick). Quelques jours après le premier versement, l'homme se manifesta à nouveau en annonçant que Mazen et son fils étaient morts sous la torture il y a plus d'un an, en mars 2014. Il promit d'établir des certificats de décès en échange de la somme perçue. Pourtant, il ne donna plus aucune nouvelle ensuite.

Bien entendu cela ne s'est pas arrêté là. Un autre intermédiaire a pris contact avec nous pour nous informer que moyennant le paiement de 60 000 euros, Mazen et Patrick seraient libérés au Liban. La somme devait être remise à un officier syrien de passage à Paris. Nous avons refusé cette proposition.

D'autres sommes moins importantes ont cependant été payées à différents intermédiaires pour recueillir quelques informations ; sans grand succès il faut le dire. Celles qu'on obtenait de temps en temps se sont révélées toutes fausses et contradictoires entre elles.

Les sales besognes des agents du régime se poursuivirent par d'autres voies encore. Au mois de juillet 2016, la femme et la fille de Mazen ont été expulsées de force de leur appartement. Elles ont été conduites au commissariat de police pour signer un document les menaçant d'emprisonnement si elles se présentaient à nouveau devant leur « ancienne » maison. Un autre appartement de la maison familiale fut saisi. Nous apprendrons plus tard que le fameux Abdel-Salam Mahmoud (au nom de qui la proposition de racket de 2015 avait été faite) et un certain monsieur Ismail s'y installèrent.

Face à cette expropriation forcée, nous avons contacté le ministère de la Réconciliation nationale pour pouvoir récupérer la maison. Nous n'avons eu à ce jour aucune réponse de leur part. En parallèle, nous avons mandaté un avocat à Damas afin qu'il obtienne la restitution de notre maison. Un proche tenta de se renseigner sur ce qu'il en était mais il a été menacé de mort. Cela en dit long sur les agissements criminels du régime.

L'annonce de la mort de Mazen et de Patrick

En juillet 2018, une personne qui avait connu Mazen nous a annoncé oralement que grâce à l'intermédiaire d'un officier de renseignements syrien il était très bien informé de leur sort : Mazen était décédé en premier en 2014 et Patrick quelques mois plus tard. Selon ses dires, ils avaient été torturés jusqu'à leur mort, surtout Mazen. La cause officielle de leur décès, notée sur les registres, est identique et reproduit celle qui est attribuée à tant d'autres détenus : « Crise cardiaque ». Ils seraient enterrés au cimetière de Najha dans la banlieue de Damas. L'homme nous a conseillé d'arrêter les recherches et surtout de ne plus nous laisser rançonner pour avoir de leurs nouvelles.

Nous avons demandé à notre avocat à Damas de sortir des fiches d'état civil de Mazen et Patrick. Sur ces documents Mazen était déclaré mort le 25 novembre 2017 et Patrick le 21 janvier 2014, des dates qui ne correspondaient donc pas avec les dires de l'officier. Les mêmes documents demandés en janvier 2018 ne mentionnaient plus ce fait.

Les méthodes du régime syrien sont répugnantes. C'est malheureusement le lot de centaines de milliers de Syriens qui les ont subies. Certains États ont une responsabilité directe dans ces exactions. D'autres savaient mais ont laissé faire. J'espère que les martyres de mon frère et de mon neveu serviront à ce qu'un jour les responsables de toutes ces atrocités soient traduits devant la justice afin qu'ils répondent de leurs crimes.

Les poursuites devant la justice française

J'ai commencé des démarches tous azimuts dès le lendemain de leur arrestation, mais la peur des représailles à l'encontre de Mazen et Patrick et même à l'encontre des autres membres de la famille en Syrie m'ont incitée à réaliser toutes ces démarches avec discrétion et sans médiatisation. Voyant que rien ne se passait, j'ai profité de l'annonce faite en septembre 2015 par le ministre français des Affaires étrangères, suite à la divulgation du « dossier César », qui mandatait la justice française pour l'ouverture d'une enquête pour crime contre l'humanité. J'ai tout de suite pris contact avec l'Office central de lutte contre les crimes contre l'humanité, les génocides et les crimes de guerre. J'ai fait ma déposition auprès de cet office le 3 octobre 2015.

La FIDH a eu connaissance de mon histoire et m'a contactée, et un premier entretien a été planifié avec le cabinet d'avocat représentant cette association le 25 mai 2016. Plusieurs réunions de travail avec Me Bectarte ont été organisées. Elles aboutiront le 24 octobre 2016 au dépôt d'une plainte pour disparition forcée et torture auprès du pôle spécialisé dans la lutte contre les crimes contre l'humanité du tribunal de grande instance de Paris. La Ligue des droits de l'homme (LDH) s'associera au dépôt de plainte. S'ensuivront des auditions auprès du juge d'instruction.

Le 25 juillet 2018 nous apprenons le décès de Mazen et Patrick, la procédure judiciaire s'accélère, une nouvelle rencontre avec Mme la juge d'instruction le 20 septembre 2018 a lieu. Finalement le 5 novembre 2018 la juge d'instruction émet un mandat d'arrêt international contre trois hauts responsables du régime syrien pour « complicité d'actes de torture, complicité de disparitions forcées, complicité de crimes contre l'humanité, de crimes de guerre et de délits de guerre ».

J'émets le souhait que cette première victoire sera le début d'une nouvelle ère de justice et de responsabilités pour les crimes contre l'humanité et les crimes de guerre commis en Syrie et qu'un procès s'ouvrira un jour pour que les responsables de ces exactions répondent de leurs crimes et soient condamnés. Ce sera une victoire posthume pour mon frère et mon neveu et à travers eux pour des centaines de milliers de Syriens.

La mobilisation en faveur des prisonniers et de leurs familles. Autour de Bassel Khartabil Safadi, exécuté à Saidnaya, et Noura Ghazi Safadi, son épouse[1]

Claire A. Poinsignon et Antoine Hasday

Noura Ghazi Safadi, une avocate fille et épouse de prisonnier

L'avocate et défenseure des droits humains, Noura Ghazi Safadi, dont le mari a été exécuté par le régime, est confrontée depuis son enfance au système carcéral à travers le cas de son père. Son mari, Bassel Khartabil – informaticien, connu également sous le pseudonyme de Bassel Safadi –, a été incarcéré en 2012 puis exécuté par le régime en octobre 2015. Après un master en droits humains à Londres en 2018-2019, elle agit dorénavant depuis Beyrouth. Malgré les épreuves, son engagement en faveur des détenus et de leurs familles demeure intact, comme en témoigne l'entretien qu'elle a accordé à Antoine Hasday fin janvier 2018 dont nous reproduisons de larges extraits avec son aimable autorisation[2]. On peut aussi la voir dans le documentaire *Ayouni, mes yeux, mon amour* de Yasmin Fedda[3], aux côtés d'Immacolata Dall'Oglio, la sœur du jésuite Paolo Dall'Oglio disparu à Raqqa en juillet 2013.

Dimanche 28 janvier 2018, un bus à impériale rouge, entièrement recouvert de portraits photos, faisait étape place de la République, à Paris. Dans les cadres se trouvaient les visages d'hommes détenus ou exécutés par le régime syrien ainsi que ceux de « disparus », accompagnés d'un slogan, en arabe et en français : « Libérez-les ». Ce sont leurs épouses, leurs mères et leurs sœurs qui voyagent à bord de ce « bus de la liberté » pour réclamer leur libération, au nom du collectif des Familles syriennes pour la liberté. [...]

Un père incarcéré et la promesse de devenir avocate

Noura Ghazi naît le 30 septembre 1981 à Damas, dans une famille sunnite qui compte aujourd'hui trois enfants. Sa

1. Le portrait de Noura Ghazi Safadi réalisé par Antoine Hasday a fait l'objet d'une première publication le 14 février 2018 sur Slate.fr. Celui de Bassel Khartabil Safadi, qui le complète, est inédit. Il est de Claire A. Poinsignon. Pour en savoir plus, consulter le site personnel de Noura Ghazi : https://nouraghazi.org/. Voir aussi : Familles syriennes pour la liberté ; https://syrianfamilies.org/en/ Et « No Photozone », association pour venir en aide aux détenus et aux disparus, créée en 2018 par Noura Ghazi Safadi, URL : https://nophotozone.org/en/home/.

2. Antoine Hasday, « Un engagement sans faille pour les détenus », *Slate.fr* 14 février 2018. http://www.slate.fr/story/157648/syrie-noura-ghazi-safadi-enfer-prisons-detention-droits-humains.

3. Yasmin Fedda, *Ayouni, My Eyes, My Love*, documentaire, Banyak Films, 74'16 (2020), URL : https://vimeo.com/ondemand/ayouni.

mère, d'origine kurde syrienne et turque, est employée au ministère du Pétrole. Son père, opposant politique membre du parti démocratique social, travaille notamment comme journaliste. Le pays est alors dirigé par Hafez al-Assad. Le père de Noura Ghazi, recherché par les services de sécurité, est contraint de s'exiler au Liban lorsqu'elle est âgée de cinq ans. « Lorsque mon père était au Liban, je ne pouvais pas le voir souvent, notamment parce qu'il nous était difficile de passer la frontière. Au point que j'oubliais parfois son visage. Il y avait un célèbre chanteur libanais qui lui ressemblait, alors je m'imaginais que c'était mon père. Lorsqu'il a été incarcéré en Syrie, je lui rendais visite chaque semaine. Il a été libéré en 1995. Encore aujourd'hui, lorsque je vois son visage, je pense aux barreaux de prison », raconte-t-elle. En 1992, il rentre en Syrie, où il est rapidement incarcéré. Lors de ses visites au parloir, Noura rencontre pour la première fois l'univers carcéral, sans savoir qu'il va la suivre toute sa vie. C'est à ce moment-là qu'elle se fait la promesse de devenir avocate. Elle qui a d'abord rêvé d'être vétérinaire puis actrice restera fidèle à cet engagement pris à l'âge de douze ans. « Lorsque mon père se rendait au tribunal, j'avais l'habitude de le serrer dans mes bras. Mais une fois, la Police militaire m'en a empêchée et m'a poussée. J'étais tellement en colère que je me suis disputée avec l'un des agents. Il m'a dit que je devrais avoir honte de mon père, alors j'ai insulté le président Hafez al-Assad en pleine rue. Et, comme une menace, je lui ai rétorqué que plus tard, je serais une avocate spécialisée dans les droits humains, pour défendre tous les prisonniers politiques », se souvient Noura.

Son père est libéré en 1995, mais il est très marqué par la détention et elle peine à renouer avec lui. Après le lycée, elle entame des études de droit à l'université de Damas. Dès la fin de ses études, Noura se consacre à la défense des prisonniers politiques, s'attirant les foudres du régime. Elle est menacée, visée par plusieurs mandats d'arrêt et interdite de voyage durant sept ans. « Être avocate en droits humains en Syrie, c'est beaucoup de risques, constamment. J'ai défendu des prisonniers politiques, des femmes, des enfants. Après le début de la révolution, je me suis focalisée sur les centres de détention et la torture, la documentation des violations des droits humains. J'ai une relation étrange avec les prisons, car j'ai grandi avec elles. La prison, c'est mon monde », raconte-t-elle. [...]

Un amour scellé en prison

C'est lors d'une manifestation à Douma, le 1er avril 2011, que Noura Ghazi rencontre Bassel Khartabil, un développeur informaticien syro-palestinien né en 1981. Militant du logiciel libre, partisan de la gratuité sur Internet et de la libre circulation des idées, il crée le premier *hacker space* de Damas en 2009, Aiki Lab, avec la bienveillance des autorités. Malheureusement, étant populaire auprès des Syriens ainsi qu'à l'international et maîtrisant des compétences techniques rares dans le pays, il commence à être perçu comme une menace par un régime qui craint d'être renversé. « Lorsque les manifestations ont commencé en Égypte et en Tunisie, nous avons été tellement inspirés. Nous avons voulu réaliser ce changement civil et démocratique en Syrie, mais c'était très difficile. Les manifestations avaient généralement lieu après la prière du vendredi. Le 1er avril 2011, j'étais à Douma dans la maison d'un de mes amis. C'est là que j'ai entendu la voix d'un homme qui parlait au téléphone avec des journalistes. Il a cité le nom de trois de mes amis, en disant qu'ils avaient été arrêtés. C'est là que j'ai vu Bassel pour la première fois », se rappelle Noura.

Bassel et Noura s'engagent ensemble dans la révolution syrienne. Ils créent des brochures, des vidéos et organisent des ateliers pour informer les Syriens sur leurs droits. Ils les encouragent également à filmer ou à photographier les violations des droits humains. Au bout de deux mois, Bassel lui déclare sa flamme et ils décident de se fiancer. Mais deux semaines avant la date de leur mariage, le 15 mars 2012, il est arrêté par le régime. [...] Détenu pendant neuf mois à la prison militaire de Saidnaya, où il est torturé, il est ensuite transféré à la prison damascène d'Adra, où Noura peut à nouveau lui rendre visite. Ils échangent de très nombreuses lettres. Le 7 janvier 2013, ils se marient secrètement, dans la prison. Certains journalistes les surnomment « les époux de la révolution syrienne ». « Je rendais visite à Bassel trois fois par semaine, pendant deux ou trois heures. Comme je suis avocate et passionnée par mon travail, je rendais aussi visite à d'autres détenus. J'avais peu de temps "privé" pour lui. Les lettres, c'était pour avoir le sentiment de vivre ensemble. Dès que je me réveillais le matin, je lui écrivais sur les petits détails, les idées qui passent par la tête et nous avions des discussions sur absolument tout : la philosophie, les animaux, l'amour, le sexe et, bien sûr, la situation politique. Bassel était très cultivé, j'ai énormément appris de lui », raconte Noura.

Elle s'implique pleinement dans la campagne pour la libération de Bassel Safadi, #FreeBassel, et reçoit le soutien d'organisations comme Amnesty International, Human Rights Watch et l'Electronic Frontiers Foundation. En octobre 2015, Bassel est transféré dans un lieu inconnu. Elle n'a plus aucune nouvelle de lui et des rumeurs de peine de mort lui parviennent rapidement. Ce n'est qu'en août 2017 que Noura apprend l'exécution de son mari, qui aurait eu lieu au moment de sa disparition.

Bassel Khartabil Safadi (1981-2015), « champion de la liberté du Web[1] »

Bassel Khartabil a introduit les logiciels libres et le navigateur Mozilla Firefox en Syrie. Il a collaboré avec Wikipedia et développé, en tant que chef de projet, des ressources sous licence Creative Commons (CC). Il était mondialement apprécié dans la communauté scientifique favorable à l'Internet libre. Inscrit en 2008 sur Twitter sous le nom de Bassel Safadi, il participe au Sommet de Creative Commons en septembre 2011, à Varsovie, où les représentants régionaux dressent le bilan de leurs travaux : « Le projet E-volution, notamment, a pour but de réunir les réalisations artistiques de communautés différentes sur une plate-forme centralisée. Conçu par la communauté libanaise, ce projet interpelle d'autres communautés pour la création d'un outil pédagogique facilitant le développement des médias sociaux et l'utilisation des licences en arabe. La traduction en arabe de la licence 3.0 est terminée et est désormais accessible sur un site commun à tout le monde arabe », relate Stéphanie Vidal dans une enquête publiée par le magazine en ligne Slate en octobre 2015. C'est à Varsovie que son ami, Jon Phillips, devenu depuis le leader de la campagne #FreeBassel, a vu l'informaticien pour la dernière fois.

Comme est déjà loin le temps où Bassel Khartabil invitait le développeur Jon Phillips à l'université de Damas à un événement sur « Art et Technologie » en 2009 et où Bassel persuadait la chaîne de télévision Al-Jazira de diffuser des images sous licence CC ! L'Aiki Lab créé à Damas entre 2009

1. On trouvera ici une chronologie de la carrière de Bassel Khartabil et de la mobilisation pour sa libération : https://basselkhartabil.org/timeline/.

et 2010 – que le régime fermera dès les premiers jours du soulèvement – est un lieu unique. « Développeurs, artistes, professeurs, journalistes et entrepreneurs locaux passaient régulièrement sa porte : l'Aiki Lab, tel que le décrit l'artiste Dino Ahmad Ali, était un grand appartement flanqué de deux chambres où chacun pouvait venir travailler et même dormir si la tâche s'avérait longue, prendre un café ou décapsuler une bière dans la cuisine pour se donner du courage ou s'offrir un moment de détente. Son vaste salon se prêtait particulièrement aux conférences et des grands noms s'y sont rendus pour partager leur savoir », rapporte Stéphanie Vidal.

En 2012, les contributions de Bassel Khartabil à la communauté des défenseurs de l'Internet libre sont saluées par le site américain Foreign Policy où il apparaît en 19e position du classement des Global Thinkers. Mais, dans son pays, l'étau se resserre autour de lui, comme en témoigne ce tweet daté du 31 janvier 2012 : « Les gens en réel danger ne quittent jamais leur pays. Ils sont en danger pour une raison qui fait qu'ils ne partent pas » (*The people who are in real danger never leave their countries. They are in danger for a reason and for that they don't leave*). Son dernier tweet du 13 mars 2012 est encore plus énigmatique (« Je viens de déverrouiller les graphs des six derniers mois » (*I just unlocked the 6-month graphs*). Il est arrêté le 15 mars 2012, en sortant de son travail, situé dans le quartier Mazzé à Damas, par les hommes de la branche 215, l'un des services de renseignements militaires de la capitale. Après avoir été interrogé et torturé pendant cinq jours, il est ramené sous escorte chez lui pour saisir en sa présence son matériel informatique et ses documents. Bassel Khartabil fait l'objet d'accusations devant les tribunaux militaires et, de ce fait, est exclu de l'amnistie générale de juin 2014. Il se trouvait à la prison d'Adra quand, le 3 octobre 2015, il est transféré vers un lieu inconnu.

Index on Censorship, organisation internationale pour la liberté d'expression, lui décerne le prix de la liberté numérique en 2013. La campagne #FreeBassel, lancée par ses amis du monde informatique dès 2012, est visible dans le Web anglophone mais quasiment absente du Web francophone. Ainsi le livre collectif *The Cost of Freedom*, publié en France dans le Var le 9 novembre 2015, n'est pas traduit[1]. Ses soutiens redoublent d'efforts au cours de l'hiver 2015-2016. Le directeur du Massachusetts Institute of Technology (MIT), Joi Ito, lui propose un poste de chercheur au sein du Laboratoire pour qu'il poursuive son projet sur Palmyre et Lawrence Lessing, un des fondateurs de Creative Commons, débloque un salaire à son intention en tant que collègue investi dans la préservation numérique du patrimoine culturel. C'est trop tard sans doute, mais ils ne le savent pas encore.

À l'annonce de son décès, le 1er août 2017, The Syria Campaign publie aussitôt un communiqué qui déplore la nouvelle et reprend les mots de Noura Ghazi Safadi. Ses amis de Creative Commons disent leur tristesse, pointent du doigt la responsabilité du régime syrien dans sa mort. La Jimmy Wales Foundation, qui avait orchestré la campagne pour sa libération avec le groupe #FreeBassel, s'insurge contre son exécution. Et Human Rights Watch (HRW) rappelle dans un communiqué que la disparition de Bassel Khartabil s'inscrit dans un système d'élimination physique dénoncé, dès 2012 par l'association de défense des droits humains, comme un « archipel de la torture ». Quant à Amnesty International, elle souligne le caractère extrajudiciaire de son exécution, phénomène loin d'être isolé dans les prisons

1. *The Cost of Freedom : A Collective Inquiry Book*, Pourrières (Var), 2015, http://costoffreedom.cc/.

syriennes. En hommage aux talents de visionnaire de Bassel Khartabil, les signataires de la campagne #FreeBassel décident de reprendre à leur compte le projet de reconstruction de Palmyre en 3D que Bassel avait commencé dès 2005 en lançant #NewPalmyra[1]. Enfin une bourse Bassel Khartabil « soutient des personnes exceptionnelles qui développent une culture libre dans leurs communautés ».

Un engagement sans faille pour les détenus

Noura Safadi s'associe en février 2017 avec d'autres femmes dont les proches ont été incarcérés ou exécutés : Fadwa Mahmoud, 64 ans, membre du parti de l'Action communiste, dont le mari et le fils sont portés disparus depuis leur arrestation en septembre 2012 ; Amina Khoulani, dont trois frères ont été faits prisonniers par le régime syrien ; Bayan Shurbaji, dont les deux frères sont incarcérés ; Asmaa al-Saqaa, dont le père a disparu en juillet 2011 ; Hala al-Ghawi, chirurgienne, sans nouvelles de son frère cadet depuis son incarcération ; Farizah Jahjah, activiste et féministe, dont l'époux Nasser Bandak a été arrêté en 2012, et Ghana Abou Mesto, activiste dont le mari a disparu en 2012.

> « Avec l'aide de l'organisation The Syria Campaign, j'ai rencontré ces autres femmes. Je les aime toutes beaucoup. Nous avons décidé d'agir durant les négociations intra-syriennes à Genève, en mai 2017. Nous voulions que ce ne soit pas qu'une campagne mais une mobilisation pérenne. Nous avons eu l'idée de ce bus rouge, à Londres puis à Paris. Je pense que c'est très important, car nous sommes les familles des victimes : personne ne peut nous reprocher de mentir. Nous sommes très déçues par l'opposition syrienne et les négociations : rien de sérieux n'en est sorti en ce qui concerne la question des détenus et des disparus », déplore-t-elle. [...] « Nous n'avons eu aucun retour de la part des gouvernements. Et personnellement, je ne tiens plus à les rencontrer. J'ai passé sept ans à plaider la cause des détenus syriens auprès des gouvernements européens et ils n'ont rien fait. [...] Le processus de détention en Syrie est une forme de kidnapping, une punition pour les innocents. Ça n'arrive pas qu'aux activistes : la plupart des personnes détenues sont innocentes et l'on punit aussi les familles en leur cachant les informations sur l'état de leurs proches. Nous voulons trouver une solution juste à cette situation, en donnant la priorité aux femmes et aux enfants détenus. Nous devons faire de notre mieux pour abolir les tribunaux d'exception en Syrie. Personne ne devrait perdre l'un de ses proches comme j'ai perdu mon mari », conclut-elle.

Dans le cadre du projet de recherche universitaire « Shakk », Solène Lavigne-Delville a consacré un mémoire de master 2 à l'association Families for freedom (Familles pour la liberté[2]) sous le titre « Porter la voix des disparu(e)s et de leurs familles. Mobilisations syriennes en temps de guerre et dans l'exil[3] ». En croisant l'itinéraire de ces mères, filles, sœurs et épouses de disparus – Hala al-Ghawi, Amina Kholani, Rawa Mahmoud, Noura Safadi et Bayan Shurbaji entre autres – son objectif était d'éclairer comment l'exil transforme l'engagement des Syriens mobilisés pour la justice. « Rassembler des milliers de familles syriennes, de toutes les

1. http://www.newpalmyra.org/.
2. Familles syriennes pour la liberté https://syrianfamilies.org/en/.
3. Mémoire de master 2 de Solène Lavigne-Delville, étudiante en sciences politiques à l'université Paris-Dauphine, URL : https://shakk.hypotheses.org/2139.

régions et au-delà des divisions politiques, pour faire campagne localement et internationalement pour la libération des détenus », comme on peut le lire sur leur site, demeure pour elles et pour les activistes qui les soutiennent, au nom de la quête de la vérité et de la justice, une priorité absolue.

5

Évasion(s)

Présentation de Razan Zaitouneh

Claire A. Poinsignon

Razan Zaitouneh a 23 ans au printemps 2000. Avocate en 2001, elle choisit de se spécialiser dans la défense des prisonniers de conscience de toutes sensibilités politiques. Militant pour les droits humains, elle devient *de facto* une dissidente. Il lui est interdit de quitter le territoire syrien dès 2002. Ses articles font connaître son combat à l'étranger où son allure juvénile et sa détermination impressionnent. Elle reçoit en 2011 le prix Sakharov pour la liberté de pensée, décerné par le Parlement européen et le prix Anna-Politkovskaïa puis, en 2012, le prix Ibn-Rushd à Berlin. En 2013, le prix international Femme de courage aux États-Unis. En 2014, le prix Petra-Kelly, en Allemagne et le prix Nouvelle vague de l'innovation journalistique et des libertés, en France.

Au tout début du soulèvement, soucieuse de coordonner les actions spontanées qui naissent dans le pays, elle fonde avec l'avocat Mazen Darwish et une poignée de militants, les comités locaux de coordination (CLC)[1]. Et, pour continuer à informer sur les exactions commises contre les manifestants et les opposants, elle entre dans la clandestinité.

En avril 2013, elle s'installe à Douma dans la Ghouta, à l'est de Damas, administrée par un Conseil local et contrôlée militairement par les rebelles mais assiégée par les forces du régime. Elle y transfère le Centre de documentation des violations en Syrie (Violations Documentation Center in Syria, VDC), créé dès juin 2011. En août 2013, elle documente sans relâche l'attaque chimique qui fait près de 1 300 victimes dans la nuit du 21 au 22 : « Les archivistes de la mort ne pleurent pas », avait-elle prévenu dans un texte saisissant publié un an plus tôt.

Le 10 décembre 2013 au matin, c'est la stupeur chez les Syriens de l'intérieur et de la diaspora : un communiqué du Conseil local de Douma[2] annonce l'attaque la veille au soir du Centre de documentation et l'enlèvement de Razan Zaitouneh et de son équipe. À savoir Wael Hamada, son mari, Samira al-Khalil, son amie, épouse de Yassin al-Haj Saleh, et Nazem Hammadi, avocat et poète.

Majd al-Dik[3], qui travaillait depuis plusieurs mois avec Razan et Samira, avait été

1. Lire à ce sujet le récit écrit par Zain Erhaim pour *Newlines Magazine*, publié en mars 2021, à l'occasion du dixième anniversaire du soulèvement : « How the Syrian Revolution Was Organized – And How It Unraveled », *Newlines Magazine*.

2. Communiqué du Conseil local de la ville de Douma reproduit et traduit par le diplomate Ignace Leverrier, alias Wladimir Glasman, URL : http://syrie.blog.lemonde.fr/2013/12/10/syrie-lavocate-razan-zaitouneh-enlevee/.

3. Voir *À l'est de Damas. Au bout du monde. Témoignage d'un révolutionnaire syrien*, Seuil/Don Quichotte éditions, 2016, p. 202-203, p. 205-206, p. 221, p. 262-263.

témoin d'une menace de mort transmise à Razan juste avant qu'elle ne soit rejointe par Wael, son mari, et Nazem. Rassurée par leur présence, elle passe outre.

Wejdan Nassif[1], amie de Samira, écrit à une amie française au lendemain de leur disparition : « Razan avait refusé de quitter la Syrie. Elle avait préféré rejoindre les zones libérées de la Ghouta orientale. Samira aussi avait fait ce choix. Elles sont allées vivre dans un milieu qu'elles ne connaissaient pas, pour montrer leur solidarité avec ceux qui endurent l'injustice. »

« L'arrestation de Razan, de Samira et de leurs amis par des combattants se réclamant de l'opposition [appartenant probablement à l'Armée de l'islam de Zahran Allouche NDLR], a constitué un choc terrible pour nous autres, qui rêvons d'une Syrie démocratique et de la mise en place d'une société civile. » « L'ennemi, conclut-elle, a maintenant des visages et des noms différents. » Depuis cette date, leurs proches sont sans nouvelles des « quatre de Douma »[2].

Sur Samira al-Khalil, les lecteurs francophones peuvent lire les *Lettres à Samira* de Yassin al-Haj Saleh, et son propre *Journal d'une assiégée*[3]. L'itinéraire de Razan Zaitouneh a inspiré à l'écrivaine Justine Augier, au terme d'une longue enquête, un récit personnel, *De l'ardeur*[4]. Les articles de Razan Zaitouneh[5], accessibles en arabe ou en anglais, constituent un exemple de « la nouvelle écriture syrienne » que Yassin al-Haj Saleh qualifie d'écriture « habitée »[6].

1. Voir Joumana Maarouf (pseudonyme de Wejdan Nassif), *Lettres de Syrie*, *op. cit.*, p. 182-183.
2. Voir dans la 5e partie de ce *livre noir* le texte de Yassin al-Haj Saleh, « Quatre aspects de l'affaire des quatre disparus de Douma », et, au sujet de Samira al-Khalil, les deux postfaces.
3. Traduites par Souad Labbize en mars 2021 aux Éditions des Lisières, avec une préface de Ziad Majed et une postface de Wejdan Nassif. Le *Journal d'une assiégée*, traduit par Souad Labbize, préface de Yassin al-Haj Saleh, Éditions iXe, 2022. Sur ce journal, voir Catherine Coquio, « Lettre au monde d'une assiégée de Douma », *À quoi bon encore le monde ? La Syrie et nous*, Arles, Actes Sud, 2022.
4. Justine Augier, *De l'ardeur. Histoire de Razan Zaitouneh, avocate syrienne*, Arles, Actes Sud, 2017. Prix Renaudot Essai, 2017.
5. Le site www.razanwzaitouneh.com regroupe la plupart des textes de Razan Zaitouneh en anglais.
6. Voir *Écrits libres de Syrie, de la révolution à la guerre*. Sous la direction de Franck Mermier, Paris, Classiques Garnier, 2018, p. 13 à 28.

Les cinq rescapés du « Père la mort »

Razan Zaitouneh[1]

De toutes les atrocités que j'ai eues à documenter dans le cadre de mon travail de juriste, il en est une qui continue de me hanter jour après jour. C'est l'histoire des cinq héros échappés de l'enfer et de son monstrueux « Père la mort », ce surnom donné au lieutenant-colonel qui a orchestré leur supplice et exécuté leurs camarades. Cette histoire m'habite toujours, en dépit du flot incessant et incommensurable d'exactions perpétrées par le régime dont, dernièrement, le massacre de familles entières au gaz sarin dans la Ghouta orientale.

Malgré la cruauté des témoignages livrés par les cinq rescapés tandis que nous rédigions au Centre de documentation un rapport sur leur détention, les rencontrer m'a procuré un puissant sentiment de délivrance ! Les voir ainsi en vie, essayer d'expliquer ce qui s'était passé et qu'on ne peut comprendre autrement que comme un miracle… Comme la volonté même de vivre, dressée face au « Père la mort »… Face à cette incarnation de tout ce que le régime d'Assad a érigé durant des décennies et deux années et demie de révolution. […]

De tous les bourreaux du centre des renseignements de l'armée de l'air de Harasta qui ont brutalisé nos cinq détenus ainsi que des centaines d'autres, le « Père la mort » est le symbole le plus accompli de cet enfer où plus de 100 000 Syriens ont, depuis le début de la révolution, laissé la vie en tentant d'en enfoncer la porte.

Ce lieutenant-colonel Maan, c'est Azraël. C'est le pouvoir absolu. Celui qui administre la mort dans ses formes les plus atroces. C'est la négation de tout ce qui est humain, de tout ce qui s'apparente à la vie.

Un jour, ce « Père la mort » a convoqué les prisonniers détenus depuis plus d'un an pour les informer qu'il les envoyait creuser des tranchées et dresser des barricades pour l'armée du régime, eux dont la force physique était anéantie en raison de la sous-nutrition et de la torture permanente qu'ils subissaient. Les soumettre à ces travaux forcés, c'était les condamner à mort, après s'être « diverti » en leur infligeant quelques supplices supplémentaires.

Le lieutenant-colonel avait mis en place un rituel spécial pour le détenu destiné à une mort imminente, consistant à s'agenouiller devant lui et à lui baiser la main. Ensuite, il serrait la gorge du détenu pour lui couper le souffle pendant quelques minutes, histoire d'enrichir sa pratique du meurtre et d'asseoir la prérogative que lui avait confiée le régime d'Assad de disposer à sa guise de la vie d'autrui.

L'un des rescapés témoigne de sa première rencontre avec le « Père la mort » : « Un officier barbu de petite taille et dénommé Maan a surgi. Il avait le grade de lieutenant-colonel et se faisait surnommer le Père la mort. Arrivé à

1. Texte paru en arabe et anglais le 15 septembre 2013 dans le blog de Razan Zaitouneh, https://razanwzaitouneh.com/2013/09/15/cheating-death-in-syria/. Traduit par Catherine Coquio.

notre hauteur, il nous a demandé : « Ça va, les gars ? » On lui a répondu : « Dieu soit loué. » Il a poursuivi : « J'aimerais me présenter : je suis Azraël. Non, que dis-je... Je suis Dieu. Avec moi, vous allez repartir vers les cieux. Mais avant cela, en ma qualité de Dieu, je vais prolonger votre vie de quelques jours. »

Les cinq détenus sont parvenus à s'enfuir durant la nuit du Destin, lors du mois de ramadan dernier, alors qu'ils étaient affectés aux travaux forcés à proximité du centre. L'un d'eux explique : « Notre tentative était insensée, c'était de la folie pure. On était encerclés par les gardiens. Les balles pleuvaient sur nous. Mais après ce qu'on avait vécu dans le centre, on n'avait plus toute notre raison. Autrement, on n'aurait jamais pensé à fuir. »

Ces cinq détenus ne sont-ils pas l'ensemble des Syriens qui se sont soulevés il y a deux ans et demi contre le « Père la mort » suprême ? Il était déraisonnable de se révolter contre le plus féroce des régimes, puis de persévérer dans cette révolte en dépit du souhait affiché par une communauté internationale réticente à soutenir les révolutionnaires et indifférente au calvaire d'un peuple entier de voir la révolution prendre fin.

Ces derniers temps, les médias occidentaux diffusent des images de groupes djihadistes qui exécutent leurs prisonniers à l'arme blanche. Ils voient là-dedans le summum de la barbarie et sont choqués par tant de cruauté. Mais personne ne possède d'images du « Père la mort » en train de suspendre un sac rempli d'eau aux parties génitales du détenu qu'il torture. Personne ne possède d'images du « Père la mort » en train d'étaler de la poudre à canon sur la poitrine du détenu avant de l'embraser. Personne ne possède d'images du « Père la mort » en train de mettre le feu à des sacs en nylon pour que les particules en fusion retombent sur le corps supplicié. Personne ne possède d'images dont s'exhalerait l'odeur de la chair qui brûle lorsque le lieutenant-colonel décharge sa matraque électrique dans le corps du détenu. Pas d'images non plus du prisonnier qui, juste avant d'être exécuté, implore qu'on lui apporte un peu d'eau. Tous ceux qui ont été exécutés sont morts assoiffés.

Mais le monde choisit de faire avec Bachar al-Assad, la version supérieure du « Père la mort », et de lui laisser le pouvoir d'extorquer la vie à ceux qui l'honorent. Il choisit de le maintenir en place et de fermer les yeux sur les milliers de lieutenants-colonels « Père la mort » qui s'ingénient à brutaliser, à torturer et à tuer les Syriens depuis deux ans et demi. Et tout à coup, la sensibilité de tous est heurtée. Tout à coup, tous s'indignent devant ces groupes inféodés à Al-Qaida qui gagnent en nombre et en influence dans les zones libérées et font spectacle de leurs exécutions publiques à l'arme blanche.

Ahmad Hamada, Louaï Bellawar, Fawwaz Badrane, Hassan Nasrallah et Mouaffaq al-Jandali ont réussi à s'échapper de la géhenne du lieutenant-colonel « Père la mort ». Cela relève du miracle. D'un courage dépassant l'entendement, qui consistait à se livrer à une mort quasi certaine sous les balles du lieutenant Maan. Car quoi qu'il en soit, il serait moins abominable de mourir ainsi que sous les assauts de la soif qui vient achever un corps brisé par la torture.

Chaque fois que le découragement me gagne, je me remémore l'histoire des cinq rescapés. Et je nourris l'espoir qu'un jour prochain, nous assisterons au miracle de notre échappée collective hors de l'enfer du « Père la mort ».

TROISIÈME PARTIE

Un régime en guerre contre sa population

Reem Alghazzi, une tente de l'UNHCR (Haut-Commissariat des Nations unies pour les réfugiés). © Reem Alghazzi.

Sommaire

Introduction

Joël Hubrecht

Cette troisième partie analyse les différents ressorts, à la fois structurels et géopolitiques, qui vont transformer le contrôle de la société en une guerre implacable contre la population. Inéluctablement, à partir de mars 2011, au fur et à mesure que ce contrôle se délite dans des régions essentielles du pays, la répression se durcit. Très vite l'encombrement et l'inhumanité des prisons rappelleront plus l'univers concentrationnaire que le monde carcéral des dictatures. Puis les sièges et les assauts des villes tenues par la rébellion, avec l'utilisation massive d'armes lourdes ou d'armes illégales (missiles balistiques, armes chimiques, bombes à baril...), évoqueront davantage la guerre totale qu'un conflit « asymétrique » interne.

Cette militarisation de la répression, « à la fois indispensable et faisable » pour un régime aux abois surarmé, est passée par plusieurs étapes que Thomas Pierret restitue en détail dans une première contribution. Elle s'est aussi faite en s'appuyant sur des milices, nécessaires pour pallier le soutien vacillant d'une partie de l'armée. Cette « milicisation » du conflit, dont Najwa Sahloul décrit la mosaïque de la composante alliée au régime syrien – les groupes armés de l'opposition seront quant à eux davantage traités dans la cinquième partie du *livre noir* – est un élément primordial qui a renforcé – autre caractéristique majeure de cette guerre – la confessionnalisation. L'analyse magistrale qu'en livre l'anthropologue Paulo G. Pinto permet de saisir la complexité des doubles jeux et les phénomènes d'engrenage et d'opportunisme que nous retrouvons à l'œuvre, à une échelle terriblement concrète et humaine, dans le témoignage de Leila, membre de la communauté alaouite de Homs, sympathisante de la révolution mais confrontée aux pressions et aux manipulations d'un appareil sécuritaire qui, au lieu de protéger et d'apaiser, s'est évertué à envenimer les tensions et à « tirer parti de la peur des gens ». Parmi les nombreuses communautés qui vivent en Syrie, il en est une dont la place singulière a joué, avant et après le soulèvement, un rôle également déterminant. C'est la communauté kurde, qui fait l'objet de l'article de Hosheng Ossi. Le destin de cette communauté ne peut être dissocié des enjeux régionaux plus larges ni de la politique du gouvernement turc vis-à-vis de sa propre communauté kurde et du prolongement de sa lutte contre le PKK jusque sur le sol syrien.

Ce qui nous amène au troisième facteur qui a contribué à faire monter le conflit aux extrêmes, et qui s'imbrique avec les précédents (militarisation/milicisation et confessionnalisation), c'est l'internationalisation. Là encore, la multiplicité des acteurs, les ambivalences, les revirements et la complexité des interactions interdisent tout simplisme. Le politologue Ziad Majed nous livre la synthèse d'une décennie d'enjeux géopolitiques et d'alliances qui, progressivement, vont conduire au basculement de la guerre et à un déséquilibre des forces qui sauveront *in extremis* la dictature des Assad mais au prix d'une fragmentation inédite du pays. Parmi les nombreuses milices étrangères que cette internationalisation a fait pulluler sur le sol syrien, il y a celle du groupe russe Wagner, désormais bien connu pour son rôle dans d'autres conflits du monde, comme celui du Donbass en Ukraine ou celui en République centrafricaine. Ces « mercenaires » sont un des éléments clés de la nouvelle conception de la guerre que la Russie a mise en œuvre en Syrie, qui lui a permis de retrouver un statut de puissance incontournable au Moyen-Orient et sur la scène internationale, sans se heurter à une fin de non-recevoir de la part des autres pays de la communauté internationale, y compris de la part des États-Unis et des Européens, et cela malgré les critiques et les rapports onusiens qui dénoncent les bombardements effectués avec la participation de l'aviation russe et visent des cibles civiles.

Or parler de crimes de guerre, de crimes contre l'humanité, ou encore de génocide à l'encontre des Yézidis, ce n'est pas simplement lancer des anathèmes dans une confrontation de points de vue adverses. C'est poser des qualifications précises, d'ordre juridique, auxquelles s'attache l'avant-dernière contribution de cette partie, qui permet de saisir l'essence même de cette guerre dite « civile » mais dont tout ce chapitre montre qu'elle ne peut être réduite à un huis clos entre un dictateur et « son » peuple. De par la portée des crimes qui ne sont pas considérés pour rien comme relevant des « crimes internationaux les plus graves », elle concerne directement l'ensemble de la communauté internationale. Cette dernière n'aura réussi ni à les empêcher, ni à les arrêter, comme elle aura échoué à dessiner une solution politique applicable. Saura-t-elle punir les responsables, qui sont pour la plupart bien identifiés – voir l'organigramme de la répression – et rendre justice aux victimes ?

La militarisation de la répression

Thomas Pierret

La grande majorité des chercheurs s'accordent pour attribuer au régime syrien la responsabilité de la transformation du soulèvement pacifique de mars 2011 en guerre civile. Cette thèse apparaît non seulement chez des auteurs favorables à la cause révolutionnaire[1] mais aussi chez certains de leurs collègues plus réservés vis-à-vis de cette dernière. Fabrice Balanche écrit ainsi que l'opposition syrienne « s'est militarisée face à la répression impitoyable du régime[2] », tandis que Nikolaos van Dam qualifie de « miracle » le fait que les manifestations soient demeurées pacifiques aussi longtemps, « considérant la répression sévère et les atrocités commises par le régime ».[3]

S'il existe un débat parmi les observateurs du conflit syrien, il ne porte donc pas sur l'origine de la tournure violente prise par les événements mais plutôt sur les mécanismes qui ont amené le régime à provoquer cette transformation. Deux visions se distinguent ici l'une de l'autre. La première, que l'on peut qualifier de stratégique, voit dans la militarisation un objectif délibérément recherché par Assad, qui aurait ainsi amené l'opposition sur un terrain où il était favorisé par des ressources matérielles incomparablement plus grandes que celles des rebelles[4]. La seconde lecture des faits, d'essence structurelle, n'interprète pas l'attitude du régime en 2011 comme le résultat d'un choix mais plutôt comme la conséquence inévitable de la nature du système politique établi par la famille Assad : si le pouvoir a réprimé le soulèvement avec une brutalité telle qu'il a finalement plongé le pays dans la guerre, c'est parce qu'il était structurellement incapable de réagir autrement face à une telle situation de crise.

La seconde approche est notamment défendue par Nikolaos van Dam, pour qui un régime alaouite dominant une majorité sunnite n'avait guère intérêt à s'engager dans une guerre qui prendrait inévitablement une tournure confessionnelle et conduirait, comme cela s'est effectivement produit, des dizaines de milliers de soldats sunnites à déserter[5]. L'argument nous paraît difficilement contestable : si le pouvoir

1. Voir par exemple Jean-Pierre Filiu. *Le Nouveau Moyen-Orient. Les peuples à l'heure de la révolution syrienne*, *op. cit.*, *passim* ; Gilles Dorronsoro, Adam Baczko et Arthur Quesnay, *Syrie. Anatomie d'une guerre civile*, Paris, CNRS éditions, 2016, p. 110-112 ; Émile Hokayem, *Syria's Uprising and the Fracturing of the Levant*, Abington, Oxon, Routledge, 2013, p. 40-41.

2. Fabrice Balanche, *Sectarianism in Syria's Civil War. A Geopolitical Study Featuring 70 Original Maps*, Washington DC, The Washington Institute Near East Policy, 2018, p. 13.

3. Nikolaos van Dam, *Destroying a Nation. The Civil War in Syria*, Londres, I.B. Tauris, 2017, p. 86.

4. Reinoud Leenders, « Repression Is not "a Stupid Thing" : Regime Responses to the Syrian Uprising and Insurgency", *in* Michael Kerr et Craig Larkin (dir.), *The Alawis of Syria*, Londres, Hurst, 2015, p. 245-273.

5. Nikolaos van Dam, *Destroying a Nation. The Civil War in Syria*, *op. cit.*, p. 71, p. 80.

de Damas a pu chercher à provoquer des réactions violentes ponctuelles et localisées parmi les manifestants afin de décrédibiliser ces derniers, il ne pouvait raisonnablement souhaiter l'émergence d'une insurrection armée qui, dès la fin 2011, mettait l'appareil militaire syrien face à de profondes contradictions. Autrement dit, il ne faut pas prêter à la politique répressive du régime une sophistication stratégique excessive : en tirant à vue sur les manifestants et en les torturant, l'appareil sécuritaire syrien ne cherchait pas à pousser les Syriens à prendre les armes mais tout simplement à les terroriser pour les forcer à rentrer chez eux.

On donnera donc ici raison à Nikolaos van Dam en affirmant qu'en 2011, le régime syrien a militarisé la répression du soulèvement parce que cela lui était à la fois indispensable et faisable. C'était indispensable parce que face à la contestation, il était impossible au pouvoir de répondre par de quelconques réformes politiques significatives et cela en raison de la nature du système établi par Hafez al-Assad, un système fondé sur le contrôle familial et confessionnel (alaouite) de la présidence et de l'appareil militaro-sécuritaire. Ce sont les mêmes facteurs qui rendaient faisable l'option de la militarisation, les liens familiaux et confessionnels assurant le clan Assad de la loyauté des services de renseignements, des officiers de l'armée et des unités prétoriennes de cette dernière, c'est-à-dire celles qui, comme la Garde républicaine et la 4e Division, sont vouées à la défense du régime contre les ennemis intérieurs.

Affirmer, comme nous le faisons ici, que la militarisation de la répression relevait pour le régime d'une nécessité plutôt que d'un choix, n'équivaut pas à considérer que la violence déployée l'aurait été de manière aveugle et désordonnée. La rationalité stratégique du pouvoir syrien apparaît en effet nettement dans la mise en œuvre de la solution militaire et en particulier dans la gradation minutieuse de l'intensité de cette dernière. Initialement incertain quant aux intentions des pays occidentaux, le régime évite aussi longtemps que possible de recourir à des tactiques spectaculaires (artillerie lourde, bombardements aériens) susceptibles de générer un choc moral et de précipiter une réaction internationale. Ce n'est qu'une fois assuré de la passivité occidentale, et confronté à l'expansion rapide de l'insurrection, qu'Assad se résout à user de toute sa puissance militaire.

Dans les premières semaines du soulèvement, lorsqu'il ne s'agit encore que d'étouffer des manifestations pacifiques, les moyens employés par le pouvoir syrien relèvent d'une approche plus policière que militaire à proprement parler[1]. Les manifestants sont battus à coups de matraque, tués par balle à bout portant et par des snipers, ou encore raflés en masse puis torturés. Des unités de l'armée participent rapidement à la répression mais c'est initialement pour suppléer au manque d'effectifs des forces du ministère de l'Intérieur plutôt que pour faire usage du matériel lourd propre aux militaires.

Un premier tournant vers la militarisation de la répression s'opère fin avril 2011 ; lorsque la contestation fait perdre au régime le contrôle effectif de territoires où il ne peut rétablir son autorité que grâce à l'intervention de l'armée. Deraa, berceau de la révolution, est la première à faire les frais de ce tournant : encerclée par les soldats du régime, elle subit dès cette époque

1. Les informations factuelles proposées ci-dessous concernant les aspects militaires entre mars 2011 et mars 2013 sont tirées de Joseph Holliday, *The Asad Regime. From Counterinsurgency to Civil War*, Washington, Institute for the Study of War, 2013. Nous avons par ailleurs proposé une analyse plus détaillée de ces mêmes aspects dans « Syrie, étapes d'une guerre révolutionnaire », *in* Zaïneb Ben Lagha, Mohammed El Oifi, Burhan Ghalioun (dir.), *Révolutions et transitions politiques dans le monde arabe*, Paris, Karthala, 2017.

un blocus alimentaire. Durant les mois suivants, des unités blindées interviennent dans de nombreuses localités dont la banlieue damascène de Douma, Homs, Hama, et Deir ez-Zor.

Bien que cette escalade se révèle coûteuse pour le régime sur le plan diplomatique (c'est durant l'été 2011 que la Turquie et le Qatar interrompent leur médiation entre le régime et l'opposition et durcissent leur position contre Assad)[1], elle n'implique encore que des opérations de basse intensité, et pour cause : la contre-violence révolutionnaire qui apparaît à l'époque est sporadique, désorganisée et dotée de moyens dérisoires, si bien que les localités investies par l'armée sont généralement reprises en quelques heures et sans coup férir. Les moyens employés sont donc encore légers en comparaison de ce qui suivra : si les activistes dénoncent l'usage de « tanks » (*dabbabat*), il s'agit surtout à l'époque de blindés légers plutôt que de chars de combat ; de même, les « bombardements » qu'évoque alors l'opposition sont des tirs de canons anti-aériens de 23 mm, meurtriers mais endommageant peu la structure du bâti et limitant par conséquent l'impact médiatique international de la répression.

Outre la gestion des réactions à l'étranger, l'approche du régime est déterminée par le souci de garantir la loyauté d'une armée dont les hommes de rang demeurent en majorité sunnites et viennent souvent, s'agissant des militaires de carrière, de régions rurales où la contestation est fortement implantée. C'est pourquoi, plutôt que de déployer massivement l'armée à travers le territoire national, le pouvoir choisit, lorsque lui échappe une localité gagnée par le mouvement révolutionnaire, d'y dépêcher des unités considérées comme fiables puis, une fois leur mission effectuée, de les envoyer sur un autre terrain d'opérations. Cette prudence aurait conduit le régime à n'affecter qu'un tiers des unités disponibles à des missions de combat durant les deux premières années du conflit, les autres étant cantonnées à des tâches de garnison limitant les possibilités de désertion[2].

Cette approche de type « service d'incendie » suffit tant qu'il s'agit d'étouffer un mouvement largement pacifique et une insurrection armée encore embryonnaire. En revanche, elle place les forces de répression dans une situation d'hyper-extension lorsqu'à partir de l'automne 2011, la rébellion gagne en amplitude géographique. Cette situation explique le paradoxe apparent de l'hiver 2011-2012 : bien que demeurant une force militaire apparemment dérisoire face à un ennemi suréquipé pouvant en théorie aligner 300 000 hommes d'active, les rebelles gagnent continuellement du terrain au point, par exemple, de contrôler la moitié de la ville de Homs.

Le cas de Rastan, parmi d'autres, illustre bien la nature de ce paradoxe. Cette ville secondaire située au nord de Homs est prise pour la première fois par les rebelles en septembre 2011. Il ne faut, pour les en chasser, que quatre jours de combats aux troupes de choc dépêchées sur place par Damas. Cependant, lesdites troupes étant rapidement appelées sur d'autres fronts, les insurgés repliés dans les campagnes aux environs infiltrent à nouveau la ville pour la reprendre. Rastan changera encore quatre fois de mains jusqu'à ce qu'en avril 2012, les rebelles s'en assurent durablement la maîtrise.

Début 2012, donc, la situation est alarmante pour le régime : outre leur emprise croissante en zone rurale, les rebelles contrôlent désormais un nombre croissant de quartiers des villes de Homs, on l'a dit, mais aussi de Hama, d'Idlib et de la banlieue damascène. Qui plus est, la méfiance

1. Émile Hokayem, *Syria's Uprising and the Fracturing of the Levant*, *op. cit.*, p. 110-112.
2. Joseph Holliday, *The Asad Regime. From Counterinsurgency to Civil War*, *op. cit.*, p. 15.

du pouvoir vis-à-vis de ses propres troupes se trouve désormais confirmée par l'accélération du rythme des désertions. Toutefois, c'est à cette époque qu'est levée une incertitude qui restreignait jusqu'alors la liberté d'action du régime : depuis plusieurs mois, tant la secrétaire d'État américaine Hillary Clinton que le secrétaire général de l'OTAN, Anders Fogh Rasmussen, martèlent que les Occidentaux n'ont nullement l'intention de rééditer en Syrie le scénario libyen[1]. Assad interprète logiquement ces déclarations comme le signe qu'il a les mains libres pour engager une escalade militaire.

Rassuré quant aux intentions occidentales, le régime est désormais libre de faire jouer un atout majeur susceptible de compenser les carences numériques de son armée, c'est-à-dire sa puissance de feu infiniment supérieure. La stratégie adoptée à ce moment combine par conséquent un usage parcimonieux des ressources humaines, toujours insuffisante, et une débauche de moyens matériels. Outre l'entrée en action de chars lourds pour reprendre les banlieues de Damas et la localité stratégique de Zabadani à la frontière libanaise, ce tournant se manifeste, en février 2012, avec le bombardement de Homs à l'artillerie lourde, qui inaugure un processus de destruction systématique des zones tenues par des rebelles. Le bilan humain s'accroît à la mesure des méthodes employées, tant en termes de tués que de déplacés : à la mi-2012, le nombre combiné de déplacés internes et de réfugiés dépasse le million d'individus pour l'ensemble du pays[2]. C'est donc très tôt, et en raison de la stratégie du régime, que s'enclenche un mouvement massif de populations qui donnera ultérieurement lieu à la crise des réfugiés.

Durant le printemps 2012, l'escalade engagée par le régime lui restitue le contrôle des principaux centres urbains (les rebelles sont encerclés à Homs et chassés de Hama et Idlib) mais pas des campagnes. Là, faute d'effectifs, il doit se limiter à des tactiques strictement punitives telles que l'envoi d'une « caravane de la mort » qui dévaste, sans les sécuriser, les bourgades de la province d'Idlib, où les massacres réguliers de civils arrêtés au hasard puis fusillés dans les banlieues de la capitale. C'est d'ailleurs précisément parce qu'il est incapable de tenir durablement les régions périphériques, et donc de priver les rebelles de sanctuaires, que le régime assiste, impuissant, à la réorganisation de l'insurrection et à son expansion dans de nouvelles provinces, celles d'Alep, Lattaquié et Deir ez-Zor. La seconde moitié de 2012 consacre l'échec patent de la stratégie du pouvoir, qui perd alors la moitié d'Alep et la quasi-totalité de sa province, les principaux postes frontières avec la Turquie et l'Irak, la majeure partie des banlieues de Damas et la ville de Ma'arrat al-Nu'mân sur l'autoroute Damas-Alep.

C'est en réaction à ces échecs que le régime engage la phase de militarisation maximale de sa politique, déployant les armes les plus dévastatrices (dont des armes de destruction massive) d'un arsenal conçu à l'origine pour affronter Israël. L'aviation entre pour la première fois en action à Alep après la prise des quartiers orientaux de la ville par les rebelles, une pratique qui est bientôt généralisée à l'ensemble des zones insurgées et accroît

1. « Clinton Says there Could Be Civil War in Syria », Reuters, 18 novembre 2011, https://web.archive.org/save/https://www.reuters.com/article/us-syria-usa-clinton/clinton-says-there-could-be-civil-war-in-syria-idUSTRE7AH2LQ20111118 ; « NATO chief rules out no fly-zone and intervention in Syria », Al-Arabiya, 31 octobre 2011, https://web.archive.org/save/https://www.alarabiya.net/articles/2011/10/31/174668.html.

2. Internal Displacement Monitoring Center, *No Safe Haven – A Country on the Move, a Nation on the Brink*, Oslo, Norwegian Refugee Council, 2012, URL : https://reliefweb.int/sites/reliefweb.int/files/resources/syria-brief-aug2012.pdf.

considérablement les destructions matérielles ainsi que le nombre de victimes et de réfugiés. C'est durant cette phase du conflit, par exemple, que le camp jordanien de Za'tari croît rapidement pour accueillir plus de 100 000 personnes au printemps 2013[1]. Sont également utilisés des missiles balistiques, dont l'emploi dans un conflit intérieur est un fait rarissime, tandis que se multiplient des attaques chimiques qui culmineront avec le massacre d'août 2013 dans la Ghouta. À cette époque, Assad est déjà tiré d'affaires, temporairement du moins, grâce à l'intervention de milices chiites pro-irakiennes.

La reculade américaine au moment du massacre de la Ghouta est largement considérée, à juste titre, comme un tournant majeur du conflit, qui a consacré l'abandon de la révolution syrienne par les Occidentaux et ouvert la voie à l'intervention russe de 2015. Les pages qui précèdent suggèrent toutefois que ce tournant n'est que l'aboutissement d'un processus entamé dès 2011. Dos au mur face à l'expansion rapide d'une insurrection qu'il a directement provoquée par sa répression brutale du soulèvement de mars, mais dépourvu des effectifs qui lui permettraient de reprendre le contrôle du pays sans le détruire, le régime trouve son salut dans sa gigantesque puissance de feu. Il sait toutefois qu'il lui faut procéder par paliers pour désensibiliser progressivement les opinions publiques et décideurs étrangers.

Cette « pusillanimité » sera ultérieurement reprochée à Assad par le major général Jamil Hassan, directeur des Renseignements de l'armée de l'air, qui en 2016 exprimera publiquement le regret que le président n'ait pas recouru, dès le début, à la « solution » employée par son père à Hama en 1982[2]. Il n'est toutefois pas acquis qu'une stratégie consistant à raser des villes et à massacrer leurs habitants par milliers aurait rencontré, en 2011, la relative indifférence internationale que cette même stratégie a suscitée par la suite. Les horreurs « tolérables » en 2012 ou 2013 ne l'étaient (peut-être) que parce que d'autres atrocités d'intensité croissante les avaient précédées.

En résumé, la destruction de la Syrie par le régime fut moins le produit d'un véritable choix que des facteurs structurels évoqués dans ces pages, à savoir un manque d'hommes loyaux contrebalancés par l'abondance d'équipements militaires. Assad fit néanmoins œuvre de stratège en se gardant soigneusement de brûler les étapes dans son mouvement vers la guerre totale, jouant par là des effets de saturation et de lassitude médiatique, de l'accoutumance graduelle de l'opinion publique internationale à des niveaux de violence toujours plus élevés, et de la pusillanimité, bien réelle celle-là, des décideurs occidentaux.

1. UNHCR, *Zaatari Camp Population Count*, 2015, https://data2.unhcr.org/en/documents/download/50820.

2. Aron Lund, *A Voice from the Shadows*, Carnegie Middle East Center, 2016, http://carnegie-mec.org/diwan/66240?lang=en.

Milices à la solde du régime

Najwa Sahloul

De nombreux articles et rapports ont été publiés sur l'opposition armée et ses multiples composantes islamistes, en particulier sa frange djihadiste[1], et sur son financement, vital pour elle, par des monarchies pétrolières. *A contrario*, peu de choses ont filtré quant aux différentes forces qui font partie de l'armée syrienne régulière ou combattent aux côtés du régime syrien. Or les milices constituent un élément majeur d'une stratégie qui a évolué tout au long du conflit en fonction du moment et des intérêts en jeu.

Le régime ne manque pas de forces militaires, mais au départ il voulait éviter d'engager pleinement l'institution militaire dans la répression, de peur de la voir se retourner contre lui. Seules certaines unités sont engagées contre les civils à partir de la fin d'avril 2011 à Homs. Des soldats et des sous-officiers font défection. Le 9 juin 2011, c'est le lieutenant-colonel Hussein Harmouche qui annonce publiquement sa défection et appelle les officiers syriens à suivre son exemple. Le nombre des désertions dans l'armée syrienne augmente fortement. Le 29 juillet, le colonel Riyad al-Asaad proclame depuis Istanbul la création de l'Armée syrienne libre[2]. Une situation qui, dans cette première période de la révolte populaire, fait hésiter le régime à engager l'ensemble de l'armée contre le peuple.

Dans les faits, les forces de l'ordre renforcées par des *mukhâbarât* (agents en civil de police secrète) et épaulées par des militants baathistes ou membres d'associations liées à des hommes d'affaires (surnommés *chabbîha*, dont l'étymologie est incertaine), affrontent les manifestants à coups de matraque, de gaz lacrymogène et d'arrestations massives. Les *chabbîha*, sans doute les

1. Voir par exemple le rapport du Institute for the Study of War (ISW) : http://www.understandingwar.org/sites/default/files/Syrian%20Armed%20Opposition%20Powerbrokers_0_0.pdf.

2. Les soldats et les cadres quittant désormais l'armée ne se contentent plus de fuir mais s'organisent en guérilla, avec des brigades dans chaque ville rebelle, en particulier dans le nord de la Syrie. Leur chef, le colonel Riyad al-Asaad, coordonne les actions de l'ASL depuis son refuge en Turquie. Cette évolution inquiète une large partie de l'opinion publique syrienne. Le recours à l'action armée contre le régime honni ne recueille pas l'adhésion des jeunes civils à l'origine des mouvements de contestation populaires. Les comités locaux de coordination, qui jouent un rôle essentiel dans l'animation et l'orientation du mouvement populaire, rendent publique, le 29 août 2011, la « Déclaration du peuple syrien ». Elle met en garde contre les appels aux armes ou à une intervention étrangère lancés au cours des jours écoulés par certains Syriens, las de subir sans répliquer la répression sauvage qui constitue la réponse privilégiée du régime à leurs demandes de liberté et de dignité, et désespérant de voir les États démocratiques convaincre le régime de Bachar al-Assad de se soumettre à la volonté populaire. Voir la traduction en français de la « Déclaration » sur le blog de Wladimir Glasman, Un œil sur la Syrie, *Le Monde*, URL : https://www.lemonde.fr/blog/syrie/.

plus célèbres[1], regroupent des voyous dont, en grande majorité, des détenus de droit commun libérés pour faire de la place aux révolutionnaires dans les prisons. Ils sont payés par le régime et combattent à ses côtés en ayant toute latitude pour piller, violer, et kidnapper leurs victimes. Présents dès le début de la répression, complètement institutionnalisés à la fin de l'année 2012, ils ont été regroupés sous la dénomination de « Forces de la Défense nationale » en reprenant le modèle de l'organisation paramilitaire iranienne Basij. L'institutionnalisation et le contrôle de ces groupes étaient devenus une priorité pour éviter l'émergence de « seigneurs de guerre » susceptibles de se rebeller de l'intérieur.

Le Hezbollah a commencé à soutenir Al-Assad en lui envoyant des centaines puis des milliers de combattants. Très rapidement, ils se sont substitués à l'autorité du régime en ayant leurs propres stratégies d'occupation et d'annexion du territoire syrien à des régions du Liban, comme pour le Qusayr en 2013 (Qalamoun) ou Wadi Barada. L'arrivée du Hezbollah, à la solde de l'Iran, sous l'égide de Qassem Soleimani et Hossein Harmattan, et d'Al-Qods a eu un rôle déterminant pour organiser et former les Forces de la Défense nationale. Les combattants chiites, avec leurs drapeaux et leur organisation communautaire ont favorisé l'affichage communautaire et ce jusqu'au sein des groupes de l'opposition.

On ne compte plus les milices communautaires étrangères : afghanes, iraniennes, irakiennes, russes[2]... En plus des groupes armés syriens ou libanais combattant au profit du régime, il convient d'ajouter des groupes djihadistes chiites étrangers, enrôlés par les Gardiens de la révolution iraniens dans les pays limitrophes et dépêchés sur le sol syrien. Ainsi les Brigades pakistanaises sont actives dans la localité de Sayyida Zaynab située à 10 kilomètres de Damas et participent aux batailles du 21 juillet 2012. Depuis cette date, elles sont chargées de la défense des lieux saints chiites de la ville. Autre exemple, la Brigade des Fatimides (Liwâ' Fâtimiyyûn), fondée par le chiite afghan Ali Tousseli en 2013, est engagée dans les combats se déroulant à Deraa, Idlib et Deir ez-Zor. 'Asâ'b Ahl al-haqq (Résistance islamique) est une brigade irakienne chiite fondée par Akram al-Kaabi. Toutes ces brigades sont fortement liées au Hezbollah libanais et aux milices irakiennes Al-Hachd al-sha'bi. Elles participent aux combats en Syrie dès 2013 et jouent un rôle important, aux côtés des bombardiers russes, dans la chute d'Alep fin 2016[3].

Moins connues sont les milices syriennes, soutenues ou impulsées par les services secrets. Leur liste, qui n'est pas exhaustive (et s'arrête à la fin de 2016[4]), comprend des milices non confessionnelles comme le Bataillon Jablâwi (Homs), le Bataillon révolutionnaire de Raqqa, le Bataillon de la Résistance nationale syrienne, les Tigres de Homs, les Forces locales de Défense, les Commandos du Désert ou encore des milices palestiniennes comme le Bataillon des martyrs de Yarmouk, les Forces assadiennes de Galilée pour le Bataillon de Galilée.

Mais le plus souvent ces milices arborent une forte identité confessionnelle. Ayman Jawad al-Tamimi, un observateur attentif pouvait, en 2016, compter au moins 39 milices confessionnelles armées rangées derrière les troupes d'Assad ou les brigades financées par l'Iran. Ces groupes, parfois

1. Voir dans la 1re partie de ce livre la contribution de Yassin al-Haj Saleh à ce sujet p. 95.
2. Voir dans cette 3e partie l'article de Cécile Vaissié sur le groupe Wagner p. 373.
3. Voir pour plus de détails « Les djihadistes chiites, l'autre menace pour l'avenir de la Syrie et des Syriens », voir le blog Un œil sur la Syrie, *Le Monde*, URL : https://www.lemonde.fr/blog/syrie/2015/03/29/).
4. Le recensement présenté est basé essentiellement sur : http://www.aymennjawad.org ; https://www.joshualandis.com/blog/.

lourdement armés, se retrouvent dans la plupart des provinces syriennes et appartiennent à toutes les communautés religieuses de la mosaïque levantine : alaouites, chiites, chrétiens, druzes[1], etc. Leurs parcours varient selon l'histoire de leurs relations avec le pouvoir central ou avec les autres religions. À quelques exceptions près, ces groupes assument la fonction de forces supplétives ou d'appoint des troupes régulières engagées contre les rebelles de l'ASL ou les groupes djihadistes. Ils sont commandés par des hommes en contact direct avec les autorités militaires et sont souvent financés ou armés par des hommes d'affaires ou autorités religieuses locales.

Les milices druzes

Soueida est la capitale de la province à majorité druze et voisine de la ville de Deraa où les premières manifestations pacifiques contre le régime ont eu lieu. Les cheikhs al-'Aql, autorité religieuse, sociale et morale des druzes syriens, proclament la neutralité des druzes et appellent ces derniers à la stratégie d'autodéfense. C'est ainsi que l'armée des *mujâhidîn* est née pour « défendre le sol druze contre des bandes étrangères ». Elle compterait quelques milliers de combattants. Ses miliciens ont opéré à 'Irna Jubata al-Khachab en octobre 2013. Les vidéos et images publiées sur le site de la milice tendent à montrer que ses combattants s'engagent plutôt derrière les troupes régulières.

Plus tard, lorsque la menace des djihadistes se fera plus forte dans les environs de Soueida, d'autres groupes armés feront leur apparition au sein de l'armée des *mujâhidîn*, prenant ouvertement position en faveur d'Assad[2] : en juillet 2013, Dir'al-Watan (Bouclier de la Nation) fait partie, selon son fondateur Youssef Jarbou, un des cinq cheikhs al-'aql, des forces syriennes patriotiques. Liwâ' Suqour al-Quneitra (les Faucons de Quneitra), opérant à l'ouest de Soueida, mobilise également les druzes derrière la bannière du régime. Les miliciens, commandés par des officiers retraités de l'armée syrienne, interviennent notamment à Tall Fara et Janina, à Salkhad.

Le courant fidèle à la neutralité des druzes est incarné par un autre cheikh al-'Aql, Wahid Bal'ous, qui sera assassiné le 4 septembre 2015. Ses hommes sont répartis en plusieurs unités regroupées sous une appellation commune : Les Hommes de la dignité. Ils seraient des milliers. Des déclarations nombreuses, mais sans preuves pour les étayer, font état de soutien financier et militaire accordé par des druzes israéliens[3]. En septembre 2016, la création apparemment avortée d'une milice composée de dizaines de femmes druzes était annoncée sous le nom significatif de Labwât al-Jabal (Les Lionnes de la Montagne)[4].

Les milices chiites syriennes

L'intervention armée des chiites libanais, enrôlés par le Hezbollah, aux côtés du régime d'Assad, est avérée dès les débuts des mouvements de contestation. Elle se manifeste de manière spectaculaire lors des batailles de Qalamoun (mai 2013) et de Yabroud (mars 2014). Le Hezbollah s'emploie à susciter, dans les régions syriennes à forte présence alaouite, des formations confessionnelles inféodées. Il s'agit aussi de gagner des alaouites syriens, hostiles au chiisme imamite iranien, au-delà de la

1. Les confessions alaouite, druze, ismaélite, etc. appartiennent toutes à la famille chiite.
2. http://www.aymennjawad.org/articles/novembre2013.
3. http://www.aymennjawad.org/articles/aout2015.
4. http://www.aymennjawad.org/articles/octobre2016.

lutte commune contre « le terrorisme djihadiste » menaçant le régime d'Assad.

C'est le cas d'Al-muqâwama al-wataniyya al-'aqâ'idiyya fî Souriya (Résistance idéologique nationale en Syrie – RIN). La RIN apparaît en particulier à Masyaf (province de Hama), Tartous et Wadi al-'Uyoun, sous des appellations diverses : Katâ'ib Ahl al-haqq (Bataillons des ayants droit) ; Jaysh al-Imâm al-Mahdi (l'armée de l'Imam al-Mahdi) ; Katâ'ib Hezbollah fî Souriya (Bataillons du Hezbollah syrien), etc.

Les milices intitulées Quwwât al-Rida, (les Forces d'Al-Rida, 8e imam chiite) sont des composantes du Hezbollah syrien. Elles relèvent d'une autre stratégie. Formées et commandées par le Hezbollah libanais, elles se donnent des objectifs supplémentaires : combattre Israël au Golan et les djihadistes partout en Syrie. Elles recrutent des jeunes sunnites et chiites syriens dans les provinces de Homs, Alep, Deraa, Damas, etc. Il n'existe pas de chiffres précis de leurs effectifs, mais elles représentent une force redoutable jetée sur les fronts les plus meurtriers de la Syrie : les batailles du Qalamoun (de Yabroud, de Rankous, etc.), de la Ghouta occidentale, de Homs (le site de la milice donne le nom de douze miliciens morts dans la vieille ville en juin 2013), d'Alep (dans les combats autour de la prison centrale de la ville, Sahl al-Ghab au nord de Hama en juillet 2015), et dans bien d'autres endroits. Les milices de Quwwât al-Rida sont engagées aussi au sud de la Syrie : à Deraa, Bousra al-Harir, Bousra al-Cham. On les retrouve à Palmyre, au cœur du désert syrien.

Les chiites de Damas sont sollicités par le régime et ses alliés chiites libanais et iraniens. L'objectif affiché est la défense de la communauté et ses lieux saints à Sayyida Zaynab à proximité de Damas. Liwâ' al-Sayyida Ruqayya, sous la bannière de Sayyida Ruqayya, la fille de Hussein le 3e imam chiite, fait son apparition à Damas début 2012. Formée par le Hezbollah libanais, elle mobilise les jeunes chiites de la région de Damas (Hayy al-Joura, Hayy al-Amin, Hawch al-Sâlihiyya, etc.). Les miliciens du Liwâ' se battent ailleurs qu'à Damas et il convient de noter que certains de ses miliciens morts au front sont aussi revendiqués par d'autres formations pro-Assad, comme ce fut le cas pour Ahmad Nahhas, tué le 14 juillet 2012, et déploré aussi bien par le Liwâ' que par les *chabbîha* de la Défense nationale.

D'autres milices chiites prétendent investir la communauté chiite syrienne : Katâ'ib al-Imam Ali (Bataillon de l'Imam Ali) ; Quwwât Assad-Allah al-ghâlib (Les Forces du Lion de Dieu vainqueur) ; Liwâ' Dhî l-Faqâr (Bannière de Zil-faqr, le nom de l'épée d'Ali), etc. Ces milices témoignent de la militarisation de la communauté chiite derrière le régime d'Assad et de la volonté d'accentuer la polarisation entre sunnites et chiites.

Les milices chrétiennes

Les chrétiens syriens, qui représentent environ 4 à 5 % de la population, sont répartis en plusieurs Églises et plusieurs langues.

Les chrétiens de l'ouest de la Syrie sont arabophones et d'aspiration nationaliste. Grégoire III Laham, patriarche de l'Église melkite catholique, avec comme titre « patriarche d'Antioche et de tout l'Orient, d'Alexandrie et de Jérusalem », est un personnage officiel élevé au rang de ministre. Il prend position pour le régime d'Assad et Mère Agnès-Mariam de la Croix déploie une activité débordante pour promouvoir la politique du gouvernement[1]. Se sentant menacés par les djihadistes, des chrétiens se rangent derrière Assad et s'engagent dans

1. Voir le blog Un œil sur la Syrie, *Le Monde*, URL : http://www.lemonde.fr/blog/syrie/ 20 novembre 2011.

l'armée, dans les Forces locales de Défense ou les Forces de Défense nationale.

La situation des chrétiens de l'est de la Syrie, notamment la province de Hassaké, est plus floue. Ils relèvent de plusieurs Églises (syriaque, araméenne, assyrienne, etc.) et l'arabe n'est pas leur langue maternelle. Des formations politiques défendent l'identité et les intérêts propres des groupes : association démocratique assyrienne, parti de l'union syriaque, parti assyriaque démocratique (fondé en 1970 et lié au régime d'Assad), etc. Lorsque la menace de Daech se fit plus pressante, certains chrétiens ont rejoint les milices kurdes (Asayich) des Unités de protection du peuple (YPG). D'autres, proches du parti de l'union syriaque (PUS) forment des milices de défense chrétiennes Sutoro. Elles s'engagent, au printemps 2013 à Qahtâniyya et Mâlkiyya abandonnés par l'armée syrienne. Elles rejoignent les forces du parti de l'union démocratique (PYD) et participent à l'autonomie administrative exercée par les Kurdes. En décembre 2013, les milices Sutoro se transforment en Sootoro sous l'égide du Bureau de protection syriaque, et deviennent des forces alliées du régime implantées à Qamichli. Au début de la mutation, les Sutoro sont surtout chargées de missions défensives. Puis elles évoluent et deviennent des unités combattantes dotées d'armes lourdes (blindés, lance-missiles, etc.). Le matériel militaire est fourni par le Bureau de protection syriaque et financé depuis l'Allemagne[1]. Les Sootoro, nouvelle version, sont envoyées, en renfort sur d'autres fronts, en dehors de la province de Qamichli, et participent à la défense d'autres communautés chrétiennes syriennes : 200 miliciens Sootoro au moins participent à la libération de Sadad (Qalamoun oriental) investi par Daech entre la fin octobre et le début novembre 2015[2]. Le PUS fonda, début 2013, une autre milice armée chrétienne au nord-est du pays sous le nom du Conseil militaire syriaque. Cette formation appellera à la chute du régime d'Assad et, en janvier 2014, elle rejoindra le YPG pour combattre, avec les miliciens kurdes, les djihadistes de Daech.

Plus sommairement, on peut mentionner l'action de milices sur la Côte à majorité alaouite : le Bataillon de la Tanière ; les Forces de la Sécurité militaire ; les Régiments du nord de Lattaquié ; et des milices attachées aux forces armées et liées directement à la famille Assad ou aux hommes d'affaires affiliés au régime, comme le 1er Bataillon de la Côte, le 2e Bataillon de la Côte, le 10e Bataillon de la Côte ou encore Tempête de la Fermeté, Fils de Qâdisiyya, le Bataillon sultan Abdel Hamid (qui recrute des Turkmènes), le Bataillon du Mont de l'Islam, le Bataillon des Lions de Hussein, le Bataillon de l'Imam Zayn al-'Abidin, les Forces de Rida (émanation du Hezbollah syrien).

Toutes fortement armées, ces milices servent le régime en dehors et aux dépens de l'État. De plus, leur recrutement sur des bases confessionnelles gangrène le tissu national, autonomise les communautés et mine tout espoir de réconciliation nationale. Tout l'opposé de l'objectif affiché par la jeune génération révolutionnaire lorsqu'elle scandait : « Un, un, un, le peuple syrien est un et uni. »

1. http://www.aymennjawad.org/articles/fevrier2014.
2. https://www.joshualandis.com/blog/syrian-social-nationalist-party-ssnp-war-syria/.

Le confessionnalisme dans la guerre civile syrienne

Paolo G. Pinto[1]

Mi-2021, le régime baathiste est encore en place, reprenant progressivement le contrôle du territoire syrien. L'ampleur des destructions et des déplacements de populations provoqués par la guerre a été bien documentée par divers médias, de la presse traditionnelle aux plates-formes vidéo numériques[2]. La répartition de cette effroyable violence selon des lignes confessionnelles constitue l'une des caractéristiques les plus manifestes de ce conflit avec, sans doute, des effets durables sur la société syrienne. Le confessionnalisme a été érigé par plusieurs acteurs comme cadre d'interprétation et d'élaboration de la guerre civile : par le régime, puis par l'opposition. Et il a été renforcé par des forces de l'intérieur autant que de l'extérieur. Précisons que les discours à caractère confessionnaliste/sectaire défendent l'idée qu'un groupe religieux donné nourrit intrinsèquement une hostilité envers les autres, que ce soit les sunnites qui s'opposeraient au renforcement du rôle politique et à l'ascension sociale des minorités religieuses, comme le prétend le régime baathiste, ou les alaouites qui utiliseraient leur position au sein du gouvernement et des services de sécurité pour systématiquement marginaliser et opprimer la majorité sunnite, comme l'ont déclaré de nombreux groupes d'opposition.

Cependant, en dépit des tensions et des griefs qui préexistaient en Syrie entre les différentes communautés religieuses[3], le confessionnalisme ne doit pas être considéré comme la cause de la guerre civile, mais plutôt comme l'une de ses conséquences. Le régime autoritaire dominé par la famille Assad et ses acolytes, généralement recrutés dans la communauté alaouite, a créé et amplifié les divergences entre les divers groupes religieux qui composent la société syrienne. Ces tensions ont fourni les ingrédients à partir desquels le confessionnalisme s'est diffusé pendant la guerre civile du fait de leur instrumentalisation politique par plusieurs agents liés au régime et par différents groupes de l'opposition. Par conséquent, afin de distinguer d'une part le confessionnalisme et d'autre part les tensions religieuses diffuses qui surviennent dans les sociétés multiconfessionnelles sans

---

1. Traduction par Joël Hubrecht et Mahmoud El Hajj. Paolo G. Pinto utilise dans son texte le terme de *sectarism* que nous traduisons par celui de « confessionnalisme » plutôt que par celui de « sectarisme » ou « communautarisme », considérant qu'il reflète mieux sa grille d'analyse.

2. Cécile Boëx, « La vidéo comme outil de l'action collective et de la lutte armée », *in* François Burgat et Bruno Paoli (dir.), *Pas de printemps pour la Syrie. Les clés pour comprendre les acteurs et les défis de la crise*. Paris, La Découverte, 2013.

3. Paolo G. Pinto, « Oh Syria, God Protects You : Islam as Cultural Idiom Under Bashar al-Asad », *Middle East Critique*, vol. 20, n° 2, 2011, p. 189-205.

pour autant déboucher sur la marginalisation ou l'oppression des groupes qui en sont la cible, nous devons comprendre que le premier désigne la mobilisation systématique des différences religieuses en tant que cadre politique et social en vue d'organiser la répartition des droits et des privilèges et/ou de la violence au sein de la population[1].

Le discours officiel du régime baathiste dénonçait le confessionnalisme (*tâ'ifiyya*), en le présentant comme un mal devant être réprimé et surmonté par l'édification d'un ordre social et politique laïque et socialiste. Pour autant, le fonctionnement même des structures du pouvoir et de l'administration non seulement suivait une logique confessionnelle mais incitait également à sa reproduction dans la vie sociale. La polarisation confessionnelle a gangrené les luttes de pouvoir au sein du parti baathiste depuis ses origines, car le confessionnalisme était l'un des leviers permettant de mobiliser et de souder les partisans. L'instrumentalisation des identités religieuses est devenue plus systématique et généralisée après le coup d'État de 1970 qui a propulsé Hafez al-Assad à la présidence. Assad a recruté les membres des forces militaires et de sécurité qui composaient le noyau dur du régime principalement au sein de la communauté alaouite, s'appuyant sur des liens de parenté et des liens confessionnels, tout en s'assurant du soutien d'autres minorités religieuses en Syrie – les chrétiens, les druzes ou les ismaéliens – par un savant mélange de privilèges octroyés et de manipulation des récriminations réelles ou imaginaires contre la majorité sunnite. Ainsi, le régime d'Assad pouvait présenter une façade laïque, prétendant être le « protecteur » des minorités religieuses contre le « fanatisme » sunnite, tout en ravivant continuellement les tensions religieuses devenues un instrument de gouvernance et de ralliement[2].

Dans le même temps, la religion, en particulier l'islam sunnite, est devenue un idiome culturel majeur pour exprimer son désaccord et la résistance au régime baathiste sous Hafez al-Assad. Le démantèlement et la neutralisation de toutes les autres forces politiques par l'appareil répressif baathiste dans les années 1960 et 1970 ont fait des Frères musulmans l'unique organisation politique capable de conduire une opposition et de mobiliser dans divers secteurs sociaux. Après 1976, les Frères musulmans se sont engagés dans un conflit armé contre le gouvernement d'Assad et, en 1980, ils ont réuni différents groupes islamiques sous leur direction au sein du Front islamique en Syrie (Al-Jabha al-Islamiyya fî Souriya). Leur programme politique décrit dans le *Manifeste de la révolution islamique en Syrie* et dans *Les Programmes de la révolution islamique* visait à créer un système politique inclusif, proposant le respect des droits individuels et la reconnaissance des minorités religieuses et ethniques[3]. Cependant, de nombreux documents utilisés pour mobiliser l'opinion publique, tels que des brochures et des dépliants, usaient de figures de style ouvertement confessionnelles, dépeignant le régime d'Assad comme anti-islamique et dominé par les alaouites, membres d'une religion syncrétique hétérodoxe « sujette à l'immoralité et à la violence ». Des actes de violence contre les

1. Pour une définition similaire du confessionalisme, voir Yassin al-Haj Saleh, *La Question syrienne*, *op. cit.*, p. 166 ; et Paolo G. Pinto, « The Shattered Nation : the Sectarianization of the Syrian Conflict », *in* Nader Hashemi et Danny Postel, *Sectarianization : Mapping the New Politics in the Middle East*, Londres, Hurst, 2017, p. 124.

2. Yassin al-Haj Saleh, *La Question syrienne*, *op. cit.*, p 165-194 ; Michel Seurat, *L'État de barbarie*, *op. cit.*, p. 84-99 ; Nikolaos van Dam, *The Struggle for Power in Syria : Politics and Society Under Asad and the Ba'th Party*, *op. cit.*, p. 34-88.

3. Umar F. Abd-Allah, *The Islamic Struggle in Syria*, Berkeley, CA, Mizan Press, 1983, p. 201-267.

alaouites ont été perpétrés par des militants sunnites durant cette période[1].

Après des années de conflit, la brutale confrontation armée à Hama, qui a conduit à la destruction du centre-ville et au massacre d'une partie importante de sa population[2] par les forces gouvernementales en 1982, s'est soldée par la victoire militaire du régime et le démantèlement de l'opposition islamique. Après Hama, il y eut une période d'accommodement entre le régime et la société syrienne, avec un déclin de l'islam politique comme cadre de résistance. Dans le même temps, diverses formes de religiosités musulmanes s'affirmaient comme cadre de références morales pour la participation individuelle et collective à la sphère publique[3]. De la dernière décennie du règne de Hafez al-Assad à la première décennie de la présidence de Bachar al-Assad, les tensions entre communautés religieuses sont devenues rares et plus diffuses, et ce, malgré le confessionnalisme implicite inscrit dans le fonctionnement même du régime. La situation a commencé à changer en 2005 lorsqu'à la suite de l'assassinat de Rafic Hariri, les pressions françaises et américaines ont poussé les forces syriennes à se retirer du Liban, puis lorsque Bachar al-Assad a tenté de s'assurer un soutien interne en encourageant un nationalisme à connotation explicitement religieuse. La reconnaissance officielle des idiomes religieux dans le domaine politique a ouvert la voie à la critique du gouvernement à travers le champ religieux. Ainsi, nombre de Syriens ont manifesté leur mécontentement face à l'appropriation des espaces religieux sunnites et des lieux de mémoire par les pèlerins chiites étrangers, et ont exprimé leurs inquiétudes alimentées par les troubles confessionnels qui ont ravagé l'Irak entre 2006 et 2008. Néanmoins, le mécontentement n'a jamais ciblé les groupes religieux de la société syrienne en tant que tel, mais traduisait plutôt le rejet des privilèges accordés à des « étrangers » par le régime[4].

Lorsque la révolution syrienne a pris la forme d'un soulèvement civil généralisé en mars 2011, Bachar al-Assad a été le premier à jouer la carte confessionnelle en affirmant que son gouvernement faisait face à un soulèvement de djihadistes salafistes dirigé par les Frères musulmans, en comparant la situation que traversait le pays avec le 11 septembre 2001, et en la réduisant à « une lutte entre le terrorisme et la voie réformatrice[5] ». Des slogans à connotations religieuses entendus dans les manifestations sont pour le régime devenus des « preuves » de ses affirmations lui permettant de justifier la brutalité de la répression. Pourtant les principales revendications des insurgés portaient sur les notions de liberté (*hurriyya*), de justice (*'adâla*) et de dignité (*karâma*). Ces trois mots d'ordre indiquaient des conceptions ouvertes et inclusives de la participation politique et des droits, tandis

1. Nikolaos van Dam, *The Struggle for Power in Syria : Politics and Society Under Asad and the Ba'th Party*, *op. cit.*, p. 105-111 ; Olivier Carré et Michel Seurat, *Les Frères musulmans (1928-1982)*, *op. cit.*, p. 173.

2. Le nombre de victimes civiles est inconnu, avec des estimations allant de 5 000 à 40 000 personnes. Voir Umar F. Abd-Allah, *The Islamic Struggle in Syria*, *op. cit.*, p. 192 ; Raphaël Lefèvre, *The Ashes of Hama : The Muslim Brotherhood in Syria*, Oxford, Oxford University Press, 2013, p. 128 ; Nikolaos van Dam, *The Struggle for Power in Syria : Politics and Society Under Asad and the Ba'th Party*, *op. cit.*, p. 111. Voir aussi les articles consacrés à ce sujet dans la première partie de ce livre.

3. Thomas Pierret, *Baas et Islam en Syrie. La dynastie Assad face aux oulémas*, Paris, PUF, 2011 ; Paolo G. Pinto, « Religions et religiosité en Syrie », *in* Baudoin Dupret, Zouhair Ghazzal, Youssef Courbage et Mohammed al-Dbiyat (dir.), *La Syrie au présent. Reflets d'une société*, Arles, Actes Sud, 2007.

4. Paolo G. Pinto, « Oh Syria, God Protects You : Islam as Cultural Idiom Under Bashar al-Asad », art. cité.

5. SANA (Syrian Arab News Agency), « "Syria Will Remain Free" – President Bashar al-Assad Speech on January 10, 2012 », https://syrianfreepress.wordpress.com/2012/01/10/syria-will-remain-free-president-bashar-al-assad-speech-on-january-10-2012-video-various-interviews-with-analysts/ (consulté le 15 novembre 2012).

que les références religieuses ne différaient pas substantiellement du nationalisme religieux officiellement encouragé par le régime depuis 2005. Les manifestants ont tenté de contrer le discours du régime en essayant de donner une visibilité à la participation des non-sunnites aux protestations et en maniant l'ironie pour montrer l'absurdité de la propagande officielle. Ainsi, une pancarte brandie à Baniyas [ou Banyas], en 2011, demandait si un manifestant chrétien tué par le gouvernement était un « chrétien salafiste », et on pouvait lire sur la banderole d'une manifestation à Zabadani « Ni salafiste ni frère [musulman]..., ma confession c'est la liberté » (*lâ salafî wa lâ ikhwânî... anâ tâ'ifatî*)[1].

Cependant, le fait que le cadre général des protestations et des revendications n'était pas confessionnel ne signifie pas pour autant que les tensions entre communautés confessionnelles étaient complètement absentes du processus révolutionnaire. De nombreux observateurs ont documenté les discours contre les alaouites et les suspicions de plus en plus appuyées contre les membres des minorités religieuses par certaines franges de l'opposition[2]. Ces tensions n'étaient pas partout présentes dans les manifestations. Elles étaient plus fortes dans les régions mixtes où coexistaient des communautés soudées, pour qui elles fournissaient des schèmes d'expression de griefs plus larges sur les inégalités économiques et politiques et sur les conflits territoriaux entre les communautés religieuses et/ou les menaces existentielles et morales posées par le « confessionnellement autre ». Dans des régions comme Homs et ses zones rurales environnantes, ces tensions ont fini par déboucher sur des affrontements entre différentes communautés. Ces irruptions de violence ont permis aux stéréotypes, souvent encouragés par le régime tels que l'opposition entre « alaouites-chrétiens-ismaélites/pro-régime » et « sunnites/anti-baathistes », d'acquérir une matérialité sociale et ont ouvert la voie à une relecture du conflit à travers un prisme exclusivement confessionnel[3].

Ces épisodes de violence ont sans doute été suscités par le régime qui les a sciemment laissés dégénérer sans se soucier du grand nombre de victimes, avant d'ordonner l'intervention des forces de sécurité ou militaires. La territorialisation et l'enrôlement militaire sur la base des identités confessionnelles ont suscité un grand nombre de témoignages et de rumeurs qui ont été diffusés, amplifiés et déformés, pesant sur la perception du soulèvement jusque dans les régions où, pourtant, cette dynamique n'était pas présente. La puissance de la rumeur dans la mobilisation et la consolidation des perceptions et des discours confessionnels peut être illustrée par le slogan « Chrétiens à Beyrouth, alaouites dans le cercueil » (*Al-masîhiyyûn ilâ Bayrût wa al-'alawiyyûn fî l-tâbût*) qui a été abondamment relayé par des membres de minorités religieuses comme « preuve » du sectarisme sunnite dans les manifestations, bien qu'il n'y ait eu aucun témoin de première main ni aucun enregistrement pour étayer ces bruits probablement lancés par les services de sécurité[4].

La propagande officielle et l'utilisation stratégique de la violence par le régime ont

1. Al-Jazira, Syria Live Blog, 22 avril 2011 : http://blogs.aljazeera.net/live/middle-east/syria-live-blog-april-22 ; Al-Jazira, Syria Live Blog, 23 avril 2011 : http://blogs.aljazeera.net/live/middle-east/syria-live-blog-april-23 (consultés le 3 novembre 2011).

2. Jonathan Littell, *Syrian Notebooks : Inside the Homs Uprising*, Londres, Verso, 2015, p. 48-51.

3. Paolo G. Pinto, « The Shattered Nation : the Sectarianization of the Syrian Conflict », art. cité, p. 135-137.

4. Bruno Paoli, « Et maintenant, on va où ? Les alaouites à la croisée des destins », *in* François Burgat et Bruno Paoli (dir.), *Pas de printemps pour la Syrie. Les clés pour comprendre les acteurs et les défis de la crise*, *op. cit.*, p. 136 ; Yassin al-Haj Saleh, *La Question syrienne*, *op. cit.*, p. 213.

contribué à approfondir, à propager et à consolider les fractures confessionnelles dans le but de fragmenter l'opposition et d'isoler les manifestants. Les autorités de Damas se sont employées à présenter la situation comme une reprise de la confrontation de 1979-1982 avec l'opposition islamique et ont défendu la thèse de la poursuite de la « guerre contre le terrorisme » depuis les attentats du 11 septembre. Pour donner corps à cette thèse, Bachar al-Assad a fait libérer de prison plusieurs djihadistes, qui avaient été arrêtés après 2006 lorsque son gouvernement avait cessé de faciliter leur passage en Irak par le territoire syrien, ainsi que des criminels de droit commun qui avaient été recrutés dans les gangs paramilitaires pro-régime, connus sous le nom de *chabbîha*[1]. Les militants djihadistes, également appelés *tafkîrî*[2], ont été à l'origine des premiers groupes militaires islamistes de la guerre civile. Les *chabbîha* regroupent des membres recrutés parmi les jeunes alaouites pauvres, ainsi que des groupes de malfrats originaires de la région côtière et des criminels libérés de prison par Bachar. Ces deux groupes ont joué un rôle primordial dans le développement de la violence confessionnelle pendant la guerre civile, car les djihadistes ont souvent attaqué et imposé violemment leurs règles aux populations non sunnites et les *chabbîha* étaient responsables de nombreux massacres dans des villages et quartiers sunnites[3].

La brutalité des militaires et paramilitaires était ouvertement et principalement dirigée contre les populations et les régions sunnites, tandis que la violence au sein des autres communautés religieuses était généralement exercée par des proches ou par des membres de la communauté elle-même, sommés par les services de sécurité d'agir contre ceux qui rejoignaient les manifestants, ce qui la rendait invisible aux yeux du public. Des figures emblématiques de l'opposition issues des communautés minoritaires ont bien été punies publiquement, et même sévèrement afin de dissuader celles et ceux qui auraient été tentés de les suivre, mais c'est sous une forme plus diffuse, plus discrète, que la violence du régime s'exerçait dans des régions habitées par des minorités. Un interlocuteur sunnite qui était à Lattaquié[4] en 2011 m'a dit que si des gens de toutes les communautés et de tous les quartiers ont pris part aux manifestations, « seules nos rues ont été attaquées par l'armée et les *chabbîha* ». *A contrario*, les prêtres chrétiens ont été réduits au silence et sanctionnés par la hiérarchie de l'Église, tandis que les fidèles et les alaouites ont été réprimés, parfois très durement, par leur propre famille ou communauté[5]. La stratégie consistant à amplifier la visibilité de la violence exercée contre les sunnites et à rendre invisible celle dirigée contre les minorités religieuses en tant que communautés, tout en punissant sévèrement les dissidences individuelles a été efficace au point de donner corps au discours du régime selon lequel il combattait les militants sunnites radicaux avec le soutien des minorités

1. *Chabbîha* : littéralement « fantômes » ou « ombres », voir chap. 3, p. 95.

2. *Takfîrî* : littéralement « ceux qui accusent d'apostasie leurs ennemis ».

3. François Burgat, « La stratégie al-Assad : diviser pour survivre », *in* François Burgat et Bruno Paoli (dir.), *Pas de printemps pour la Syrie. Les clés pour comprendre les acteurs et les défis de la crise*, *op. cit.*, p. 27, Paolo G. Pinto, « The Shattered Nation : the Sectarianization of the Syrian Conflict », art. cité, p. 135-137 ; Yassin al-Haj Saleh, *La Question syrienne*, *op. cit.*, p. 49-68.

4. Il s'agit d'une ville mixte habitée par une grande proportion d'alaouites et de sunnites.

5. Nebras Chehayed, « "Nos autels sont tachés de sang !" : appel du père Nebras Chehayed aux évêques de Syrie, 12 juillet 2011 », *in* François Burgat et Bruno Paoli (dir.), *Pas de printemps pour la Syrie. Les clés pour comprendre les acteurs et les défis de la crise*, *op. cit.* ; Bruno Paoli, « Et maintenant, on va où ? Les alaouites à la croisée des destins », art. cité, p. 134-141 ; Paolo G. Pinto, « The Shattered Nation : the Sectarianization of the Syrian Conflict », art. cité, p. 135-136 ; Yassin al-Haj Saleh, *La Question syrienne*, *op. cit.*, p. 201-203.

religieuses syriennes. Le ressentiment et la suspicion suscités par l'usage inégal de la violence d'une communauté à l'autre ont transformé le discours du régime en une prophétie autoréalisatrice dans laquelle la violence que l'État prétendait nécessaire pour écraser le confessionnalisme était le mécanisme même par lequel les lignes de fractures confessionnelles étaient inscrites dans le tissu social.

Bachar al-Assad a également exercé son influence sur des figures religieuses – sunnites ou appartenant à d'autres communautés – pour rallier leur soutien et se créer une image de défenseur des minorités de Syrie et de la majorité sunnite « modérée » contre la « menace islamiste ». Cette stratégie a porté ses fruits avec les communautés chrétiennes. Les hiérarchies ecclésiastiques de la plupart des Églises ont manifesté avec empressement leur soutien au régime et ont été jusqu'à participer à sa propagande à l'étranger, par l'intermédiaire de prêtres et de nonnes qui ont œuvré pour rallier des soutiens à Bachar al-Assad en Europe, ou encore en Amérique latine dans des pays qui, comme le Brésil, abritent d'importantes communautés syro-libanaises[1]. Concernant les autres minorités, le soutien des autorités religieuses a été plus difficile à obtenir. Les cheikhs alaouites ont fait le choix d'un soutien en demi-teinte au régime, certains d'entre eux signant même une tribune prenant des distances avec les membres de la communauté impliqués dans l'appareil répressif de l'État[2]. Cependant, l'impact de cette posture a été limité en raison du déclin de l'autorité des cheikhs au sein de la communauté alaouite depuis les années 1970[3].

L'establishment religieux sunnite a été profondément affecté à la fois par le mouvement révolutionnaire et par les mesures répressives du régime, qui ont eu des conséquences importantes sur la consolidation de la dynamique confessionnelle au sein de l'opposition. En août 2011, au début du ramadan, les oulémas de Damas et d'Alep ont publié des manifestes critiquant la violente répression des manifestations par le régime et appelant à des réformes politiques. Cependant, de nombreux chefs religieux sunnites de haut niveau qui avaient des liens étroits avec le régime – tels que le mufti de Syrie, Ahmad Badr al-Din Hasun, et le « cheikh des médias », Muhammad Sa'id Ramadan al-Buti[4] – se sont ralliés à Bachar al-Assad et ont été jusqu'à justifier la brutalité de la répression[5]. Peu à peu, l'establishment religieux sunnite s'est fracturé selon des lignes politiques, certains cheikhs se rangeant du côté du régime et d'autres de l'opposition. Hantés par les souvenirs de la répression du soulèvement de 1979-1982, les cheikhs soufis d'Alep ont, quant à eux, opté pour un positionnement « attentiste », condamnant la violence de l'État tout en exhortant leurs fidèles à rester à l'écart de la politique.

Ces divisions au sein de l'establishment religieux sunnite syrien ont ouvert la voie à des intrusions de clercs qui, de l'étranger, se sont imposés comme des autorités morales sur la scène révolutionnaire. Des prêches télévisés ou diffusés sur les réseaux sociaux de cheikhs exilés, dont des salafistes basés

1. Nebras Chehayed, « "Nos autels sont tachés de sang !" : appel du père Nebras Chehayed aux évêques de Syrie, 12 juillet 2011 », art. cité ; Paolo G. Pinto et Cecilia Baeza, « The Syrian Uprising and Mobilization of the Syrian Diaspora in South America », *Middle East Report*, n° 284-285, 2017, p. 26-29.

2. Bruno Paoli, « Et maintenant, on va où ? Les alaouites à la croisée des destins », art. cité, p. 140.

3. *Id., ibid.*, p. 130-131.

4. Le cheickh Buti a été tué dans un attentat à la bombe en 2013.

5. Thomas Pierret, « Les oulémas : une hégémonie religieuse ébranlée par la révolution », *in* François Burgat et Bruno Paoli (dir.), *Pas de printemps pour la Syrie. Les clés pour comprendre les acteurs et les défis de la crise*, *op. cit.*, p. 94-105.

en Arabie saoudite, ont rencontré un certain succès auprès du public et des fidèles en Syrie. Certains de ces cheikhs avaient des discours ouvertement sectaires ou militants, comme Adnan al-Ar'our qui menaçait les alaouites qui collaboraient avec le régime de graves représailles, ou Abu Basir al-Tartusi dont l'objectif était de transformer la révolution en djihad[1]. Devenus les symboles emblématiques de la dérive islamiste de l'opposition, ces clercs ont contribué à renforcer la crédibilité de la propagande du régime, et ce, alors même qu'aucune position n'a été unanimement adoptée par les sunnites de l'opposition.

Un élément crucial du processus de consolidation de la logique confessionnelle dans la mobilisation de la société syrienne a été la militarisation de la révolution. Des soldats déserteurs de l'armée syrienne ont créé les premières brigades armées à Idlib et Homs afin de défendre les manifestants contre l'armée et les *chabbîha*, et en juillet 2011, l'Armée syrienne libre (ASL) a été créée. Alors que l'ASL adoptait un discours nationaliste laïque, sa composition était majoritairement sunnite. Si ce fait reflétait les inégalités structurelles touchant les sunnites dans l'armée et la violence étatique qui les visait, il renforçait aussi l'idée que l'opposition serait « une affaire sunnite ». Progressivement, l'Armée syrienne libre s'est retrouvée piégée par la politique confessionnelle à l'initiative du régime. Répondant à la violence sélective des forces pro-Assad qui avaient commis des massacres de civils sunnites, à la mi-2012, des soldats de l'ASL se sont livrés à des exactions contre des villageois alaouites près de Homs.

Bien que l'Armée syrienne libre ait obtenu, notamment de la part de la France et des États-Unis, un soutien international, celui-ci ne s'est jamais traduit par des financements ou des armements suffisants pour faire face aux capacités militaires de l'armée syrienne. Le manque de financement a entraîné des difficultés à discipliner les combattants. En revanche des financements substantiels des États du Golfe, en particulier du Qatar et du Koweït, ainsi que de la Turquie, ont ouvert la voie à la prolifération des groupes islamiques armés après 2012. De nombreux combattants de l'Armée syrienne libre se sont ralliés à des groupes islamiques, et les dirigeants des *katibas* (bataillons) laïques sont opportunément devenus des *mujâhidîn* pour pouvoir puiser dans ces sources de financement. Les groupes armés islamiques qui ont émergé pendant cette période se caractérisaient par leur diversité et la concurrence qu'ils se livraient, quelques groupes proches des Frères musulmans revendiquant un nationalisme religieux « libéral », alors que des groupes salafistes « inclusifs » comme Ahrar al-Cham (Hommes libres de Syrie) cherchaient à créer un État islamique en mettant en place un processus électoral libre et que des djihadistes, comme Jabhat al-Nosra li-Ahli al-Cham (Front pour la victoire des gens du Cham) se présentaient comme une franchise syrienne d'Al-Qaida. Outre un financement abondant et une plus grande force militaire, les groupes armés islamiques imposaient une discipline plus stricte à leurs combattants et avaient la capacité d'établir une sorte d'ordre institutionnel. Alors que la plupart des tribunaux de la charia créés dans les territoires sous leur contrôle fonctionnaient comme de simples instances de médiation des conflits, dirigées par des cheikhs qui n'avaient qu'une connaissance très rudimentaire de la jurisprudence islamique, ils ont contribué à populariser les discours islamiques sur la justice et l'ordre social[2].

1. *Id., ibid.*, p. 104-105.

2. Adam Baczko, Gilles Dorronsoro, Arthur Quesnay, *Syrie. Anatomie d'une guerre civile*, Paris, CNRS éditions, 2016 ; Thomas Pierret, « L'instance islamique du Sham : une "voie moyenne" salafiste contre la radicalisation djihadiste », *Archives de sciences sociales des religions*, vol. 181, 2018, p. 219-239.

Cette « normalisation » du régime islamique parmi les populations sunnites qui avaient été continuellement exposées soit aux violences militaires et paramilitaires impitoyables de la part de l'État, soit à l'indiscipline des milices d'opposition, explique également comment des groupes djihadistes tels que Jabhat al-Nosra et, après 2013, Daech, ont bénéficié, dans un premier temps, d'un bon accueil de la part des habitants dans les territoires qu'ils ont conquis. Cependant, l'émergence de ces groupes a également révélé des projets politiques ouvertement confessionnels au sein de l'opposition. Tout au long de son règne sur certaines parties de la Syrie entre 2014 et 2019, Daech s'est illustré par ses prises de position intolérantes et sa violence contre tous ceux qu'il considérait comme déviants par rapport à son interprétation de l'islam, punissant ou tuant les sunnites « impies », détruisant les sites religieux chiites, imposant le statut de *dhimmi* aux chrétiens, exécutant des « déviants » sociaux (homosexuels, prostituées, adultères), massacrant et asservissant des « apostats » tels que les Yézidis, saccageant le patrimoine culturel « païen ». Alors que Jabhat al-Nosra n'affiche pas un bilan aussi macabre, il s'est également engagé dans la persécution des populations non sunnites en imposant, par exemple, la religiosité sunnite aux habitants des villages druzes situés près d'Idlib[1].

L'extension du confessionnalisme ne s'est pas limitée au camp de l'opposition. Bachar al-Assad a recouru à ses alliés régionaux, l'Iran et le Hezbollah, pour consolider sa supériorité militaire sur l'opposition. Cette alliance présentait un caractère avant tout politique. Mais, les brigades pro-régime composées de combattants libanais, irakiens, iraniens, yéménites, afghans et pakistanais affichaient ostensiblement leur identité confessionnelle chiite. Des brigades ont établi leur quartier général près du sanctuaire chiite de Sayyida Zaynab[2] près de Damas et adopté le slogan « Pour la défense de Sayyida Zaynab ». De plus, la plupart de ces brigades ont été nommées d'après les grandes figures de la piété dévotionnelle chiite, comme Abu al-Fadl al-Abbas ou les brigades Dhu al-Fiqar. Lors de la conquête des territoires précédemment détenus par l'opposition, ces brigades ont procédé à l'élimination de toutes les formes de piété sunnite qui pouvaient être liées aux courants salafistes. Le régime lui-même a expulsé ou empêché le retour des populations sunnites dans les régions considérées comme stratégiques, notamment les villages proches de la frontière libanaise et de Damas, ou Homs – les repeuplant avec des combattants étrangers chiites et leurs familles[3].

En 2020, Bachar al-Assad avait déjà reconquis de grandes parties de la Syrie et l'opposition armée se retrouvait cantonnée à de petits territoires exposés aux avancées militaires du régime. Cependant le contrôle effectif de certaines régions, comme Homs ou Hama, est resté entre les mains de brigades paramilitaires qui considèrent la population sunnite comme une menace à contenir ou à éliminer. De fait, la guerre civile a abouti à la territorialisation des identités confessionnelles et à un paysage religieux beaucoup plus homogène qu'auparavant, mettant un terme à une histoire complexe de coexistence et d'interaction

1. Adam Baczko, Gilles Dorronsoro, Arthur Quesnay, *Syrie. Anatomie d'une guerre civile*, *op. cit.* ; Paolo G. Pinto, « The Shattered Nation : the Sectarianization of the Syrian Conflict », art. cité, p. 139-140.

2. Sayyida Zaynab est la sœur de Hussein, petit-fils du Prophète Muhammad, qui a été menée à Damas comme prisonnière après la bataille de Karbala en 680. Son tombeau est dans un sanctuaire aux environs de Damas qui est devenu un important lieu de pèlerinage chiite depuis les années 1980 ; voir Paolo G. Pinto, « Pilgrimage, Commodities and Religious Objectification : The Making of Transnational Shiism Between Iran and Syria », *Comparative Studies of South Asia, Africa and the Middle East*, vol. 27, n° 1, 2007, p. 109-125.

3. Paolo G. Pinto, « The Shattered Nation : the Sectarianization of the Syrian Conflict », art. cité, p. 139-141.

entre les différentes communautés de Syrie. Si le confessionnalisme avait été régulièrement encouragé par divers acteurs politiques pour créer et instrumentaliser des clivages identitaires, culturels et sociaux et, *a contrario*, pour mobiliser un soutien social stable et uni en leur faveur, la portée et l'intensité de cette dynamique depuis 2011 sont sans précédent dans l'histoire contemporaine de la Syrie. Il s'agira là de l'un des défis les plus difficiles à surmonter pour recréer des formes inclusives de coexistence en Syrie une fois tournée la page de cette sombre période de destruction.

Témoignage de Leila

Extrait de 19 femmes *de Samar Yazbek*

Je m'appelle Leila. J'ai grandi dans le quartier de Karm al-Zaytoun à Homs. Quand la révolution a éclaté, j'avais 27 ans et je vivais entre Damas et ma ville natale. Ma famille alaouite appartient à la classe moyenne. Originaire du Golan, elle a été déplacée et dispersée aux quatre coins de la Syrie lors de la guerre des Six Jours en 1967[1]. Mes parents se sont d'abord réfugiés dans le village de Chabaa au Liban, puis à Damas, et finalement, en 1972, ils se sont installés à Karm al-Zaytoun. Mon père est un baathiste convaincu, connu pour sa droiture. Il a veillé à notre éducation et à ce que nous fassions des études supérieures.

Avant la révolution, la politique ne m'intéressait pas. Au début, lorsque j'ai appris qu'il y avait des manifestations contre le régime de Bachar al-Assad, je n'y ai pas cru, d'autant que je suis d'une famille pro-régime qui considère Hafez al-Assad comme le bienfaiteur de la nation et des pauvres, le bâtisseur de la Syrie moderne. J'ai été élevée dans l'idée qu'il était notre père à tous.

À Damas, on me parlait des manifestations. Secrètement, j'ai consulté Facebook pour en savoir plus. Avec un groupe d'amis, nous suivions les événements. Dès le début, et parce que nous venions de milieux différents et parfois opposés, nous avons compris que quelque chose se passait et que le régime et ses médias nous mentaient.

Ce que mes connaissances vivant dans la Ghouta me rapportaient était très différent du discours tenu par le régime. Quand je revenais chez mes parents le week-end, j'entendais encore une autre version. Dès le début, j'ai eu des doutes sur ce que disaient mes camarades, mes parents et le pouvoir. Je ne croyais ni les uns ni les autres. Pendant le sit-in de Homs d'avril 2011[2] j'ai eu des échanges tendus et difficiles avec ma famille. Je voulais comprendre ce qui se passait. J'étais à Damas quand ma sœur m'a appelée à 4 heures du matin pour me faire entendre des voix qui criaient *Allahu akbar*. Elle était terrifiée. Elle m'a dit : « Des gens hurlent *Allahu akbar* dans les mosquées, ils appellent au djihad. Ils vont nous tuer. » Le *takbîr* effraie les alaouites, parce qu'il est lié à la mémoire des pogroms du passé[3]. C'est à ce moment décisif

1. Surnommée par les Syriens *Naksat huzayrân* (« Revers de juin »), la guerre des Six Jours a opposé Israël à la Syrie, l'Égypte et la Jordanie en 1967. Elle a provoqué le déplacement d'un grand nombre de personnes originaires de différentes régions occupées par les Israéliens en Égypte, en Palestine, au Liban et en Syrie, parmi lesquelles le Golan évoqué ici.

2. Le sit-in de Homs a eu lieu le 18 avril 2011 après les funérailles de sept civils tués la veille. Une foule immense composée d'habitants des différents quartiers de la ville ainsi que des villages environnants, s'est rassemblée sur la place de l'Horloge. La nouvelle du rassemblement s'est rapidement diffusée grâce aux chaînes satellitaires. Au milieu de la nuit, les forces de sécurité ont tiré sur la foule. Des cadavres ont été transportés en camion vers un lieu inconnu. Dans un rapport de 2011, Human Rights Watch parle d'« au moins 17 morts ».

3. Les alaouites conservent la mémoire de massacres, équivalant à un génocide, dont ils ont été les victimes parce qu'ils étaient considérés comme apostats et mécréants. Dans les récits qui se transmettent oralement

qu'une peur existentielle s'est emparée de mes proches.

Lors du sit-in de la place de l'Horloge, des chrétiens et des alaouites se trouvaient parmi les manifestants. Ce rassemblement pacifique n'avait rien de confessionnel. Mais des bruits colportant le contraire se sont répandus dans les quartiers alaouites : prétendument pacifiques, les manifestants auraient été en réalité « des intégristes armés prêts à massacrer les alaouites » ; « Les hommes du régime n'avaient pas eu d'autre choix que de tirer sur eux » ; « Seuls des radicaux et des terroristes ont été tués » ; telle était la version la plus répandue dans nos quartiers. C'était un mensonge du régime. Les soldats ont tiré sur les manifestants qui refusaient de se disperser[1]. Dans les premiers rassemblements, il n'y avait pas d'intégristes. Lorsque ma sœur m'a appelée, elle était terrifiée, car dans notre quartier personne ne savait que des gens étaient morts sur la place de l'Horloge et qu'on criait le *takbîr* en hommage aux victimes. C'est à ce moment-là que la rumeur selon laquelle les mosquées appelaient au djihad contre les membres de notre communauté s'est propagée.

Après les événements de la place de l'Horloge, les manifestations se sont multipliées dans toute la ville. À la fin du mois de mai 2011, j'étais à Homs chez mes parents au moment où l'une d'elles se déroulait à Karm al-Zaytoun. Nous habitions dans le secteur dit « des déplacés » qui comprend deux rues parallèles. C'est là qu'étaient installés les alaouites. Nous étions cernés par les manifestants. En face de chez nous, se trouvaient des constructions informelles habitées par des paysans, pauvres et très conservateurs, originaires des environs de Homs. Parmi eux vivaient des Bédouins. C'est de là que les défilés sont partis. J'ai vu les manifestants : le visage dissimulé, traqués par les hommes de la Sûreté, ils couraient en appelant les habitants à les rejoindre. Ils sont passés par notre rue et là aussi ils ont incité les gens à manifester, en criant « Hafez al-Assad a vendu le Golan », parce qu'ils savaient que nous étions des déplacés du Golan. C'étaient des jeunes. Parmi eux se trouvaient nos voisins. Ils cherchaient à nous enrôler. Nous les avons tous entendus : ils frappaient les rideaux métalliques des magasins et prenaient à partie ceux qui refusaient de les rejoindre. Les habitants de notre rue ont ignoré leur appel. C'était une façon pour eux de marquer publiquement leur allégeance à leur communauté. Une première, car avant les événements, ils n'avaient pas vraiment d'atomes crochus avec les alaouites du Nord[2]. Le désaccord n'était pas religieux, il portait sur la manière d'être au quotidien : ils réprouvaient la façon excessive qu'avaient leurs congénères du Nord d'insister sur leur identité confessionnelle, de l'instrumentaliser à des fins spécifiques. De plus ils avaient l'impression d'être considérés par eux comme des inférieurs. Au point que si l'un d'eux se mariait avec une alaouite du Nord, on entendait certains dire avec regret : « Quel malheur ! Il a épousé une femme du Nord », peu importait qu'elle appartienne à la communauté. Dans le passé, ils se considéraient comme différents. Sur tout ce qui avait trait à la vie quotidienne – les traditions, les habits, les chants et la nourriture –, ils avaient bien plus de points communs avec les habitants du sud de la Syrie, de Soueida et du Hauran, toutes religions confondues.

Les alaouites de notre quartier ont donc refusé de participer aux manifestations. Juste après, alors que nous étions chez nous, nous

---

de génération en génération, on rapporte que les pogroms étaient précédés par des appels au meurtre et des *takbîr* lancés à partir des mosquées.

1. À minuit dans la nuit du 18 avril 2011, l'armée a ordonné aux manifestants de se disperser. À 2 heures du matin, les forces de sécurité ont commencé à tirer à balles réelles sur la foule qui avait refusé de quitter la place.

2. Leila désigne les membres de la communauté alaouite habitant la région de Lattaquié d'où les Assad sont originaires.

avons entendu des coups de feu. Nous en étions la cible. Nous nous sommes jetés à terre. C'était donc vrai ! Cela m'a rendue presque folle. Des manifestants étaient effectivement armés, contrairement à ce que prétendaient mes amis à Damas et à ce que moi-même j'affirmais à mes parents. En réalité, nous ne savions pas qui nous attaquait. Nous avons failli mourir. C'était la première fois que je ressentais une telle peur panique. Les tirs ont duré vingt-quatre heures, sans discontinuer, si violents que nous n'avons rien mangé ni bu pendant tout ce temps. Terrifiés, des habitants du quartier ont téléphoné à la police et au gouvernorat. Mon père a appelé des connaissances du parti et quelques responsables pour leur raconter ce qui se passait. Nous pensions que la police allait intervenir, mais personne n'est venu. Les gens attendaient qu'on vienne à leur secours. « L'État va réagir et envoyer la police », répétaient-ils. Mais rien, personne de la Sûreté ou de l'armée n'a été dépêché pour nous protéger. Le bruit a couru que les tireurs étaient des sunnites de Karm al-Zaytoun, c'est-à-dire nos voisins directs. Après la fusillade, j'ai vu la terreur sur les visages blancs comme la mort. De fait, le secteur des déplacés était situé dans une zone majoritairement sunnite. Les alaouites n'étaient que 5 000 environ sur une population de 100 000 personnes. Les relations avec nos voisins sunnites n'étaient pas bonnes. Enfants, lorsque nous voulions traverser leurs quartiers, un homme de la famille devait nous accompagner. C'est qu'ils étaient très conservateurs. Les alaouites de Karm al-Zaytoun l'étaient également comme tout le monde dans cette région, mais bien sûr nous, les femmes, n'étions pas voilées. Lorsque les manifestations ont commencé à Homs, ma sœur, comme d'autres femmes alaouites, s'est mise à porter le hijab. Elle vivait à Zahra[1], mais pour aller au travail, elle devait passer par des zones d'habitation sunnites. Je trouvais cela ridicule, car il me semblait facile de repérer les alaouites qui revêtaient le voile depuis peu. Celui-ci ne les protégeait donc pas. Les sunnites nous regardaient de façon inconvenante. De plus, leurs maisons paraissaient hermétiquement closes. C'est ce qui nous faisait le plus peur lorsque nous étions petits. Entre nous et nos voisins, les relations étaient quasi inexistantes et uniquement intéressées. Nos rapports avec les Bédouins vivant dans le quartier étaient bien meilleurs, parce qu'ils étaient moins rigoristes. Notre voisine bédouine s'asseyait devant sa maison avec ses enfants et nous avions parfois des conversations. Les autres habitants sunnites de Karm al-Zaytoun n'avaient pas de telles habitudes, leurs femmes restaient claquemurées chez elles. Entre eux et nous, la barrière était à la fois symbolique et matérielle. Auparavant, cette question ne me préoccupait pas beaucoup, j'y voyais une simple inimitié confessionnelle sans importance, car au final nous étions tous syriens. C'était ainsi que je considérais les choses avant qu'ait lieu la catastrophe.

Après cet événement décisif au cours duquel nous avons été attaqués sans que l'État intervienne, les hommes du secteur des déplacés se sont réunis. Ils ont décidé d'acheter des armes pour se défendre. Il n'était question que de cela : se protéger des sunnites de Karm al-Zaytoun qui leur avaient tiré dessus pendant vingt-quatre heures. Ils étaient persuadés qu'il en allait de leur survie. J'étais parmi eux, j'ai assisté à ce qui s'est passé. Nous avons effectivement été attaqués. J'ai moi-même failli mourir. Je ne savais plus quoi penser, je n'y comprenais plus rien. Pour la première fois, également, les habitants de notre rue avaient des doutes sur le gouvernement. Ils étaient très en colère.

Peu de temps après, une nouvelle manifestation a eu lieu. Des tirs nourris ont été échangés entre les deux secteurs du quartier, entre alaouites et sunnites. J'ai vu des jeunes de ma rue les armes à la main. Je persiste à penser que le rôle des armes – leur apparition et leur propagation – n'a pas été le même

1. Quartier situé à l'est de Homs.

partout en Syrie. Dans certaines régions, les manifestations ont été pacifiques, mais dans des zones sensibles comme la nôtre, où la confrontation a été directe entre sunnites et alaouites, les armes ont été sorties et se sont répandues très tôt. La révolution n'avait commencé que depuis deux mois lorsque notre secteur a été violemment attaqué et que j'ai entendu les premiers échanges de tirs. J'ai vite acquis la conviction que nous allions droit à la catastrophe. Entre nos voisins sunnites et nous la distance était courte. Une rue seulement. Pour la première fois, j'ai entendu des gens dans ma rue crier : « Ici c'est la terre d'Assad, fichez le camp. » Leur façon de se prévaloir du régime m'a épouvantée. Nous n'étions qu'au début d'une terreur qui devait aller grandissant.

Les manifestants de Karm al-Zaytoun brûlaient des pneus pour se dissimuler derrière. Les coups de feu tirés dans notre direction étaient continus. J'ai essayé de comprendre comment les armes étaient parvenues aux rebelles dans un pays verrouillé par de puissants services de renseignements. Comment des coups de feu pouvaient-ils être tirés au vu et au su de tous sans que l'État intervienne ? Et puis, comment les hommes de notre quartier avaient-ils pu acquérir des armes ? D'où leur parvenaient-elles ? Je n'arrêtais pas de poser ces questions douloureuses pour ma famille. Avec mes proches, je me suis engagée dans une polémique longue et épuisante au cours de laquelle des insultes et des propos blessants à mon égard ont fusé. Pendant près de trois ans, mes parents ont utilisé tous leurs arguments pour me convaincre, sans y parvenir. La conversation a pris fin lorsque ma mère en larmes a dit : « Si tu continues à parler comme ces terroristes armés, tu n'es plus ma fille, je te renie. »

Quelques jours plus tard, les hommes de la Sûreté ont installé un barrage à l'entrée de notre rue. Je voyais, pour la première fois, un char et des soldats devant chez moi. Le blindé ripostait aux tirs. De l'autre côté, les gens ont dû quitter leurs maisons. Les affrontements se sont intensifiés. Des barrages des deux bords, tenus par des hommes du régime ou par l'opposition, se sont multipliés un peu partout. Dans notre quartier, beaucoup d'hommes sont morts. Mon cousin a été tué par un franc-tireur. On nous a dit que le tir était parti d'un barrage de l'opposition. La balle l'a atteint en plein cœur. Les femmes et les enfants de notre rue ont dû fuir vers des zones éloignées des combats. Notre quartier était sur la ligne de front, les affrontements y étaient très violents.

Tout ceci m'a décidée à participer aux manifestations pour mieux comprendre ce qui se passait réellement.

À Damas, j'ai pris part à un rassemblement dans le quartier Midan, au début de 2012. L'ambiance y était très différente de celle qui régnait dans notre quartier à Homs : y participaient des jeunes, filles et garçons, brandissant le drapeau de la révolution. Lorsque le cortège s'est ébranlé, les femmes se sont toutes voilées pour se cacher le visage. Elles marchaient au centre, les hommes autour d'elles les protégeaient. Le slogan était « Syrie, nous voulons la liberté ». Je l'ai repris, je l'ai crié même, et j'ai entendu le son de ma propre voix. Il est sorti sans que je m'en rende compte. C'était plus fort que moi : moi aussi, je voulais une Syrie libre. J'ai alors compris que nous vivions une véritable révolution. Les hommes de la Sûreté ont surgi quelques minutes plus tard. Nous avons détalé en courant. Des coups de feu ont été tirés.

Des amis qui participaient aux manifestations me tenaient au courant des événements. Les choses devenaient plus claires pour moi. J'ai compris que la situation variait d'une région à l'autre, que les hommes de la Sûreté tuaient délibérément des manifestants, que les barrages qui se multipliaient étaient une réponse à l'effervescence populaire contre Assad. J'ai acquis la certitude que le régime était prêt à tout pour reprendre le contrôle, que les services de renseignements avaient manipulé les sunnites et les alaouites de mon quartier ; qu'ils nous avaient à dessein laissés essuyer des tirs pendant vingt-quatre heures.

Une large part du peuple syrien ne voulait plus de Bachar, j'en étais dorénavant convaincue. Les manifestations et les actions pacifiques, comme la grève de la Dignité[1], étaient l'expression de ce refus. Même ces actions ont été considérées comme du sabotage par le régime. Quand je revenais à Homs, j'entendais les voisins dire que les manifestants détruisaient le pays, que les lieux où ils se rassemblaient étaient dévastés. J'ai vu de mes yeux que rien n'était saccagé après les défilés. Le régime faisait courir le bruit que les opposants voulaient détruire les fondements de l'État. Chaque fois que je retournais dans ma ville natale, j'étais effectivement stupéfaite par l'ampleur des destructions dans les rues où des manifestations avaient eu lieu. Cela dit, à Homs je n'ai participé à aucun défilé, mais à Damas je n'ai jamais vu de casseurs, alors que j'étais parmi les manifestants.

Homs a changé après mars 2012. Sans que quiconque le décide vraiment, la gare routière de la ville est devenue la ligne de démarcation entre sunnites et alaouites. C'est arrivé sans qu'on y prenne garde. Je ne pouvais plus me rendre dans les quartiers rebelles. Mes parents, comme leurs voisins, avaient fui. Ils louaient une nouvelle maison, trois rues plus loin. Les jeunes alaouites de Nazha, Ikrima, Karm al-Lawz ont participé à la défense de notre secteur. Mes frères sont restés pour protéger nos biens. Un jour, alors que nous n'avions pas encore quitté notre maison, un de mes frères est revenu précipitamment chez nous, terrifié, pour nous avertir qu'on disait que nos voisins sunnites de Karm al-Zaytoun voulaient s'emparer de nos habitations et enlever les femmes pour les abuser. J'ai voulu savoir d'où provenait cette rumeur qui s'est répandue comme une traînée de poudre parmi les alaouites de Homs. On m'a renvoyée d'une personne à l'autre, sans que je réussisse à identifier la source. Lorsque j'ai dit à mon frère que nous devions nous assurer de l'exactitude de ces propos, il s'est mis en colère et m'a raconté que, la veille, un adolescent s'était posté devant sa boutique, avait passé le tranchant de la main devant sa gorge en signe de menace et s'était enfui. Ces choses, je les ai vraiment vécues. J'étais désorientée comme dans un labyrinthe. C'est à la suite de cet événement que les hommes se sont mis à exiger des femmes qu'elles portent le voile pour traverser les quartiers sunnites sans risquer de se faire enlever. J'ai refusé en disant que je n'avais peur de personne.

« Les sunnites veulent notre peau ! » Un jour, des voisins ont surpris un *jaari*[2], un de ces types qu'on surnommait ainsi parce que, comme des chiens, ils aboyaient ce genre de phrase dans les rues. Avec mon frère, ils lui ont couru après, l'ont attrapé et l'ont battu pour savoir qui il était et qui était derrière ses propos. L'homme, resté muet, a fini par être livré à un barrage tenu par le régime. Mon frère et ses compagnons auraient voulu connaître le résultat de l'interrogatoire. Au final, quelques jours plus tard, ils l'ont revu dans une autre rue, qui courait en vociférant la même phrase ! Ce scénario s'est reproduit dans d'autres quartiers, à Arman, Zahra et Ikrima[3]. À chaque fois le *jaari* criait que les sunnites des rues avoisinantes étaient sur le point d'égorger des alaouites. Il s'agissait sans doute d'une manigance très efficace pour monter les gens les uns contre les autres.

Ma vision des événements a changé non pas uniquement en raison de ce dont j'ai été témoin, mais à cause de ce qui s'est déroulé dans l'administration où je travaillais, un lieu qui en dit long sur l'emprise du régime et sur l'image de celui-ci auprès des citoyens. Le portrait du président y est accroché à tous les murs. Les responsables de division étaient dans leur grande majorité des loyalistes pro-régime.

1. Événement marquant du début de la révolte, la grève de la Dignité a été organisée en décembre 2011 par le mouvement non-violent syrien et les comités de coordination locaux.
2. Nom donné à une race de chien sauvage.
3. Situés en périphérie, à l'est de Homs, ces trois quartiers sont habités en majorité par des alaouites.

Mon supérieur direct était un homme agité. Il entretenait des liens forts avec des responsables haut placés. Il me tenait informée de ce qui se passait, ce qu'il n'était pas censé faire. Il n'appartenait pas à l'appareil de sécurité, mais au sein du parti il avait la responsabilité de 90 hommes, qu'il déployait dans les mosquées en coordination avec les hommes de la Sûreté. C'était un fervent baathiste. Pourtant il avait peur. Il m'a fait une confidence, il m'a révélé que le Baath outrepassait sa position de parti, qu'il avait dorénavant un rôle sécuritaire. C'est littéralement ce qu'il m'a dit. À l'évidence, il n'approuvait pas. Il a ajouté que l'ordre était venu de très haut et qu'il était impossible de s'y opposer. Nous étions à la fin de 2011. Les agents qu'il supervisait avaient sur eux des armes dissimulées. Ils s'infiltraient aux alentours des lieux publics à surveiller : certains priaient à la mosquée parmi les fidèles, d'autres faisaient mine de vendre des choses à la sortie des salles de prière. Tous n'étaient pas alaouites. Un jour mon chef a surgi devant moi. Très nerveux, il m'a dit : « Mes hommes sont heureux de tuer, ils sont heureux de porter des armes. » Il parlait sérieusement. Il exécutait les ordres tout en sachant que la situation ne ferait qu'empirer.

Avec mes collègues, nous avons été obligés de prendre part à des défilés pro-régime. Par cette manœuvre, les autorités reconnaissaient implicitement que la rue était opposée à Assad et qu'elles étaient en difficulté. C'était comique. D'autant plus que les médias officiels répétaient sans cesse que les images des manifestations n'étaient que mensonges et affabulations. Nous étions obligés de quitter nos bureaux, car les directeurs de département veillaient à ce que leurs subordonnés y participent. Cela dit, la plupart des employés, dont moi-même, rebroussaient chemin et ne faisaient pas le parcours en entier.

Pour moi comme pour les autres employés, la crédibilité de Bachar – celle de l'homme et du chef de l'État – s'est peu à peu dégradée à chacun de ses discours. Au début des événements nous écoutions ses allocutions au travail. Le silence et l'attention étaient alors complets. Nous scrutions chacun de ses mouvements, nous buvions chacune de ses paroles. Nous espérions, nous attendions un geste de sa part qui inverserait la courbe des événements, un mot qui montrerait qu'il avait pris la mesure des choses et qu'il était capable de prendre ses responsabilités. Deux discours ont suffi. Après, plus personne dans mon service, parmi les employés et les visiteurs, n'a prêté attention à ce qu'il disait. C'est que les mots de Bachar n'étaient que du vent. De plus il ne se comportait pas comme un président. Selon moi, de deux choses l'une : ou il était totalement déconnecté de la réalité ou il ne voulait pas affronter la vérité pour pouvoir poursuivre son projet, s'y conforter. Nous étions la dernière de ses préoccupations ou de simples moyens pour réaliser ses objectifs. Les gens mouraient et lui ne trouvait rien de mieux à faire que plaisanter. Même s'il reste au pouvoir, au regard de l'Histoire il n'est plus rien.

Mais c'est le cheikh salafiste Adnan al-Ar'our[1] et ses prêches télévisés qui étaient le plus grand problème : il est devenu l'un des symboles de la révolution puis a brusquement disparu, ce qui me fait penser qu'il était manipulé. Certains rebelles suivaient attentivement ce qu'il disait. Son discours sectaire incitait à la haine des minorités. Cela n'a fait qu'augmenter la colère

1. Prédicateur salafiste originaire de Hama, Adnan al-Ar'our est parti en exil en Arabie saoudite suite aux événements de 1982. À partir de 2006, il s'est fait connaître pour ses sermons anti-chiites diffusés par la chaîne saoudienne Al-Safa. Au début de la révolte syrienne en 2011, il a pris fait et cause pour la rébellion et lancé sur la chaîne Wesal TV, une émission politico-religieuse appelée « Avec la Syrie jusqu'à la victoire ». Lors de l'une de ces émissions, il a divisé les alaouites en trois catégories : ceux qui ont soutenu l'opposition, ceux qui sont restés neutres, à qui rien ne sera fait, et ceux qui ont collaboré, « ceux-là, on les passera au hachoir et on donnera leur chair aux chiens », a-t-il lancé. Cet appel à la vengeance de la part d'un clerc populaire auprès des sunnites peu éduqués a particulièrement effrayé la communauté alaouite.

et la peur des alaouites de mon quartier. Des pamphlets et des vidéos diffusés sur Internet et les réseaux sociaux ont provoqué une nouvelle montée de l'anxiété. On prétendait que les manifestants aspiraient à la création d'un État islamique et égorgeraient les alaouites un à un. Au début, j'ai essayé de désamorcer ces rumeurs, mais j'ai parfois moi-même été prise de doutes, piégée dans un douloureux cercle vicieux.

Avant le grand massacre de Karm al-Zaytoun, le 11 mars 2012[1], des tueries de moindre ampleur ont eu lieu dans le quartier, je n'en ai pas parlé au début de mon récit mais elles ont joué un rôle déterminant. C'était en novembre 2011. À ce moment-là, dans notre quartier, le bruit courait que des salafistes avaient réussi à ouvrir des brèches dans les murs des bâtiments et s'apprêtaient à envahir nos maisons. On disait que ces hommes n'étaient pas syriens. Un de mes frères les a entendus parler en arabe classique derrière une paroi, à proximité de chez nous. Je suis sûre qu'il disait la vérité. C'étaient des djihadistes. Ils s'étaient installés dans les maisons désertées par les habitants de Karm al-Zaytoun qui avaient fui les tirs des chars du régime. Ce n'était pas une fausse rumeur : ils avaient effectivement réussi à percer les murs. Quant à savoir comment ces djihadistes étaient arrivés là et qui ils étaient réellement, c'était impossible. Quoi qu'il en soit, dans l'esprit de mes proches, la révolution se résumait à ces hommes. Les femmes, les enfants et les vieillards ont pris la fuite. Seuls les jeunes hommes sont restés pour veiller sur les maisons. Deux jours plus tard, j'ai appris que les membres d'une famille entière, des sunnites, avaient été égorgés au couteau à Karm al-Zaytoun. Parce que nous étions terrifiés et en plein désarroi, le détail des événements nous échappait. Avant chaque tuerie, on entreprenait de terroriser les alaouites et de les faire fuir, puis on découvrait que les victimes des massacres étaient des familles de l'autre bord. Tout ceci augmentait l'affolement des habitants de notre rue et les poussait à s'armer chaque jour un peu plus.

À cause d'un sniper posté du côté des brigades de l'opposition, je ne voyais plus mes frères restés dans notre maison. La bataille faisait rage, en particulier à Bab al-Durayb[2]. Des membres de ma famille ont reçu des balles dans les jambes. Dans l'appartement où nous étions réfugiés, l'électricité était coupée. Un jour, en compagnie d'un cousin, j'ai tenté de revenir dans notre quartier. On nous a tiré dessus. Mon cousin a été abattu et moi j'ai réussi à m'en sortir. Pour mes proches, le point de non-retour était atteint, car des hommes de la communauté avaient été tués. Il en allait dorénavant de leur survie. Ce que les médias des rebelles s'échinaient à démentir avait bien lieu... Que les responsables aient été le régime ou les brigades armées de l'opposition..., tout ceci avait bien lieu.

J'ai rendu visite à ma famille après le grand massacre de Karm al-Zaytoun. J'ai ensuite décidé de ne plus revenir à Homs. Les bâtiments étaient dévastés et brûlés, les destructions indescriptibles. J'étais née ici, j'y avais grandi. Nous étions revenus dans nos maisons à Karm al-Zaytoun. Mais la rue en face de chez nous n'existait plus. J'étais désespérée : 95 000 personnes avaient disparu en l'espace de quelques mois. L'armée y était entrée. C'est là que la tuerie a eu lieu. Je ne pouvais pas rester silencieuse. Furieuse, je hurlais. Mes amis de Damas m'avaient raconté leur version des faits, le détail des événements, ce que l'armée et les *chabbîha* avaient fait. Maintenant que j'étais revenue chez moi, je voulais comprendre ce qui s'était passé. J'ai interrogé des gens autour de moi. Les femmes étaient restées à l'arrière, avec les enfants. L'armée n'avait pas commis ce crime. Les responsables étaient les *chabbîha*. Plus tard, j'ai appris par un proche

1. Ce jour-là 30 tanks de l'armée syrienne sont entrés dans le quartier de Karm al-Zaytoun. Au cours de cette offensive, 21 femmes et 26 enfants ont été assassinés, certains égorgés.

2. Quartier situé au sud-est de la vieille ville de Homs, à la limite de Karm al-Zaytoun.

qu'il existait une unité dont la mission était de nettoyer les lieux avant l'arrivée de l'armée. Les membres de cette unité sont des *chabbîha* spécialement entraînés à tuer. Les opérations d'épuration et de nettoyage (nettoyer dans le sens de tuer) étaient conduites en liaison avec l'appareil sécuritaire par cette unité. J'ai essayé d'avoir des noms et d'en savoir davantage. Un cousin a fini par m'avertir que je devais me taire et quitter le quartier, que je me mettais en danger en m'obstinant. Ce sont ces hommes rattachés à cette unité et à l'appareil sécuritaire qui ont commis le massacre, pas l'armée. J'en suis persuadée. Des réunions étaient organisées entre des chefs de la Sûreté et des hommes du quartier, terrifiés. De façon très intelligente, l'appareil sécuritaire a su tirer parti de la peur des gens.

J'étais anéantie, brisée. Jamais plus je ne serais comme avant. Je sentais comme une béance en moi. J'ai décidé de ne plus revenir à Homs. Un jour j'ai dit à mes parents : « Ce qui leur est arrivé vous arrivera un jour. » J'ai mis mon père face à la réalité : « Rien ne justifiait ce qu'ils ont fait, lui ai-je lancé, ils devront un jour ou l'autre payer pour leurs crimes. » Pour la première fois, il est resté muet. Certains de nos voisins n'exprimaient pas leur désarroi, d'autres le formulaient par des phrases telles que : « Quoi qu'il en soit, nous n'avions pas notre mot à dire. Nous n'avons rien fait. » Je leur répondais : « Vous n'avez rien fait lorsqu'ils ont brûlé les maisons, tué des femmes et des enfants. » Un jeune homme du quartier, désorienté et inquiet, m'a confié : « Un officier m'a donné l'ordre de brûler le supermarché, je me suis exécuté. Je sais que j'ai perdu une part de mon humanité en faisant cela. Mais je ne pouvais pas faire autrement. Je sais bien que les hommes du régime, de l'appareil sécuritaire sont ignobles, mais je ne voulais pas que ma famille soit égorgée par les sunnites. » Un autre jeune a poursuivi : « Ce n'est pas tout. Lorsque les hommes de la Sûreté sont rentrés dans le quartier, un officier nous a dit qu'Assad ne tomberait jamais et que la communauté internationale le soutiendrait, il a ajouté que si nous étions de leur côté nous étions les bienvenus et que dans le cas contraire, il fallait que l'on s'attende à disparaître. »

Les hommes du quartier étaient dans un état d'extrême tension. J'oscillais entre l'envie de leur hurler dessus et un sentiment de pitié.

Le régime appliquait un plan bien clair et défini. Il savait ce qu'il faisait. Il misait sur les souffrances des habitants de Karm al-Zaytoun, parce qu'il s'agissait d'un lieu sensible, de confrontation directe entre alaouites et sunnites. De plus, les alaouites du quartier étaient des réfugiés depuis quarante ans. Les choisir pour les lancer au cœur de la bataille était bien pensé de la part de l'appareil sécuritaire. Celui-ci savait que les déplacés n'avaient que leurs maisons de Karm al-Zaytoun et nul autre lieu où se réfugier, contrairement aux alaouites du Nord qui pouvaient se retrancher dans leurs villages reculés et protégés.

Beaucoup de mes proches et voisins sont morts. Les tentes des condoléances[1] étaient dressées en permanence. Je suis partie à Damas. J'ai réduit le contact au minimum avec mes parents. Je n'ai plus eu de véritable discussion avec eux. Ce n'était pas mon souhait, mais la rupture était plus confortable pour eux, elle leur permettait de se dire que les opposants étaient tous des traîtres vivant à l'étranger. L'idée d'avoir quelqu'un parmi eux qui les contredisait et venait troubler leur nouvelle vie leur était devenue insupportable. J'ai continué à travailler à Damas. J'étais partagée entre le désespoir et la colère.

À Damas également nous étions bombardés. Un missile s'est abattu sur mon immeuble. Un ami qui a fait son service militaire et s'y connaît a vu les débris avant que les hommes de la Sûreté ne surgissent précipitamment pour les ramasser. Il s'agissait d'un missile de l'armée. Les types de la Sûreté ne se sont pas intéressés aux habitants de la maison touchée ni aux victimes. Ils ont sauté du toit d'un bâtiment

1. Lors des funérailles, des tentes sont dressées pour présenter les condoléances aux familles des défunts.

voisin, ont pris l'engin et sont partis. Je ne sous-entends pas que les groupes armés de l'opposition ne nous bombardaient pas, ils le faisaient de temps à autre. Ça me mettait également en colère. Des civils, des innocents étaient pris pour cibles.

Depuis la mort de mon cousin j'étais terrifiée. Nous avions grandi ensemble et étions très proches. Il a été tué par un sniper des brigades de l'opposition, mais, dans le même temps, je suis convaincue qu'il a été la victime sacrificielle d'un plan que nous ignorons et qui ne peut être que désastreux pour les alaouites. Ce plan n'a fait que nous enfermer dans la dictature et le crime. Dans la tente des condoléances, je me souviens de mon désir irrépressible de hurler à la face de mes parents et des familles présentes qu'ils étaient la cause de la mort de leurs enfants, qu'ils payaient le prix amer de leur soutien à la tyrannie. Mais je ne l'ai pas fait parce que j'étais moi-même devenue une victime impuissante… Quelques jours auparavant, alors que j'étais à la faculté d'architecture, sur la route de l'aéroport, des missiles ont été tirés sur le bâtiment où je me trouvais, probablement par des factions armées de l'opposition. Des étudiants ont été tués. Notre vie était devenue un enfer.

J'ai pris la décision de venir en aide aux personnes directement touchées par le désastre. J'étais persuadée que cette guerre allait tous nous engloutir. Je voulais faire mon possible pour protéger les gens. J'étais submergée par un sentiment de culpabilité. J'ai entièrement pris une famille sunnite sous mon aile en me disant que la roue tournerait et qu'un jour viendrait où il faudrait être en mesure de venir en aide à mes parents.

J'ai proposé à des amis actifs dans la société civile de collaborer avec eux. Mais ils ne me faisaient pas confiance, en ma présence ils taisaient certaines choses. On se réunissait de temps à autre. Nous discutions de la Constitution, de la forme que l'État prendrait dans le futur. Un jour, je leur ai dit qu'ils étaient trop pressés et qu'ils minimisaient l'ampleur des événements. Ils devaient voir la vérité en face, réaliser les crimes commis par l'appareil sécuritaire. Dans ces moments, j'avais le sentiment que les opposants, de façon inconsciente, s'apprêtaient déjà à prendre la relève du pouvoir et à faire main basse sur la victoire à venir. La compétition au sein de l'élite et parmi les intellectuels était vive pour proposer la meilleure alternative. Tout ceci m'a poussée à dire franchement à l'un d'eux que leurs agissements m'inquiétaient au plus haut point. Mon interlocuteur m'a répondu : « Tu as peur pour ta communauté. » Je lui ai rétorqué que c'était faux, que j'avais peur pour la Syrie, qu'ils sous-estimaient la situation. Je prenais le parti des gens qui n'étaient pour rien dans la crise que nous traversions. Ils étaient réservés à mon égard, mais je leur ai donné mon opinion franchement, je leur ai dit que je n'étais pas d'accord avec ce qu'ils proposaient aux gens. Certaines choses me paraissaient en décalage avec la réalité. Les membres de l'élite intellectuelle sunnite valaient bien leurs semblables alaouites liés au régime. Avec eux aussi, c'était un jeu de dupes. Comme les alaouites des milieux défavorisés, les sunnites pauvres étaient envoyés à la mort et on leur mentait.

La situation économique empirait et j'ai dû arrêter de travailler à cause de la guerre. Pendant des mois je n'ai mangé que des pommes de terre, du pain et du fromage blanc. Je ne pouvais me résoudre à l'idée de retourner à Homs. J'ai voulu rejoindre la Ghouta assiégée. Mais cette idée ne plaisait pas à mes amis. Ils avaient peur pour moi, surtout après l'attaque chimique. Parmi eux, se trouvaient des personnes qui avaient des réserves à mon égard. Je voulais m'impliquer dans des activités civiles et donner des cours aux enfants des régions assiégées. J'ai tenté à plusieurs reprises de les convaincre, en vain. J'ai fini par perdre tout espoir. Je suis partie au Liban dans l'objectif d'améliorer un peu mes conditions de vie tout en restant à proximité de la Syrie et toujours en phase avec ce qui s'y passait.

Encore aujourd'hui, le visage du jeune homme qui a mis le feu au supermarché me hante. Quand il m'a déclaré qu'il n'était plus un être humain, ses yeux étaient injectés de sang et hagards. J'entends encore ma voix lui demander : « Pourquoi l'officier t'a-t-il ordonné de brûler un supermarché rempli de nourriture alors que nous avions…, alors qu'ils avaient faim ? Pourquoi brûler de la nourriture ? »

La question kurde en Syrie

Hosheng Ossi[1]

Les régimes baathistes successifs ont toujours nié la présence d'un peuple kurde en Syrie en tant que composante historique du peuple syrien, et ont cherché à enraciner cette négation dans la conscience politique et culturelle des Arabes syriens par l'intermédiaire de l'éducation nationale et des moyens de communication. Ils ont en outre, parallèlement, pris des mesures discriminatoires à l'égard des Kurdes, notamment la privation de la nationalité syrienne, l'expropriation et l'arabisation forcée. Nous nous proposons dans cet article d'aborder succinctement la question kurde en Syrie sous ses différents aspects en la plaçant dans son contexte régional, c'est-à-dire en relation avec les évolutions du mouvement national kurde en Irak et en Turquie. Cela nous paraît en effet indispensable pour en connaître l'histoire, de même qu'on ne peut comprendre la vie politique et culturelle des Arabes syriens si l'on ne tient pas compte de leurs rapports aux autres peuples arabes.

La présence kurde en Syrie

En 1937, le rapport annuel présenté par la puissance mandataire française à la SDN estimait que la province de la Djézireh comptait 42 000 Arabes musulmans, 32 000 chrétiens (sans précision de leurs ethnies) et 82 000 Kurdes. C'était sans doute à la suite de plusieurs migrations vers cette région, en provenance de la Turquie (Arméniens et Kurdes) et de l'Irak (notamment Assyriens), mais il est indéniable que la majorité relative de la population à la veille de la Seconde Guerre mondiale était kurde. Avant déjà le démembrement de l'Empire ottoman, on désignait la Djézireh sous le nom de Kurdistan syrien, ou de régions kurdes de Syrie ou encore de régions de Syrie à majorité kurde. La présence kurde à Afrine (ou Afrin), dans la province d'Alep, est attestée depuis le XVIe siècle, et la montagne avoisinante est dite « Montagne des Kurdes ». Il est par conséquent infondé de prétendre que les Kurdes sont des intrus en Syrie.

Le territoire que nous désignons comme le Kurdistan syrien s'étend sur le gouvernorat actuel de Hassaké (Hassetché), et sur les zones de Kobané ('Ayn al-'Arab) et d'Afrine, situées toutes les deux dans le gouvernorat d'Alep. Mais en dehors du Kurdistan proprement dit, des Kurdes résident en grand nombre, et depuis fort longtemps, dans les villes d'Alep et de Damas, alors que d'autres se sont dispersés dans plusieurs villes et villages du pays, du Nord au Sud. En l'absence de statistiques précises,

1. Ce texte, traduit par Farouk Mardam-Bey, est la synthèse d'une étude plus longue parue le 7 août 2017 dans la revue électronique Qalamûn [Qalamoun], éditée par Haramoon Center for Contemporary Studies.

on pense généralement que le pourcentage des Kurdes en Syrie est de 10 à 13 % de la totalité de la population (ils sont donc aux alentours de 2,5 millions de personnes).

Aussi bien à l'époque ottomane que sous le mandat français et depuis l'indépendance, des personnalités d'origine kurde, mais ne se réclamant que de leur citoyenneté syrienne, ont occupé des postes de premier plan, dont la présidence de la République (Muhammad Ali al-Abed, Husni al-Zaïm, Fawzi Selou, Adib Chichakli). L'un des grands dirigeants de la révolution syrienne contre le mandat français, Ibrahim Hanano, appartenait à une famille de notables kurdes. Étaient kurdes aussi le premier président de l'Académie arabe de Damas, Muhammad Kurd Ali, et l'une des femmes les plus engagées dans la lutte pour l'indépendance et la promotion féminine, Nazek al-Abed, et l'on peut citer des dizaines d'autres personnes qui ont marqué à un moment ou un autre la vie politique (comme le dirigeant communiste Khaled Bagdache) ou culturelle (comme le peintre Fateh al-Mudarres ou le poète et romancier Salim Barakat). Cependant, dans les régions à majorité kurde, se cristallisait une conscience nationale proprement kurde dont la première expression fut probablement la pétition adressée à l'Assemblée constituante, en juin 1928, réclamant l'enseignement de la langue kurde dans les écoles de la Djézireh, de Kobané et d'Afrine, et de nommer des administrateurs kurdes. Demande rejetée, mais un Congrès général de la Djézireh, tenu en septembre 1938 sous la présidence de Hadjo Agha, l'un des fondateurs de l'association nationaliste Xoybûn[1], revint à la charge avec des revendications plus radicales, notamment l'autonomie.

En fait, plusieurs associations kurdes à caractère plus ou moins nationaliste ont été fondées en Syrie dès les années 1930, ainsi que des périodiques en langue kurde tels que *Hawar* (1932-1943), qui a connu une large diffusion jusqu'en Iran, ou *Ronahî* (1942-1945) ou encore *Roja Nû* (1943-1946). Ce sera toutefois en 1957, à Damas, que le premier parti politique kurde verra le jour sous le nom de parti démocratique du Kurdistan syrien. Le Kurde irakien Jalal Talabani, qui résidait à l'époque à Damas et qui était un proche collaborateur de Mustafa Barzani, semble avoir joué un rôle capital dans sa création. Si les conditions locales n'étaient guère favorables à une telle initiative, les gouvernements successifs depuis l'indépendance ayant interdit toute expression nationale kurde, elle a été en revanche facilitée par la situation régionale à la suite de la proclamation en 1955 du Pacte de Bagdad, regroupant entre autres l'Irak et la Turquie. La Syrie y était farouchement opposée, de même que l'Égypte, si bien que Nasser n'hésita pas à proclamer ouvertement sa sympathie pour la cause kurde à travers des émissions en langue kurde à la radio du Caire. Dans ce contexte, la fondation du nouveau parti, dont le principal mot d'ordre était pourtant la libération et l'unification du Kurdistan, fut encouragée par les services de renseignements de l'armée syrienne dans la mesure où il se proposait uniquement, selon ses dirigeants, de soutenir les Kurdes de Turquie et d'Irak. Cette lune de miel ne dura pas longtemps en raison du renversement en 1958 de la monarchie hachémite en Irak, et par conséquent du retrait de ce pays du Pacte de Bagdad, de l'échec des menées subversives du parti en Turquie et surtout du déclenchement en Irak, en

1. Fondée à Bhamdoun, Liban, le 7 octobre 1927, Xoybûn se proposait de mener une lutte politique et militaire en Turquie pour la libération du Kurdistan. Elle prônait en revanche l'établissement de relations fraternelles avec le gouvernement iranien et ne formulait pas de revendications politiques pour les Kurdes d'Irak et de Syrie.

septembre 1961, de la révolte de Mustafa Barzani, avec ses inévitables effets mobilisateurs parmi les Kurdes de Syrie. Les dirigeants du parti furent d'ailleurs arrêtés dès 1960, du temps de l'union syro-égyptienne, et un recensement de la population de la Djézireh eut lieu deux ans plus tard, le 5 octobre 1962, qui aboutit à la privation de la nationalité syrienne de dizaines de milliers de familles kurdes. Puis parut le 11 décembre 1962 le fameux mémorandum de l'officier du Renseignement militaire, Muhammad Talab Hilal[1], appelant ouvertement à un nettoyage ethnique dans le nord et le nord-est du pays.

Discrimination et répression

Dans ce texte à plusieurs égards fondateur, l'auteur recommande un train de mesures afin d'écarter, dit-il, la menace kurde : 1) déplacer vers l'intérieur du pays en les dispersant les éléments kurdes les plus dangereux, ensuite les autres, et ce, selon un plan de deux ou trois ans ; 2) pratiquer une politique visant à empêcher l'accès de la population kurde au savoir en ne construisant plus d'écoles car leur existence a abouti au résultat inverse de celui escompté ; 3) la majorité écrasante des Kurdes de la Djézireh jouit de la nationalité turque ; il faut donc corriger les registres d'état civil, ce qui est en cours, mais il faut en plus expulser ceux qui n'ont pas la nationalité syrienne vers leurs pays d'origine ; 4) priver les Kurdes d'emploi, de façon à les déstabiliser et les inciter à émigrer, et il faut les exclure du domaine d'application de la loi de la réforme agraire ; 5) mener sans relâche des campagnes de propagande anti-kurde au sein de la population arabe ; 6) déplacer vers l'intérieur du pays tous les dignitaires religieux kurdes et les remplacer sur place par des Arabes de vieille souche ; 7) susciter des dissensions au sein de la population kurde, en soulevant notamment ceux qui se prétendent d'origine arabe contre les éléments les plus dangereux ; 8) installer des tribus arabes le long des frontières afin de contrôler les Kurdes en attendant leur expulsion ; 9) faire du nord de la Djézireh une zone militaire dans le but d'évacuer les Kurdes et de les remplacer par des Arabes ; 10) créer dans cette zone des villages collectifs dont les habitants devraient être armés et entraînés à l'instar des colonies juives ; 11) interdire aux non-arabophones de voter et de se porter candidats ; 12) n'accorder la nationalité syrienne à aucune personne désirant résider dans la Djézireh, et cela quelle que soit sa nationalité d'origine, sauf si c'est celle d'un pays arabe.

Ce n'étaient alors que des recommandations d'un obscur officier du Renseignement militaire, mais elles seront confirmées progressivement par la suite, après la prise du pouvoir par le parti Baath en mars 1963, par des mesures discriminatoires envers les Kurdes dont s'est chargée en particulier sa section dans le gouvernorat de Hassaké (Hassetché). Mesures entérinées par la direction régionale (syrienne) du parti à l'issue de son 3e congrès tenu en septembre 1966, qui précise dans ses recommandations le projet dit de « ceinture arabe » : « Il faut redéfinir le statut des terres situées à la frontière syro-turque dans une bande longue de 350 kilomètres et large de 10 à 15 kilomètres, et les considérer propriété d'État afin d'y appliquer des systèmes d'exploitation susceptibles d'assurer la sécurité nationale. » Ce sera fait à partir du 24 juin 1974, date à laquelle le pouvoir en place – Hafez al-Assad était déjà au pouvoir depuis quatre ans – prit la décision d'exproprier des milliers de

1. Muhammad Talab Hilal (1931-2011) sera par la suite membre de la direction régionale du parti Baath, ministre de l'Approvisionnement (1968-1970), vice-Premier ministre et ministre de l'Agriculture (1971), puis de l'Industrie (1971-1972).

Kurdes vivant dans ladite bande et d'y fonder 40 villages arabes. La construction du barrage sur l'Euphrate – qui avait contraint une bonne partie de ses riverains à abandonner leurs villages submergés – offrait au régime baathiste un bon prétexte pour parachever la « ceinture arabe » en déplaçant une partie de cette population démunie vers les nouvelles « fermes d'État ».

Accompagnés d'une arabisation des toponymes, tous ces agissements pour opérer le changement démographique désiré par le Baath ont naturellement suscité des réactions hostiles de la part des forces kurdes organisées, dont le parti démocratique du Kurdistan. Presque tous ses dirigeants furent en conséquence arrêtés en 1973, et ils ne seront libérés qu'en 1980 lorsque le régime était surtout préoccupé par sa sanglante confrontation avec les Frères musulmans. L'accalmie qui s'ensuivit et qui dura une dizaine d'années avait probablement pour principale cause l'amélioration des relations entre le régime et les deux partis kurdes irakiens, dirigés l'un par Mustafa Barzani et l'autre par Jalal Talabani, et tous les deux en guerre contre Saddam Hussein devenu l'ennemi mortel de Hafez al-Assad. Par ailleurs, le PKK, dont le dirigeant, Abdullah Öcalan, s'est réfugié en Syrie après le coup d'État militaire de 1980 en Turquie, commençait à mobiliser la jeunesse kurde syrienne autour de ses propres mots d'ordre centrés évidemment, non sur le problème kurde en Syrie, mais sur la lutte armée contre la Turquie. Enfin, il faut dire que les interminables dissensions entre les dirigeants du mouvement national kurde en Syrie, avec la prolifération de partis et de groupuscules concurrents, les rendaient peu menaçants aux yeux des services sécuritaires, du moins à court et moyen terme. Si bien que trois dirigeants de ces partis allaient être autorisés à se présenter aux élections législatives de 1990 et être élus, sans jamais réussir pour autant, durant leur mandat, à aborder la question kurde dans leur pays.

Un visiteur encombrant

L'intrusion du PKK en Syrie, avec ses cadres politiques et militaires aguerris, a complètement bouleversé le paysage dans les régions à majorité kurde. Dans les années 1989-1990, notamment, des milliers de jeunes gens, hommes et femmes, ont été séduits par ses mots d'ordre révolutionnaires et ses solides structures organisationnelles alors que les partis existants les rebutaient par leur nature quasi tribale, leurs divisions endémiques et leur inefficacité. Son aura éclipsait même celles des deux grands partis kurdes irakiens d'autant plus que son chef charismatique résidait à Damas, disposait d'un camp d'entraînement dans la plaine de la Beqaa, au Liban, et bénéficiait d'une liberté de mouvement tant que son action se limitait à la lutte contre la Turquie. L'un des signes indubitables de l'extension de son influence fut l'élection de six candidats officiellement indépendants, mais qui lui étaient proches aux élections législatives de 1990, et de dizaines d'autres aux élections municipales de 1991.

On sait que la pression militaire turque en 1998 obligea Hafez al Assad, en vertu de l'accord d'Adana, à se séparer d'Öcalan. Celui-ci fut capturé au Kenya l'année suivante, après une longue cavale, et livré à la Turquie. Le PKK, dont la direction s'était retranchée dans les monts Qandil, à la frontière irako-iranienne, avait déjà une vitrine politique légale en Turquie (le parti démocratique des peuples) ; il le doubla de trois autres en Irak, en Iran et en Syrie (le PYD, parti de l'union démocratique, en 2003). Les relations syro-turques étant à l'époque, et jusqu'à 2011, au beau fixe, les militants du PYD furent dès sa création persécutés, 1 400 parmi eux emprisonnés, et certains moururent sous la torture. Durant cette même période, un affrontement en mars 2004 entre partisans de deux équipes de football, l'une kurde et l'autre arabe, se mua à Qamichli, puis ailleurs, en une véritable intifada kurde au cours de laquelle le siège du Baath fut brûlé et une statue de Hafez al-Assad abattue, ce qui entraîna une intervention musclée de l'armée qui fit une quarantaine de morts et des centaines de blessés. L'année suivante, en juin, des dizaines de milliers de Kurdes manifestèrent dans la même ville pour protester contre l'assassinat d'un religieux réformiste, Mashouq al-Khaznawi, dont le régime craignait le rôle fédérateur. Et malgré les incessantes scissions, fusions et recompositions des forces politiques kurdes, elles n'ont pas manqué de contribuer activement à la ranimation de la vie politique pendant ces années charnières qui ont suivi la mort de Hafez al-Assad en 2000, et trois parmi elles, regroupant chacune plusieurs partis, ont participé en 2005 au lancement de la Déclaration de Damas pour un changement démocratique.

Après la révolution

Dès le déclenchement du soulèvement, des Kurdes y prirent part. Des manifestations massives eurent lieu dans les villes à majorité kurde, des coordinations locales furent créées par les jeunes manifestants, rejointes après quelque hésitation par des organisations politiques. Deux personnalités kurdes de premier plan, Mashaal Tammo et Abdel-Basset Sayda, participèrent à la fondation début octobre 2011 du Conseil national syrien. Plus tard, le Conseil national kurde ne tardera pas à adhérer à la Coalition des forces de l'opposition et de la révolution fondée en novembre 2012. Parallèlement, le dirigeant du PYD, Salih Muslim, fut l'un des fondateurs du Comité national de coordination pour le changement démocratique, organisme concurrent du Conseil national, dans lequel il occupa le poste de vice-président.

Les événements qui se sont succédé depuis lors ont prouvé que le PYD était devenu la force politique (et militaire) largement dominante au sein de la population kurde de Syrie – tout en étant dépendante de la direction du PKK, dans les monts Qandil –, nullement soucieuse du changement démocratique en Syrie en tant qu'État-nation. C'est ce qui explique son attitude assez ambiguë vis-à-vis du régime, malgré la féroce répression qu'il lui avait fait longtemps subir. De sa prison, Öcalan a confié à son avocat, le 6 avril 2011 : « Assad doit négocier avec les organisations kurdes, tel que le PYD. Si la Syrie d'Assad procède à des réformes démocratiques, comme reconnaître les droits culturels [des Kurdes] et l'auto-administration, l'exercice du pouvoir municipal, si elle permet aux Kurdes de gérer eux-mêmes leurs affaires, si elle reconnaît leur identité, nous la soutiendrons. La famille Assad connaît bien mon approche du problème. » D'autres déclarations du chef du PKK vont dans le même sens, par exemple celle-ci qui date du 13 avril de la même année : « Assad doit reconnaître le PYD comme représentant politique officiel [des Kurdes] et négocier avec lui, et non avec les chefs des tribus, pour aboutir à un accord. Si la Syrie accepte cette condition, nous lui accorderons notre soutien. Sinon, c'est-à-dire si l'État tergiverse, le peuple kurde, sous la direction du PYD, militera avec l'opposition arabe sur la base de l'administration autonome démocratique. » L'idée d'une entente préférentielle mais conditionnelle avec le régime est bien affirmée aussi dans cet autre propos rapporté par l'avocat d'Öcalan et datant du 4 mai : « Les Kurdes se joindront-ils aux protestations et comment ? On peut s'accorder sur les termes d'une éventuelle négociation. Il faut qu'ils [les Kurdes] disent à Assad ce qui suit : Si les Frères musulmans accèdent au pouvoir, nous serons massacrés vous et nous, c'est pourquoi nous allons bâtir des unités de défense populaire autonome. Ils peuvent négocier avec Assad et parvenir à une solution démocratique. »

En fait, ni le régime, ni l'opposition arabe, ni les partis kurdes hostiles au PKK n'étaient en mesure de tenir tête au PYD qui, outre ses capacités militaires propres, bénéficiait du soutien des États-Unis et, il faut le reconnaître, d'une image extrêmement positive dans l'opinion publique occidentale. Il a ainsi parachevé le 19 juillet 2012 sa mainmise sur les trois cantons à majorité kurde, désignés désormais par lui sous le nom de Rojava et doté d'une administration autonome. Suivra le 12 novembre la formation d'un Conseil général transitoire de l'administration autonome, puis d'un Conseil de la Syrie démocratique, le 9 décembre 2015, et enfin, le 7 mars 2016, de la création unilatérale d'une Fédération démocratique du nord de la Syrie.

*

Il va sans dire que ces évolutions considérables de la donne politique et militaire sur le terrain, auxquelles se sont ajoutées les invasions turques, avec en minables supplétifs des débris de l'Armée syrienne libre (invasions dites fallacieusement Bouclier de l'Euphrate en 2016-2017, Rameau d'olivier en 2018 et Source de paix en 2019), n'ont fait qu'envenimer davantage les relations déjà entachées d'incompréhensions et de méfiances réciproques, voire de haines, entre Kurdes et Arabes – ou plus exactement entre un grand nombre de Kurdes et d'Arabes. Les réseaux sociaux abondent à cet égard en propos vénéneux qui, non seulement falsifient l'histoire des deux peuples, mais insultent aussi leur avenir. Dans un Proche-Orient en proie à toutes sortes de prédateurs, et surtout dans une Syrie martyrisée, occupée, morcelée, les uns et les autres ont pourtant intérêt, plus que jamais, à se rapprocher et à se dégager de la tutelle des puissances régionales et internationales pour jeter ensemble les bases d'une solution juste et durable de la question kurde.

La Syrie dans les enjeux régionaux et internationaux

Ziad Majed

Dès ses débuts en 2011, la révolution syrienne n'était pas à l'abri des interventions étrangères hostiles. Car une révolution dans un pays que son régime a veillé à transformer en une plaque tournante géopolitique avec laquelle le monde entier doit traiter sans tenir compte de la volonté de son peuple n'affronte pas ses seuls dirigeants. Ayant renforcé leur alliance avec l'Iran, ces derniers s'étaient intégrés dans un axe disposant de moyens militaires et financiers considérables. Par la suite, avec l'éclatement de la révolution, ils sont devenus le principal fer de lance de la stratégie régionale de Téhéran avant de se retrouver à l'intersection des intérêts iraniens et russes et de l'offensive politique puis militaire russe à l'échelle mondiale.

En revanche, la révolution syrienne n'a pas reçu, surtout après sa transformation en lutte armée, un soutien efficace de la part des pays prétendant être « amis de la Syrie » (le Qatar, l'Arabie saoudite, la Turquie, la France, la Grande-Bretagne et les États-Unis). D'où un déséquilibre flagrant, tant qualitatif que quantitatif, dans les moyens militaires, confirmés mois après mois, ce qui a prolongé le conflit et permis au régime de se maintenir.

Après le 21 août 2013, date du bombardement par le régime de la Ghouta de Damas au gaz sarin, tuant à l'aube des centaines de personnes, dont des familles entières, il était clair que la tendance générale des gouvernements et de larges secteurs de l'opinion publique dans le monde n'était pas en faveur d'une intervention, que ce soit pour soutenir la révolution ou pour abattre le régime. On s'est depuis lors contenté de surveiller la situation et de la gérer de loin, laissant se poursuivre la tuerie et la situation pourrir, jusqu'à l'apparition de l'État islamique. Ce dernier s'est emparé au printemps 2014 de l'est syrien après le centre et l'ouest irakien. Les États-Unis lui ont aussitôt déclaré la guerre. Un an plus tard, c'est la Russie qui intervient militairement pour sauver le régime en manque d'effectifs et ne contrôlant plus en septembre 2015 que 20 % du territoire.

L'Iran et la protection de son allié

Depuis le début de la révolution, Téhéran a fourni au régime une aide considérable. L'expertise des appareils sécuritaires iraniens dans la répression des mouvements populaires et leur maîtrise technique dans l'espionnage électronique, le repérage des signaux téléphoniques et des sites émetteurs sur Internet des messages, des images et des vidéos, sont des plus efficaces. Elles ont permis au régime (qui s'est également procuré des technologies françaises, italiennes, américaines et suédoises) d'arrêter un grand nombre d'activistes et de surveiller les mouvements de leurs camarades.

Quand la révolution a pris une tournure militaire, l'Iran est intervenu sur trois niveaux. Le premier consistait à planifier les opérations du régime, tâche confiée au général Qassem Suleimani de la brigade Al-Qods des Gardiens de la révolution ; le deuxième, à fournir des pièces de rechange, des munitions et des équipements de combat légers et moyens, en plus de missiles de courte portée ; le troisième, à entraîner des dizaines de milliers de jeunes Syriens, pour la plupart alaouites, qui formeront la milice dite « Armée de défense nationale ».

Ajoutons à cela que les Iraniens ont directement mobilisé, à partir de l'été 2012, des milliers de combattants chiites irakiens et des milliers d'autres Libanais du Hezbollah pour combattre autour de la capitale Damas (zone de Sayyida Zaynab) et dans les environs de Homs. Le nombre de ces combattants n'a cessé de croître en 2013, puis de 2014 à 2017, mobilisant cette fois des milliers d'Afghans et de Pakistanais. La participation de ces miliciens chiites dans les offensives à Alep en 2016 et à Deraa en 2018 fut des plus décisives.

Les raisons de cette implication militaire iranienne en Syrie et cette disposition à y dépenser des sommes énormes, alors que l'économie iranienne souffre des conséquences du blocus et des sanctions internationales, ont été explicitées par l'ancien ministre des Affaires étrangères, Ali Akbar Velayati, et par l'un des proches de Khamenei, Mehdi Taleb. Selon le premier « la Syrie est le sceau doré de la Résistance » (c'est-à-dire de l'axe régional dirigé par Téhéran) et pour le second, la Syrie serait « le 35e gouvernorat iranien, si nous la perdons, nous ne pourrons même plus défendre Téhéran[1] ». Plus précisément, on peut dire que l'important soutien apporté au régime syrien par Téhéran est motivé par trois raisons essentielles.

D'abord, la vieille alliance qui a été profitable aux deux régimes dès 1980. Téhéran était en quête d'un allié arabe qui empêcherait Saddam Hussein d'utiliser le prétexte d'un conflit historique arabo-perse dans sa guerre contre l'Iran. Les dirigeants iraniens recherchaient également un pont jusqu'au Liban pour y exporter leur révolution à la communauté chiite. Hafez al-Assad voulait de son côté occuper et épuiser son rival irakien, sans doute aussi se faire valoir auprès des Occidentaux et des Arabes du Golfe, comme médiateur avec Téhéran en cas de crise. Tous cédaient à son chantage de crainte qu'il ne tombe totalement dans le giron iranien. Cette vieille alliance s'est maintenue, a évolué et s'est renforcée après 2003.

En deuxième lieu, il faut noter les développements survenus au cours de la dernière décennie après la chute des talibans et de Saddam, l'Iran étant devenu un acteur influent sur la scène afghane, ainsi qu'en Irak, où ses alliés ont occupé les principaux postes politiques et sécuritaires et ont consolidé leur pouvoir après le retrait américain. Les Iraniens considèrent que la Syrie leur assure un accès à la Méditerranée, reliant l'Irak au Liban contrôlé par le Hezbollah et formant, en arc de cercle, une force redoutable aux plans économique, militaire et démographique. De plus, en s'installant ainsi aux frontières d'Israël, ils seraient en mesure de le dissuader de s'attaquer à leur programme nucléaire. C'est pourquoi défendre Assad revient, pour eux, à défendre leur hégémonie sur le Liban et l'Irak, et, par conséquent, à se maintenir comme grande puissance régionale.

Une troisième raison est, selon certains dirigeants iraniens, la proximité idéologique et confessionnelle entre chiites et alaouites dans les quatre pays. Il serait donc possible de mobiliser les chiites contre une éventuelle rupture « sunnite » de l'axe susmentionné,

1. Déclaration de Taleb, le 14 février 2013, lors d'une cérémonie universitaire des Bassij à Téhéran.

sous la houlette d'Ankara, de Riyad et de Doha[1].

La Russie en Syrie : de l'interventionnisme à la conquête militaire

La Russie s'est montrée l'acteur international le plus ferme dans le soutien de Damas et la gestion de la question syrienne. Usage du veto à treize reprises au Conseil de sécurité des Nations unies pour bloquer toute résolution condamnant ou sanctionnant le régime, livraisons régulières d'armes et de munitions[2] et expertises politiques et médiatiques, Moscou n'a pas fléchi face aux États occidentaux soutenant timidement l'opposition.

Cet acharnement russe pour sauver le régime Assad de 2011 à 2015 s'est transformé en un engagement militaire direct. En effet, entre fin septembre 2015 et fin décembre 2019, l'aviation et la marine russe ont effectué des dizaines de milliers de frappes contre les formations de l'opposition syrienne. Elles ont également visé l'infrastructure médicale et les axes routiers dans les zones « libérées », permettant aux forces du régime, aux milices chiites pro-iraniennes et à des groupes de mercenaires russes (appartenant à des sociétés privées proches du Kremlin) de conquérir les quartiers est de la ville d'Alep, la région de Palmyre, puis le sud du pays, avant d'envahir la Ghouta de Damas et le nord du gouvernorat de Hama. Les opérations se poursuivent depuis janvier 2020 dans la région d'Idlib.

Pourquoi cette politique russe ?

Que vise Vladimir Poutine à travers le soutien à Assad allant jusqu'à l'intervention militaire dans le pays ? Nous pouvons évoquer sept raisons qui expliquent l'obstination russe à soutenir le régime syrien.

La première est la conviction du Kremlin que la Syrie offre à la Russie l'occasion d'un retour en force sur la scène internationale. Ni Washington ni l'Europe ne pourront plus se permettre de faire abstraction de la Russie dans quelque dossier que ce soit.

Cela signifie pour les Russes la fin d'une période au cours de laquelle ils étaient marginalisés. On se souvient de la guerre du Golfe en 1991, des guerres de Yougoslavie et de l'intervention de l'OTAN contre leurs alliés serbes en 1999, de l'invasion de l'Irak en 2003 malgré le veto russe, ou de ce qu'ils considèrent comme une trahison de la substance de la résolution n° 1973 du Conseil de sécurité des Nations unies de mars 2011 à propos de la Libye que Moscou a laissé voter (et qui n'autorisait pas le renversement de Kadhafi). Leur intervention en Syrie est à la fois une revanche sur les Occidentaux et le couronnement d'une « progression » accomplie ces dernières années au détriment des alliés de l'Occident à leurs frontières (en Ukraine et en Géorgie).

La deuxième raison est proprement moyen-orientale. Le régime syrien est un ancien allié de Moscou, du temps de l'Union soviétique et de la guerre froide. La Syrie baathiste était devenue, après la mort du président égyptien Nasser en 1970, puis l'éloignement de son successeur Sadate de Moscou après 1973, l'allié principal des

1. Pour en savoir plus sur l'évolution des relations entre l'Iran et la Syrie au cours des dernières décennies, se référer à l'ouvrage de Jubin Goodarzi, *Syria and Iran : Diplomatic Alliance and Power Politics in the Middle East*, Londres, I.B. Tauris, 2009.

2. Entre 2011 et 2015, l'aide russe au régime syrien tant en armes qu'en équipements n'a pas cessé, y compris l'envoi d'hélicoptères, de missiles, de chars, d'obus et de pièces de rechange. Le paiement a été soit échelonné soit considéré comme une dette différée. Depuis l'intervention directe en 2015, c'est à travers des accords et des promesses de contrats que Moscou compte récupérer ses dépenses militaires en cours.

Soviétiques dans le monde arabe. Plusieurs grands projets de coopération militaire, économique et scientifique ont été conclus entre le Kremlin (Brejnev surtout, puis Andropov, Tchernenko et Gromyko) et Hafez al-Assad (entre 1971 et 1988). La coopération a continué après l'effondrement de l'Union soviétique puis après la mort d'Assad et la succession offrant à son fils Bachar le pouvoir. Des sociétés et entreprises russes se sont impliquées davantage dans les chantiers d'infrastructure et d'industrie gazière en Syrie. Les échanges commerciaux entre les deux pays ont augmenté. À Tartous, sur le littoral syrien, un accord entre Damas et Moscou a permis des travaux d'agrandissement de la seule base militaire russe dans le bassin méditerranéen en vue de la transformer en 2020 de telle sorte qu'elle puisse accueillir des flottes de guerre.

La troisième raison pourrait être qualifiée de confessionnelle ou de religieuse. Elle découle de la position de l'Église orthodoxe russe, intimement liée au Kremlin, qui soutient le régime syrien en tant que « protecteur de l'une des plus grandes minorités chrétiennes d'Orient », selon les proches de cette Église. Ces derniers recommandent aussi de contenir « la montée du sunnisme » dans la région, qui pourrait atteindre certaines républiques frontalières de la Russie y compris le Caucase et les républiques russes à majorité musulmane sunnite, d'autant que « l'expérience tchétchène » n'est pas si lointaine.

La quatrième raison est liée au désir de la Russie de montrer sa capacité à protéger ses alliés dans les circonstances les plus difficiles ; ce qui encouragerait d'autres pays à se placer sous son aile en toute confiance, alors que les États-Unis et les autres pays occidentaux paraissent, depuis plusieurs années, moins constants qu'auparavant dans leurs alliances, les modulant en fonction de l'échelle des priorités de Washington.

La cinquième raison est liée à l'industrie russe de l'armement qui a perdu entre 2003 et 2012 les deux marchés de l'Irak et de la Libye[1]. Elle n'est donc pas disposée à sacrifier le marché syrien qui est le septième par ordre d'importance pour elle[2]. Elle souhaiterait même idéalement le développer.

La sixième est un principe immuable de l'approche diplomatique russe des relations internationales. C'est le refus de « l'ingérence onusienne » dans quelque pays que ce soit si le prétexte en est la politique intérieure de ses gouvernants. Car pour Moscou, cela reviendrait à remettre en question « la souveraineté des États », placée par elle au-dessus de la nature des régimes politiques, des conventions internationales, des crimes de masse et du respect des droits de l'homme.

La septième est relative à la lecture que font les Russes des politiques occidentales dans le Moyen-Orient depuis 2012. Ils ont bien compris que les Occidentaux n'étaient pas fermes dans leur soutien à l'opposition syrienne, et que l'administration Obama ne souhaitait en aucun cas intervenir directement en Syrie alors qu'elle tournait la page des mésaventures irakiennes et afghanes. En outre, les négociations entre Washington et Moscou à la suite du massacre chimique commis par les forces du régime Assad le 21 août 2013 qui ont épargné à Damas des sanctions militaires américaines (et françaises) sont une preuve supplémentaire du désengagement d'Obama malgré le franchissement par Assad des fameuses

1. En 2015, la Russie a réussi à reprendre une part du marché irakien et elle a pris des parts dans le marché égyptien. Cela lui a permis d'augmenter ses chiffres d'affaires.

2. Les pertes de l'industrie militaire russe en Libye sont estimées à 4 milliards de dollars. Les contrats d'armement entre Moscou et Damas (de 2000 à 2010) s'élèvent à 1,5 milliard de dollars, et des discussions entre les deux capitales sur l'achat de missiles sol-sol et de systèmes de défense aérienne étaient entamées en 2011. Lire Dimitri Trenin, « Pourquoi la Russie soutient Assad », URL : http://www.nytimes.com/2012/02/10/opinion/why-russia-supports-assad.html.

lignes rouges. Depuis cet épisode, l'appui russe au régime s'est renforcé et un net recul d'influence et de crédibilité occidentale en Syrie s'est fait sentir.

Intervention militaire directe : le passage à l'acte de Moscou, ses visées et ses conséquences

Entre fin 2014 et le printemps 2015, malgré tout le soutien russe et iranien déjà fourni à Damas, l'évolution de la situation militaire sur le terrain syrien montrait deux dynamiques très inquiétantes pour Moscou et Téhéran.

La première, c'est la déroute militaire de l'armée du régime avec la perte en quelques mois de plusieurs villes et bases militaires dans des zones stratégiques au nord comme au sud du pays. La base de Wadi al-Dayf, les villes d'Idlib, Jisr al-Shughour et Ariha au nord, la base 52 et plusieurs villages autour de l'axe Deraa-Damas au sud sont tombés dans les mains de l'opposition armée[1], ouvrant ainsi des voies vers de nouveaux fronts menaçant le littoral méditerranéen, fief du régime, et la capitale Damas. Dans le même temps, les forces du régime se sont retirées de la ville de Palmyre dans le désert, sous la pression des milices de Daech.

La deuxième dynamique, c'est le succès des tactiques de guerre d'usure utilisées par l'opposition contre le Hezbollah libanais, les milices irakiennes et les conseillers iraniens qui les soutenaient dans la région de Qalamoun près des frontières nord-est du Liban, dans la ville de Zabadani à l'ouest de Damas, dans le quartier de Jobar à l'est de la capitale et dans plusieurs localités des Ghoutas orientale et occidentale (faubourgs et campagnes entourant Damas)[2]. L'échec des alliés d'Assad, qui se devaient de remporter des victoires décisives dans ces localités, avait poussé le général iranien Qassem Suleimani à se déplacer sur les fronts en Syrie, à déclarer qu'il y aurait des « surprises[3] » et à mobiliser de nouveaux officiers iraniens et miliciens chiites afghans et pakistanais, pour venir épauler les alliés d'Assad (libanais et irakiens) déjà présents sur le terrain.

À ces deux dynamiques s'ajoutait la nouvelle politique américaine envers Daech, et les raids aériens menés par Washington dans l'est et le nord-est de la Syrie[4]. Un développement stratégique qui lui permettait d'occuper l'espace aérien syrien sous le regard inquiet de Moscou.

Le 26 juillet 2015, Bachar al-Assad appelle ses alliés à l'aide, et annonce dans un discours télévisé que le régime est en grand manque de ressources humaines, et qu'il est obligé de se replier sur certains fronts pour assurer la défense d'autres.

C'est le moment où Moscou a estimé que le temps était venu pour intervenir directement, sauver le régime, et se présenter comme une puissance mondiale

1. Les principales forces opposantes armées engagées dans ces combats sont « l'armée de la conquête » au nord, regroupant des forces islamistes, des brigades locales de l'Armée syrienne libre et Jabhat al-Nosra devenu, après fusion de six groupes islamistes rebelles syriens, Hay'at Tahrir al-Cham (HTS), et le Front du Sud à Deraa, regroupant des brigades et bataillons de l'Armée syrienne libre.

2. Les forces de l'opposition engagées dans ces batailles à quelques kilomètres de la capitale Damas sont les groupes islamistes non djihadistes Ahrar al-Cham, Faylak al-Rahman, Jaysh al-Islam et Ajnâd al-Cham, les brigades locales de l'Armée libre, et Jabhat al-Nosra.

3. La chaîne TV Al-Mayadeen, proche de Téhéran, du Hezbollah et du régime syrien avait annoncé le 5 juin 2015 que des hauts officiers de l'armée syrienne et des conseillers iraniens avaient effectué des visites dans les zones de combat. Selon la même chaîne, le commandant de la Brigade Al-Qods, le général Suleimani, a visité la localité de Jourin au nord-ouest de Hama pour examiner les plans militaires afin de coordonner les opérations de l'armée syrienne et mener une contre-offensive.

4. Les Américains menaient également des raids aériens en appui aux milices kurdes qui combattaient Daech dans la région de Kobané.

capable de frapper loin de ses frontières. Des pourparlers avec Téhéran ont dès lors élaboré les plans de l'intervention[1]. Les Iraniens, incapables d'envoyer leur aviation ou de mobiliser plus de combattants chiites des pays de la région, ont appuyé la décision de Vladimir Poutine, même si cela les renvoyait en seconde position sur le terrain et dans les négociations, après avoir été aux avant-postes pendant plus de trois ans.

Le déploiement des troupes russes et la préparation de la base Hmeimim près de Lattaquié, puis de l'aéroport d'al-Shu'ayrât dans le centre du pays ont alors débuté. À la mi-septembre 2015, la Russie était déjà prête à opérer militairement en Syrie[2]. Le 30 septembre, Poutine annonce le début de l'intervention russe, au prétexte d'attaquer les djihadistes[3].

Raids aériens, tirs de missiles, bombardement naval et propagande de guerre, le dirigeant russe fait la démonstration d'un « moment de gloire militaire[4] » similaire à celui des Américains durant l'opération « Tempête du désert » en 1991 contre l'Irak et ses troupes au Koweït. Il souhaite se présenter en superpuissance intouchable par les sanctions économiques occidentales dues au conflit en Ukraine[5]. Et il souhaite aussi ne pas laisser le ciel syrien aux seuls Américains. Le tout, sous la bénédiction de l'Église orthodoxe russe qui est allée jusqu'à qualifier l'intervention de « guerre sainte ».

Mais ce qui est plus important encore, c'est que sur le terrain les opérations militaires russes ont cherché à réaliser deux objectifs.

Le premier, affaiblir l'opposition syrienne, voire l'anéantir dans les régions limitrophes de la côte méditerranéenne, dans le centre du pays et autour de la capitale Damas, et à Alep. Ceci dans le but de permettre aux forces du régime (et à ses alliés chiites) de reprendre du territoire, et de faciliter à Daech le progrès dans le nord d'Alep où il combattait depuis des mois les forces de l'opposition pour le contrôle de plusieurs villes et villages. Ainsi, une nouvelle configuration du conflit permettrait à Moscou de n'évoquer que deux forces principales sur le terrain : le régime et Daech. Par conséquent le choix devait se faire entre ces deux forces-là[6]. C'est dans cette même logique que les Russes ont dès le début de leurs opérations nié l'existence de l'Armée syrienne libre et des groupes armés « modérés », et qu'ils ont plus tard annoncé qu'ils bombardaient sans distinction tous les groupes terroristes en Syrie (admettant indirectement que les djihadistes n'étaient pas leur unique cible)[7].

Le deuxième objectif consistait à affirmer que Moscou ne se contentait plus du rôle

1. Selon l'agence Reuters, qui cite des sources dans la région, des responsables iraniens ont effectué plusieurs visites à Moscou pour préparer l'intervention. La plus importante fut celle du général Suleimani : http://nr.news-republic.com/Web/ArticleWeb.aspx?regionid=3&articleid=49427101.

2. Poutine a informé le Premier ministre israélien Netanyahu en visite officielle à Moscou le 21 septembre des plans russes. Israël, qui menait régulièrement des raids aériens dans le sud de la Syrie contre les convois d'armes iraniens destinés au Hezbollah libanais, a de son côté affirmé sa volonté de poursuivre ses opérations.

3. Sachant que les services de renseignements russes prétendent que près de 3 000 djihadistes ressortissants des républiques de la Ciscaucasie (de la Fédération russe) se trouvent en Syrie.

4. « La Russie s'entraîne militairement en Syrie » : http://foreignpolicy.com/2015/12/09/russia-is-using-syria-as-a-training-ground-for-its-revamped-military-and-shiny-new-toys/.

5. « La Russie dépense 4 millions de dollars par jour en Syrie » : http://www.military.com/daily-news/2015/10/27/russia-spending-4-million-a-day-in-syria-to-back-assad-regime.html.

6. L'Institute for the Study of War (ISW) dans un rapport détaillé publié le 14 octobre 2015 montre comment les frappes russes permettent à Daech des gains territoriaux : http://understandingwar.org/backgrounder/russian-airstrikes-syria-september-30-october-14.

7. Le 23 octobre, le porte-parole du Kremlin, Dmitri Peskov, déclare aux agences de presse russes : « Aucune force modérée n'a pu être identifiée dans la masse diffuse des organisations terroristes et extrémistes qui constitue une menace à l'intégrité politique et territoriale de la Syrie. »

de sponsor politique du régime, mais qu'il devenait l'acteur le plus influent en Syrie, non seulement à court mais même à long terme. La Russie réserve par ce biais sa place dans la Syrie de la transition politique, et même dans la Syrie d'après Assad[1].

Plus de quatre ans après le début des opérations russes, force est de constater que le changement significatif dans le rapport de force militaire souhaité par Moscou a bien été réalisé. Le régime a récupéré les régions qu'il avait perdues fin 2014 et en 2015. L'opposition armée a ainsi perdu la majorité des zones qu'elle détenait, et des centaines de milliers de civils ont quitté ces zones-là, modifiant leur démographie.

Mais si la Russie s'est imposée comme l'acteur international incontournable dans le pays (équilibriste entre les Iraniens d'une part, et, d'autre part, les Israéliens qui continuent leurs raids aériens contre les convois de missiles destinés au Hezbollah et les positions des Gardiens de la révolution proches du Golan occupé ; sponsor d'un processus de négociations tripartite avec l'Iran et la Turquie et d'accords de désarmement locaux ; et « puissance mandataire » en Syrie suite à des conventions signées avec Damas), elle n'est pas parvenue à imposer une solution politique finale couronnant ses succès militaires. Les raisons sont multiples. Nous les évoquerons dans la conclusion de ce chapitre.

Les « Amis du peuple syrien » ou les alliés hésitants de la révolution

En face des deux fidèles alliés du régime, certains pays arabes, régionaux et occidentaux ont proclamé leur soutien à la révolution et se sont rassemblés en 2012 sous le nom d'« Amis de la Syrie ». Ils ont apporté tantôt une aide matérielle aux forces de l'opposition, tantôt une aide militaire limitée à l'Armée libre et à certaines brigades islamiques. Ils ont aussi agi sur les plans politique, médiatique et diplomatique, pour faire pression sur le régime en lui imposant des sanctions économiques.

Cependant, il existe une différence de taille entre l'aide fournie par les alliés du régime et celle des « Amis » de la révolution. La Russie et l'Iran ont pris d'eux-mêmes l'initiative de soutenir Assad, car il s'agissait pour eux de défendre leurs intérêts directs en Syrie. Tous deux considéraient cet engagement comme une priorité stratégique, n'hésitant pas à multiplier leur assistance au moindre signe d'affaiblissement du régime, ayant un unique objectif : la victoire. Quant aux « Amis » de la révolution, certains d'entre eux y ont été amenés contraints et forcés, d'autres dans le but de la contrôler et d'autres encore pour contrecarrer l'offensive iranienne. Aussi, parmi eux, plusieurs ont même affirmé préférer aboutir à un accord avec le régime plutôt que de poursuivre la bataille jusqu'au bout, c'est-à-dire jusqu'à sa chute.

La Turquie : soutien, obsession kurde et repositionnement

Le gouvernement turc a pris en juin 2011 la décision de soutenir l'opposition syrienne. Cette décision a été précédée de deux visites infructueuses à Damas du ministre des Affaires étrangères Davutoğlu, ainsi que du Premier ministre Recep Tayyip Erdogan, dans le but de convaincre Bachar al-Assad d'entamer des réformes et d'arrêter certains responsables des massacres de manifestants[2].

1. « La Russie s'installe pour longtemps en Syrie » : http://www.defensenews.com/story/defense/policy-budget/warfare/2015/12/13/russia-digging-long-haul-syria/77148866/.

2. La visite d'Erdogan fut suivie de la dernière visite d'un responsable turc en Syrie, le 9 août 2011. Le ministre des Affaires étrangères a transmis à Assad un message disant en substance que la situation était appelée

La Turquie a coordonné sa décision d'appuyer l'opposition syrienne avec le Qatar, ouvrant ses frontières aux premiers déserteurs de l'armée du régime syrien, puis aux réfugiés. Istanbul est aussi devenu le siège du premier rassemblement élargi de l'opposition syrienne : le Conseil national. De même, la Turquie a permis le passage, à travers son territoire à partir de 2012, de dizaines de chargements d'armes légères et moyennes devant être livrées aux factions révolutionnaires qui combattaient dans le nord et l'est de la Syrie. Elle est ainsi apparue comme le principal allié de la révolution pendant les deux années qui ont suivi son déclenchement.

Cette assistance de la Turquie était surtout due au parti au pouvoir (l'AKP) et à sa sensibilité islamique et ses affinités avec les Frères musulmans syriens. Au contraire, les partis laïques « kémalistes », de même que la plupart des forces de gauche, étaient dès le début hostiles à la révolution parce qu'ils la considéraient comme islamiste, ou tout simplement parce que Erdogan et son parti la soutenaient. C'était aussi le cas de certains officiers supérieurs. De même, des hommes d'affaires et investisseurs qui ont profité, durant la dernière décennie, des relations commerciales et touristiques avec la Syrie, se sont trouvés lésés par les événements. Le déplacement de fabriques et de dépôts (légalement ou illégalement) du nord de la Syrie vers la Turquie n'a probablement pas compensé toutes leurs pertes. Ces divisions internes ont évidemment gêné le gouvernement. À quoi s'ajoutait que la Turquie évitait autant que possible une rupture avec Moscou, Pékin et Téhéran pour des raisons à la fois économiques et politiques liées à la situation en Asie centrale et à la politique de bon voisinage qu'elle a adoptée au cours des années précédentes.

Il est également une question politique primordiale pour Ankara qui préoccupait (et préoccupe encore plus aujourd'hui) toutes ses forces politiques : la question kurde. Les Turcs craignaient que les Kurdes puissent imposer dans le nord-est de la Syrie une autonomie gérée par leurs propres forces armées. Il est probable qu'en tolérant provisoirement (entre l'été 2012 et le printemps 2013) l'infiltration de combattants djihadistes à travers ses frontières en direction du nord de la Syrie, le gouvernement turc cherchait à contraindre les forces armées kurdes à se tenir sur la défensive, les empêchant de participer aux combats à l'intérieur et de pénétrer en Turquie. Cependant, la situation s'étant dégradée par suite du renforcement de Daech et la prise par les djihadistes de certains passages frontaliers avant de déclarer leur califat en 2014, Ankara a dû revoir ses calculs, imposant un strict contrôle de ses frontières.

Or la guerre déclarée par les Américains contre Daech en août 2014 et leur coopération avec les milices kurdes dans la lutte contre les djihadistes d'un côté, l'intervention militaire russe en septembre 2015 et les tensions avec Moscou qui l'ont suivie de l'autre, ont contraint la Turquie à changer sa politique en Syrie. Un changement qui a été renforcé fin 2016, après la tentative de coup d'État militaire contre Erdogan, qui non seulement a affaibli son armée (vu les arrestations de milliers d'officiers et de soldats, dont une grande partie de l'armée de l'air), mais aussi a poussé Ankara vers une coopération étroite avec Moscou, se considérant trahi par les Occidentaux et l'OTAN qui n'ont guère réagi en solidarité avec leur « allié ».

Par conséquent, la Turquie est à son tour intervenue militairement en Syrie en 2016 et en 2018 avant de s'y installer en 2019. Ses interventions ont surtout visé les milices

à se dégrader et à gagner en complexité si le régime ne se dépêchait pas d'alléger les opérations de répression à Hama et ailleurs dans le pays.

kurdes, vainqueurs grâce au soutien américain de la guerre contre Daech. Une zone de sécurité a été mise en place par Ankara, et une réorganisation des forces militaires de l'opposition dans cette zone les a rendues totalement sous commandement turc. En parallèle, la Turquie a parrainé avec les Russes et les Iraniens une série d'accords et un processus de négociations entre opposition et régime syrien, sans pour autant réussir à contenir la volonté de Moscou de permettre au régime de contrôler d'avantage des territoires dans le nord afin de sécuriser les axes routiers entre Damas et Alep.

La compétition entre le Qatar et l'Arabie saoudite

Dès le déclenchement de la révolution, les pays arabes se sont trouvés divisés sur la manière d'aborder la question syrienne. Leurs gouvernements ont adopté des positions diverses lors des réunions de la Ligue arabe mais ils ont finalement convenu en novembre 2011 de suspendre l'adhésion de la Syrie.

Contrairement aux pays qui ont soutenu la révolution ou qui sont restés neutres[1], l'Algérie et l'Irak ont voté systématiquement en faveur du régime syrien et se sont opposés aux sanctions votées à son encontre. Le Liban s'est joint à ces deux pays avant d'opter pour une neutralité[2], surtout au niveau onusien. Cependant, l'appui effectif des pays arabes à la révolution s'est limité au Qatar et à l'Arabie saoudite.

Le premier pays arabe à soutenir la révolution a été le Qatar. La chaîne Al-Jazira, avec son large faisceau de diffusion et sa forte influence, et qui avait déjà accompagné les révolutions en Tunisie, en Égypte, en Libye et au Yémen (et couvert les événements de Bahreïn, mais uniquement via son antenne en langue anglaise), a commencé à évoquer les manifestations en Syrie en mai 2011, soit six semaines après leur déclenchement. Ce retard est dû à l'embarras de sa direction, le Qatar ayant choisi entre 2004 et 2010 de soutenir le régime syrien et ses alliés sur la scène libanaise. Son discours officiel, durant ces années, était celui des forces de la *mumâna'a* (récalcitrance) et son émir jouait les médiateurs entre Damas, Paris et Washington, profitant de l'affaiblissement des leaderships traditionnels (plus précisément l'Égypte et l'Arabie saoudite) pour gagner de l'influence sur la scène politique arabe, fort d'une croissance économique record, de moyens financiers énormes et d'un pragmatisme à toute épreuve. Son ambition démesurée de devenir une puissance régionale l'a conduit à soutenir les révolutions arabes et à atteindre ainsi en 2011 certains de ses objectifs[3].

Les débuts de la couverture des manifestations en Syrie par la chaîne Al-Jazira, avec la collaboration de citoyens reporters

1. L'Égypte a soutenu politiquement la révolution syrienne jusqu'au renversement de Mu'hammad Morsi par Sissi et l'armée en juin 2013. Les autorités tunisiennes ont fait de même, ce qui a entraîné des réactions hostiles de certaines forces politiques. Quant aux gouvernements du Maroc et du Yémen (après la démission d'Ali Abdallah Saleh), ils ont adopté des positions défavorables au régime syrien mais ne sont pas intervenus directement dans la question syrienne. La Jordanie, pour sa part, bien qu'ayant autorisé les Saoudiens à faire passer des armes à travers ses frontières, n'a pas rompu avec Damas, et l'ambassadeur du régime syrien à Amman est restée sur place jusqu'en 2014.

2. Le Liban est le pays le plus sensible aux vicissitudes de la situation en Syrie car les Libanais sont profondément divisés sur la position à adopter. Le Hezbollah, présent aussi bien dans le gouvernement qu'au Parlement libanais, envoie des milliers de ses combattants pour soutenir le régime, tandis que l'armée est impuissante à l'en empêcher et à contrôler les frontières.

3. On pourrait aussi dire, dans ce contexte, que le Qatar a considéré que le moment était propice pour la formation de nouveaux gouvernements arabes dominés par le mouvement des Frères musulmans. En parrainant ces gouvernements, Doha espérait jouer un rôle dirigeant à l'échelle régionale en étroite alliance avec la Turquie.

(en raison de l'interdiction aux journalistes étrangers d'opérer en Syrie), et sa diffusion de films postés par eux sur YouTube pour rompre le blocus médiatique qui leur était imposé ont provoqué des échanges polémiques entre Doha et Damas, qui se sont rapidement envenimés. Le Premier ministre et ministre des Affaires étrangères qatari, Hamad Ben Jasem, s'est alors rendu en Syrie en vue de convaincre Assad de changer de politique pour éviter le pire, mais leur rencontre s'est terminée par une altercation, ce qui a abouti à une rupture totale entre les deux pays et à la fermeture de l'ambassade du Qatar à Damas en juillet 2011[1]. Au début de 2012, c'est le Qatar qui a assuré le premier acheminement d'armes aux insurgés avec l'aide de la Turquie. Avec l'extension des combats, le Qatar a augmenté son appui militaire à l'opposition, en particulier aux brigades plus ou moins apparentées aux Frères musulmans, et ce, jusqu'en 2015.

L'Arabie saoudite, elle, était déjà très préoccupée par la nouvelle donne dans la région, notamment en Égypte. Quand la révolution syrienne a éclaté, ses priorités étaient le Bahreïn et le Yémen, ses proches voisins. À Bahreïn, elle surveillait les événements de près, envoyant une force militaire dans le cadre de l'opération dite « Bouclier de la Péninsule » pour aider les autorités de Manama à réprimer les manifestants chiites en lesquels elle voyait un danger iranien et une menace pour la stabilité de son propre régime. Au Yémen, elle cherchait une solution qui n'aboutirait pas à un changement radical même si elle devait impliquer le départ du président Ali Abdallah Saleh. Elle était également soucieuse de la coopération turco-qatarie qui consolidait les positions de Doha, ainsi que de la montée en puissance des Frères musulmans avec lesquels elle était en mauvaises relations depuis trois décennies[2].

Malgré la mésentente entre Riyad et Damas depuis l'assassinat du Premier ministre libanais Rafic Hariri à Beyrouth en 2005, l'Arabie saoudite a attendu août 2011 pour adopter une attitude ferme face au régime syrien. Ce même mois, la chaîne Al-Arabiya a commencé à répercuter cette attitude, comme l'avait fait avant elle la chaîne libanaise Al-Mustaqbal, accordant au départ un peu plus d'importance qu'auparavant aux événements en Syrie avant de les couvrir de près. Cette chaîne est, comme Al-Jazira, largement diffusée et très influente dans le monde arabe. Depuis lors, l'Arabie saoudite a œuvré d'abord en coordination obligée avec le Qatar et la Turquie, puis en compétition avec ces deux pays, à armer les insurgés à travers la frontière jordanienne, stratégique de par sa proximité géographique avec Damas. Elle a également soutenu le Conseil national avant de lui préférer, de commun accord avec les États-Unis, le Qatar et la France, la Coalition nationale au sein de laquelle – bien que fondée à Doha en novembre 2012 – ses alliés sont progressivement devenus majoritaires.

L'Arabie saoudite a maintenu son aide aux combattants syriens tout au long des années 2013 et 2014. Son premier objectif était de faire face à l'avancée de l'Iran dans la région. Cependant, la compétition entre

1. Des sources du Golfe ont déclaré au quotidien libanais *Al-Nahâr* le 13 mai 2013 qu'Assad avait menacé le Qatar de réquisitionner ses investissements en Syrie si Al-Jazira continuait à couvrir les manifestations en Syrie. Le responsable qatari aurait répondu que de telles menaces portaient gravement atteinte aux relations entre les deux pays. Les mêmes sources ont ajouté que le Qatar, qui a investi des dizaines de milliards de dollars rien que dans l'organisation du Mondial de foot, était insensible à de telles mises en garde !

2. Le mufti saoudien Ben Baz avait, d'un point de vue wahhabite, dénoncé plus d'une fois les idées des Frères musulmans, et l'émir Nayef, ancien ministre de l'Intérieur, avait considéré dans une déclaration célèbre de 2002 que les Frères favorisaient les extrémistes du monde islamique et affectaient négativement l'image de l'islam et de l'Arabie saoudite, ainsi que les relations de ce pays avec le monde.

le Qatar, la Turquie et l'Arabie saoudite d'un côté et l'atermoiement occidental (dont nous parlerons plus loin) de l'autre ont empêché la définition d'une stratégie politique claire du camp régional favorable à la révolution. Pour les mêmes raisons (et bien d'autres), la révolution n'a pu accéder à un armement lourd lui permettant de faire face au régime et à ses alliés et de remporter la victoire. La mauvaise réputation des régimes saoudien et qatari dans de larges secteurs de l'opinion publique en Occident ainsi que l'absence de démocratie dans ces deux pays ont porté atteinte à l'image de la révolution syrienne (et les débats sur la Syrie ont parfois dévié pour se concentrer sur la question des droits des travailleurs au Qatar ou des femmes en Arabie saoudite).

Les objectifs de ces deux États du Golfe n'étaient certainement pas l'établissement d'un régime démocratique en Syrie mais, pour Doha, l'affirmation de son nouveau statut régional et, pour Riyad, la restauration du sien face à l'Iran. Les différents groupes de l'opposition syrienne n'ont pas toujours réussi à manifester leur indépendance vis-à-vis des deux capitales (ni d'Ankara), ce qui a donné l'impression que le soulèvement populaire tout entier leur était inféodé.

En septembre 2015, le soutien militaire à l'opposition, saoudien comme qatari, s'est arrêté. L'intervention russe et le changement radical dans le rapport de force sur le terrain en faveur du régime et ses alliés, la guerre saoudienne au Yémen suivie de la rupture diplomatique entre Riyad et Doha ont mis fin à tout engagement direct des deux capitales du Golfe. La Turquie est ainsi devenue le seul pays sunnite impliqué directement en Syrie.

Les États-Unis et l'Europe : manque de motivation et pressions de l'opinion publique

On ne peut comprendre la position des États-Unis à propos des interventions extérieures, surtout au Moyen-Orient, depuis l'élection de Barack Obama en novembre 2008, sans se rappeler les changements survenus au sein de la société américaine et les nouvelles tendances des électeurs, notamment ceux qui ont porté Obama à la Maison-Blanche. La plupart d'entre eux, depuis la guerre d'Irak (2003), sont hostiles aux interventions extérieures, surtout militaires, y voyant des dépenses considérables et de lourdes pertes humaines, ainsi qu'une des raisons de la haine qu'inspire l'Amérique à travers le monde. Cette base électorale exigeait que la priorité absolue soit donnée aux problèmes économiques et sociaux internes. Lors de sa campagne électorale de 2008, Obama s'y était engagé, et il a réitéré cette promesse lorsqu'il a brigué un second mandat présidentiel.

En politique extérieure, la Syrie n'était pas de toute façon en tête des priorités de Washington dans la région. Sa principale préoccupation depuis des années était le nucléaire iranien, suivie par la situation en Irak et les négociations agonisantes entre Israéliens et Palestiniens. S'y est ajoutée en 2013 la situation en Égypte avec le conflit entre l'armée et les Frères musulmans. Les États-Unis devaient aussi tenir compte des intérêts d'Israël qui n'a pas caché, depuis le début de la révolution, sa préférence pour le maintien d'Assad[1] au pouvoir. Cela, avant que certains responsables israéliens n'affichent leur indifférence quant à son départ ou à son maintien, tant que son

1. Plusieurs articles publiés dans les journaux israéliens estimaient que le maintien d'Assad était préférable au chaos ou à « l'islam radical ». L'analyse de Yaacov Katz dans le *Jerusalem Post* le 23 mars 2011, sous le titre

armement chimique et balistique se trouve sous contrôle et que la sécurité de la frontière du Golan reste assurée.

C'est pourquoi les Américains se sont contentés jusqu'à août 2013 d'exprimer leur soutien à l'opposition et de tenter avec les Français et les Britanniques de faire adopter par le Conseil de sécurité des résolutions condamnant le régime et imposant contre lui des sanctions économiques. Ayant cependant échoué à y parvenir en raison des veto russe et chinois, ils ont pris eux-mêmes, avec les Européens, des sanctions économiques et politiques contre des personnes et des groupes en Syrie, en Iran et au Liban pour leur complicité dans les actions répressives et les massacres perpétrés par le régime. De même, ils ont demandé entre 2012 et 2015 à leurs alliés (le Qatar, la Turquie et l'Arabie saoudite) de continuer à pourvoir les opposants en armes, à condition que ces fournitures ne comprennent ni missiles antiaériens ni antichars de la nouvelle génération, sous prétexte que ces armes pourraient tomber aux mains de groupes « terroristes ». Ils ont aussi dépêché des officiers en Jordanie et en Turquie pour encadrer des groupes rebelles et des déserteurs de l'armée du régime, pour surveiller la situation de plus près et pour équiper, en collaboration avec les Jordaniens, une force d'intervention rapide capable de prendre le contrôle de sites soupçonnés d'abriter l'armement chimique syrien.

La montée de Daech en 2014 en Irak puis en Syrie a changé en partie l'approche américaine. Contraint d'intervenir après l'exécution par Daech d'un citoyen américain détenu en Syrie, Washington a créé avec ses alliés une coalition internationale et a déclaré la guerre à l'État islamique. Cette coalition s'est appuyée en Syrie sur les milices kurdes, leur permettant ainsi un armement lourd et un entraînement. En revanche, elle s'est appuyée en Irak sur l'armée, les peshmergas kurdes et sur les milices chiites, formées et encadrées par l'Iran. Ainsi, tout en combattant Daech, les États-Unis ont consolidé l'hégémonie iranienne en Irak, et ont antagonisé les Turcs en Syrie, opposés à leur coopération avec les Kurdes. L'arrivée de Donald Trump n'a pas radicalement changé la donne, même si la cessation officielle des opérations contre Daech en 2017 a mis fin aussi à la coopération indirecte avec Téhéran en Irak, et a permis aux Turcs d'intervenir pour affaiblir les milices kurdes en Syrie.

Depuis, les États-Unis semblent être sans stratégie syrienne (ou irakienne), mis à part leur rejet (pour le moment) des projets de solutions politiques finales russes, et leur maintien d'une présence miliaire à l'est et dans le sud du pays, leur permettant de menacer les lignes de ravitaillement iraniennes entre l'Irak et la Syrie, de sécuriser les zones pétrolières et de rester l'un des acteurs importants sur le théâtre des opérations.

En Europe, certains pays ont adopté des positions plus claires que celle des États-Unis, mais insuffisamment efficaces. Ainsi, la France et la Grande-Bretagne ont appuyé (jusqu'en 2014 et l'arrivée de Daech sur la scène syrienne) le principe d'armer le soulèvement, tandis que d'autres États tels que l'Allemagne, la Suède et l'Autriche s'y sont opposés et que d'autres, comme l'Espagne et l'Italie, sont demeurés hésitants entre ces deux pôles. L'Union européenne a bien tenté de trouver une solution acceptable par tous ses membres, mais sans résultat.

À quoi s'ajoute que l'Europe (en tant qu'union politique) est peu disposée depuis des années à intervenir hors de ses frontières. Les budgets alloués à la défense y

---

« For All His Faults, Assad Is the Devil We Know » (Pour tous ses défauts, Assad est le diable que nous connaissons), exprime le mieux ce point de vue.

sont en diminution permanente[1]. La majorité de ses citoyens est hostile à des interventions dans des pays déchirés qui risquent d'envoyer en Europe des flots de réfugiés et d'immigrés. Son opinion publique est en outre sceptique quant aux conséquences de l'intervention en Libye en 2011, et subit un matraquage médiatique depuis la montée de Daech et ses crimes, liant le « terrorisme » à la déstabilisation de « l'État syrien » et d'autres États dans la région. L'Europe est surtout ébranlée depuis plusieurs années par des crises financières particulièrement graves qu'elle n'avait pas connues depuis des décennies. Elle connaît aussi la montée en puissance d'une extrême droite xénophobe et pro-russe qui instrumentalise régulièrement la question des réfugiés. Tout cela a fait que son soutien à la révolution jusqu'en 2015 (date de l'intervention russe) s'était réduit aux efforts diplomatiques français (avec un soutien technique et logistique), aux initiatives franco-britanniques consistant à entraîner des officiers dissidents et aux sanctions à l'encontre d'individus et de sociétés proches du pouvoir syrien.

Ainsi, force est de constater que la Syrie se trouve aujourd'hui, en janvier 2020, fragmentée, sous différentes occupations, que les massacres qui se déroulent sur son sol suscitent peu de réactions dans la région et le monde, et que la Russie poursuit son offensive militaire sans qu'aucune solution politique du conflit ne soit envisageable. Car, malgré la suprématie militaire de Moscou et ses opérations qui durent depuis plus de quatre ans, Assad demeure vulnérable. Les forces pro-iraniennes et les différentes milices rivalisent avec son armée épuisée et s'imposent sur le même territoire qu'il contrôle (60 % à 65 % de la surface de la Syrie). Plus important encore, les déploiements militaires turc et surtout américain font d'Ankara et de Washington des acteurs influents sur tout processus politique dans le pays, au moment où le régime syrien reste très isolé sur la scène internationale. Les nouvelles sanctions américaines et les procès et mandats d'arrêt dans plusieurs pays européens contre des dignitaires de Damas rendent la normalisation et la reconstruction, si désirées par les Russes, peu probables ; et cela évidemment complique leur tâche dans un pays en ruine.

1. Selon l'institut Sipri, les dépenses militaires de la Grande-Bretagne, la France, l'Allemagne et l'Italie réunies – ces pays ayant les budgets de défense les plus élevés d'Europe – représentaient 12 % des dépenses militaires mondiales en 2011 et 11,5 % en 2012. Aux États-Unis, elles étaient évaluées à 41 % des dépenses mondiales et à 39 % l'année suivante.

Les « Wagners » et la guerre hybride de la Russie en Syrie

Cécile Vaissié[1]

Dans ce conflit international qu'est devenue la guerre civile syrienne, la Russie est, avec l'Iran, le principal soutien du régime de Bachar al-Assad : *de facto*, c'est elle qui a permis à Assad de rester au pouvoir. Or l'implication russe dans les affaires syriennes ne se cantonne pas à la période de l'intervention militaire dont le début et la fin théoriques ont été annoncés. En outre, c'est une guerre hybride que mène le Kremlin. En effet, celui-ci conjugue propagande et jeux diplomatiques, armée régulière et, indirectement, mercenaires pour lesquels il instrumentalise les possibilités d'action d'hommes d'affaires richissimes et dépendants de lui, ainsi que la misère d'une partie de la société russe.

Un soutien public russe à Bachar al-Assad

Pour aussi différentes que soient les cultures et les sociétés russes et syriennes, les régimes de Vladimir Poutine et de Bachar al-Assad présentent des points communs. Les deux hommes, arrivés au pouvoir en 2000, paraissaient alors à certains de leurs compatriotes incarner une promesse de renouveau après des années difficiles – très différentes dans les deux pays. Mais, désormais, en Syrie comme en Russie, les services secrets contrôlent et noyautent la population, et ils sont étroitement associés à la fois aux élites politiques et à certaines « mafias ». Le culte du chef bat son plein, tout comme la propagande étatique, la corruption et le népotisme. Les différences de revenus sont énormes et, si certaines « élites » semblent avoir adopté un mode de vie occidentalisé, la démocratie politique n'est qu'une illusion, les dirigeants refusant les évolutions entreprises par la société. Ils luttent donc contre les oppositions : les « révolutions de couleur » qui ont eu lieu en Géorgie et en Ukraine, et les « printemps arabes » seraient des menaces à étouffer[2].

Ce refus de tenir compte des désirs de la société, y compris en Syrie, explique,

1. Dans les notes de bas de page qui suivent, l'auteure emploie pour la translittération du russe moderne le système adopté par les slavistes, qui utilise des lettres diacritées (*ž, č, š*) et les digraphes (*šč, ju, ja*). Cette translittération est la plus répandue dans les ouvrages et périodiques spécialisés, ainsi que dans les bibliothèques européennes « continentales » (= hors Royaume-Uni). Les termes russes des titres d'ouvrages ou d'articles transcrits du cyrillique font l'objet d'une traduction française. (*N.D.E.*)

2. Pour une comparaison entre ces deux types de « révolution », voir le dossier du CERI (Centre de recherches internationales, Sciences Po) coordonné par Anne de Tinguy et Jean-Yves Moisseron, « Peut-on comparer les "révolutions de couleur" et les "printemps arabes" ? », janvier 2016, https://www.sciencespo.fr/ceri/fr/content/peut-comparer-les-revolutions-de-couleur-et-les-printemps-arabes-1.

entre autres causes, la position de la Russie à l'ONU : depuis avril 2011, Moscou s'oppose, d'une part, à la plupart des résolutions qui cherchent à empêcher Assad d'écraser la contestation et de massacrer les civils, et, d'autre part, aux appels à la démission du président syrien. En outre, le Kremlin soutient et reprend le narratif de Damas : alors que l'opposition syrienne de 2011 rêve de liberté, appelle à la dignité et prône la non-violence, Dmitri Medvedev, alors président de la Fédération de Russie, assure qu'elle compte en son sein des « terroristes[1] », et ce terme sera martelé par d'autres officiels russes[2].

Ce narratif qui réduit les combats en Syrie à un affrontement bipolaire entre un pouvoir légitime et « moderne » et des terroristes islamistes va être relayé également par des Occidentaux – le plus souvent proches ou membres des droites dures, des extrêmes de droite et de gauche, partisans de Vladimir Poutine et de Bachar al-Assad –, par des défenseurs des chrétiens d'Orient et par les médias officiels russes à l'étranger (RT et Sputnik en tête). Il jouera un rôle décisif pour influencer les opinions publiques occidentales et l'opinion publique russe, et cela d'autant plus qu'une partie de l'opposition syrienne aura tendance à se radicaliser suite aux violences étatiques. Elle suivra là une évolution déjà bien observée en Tchétchénie où Moscou a employé des moyens similaires à ceux d'Assad : la terreur, la torture, les massacres, les bombardements de localités – et cette politique « a fait le lit de l'islamisme armé[3] ».

La Russie veut d'autant moins fragiliser Assad que, avant même l'insurrection, elle rivalise avec l'Iran pour l'équipement des forces armées syriennes[4]. Des experts russes apportent une assistance technique à l'armée syrienne et Moscou s'oppose donc à tout projet d'embargo sur les livraisons d'armes à Damas[5]. Par ailleurs, Moscou ferait « d'importants versements d'argent aux forces de l'ordre syriennes[6] », pour s'assurer de leur fidélité au pouvoir en place, tandis que des « mafias russes » encourageraient « la formation de milices communautaires armées[7] ».

Ce soutien donne des fruits économiques : le 25 décembre 2013, l'entreprise russe Soyuzneftegaz signe avec la Compagnie syrienne du pétrole un important accord de prospection pétrolière et gazière dans les eaux territoriales syriennes. Cet accord, prévu pour une durée de vingt-cinq ans, est conclu à Damas au siège du ministère impliqué[8].

En revanche, la Russie ne fait pas partie de la coalition internationale d'une vingtaine de pays, qui, dirigée par les États-Unis, vise Daech et Jabhat al-Nosra, en Irak et en Syrie, à partir d'août 2014. D'ailleurs, les relations entre l'Occident et la Russie se dégradent depuis le rattachement contesté par les Occidentaux de la Crimée à la Fédération de Russie, en février 2014, et l'intervention de la Russie, de façon plus

1. « Medvedev estime qu'il y a des "terroristes" au sein de l'opposition syrienne », *Le Monde*, 9 septembre 2011.

2. Par exemple : « Pour la Russie, le départ de Bachar al-Assad renforcerait les "organisations terroristes" », *Le Monde*, 14 septembre 2011.

3. Nathalie Nougayrède, « Bachar et son complice Vladimir », *Le Monde*, 12 avril 2012.

4. Michel Duclos, *La Longue Nuit syrienne*, Paris, Les Éditions de l'Observatoire, 2019.

5. « Moscou livre des armes à la Syrie en vertu d'accords datant de l'ère soviétique », *Le Monde*, 5 novembre 2012.

6. Nathalie Nougayrède, « Syrie, Iran, Corée du Nord, Russie, Chine : tout est lié », *Le Monde*, 1er mars 2012.

7. Subhi Hadidi, Ziad Majed, Farouk Mardam-Bey, *Dans la tête de Bachar al-Assad*, Arles, Solin/Actes Sud, 2018.

8. « La Russie se lance dans l'exploration pétrolière en Syrie », *Le Monde*, 25 décembre 2013.

ou moins masquée, dans le Donbass russophone à l'est de l'Ukraine.

Les mercenaires du groupe Wagner : sur le terrain avant 2015

Or, dès le début septembre 2015, des rumeurs circulent sur les réseaux sociaux et sont reprises par la presse : il y aurait, en Syrie, de plus en plus de matériel russe et de Russes, que Moscou prétend être des conseillers techniques[1]. En fait, comme le démontreront les enquêtes de journalistes russes, des mercenaires russes se trouvent déjà en Syrie où ils précèdent de peu l'intervention militaire régulière qu'ils sont censés faciliter.

Le terme de « mercenaires », utilisé ici faute d'un autre mieux adapté, peut être contesté : ces hommes ont signé un contrat avec une structure militaire privée dont l'existence n'est pas reconnue par la législation russe, mais dont les activités de combat confortent la politique extérieure de l'État russe et qui a des liens étroits, par un intermédiaire, avec les plus hauts dirigeants russes[2]. En effet, comme l'a expliqué la chercheuse Sarah Fainberg, la Russie va appliquer en Syrie sa nouvelle conception de la guerre : envoyer des forces régulières de l'air et de la marine assez peu nombreuses, mais très efficaces ; déployer au sol des troupes expéditionnaires dont les mercenaires ne sont qu'une partie – avec, notamment, les forces spéciales et la police militaire russes – et qui compléteront les troupes locales syriennes et iraniennes ; coordonner des mesures militaires et non militaires, y compris celles de guerre informationnelle[3].

L'emploi de mercenaires russes au service des objectifs géopolitiques de l'État russe est donc très révélateur, non seulement du fonctionnement du Kremlin, mais aussi des nouvelles tactiques de celui-ci hors de l'espace post-soviétique. En théorie, cet emploi est illégal : d'après le Code pénal russe, participer à des conflits armés sur le territoire d'un autre pays vaut jusqu'à sept années de détention, et cette peine monte jusqu'à quinze ans pour ceux qui recrutent, forment et financent des mercenaires[4]. Dans la pratique, ces mercenaires, qui étaient déjà présents dans l'espace post-soviétique, jouent un rôle croissant au-delà de ses frontières.

De premiers mercenaires russes – le « Corps slave » – auraient été brièvement présents en Syrie à l'automne 2013, mais leur commanditaire n'a pas été identifié, hormis la compagnie militaire privée Moran Security Group[5]. En revanche, de nombreux anciens de ce Corps slave se sont retrouvés six mois plus tard en Crimée, parmi les « petits hommes verts » préparant l'annexion

1. « Moscou confirme la présence de conseillers militaires russes en Syrie », *Le Monde*, 9 septembre 2015.

2. Emmanuel Dreyfus parle ainsi, au sujet des « Wagners » d'une « structure hybride » ; voir Emmanuel Dreyfus, « Les sociétés militaires privées en Russie : à l'Est, quoi de nouveau ? », IRSEM, 12 octobre 2018.

3. Sarah Fainberg, « Spetsnaz, contractuels, volontaires : qui sont les "hommes de guerre" russes en Syrie ? », note de l'Ifri *Russie. Nei. Visions*, n° 105, décembre 2017, p. 7-8. Voir cet article pour le détail de ces troupes expéditionnaires.

4. « Stalo izvestno o gibeli eŝe devjati rossijan v Sirii » (« On a appris la mort de neuf autres Russes en Syrie »), RBK, 22 mars 2017, https://www.rbc.ru/politics/22/03/2017/58d12a109a79472fff285192.

5. Denis Korotkov, « "Slavjanskij korpus" vozvraŝaetsja v Siriju » (« Le "Corps slave" retourne en Syrie »), Fontanka.ru, 16 octobre 2015, https://www.fontanka.ru/2015/10/16/118/ ; Ilya Roždestvenskij, Anton Baev, Polina Rusjaeva, « Prizraki vojny : kak v Sirii pojavilas' rossijskaja častnaja armija » (« Les fantômes de la guerre : comment une armée russe privée est apparue en Syrie »), RBK, 25 août 2016, https://www.rbc.ru/magazine/2016/09/57bac4309a79476d978e850d ; « "Slavjanskij korpus" verboval boevikov dlja islamistov » (« Le "Corps slave" a recruté des combattants pour les islamistes »), *Kommersant*, 15 janvier 2015, https://www.kommersant.ru/doc/2645963.

russe. Ils avaient alors pour commandant Dmitri Outkine, surnommé « Wagner », car, semble-t-il, il adhère « à l'esthétique et l'idéologie du Troisième Reich[1] ». Né en 1970, Outkine a servi dans des forces spéciales du GRU (les services secrets des Forces armées russes), avant de devenir officier de réserve en 2013[2]. Au début de 2015, lui et ses hommes, « une unité bien armée et équipée, inconnue jusque-là », sont apparus dans le Donbass ukrainien[3]. Par la suite, ils ont été envoyés en Syrie où, d'après le journaliste Denis Korotkov, les premières équipes de ceux que nous appellerons les « Wagners » se trouvaient depuis l'automne 2014[4].

Dès 2014-2015, alors que le salaire moyen russe était officiellement compris entre 30 000 et 35 000 roubles[5] – et bien inférieur pour de très nombreux Russes –, les soldes des « Wagners » sont, d'après la presse, de 80 000 roubles par mois pendant la formation, 120 000 roubles dès que la frontière est franchie, et 180 000 roubles lors d'actions de « maintien de l'ordre » sur le terrain. À cela s'ajouteraient 60 000 roubles par semaine, en plus du salaire apparemment, s'il y a des affrontements militaires. Un mercenaire blessé dans l'exercice de ses fonctions touche 300 000 roubles ; s'il est tué, sa famille perçoit 2 ou 3 millions de roubles, et jusqu'à 5 millions pour la Syrie, à condition de garder le silence[6].

Evgueni Prigojine : au cœur de la guerre hybride

Les journalistes russes qui ont enquêté sur les sources de financement de ces « Wagners » se sont heurtés à des silences, des interdictions, voire des menaces, et à des structures commerciales sans adresses, dont les dirigeants n'étaient que des prête-noms. Néanmoins, ils en arrivent toujours à l'homme d'affaires Evgueni Prigojine. Né en 1961, celui-ci a été condamné en 1981 à douze ans de détention pour vol, fraude et implication d'un mineur dans une activité criminelle. Sorti de camp en 1990, il a presque aussitôt organisé à Leningrad un réseau de vente de hot-dogs dans un contexte où la législation économique évoluait à toute allure et où des groupes mafieux rackettaient des entrepreneurs. Son ascension a été spectaculaire : gestion de supermarchés, ouvertures de magasins, de restaurants de standing, d'une chaîne de fast-food et d'une entreprise de *catering* : Konkord[7].

Surtout depuis 2013-2014, le « cuisinier de Poutine » multiplie les contrats avec le

1. Denis Korotkov, « Oni sražalis' za Pal'miru » (« Ils se sont battus pour Palmyre »), Fontanka.ru, 29 mars 2016, https://www.fontanka.ru/2016/03/28/171/.

2. *Id.*, « "Slavjanskij korpus" vozvraŝaetsja v Siriju » (« Le "Corps slave" retourne en Syrie »), art. cité.

3. Denis Korotkov, « Oni sražalis' za Pal'miru » (« Ils se sont battus pour Palmyre »), art. cité ; Isabelle Mandraud, « Règlement de comptes chez les "barbouzes" russes », *Le Monde*, 23 novembre 2018.

4. Denis Korotkov, « "Slavjanskij korpus" vozvraŝaetsja v Siriju » (« Le "Corps slave" retourne en Syrie »), art. cité.

5. https://ruxpert.ru/Зарплаты_и_доходы_в_России. (Consulté le 13 avril 2020.)

6. Denis Korotkov, « "Slavjanskij korpus" vozvraŝaetsja v Siriju » (« Le "Corps slave" retourne en Syrie »), art. cit. ; Ilya Barabanov, Andrei Sošnikov, Anastasia Napalkova, Pavel Aksenov, « Sirija, Afrika, Ukraina. Kuda i kak "ČVK Vagnera" verbuet ljudej i gde ix pominaet » (« Syrie, Afrique, Ukraine. Pour où et comment le groupe Wagner recrute-t-il des gens et où leur rend-il hommage »), BBC, 23 novembre 2018, https://www.bbc.com/russian/features-46291929.

7. Ilya Žegulev, « Rassledovanie : kak ličnyj kulinar Putina nakormit armiju za 92 mlrd rublej » (« Enquête : comment le cuisinier personnel de Poutine va nourrir l'armée pour 9 milliards de roubles »), *Forbes*, 18 mars 2013, https://www.forbes.ru/kompanii/potrebitelskii-rynok/235779-rassledovanie-kak-lichnyi-kulinar-putina-nakormit-rossiiskuyu-a. ; Ilya Davljatčin, « Burnaja molodost "kremlevskogo restoratora" » (« La jeunesse agitée du "restaurateur du Kremlin" »), *Rosbalt*, 21 septembre 2018, https://www.rosbalt.ru/piter/2018/09/21/1733712.html.

ministère russe de la Défense pour nourrir et entretenir des structures militaires[1], et il a pratiquement le monopole sur le marché des cantines scolaires de la capitale. Il est question de milliards de roubles, et de recettes multipliées par plus de cent entre 2014 et 2015[2]. La fortune de Prigojine dépend donc, en partie, de ses excellentes relations avec ce ministère, et elle reflète la qualité de celles-ci. Étant donné la nature des rapports existant dans les différents cercles du pouvoir russe, cette prospérité accordée implique de rendre des services à l'État, par exemple en assumant des tâches dont celui-ci a besoin, mais auxquelles il ne veut pas être explicitement associé.

Ainsi, d'après la *Novaja Gazeta*, Evgueni Prigojine finance l'Agence de recherches Internet, désormais bien connue sous le nom de « Fabrique des trolls » : des gens sont recrutés et payés pour écrire des commentaires, favorables à la politique russe, sur des réseaux sociaux et des sites de journaux, y compris à l'étranger. Or les « conflits ukrainien et syrien » font partie des questions sur lesquelles ces trolls interviennent[3]. C'est donc aussi ainsi que se répandent sur les réseaux sociaux du monde entier les narratifs du Kremlin, qui réduisent la contestation syrienne à des atrocités de Daech, présentent le Maïdan ukrainien comme un coup d'État « fasciste » et justifient l'opposition de la Russie à l'une comme à l'autre.

D'après le site russe RBK, Prigojine finance, en outre, une holding de médias, l'Agence fédérale de nouvelles (FAN, en russe), qui fonctionne depuis 2014 et qui, trois ans plus tard, compte seize sites d'information et touche 36 millions de personnes par mois, soit davantage que les principaux sites d'information russes. La FAN diffuse énormément d'articles sur la Syrie, et RBK ajoute que « l'une des raisons du travail réussi des journalistes de la FAN en Syrie » serait « l'aide de ce qu'on appelle la compagnie militaire privée Wagner[4] ».

Prigojine nie tout en bloc, mais il semble bien financer à la fois des mercenaires russes en Syrie et une partie des moyens d'information – ou de désinformation – qui justifient une intervention russe en Syrie : la guerre est bien hybride. En revanche, l'État russe peut prétendre ne pas être impliqué. En échange, il protège Prigojine et ses affaires : le journaliste Denis Korotkov dit avoir l'impression que les décisions, y compris judiciaires concernant le restaurateur sont prises au seul niveau de Vladimir Poutine[5].

L'intervention militaire russe

L'installation des « Wagners » en Syrie aurait été supervisée par des collaborateurs du FSB et du GRU qui coifferait ce groupe

1. Ilya Žegulev, « Rassledovanie : kak ličnyj kulinar Putina nakormit armiju za 92 mlrd rublej » (« Enquête : comment le cuisinier personnel de Poutine va nourrir l'armée pour 92 milliards de roubles »), art. cité.

2. Ilya Roždestvenskij *et al.*, « Prizraki vojny : kak v Sirii pojavilas' rossijskaja častnaja armija » (« Les fantômes de la guerre : comment une armée russe privée est apparue en Syrie »), art. cité.

3. « Agentstvo internet-issledovanij » (« Agence de recherches sur Internet »), Dos'e, URL : https://dossier.center/e-prigozhin/article/finansirovanie-propagandy/ ; Alexandra Garmažapova, « Gde živut trolli. I kto ix kormit » (« Où vivent les trolls et qui les nourrit »), *Novaja Gazeta*, 7 septembre 2013, https://novayagazeta.ru/articles/2013/09/07/56253-gde-zhivut-trolli-i-kto-ih-kormit.

4. Andreï Zaxarov, Polina Rusjaeva, « Rassledovanie RBK : kaki z "fabriki trollej" vyrosla "fabrika media" » (« Enquête de RBK : comment la "fabrique des trolls" a engendré la "fabrique des médias" »), RBK, 24 mars 2017, https://www.rbc.ru/magazine/2017/04/58d106b09a794710fa8934ac.

5. « Nothing Beats the Good Old Inside Source », EU *vs* Disinfo, 24 février 2020, https://euvsdisinfo.eu/nothing-beats-the-good-old-inside-source/. Ces propos de Korotkov sont d'autant plus intéressants que certains chercheurs occidentaux ont tendance à sous-estimer le contrôle qu'exerce Vladimir Poutine sur les actions de ceux qui, tels Prigojine, interviennent sur des questions stratégiques pour l'État russe.

de façon non officielle[1]. D'ailleurs, le camp d'entraînement des « Wagners », à Molkino, près de Krasnodar, jouxte une base des forces spéciales du GRU[2], celles-ci étant également présentes en Syrie[3].

Puis, à partir du 30 septembre 2015, l'aviation russe intervient, suite à une demande officielle d'assistance de Damas et à la signature d'un accord militaire syro-russe le 26 août 2015 : celui-ci prévoit que la Russie déploie, à la demande de la Syrie, un escadron de son armée de l'air et dispose gratuitement de l'aéroport de Hmeimim[4]. Il n'y est pas question de troupes terrestres russes : d'où l'intérêt d'avoir recours à des mercenaires et à d'autres forces non officielles sur le terrain – des « policiers » tchétchènes, par exemple.

Très vite, l'aviation russe contrôle et maîtrise l'espace aérien, mais elle semble viser les rebelles modérés, des écoles et des hôpitaux, bien plus que Daech[5], ce qui accélère l'exode des populations. Parallèlement, le groupe Wagner recrute de nouveaux volontaires, « souhaitant risquer leur tête pour Bachar al-Assad[6] », écrit Denis Korotkov. Ils effectueront des « tâches spéciales dans la zone de conflit[7] », et 240 000 roubles par mois auraient été promis à chacun[8]. En échange, ces Russes sont en première ligne dans les combats terrestres, devant les forces spéciales syriennes, et ils préparent et accompagnent les attaques aériennes[9]. Comme le confirme le chercheur Emmanuel Dreyfus, les « Wagners » ont notamment participé aux deux batailles pour Palmyre en mars 2016 et mars 2017 « en étroite imbrication avec les forces armées russes, l'aviation et des unités du commandement des opérations spéciales, ainsi que les troupes syriennes[10] ».

Et parce que cette guerre est hybride, le chef d'orchestre russe Valery Gergiev, l'un des soutiens permanents de Vladimir Poutine dans la culture, dirige l'orchestre symphonique du théâtre Mariinsky (*Mariinskij teatr*) de Saint-Pétersbourg dans l'amphithéâtre antique de Palmyre, le 5 mai 2016. Les lieux sont magnifiques, la musique sublime, mais les ficelles énormes. Le message est très lisible et vise avant tout l'Occident où il sera relayé par les soutiens d'Assad et de Poutine : la Russie rapporterait la civilisation et la culture, en chassant les extrémistes islamistes.

Les « Wagners » auraient subi de fortes pertes lors de cette reconquête de Palmyre en mars 2016[11] et à d'autres occasions,

1. Ilya Roždestvenskij *et al.*, « Prizraki vojny : kak v Sirii pojavilas' rossijskaja častnaja armija » (« Les fantômes de la guerre : comment une armée russe privée est apparue en Syrie »), art. cité.

2. Denis Korotkov, « "Slavjanskij korpus" vozvraŝaetsja v Siriju » (« Le "Corps slave" retourne en Syrie »), art. cité.

3. Sarah Fainberg, « Spetsnaz, contractuels, volontaires : qui sont les "hommes de guerre" russes en Syrie ? », art. cité.

4. Subhi Hadidi, Ziad Majed, Farouk Mardam-Bey, *Dans la tête de Bachar al-Assad*, *op. cit* ; Michel Duclos, *La Longue Nuit syrienne*, *op. cit.*

5. Yves-Michel Riols, Isabelle Mandraud, Gilles Paris, Benjamin Barthe, « L'aviation russe engage le feu en Syrie », *Le Monde*, 1er octobre 2015 ; Michel Duclos, *La Longue Nuit syrienne*, *op. cit.*

6. Denis Korotkov, « "Slavjanskij korpus" vozvraŝaetsja v Siriju » (« Le "Corps slave" retourne en Syrie »), art. cité.

7. *Ibid.*

8. *Ibid.*

9. Denis Korotkov, « Oni sražalis' za Pal'miru » (« Ils se sont battus pour Palmyre »), art. cité.

10. Emmanuel Dreyfus, « Sociétés militaires russes. Wagner, combien de divisions ? », site Orient XXI, 24 avril 2020, https://orientxxi.info/magazine/societes-militaires-russes-wagner-combien-de-divisions,3804?fbclid=IwAR352tg42lsbBAsjtLJRaLDymL0DFa4S2lys266P-2bLxLeDvUqts9hAx18.

11. Denis Korotkov, « Oni sražalis' za Pal'miru », (« Ils se sont battus pour Palmyre »), art. cité ; Ilya Roždestvenskij *et al.*, « Prizraki vojny : kak v Sirii pojavilas' rossijskaja častnaja armija », (« Les fantômes de la guerre : comment une armée russe privée est apparue en Syrie »), art. cité.

mais leurs morts ne sont pas inclus dans les pertes humaines annoncées par le ministère russe de la Défense. Ces statistiques officielles donnent donc un nombre faible de Russes tués au combat, ce qui est l'une des raisons expliquant l'attention réduite que la société russe accorde à cette intervention en Syrie. Celle-ci est, en outre, peu couverte par les médias et réduite, nous l'avons vu, à un combat contre Daech ; elle est perçue comme lointaine, contrairement aux affrontements en Ukraine qui font, eux, l'objet d'une propagande intense dans les médias officiels russes.

Ces mercenaires non reconnus reçoivent toutefois des décorations militaires dont l'octroi est signé par le président de la Fédération de Russie : c'est ainsi que Denis Korotkov a pu identifier nominativement certains d'entre eux[1]. RBK rappellera ce qu'avait dit Poutine au printemps 2012 : les compagnies militaires privées sont « un instrument pour concrétiser les intérêts nationaux, sans que l'État s'en mêle directement[2] ». Et, donc, sans qu'il assume pertes humaines et erreurs commises, tout en bénéficiant de leur action.

Le 14 mars 2016, Vladimir Poutine a annoncé le début du retrait de « la majeure partie » des forces russes présentes en Syrie, tout en ajoutant que les bases russes de Tartous et Hmeimim poursuivraient « leur travail habituel » et qu'une présence aérienne serait maintenue pour contrôler l'application du cessez-le-feu[3]. En fait, les bombardements russes ont continué, voire se sont intensifiés, et il est de plus en plus question de possibles crimes de guerre. Mais Dmitri Outkine, « Wagner », a été invité, le 9 décembre 2016, à la réception donnée à Moscou, dans la prestigieuse salle Saint-Georges du Grand Palais du Kremlin, en l'honneur de la Journée des héros de la Patrie[4].

En outre, en ce mois de décembre 2016, Ali Ghanem, ministre syrien du Pétrole et de la Richesse minière, a rencontré son homologue russe à Moscou. La compagnie russe EvroPolis a alors signé un accord avec la Compagnie syrienne étatique du pétrole : EvroPolis s'engageait à mener des actions de combat sur le territoire syrien contre les adversaires d'Assad en échange de 25 % de la production de pétrole et de gaz des gisements libérés[5]. En 2020, le journaliste Denis Korotkov précisera que, derrière EvroPolis, se trouvent « des gens plus connus sous le nom de "Wagners"[6] » et, donc, les structures de Prigojine[7]. Ce dernier percevra ainsi une récompense supplémentaire et très concrète de ses engagements dans cette guerre hybride, l'État russe y trouvant également son compte, économique et géopolitique.

Une vidéo compromettante pour les « Wagners »

Certains, y compris en Occident, considèrent que l'intervention militaire russe

1. Denis Korotkov, « Oni sražalis' za Pal'miru » (« Ils se sont battus pour Palmyre »), art. cité.
2. Ilya Roždestvenskij *et al.*, « Prizraki vojny : kak v Sirii pojavilas' rossijskaja častnaja armija », (« Les fantômes de la guerre : comment une armée russe privée est apparue en Syrie »), art. cité.
3. « Vladimir Poutine annonce le début du retrait des troupes russes de Syrie », *Le Monde*, 14 mars 2016.
4. « Stalo izvestno o gibeli eŝe devjati rossijan v Sirii » (« On a appris la mort de neuf autres Russes en Syrie »), RBK, 22 mars 2017, art. cité.
5. Denis Korotkov, « Golovorezy » (« Les coupeurs de têtes »), *Novaja Gazeta*, 20 novembre 2019, https://novayagazeta.ru/articles/2019/11/20/82805-golovorezy-21 ; *Id.*, « Vagner. Pervaja neft' » (« Wagner. Le premier pétrole »), 19 janvier 2020, https://novayagazeta.ru/articles/2020/01/19/83514-vagner-pervaya-neft.
6. *Id.*, *ibid.*
7. *Id.*, « Golovorezy » (« Les coupeurs de têtes »), art. cité.

en Syrie est un succès[1] et que les Russes sont désormais les « grands arbitres dans la région[2] » où ils ont pu, en outre, tester et présenter leurs derniers équipements militaires. Peut-on oublier que le pays est largement détruit, que des millions de Syriens ont fui les zones en guerre, que la reconstruction exigera des années, et que rien n'est fini, ni réglé ?

Depuis le début 2018, les « Wagners » sont au Soudan et en République centrafricaine. C'est là que, le 30 juillet 2018, trois journalistes russes ont été tués, alors qu'ils s'apprêtaient à tourner un film sur les activités de ces mercenaires[3]. Ils semblent avoir été piégés, et beaucoup en Russie évoquent une possible responsabilité de Prigojine[4]. Ce dernier la nie, comme il nie tout lien avec les « Wagners ».

Et puis, une vidéo tournée en Syrie est réapparue. Elle avait déjà émergé, dans une version courte, en juin 2017 : des hommes parlant russe sans accent frappaient avec une masse un prisonnier à terre, sur fond d'éclats de rire. En novembre 2019, une version plus complète montre que l'un des tortionnaires coupe au couteau la tête de la victime, un déserteur syrien, dont les bras sont ensuite amputés ; le corps martyrisé est suspendu par les jambes, arrosé d'essence et brûlé. Ses tortionnaires s'en amusent, et, cette fois, l'un d'eux apparaît à visage découvert. La *Novaja Gazeta* annonce l'avoir identifié, mais ne donne pas son nom[5]. Deux autres participants, tous deux mercenaires chez les « Wagners », auraient été identifiés peu après[6]. Et, parce que ceux-ci ne sont pas officiellement reconnus par les autorités russes, le porte-parole du Kremlin déclare que ce meurtre « n'a aucun rapport avec l'opération militaire menée en Syrie par la Russie[7] ».

L'historien Alexeï Baïkov estime, en revanche, dans la *Novaja Gazeta*, que cette vidéo illustre « ce qui arrive, quand une guerre est faite par des non-professionnels ». Parlant sans faux-semblants de « l'armée privée de Prigojine », l'historien dresse le « portrait social du mercenaire russe » qui

1. Nathalie Guibert, « Pourquoi l'intervention militaire russe en Syrie est un succès », *Le Monde*, 13-14 septembre 2017.

2. Michel Duclos, *La Longue Nuit syrienne*, *op. cit.*

3. Ilya Barabanov, Andreï Sošnikov, Anastasia Napalkova, Pavel Aksenov, « Sirija, Afrika, Ukraina. Kuda i kak "ČVK Vagnera" verbuet ljudej i gde ix pominaet » (« Syrie, Afrique, Ukraine. Pour où et comment le groupe Wagner recrute-t-il des gens et où leur rend-il hommage »), BBC, 23 novembre 2018, https://www.bbc.com/russian/features-46291929.

4. Voir, par exemple, Roman Čuguevskij, « Ševčenko prizval doprosit' Prigožina v svjazi s ubijstvom žurnalistov v Afrike », (Chevtchenko a appelé à interroger Prigojine suite aux meurtres de journalistes en Afrique »), dailystorm.ru, 5 juin 2019, https://dailystorm.ru/news/shevchenko-prizval-doprosit-prigozhina-v-svyazi-s-ubiystvom-zhurnalistov-v-afrike.

5. Denis Korotkov, « Golovorezy » (« Les coupeurs de têtes »), art. cité.

6. « SMI ustanovili ličnosti eŝe dvux naemnikov "ČVK Vagnera", učastvovavšix v kazni nad sirijce » (« Les médias ont établi l'identité de deux autres mercenaires du groupe Wagner, qui ont participé à l'exécution d'un Syrien »), *Novaja Gazeta*, 22 novembre 2019, https://novayagazeta.ru/news/2019/11/22/157125-smi-ustanovili-lichnost-vtorogo-naemnika-chvk-vagnera-uchastvovavshego-v-zhestokoy-rasprave-nad-siriytsem. « "Fontanka" uznala imena poslednix dvux naemnikov "ČVK Vagnera", učastvovavšix v kazni sirijca », (« "Fontanka" a appris les noms des deux derniers mercenaires du groupe Wagner, qui ont participé à l'exécution d'un Syrien »), *Novaja Gazeta*, 13 décembre 2019, https://novayagazeta.ru/news/2019/12/13/157657-fontanka-vyyasnila-imena-esche-neskolkih-naemnikov-chvk-vagnera-uchastvovavshih-kazni-siriytsa.

7. « "Ne imeet otnošenija k rossijskoj operacii" : v Kremle otvetili na rassledovanie *Novoj* o bojcax "ČVK Vagnera", kaznivšix sirijca » (« "Cela n'a pas de rapport avec l'opération russe" : le Kremlin a répondu à l'enquête de *Novaja Gazeta* sur les combattants du groupe Wagner, qui ont exécuté un Syrien »), *Novaja Gazeta*, 21 novembre 2019, https://novayagazeta.ru/news/2019/11/21/157083-ne-imeet-otnosheniya-k-rossiyskoy-operatsii-v-kremle-otvetili-na-rassledovanie-novoy-o-boytsah-chvk-vagner-kaznivshih-siriytsa.

coexiste avec certains anciens militaires professionnels : c'est « un ouvrier, coincé par ses crédits et habitant le fin fond de la province russe » ; « l'usine dans laquelle il travaillait a fermé [...], il n'a ni les ressources, ni les compétences pour déménager dans une grande ville et y trouver du travail ; mais il a une famille à nourrir ». C'est pourquoi, un jour, « il tombe sur une annonce » et est recruté, formé et expédié « au Donbass, en Syrie ou en République centrafricaine ». Ce « serrurier » n'est « adapté, ni physiquement, ni psychologiquement, à la guerre à laquelle il est envoyé », et, quand il se rend compte qu'il est de la chair à canon, bien souvent, « il devient fou et se transforme en bête sauvage et incontrôlable[1] ».

En décembre 2019, le Parlement de Syrie a approuvé des contrats avec deux compagnies pétrolières russes[2] derrière lesquelles se trouverait Evgueni Prigojine[3]. Denis Korotkov résumera sombrement : « C'est donc pour cela qu'il y avait des mercenaires russes en Syrie[4]. » Certes, le service de presse du restaurateur nie là encore tout rapport de celui-ci avec ces deux entreprises[5], mais l'homme d'affaires semble bien être l'un des acteurs clés de la guerre hybride menée par le Kremlin, en Syrie et, désormais, en Afrique[6].

Conclusion

Des critiques internationales se font, certes, de plus en plus entendre contre les méthodes et les conséquences de cette guerre. Ainsi, au tout début mars 2020, une commission d'enquête constituée par l'ONU dénonce les bombardements qui, effectués avec la participation de l'aviation russe, visent des cibles civiles : il est question de « crime de guerre ». Le Kremlin nie et parle de reproches biaisés. En octobre 2019, Vladimir Poutine a d'ailleurs annoncé que la Russie se retirait d'un protocole international autorisant les enquêtes sur de possibles crimes de guerre commis contre des civils[7].

Il n'est toutefois pas certain que le pouvoir russe soutiendra le président syrien jusqu'au bout. Ainsi, des attaques très violentes contre Assad, la corruption de son clan et l'inefficacité de son régime dans une Syrie détruite ont été diffusées, puis effacées, en avril 2020 par l'agence de la FAN. Qu'elles soient passées par ce canal indique qu'il s'agit de la position du Kremlin pour lequel la corruption n'est qu'un prétexte[8].

Par ailleurs, la *Novaja Gazeta* est revenue, le 21 avril 2020, sur le meurtre de celui qu'elle appelle Hammadi Taha al-Bouta

1. Alexeï Bajkov, « ČVK "Pušečnoe mjaso". Otkuda berutsja naemniki-sadisty » (« Le groupe militaire privé "Chair à canon". D'où viennent les mercenaires sadiques »), *Novaja Gazeta*, 24 novembre 2019, https://novayagazeta.ru/articles/2019/11/24/82852-chvk-pushechnoe-myaso.

2. « Dve rossijskie neftjanye kompanii budut dobyvat' neft' v Sirii » (« Deux compagnies pétrolières russes vont extraire du pétrole en Syrie »), site Ria Novosti, 16 décembre 2019, https://ria.ru/20191216/1562465143.html.

3. Denis Korotkov, « Vagner. Pervaja neft' » (« Wagner. Le premier pétrole »), art. cité.

4. *Ibid.*

5. *Ibid.*

6. Anton Shekhovtsov, *The Case of AFRIC. Fake Election Observation as Russia's Tool of Election Interference*, EPDE, mars 2020.

7. Chloe Cornish, Henry Foy, « Russia Guilty of War Crimes Against Civilians in Syria », *Financial Times*, 2 mars 2020, https://www.ft.com/content/085e94b0-5cac-11ea-8033-fa40a0d65a98. Le rapport complet, en anglais, est accessible par un lien à partir de : https://www.ohchr.org/FR/HRBodies/HRC/Pages/NewsDetail.aspx?NewsID=25638&LangID=F. (Consulté le 28 avril 2020.)

8. Soulayma Mardam-Bey, « Moscou tire à boulets rouges contre Damas... via des médias d'État », *L'Orient-Le Jour*, 23 avril 2020, https://www.lorientlejour.com/article/1215417/moscou-tire-a-boulets-rouges-contre-damas-via-des-medias-detat.html.

et qui, d'après le site Syrian Network for Human Rights, s'appellerait en fait Muhammad Taha al-Ismail. Disposant de nouvelles photographies et d'une vidéo plus détaillée, elle donne le nom de l'un des meurtriers identifiés, un ancien policier, précise le lieu où la tête du supplicié a été plantée et suppose que deux hommes au moins, et non un seul, ont été décapités. Elle rappelle que ce crime a été commis par des hommes du groupe Wagner, sur un emplacement que contrôlait cette structure. Surtout, la *Novaja Gazeta* souligne qu'elle a alerté en novembre le parquet et le comité d'enquête russes, qui n'ont rien fait depuis. Elle dit donc espérer que ces « nouvelles données convaincront peut-être les gardiens de l'ordre qu'un crime contre l'humanité a été commis », et qu'ils doivent réagir[1].

« Crime contre l'humanité » : les mots ont été écrits, et qu'ils l'aient été de Russie leur donne plus de force encore.

1. Denis Korotkov, « Golovorezy 2.0 » (« Les coupeurs de têtes 2.0 »), *Novaja Gazeta*, 24 avril 2020, https://novayagazeta.ru/articles/2020/04/21/85017-golovorezy-2-0.

La qualification juridique et l'imputation des crimes

Joël Hubrecht

Le Tribunal militaire international de Nuremberg et de celui pour l'Extrême-Orient, la Convention pour la prévention et la répression du crime de génocide du 9 décembre 1948, les TPI pour l'ex-Yougoslavie et pour le Rwanda ont progressivement affiné l'interprétation juridique des crimes internationaux dits « les plus graves », c'est-à-dire les crimes de guerre, les crimes contre l'humanité et les crimes de génocide[1]. La création de la Cour pénale internationale et l'élaboration du Statut de Rome fournissent un corps doctrinal de référence quasi universel même s'il existe toujours des variations selon les juridictions[2].

Sans détailler on peut ainsi distinguer :

– Le crime de génocide comme intention de détruire un groupe national, racial, ethnique, religieux en tant que tel.

– Le crime contre l'humanité comme attaque généralisée et/ou systématique contre une population civile.

– Le crime de guerre comme non-respect du droit de la guerre (les conventions de Genève en particulier), de ses mesures de discrimination, de proportionnalité, de traitement des prisonniers.

Ils peuvent être réalisés au moyen des mêmes actes criminels (appelés en droit « infractions sous-jacentes » : meurtres, viols, pillages, destructions, emprisonnements, etc.). Ces actes criminels peuvent d'ailleurs, devant certaines juridictions (par exemple en France), être poursuivis pour eux-mêmes, en tant qu'actes de torture par exemple, mais aussi en tant que crimes contre l'humanité, ce qui nécessitera de réunir des éléments d'information supplémentaires sur les autres crimes commis, la nature discriminée ou non des cibles, le contexte général, l'internationalité ou non du conflit, les objectifs et les réactions de la hiérarchie, etc. Un même acte – un viol par exemple – pourra ainsi, selon le cas, être qualifié soit en tant que crime de guerre, soit en tant que crime contre l'humanité ou encore en tant que crime de génocide.

Conséquences : d'une part, même si l'on désigne parfois le génocide comme « le crime des crimes » du fait de sa dimension exterminatrice, il n'y a pas pour autant de gradation en termes de souffrance, de cruauté ou de nombre de victimes entre ces trois crimes. D'autre part, sur le plan probatoire, il faudra combiner une enquête structurelle globale,

1. Nous laissons ici de côté le cas particulier du crime d'agression qui a occupé une place centrale à Nuremberg et à Tokyo (sous la forme du complot contre la paix) mais n'a été repris que récemment par la CPI (décembre 2017) et sous des conditions très restrictives qui ne permettent pas de l'appliquer au cas syrien (malgré la dimension internationale du conflit et la conquête territoriale opérée par Daech depuis l'Irak).

2. Par exemple la définition du génocide dans l'article 211-1 du Code pénal français n'est pas tout à fait la même que dans le Statut de Rome.

sur les schémas des crimes et leurs interconnexions, et des dossiers plus ciblés, reliant des faits à au moins un auteur identifié. En droit, il n'y a donc pas d'évidences. Cela explique l'extrême complexité des enquêtes alors même que la nature et l'ampleur des crimes ne laissent aucun doute sur la commission de crimes de guerre et de crimes contre l'humanité par le régime et par Daech (à qui on peut également attribuer des crimes de génocide contre les Yézidis).

I

La qualification de crimes contre l'humanité a été évoquée très tôt par les principales ONG de défense des droits de l'homme. Le 1er juin 2011, dans un rapport titré *Crimes contre l'humanité à Deraa* : « Nous n'avons jamais vu pareille horreur » [citation d'une phrase d'un des 50 témoignages recueillis][1], Human Rights Watch considère que « les exécutions et les actes de torture systématiques commis par les forces de sécurité syriennes à Deraa depuis le début des manifestations dans cette ville le 18 mars 2011, laissent fortement penser qu'il s'agit véritablement là de crimes contre l'humanité ». Les opérations policières menées en mai 2011 dans la ville de Tall Kalakh, dans l'ouest de la Syrie (gouvernorat de Homs), « pourraient être considérées comme des crimes contre l'humanité, annonce également Amnesty International le 6 juillet 2011[2]. Lorsque Amnesty révélera, en février 2017, l'ampleur des pendaisons pratiquées à la prison de Saidnaya où 20 à 50 personnes étaient exécutées chaque semaine de septembre 2011 à décembre 2015 (et sans doute encore après), l'ONG avancera que « le but de cette politique et de ces pratiques qui s'apparentent à des crimes de guerre et des crimes contre l'humanité, approuvées au plus niveau du gouvernement syrien, est d'écraser toute forme de dissidence au sein de la population[3] ». On évalue alors, en 2015, à 200 000 le nombre de détenus et à 20 000 ceux qui y auraient été tués. En dépit de ses engagements en tant que signataire, depuis 2005, de la Convention contre la torture et autres peines ou traitements cruels, inhumains ou dégradants, Damas n'a jamais ouvert les portes de ses prisons au HCDH ni collaboré avec aucun organisme indépendant pour, au-delà de ses dénégations, permettre une inspection. La mise à jour d'un système généralisé et systématique de torture contre les membres de familles entières et des opposants politiques non armés a été établie à partir des témoignages croisés et corroborés d'anciens détenus ou gardiens de prison. Mais pas seulement. Une partie significative de la documentation de l'administration du régime a pu être récupérée par divers canaux. Les dizaines de milliers de photographies exfiltrées en 2013 par « César », pseudonyme d'un ancien photographe militaire de Damas[4], ont pu être traitées, grâce à l'European Center for Constitutional and Human

1. « "We've Never Seen Such Horror": Crimes against Humanity by Syrian Security Forces ».
2. https://www.amnesty.org/fr/documents/MDE24/029/2011/fr/.
3. https://amnestyfr.cdn.prismic.io/amnestyfr%2F955e1a0e-b96a-49c1-bd34-db8ae703ccd4_human+slaughterhouse.pdf.
4. Voir Garance Le Caisne, *Opération César*, Paris, Stock, 2015, ainsi que son article p. 197 dans cet ouvrage. Le ministère des Affaires étrangères français considère que ces photographies « […] constituent un ensemble de documents, d'une ampleur inédite, étayant de façon systématique et structurée la pratique de crimes de guerre et de crimes contre l'humanité par le régime syrien. » (France diplomatie, http://www.diplomatie.gouv.fr/fr/dossiers-pays/syrie/les-nations-unies-et-la-syrie/la-commission-d-enquete-internationale-independante-sur-la-syrie/article/la-torture-dans-les-centres-de-detention-du-regime-syrien#nomdelancre). Voir aussi le rapport d'HRW, *If the Dead Could Speak*, constitué sur la base d'une sélection de photos tirées du « dossier César ».

Rights (ECCHR), de façon à en extraire leurs métadonnées et pouvoir les exploiter dans le cadre de plaintes déposées en France et en Allemagne. La Commission of International Justice and Accountability (CIJA) a rassemblé de son côté des centaines de milliers de documents officiels dont une part émane des services de renseignements syriens.

Au niveau des institutions internationales, la qualification des crimes s'est avérée cependant plus délicate, tout particulièrement au niveau du Conseil de sécurité. Ce dernier ne s'exprimera d'ailleurs pour la première fois que plusieurs mois après le début d'une répression qui avait déjà fait plus de 3 000 morts, pour condamner « les violations généralisées des droits de l'homme et l'usage de la force contre les civils » (3 août 2011)[1]. On retrouvera dans les résolutions prises les années suivantes des propos également vagues, se contentant de condamnations « fermes » mais sans suite et renvoyant dos à dos toutes les parties belligérantes. Il est vrai que même doté de pouvoirs juridiques, qu'en l'occurrence il se gardera bien d'utiliser (il peut saisir la CPI ou créer sous chapitre VII une juridiction ad hoc), le Conseil de sécurité demeure avant tout un organe politique où chacun des cinq États qui en sont des membres permanents peut mettre son veto pour bloquer les projets de résolution qui ne lui conviennent pas. Malgré la suggestion française de ne pas y recourir en cas de violences de masse, la Russie plus particulièrement, mais sans être la seule, ne s'en privera pas[2]. Ainsi, en août 2013, le secrétaire général des Nations unies avait appelé à enquêter sur les attaques à l'arme chimique (qu'il qualifia de crime contre l'humanité) en allant au-delà des prérogatives de l'Organisation pour l'interdiction des armes chimiques (OIAC) et pour pouvoir identifier leurs auteurs. Ce n'est pourtant qu'en août 2015, deux ans après, que le Conseil de sécurité finira par créer ce mécanisme. Il ne survivra pas à son rapport pointant la responsabilité du gouvernement syrien dans l'attaque au gaz sarin sur Khan Shaykhoun en avril 2017. La Russie, toujours grâce à son droit de veto, empêcha la poursuite des travaux de la commission en novembre 2017. Face à des suspicions de nouvelles attaques au gaz de chlore sur la Ghouta orientale, les États-Unis tentèrent en avril 2018 de créer un nouveau mécanisme d'enquête indépendant capable d'identifier les responsables. La Russie refusa évidemment de renouveler l'expérience et s'y opposa[3].

Le Conseil des droits de l'homme, bien que moins exposé que le Conseil de sécurité à la censure russe, demeura lui aussi extrêmement prudent. Afin de favoriser un « dialogue inclusif » avec le régime, la Commission d'enquête indépendante sur les crimes en Syrie n'évoqua la saisine de la Cour pénale internationale qu'en 2013 alors que ses premiers rapports (en novembre 2011 et février 2012) considéraient déjà les actions du régime comme des crimes contre l'humanité et qu'elle fit documenter les cas de tortures dans 38 lieux de détention[4]. Six ans plus tard, rapport après rapport (près d'une vingtaine[5]), le diagnostic ne fera que se confirmer : « Caractérisés

1. http://www.lemonde.fr/proche-orient/article/2011/08/03/le-texte-de-la-declaration-du-conseil-de-securite-sur-la-syrie_1555912_3218.html.

2. http://www.lemonde.fr/les-decodeurs/article/2016/12/20/qu-a-fait-le-conseil-de-securite-de-l-onu-depuis-le-debut-du-conflit-syrien_5052133_4355770.html.

3. Le projet de résolution avait obtenu 12 voix en sa faveur, mais a été rejeté du fait du veto de la Fédération de Russie, rejointe par la Bolivie, tandis que la Chine s'abstenait. https://www.un.org/press/fr/2018/cs13288.doc.htm.

4. https://documents-dds-ny.un.org/doc/UNDOC/GEN/G12/106/14/PDF/G1210614.pdf?OpenElement.

5. https://www.ohchr.org/EN/HRBodies/HRC/IICISyria/Pages/IndependentInternationalCommission.aspx.

par des crimes de guerre généralisés, les sièges en Syrie sont restés la principale méthode de guerre employée par les parties au conflit, posés à plusieurs reprises en toute impunité et en violation flagrante du droit international des droits de l'homme et du droit international humanitaire. Ces sièges ont duré des mois et souvent des années – le plus long de ceux-ci ayant eu lieu dans l'est de la Ghouta, pendant plus de cinq ans (2013-2018)[1]. » Une litanie d'horreurs renvoyant l'ONU et ses envoyés spéciaux à leurs incohérences, ponctuées çà et là par quelques rares démissions aussi fracassantes que vaines (en mai 2014, Lakhdar Brahimi et, en août 2017, Carla Del Ponte) pour dénoncer l'impuissance de la communauté devant les sièges où la population est affamée, privée d'eau et d'électricité ; les bombardements contre les hôpitaux, les écoles et les marchés ; l'utilisation de bombes sales (des barils d'explosifs remplis de fragments de métal, jetés depuis les hélicoptères) et d'armes chimiques ; les blocages et les attaques de convois humanitaires ; les meurtres et les exécutions sommaires ; la déportation et le transfert forcé de population ; les disparitions, l'emprisonnement et la torture ; les viols et l'esclavage sexuel qui n'épargnèrent même pas les enfants[2]… Les crimes sont innombrables mais pas innommables : tous sont susceptibles d'être qualifiés par une cour de crimes de guerre ou de crimes contre l'humanité.

Ces qualifications juridiques permettent de mieux appréhender la nature des violences infligées mais pour en saisir toute la barbarie, les paroles des survivants ou les récits d'écrivains sont souvent plus éloquents. S'il ne manque pas de finesse, le droit fait peu de place à la sensibilité. Comment faire comprendre que les cauchemars persistants de Saïd, 3 ans, qui n'arrive plus à dormir la nuit et s'écroule de fatigue le jour, ne font pas de lui un cas parmi d'autres d'enfants traumatisés par la guerre[3] ou une preuve de plus ? Les juges ont besoin d'entendre les victimes pour élaborer leur jugement mais les victimes n'ont pas besoin de faire du droit pour parler de leurs souffrances et de leurs bourreaux. La valeur inestimable d'une qualification juridique, c'est cependant d'avoir pu être prouvée, débattue et attestée dans le cadre d'un procès équitable et contradictoire. C'est pourquoi la reconnaissance internationale du génocide des Tutsi aurait été plus difficile sans les verdicts du Tribunal pénal international pour le Rwanda. C'est pourquoi la qualification des crimes en Syrie par des juges demeure indispensable. Mais ce qui donne son véritable sens à une qualification juridique c'est d'être le premier maillon vers une forme d'imputation et la mise en cause d'accusés.

II

Les groupes armés liés à l'opposition syrienne ont commis des crimes de guerre (mauvais traitements et meurtres de prisonniers en particulier), et Daech est incontestablement l'autre grand meurtrier coupable de crimes internationaux en Syrie, qui est allé jusqu'à les mettre en scène pour en diffuser les images et mieux terroriser le monde entier. Cependant, la très grande majorité des crimes documentés est imputable au régime syrien. C'est avec le jugement de

1. Rapport du 28 mai 2018, *Sieges as Weapons of War. Encicrcle, Starve, Surrender, Evacuate*, sur https://www.ohchr.org/Documents/HRBodies/HRCouncil/CoISyria/PolicyPaperSieges_29May2018.pdf.

2. Rapport du Secrétaire général sur les enfants et le conflit armé en République arabe syrienne, 27 janvier 2014, paragraphe 35.

3. Rapport de Save the Children, *Invisible Wounds : The Impact of Six Years of War on the Mental Health of Syria's Children*, 2017, sur savethechildren.net.

Nuremberg que la responsabilité pénale individuelle au titre du droit international est historiquement affirmée et appliquée à l'encontre aussi bien des exécutants que des chefs d'État. À la même époque, la responsabilité dite « hiérarchique », qui ne nécessite pas un ordre criminel explicite ou la participation directe, mais la preuve de l'absence d'action du supérieur pour prévenir ou sanctionner les crimes de ses subordonnés, se met aussi en place au procès dit « de Tokyo » pour le massacre de Nankin. Il s'agit là, encore aujourd'hui, des deux principaux modes de responsabilité individuelle pour les crimes internationaux. L'un repose sur une action objective et l'autre sur une absence d'action en connaissance de cause.

Les deux modes de responsabilités peuvent être caractérisés en Syrie. La Commission indépendante d'enquête de l'ONU a en effet établi, dans son rapport de février 2012, que « les violations flagrantes des droits de l'homme s'inscrivaient dans le cadre d'une politique de l'État et que les ordres de commettre ces violations découlaient de politiques et directives adoptées au plus haut niveau des forces armées et du gouvernement […] Les quatre principaux services de renseignements et de sécurité qui sont directement rattachés au président – les services du Renseignement militaire, le service du Renseignement de l'armée de l'air, la Direction générale du Renseignement et la Direction de la Sécurité politique – étaient au cœur de pratiquement toutes les opérations. La plupart des divisions de l'Armée arabe syrienne […] ont participé aux opérations menées dans la zone où elles étaient déployées. Cependant, au fur et à mesure que la crise s'étendait, les unités d'élite de l'armée les plus proches de la présidence – les Forces spéciales, la Garde républicaine et la 4e Division – ont joué un rôle de plus en plus en vue, les deux dernières spécialement à Damas et dans sa banlieue. » Le second mode de responsabilité est également clairement engagé : « Bien que ces crimes soient connus, aucun effort sérieux n'a été fait pour les prévenir et les réprimer » notait encore la commission, précisant qu'« un certain nombre de chefs d'unités des forces armées et de supérieurs civils peuvent être raisonnablement soupçonnés d'être responsables de crimes contre l'humanité parce qu'ils savaient pertinemment qu'ils ne prenaient pas toutes les mesures voulues et raisonnables en leur pouvoir pour prévenir et réprimer les crimes en question commis par leurs subordonnés ou en saisir les autorités compétentes ». La commission ajoutait qu'« au cours de l'année écoulée, des soldats et des personnels des Forces de sécurité qui avaient refusé d'obéir à des ordres manifestement illégaux de commettre des crimes contre l'humanité ont souvent été soumis à des peines sévères, y compris à des exécutions, ce qui illustre bien le niveau de contrôle exercé par les chefs d'unités sur leurs subordonnés ».

Si l'État syrien a été profondément affaibli par l'ampleur du soulèvement populaire, au point d'être devenu presque entièrement dépendant de ses alliés extérieurs (Moscou et Téhéran), son président Bachar al-Assad, avec autour de lui les membres de son clan, a conservé sa mainmise sur l'appareil sécuritaire et ce qui restait de son armée. Les autres hauts responsables souvent cités pour leur rôle dans les exactions et les représailles sont : au niveau de la Sécurité nationale Ali Mamlouk et parce que les Renseignements de l'armée de l'air sont réputés comme les plus féroces, Jamil Hassan ; au niveau des militaires, Maher al-Assad, le frère de Bachar et le commandant de la 4e Division et de la Garde républicaine ; au niveau des milices, le général Souheil al-Hassan à la tête des Forces du Tigre. Mais le système sécuritaire des *mukhâbarât* est proprement tentaculaire (avec plusieurs branches en concurrence et 80 000 agents) et, depuis 2011, un grand nombre de responsables ont changé de postes ou sont morts[1]. De plus, il s'appuie largement pour ses basses besognes sur des groupes semi-mafieux locaux, connus sous la dénomination de *chabbîha*[2]. Il faut ajouter à cette myriade d'auteurs, la présence des milices étrangères (en particulier celles venues du Liban et d'Iran).

En dépit de la démultiplication des organismes et du court-circuit des chaînes hiérarchiques officielles par d'autres réseaux et logiques de pouvoirs, pouvant brouiller les pistes et permettre aux uns de se défausser sur les autres, c'est bien vers Bachar al-Assad que remonte tout l'organigramme de la répression, depuis, à la base, les divers centres de détention jusqu'aux différentes directions de renseignements puis au Bureau de la Sécurité nationale et enfin à la cellule centrale de gestion de crise qu'il surplombe, en tant que responsable suprême. Deux anciens procureurs internationaux, Stephan Rapp, du Tribunal spécial pour la Sierra Leone, et Carla Del Ponte, du Tribunal pour l'ex-Yougoslavie, ont tous les deux déclaré que leurs organisations respectives – le CIJA (Commission of International Justice and Accountibility) pour le premier et la Commission indépendante d'enquête sur la Syrie pour la seconde – avaient désormais collecté suffisamment de preuves pour obtenir la condamnation du président syrien. Mais le travail d'imputation ne prendra son véritable sens que s'il y a des juridictions pour mettre en œuvre concrètement des poursuites dans le cadre d'un procès et aller vers un verdict et une peine. Car que vaut une qualification juridique si elle reste celle d'un crime impuni ?

III

À ce jour, Bachar al-Assad reste protégé par son immunité de président en exercice et l'impossibilité de saisir la Cour pénale internationale par le biais du Conseil de sécurité. Les autres tentatives pour activer la compétence de la Cour, par l'identification de binationaux chez les principaux responsables ou en 2019 par l'invocation des spécificités liées au crime de déportation, ont échoué. Seules des démarches auprès des juridictions nationales, sur la base de la compétence universelle ou de la binationalité des victimes, ont pour l'instant permis d'entrouvrir la possibilité de futurs procès.

Des dizaines de plaintes (et/ou de dossiers) ont été déposées[3] : en Espagne, en avril 2017, contre neuf responsables, par

1. Hafez Makhlouf, chef de la branche interne à la Direction générale de la Sécurité, qui était aux commandes, de même que plusieurs autres hauts responsables, l'ex-ministre de la Défense Daoud Rajha, le vice-ministre de la Défense Assef Chawkat (beau-frère de Bachar) et le général Tukmani (ex-chef de la cellule de crise), furent tués en juillet 2012 dans un attentat. C'est le général Rustum Ghazali qui après l'attentat de 2012, fut nommé à la tête de la Direction de la Sécurité politique, le général Dib Zaytoun prenant lui la tête de la Direction de la Sécurité générale.

2. Nom tiré des Mercedes-Benz de type « Shabah », ou Mercedes « Fantôme » avec lesquelles les premiers groupes, localisés surtout dans des villes côtières comme Lattaquié ou Tartous, se déplaçaient pour opérer assassinats et kidnappings.

3. Dans le détail, le panorama est complexe et hétérogène car les procédures et les champs de compétence peuvent varier non seulement entre pays mais aussi au sein du droit national selon la qualification des crimes (en France par exemple entre le crime de torture en tant que tel et le crime contre l'humanité) ou la base de compétence : si les victimes et les auteurs sont étrangers ou s'ils sont binationaux ou ont la nationalité française (comme Rémi Ochlik en France ou les Dabbagh qui étaient binationaux). Le cas de l'oncle de Bachar, Rifaat al-Assad, ancien vice-président, en exil après un coup d'État avorté contre Hafez, auteur de crimes de guerre à Hama en 1982, exilé en France depuis plusieurs décennies, est à ce titre significatif (malgré ses spécificités). Deux plaintes ont été déposées contre lui en Suisse. La première court depuis 2013 (au point qu'un recours pour déni de justice a été déposé devant le Tribunal fédéral par l'un des avocats des parties plaignantes). La

une Syrienne de nationalité espagnole pour la disparition de son frère ; en Autriche, contre 24 hauts responsables en mai 2018 ; en Suède, contre 25 responsables en février 2019, etc. Pour l'instant, la majorité des dossiers connus visent les services de renseignements et des cas de disparition et de torture. Certaines législations nationales permettent d'ouvrir le spectre des responsabilités par la mise en cause d'entreprises et de personnes morales. En Belgique, le tribunal d'Anvers a ouvert une enquête visant trois entreprises flamandes qui ont exporté en Syrie des produits pouvant servir à la fabrication d'armes chimiques. En France, c'est la société Qosmos (rachetée en 2016 par la société suédoise Enea) qui a fait l'objet d'une mise en examen pour son rôle dans la livraison d'outils informatiques de surveillance de la population avant de bénéficier en 2021 d'un non-lieu du fait de l'absence de preuves établissant un lien de causalité direct avec des cas de torture. C'est aussi le cimentier Lafarge qui doit faire face à l'éventualité d'accusations de « complicité de crimes contre l'humanité » et de « financement de terrorisme ». En cause les sommes d'argent versées à Daech et à d'autres groupes armés par la société française afin de garantir le maintien de sa filiale syrienne. La procédure au long cours et à multiples rebondissements se poursuit toujours dans cette affaire ouverte en juin 2017.

L'Allemagne est un des pays les plus actifs, du fait notamment qu'elle est le pays européen qui a accueilli le plus de réfugiés syriens. En 2017, quatre plaintes ont été déposées conduisant à l'émission d'un mandat d'arrêt à l'encontre de Jamil Hassan et à l'arrestation de deux réfugiés syriens : Anwar Raslan, ex-colonel qui dirigea à Damas le service d'enquête de la branche 251 de la Sécurité d'État, inculpé de 58 chefs d'accusation, dont des crimes contre l'humanité, actes de torture et viols ; et un de ses subordonnés, Eyad al-Gharib. Leur procès s'est tenu d'avril 2020 à janvier 2022. Raslan a été condamné à la prison à perpétuité et Al-Gharib à 4 ans et demi d'emprisonnement.

Dans le cadre de la même affaire, et sur la base d'une coopération inédite entre les pôles spécialisés allemand et français, un troisième suspect a été arrêté en France[1]. Le parquet de Paris a également émis un mandat d'arrêt contre Jamil Hassan et deux autres hauts responsables : Ali Mamlouk et Abdel-Salam Mamhoud (responsable des enquêtes du centre de détention de l'aéroport militaire Mazzé de Damas). Ils sont tous les trois accusés de complicité de crimes contre l'humanité pour la disparition, la torture et la mort de Mazen et Patrick Dabbagh (une information ouverte en octobre 2016). D'autres mandats d'arrêt sont attendus dans le cadre de l'enquête ouverte en septembre 2012 pour la mort de Rémi Ochlik, tué par un bombardement sur le centre de presse de Homs, et pour la « tentative d'homicide » sur la personne d'Édith Bouvier. Aux États-Unis, ce même bombardement a déjà fait l'objet d'une condamnation au civil de l'État syrien pour la mort de la journaliste américaine Marie Colvin.

seconde, pour le massacre de la prison de Tadmor en 1980, a finalement été, en décembre dernier, définitivement refermée faute d'avoir pu prouver que Rifaat avait séjourné en Suisse depuis mars 2017, la condition du séjour étant nécessaire à l'ouverture d'une procédure.

1. En novembre 2021, une bataille judiciaire importante se livrait autour du sort de ce suspect de nationalité syrienne pour déterminer si la qualification de crimes contre l'humanité pouvait être retenue contre lui dans la mesure où la loi syrienne ne possède pas d'équivalent strict de ce crime et que la loi française de compétence quasi universelle conditionne son action à l'existence d'une double incrimination (donc d'une loi syrienne équivalente à la loi française). L'issue de cette bataille, qui se joue devant la Cour de cassation, aura des conséquences déterminantes sur l'avenir des poursuites de criminels syriens en France.

Ces procédures, complexes et lentes, n'en sont encore le plus souvent qu'à des stades préliminaires. Leur multiplication ne doit donc pas faire illusion. La plupart ne déboucheront pas sur des procès. Comme le montre le profil des trois hommes arrêtés en France et en Allemagne en février 2019, ce ne sont pas les piliers du régime mais des exécutants qui sont le plus susceptibles d'être arrêtés à l'étranger (notamment ceux qui ont choisi de quitter la Syrie et de trouver refuge à l'étranger alors que le régime n'est pas lui-même en situation de déroute). Il y a cependant bien des raisons d'espérer que la voie de la justice n'est pas entièrement ou ne restera pas définitivement bouchée. La création par l'Assemblée générale de l'ONU, en décembre 2016, du Mécanisme international impartial et indépendant (M3I) a mis en place une structure inédite qui ne peut pas aller aussi loin qu'une véritable juridiction (il ne peut pas émettre d'actes d'accusation et encore moins arrêter et juger), mais excède le mandat informatif d'une commission d'enquête. Basé à Genève, le M3I a pour mission principale non pas d'enquêter lui-même (bien qu'il puisse le faire dans une certaine mesure et sur certains points très précis) mais de rassembler/de collecter les éléments factuels déjà mis au jour par d'autres organismes. Elle s'appuie par exemple sur la documentation des ONG comme le Syria Center for Media and Freedom of Expression (SCM) et des commissions internationales comme la Commission d'enquête internationale sur la Syrie ou l'Organisation pour l'interdiction des armes chimiques. Le M3I va non seulement rassembler et croiser des sources/des documentations, il va aussi lui appliquer une grille de lecture juridique et monter des dossiers dans une perspective suffisamment ouverte pour être exploitable par des juridictions très diverses dans leur procédure. En s'équipant d'une infrastructure informatique de pointe pour stocker et consulter de façon sécurisée et pratique une quantité sans précédent d'informations, le M3I ambitionne de devenir « la plus grande archive centralisée d'éléments de preuve » sur les crimes commis en Syrie. Celle qui permettra de rendre incontestable leur qualification en tant que crimes de guerre et crimes contre l'humanité et facilitera leur imputation et la poursuite de leurs auteurs.

Organigramme des institutions officielles de la répression

Joël Hubrecht

Les rouages du régime apparaissent complexes à analyser car la primauté du pouvoir appartient au clan et aux services de sécurité davantage qu'aux institutions étatiques ordinaires (gouvernement). De plus, à l'intérieur de ces institutions la logique du clan l'emporte sur les titres officiels (ainsi Maher al-Assad même s'il n'est qu'à la tête d'une division, la 4e, a de fait un pouvoir supérieur ; de même en tant que membre de la famille Assad, Chawkat, vice-ministre de la Défense, avait un pouvoir décisionnaire supérieur ; Daoud Rajha, ministre de la Défense, qui, sans être un homme de paille, valait surtout comme caution chrétienne du régime). La famille Assad occupe la place principale mais de par ses liens étroits avec la famille Makhlouf (veuve de Hafez al-Assad) et avec les al-Akhrass (famille de la femme de Bachar al-Assad) ainsi qu'avec les cousinages, c'est un pouvoir clanique qui se partage les prébendes du pouvoir réel mais qui également s'entredéchire (Hafez et Rifaat ; Bachar et Maher ; Rami Makhlouf).

La majorité des postes de commandement dans l'armée reviennent à des familles issues de la communauté alaouite. L'organigramme officiel répond à une fonction d'affichage et de reconnaissance plutôt que d'exercice effectif du pouvoir. Dans tous les cas, le pouvoir décisionnaire remonte jusqu'au président Bachar al-Assad. En 2011, pour coordonner la mise en œuvre de la répression des mouvements de protestation, il a créé une « Cellule de gestion de crise » dont le fonctionnement et les décisions étaient destinés à rester secrets mais dont une partie des archives a pu être exfiltrée hors de Syrie en 2012 (les documents sont conservés au Canada par la Commission internationale pour la justice et la responsabilité – CIJA).

Nous avons indiqué les noms des principaux responsables dans différentes institutions clés. Toutefois il n'était pas possible d'être exhaustif car il y a eu de fréquents changements dans les postes de direction durant ces dix dernières années, soit du fait de promotions ou de transferts, parfois de défections (général Manaf Tlass), soit à la suite de décès (l'attentat du 18 juillet 2012), et souvent de disgrâces. De plus les institutions du pouvoir sont démultipliées (avec quatre directions des renseignements) et se font souvent concurrence. Les services de renseignements liés à l'armée de l'air, créés par Hafez al-Assad, l'emportent sur les autres. Ce pouvoir tyrannique héréditaire et communautaire est aujourd'hui fortement dépendant du soutien de puissances étrangères, en particulier de la Russie et de l'Iran.

Si les procédures engagées devant des juridictions nationales non syriennes peuvent viser des personnalités de haut rang (mandats d'arrêt français et allemand contre Jamil Hassan et mandat d'arrêt français contre Ali Mamlouk), les deux seules condamnations judiciaires rendues en 2021 et 2022 concernant un colonel de la branche 251 liée à la Direction des Renseignements généraux, en tant que responsable du service d'enquête de 2011 à septembre 2012, et un de ses subordonnés (procès d'Anwar Raslan et d'Eyad al-Gharib à Coblence, en Allemagne). On mesure, à la vue de cet organigramme de la répression, l'étendue du chemin qu'il reste à parcourir pour que justice soit rendue aux victimes du « système de mort » syrien.

LES INSTITUTIONS DE LA RÉPRESSION

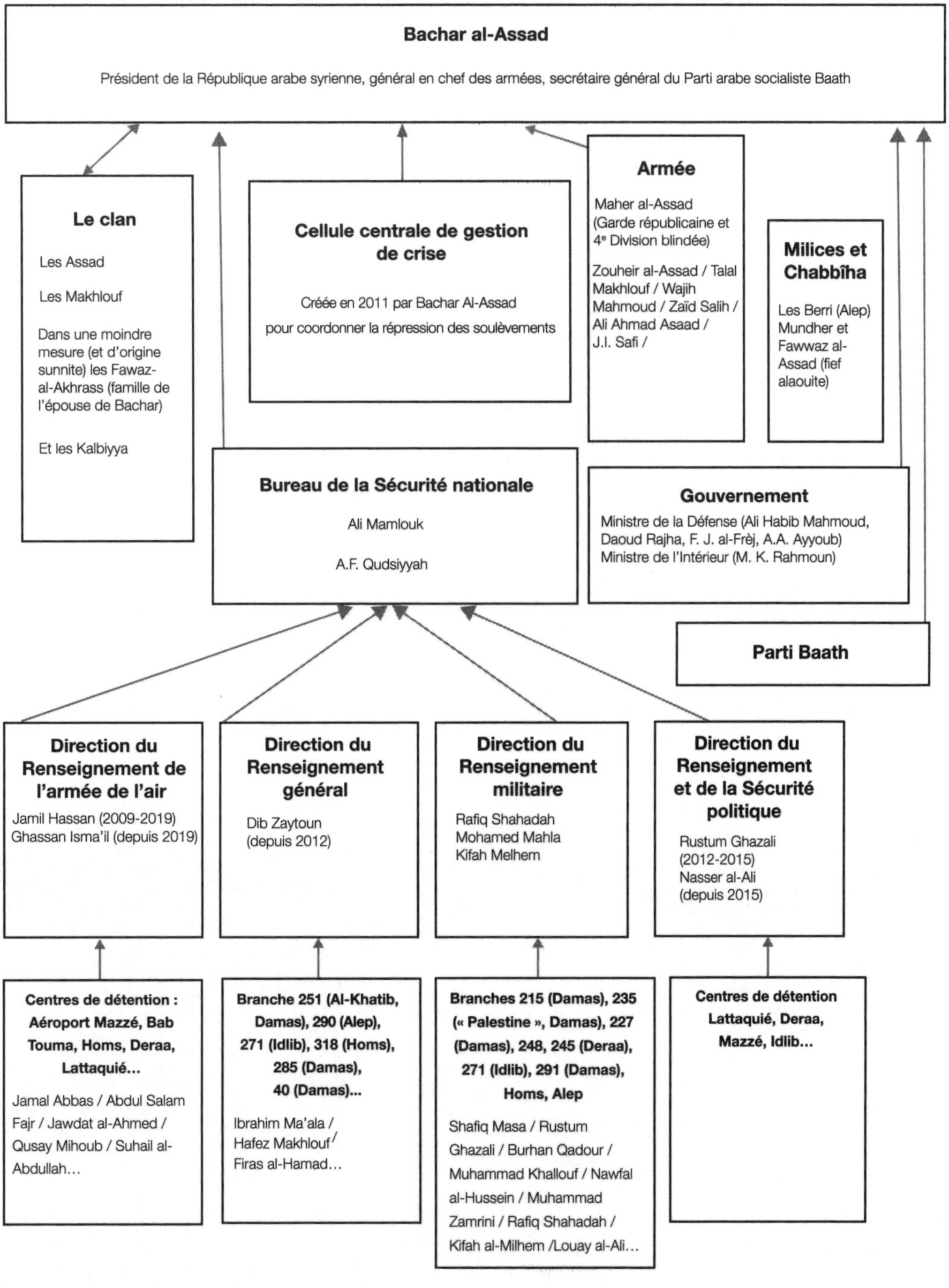

QUATRIÈME PARTIE

Politiques de la destruction

Des crimes contre l'humanité à ciel ouvert

Mohammed Badra, *Douma, 23 juin 2017*. La source indique que sur l'invitation du conseil municipal de la ville de Douma, les organisations humanitaires Takaful et Sham ont participé à la préparation d'une table du Ramadan qui s'étendait sur 1 600 mètres dans le centre-ville et accueillait plus de 7 500 personnes, selon Enab Baladi. Cette photographie a remporté la première place dans la catégorie Actualités et Événements lors du Concours de photographie iPhone 2018. Source : Mémoire créative de la révolution syrienne. © epa/Mohammed Badra.

Sommaire

Introduction

Catherine Coquio

Cette quatrième partie passe en revue les différents types de situations dans lesquelles s'est déchaînée la violence criminelle du régime dans la phase de répression du soulèvement puis de la guerre. Violence qui relève non seulement du crime de guerre mais du crime contre l'humanité, dans toute l'étendue de sa définition juridique. Cette criminalité, depuis le dépassement de la pseudo « ligne rouge » lors des attaques chimiques en 2013, jouit d'une impunité internationale qu'on peut dire inouïe dans l'histoire.

Elle débute en évoquant dans le premier chapitre « l'étincelle » qu'a été l'arrestation d'adolescents à Deraa, qui s'étaient rendus coupables de graffitis « dégagistes » inspirés par les récentes révolutions arabes et « l'escalade » de la violence répressive avec le supplice et l'assassinat de l'enfant Hamza al-Khatib, devenu la « première icône de la révolte » : aux données historiques s'ajoutent des éléments de réflexion sur cette « révolution par le bas » (Leila al-Shami et Robin Yassin-Kassab) ; puis une chanson populaire (« Honte ! ») et une prose poétique (Ossama Mohammed) qui témoignent de la résonance qu'eurent ces événements décisifs dans le déclenchement de la révolution, suivie de son immédiate répression sanglante, l'écrasement de l'enfance signant l'institution annoncée d'une cruauté sans pitié ni limites.

Le deuxième chapitre, consacré à ce qu'il faut appeler une « politique du massacre », livre, après des données chiffrées pour la période de mars 2011 à juin 2015, des témoignages de massacres perpétrés entre 2011 et 2013 à Homs, Houla, Douma, Darayya, Mu'addamiyya et Alep : récits de survivants, de témoins, mais aussi d'un des acteurs entraînés dans cette politique.

Le troisième chapitre est consacré aux « Sièges ». D'après le Bureau des affaires humanitaires de l'ONU, pour qu'il y ait « siège » il faut qu'une aire soit encerclée par des acteurs armés de telle sorte qu'aucune assistance humanitaire ne puisse entrer, et que les civils malades et blessés ne puissent sortir ; il constitue alors un crime contre l'humanité, et l'affamement d'une population assiégée un crime de guerre[1]. En Syrie, le siège a été une pratique de guerre partagée – entre autres par Daech à Deir ez-Zor –, et près d'une soixantaine de villes et villages syriens l'ont subie au plus fort du conflit. Mais il a surtout été une « arme fatale[2] » systématisée par le régime pour écraser les zones insurgées. Les plus

1. United Nations Office for the Coordination of Humanitarian Affairs (OCHA).

2. Rémy Ourdan, https://www.lemonde.fr/international/article/2018/04/08/strategie-de-guerre-le-siege-une-arme-fatale_5282387_3210.html/. Voir le rapport de l'Independent International Commission of Inquiry on the Syrian Arab Republic, 28 mai 2019, *Sieges as Weapons of War. Encircle, Starve, Surrender, Evacuate* : https://www.ohchr.org/sites/default/files/Documents/HRBodies/HRCouncil/CoISyria/PolicyPaperSieges_29May2018.pdf.

durables et sévères ont été ceux de Homs (2011-2014), Darayaa (2012-2018), Alep-Est (2012-2016), Yarmouk (2013-2015), et celui de la Ghouta orientale (2012-2018), ici le plus documenté. Ce chapitre débute par une comparaison entre la prison et le siège[1] (Oussama Nassar). Puis il donne des aperçus et des réflexions sur les situations vécues à Homs et surtout à Douma, avec un article de Razan Zaitouneh en novembre 2013 sur la difficulté de résister dans la durée, un précieux texte inédit de Majd al-Dik sur l'économie de survie, les profiteurs de guerre et le rôle des ONG, et des fragments d'une chronique journalière du siège vécu dans la Ghouta par quatre femmes avec leurs familles en février-mars 2018 : Asma Safsaf, Leila Bakry, Nivin Hotary, Bayan Rehan ; le chapitre s'achève par deux éclairages sur le camp de Yarmouk et la présence des réfugiés palestiniens : un texte d'Abdallah Al-Khatib intitulé « Les 40 règles du siège », où le témoignage et l'analyse prennent forme poétique, et une analyse du rôle des Palestiniens dans la révolution et la guerre par Valentina Napolitano.

Les chapitres 4, 5 et 6 sont consacrés à la destruction par les bombes dans plusieurs de ses aspects. « Bombardements » contient des témoignages issus de populations bombardées à Homs et à Alep, et détaille un aspect significatif de cette destruction : l'élimination des témoins-journalistes (la mort à Homs de Rémi Ochlik et celle de Marie Colvin ainsi que la disparition d'Ali Othman) ; « Secourir et soigner sous les bombes » documente un aspect systémique, le ciblage des soignants, médecins et secouristes (textes de Firas Kontar et de Cécile Hennion), en donnant accès à l'expérience vécue par ceux-ci, l'acte de soin devenant un acte de résistance et très vite un cauchemar quotidien, une horreur illimitée (témoignages d'Alep de 2012 et de 2016, puis de la Ghouta orientale en 2018).

Le sixième chapitre est consacré à un des aspects singuliers de cette destruction par les bombes : [l']« Urbicide et [la] destruction du patrimoine », qui touchent à l'existence culturelle des populations atteintes et à leur inscription architecturale dans une histoire multiséculaire. Le slogan « Assad ou nous brûlons le pays » prend ici un sens supplémentaire : l'incendie touche au temps historique et concerne le pays en tant que paysage vivant et ancré dans le plus lointain passé. Aux côtés de l'évocation littéraire des « balcons d'Alep » par Fawaz Hussain, deux textes d'analyse réunis ici font mesurer l'ampleur et la teneur de la destruction à la fois des villes (Leïla Vignal) et du patrimoine archéologique (Joël Hubrecht).

Le septième chapitre aborde un des points limites de cette violence : les attaques chimiques. Elle s'ouvre avec une enquête de René Backmann, parue sur le site Mediapart en 2017, qui récapitule les données factuelles techniques et les preuves relatives aux très nombreux usages de gaz contre la population civile dans les zones insurgées à partir de 2012 (130 gazages entre octobre 2012 et avril 2017), et résume les révélations de Syriens associés à la fabrication du gaz sarin sur l'usage qu'Assad envisagea d'en faire dès 2009. Yassin al-Haj Saleh analyse ensuite le tournant politique qu'aura été ce dépassement accepté de la « ligne rouge » dont avait parlé Obama, et la manière dont cette impunité politique internationale, avec cette étape nouvelle, aura prolongé la destruction chimique d'une population. Suivent deux témoignages, l'un d'un journaliste français sur le front de Jobar (Jean-Philippe Rémy), l'autre d'un acteur de la résistance à Douma, à propos de l'extermination par le gaz des « gens de Zamalka » (Majd al-Dik).

1. Cette comparaison est fréquente : on la trouve également chez Razan Zaitouneh, et plus longuement développée dans le témoignage de Samira al-Khalil, qui eut à connaître les deux : *Journal d'une assiégée. Douma, Syrie*, traduit par Souad Labbize, avant-propos et postface de Yassin al-Haj Saleh, Éditions iXe, 2022.

Étant donné le titre donné à cette partie, « Des crimes contre l'humanité à ciel ouvert », il n'est pas inutile de rappeler que cette notion, précédée de celle de « crime de lèse-humanité » utilisée à propos de l'extermination des Arméniens en 1915, a été forgée en réaction aux crimes nazis. L'article 7 du Statut de Rome de la Cour pénale internationale créée en 1998, mis en vigueur en 2002, définit onze actes constitutifs de crimes contre l'humanité lorsqu'ils sont commis « dans le cadre d'une attaque généralisée ou systématique dirigée contre toute population civile et en connaissance de l'attaque » : 1) le meurtre ; 2) l'extermination ; 3) la réduction en esclavage ; 4) la déportation ou le transfert forcé de population ; 5) l'emprisonnement ou autre forme de privation grave de liberté physique en violation des dispositions fondamentales du droit international ; 6) la torture ; 7) le viol, l'esclavage sexuel, la prostitution forcée, la grossesse forcée, la stérilisation forcée ou toute autre forme de violence sexuelle de gravité comparable ; 8) la persécution de tout groupe ou de toute collectivité identifiable pour des motifs d'ordre politique, racial, national, ethnique, culturel, religieux ou sexiste, ou en fonction d'autres critères universellement reconnus comme inadmissibles en droit international, en corrélation avec tout acte visé dans le présent paragraphe ou tout crime relevant de la compétence de la Cour ; 9) la disparition forcée de personnes ; 10) le crime d'apartheid ; 11) d'autres actes inhumains de caractère analogue causant intentionnellement de grandes souffrances ou des atteintes graves à l'intégrité physique ou à la santé physique ou mentale.

Hormis les articles 3 et 10 (réduction en esclavage et apartheid), l'ensemble de ces actes sont représentés dans les violences et destructions dont le régime d'Assad s'est rendu coupable : ceux présentés ici font système avec ceux présentés dans la deuxième partie du livre à propos des prisons.

Selon cet article 7 et les textes qui le précèdent, le crime contre l'humanité est imprescriptible, il peut être commis en tout temps (en temps de paix comme en temps de guerre), et personne ne peut échapper à sa répression, des chefs de l'État aux exécutants (article 27)[1].

C'est pour « crimes contre l'humanité » qu'en janvier 2022 a été condamné à la prison à vie Anwar Aslan, ancien colonel de la sûreté d'État, au procès de Coblence. Certains témoins entendus, délégués aux tâches d'enterrement des cadavres, parlent de centaines de morts déversés par camions réguliers issus des centres de sécurité et hôpitaux militaires et civils, des années durant (détenus torturés, civils tués dans des bombardements ou des tirs, combattants ennemis tombés dans des zones où le régime a pu récupérer les corps). « Il y a des fosses communes dans toute la Syrie. À Homs, à Alep, dans la Ghouta, etc. Partout. Il y a des centaines de sites. Personne n'est capable d'en dresser la carte aujourd'hui », affirme l'avocat Anouar Al-Bouni, pour qui « le bilan s'élève à plus d'un million de morts, avec un pic entre 2012 et 2014, lorsqu'une centaine de personnes par jour mouraient dans les manifestations[2] ». « Il y avait jusqu'à 400, 500 morts à la fois », dit l'un des fossoyeurs sortis du silence. « Mon cerveau a dû s'arrêter pour pouvoir travailler. [...] Même l'eau avait le goût de la mort. »

1. Pour un historique de cette notion, voir Sévane Garibian, *Le Crime contre l'humanité au regard des principes fondateurs de l'État moderne : naissance et consécration d'un concept*, Bruxelles, Bruylant, 2009. Sur le Statut de Rome, voir Philippe Currat, *Les Crimes contre l'humanité dans le Statut de la Cour pénale internationale*, Bruxelles, Bruylant, 2006.

2. Cité par Christophe Ayad et Madjid Zerrouky dans « Syrie : la confession des fossoyeurs du régime Assad », *Le Monde*, 26 juillet 2022. Même source pour la citation suivante.

1

Deraa, l’étincelle et l’escalade

« Ton tour arrive, docteur ! » Le récit de Nayef et Bachir

Marc Hakim[1]

Le récit des événements qui va suivre appartient à la légende révolutionnaire et à l'histoire à la fois. Étincelle déterminante et non cause du soulèvement qui allait se propager, comme l'avait été en Tunisie l'immolation du marchand ambulant Muhammad Bouazizi. Il y a eu, dans la masse des narrations qui en ont été faites et au fil des années, des divergences qui, sans remettre en cause les faits essentiels, brouillent la restitution précise de cette histoire. L'auteur de l'article reprend ici les éléments que, par recoupement, il estime le plus plausibles, bien que certains aspects non définitivement établis demeurent, en l'absence d'un véritable procès ou du travail d'une commission vérité, que le régime s'est évidemment bien gardé de mettre en place.

En février 2011, vingt-quatre jeunes âgés de quinze à vingt-cinq ans, dont cinq mineurs, issus du même quartier, ont été emprisonnés et torturés pendant plus d'un mois à cause d'un graffiti tracé sur un mur de leur école : « Ton tour arrive, docteur ! », formule renvoyant à Bachar al-Assad, ophtalmologiste de formation. Le 18 mars, une manifestation éclatait pour demander leur libération, attisant la révolte qui couvait. Ces jeunes sont aujourd'hui dispersés. Certains sont réfugiés en Europe, d'autres en Jordanie. D'autres sont restés dans leur ville natale, où il leur faut cohabiter avec le régime et les soldats russes. D'autres sont morts. « Un concentré de la Syrie actuelle », dit Camille Neveux, qui en 2019 est allé à la rencontre de ces « enfants oubliés de la révolution » et a recueilli le témoignage de deux d'entre eux, Nayef et Bachir. Le présent récit reprend ces témoignages et ajoute quelques éléments issus de sources antérieures, qui font parfois changer la version des faits.

Lorsque la révolution a commencé en Tunisie et en Égypte, des baraques militaires ont été installées à chaque carrefour de Deraa al-Balad, un quartier du sud de Deraa, avec un policier chargé de contrôler la population. Le quartier l'a mal vécu. Au bout de quelques jours, le

1. Les témoignages cités dans ce texte sont pour l'essentiel repris de l'enquête de Camille Neveux auprès des enfants rescapés, parue dans le *Journal du dimanche* le 2 novembre 2019, URL : https://www.lejdd.fr/International/Moyen-Orient/syrie-que-sont-devenus-les-enfants-de-deraa-dont-larrestation-en-2011-a-ete-letincelle-de-la-revolte-3928793 ; ainsi que d'articles plus anciens : Benjamin Barthe, « L'étincelle de l'insurrection syrienne », *Le Monde*, 8 mars 2013, URL : https://www.lemonde.fr/international/article/2013/03/08/les-enfants-de-deraa-l-etincelle-de-l-insurrection_1845327_3210.html ; Amal Hanano (pseudonyme de l'écrivaine et architecte Lina Sergie Attar, qui citait deux enfants impliqués), « The Syrian schoolboys who sparked a revolution », *The National*, 30 mars 2012, URL : https://www.thenational.ae/lifestyle/the-syrian-schoolboys-who-sparked-a-revolution-1.458306. Autre source : URL : https://souriahouria.com/ce-jeune-potache-a-declenche-sans-le-savoir-un-conflit-extremement-sanglant-en-syrie-par-de-simples-slogans-ecrits-sur-les-murs-de-son-ecole/. Voir également Samar Yazbek, *Feux croisés*, *op. cit.*, p. 87, p. 93, p. 99 et p. 151.

régime a fini par embarquer quinze personnes qui jetaient des pierres sur les policiers.

Dans les heures qui ont suivi, quelqu'un a inscrit la fameuse phrase « *Ejak el ddor ya doctor* » (« Ton tour arrive, docteur ! ») sur le mur de l'école. Au-dessous figuraient les prénoms de Bachir et Nayef, écrits deux ans plus tôt. Le graffiti apparaît également sur l'enceinte de deux autres complexes primaires – taguer des maisons plutôt que des bâtiments publics aurait condamné d'office leurs habitants à la prison. Mais c'est sur l'école de Nayef et Bachir que le régime concentre ses recherches. Les adolescents sont du clan Abazid, l'un des plus importants de Deraa, implanté dans le vieux centre-ville.

Nous sommes le 17 février 2011, à Deraa, dans le sud-ouest de la Syrie, tout près de la frontière jordanienne. À peine arrivé au collège pour garçons de Deraa al-Balad – la partie ancienne de la ville, réputée réfractaire au régime des Assad –, Nayef Abazid est convoqué chez le directeur par un surveillant.

L'école, le premier endroit où les jeunes Syriens subissent l'humiliation, où les élèves entament leur journée en faisant le salut nazi, où la biographie des Assad, père et fils, doit être connue sur le bout des doigts sous peine d'être battu, devient, sans surprise, le lieu où le piège se referme sur eux. « Les policiers m'ont embarqué en me disant : "C'est toi qui as écrit cette phrase", se souvient Nayef. On me parlait d'un docteur, mais j'avais juste écrit mon prénom[1] ! Je ne comprenais pas ce qui se passait. Quand ils ont fini par me dire "docteur Bachar al-Assad", j'ai compris qu'il s'agissait d'une insulte très dangereuse... Le policier m'a alors attaché à un mur, les pieds à 10 centimètres du sol, et a frappé mon dos avec un câble électrique. J'ai fini par signer mes aveux avec mon empreinte digitale. Puis les tortures ont recommencé. Ils voulaient que je leur donne des noms, dont celui de Bachir. »

Le lendemain, les officiers traînent l'adolescent à l'école, à la recherche de la bombe de peinture avec laquelle il aurait signé son forfait. « J'ai aperçu Bachir et je lui ai dit de partir loin », dit Nayef. Les services de renseignements finiront par mettre la main sur le collégien vingt-quatre heures plus tard. Quatre élèves sont transférés dans la ville voisine de Soueida. L'interrogatoire dure six jours.

« J'expliquais aux policiers que je n'étais pas assez fou pour écrire des insultes contre le régime avec mon nom en dessous, se souvient Bachir. Ils me répondaient que des experts avaient analysé les deux écritures sur le mur, qu'elles étaient identiques. Comment pouvaient-ils comparer des lettres tracées aussi grossièrement avec des bombes ? » Le collégien résiste pendant trois heures, puis finit par abandonner. « On ne savait pas qui avait tagué cette phrase, peut-être des jeunes pour créer

1. Cette version diffère du récit rapporté par Amal Hanano (pseudonyme de l'écrivaine et architecte Lina Sergie Attar) en 2012 : « Tandis que les activistes discutaient de ces conjectures, Bachir et ses jeunes camarades de collège ont fixé le jour. Le 16 février 2011, ils ont tracé sur les murs du collège les chants révolutionnaires populaires qu'ils avaient vus à la télévision par satellite : "Le peuple veut la chute du régime" ; "Ton tour arrive, docteur !" ; "Dégage !". Et, touche finale de courage et de naïveté, ils ont signé chaque slogan de leurs noms : "Avec nos salutations. Bachir" ou "Issa" ou "Nayef Abazid". C'est ce que Masalmeh me dit depuis le quartier d'Al-Arba'în à Deraa, qui se trouve juste en face de l'école d'Al-Arba'în, où les murs sont encore couverts de taches noires dissimulant les mots qui ont fait éclater la révolution. Un *checkpoint* des services de sécurité se trouve juste à 200 mètres de là. Comme la plupart des Syriens qui vivent ce soulèvement, il est entouré des marques et traces de l'inspiration et de la répression en même temps. Nayef, un élève de quatrième, a été arrêté par les forces de sécurité le lendemain. Après avoir été torturé, il a avoué et donné sous la contrainte les noms de ses co-conspirateurs. Avec cette information en main, la police est allée de maison en maison, menaçant leurs parents pour qu'ils livrent leurs fils. Les garçons se sont rendus quelques jours plus tard, après avoir été assurés qu'aucun mal ne leur arriverait. Puis ils ont disparu. » Voir aussi la fin du chapeau de l'article, qui cite un autre enfant : « "On n'imaginait évidemment pas déclencher une révolution, affirme Muhammad, qui a fait partie de l'équipée nocturne. C'était un truc spontané, comme un jeu, on voulait juste se moquer de Bachar". Grisés par leur audace, trois des jeunes tagueurs décident même de signer leur forfait : Bachir, Nayef et Ahmed. »

du tumulte. Mais on a fini par reconnaître que c'était nous. On nous a ensuite demandé de dire que nous étions financés par les Israéliens et les Frères musulmans. J'avais quinze ans, je ne comprenais même pas les mots qu'ils utilisaient. » Sous la torture, les patronymes d'autres enfants du quartier fusent. Au hasard.

Bachir a déclaré à propos de son séjour là-bas qu'il s'agissait de « cinq jours de passage à tabac, je ne croyais pas que c'était possible ». Quand il est arrivé la première fois, il a été déshabillé et placé dans une cellule d'isolement. Lorsqu'il a été convoqué pour un interrogatoire, il a été autorisé à porter certains de ses vêtements, mais les vestes et tout ce qui comportait des fermetures éclair étaient interdits. Il en a été de même pour les lacets parce qu'ils avaient peur que quelqu'un ne se pende.

Les garçons ont été soumis à diverses techniques violentes d'interrogatoire. Ils ont été passés à tabac avec des câbles, frappés avec des électrodes de choc et soumis à des menaces constantes : « Quand nous recevions de la nourriture, dit Bachir, nous étions battus ; quand nous allions aux toilettes, nous étions battus ; quand nous étions convoqués pour un interrogatoire, nous étions battus. Il y avait un garçon qui avait des problèmes d'estomac ; ils ont commencé à le frapper à l'estomac. Après une série de coups, il a perdu connaissance. Ils nous frappaient avec des câbles des deux côtés de la main et nous disaient qu'ils allaient casser les doigts qui avaient écrit sur les murs. Nos ongles ont commencé à se fendre, à se casser et à tomber. Nos doigts saignaient sans arrêt. »

On leur demandait sans cesse : « Pourquoi avez-vous écrit sur les murs ? Qui vous a dit d'écrire sur les murs ? Avec qui êtes-vous connectés ? Qui vous aide de l'extérieur de la Syrie ? Qui vous a poussés à être des infiltrés contre nous ? Combien d'argent vous ont-ils donné ? Êtes-vous les Frères musulmans ? Êtes-vous Al-Qaida ? Êtes-vous salafistes ? Qui êtes-vous à vouloir renverser le régime ? »

L'interrogatoire a continué jusqu'à ce qu'ils crachent des aveux et livrent les noms de cousins et amis plus âgés, ou n'importe quels noms pour arrêter la douleur. Quelqu'un a parlé d'Ahmad, 17 ans, qui n'était même pas à l'école quand les garçons ont écrit sur le mur. Néanmoins, quand il a été torturé, il s'est effondré et leur a dit qu'il était salafiste. Il a avoué avoir écrit sur le mur et brûlé un kiosque de la police. Il a passé plus tard huit mois en prison avant d'être libéré. Issa, 16 ans, a été accusé de « tentative de renversement du gouvernement ». Il raconte : « Ils m'ont suspendu au mur et ont commencé à me faire tourner. J'étouffais. Je me sentais mourir. » Les garçons ont entendu les policiers dire qu'« ils ne devraient pas être autorisés à vivre ». Bachir dit qu'effectivement il ne souhaitait rien d'autre que mourir : « Quand j'étais à l'intérieur, j'ai regretté le moment où j'avais écrit sur le mur. »

Après six jours à Soueida ils sont transférés à la fameuse section Palestine des services secrets (branche 235) à Damas. « C'est la prison des grands opposants politiques, ce qui veut dire qu'on n'en ressort pas, ou alors avec des cheveux blancs, comme m'ont prévenu les officiers », dit Bachir. Les accusations, portant cette fois-ci sur une « atteinte à la sécurité générale », montent d'un cran. « Vous préparez un coup d'État ! », leur crie-t-on.

« Chaque branche était en compétition pour torturer les enfants », dit Masalmeh, avocat et défenseur des droits humains. En coulisse, leurs familles, qui s'activent pour obtenir leur libération, finissent par rencontrer le fameux Atef Najib. « Vous pouvez oublier vos enfants, leur lance-t-il. Faites-en d'autres, et si vous ne pouvez pas, donnez-nous vos femmes, nous, on le peut. » La provocation scandalise les habitants. « Deraa est une ville de clans et de tribus où tout le monde se connaît, note Samir Ilewe. En arrêtant les enfants et en menaçant les familles, comme le lui ont recommandé les services de renseignements, Bachar al-Assad s'est comporté stupidement. Il a touché un point très sensible dans une société conservatrice. »

Peu de temps après, Khaled Masalmeh a déclaré au mouvement clandestin de Deraa qu'une manifestation était organisée à Damas par un groupe d'opposition le 15 mars. La manifestation demanderait la libération de tous les prisonniers politiques. Les hommes ont décidé de manifester par solidarité devant le tribunal de « Saraya », le palais de justice local.

Une trentaine d'activistes sont arrivés au tribunal de Deraa le 15 mars et ont vu Khaled debout devant le bâtiment. Ils ont fait semblant d'être venus séparément, car les forces de sécurité se faufilaient en guettant le moindre mouvement suspect. Son frère, Muhammad Masalmeh, se souvient : « Nous voulions dire "Liberté" mais nous ne pouvions pas. Khaled ne pouvait pas dire un mot. Mais les forces de sécurité ont découvert qui nous étions. »

Cette nuit-là, ils se sont tous retrouvés dans une maison isolée appartenant à Ali Masalmeh Abou Hussein, membre dirigeant de l'opposition. Muhammad se souvient qu'un des leurs a dit : « Nous ne pouvons pas manifester en semaine. » Certains affirmaient au contraire que tenir une manifestation pendant la semaine, lorsque les rues étaient bondées, ferait en sorte que d'autres se joignent à eux. Le militant a répondu : « Et s'ils ne le font pas ? Les forces de sécurité nous prendront tous. »

En réponse, le quartier de Deraa al-Balad a décidé d'organiser une manifestation à la sortie de la prière, le 18 mars 2011, devant la mosquée Al-'Umari, seul lieu où il était possible de se réunir. Ils ont fait savoir que la manifestation commencerait là, mais ont secrètement accepté qu'un noyau de trente hommes arrive de la mosquée Hamza wa Al-Abbâs, située à proximité. Les deux mosquées étaient situées dans le quartier où vivaient les familles tribales les plus importantes de Deraa. L'idée était que si quelque chose leur arrivait, ils seraient rapidement entourés de cousins et de parents qui les défendraient contre les forces de sécurité.

Ce vendredi-là, l'imam de la mosquée Hamza wa Al-Abbâs a annoncé aux jeunes hommes que personne ne serait autorisé à diriger une manifestation depuis sa mosquée. Ils lui ont assuré qu'ils ne le feraient pas. Masalmeh a déclaré : « Les hommes se sont levés avant la fin de la prière. Ils n'étaient pas du tout concentrés. Les pères plus âgés se tenaient une rangée derrière, attendant de saisir leurs fils et espérant les retenir avant leur départ. »

Ali Masalmeh s'est dirigé vers la porte de la mosquée et a crié : « *Allahu akbar, Allahu akbar* ». À ce signal convenu, la foule présente a scandé en réponse ; « Houria, Houria » (liberté, liberté). Ses cousins se sont rapidement joints à eux. Un médecin et un ingénieur se sont joints à eux et les autres ont suivi, c'était le premier chant de Deraa. Ali Masalmeh, dont la voix a brisé le silence de Deraa, sera plus tard assassiné, le 23 février 2012, lors d'une perquisition à son domicile. Le groupe s'est dirigé vers la mosquée Al-'Umari et a été rejoint par vingt-cinq autres hommes. Les forces de sécurité étaient lourdement armées à l'intérieur, car quelqu'un les avait déjà informées des projets des activistes. Mais comme tout le monde quittait la mosquée en même temps, ils ont cru que la foule de plusieurs milliers de personnes faisait partie de la manifestation.

Le commissaire de police est venu négocier : « Que voulez-vous ? » Ils ont scandé : « Nous voulons nos enfants qui sont dans les prisons. » Il a répondu : « Nous allons les libérer. » Ils ont répondu : « Menteurs ! Menteurs ! » et ont commencé à réciter les noms de leurs enfants, et à chanter pour les militants arrêtés le 16 mars devant le ministère de l'Intérieur au centre de Damas, comme Dana Jawahra et Suheir Atassi.

La police étant incapable de disperser la foule, Atef Najib et 300 hommes armés sont arrivés. Ahmad al-Rashid Masalmeh, un manifestant intrépide qui allait être tué le mois suivant, a ramassé un caillou et leur a jeté dessus. Les autorités ont immédiatement ouvert le feu. Deux manifestants sont tombés sous les balles. Le premier soulèvement d'ampleur dans toute la Syrie s'est terminé dans le sang.

Mahmoud Jawahra et Husam Abdel-Wali Ayyash, qui vivaient auparavant aux Émirats arabes unis, ont été les deux premières victimes. Plusieurs autres ont été blessés. L'un a perdu un œil et un autre une partie de ses doigts. Personne ne s'attendait à faire face à une telle violence. Le mouvement s'est pourtant répété le lendemain, puis le surlendemain.

Le lendemain, les hommes de Deraa ont commencé les préparatifs en vue de l'enterrement des deux victimes. Un membre de la famille Jawahra avait été sommé par le parti Baath de garder la cérémonie sous contrôle. Il leur a conseillé d'encadrer les participants, mais les hommes ont refusé. À la place, ils ont scandé « Traître, celui qui tue son peuple ! », slogan qui allait bientôt être remplacé par le célèbre « Celui qui tue son peuple est un traître ». Ils ont scandé « *Yâ* Maher, lâche, envoie tes troupes dans le Golan ! » et « La mort plutôt que l'humiliation ! ».

Les victimes ont été enterrées dans ce qu'on a appelé ensuite le « cimetière des martyrs ». Après cette cérémonie, un cycle de manifestations, de violences et de funérailles a commencé.

L'épisode des enfants de Deraa, destiné à marquer les esprits pour éradiquer toute velléité d'insurrection, rappelle combien il était difficile de se forger une culture politique dans la Syrie des Assad. « Tout ceci s'est passé avant la révolution, rappelle Bachir. Il n'y avait pas à Deraa d'opposants célèbres dont on pouvait donner les noms », technique qu'employaient les rebelles de Darayya, en banlieue de Damas : quand les services de renseignements les interrogeaient, ils déclinaient toujours trois mêmes identités. Nayef et Bachir, qui essayaient tant bien que mal de protéger les leurs, ignoraient ce genre de procédé.

À Damas on n'était pas conscient de la page d'histoire qui commençait à s'écrire. Le 20 mars 2011, un officier du Renseignement a rassemblé le groupe d'adolescents. « Ils ont fini par nous dire : "Vous avez manqué de respect au président mais il va vous pardonner, vous pouvez sortir." On a pris ça pour une plaisanterie. »

Les garçons étaient détenus par les autorités depuis plus d'un mois. Ils ne croyaient plus à rien de ce qu'on leur racontait, car chaque fois qu'on leur avait dit qu'ils allaient être libérés, ils étaient transférés dans une autre branche des services de renseignements. Mais cette fois, aussi surprenant que cela puisse paraître, les adolescents ont été renvoyés à Deraa le même jour. « Nous étions terrifiés à l'idée de rentrer chez nous », se souvient Bachir.

La troupe a été acheminée en bus jusqu'à Deraa. Alors qu'ils s'approchaient de la ville et se dirigeaient vers le siège du parti Baath, ils ont vu des personnes alignées dans les rues. « Lorsque nous avons vu la foule, nous avons pensé que le régime préparait une exécution de masse, dit Bachir. Quand le véhicule s'est rapproché, le chauffeur, un policier, s'est mis à fuir... et nous avons fui avec lui ! Il nous a fallu du temps pour comprendre que nous étions libres. » Nayef ne l'a réalisé qu'en serrant sa mère dans ses bras. « Je pensais qu'ils avaient préparé la place pour notre exécution », dit-il. « Nos yeux se sont remplis de larmes. Quand nous sommes arrivés sur la place, les officiers nous ont ordonné de tirer les rideaux du bus. Cela nous a encore plus effrayés. La nouvelle a été transmise aux personnes qui se trouvaient à l'intérieur. Elles ont pris d'assaut le bus. J'ai ouvert les fenêtres ombragées et j'ai vu mes frères et mes oncles. Ma mère pleurait. J'ai sauté par la fenêtre. » Le frère de Bachir l'a pris dans ses bras et a crié : « Vous voyez tous ces gens ? Ils sont là pour vous. »

Le dimanche, jour de leur libération, Bachir avait remarqué que quelque chose était différent : les officiers les appelaient par leur nom au lieu d'utiliser les termes péjoratifs habituels. Quand ils sont arrivés à Deraa, le colonel Louaï al-Ali – celui qui les avait initialement rassemblés – les attendait pour les accueillir. « Bienvenue les garçons, nous sommes honorés de vous avoir. J'espère que personne ne vous aura fait mal. » Mais ils ne s'en souciaient plus, ils étaient libérés.

Une foule les attendait à la mosquée Al-'Umari. « Nous avions peur, dit Bachir. Mais mon frère a insisté pour que nous les rejoignions. Ils nous ont portés sur les épaules et c'est devenu une célébration pour tout le monde. » Les manifestants les ont exhibés sur leurs épaules dans tout le quartier, pendant plusieurs heures, entre des drapeaux proclamant : « Alep et les autres villes avec nous ». « J'étais très sale, j'avais des poux, et surtout j'avais peur, se souvient Bachir.

Des activistes sont venus me voir en me demandant de parler aux médias et de dire que j'avais tagué le mur. J'ai accepté de porter cette cause, mais ce n'est pas moi l'auteur. J'avais 15 ans. Mes amis et moi n'étions pas militants. Nous ne voulions que contrarier le régime. Nous ne pensions pas qu'il y aurait une révolution… Quand j'ai entendu parler de martyrs, j'ai dit : "Je serai avec eux jusqu'à la mort, avec ceux qui sont morts pour me sortir de l'oppression." Je ne lâcherai jamais la révolution syrienne. »

Les enfants de Deraa sont devenus le symbole de la résistance à la cruauté des Assad. Bachar a mis le feu au ressentiment et aux souffrances accumulés pendant quatre décennies de dictature. « Les enfants de Deraa ne sont pas la raison de la révolution, ils en sont l'étincelle », déclare Tayssir Masalmeh, un militant des droits de l'homme originaire de cette ville mais réfugié à Irbid, en Jordanie. « La révolte aurait de toute façon fini par éclater, à cause des pratiques du régime. Mais sans eux, sans leur geste fou, cela aurait pu prendre plus de temps. »

La ville de Deraa a été assiégée par les forces de Bachar al-Assad à partir d'avril 2011. Les chars ont encerclé la zone et des couvre-feux stricts ont été appliqués. Les tireurs d'élite ont occupé la plupart des immeubles élevés et les principales routes de la ville ont été coupées par des *checkpoints*. Malgré cela, les manifestations sont devenues un rite quotidien, montrant que Deraa se vouait à la révolution qui s'y était déclenchée.

Les activistes se sont mis très vite à filmer les manifestations, les funérailles et les morts, s'organisant en fonction de leurs compétences. Les responsables des technologies et des médias ont rapidement réalisé qu'il leur fallait se cacher. Ils ont installé plus tard un QG. Tous les jours, ils descendaient à Al-Wadi qui relie Deraa et Al-Mahatta pour filmer les manifestations, puis revenaient avec les vidéos. Ils ont équipé la salle de téléphones portables jordaniens, de cartes SIM, d'ordinateurs portables et de batteries pour prendre en charge les émissions en direct en cas de panne de courant. Les organisateurs des manifestations ont préparé des banderoles, cartographié la ville et assigné des photographes et des vidéographes à certains points de vue. Ils se déplaçaient d'une maison à l'autre. Ils ont formé de nouveaux groupes d'activistes à travers le pays et parfois au-dehors, dans le monde entier. Chacun devait compter chaque fois sur la confiance, lien humain qu'avaient détruit entre les communautés syriennes des décennies de répression.

Hamza al-Khatib, première icône de la révolte

Claire A. Poinsignon

L'acharnement du régime contre des enfants, d'abord à Deraa, puis partout en Syrie, ne s'arrête pas aux enfants arrêtés et torturés en février 2011. À la mi-avril 2011, les blindés de l'armée entrent dans la ville et coupent l'eau, l'électricité et les communications. Le 29, nommé « journée pour mettre fin au siège de Deraa », des milliers d'habitants réclament la levée du siège. Parmi eux, Hamza al-Khatib, 13 ans, avait accompagné son père, sa famille et des amis de leur village pour apporter des vivres à la population de Deraa. Selon les activistes des droits de l'homme, plus de 200 manifestants ont été tués ce jour-là par des tirs de l'armée, aux portes de la ville.

L'enfant est arrêté en chemin. Sa dépouille est rendue à sa famille le 25 mai. « Depuis, une vidéo montrant son corps mutilé a fait le tour du Web », rapporte Cécile Hennion le 3 juin dans *Le Monde*[1]. « Visage tuméfié, hématomes sur les jambes, une blessure par balle sur chacun de ses bras, le cou brisé, le sexe coupé. Au-delà du choc des images, aucun expert indépendant n'a pu examiner le corps et il est impossible d'affirmer quelle est la cause exacte de sa mort. Les activistes des droits de l'homme sont convaincus qu'Hamza a été torturé à mort dans une prison syrienne. » Sa famille est interrogée par la chaîne qatarie Al-Jazira. On apprend que Hamza est né le 24 octobre 1997 à Jeza, village agricole du Hauran, qu'il avait 19 frères et sœurs (de deux mères différentes), aimait élever des pigeons et se baigner dans le fleuve. Mais avec la récente sécheresse, le fleuve s'était tari. Il n'était « pas intéressé par la politique ».

Un portrait de Hamza, le visage poupin, en polo bleu, se répand comme une traînée de poudre dans les manifestations de soutien à Deraa qui ont lieu dans les villes du centre et du nord du pays, et des pages à sa gloire fleurissent sur les réseaux sociaux. Les femmes s'en mêlent. À Damas, de brefs sit-in dans des appartements pour participer au mouvement de protestation sans risquer la prison et la disparition se multiplient, comme en témoigne une courte vidéo tournée le 30 mai 2011 où les participantes proclament : « Nous sommes toutes les mères de Hamza al-Khatib[2]. » L'identification à la mère de l'enfant assassiné, le refus de l'allégeance au régime provoquent un basculement : le martyre s'inscrit désormais dans l'histoire de la révolte. Cécile Boëx a montré comment ces formes séculières

1. https://www.lemonde.fr/proche-orient/article/2011/06/03/le-corps-mutile-de-hamza-al-khatib-est-devenu-un-embleme-de-la-revolte-syrienne_1531443_3218.html.

2. https://www.youtube.com/watch?v=qe3iRhLvbAs.

de martyrologies, empreintes d'éléments religieux très forts, assurent le passage d'un état politique à l'au-delà et renvoient aux martyrologues nationaux à l'époque de la lutte anticoloniale et de la construction des États-nations dans le monde arabe. Ainsi, selon l'universitaire, en Syrie, les références religieuses sont aussi une réaction au « laïcisme » autoritaire du régime. Cependant le martyre n'est pas recherché, comme chez les djihadistes, mais accepté[1].

Le 1er juin 2011, Human Rights Watch (HRW) condamne les crimes contre l'humanité perpétrés par les forces du régime à Deraa[2]. Et le 3 juin, l'opposition dédie sa journée de mobilisation à Hamza, aux enfants victimes de la répression et aux « enfants de la liberté ».

1. Sur ce sujet, voir Cécile Boëx, « Figures remixées des martyres de la révolte en Syrie sur YouTube », *Archives de sciences sociales des religions*, n° 181, janvier-mars 2018, p. 95-118 ; Cécile Boëx et Paulo G. Pinto, « Restituer la densité et la diversité des liens entre le religieux et le politique, *Archives de sciences sociales des religions*, n° 181, janvier-mars 2018, p. 11-23.

2. https://www.hrw.org/fr/news/2011/06/01/syrie-crimes-contre-lhumanite-deraa.

Témoignage du général Ahmad Tlass[1]

Ce qu'on désigne comme « l'explosion du 15 mars 2011 » avait en réalité débuté en Syrie plusieurs années auparavant. Au cours des mois précédant la révolution, des écrits – des tracts et des graffitis – avaient fait leur apparition, distribués ou tracés sur les murs, un peu partout dans Damas et jusque sur l'enceinte du ministère de l'Intérieur. Il n'y était pas question de renverser le régime. Ils demandaient seulement du pouvoir la mise en œuvre de véritables réformes et ils réclamaient les droits et les libertés dont les gens s'estimaient privés. Il y avait chez nous, depuis longtemps, des jeunes et des étudiants, entre 18 et 30 ans, qui souffraient du chômage. Ils étaient de ce fait dans l'impossibilité de fonder un foyer. Il y avait aussi chez nous, depuis longtemps, une grande quantité de détenus. Il ne s'agissait pas de criminels mais d'opposants. Leurs proches ne comprenaient pas pourquoi ils avaient été arrêtés et ils en réclamaient la libération.

Certains membres des services de renseignements pensaient qu'il fallait laisser ces demandes s'exprimer de manière à faire baisser les tensions. Ils n'étaient pas toujours étrangers d'ailleurs à cette multiplication de tracts et d'affiches… D'autres estimaient qu'il fallait au contraire mettre un terme au plus vite à un mouvement susceptible de s'étendre et de se radicaliser. De fait, des jeunes ont été arrêtés. Pas des individus pris en flagrant délit, mais des activistes dénoncés par des informateurs. Il en a été de même dans les autres villes.

Au milieu du mois de décembre 2010, les écrits de ce genre se sont multipliés. À Damas, mais aussi à Homs et dans le reste du pays, des tracts listant les revendications ont été apposés sur les murs des écoles, des magasins, des mosquées… Des manifestations spontanées se sont déroulées en plusieurs endroits.

Au début de 2011, des gens se sont rassemblés sur la place Marjé, près du ministère de l'Intérieur, pour réclamer leurs détenus. Des officiers sont sortis pour leur parler et les entendre. Je n'étais pas avec eux. Mais, à ce qu'on m'a dit, ils ont parlé correctement avec les manifestants, auxquels ils ont poliment demandé de se disperser. Les officiers leur ont fait des promesses… qui n'ont pas été tenues, mais qui, durant un moment, ont apaisé leur rancœur. La manifestation s'est donc dispersée dans le calme au terme de la discussion.

Le 17 février, suite à l'arrestation musclée d'un jeune homme dans le quartier de Hariqa, les commerçants et leurs clients se sont attroupés à l'entrée des souks. Ils ont profité de

1. Né en 1961, originaire de Rastan entre Homs et Hama, le général Ahmad Tlass a dirigé pendant vingt ans la section financière de la Police du gouvernorat de Hama, puis, à partir de 2008, le Bureau des contrats au ministère de l'Intérieur, à Damas. Il a décidé, le 27 juillet 2012, de s'éloigner du pouvoir. Il vit aujourd'hui en Jordanie. Son témoignage a été recueilli par François Burgat et publié en quatre épisodes en mars-avril 2014 dans le blog d'Ignace Leverrier (pseudonyme de Wladimir Glasman), Un œil sur la Syrie, lemonde.fr/blog/syrie/2014/03/29/syrie-temoignage-du-general-ahmed-tlass-sur-le-systeme-et-la-repression-14/.

l'occasion pour crier ce qu'ils refoulaient en silence depuis longtemps et qu'ils n'avaient jamais eu jusqu'alors le courage ou l'occasion d'exprimer. Saïd Sammour, qui était ministre de l'Intérieur, s'est rendu sur les lieux. Bien que moins habile que son prédécesseur, Bassam Abdel-Majid, il est parvenu à circonscrire le mouvement de protestation avant qu'il ne dégénère. L'affaire s'est close sans violence. Elle a rapidement disparu des médias.

La situation s'est compliquée avec les événements de Deraa. La mort de jeunes gens puis celle d'étudiants en médecine tués de nuit, par balles ou à coups de gourdin, dans l'enceinte de la cité universitaire de la capitale, ont provoqué une réprobation populaire et une colère générale dans l'ensemble du pays. Mais qui avait donné l'ordre aux responsables de ces meurtres d'intervenir comme ils l'avaient fait ?

Je dois dire ici quelques mots sur les mécanismes de la prise de décision en Syrie. Tout le monde a entendu parler de la « cellule de gestion de crise », créée au début du soulèvement et placée sous l'autorité formelle du secrétaire régional adjoint du parti Baath. Tout le monde sait également en Syrie que le ministère de la Défense élabore régulièrement des plans destinés à assurer la protection du pays en cas d'agression. Ce que personne ne sait en revanche, c'est qu'il existe une autre instance de décision. Elle n'a pas d'existence officielle. Elle n'inclut ni le ministre de l'Intérieur, ni celui de la Défense. Elle n'agit jamais au grand jour. Mais c'est elle qui détient dans l'ombre la réalité de la décision. C'est elle, et non la cellule de gestion de crise, qui définit la stratégie à suivre. Elle est composée d'officiers appartenant à différents services, choisis un à un, nominativement, qui sont spécialement affectés à cette tâche et qui travaillent au Palais présidentiel. Cette commission, si on peut l'appeler ainsi puisqu'elle n'a même pas de nom, est présidée par Bachar al-Assad en personne. Et c'est son avis qui y prévaut. Quand il n'y a pas d'urgence, ses membres profitent de leur situation et des privilèges qui y sont attachés pour organiser à leur convenance leur vie et leurs loisirs… Vous m'aurez compris.

Au printemps 2011, il aurait été possible de contenir le mouvement de protestation qui se développait dans le pays. Mais il aurait fallu pour ce faire entendre ce que réclamaient les manifestants, à Deraa, à Homs, à Hama… Il aurait fallu leur fournir des réponses raisonnables et leur laisser espérer une solution à leurs problèmes. Au lieu de cela, on a usé à leur égard d'une violence que leur comportement ne justifiait pas.

Une révolution par le bas[1]

Leila al-Shami et Robin Yassin-Kassab

La réponse du régime face aux protestations reposait sur un discours sécuritaire mêlé à une théorie du complot. Le pouvoir refusa, dès le début des événements, comme par la suite, de reconnaître l'essence populaire du mouvement de contestation. [...] Au fur et à mesure que le soulèvement se propageait, le régime mit tout en œuvre pour contrôler et manipuler les flux d'informations. Des chansons nationalistes tournaient en boucle nuit et jour dans les ministères et les bâtiments publics. La télévision d'État interviewait des dignitaires religieux et des intellectuels favorables au régime qui faisaient l'éloge de l'armée et du président, en appelaient à faire mordre la poussière aux « terroristes ». Dès que le conflit se militarisa, la télévision diffusa sans arrêt les images des « martyrs » du régime. Puis elle finit par arrêter de rendre public le nombre de militaires tués lorsque les chiffres devinrent une source d'embarras. [...] Rapidement, la présence et les déplacements des journalistes étrangers firent l'objet de mesures de restriction strictes. [...]

C'est dans ce contexte que Bachar s'est adressé à l'Assemblée populaire le 30 mars, avec la ferme intention de façonner le récit auquel le régime se raccrocherait obstinément les années suivantes[2][...]. Il détailla les tenants et les aboutissants de la « conspiration permanente » visant non pas le régime, mais la Syrie tout entière. Il mit la population en garde contre les « ennemis qui travaillent tous les jours de manière organisée, systématique et scientifique afin de déstabiliser la Syrie ». [...] La menace pour la nation venait de pays proches et lointains, mais également d'une cinquième colonne qui incitait à la violence et à la division religieuse au cœur de la Syrie. Évoquer ce risque de violence confessionnelle apparaissait comme un moyen de susciter la peur pour les minorités, pour mieux les inciter à rester loyales. Dans ce discours, l'État syrien se faisait passer pour la victime, même s'il détenait évidemment le monopole absolu de la violence.

Le discours était interrompu par les salves d'applaudissements et les chants de députés serviles. L'un d'eux se leva à plusieurs reprises en brandissant le poing et en criant un slogan, bientôt suivi par les autres. À un moment donné, les députés se mirent à hurler : « Dieu, Syrie, Bachar, et c'est tout ! » Le président, rayonnant, rectifia : « Ce à quoi je réponds Dieu, Syrie, mon peuple, et c'est tout. » La foule était déchaînée, comme si la sagesse divine émanait de la bouche présidentielle.

Pires encore étaient ses gloussements. Avec sa voix monocorde habituelle, Bachar

1. Extrait de *Burning Country. Au cœur de la révolution syrienne*, traduction collective, Paris, Éditions L'échappée, 2019, p. 67-74.

2. Discours prononcé par Bachar al-Assad le 30 mars 2011 au Parlement (dit « Assemblée du peuple en Syrie »).

riait à ses propres blagues. Il voulait probablement montrer qu'il maîtrisait la situation, mais la plupart des Syriens virent avec inquiétude sa désinvolture devant les drames en cours et l'interprétèrent comme une insulte à la mémoire des morts[1].

Bachar clôtura son discours par des saluts de la main et des sourires triomphateurs. Dans la rue située derrière l'Assemblée, une femme se précipita sur sa voiture. Personne ne sut si elle voulait protester ou lui adresser une requête personnelle, toujours est-il que les services de sécurité l'évacuèrent *manu militari.* Selon Mundher al-Sallal, qui commanderait plus tard un bataillon de l'Armée syrienne libre : « Bachar a déclenché lui-même la révolution syrienne avec ce premier discours. Par la suite, ceux qui avaient confiance en lui perdirent espoir[2]... »

Le sentiment inexpugnable de rejet qui en découla fut le point de départ d'une vague sans précédent de discussions ouvertes dans les foyers syriens, sur les lieux de travail et dans les cafés. Tout d'un coup, les gens apolitiques se politisèrent. Pour le « Vendredi des martyrs » qui eut lieu deux jours après le discours, des dizaines de milliers de personnes marchèrent dans tout le pays et furent à nouveau confrontées aux coups de matraque, au gaz lacrymogène et aux tirs à balles réelles[3]. À Lattaquié, le peuple exprima son dégoût pour la servilité de l'Assemblée en criant : « L'Assemblée du Peuple est pathétique et malade ! »

On assista à une escalade de la violence durant tout le mois d'avril, particulièrement à Deraa et à Homs. Le 18 avril, un cortège funéraire de dizaines de milliers de personnes accompagna les corps de manifestants assassinés à Bab al-Sibâ', dans la vieille ville de Homs, jusqu'à la mosquée Al-Kabir pour les prières funèbres. Les chrétiens du quartier d'Al-Hamîdiyya jetèrent du riz sur les révolutionnaires lors du passage du cortège. Après Ies funérailles, des appels furent lancés pour se diriger vers la place de l'Horloge, où les masses affluèrent. Un témoin, connu sous le nom de « Ibn Homs », décrit l'atmosphère particulière qui régnait sur la place :

> « Les gens n'arrêtaient pas d'arriver. La liberté est comme un aimant, elle attire ceux qui ont été réduits au silence depuis trop longtemps... Nous avons maintenant l'occasion de nous exprimer sur notre rôle, de hurler notre colère à la face de l'oppresseur, de redonner la parole à toutes ces identités qui avaient été étouffées sous une main de fer tyrannique. Les discours se sont succédé ensuite depuis la plate-forme au pied de l'horloge : une femme parla, puis une activiste, puis un cheikh, puis un jeune homme enthousiaste... À la tombée de la nuit, on fit une très belle prière, on récita des sourates du Coran devant une foule en paix. On ressentait une vraie compréhension de l'essence de la liberté comme le souhaite Dieu tout-puissant, et non comme l'entendent les tyrans[4]. »

Une étudiante en école d'ingénieurs, connue sous le pseudo de « Joly », corrobore ce récit : « Toutes les confessions étaient présentes. Des gens venus de toute la ville et de la banlieue... Jusqu'à présent, ils s'étaient contentés de réclamer la démission du maire. Sur la place, ils demandèrent la chute du régime. Le régime n'allait évidemment pas le tolérer[5]... » Au crépuscule,

1. Un jour avant son discours suivant, en juin, une page Facebook avait été créée, intitulée (en arabe) « Bachar, si tu ris demain, on va te chier dessus ».

2. Entretien avec les auteurs, décembre 2014. (*N.D.A.*)

3. Pour des informations plus détaillées et des vidéos du « Vendredi des martyrs », voir *The Damascus Bureau*, « Syrian Revolution Digest, 1st and 2nd April, 2011 », 5 avril 2011.

4. Iman Muhammad, « An Eyewitness Story : The Clock Square Massacre, Homs 18-4-2011-19-4-2011 », rosealhomsi.wordpres.com, 18 avril 2012.

5. Entretien avec les auteurs, janvier 2015.

CARTE DES PRINCIPALES VILLES ET DES PRINCIPAUX LIEUX DE SYRIE CITÉS DANS CE LIVRE

Dans les prisons de Bachar : Azza Abo Rebieh, *Traces*, planche 16.

بعد المقاومة والنضال، نحن لا نملك خيار البقاء في بلدنا، إذ جاؤوا بباصاتٍ خضر لإجلاء أهل المدينة بعد القصف والتجويع،
لتبقى الاشباح والخفافيش.

Malgré notre résistance et notre lutte, nous n'avons pas la possibilité de rester dans notre pays natal.
Ils sont venus avec des bus verts pour évacuer la ville après des années de bombardements et de famine,
la laissant abandonnée aux fantômes et aux chauves-souris.

Dans les décombres des villes reconquises par le régime : Azza Abo Rebieh, *L'Arrière-Train*, 2014.

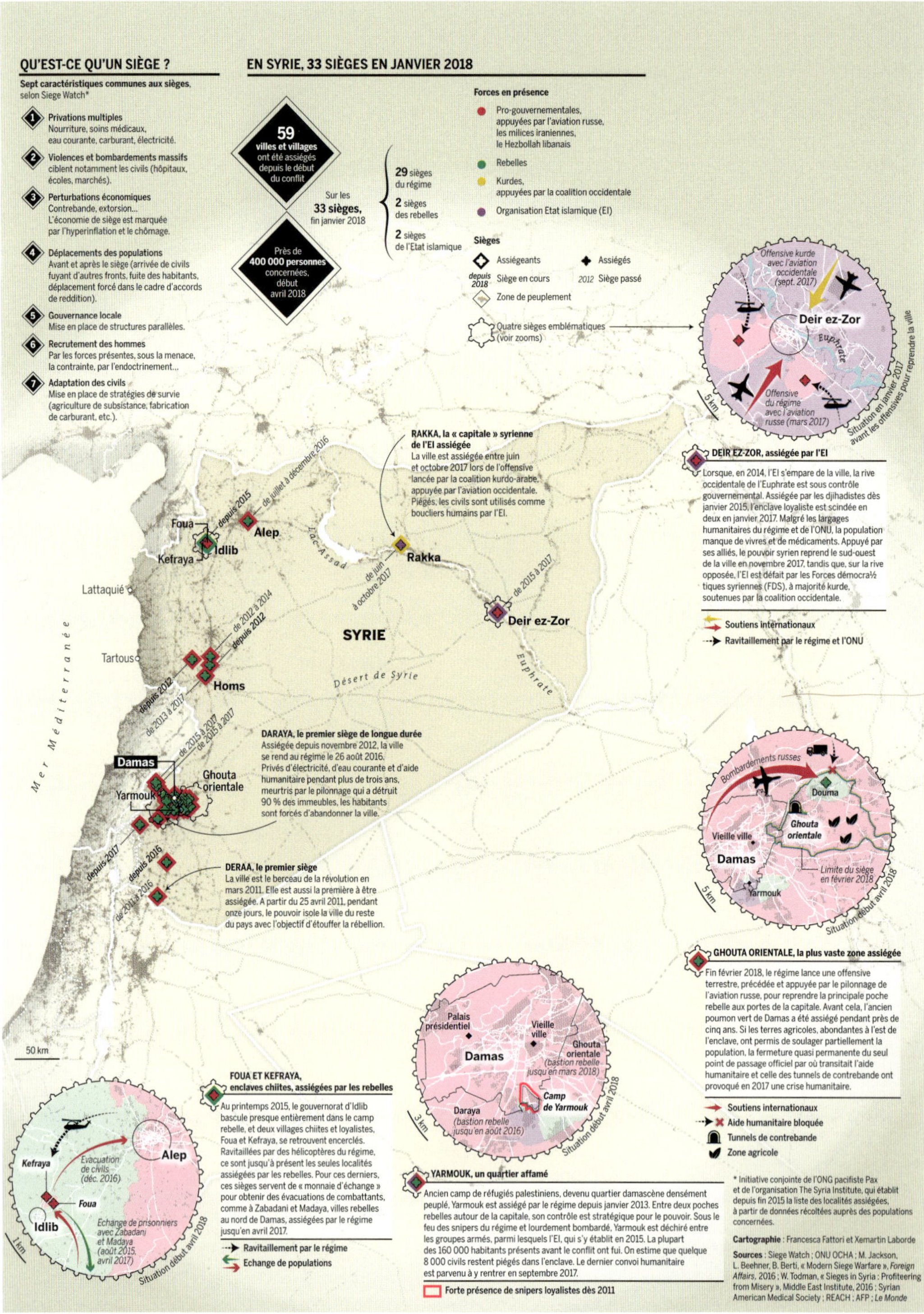

Le Monde, « Syrie, sept ans de sièges meurtriers », 9 avril 2018.
La carte a été mise à jour sur le site le 4 juillet 2019 (date à laquelle 9 sièges étaient encore en cours).

les révolutionnaires se répartirent les tâches, comme la distribution de nourriture ou la fabrication de banderoles. Ils installèrent des tentes pour que les gens puissent dormir et construisirent des barricades pour contrôler les entrées sur la place. Il semblait que des Syriens avaient réussi à libérer un espace public et que la place de l'Horloge devenait la place Tahrir du pays. D'ailleurs, ils la rebaptisèrent ainsi.

Des véhicules militaires commencèrent à se masser dans les rues avoisinantes et des tirs de sommations furent envoyés. Les manifestants répondirent par des chants pacifiques et par le slogan : « Uni, uni, uni, le peuple syrien est uni. » Les responsables religieux réussirent à convaincre quelques hommes et de nombreuses femmes d'évacuer les lieux. Mais des milliers de personnes étaient encore présentes vers 2 heures du matin, le 19 avril, lorsque le sit-in fut attaqué. Joly, qui était alors retournée dans sa banlieue d'Al-Waer (ou Al-Wa'r), raconte qu'elle pouvait « sentir la poudre et entendre les tirs à 5 kilomètres de distance. C'était terrifiant, terrible, traumatisant. On ne savait pas combien il y avait eu de morts cette nuit-là, mais on a évoqué un nombre très élevé de cadavres qui jonchaient le sol de la place[1] ».

Pendant ce temps, Deraa al-Balad, le centre-ville de Deraa, était complètement bouclé. Des snipers, placés sur les toits et à l'intérieur des bâtiments gouvernementaux, faisaient feu sur chaque personne qui essayait de pénétrer dans le quartier. Les 15 000 habitants assiégés commençaient à manquer de poudre de lait, de nourriture et même d'eau, car les snipers avaient tiré sur les réservoirs situés sur les toits. L'électricité, le téléphone et Internet avaient été coupés.

Le 25 avril à l'aube, des chars d'assaut entrèrent dans la ville, tirant de façon aléatoire, même sur les maisons où les gens dormaient. Ils étaient accompagnés de milliers de soldats, pour la plupart appartenant à la 4e Division, l'élite de l'armée syrienne, commandée par le frère cadet du président, Maher. Les Syriens, que Bachar avait accusés de trahir la nation en étant à la solde de puissances étrangères, enragèrent à la vue de ces chars – inactifs depuis 1973 pour libérer le territoire occupé par Israël – se retourner contre les civils. Les jeunes hommes de Deraa sortirent courageusement de leurs abris pour crier dans les ruelles : « Maher, espèce de lâche, renvoie tes chiens au Golan[2] ! »

Tandis que les snipers empêchaient les ambulances de porter secours aux blessés, les soldats arrêtèrent le personnel soignant, incendièrent les pharmacies et bloquèrent l'arrivée du matériel médical. La coupure de l'électricité avait mis la morgue hors service, de sorte que les cadavres étaient entreposés dans des réfrigérateurs d'épicerie, qui fonctionnaient grâce à des générateurs. On signala que des soldats avaient refusé l'ordre de « tirer pour tuer » et s'étaient ralliés aux manifestants. Ce fait contribua probablement à l'extension de la répression aux villages alentour. Des milliers de maisons furent perquisitionnées et des milliers de personnes arrêtées et détenues dans des prisons de fortune, y compris dans des écoles, des stades et des terrains de foot clôturés. Beaucoup furent torturés, quelques-uns exécutés[3], dont on retrouva plus tard la dépouille dans des fosses communes[4].

---

1. *Id.*

2. Une vidéo tragique montre de jeunes hommes essayant de secourir un camarade tombé sous les balles à Deraa et traitant les tireurs de *khawana* ! (« traîtres »), https://www.theguardian.com/world/blog/2011/apr/25/libya-syria-middle-east-uprising-live.

3. Sur les événements de Deraa, voir le rapport de HRW, *« Nous n'avons jamais vu pareille horreur », 1er juin 2011,* https://www.hrw.org/report/2011/06/weve-never-seen-such-horror/crimes-against-humanity-syrian-security-forces.

4. Images d'une fosse commune découverte à Deraa : http: //tinyurl.com/nzznbzbj.

Le 29 avril, des milliers de personnes des villes avoisinantes marchèrent sur Deraa pour tenter de rompre le siège. Ils apportaient de la nourriture, des médicaments et des rameaux d'olivier pour montrer leurs intentions pacifiques. Pas moins de 62 marcheurs furent tués, la plupart visés à la tête et au thorax. « Il y avait des corps allongés dans la rue », raconte un habitant. « Les gens étaient blessés, on pouvait les voir depuis nos maisons, mais on ne pouvait pas leur venir en aide à cause des snipers. Ils mouraient seuls dans la rue. On ne pouvait pas quitter les maisons, même pour aller au marché. On nous empêchait d'enterrer les morts[1]. »

Alors même que l'État s'engageait dans une répression sanglante, il se déclara favorable aux réformes. De prime abord, la nature des « réformes » annoncées laissait penser qu'il avait mal compris les causes et la composition du mouvement de protestation. Début avril, des mesures furent prises afin d'apaiser deux catégories de la société qui n'étaient pas directement concernées par les troubles en cours. L'État accorda dans un premier temps la nationalité à 220 000 Kurdes apatrides[2]. Puis des enseignantes portant le *niqâb*, qui avaient été reléguées à des tâches administratives, purent réintégrer les salles de classe. Le gouvernement décida également de fermer le casino de Damas – gage donné aux islamistes, puisque l'islam interdit les jeux d'argent.

Les Kurdes et les islamistes étaient les foyers traditionnels de subversion et de révolte, mais pas cette fois. À ce stade, l'un des aspects les plus remarquables du mouvement a peut-être été sa capacité à unir le peuple au-delà des frontières religieuses, confessionnelles et ethniques. Le langage de la protestation n'était d'ailleurs ni religieux ni laïque : les revendications exprimées dans la rue mettaient l'accent sur les droits politiques qui devaient s'appliquer à l'ensemble de la population, et non à des groupes spécifiques. Rétrospectivement, il semble évident que l'intérêt du régime, en s'adressant aux Kurdes et aux islamistes, reposait moins sur un simple malentendu que sur une interprétation délibérément erronée de la situation. Au cours des années suivantes, le régime allait s'attacher à cette lecture ethnico-religieuse de la révolution. Ces catégories gagnèrent en importance grâce aux efforts du gouvernement et finirent par dominer les champs de bataille.

1. Entretien avec Leila al-Shami, janvier 2012.

2. Le lendemain du jour où le régime leur a accordé la nationalité, des milliers de Kurdes sont descendus dans la rue pour déclarer l'unité des Kurdes et des Arabes dans une lutte commune pour la liberté, comme en témoignent les manifestations à Qamichli et Amouda le 8 avril 2011.

L'adolescent et la botte

Ossama Mohammed[1]

> « Le train de Deraa s'est ébranlé. Mon oncle a aidé notre voisin. Sami a des montres dans son magasin. » (Leçon de lecture pour classe primaire.)
>
> « Le petit garçon a embrassé la botte de l'officier ! » (Leçon de lecture de l'époque.)

Le petit garçon, l'adolescent de Deraa a embrassé la botte de l'officier, ou celle de l'agent du service de renseignements, ou celle de l'adjudant ! Nous ne pouvons pas l'identifier... Il décline son identité à travers le seul élément filmé, la botte de sécurité. La caméra filme de haut en bas car l'adolescent est à genoux pour embrasser la botte, qui ouvre la porte de la vie.

Dans cet épisode, deux héros : l'adolescent et la botte. L'adolescent est très net, à la limite du dénuement. Il est, il est... Je ne connais pas son nom. Le deuxième héros, la botte. C'est ainsi qu'il se présente dans son film. Nous n'avons pas eu l'occasion de savoir auprès de l'adolescent quels avaient été les rêves de ses premiers émois. À quoi avait-il rêvé la nuit d'avant ? Quand avait-il essayé de dormir pour la dernière fois, avant de pénétrer dans cet enfer ?

S'était-il vu en train d'embrasser son amoureuse, comme nous l'avons tous fait ?

Nous ne pouvons lui poser la question, et il ne pourra pas nous répondre. À qui était-il donc destiné, ce baiser ? Celui d'un jeune adolescent. Nu et dépouillé de tout, sauf de son effroi, de sa stupeur et de sa peur... Comme sorti de Hiroshima... Guettant les promesses d'une autre vie, espérant que cette fois elle ne se terminerait pas ici...

Quand l'adolescent pose la tête sur l'oreiller, il réveille son baiser sans oser la déranger... Englué, empêtré dans les codes moraux et ethniques... dans la noblesse chevaleresque des Arabes et de leurs poèmes... Sans doute cache-t-il son premier baiser à celle qu'il a aimée, ou à celle qu'il aime ou aimera un jour. À celle qu'il connaîtra, et ce baiser lui fera découvrir

1. Le texte a été rédigé en arabe par le réalisateur Ossama Mohammed et lu lors d'un débat sur la répression des cinéastes en Syrie qu'organisait à Paris, où il vit depuis de longues années, la Société des réalisateurs de films, le 12 mai 2011. Le texte, traduit et lu par l'actrice Darina al-Joundi, a paru le 25 mai 2011 sur le site slate.fr (http://www.slate.fr/tribune/38661/syrie-massacre-mobilisation-cinema), présenté par Jean-Michel Frodon. À la fin avril, les cinéastes syriens avaient lancé un appel aux cinéastes du monde entier pour s'élever contre le massacre des populations civiles et les soutenir dans le combat pour la démocratie, qui avait suscité un vaste mouvement de solidarité. Ossama Mohammed s'inspire d'une vidéo diffusée sur YouTube qui montrait des violences et humiliations infligées à un jeune manifestant arrêté à Deraa par les services de sécurité. Ce détournement d'images fuitées et floutées reviendra plus tard dans son long métrage *Eau argentée* consacré à la guerre. La traduction est ici légèrement modifiée. Présentation par Catherine Coquio.

la vie jaillissante… Il ne s'imaginait pas, notre adolescent, qu'il allait trahir la vie, l'amour et sa bien-aimée en apposant, nu comme le premier homme, son premier baiser sur cette botte.

Ses ongles plantés dans la botte, il la baise, cet adolescent dénudé. Il embrasse la botte.

Et voilà le deuxième héros de l'épisode. La botte reçoit le baiser. Elle viole le baiser de l'adolescent, le rêve de l'émoi. La botte, deuxième personnage, quintessence absolue de la Sécurité et de la répression.

L'adolescent, dépouillé de ses espérances, baise la botte de la Sécurité. Recroquevillé dans un coin de la cellule, il a abandonné là son baiser, définitivement perdu. Il lui est retiré pour toujours…

Quand j'ai vu ce que j'ai vu, c'est moi que j'ai vu… Je me suis vu dans ce garçon, et avec lui j'ai baisé la botte.

Tel est le cinéma non élitiste, celui qui s'adresse aux masses. Qui atteint le spectateur en son cœur, son esprit et ses sens… Vite et bien… Le cinéma direct mais plein de détours, d'images qui en génèrent d'autres. Et qui finalement pose une question existentielle… Le cinéma est une lettre, n'est-ce pas ? Et cette lettre m'a atteint. Je pense qu'en ce lieu où on en appelle à la conscience elle aura atteint chacun des Syriens, chacun de nous, de Deraa à Qamichli (Kamechliyé) en passant par Douma, Homs et la côte. Et je suis sûr que tous – sauf quelques bottes – n'éprouvent qu'épouvante et honte face à ce crime.

L'image à elle seule suffit pour que les êtres sortent dans les rues pour protester contre la botte. Se pourrait-il qu'un groupe ou l'autre, qu'une famille ou sa voisine, qu'un être ou l'autre, qu'une femme ou un homme, se divisent sur cette honte ? Et en cet instant de référendum, en cette heure de vérité qu'est la fin du jour, quand les Syriens posent leurs têtes sur leurs oreillers parfumés d'angoisse, se pourrait-il qu'ils votent pour la botte ?

Tel est mon rêve au réveil. Le vote sur l'oreiller ? Les Syriens pourraient-ils se diviser sur ce point ? Pourraient-ils oublier cet épisode ?

La réponse est oui.

Moi-même je l'ai oublié. C'est vrai qu'il m'a réveillé à 3 heures du matin et m'a poussé à écrire ce texte, mais je l'ai oublié. Bien que j'aie embrassé avec lui la botte. Mais je l'ai oublié…

L'épisode suivant raconte un rendez-vous avec le meurtre. L'adolescent survole la surface du globe, porté par les bras et les jambes. Tel un combattant dans le film *Gladiator*. Mais dans le film le gladiateur ne meurt pas, car c'est un film. La terre se retire sous le dos du jeune Syrien volant. Et il se demande… Non, il ne se demande pas. Il est étonné, éberlué…

C'est la première fois qu'il mourait ainsi en Syrie. La première fois qu'il manifestait… Qu'il voyait l'autre, la mort. Il manifestait pour la vie, il ne manifestait pas pour la mort. Il manifestait sa propre mort.

Il est mort en martyr. Il est mort.

Pour ceux qui l'ont secouru il ne reste plus qu'à l'implorer pour s'emparer de sa nouvelle identité… au nom de Dieu miséricordieux ! Dans l'objectif de l'univers il a exhalé son âme vers nous. Aucun de ces martyrs n'a été montré dans les journaux télévisés des chaînes publiques. Elles n'ont pas diffusé l'âme du jeune adolescent… Cet adolescent qui a « exhalé » la patrie et s'en est exilé.

Les Syriens pourraient-ils se diviser sur ce point ? Pourraient-ils oublier cet épisode ? La réponse est oui. J'ai oublié cet épisode. Je l'ai vu vivant lors de ses propres obsèques. Dans ces manifestations « pacifiques » diffusées sur YouTube. Dans ces manifestations de la liberté sur YouTube. Manifestations pacifiques du martyr vivant… Nulle image du martyr dans les JT des chaînes publiques. Dans ces JT, l'adolescent a été tué par des « mains inconnues » qui portent atteinte à la patrie. Et puisque l'assassin est « inconnu » le tué est lui aussi devenu « inconnu ».

Le tué éjecté de l'épisode est remplacé par le tueur. Et puisque le tueur est flou… Aucune image de lui. Il est devenu un langage. Le mot a remplacé l'image, comme dans tout film médiocre. Les cellules du mot se sont multipliées jusqu'à devenir une image, une image sans image. Son nom est « la Bande »...

Et l'épisode officiel s'est mis à souffler de son âme sur la braise de l'imaginaire collectif, à attiser la peur collective et à fabriquer « l'inconnu » à l'image de l'effroi !

Image contre image ! La peur ou la liberté !

À l'image de l'adolescent s'est substitué l'imaginaire de « la Bande ». La peur a remplacé la peur par la peur, et s'est endormie sur son oreiller. Est-il possible d'oublier l'image et le son de l'âme dans le dernier souffle du jeune Syrien ? Quel mot cherchait-il à exprimer alors que la terre emplissait sa bouche, sinon celui – flou – de patrie ? Est-il possible, peut-on faire cela ? Oui, on peut.

Car « la Bande » tire à balles réelles sur les rêves des premiers émois...

Les rêves des premiers émois... Ces rêves ne sont pas libres et ne connaîtront rien à la liberté sinon en la pratiquant. Que se passera-t-il quand les Syriens se soulèveront pour le référendum, depuis leurs oreillers ? Pourront-ils voter pour l'assassinat du jeune qui crie pour la liberté, la paix et l'unité du pays ? Pourront-ils voter oui sur Facebook ? Que dira la majorité du pays, avant de sombrer dans le sommeil ? Approuvera-t-elle l'assassinat de l'adolescent ?

Il fallait absolument que l'image contraire grandisse et coince « la Bande ». Pour éveiller les consciences durant le référendum. Et pour que l'image du tueur ne s'effondre point, il fallait absolument effacer celle de l'adolescent assassiné, ses contours, son nom, celui de son amoureuse, ses histoires, ses secrets, la légèreté de son esprit, la couleur de ses yeux, son chanteur préféré, sa situation militaire, où a-t-il fait son service militaire, s'est-il fait des amis dans tout le pays ? Est-ce bien lui qui appelle à l'unité de tout le pays ?

Il les appelle, ils lui manquent, et il a confiance en eux ? Il ne faut pas qu'il paraisse à l'écran. Car il remporterait pour sûr le référendum de l'oreiller. C'est pourquoi la censure efface son image. Toute image. Son image pacifique, celle pour la liberté. Elle la remplace par l'image du langage d'un tueur inconnu qui tire sur tout ce qui bouge.

Dans les JT officiels, les martyrs et les assassins n'apparaissent pas. La langue crée sa propre image. L'image de la peur.

Les manifestants pacifiques ont tué leur propre peur. Ils l'ont enterrée avec les cadavres de leurs martyrs. La peur n'a pas accepté l'idée de sa propre fin. Elle s'est revivifiée en réactivant la tuerie. La tuerie a peur. Elle ne veut pas de référendum. Elle ne veut pas du pluralisme. Elle veut « un » autre embrassant comme un seul homme la botte. Le tueur est une chaîne pluraliste qui crée la pluralité des victimes et celle de la peur.

La tuerie tue le référendum. Auquel tous participent, ceux qui réclament la liberté, ceux qui la craignent, les alliés et les opposants, les hésitants, un référendum qui nous indiquerait notre lendemain, quels que soient les résultats.

La corruption ne veut pas de référendum pacifique à propos de la corruption.

Les services de sécurité ne veulent pas d'un référendum pacifique à propos de leur immunité, de leurs balles, ni non plus à propos de l'emprisonnement des blessés, et des tortures qui leur ont été infligées.

Le référendum pacifique pourrait réunir une majorité de tous les horizons pour l'unité, celle du pays, pour un État de droit. Les tueurs font la course à la mort pour empêcher le référendum. Or tuer une âme innocente, c'est comme tuer toutes les âmes.

Mais le crime parfait n'existe pas. L'image du tueur est dissimulée dans sa copie, qui est elle-même dissimulée. C'est celle de la langue qui apparaît sur les écrans officiels... Les épisodes censurés... Celle des citoyens innocents, martyrs de cet écran de fumée.

Ces images officielles tentent d'empêcher que ces martyrs syriens ne deviennent ceux de toute la Syrie. L'écran emprisonne les cadavres des martyrs du premier référendum en cellule.

« Honte ! » (*Yâ Hef !*)[1]

Poète et musicien engagé, né en 1957, Sami Choukeir a composé cette chanson, paroles et musique, peu après le déclenchement du soulèvement, en mars 2011. C'était la première réaction par un artiste syrien à la féroce répression subie par les adolescents de Deraa qui avaient tracé sur les murs de la ville des graffitis prédisant à Bachar al-Assad le sort des dictateurs arabes déchus. Elle a aussitôt connu une très large diffusion à travers les réseaux sociaux.

Honte ! Aah Honte !
Pluie de balles sur des gens désarmés,
Et ces enfants, frais comme une rose,
Pourquoi les as-tu enfermés ?
Toi, enfant de mon pays,
Tu assassines mes enfants,
Tu tournes le dos à l'ennemi
Et sabre au clair tu m'assailles.

Honte ! Aah Honte !
Cela s'est passé ainsi, Aah honte !
C'était à Deraa ma mère, Aah honte !

Ces jeunes ont appris, ma mère,
Que la liberté était à la porte,
Ils sont allés l'acclamer.
Quand ils ont vu les fusils, ma mère,
Ils ont dit : Ce sont nos frères,
Ils ne peuvent pas tirer sur nous.
Mais ces hommes ont tiré
À balles réelles, ma mère,
Et nous sommes morts
De la main de nos frères,
Nous sommes morts
Au nom de la patrie.
Alors qui sommes-nous ?
Qu'ils interrogent l'Histoire,
À elle de le faire savoir.

Le geôlier, comme toujours, ma mère,
Un seul mot, liberté, l'a effrayé.
Il est devenu fou, ma mère,
Quand la foule l'a crié.
À plein feu il a tiré, ma mère,
Et il nous a massacrés.
C'est nous qui avons dit :
Traître qui tue son peuple,
Qu'il soit n'importe qui.
Le peuple c'est comme le destin,
Quand il veut quelque chose il le peut.
Le peuple est comme le destin,
Il a l'espoir dans les yeux.
Honte ! Aah Honte !

1. *Yâ Hef !* Texte traduit et présenté par Farouk Mardam-Bey.

2

Massacres de Homs, Houla, Douma, Darayya, Alep…

Une politique délibérée

Les principaux massacres de mars 2011 à juin 2015[1]

Le coût humain du conflit n'est pas encore définitivement établi mais les estimations convergent vers un bilan de 500 000 morts dont environ 200 000 victimes civiles. En septembre 2021, le Haut Commissariat aux droits de l'homme de l'ONU avait identifié entre mars 2011 et mars 2021 au moins 350 209 morts tout en reconnaissant que ce bilan était partiel et « sous-estime très certainement le nombre réel de tués ». Le Centre de documentation des violations en Syrie (VDC) a recensé, de 2011 à 2021, 126 046 victimes civiles des forces du régime et de ses alliés. L'Observatoire syrien des droits humains (OSDH) comptabilise 160 000 civils tués dont 25 000 enfants. Le Réseau syrien des droits de l'homme (SNHR) a, lui, identifié 207 295 civils tués par les forces gouvernementales et ses alliés iraniens et russes. Les principaux massacres – tueries à caractère ethnico-religieux perpétrées aux armes à feu et armes blanches – se sont déroulés entre 2011 et 2016.

Le Réseau syrien des droits de l'homme résume ainsi les données chiffrées qu'il a recueillies pour la période entre mars 2011 et le 13 juin 2015 (liste non exhaustive) :

- 49 massacres perpétrés par les forces gouvernementales (armée, Sécurité, milices) ont fait 3 074 victimes dont 3 004 civils, dont 526 enfants, 71 femmes ;
- 4 massacres perpétrés par les autres parties (opposition armée, Al-Nosra, Daech) ont fait 178 victimes dont 26 enfants et 72 femmes ;
- 3 massacres perpétrés par les forces kurdes ont fait 58 victimes dont 13 enfants et 15 femmes.

Le rapport localise ces massacres dans six villes ou régions :

- À Homs, 22 massacres ont fait 1 032 victimes, dont 10 rebelles, 1 022 civils dont 204 femmes, 209 enfants ;
- À Alep, 8 massacres ont fait 416 victimes, dont 5 rebelles, 411 civils dont 34 femmes, 63 enfants ;
- À Hama, 7 massacres ont fait 686 victimes, dont 55 rebelles, 181 civils dont 15 femmes, 16 enfants ;
- Dans la banlieue de Damas, 5 massacres ont fait 686 victimes, dont 53 rebelles, 631 civils dont 113 femmes, 120 enfants ;
- À Tartous, 2 massacres ont fait 59 victimes civiles dont 10 femmes, 6 enfants ;
- Dans la région de Deir ez-Zor : 1 massacre a fait 192 victimes civiles dont 12 femmes, 7 enfants.

1. Syrian Network for Human Rights, *The Society's Holocaust. Most Notable Sectarian and Ethnic Cleansing Massacre*, 5 juin 2015. http://sn4hr.org/wp-content/pdf/english/The_Societys_Holocaust.pdf.

Homs, massacre de la place de l'Horloge, 18 avril 2011[1]

Témoignage d'une habitante

J'étais au lit, malade, quand le téléphone a sonné. Mon père nous a appelés pour nous informer du rassemblement : « Des milliers de gens sont rassemblés sur la place de l'Horloge… Dépêchez-vous pour vous joindre à nous. » J'ai oublié ma maladie, je me suis habillée rapidement, nous avons préparé quelques panneaux et nous y sommes allés. Nous sommes arrivés au moment de la prière du coucher du soleil. La scène était si incroyable que nous avions les larmes aux yeux.

La place était pleine de citoyens de toutes les religions et de toutes les classes sociales. J'ai été étonnée de voir des gens que je ne pensais pas rencontrer à cette occasion. J'étais si heureuse et fière. Je ne peux pas oublier les moments où les gens nous ont ouvert des passages à nous, les femmes, pour atteindre l'Horloge.

Soudainement, mon père a paru fatigué, avec un visage pâle. J'ai demandé de l'aide. Trois médecins l'examinaient sur la place quand mon frère est arrivé. Nous nous sommes inquiétés pour mon père, mais il nous a demandé de rester avec les gens au sit-in, tandis qu'il retournait à la maison avec ma mère, répondant aux instructions des médecins.

Malheureusement, notre bonheur a été troublé quand ma mère nous a appelés pour nous informer que mon père devrait être hospitalisé. Il avait un caillot. Ces émotions lui ont causé une crise cardiaque. Il a été choqué d'entendre les gens chantant d'une seule voix pour la liberté et pour la chute du régime : « Le Peuple veut renverser le régime. » Son cœur ne pouvait pas supporter un tel bonheur. Il a eu besoin de chirurgie.

À 2 heures du matin, les tirs des mitrailleuses ont commencé. C'était la première fois de ma vie que j'entendais des tirs… Je suis devenue folle. Inconsciemment je hurlais en pleurant : « Ils sont morts… Ils sont tous morts… Ils les ont tués. » Les gens s'enfuyaient en courant dans les rues. Ce jour est devenu une tragédie dans les cœurs des citoyens de Homs.

Je suis restée éveillée toute la nuit, je priais pour que les Homsiotes soient saufs avant de recevoir la pire nouvelle : mon cousin Wassim a été tué. La meilleure personne de la famille est décédée.

Le choc de cette tragédie était très fort, mais il nous a rendus encore plus forts.

Et voilà, cette journée du 18 avril 2011 était la meilleure journée de ma vie et elle est devenue la plus mauvaise ! Que l'âme de mon cousin Wassim Tammam Kroma reste en paix.

---

1. https://femmesdemoc.wordpress.com/tag/massacre-de-la-place-de-lhorloge/ Archives de « Femmes pour la Démocratie », 18 avril 2014. « Aujourd'hui, même les quartiers de Homs qui sont restés sous contrôle du régime mais qui avaient participé aux protestations pacifiques subissent des bombardements de mortiers massifs et quotidiens. Les snipers du régime y ciblent tous ceux qui osent encore mettre un pied dehors. Une ambiance de guerre intense règne à Homs » (Catherine Coquio).

Témoignage du général Ahmad Tlass : Homs et Hama, avril-juillet 2011[1]

À Homs, c'est le général Mounir Adanov, chef d'état-major adjoint, et un général prénommé Ali, un sous-directeur de la Sécurité militaire dont le nom m'échappe présentement, qui avaient été chargés de rétablir l'ordre. Mais certains officiers alaouites radicaux – je m'excuse de devoir parler de cette manière que je réprouve pour les autres et pour moi-même – « voulaient du sang »... Les premiers avaient donné pour instruction de n'ouvrir le feu que sur ordre exprès de leur part. Les seconds se sont alors adressés au directeur local de la police, le général Hamid Mer'i. Il a refusé de leur donner une autorisation qui n'était pas entre ses mains. J'ajoute aussitôt que, pour avoir refusé de donner l'ordre de tirer sur les manifestants, le général Adanov et l'autre général ont été ultérieurement limogés pour « problèmes de santé ». Les « extrémistes » avaient eu leur peau et ils s'en sont vantés en public...

Le général Ali Habib, ministre de la Défense en titre, qui avait refusé de donner l'ordre à l'armée d'entrer à Hama après s'être opposé à son entrée dans Deraa, a connu le même sort, pour la même raison. On l'a dit « malade ». Je l'ai revu ensuite. Il se portait comme un charme... Tous les autres tenants d'une stratégie modérée au sein du pouvoir ont progressivement été marginalisés. [...] En revanche, les « radicaux » avides de se battre et de tuer, sont tous restés en place.

Pour illustrer mon propos, voici comment les choses se sont déroulées à Hama. Les habitants de cette ville sont des gens paisibles et sympathiques. Je le sais pour y avoir vécu et travaillé durant de longues années. Ils avaient refusé, comme les habitants de Homs et des autres agglomérations, de recourir aux armes. Des trafiquants et des commerçants, dont je connais les noms mais que je ne souhaite pas nommer ici, leur en ont proposé au prix qui leur convenait. Ils les ont refusées. Ils voulaient résister par la parole et non par la violence. Ils avaient des droits et ils étaient porteurs de revendications qu'ils voulaient faire entendre et qui ne pouvaient s'exprimer dans une confrontation armée. Ils étaient prêts à supporter les conséquences de leur choix. Le 1er juillet 2011, le jour de l'immense rassemblement auquel ont participé peut-être un demi-million de personnes, ils ont déployé un immense drapeau syrien. Ils ont aussi dressé une potence destinée au « criminel » Bachar al-Assad, qu'ils ont ensuite démontée.

J'étais présent ce jour-là sur la terrasse du siège local du parti Baath, en compagnie des responsables politiques, administratifs, militaires et sécuritaires de la ville. Il y avait là le gouverneur Ahmad Abdel-Aziz, un homme très respectable, le commandant de la police, le général Mahmoud Sa'oudi, le chef de la Sécurité militaire, Muhammad Muflih, et le secrétaire de la section du Baath. Les hommes chargés d'assurer la sécurité étaient massés en bas, dans le même bâtiment. Ils observaient la manifestation. Le gouverneur avait formellement interdit d'ouvrir le feu. Toutes les manifestations précédentes s'étaient déroulées dans le calme. Mieux encore, au terme des démonstrations, des jeunes gens étaient revenus sur les lieux avec des balais pour procéder au nettoyage des rues empruntées.

La manifestation est donc passée devant nous sans aucun dérapage. Aucun des

1. Le général Ahmad Tlass dirigeait le Bureau des contrats au ministère de l'Intérieur depuis 2008 lorsqu'il a décidé, le 27 juillet 2012, de s'éloigner du pouvoir. Son témoignage a été recueilli et publié en quatre épisodes dans le blog du *Monde* de Wladimir Glasman, Un œil sur la Syrie. Il évoque précédemment les événements de Deraa (voir plus haut), puis de Hama (arrestation de 23 manifestants pacifiques) avant d'en venir à Homs. https://www.lemonde.fr/blog/syrie/2014/03/30/syrie-temoignage-du-general-ahmed-tlass-sur-le-systeme-et-la-repression-24/#more-8137 ; http://syrie.blog.lemonde.fr/2014/03/31/syrie-temoignage-du-general-ahmed-tlass-sur-le-systeme-et-la-repression-44/.

manifestants n'était armé. Mais, alors que la foule était parvenue sur la place de l'Oronte, à près de 300 mètres de l'endroit où je me trouvais, des coups de feu ont éclaté. Ils provenaient, selon une enquête de la police à laquelle j'ai eu accès, d'une vingtaine d'éléments, 22 exactement, de la Sécurité militaire, auxquels s'était joint un membre de la Sécurité d'État. Tous adjudants-chefs et tous Kurdes alaouites, ils avaient été acheminés d'Al-Yaroubiyyé, puis répartis et dissimulés en plusieurs endroits. Muhammad Muflih comme moi-même avons été surpris et furieux de cette intervention injustifiée. Elle contrevenait à toutes les consignes et elle s'est soldée par des dizaines de morts ! Puisque aucun de nous ne l'avait autorisée, qui avait donné à ces hommes l'ordre d'intervenir ?

Il existe en Syrie, je l'ai déjà dit, un État au cœur de l'État. Un État au cœur d'un État déjà sécuritaire… d'où proviennent des ordres adressés à certains éléments en particulier, sans respecter les hiérarchies mais en les court-circuitant. Autrement dit, ce ne sont pas toujours les chefs des militaires et des membres des services de sécurité déployés sur les lieux qui sont à l'origine des ordres de tirer pour tuer auxquels obéissent les hommes placés en principe sous leur autorité ! Ainsi, lors d'une autre manifestation à Hama, un homme a été repéré alors que, posté au faîte d'un château d'eau, il tirait sur les gens. Des jeunes gens courageux sont montés jusqu'à lui. Ils l'ont capturé et livré à la Sécurité militaire. On a alors découvert qu'il appartenait à ce même service. Il a affirmé avoir reçu directement l'ordre d'agir comme il l'avait fait.

Quoi qu'il en soit, les 23 hommes dont j'ai parlé plus haut ont été transférés ailleurs sans qu'une véritable enquête ait été menée et, surtout, qu'ils aient été condamnés pour ce qu'ils avaient fait.

Il s'était produit exactement la même chose à Homs, provoquant la mort d'un grand nombre de citoyens pacifiques dans des conditions identiques.

Des jeunes s'étaient rassemblés, le 18 avril, pour un sit-in au centre de la ville, au pied de la vieille horloge. Tous les responsables concernés par la sécurité se trouvaient à la Direction de la police, à proximité immédiate. Des émissaires sont allés négocier avec ceux qui occupaient les lieux pour les convaincre d'évacuer la place. Ils étaient quelques milliers, entre 5 000 et 10 000 peut-être. Ils ont refusé de partir. Vers le milieu de la nuit, nous avons tenu une réunion avec le général Mounir Adanov, qui était déjà là, pour décider de ce qu'il y avait lieu de faire. On a à nouveau demandé aux jeunes de quitter la place en empruntant les rues qu'ils voulaient. Mais, alors que les discussions se poursuivaient, des agents des *mukhâbarât jawwiyyé* – le service de sécurité de l'armée de l'air –, qui avaient été dépêchés depuis Damas pour « disperser des voyous », ont commencé à mitrailler la foule. Ils ont fait des dizaines de morts. Ils obéissaient à l'ordre de tirer à vue qui leur avait été donné par de hauts responsables de la Sécurité. Il s'agit encore une fois de ces officiers invisibles aux regards, mais suffisamment puissants pour donner directement des instructions à des éléments à leur dévotion. Certains de ces éléments sont des agents des différents services de renseignements. Mais ils peuvent être aussi des fonctionnaires d'autres ministères, comme celui de l'Éducation. Il s'agit ni plus ni moins que, comme je l'ai déjà dit, d'un État dans l'État.

Les membres de cette « commission » interviennent dans tous les domaines. En voici un exemple. Alors que la contestation en était à son quatrième mois, le ministère de l'Intérieur s'est mis en quête de matériels spécifiques de maintien de l'ordre. La rue s'enflammait, mais les morts étaient alors encore peu nombreux. Nous recherchions des moyens adaptés aux circonstances. Nous avons entamé des discussions avec les Turcs qui ont accepté de nous vendre des boucliers en plastique, des casques en métal, des matraques… pour la police et les forces de sécurité. Mais, alors que l'affaire était bouclée et que nous nous étions entendus avec la délégation qu'ils nous avaient dépêchée sur les matériels, les quantités et les prix, et alors qu'il ne restait plus que les signatures à apposer au bas des contrats, j'ai reçu un ordre en provenance du Palais présidentiel. Il m'enjoignait d'abandonner ce projet, de laisser tomber les Turcs et d'acquérir ces matériels auprès des Iraniens.

Le massacre de Houla, étape délibérée d'une stratégie assumée[1]

Wladimir Glasman

Du 25 au 26 mai 2012, à Houla/Hawla (Houleh en dialecte), 108 personnes dont 34 femmes et 49 enfants sont massacrées par des milices pro-régime, selon l'enquête de Human Rights Watch (HRW). Le lendemain, le secrétaire général de l'ONU Ban Ki-moon condamne ce « massacre des innocents ». Début août, Kofi Annan démissionne de son poste d'envoyé spécial de l'ONU pour la Syrie sans avoir pointé du doigt la responsabilité des milices. Cinq ans plus tard, la journaliste Manon Loizeau, avec le concours de l'écrivaine syrienne Samar Yazbek, est revenue sur ce crime pour l'émission « Envoyé spécial » avec ce reportage : Houla, autopsie d'un massacre[2].

Houla, ville de 150 000 habitants environ, est entourée de villages. Taldou, au sud, est sunnite et acquis à la révolte. Autour, les villages alaouites sont restés fidèles au régime. Mais les gens continuaient à vivre côte à côte, en ayant des contacts utilitaires autour du ravitaillement ou de l'université. Après avoir vu le reportage, une téléspectatrice écrit : « J'ai regardé ce film et je me suis demandé comment, en 2012, avant l'émergence de Daech, rien n'a été fait. L'inaction de la communauté internationale est responsable de tout ce qu'Assad s'est permis de faire par la suite. En 2012, le conflit opposait Assad aux Syriens. Rien de plus. »

Dans le documentaire coécrit par Manon Loizeau et Annick Cojean, Syrie, le cri étouffé, *diffusé en décembre 2017, Fawziyya Hussein al-Khalaf, une survivante de Houla, mère de neuf enfants dont huit filles « belles comme la Lune », témoigne des viols collectifs, longtemps tus, qui ont été commis dans la nuit du 25 au 26. Elle-même en a été victime, en cherchant à protéger ses filles sans y parvenir, sous les yeux de son mari, achevé peu de temps après[3].*

Le massacre commis à Houla, dans la nuit du vendredi 25 au samedi 26 mai 2012, au cours de laquelle plus d'une centaine de civils, dont une cinquantaine d'enfants de

1. Présentation par Claire A. Poinsignon. « Le massacre de Houla en Syrie, étape délibérée d'une stratégie assumée » est une enquête livrée en 4 parties dans le blog du *Monde* d'Ignace Leverrier (pseudonyme de Wladimir Glasman), Un œil sur la Syrie, du 3 au 20 juin 2012 : https://www.lemonde.fr/blog/syrie/2012/06/03/lle-massacre-de-houla-en-syrie-etape-deliberee-dune-strategie-assumee-14/. On ne donne ici que la fin et le début, qui concernent le massacre. Sa falsification et sa manipulation par le régime sont évoquées dans la 6e partie de ce livre.

2. *Houla, autopsie d'un massacre*, 2017 (3 min et 10 s), https://www.youtube.com/watch?v=tQVIyf12RFk.

3. Le témoignage de Fawziyya Hussein al-Khalaf et de Racha, une de ses filles, se situe de 48 min 23 s à 57 min 52 s dans *Syrie, le cri étouffé*, 2017 (72 min) https://www.youtube.com/watch?v=djqLnSaAR6w&t=4s.

moins de 10 ans et plus d'une trentaine de femmes, ont été froidement exécutés, a suscité partout dans le monde, sauf parmi les responsables russes qui en ont fait et en ont vu d'autres, un sentiment d'horreur.

Ce sentiment a été accentué par les déclarations de Jihad Maqdisi, porte-parole du ministère syrien des Affaires étrangères. Il a tenté, le 27 mai, de convaincre les journalistes syriens, ce qui n'est pas difficile, mais également les rares représentants des médias étrangers, ce qui l'est davantage, que l'armée syrienne ne pouvait porter la responsabilité de cette opération qui était contraire à ses principes et à ses modes d'action. Elle avait pour mission de protéger les citoyens et non de les agresser. Il a finalement été porté à son comble par les propos tenus par Bachar al-Assad à Kofi Annan, désespérément accroché à son Plan comme à l'unique bouée de sauvetage disponible dans un océan démonté. Comme il le fait depuis le début du soulèvement populaire, le chef de l'État syrien a justifié un agissement aussi scandaleux en menaçant implicitement de le reproduire ailleurs, aussi longtemps qu'il croirait apercevoir dans son pays un seul de ces « terroristes » dont il dénonce la main derrière la contestation de sa légitimité depuis un an et trois mois.

Or cette affaire est claire. Comme il l'a fait à de multiples reprises depuis le soulèvement de Deraa, le 18 mars 2011, le régime syrien a délibérément laissé agir, sous la protection de ses forces dites de sécurité et d'unités d'une armée dévoyée, des tueurs arrivés sur les lieux pour assouvir une vengeance et leur haine confessionnelle, sans se douter, peut-être, qu'ils apportaient ainsi leur contribution à une stratégie assumée en haut lieu, déjà mise en œuvre ailleurs, à Homs et à Tall Kalakh en particulier. Avant de revenir sur cette stratégie, il convient de se pencher sur les lieux où elle s'est déroulée, d'entendre le récit des faits par les proches de victimes et les témoins, de rappeler que cette affaire s'inscrit dans une longue série d'autres abominations commises par les militaires, *mukhâbarât* et autres *chabbîha* à la solde du pouvoir, et de redire ce qu'on sait de la fabrication du terrorisme et de la manipulation des « terroristes » en Syrie. On comprendra alors comment ces éléments s'imbriquent et donnent une logique à ces meurtres insensés.

Les lieux

La région de Houla est une vaste étendue agricole fertile qui s'étend à l'ouest de l'Oronte en direction du mont Hélou. Elle est située à la limite des deux gouvernorats de Homs et Hama, et elle est composée de plusieurs bourgs, villages et hameaux, dont la population est homogène et partage les mêmes coutumes sociales, mais appartient à des communautés confessionnelles différentes. Le principal centre commercial de la région est Taldou, chef-lieu d'une commune du gouvernorat de Homs, à 25 kilomètres au sud-est. [...] La région produit des olives, des céréales, des agrumes, du raisin, des grenades et du coton. On y pratique l'élevage des bovins et des ovins. Elle abrite aussi plusieurs poulaillers industriels et des ruchers. Dans le lac de Houla, des pisciculteurs élèvent des carpes. Elle constitue de ce fait une sorte de grenier, indispensable à l'approvisionnement du gouvernorat de Homs et des villages qui s'étendent entre cette ville et le mont Hélou. [...] Avec ses différents villages, Houla a été l'une des premières régions de Syrie à rejoindre la contestation. L'armée et les services de sécurité y ont rapidement pris position. Leurs interventions y ont été brutales. Elles ont été accompagnées de meurtres, d'assassinats collectifs et d'arrestations, comme le « Vendredi des prisonniers de la liberté »

(15 juillet 2011), où plus de 30 personnes, hommes, femmes et enfants, ont été tuées et des dizaines d'autres blessées. Mais elles ne sont pas parvenues à infléchir la résolution de ses habitants. Ceux-ci ont poursuivi leurs manifestations jusqu'à ce que, du fait de la sauvagerie de la dernière répression et du grand nombre de ses victimes, Houla polarise soudain l'intérêt du monde entier.

Déroulement des faits

Selon les témoignages recueillis auprès des habitants des lieux, vendredi 25 mai, placé sous le slogan « Damas, notre rendez-vous approche », Taldou et la région de Houla ont vu se dérouler une manifestation impressionnante. Un grand nombre d'habitants y ont participé, en dépit des barrières de sécurité et de la présence, désormais habituelle, d'armes lourdes et de blindés autour de l'agglomération. Peu de temps avant la dispersion des manifestants, entre 13 h 30 et 15 heures, des obus ont commencé à s'abattre un peu partout, tandis que des coups de feu partaient des différents barrages bloquant l'accès à la localité. Les soldats et les *mukhâbarât* ont finalement occupé la ville dont les habitants ont été contraints à chercher refuge chez eux. Tirs et bombardements se sont poursuivis avec intensité jusqu'au milieu de la nuit, soit durant près de dix heures d'affilée. Les obus provenaient du village de Qabou, au sud-ouest, d'où des éléments des Forces spéciales arrivés en grand nombre ont fait mouvement vers le bourg. Ils affirmaient avoir été « appelés à l'aide par des citoyens pour lutter contre des incendies ». Ils se comportaient avec brutalité. Ils cherchaient visiblement à terroriser les habitants. Ils ont pris le contrôle des places et des rues sans rencontrer de résistance. Ils ont bouclé les accès et dressé partout de nouvelles barricades.

D'autres obus provenaient d'une colline qui surplombe au nord-ouest le village de Qarmas, une bourgade dont les habitants sont inféodés au régime, et du village de Fulla, situé immédiatement à l'ouest du lac de Houla. Taldou a aussi été touché par des missiles tirés, les uns depuis l'École de guerre de Homs, comme l'ont attesté des habitants de la région d'Al-Wa'r où se trouve cette école, les autres du village de Khirbat al-Souda, à l'ouest de cette même ville. Pendant ce temps, des avions survolaient le village en franchissant le mur du son. Leurs explosions se mêlaient au vacarme des chars T72 et des Shilka (des blindés russes équipés de canons antiaériens) qui tiraient sans discontinuer. Les francs-tireurs positionnés à l'intérieur de l'agglomération ouvraient le feu sur tout ce qui bougeait.

Peu de temps avant la nuit, plusieurs pick-up de couleur blanche sont entrés à Taldou. Ils transportaient des hommes en armes. Ils venaient des villages de Qabou, au sud, de Fulla, d'Al-Sharqiyyé et de Masyaf à l'ouest, et de Sheniyyé. Certains de ces hommes étaient vêtus de treillis semblables à ceux de l'armée. D'autres portaient des costumes noirs. Ils ont aussitôt envahi les maisons. Ils ont tué des familles entières, tirant sur les uns à bout portant, égorgeant les autres, utilisant leurs baïonnettes… Maintenus chez eux et terrorisés par les bombardements, les habitants du village étaient dans l'ignorance de ce qui se passait à l'extérieur. Les *chabbîha* ont attaqué en priorité les maisons situées en périphérie du village, en particulier dans le quartier qui fait face à l'Hôpital national, et dans le quartier Nasiriyyé. Ils ont mis le feu aux terrains agricoles, aux champs d'oliviers entourant les maisons de leurs victimes et à quelques habitations. Ils ont aussi tué un grand nombre de têtes de bétail, vaches et moutons.

Lorsque le bombardement a cessé, à l'approche de l'aube, les gens ont commencé à sortir de chez eux. Ils ont découvert ce qui s'était passé et l'ampleur de la tuerie. Ils ont trouvé des dizaines de femmes et d'enfants assassinés à l'intérieur de leurs maisons, sans compter les victimes directes des bombardements aveugles. Il était impossible de procéder au sauvetage des blessés, puisque l'armée et la Sécurité contrôlaient l'hôpital public, que les *chabbîha* ont d'ailleurs finalement incendié. Durant le bombardement et après la découverte du massacre, un certain nombre de familles ont tenté de fuir en direction des terres agricoles situées à l'est. Mais elles ont été poursuivies et liquidées par des *chabbîha*. Les gens sont encore occupés, à l'heure actuelle, à ratisser les champs. Ils y découvrent de nouveaux cadavres d'enfants, de femmes et de personnes âgées. Le premier décompte a permis de dénombrer 92 martyrs, dont 32 enfants de moins de 10 ans. Certaines familles ont été totalement éradiquées.

Imputation du massacre

Selon des témoins, les meurtriers sont des *chabbîha* originaires des villages voisins. Ils ont agi par haine confessionnelle et par désir de vengeance. Des habitants du village de Qabou avaient en effet promis de venger ce qu'ils considéraient comme le meurtre de l'un des leurs, un chauffeur de taxi résidant à Karm al-Zaytoun, à Homs, retrouvé mort, le 22 mai, dans la campagne. Des gens de Taldou, qui l'avaient découvert sans savoir qui il était, avaient rapporté sa dépouille, l'avaient déposée dans une mosquée puis l'avaient enterrée conformément aux coutumes musulmanes. Des proches du défunt étaient arrivés quelque temps plus tard, accompagnés de *chabbîha*. Ils avaient profané le cimetière et récupéré le corps. Ils avaient accusé les habitants de la ville de l'avoir assassiné et promis de venger sa mort. Ils avaient profité de la présence de l'armée et de l'opération militaire pour mettre leur menace à exécution : ils étaient entrés dans le village et avaient commis ce massacre.

Les habitants de Taldou savent que les criminels venaient les uns du village de Qabou, les autres de Qanaqiyyé, entre Qabou et Al-Sharqiyyé. L'armée n'avait rien fait pour les arrêter. Les mêmes individus avaient déjà perpétré un massacre dans le village, cette fois-là avec des *chabbîha* de la région de Wadi al-Dahab et d'Al-Nuzha, près de Homs. Protégés par des militaires et des *mukhâbarât*, ils avaient tué et égorgé 11 employés d'une usine de Houla. Les survivants avaient reconnu quelques-uns d'entre eux parmi les voyous qui épaulaient cette fois-ci les *chabbîha* de Qabou.

Ce récit est corroboré par le témoignage d'habitants de Mariamin, qui ont raconté que les femmes et les vieillards de ce village avaient tout fait pour dissuader des *chabbîha* connus comme tels de participer à l'attaque de Taldou. Mais, alors qu'ils étaient parvenus à les convaincre, des agents des services de sécurité étaient venus les chercher chez eux. Les habitants de Mariamin connaissent l'identité des individus en question, qui n'en sont pas non plus à leur coup d'essai. Ils avaient naguère édifié une barricade au centre de leur village et participé à des dégradations, des vols et des pillages dans le village voisin de Tibeh. Pour prévenir une détérioration de la situation, les notables de Mariamin avaient été obligés de prendre contact avec ceux de Tibeh, de présenter des excuses et de dédommager les victimes.

Les habitants de Mariamin entretiennent de bonnes relations avec ceux de Houla. Deux jours avant le massacre, un jeune homme de ce village avait été arrêté alors qu'il tentait d'apporter du levain pour permettre à l'une des boulangeries de Taldou de fonctionner. Le jour même du massacre, un autre avait été attrapé par les *mukhâbarât* alors qu'il acheminait des produits médicaux et des secours à l'intention de certains habitants du village. Durant la tuerie, des activistes avaient pris contact avec les observateurs internationaux. Ils les avaient pressés de se rendre à Houla sur-le-champ pour y constater les crimes et les destructions qui s'y perpétraient. Mais ils ne sont arrivés que le lendemain. Selon des activistes de Homs, les observateurs avaient déclaré qu'ils n'étaient pas en mesure de parvenir immédiatement sur les lieux. Ils devaient auparavant s'entretenir avec le gouverneur de Homs et lui demander de faire cesser le bombardement. Quand ils sont arrivés, le jour suivant[1], ils ont assisté à l'enterrement des victimes dans une fosse commune.

Les gens évoquent aujourd'hui 116 martyrs. Un certain nombre de corps ont en effet été découverts dans les champs et les vergers. Mais leur nombre est appelé à s'élever encore. Des rescapés de Taldou sont partis se réfugier dans les villages environnants, plus à l'est. Des blessés ont été évacués vers des zones éloignées. Pour la plupart atteints de blessures graves, ils ont besoin d'opérations chirurgicales. Certains ont dû être amputés.

Dernier « détail » : alors que le porte-parole du ministère syrien des Affaires étrangères a versé des larmes de crocodile, dans sa conférence de presse du 27 mai, sur les civils assassinés… et sur les militaires qui avaient selon lui perdu la vie dans l'agression menée contre Taldou par les « terroristes », le gouvernement syrien n'a pas pris la peine d'envoyer le moindre représentant aux funérailles des victimes de ce crime abominable. Faute de pouvoir lui poser directement la question, a-t-on le droit de se demander pourquoi ?

Destiné en partie à dégager les abords de la zone montagneuse dans laquelle le régime de Bachar al-Assad compte trouver refuge[2] lorsque la situation aura fini de lui échapper dans le reste de la Syrie, le massacre de Houla, qui a fait plus d'une centaine de morts dans le village de Taldou (gouvernorat de Homs) au centre de la Syrie, le vendredi 25 mai 2012, est encore dans tous les esprits. Cette opération criminelle a provoqué une onde de choc en Syrie. Elle s'est traduite par une accélération immédiate du mouvement de défection au sein des forces armées et des services dits « de sécurité ». Elle a renforcé la conviction des Syriens aspirant à la liberté et à la dignité qu'il leur fallait désormais en finir au plus vite avec un régime capable de telles horreurs. Les massacres intervenus immédiatement après, à Treimseh en particulier[3], les ont confortés dans cette résolution, dont la traduction concrète est aujourd'hui visible dans les opérations menées par l'Armée syrienne libre à Damas et à Alep.

Elle a également ébranlé les opinions publiques, du moins dans les pays ouverts à la démocratie et soucieux des droits de l'homme. Leurs dirigeants ont finalement décidé, après avoir longtemps tergiversé dans l'espoir de voir émerger non pas les leaders naturels de la future Syrie mais des dirigeants à leur convenance, qu'il fallait passer à un autre stade et favoriser la mise en place d'un gouvernement de transition. Celui-ci devra respecter, avant le rapport de force au sein de l'opposition syrienne, la diversité des composantes de la révolution sur le terrain. Autant dire, puisque ce sont eux qui posent problème aux diplomaties

1. https://www.melty.fr/syrie-massacre-a-houla-pendant-le-conseil-actu109205.html.
2. https://www.lemonde.fr/blog/syrie/2012/06/21/le-regime-syrien-prepare-une-zone-de-repli-dans-la-montagne-alaouite/.
3. https://www.lemonde.fr/blog/syrie/2012/07/16/a-treimseh-apres-al-houla-le-regime-syrien-persiste-et-nie/.

occidentales, que les « islamistes » – comme on dit... sans être toujours en mesure de préciser qui on englobe sous ce terme – et les Frères musulmans, mieux identifiés mais guère mieux connus pour avoir été trop longtemps tenus à l'écart... par prévention et par crainte d'irriter le régime syrien, devront y être représentés.

Elle a enfin relancé le débat artificiellement entretenu autour de la question de savoir « qui tue qui[1] » depuis des mois en Syrie. Certes, depuis qu'elle a été mise en place pour protéger la population contre des dirigeants ayant perdu tout sens de leurs responsabilités, l'Armée syrienne libre a provoqué, elle aussi, la mort de citoyens syriens, civils et militaires. Mais deux remarques ici s'imposent. Il est d'abord nécessaire de rappeler que la révolution n'a pas démarré en Syrie sur le mode de la violence. Inspirée sans doute par les changements intervenus ailleurs, dans le monde arabe, elle a été le fait de Syriens pacifiques. Ils refusaient de se laisser humilier davantage par ceux qui monopolisaient le pouvoir. Ils en avaient assez d'être rançonnés par ceux qui étaient chargés d'assurer leur protection. Ni le Qatar, ni l'Arabie saoudite, ni les États occidentaux, ni Al-Qaida, ni une quelconque organisation salafiste, n'ont eu à voir avec l'explosion de colère des Syriens, à laquelle, comme Bachar al-Assad, ils ne croyaient d'ailleurs pas. Il est surtout nécessaire de dénoncer la malhonnêteté consistant à mettre sur un pied d'égalité le criminel qui agresse, arrête, torture et tue avec pour unique obsession de se cramponner au pouvoir, source de ses privilèges, et la victime qui se défend et tente de récupérer des droits universellement reconnus, sans être capable de maîtriser à la longue les réactions de haine que les agissements délibérés des bourreaux instillent dans les esprits et dans les cœurs. Relayés par certains médias, les mensonges colportés par la propagande officielle, qui consistent à imputer à des mercenaires étrangers la responsabilité de la situation dès le départ, ne changeront rien à la réalité.

C'est pourquoi on ne peut que se réjouir de lire l'article documenté, récemment publié par l'hebdomadaire allemand *Der Spiegel*, sous la plume de Christoph Reuter et Abdel-Qadir Adhun[2]. En faisant la lumière et en rétablissant la vérité sur le drame de Houla, et en fournissant le témoignage oral de membres de plusieurs familles de victimes, ils confirment les falsifications auxquelles a recours le régime syrien, capable d'assassiner en silence des dizaines de milliers de ses propres citoyens, mais incapable, du plus haut au plus modeste de ses dirigeants, d'assumer en public la responsabilité de ses actes.

1. https://www.lemonde.fr/blog/syrie/2011/08/10/qui-tue-qui-aujourdhui-en-syrie/.

2. « A Syrian Bloodbath Revisited Searching for the Truth Behind the Houla Massacre », *Der Spiegel*, 23 juillet 2012 ; https://www.spiegel.de/international/world/a-look-back-at-the-houla-massacre-in-syria-a-845854.html. Devant la mise en doute de la responsabilité du régime dans le massacre de Houla, Christoph Reuter et Abdel-Qadir Adhun étaient allés enquêter auprès des survivants pour le *Spiegel*. Le journal allemand avait rendu compte du massacre de Tremseh le 13 juillet 2012. Les sept témoignages sont traduits à la suite du présent texte. Sur sa négation par le régime, voir la suite de l'enquête d'Ignace Leverrier / Wladimir Glasman, p. 769 de la dernière partie de ce livre.

Sept témoignages du massacre de Houla[1]

Après la prière du vendredi 25 mai, les habitants de Taldou ont mené leur marche de protestation contre le régime. Mais en début d'après-midi, les forces armées se sont mises à bombarder lourdement le village à partir de plusieurs bases environnantes. Les unités de l'Armée syrienne libre (ASL) ont lancé des contre-attaques sur plusieurs *checkpoints*. Des témoins, cependant, affirment qu'il n'y avait que très peu de combattants de l'ASL à Taldou cet après-midi-là, c'est pourquoi les escadrons de la mort n'ont pas trouvé de résistance. Il faisait encore jour lorsque la première vague est arrivée.

Témoignage I

Dans l'après-midi du 25 mai, Mohammed Abdel-Razzak se rendait chez lui, dans la rue Sadd, qui croise la rue où vivaient les victimes du massacre. Il avait appelé chez lui après avoir entendu des rumeurs selon lesquelles des groupes de *chabbîha* de plusieurs localités voisines, dont le village exclusivement alaouite de Fulla, étaient sur le chemin de Taldou. « Ils forment des groupes », lui a dit son père, ajoutant qu'il y avait beaucoup de tirs et que les gens avaient peur de quitter leur maison. « Peu après cinq heures, j'étais près de notre maison, d'où on peut voir la route de Fulla sur la colline. Une dizaine de voitures et au moins 400 hommes s'approchaient. Certains portaient des uniformes militaires, d'autres étaient en tenue civile. Certains avaient une longue barbe et la tête rasée. Certains portaient des brassards rouges. Un second groupe, composé d'une trentaine d'hommes en uniforme, venait des usines d'eau où sont basés les militaires. Ils se sont approchés lentement de chez moi et se sont cachés dans la rue Sadd. De là, j'ai vu les hommes se disperser rapidement et poster un homme avec une mitrailleuse à l'intersection pour surveiller la zone. Les deux groupes ont dû se rencontrer là. J'ai vu quatre ou cinq hommes, habillés en civil et en uniforme, entrer dans chaque maison avec des kalachnikovs, et à chaque fois j'entendais des coups de feu. Des soldats m'ont vu, alors je me suis enfui à environ 400 mètres de là. J'ai entendu d'autres coups de feu vers 19 heures, mais on aurait dit alors qu'ils faisaient la fête. Lorsque tout a semblé terminé, quelqu'un m'a conduit à moto sur les lieux. Dans la première maison où nous sommes entrés, nous avons trouvé douze corps de membres de la famille Abdel-Razzaq. »

Témoignage II

Depuis sa maison de la rue Sadd, Jihad Raslan, un officier qui était en congé parental depuis quatre jours, a vu des hommes armés en civil et en uniforme s'approcher d'une oliveraie entre le village alaouite de Fulla et Taldou vers 18 h 30 : « J'ai vu plus de 100 hommes,

1. Cette série de témoignages, avec leurs commentaires, sont repris de la deuxième partie de l'article de Christoph Reuter et Abdel-Qadir Adhun, « A Syrian Bloodbath Revisited Searching for the Truth. Behind the Houla Massacre », *Der Spiegel*, 23 juillet 2012. Ils ont été traduits en français par Catherine Coquio.

mais c'était difficile à dire. Les bombardements se sont arrêtés. J'ai quitté ma maison avec précaution pour voir ce qui se passait. Une femme, qui marchait vers moi venant de l'ouest et qui m'a reconnu, a crié : "Ils tuent des gens !" J'ai vu une femme gisant dans la rue, blessée par des coups de feu, disant : "Ils vont dans les maisons et tuent !" J'ai attendu et j'ai continué à voir des gens s'enfuir jusqu'à 19 heures. Une demi-heure plus tard, je suis sorti avec une lampe de poche, parce que l'électricité avait été coupée. Ensuite, je suis entré dans trois maisons à la suite. Dans la première, celle de Samir Abdel-Razzaq, une femme était morte et plusieurs femmes et enfants étaient blessés par balles dans une autre pièce. J'ai vu Mustafa Abdel-Razzaq allongé dans une énorme mare de sang, respirant encore, devant la deuxième maison ; la famille était à l'intérieur – tous morts. Il y avait plus de 20 corps dans la troisième maison, celle d'Abou Shaalan Abdel-Razzaq. J'ai aidé à mettre les corps dans les voitures et à les amener à la mosquée, puis j'ai emmené ma propre famille pour la mettre en sécurité. »

Témoignage III

Le lieutenant Malik Baqur, une connaissance de Jihad Raslan, se trouvait dans la maison de son cousin dans la rue Sadd : « J'ai entendu dire que des hommes armés descendaient de Fulla à Taldou. Jusqu'à 6 heures du matin, il y avait tellement de bombardements que j'avais peur d'aller dehors. Vers 17 h 30, j'ai vu 40 hommes en uniforme et en tenue civile monter à Fulla. La plupart marchaient, mais ils étaient derrière une camionnette avec une mitrailleuse montée sur un lit. Je l'avais vue quelques jours plus tôt au poste de contrôle qui avait été installé à Fulla quelque temps auparavant. Je me tenais un peu plus haut et pouvais voir les hommes jusqu'à ce qu'ils soient à environ 100 mètres du village. Puis j'ai rencontré Raslan, nous sommes entrés dans les maisons et avons vu les corps. Certains avaient eu le crâne fendu et ouvert comme si on les avait frappés avec une hachette de boucher, d'autres avaient reçu une balle dans la tête, comme pour une exécution, avec un petit trou devant et un plus grand derrière. J'ai compté 17 corps un peu partout dans la maison de Mustafa Abdel-Razzaq. »

D'autres survivants ont vu le groupe arriver de Fulla et se souviennent de détails similaires, comme des brassards rouges. Une vieille femme qui voulait rester anonyme les a vus : « Le soldat en uniforme vert qui est descendu en portait un. Toutes les portes étaient ouvertes, car nous pensions encore que ce serait un raid, comme ceux qui avaient déjà eu lieu plusieurs fois. Ma belle-fille lui a dit qu'il n'y avait que des femmes et des enfants ici, et que nos hommes travaillaient au Liban. Je me tenais derrière la porte quand il est entré et a commencé à tirer. On croyait à tort que les meurtriers n'étaient là que pour un raid qui avait coûté la vie à beaucoup et avaient sauvé la vie à certains, dont Mustafa Abdel-Razzaq. Il s'était caché dans un poulailler abandonné 50 mètres derrière la maison, car il avait peur d'être arrêté en tant que rebelle. Après la première vague du massacre en fin d'après-midi, une autre vague a eu lieu dans une autre partie de Taldou entre environ 23 heures et 4 heures du matin. Comme il faisait nuit alors, aucun des survivants n'a vu d'où les tueurs étaient venus. Mais comme les maisons se trouvaient entre deux postes de contrôle de l'armée, il aurait été presque impossible pour les rebelles de se déplacer facilement de maison en maison et de tirer sur les habitants sans se heurter aux soldats. »

Témoignage IV

Il était tard dans la soirée, et Ali Adil Sayyid, 11 ans, avait été maintenu éveillé pendant des heures par le bruit du bombardement à proximité. « J'ai entendu des voix à l'extérieur vers 23 heures : "Éteignez la lumière ! Ouvrez la porte !" L'électricité était coupée de toute façon. Je les ai entendus frapper en bas à la porte, puis ils sont partis. Je me suis réveillé peu avant 4 heures du matin quand des hommes sont entrés dans la maison. Mon frère et moi étions couchés dans la chambre. Quand ma sœur Rasha a essayé de s'enfuir, un des hommes lui a tiré dessus. Mon frère Adil dormait encore quand un homme lui a tiré dessus, un morceau de sa tête est parti. L'homme m'a tiré dessus, mais il ne m'a pas touché. Je me suis retourné et j'ai fait semblant d'être mort. Puis les hommes ont pris deux téléviseurs, notre machine à laver et l'ordinateur. J'ai entendu le son d'un BMB à l'extérieur[1]. » Selon Ali, son frère Nadir, « gravement blessé, faisait encore du bruit, comme s'il avait le hoquet, puis il est mort ».

Ali Adil Sayyid, le seul survivant de sa famille, est un parent éloigné d'Abdel-Mu'ti Mashlab, un membre du Parlement syrien. Cette circonstance a incité les observateurs de l'ONU à supposer que ces gens avaient été tués en raison de leurs liens familiaux avec un fonctionnaire du régime. Mais Mashlab, dit Ali, n'était que l'oncle de la femme de son oncle. Lui et son père avaient participé à de nombreuses manifestations jusqu'à l'automne dernier, « on achetait toujours des kebabs et du Coca ». Mais son père ayant été arrêté en novembre il avait pris peur et n'y allait plus.

Témoignage V

La famille de Muawiya Sayyid, le policier à la retraite, vivait à quelques maisons d'ici. Sa fille, Maryam Sayyid, se tenait à la fenêtre à l'intérieur de la maison quand un groupe de soldats s'est approché. « Ils tiraient en l'air et ont frappé à notre porte mais comme personne ne répondait, ils ont continué à avancer. Nous nous sentions en sécurité : mon père était dans la police depuis trente ans, et venait d'être promu colonel. Rien ne nous était jamais arrivé lors des raids précédents. Mon frère était là, c'était un soldat et il avait une jambe cassée, il ne pouvait pas bouger. On lui avait donné un congé de quatre mois. Il était de Houla, ce qui le rendait suspect. Il n'avait été autorisé à rentrer chez lui que parce qu'il avait une jambe cassée. Mais nous n'avions pas peur de l'armée. Et si c'était des terroristes, comment auraient-ils pu passer les deux *checkpoints* ? Ce que nous craignions, c'était les obus qui pleuvaient à proximité depuis des heures. Il faisait encore jour dehors, et notre maison est la dernière sur la rue, donc nous avions peur de nous enfuir. Vers 18 heures, nous avons entendu un char dans la rue et des hommes sur une voiture qui scandaient "*Chabbîha forever !* Avec notre sang et nos âmes nous nous sacrifions pour toi, ô Bachar !" Nous n'avions jamais entendu cela auparavant. Nous étions dans la maison, avec mon père dans la pièce qui donne sur la rue, et tous les autres dans celle qui donne sur la cour. Vers 23 heures, nous avons entendu des voix dans les haut-parleurs, disant : "Toutes lumières éteintes ! Y compris les bougies !" Je suis allée voir mon père dans l'autre pièce. Il venait d'entendre les hommes qui se tenaient en bas devant la porte, annonçant qu'ils prendraient d'abord les femmes et qu'ils tueraient ensuite tout le monde. Je lui ai demandé ce que nous devrions faire. Il m'a répondu : "Bon ! Je vais aller dehors et essayer de les retenir." Nous étions 15. Nous ne pouvions pas emmener Ahmad avec nous car il était trop malade. Mais nous étions si effrayés que dans notre précipitation nous avons oublié Sarah, ma sœur âgée de 8 ans qui dormait. Quand j'ai réalisé cela, je suis retournée à la maison avec ma belle-sœur. Nous avons entendu les hommes dire : "À nous les femmes !" Ma belle-sœur a dit : "On ne peut rien faire, ils vont mourir". Elle m'a tirée en arrière et nous avons fui. »

Témoignage VI

La mère de Maryam Sayyid, Hana Harmut, était restée dans la maison et, dans l'obscurité, elle n'a pas pu voir où les autres étaient allés : « Je suis retournée à l'arrière de la maison, on entendait les voix des hommes à l'intérieur. J'ai entendu Ahmad crier, puis Sarah se réveiller,

1. Type de véhicule blindé de transport de troupes utilisé par l'armée syrienne. (*N.D.T.*)

se mettre à pleurer et crier fort "Maman !", j'ai entendu mon mari crier "Pas Ahmad ! Pas Ahmad !", puis il y a eu des coups de feu, je ne sais pas combien. Ensuite, plus rien. Puis j'ai entendu des bruits qui semblaient déchirer la cuisine. Ils cherchaient sans doute des couteaux. Je ne pensais plus qu'à m'enfuir de là, je me suis cachée dans une grange voisine destinée aux animaux. J'ai entendu les hommes jusqu'à 2 ou 3 heures du matin, puis le calme est revenu. »

La famille Sayyid n'avait pas de rôle important dans l'opposition, et elle ne soutenait pas le régime. Les survivants pensent que le prénom du père, Muawiya, est l'une des raisons pour lesquelles les Sayyid ont été ciblés. « Muawiya » était le nom d'un calife qui, il y a plus de 1 300 ans, a lutté contre les imams que les chiites considèrent comme leurs saints, et dont la mort est pleurée encore aujourd'hui. Ce nom est très offensant pour les chiites radicaux et, dans une moindre mesure, pour les alaouites qui font partie de ce cercle religieux. Ce ne peut pas être le nom d'un homme converti à l'islam chiite.

Selon les survivants, tous résidents de Taldou et d'autres parties de Houla, il n'y a pas de familles chiites ou alaouites à Houla, et il n'y en avait pas avant – tout comme il n'y a pas de familles sunnites dans les villages alaouites des environs. Bien qu'il y ait eu des mariages occasionnels entre des familles alaouites et sunnites dans le passé, la femme, disent les habitants du quartier, a toujours déménagé dans le village du mari et s'est convertie à sa foi.

Mais qu'en est-il des témoins anonymes qui ont déclaré que les victimes des massacreurs à Houla n'étaient ni des sunnites ni des membres de l'opposition, mais des partisans du régime ?

Témoignage VII

Le colonel Muhammad Tayyib Baqour, qui a servi dans l'armée syrienne pendant les deux tiers de sa vie et a déserté il y a quelques semaines, travaillait à la division politique du ministère de la Défense. Il rapporte que, le 28, il a reçu un appel de Jamil Hassan, le chef des services de renseignements des forces aériennes syriennes et l'un des principaux membres du régime : « Il m'a dit de venir le 2 juin. Il m'a fait remarquer que je venais de Houla, et qu'une conspiration internationale contre la Syrie était en cours. Pour cette raison, il voulait que je trouve quelques personnes, aussi pauvres que possible, de Houla ou des environs. Je devais les amener à Damas pour qu'elles puissent faire circuler la version du massacre du régime. Il a dit que les gens de Houla seraient payés, et moi aussi. Il a appelé son chef de bureau et lui a dit de me donner 25 000 livres syriennes, l'équivalent d'un peu plus de 300 euros, environ 385 dollars. » Après trente-cinq ans dans l'armée, Baqour a réalisé que le temps était venu de changer de camp. « Je ne voulais plus avoir à faire à ça. J'ai donc mis ma famille en sécurité et j'ai fui. »

Si les rebelles avaient vraiment commis ce massacre, pourquoi l'armée a-t-elle continué à tirer et à bombarder Taldou pendant des mois, y compris les jours où les reporters de *Der Spiegel* étaient là ? Et si l'ASL était derrière ce massacre, pourquoi un grand nombre d'officiers originaires de Houla ont-ils ensuite fait défection pour rejoindre l'ASL ?

Après le massacre, les habitants de Taldou ont enterré leurs morts sur une place au centre du village. Ils disent qu'ils étaient plus nombreux que les 108 recensés par les observateurs de l'ONU. Bien que cela ne puisse plus être vérifié, cela fait sens car de nombreux corps n'ont pu être retrouvés que quelques jours après le retrait des troupes.

Nous sommes maintenant à la mi-juillet, et quelques ouvriers courageux continuent de jeter des pelletées de terre sur les tombes, car le sol s'est affaissé. Ils veulent remplacer les briques qui avaient été dispersées sur le site par une bordure en pierre. « Au moins, ça doit avoir l'air digne, dit l'un, mais il ne fait pas bon s'attarder car les soldats tirent de temps en temps des roquettes dans cette direction depuis l'aqueduc. »

Quelques rues plus loin, sur la place principale en ruine de Taldou où l'armée avait maintenu un *checkpoint* qu'elle a abandonné six jours après le massacre, il y a des graffitis sur un mur qui, selon les habitants, ont été tracés par les soldats : « Ne soyez pas trop déprimés ! Parfois les chiens dansent sur le lion, mais ils ne savent même pas qu'il est le lion. »

Le nom Assad signifie « lion » en arabe.

Témoignage de Fawziyya Khalaf

Les viols lors du massacre de Houla[1]

Ils ont tué 20 membres de notre famille, mon mari et quatre de mes filles (Sawsan, 21 ans, Houda, 18 ans, Nada, 12 ans, et la plus jeune avait 10 ans), ils ont tué la femme de mon fils, enceinte de sept mois, et son petit bébé Samir qui portait le nom de son grand-père. Ils ont tué ma sœur, ma belle-sœur et ses deux enfants, mon cousin et ses quatre enfants, l'épouse de mon beau-frère et sa fille.

Ils nous ont rassemblés dans une pièce à l'écart près de l'escalier du toit et ont ouvert le feu, puis quatre d'entre eux ont attaqué les survivants au couteau, frappant, insultant, donnant des coups de pied et violant les femmes et les jeunes filles. J'ai déchiré mes vêtements et je me suis offerte pour épargner ma fille. Deux d'entre eux m'ont violée devant mon mari, puis ils ont violé ma fille de 21 ans, Sawsan, devant mon mari qui criait et pleurait. Ils lui ont tiré une balle dans la tête. Nous étions 27 personnes dans cette maison, seuls sept ont survécu. Ils inspectaient les corps des enfants et des femmes et exécutaient au couteau ceux qui étaient encore en vie.

Ils nous ont sadiquement torturés et prenaient plaisir à agresser les petites filles. Ils les écrasaient avec leurs pieds, Ils leur tiraient les cheveux au point de les leur arracher et déchiraient leurs vêtements. Les cris des femmes et des enfants retentissaient de partout et du sang giclait sur les murs.

Une balle perdue d'un des soldats a tué le soldat qui violait ma fille Sawsan. Pour se venger un de ses compagnons a égorgé ma petite Sawsan devant mes yeux en l'insultant et en insultant Dieu.

Je n'oublierai jamais comment mes enfants s'accrochaient à moi et criaient à l'aide : « Maman ! » Mais j'étais impuissante et leur père venait d'être tué.

Nous avons quitté le village en empruntant une petite route rocailleuse. Des jeunes de l'Armée syrienne libre nous ont trouvés, ils nous ont portés et nous ont exfiltrés jusqu'au village de Kafr Laha. J'étais avec mes deux filles Hiba et Rasha, ma nièce Zahra, ma cousine Fatima et deux autres survivantes, nous n'étions que 7 rescapées sur les 27 membres de la famille.

Je ne souhaite à personne ce que j'ai vécu, et je ne pensais pas les humains capables d'une telle haine confessionnelle et d'une telle barbarie. Je raconterai mon histoire jusqu'à ce que justice soit rendue à mes enfants et jusqu'à ma mort je célébrerai ce triste anniversaire.

---

1. Ce récit a été traduit de l'arabe par Firas Kontar. Rescapée du massacre de Houla qui a eu lieu le soir du 25 mai 2012, Fawziyya Khalaf y a perdu quatre de ses enfants et son mari Samir Hussein Abdel-Razzaq. Elle vit à présent en Turquie. Elle a elle aussi témoigné dans le documentaire *Syrie. Le cri étouffé* de Manon Loizeau et Annick Cojean.

Une lettre à propos du massacre de Houla

Joumana Maarouf
Lettre du 28 mai 2012[1]

Dès que la nouvelle s'est répandue, après minuit, la plupart des régions et des villes de Syrie se sont réveillées. Dans mon quartier les gens sont sortis de leurs maisons et se sont mis à manifester. Leurs voix, qui portaient loin, sont parvenues aux agents de sécurité. Ils sont arrivés… et ils ont ouvert le feu. On se serait cru sur le front. J'entendais tout par la fenêtre. Je suis allée regarder mes enfants endormis, et j'ai pleuré sur les enfants égorgés de Houla. […]

Le lendemain soir, nous sommes allés sur la place Harîqa réciter la *Fâtiha*[2] pour le repos de leur âme. L'appel à ce rassemblement avait été largement diffusé sur Facebook. C'est pourquoi nous étions attendus. Fusils et bâtons… Nous avons décidé de ne pas nous laisser impressionner. Nous nous sommes regroupés, et, les paumes tournées vers le ciel, nous avons récité la *Fâtiha* haut et fort.

À peine avions-nous fini qu'ils nous sont tombés dessus avec leurs gourdins. Mon épaule, je peux te le dire, me fait encore mal. Mais la haine qu'ils portent aux jeunes gens est inimaginable. Ils les frappent avec une brutalité sans limites, pour leur casser délibérément les côtes. Ils en ont attrapé un. Mais nous, les femmes, nous nous sommes accrochées à lui, nous l'avons dégagé, et nous nous sommes enfuies avec lui. Nous avons traversé le souk Hamîdiyyé. Il criait : « Quelle horreur ! Gens de Damas ! Ce sont des Syriens qui sont tués ! Ce sont votre chair et votre sang ! Vous avez peur pour vos commerces ? Moi je crache sur l'argent ! » Aujourd'hui, quand j'ai appris que les commerçants du souk Hamîdiyyé s'étaient mis en grève et avaient fermé leurs boutiques, j'ai pensé que ses paroles avaient dû les atteindre droit au cœur.

1. Extrait de *Lettres de Syrie* de Joumana Maarouf, traduites par Nathalie Bontemps. Ces lettres ont d'abord été publiées sur le blog de Wladimir Glasman (sous le nom d'Ignace Leverrier) sur le site lemonde.fr avant d'être éditées dans une version révisée en 2014 chez Buchet-Chastel avec une préface de Wladimir Glasman. L'extrait reprend la version en ligne. Voir l'entretien « "Mais alors, j'ai une voix !", récits et voix de Syrie », *Vacarme* n° 79, avril 2017, http://vacarme.org/article3015.html. L'auteure est présentée à la fin de la 2e partie, chap. 4, « Faire disparaître ou rendre les corps : le deuil interdit », p. 297. Les annotations sont de Claire A. Poinsignon.

2. Le nom de *Harika* ou *Harîqa* (incendie) a été donné à cette place de la vieille ville de Damas en souvenir d'un bombardement des troupes françaises destiné à mâter la révolte des nationalistes syriens en 1925. La *Fatiha* (celle qui ouvre) est la sourate I ou Ouverture du Coran : « Au nom de Dieu, le Tout Miséricorde, le Miséricordieux… »

Douma, juin 2012

Témoignage de Majd al-Dik[1]

Douma est une ville importante de la Ghouta orientale, l'oasis qui entoure Damas, autrefois célèbre pour son agriculture et ses vergers. Elle a subi des destructions, bombardements et attaques chimiques en 2013 et un siège qui s'est terminé par une campagne massive de bombardements en 2017-2018 jusqu'à l'évacuation forcée des populations civiles et la reddition des groupes rebelles au printemps 2018. Zamalka est située à mi-chemin entre Damas et Douma.

En juin 2012 a débuté un nouvel assaut militaire sur Douma. Ce jour-là, j'étais à Rihane. Dès l'aube, on a entendu des tirs de mortiers et des rafales de mitrailleuses lourdes. Des chars sortaient de la caserne toute proche. Par la route de Chayfouniyyé, on a vu approcher une foule de gens qui fuyaient la ville. J'aidais à accueillir les familles. Ils étaient des milliers, surtout des femmes et des enfants. Ils arrivaient, serrés les uns contre les autres dans des voitures aux coffres ouverts, bourrés des affaires qu'ils avaient pu emporter. Avec les voisins, on essayait de les loger dans des maisons vides ou de les installer chez les habitants. Dans l'après-midi, je suis repassé chez mes parents. J'y ai trouvé ma tante, son mari, ses trois fils, ses quatre filles, les femmes de ses fils, les maris de ses filles, et ses petits-enfants. La famille au grand complet. Tous avaient fui en vêtements de nuit. Ma tante, analphabète, cette femme tendre qui nous donnait le bain quand nous étions petits, la sage-femme de son quartier, pleurait en racontant l'histoire de leur départ.

Au début de l'attaque, tous s'étaient terrés dans la salle de bains. Leur grande maison était prise entre les feux de deux barrages. Un tir de char a atteint un pan de la demeure, et les pièces donnant sur la rue ont toutes été dévastées. Les balles ont traversé la maison de part en part. La fumée et les éclats volaient dans tous les sens. Sitôt que le char s'est éloigné des lieux, ils se sont enfuis sous les balles sans avoir le temps de se préoccuper de leurs voisins.

Du coup, il n'y avait plus de place pour moi. Mon père dormait dans la cour avec les autres hommes, laissant les chambres aux femmes et aux enfants. Je me suis mis en marche le long de l'autoroute pour rejoindre Damas, et me suis réfugié chez Dima.

Comme d'habitude, je lui ai raconté tout ce qui arrivait. J'ai oublié de lui dire que je l'aimais. Je ne me parvenais plus à ressentir autre chose que la haine de l'armée et du régime. [...] À son tour, mon oncle m'a raconté l'invasion telle qu'il l'avait vécue dans le quartier de Massaken, en face de la mosquée Al-Ansar. Des dizaines de bus s'étaient garés le long de la rue. Les soldats

1. Extrait de Majd al-Dik, *À l'est de Damas, au bout du monde. Témoignage d'un révolutionnaire syrien*, traduit de l'arabe par Nathalie Bontemps, Paris, Don Quichotte, 2016. Chapitre « Au rond-point de Rihane », p. 147-151 et p. 155-158.

avaient tué tous ceux qu'ils avaient trouvés sur leur chemin. Dissimulé derrière le rideau de sa chambre, son fils avait vu les cadavres des passants, exécutés sommairement sur les trottoirs. Puis les descentes dans les appartements avaient commencé. On entendait des tirs dans les immeubles. Les militaires exécutaient quiconque leur tombait sous la main. Les balles ont fusé chez mon oncle, mais heureusement l'armée n'a pas investi leur bâtiment.

Les pires crimes avaient eu lieu dans le quartier de la Corniche. Il s'agissait d'un quartier bourgeois où l'Armée libre n'était pas présente. Ses larges avenues et ses grands immeubles interdisaient toute guérilla de rue. Les combattants ne pouvaient pas se dissimuler dans des ruelles, ou s'échapper par les toits de maisons rapprochées, comme dans les quartiers populaires. L'armée avait massacré les familles Halimeh, Sleyk et Taameh, des noms bien connus à Douma. Les soldats les rassemblaient dans les salles de bains pour les exécuter. L'immeuble de la famille Halimeh portait son nom. C'est là qu'ils avaient assassiné la grand-mère, la mère et les petits enfants.

Trois semaines après les massacres, on a lu des témoignages sur la page Facebook du comité de coordination. Des gens des immeubles voisins avaient entendu ce qui s'était passé : les cris des familles, les ordres de l'officier, dictés de l'extérieur au moyen d'un talkie-walkie, qui disait de tirer sur le père, puis sur les autres membres de la famille. Un témoin les a vus traîner des habitants dans la rue. L'ordre a été lancé de les exécuter sur-le-champ. Le premier soldat s'est mis à pleurer, le deuxième a fait sur lui. Les victimes ont alors été ramenées à l'intérieur pour y être abattues.

Des femmes ont raconté qu'elles étaient plus de soixante, terrées des jours durant au fond d'un sous-sol avec un grand nombre d'enfants. Elles prenaient garde à ne pas faire le moindre bruit de peur que l'armée ne découvre leur présence. Elles n'avaient quasiment pas de nourriture, et beaucoup d'enfants se sont évanouis à cause de la faim. Quand alentour les soldats entraient dans les immeubles, elles entendaient des cris et des pleurs, puis le son mortel des balles, et plus rien. Elles n'ont pas bougé tout le temps de l'invasion. Un médecin du Croissant-Rouge de Douma s'est précipité à la branche du Croissant de Jaramana pour réclamer l'évacuation des habitants. Il a été arrêté sur-le-champ.

La branche de Douma s'est retrouvée complètement impuissante, et ses bénévoles sont peut-être les seuls à être restés dans une ville désertée par les civils. Le Croissant-Rouge n'était plus que rarement en capacité de fournir des secours, car l'organisation était entièrement placée sous la coupe des services de sécurité. On comprenait maintenant ce que signifiait avoir Bachar al-Assad pour président d'honneur. Sous couvert de « neutralité », ses membres, qui s'entraînaient pourtant depuis des années à secourir les civils, se sont retrouvés entièrement paralysés. Des agents de la Sûreté avaient même réquisitionné leurs ambulances, à bord desquelles ils tiraient sur les civils. [...]

Quand je suis revenu à Douma après le retrait de l'armée, environ deux semaines plus tard, je n'en ai pas cru mes yeux. Les magasins et les voitures étaient brûlés, les immeubles ravagés par les tirs, les graffitis révolutionnaires recouverts à la peinture noire. On avait même tiré au RPG sur les murs. Les chenilles des chars étaient visibles dans toutes les rues. Elles avaient enfoncé le bitume, si bien qu'on pouvait suivre leur trajet dans le sol. Des traces de sang séché maculaient la terre. [...]

Le mois d'octobre est arrivé. [...] Depuis quelque temps, on ne voyait plus les hélicoptères voler au-dessus de la ville. Ils avaient été remplacés par des avions de combat, qui tiraient non plus des balles, mais des bombes. Leur bruit était terrifiant, assourdissant. La fumée qui montait du point touché était infiniment dense. Les civils étaient complètement décontenancés par les avions, qui surgissaient en plein ciel sans qu'on puisse rien anticiper. C'était bien pire que les tirs de mortiers, avec lesquels, au prix de nombreux morts, la population avait finalement appris à ruser. Les gens savaient désormais, par exemple, qu'ils

Mohammed Badra, *Douma, novembre 2016.* Un volontaire de la défense civile dans une rue qui vient d'être bombardée. Source : Mémoire créative de la révolution syrienne. © epa/Mohammed Badra.

devaient déserter les étages élevés, pour laisser au moins un étage entre eux et l'obus de mortier. Il fallait aussi s'abriter dans les maisons opposées à la direction d'où provenaient les bombardements : le quartier Hafir, la banlieue Assad et la montagne Qassioun. Nombreux étaient ceux qui ne pouvaient plus du tout retourner chez eux. [...] Sans pouvoir la rassurer, j'ai annoncé à ma mère que je repartais pour Al-Oub. La tristesse embrumait son visage chaque fois qu'elle entendait prononcer ce nom. Mais jamais elle n'avait tenté de me dissuader d'aller dans cette région hautement dangereuse. Malgré les bombardements incessants sur cette zone, la présence des combattants en faisait l'endroit où je continuais à me sentir le plus en sécurité.

[...] On était le 24 octobre. Toute la Ghouta s'est soudain mise à retentir du récit d'un nouveau massacre à Douma. La nouvelle nous est arrivée par les talkies-walkies de l'Armée libre. On disait que la Sûreté était entrée dans un immeuble à Massaken, situé près de la place des Martyrs, et qu'elle avait une nouvelle fois rassemblé des familles entières dans les salles de bains pour les exécuter. L'horreur de ce qui venait d'arriver était sur toutes les lèvres. Un survivant les avait entendus forcer les appartements, et demander où était l'or avant de tirer. [...]

Trois jours plus tard les combats n'avaient pas cessé à Douma, et j'étais à nouveau au dispensaire de Saqba. Faute de lits, on allongeait les nombreux blessés directement sur le sol. Le sang coulait par terre. On s'affairait comme dans une ruche. La plupart des volontaires ne connaissaient rien au travail médical et se contentaient d'aider les infirmiers. Quant à nous, nous ne pouvions qu'administrer les premiers secours, suturer des plaies, essuyer le sang des visages. Il y avait plus de cinquante blessés et seulement deux médecins : les docteurs Nawar et Saïd. De nouvelles victimes ne cessaient d'affluer. On disait qu'ils venaient du quartier Sindyaneh, victimes des raids aériens.

Je ne pouvais plus supporter l'odeur du sang. Après avoir résisté autant que je le pouvais, je suis sorti du sous-sol. Une voiture de l'Armée libre est arrivée en trombe, transportant un combattant qui semblait mort. Un des hommes était très agité. « Douma est libérée ! criait-il. On a levé le drapeau sur la tour médicale ! »

La « tour de la mort » était le poste le plus important du régime, l'immeuble le plus élevé de Douma. Du haut de ses quatorze étages, cette tour surplombait la ville. Le sniper qui la tenait avait tué des centaines de personnes, en grande majorité des femmes et des enfants qui essayaient de rentrer chez eux.

Dorénavant, tous ceux qui passeraient sur l'autoroute de Homs verraient flotter à son sommet le drapeau de la révolution.

Entre le 24 et le 28 octobre 2012, les principales factions armées de Douma avaient chacune pris d'assaut un *checkpoint*. [...] Il n'y avait plus aucun civil en ville ; les avions ne quittaient pas le ciel. Le docteur Nawar m'a confié une liste de médicaments dont il avait le plus grand besoin. Il a insisté pour que je les fournisse rapidement, car le dispensaire était presque vidé de ses stocks.

Mu'addamiyya : le « massacre des couteaux », juillet et novembre 2012

Témoignage de Sara[1]

En 2012, les forces de sécurité et les *chabbîha* ont perpétré deux massacres. Pendant le premier massacre, j'ai observé ce qui se passait à travers la fenêtre d'un sous-sol. Au début, j'ai entendu des bruits de portes qu'on défonce, un coup de feu et les cris de gens qu'on tabasse. Puis les voix de gens qu'on arrête et qu'on égorge. Ce massacre a été appelé le « massacre des couteaux ». Il a eu lieu à la fin du mois de juillet 2012. Nous nous étions cachés avec plusieurs autres familles dans le sous-sol de notre maison. Nous avions été alertés de l'imminence d'un assaut de l'armée parce qu'il n'y avait plus ni téléphone ni Internet. Nous étions un peu plus de cinquante. La nourriture était insuffisante et nous n'osions pas sortir. Plusieurs jours ont passé. Les soldats et les forces de sécurité quadrillaient la ville.

Avec une de mes cousines, nous nous sommes glissées à l'extérieur. Il faisait très sombre. Nous avons franchi le barrage en rampant. Nous avons rapporté un peu à manger. J'avais peur pour les enfants. Dans l'obscurité, je les ai rassemblés près de moi. Une fillette m'a dit : « S'ils nous tuent, je préfère qu'ils me tirent dessus. Dis-leur de ne pas m'égorger ! » Ça me rendait folle d'entendre des enfants parler comme ça. Il y avait vingt enfants avec nous, dans un lieu exigu où nous étions les uns sur les autres. On dormait mal, on ne mangeait pas, on avait peur d'être égorgés. Des hommes de la Sûreté et les *chabbîha* étaient postés en face de notre maison. On les entendait et on les voyait. Le dernier jour, on a frappé à la porte de notre maison, puis à celle du sous-sol.

Avec ma belle-sœur, nous avons ouvert la porte. C'était un homme en uniforme militaire. Il nous a insultées en vociférant. J'ai dit que nous n'étions que des femmes et des enfants et que nous avions peur. Il a demandé où étaient les hommes. J'ai répondu : « Il n'y en a pas ! » Il nous a ordonné de laisser la porte du sous-sol ouverte et il est parti. Le lendemain matin, nous avons compris qu'ils ne nous tueraient pas. Toute la nuit, nous nous étions attendus au pire. J'étais persuadée qu'ils allaient nous égorger s'ils trouvaient des hommes, mais on s'en est sortis. Plus tard, nous avons découvert que cent personnes avaient été tuées pendant l'assaut. Ils ont égorgé la famille Idris, puis ils ont tué quatre jeunes devant leur mère qui a été surnommée « la Khansa' de Mu'addamiyya[2] ». Je suis allée la voir. Elle m'a raconté tous les détails de son histoire : comment ils ont tué ses enfants et brûlé sa maison. J'ai envoyé le récit aux médias. Le second massacre a eu lieu en novembre. Quand nous avons entendu la nouvelle, nous avons fui chez mon oncle maternel qui habite

1. Extrait de « Sara », premier récit dans Samar Yazbek, *19 femmes. Les Syriennes racontent*, trad. Emma Boltanski et Nibras Chehayed, Paris, Stock, 2019.

2. Khansa' est le surnom de Tumaddir (Tumâdir) bint 'Amr, poétesse arabe semi-légendaire, qui serait née à la période anté-islamique et serait morte sous le califat d'Umar ibn al-Khattâb, entre 634 et 644. Elle doit sa célébrité à ses élégies funèbres à la mémoire de ses deux frères Sakhr et Mu'âwiya, tués dans des combats.

près de Harat Sharqiyya, un quartier réputé pro-régime. Nous y étions plus en sécurité. Mais la maison était trop petite. De nombreuses familles y étaient déjà entassées. Mon père a décidé de retourner chez nous. C'était une erreur de sortir à ce moment-là. Un hélicoptère nous a repérés et nous a tiré dessus à la mitrailleuse lourde « Douchka ». J'ai découvert que les soldats pouvaient se divertir en nous terrorisant. Ils tiraient autour de nous alors qu'ils auraient pu nous tuer facilement. J'étais convaincue que j'allais mourir parce que l'hélicoptère était juste au-dessus de nous. On essayait de sauver notre peau en courant à droite et à gauche. Ça a duré dix minutes, mais pour moi c'était comme si ça avait duré dix ans. Je ne comprends pas pourquoi ils jouent ainsi avec nos vies. Nous avons fini serrés les uns contre les autres dans une camionnette. Pendant ces quelques minutes nous n'étions rien, rien.

Nous sommes arrivés près de chez nous. Un char était posté dans notre rue. Nous avons couru pour que le soldat posté sur le blindé ne nous voie pas et sommes descendus dans le sous-sol de notre maison. Au moment même où nous étions en train de fuir l'hélicoptère et le char, un massacre avait lieu dans les quartiers situés dans les faubourgs de Mu'addamiyya. Cent cinquante personnes ont été tuées. J'ai recensé tous les noms, mais certaines n'ont pu être identifiées. Il s'agissait d'exécutions arbitraires : on les avait rassemblées, on leur avait tiré dessus et on avait brûlé leurs maisons.

Après les deux massacres, j'ai acheté deux caméras et des batteries. Je me suis mise à filmer et à écrire. J'étais devenue la correspondante de plusieurs médias internationaux. Mon obsession était de faire savoir au monde toute la vérité sur ce que nous vivions. J'écrivais sous le pseudonyme de Sarah Samman. Je faisais jusqu'à douze interventions par jour dans les médias. Des chaînes étrangères me contactaient. Je travaillais sans arrêt.

Darayya, août 2012

Témoignage de Mu'tazz Murad[1]

Darayya, un des foyers principaux du soulèvement pacifique de 2011, a fait l'objet d'un très long siège et a été rasée par le régime. Aucun de ses habitants n'a pu y retourner[2].

À Darayya, nous avons persévéré durant toute l'année 2011 et nous avons maintenu le cap de notre révolution pacifique. Nous avons porté très haut les valeurs de justice, de liberté, de démocratie, d'un État de droit et d'unité nationale, afin d'assurer un avenir meilleur à tous les Syriens. Nous avons écrit sur nos banderoles les slogans qui ont enflammé les sentiments de millions de nos concitoyens[3] : « Pacifiques, pacifiques, même s'ils nous tuent par centaines chaque jour. »

Mais, finalement, les agissements du régime ont été trop forts pour que nous soyons à même de contenir la colère. Le martyre de Ghiyath Matar[4], un des leaders de la jeunesse locale et de la révolution de Darayya, a constitué un point de rupture. Le régime l'a torturé à mort après l'avoir arrêté en compagnie de notre ami Yahya Shurbaji[5] lors d'une embuscade, le 10 septembre 2011. Notre capacité à empêcher la militarisation de la révolution à Darayya avait atteint ses limites. Nous étions démunis devant la colère provoquée par la monstruosité du régime envers tous ceux qui ont porté nos valeurs de paix et de changement. Dès 2012, des jeunes ont commencé à porter les armes afin de protéger les manifestations[6].

Cette militarisation s'est accompagnée d'erreurs plutôt habituelles quand des jeunes essayent de s'engager sans avoir d'expérience militaire. De fait, la ville est entrée dans un nouveau scénario. Le nombre des victimes avait à cette époque beaucoup augmenté et les forces de sécurité n'hésitaient plus à pénétrer dans les mosquées les jours de prière, les vendredis en particulier, tuant et arrêtant ceux qui s'y trouvaient, sans discrimination. En dépit de cette répression et de la militarisation importante de certains jeunes, la ville a connu une persistance du mouvement pacifique. Des militants ont organisé le 1er août 2012 une campagne pour la propreté, la protection et la sécurité civile, après que les services municipaux et la police eurent cessé de remplir leurs missions sous les ordres directs du régime, afin d'instaurer encore

1. Extrait des « Histoire(s) de Darayya, 2001-2016 », paru dans le blog d'Ignace Leverrier (Wladimir Glasman) Un œil sur la Syrie, in *Le Monde*, 20 février 2016. https://www.lemonde.fr/blog/syrie/2016/02/. Ces « Histoires » comportent huit épisodes : http://syrie.blog.lemonde.fr/2016/01/08/histoires-de-darayya-2001-2016-1/.

2. Voir sur la résistance culturelle et politique à Darayya le livre de Delphine Minoui, *Les Passeurs de livres de Daraya. Une bibliothèque secrète en Syrie*, Paris, Seuil, 2017.

3. https://www.youtube.com/watch?v=5Nad7rETYLA.

4. https://www.youtube.com/watch?v=sd9A4V9SNPo.

5. https://www.youtube.com/watch?v=ELQe4q0-cug.

6. https://www.youtube.com/watch?v=eUhEAZfyfRI.

plus de chaos. Nous avons donc lancé cette campagne sous le nom : « Si la municipalité ne nettoie plus, la jeunesse s'en chargera[1]. »

Les habitants ont accueilli ces campagnes du mouvement civil et pacifique avec enthousiasme, bienveillance et en y participant. Mais, de manière complètement disproportionnée, reflétant l'état d'hystérie avancée du régime, celui-ci a instauré un siège total de la ville à partir du 24 août 2012. Trois jours de bombardements intensifs ont suivi, tuant environ 150 personnes et blessant plus de 1 500 autres, dont des femmes, des enfants et des personnes âgées. L'Armée syrienne libre a alors décidé de se retirer, espérant mettre un terme à la tragédie. C'est à ce moment que le véritable massacre, contre une population désarmée et innocente, a commencé. En trois jours, plus de 700 personnes ont été tuées[2]. Les activistes basés dans la ville ont été en mesure de documenter précisément 537 victimes[3]. Ils ont toutefois été incapables de recenser l'ensemble de ces crimes, l'état des corps empêchant toute identification, certains ayant été brûlés et d'autres soumis à d'insoutenables tortures.

L'absence criante d'organisation et de préparation, au niveau militaire notamment, a alors concentré les efforts. Afin d'éviter une répétition des erreurs passées, le conseil local de la ville de Darayya[4] a été créé le 17 octobre 2012. Il comprend neuf bureaux civils[5] (relations publiques – secours – médical – services...) et un dixième bureau, militaire. C'est l'une des seules expériences de conseil local en Syrie ayant permis de mettre les révolutionnaires « en armes » sous l'autorité des révolutionnaires civils. Cette formule a permis d'assurer rapidement une réelle coordination entre les efforts civils et militaires au sein de Darayya.

Le 8 novembre 2012, moins d'un mois après la création du conseil local, le régime a lancé une nouvelle offensive contre Darayya. Il souhaitait diviser la ville en secteurs et la quadriller par des *checkpoints*, de façon à assurer la sécurité de l'aéroport militaire de Mazzé et créer un glacis protecteur pour la ville de Damas, adjacente à Darayya.

Les images et les séquelles du récent massacre étant encore vivaces, l'Armée libre était contrainte de résister et de défendre la ville par tous les moyens. En quelques jours, plus de 200 000 habitants ont fui, par crainte d'une mort certaine en raison des bombardements ininterrompus et face à la probabilité d'une nouvelle invasion. Seuls 20 000 civils firent le choix de rester.

La ville a toutefois réussi à opposer une résistance légendaire face aux attaques successives du régime. Mais si elle a réussi à éviter une invasion, elle n'a pas pu empêcher des incursions et la mise en place d'un siège total et durable.

1. https://www.youtube.com/watch?v=rHTjYCLxtPE.
2. https://www.youtube.com/watch?v=CSVM-dFa4y4.
3. Violations Documenting Center, « Dignity Martyr in Daraya », janvier 2013 : https://www.vdc-sy.info/pdf/reports/darayya-English.pdf.
4. http://darayacouncil.org/.
5. https://www.youtube.com/user/Daraya4Media.

Une lettre à propos d'Al-Tall

Joumana Maarouf
Lettre du 2 septembre 2012[1]

Le récit ici est celui de Hind, une amie que Joumana a retrouvée, qui aimait danser autrefois. Elle lui raconte qu'elle s'est précipitée à Al-Tall avec son frère, pour voir ce qu'était devenue leur maison familiale, au sud-ouest de Damas, dans les montagnes de l'Anti-Liban, dès que le pouvoir a autorisé les gens à y entrer après avoir « nettoyé la ville des gangs terroristes ».

« Les cadavres et le sang jonchaient les rues. Parmi les habitants à qui l'armée avait permis de revenir voir leur maison, il s'est trouvé des personnes assez charitables pour rassembler les corps et les enterrer dans une fosse commune, dans un jardin public. Il y avait plus de cinquante cadavres de gens dans la fleur de l'âge. » « Il y a quelques jours, les habitants d'Al-Tall ont eu la surprise de voir des hommes du régime fouiller la terre du jardin. Ils ont fait venir un gros camion où ils ont entassé les dépouilles, et ils les ont emportées avec eux. Beaucoup de gens peuvent en témoigner. »

Des hommes du régime qui déterrent les cadavres et qui les emportent !? Avec Hind, nous nous sommes demandé ce que cela signifiait. On entend tellement d'histoires de ce genre, que ceux qui perdent leurs enfants n'ont plus d'autre souci en tête que de dissimuler leurs corps.

Que veulent-ils aux cadavres ? Les Syriens devraient-ils mourir plusieurs fois ? Est-ce une manière de redoubler de vengeance ? Ou s'agit-il du comportement naturel d'assassins qui aspirent, en faisant disparaître les corps de leurs victimes, à les effacer de leur mémoire ? Où les emmènent-ils ? [...] Peut-être ne veulent-ils pas que les cadavres reposent dans des tombeaux, sur lesquels les noms et les dates porteraient témoignage de leurs crimes jusqu'à la fin des temps...

Après tout, ces morts ne sont, pour le régime, que des « terroristes » à écraser. Et pour le reste du monde... ils ne sont que des chiffres.

1. Voir la présentation de Joumana Maarouf dans la 2e partie du livre, chap. 4 « Faire disparaître ou rendre les corps : le deuil interdit », dans l'introduction de « Pas de condoléances... », p. 297. Les extraits publiés dans cet ouvrage reprennent la version en ligne du blog de Wladimir Glasman. Une version révisée a été publiée en 2014 chez Buchet-Chastel dans la collection « Document ».

Alep : le massacre de la rivière Qoueiq, 29 janvier 2013

Témoignage de Zakariya[1]

J'avais quitté l'Ouest pour rejoindre les zones libérées de l'Est. Mon frère Zaher avait été arrêté à ma place et englouti dans les sous-sols de la ville. Il était marié, père d'un petit garçon, et je me désespérais de sa disparition. J'allais parfois jeter un coup d'œil aux cadavres que le régime balançait dans nos quartiers. J'y allais pour voir. Je cherchais le cadavre de mon frère.

Entre l'Ouest et l'Est, dans le no man's land séparant nos deux mondes irréconciliables, coulaient les eaux de la rivière Qoueiq. Un jour, des agriculteurs affirmèrent avoir aperçu un noyé qui flottait, à reculons. Jamais, au grand jamais, il ne nous était venu à l'idée que les méandres de la rivière puissent être utilisés par le régime pour nous exhiber ses trophées… En aval, les agriculteurs se plaignaient de manquer d'eau pour irriguer leurs champs. Bien sûr, tout le monde s'interrogea sur ce brusque retrait des flots. Les gens disaient : « Ils veulent nous affamer, alors ils ont fermé le barrage en amont ! » Puis un matin glacial – c'était un mardi, le mardi 29 janvier 2013 – les agriculteurs grimpèrent affolés dans les quartiers : le Qoueiq avait soudain débordé, charriant des cadavres, des dizaines de cadavres, puis, au fil des jours, tant et tant de cadavres, qu'il nous fut impossible de les compter[2].

Je cherchais mon frère. Je partis à sa recherche sur les berges du Qoueiq, parmi les corps échoués. Tous avaient les mains liées derrière le dos et un gros trou dans la tête. Des jeunes, des enfants, des vieux, et oh, leurs visages ! Leurs pauvres visages suppliciés ! Un œil en haut, un autre à droite, le nez, la bouche… Rien n'était plus à sa place sur ces peaux vertes et violacées. Les souffrances et ce bain forcé avaient transformé ces martyrs d'un crime abominable en œuvre d'art. De l'art moderne, des Picasso ! Leurs visages étaient hallucinants dans leur monstruosité ! J'ai pris mon appareil photo, je ne l'ai plus lâché. Devant chaque corps, je frémissais en songeant « Dieu ! ». Je me révoltais en moi-même : « Dieu ! Ils avaient été des hommes ! », car ils n'avaient plus rien d'humain, sauf à les regarder comme des portraits mortuaires surréalistes. J'espère encore donner un jour ces photos à la Cour pénale internationale pour leur montrer ce massacre psychédélique. Montrer à tous, ce qui nous fut infligé : ces crimes monstrueux, ces hommes-poissons échoués sur la berge, parmi lesquels je cherchais à reconnaître mon frère.

Chaque jour, de nouveaux morts nous arrivaient. Chaque jour, j'arpentais les berges pour photographier les morts. Depuis, je suis devenu photographe professionnel. Sur les bords de la rivière Qoueiq, c'était différent : je documentais. Ces images que j'ai prises sur le Qoueiq, je ne veux pas les publier. Peut-être, un jour, j'en

1. Extrait du livre de Cécile Hennion, *Le Fil de nos vies brisées*, *op. cit.*, p. 304-310. Zakariya avait 31 ans au moment de l'entretien, c'est-à-dire en 2017. Ce récit est titré dans le livre « Les hommes-poissons de la rivière Qoueiq ».

2. Au moins 147 victimes, selon le rapport d'enquête effectué par Human Rights Watch.

ferai un film spécial, personnel, sur les hommes-poissons d'Alep ou sur Zaher. Cette idée m'est venue plus tard, car en ces jours d'hiver alépin, mon intention première était de retrouver mon frère. Chaque aube, je retournais à la rivière en priant : « Ô mon Dieu, montre-moi où est Zaher ! »

Je ne me sentais pas triste, car j'en avais fini avec la tristesse. En ce temps-là, quand mon meilleur ami était tué à côté de moi, j'étais dévasté pendant deux heures, après quoi j'étais capable d'aller danser la farandole. Je voulais goûter à tous les aspects de la vie puisque je savais qu'à mon tour j'allais mourir. Je répétais aux copains : « Si je meurs, surtout, ne perdez pas de temps avec la tristesse ! Pleurez-moi une heure, enterrez-moi vite, et courez vers la vie et la révolution ! » C'est comme ça qu'on philosophait.

Si je descendais dans les eaux du Qoueiq chercher mon frère, en même temps, je n'osais rien dire à ma mère. Je lui cachais mes activités à la rivière. Elle me demandait : « Zakariya, dis-moi ce qu'il se trame en bas, sur les berges... » Elle vivait dans la zone du régime et je voulais la préserver, alors je répondais : « Rien, *Ammé*, il ne se trame rien du tout, sois tranquille ! » Et je scrutais mes photos de portraits mortuaires surréalistes, ces visages cassés, tâchant de reconnaître le fils de ma mère, celui des jumeaux qui était né le premier. Je lui mentais et m'abîmais dans les yeux marécageux des hommes-poissons échoués, de tous ces inconnus que je photographiais. J'avais besoin de documenter. C'était mon devoir impérieux, pas pour les médias, pas pour Al-Jazira ou Al-Arabiya ; de toute façon je m'en foutais des téloches. À certains moments, je les haïssais : ils n'étaient rien que des pastèques et des menteurs de première !

Quand tu vois de tes propres yeux cent cadavres sur les rives du Qoueiq, des hommes-poissons verts et mauves ne ressemblant à rien de connu sur cette planète, arrivant chez toi, en provenance des zones du régime, tu te dis : « Que le monde aille se faire foutre, qu'ils aillent vraiment tous se faire foutre ! Car ce monde n'est plus capable de la moindre émotion. Cent cadavres ! Et personne ne dit rien ? Quelqu'un a-t-il ressenti, quelque part, ne serait-ce qu'une émotion en apprenant ce massacre alépin ? » Je me suis dit : « Je ne donnerai jamais ces photos à personne. » Je les ai toujours, je ne les ai jamais utilisées, je ne les ai jamais montrées.

Ces hommes réduits à des créatures fluviales, à du poisson crevé à tête de Picasso, nous les avons repêchés, portés dans nos bras. Nous les avons ramenés parmi nous, pauvres vivants. Nous les avons couchés sur le sol, à l'intérieur de l'école Yarmouk. L'information a circulé, avec des heures spécifiques pour les identifications. Tant de gens avaient disparu : tous les villages du rif ont défilé, tous nos habitants ont défilé. Ils ont examiné les visages, et ils les ont reconnus. Les femmes retrouvaient des fils, des frères, un mari : c'étaient tous des pauvres gars de l'Est.

Zaher n'était pas parmi eux. En vérité, je n'avais pas espéré le trouver, ce n'était pas de l'espoir. Je voulais savoir ce qu'il était advenu de lui, mais je voulais le croire vivant, et à chaque nouveau corps charrié par la rivière, je me demandais s'il allait être celui-là. Si je l'avais retrouvé, jamais je n'aurais osé montrer sa photo à ma mère. Je lui aurais menti. Je lui aurais juré qu'il ne se trouvait pas parmi les hommes-poissons sur la rive. Je longeais les flots en pensant : « Aujourd'hui, il va sûrement venir. » Dieu merci, je ne l'ai pas trouvé ! Je crois que je serais devenu fou ; je me serais tué ! je me serais fait exploser ! Si j'avais vu mon frère en poisson échoué, ses mains ficelées et son visage mutilé, j'aurais pu détruire la ville entière.

Pourquoi les gens se sont-ils mis à porter des armes à Alep ? Aujourd'hui encore, personne ne l'a compris. Ils ont pris les armes parce qu'un jour, leur frère est mort, ou leur père, ou leur propre mère. Si j'avais été dans leurs chaussures, j'aurais agi comme eux. L'Armée syrienne libre s'est créée comme ça, à cause des martyrs, des maisons détruites, des jambes arrachées et des hommes-poissons échoués. Je le jure, si un mec avait touché à ma famille, j'aurais niqué sa sœur ! On nous dit : « Vous avez commis l'erreur des armes ! », je réponds : « Venez chez nous ! Venez voir pourquoi nous avons pris les armes ! » Il fut un temps où même les femmes ont porté des armes à Alep, parce que leurs maris et leurs fils avaient été tués et qu'elles étaient toutes seules. Il y eut même un bataillon de veuves. Leurs enfants étaient tombés dans les ruelles ; alors, oui, elles réclamaient vengeance.

Beaucoup de gens, en Syrie et ailleurs, ont déclaré : « Nous ne voulons pas entendre parler des armes… » Je rétorque : « Putain, les mecs ! Venez donc voir chez nous, vous comprendrez tout ! *Don't say : Yeeh*… Venez à Alep ! Vous sentirez l'odeur… Vous nous direz, alors, de quel côté était l'erreur, de quel côté était la folie ! » Je suis furieux contre ceux qui nous jugent, qui déclarent : « Oh, les armes, vraiment, quelle faute tragique ! » Bien sûr, je suis opposé aux armes ; bien sûr je reste le *père* du pacifisme, mais qu'ils y viennent voir quelle fut la vraie « faute tragique », ou seulement renifler sa puanteur, avant de condamner et d'énoncer une sentence définitive. Allez visiter l'orphelinat où ma mère turbine depuis maintenant deux ans. Il s'en ouvre partout dans la région, des orphelinats. Encore récemment, à Dar Al-Salam Al-Quelque Chose : ces orphelins, tous sont des Syriens !

Parfois, je rêve, je crois que mon frère est vivant, qu'il existe quelque part sur la planète. Je continue de scruter les photos qui nous parviennent de Syrie, celles des prisonniers et des morts. Un an après les hommes-poissons de la rivière Queiq, nous avons appris l'existence du « dossier César », qui contenait les photos des cadavres numérotés – trois chiffres sur la clavicule – de milliers de détenus morts en prison, qu'un militaire avait eu les tripes de transmettre à l'opposition. Toutes les familles syriennes ont regardé ces images horribles qu'avait photographiées « César ». Ma mère m'en a un jour envoyé une. Elle m'a dit : « Regarde comme ce jeune homme ressemble à ton frère. » Je lui ai répondu : « *Ya Ammé*, tu te trompes ! Ce n'est pas Zaher sur la photo. Ce jeune homme ne lui ressemble pas. » Pour être honnête, ce pourrait être lui, il lui ressemblait beaucoup, mais, oh mon Dieu ! cette photo qu'elle m'avait envoyée ! Zaher pesait peut-être 60 kilos quand il avait été arrêté. Le mort lui ressemblait, mais ce n'était plus que parchemin sur les os. Tous, nous avons dit à ma mère que ce ne pouvait pas être lui. On voulait la protéger de ce cadavre décharné, mais elle était sûre. Elle a conservé la photo, elle dort avec. C'est une mère. Cette mère a décidé qu'il s'agissait bien de son fils et que plus jamais elle ne le quitterait des yeux. Même malade à l'hôpital, cette image de squelette était sous son oreiller. Elle dit partout que c'est Zaher.

Jusqu'à ce jour, quand je mentionne le nom de mon frère, je pense que c'est de ma faute, que c'était moi qu'ils auraient dû arrêter dans le magasin. C'est pas une question débile, genre « c'est la faute à qui ? ». Au contraire, c'est très profond. Quand j'établis le compte de tout ce qui a détruit ma famille et bouleversé nos existences, il n'y a rien à discuter, j'en porte la responsabilité. Au nom de la révolution, j'ai changé leur vie absolument. […]

Mon frère, je n'ai jamais cessé de le chercher. À ce jour, j'ai payé 18 000 euros pour le retrouver. À la fin, c'est tous des traîtres et des menteurs de première. Quiconque me disait « Ah, j'ai entendu parler de Zaher, je sais où il est ! Je peux t'obtenir une preuve de vie, mais j'ai besoin de 2 000 euros », aussitôt, je les lui donnais. Il y a un business dégueulasse autour des prisonniers syriens disparus. J'ai beau le savoir, si quelqu'un venait avec n'importe quelle promesse, je donnerais tout, tout de suite, pour une parcelle de vérité sur ce qu'il est advenu de lui. Je pense à ma famille, à tout ce que nous avons traversé, à toutes les familles syriennes : nous avons tant d'histoires à raconter ! Mon oncle, le propre frère de ma mère, a été tué par un tir de sniper : un sniper de l'Armée libre ! Comme ça, par erreur ! Le propre fils de cet oncle, il a été arrêté par Daech, pour des broutilles d'adolescent : exécuté sur-le-champ ! Il n'avait pas 16 ans.

Les disparus qui ont réapparu sous forme d'hommes-poissons échoués sur les berges de la rivière Qoueiq, déshonorés dans leur mort par ces profanations inutiles, il a fallu les enterrer. C'était la fin du mois de janvier 2013 et, déjà, nos cimetières étaient pleins à craquer. Nous leur avons creusé une tombe, une fosse immense, dans un jardin d'enfants. Tout Alep a pleuré. Tous, nous avons prié pour leurs âmes, pour nos martyrs profanés. Puis nous les avons couchés ensemble, dans ce grand trou glacé, entre les balançoires et les tourniquets.

3

Sièges

Siège/prison : de l'écrasement comparé

Oussama Nassar[1]

Nombreuses sont les villes et les régions qui ont été assiégées par le passé, en Syrie comme dans le monde. Un certain nombre d'entre elles le sont encore à ce jour. On n'apprend rien à personne en disant que le régime d'Assad a fait du siège l'une de ses armes les plus efficaces contre toute zone échappant à son contrôle. « Échapper au contrôle du régime » pour une zone signifie seulement que les forces du régime ont perdu la capacité d'y accéder pour détenir physiquement des résidents. Le feu du régime, ses avions et, bien sûr, ses armes chimiques peuvent en revanche atteindre cette zone et toute autre zone de l'opposition (et du régime lui-même). Et il va sans dire que la détention et la torture des opposants jusqu'à la mort font partie des instruments d'oppression que le régime a empruntés aux époques révolues.

La situation dans la Ghouta est cependant différente. Le siège ici ne ressemble pas à celui de Gaza, de Leningrad, de Vienne. Sans vouloir amoindrir une souffrance quelconque, passée ou présente, infligée aux personnes persécutées dans le monde, le mot « siège » semble insuffisant à décrire ce qui se passe dans la Ghouta orientale.

Il ne s'agit pas seulement d'une zone assiégée. La Ghouta orientale ressemble plutôt à un camp de concentration ; une prison géante contenant un demi-million d'humains.

C'est un camp de concentration préparé au génocide par gaz ou incinération. La Ghouta, comme d'autres zones, a été frappée par des armes chimiques interdites à de multiples reprises, et la pire attaque jusqu'à présent fut celle de l'été 2013. Près de la Ghouta, le régime a installé un four crématoire dans la prison de Saidnaya, destiné à brûler tous ceux qui n'auraient pas été tués par la torture, la faim, le froid, l'absence de traitement médical ou autres causes inhabituelles de mort inventées par des esprits dont la créativité se limite à l'industrie de la mort et à l'atrocité.

Il est courant de comparer le siège à la prison. Les anciens détenus trouvent souvent des avantages aux compétences pratiques et psychologiques qu'ils ont apprises en prison ; elles leur permettent de faire face aux épreuves du siège comme des experts. L'inverse peut également arriver. Là, l'expérience de la prison va exacerber le calvaire que vivent les anciens détenus en état de siège, particulièrement lorsque celui qui les a emprisonnés hier est celui qui les assiège aujourd'hui.

En prison, vous êtes dans une cellule (« la collective »). Si le geôlier vous apporte de

1. Texte inédit en français, traduit de l'arabe par Mahmoud El Hajj. Il a paru en arabe et en anglais le 28 novembre 2017 sur le site Al-Jumhuriya sous deux titres légèrement différents : https://tinyurl.com/2zbk6yam.

la nourriture, n'importe quelle nourriture, vous mangez ; s'il ne le fait pas, la faim vous rongera, peut-être jusqu'à la mort. Il se peut que la nourriture vous parvienne mais pas le médicament, ou qu'un médicament vous parvienne mais qu'il soit inutile pour votre maladie, ou bien périmé. Vous ne savez pas quand vous serez relâché ou quand les conditions de votre emprisonnement deviendront moins dures. Vous ne savez pas ce que vous pouvez faire, ou arrêter de faire, pour changer votre situation.

Vous vous trouvez à utiliser des instruments dont vous n'aviez jamais imaginé l'existence, et encore moins le fait que vous auriez à les utiliser un jour. Vous entrez dans un monde extraordinaire d'inventions et d'alternatives : des réseaux alternatifs d'électricité et d'eau, un hôpital alternatif, une médecine alternative, des transports alternatifs, de l'essence alternative, de l'énergie alternative, de la nourriture alternative, une terre agricole alternative, un domicile alternatif, une famille alternative, un morceau de pain alternatif…

En siège comme en prison, le vocabulaire se rétrécit et se réduit à un petit nombre de mots et d'expressions qui sont, pour la plupart, localement inventés, tandis que des termes existants sont fréquemment employés mais dans de nouveaux sens.

Les assiégés rêvent de la réouverture de la route, les détenus rêvent de voir les prisons se vider ou une amnistie être déclarée.

Les assiégés vivent dans la terreur du bombardement, tandis que la terreur des détenus est d'être appelés pour interrogatoire.

« Blessé », sous le siège = « revenu de l'interrogatoire », en prison.

« Enlevé » = « était dans notre cellule mais nous n'avons pas idée de son sort ».

Le son de la frappe aérienne = l'entrechoc du loquet en fer et de la porte de la cellule.

Cessez-le-feu = promenade.

Imaginez la suite des correspondances…

Le vocabulaire du siège : bois de chauffage, pompe à eau, générateurs, 12 volts, éclats d'obus, Al-Manfoush[1], tunnel, frappe aérienne, martyr, *wannané* [avion de surveillance], agent de la sécurité, aide humanitaire, sous les décombres…

Le vocabulaire de la prison : *sefra* [nappe, posée à même le sol, sur laquelle on sert le repas], isolement, *teflayé* [inspection des cheveux à la recherche de poux], crise de nerfs, insubordination, *Abou Haydar* [nom par lequel les détenus désignent tout geôlier], bol, geôlier, *shâwish* [détenu qui communique avec les geôliers au nom des autres détenus], *tasyîf* [obligation, pour les détenus, de dormir sur le côté], *sharrâ'a* [fente située en bas de la porte de la cellule, servant à faire passer les portions de nourriture], *doulâb* [moyen de torture où le bourreau immobilise le détenu dans un pneu de véhicule], interprétation des rêves.

En prison comme dans la Ghouta orientale, il ne vous est pas permis de recevoir des visites. Votre famille et ceux que vous aimez se trouvent à quelques mètres de vous, mais de longues années peuvent passer sans que vous les voyiez ou qu'ils vous voient.

Si vous êtes un étudiant, vos camarades obtiennent leurs diplômes universitaires, voire continuent des études plus poussées encore pendant que vous ruminez votre chagrin et les souvenirs des mois que vous avez passés avec eux dans la cité universitaire, sur les sièges des amphithéâtres, à la bibliothèque ou à la cafétéria de la faculté.

Si vous êtes un employé, vous perdez votre emploi, votre salaire, votre carrière et vos collègues.

Si vous avez un père ou une mère, vous n'assistez pas à leurs funérailles ou à celles de quiconque.

Si vous êtes un père, vos enfants grandissent loin de vous, tout comme vous vieillissez loin d'eux.

1. Mohieddine al-Manfoush est un entrepreneur proche du régime, seul autorisé par ce dernier à vendre certaines denrées alimentaires dans la Ghouta assiégée. (*N.D.T.*)

Vous ne pouvez pas reconnaître vos neveux et nièces, et ils ne peuvent pas vous reconnaître non plus.

Votre fiancée vieillit et flétrit, tout comme vous.

Les villes, les pays et les lieux vous manquent, et vous leur manquez.

La mère résidant à Damas voit davantage son fils expatrié que son fils assiégé/emprisonné à un jet de pierre, dans la Ghouta orientale.

Lorsque vous êtes détenu, la question que l'une de vos connaissances pose pour connaître votre sort ou le lieu où vous vous trouvez représente un risque qui pourrait lui coûter très cher. Et lorsque vous êtes assiégé, l'ami qui vous appelle depuis une zone non assiégée risque sa vie.

Dans les deux cas, chaque détail de votre vie est entièrement subordonné à ce que d'autres décident.

Vous y croupissez, vous y pourrissez. Vos plus grands talents sont compter, rêver, et être torturé.

Que votre situation en prison soit bonne ou mauvaise, vous ne la quittez pas : il est même interdit de changer de cellule. Transférer des détenus d'une prison à une autre est une affaire compliquée et le plus souvent entreprise comme mesure punitive. Comme, par exemple, transférer un détenu de la prison d'Adra à celle de Saidnaya ou à la prison du désert. Ou bien le transférer de la prison centrale de Hama à celle d'al-Baloné, ou le renvoyer à la section de torture d'où il a été précédemment envoyé. Et, par analogie : transférer les assiégés de Qudsayya, de Darayya, de l'est d'Alep, de Homs et d'al-Wa'r à Idlib, ou les renvoyer au « giron de la patrie ».

Aucune des évidences suivantes n'est évidente en prison ou en état de siège : la nourriture, la boisson, le café, aller aux toilettes, se laver, dormir, la lumière, les couleurs, l'air, le sein maternel.

Des maladies et des épidémies, que la médecine pensait à jamais disparues, font leur retour. Des affections habituellement non fatales, ou du moins facilement traitables selon les médecins, peuvent tuer des assiégés et des détenus. Comme, par exemple, les myiases, la gangrène ou la poliomyélite dans la Ghouta orientale ; la gale à Saidnaya ; la diarrhée dans la prison du service de renseignements de l'armée de l'air. Ou une simple blessure infligée à un détenu dans l'une des cellules de la branche de la Sécurité de l'État ; la blessure s'aggrave et s'infecte dans un milieu contaminé et peuplé de tas d'humains et de leurs ordures, jusqu'à ce qu'elle devienne fatale.

À l'été 2003, dans la prison de la branche palestinienne, un quinquagénaire souffrant d'un infarctus du myocarde avait besoin d'être emmené en urgence à l'hôpital. Le *shâwish* (le détenu qui communique avec les geôliers au nom des autres détenus) a tapé à la porte de la cellule, et quand le geôlier est arrivé, tout le monde dans la cellule (y compris les malveillants) l'implorait de faire venir un docteur ou au moins de faire passer « un comprimé sublingual » pour leur camarade mourant. « Lorsqu'il sera mort, vous taperez à la porte pour qu'on vienne sortir le cadavre », a-t-il répondu. Et c'est, en effet, ce qui a eu lieu.

À l'automne 2017, dans la Ghouta orientale, les délégations des Nations unies, du Comité international de la Croix-Rouge, de l'Organisation mondiale de la santé, du Croissant-Rouge et d'autres ont enfin examiné la liste d'évacuation d'urgence préparée par les médecins de la Ghouta, après tant d'efforts. La liste comprenait 500 cas de maladies graves nécessitant des soins immédiats impraticables dans la Ghouta. Des membres de ces délégations sont venus examiner personnellement les patients, ils ont exprimé de l'empathie (et de la préoccupation) et ont promis que la situation allait s'améliorer. Puis ils sont remontés dans leurs Land Cruiser et ont laissé la liste d'évacuation d'urgence attendre la mort. Et, en effet, la mort est venue.

Seule la mort a pu briser le siège de Nabil, un jeune homme atteint d'un cancer. Elle a fait de lui la dixième personne libérée de la liste (à ce jour). Oussama, un enfant également inscrit sur la liste d'évacuation, précédait Nabil. Il avait besoin d'une boîte de médicament qui aurait pu être achetée dans n'importe quelle pharmacie en dehors du camp de concentration qu'est la Ghouta orientale. Avant Oussama et Nabil, il y eut Aïcha, un enfant qui a craché sur la liste d'évacuation dite « d'urgence » et sur ce monde misérable en le quittant. Avant eux, et après eux, la seule chose qui réussit à faire lever le siège de la Ghouta est la mort. Ils s'élèvent au-dessus de l'écrasement et du délabrement du monde : ils brisent le siège par la mort.

En 2000, dans la prison du service de renseignements de l'armée de l'air, située dans l'aéroport militaire de Mazzé, le geôlier a crié au *shâwish* : « Vous êtes combien ? » Le *shâwish* a répondu : « 28 », alors il lui a jeté, dans le bol de nourriture, une seule cuillère de halva.

En 2017, après une longue attente, un « grand » convoi humanitaire de l'ONU est arrivé dans la Ghouta orientale. La nourriture qu'il contenait ne suffisait même pas à servir un seul plat à chacun du demi-million d'assiégés. On ne sait si le convoi était accompagné d'un vœu d'imprécation, comme « Que vous vous étouffiez avec ! », phrase prononcée par le geôlier de la prison de l'aéroport militaire de Mazzé en giflant le visage abasourdi du *shâwish,* qui trouvait qu'une cuillère de halva n'était rien pour 28 détenus affamés.

Les détenus deviennent suspicieux lorsqu'ils remarquent une quelconque amélioration dans le comportement des geôliers avec eux : par exemple, une réduction de la torture, une amélioration de la nourriture ou une promesse de libération. Ils ont appris que de tels changements sont de mauvais présages ; ils peuvent être suivis de « fêtes d'exécution » ou d'un certain durcissement.

Quant à eux, les assiégés se sont habitués à ce que les « percées », comme la réouverture de la route ou l'arrivée de l'aide humanitaire, soient accompagnées d'une escalade de massacres et de brutalités. L'arrivée d'un convoi humanitaire de l'ONU est quasiment toujours précédée et suivie de violents bombardements. Et plus d'une fois, les bombardements s'abattaient sur la Ghouta pendant que le convoi était sur place.

Il ne s'agit pas ici de cas isolés. Ces agissements peuvent contenir une réponse aux longues analyses de ceux qui cherchent à identifier les causes de l'extrémisme et de la montée de la pensée nihiliste dans ce monde écrasant et écrasé.

La prison et l'état de siège font apparaître le plus noble et le plus sordide dans la nature humaine, chez vous comme chez ceux qui vous entourent. Vous êtes témoin de manifestations d'amour, de grandeur d'âme, d'altruisme et de résistance, mais aussi de haine, de bassesse, d'égoïsme et de servilité. Vous vous perdez dans des considérations existentielles sur le sens de réprimander des personnes affamées, nues ou prisonnières qui cherchent à assouvir des besoins humains instinctifs.

En prison, vous êtes atteint en permanence : vous souffrez des coups de fouet lorsque c'est votre tour dans « la fête de torture », et vous souffrez lorsque vous comptez les coups déchiquetant le corps de votre camarade. En état de siège, la faim vous ronge, vous mord, et même si vous mangez vous n'êtes pas content, tant que le fouet de la faim en lacère d'autres autour de vous.

Votre productivité dépend de votre certitude ou non de l'immuabilité de la situation, c'est-à-dire de ce que les détenus appellent l'*istihbâs*, à savoir la capacité à vivre l'emprisonnement comme une réalité permanente, inchangeable. Penser à la réouverture imminente de la route et à des « percées » de ce genre ne fait qu'accroître votre souffrance, vous empêchant ainsi de vous acclimater.

Vous êtes étonné de votre capacité ou de la capacité de vos camarades détenus/assiégés à continuer, à continuer quoi que ce soit ; à continuer même à se mouvoir, à respirer et assurer le reste des fonctions vitales.

Vos aspirations et rêves se trouvent limités. Le plus grand souhait d'un détenu dans l'une des sections de torture est de dormir sur le dos ou de s'allonger en étirant son corps. Dans l'une des prisons, un jeune homme confiait son souhait à l'un de ses camarades : monter dans le microbus de la ligne allant de Mazzé à Jabal-Karâjât et y rester du départ au terminus. Dans l'une des villes de la Ghouta orientale, une jeune fille avait envie de prendre une tasse de café dans le quartier de Sarouja.

S'il vous arrive de sortir de cette prison/de ce siège, vous allez tout de même en garder de profondes cicatrices dans votre corps et dans votre âme. Vous êtes supposé avoir compris la juste valeur du confort, de l'abondance et, le plus important, de la liberté. Néanmoins, la mauvaise nouvelle est que vous ne la vivrez pas, cette liberté, lorsque vous l'aurez obtenue. Il est vrai que, si vous survivez, vous pouvez porter vos cicatrices comme des médailles et en faire une source d'énergie, mais la culpabilité du survivant vous empêchera de continuer à vivre comme les autres.

Il y a, dans la prison/le siège, des gens dont la mission fondamentale consiste à exacerber votre souffrance et celle de vos homologues malchanceux. Il se peut que ce soit le geôlier qui les commissionne pour exécuter cette tâche, comme il se peut qu'ils le fassent pour intimider et harceler les autres détenus. Le geôlier est certainement content s'ils le délivrent de la tâche de vous torturer et de vous emprisonner une seconde fois dans votre prison.

Mohammed Badra, *Douma, 7 janvier 2015*. La source indique que le 7 janvier 2015 était le premier jour depuis le début de la révolution sans victimes en Syrie. Ce sont les tempêtes qui avaient arrêté le massacre. Source : Mémoire créative de la révolution syrienne. © Reuters/Mohammed Badra.

La révolution et la guerre à Homs

Claire A. Poinsignon

Homs, troisième ville de Syrie – après Damas et Alep – comptait environ 1 million d'habitants avant la guerre. Elle a rejoint très vite le mouvement de révolte, ce qui lui a valu le surnom de capitale de la révolution. Plusieurs journalistes étrangers dont Jonathan Littell, accompagné du photographe Mani, Édith Bouvier et Jean-Pierre Perrin ont rendu compte des combats que l'armée du régime a livrés aux activistes pacifistes et aux rebelles armés dans les différents quartiers de la ville, et certains d'entre eux y ont laissé leur vie : Gilles Jacquier, Marie Colvin, Rémi Ochlik. Le jeune cinéaste syrien, Bassel Shehadeh, revenu de l'université de Syracuse aux États-Unis pour former les activistes de Homs aux métiers de l'image et du son et défendre le caractère pacifiste de la contestation, y a été tué le 28 mai 2012 par les forces du régime. Les habitants de Homs, outre la destruction de quartiers entiers, ont subi un siège de six cents jours, levé en 2014 avec les premières évacuations de civils vers la région d'Idlib au nord de la Syrie, près de la frontière turque.

Homs est également très présente dans le film documentaire *Eau argentée, Syrie autoportrait*, né de la rencontre à distance d'Ossama Mohammed, originaire de Lattaquié, exilé à Paris depuis mai 2011, avec Wiam Simav Bedirxan, une jeune Syrienne kurde, prise dans les rets du siège de Homs. Le jour de Noël 2011, elle demande au cinéaste via Facebook : « Si vous étiez à Homs, que filmeriez-vous ? » Enhardie par ses conseils, elle filme pendant onze mois le quotidien de la ville assiégée et lui envoie les rushes. Ils se rencontrent pour la première fois au moment de la présentation du film, au Festival de Cannes 2014, dans le cadre des séances spéciales, où le film est ovationné. Sous nos yeux, Simav ramène à la vie, avec une infinie douceur, Omar, petit garçon qui vient de perdre son père. En proie au chagrin, il avait blasphémé, ce qui le mettait en danger dans cette société empreinte de religiosité. Et maintenant, tout en évitant les tireurs postés sur les toits, il apporte des fleurs et des tomates à son père sur sa tombe et dialogue avec lui : « mon petit papa, mon cœur », réconcilié avec lui-même. Les images de Simav suivant Omar font de ce documentaire tourné dans les ruines de Homs un film de cinéma à la portée universelle.

Dans la mémoire syrienne, le nom de Homs reste attaché aux rigueurs du siège et à plusieurs massacres d'envergure (Houla, au nord de Homs[1], et quartier de Khâldiyyé[2]). Enfin, sur un plan militaire, c'est aussi dans la région de Homs qu'a lieu

1. Voir p. 427.
2. Voir p. 431.

le « basculement le plus lourd de conséquences », selon Michel Duclos[1], ancien ambassadeur de France à Damas de 2006 à 2009. La bataille pour le contrôle de la ville d'Al-Qusayr, qui a fait rage de février à avril 2012 entre les insurgés de l'Armée syrienne libre (ASL) et l'armée loyaliste, soutenue par le Hezbollah, reprend en mai 2013. Située sur la route stratégique qui relie Homs au Liban, la perte d'Al-Qusayr prive les rebelles d'un poumon vital pour l'acheminement d'armes et de biens de première nécessité.

Homs est aujourd'hui livrée aux menées de reconstruction au bénéfice des affidés du régime[2].

Abdel-Basset al-Sarout

Pour les Syriens, la figure la plus emblématique de la révolte est sans conteste un jeune footballeur de vingt ans, Abdel-Basset al-Sarout, issu d'un quartier populaire de Homs. Al-Sarout exprime les espoirs des manifestations pacifiques des débuts avant de rejoindre la lutte armée. Quantité de vidéos ont circulé de 2011 et 2012, attestant de son engagement révolutionnaire : on l'y voit crier avec la comédienne Fadwa Souleimane : « Un, un, un, le peuple syrien est un[3]. » Cécile Boëx, dans le corpus de 350 vidéos de témoignages sur la révolte qu'elle a constitué, en a conservé une d'Al-Sarout conduisant une manifestation pacifique monstre le 7 décembre 2011 à Khâldiyyé, au cours de laquelle la foule prie pour les martyrs, salue les villes ralliées à la révolte, entonne des chants révolutionnaires et prête serment de fidélité « devant Dieu » à la révolution. L'intrication du vocabulaire religieux et du registre politique n'a rien de surprenant en Syrie, souligne-t-elle : « L'intrusion de la transcendance dans le combat politique est manifeste et assumée[4]. » Quand le cinéaste Talal Derki, en repérage à Homs, rencontre Abdel-Basset al-Sarout, il bâtit autour de lui son documentaire *Return to Homs (*titre français : *Chronique d'une révolte*)[5]. On le voit résister sous les bombardements avec sa brigade et tenter désespérément de briser le siège. Les pertes sont lourdes parmi ses camarades et les siens. Lui-même échappe deux fois à la mort et finit par quitter Homs en 2014.

« Il erre un temps, écrit Ziad Majed, puis on l'entend tenir des déclarations confessionnalistes et on lui attribue des enregistrements à caractère djihadiste. On le voit sur des photos aux côtés de drapeaux noirs et certains disent qu'il aurait même prêté allégeance au calife Abou

1. Michel Duclos, *La Longue Nuit syrienne*, *op. cit.*, p. 112.
2. Voir https://esprit.presse.fr/actualites/comite-syrie-europe-apres-alep/bulletin-d-information-sur-la-syrie-n-2-fevrier-2018-41342.
3. Comme ici le 7 décembre 2011 : https://www.youtube.com/watch?v=nT329nbsVXs&feature=youtu.be. Ou ici le 30 mai 2012, jour de l'enterrement de Bassel Shehadeh (Step News Agency) : https://www.youtube.com/watch?v=-nUMo240aP0&feature=youtu.be. Voir Cécile Boëx, « Se révolter par et avec les images », *in* Cécile Boëx et Agnès Devictor, *Syrie : une nouvelle ère des images*, CNRS éditions, 2021, p. 69-85.
4. Séminaire à l'École des hautes études en sciences sociales (EHESS) en 2013-2014, « Usages de la vidéo par les acteurs des révoltes dans le monde arabe : écritures et récits de l'engagement, du témoignage et de la violence ». Vidéo de 14 min 40 s filmée et mise en ligne par le Centre syrien des médias et de la liberté d'expression (Syrian Media Centre and Freedom of Expression, SMC), https://www.youtube.com/watch?v=BM_vZHmtFA4.
5. Documentaire de Talal Derki, *Return to Homs,* 2013.

Bakr al-Baghdadi, après s'être rapproché brièvement du Front al-Nosra[1]. » En décembre 2014, ces rumeurs sont reprises dans les journaux du monde entier. Dans un premier temps, Al-Sarout laisse dire puis il nie avoir fait allégeance au groupe État islamique (EI) dans une vidéo et une interview accordée à un site arabe[2]. « J'étais frustré par sept mois d'absence de progrès, explique-t-il, mon groupe précédent ayant essayé en vain de briser le siège. » « Lorsque votre brigade sort d'un siège et que les combattants commencent à recevoir des offres de soutien, vous n'avez pas d'autre choix que de travailler avec ce qui se présente. Vous voyez des brigades privées de ravitaillement depuis si longtemps et vous ne constatez aucun progrès politique. Vous avez tout à fait le droit de chercher une solution ailleurs. Quant aux gens de l'EI, ils étaient déjà dans les environs de Homs lorsque j'ai quitté la ville soumise au siège. Lorsque j'ai quitté la ville, il y avait Jabhat al-Nosra, Ahrar [al-Cham] et de nombreux bataillons. À l'époque, ils ne se battaient pas entre eux. » Au printemps 2015, « lors des rassemblements, il y avait des gens appartenant à tous les groupes. Des erreurs ont été commises par certains groupes qui constituaient un anathème à l'encontre de la religion et de la révolution, j'ai donc décidé de me retirer. » […] En mars 2018, il refait surface dans la région d'Idlib. On l'observe alors, constate Ziad Majed, « prendre de nouveau la parole lors de rassemblements brandissant les drapeaux verts de la révolution et de l'armée libre, au nez et à la barbe des partisans des drapeaux noirs ». Pendant l'offensive militaire du régime, au printemps 2019, tombe la nouvelle de sa mort, le 8 juin, à 27 ans. Grièvement blessé dans des combats au nord de Hama opposant sa brigade – dénommée Jaysh al-Izza (armée de la gloire) – aux forces gouvernementales, il est enterré le 10 juin à Idlib. Sur les réseaux sociaux, les Syriens sont en deuil. Les activistes, partagés sur la militarisation de la révolte, admiraient le charisme, le courage, la voix de celui qu'ils avaient surnommé « le rossignol de la révolution ».

1. « Abdel-Basset al-Sarout, chronique d'une révolution trahie », 16 juin 2020 : https://vendredis-arabes.blogspot.com/2020/06/abdelbasset-al-sarout-chronique-dune.html?m=1.

2. Vidéo mise en ligne le 31 août 2015 par Al-Jazira : https://www.youtube.com/watch?v=qSfP12HyOFw. Interview du 8 mai 2016 : https://eaworldview.com/2019/06/syria-feature-hope-tragedy-uprising-interview-abdul-baset-sarout/.

Lettre sur les déplacés de Homs

Joumana Maarouf[1]
Lettre du 1er mai 2012

« Les gens de Homs », ou bien « les déplacés », ou bien « les rescapés », comme préfère dire l'un de mes amis actuellement en prison. La mémoire de ces rescapés déborde d'histoires, et ils les racontent en général en souriant. Certains ont les larmes aux yeux quand ils parlent, mais ils n'en oublient pas pour autant de sourire. Ce n'est pas le cas de leurs enfants. Ils semblent effrayés en permanence, et ils sourient peu aux étrangers. Ils n'ont pas vécu la même chose que certains membres de leur famille, mais le fait d'avoir été privés d'une année entière d'école[2], d'avoir dû abandonner leurs maisons et subir bien d'autres choses, suffit à laisser dans leur mémoire des cicatrices indélébiles.

Manal a dix ans. Elle a fait un voyage éprouvant avec sa mère et ses deux petits frères. Leur jeune mère a fui Khâldiyyé avec eux quand l'armée a encerclé le quartier et arrêté son mari. De nuit, ils sont allés à Al-Wa'r[3]. Ils y ont trouvé des milliers de déplacés qui les avaient précédés. « À Al-Wa'r, les hommes dormaient sur les trottoirs, et les femmes dans les entrées d'immeubles », dit-elle. « Je n'ai pas supporté, et j'ai décidé de rentrer à la maison, même si on devait mourir moi et les enfants. Mais, tu ne vas pas me croire, les maisons étaient détruites, les rues étaient vides. Il n'y avait que des chats et quelques jeunes gens avec des armes légères. Ils m'ont trouvé une maison où passer la nuit, et ils m'ont dit que j'avais eu tort de revenir. » Puis elle ajoute en souriant : « L'électricité était coupée, et de temps à autre on entendait les déflagrations des bombardements. Soudain, Manal s'est levée, elle a pris un foulard et l'a mis sur sa tête. Elle a dit qu'elle voulait prier, et elle s'est mise devant la fenêtre. Puis elle s'est tournée vers moi et m'a dit : "Maman, laisse-moi ta place. J'ai peur qu'une balle entre par la fenêtre." J'ai ri et je lui ai répondu : "Ma chérie, maintenant ce ne sont plus des balles qui arrivent par les fenêtres. Ce sont les chars qui bombardent. Ça veut dire

1. Joumana Maarouf, *Lettres de Syrie*, *op. cit.*, http://syrie.blog.lemonde.fr/2014/05/21/premiere-apparition-publique-de-joumana-maarouf-auteur-des-lettres-de-syrie/. L'extrait reprend la version en ligne. Les annotations sont de Claire A. Poinsignon. Voir la présentation de l'auteure p. 297.

2. Les dangers des voies de communication, les attaques des écoles et les déplacements forcés ont fait chuter le taux de scolarisation en Syrie. D'après le rapport de l'UNICEF (mars 2016), *No Place for Children* (« Pas de place pour les enfants »), 8,4 millions d'enfants – soit plus de 80 % des enfants syriens – étaient affectés par le conflit, à l'intérieur du pays ou en tant que réfugiés dans les pays voisins ; 3,7 millions d'enfants syriens – soit un sur trois – étaient nés depuis 2011 et n'avaient connu que la guerre. Plus de 2,1 millions et 700 000 dans les pays voisins n'avaient plus accès à l'éducation. Depuis, l'impact des destructions d'écoles sur les enfants n'a fait qu'empirer mais il est mieux documenté, comme l'a montré l'exposition organisée en 2018 à Genève par dix ONG syriennes avec le projet « Save Syrian Schools ».

3. Les 70 000 à 100 000 habitants d'Al-Wa'r (ou Al-Waer), dans le gouvernorat de Homs, ont enduré trois ans de siège. En 2016, ils n'avaient plus de pain. Ils ont alors été évacués de force dans le cadre d'un accord dit de « réconciliation ». Cf. le rapport d'Amnesty International sur les déplacements forcés assimilés à des crimes de guerre : https://syriadisplaced.amnesty.org/.

que maintenant, c'est le plafond qui peut nous tomber sur la tête." On n'avait pas fini d'en rire qu'on a entendu une explosion. L'immeuble a tremblé. Manal s'est jetée dans mes bras, et on a regardé le plafond… Mais grâce à Dieu, il n'est pas tombé. C'était le plafond de l'immeuble d'à côté, et il était désert… Grâce à Dieu. » Ainsi conclut-elle son histoire. Puis, comme si elle se remémorait un détail, elle ajoute : « C'est depuis ce jour-là que Manal saigne. Peut-être qu'elle a ses règles… Pourtant, elle est encore petite ! »

Si tu la voyais… Manal est une petite avec des tresses. Elle regarde dans le vide. Elle n'a ni jouet ni nouvelle robe. C'est une petite fille qui a grandi trop tôt, comme la plupart des enfants de Syrie.

La Ghouta insurgée : répression, siège et commerce de guerre[1]

Majd al-Dik

À Douma, le premier appel à manifester, lancé le 25 mars 2011 par des personnalités politiques pour la plupart issues du parti de l'Union socialiste, rencontra un vaste écho positif auprès des habitants, ainsi que de nombreuses personnes venues de la Ghouta et de Damas. Cette manifestation déboucha sur un sit-in réclamant la levée de l'état d'urgence imposé à la Syrie depuis 1963, l'abrogation de l'article 8 de la Constitution, l'instauration du pluralisme politique, le droit de manifester pacifiquement, la divulgation du sort des dizaines de milliers de prisonniers politiques, ainsi que la dissolution des appareils sécuritaires qui, protégés par des textes de loi, jouissent d'une totale impunité pour les crimes qu'ils commettent. Le sit-in ne dura certes pas, mais il redonna espoir aux manifestants, qui appelèrent à manifester de nouveau le vendredi suivant. Entre-temps, le 30 mars, Bachar al-Assad avait tenu le premier discours depuis le début du soulèvement, qui s'est traduit le vendredi par un usage non réfréné de la force et la mise à l'arrêt des services publics, utilisés comme moyen de pression pour endiguer le tsunami révolutionnaire.

Douma connut alors sa première attaque d'envergure de la part des forces de sécurité le vendredi 1er avril. La ville fut encerclée par l'armée et notamment la place de la Grande Mosquée, afin d'empêcher les manifestants du « Vendredi des martyrs » de se rassembler en solidarité avec les victimes de Deraa. Des snipers furent postés sur les toits des bâtiments les plus élevés de la ville, et les premiers coups de feu furent entendus au moment où les fidèles commençaient à sortir de la Grande Mosquée à l'issue de la prière. Le même jour, les services de renseignements opérèrent des descentes coordonnées à l'Hôpital public de Douma et à l'hôpital Al-Nour, où les blessés pris en charge furent arrêtés. Ce fut là le premier des nombreux martyres que connut la Ghouta (8 victimes originaires de Douma, 2 d'Irbîn et 1 de Saqba). Ainsi, la ville connut son premier « siège médical », une stratégie visant à renforcer la pression exercée sur le peuple. L'ensemble des dispensaires médicaux de Damas furent soumis à une surveillance accrue par les appareils sécuritaires, afin d'empêcher toute « fuite » de médicaments et de matériel médical. Dans les temps qui suivirent, ce genre de descente devint routinière, et les cadres médicaux travaillant dans la Ghouta furent affectés d'office à Damas. Par ailleurs, les véhicules du ministère de la Santé et de la Croix-Rouge furent utilisés

1. Ce texte inédit, à la fois témoignage et analyse, a été écrit pour ce *livre noir* par Majd al-Dik, auteur de *À l'est de Damas, au bout du monde. Témoignage d'un révolutionnaire syrien*, *op. cit.*

pour tirer sur les manifestants. C'est à partir de ce moment-là également que les communications furent interrompues dans Douma. D'abord les vendredis et samedis uniquement, puis bientôt tous les jours de la semaine. Ce même jour, à l'autre bout de la Ghouta, une manifestation se déroulait à Zamalka, en soutien aux martyrs de Deraa.

De son côté, la révolution sut rapidement étendre son influence. Une grève spontanée des commerçants s'organisa à Douma suite à la mort des martyrs dont les funérailles mobilisèrent tous les liens sociaux, de sorte que le cortège compta près de 150 000 personnes. Ces funérailles se transformèrent ensuite en une manifestation qui prit de l'ampleur au-delà de Douma. Les funérailles des martyrs d'Irbîn et de Saqba débouchèrent elles aussi sur des manifestations reprenant les revendications de la précédente. Les journées de condoléances à Douma, Irbîn et Saqba devinrent des occasions de rencontres politiques accueillant aussi bien les habitants des trois villes que des délégations venues d'autres régions de la Ghouta, de Damas et du Qalamoun. Il était impressionnant de voir la détermination des habitants de Harasta, par exemple, à se rendre à pied à Douma pour manifester. Des manifestations s'organisèrent à Harasta même, entre autres. Les journées de condoléances virent également défiler un certain nombre d'artistes et d'intellectuels, contribuant à ce même et unique creuset social qui allait poser les fondements de ce qu'on appellerait les *tansîqiyyât* : des groupes d'activistes assumant la mission politique d'organiser et de coordonner les manifestations, d'assurer la confection des pancartes, la formulation des revendications, mais aussi de définir le parcours, le point de départ et d'arrivée des cortèges, en plus d'une mission d'ordre social et solidaire consistant à assister les blessés et les familles de détenus.

Au cours de ce premier mois, sous l'influence du modèle égyptien, la Ghouta tenta d'exporter la révolution à Damas. Aussi, lorsque le cortège qui manifesta de Douma à Harasta lors du « Vendredi de la dignité » ne parvint pas à entrer dans Damas, ce ne fut que partie remise le vendredi d'après, appelé « le Vendredi saint » en référence à celui du même nom chez les chrétiens. La Ghouta se transforma alors en une immense marée humaine, rejointe par les habitants de toutes les communes par lesquelles passait le cortège. Ce dernier fut toutefois stoppé par un énorme barrage sécuritaire aux environs de Zablatani, sur les hauteurs de Damas. Là, les forces de la Sûreté perpétrèrent une véritable tuerie, connue sous le nom de « massacre de Zablatani ». Elles perpétrèrent une autre tuerie à l'autre bout de la Ghouta, dans le village d'al-Ibada dans le secteur d'Al-Marj, dont les habitants essayaient de rejoindre le cortège populaire qui avançait vers la capitale. C'est cette journée, enfin, qui marqua l'émergence du slogan appelant à la chute du régime, ce qui allait être dorénavant le mot d'ordre principal de toutes les manifestations.

Après ce vendredi-là, ce qui devint plus dangereux encore fut l'intervention de l'armée aux côtés des forces de la Sécurité et la mobilisation progressive de régiments connus pour leur allégeance absolue au régime, ce qui annonçait que l'armée, sous l'emprise des appareils de sécurité, se préparait à attaquer, avec toutes ses forces et de manière frontale, les manifestations pacifiques. Il s'agissait alors d'empêcher tout rassemblement semblable à celui du « Vendredi saint », ainsi que tout parti pris, au sein de l'armée, en faveur du peuple.

La Garde républicaine et la Sûreté d'État menèrent contre Douma de très fortes représailles dues au rôle central de la ville dans la contestation. Il fut interdit de circuler dans Douma pendant près d'une semaine, où eurent lieu de très nombreuses arrestations ainsi que l'assassinat de deux frères. L'armée fut déployée dans toutes les villes et tous les villages de la Ghouta à travers un système de barrages et de *checkpoints*, répartis dans l'espace afin qu'aucune rébellion ne puisse s'organiser – ou alors de façon totalement isolée. Ces barrages furent installés à toutes les entrées et sorties de communes, mais également au sein même des villes, afin de cloisonner chaque zone en de petits périmètres carrés. Il apparut clairement que ce système avait été développé par le régime selon des techniques d'ingénierie sociale, afin que les barrages de l'armée soient « augmentés » d'officiers de la Sûreté qui surveillaient les agissements des soldats, en plus d'ordonner les arrestations et les exécutions. Les barrages de l'armée furent flanqués de snipers, qui avaient dans leur visière les passants. Dans la Ghouta, la mission sécuritaire ne fut pas livrée à un seul et même département de la Sûreté, mais répartie en fonction de la division géographique en sections qui prévalait avant la révolution. Ainsi Douma était-elle du ressort de la Sûreté d'État et de la Sûreté militaire, tandis que le reste de la Ghouta relevait des prérogatives des Renseignements aériens. Au cours de la même période, une autre catégorie dotée de prérogatives illimitées sur tout un chacun, et donc plus dangereuse encore, fit son apparition sous le nom de *chabbîha*.

Il s'agissait d'attaquer la cohésion sociale dans la Ghouta au moyen de « comités populaires » : des milices fondées à Jaramana par Hussein Chouaïb, un ancien prisonnier relaxé lors de l'amnistie n° 34 (7 mars 2011), qui offrait la grâce à des criminels de droit commun. Aussitôt libéré, Chouaïb se vit octroyer des locaux sur la place al-Suyuf de Jaramana, où il se mit à recevoir les candidats désireux de prendre les armes pour soutenir le régime en rejoignant ses « comités populaires locaux ». Peu après, ces comités furent appelés à participer aux attaques armées qui se multipliaient contre les habitants de la Ghouta orientale. Cette amnistie fut suivie du décret n° 61 (31 mai 2011) qui prévoyait « l'amnistie de tous les détenus pour délits et infractions, la réduction de moitié des peines pour crimes, ainsi que la libération d'une partie des détenus à antécédents politiques, dont des adeptes du salafisme prédicatif ».

Quant au nord de la Ghouta, la situation s'inscrit dans le prolongement de la politique d'expropriation foncière menée dans les années 1980 sur les flancs montagneux surplombant Damas et sa *ghouta*, son « verger ». Là, furent construites des cités et des casernes militaires où furent logés et affectés des officiers de la Sûreté et de l'armée. Ce lieu devint un véritable observatoire militaire, surveillant d'en haut la capitale et la plaine de la Ghouta. Parallèlement, le régime se mit à réquisitionner ses fonctionnaires au service des appareils de sécurité, notamment les employés municipaux, pour qu'ils livrent les noms des manifestants et des activistes. C'est ainsi que se dessinèrent les premières lignes du siège de la Ghouta orientale.

Dans une démonstration de solidarité unique en son genre, la Ghouta s'engagea progressivement dans une longue bataille, de façon tantôt offensive tantôt défensive, contre le siège médical qui lui était imposé. Dans ce combat, quelques rares hôpitaux privés ont joué un rôle précieux. L'exemple le plus édifiant est celui de l'hôpital Hamdan qui a sauvé les blessés en les évacuant rapidement par une porte arrière secrète vers ce qui serait connu plus tard sous le nom de « dispensaires clandestins ». Dans leurs maisons, des femmes d'un certain âge ont fondé de véritables cliniques, tout en organisant des patrouilles clandestines de soins ambulanciers, et en distribuant des brochures et des CD d'information lors des manifestations et dans les foyers. Le téléphone portable représentait une alternative à l'appareil photo qui était systématiquement contrôlé aux barrages. Prendre des photos depuis sa fenêtre était alors devenu un phénomène massif pour contrebalancer le parti pris de la télévision syrienne favorable aux forces de sécurité et de l'armée, et à leurs assauts contre la population protestataire. Les murs se couvrirent bientôt de slogans politiques appelant à la chute du régime. On vit apparaître des pancartes à l'entrée des rues exposées aux snipers, pour mettre en garde les passants. Des campagnes de nettoyage des rues s'organisèrent, suite à la suspension précoce des services municipaux dans la Ghouta.

Les manifestations prirent de plus en plus d'ampleur dans la Ghouta, où les grandes villes accueillirent les délégations venues des petits villages. En plus des vendredis, les manifestants se saisirent d'autres occasions pour faire grandir la révolution à l'intérieur. Après l'échec d'un sit-in dans Damas, un autre s'organisa à Zamalka, située aux portes de Damas. Mais la répression qui s'ensuivit fut d'une telle violence que le sit-in se dispersa. Le mouvement protestataire étudiant se mit alors à lancer des manifestations quotidiennes au départ des écoles, que l'on appela les « manifestations diurnes », en parallèle des « manifestations nocturnes » qui se mettaient également en place à un rythme quotidien. Ces dernières prirent une grande envergure au cours du mois de ramadan, après la prière d'*al-tarâwîh*. C'est alors que les chants furent introduits dans les manifestations pour célébrer les régions révoltées. Face à la chape de répression qui s'abattait sur les protestataires, apparut le phénomène des « manifestations éclairs », rapides dans leur organisation et leur mouvement. Par ailleurs, les funérailles des martyrs, dont le nombre ne cessait d'augmenter avec les tueries quotidiennes, rencontrèrent de plus en plus d'écho et pouvaient rassembler près de cinq fois plus de personnes que lors des manifestations, mêlant ainsi les deux dimensions, sociale et politique. Les funérailles représentaient en effet, pour toute une partie de la société qui travaillait encore à l'époque à Damas, l'occasion de participer à la révolution de manière moins exposée. De même qu'au sein des manifestations, un système de guet des mouvements des forces de sécurité et de mise en garde fut mis en place par les manifestants. Il arriva par exemple que des clous soient jetés sur la route pour entraver les déplacements des bus de la Sûreté.

Dans la Ghouta, les femmes jouèrent un rôle pionnier par leur participation directe aux manifestations, ou par l'aide indirecte qu'elles apportaient aux manifestants. Ainsi, on se disait en fin de manifestation qu'il allait « pleuvoir des oignons et du vinaigre », en référence au « kit du manifestant » que préparaient les femmes et qu'elles lançaient depuis leurs fenêtres quand gaz et balles s'abattaient sur les protestataires. Elles jouissaient d'une plus grande marge de manœuvre que les hommes dans leurs déplacements, ce qui leur permettait de convoyer les vidéos prises dans la Ghouta jusqu'à Damas, et d'acheter aux révolutionnaires de la capitale du matériel médical qu'elles rapportaient, sous le manteau, dans la Ghouta. Ce sont également les femmes qui se chargeaient d'informer en temps réel les manifestants de l'avancée des forces armées du régime. Elles organisèrent par ailleurs un sit-in en dépit de l'immense péril que cela représentait, pour demander la libération des détenus politiques, parmi lesquels les habitants de Douma étaient particulièrement nombreux en raison de l'ancienneté des mouvements d'opposition dans la ville.

Le mouvement révolutionnaire fut soutenu par de généreux dons financiers provenant de personnes aisées soucieuses d'aider les familles des détenus et des martyrs, et qui permettaient également d'acheter les produits médicaux. On vit se mettre en place des mécanismes de solidarité envers les familles des victimes, par le biais par exemple de mariages proposés aux veuves de martyrs.

Il y eut une troisième tentative de marche depuis la Ghouta jusqu'à Damas, après que les forces de sécurité eurent assiégé les fidèles dans la mosquée Al-Rifa'i de Damas, au cours du mois de ramadan 2011. La Ghouta perdit ce jour-là plusieurs hommes, sans que la tentative de pénétrer dans la capitale puisse aboutir.

Puis le mouvement révolutionnaire se développa à mesure que le régime recourait de plus en plus systématiquement au meurtre, au moyen d'armes de plus en plus létales, passant des kalachnikovs aux bombes à clous et des mitrailleuses aux lance-roquettes RPG. L'armée connut alors des défections, du fait uniquement d'initiatives individuelles. Ces déserteurs, pour qui il était impossible de retourner à la vie civile, trouvèrent un sens à protéger les manifestants avec un certain nombre de civils volontaires, en affrontant l'armée et les forces de sécurité avec leurs armes personnelles, afin d'alléger le nombre d'arrestations et faciliter la fuite des manifestants. C'est ainsi qu'une dimension armée apparut dans les manifestations pacifiques. Mais il est important ici de rappeler qu'il fallut attendre 800 martyrs tués en manifestant ou dans la rue sous les tirs de snipers, et la perte de confiance dans l'armée syrienne, avant que s'organise une défense armée.

Dans les temps qui suivirent, le recours au meurtre ne fit qu'augmenter, ainsi que la dangerosité des armes employées. Les tirs de mortiers apparurent, suivis des chars d'assaut et des mitrailleuses lourdes. Les exécutions sommaires aux barrages devinrent monnaie courante, tant et si bien que la mission de ce qui était en train de devenir l'Armée libre passa de la protection des manifestations aux attaques nocturnes des barrages. Ces dernières étaient systématiquement suivies par des vagues d'arrestations arbitraires, de jeunes hommes tout particulièrement.

Au cours du second semestre 2012, les hélicoptères puis les avions de guerre entrèrent en scène pour venir en renfort des interventions de l'armée du régime et des forces de sécurité, perpétrant des massacres de familles entières de la Ghouta, et renforçant la pression sur les combattants, qui comptaient alors quelques centaines d'hommes organisés en groupes divers. Ces derniers furent contraints de se rabattre du côté des fermes d'« al-'Oub », au cœur de la Ghouta. L'attirail des barrages de l'armée du régime fut alors renforcé. Au mois d'octobre, les membres d'un de ces barrages commirent un massacre dans Douma en tuant tous les habitants d'un immeuble. Ce genre d'atrocités provoqua une large insurrection populaire aspirant à libérer la Ghouta au moyen d'une guérilla qui parvint, en quelques mois, à débarrasser la Ghouta des barrages intérieurs.

Le jour où la Ghouta fut libérée de la présence armée et administrative du régime, l'organisation du Croissant-Rouge prit la décision de dissoudre l'antenne de Douma et de rappeler ses employés au prétexte de la situation sécuritaire, qui n'était pourtant pas meilleure auparavant. Cela démontra l'emprise des services de renseignements sur cette organisation, qui était notamment présidée par Abd al-Rahman al-Attar, l'un des grands hommes d'affaires proches du régime, et supervisée par le ministre d'État aux Affaires du Croissant-Rouge.

Le régime tenta également de retourner l'équation à son profit en transformant la guérilla contre ses barrages en une guerre des armées, en recourant à des bombardements systématiques destinés à mettre à genoux la population de la Ghouta. Simultanément, l'électricité, l'eau et les télécommunications furent totalement coupées, pour parachever la politique du siège intégral des services. Le régime renforça également sa présence militaire dans le camp d'al-Wâfidîn[1] qui constituait une brèche par laquelle transitaient les denrées médicales, médiatiques et alimentaires. Il exploita le désœuvrement des jeunes du camp pour les enrôler, sur une base volontaire, dans ses comités populaires et les jeter au milieu du champ de bataille, entre les combattants de la Ghouta et les soldats aux barrages. C'est à partir de cette date que la Ghouta orientale entra dans une nouvelle phase du siège.

Huit cent cinquante mille personnes se retrouvèrent esseulées, enfermées dans une Ghouta totalement privée d'infrastructures et de services publics, et inaccessible aux ONG internationales dont les bureaux se trouvaient pourtant juste à côté, à Damas. Ces dernières et leurs principaux donateurs ont échoué à appliquer les principes humanitaires fondamentaux d'aide aux populations sinistrées. Cet échec est dû à un ensemble de facteurs qui ont permis au régime de contrôler ces ONG et de faire main basse sur les financements humanitaires. Grâce à ceux-ci, il a comblé les vides budgétaires causés par les sanctions économiques internationales et la faillite de l'État. En exploitant ces fonds d'aide humanitaire à grande échelle, le régime a soutenu sa politique militaire fondée sur le bain de sang et l'achat d'allégeances en échange de l'accès aux ressources.

Le premier de ces facteurs est d'ordre juridique. Il renvoie au véritable vide législatif qui existe en Syrie. Depuis que la communauté internationale a condamné le régime syrien, elle s'est contentée d'imposer des sanctions économiques à quelques individus isolés, tout en maintenant le régime Assad au pouvoir, lui reconnaissant la prérogative de délivrer permis et autorisations aux ONG et visas aux employés étrangers travaillant dans ces ONG, dès lors que le régime syrien considérait qu'elles ne posaient pas problème. En revanche, il ne renouvela pas le visa de nombreux employés qui s'indignèrent face aux événements. Quant aux employés syriens de ces ONG internationales, ils furent et sont obligés de rester cantonnés à Damas, soumis à un sévère contrôle policier qui leur interdit de parler de ce qui se passe. Par ailleurs, les agences de l'ONU à Damas ont été infiltrées par des employés pro-régime qui en ont phagocyté l'action et muselé les déclarations. Face à cela et aux menaces de retrait de leurs visas, ces agences onusiennes se sont retrouvées contraintes de céder au régime, voire parfois de faire preuve d'une véritable complaisance à son égard.

Le second facteur renvoie à l'architecture policière complexe de la Syrie : le régime a la mainmise sur les grandes organisations nationales comme le Croissant-Rouge arabe syrien ou Syria Trust, présidée par l'épouse de Bachar, Asma al-Assad ; ou encore l'association Boustan présidée par Rami Makhlouf, le cousin maternel du président syrien, qui contrôle par ailleurs l'économie syrienne, ainsi que d'autres associations utilisées comme des portes d'accès aux aides financières et humanitaires internationales qui parviennent par le biais des agences de l'ONU. Ces dernières ont par exemple été forcées de demander la permission des forces sécuritaires syriennes pour convoyer des denrées alimentaires dans les régions échappant au contrôle du régime, et notamment les zones assiégées. Ces demandes ont pour la plupart été rejetées, à l'exception de quelques cas isolés qui subirent alors un autre arbitraire : celui des barrages militaires qui dépouillèrent les convois de

1. Le camp d'al-Wafidîn est composé essentiellement de déplacés du Golan, venus aux faubourgs de Damas, à la suite de la guerre des Six Jours en 1967. Il se situe au nord-est de Douma. Il s'agit d'une zone informelle et pauvre.

toutes leurs denrées médicales. Quant au matériel pour les dialyses et la vaccination des enfants, il fut utilisé comme moyen de chantage pour obtenir des gains politiques en faveur du régime.

En Syrie, l'économie est accaparée par les proches de la famille Assad et les gradés du Renseignement. C'est le cas des entreprises des télécommunications, du commerce international et de l'hôtellerie. La plupart des bureaux des organisations internationales qui travaillent depuis Damas sont logés dans l'hôtel Four Seasons qui appartient à des personnalités extrêmement proches du régime telles que Samer Foz. De même que ces ONG payent leurs factures de téléphone à Syriatel, la propriété de Rami Makhlouf. La banque du sang nationale, elle-même gérée par le ministre de la Défense, a bénéficié d'aides internationales. Par ailleurs, les agences des Nations unies sont obligées de changer leurs devises au taux fixé par la Banque centrale syrienne, qui est beaucoup plus bas que celui pratiqué sur le marché noir.

Dans la Ghouta, une fois qu'il n'y a plus eu de barrages du régime à l'intérieur de la région, ce sont les bombardements quotidiens qui ont pris le relais, avec des roquettes de moyens et gros calibres, lancées depuis les montagnes environnantes. A également été introduit l'usage de l'avion de guerre MiG 23 et de lance-missiles, en parallèle de la politique de saignée humaine et économique qui touchait en moyenne et par jour pas moins de 250 personnes.

Au cours du premier trimestre de 2013, il fut interdit d'introduire des marchandises dans la Ghouta. Les quelques véhicules qui continuaient de pouvoir circuler étaient fouillés de fond en comble afin de s'assurer qu'ils ne possédaient aucune denrée alimentaire (et notamment du pain). Un seul sachet de pain par véhicule était autorisé. Le carburant faisait également l'objet d'un contrôle strict : seuls quelques litres – juste de quoi entrer et sortir de la Ghouta – étaient autorisés. Il commença à apparaître clairement que les barrages militaires encerclant la Ghouta assuraient, en plus de leurs missions militaires, des tâches de sous-traitance économique organisées autour d'une sorte de direction centrale, alors qu'auparavant ces barrages étaient surtout connus pour les vols et rackets systématiques qu'ils commettaient.

Dans un tel contexte, les habitants de la Ghouta ont déployé d'immenses efforts pour développer les initiatives engagées au début de la révolution. Ce fut une phase de mise en place d'institutions et de services alternatifs. Les *tansîqiyyât*, les comités de coordination, se transformèrent en conseils locaux qui se regroupèrent ensuite au sein d'une Direction des conseils locaux. Les dispensaires clandestins se transformèrent en « Bureaux médicaux » puis en un unique « Bureau médical ». La brigade de Défense civile se transforma en « instance de la Défense civile » puis en « direction de la Défense civile ». L'action de secours à la population se transforma en « Bureaux de secours » puis en un Bureau du secours unifié. Les diverses initiatives pédagogiques se regroupèrent au sein du « centre de l'Éducation et de l'Enseignement », avant de devenir la « direction de l'Éducation ». Les modes de fonctionnement et les objectifs de ces nouvelles structures ont convergé avec les objectifs humanitaires d'organisations internationales en capacité de les financer. Il s'agissait en majorité d'ONG internationales ayant pris conscience de l'impossibilité d'agir depuis Damas, et travaillant donc de l'autre côté des frontières syriennes (en Jordanie, en Turquie et au Liban). Ces ONG trouvèrent dans les initiatives de la société civile de la Ghouta une alternative à leur incapacité d'accéder aux zones assiégées.

Au milieu de l'année 2013, le siège fut intégralement appliqué et la circulation devint totalement interdite. C'est alors que les barrages militaires mirent en place des « taxes » spéciales, sortes de « droit de passage » inique de type mafieux sur tout ce qui entrait dans la Ghouta, y compris les dons financiers venus de l'extérieur. Une véritable économie de l'ombre s'élabora, dans laquelle le régime se nourrissait au détriment de ses victimes, et la Ghouta se nourrissait au détriment d'elle-même si l'on peut dire.

Après avoir assiégé la région, le régime a bombardé la Ghouta à l'arme chimique, dans une zone frontalière de Damas. C'est ainsi que 1 438 personnes ont perdu la vie, dont 67 % de femmes et d'enfants, et plus de 9 000 autres ont été atteintes. Simultanément, se préparait une opération militaire visant à reprendre le contrôle de la rocade sud qui dessert Jobar, Zamalka et Ayn Tarma, les portes de la Ghouta vers Damas. Le message envoyé était clair : entrer dans Damas constituait une ligne rouge à ne pas franchir. Bien malheureusement, la communauté internationale a minimisé la catastrophe et s'est contentée de retirer l'arme chimique des mains du régime, et cette réaction n'a fait qu'en rajouter à l'abandon et à la souffrance morale, en plus de celle suscitée par les morts et le siège.

Sur le plan économique, l'approvisionnement en fourrage indispensable pour nourrir le bétail laitier fut interrompu. Cette interruption se traduisit par l'arrêt soudain de la production laitière et l'afflux de grandes quantités de viande. Les éleveurs furent contraints de commercialiser cette viande agonisante qui représenta la seule denrée alimentaire accessible pour la population de la Ghouta durant des mois, après l'échec de l'opération militaire visant à récupérer le blé stocké dans les silos bordant la Ghouta. Cette opération se solda par près d'un millier de blessés, principalement des civils, qui se ruèrent sous les bombes vers les silos.

Parallèlement à cela, le régime comprit qu'il ne pouvait pas se passer du rôle de « crémerie de Damas » joué historiquement par la Ghouta. Aussi ne tarda-t-il pas à trouver auprès d'Abou Ayman al-Manfoush, un célèbre commerçant de la Ghouta désireux de prospérer en affaires, la personne parfaite pour un échange de bons procédés : Al-Manfoush recevait du fourrage pour son bétail en s'acquittant des taxes iniques aux barrages et, en contrepartie, il exportait ses laitages et ses fromages vers Damas. Cela permit, à travers un processus de centralisation des échanges, à quelques commerçants d'accumuler une petite fortune, après que les autres éleveurs avaient été contraints soit de vendre leur bétail à des prix dérisoires, soit de céder gratuitement leur lait en échange de fourrage pour leurs bêtes. Peu nombreux furent ceux qui purent conserver leur bétail. Cette situation contribua à arracher des mains d'une large tranche de la population le métier d'éleveur, pratiqué historiquement par les habitants de la Ghouta. La majeure partie de la production laitière se retrouva prisonnière de canaux s'écoulant hors de la Ghouta. Le résidu vendu dans la Ghouta était proposé à un prix exorbitant, répercutant le coût du fourrage et l'absence d'électricité nécessaire à la conservation des produits. Aussi, en l'absence de farine, les habitants de la Ghouta se mirent à se nourrir eux-mêmes et exclusivement de fourrage, dont le prix au kilo atteignit vingt-cinq fois celui du blé en vente à Damas. De nombreuses organisations locales tentèrent de préserver une partie de ce qui restait du précieux bétail de la Ghouta[1], en achetant du fourrage à des prix élevés moyennant d'importants efforts financiers.

Par ailleurs, l'activité agricole de la Ghouta (en l'occurrence la plus importante

1. La race bovine de la Ghouta est connue mondialement pour sa qualité et sa grande production en matière de lait, si on la compare à sa consommation de fourrage.

de la région), ses centres de commercialisation agricole et ses usines agroalimentaires furent également bouleversés par plusieurs facteurs. À commencer par la coupure pérenne de l'eau et de l'électricité, ainsi que l'inflation des prix du carburant acheminé clandestinement et en petite quantité, tant et si bien qu'il parvient à la Ghouta vingt à soixante-dix fois plus cher qu'à Damas. L'agriculture a également pâti de la concentration des opérations militaires du régime contre les zones agricoles de la Ghouta, pour des raisons économiques consistant à priver la région de toute denrée alimentaire ; mais également pour des raisons militaires visant à détourner les regards de Damas et à embarquer l'Armée libre dans une guerre des armées, ouverte et inéquitable, qui permettrait de stopper l'extension militaire de la révolution au niveau du désert jouxtant la Ghouta. Cela, sans parler des bombardements réguliers sur les terres agricoles au moment des récoltes, ou encore du détournement du blé ou de l'orge pour le vendre dix fois plus cher hors de la Ghouta, ce qui eut pour conséquence de briser de nombreux paysans, pour qui il devint impossible de cultiver leurs terres. Tout cela paralysa l'activité agricole dans la Ghouta et s'accompagna d'une inversion des rôles : le commerçant capable d'acheter du carburant devint le propriétaire de l'activité agricole, et le paysan se vit réduit à ne percevoir qu'une partie de la récolte quand cette dernière n'était pas tout bonnement perdue. Le monde agricole a été d'autant plus transformé quand les factions armées rebelles, rejointes par de plus en plus de recrues, se sont réfugiées sur les terres agricoles, réservant en priorité les récoltes à leurs combattants. Certains acteurs des organisations locales sont parvenus à récolter des fonds pour l'agriculture, mais la plupart sont partis dans l'achat de carburant.

La crise de l'agriculture a également affecté les arbres massifs de la Ghouta[1], qui ont cessé d'être destinés aux ateliers d'artisanat traditionnel et sont devenus, à partir de 2013, des combustibles pour le chauffage et la cuisine de tous les habitants assiégés. Ainsi, la Ghouta commença-t-elle à perdre la majeure partie de ses espaces verts, en plus de la perte d'une grande partie des fermes de Douma, Harasta, du secteur d'Al-Marj et du sud de la Ghouta qui se retrouvèrent sur les lignes de tir.

En outre, la population a été forcée de consommer des produits de mauvaise qualité, voire toxiques, par exemple des barils contenant de l'essence de sucre dérivée du pétrole. La seule friandise de bonne qualité était le *Qamar al-Din*, la pâte d'abricot locale que les habitants de la Ghouta ont utilisée durant des mois pour se nourrir jusqu'à ce que les stocks présents dans la Ghouta orientale soient totalement épuisés. En l'absence de poudre de lait, les parents en étaient réduits à faire boire à leurs nouveau-nés des liquides de substitution tels que l'eau de riz.

Au cours du premier semestre 2014, un commerçant, dénommé Abou Salim Haroun, propriétaire d'un « centre de transfert d'argent », s'est fait connaître pour avoir su négocier auprès de l'un des barrages l'introduction de plusieurs véhicules transportant de l'orge dans la Ghouta, ce qui suffisait pour nourrir la population pendant une journée. C'était alors le début de la politique des taxes iniques sur les denrées alimentaires acheminées vers la Ghouta, qui les rendaient trente fois plus chères que leur prix d'origine. Abou Salim Haroun procéda à cet acheminement pendant quelques mois, à hauteur d'une ou deux fois par mois, ce qui créa des divisions dans la population de la Ghouta entre ceux qui ne pouvaient pas acheter de fourrage et devaient se contenter

1. La Ghouta est connue pour ses vergers et ses arbres fruitiers, notamment les abricotiers. L'artisanat alimentaire célèbre à la Ghouta est la pâte d'abricot (*Qamar al-Din*).

de simples herbes pour se nourrir, ceux qui pouvaient se procurer du fourrage ou des dattes contaminées destinées à l'origine aux chevaux, et ceux enfin qui pouvaient s'offrir de l'orge.

De manière générale, plusieurs facteurs ont contribué au développement d'une véritable économie de guerre : d'abord, les besoins croissants des habitants face à cette pénurie et à l'accroissement des violences, et l'envoi parallèle de fonds humanitaires pour les zones assiégées. Cela a conduit à l'élaboration par le régime d'une stratégie pour prendre le contrôle de cette aide. Cette stratégie reposait sur l'imposition, par les barrages militaires, de taxes élevées sur les entrées de fourrage et d'orge et de quelques marchandises, allant jusqu'à multiplier les prix par vingt dans la zone de siège. Les quelques commerces locaux ont joué un rôle non négligeable dans cette stratégie, en s'acquittant de ces taxes afin de conserver leur emploi, servant ainsi de plate-forme entre l'extérieur et l'intérieur.

Des tunnels avaient été créés pour relier l'Ouest – Barzé, Qaboun, Hayy Tishrîn (Tichrine), Harasta Ouest – et l'Est révolutionnaire de la Ghouta, auparavant séparés par une autoroute allant de Homs à Damas. Du fait, en partie, de leur situation géographique, plusieurs villes à l'ouest de l'autoroute étaient encerclées par des bases militaires, ce qui a amené les groupes révolutionnaires à accepter un cessez-le-feu. À partir de ce moment, les tunnels ont été une voie privilégiée pour faire circuler les fonds, les marchandises et les gens entre l'Est et l'Ouest. Chaque tunnel était sous la supervision d'un responsable, le plus souvent un membre de l'Armée libre, qui l'utilisait non seulement pour approvisionner son groupe de soldats en vivres, mais aussi plus largement pour faire passer des marchandises des commerces jusqu'aux habitants, ou encore convoyer des blessés et des civils de la Ghouta à l'Ouest. Ce système monopolistique était néanmoins critiqué par la population pour son manque de transparence au niveau des prix et de sa gestion.

En outre, l'acheminement de l'aide en dollars impliquait une opération de change, dont ont opportunément décidé de se charger quelques entreprises créées pour l'occasion. Ces dernières firent prospérer leurs affaires en faisant passer dans la Ghouta assiégée l'argent envoyé par les organisations internationales et par les familles, par le biais des quelques commerçants autorisés à acheminer des marchandises à l'intérieur du siège. Tout un système de transactions virtuelles s'est développé entre les flux en provenance et en direction de la Ghouta, qui permettait d'équilibrer les comptes de ces commerces. Ce système a bénéficié à la fois aux quelques commerces désirant des fonds pour payer les marchandises et les taxes d'acheminement, et aux organisations désirant envoyer des fonds depuis l'extérieur. En parallèle il opérait en outre par d'autres voies, comme le transfert de personnes. Au cours de ce processus, tous ces intermédiaires se faisaient une importante marge de profit sur le taux de change du dollar américain en livre syrienne, tel que pratiqué à Damas. Ainsi, les organisations locales recevaient dans la grande majorité des cas les dons en dollars, après qu'une partie du montant avait été ponctionnée, et elles n'avaient d'autre choix que de les convertir en livres syriennes au taux excessivement bas pratiqué dans la Ghouta, puis d'acheter les produits introduits par ces mêmes marchands de guerre au prix exorbitant du siège.

Ce commerce de guerre se développa progressivement et l'on vit notamment apparaître, aux côtés d'Al-Manfoush, deux autres marchands se relayant pour faire entrer certaines denrées alimentaires en imposant une taxe aux barrages. Cette affaire prospéra tant et si bien que les gradés en charge devinrent propriétaires de véritables entrepôts dans le camp d'al-Wâfidîn, où étaient stockées des denrées alimentaires fournies gratuitement par le Programme alimentaire mondial et revendues dans la Ghouta « au prix fort du siège ».

Grâce à ce mécanisme et à d'autres du même genre, le régime a pu prendre le contrôle de la plupart des financements destinés à la Ghouta. Cette politique a même donné lieu à des opérations militaires, profitant du fait que les bailleurs se préoccupaient essentiellement de répondre à l'urgence et de s'assurer que leurs fonds étaient rapidement dépensés et affectés à l'action. Profitant du souhait croissant des habitants assiégés de s'enfuir de la Ghouta, les barrages se mirent par là-dessus à réclamer une taxe pouvant atteindre les 1 000 dollars à qui voulait passer sans que le fait de la payer garantisse pour autant de ne pas se faire tuer sur-le-champ.

Début 2014, les habitants de la Ghouta commencèrent à contester cette situation, lors de manifestations rassemblant des milliers de personnes, notamment contre la politique d'Al-Manfoush. Mais ces manifestations furent étouffées par une question sans réponse concernant la nature de la solution de rechange au cas où Al-Manfoush cesserait d'exporter les laitages et les fromages, arrêtant ainsi l'approvisionnement en fourrage. D'autant qu'Al-Manfoush était allié à certaines factions armées de la Ghouta, qui dépendaient de son activité marchande pour assurer leur propre subsistance alimentaire, mais aussi pour apaiser la colère populaire au moyen du fourrage et de l'orge qu'il faisait venir de Damas. Concernant les rares convois humanitaires qui entrèrent dans la Ghouta et qui destinaient leur cargaison à certaines zones et pas à d'autres, les habitants insistèrent pour que les denrées soient partagées également entre tous, en incluant les populations déplacées d'autres villages de la Ghouta. Par ailleurs, les manifestations hebdomadaires du vendredi contre le régime se poursuivirent, même avec beaucoup moins de participants, en raison de la difficulté à assurer les besoins vitaux au sein d'un siège aussi féroce.

Concernant les factions armées, elles débutèrent par d'importants combats et de lourds sacrifices pour protéger les manifestations. Aussi, jouissaient-elles au début du soutien et des dons financiers de la population de la Ghouta. Par la suite, des financements « externes » ont commencé à affluer vers une faction ou une autre en fonction de critères politiques, divisant un peu plus les groupes. À cela vinrent s'ajouter les souffrances quotidiennes sous le siège et les facteurs économiques évoqués précédemment, qui ont poussé de plus en plus de jeunes à venir grossir les rangs de ces groupes. Cela apparut de façon évidente après le massacre à l'arme chimique. À partir de là, les factions et brigades révolutionnaires se transformèrent en nouant de grandes alliances, différentes voire opposées politiquement les unes aux autres. D'autre part, les différences se sont creusées entre les diverses factions militaires, parmi lesquelles le mouvement salafiste Da'wiya, les Frères musulmans et les groupes socialistes, du fait de leurs rattachements politiques et des conditions imposées par leurs financeurs. Ces tensions ont culminé lors de trois affrontements militaires internes majeurs, en 2015, 2016 et 2017. Elles se sont intensifiées avec le temps, chaque groupe se focalisant de plus en plus sur son territoire, d'une part pour le protéger face aux tentatives d'intrusion du régime, d'autre part pour y mener à bien un projet politique propre. Cependant, en conséquence, les perspectives de réaliser une prise de contrôle collective et coordonnée de Damas s'amenuisaient.

Les habitants de la Ghouta durent déployer d'immenses efforts de négociation pour faire cesser ces combats. Devant l'échec de ces négociations, d'énormes manifestations eurent lieu, qui se transformèrent en sit-in sous les bombardements du régime et sur la ligne de tir entre les différentes factions. Un véritable bouclier humain s'interposa pour qu'elles cessent leur guerre intestine. À plusieurs reprises depuis 2013 des groupes d'activistes locaux ont proposé des projets pour renforcer la coordination avec les groupes militaires locaux, comme le projet de « Commandement général », incitant à plus de coopération et d'échanges entre les sphères politiques, civiles et militaires dans la Ghouta, afin de les rendre plus responsables. Cependant, cette proposition a été abandonnée faute de consensus.

La résistance au sein du siège se poursuivit à travers la diffusion d'un grand nombre d'idées locales novatrices, comme la mise en place d'ateliers qui surent développer une technique de production de benzine à partir de cuves en plastique, qui fournit pendant un temps du carburant à la Ghouta. Des agriculteurs détenant des générateurs électriques eurent recours au beurre clarifié et aux huiles végétales détenus en stock pour les faire fonctionner. On utilisa à grande échelle le gaz de méthane extrait des excréments bovins pour alimenter les générateurs. On fabriqua des turbines rudimentaires générant de l'électricité à partir de la force éolienne, afin de fournir de l'eau potable. De même, la majorité des habitants de la Ghouta mirent en commun, entre voisins, ce que chacun possédait en tuyaux et ils relièrent ceux-ci les uns aux autres pour former un réseau alternatif d'adduction de l'eau, afin de réduire les dépenses et le gaspillage.

Quelle que soit la bonne volonté des ONG travaillant de l'autre côté de la frontière d'aider les populations prises sous les bombardements et le siège, elles n'ont hélas pas su mettre en place de stratégie permettant de donner à leurs actions une coordination et une complémentarité efficaces. Elles sont demeurées prisonnières des desiderata de leurs bailleurs, qui déterminaient à l'avance ce que devaient être la nature de l'aide, son montant et son lieu d'affectation, et enfermées dans une vision unilatérale de ce que doit être l'aide humanitaire, pas toujours adaptée au contexte. Ce choix limite la marge de manœuvre des organisations locales dans la manière d'utiliser les fonds octroyés, ces derniers devant répondre à l'exigence du bailleur d'en faire profiter le plus grand nombre possible de « bénéficiaires », parfois au détriment de la qualité de l'apport et de sa pertinence en termes de nécessité. De même, le bailleur ne prend pas en compte la complexité des besoins. Par exemple, un fonds dédié à l'enseignement ne peut pas accueillir un enfant blessé qui aurait besoin d'un fauteuil roulant pour se rendre à l'école, parce que le bailleur a décidé que son financement devait couvrir exclusivement les fournitures scolaires. Enfin, le poids très élevé des salaires et autres frais administratifs du personnel de ces ONG internationales réduit d'autant plus les fonds effectivement disponibles pour agir sur le terrain.

En outre, les ONG n'ont pas mené d'analyse suffisante de la situation politique et économique, par crainte de toucher au cœur du problème politique et d'enfreindre le principe de « neutralité ». Par conséquent, la plupart d'entre elles ont concentré leur attention sur l'aspect chiffré de la situation humanitaire : le nombre de déplacés, de blessés, etc. Malgré l'intensité effrayante des bombardements, plusieurs bailleurs ont également eu très peur de contribuer à construire des refuges. Ils ne voulaient pas prendre la responsabilité de regrouper des familles et craignaient que ces abris ne soient pas conformes aux critères internationaux (qu'ils exigeaient de voir appliqués même dans les zones assiégées !).

Les organisations locales ont été décontenancées devant les exigences impossibles à satisfaire requises par les ONG. Comme de présenter des garanties de stabilité sécuritaire durant la période concernée, afin que le financement soit maintenu ; ou encore de fournir des rapports financiers spécifiques pour chaque financement, ce qui est très difficile à honorer au regard des réalités juridiques et économiques que connaît une région assiégée. Or de très nombreuses ONG semblent incapables de comprendre cela, ce qui les conduit à demander de façon insistante l'impossible. Anticiper les prix est chose impossible lorsqu'il s'agit de produits devenus rares, qui font l'objet d'un monopole et dont les prix peuvent donc changer à tout instant. Il est également quasi impossible de se fonder sur un système de factures en l'absence d'une économie régulière et d'un code juridique auquel les commerçants puissent se référer, ou de véritables commerçants respectant un honnête principe de concurrence, et non de personnes devenues des commerçants parce qu'elles avaient l'entregent pour cela.

Le maintien du régime syrien au pouvoir par la communauté internationale a contraint les organisations locales à se domicilier juridiquement dans les pays voisins, et à devoir trouver un équilibre parfois impossible entre la situation juridique du pays de représentation légale et le lieu de l'action subissant une situation sécuritaire et économique déplorable. Par ailleurs, les aides humanitaires provenant des pays frontaliers de la Syrie n'échappèrent pas aux tentatives des pays voisins d'exploiter ces fonds pour soutenir leur propre économie et employer de la main-d'œuvre locale. De même, une grande partie des financements de ces ONG partent en salaires, loyers et assurances santé de leurs employés, réunions et autres frais de représentation. Les mêmes refusent de payer des dédommagements aux personnes qui, à l'intérieur du siège, se font tuer ou blesser dans l'exercice de leur travail pour ces ONG.

Les organisations locales ont dû se débrouiller pour trouver des solutions afin de changer les devises à l'extérieur de la Syrie et présenter des garanties apaisant les craintes des bailleurs concernant le travail dans le pays – allant parfois chez certains jusqu'à demander les papiers d'identité desdits « bénéficiaires » comme condition pour le maintien du financement. Par ailleurs à partir de 2017, date du déplacement forcé des populations et de la reprise par le régime de la zone à l'ouest de l'autoroute, les ONG internationales se sont mises à exercer une grosse pression sur leurs partenaires des organisations locales, laissant craindre de retirer leur soutien si le régime venait à entrer dans la Ghouta.

En dépit du manque de soutien financier et politique, la Ghouta a créé sous les bombes et le siège un système d'administration locale unique et hybride, entre centralisme et non-centralisme. Dans chaque région de la Ghouta, un conseil local gérait l'Enseignement des enfants et la Formation des femmes, l'Infrastructure et les Services de voirie, la Santé et la Défense civile. Ces services rassemblaient tous ceux similaires des villages et villes rattachés à la région. Ainsi, tous les services de l'Enseignement furent regroupés au sein d'un « campus éducatif », les différents bureaux des services dans un seul « bureau des services », et il en fut de même pour les affaires concernant la Santé, la Défense civile ou encore la Formation des femmes. Ces conseils locaux se regroupèrent ensuite en une Direction des conseils locaux, qui forma la « Province libre de Rif Dimashq ». Elle organisa des élections telles que la Syrie n'en avait plus connues depuis le coup d'État du Baath, et qui aboutirent à la création d'un bureau politique. Toutefois, ce dernier ne put acquérir de reconnaissance ni de légitimité véritable à l'extérieur de la Ghouta : l'attention de la communauté internationale était focalisée sur le sensationnalisme du spectacle militaire, occultant les véritables compétences politiques développées dans la Ghouta assiégée par ses habitants.

La Ghouta a également créé une infrastructure alternative, répartie sur l'ensemble de son territoire et non centralisée, afin d'éviter de constituer des cibles privilégiées. Les sous-sols ont été transformés en écoles et en infirmeries, et un réseau d'abris y a été construit, en majeure partie grâce aux efforts locaux. La Ghouta s'est également dotée d'un système d'alerte rapide et a créé des bibliothèques dans les quartiers, ainsi que des centres de formation professionnelle pour les femmes et de soutien psychologique aux enfants. Les quartiers furent également équipés de groupes électrogènes. Quant au matériel médical, qui constituait le domaine prioritaire d'interdictions et de contrôles de la part du régime depuis le début de la révolution, il fut fabriqué en grande partie sur place durant le siège. Ainsi, plusieurs ateliers furent créés pour fabriquer des prothèses à partir de tuyaux en plastique. Les formations professionnelles de nouveaux médecins se faisaient à distance par Skype. Malgré cela, faute de moyens suffisants, les médecins ont été confrontés, après chaque massacre, à l'insupportable épreuve de devoir choisir qui sauver et qui abandonner à la mort parmi les blessés. Les femmes ont largement contribué à cette organisation de la vie sous le siège, notamment dans les services liés aux enfants et aux femmes. Elles ont par conséquent demandé à être mieux représentées dans les conseils locaux.

Malheureusement, le monde a continué de répéter à l'envi « Mais quelle serait l'alternative au régime syrien ? », sans voir dans ce long parcours combatif, regorgeant d'actions et de sacrifices, l'alternative en question, pourtant bien visible dès les premiers jours de sa constitution. À ses acteurs, il n'a pas non plus été donné de tribunes qui leur auraient permis de jouer un véritable rôle représentatif en dehors du siège. Le monde s'est noyé dans le travail logistique et exécutif de secours qui a, en grande partie, pris la forme d'une réaction à l'urgence et d'opérations de maquillage des crimes commis au quotidien. Et le régime d'Assad a pu profiter, chaque jour, des fonds envoyés par le monde extérieur pour sauver ses victimes.

Le siège a soulevé des questions éthiques restées sans réponses : le commerçant qui fait affaire de l'état de siège est-il un marchand de guerre ou une solution temporaire ? L'être humain qui a été sacrifié et meurtri dans sa liberté, sa vie, sa bouchée de pain, mérite-t-il le qualificatif de « bénéficiaire » ? L'homme assiégé peut-il réagir autrement que selon des mécanismes primaires d'autopréservation, dans un quotidien où la réflexion est limitée par la peur de l'avenir et de l'inconnu que porte avec elle chaque roquette ? Est-il vraiment en position de réfléchir à la stratégie qu'il faudrait adopter à long terme pour des projets humanitaires et à la façon de pouvoir les financer ? Les ONG sont-elles les victimes des désirs de leurs gouvernements ou les exécutrices de leur volonté ? À quel point une ONG est-elle « non gouvernementale » quand la plupart de ses financements viennent d'un gouvernement ?

Devant l'absence de volonté politique de faire advenir un véritable changement en Syrie, les réponses à ces questions problématiques restent en suspens, ce qui ouvre la voie à une légitimation accrue du crime à travers le monde.

De 850 000 habitants au début du siège, ne sont restées que 400 000 personnes en 2018. Dans ce combat, la Ghouta a perdu plus de 30 000 martyrs. Puis, les survivants ont été confrontés à un choix cornélien. Une grande partie de la population et des organisations civiles ont été contraintes et forcées de quitter leur foyer et de rejoindre le nord de la Syrie pour des raisons politiques et militaires internationales, mais aussi de litiges entre factions locales. Environ 150 000 personnes sont pour leur part restées, trop attachées à leur maison et épuisées par les années de siège. Ainsi a-t-on fait disparaître l'un des piliers d'une alternative véritable pour la Syrie à venir, et l'une des plus grandes expériences de gestion autonome locale. L'ampleur des massacres et des violations est bien trop grande, et ce texte non exhaustif n'en mentionne qu'une partie. On ne saurait oublier les dizaines de milliers de détenus dont le sort demeure jusqu'à présent inconnu, et que l'on craint de découvrir parmi les photos de « César ». Enfin, il s'agit là de l'expérience d'une région parmi des dizaines d'autres de la Syrie insurgée.

En attendant, la résistance est consommée à petit feu

Razan Zaitouneh[1]

19 novembre 2013 – Ghouta, province de Damas

J'étais destinée à faire l'expérience du siège avec une de mes amis qui a passé de nombreuses années en prison. Il ne se passe pas un événement sans qu'elle compare le siège à la prison, en disant que les deux expériences sont très similaires à plus d'un titre.

Dans les deux cas, vous êtes confiné dans une zone spécifique et réduite. Tout tourne autour des mêmes visages et des mêmes histoires. Il faut apprendre à supprimer ses désirs, même les plus élémentaires. Tout comme la vie du prisonnier est entre les mains de son geôlier, la vie d'une personne assiégée est contrôlée par ceux qui tirent des obus de mortier ou manœuvrent les avions MiG qui tournent au-dessus, sans parler des spectres de la faim et de la maladie.

La prison est beaucoup plus dure que le siège à certains égards, comme la torture physique et l'éloignement de la famille. Mais le siège est plus cruel à d'autres égards, car il englobe la famille, les êtres chers et les enfants, ainsi que leur nourriture, leur éducation et leur avenir.

Plus le siège est long et dur, moins les gens sont susceptibles de résister, car ils se fatiguent et tombent dans le piège du chagrin et du désespoir.

Il y a quelques années, Yassin al-Haj Saleh a écrit « Apprivoiser le monstre » dans lequel il décrit la très longue détention politique sous Assad, le temps qui passe, ses fantômes et les outils utilisés pour la domestiquer[2]. C'est une histoire inspirée des histoires d'ogres qu'on raconte aux enfants, où la victime apprivoise la bête alors qu'elle est encore sous son emprise.

Il est déchirant d'imaginer cette personne faible et frêle, dont les os ont été brisés, dont les ongles ont été arrachés, qu'on a méthodiquement livrée à la faim, à l'humiliation et à la destruction de son identité, sourire calmement à la bête énorme, avec sa hideuse gueule baveuse, qui agite ses longs bras.

« Le siège est un mode de vie obligatoire et une expérience commune à des dizaines de milliers de Syriens. Sa durée prolongée et sa large base sociale en font une expérience véritablement nationale. »

Pourtant, beaucoup de Syriens sous la révolution en général, et sous le siège en particulier, vivent encore cet état comme temporaire, alors qu'il est devenu depuis longtemps un mode de vie incontournable.

Tout le monde est fatigué maintenant, d'autant plus que de nombreuses régions libérées ont été reprises par les forces d'Assad. Récemment, certains habitants de ces régions ont scandé des slogans en soutien aux troupes du régime, j'ai pensé qu'ils n'avaient probablement jamais entendu parler du « monstre

---

1. Texte mis en ligne en arabe et en anglais le 17 novembre 2013 : https://razanwzaitouneh.com/2013/11/17/the-resistance-is-consumed-by-waiting/. Traduit par Marc Hakim.
2. Un extrait de ce texte figure dans la 2e partie de ce livre, consacré à la prison, p. 161.

Saeed Al Batal, *Une enfance à Douma*, 5 janvier 2014. Dans le cadre du projet Sam Lenses. © Saeed Al Batal et Sam Lenses.

à apprivoiser », et que, pour eux, la révolution devait s'illustrer par une victoire militaire ici ou là, et que la mort et la faim finiraient par prendre le dessus malgré tout.

Tout le monde attend la « libération », dont la date reste inconnue. L'attente seule consomme la capacité de résistance qui reste. L'attente est abominable, addictive et insupportable pour l'esprit et l'âme.

Il y a deux types de personnes assiégées. Le premier type « tue le temps »... Le siège ici est un temps perdu, dont l'impact négatif est assumé par la personne assiégée jusqu'au moment du salut. En revanche, le second type cherche à apprivoiser le temps, à prendre un nouveau départ et à marquer de nouvelles réalisations sous le siège. Les assiégés associent le siège à leur plan de vie, lui donnant ainsi un sens nouveau et élargissant la portée de leur liberté même lorsqu'ils sont assiégés. Le moyen le plus important d'apprivoiser le temps « n'est pas de le gaspiller en attendant ». Les trous dans le mur épais du siège doivent être brisés afin que l'on puisse respirer et voir le monde extérieur.

Il ne sert à rien d'essayer d'imiter une partie de sa vie antérieure sous le siège. Certains éléments essentiels de la vie précédente n'existent plus. Les jeunes ont récemment organisé une manifestation appelant à la libération d'un de leurs amis kidnappé par Daech. De nombreux habitants de la rue ont réagi en demandant : « Qui est Daech ? »

La vie sans électricité signifie la vie sans télé, sans Internet et sans monde extérieur.

Les gens discutent simplement de ce qui se passe dans leur zone géographique restreinte en état de siège. Même les mots utilisés deviennent plus répétitifs. Au fil du temps, on commence à chercher un mot insaisissable qui était évident auparavant. Les images visuelles s'affaiblissent progressivement en fonction de la richesse de l'imagination.

La relation entre une personne assiégée et le temps est complexe et contradictoire. Certains lecteurs parmi nous peuvent être culturellement à jour et en contact avec le monde extérieur, mais d'autres aspects de nos personnalités cessent de croître et sont éclipsés. Cela est vrai dans une certaine mesure de toute façon.

Le siège ici est différent de la prison car c'est un « semblant de liberté » qui donne l'illusion que la vie est supportable. L'assiégé vit donc dans les limites d'éléments locaux qui le mettent sous pression constante, ce qui mine ses capacités à se tenir au courant – ou même à sentir – ce qui se passe en dehors de ce qu'il subit.

« Le siège est une bête avec laquelle on ne peut vivre que si on l'apprivoise et la contrôle. »

Tout est question de routine et de souffrance dans la vie quotidienne, comme de fournir de l'eau, de la nourriture et des cigarettes, et de ne rien savoir de la durée ou de la portée du siège. Cela s'accumule et l'épuisement efface progressivement toute satisfaction temporaire d'avoir vaincu la bête.

Une de mes amies m'a dit que quand le MiG rugit au-dessus de sa tête, elle désire qu'il s'approche pour pouvoir lever les bras vers ses ailes de métal « comme le héros du *Titanic* », et se laisser emporter par l'énorme pression et le son de l'explosion, très haut, de façon que la mort soit houleuse et joyeuse. Tant que la bête n'est pas vaincue, l'apprivoiser signifie que la vie et la mort ne doivent pas être égales. C'est la même chose pour la liberté et l'esclavage.

Ghouta orientale, février-mars 2018[1]

Au printemps 2018, après sept ans de guerre, cinq ans de siège et une offensive menée par les forces du régime avec l'appui déterminant de l'aviation russe, des destructions considérables et un lourd bilan humain évalué à 1 600 civils tués, les rebelles de la Ghouta orientale se sont rendus et les civils ont été évacués de force vers la région d'Idlib ou le nord d'Alep. En juillet 2018, le régime reprend le contrôle de Deraa, d'où était partie l'étincelle de la révolte. Lâchés par leurs soutiens étrangers et affaiblis par des divisions internes, les rebelles se rendent ou capitulent. Les djihadistes du groupe État islamique, évacués du camp de Yarmouk au sud de Damas vers le désert au nord de Soueida, en profitent pour s'en prendre aux civils (assassinats, prises d'otages, enlèvements de femmes et d'enfants)… En septembre 2018, l'offensive sur la région d'Idlib, dernier bastion rebelle de 3 millions d'habitants, dont 800 000 déplacés, se profilait quand un accord a été trouvé, le 17 septembre 2018 à Sotchi (Russie), entre Vladimir Poutine et Recep Tayyip Erdogan pour la création d'une « zone démilitarisée » sous leur contrôle dans la région d'Idlib.

C'est à l'été 2013 qu'on a entendu parler dans les médias pour la première fois de la « Ghouta orientale », lors de l'attaque chimique qui causa plus d'un millier de morts. On voyait alors défiler des images atroces de cadavres d'enfants alignés sur le sol avec de la bave blanche coulant de leurs petites bouches. Puis, ce fut en février-mars 2018, lors de l'assaut final du régime et de son allié russe sur cette zone assiégée et bombardée régulièrement depuis 2013. Ce dernier assaut fut terrible, il était appuyé par un pilonnage aérien méthodique dont le but était d'en finir avec ce bastion rebelle trop proche de la capitale.

Comme de coutume, les victimes sont d'abord les civils. En février 2018, ils sont encore près de 400 000 personnes assiégées, affamées, manquant de tout, fuyant d'un abri à un autre, se terrant dans les sous-sols étroits et sombres. En surface, les bombardements font rage, et sous terre, on guette la moindre trêve pour tenter de dégager les blessés sous les décombres et essayer de dénicher un peu de nourriture, déjà très rare bien avant l'attaque. Dans ces instants où l'on vit au plus près de la mort et de la souffrance, des hommes et des femmes ont raconté leur vécu. Des récits révélant ce qu'il y a de plus noble et de plus sordide dans l'humanité. Des déchirements, des souffrances atroces mais aussi de l'amour, du courage et une grande résilience. Jusqu'à

1. Témoignages traduits par l'association Syrie moderne démocratique laïque (Syrie MDL). Créée en 2011 et active jusqu'en 2018, l'association a tenu une veille durant l'attaque de la Ghouta orientale et publiait quotidiennement les messages des civils. Racha Abazied, qui en a été la fondatrice et la présidente, signe, avec Claire A. Poinsignon, cette introduction.

leur déplacement forcé dans les bus qui les évacuaient vers la région d'Idlib, les survivants ont témoigné depuis leurs téléphones portables, autant de cris et de bouteilles jetés à la mer. Ils ont écrit sous leurs noms ou sous pseudonymes. Nivin Hotary, 38 ans, mère de deux enfants, et Leila Bakry, qui travaillait dans un centre pour aider les femmes, ont partagé leur quotidien et ce qu'elles enduraient et ressentaient.

Nivin, dont plusieurs textes sont traduits ci-après, est devenue une icône suivie par des milliers de Syriens. Certains de ses textes ont été publiés par l'association Women Now for Development, créée par Samar Yazbek, qui a recueilli un très grand nombre de témoignages féminins. Le sien a été entendu au Conseil de sécurité de l'ONU, sans que cela puisse aboutir à faire cesser le carnage. Aujourd'hui, elle vit à Azaz, une petite ville située à 30 kilomètres au nord d'Alep, non loin de la frontière turque, et elle est de nouveau active dans un collectif de soutien des femmes syriennes dont elle est le porte-voix. Elle souhaite qu'elles soient partie prenante dans la construction de la Syrie libre dont elle rêvait et pour laquelle elle a payé un lourd tribut. Elle espère pouvoir retourner dans la Ghouta qu'elle n'a jamais voulu quitter.

Durant l'attaque de la Ghouta orientale, l'équipe de Syrie moderne démocratique laïque a suivi les publications de ces femmes courageuses, ou plutôt leurs « posts » écrits à la hâte sous les bombes, quand le réseau était accessible, et a essayé de les transmettre au jour le jour sur le site, après traduction par Nemat Atassi, Rania Ghanem, Marianne Babut et Nisrine Al-Zahre : qu'elles en soient toutes remerciées. Espérons que ces témoignages seront un jour entendus par les dirigeants de ce monde !

TÉMOIGNAGE D'ASMA SAFSAF

Ghouta orientale, 24 février, 13 h 13

Excusez-moi mes amis, mais j'aimerais cette fois écrire en dialecte, pour deux raisons. D'abord, la situation est bien trop dure pour que je puisse la décrire en arabe littéraire. Et puis comme ça, je pourrai mieux vous transmettre les détails de ce que nous venons de vivre. Je vous préviens, ce message est assez long : que celui qui ne veut pas le lire jusqu'à la fin s'arrête ici et reprenne sa vie.

C'était la deuxième fois que l'on se rendait, avec l'équipe, dans l'un des abris souterrains. Cette initiative spontanée et très risquée, nous l'avions prise ensemble pour venir en aide aux femmes et aux enfants retranchés dans les sous-sols. Notre première visite s'était bien passée et nous voulions faire la deuxième, lorsqu'un bombardement nous en a brusquement empêchés.

De retour dans notre abri, nous avons commencé à prier. Les bombardements s'intensifiant, nous nous sommes mis à lire des versets du Coran pour nous donner force et courage. Tout à coup, nous avons entendu un bruit fracassant au-dessus de nos têtes. Les enfants et les femmes ont commencé à pleurer. Je faisais de mon mieux pour les calmer. Nous nous sommes tous rassemblés dans une petite pièce et avons prié Dieu de nous venir en aide.

Pendant une demi-heure, la situation s'est momentanément calmée, avant que les bombardements reprennent de plus belle. Nous sentions les bombes se rapprocher de notre abri. Je ne peux décrire ce que l'être humain ressent en un tel moment. Les bombes au-dessus de nous. Le vacarme de la destruction. Les odeurs de tourbe et d'explosifs. Les pleurs des enfants. Les supplications des femmes. Dans de tels moments, tu ne peux rien distinguer. Tu es comme inconscient. La seule description que je peux donner de ce moment, c'est qu'il est semblable au jour du Jugement dernier. [...] Les mères et leurs enfants se serraient fort et priaient : « Oh, Dieu, nous n'avons que toi... »

Bien sûr, les bombardements ne se sont pas arrêtés grâce à nos prières, au contraire. Plus ils s'intensifiaient et plus nos voix s'élevaient au-dessus d'eux. Nous avons récité tous les versets que nous connaissions. Tout cela se déroulait dans l'obscurité. Nous ne pouvions allumer ni briquets ni allumettes, de peur d'être repérés par les hélicoptères.

Nous étions près de 300 personnes, entassées dans une pièce de trois mètres sur quatre. Je ne sais pas si vous pouvez croire qu'une petite pièce puisse contenir tant de personnes. Et pourtant, nous y étions.

Le bombardement s'est calmé. L'espace d'un instant, on a cru que le pilote était fatigué et allait se reposer un peu. Mais on se trompait : le criminel non seulement ne fatigue jamais, il prend au contraire plaisir à tuer des innocents.

Puis brusquement, l'avion s'est rapproché et un missile a fondu sur nous. À ce moment-là, tout le monde s'est écrasé au sol. Je me suis effondrée par terre, incapable de bouger. Ma sœur était à côté de moi. Je l'ai serrée dans mes bras et on a pleuré ensemble. Je sais désormais pourquoi les victimes extirpées des décombres sont retrouvées serrées les unes contre les autres.

À côté de moi, il y avait un enfant de deux ans qu'on avait sauvé des décombres et qu'on avait amené là sans ses parents. Je l'ai pris dans mes bras et il s'est endormi en demandant où étaient son père et sa mère. Me croirez-vous si je vous dis qu'il n'y avait plus de place pour le poser à terre ? J'ai décidé de le garder dans mes bras. Je me sentais mère sans jamais l'avoir été. Je pensais à ses parents qui devaient s'inquiéter de savoir s'il était vivant ou non. Si du moins ils l'étaient encore eux-mêmes.

J'ai été meurtrie en entendant un enfant pleurer près de sa mère : « Maman, j'ai faim. Je veux manger. » Puis la voix a cessé. La mère a allumé son briquet pour voir ce que faisait son enfant. Il s'était endormi en pleurant de faim. Elle s'est mise à pleurer d'impuissance. Elle pleurait l'impuissance du monde entier. Elle pleurait l'humanité morte dans le cœur des hommes. Elle pleurait les fausses promesses et toutes les autres mères dans sa situation. Tous les enfants aussi qui, comme son fils, s'endormaient malgré la faim.

Je ne sais pas comment j'ai réussi à bouger pour prendre le briquet à la recherche de vivres. J'ai trouvé un petit sac de riz cuit et le lui ai donné, pour qu'elle nourrisse ses enfants. J'ai pleuré lorsque l'un d'eux lui a demandé pourquoi elle ne mangeait pas. Elle lui a répondu qu'elle n'avait pas faim. Il lui a alors dit : « Je ne vais pas manger si tu ne manges pas avec moi. » Vous savez quel âge a cet enfant ? Trois ans !

Ça s'est un peu calmé. On a entendu des hommes crier qu'il y avait avec eux des blessés et un mort, et qu'ils ne pouvaient pas les évacuer tant que les avions bombardaient encore. Une voix leur a répondu de les laisser là jusqu'au matin. Imaginez des blessés devant attendre le lendemain pour être soignés – si tant est que ce soit encore possible – la plupart des hôpitaux étant hors service.

On est restés recroquevillés les uns contre les autres toute la nuit, en tentant de se rassurer.

Pendant ce temps, ailleurs sur cette même planète, certains sont en train de célébrer l'anniversaire d'un enfant, un mariage, d'autres dînent dans des restaurants luxueux, d'autres encore dorment dans les plus grands hôtels. Célébrez vos fêtes, mais ne laissez pas l'écho de vos réjouissances parvenir jusqu'à nous. Mangez tranquillement, mais épargnez à nos enfants le tintement de vos cuillères dans les assiettes. Dormez tranquillement, mais faites en sorte qu'on n'entende pas vos ronflements. Faites tout ce que vous voulez, mais n'oubliez pas qu'ici, dans la Ghouta, vos congénères sont privés de sommeil, de nourriture, de tout... Et surtout, n'oubliez pas de prier pour eux et d'espérer que Dieu allège leur souffrance.

TÉMOIGNAGE DE LEILA BAKRY

28 février 2018 – L'escalier

Cet escalier a gardé en mémoire les pas des personnes qui y descendent et remontent tous les jours, en panique, fuyant les bombes et la mort. Les garçons s'y rassemblent pour jouer et rire alors que dans la salle à côté, se regroupent leurs pères qui les grondent car ils s'assoient sur l'escalier ou parce qu'ils crient trop fort ! S'ils les grondent autant, c'est qu'ils ont peur pour eux ! Dès que les bombardements commencent, ils les grondent pour qu'ils baissent la voix, pour qu'ils puissent entendre le bruit des avions de guerre et des éclats de bombes et essayer de deviner où se trouve la cible. Mais les garçons défient la peur et la mort, courant en haut chaque fois qu'ils peuvent pour ensuite dévaler l'escalier à toute vitesse au moindre bruit d'avion. Les éclats de leurs rires les précèdent comme un acte de bravoure face à la mort qui les entoure.

Ces jeunes garçons ont fui la petite salle, éclairée à la flamme du briquet, où il n'y avait pas de batteries ni d'électricité pour recharger les piles et où s'entassent femmes et nourrissons en sanglots. Ils se sont échappés vers leur petit espace, cet escalier où s'exprime toute leur enfance volée et brûlée par le régime et ses alliés à chaque obus, chaque baril et chaque raid.

C'est leur vacarme matinal et leur course effrénée dans cet escalier qui nous rappellent que le monde se porte encore bien et que par leurs rires et leur vigueur, ils pourront le reconstruire de nouveau.

28 février 2018, 18 h 55. Cinq heures de trêve quotidienne

Le bombardement commence dorénavant à se calmer tous les jours pendant cinq heures. C'est vrai que cette période de calme est toujours perturbée par quelques avions de reconnaissance, des avions militaires ou ceux qui larguent les barils explosifs. Mais pour

Leila Bakry, *L'Escalier*, Ghouta orientale. Source : association Syrie moderne démocratique laïque.

être honnête, un calme relatif règne tout de même.

Cette trêve de cinq heures est toujours précédée de quelques raids que le pilote a le temps de lancer cinq minutes à peine avant l'heure précise de l'arrêt. Pour reprendre son travail immédiatement après la trêve, afin de ne pas perdre une seconde et de mettre à profit au maximum le temps pour bombarder. Pendant ces cinq heures de trêve, les gens sortent de leurs abris pour respirer un peu d'air frais qui, même mélangé avec l'odeur de la mort, reste bien meilleur que l'odeur des égouts qu'ils respirent toute la journée. Ils essayent alors de se procurer tout ce qui peut les aider à survivre pour le reste de leur journée en attendant les prochaines cinq heures du lendemain.

Ainsi, ils ont le droit de vivre le quart d'une journée presque normalement.

1er mars 2018 – La prison

Les habitants de ce caveau l'appellent ainsi. Chaque famille y occupe une cellule, qu'elle a isolée avec des rideaux et emménagée pour se protéger des bombardements, des raids aériens et des multiples roquettes, etc.

Il y a une salle de bains pour tous mais l'eau n'y est pas toujours disponible. Le couloir, lui, reste l'espace de jeux préféré des enfants. C'est là qu'ils défoulent toute leur énergie, sauf quand une nouvelle famille arrive et que les cellules étant toutes prises, elle s'installe dans leur couloir. Et de fait, les enfants perdent un peu de leur aire de jeux.

Les femmes tentent de rendre le lieu le plus confortable et ordonné possible afin de s'y sentir en sécurité, tout en essayant de se persuader qu'elles et leurs enfants sont en lieu sûr. Un lieu qui les abrite le mieux possible de la mort et du bruit insupportable des bombardements. Les enfants, quelles que soient les circonstances, se contentent de n'importe quel espace pour décompresser et rigoler en jouant, jouant, encore et encore…

TÉMOIGNAGE DE NIVIN HOTARY, FÉVRIER-MARS 2018

22 février 2018

Depuis une fenêtre minuscule, tout en haut de notre cellule collective au sous-sol, je regarde le monde… Le ciel est loin et difficile à distinguer, bloqué par tout type d'avions : MiG, Sukhoi (ou Soukhoï – en russe : Сухой), aviation d'exploration.

Notre météo est pleine de barils mais aussi de nouvelles roquettes dont le son nous est encore inconnu, accompagnés d'averses d'éclats. La destruction qui s'ensuit est massive !

À travers cette fenêtre, on s'est convaincu qu'il y aura une lumière au bout du long tunnel, qu'après la pluie, il y aura le beau temps ! On rigole de choses qui normalement ne sont pas drôles. On se rappelle de vieux souvenirs, on rit, on crie, on a peur et on retourne pour regarder par la fenêtre. On respire par cette fenêtre, mais la nuisance, la poussière et les éclats nous atteignent par la même voie.

Le temps passe et mes yeux restent collés à cette fenêtre. Beaucoup d'enfants autour de moi la fixent aussi. Un enfant de quatre ans répète sans arrêt la même prière, « Seigneur, protège-nous de leur nuisance », il se bouche les oreilles chaque fois qu'on entend les bombardements. Hélas, les bombardements n'arrêtent pas et ses petits doigts n'ont pas de répit. Je l'ai vu s'endormir d'épuisement. Il s'est couché tout en se bouchant les oreilles de ses mains, et peu à peu ses mains se sont relâchées, soudain il a sursauté horrifié par le bruit d'un baril largué. Une autre fillette changeait de place chaque fois qu'elle entendait les bruits assourdissants, tout en battant des bras comme des ailes, je ne comprenais pas pourquoi elle faisait ça. Elle non plus j'imagine, cela lui donnait peut-être une sensation de sécurité, qui sait ?

Maya ne cesse de répéter la même question : « Maman tu m'aimes ? » Serait-ce sa façon de comprendre ce qui lui arrive ? Les attaques du régime seraient pour elle l'absence d'amour, et elle veut s'assurer du mien ? Qusayr vieillit prématurément, il a peur mais refuse de l'exprimer.

Maintenant, je suis liée à cette fenêtre. Auparavant, ce n'était qu'une simple fenêtre discrète au bord d'un trottoir. Tant de gens sont passés à côté sans la remarquer. Je crains qu'il en soit de même pour nous, que tant de gens passent à côté de nous sans y prêter attention.

24 février 2018

Je dois vous raconter quelque chose, un avis personnel. Il n'y a rien qui soit inutile :

À ceux qui disent qu'il ne nous reste qu'à prier, je dis que la prière est une affaire extraordinaire qui nous épargne beaucoup de calamités !

À ceux qui disent qu'il ne nous reste que Dieu, je réponds que nous sommes ceux qui peuvent le plus confirmer que sans Lui, la Ghouta aurait été anéantie depuis le premier jour de cette attaque !!

Ceci dit, notre foi en Dieu ne signifie pas qu'on doit mourir en silence sans parler, parler et parler encore du criminel ! Même si tous sont au courant et même s'ils ne veulent pas aider, nous refusons de mourir en silence et voulons toujours la liberté !

Pour votre information, les cris de soutien lors de la manifestation de Gaziantep hier ont rempli l'abri chez moi et je n'arrête pas de regarder ces femmes sur le réseau Adalah qui se sont levées pour nous appuyer. Chaque petit geste de mobilisation nous renforce et nous réconforte. On considère que le soutien qui découle de cette mobilisation reste unique ! Tout simplement parce que nous espérons le moindre geste positif de l'extérieur pour combattre toute la négativité qui nous entoure.

Mes amis deviennent de plus en plus nombreux, si nombreux que je n'arrive pas à retenir tous leurs prénoms. Je me suis habituée à communiquer avec vous tous les jours et je ne suis tranquille que lorsque je m'assure que vous allez tous bien !

Enfin, chacun de nous fait ce qu'il peut et si ce n'est pas assez pour changer la situation, au moins on dort la conscience reposée.

Que la tranquillité d'esprit et le soulagement soient proches !

À ceux qui sont dehors, votre aide est précieuse et ceux qui sont dans la Ghouta orientale, que Dieu vous garde en sécurité !

C'était important pour moi de dire cela, je ne peux pas expliquer pourquoi…

25 février 2018, 3 heures du matin

Pauvre vieillard ! La dernière question qu'il nous a posée hier avant de se coucher était : « Où ils en sont ? » Il voulait bien entendu parler du Conseil de sécurité de l'ONU…

On lui a répondu qu'on n'en savait rien encore, pas d'Internet pour connaître les infos. Je ne sais pas à quoi il a pensé avant de s'endormir… J'aimerais que le jour se lève vite pour qu'on lui dise qu'ils ont voté une trêve. Lève-toi grand-père, va te laver le visage et voir le jour.

Et à propos de « se laver le visage », j'ai l'impression que mon visage est si plein de terre que quand je le lave j'ai l'air plus misérable encore, ça devient de la boue, ha, ha !

Je me dis qu'il vaut peut-être mieux juste épousseter la poussière en attendant que cette trêve se confirme, je retournerai ensuite me laver chez moi.

Qu'en pensez-vous ? Ils vont accorder une pause aux avions demain ?

Bien sûr, cette information est connue de tous, mais il est important de la rappeler : dans toute la Ghouta, il n'y a pas de Daech. Et dans notre abri plus précisément, dans la ville et sur nos marchés, pas de Al-Nosra non plus. Alors ne foutez pas en l'air cette trêve !

Je vais aller me coucher deux heures avant le lever du jour, avant que les enfants ne se réveillent et qu'on entende les youyous de joie. En attendant le matin de tous les espoirs...

28 février 2018, 8 heures du matin

Aujourd'hui, j'ai été obligée de transformer les tables de ma maison en bois pour le chauffage et la cuisine. Je veux dire que je suis en train de brûler mes meubles ! La table est remplaçable, et tous les objets d'ailleurs. Mais la dignité, la conscience et la crédibilité de ceux qui nous ont trahis ne seront pas remplacées.

Alors profitons de ce paradis !

Une information pour ceux qui persistent à l'ignorer : le régime nous assiège depuis cinq ans et ne laisse aucun carburant ou autre denrée entrer dans la Ghouta, c'est pourquoi nous utilisons le bois pour nous chauffer et faire la cuisine. Surtout en ce moment, parce que nous nous trouvons dans les abris et qu'il n'y a plus aucun magasin d'ouvert, car il serait la cible du régime. Mais tout cela n'est rien à côté du manque cruel de nourriture, d'eau et de... bois !

10e jour dans l'abri.

5 mars 2018

Dans ma ville, la mort nous rend visite tous les jours, avec force détails ! Elle prend la forme d'un baril explosif, d'un obus, d'un missile... ou même du chlore. La mort déploie ses ailes, choisit ceux qu'elle souhaite emporter avec elle et laisse les autres. Mais nous vivons cette mort dans ses moindres détails, chaque jour et chaque instant.

Tout commence par un bruit assourdissant, celui d'un raid que nous savons et sentons tout proche. Ensuite, tout se colore en rouge lorsque le missile explose. Durant ces moments les yeux demeurent ouverts, grands ouverts car on est alors incapable de les fermer pour se préserver ne serait-ce qu'un peu. Quelques secondes, comme pour enregistrer la scène de la mort.

Après l'explosion, tout en son et lumière, la couleur blanche se répand partout. Le pouls s'accélère et la poussière remplit le lieu. À ce moment-là, nous ignorons tout de ce qui va nous retomber dessus : des cailloux, de la terre, du verre... des gravats. Respirer devient alors extrêmement pénible.

Dès que le bruit de l'explosion cesse, commence le bruit des objets qui se fracassent, des pleurs des enfants. Dans le noir, au milieu de la poussière surgissent les appels de ceux qui s'inquiètent pour leurs proches qu'ils ne distinguent pas. Toute la scène ne dure qu'une dizaine de secondes. Dix secondes plus longues qu'une vie entière. Lorsque nous retrouvons nos esprits et parvenons à nous assurer qu'aucun de nous n'est mort ou blessé, nous avons l'impression d'avoir gagné une seconde vie. Que la mort a choisi d'emporter d'autres que nous cette fois-ci. Qu'elle a remis notre tour à plus tard, un moment dont elle seule a le secret.

Malgré tout cela, l'ONU nous trahit en s'associant avec nos tueurs. Après deux semaines d'horreur, elle essaye et continue d'essayer... Elle essaye de faire entrer une aide humanitaire qui ne suffira même pas à la moitié des habitants de la Ghouta. N'avez-vous aucune conscience ? N'avez-vous aucune humanité ? Une seule véritable réunion suffirait pourtant à arrêter les bombardements. Cela prouve néanmoins que vous êtes aussi complices du massacre d'un demi-million de civils assiégés.

Aujourd'hui, c'est notre 15e jour dans l'abri, dans une situation chaotique.

16 mars 2018 – 4 heures du matin

On aurait dit le jour du Jugement dernier ! Des gens courent et crient partout, des personnes en vêtements d'intérieur, pieds nus. Des voitures remplies de monde qui roulent à plus de 100 km/heure. Et moi qui appelle et hurle en cherchant mes proches. Habituellement ce genre de scènes se termine par un réveil soudain, d'un rêve ou plutôt d'un cauchemar collectif. J'aurais tant aimé que ce fût réellement un cauchemar ! Au moins, on peut se réveiller d'un mauvais rêve, et c'est terminé. Mais nos journées semblent devenir pires que les cauchemars !

Je cours en tirant ma fille par la main et en gardant un œil sur mon fils.

Une petite de cinq ans crie dans notre direction : « Dites-leur de ne pas nous tuer, dites-leur de ne pas nous tuer ! » Je n'ai aucune phrase pour la rassurer.

Le MiG est visible très clairement au-dessus de nos têtes, suivi d'un hélicoptère qui vole très bas et doucement, tout en bombardant. Il est tellement proche qu'on pourrait presque l'atteindre par une balle de pistolet. On entend des tirs de balles derrière nous aussi, j'ignore leur provenance exacte. Mais je suis sûre qu'il ne s'agit pas d'accrochages entre militaires et combattants, et elles ne visaient pas l'avion non plus.

Nous avons couru presque une heure comme des affolés dans les rues. Et la petite fille a continué tout le long à répéter la même phrase : « Dites-leur de ne pas nous tuer. »

Maya, ma fille, fait la forte et me dit : « Maman, tu vois je n'ai pas pleuré ! » Alors qu'en réalité elle pleurait mais ne s'en rendait même plus compte. Elle me demande : « Pourquoi tu as laissé dans l'abri mon bébé [son doudou] ? » et : « Je veux ma valise rose, j'aime ma valise rose. » Je cours et j'essaie de la rassurer en disant qu'elle aurait d'autres jouets à l'avenir. Je voulais absolument lui dire qu'on irait toutes les deux en acheter, et qu'elle choisirait tout ce qui lui plairait. Elle a semblé d'accord mais a ajouté : « Moi j'aime mon bébé. »

La petite fille qui criait « Dites-leur de ne pas nous tuer », s'est réveillée en pleine nuit et a dit à sa mère : « Si je fais sur moi tu ne m'en veux pas maman, hein ? » Pourtant, elle était allée aux toilettes avant de s'endormir. Mais on ne sait ce qui lui est passé par la tête, ce qui l'a réveillée la nuit. Peut-être la même peur qui l'avait poussée pendant notre course à demander d'aller aux toilettes. Demande qu'elle a répétée trois ou quatre fois à notre arrivée dans l'abri avant de se coucher.

Au milieu de la nuit un petit garçon s'est mis à crier pendant son sommeil : « Attendez-moi... Maman, attends-moi... Amina, ne me laisse pas ! »

Comment trouver le sommeil, alors que les visions du jour poursuivent nos enfants la nuit ? Nous sommes très nombreux à être entassés dans cette pièce exiguë. Et les barils explosifs et les hélicoptères n'ont pas arrêté de toute la nuit. On ne sait même pas ce qui se passe dehors, on parle de passages, exode, tueries... Chaque minute qui passe sans rejoindre à toute vitesse le passage sécurisé signifie être massacré.

Malgré cela, silence, négation, et négation... Nous sommes encore vivants.

Soyez rassurés !

18 mars 2018

Je n'ai pas eu le loisir de lire tout ce que vous m'avez écrit ni tous vos commentaires et réactions. Le réseau Internet est faible, presque inexistant... Mais il faut que j'éclaircisse un point : même si tous les révolutionnaires devaient mourir, la révolution ne mourra pas. Beaucoup de choses se réalisent après la mort de leurs auteurs, j'espère au moins que la jeune génération vivra. À ceux qui me demandent « Puisque vous avez la possibilité de sortir, depuis un moment, pourquoi êtes-vous restés jusqu'à présent ? », je voudrais répondre ceci : tant que la Ghouta existait, nous y sommes restés, vous voyez bien ce qui arrive à ceux qui essaient d'emprunter les passages tenus par le régime.

Dès le premier jour ma décision était prise. Je savais que le déplacement des populations serait une punition. Je le pense toujours. Mais la communauté internationale a échoué à empêcher les gens de se jeter dans la gueule du loup.

Le régime a forcé les gens à choisir entre une mort lente et une mort rapide. La mort rapide, c'est choisir de rester dans la Ghouta. La mort lente, c'est se livrer au régime pour qu'il les tue doucement.

Pour tous ces gens, il faut une solution. Il faut leur expliquer que la communauté internationale est impuissante mais qu'elle n'est pas totalement morte. Que cette communauté est incapable d'arrêter la mort rapide causée par le chlore, les bombes et les hélicoptères, mais qu'elle pourra peut-être les aider une fois déplacés (même si c'est une punition pour eux). C'est toujours mieux que le sort réservé par Assad.

À ceux qui me demandent des nouvelles de ces deux derniers jours, la situation est dramatique : mort, attaques au chlore, auxquelles j'ai été personnellement exposée deux fois. Alors je l'affirme encore, à chaque minute de retard il y aura des gens qui tout en sachant qu'ils se livrent à une mort certaine, s'y dirigeront quand même. Car ils pensent qu'une mort lente est préférable à une mort rapide. Ils préfèrent cette solution à celle de voir les soldats d'Assad débarquer et les massacrer tous. Mais le plus important de tout cela encore, c'est que même si nous mourons tous, la révolution, elle, ne mourra pas.

Et à tous ceux qui pensent que ce jour anniversaire de la révolution marque la première étincelle de notre révolte, sachez que la révolution vivait en nous depuis très longtemps déjà. Notre révolution est bénie et la victoire est proche avec ou sans nous.

Vous êtes notre espoir.

20 mars 2018

Avant-hier, j'ai pu pour la première fois dormir tout allongée sur le sol. Avant cela, nous avions pris l'habitude de dormir « recroquevillés » : certains, étendus dans le sens de la longueur, d'autres de la largeur... Impossible d'étendre nos jambes, certaines personnes dormant à hauteur de nos pieds... Et nous-mêmes dormant la tête posée là où auraient dû s'étendre les jambes d'autres... On dort tête-bêche.

Aussi loin que remonte ma mémoire, j'ai toujours su que j'avais un oreiller à moi, une couverture, un lit, une chambre, une maison, un quartier, une ville... un pays. Aujourd'hui, mon pays est malade. Ma ville est occupée. Mon quartier est détruit. Ma maison n'est plus. Et je passe de sous-sol en sous-sol sans pouvoir retrouver l'intimité d'une chambre, d'un lit, d'une couverture ou même ne serait-ce que d'un oreiller. La plupart du temps, ma veste me sert d'oreiller. Je la plie et la cale sous ma tête. D'abord, parce qu'en cas de bombardement ou d'urgence, je l'ai à portée de main. Mais aussi parce que, étant donné le nombre de fois où nous avons dû fuir dans des circonstances périlleuses, nous avons perdu la plupart de nos affaires, ou parce que nous avons été obligés de les abandonner pour courir.

Hier, c'était la première fois en un mois que je mangeais un repas rassasiant. « Rassasiant » ne veut pas dire bon, ni sain, bien entendu. Mais Dieu merci, il était rassasiant. Malheureusement, la plupart des gens n'ont pas encore pu dormir d'un sommeil convenable ni manger un repas suffisant. Jusqu'à présent, je n'ai toujours pas pu boire d'eau potable. La seule eau à laquelle on a accès est celle des puits, qui a mauvais goût et désaltère peu.

Jusqu'à présent, je n'ai pas pu dormir une seule nuit complète, d'une traite.

Depuis le jour où je suis descendue dans ce sous-sol il y a environ un mois, je traîne une grippe (inflammation des ganglions et rhinopharyngite) qui ne me lâche pas... En temps « normal » on ne trouvait déjà plus de médicaments dans la Ghouta, alors imaginez aujourd'hui...

Hier soir, nos cœurs se sont serrés à chaque bruit de bombe larguée, car on se demandait où elles avaient bien pu tomber. Mais nous avons ri aux éclats en nous remémorant nos professeurs quand nous étions petites, et les chamailleries de nos élèves. Toutes les filles avec qui je me trouve ont travaillé dans l'enseignement. Ce n'est pas la spécialité de toutes, mais la situation de la Ghouta ces dernières années a mené chacune d'entre nous à donner des cours aux enfants pour combler les besoins. Puis tout à coup, sans qu'on le voie venir, on s'est mises à s'engueuler, à crier, à lever le ton, à pleurer. Un instant plus tard, on se réconciliait et on riait déjà. Comme si de rien n'était.

Tout, dans nos vies, arrive vite... Les rides sur nos visages, les cernes sous nos yeux... Tout, sauf la délivrance que l'on pressent mais qu'on ne voit pas…

Pourvu qu'elle soit proche !

J'ai en tête une chanson de Muhammad Fouad dans laquelle il parle des « moments de nostalgie ». Mon Dieu, tant de choses me manquent… Une jeune femme m'a demandé : « Qu'est-ce qui te manque le plus ? » Je lui ai répondu : « Le sentiment de sécurité… » Elle m'a dit qu'elle, c'était la propreté… Un lieu propre. De l'eau propre. De la nourriture, des vêtements, une vie… propres.

27 mars 2018

Maya commence une nouvelle vie. Elle repart de zéro, comme nous tous.

Lundi 26 mars, après un voyage de vingt-sept heures et trente minutes entre la Ghouta et Madiq, nous avons été reçus par des proches, qui nous ont accueillis dans leur grande maison. Le trajet mériterait à lui seul une publication, tellement il y aurait de choses à raconter…

À peine arrivés, nous nous sommes endormis. Le lendemain matin, malgré la fatigue, il y avait plein de choses à assurer. Il fallait notamment que j'emmène Maya acheter de nouveaux doudous, ses « bébés »…

Ce qui m'a marquée durant cette première journée, c'est l'insistance de Maya qui voulait que l'on reste dans notre chambre, la porte fermée à clé… J'ai alors réalisé combien elle avait manqué d'intimité, durant toute cette période vécue dans les sous-sols. Cela l'avait profondément affectée, même si elle n'en avait rien dit. Peut-être n'avait-elle rien exprimé, par sens de la responsabilité et parce qu'elle avait bien compris qu'il fallait supporter la situation… Aujourd'hui, elle s'est choisi une poupée qu'elle a appelée Maria.

Alors que nous faisions un tour au souk, Qusayr nous a soudain lancé : « Attendez-moi ici ! Je vais acheter quelque chose et je reviens. » Ce qu'il a rapporté m'a bouleversée… Il venait d'acheter du jus de fruit « Rani »… Or ce jus a une longue histoire… Avant le siège, lui et son père allaient régulièrement s'acheter une bouteille de « Rani » qu'ils buvaient ensemble, tous les deux, avec l'impression de partager un secret… Aujourd'hui, en voyant des bouteilles de « Rani », Qusayr a couru en acheter une, pour la partager avec son père. Là aussi, j'ai compris que Qusayr, malgré les années de siège, n'avait rien oublié de sa petite enfance… Ou plutôt qu'il avait fait semblant de l'oublier, par solidarité avec nous, pour être en mesure de porter une part des responsabilités qu'exige une vie sous siège.

Moi aussi, j'ai acheté des petites choses qui me restituent une sorte d'intimité avec mon passé. Je souhaitais acheter deux tasses assorties, pour moi et mon mari… Quelle joie quand je les ai trouvées ! Moi aussi, j'avais besoin d'éprouver de nouveau ce sentiment d'intimité, ne serait-ce qu'avec de tout petits objets… Après ce qu'on a vécu ce dernier mois, où l'on buvait à plusieurs dans un seul verre, sans même pouvoir le rincer avec un peu d'eau…

Aujourd'hui, nous recommençons tous une nouvelle vie. La plupart d'entre nous n'ont aucune idée de ce qu'ils vont devenir, de l'endroit où ils vont pouvoir s'établir, travailler, reconstruire un semblant de vie stable…

Dès l'instant où je suis sortie de la Ghouta, à 10 heures du matin, le dimanche 25 mars 2018, une vie complètement différente de celle que j'avais connue m'est apparue. Et j'ai compris pourquoi le régime n'avait autorisé personne à entrer dans la Ghouta assiégée. Dans cette Ghouta sans vie, sans rien, où tout est détruit, où tout manque, la nourriture, le moindre besoin vital… En sortant de la Ghouta, j'ai redécouvert beaucoup de choses que j'avais oubliées et certaines que je n'avais jamais vues… Et pourtant, je vous jure, si j'avais la garantie qu'en retournant dans la Ghouta, je trouverais des gens sincères, prêts à nous défendre et non à nous abandonner, je serais la première à prendre le bus pour rentrer. Même s'il fallait revivre le siège une seconde fois, dans les conditions que j'ai connues. Et même si j'ai vu à quoi pouvait ressembler la vie dehors. Je continue d'espérer vivre un jour ce moment-là.

TÉMOIGNAGE DE BAYAN REHAN

13 mars 2018

Racontons l'histoire dès le début, lorsque cette révolution a commencé, et que nous avons commencé, en toute légitimité, à rêver d'une vie qui ressemble à la vie.

Nous voulions démentir le qualificatif de peuple « sous-développé et ignorant » avec lequel nous avait stigmatisés Assad dès sa prise de pouvoir en Syrie.

Nous avons dansé par-dessus nos propres morts, nous avons transformé la violence du régime en musique. Nous avons caché les photos de nos hommes, pour montrer celles de nos femmes et enfants et essayer d'émouvoir cet Occident placide. Nous avons offert nos torses nus à une mort cruelle pour prouver notre pacifisme. Nous avons porté des fleurs, des branches d'olivier et de laurier…

Puis, nous avons été transformés en champs d'études, en cycles de recherches, en lettres destinées aux mémoires des étudiants de master et doctorat. Les photos de nos enfants recevaient des prix internationaux, alors qu'ils étaient morts. Les tentes des réfugiés sont devenues le sujet d'un fort abattage médiatique, surtout lorsqu'elles étaient couvertes de neige et de boue. Nos martyrs tués sous la torture dans les geôles sordides sont devenus des livres traduits…

Et malgré toute cette terreur programmée, Assad reste sur son trône et continue sa sale besogne. Il recommence même à s'exporter comme l'éternel protecteur de ce que l'on nomme la démocratie et la civilisation. Parce que l'Occident le voit assis à son bureau derrière son Macintosh, avec sur le plafond en arrière-plan des motifs fleuris, affichant ce même sourire béat et maléfique à son photographe.

Toute cette destruction des pierres et des vivants, tout ce sang, toute cette pourriture d'armes, toute cette froideur, tous ces soutiens… Tout cela prend fin et nous sommes plantés là pour dire :

Merci d'avoir assisté à notre extermination, merci de n'avoir RIEN fait !

Lorsque arrivera une nouvelle saison propice à l'extermination d'un autre vieux peuple, ce vieux peuple vous remerciera certainement pour ce « rien » que vous referez encore !

Les 40 règles du siège[1]

Abdallah Al-Khatib

1
Le siège est long comme l'interminable journée d'un captif,
Rails d'un train qui s'étendent vers le désert un jour d'été.
Le siège est un chemin qui mène à la folie ou au suicide.
Pour survivre, tu dois chercher une idée qui mérite que tu vives pour elle,
Comme penser à une femme qui plante de la menthe rien que pour toi,
Ou imaginer ce que sera ce pays après le siège et les destructions.
J'ai cherché, moi.

2
La relation entre le siège et le rêve est inversement proportionnelle :
Plus le siège se durcit, et plus le rêve se ramollit.
Tu vas rêver à une galette de pain plutôt qu'à une patrie,
À une épouse plutôt qu'à l'amour.
Ne te résigne pas.
Ferme tes yeux et crie :
Plus le siège se durcit, et plus le rêve s'agrandit,
Plus le siège se durcit, et plus la patrie s'élargit.
J'ai faim.

3
Le siège te gratifiera d'une plus-value morale, n'y crois pas trop, elle est de toute façon gratuite.
On t'applaudira,
Mais
Ne t'abaisse pas en te glorifiant comme certains le font.
Cette plus-value disparaîtra quand finira le siège ou quand tu t'en sortiras.
Le siège tend à te captiver, ne sois pas son captif.
Si tu parviens à t'échapper, ne le désire pas pour préserver cette plus-value, tu n'y es pour rien.
Et si tu n'y parviens pas, cherche une valeur indépendante du temps et de l'espace, indépendante du siège.
Sois ta propre valeur.
Je cherche, moi.

4
Sous le siège, la montre est une arme supplémentaire contre toi :
Le jour s'étend sans fin,
Le mois s'étend sans fin.
Que vaut le temps quand tu es assiégé ?
Le temps te tue si tu le suis, n'y pense pas.
Tente de combler le vide d'un présent qui ne finit pas et d'un futur improbable.

1. Traduit par Farouk Mardam-Bey. Abdallah al-Khatib est le réalisateur du film documentaire *Little Palestine* sur le siège du camp palestinien de Yarmouk, à proximité de Damas. Ce texte, écrit avec la collaboration de Ahmad Amor, fera partie d'un livre qui paraîtra sous le même titre, et certains passages ont été utilisés en voix off dans le film.

Jamais de montre à ton poignet ou chez toi.
Je n'ai pas de montre, moi.

5
Sous le siège, tu découvres le vrai sens des choses ordinaires, un verre de thé, une gorgée de café, une cigarette.
Il y a une mine de joie dans les petits détails,
Cherche-les, fais-en un rituel de bonheur.
Décide d'être heureux, épie un oiseau réveillé par le bruit d'une bombe,
Chante pour qu'il n'ait pas peur.
Le bonheur est une décision à prendre,
Mais j'hésite, moi.

6
Sous le siège, les hommes hennissent plus fort pour passer le temps.
Quelque chose qu'ils ignorent leur chuchote que la femme, seule, peut vaincre le siège.
La femme, seule, se charge à leur place de restaurer le rêve,
De reconstituer le passé avec la tendresse d'une mère qui prépare le petit déjeuner de son fils ensommeillé après une longue nuit de veille,
De dessiner l'avenir avec le savoir-faire d'une amante se parfumant une nuit d'été.
Sous le siège, les hommes ont besoin d'une femme qui répare leurs nuits et leurs pertes,
Qui apprivoise en eux l'animal en rut.
Le siège est un vieil homme qui te vante la sérénité des femmes pour t'inciter à former un couple,
Un ami très malin qui t'incite gentiment à te marier et se propose même de payer les frais.
Attention à toi !
Le mariage est un acte qui te stabilise dans une situation instable,
Une tentative de te fixer sur une terre qui tremble.
Le mariage est une fuite en avant, un piège tendu malicieusement par le siège.
L'ennui me tue, je veux ma mère.

7
Le siège sait sournoisement donner à toute chose un goût de malheur.
Tu as plus faim d'un bonheur révolu que de pain.
La joie est ton point faible que titille le siège pour s'emparer de ton âme.
Son souvenir te fait souffrir comme une plaie ouverte.
Le siège est un tortionnaire qui se délecte de la blessure de sa victime.
Évite la mémoire de la joie autant que le tir vicieux du sniper, oublie-la,
Ruse avec elle et avec le siège. Le siège est idiot comme un despote en perdition, et la joie est anonyme.
Essaie,
Ris de bon cœur si un oiseau te survole sans tacher ta chemise blanche de sa fiente.
Étonne-toi comme jamais si les courgettes de ton jardin ont joliment verdi.
Pleure quand tu ne trouves pas l'étoile que tu cherches des yeux, réjouis-toi quand le ciel est bleu.
Ris de bon cœur chaque fois que te surprend le goût du sucre.
Tu vaincras ce siège,
Tu auras de nouveau le droit de pleurer ou de rire pour de bonnes raisons.
J'étouffe, moi.

8
Sous le siège, nombreuses sont les raisons de mourir, surtout la douleur de rester en vie.
Tu survis tant que tu vois la mort autour de toi, et qu'elle te semble normale.
Ne t'habitue surtout pas à la mort,
Sinon tu seras une ruine, la mort te délaissera, et tu mourras plus longtemps.
Je m'y suis habitué, moi.

9
Le siège est double :
Il est matériel, l'espace se rétrécit, tu ne peux marcher plus loin que la frontière du siège,

Tu sens que l'air ambiant ne te permet pas d'expirer l'air enfermé dans tes poumons.
Ne t'inquiète pas, ce siège-là ne t'aura pas, il peut seulement t'affamer.
Mais le siège est aussi moral, le temps t'encercle, le désespoir se vautre, il incite l'avenir à se résigner par réalisme.
Le passé te tire la langue.
Fais attention !
Ce siège-là n'encercle pas ton corps mais ton âme,
Il ne te tuera pas mais il tuera le sens en toi,
Il trafiquera ta mémoire, te rendra fou après t'avoir délesté de tes souvenirs.
Assiège donc ta mémoire pour l'empêcher de te tromper.
Qui suis-je ?

10
Le siège change la valeur des choses, révèle des valeurs insoupçonnées, dévoile parfois l'inanité de la civilisation.
L'assiégé découvre l'importance du bois chaque fois qu'il a besoin de feu,
Une maison vaut plus cher quand elle est proche d'un puits, pas d'un arrêt de bus,
Une bicyclette est plus précieuse qu'une voiture, non seulement parce que la terre sous le siège est étroite, mais aussi parce que le ciel de la bicyclette est plus bleu et moins encombré de missiles.
Plus la télévision est petite, et plus elle est précieuse, le frigo sans électricité sert d'armoire pour vieux vêtements,
Et ainsi de suite.
Sous le siège, tu te rends compte que tu chérissais des objets disposés à te trahir,
Que tu es assiégé aussi par ce que tu possèdes.
Je ne possède rien, moi.

11
Le siège devient réalité quand l'assiégé remercie celui qui l'encercle pour une poignée de froment.
Si tu as faim, ferme ta gueule et dégaine ton épée.
J'ai bien fermé ma gueule, moi, mais je n'avais pas d'épée.

12
Le siège est l'une des épreuves les plus sauvages, les plus ambiguës aussi.
L'injustice monstrueuse, arbitraire, qu'il fait subir aux assiégés les rend assoiffés de justice.
Leur désir de justice les rend radicaux.
La faim aiguise tous leurs instincts quand ils voient la nourriture de loin mais ne peuvent en avoir pour leurs enfants.
Leur amour pour eux et leur impuissance à leur égard les radicalisent forcément.
Devant les décombres de leurs maisons, ils savent qu'ils ne retrouveront plus la paix, assis en hiver au coin du feu.
Ils doivent la quérir ailleurs, dans l'éternité.
Leur besoin de paix, de châtaignes grillées, en fait des extrémistes.
Le siège transforme les valeurs les plus nobles en extrémisme.
Sous le siège, résiste contre toi-même, contre ton désir étouffé de justice qui t'incite sans répit à la vengeance.
Cherche un autre lieu, n'importe lequel, près d'une fleur,
Défends l'herbe verte dans ton cœur, et la simplicité des choses,
Rappelle-toi le sourire matinal de ta mère,
Élimine toutes ces horreurs de ton corps, et tu vaincras.
Mais je suis une bête sauvage, moi.

13
La mort de faim, mort lente, ne ressemble à nulle autre.
La mère pleure en rentrant chez elle sans avoir rien trouvé pour nourrir ses enfants qui n'ont pas mangé depuis des jours.
Elle pleure d'impuissance, mais plus encore quand un avion la survole, annonçant une autre mort,
Une mort plus rapide qu'elle désire, une mort moins douloureuse pour elle et pour eux.

Elle pleure davantage quand l'avion
l'ignore.
Mourir assiégé ne ressemble à nulle autre
mort.
La rancœur aiguise le désir de justice
absolue.
Sous le siège, la justice est synonyme de
vengeance.
L'impuissance des assiégés leur fait croire
qu'il n'est de salut qu'en Dieu,
Et de tous Ses Beaux Noms, ils préfèrent le
Terrible, le Vengeur.
Pour ne pas te perdre évite haine et
rancune.
Je suis rancunier, moi.

14
Le siège avive chez la plupart des assiégés
tous les mauvais penchants de l'âme
humaine,
Et chez une petite minorité tout ce qui est
beau et noble.
Sois pour ton salut avec cette minorité.
Mais je fais partie de la majorité, moi.

15
Le siège fait surgir les contradictions deux
par deux.
Tu verras le blanc briller dans les ténèbres,
En ton cœur, l'assassin et sa victime se
réconcilient dans une langue obscure.
Le siège te rend contradictoire en tout,
Fragile, pleurant pour rien, par exemple
en écoutant par hasard une chanson de
Fayrouz,
Mais dur aussi comme une pierre,
insensible même à la mort d'un ami.
Les rires et les pleurs se confondent dans
ton souffle
Sans distinction, hélas.
Si tu peux choisir, sois fragile.
Je suis de pierre, moi.

16
Le siège efface les frontières entre les
classes sociales, les unit en une seule,
Celle des assiégés affamés.
Tu trouveras une minorité repue qui
parvient à se sauver de la malédiction du
siège, et cela pour une seule et unique
raison,
C'est qu'elle a contribué à l'imposer.
Tu verras des gens qui flagornent pour
manger, qui vendent leurs meubles pour
manger,
Qui vendent la dignité pour laquelle ils sont
assiégés.
La bouchée de pain humilie.
La rage, tu la ressens en voyant les affamés
s'asseoir avec les repus.
Dors affamé comme la plupart des gens, ne
dors pas repu comme les moustiques.
Je ne dors pas, moi.

17
Le siège te contraindra à manger n'importe
quoi, même des herbes sauvages.
Traite l'herbe comme quelque chose de
sacré, un don du ciel,
Réjouis-toi d'en trouver comme si c'était un
agneau.
Oublie son amertume même si tu as
quelque chose d'autre à manger,
Même si un peu de nourriture se faufile
vers toi par les interstices du siège.
La vie te décevra quand le siège se
resserrera de nouveau,
Alors que l'herbe te restera fidèle jusqu'à
la mort.
Ne foule jamais des pieds quelque chose
dont tu t'es nourri un jour.
Marche sur le vent.
Je n'ai plus de pieds, moi.

18
Le siège arrange ta journée comme bon lui
semble.
Il rompt la relation éternelle entre le temps
et les planètes.
Le soleil n'engendre pas le matin autant
que les gazouillis des oiseaux réveillés par
une balle perdue.
Le crépuscule n'annonce pas la nuit
autant que l'assoupissement d'un enfant

qui n'a rien trouvé à manger, et s'est endormi.
Les aiguilles de la montre marchent à reculons, la journée est sans fin mais l'année finit très vite.
Ne crois pas ce qu'on te dit : le siège tente de te délester du temps après t'avoir privé d'espace.
Ne sois pas crédule.
Cherche une radio dans le pantalon de ton grand-père, dépoussière-la,
Fixe l'onde de la nostalgie du côté du cœur, pleure en silence quand tu entends :
Il est sept heures… Ici Damas.
Respire profondément, Damas a annoncé le matin,
Tu peux maintenant dormir.
Je possède une radio.

19
Le siège sait t'accoutumer à n'importe quoi,
Même aux choses les plus banales.
Laisse-toi aller, ce n'est pas grave,
Mais gare à toi si tu t'accoutumes au tabac et aux amis,
Le siège choisira le moment où tu es le plus en manque pour te surprendre.
Je me suis laissé aller, moi.

20
Sous le siège, tu seras suffisamment fou pour demander à une fille que tu as rencontrée par hasard de t'aimer.
Seulement parce qu'elle a ri et que ses fossettes se sont élargies en te voyant faire fuir un oiseau pour qu'il ne tombe pas dans le piège que tu lui avais toi-même tendu.
– Si tu me donnes ta main, j'offrirai à mon cœur cette mort que je vois dans tes fossettes, et la mort me perdra.
– Si je te donne mon cœur, la vie m'entraînera loin, et j'aurai davantage peur de mourir.
Sous le siège, l'amour et la mort sont indissociables,
Les sensations s'entremêlent confusément :
Plus tu es envahi par l'amour, et plus tu as peur de la mort,
Plus tu es cerné par la mort, et plus tu as peur de l'amour.
Sous le siège, l'un et l'autre font peur.
J'ai peur de l'amour, moi.

21
Le siège te fait comprendre qu'une valeur humaine n'est authentique que lorsqu'elle est libre.
Le siège distingue les grandes valeurs de ce qui s'y introduit de contraignant.
Le généreux est l'affamé qui donne à manger, pas le repu.
Le martyr est celui qui va librement à la mort, pas celui qui meurt par hasard.
Sous le siège, tu peux distinguer le martyr de la victime innocente,
Lui n'a pas peur de la mort, mais d'être une victime.
Je ne suis pas libre, moi.

22
Il est une confusion jamais innocente entre être assiégé et résister au siège,
Une sorte de zone grise créée par l'assiégeant, pas par l'assiégé.
Résister, c'est choisir de rester quand on peut partir.
Être assiégé, c'est quand on constate amèrement qu'on ne le peut pas.
Mais l'assiégé et le résistant se ressemblent aussi, innocemment.
Ils se croisent dans une sorte de zone blanche créée par la douleur.
Je suis fou, moi.

23
Sous le siège, le temps libre est une obligation quotidienne.
L'assiégé dit à un autre assiégé :
Que fais-tu de ton temps libre ?
Je remets en place les pierres de la tombe de mon fils que les avions ont dispersées, et je pleure un peu.
Et toi ?

Je disperse les pierres que les avions ont
accumulées sur la tombe de mon fils, et je
pleure un peu.
Sous le siège, on occupe le temps et
l'espace à ne rien faire.
Et on pleure à en mourir.
Sous le siège, tu n'as d'autre choix que
de t'agripper au sens, de tuer le temps en
t'accrochant au sens autant que possible.
Cherche-le en nettoyant la rue après un
bombardement aérien.
Porte un balai.
Cherche le sens dans le sourire d'un enfant
que le siège n'empêche pas de sourire.
Fabrique pour lui un avion en papier.
Cherche le sens dans les racines d'un arbre.
Porte une pioche.
Cherche le sens dans le visage d'un martyr
qui a fixé du regard son assassin et lui a
dit : Toi, je te connais bien.
Porte une caméra.
Cherche-toi dans la rue, cherche-toi en toi,
Je me suis perdu, moi.

24

Le siège est un présent éternel entre deux
temps qui ne se rejoignent que pour se
séparer.
Un présent malicieux qui scrute le conflit
en nous-mêmes entre le passé et l'avenir
à propos des massacres que notre espoir a
provoqués.
Le siège s'épandra dans ton propre passé
comme une tache d'huile, effacera ce que
tu as essayé d'être.
Pas d'avenir demain, pas de passé hier, te
dit-il.
Mais le siège est forcément passager, un
entre-deux-temps, dit l'historien :
Un passé qui ne finit pas, un avenir qui
tarde à venir,
Une profonde blessure dans ta propre
histoire. Il défait ton passé comme
une pelote de laine dans la main d'un
matelassier.
Le siège est une rupture du temps
raisonnable, tente donc l'absurde.
C'est une occasion qui ne se répétera pas
dans un gouffre,
Une ambiance favorable à la quête de
l'impossible.
Pense aux fins dernières, comme tu le
faisais, ramasse ton passé comme une
gitane cueillant des chardons.
Scrute le lointain, affûte ton énergie
comme un couteau, ce que tu réalises sous
ce siège absurde te sera impossible plus
tard.
Le siège fait tout exploser en toi, alors
attache ton passé par une corde à ton cou
et vas-y :
Tu seras un bon peintre si tu te rappelles
comment tu as dessiné un cheval pendant
que tu rêvassais dans le cours d'histoire,
Le grain de blé que tu as vu tomber du bec
d'un pigeon aiguisera en toi l'imagination
du romancier.
Le défilé de fourmis rouges que tu as
écrasé le jour où ta mère t'a oublié sous un
figuier, t'en souviens-tu ?
Ramasse ton passé, ne l'oublie pas, il
t'amènera là où tu veux.
J'ai oublié, moi, ce que je serai.

25

Sous le siège, la vie prend une allure
austère comme un amandier en automne.
Les visages se raréfient jusqu'à disparaître,
Peu de gens veillent et tu te sens tout seul
chaque nuit.
Tu prépares du café pour tous les assiégés
mais tu le bois seul, et tu pleures.
Tu pleures sans savoir si c'est pour ton
absence en eux ou leur présence en toi.
Sous le siège, toute présence est
potentiellement absence, sauf la mort.
Si tu te réveilles et ne trouves personne, va
au cimetière,
Regarde les morts et crie,
Crie à tue-tête :
Pourquoi vous et pas moi ?
S'ils te répondent : Parce que nous nous
sommes fatigués avant toi,

Souris et dis-leur : Après vous, la fatigue s'est fatiguée de moi, et m'a fatigué.
Qu'avez-vous fait de moi ?
Sous le siège, les martyrs sont les plus fidèles des absents, les plus présents aussi.
Je suis vraiment fatigué, moi.

26
La vie a partie liée avec la mort.
Plus tu aimes la vie, et plus la mort te désire.
Mais plus tu aimes la mort, et plus la vie s'accroche à toi.
Toutes les deux guettent leur proie.
Apprivoise la mort pour mériter la vie.
Je suis la proie consentante, moi.

27
Une conséquence collatérale du siège : tu n'attends plus la cuisson d'un aliment pour manger.
Qu'il est bon encore cru !
Tu vanteras l'amertume du cru et riras.
Non seulement parce que tu as très faim, ni pour préserver un peu de feu pour ton café, mais parce que la mort t'a épargné une fois de plus.
Sous le siège, les assiégés sont pressés, pas par ennui de la vie,
Mais parce que leur défaite devant la mort devient plus supportable.
Sous le siège, le spectre d'une mort soudaine te hante et fait chavirer toute chose, même l'amour.
– Je t'aime, dit l'amoureux.
– Et les noces ? dit la grand-mère de la fiancée.
– Pas loin du cimetière le plus proche, répond le grand-père, il sera plus facile ainsi de transporter le cercueil.
– Mais je n'ai pas peur de mourir, répond l'amoureuse, je veux t'aimer davantage.
Sous le siège, souviens-toi de la maxime des sages :
« Ne meurs pas si tu veux être aimé de la mort »,
Ou répète les paroles de l'amoureuse : Mais je n'ai pas peur de la mort moi, je veux t'aimer davantage.
Je suis pressé, moi.

28
Sous le siège, les critères de beauté se transforment.
Ce que tu trouves beau est peut-être très banal dehors.
Le siège dénie l'absolu du Beau, et l'assiégé acquiesce.
Tout ce qui est beau sous le siège est un châtiment, tant pour l'assiégé que pour l'assiégeant.
Il venge l'assiégé, et du siège et de l'ennui.
Le Beau sous le siège est très rare mais inévitable, alors cherche-le.
Si tu le trouves, ne le lâche pas, il est ton salut,
Et si tu ne le trouves pas, sois beau autant que le peut ton cœur.
Je ne cesse de chercher, moi.

29
Sous le siège, toutes les mauvaises nouvelles te parviennent en même temps.
Exactement quand tu ne les attends pas.
Ne sois pas surpris, sinon le siège t'écrasera.
Contente-toi de déplorer tout ce malheur.
Je suis surpris, moi.

30
Sous le siège, tu seras au comble du désespoir et du pessimisme.
Tu seras nerveux, irascible.
Une mouche pourrait te pousser à te suicider.
Ce n'est pas grave :
Va retrouver des enfants,
Épie-les comme un indicateur de police.
Sous le siège, les enfants se trompent sur tout, sauf sur la joie.
La joie est leur arme instinctive pour tenir bon, leur manière évidente d'exprimer la primauté de la vie.

La joie des enfants est une victoire contre
le siège.
Écoute leurs rires, apprends d'eux comment
oublier le siège et comment s'en moquer.
Médite sur ta sottise.
J'ai vieilli, moi.

31
Le siège révèle violemment les tréfonds de
l'âme humaine,
Il fait exploser toutes tes contradictions.
Le bien te poussera à courir derrière les
missiles pour sauver un enfant que ses
parents ont dû abandonner en fuyant les
bombardements,
Le mal, de vendre le lait en poudre du même
enfant pour te procurer des cigarettes.
Tu es volontaire comme un paysan qui
se réveille de bon matin pour cultiver le
désert,
Et désespéré parce que tu n'arrives pas à te
procurer le chocolat que tu aimes.
Contrôle-toi,
Tente de vaincre le mal en toi.
Je l'ai fait, moi, mais il m'a vaincu.

32
Sous le siège, la vie te prive de tout, sauf
du sentiment d'être en danger.
Dangereuse est la mouche qui agace deux
combattants affamés,
Dangereuse la faim qui ravage les traits
d'un visage,
Un couteau qui disparaît la nuit près d'un
olivier,
Des visages masqués,
Un rat chétif,
Une voiture garée à l'aube près de ta
maison,
Une balle perdue ou ajustée,
Le cri d'une femme au milieu de la nuit,
La sécheresse d'un puits dans ton champ…
ou dans ta gorge,
Ta folie,
Tout, autour de toi, recèle du danger.
Lui seul accompagne l'assiégé jour et nuit,
lui seul hante ses rêves.
C'est un chien enragé qui te poursuit si tu
le fuis, et qui te fuit si tu cours derrière lui.
Un fauve qui détecte la peur dans tes yeux.
N'aie pas peur de lui, sinon il se répandra
et te détruira.
Il faut l'apprivoiser, lui apprendre à t'être
fidèle comme un revolver, cherche-le si tu
ne le trouves pas le matin sur ta table de
chevet, souris-lui s'il se cache sous ton lit
comme un chiot,
Raconte-lui le soir ce que tu as fait de ta
journée,
Ne dors qu'en sa compagnie.
J'ai peur, moi.

33
Sous le siège, les assiégés se méfient les
uns des autres.
Une femme qui étend son linge sur le toit
est soupçonnée par sa voisine d'être de
connivence avec les avions.
La peur et la faim engendrent des
sentiments obscurs qui démolissent les
relations sociales,
Qui réduisent le contrat social à sa forme la
plus primaire.
Les intrépides chevaliers d'une tribu se
ruent pour défendre le droit de leurs
femmes de puiser de l'eau dans un puits
qu'une autre tribu a vidé.
Un vieil homme dira que cette dernière est
en cheville avec un sniper aux aguets à la
frontière du siège.
On se souviendra du crime commis il y a
longtemps par un membre de l'autre tribu,
et on criera vengeance.
Certains prétendront que les arbres de leurs
voisins les privent de leur part du soleil.
Sous le siège, les assiégés cherchent leur
salut en s'identifiant à telle ou telle tribu.
Ne te laisse pas faire. Toute identification
tribale est une défaite.
Libère-toi de la tribu que le siège t'a
affectée, sois seulement un être humain.
Je suis, moi, un nomade encerclé, mon
désert est en moi.

34
Le siège te dotera de l'étrange capacité de sentir l'amour,
Un seul regard te suffira pour le percevoir.
Tu découvriras d'instinct la tendresse enfouie dans les cœurs,
La rancune aussi.
Sous le siège, ne te fie pas à ta raison quand tu penses aux autres.
Suis ton cœur.
Je marche, moi, en toute confiance derrière mon cœur.

35
Le temps est la plus redoutable prison de l'assiégé,
Une longue nuit qui bégaie, qui ne finit pas de finir.
Le siège est une interminable noyade dans le temps, l'impossible espoir d'aller plus loin.
Sous le siège, le lendemain ne se confond pas avec l'avenir.
Le lendemain n'est que le temps présent qui s'étire, l'avenir est le temps qu'on espérait naguère et qu'on attend toujours.
Sous le siège, les instituteurs ne savent comment expliquer la relation entre le lendemain et l'avenir.
Ils renoncent à poser à leurs
élèves l'éternelle question :
Que voulez-vous être quand vous serez grands ?
Sous le siège, les gens désespèrent de l'avenir car ils ne rêvent plus du lendemain.
Rêve donc pour vaincre le siège.
Je ne rêve pas, moi.

36
Sous le siège, les assiégés ont chacun leur part de douleur,
Comme les prophètes qui se sont partagé le ciel.
La part de chaque assiégé est tellement atroce qu'elle leur fait ressentir tous le besoin de pleurer.
Qu'un toit s'écroule, et ils se sentent tous sans toit.
Toutes les mères pleurent lorsqu'un enfant qui n'est pas le leur meurt de soif, et rien ne les console de cette mort absurde.
Sous le siège, la tristesse est évidente comme une pomme, présente comme une galette de pain, partagée par tous comme le ciel.
La tristesse est autant que la prière une condition du salut.
Sous le siège, la tristesse individuelle est un luxe, la tristesse secrète, une trahison impardonnable.
Sous le siège, compatis avec les autres, ne cache pas tes sentiments comme le font les héros ou les vendeurs expérimentés.
Pleure avec les autres.
Je suis un lâche, moi.

37
Le siège est absolu comme la liberté, pensent les assiégés,
Absolu comme le premier amour dans le cœur d'un adolescent.
Pour devenir une réalité, le siège doit être total.
Trouver alors une issue est impossible comme la quadrature du cercle.
Le siège enserre tout, tout sauf ton cœur, alors ne te résigne pas.
Ne cherche pas à t'échapper,
Un jour, la voie vers la sortie s'ouvrira d'elle-même devant toi, au mépris du siège,
Et si tu meurs en la parcourant,
Tu seras libre également.
Tu vas gagner de toute façon.
Je n'espère rien, moi.

38
Sous le siège, tu pourrais échapper à la mort des dizaines de fois.
Non que tu sois un héros, mais parce que le tueur est lâche, et que ton destin est de survivre.
Brise ton miroir, ne joue pas au héros si tu ne veux pas te suicider.
Je n'ai pas de miroir, moi.

39
Tu t'habitueras à l'idée d'être assiégé, comme le prisonnier à vivre dans l'obscurité de sa cellule, et qui a peur du soleil.
Tu auras de la peine si le siège se desserre et que tu penses qu'il va être levé. Tu te demanderas :
Que vais-je dire maintenant ?
Tu redoutes d'avoir à vivre sans siège, tu as oublié comment tu faisais auparavant.
Il a été ton fidèle compagnon quand beaucoup de gens t'ont abandonné.
Tu écriras sur le mur de ta maison :
« Je ne peux vivre après ce siège, et il ne peut prendre fin avant ma mort. »
Ne t'inquiète pas, ne regrette rien, sois certain que tu as vaincu le siège quand tu t'es identifié à lui.
S'il finit avant toi, retiens bien ce qu'il t'a appris, n'oublie rien afin de pouvoir échapper à la mort sous le prochain siège,
Celui où les gens ne meurent pas debout et affamés mais soumis et le ventre plein.
Si tu finis avant lui, sois heureux quand même, et peu importe si la vie se poursuit normalement dehors,
Peu importe si ton siège lui-même paraît normal à certains.
Sois positif quoi qu'il arrive, souviens-toi de lui jour et nuit, et si tu te languis en son absence,
Murmure en souriant :
« Ô siège, mon cher ami. »

40
Les sièges ne se ressemblent pas.
Ils n'ont pas de règles.
Seule compte l'expérience.

Camp de Yarmouk en janvier 2014. Distribution de nourriture par l'UNRWA (Office de secours des Nations unies pour les réfugiés de Palestine dans le Proche-Orient). Photographie anonyme. DR.

Les Palestiniens de Syrie dans la révolution et le conflit

Valentina Napolitano

Parmi les images les plus marquantes du conflit syrien, il y a celle qu'a immortalisée un agent des Nations unies au sein du camp de Yarmouk en janvier 2014 : une foule de personnes émaciées, entassées au milieu des débris de bâtiments bombardés, attend la distribution de denrées alimentaires[1]. Le cliché met à jour le drame humanitaire vécu par les habitants de ce camp palestinien au sud de Damas qui, entre 2013 et 2015, fait l'objet d'un siège impitoyable par l'armée syrienne et les milices palestiniennes pro-régime[2]. Cette image, qui reçoit un important écho médiatique, pose en outre la question de la place que cette composante spécifique de la société syrienne, un demi-million de réfugiés palestiniens[3], occupe au sein du soulèvement contre le régime et du conflit violent. Cette contribution analyse les postures et les formes de mobilisation développées par les Palestiniens de Syrie, ainsi que les mutations sociales et politiques induites par le conflit à la lumière d'une histoire de longue date des camps palestiniens avant 2011.

Des espaces de mobilisation contraints

À la veille du soulèvement syrien, les camps palestiniens[4], et notamment le camp de Yarmouk, qui compte 150 000 réfugiés en 2012[5], sont parmi les rares lieux en Syrie où, malgré la surveillance du régime, il existe un tissu d'organisations politiques et associatives. Il s'agit d'instances établies, dès les années 1960, par les acteurs du Mouvement national palestinien. Celles-ci ont pour but de recruter, de socialiser et fournir des services à la population palestinienne descendante des réfugiés arrivés après la formation de l'État d'Israël, en

1. L'image a été archivée par l'archive en ligne « Mémoire créative de la révolution syrienne ». Voir la page web : https://creativememory.org/en/archives/47936/yarmouk-camp-4/ et sa reproduction dans ce livre p. 507.

2. Il s'agit principalement de milices, mieux connues en tant que « comités populaires » (*lijân sha'biyye*), formées dès 2011 par le Front populaire pour la libération de la Palestine – Commandement général (FPLP-CG) et le Fatah al-Intifada, groupes palestiniens proches du pouvoir syrien.

3. Le nombre de réfugiés palestiniens officiellement enregistrés par le United Nation Work and Relief Agency (UNRWA) est de 525 000 individus, en décembre 2012. Voir : https://www.unrwa.org/newsroom/emergency-reports/unrwa-syria-crisis-situation-update-issue-23?id=1576.

4. Il existe 11 camps situés près des principales villes syriennes (Damas, Deraa, Homs, Hama, Alep et Lattaquié), dont trois camps (Yarmouk, Ramleh al-Filatsini et Handarat) sont des camps « non-officiels » car ils n'ont pas été établis sur initiative des autorités syriennes.

5. Voir à l'adresse : https://www.unrwa.org/newsroom/emergency-reports/unrwa-syria-crisis-situation-update-issue-23?id=1576.

1948[1]. Malgré les épisodes de répression qui se sont abattus sur les camps, notamment en écho à la guerre du Liban (1975-1990) et aux émeutes qui secouent la Syrie dans les années 1980[2], les acteurs palestiniens gardent une certaine marge de manœuvre tant que leurs activités demeurent centrées sur la cause palestinienne. Dans les années 2000, on retrouve à Yarmouk l'ensemble du spectre politique palestinien : les mouvements de l'islam politique comme le Hamas et le Mouvement du [d]jihad islamique palestinien (MJIP), qui avec les organisations de la gauche, se sont opposés aux accords d'Oslo et jouissent pour cette raison du soutien de Damas ; les acteurs directement parrainés par le régime, comme le FPLP-Commandement général d'Ahmad Jibril, la Saïqa et le Fatah al-Intifada ; mais aussi des instances sociales rattachées au Fatah, officiellement interdit en 1983 mais qui maintient sa présence dans le pays du fait de l'action de ses militants. À ces factions s'ajoutent plusieurs dizaines de comités pour la défense du « droit au retour », des centres de formation pour les jeunes, des clubs de sport, des organisations caritatives, des journaux et plusieurs maisons d'édition. C'est ici que plusieurs générations[3] de militants palestiniens se sont formées et ont contribué chacune, en fonction de ce contexte historique spécifique, à faire du camp de Yarmouk un élément central dans la vie politique et culturelle des Palestiniens de Syrie. Dans ce contexte et au sein d'une population particulièrement politisée, le soulèvement contre le régime de Bachar al-Assad suscite des formes d'adaptation, de reconversion, ou des ruptures au sein des tissus associatif et politique existants, ainsi que l'émergence de formes de mobilisation et d'organisation inédites.

La neutralité du départ

Les premières réactions des Palestiniens face au soulèvement syrien sont filtrées par la mémoire encore vivace des conflits passés, qui ont vu les Palestiniens s'impliquer dans d'autres pays arabes d'accueil : les événements de « Septembre noir » en Jordanie (1970), la guerre du Liban (1975-1990) et la guerre du Golfe (1990-1991). C'est pour cela que les Palestiniens souhaitent à tout prix empêcher les tentatives du régime de les désigner comme les boucs émissaires de la contestation, et cherchent à garder une posture neutre. Cependant, la proximité des périphéries urbaines où se sont allumées les premières étincelles du soulèvement populaire explique que les camps ont été très tôt touchés par les attaques perpétrées par l'armée syrienne dans le but de taire le mouvement. C'est le cas, par exemple, des camps de réfugiés situés dans les villes de Deraa, Lattaquié et Homs qui, dès le début, ont été gravement endommagés par des tirs d'obus et de roquettes de la part du régime syrien. La proximité des quartiers « révolutionnaires » explique aussi la mobilisation des Palestiniens pour venir en aide aux victimes syriennes touchées par la répression. Le camp de Yarmouk, qui

1. À cette époque, entre 85 000 et 100 000 réfugiés palestiniens sont arrivés en Syrie. D'autres vagues migratoires ont eu lieu après la guerre de juin 1967, de « Septembre noir » (1970) en Jordanie, de l'expulsion de l'Organisation de libération de la Palestine (OLP) du Liban en 1982, de la guerre du Golfe en 1990 et de l'invasion américaine en Irak en 2003.

2. Au cours des émeutes guidées par une composante des Frères musulmans, réprimées dans le sang, le régime mène aussi des vagues d'emprisonnement parmi les membres du Fatah en Syrie et au Liban, accusés de financer et d'armer les opposants syriens.

3. Sur les rapports entre générations au sein du camp de Yarmouk, ainsi que sur leurs différentes relations au camp, à la cause palestinienne et à la société syrienne, voir le film *Les Chababs de Yarmouk* d'Axel Salvatori-Sinz, projeté au cinéma en 2013.

parvient à se maintenir à l'écart des violences, pendant la première année, devient un abri sûr pour des milliers de Syriens fuyant les régions bombardées (la ville de Homs dans un premier temps, puis le proche quartier de Tadamon). Cet afflux engendre une mobilisation massive de la population dans l'organisation de l'accueil et des aides humanitaires. « Les Palestiniens et les Syriens sont un seul peuple ! » ; « Avis aux déplacés syriens : les maisons des réfugiés palestiniens sont ouvertes pour vous accueillir ! » Ce sont les principaux messages de solidarité affichés par les Palestiniens sur des pancartes, en échange de l'accueil que les Syriens leur ont réservé en tant que réfugiés.

Mobilisations individuelles et collectives

À ces formes de solidarité s'ajoutent aussi des formes de mobilisation proprement politiques. Elles sont d'abord de type individuel : la participation aux manifestations organisées dans les quartiers voisins du Midan (au nord), de Hajar al-Aswad (au sud), ainsi que dans la vieille ville de Damas et qui visent à maintenir la communauté des réfugiés à l'abri de la répression et des tentatives de stigmatisation du régime. Parmi les raisons évoquées comme moteur de ces mobilisations, le partage des mêmes revendications de dignité et de liberté des Syriens, mais aussi le sentiment d'appartenance vis-à-vis d'un pays au sein duquel la majorité d'entre eux est née et a grandi[1].

Parallèlement, des manifestations collectives s'organisent aussi au sein du camp de Yarmouk, suite notamment aux commémorations de la *Nakba* et de la *Naksa* qui ont lieu respectivement le 15 mai et le 5 juin 2011. Alors que le régime syrien autorise des Palestiniens à se rendre dans la zone du Golan, sous occupation israélienne, plus de 20 personnes trouvent la mort sous les tirs de l'armée israélienne. Des funérailles sont organisées à Yarmouk pour accueillir les dépouilles. Elles mobilisent des milliers de personnes. Des slogans de rage contre les factions palestiniennes se conjuguent aux premiers slogans dénonçant l'instrumentalisation des commémorations par le régime Assad, qui souhaitait détourner l'attention de la répression interne et rappeler son rôle dans la stabilité régionale.

Mais le basculement du camp de Yarmouk dans le soulèvement intervient à la suite du bombardement du quartier de Tadamon, aussi appelé bombardement de la rue al-Jaoun, et de la mosquée Abdel-Kader, en juillet 2012, qui provoque la mort de 22 Palestiniens[2]. Cet épisode donne lieu à une manifestation de masse, qui prend une tournure ouvertement anti-régime. C'est à l'issue de cette manifestation que les Palestiniens sont identifiés par Damas comme une menace, la relative immunité dont ils bénéficiaient jusqu'à ce jour part en fumée.

La rupture est, en outre, consacrée au niveau politique entre le Hamas et le régime syrien. En février 2012, après des mois d'hésitation, Ismail Haniyya, leader du Hamas et Premier ministre de Gaza, se déclare « en faveur du peuple syrien et de ses aspirations démocratiques ». Son discours au Caire est suivi de la fermeture du siège du Hamas à Damas et du départ des leaders du mouvement. Cette rupture encourage les partisans du Hamas, populaire dans le camp de Yarmouk, à entreprendre des activités dans le domaine humanitaire, dans lesquelles sont déjà mobilisés tant des militants palestiniens

1. Entretiens réalisés en janvier 2012 via Skype avec Hossam, trente-neuf ans, enseignant à l'université de Damas, et Safa, trente-cinq ans, secrétaire dans une entreprise privée syrienne.

2. Information rapportée par Khalil, quarante-huit ans, enseignant et ancien militant du parti communiste palestinien. Entretien effectué en mai 2014.

laïques et favorables au soulèvement, que des partisans du MJIP. Les autres factions de la gauche, tels le Front populaire pour la libération de la Palestine (FPLP) et le Front démocratique pour la libération de la Palestine (FDLP), gardent le silence, car faibles et dépendants du régime, comme le sont les partisans du Fatah[1]. Plusieurs de leurs militants se désengagent pour participer aux manifestations et à la diffusion d'informations.

La militarisation du conflit

Les premiers signes de la militarisation du camp palestinien apparaissent avec la formation de « comités populaires », milices armées composées principalement par des membres du FPLP-CG et du Fatah al-Intifada, organisations palestiniennes proches du régime syrien. Ces milices ont alors pour but de garantir la mise en place d'une répression « intra-palestinienne » au sein du camp, veillant à étouffer la contestation et le soutien à l'opposition. En réaction, de larges pans de la population de Yarmouk plaident pour la mise en place par l'ensemble des factions de l'OLP[2] de forces armées conjointes, chargées de garantir la protection et la neutralité du camp. Ces appels restent lettre morte et Yarmouk se trouve plongé dans le conflit. En septembre 2012, Yarmouk passe sous le contrôle de l'Armée syrienne libre (ASL) et se transforme en champ de bataille. De nouvelles milices armées se forment et recrutent parmi les habitants avec, pour objectif, de se défendre à la fois du régime mais aussi des exactions commises à leur encontre par des groupes de l'opposition armée, notamment le groupe Suqour al-Joulan[3]. Parmi ces milices nées dans le camp, le groupe Aknâf Bayt al-Maqdis mobilise d'anciens militants du Hamas et devient, au fil des mois, l'une des formations les plus influentes.

La « seconde *Nakba* » et le siège

En décembre 2012, les bombardements de l'aviation syrienne provoquent le déplacement massif des habitants de Yarmouk. Cet épisode est associé, dans l'imaginaire collectif, à l'exode originel de la *Nakba* en 1948-1949. Une partie des habitants fuit vers les quartiers de la capitale pour se mettre à l'abri (Qudsayya et Sahnaya) en faisant des allers-retours dans le camp ; d'autres prennent la route des pays voisins (Liban, Jordanie, Turquie et Égypte) et sont souvent éconduits aux frontières, faute de documents de voyage ou d'autorisations appropriées. Seuls les plus démunis, entre 30 000 et 50 000 personnes, demeurent dans le camp en 2014[4].

Incapable de reprendre le contrôle de Yarmouk et des quartiers du sud de la capitale, le régime décide d'employer le siège comme ultime arme de guerre : en imposant un contrôle strict sur les habitants et les denrées alimentaires, son objectif est d'épuiser les combattants et d'imposer une sanction collective à l'ensemble de la population civile accusée de complicité. Le siège de Yarmouk commence en janvier 2013 : les forces régulières et les milices du FPLP-CG établissent des

1. Sur la posture des acteurs palestiniens vis-à-vis du conflit syrien, voir Nicolas Dot-Puillard, « Les Palestiniens déchirés par la crise syrienne », *Orient XXI,* octobre 2013, en ligne : https://orientxxi.info/magazine/les-palestiniens-dechires-par-la-crise-syrienne,0389.

2. Notamment le Front populaire de libération de la Palestine et le Front démocratique de libération de la Palestine.

3. Accusé d'avoir commis de nombreux pillages à l'encontre des habitants du camp de Yarmouk, ce groupe armé a ensuite été évincé de l'ASL.

4. Conversation Skype réalisée avec un habitant du camp en janvier 2014.

barrages aux accès du camp et placent des snipers sur les toits des bâtiments les plus élevés. Le siège se durcit en juillet 2013, avec l'interdiction de circulation des personnes et des denrées alimentaires[1]. Un slogan affiché à l'entrée du camp renseigne les habitants sur leur destin : « La faim ou la soumission ! »

Les effets du siège s'avèrent dramatiques pour Yarmouk qui, contrairement aux quartiers environnants, tels que Yalda, ne dispose pas de terres cultivables. La famine s'installe, elle fait près de 194 victimes[2]. C'est dans ce contexte que des initiatives de solidarité et des formes de résilience se mettent en place. Des écoles alternatives, établies dans les souterrains des bâtiments, assurent la scolarisation des enfants restés dans le camp où les écoles de l'URNWA ont fermé, des jardins urbains où sont cultivés fruits et légumes apparaissent sur les toits des maisons[3].

De l'État islamique au contrôle du régime

Au cours de l'année 2013, les changements qui se produisent dans l'ensemble du paysage syrien se répercutent peu à peu sur le camp de Yarmouk. Le Front al-Nosra, groupe armé syrien affilié à Al-Qaida, s'impose alors aux dépens de l'ASL et devient, avec la milice Aknâf Bayt al-Maqdis, une des principales forces militaires au sein du camp. Quant à l'État islamique en Irak et au Levant (EIIL), il apparaît d'abord dans la région de Yalda au sud de Yarmouk et cherche, pour la première fois en juillet 2014, à entrer dans le camp. Mais c'est seulement en avril 2015, suite à une série de meurtres visant des Palestiniens engagés dans des organisations civiles, qu'il parvient à pénétrer dans le camp[4].

L'entrée de l'EI dans le camp a également fourni au régime syrien une monnaie d'échange face aux Palestiniens. Pour contrer l'avancée de l'EI, le régime a proposé son aide aux miliciens d'Aknâf Bayt al-Maqdis par l'intermédiaire du FPLP-CG, dans le but de se réimposer comme la seule alternative possible face à l'avancée de l'EI. Entre 2015 et 2018, le camp est largement vidé de sa population, les quelques milliers d'habitants restés et assiégés s'étant installés dans les quartiers du sud, Babbila et Beit Sahm. Il demeure une zone tampon jusqu'en avril 2018 date à laquelle, suite à une campagne massive de bombardements par la Russie, Damas reprend le contrôle de Yarmouk. Les combattants armés avec leurs familles, ainsi que les civils sont alors acheminés vers le nord du pays.

Un retour et une reconstruction incertains

Depuis 2011, le conflit a causé le décès de près de 4 000 Palestiniens[5] et contraint

1. Voir Salim Salamah, « Starving the Palestinian Yarmouk Camp », Carnegie Middle East Center, avril 2014, en ligne : https://carnegie-mec.org/diwan/55450.

2. Voir le rapport publié par Amnesty International, *Inside Yarmouk : Life under siege*, avril 2015, en ligne : https://www.amnesty.org.uk/yarmouk-camp-starvation-siege-syria.

3. Abdallah Al-Khatib fait partie des activistes qui participent à ces actions au cours du siège de Yarmouk. Il est le réalisateur du film *Little Palestine* (2021) et l'auteur du texte « Les 40 règles du siège » repris ici p. 498. (*N.D.E.*)

4. Pour plus d'informations sur ce sujet et sur les affrontements qui suivent l'entrée de l'EI à Yarmouk, voir : Valentina Napolitano, « Yarmouk une guerre de tous contre tous », *Noria-Research Paper*, mai 2015, en ligne : https://www.noria-research.com/fr/yarmouk-une-guerre-de-tous-contre-tous/.

5. Il s'agit d'une estimation fournie par le Groupe d'action pour les Palestiniens de Syrie basé à Londres. URL : https://www.actionpal.org.uk/en/statistic-and-charts/3/8/map/statistic-tables-and-charts-of-victims-detainees-and-missing-people.

près de 280 000 d'entre eux à se déplacer à l'intérieur du pays et 120 000 autres à trouver refuge dans les pays voisins[1] (le Liban, la Jordanie, la Turquie, l'Égypte), voir plus loin en Europe et en Amérique du Nord. Alors que le régime syrien a annoncé la fin de la guerre et appelé au retour des réfugiés, les menaces de la conscription dans l'armée et de l'emprisonnement des opposants demeurent réelles et rendent impossible un retour en Syrie. Par ailleurs, les camps palestiniens ont été gravement endommagés et risquent aujourd'hui d'être englobés dans les plans de reconstruction que le régime souhaite mettre en œuvre dans les autres quartiers qui ont été au cœur du soulèvement[2]. Un plan de réorganisation urbain a été approuvé en juin 2020. Il envisage Yarmouk comme un quartier syrien, sans tenir compte de l'histoire et du rôle de cet espace dans la préservation de la question des réfugiés palestiniens. Il conditionne le retour des habitants à la possession d'un titre de propriété, que la majorité des Palestiniens ne possèdent pas en raison du caractère informel de leurs habitations. Par ailleurs, ce retour concerne seulement un quart de la superficie du camp, correspondant au plan originel des années 1960, alors que les autres zones issues de son expansion urbaine, et qui ont été aussi les plus touchées par les destructions, seront démolies. Des logements mais aussi des centres commerciaux et d'investissement sont prévus à leur place. S'ils entrent en vigueur, ces plans risquent d'exproprier une bonne partie des Palestiniens et menacent de disparition ce symbole de la question des réfugiés qu'est le camp de Yarmouk, aussi connu comme « la capitale de la diaspora ».

1. Voir les données publiées sur la page de l'UNRWA : https://www.unrwa.org/syria-crisis.

2. Sur la reconstruction en Syrie, voir Said Salam et Jihad Yazigi, « The Reconstruction of Syria Socially Just Re-integration and Peace Building or Regime Re-consolidation ? », *International Policy Analysis*, décembre 2018, http://library.fes.de/pdf-files/iez/14939.pdf.

4

Bombardements

Homs, quartier de Khâldiyyé, 3 février 2012

Témoignage du photoreporter Mani[1]

Le photoreporter Mani, présent à Homs pour Le Monde, *s'est rendu dans le quartier de Khâldiyyé, visé par des bombardements, où plus de 200 personnes ont été tuées, le vendredi 3 février 2012.*

Je pars à 10 heures du quartier de Baba Amr, le bastion du soulèvement contre le régime de Bachar al-Assad, contrôlé entièrement par l'Armée libre de Syrie. Je suis monté à bord d'un taxi qui franchit aussi vite que possible les axes toujours contrôlés par les forces loyalistes, où la menace des tirs de snipers est permanente. Nous croisons d'ailleurs sur notre route un véhicule abandonné criblé d'impacts. Arrivé dans le quartier de Khâldiyyé, je me rends dans la rue visée par les premiers obus. Selon les témoins, les tirs provenaient de lieux de la ville contrôlés par les forces loyalistes.

Elle se situe à une vingtaine de mètres de la place principale, Jennat al-Oulou, lieu des rassemblements nocturnes quotidiens contre le régime au pouvoir à Damas. La rue porte encore les stigmates des bombardements de la veille : traces d'impacts et nappes de sang.

Des témoins me livrent leur récit de la nuit : le premier obus est tombé vers onze heures du soir, après la fin de la manifestation qui avait eu lieu sur la place voisine. Un secouriste a tenté de disperser les personnes venues constater les dégâts mais il a dû partir avec les premiers blessés secourus. C'est alors qu'un deuxième puis un troisième obus sont tombés au même endroit, fauchant les présents. Puis deux autres obus sont tombés dans une rue adjacente, toujours à quelques mètres seulement du cœur de Khâldiyyé.

Après avoir visité les lieux du drame, je me rends sur la place où commence à affluer la foule venue rendre hommage aux victimes. Lorsque les corps arrivent sur la place, je compte 21 hommes, 23 femmes et 2 enfants, soit 46 morts au total. Des témoins m'indiquent que des funérailles ont déjà été organisées le matin même, conformément aux préceptes musulmans qui commandent que les obsèques aient lieu le plus vite possible après le décès. Selon leurs

1. Texte publié dans *Le Monde* le 4 février 2012, URL : https://www.lemonde.fr/proche-orient/article/2012/02/04/a-homs-des-temoins-parlent-d-un-des-plus-grands-massacres-depuis-le-debut-du-soulevement_1639043_3218.html. Autres reportages de Mani sur Homs : URL : https://www.lemonde.fr/proche-orient/article/2011/11/25/le-recit-du-photo-reportage-a-homs-de-mani_1609421_3218.html ; URL : https://www.lemonde.fr/proche-orient/article/2012/01/28/il-est-16-h-30-un-massacre-a-eu-lieu-a-nasihine_1635842_3218.html ; URL : https://www.lense.fr/news/homs-des-images-au-coeur-dune-revolte-sanglante/ En septembre 2012, Mani a reçu le Visa d'or humanitaire décerné par la Croix-Rouge internationale : URL : https://www.icrc.org/fr/doc/resources/documents/news-release/2012/visa-d-or-news-2012-09-05.htm. Sur ses reportages ultérieurs en Syrie : URL : https://www.lemonde.fr/le-monde/article/2012/12/30/le-photoreporter-mani-repart-en-syrie_5981154_4586753.html ; URL : https://esjmontpellier.com/blogs/visa2013/2013/08/29/mani-le-reportage-de-guerre-nest-pas-une-fin-en-soi/ (Claire A. Poinsignon).

chiffres, entre 15 et 30 morts auraient été ainsi enterrés dans la matinée.

La différence entre le nombre de morts annoncé par l'opposition et celui que j'ai obtenu sur place n'est pas forcément surprenante. Les structures de santé de Khâldiyyé ont été totalement submergées par le grand nombre des victimes. Les dispensaires de fortune ont été à ce point pris d'assaut qu'il a fallu réquisitionner en toute hâte des appartements voisins. Un centre de santé scolaire fermé par les autorités au début du soulèvement a été forcé pour pouvoir accueillir des blessés. Une partie des victimes des bombardements, qui ne se sont pas limités aux rues que j'ai parcourues puisqu'on m'a également rapporté des attaques au RPG, a été évacuée en dehors du quartier. Il est vraisemblable qu'elles n'aient pas ensuite été ramenées à Khâldiyyé.

Comme les hôpitaux publics encore en service à Homs sont contrôlés par les *mukhâbarât*, les services de sécurité, les blessés sont généralement conduits dans des cliniques privées où ils sont traités rapidement. Lorsque des personnes décèdent de leurs blessures, il arrive que leur corps soit alors conduit vers les hôpitaux publics où il est rendu à leur famille après des procédures administratives parfois longues. [...]

Les obsèques organisées samedi vers midi ont rassemblé une foule imposante. Des milliers de personnes avaient convergé vers la place dont une moitié au moins était noire de monde. Selon les personnes présentes, il s'agit du plus grand massacre depuis celui de la place Sâ'a (la place de l'Horloge), lorsqu'un sit-in avait été réprimé dans le sang par l'armée syrienne au début du soulèvement.

L'élimination des témoins journalistes

Claire A. Poinsignon

Les journalistes étrangers blessés ou tués à Homs

Dès 2011, plusieurs journalistes étrangers gagnent Homs où l'armée du régime bombarde sans merci les activistes pacifiques, les rebelles armés et les civils, et encercle les quartiers de la ville qui se sont soulevés, dont celui de Baba Amr [ou Baba Amro, selon les transcriptions], ancien village peuplé à l'origine de Turkmènes. Trois d'entre eux y laissent la vie et trois sont blessés. Gilles Jacquier, grand reporter à France 2, tué à Homs le 11 janvier 2012, a, selon toute vraisemblance, été victime d'un piège tendu par le régime. Son épouse photographe, Caroline Poiron, avec lui à Homs, mène l'enquête à son retour et publie (avec Sid Ahmed Hammouche et Patrick Vallelian, coauteurs) *Attentat express. Qui a tué Gilles Jacquier ?* (Seuil, 2013). Marie Colvin, reporter de guerre américaine travaillant pour le *Sunday Times,* a été tuée à Homs le 22 février 2012. Précédée de sa légende, elle était accompagnée du photographe Paul Conroy et d'un journaliste citoyen, Wael al-Omar. Paul Conroy s'en sort, blessé. Wael al-Omar, blessé, vit aujourd'hui en exil à Helsinki.

La disparition de Colvin, à l'entrée du centre des médias de Homs, théoriquement clandestin, a fait l'objet d'une biographie, d'un documentaire, *Under the Wire,* tiré du livre de Conroy et d'un film, *A Private War*, de style hollywoodien, sorti en Grande-Bretagne[1]. Surtout, la famille de Colvin a obtenu un jugement qui « donne un sens à sa mort » et fera date dans l'histoire de la presse : le 31 janvier 2019, une juge de Washington a accusé le régime syrien d'« assassinat ciblé » dans le cadre de sa politique d'intimidation des journalistes considérés comme « des ennemis de l'État » et l'a condamné à verser la somme de 302,5 millions de dollars (264 millions d'euros) à la famille de la journaliste. Scott Gilmore, du Center for Justice and Accountability, qui a mené les investigations, espère que ce verdict « enverra un puissant signal aux auteurs de crimes de guerre en Syrie que justice sera rendue ».

Rémi Ochlik, 28 ans, remarqué pour ses photos sur les « printemps arabes », parti pour *Paris Match,* a été tué aux côtés de Marie Colvin. En 2018, la Fédération internationale des droits de l'homme (FIDH) et les avocats des journalistes disparus et des rescapés demandaient déjà au pôle spécialisé Crimes contre l'humanité, crimes et délits

1. Le documentaire *Under the Wire* et le film *A Private War* sont sortis dans le monde anglo-saxon uniquement : https://www.middleeasteye.net/fr/reportages/les-dernieres-heures-de-marie-colvin-journaliste-americaine-tuee-en-syrie.

de guerre du tribunal de grande instance (TGI) de Paris, qui instruit le dossier depuis 2014, de procéder enfin à des inculpations. Espérons que le « signal » en provenance de Washington va encourager Paris à presser le pas.

Les carnets de bord, les reportages ou les témoignages rapportés par Sofia Amara, Manon Loizeau, Jonathan Littell, Jean-Pierre Perrin… s'emboîtent les uns dans les autres, fragments d'une histoire qui reste à écrire. Parmi eux, celui d'Édith Bouvier, gravement blessée, ce même 22 février 2012. Son livre-témoignage *Chambre avec vue sur la guerre* (Flammarion, 2012) se termine sur une liste qui égrène les noms des 189 personnes tuées à Homs du 22 février au 2 mars 2012, au lendemain de la reprise de Baba Amr par les forces du régime, rasé depuis et entouré d'un mur.

Le centre de presse de Baba Amr et la disparition d'Ali Othman

« De taille moyenne, brun et le regard doux, Ali Othman est connu de tous les journalistes passés par Homs et le quartier de Baba Amr, écrit Édith Bouvier, à son retour à Paris dans *Le Figaro* du 3 avril 2012[1]. Dans sa ville, il est surnommé "El Jed", le grand-père. » « "El-Jed", poursuit-elle, était l'un des trois responsables du centre de presse de Baba Amr. Lorsque nous y sommes arrivés en février dernier, avec William Daniels et Rémi Ochlik, c'est lui qui nous a accueillis. Le lendemain, quand les obus sont tombés sur la maison, tuant Rémi et Marie Colvin, me blessant à la jambe ainsi que Paul Conroy du *Sunday Times*, il a contribué à nous sortir de ce piège et nous a accompagnés à l'hôpital pour y recevoir les premiers soins. Présent tout au long de notre séjour dans le quartier meurtri et ravagé, Ali Othman a joué un rôle clé dans notre exfiltration de Baba Amr, prenant de grands risques pour nous sauver la vie.

Quand la révolution a éclaté en Syrie, ce marchand de légumes s'est transformé en résistant de l'information, jusqu'à devenir l'un des plus actifs du pays. Chaque jour, il filmait les manifestations ou les destructions et les postait sur Internet afin de témoigner de l'enfer que vivaient les habitants du quartier de Baba Amr[2].

Après notre départ et la prise du quartier par les autorités syriennes, Ali Othman a été contraint de fuir pour se réfugier plus au nord, à Alep. Il n'a jamais tenté de sortir du pays, décidé à aider les siens jusqu'au bout. Interpellé par les services de renseignements syriens le 28 mars dernier, il a été transféré le surlendemain à Damas. Quelques jours plus tôt, dans l'une de ses dernières communications sur Internet, il avait exprimé sa crainte d'être accusé de "collusion avec un pays hostile", la France, et de payer de sa vie notre libération.

Son arrestation, en même temps que celle de Noura al-Jizawi[3], une autre activiste, a entraîné la capture de vingt personnes du réseau d'activistes syriens. »

Des diplomates et des associations de défense des droits de l'homme ont demandé sa libération. En vain.

En 2018, le gouvernement syrien a reconnu la mort en détention de 836 disparus, dont des journalistes, en mettant à

1. Voir aussi « Syrie, chambre d'hôpital avec vue sur Baba Amr », *Le Figaro*, 8 mars 2012 https://www.lefigaro.fr/international/2012/03/08/01003-20120308ARTFIG00660-syrie-chambre-d-hopital-avec-vue-sur-baba-amr.php.

2. Interview d'Ali Othman décrivant les bombardements sur la ville de Homs https://www.youtube.com/watch?v=KVixgeEPfRg&feature=share.

3. Relâchée en 2012, elle choisit l'exil à cause de sa sœur, incarcérée et torturée à cause d'elle. Elle vit désormais au Canada où elle a repris ses études. (« From Torture Victim to Human Rights Student », BBC, 18 octobre 2017).

jour ses listes d'état civil[1]. Le 15 avril 2019, sur Twitter, Louisa Loveluck, chef du bureau du *Washington Post* à Bagdad (Irak), annonce sa mort dans les geôles du régime, selon Mansour Omari [consultant de RSF pour la Syrie]. « Selon un document reçu en février par son frère, il est mort depuis le 30 décembre 2013, ajoute-t-elle dans un second tweet. La famille ne le savait pas. » Reporters sans frontières (RSF) publie un communiqué le 19 avril 2019[2], en précisant que la famille demande la confirmation du décès et la restitution du corps. « Interpellé par les services de renseignements syriens, à Alep, en mars 2012, Ali Othman avait été forcé à des "confessions" filmées et diffusées à la télévision syrienne en avril 2012, poursuit le communiqué. Il y était notamment interrogé sur ses images et ses relations avec les manifestants et les journalistes étrangers[3]. »

Enfin RSF, en s'appuyant sur les statistiques du Réseau syrien pour les droits de l'homme (Syrian Network for Human Rights, SNHR), rappelle que des dizaines de journalistes syriens sont toujours portés disparus en Syrie, la plupart du temps arrêtés par les forces gouvernementales, plus rarement enlevés par les groupes armés (de Jaysh al-Islam à Daech).

1. URL : http://sn4hr.org/wp-content/pdf/english/By_Acknowledging_the_Death_of_836_Forcibly_Disappeared_Syrians_at_its_hands_the_Syrian_Regime_Convicts_itself_en.pdf.

2. « Syrie, décès probable dans les prisons du gouvernement d'Ali Othman, un célèbre journaliste de Homs », RSF, 19 avril 2019 (mis à jour le 11 mars 2020) https://rsf.org/fr/actualites/syrie-deces-probable-dans-les-prisons-du-gouvernement-dali-othman-un-celebre-journaliste-de-homs.

3. « Ali Othman, témoin livré aux sbires du régime », *Le Figaro*, 3 avril 2012, https://www.lefigaro.fr/international/2012/04/03/01003-20120403ARTFIG00573-ali-othman-temoin-livre-aux-sbires-du-regime-syrien.php. Témoignage sur les « aveux » qui lui avaient été extorqués sous la torture https://www.youtube.com/watch?v=zSbjVnzYQ8g. Le journaliste Shiyar Khalil a témoigné de la torture qu'il avait subie dans une situation similaire à celle qu'aurait connue Ali Othman, où ses interrogateurs lui avaient fait dire « avoir fabriqué de fausses informations contre Bachar al Assad et être un terroriste », https://syriadirect.org/news/after-prison-syrian-journalist-documents-abuses-against-detainees-%E2%80%98i-can%E2%80%99t-forget-anyone-inside%E2%80%99/.

Derniers témoignages de Marie Colvin, février 2012[1]

Sélection et traduction par Claire A. Poinsignon

Marie Colvin était la seule journaliste britannique présente à l'intérieur de l'enclave syrienne assiégée de Baba Amr. Voici des extraits de son dernier reportage et de sa dernière interview.

La cave des veuves

Ils l'appellent la « cave des veuves ». Au milieu de lits de fortune et d'affaires éparpillées, des femmes et des enfants effrayés sont pris au piège de l'horreur de Homs, la ville syrienne secouée par deux semaines de bombardements incessants.

Parmi les 300 personnes blotties dans cette cave d'usine à bois du quartier assiégé de Baba Amr se trouve Nour, 20 ans, qui a perdu son mari et sa maison à cause des obus et des roquettes. « Notre maison a été touchée par une roquette, nous étions donc 17 à rester dans une seule pièce », se souvient-elle alors que Mimi, sa fille de trois ans, et Muhammad, son fils de cinq ans, s'accrochent à son *abaya*. « Nous n'avions eu que du sucre et de l'eau pendant deux jours, alors mon mari est parti chercher de la nourriture. » C'est la dernière fois qu'elle a vu Mazyad, 30 ans, qui travaillait dans un atelier de réparation de téléphones portables. « Il a été mis en pièces par un obus de mortier. » Pour Nour, ce fut une double tragédie. Car Adnan, son frère de 27 ans, a été tué aux côtés de Mazyad.

Tout le monde dans la cave a connu des épreuves ou des deuils similaires. Le refuge a été choisi parce que c'est l'un des rares sous-sols de Baba Amr. Des matelas en mousse sont empilés contre les murs et les enfants n'ont pas vu la lumière du jour depuis le début du siège, le 4 février. La plupart des familles ont fui leur maison avec seulement leurs vêtements sur le dos. La ville est dangereusement à court de provisions et les seules nourritures ici sont du riz, quelques boîtes de thon livrées par un cheikh local qui les a pillées dans un supermarché bombardé, et du thé.

Un bébé né dans la cave la semaine dernière a l'air aussi choqué que sa mère, Fatima, 19 ans, qui s'y est réfugiée lorsque la maison de plain-pied de sa famille a été détruite. « Nous avons survécu par miracle », chuchote-t-elle. Fatima est tellement traumatisée qu'elle ne peut pas allaiter, le bébé n'est donc nourri que de sucre et d'eau ; il n'y a pas de lait maternisé. Fatima peut être veuve ou non. Son mari, un berger, était à la campagne lorsque le siège a commencé et elle est sans nouvelles de lui depuis.

La cave des veuves reflète le calvaire de 28 000 hommes, femmes et enfants qui s'accrochent à l'existence à Baba Amr, un district de maisons basses faites de blocs de

1. Marie Colvin, « Final Dispatch from Homs the Battered City », *The Sunday Times*, 19 février 2012 (« Dernière dépêche de Homs, la ville meurtrie »), https://www.thetimes.co.uk/article/final-dispatch-from-homs-the-battered-city-0ntg7xk3397. Voir aussi Europe 1, 22 février 2012 et France Info, « Le monde de Marie », 11 avril 2018, sur son assassinat dû à un meurtre commandité.

béton entouré de tous côtés par les forces syriennes. L'armée lance des roquettes Katioucha, des obus de mortiers et des obus de chars au hasard. Des tireurs d'élite sur les toits de l'université Al-Baath et d'autres bâtiments en hauteur entourant Baba Amr tirent sur tout civil qui se présente à eux. Les habitants ont été abattus en masse dans les premiers jours du siège, mais ils ont maintenant appris où se trouvent les tireurs et courent à travers les carrefours où ils savent qu'ils peuvent être vus. Peu de voitures circulent dans les rues. [...]

À Baba Amr, l'Armée syrienne libre (ASL), visage armé de l'opposition à Assad, bénéficie du soutien quasi unanime des civils qui la considèrent comme leur défenseur. C'est un combat inégal : les chars et l'armement lourd des troupes d'Assad contre les kalachnikovs de l'ASL. Environ 5 000 soldats syriens se trouveraient dans la périphérie de Baba Amr, et l'ASL a reçu hier des informations selon lesquelles ils prépareraient un assaut au sol. Les habitants redoutent l'issue de cette attaque.

« Nous vivons dans la crainte que l'ASL ne quitte la ville », déclare Hamida, 43 ans, qui se cache avec ses enfants et la famille de sa sœur dans un appartement vide au rez-de-chaussée après que leur maison a été bombardée. « Il y aura un massacre. » ; « Pourquoi avons-nous été abandonnés par le monde ? » La question est sur toutes les lèvres. [...]

Si l'armée syrienne arrive à Baba Amr, les combattants de l'ASL auront peu de chances contre ses chars, son armement supérieur et ses effectifs. Cependant, ils se battront férocement pour défendre leurs familles car ils savent qu'un massacre est susceptible de suivre tout échec dans leur camp, si l'on en croit les actions passées du régime Assad. Les membres de l'ASL comptent en partie sur les défections de l'armée d'Assad car elle n'accepte pas de civils dans ses rangs [...]

Mais il est devenu plus difficile pour les soldats de faire défection au cours du dernier mois. Selon Abou Sayyed, 46 ans, un major-général qui a fait défection il y a six mois, chaque unité militaire syrienne se voit désormais assigner un membre des *mukhâbarât*, les redoutables services de renseignements, qui a pour ordre d'exécuter tout soldat refusant un ordre de tirer ou qui tente de faire défection. L'armée, tout comme le pays, pourrait bien être sur le point de se diviser selon des lignes sectaires. La plupart des officiers sont membres de la secte alaouite, le clan minoritaire chiite auquel appartient la famille Assad, tandis que les fantassins sont sunnites.

Le test à venir pour l'armée sera de savoir si ses rangs tiennent au cas où on lui ordonne de tuer un nombre croissant de ses frères. La partie du pays qui s'étend à l'est de la frontière libanaise et comprend Homs est sunnite ; dans les villages, on dit que les officiers qui ordonnent des attaques sont des alaouites qui se battent pour la famille Assad, et non pour leur pays. Le moral de l'armée d'Assad, malgré sa supériorité, serait bas car elle est mal payée et mal approvisionnée, bien que ces informations proviennent surtout de transfuges. « La première chose que nous avons faite quand nous avons attaqué la maison a été de nous précipiter vers le réfrigérateur », avoue un transfuge. [...]

Pour l'instant, il s'agit d'une impasse violente et mortelle. L'ASL n'est pas près de gagner et ses réserves de munitions s'amenuisent. Le seul véritable espoir de succès pour les adversaires d'Assad est que la communauté internationale leur vienne en aide, comme l'a fait l'OTAN contre Mouammar Kadhafi en Libye. Jusqu'à présent, il semble peu probable que cela se produise en Syrie. Les observateurs considèrent qu'une solution négociée est peut-être un objectif lointain, mais que c'est le meilleur moyen de sortir de cette impasse. Bien qu'aucune des deux parties ne semble prête à négocier, de sérieux efforts sont déployés en coulisse pour persuader la Russie de faire participer Assad aux pourparlers.

Alors que les diplomates internationaux tergiversent, le désespoir grandit à Baba Amr. Hamida, 30 ans, qui se cache dans un appartement avec sa sœur et leurs 13 enfants après que deux missiles ont frappé leur maison, partage ce désespoir. Trois petites filles, âgées de 16 mois à 6 ans, dorment sur un matelas déchiré à même le sol ; trois autres se partagent un second matelas. Ahmed, 16 ans, l'aîné des enfants de sa sœur, a été tué par un missile alors qu'il était parti chercher du pain. « Les enfants crient tout le temps, dit Hamida. Je me sens tellement impuissante, ajoute-t-elle en se mettant à pleurer. Nous nous sentons tellement abandonnés. Ils ont donné à Bachar al-Assad le feu vert pour nous tuer. »

« J'ai vu un bébé mourir aujourd'hui ». Dernière interview[1]

La mort du bébé a été déchirante, peut-être parce qu'il était si calme. L'un des premiers chocs, bien sûr, a été que la grand-mère avait aidé – par pure coïncidence – aux urgences, et s'était mise à crier : « C'est mon petit-fils, où l'avez-vous trouvé ? » Et puis le médecin a dit qu'il n'y avait rien à faire. Nous avons juste regardé ce petit garçon, son ventre qui se soulevait alors qu'il essayait de respirer. C'était horrible. J'ai eu le cœur brisé. [...] Un autre membre de sa famille est arrivé plus tard, après sa mort, et a dit que la maison – au deuxième étage – avait été touchée par un obus. Ce petit garçon, de toute évidence, a pris un éclat en pleine poitrine.

Anderson Cooper – Certains verront ces images et diront que nous ne devrions pas les montrer, que c'est trop. Nous en discutons tout le temps. Pourquoi est-il important, selon vous, de voir ces images ? Pourquoi est-il important pour vous d'être là-bas ? En ce moment, vous êtes peut-être l'un des seuls journalistes occidentaux à Homs – notre équipe vient de partir.

Marie Colvin – J'ai eu une discussion avec vos collaborateurs, Anderson. Je suis convaincue qu'il faut les montrer. Quelque chose comme cela, je pense, est en fait plus fort pour quelqu'un qui n'est pas là, pour un public à qui ce conflit, n'importe quel conflit, semble lointain. C'est la réalité. Ce sont 28 000 civils, hommes, femmes et enfants, qui se cachent, sont bombardés, sont sans défense. Ce petit bébé est l'un des deux enfants qui sont morts aujourd'hui, l'un des enfants qui sont blessés chaque jour. Ce bébé fera probablement réfléchir plus de gens à ce qui se passe et pourquoi personne n'arrête ces meurtres à Homs, qui se produisent tous les jours.

Anderson Cooper – Le régime syrien affirme qu'il ne frappe pas les civils, qu'il n'y a pas de conflit armé, qu'il n'y a pas de guerre en Syrie, qu'il s'en prend uniquement aux gangs terroristes.

Marie Colvin – Toutes les maisons de civils dans cette rue ont été touchées. Nous parlons d'un quartier populaire très pauvre. Le dernier étage du bâtiment dans lequel je me trouve a été touché, en fait, totalement détruit. Il n'y a pas de cibles militaires ici. Il y a l'Armée syrienne libre : lourdement dépassée en nombre et en armement, elle ne dispose que de kalachnikovs et de lance-roquettes. Mais elle n'a pas de base. De plus en plus de jeunes hommes sont tués, beaucoup de jeunes adolescents qui sortent pour essayer de soigner les blessés. C'est donc un mensonge complet et absolu de dire que le régime ne s'en prend qu'aux terroristes. Il y a des roquettes, des obus, des obus de chars, des tirs antiaériens en lignes parallèles dans la ville. L'armée syrienne bombarde une population civile qui a froid et faim.

Anderson Cooper – Merci d'avoir utilisé le mot *mensonge*. Je pense que beaucoup de gens voudront vous remercier, parce que c'est un mot que nous n'entendons pas souvent, qu'il n'est pas souvent utilisé, mais c'est la vérité dans ce cas. Le régime syrien et ses représentants ont continuellement menti, et ils nous ont menti ici même dans ce programme. Marie, vous avez

1. *Marie Colvin's Last Call* (titre français : « J'ai vu un bébé mourir aujourd'hui »), CNN, 22 février 2012 : vidéo, et transcription : https://edition.cnn.com/videos/world/2012/02/22/ac-marie-colvin-syria-baby-dies.cnn ; https://edition.cnn.com/2012/02/22/world/marie-colvin-interview-transcript/index.html. Cette dernière interview, donnée par téléphone, a été accordée par Marie Colvin à la chaîne américaine CNN.

couvert beaucoup de conflits sur une longue période. À quoi comparer la Syrie ?

Marie Colvin – C'est le pire, Anderson, pour de nombreuses raisons. Je pense que la dernière fois que nous avons parlé, c'était quand j'étais à Misrata [en Libye]. C'est en partie une question de sécurité personnelle, je suppose. Il n'y a nulle part où aller : l'armée syrienne tient le périmètre. Et il y a juste beaucoup plus d'obus déversés sur la ville et aucun moyen de prédire où ils vont atterrir. De plus, il y a beaucoup de tireurs d'élite sur les bâtiments en hauteur entourant le quartier de Baba Amr. On peut savoir où se trouve un tireur, mais on ne peut pas savoir où un obus va atterrir. Si vous voyiez la terreur des gens, et l'impuissance de ces familles qui se cachent au premier étage. Tout ce qu'ils peuvent faire, c'est espérer que ça ne les touchera pas. C'est très, très difficile à observer.

Anderson Cooper – Et en termes de fournitures de médicaments, de nourriture ?

Marie Colvin – Ils sont à court de tout. En ce qui concerne les médicaments, il n'y en a pratiquement pas. Les seuls analgésiques de l'hôpital sont le paracétamol et l'ibuprofène, vous savez, les analgésiques que nous utilisons normalement pour un rhume ou un mal de tête. Il y a des opérations qui se déroulent avec ce seul anesthésique. De toute façon, dans les hôpitaux ici, quiconque est blessé par balle ou blessé par un éclat d'obus risque d'être arrêté ou de disparaître, les gens craignent d'être tués. Alors toute personne gravement blessée est dirigée clandestinement vers le Liban. Ils n'ont même pas de gants en caoutchouc. Les gants en caoutchouc que les médecins portent sont déchirés. Il y a un médecin, un dentiste et un vétérinaire qui soignent les blessés. C'est le genre de soins médicaux qu'il y a.

La mort de Rémi Ochlik

Émilie Blachère

Le photographe Rémi Ochlik a été tué à Homs le 22 février 2012 par une frappe ciblée de l'aviation syrienne. Il avait 28 ans. Sa compagne, Émilie Blachère, elle aussi journaliste, lui rend hommage dans le livre Une fleur sur les cadavres *(Plon, 2017)*[1]*. Elle y retrace le parcours d'Ochlik et les ressorts de son engagement professionnel et personnel qui, après l'avoir mené en Tunisie, en Égypte et en Libye, l'avait conduit à entrer clandestinement en Syrie. Elle y rassemble aussi les preuves sur les préparatifs de l'opération meurtrière et témoigne du travail de ceux et celles qui collectent les preuves de crimes de guerre commis en Syrie, les « chasseurs de bourreaux ». Parmi ces bourreaux, se trouvent les meurtriers d'Ochlik, désormais parfaitement identifiés. Une enquête judiciaire a été ouverte en France en 2012 dont les charges ont été requalifiées, en 2014, en crimes de guerre. D'autres victimes sont liées à cette procédure et attendent encore que justice soit rendue : les trois rescapés de l'attaque, Wael al-Omar, Édith Bouvier et Paul Conroy, et la famille de Marie Colvin, elle aussi tuée par le bombardement du centre de presse. Le corps de Rémi Ochlik a été rapatrié en France et ses obsèques célébrées le 7 mars 2012*[2]*.*

« Bonjour, Amour ! On est toujours au Liban, planqués dans une maison juste à côté de la Syrie ! On attend. Je t'embrasse. »

Derniers mots d'Ochlik, le 20 février 2012, à 14 h 59. Ce lundi-là, Rémi patiente depuis des heures dans une ferme, avec le journaliste espagnol Javier Espinosa. Tous deux sont à la frontière qui sépare le Liban et la Syrie. Entre les deux pays, les barrages et les mines de l'armée de Bachar al-Assad. À Qaa, dans la plaine libanaise de la Beqaa, Ochlik m'appelle donc pour l'ultime fois. Puis il éteint son portable, enlève puce et batterie, sépare et disperse chacune des pièces du mobile dans son sac et ses poches. Il doit être indétectable, invisible. Je sais que, tant qu'il se trouvera en Syrie, je n'entendrai plus le son de sa voix.

Homs se situe à 50 kilomètres d'eux. Rémi se lance dans un voyage en plein inconnu, en total chaos. Il traverse la frontière, bringuebalé à l'arrière d'une bécane qui pétarade dans la sorgue profonde. Un froid humide griffe, mord, coupe. Le brouillard d'hiver se dissipe lentement et laisse apparaître une campagne décharnée. Rémi est pris en charge par des types avenants, portés par la rébellion. [...]

William Daniels et Édith Bouvier le rejoignent quelque part entre la frontière et Baba Amr, dans une maison de rebelles survoltés. « Ochlik est concentré », me racontera des années plus tard mon amie Édith. La nuit tombe, les

1. Les extraits reproduits sont tirés du chap. 6 « Vers la mort », p. 109 à 120 ; du chap. 11 « Le jour d'après », p. 194-195, p. 203, p. 205-206 ; et du chap. 14 « Qui a tué Ochlik ? », p. 252, p. 256, p. 258, p. 260.

2. Présentation par Joël Hubrecht.

hommes prient, Rémi fait plusieurs photos de cet instant, avant de reprendre la route. Dernière ligne droite. Les journalistes français sont déposés au milieu d'un champ, disons plutôt un terrain vague. À leurs pieds, un trou de 2 mètres de profondeur, grossièrement creusé dans la bourbe : le tunnel, passage obligatoire pour entrer dans la ville assiégée, souterrain étroit de 3 kilomètres de long où l'air est rare et l'obscurité totale. Que les reporters traversent à la lumière des téléphones portables des activistes et de rares lampes frontales. Le groupe s'engouffre. Personne n'ose plus parler. [...]

Après de pénibles heures de marche, Rémi s'extirpe enfin du tunnel par une échelle métallique. Au loin, le tonnerre des canons, les feux incandescents des tirs. La guerre est là. À 2 mètres, deux pas, deux secondes de vie. Ochlik traverse un champ à pas de loup, près de la ligne de front, puis grimpe à l'arrière d'un pick-up. On le transporte à vive allure à travers des ruelles désertes, plongées dans le noir et encombrées de débris. Il ne sait pas exactement où on l'emmène. Le voilà qui entre dans le quartier maudit de Baba Amr. Dont il ne reste pas grand-chose. Un millier de combattants de la brigade Al-Farouq y tiendraient encore une quarantaine de positions, mais ils sont peut-être deux fois moins, personne ne sait vraiment, Baba Amr, refuge des insurgés, est devenue la capitale meurtrie de la rébellion et s'enfonce chaque jour un peu plus dans l'horreur. [...]

Les lieux sont encerclés depuis des jours, mais l'armée n'y a toujours pas pénétré. Bachar al-Assad use des mêmes stratagèmes que son père. Avec ses chars, ses obus et ses troupes, le président pourrait s'emparer de Baba Amr en quelques jours, mais il désire avant tout faire souffrir ce quartier, foyer brûlant de la révolution syrienne, puis l'écraser dans un bain de sang, le transformer en exemple de répression pour dissuader tous ceux qui seraient tentés de l'imiter. Il y envoie les unités d'élite du pays. En première ligne, la plus fidèle et la plus cruelle d'entre elles : la 4e Division blindée de la Garde républicaine, d'ordinaire chargée de protéger Damas. Forte d'environ 15 000 hommes, elle a déjà écrasé le soulèvement de Deraa, au début de la révolution, en mars 2011. Cette phalange prétorienne est commandée par Maher al-Assad, le frère cadet du président. À croire que chez les Assad, la répression sanglante est une affaire de famille. Maher, avant-dernier fils du clan, traîne une réputation de psychopathe sanguinaire. [...]

Maher al-Assad et ses troupes sont aux portes de Baba Amr lorsque Rémi pénètre dans Homs. [...]

Le centre de presse est plein. L'équipe britannique du *Sunday Times*, le photographe Paul Conroy et la journaliste Marie Colvin, occupent les lieux depuis plusieurs jours. Cette dernière est un grand nom de la profession, l'un des meilleurs reporters de guerre contemporains. La voilà avec son gigantesque manteau noir, sa prestance et son panache au milieu de ces hommes qu'elle impressionne, grande, blonde, son joli visage taillé au couteau, agrémenté d'un bandeau noir cachant son œil gauche perdu en 2001 lors d'une attaque à la grenade durant la guerre civile au Sri Lanka. [...]

Rémi et Marie s'adressent à peine la parole. La reporter n'est pas du genre à échanger des politesses avec la concurrence. Ochlik attrape alors une couverture, s'assied aux côtés de Paul Conroy, beaucoup plus bavard que son équipière. Tous deux discutent de la situation et de leurs difficultés à travailler dans de telles conditions, se rassurent mutuellement, fument cigarette sur cigarette. Rémi envoie ses photos, m'adresse un dernier e-mail – que je lirai le lendemain, le mercredi 22 février, à mon réveil, chez moi à Paris. Puis il s'endort dans ce qu'il croit être un refuge, soucieux mais impatient de travailler.

Qui a tué Ochlik ?

Début janvier 2012, soit un mois et demi avant la mort de Rémi, un rassemblement sur la situation à Homs réunit des représentants de la Ligue arabe et de hauts responsables de la CCMC. Parmi eux, Assef Chawkat, le ministre de la Défense[1], Muhammad al-Chaar, celui de l'Intérieur, et le major général Ali Mamlouk. Ces derniers accusent Khaled Abou Salah et les journalistes étrangers d'être des terroristes opérant pour le compte des États-Unis, de la France et d'Israël. Ils visent en particulier les équipes du *Washington Post* et du *New York Times*, dont les dignitaires syriens redoutent les articles. Alors il faut les faire passer pour des espions mêlés à l'attaque de l'OTAN contre Mouammar Kadhafi. Ils demandent donc aux représentants de la Ligue arabe s'ils les connaissent et si ces « espions » agissent à Baba Amr. Le ministre de la Défense, Assef Chawkat[2], reconnaît auprès de ses invités que les médias représentent son principal obstacle et qu'il pourrait « détruire Baba Amr en dix minutes s'il n'y avait pas de caméra ». Des propos que Scott a pu recouper auprès de plusieurs témoins de la réunion.

Quelques semaines plus tard, le régime reçoit différentes informations via des agents infiltrés au Liban ainsi que des membres du Hezbollah libanais. Des rapports écrits circulent dans les couloirs du palais présidentiel. Entre fin janvier et début février le major général Ali Mamlouk, directeur de la Sécurité générale, apprend que des journalistes étrangers ont atterri à l'aéroport international de Beyrouth. Il s'agit des équipes de CNN et de la BBC, ainsi que celle du *Sunday Times*, Marie Colvin et Paul Conroy, qui n'imaginent pas une seconde d'être suivis. Les services syriens sont même avertis de leur intention commune : traverser clandestinement la frontière syro-libanaise grâce à des réseaux de passeurs rebelles, pour se rendre à Homs. [...]

Selon les enquêteurs américains, les signaux satellites des appels téléphoniques de Marie Colvin ont été interceptés par les réseaux de surveillance de la branche 261. Un déserteur a raconté aux avocats que, cette nuit-là, plusieurs experts les ont analysés pour géolocaliser leur origine : un bâtiment près de la mosquée Al-Zubair bin Awam. À l'aube, une cellule de crise se réunit. Sont présents le général Ghassan Bela, chef de Sécurité de Maher al-Assad, le brigadier-général Rafiq Shahadah, chef du comité de Sécurité militaire de Homs, des responsables locaux des Renseignements généraux, des officiers militaires de la Garde républicaine, des forces spéciales et plusieurs autres dignitaires des unités armées.

L'indicatrice désigne sur des images aériennes et des cartes de Homs l'emplacement exact du centre de presse. Les coordonnées GPS correspondent à celles des signaux satellites. Elles sont transmises aux unités d'artillerie. Toujours selon le même témoin, Shahadah prépare l'offensive meurtrière, épaulé entre autres par le major général Issam Zahreddine de la Garde républicaine, et par le lieutenant-colonel Kenan Muhammad Ghaliya des forces spéciales.

Mercredi 22 février 2012. Édith se souvient d'un ciel clair et hivernal, d'une lumière poudreuse. Il est environ 8 h 20 lorsqu'une première roquette frappe les environs du centre. « Une deuxième explosion tonitruante tabasse l'appartement », raconte Paul Conroy. Puis une troisième perce le bâtiment, au troisième étage. Les murs convulsent sous les bombes, le plafond s'effrite en des milliers de débris de peinture. Une autre roquette secoue violemment l'arrière de la maison, dans un fracas « qui semble déraciner l'immeuble », Les frappes durent vingt épouvantables secondes.

Un nuage de fumée, de poussière épaisse, et l'odeur âcre du RDX – un composant explosif – envahissent les pièces. Des débris incandescents et des fragments métalliques virevoltent au-dessus des têtes, La panique s'empare des habitants lorsque les déflagrations se rapprochent. Paul, ancien soldat de l'armée

1. Assef Chawkat était en fait vice-ministre de la Défense. Le ministre de la Défense à l'époque s'appelait Daoud Rajha. Tous deux sont morts lors de l'attentat visant le siège de la Sécurité nationale à Damas en juillet 2012. (*N.D.E.*)

2. Voir note 1. (*N.D.E.*)

britannique, en est certain : les forces du régime ont appliqué la méthode d'ajustement, une technique de ciblage au cours de laquelle les tirs se rapprochent progressivement de la cible. « À chaque frappe, des drones contrôlent les impacts, explique-t-il. Ainsi ils peuvent ajuster les prochains coups pour se rapprocher de plus en plus de leur objectif, jusqu'à l'atteindre. Dans le jargon, on dit que les tirs "marchent vers leur cible". Dès le début, j'ai su que nous étions les proies à abattre ! »

Dans le chaos, une voix retentit : « Sortez d'ici ! Sortez d'ici ! Sortez de l'autre côté de la rue ! » Certains se lèvent, d'autres n'y parviennent pas, sonnés par la puissance des tirs. Ochlik est accroupi au sol, sur son matelas, avec un regard hagard qu'il balance d'un côté à l'autre de la pièce. Il semble sous le choc, raconteront les survivants. Rémi vit ses derniers instants. Jusqu'ici je les avais toujours occultés. Je ne voulais pas les imaginer. À présent ces questions me hantent : qu'a-t-il ressenti ? À quoi, à qui a-t-il pensé ? L'image d'Ochlik, tapi au bord des limbes, me bouleverse.

Paul, Édith et Javier ne quittent pas la pièce principale. Marie et Rémi, son appareil photo en bandoulière, courent hors de l'appartement. William s'apprête à les suivre lorsque l'un des activistes hurle : « Trop tard ! Rentrez ! »

Ils n'ont pas le temps de faire demi-tour. Une roquette s'abat à seulement 2 mètres de l'entrée. J'apprendrai plus tard que le rayon de destruction d'une bombe de ce type est d'environ 20 mètres. Tous deux meurent sur le coup, le cœur écrasé par le blast, les membres déchiquetés par les shrapnels. Terrible silence dans l'appartement. Qui est mort ? Qui est vivant ? Le nuage se dissipe, l'horreur apparaît. Un sol gris et rouge sang, jonché de débris, de plâtre et de verre, et des matelas loqueteux. Dans ce champ de ruines, William et Javier sont miraculeusement indemnes. Édith hurle. Elle est grièvement blessée. Une douleur atroce lui taillade la jambe gauche, tout comme Paul. « Rémi n'est plus là. »

Le jour d'après

Sur ma messagerie vocale, j'écoute en boucle les messages que Rémi a laissés. Je relis ses mots, encore et encore, ses mails, nos échanges, comme pour le retenir, comme pour plonger dans le bonheur passé, disparu. Je lui avais envoyé un dernier SMS le mardi 21 février à 17 h 49, quelques heures avant qu'il meure. Pour notre anniversaire, pour celui de notre premier baiser. Il se trouvait déjà sur le territoire syrien, portable coupé. Il ne l'a jamais lu.

J'ai besoin de parler de lui, comme s'il était encore devant moi. De prononcer son nom aussi souvent que possible. Ochlik. Rémi. Mon compagnon m'échappe. Des manifestations de soutien et de colère s'organisent un peu partout dans le pays, mais aussi à Londres, aux États-Unis. À Paris, des amis photographes couvrent l'événement. Des dizaines de femmes et d'hommes scandent son nom et celui de Marie Colvin. Leurs photos sont brandies en l'air, certaines clouées sur des arbres. Étrange et douloureuse sensation que de voir celui que j'aime exposé dans la rue, les journaux, à la télévision. En Syrie, les rebelles le considèrent comme un *shahid*, un martyr, au même titre que les autres victimes du régime. Ces initiatives devraient me réchauffer le cœur, en réalité j'éprouve le sentiment – honteux – qu'on me l'arrache une seconde fois. [...]

Quand allons-nous récupérer son corps ? La question me hante. Les policiers restent flous. Un jour, un mois, six mois, peut-être jamais... La situation sur place est compliquée. Incertitude insupportable. [...]

Douze jours ont passé. Je vais enfin le retrouver. L'émotion m'oppresse. Dans ce pavillon, une grande salle froide et sans charme, nous sommes tous là, silencieux et mal à l'aise, sa famille, ses amis et Frédéric Mitterrand, le ministre de la Culture. Nous attendons Rémi sur les marches du bâtiment, à quelques centaines de mètres du tarmac, sous la pluie.

Soudain, au bout de cette immense allée sombre, je l'aperçois. Ochlik est à l'intérieur d'un cercueil en bois clair. Qui avance lentement. Et je l'imagine debout face à moi, comme la toute première fois où je l'ai vu en Tunisie, sur l'avenue Bourguiba. Voilà son visage rayonnant, ses yeux doux, son sourire d'enfant. Comme il est beau. Je suis revenue avec lui. Un court moment au moins, j'aimerais le tenir dans mes bras. J'aimerais entendre sa voix, son rire.

Dans ma tête défile la liste de ce qui n'existera jamais plus.

Alep. Témoignages de Husain, Karam, Moulham[1]

Husain, 30 ans

Nous sommes entrés dans le premier taxi. J'ai eu l'impression oppressante que le marché aux légumes était contenu dans la voiture, avec ses marchands, ses acheteurs et le quartier tout entier. Cela créait une pression phénoménale à l'intérieur du taxi et une tension réelle, car l'atmosphère s'est mise à enfler dans un sifflement à crever les tympans. Puis la bombe-baril explosa. Il y eut quatre-vingts morts en quelques secondes, dont mon ami Ahmad. [...]

J'ai assisté à l'enterrement d'Ahmad en songeant à cette absurdité morbide : le marché aux légumes, quelques secondes, quatre-vingts morts. Je songeais : « Vais-je continuer à risquer de mourir à chaque instant ? Pourquoi alors ne pas aller jusqu'au bout ? Pourquoi ne pas mourir tout de suite ? » Vivre à Alep revenait à jouer à la roulette russe avec une arme automatique. Quel idiot appuierait sur la détente en connaissant l'issue fatale ? Allais-je être cet idiot ? Ou allais-je protéger ma vie et m'enfuir ? La mort d'Ahmad eut cet effet de prise de conscience personnelle. Mais il y eut pire. Il y avait toujours pire à Alep.

Il se produisit cet autre événement. Les bombardements tuaient, désintégraient, incendiaient partout dans la ville. Un missile Scud s'écrasa à 500 mètres de chez moi, à Sakhour. L'explosion détruisit dix-huit maisons. J'ai accouru pour secourir les blessés. J'étais un voisin et suis donc arrivé l'un des premiers sur les lieux. J'ai voulu aider un petit garçon de 4 ou 5 ans. Il était couvert de poudre de ciment et tremblait de tous ses membres. Il a gémi : « Prends-moi dans tes bras... » Je l'ai serré contre moi et j'en ai été bouleversé car son petit être se convulsait entre mes mains d'adulte, on aurait dit que son cœur cherchait à s'échapper de sa maigre poitrine. J'ai été submergé par mon impuissance, en même temps que par la terrible injustice qui s'exerçait à l'encontre de ce corps d'enfant. Je l'ai bercé, je l'ai serré de toutes mes forces, j'aurais voulu l'absorber, le glisser à l'intérieur de moi, faire rempart de mes chairs. J'aurais voulu posséder le pouvoir de l'apaiser.

Je l'ai transporté dans un centre médical, il n'était pas blessé. Je l'ai laissé avec les médecins et suis retourné sur les lieux du bombardement, avec l'espoir insensé de retrouver ses parents. J'ai entendu des gens qui criaient le nom de l'enfant. Je leur ai dit qu'il était vivant, qu'il les attendait au centre médical. En quelque sorte, cette histoire se terminait bien, mais la terreur secouant le petit garçon m'avait fendu l'âme. J'ai décidé de quitter Alep. À mon tour, j'avais peur et j'avais perdu la foi en ce que je croyais, en la révolution, en des jours meilleurs, en la liberté d'expression, en la Vérité vraie et tout le reste.

Tout le monde devrait pouvoir vivre comme il l'entend. C'est le droit des gens de ne pas mourir, même pour la plus belle des causes, de

1. Extraits de Cécile Hennion, *Le Fil de nos vies brisées*, Paris, Anne Carrière, 2019, p. 331-332, 437-440, 489.

façon aussi stupide. C'est leur droit de refuser d'être réduits à des personnages de jeux vidéo, courant en tous sens pour éviter une balle, un baril d'explosif, un missile, pendant que des millions d'autres les regardent sur leur écran, tout en bouffant des chips et en jugeant que tel ou tel méritait son sort. Alep en guerre était devenue aussi insensée qu'une saloperie de jeu vidéo. J'ai refusé de jouer.

Karam, 25 ans

Au commencement, la révolution était si belle, si calme ! Un manifestant ou deux étaient tués dans un cortège. C'était là un prix à payer raisonnable, du moins prévisible, pour obtenir la liberté. Ceux qui tenaient l'asphalte n'ignoraient rien de ces risques. Ils s'y étaient préparés.

Avec les bombardements aériens, ce fut une tout autre histoire, puisque 15 personnes pouvaient être tuées d'un seul coup, alors même qu'elles se tenaient tranquilles, à l'intérieur de leur maison. Des familles entières qui ne soutenaient pas l'opposition, qui n'étaient d'ailleurs pas du tout politisées, disparaissaient dans une explosion. Et c'était profondément injuste. Aux prémices de la révolution, ceux qui ne voulaient pas y prendre part restaient à l'abri chez eux, évitant ainsi les gourdins des *chabbîha* et les balles meurtrières de la répression. Avec les bombardements aériens, quand les barils d'explosifs se mirent à tomber sur Alep-Est, 99 % des victimes étaient des civils tués au hasard. De pauvres gens, assis sur leur canapé ou allongés dans leur lit, dont le seul crime avait été de vivre ici et de n'avoir pas les ressources d'en partir. Ceux-là n'avaient rien fait pour être punis de mort, mais ils étaient tués.

Aucun d'entre nous n'était innocent aux yeux du régime. Qu'un Alépin portant une arme soit défini comme un opposant et un ennemi, c'était logique. Si cet Alépin était blessé dans les combats ou mourait de ses blessures, on pouvait se dire : « Il s'est battu ; il est mort. » Mais qu'un autre se tienne à l'écart des ruelles et qu'il meure sous une bombe du régime, c'était ignoble. Cela ne devrait jamais arriver, nulle part. Je ne pense pas qu'aucune population civile ait été criblée comme nous l'avons été durant ces années. Comme l'avait prédit mon grand-père, Bachar a reproduit la tactique de son défunt père pour terrifier l'ensemble des Syriens et forcer l'opposition à abandonner, car c'est une chose d'accepter de verser son sang pour la cause, mais c'en est une autre d'accepter que le sang des innocents soit versé. Le fils de Hafez al-Assad a assené une leçon terrible aux générations qui nous succéderont là-bas, dans la ville détruite. Elles verront les images du passé, puisque moi et les autres nous avons collecté des milliers de preuves irréfutables de l'anéantissement de notre cité et de nos vies. Ces nouvelles générations grandiront dans le souvenir horrifié de notre absolue défaite, des carnages dans les ruelles. Elles se forgeront cette mentalité désespérée et supplieront leur dictateur : « Loin de nous la liberté ! Nous voulons juste rester vivants ! »

[...] Comme des milliers de mes concitoyens, je n'avais aucune solution pour échapper aux bombardements. Longtemps, j'ai continué de croire en ma mission de collecteur d'indices, en une sorte de justice mondiale. Une de mes photos a même voyagé jusque sur les bureaux des Nations unies. Je l'avais prise après une explosion dans le quartier d'Al-Firdaws. Je me trouvais là par hasard et j'ai accouru. Les secouristes de la Défense civile s'activaient pour aider les blessés et évacuer les morts. La fumée m'aveuglait, la poussière me brûlait les yeux. Il était impossible de régler la mise au point, mais j'ai pressé sur l'obturateur. Cette photo m'a valu un prix, car elle symbolisait la monstruosité de ces engins tueurs qu'on appelle « bombes-barils ». Sur l'image, des civils étaient sens dessus dessous, disloqués sur un tas d'éboulis. Une femme gisait les bras en croix, un regard d'eau tranquille, les traits apaisés d'une mère qui n'a plus à trembler pour l'avenir de ses enfants.

Cette photo est partie aux Nations unies. Les gens du Conseil de sécurité l'ont étudiée, car ils devaient débattre de l'interdiction de cette arme. Ils ont discuté entre eux, puis ils ont conclu que tout ça était normal et, chez nous, rien n'a changé. J'ai alors eu cette sensation d'être relégué à un statut qui n'avait plus rien d'humain, du genre extraterrestre débarqué sans connexion avec la Terre. C'est comme si on nous disait, à nous, Syriens : « Vous n'êtes que des insectes. » Alors j'ai compris que nos vies n'avaient aucune valeur. Que les copains étaient morts pour rien. [...]

À force d'être pris au piège, s'est installée parmi nous tous une invraisemblable habitude : nous nous sommes accoutumés à la mort. Avec le temps, les cadavres sont devenus des éléments familiers de notre paysage puis des éléments ordinaires avec lesquels nous continuions de vivre. Personne n'aurait osé le formuler à voix haute, mais la vérité c'est que nous pensions tout bas : « Celui-là est mort, plutôt que moi », et c'était presque une bonne nouvelle. En tout cas, c'était devenu normal. Banal. Aussi banal que d'avaler un petit déjeuner le matin en temps de paix. Chacun vivait en côtoyant la mort, avec la sensation que la sienne était imminente. Un père enterrait son fils puis rentrait chez lui avec l'impression d'avoir accompli un acte du quotidien, la routine. La tristesse ne s'installait plus. Sur le coup, la souffrance était atroce puis, le lendemain ou trois jours plus tard, la survie imposait de balayer les âmes mortes. Les martyrs tombaient aussi nombreux que les feuilles des arbres en automne et ne nous émouvaient pas plus qu'un changement de saison.

Moulham, 39 ans

Il n'était plus possible de dire à un habitant « Courage ! » ou « Sois patient ! », en le regardant droit dans les yeux. Combien de fois un père est-il sorti de sa maison en quête de nourriture, avant de revenir pour découvrir que tous les siens avaient disparu sous les gravats de son immeuble ? Parfois, les voix de rescapés enfouis nous parvenaient dans la ruelle, mais le matériel de nos secouristes – les pelleteuses pour lever les plaques de béton effondrées, les foreuses – avait lui aussi été détruit par les bombes. Il n'y avait aucun moyen de leur porter secours. J'ai un jour vu cet homme de mes propres yeux : je l'ai regardé sortir de chez lui et revenir là où, quelques instants plus tôt, se trouvait son foyer. Ce n'étaient plus désormais que décombres. Des cris étouffés s'élevaient de dessous la terre. L'homme s'est assis sur un agrégat de béton, un vestige de son immeuble. Il y est resté deux jours et trois nuits, jusqu'à ce que les voix de sa famille s'éteignent, que son épouse et ses enfants se taisent à jamais, reposant dans les entrailles de la ville. Alors il s'est levé et il est parti. Je ne saurais dire où. Il ne lui restait plus rien, où pouvait-il donc aller ?

5

Secourir et soigner sous les bombes

Les attaques contre les hôpitaux et le ciblage des secouristes

Firas Kontar

Nous sommes en mars 2011. Les premières manifestations de Deraa ont fait plusieurs morts : le mercredi 23 mars, plus de 100 personnes sont tuées par les balles des forces de sécurité[1]. Ce lourd bilan est en partie dû à l'action de snipers qui, positionnés sur le toit de l'hôpital de la ville, empêchent les civils blessés d'y accéder et tirent sur les ambulances[2]. Le régime considère les Syriens blessés ainsi que ceux qui leur viennent en aide comme des terroristes : les médecins et soignants sont poursuivis, arrêtés et torturés, comme le montre un rapport publié en octobre 2011 d'Amnesty International[3]. Il y est aussi question de la maltraitance que subissent les blessés qui arrivent à l'hôpital de la part des services de sécurité du régime, mais aussi de certains soignants favorables au gouvernement. Ainsi « Muhammad » (le prénom a été modifié dans le rapport) a passé quatre jours à l'hôpital national de Banyas. Lui et d'autres patients blessés ont été placés dans une salle située au rez-de-chaussée et ont eu les mains et les pieds attachés à leurs lits. Ils n'ont pas été autorisés à utiliser les toilettes ni à recevoir de soins. Ils n'ont pas été examinés par un médecin, alors que la plupart d'entre eux avaient été blessés par balle aux jambes, et qu'un homme âgé de 50 ou 60 ans souffrait de blessures par arme à feu à l'abdomen. Les onze patients étaient surveillés par un sergent appartenant à l'un des services des forces de sécurité qui, selon Muhammad, les a torturés devant des employés de l'hôpital. Il témoigne encore : « Nous étions davantage traités comme des animaux que comme des êtres humains. [...] Pendant quatre jours, j'ai été attaché au lit par les mains et les pieds, c'était difficile de bouger [...] Je n'avais ni nourriture ni eau. Une fois, j'ai demandé de l'eau [au sergent], qui a répondu : "OK, je vais te donner de l'eau", et il a uriné sur moi. [...] Parfois, lorsque je fermais les yeux pour m'endormir, [le sergent] me frappait avec une matraque en fil de fer. »

L'objectif est clair : en privant les Syriens de soins, le régime espère les dissuader de participer aux manifestations. Dans un rapport publié en février 2012, Médecins sans frontières (MSF) accuse le gouvernement d'utiliser la médecine comme arme de persécution[4]. Cette stratégie oblige les

1. « Syrie : plusieurs morts près de Deraa, la contestation s'étend », *Libération*, 25 mars 2011, https://www.liberation.fr/planete/2011/03/25/syrie-plusieurs-morts-pres-de-deraa-la-contestation-s-etend_724280

2. Conseil des droits de l'homme de l'ONU, Rapport de la commission d'enquête internationale indépendante sur la République arabe syrienne, 12 février 2014.

3. Amnesty International, *La Santé attaquée. Le gouvernement syrien s'en prend aux blessés et au personnel soignant*, octobre 2011.

4. « En Syrie, la médecine est utilisée comme arme de persécution », MSF, 8 février 2012.

Syriens, notamment les comités locaux de coordination qui organisent les manifestations[1], à organiser des services de soins et de prise en charge des blessés loin des hôpitaux et des centres de soins publics. Ainsi, des structures clandestines voient le jour : les blessés sont soignés dans des appartements, des caves, des maisons et des mosquées. Ces hôpitaux de fortune se limitent souvent à une salle d'attente où sont donnés les diagnostics et les premiers soins, une salle d'opération et quelques chambres avec des lits où s'entassent les patients. Ces structures sont financées dans un premier temps par les dons des Syriens vivant sur place et de la diaspora, puis soutenues par plusieurs ONG comme MSF, Medina ou l'UOSSM.

Avec la militarisation du conflit, ces hôpitaux deviennent dès 2012 le cœur du système de soin des zones conquises par les rebelles. Ils accueillent les combattants blessés, les civils victimes des bombardements sur les zones d'habitation, mais répondent aussi aux besoins de la population face aux maladies et aux urgences du quotidien. Ils pallient ainsi l'absence d'infrastructures étatiques dans les territoires pris par les rebelles. Rappelons que, d'après les conventions de Genève de 1949, les belligérants d'un conflit armé sont tenus de respecter des règles de droit international sur la conduite des opérations militaires. L'article 18[2] précise que « les hôpitaux civils organisés pour donner des soins aux blessés, aux malades, aux infirmes et aux femmes en couches ne pourront, en aucune circonstance, être l'objet d'attaques ; ils seront, en tout temps, respectés et protégés par les parties au conflit ». Rappelons aussi qu'une attaque délibérée contre un hôpital ou un centre de soins constitue un crime de guerre tel que défini par l'article 8 du Statut de Rome, statut qui régit la Cour pénale internationale (CPI) de La Haye ; de plus, la multiplication de ces attaques dans une stratégie de ciblage des populations civiles constitue un crime contre l'humanité tel que défini par l'article 7 du Statut de Rome. Cependant, face aux pertes de territoires subies par le régime syrien en 2012 et 2013, Bachar al-Assad adopte une nouvelle stratégie, mobilise massivement son aviation et bombarde les zones civiles. À partir de l'été 2012, les forces du régime utilisent des bombes-barils[3] et des missiles Scud, armes dévastatrices qui causent la mort de milliers de civils. Ces bombardements s'accompagnent d'attaques ciblées contre les hôpitaux. Ce sont donc la base populaire et le soutien aux rebelles qui sont visés. D'après le rapport de l'ONG Syrian Network for Human Rights (SNHR)[4], le régime syrien a mené 112 attaques et bombardements contre des hôpitaux et centres de soins durant les années 2012 et 2013. Sur les 285 soignants morts durant ces deux années, 266 sont tués par les forces du régime et 29 par des groupes djihadistes. Plusieurs rapports émanant d'ONG accusent le régime syrien de crimes contre l'humanité pour ses attaques

1. Sur l'organisation de l'opposition dans le pays, voir Nora Benkorich, « Comment s'organise l'opposition intérieure en Syrie ? », *Le Monde*, 12 août 2012.

2. Convention (IV) de Genève relative à la protection des personnes civiles en temps de guerre, 12 août 1949. Protection des hôpitaux civils. International Committee of the Red Cross, https://ihl-databases.icrc.org/applic/ihl/dih.nsf/Article.xsp?action=openDocument&documentId=B633B1D57E-90691DC12563BD002C0186.

3. Les bombes-barils sont des engins explosifs qui consistent en un baril rempli d'explosifs et de ferraille. Ces bombes sont larguées depuis un hélicoptère ou un avion, le régime syrien en a fait un usage massif en raison de leur faible coût de production et de leur grande capacité de destruction.

4. Le rapport de SNHR est publié en septembre 2020. Il répertorie les attaques contre les hôpitaux et les centres de soins en Syrie depuis mars 2011, ainsi que les soignants tués durant cette période. SNHR, *857 Medical Personnel Killed and 3,353 Others Arrested and Disappeared Since March 2011, Nearly 85 % by the Syrian Regime*, septembre 2020.

contre les hôpitaux durant les premières années du conflit. Parmi eux, celui que publie Human Rights Watch en avril 2013[1] constate 8 bombardements contre l'hôpital Dar al-Shifa à Alep entre le 12 août et le 21 novembre 2012. Dar al-Shifa est le principal hôpital d'urgence de la zone contrôlée par l'opposition à Alep : 40 000 civils en dépendent pour leurs soins. Malgré un rapport de la Commission d'enquête internationale indépendante sur la République arabe syrienne du Conseil des droits de l'homme de l'ONU[2], ces attaques s'intensifient. Ainsi, en 2014, les forces du régime syrien et ses alliés mènent 61 attaques contre les hôpitaux et centres de soins ; la même année, les groupes djihadistes, notamment les combattants de l'État islamique et d'Al-Nosra, affilié à Al-Qaida, en mènent 6. En septembre 2015, l'entrée en guerre de la Russie (pourtant membre permanent du Conseil de sécurité de l'ONU) aux côtés du régime syrien ne va pas modifier la stratégie de ciblage systématique des hôpitaux, mais encourage au contraire le gouvernement. La Russie lui apporte en effet son soutien politique en exerçant à quinze reprises son droit de veto entre mars 2011 et juillet 2020[3], empêchant de ce fait toute condamnation du régime syrien ou saisine de la CPI. Alors que les hôpitaux des zones rebelles ont été contraints de s'organiser dans les caves et sous-sols pour limiter l'impact des bombardements aériens, les bombardiers russes utilisent des missiles et bombes anti-bunker contre ces installations. C'est à nouveau l'horreur absolue de la « stratégie Grozny » qu'avait appliquée Vladimir Poutine en Tchétchénie. Dans un article du *Figaro*, Isabelle Lasserre écrit : « À Grozny, les avions et les tanks russes bombardaient les cimetières pendant les cérémonies, visaient les dispensaires et les ambulances et frappaient les marchés. À Alep, ils bombardent les hôpitaux, ciblent les convois humanitaires, brisent les infrastructures civiles, détruisent les réserves d'eau et de nourriture[4]. »

Pour prendre la mesure de ces crimes, deux documentaires, *Pour Sama* et *The Cave* propulsent le téléspectateur dans l'enfer de deux hôpitaux syriens, censés être des sanctuaires durant les conflits. Les images de *Pour Sama*, tournées à Alep par Waad al-Kateab depuis l'hôpital dirigé par son mari, le docteur Hamza Khatib[5] et celles de la clinique du docteur Amani Ballou dans une cave de la Ghouta, racontent la même histoire : celle de deux hôpitaux de fortune devenus les cibles de l'armée de Bachar al-Assad et de ses alliés. On y voit un contraste frappant entre la folie meurtrière du régime Assad et de ses alliés, et l'humanité de ces soignants qui restent au péril de leur vie auprès d'une population démunie. Ces documentaires ne laissent pas indifférent mais questionnent le spectateur sur l'indifférence de la communauté internationale vis-à-vis de ces crimes. Comment des avions américains, britanniques ou français de la coalition militaire anti-EI peuvent-ils survoler le ciel syrien et mener des raids contre les positions de l'État islamique tout en croisant des bombardiers russes et syriens qui larguent leurs bombes et missiles sur les hôpitaux, écoles et marchés ? Cette indifférence signe l'abandon d'années de construction de règles de droit international depuis, notamment, l'horreur de la Seconde Guerre mondiale. La passivité face aux actes actuels en Syrie, dont la

1. Rapport de Human Rights Watch sur la période allant de juillet 2012 à mars 2013, *Death from the Skies : Deliberate and Indiscriminate Air Strikes on Civilians*, avril 2013.

2. Conseil des droits de l'homme de l'ONU, Rapport de la commission d'enquête internationale indépendante sur la République arabe syrienne, 12 février 2014.

3. « Syrie : double veto russo-chinois à l'ONU sans fin de partie », *Le Point*, 8 juillet 2020.

4. Isabelle Lasserre, « De Grozny à Alep, un même champ de ruines », *Le Figaro*, 4 octobre 2016.

5. Voir *infra* dans ce même chap. 5 l'entretien avec le docteur Hamza Khatib et Waad al-Kateab.

qualification de crimes contre l'humanité ne fait aucun doute, a permis à Assad et à Poutine de rendre ces actes acceptables auprès de l'opinion publique, ce qui a des conséquences dans la violence des conflits ailleurs.

Pire encore, le régime d'Assad et son allié russe utilisent l'un des dispositifs des Nations unies, dont l'objectif est d'œuvrer pour la paix et le respect du droit international, pour mieux cibler les hôpitaux. Le Bureau de coordination des affaires humanitaires de l'ONU (OCHA) dispose en effet d'un programme d'échange de coordonnées des hôpitaux qu'il partage avec les belligérants afin d'éviter toute attaque sur des sites censés être protégés. Cette information a été détournée pour faire des hôpitaux des cibles. Suite au bombardement en 2016 de cinq hôpitaux qu'elle soutenait, l'association Médecins sans frontières a annoncé qu'elle ne participerait plus à ce programme[1]. En dépit du rapport d'enquête accablant remis par le secrétaire général de l'ONU, António Guterres, aux membres du Conseil de sécurité[2], aucun responsable onusien n'a jugé nécessaire de présenter sa démission face à ce scandale inacceptable.

Le 16 octobre 2019, Vladimir Poutine signe un décret visant à retirer la Russie du protocole 1 de la convention de Genève de 1949[3], protocole additionnel de 1977 qui permettait à la Commission internationale humanitaire d'établissement des faits d'enquêter sur les éventuels crimes de guerre commis contre les civils. Ce retrait décidé, selon les mots du président russe, dans des « circonstances exceptionnelles affectant les intérêts de la Russie et requérant une action urgente », s'effectue alors que la pression s'accentue pour demander des comptes à Moscou et quelques jours après la diffusion par le *New York Times* d'une enquête minutieuse prouvant, via des registres de vols et surtout des communications radio de bombardiers russes, le ciblage systématique et volontaire d'hôpitaux et de cliniques en Syrie[4]. La retranscription radio permet d'identifier les coordonnées GPS communiquées aux pilotes par l'état-major : ce sont celles d'hôpitaux situés dans les zones rebelles. L'article montre que dans la seule journée du 5 mai 2019, l'aviation russe bombarde quatre hôpitaux. L'hôpital Nabd al-Hayat, construit sous terre et en lisière de la ville de Haas pour éviter les bombardements, est détruit par un missile anti-bunker. Ces attaques font partie de la dernière offensive d'envergure menée par le régime syrien et ses alliés au moment où nous écrivons [novembre 2020]. Celle-ci a été menée sur le nord-ouest syrien entre avril 2019 et mars 2020 et a fait l'objet en octobre 2020 d'un rapport de Human Rights Watch qui identifie clairement la stratégie alors à l'œuvre, inchangée depuis la militarisation du conflit : « Des centaines de civils ont été tués lors de dizaines de frappes aériennes et au sol menées d'avril 2019 à mars 2020 contre des hôpitaux, des écoles et des marchés. Ces offensives illégales ont gravement porté atteinte aux droits à la santé, à l'éducation, à l'alimentation, à l'eau et au logement, déclenchant un déplacement de masse. » Le directeur exécutif de HRW, Kenneth Roth, déclare à l'occasion de la publication de ce rapport que « les attaques de l'alliance syro-russe contre des hôpitaux, des écoles et des marchés

1. Hélène Salon, « Hôpital de MSF bombardé en Syrie : "C'est une guerre à huis clos où l'on massacre les gens" », *Le Monde*, 15 février 2016.

2. « Syrie : le chef de l'ONU remet au Conseil de sécurité le rapport d'enquête sur des bombardements d'hôpitaux », ONU Info, 6 avril 2020.

3. Olivier Talles, « La Russie ne veut plus de la commission d'enquête sur les violations du droit de la guerre », *La Croix*, 22 octobre 2019.

4. Christiaan Triebert, Evan Hill, Malachy Browne *et al.*, « How Times Reporters Proved Russia Bombed Syrian Hospitals », *The New York Times*, 13 octobre 2019.

Attaques recensées contre les services de santé en Syrie entre 2015 et 2018. Source : Physicians For Human Rights. https://syriamap.phr.org/#/en.

d'Idlib témoignent d'un mépris total pour la vie civile. Les attaques illégales répétées semblent s'inscrire dans une stratégie militaire délibérée qui vise à détruire les infrastructures civiles et à forcer la population à partir, pour faciliter une reprise de contrôle par le gouvernement syrien[1] ». C'est le même mécanisme qui a permis au régime syrien et à ses alliés la reconquête des territoires perdus depuis 2013, notamment à Homs, Deraa, la Ghouta ou encore Alep.

S'il est beaucoup question dans cette partie des crimes du régime syrien et de ses alliés à l'encontre du personnel et des structures de soins, c'est parce qu'ils sont responsables de plus de 91 % des 857 soignants tués durant le conflit, de plus de 87 % des 862 attaques recensées sur les hôpitaux et structures de soins et de 99 % des 3 354 détentions arbitraires de soignants[2]. Sur la période 2015-2018, l'ONG Physicians for Human Rights comptabilise 595 attaques contre des hôpitaux et des centres de soins ; il apparaît que 90 % de ces attaques sont menées par le régime syrien et ses alliés.

Portraits de soignants disparus ou morts sous la torture

Collection privée. DR.

Oussama al-Khaled, médecin et réfugié palestinien en Syrie, est mort à 64 ans, le 27 novembre 2019, dans les prisons d'Assad. Il vivait à Deraa, berceau de la révolution.

1. HRW, *Syrie/Russie : La stratégie militaire cible des infrastructures civiles*, 15 octobre 2020, disponible à l'adresse : https://www.hrw.org/fr/news/2020/10/15/syrie/russie-la-strategie-militaire-cible-des-infrastructures-civiles.

2. Ces chiffres apparaissent dans le rapport SNHR de septembre mentionné précédemment et qui prend en compte l'ensemble des atteintes aux hôpitaux et aux soignants de 2011 à août 2020.

En 2011, il soigne les manifestants blessés par balles qui ne peuvent se rendre dans les hôpitaux de peur d'être arrêtés. Il est resté dans la région durant les huit années qui ont précédé sa mort, refusant de quitter les siens. Durant ces huit ans, il soigne sans contrepartie et refuse l'argent des Syriens qui le surnomment « le médecin des orphelins ». Même après la chute de la ville, il refuse de partir et de laisser ses patients. En dépit des garanties apportées par les Russes aux habitants après leur reddition, une patrouille de la Sécurité militaire du régime l'arrête le 3 août 2018. Il est envoyé au centre de détention 215 à Damas où il meurt.

Collection privée. DR.

Ibrahim al-Zobi, né en 1964 à Deraa, entreprend des études de médecine à l'université de Damas puis intègre un programme de recherche sur les maladies cardiaques à l'université de Leicester en Grande-Bretagne. Il revient s'installer en Syrie après son doctorat et devient un des cardiologues de référence en Syrie et au Moyen-Orient. Il est mort le 30 juillet 2020 après sa détention dans les prisons d'Assad. Arrêté par des agents de la Sécurité militaire dans son cabinet de la rue de Bagdad, en plein centre de Damas, le 22 mai 2020, il est détenu au centre de détention 248 de la Sécurité militaire sans aucune accusation. Le 30 juillet, alors qu'Ibrahim agonise, il est jeté devant l'entrée de l'hôpital Mouassat de Damas. Il n'a pas été soigné mais seulement amené à l'hôpital pour y mourir, afin que le régime n'ait pas à déclarer sa mort en détention.

Collection privée. DR.

Abdel Rahmane Yassine, médecin, et **Rania Abassi**, dentiste et championne d'échecs des pays arabes, ont été enlevés par les agents du régime syrien le 11 mars 2013 avec leurs six enfants (la photo ne montre que cinq d'entre eux), dont la plus jeune avait seulement 2 ans. Depuis avril 2022, il n'y a toujours aucune nouvelle d'eux.

Collection privée. DR.

Oussama Barakeh fait partie de la minorité druze que le régime prétend défendre. Il est pédiatre, son cabinet est situé à Jaramana, dans la banlieue de Damas. Au début de la révolution, il soigne les manifestants blessés qui ne peuvent aller dans les hôpitaux par peur d'être arrêtés. Il est arrêté le 16 juillet 2012 par les services du régime et meurt sous la torture le 29 juillet, laissant derrière lui une femme et trois enfants.

Collection privée. DR.

Salah Imacha est un héros syrien disparu dans les geôles d'Assad. Il est originaire du village de Bakaata dans le Golan occupé par Israël : comme la plupart des Syriens du Golan, il est apatride, puisqu'il a refusé la nationalité israélienne et est resté très attaché à la Syrie. Après la mort de ses parents, juste après sa naissance, il a été élevé par son frère et sa sœur. Élève brillant et travailleur, il est admis à la faculté de médecine de Damas et fait partie des quelques dizaines d'étudiants que les gouvernements israélien et syrien autorisent à traverser la frontière pour faire des études supérieures. Durant ses études, dans les années 1980, Salah rencontre sa future femme à Damas et décide de s'y installer. Il ouvre alors un cabinet dans la Ghouta, qu'il refuse d'abandonner en 2011 après le début de la révolution ; mais soigner les femmes et les enfants des zones tenues par les rebelles est un crime impardonnable pour le régime syrien. Il est arrêté par la Sécurité militaire le 20 février 2013. Salah est père de quatre enfants : Alaa, Rand, Alice et Sidra. Sa femme, ses enfants et ses beaux-parents, restés en Syrie, sont sans aucune nouvelle de lui depuis, ils n'osent pas s'informer de sa situation par peur des représailles.

Témoignages de Waad al-Kateab et Hamza Khatib[1]

Waad al-Kateab : De la folie pure. Voilà ce que répétait mon père quand je disais qu'un jour je serais journaliste. Il grondait : « Waad, ma fille, nous n'avons pas en Syrie cette chose appelée liberté d'expression. Les problèmes s'abattront sur ta tête. Le régime t'imposera le silence ; ses services de renseignements t'engloutiront tout entière dans les sous-sols de leurs prisons. Jamais ils n'accepteront que tu parles, encore moins que tu critiques. » Pour m'écarter de ce « danger », il accepta de m'accorder un autre de mes vœux : Alep. J'irais à Alep, à l'université, à la condition d'y étudier l'économie et le marketing. [...] La révolution m'a fait journaliste. La guerre a réduit Alep à néant.

Ma famille vivait à Masyaf, sur la route reliant Hama à la Méditerranée, mais mon grand-père était alépin de souche. Masyaf était une petite ville de cambrousse avec un château médiéval. Je n'avais d'yeux que pour Alep, cette métropole riche de culture et d'histoire, avec une université réputée. J'étais une étudiante de 19 ans quand la révolution enflamma le pays, au printemps 2011. Pendant que nous parvenaient les images des protestataires réprimés dans le sang partout en Syrie, la télévision d'État ne cessait de mentir au sujet d'Alep. D'après le discours officiel, elle restait aussi paisible qu'un vieux cheval. C'était faux !

Dès le début, les plus téméraires avaient inscrit « Liberté », et même « Le peuple veut la chute du régime », sur les murs de l'université. Puis des comités s'étaient formés pour organiser des manifs. Nous étions « l'université révolutionnaire d'Alep ». J'y ai rencontré ceux qui, dans la guerre, deviendraient mes meilleurs amis. Et le docteur Hamza Khatib. Comme tous les camarades, Hamza Khatib n'était pas son vrai nom. Il l'avait adopté pour honorer l'âme d'un garçon de Deraa, arrêté à 13 ans, torturé à mort et dont le cadavre avait été rendu à sa famille avec des mutilations si atroces que les Syriens en avaient sangloté d'horreur et de honte.

J'étais de toutes les manifs, filmant avec mon téléphone nos activistes qui bravaient les colosses des services de sécurité, devenus plus nombreux que les étudiants à l'intérieur du campus. Ces images constituèrent mon premier documentaire, *La Seconde Citadelle d'Alep*. La première de ces citadelles avait conféré à Alep une aura mondiale ; la seconde était notre propre université en révolution, dont personne ne semblait jamais entendre parler.

Dr Hamza Khatib : Moi aussi, je manifestais, quatre fois par jour s'il le fallait. Je n'ai jamais été frappé ni arrêté. J'étais chanceux, les services pourchassaient toujours un autre que moi. S'ils

1. Extraits de l'article de Cécile Hennion, « Alep était un enfer, mais c'était chez nous », *Le Monde*, 8 octobre 2019. Waad al-Kateab est la réalisatrice du film documentaire *Pour Sama*, sorti en 2019, témoignage de la vie à Alep-Est pour elle, son époux médecin responsable de l'hôpital, et de leur fille Sama, née sous les bombardements d'Alep-Est. L'article était présenté par ces lignes : « Dans l'échange qui suit, daté de l'été 2017, la réalisatrice Waad al-Kateab et son mari le docteur Hamza Khatib reviennent sur leurs parcours respectifs avant et pendant la guerre en Syrie. Cécile Hennion, journaliste au *Monde*, avait recueilli leur témoignage à l'été 2017, en Turquie. »

m'interpellaient, j'étais tellement mielleux qu'ils me laissaient partir. À l'extérieur du campus, dans les quartiers de l'est, les jeunes sont descendus dans les ruelles et la violence s'est abattue sur eux à coups de massue, de couteau et bientôt de balles que distribuaient les *chabbîha*, ces vendus au régime.

En janvier 2012, j'avais achevé mes études de médecine et je devais effectuer des stages pour valider mon diplôme. J'ai choisi l'hôpital Razi. Cet établissement public comptait beaucoup de spécialistes, mais également une unité des services de sécurité. Razi était ainsi devenu le « sas d'entrée » vers les prisons engloutissant des milliers d'adolescents blessés. Ils arrivaient sur des brancards ou traînés par les pieds. On les suturait et ils repartaient aussitôt pour les sous-sols de la ville.

Il était impossible de les évacuer en secret, car cet hôpital grouillait d'agents des services, de gardes et de *chabbîha*. Quand je croisais l'un de ces fumiers, portant d'un air glorieux un ado sanguinolent, je lui disais : « Beau boulot ! Tu aurais dû cogner ce terroriste encore plus fort ! » Puis je l'amadouais avec une cigarette et un Coca-Cola au distributeur. Je disposais alors d'une minute auprès du blessé pour récupérer son numéro de téléphone et avertir les siens. Le malheureux n'avait pas d'autre solution que de me faire confiance : dans certains cas, si la famille était prévenue à temps et si elle accourait avec des liasses de billets, il pouvait sortir de cette antichambre de la torture.

Waad al-Kateab : L'université a fermé pour les vacances d'été 2012 et je suis repartie à Masyaf. Le 19 juillet, les soldats révolutionnaires de l'Armée syrienne libre (ASL) livraient bataille, s'emparant de l'est d'Alep. Les hélicoptères du régime ont aussitôt mitraillé les quartiers libérés. Mes parents savaient que j'avais manifesté et filmé, que j'avais acheté une caméra. Ils ont vu mon documentaire. Ils ont compris l'importance de mon travail. Pourtant, quand j'ai annoncé que je repartais là-bas, ils ont refusé net : « Impossible ! À Alep, tu es une jeune fille seule. Tout le monde te regardera comme une proie. Nous ne t'enverrons pas à la mort ! » Cette dispute dura un mois. Je passais mes journées à dormir et mes nuits à veiller puisque, trop occupés par la révolution, les Alépins n'étaient plus joignables que du crépuscule jusqu'à l'aurore. De loin, je suivais mes camarades à la trace. Je relayais la disparition de l'un, la réapparition de l'autre. Bientôt, je n'eus plus de nouvelles du docteur Hamza. J'ai interrogé tout le monde, personne ne savait rien. Je me suis persuadée qu'il avait été tué, comme tant d'autres.

Dr Hamza Khatib : J'ai pris la direction d'Alep-Est dès l'arrivée de l'ASL, en juillet. Ma famille est originaire de ce cœur historique de la ville, même si moi j'ai grandi en Arabie saoudite, puis de l'autre côté de la ville. Je suis parvenu dans le quartier de Salaheddine, ravagé par les combats. J'y ai trouvé des ruelles désertes, vidées de leurs habitants. Ceux qui n'avaient pu se sauver se terraient, terrifiés. Tous, nous avions assisté, à la télé, au pilonnage des villes de Deraa, Homs, Hama. Les Alépins savaient qu'ils n'échapperaient pas à la vindicte meurtrière du régime. Je savais déjà que les besoins médicaux seraient énormes.

J'ai hélé des jeunes qui déambulaient avec le drapeau révolutionnaire et des kalachnikovs, leur demandant où étaient soignés leurs blessés. Ils m'ont indiqué une école. Elle avait été choisie pour abriter un hôpital clandestin parce qu'elle avait été construite, comme presque tous les édifices gouvernementaux, par les Russes de l'époque soviétique et que c'était donc une espèce de bunker conçu avec un abri. Là, j'ai retrouvé des médecins, des étudiants et plein d'activistes des médias, dont le jeune Sayf, qui fut plus tard kidnappé par Daech et qu'on n'a plus jamais revu. J'ai été accueilli avec chaleur. Nous fêtions le ramadan, tout le monde mangeait et fumait comme il lui plaisait, les habitants défilaient, offrant leurs services dans une belle pagaille.

Ces temps d'Alep étaient formidables d'innocence et de solidarité. Il n'y avait presque pas de militaires de Bachar al-Assad, et je pense que l'ASL aurait pu s'emparer de la cité tout entière, malgré son équipement miteux, si elle n'avait pas manqué d'hommes pour garder les territoires qu'elle libérait. Elle s'est cantonnée dans l'Est parce que les habitants révolutionnaires y étaient plus nombreux. Avec un pharmacien de l'Ouest bien fourni en médicaments, j'ai organisé du ravitaillement. L'Est manquait de tout. L'électricité avait été coupée. La chaleur avait bousillé tous les vaccins, il fallut nous en débarrasser.

L'aide médicale, aux yeux du régime, c'était le pire des crimes. La trahison suprême. Si bien que le ravitaillement était une mission périlleuse pour moi, mais aussi pour mes parents et mon frère. Je leur avais dit : « Si les services vous interrogent, ne résistez pas ! Dites-leur que je ne suis plus votre fils, que des fous m'ont lavé le cerveau, que vous m'avez renié à jamais... » En effet, mon frère fut arrêté par ma faute. J'ignore s'il me renia, mais il eut la chance d'être libéré.

Outre les *checkpoints*, la division entre l'Est et l'Ouest d'Alep se renforça d'une barricade invisible de snipers. Une nuit de traversée, accompagné de Hanane, une infirmière, j'ai engagé ma voiture dans une ruelle. Selon les habitants, elle était infestée de snipers, mais c'était l'une des dernières voies ouvertes pour passer de l'autre côté. Je roulais doucement quand Hanane a murmuré : « Des militaires ! » C'étaient des soldats du régime. L'un d'eux a sifflé, j'ai fait le sourd. Hanane a crié : « Arrête-toi, il y a des chars ! » J'étais dans un tel état de frayeur que la voiture a calé lamentablement, tandis qu'un type en uniforme glapissait : « T'entends pas quand on te siffle, espèce d'animal ! »

J'ai soudain réalisé que mes vêtements étaient couverts du sang des habitants blessés. Je pouvais baratiner tant que je voulais, la vérité était affichée en rouge écarlate : j'étais médecin de l'opposition, l'ennemi à abattre, et mon coffre contenait des médicaments. Ces produits, venus d'Angleterre sous forme de poudre, stoppaient les hémorragies. Ils étaient si précieux que je les avais laissés dans ma voiture pour éviter qu'ils soient utilisés n'importe quand. Je me suis inventé un scénario : si le soldat fouillait la voiture, je lui expliquerais que c'était du jus de fruit en poudre.

Il a d'abord vérifié ma carte d'identité, qui était cassée en deux. Depuis les premières manifs pacifiques, les services brisaient les cartes de ceux qu'ils contrôlaient, manière de les humilier et de les stigmatiser au prochain contrôle. J'ai juré que la mienne était cassée depuis une éternité et que mon père m'avait conseillé de ne pas m'en séparer, même pour la refaire, en ces temps de chaos. Le type en kaki a répondu : « Va ouvrir le coffre, crétin ! » Je suis sorti en songeant aux traces de sang sur moi et je me suis plaqué contre le véhicule en priant pour qu'il ne les voie pas.

Le coffre s'est ouvert en grinçant, la sueur inondait ma nuque. Le soldat s'est écrié : « Il est vide ! » Il était très surpris, mais pas autant que moi. Hanane l'avait vidé sans m'en parler ! L'homme a piétiné ma carte en gueulant : « Dégage, fils de pute ! » Je ne suis plus jamais retourné à l'Ouest.

Waad al-Kateab : Je voulais savoir ce qui se tramait à Alep et filmer. Après mon premier documentaire, j'étais invitée à suivre une formation à Antakya (Antioche), en Turquie. J'ai eu avec mes parents une discussion sérieuse au sujet de la marche de l'histoire, de l'importance de témoigner, de mes rêves qui ne changeraient jamais, etc. Mon père a fini par accepter. Avant et après la formation, je pourrais passer dix jours à Alep, chez mon cousin qui habitait à l'Ouest. Je suis arrivée après le mois de ramadan. J'ai revu plusieurs amis, dont Ammar – plus tard, il est devenu une sorte d'émir à Manbij, un mec de Daech ; j'ignore ce qui est arrivé à son cerveau. Fin 2012, il était encore normal, vêtu de jeans moulants, de chemises bariolées avec des cheveux gominés. Il m'a dit avoir croisé le docteur Hamza, qui m'envoyait ses vœux de bonne santé. J'étais sidérée. Pour moi, il était mort, car c'est ce que signifiait en général une si longue période sans nouvelles. Je me suis sentie voltiger de bonheur.

Mon projet concernait les parents des jeunes engagés dans la révolution. J'ai filmé des pères

Un hôpital de Médecins sans frontières bombardé le 6 août 2016 à Millis, dans le gouvernorat d'Idlib (nord-ouest de la Syrie). Quatre personnes travaillant à l'hôpital ainsi que neuf autres, y compris cinq enfants et deux femmes, ont été tuées dans les attaques aériennes. L'hôpital desservait une population de 70 000 personnes. Source : MSF.

terrifiés qui interdisaient à leurs enfants de sortir, d'autres qui tentaient de les convaincre de rester à la maison même s'ils approuvaient leur cause. La famille d'un ami voulait le forcer à quitter le pays. Devant ma caméra, cet ami clamait : « Je déchirerai mon passeport ! Rien ne me fera partir, ma place est ici. » Sachant Hamza vivant, un autre projet vint m'obséder : le rejoindre. J'imaginais alors m'engager dans son hôpital de fortune et apprendre à devenir infirmière à ses côtés.

Beaucoup d'Alépins continuaient à aller et venir entre l'Est et l'Ouest, ignorant s'ils rentreraient chez eux vivants. Tout changeait à toute allure, le sens des ruelles, les repaires de snipers. Notre ville devenait une inconnue mouvante. Le régime avait repris une partie de Salaheddine et des habitants avaient été massacrés. Mes proches me suppliaient de ne pas m'y rendre. J'étais obstinée, j'ai filé. Mes cheveux n'étaient pas couverts, je portais un tee-shirt court et des lunettes de soleil : rien de convenable pour l'endroit où j'allais. J'ai marché jusqu'à Bûstan al-Qasr, dernier point d'entrée pour l'Est libéré. Ce n'était plus une question de film : mes amis étaient là-bas, je voulais être avec eux.

De l'autre côté, Alep était méconnaissable. Rien de terrible par rapport à ce que cela deviendrait, mais ce fut un choc : les bâtiments détruits, les explosions, les tirs de mortiers. Pour la première fois, je voyais des soldats de l'Armée libre. L'un d'eux m'a conduite à bord d'un van déglingué – typique de leur équipement militaire à cette époque – jusqu'à l'hôpital clandestin. Je suis entrée, j'ai vu les blessés, les sols sales et couverts de sang. Le docteur Hamza dormait sur un bout de matelas. À côté, une fille dormait elle aussi. J'étais contrariée. Pas à cause de cette fille, car Hamza n'était qu'un ami, mais parce que ce médecin, que je considérais déjà comme un héros, était épuisé, dans des conditions misérables. J'étais debout, à attendre, quand quelqu'un a crié : « L'eau est revenue ! », et tout le monde s'est levé d'un coup, s'agitant pour laver les sols. Hamza a chaussé ses lunettes, m'a saluée et s'en est allé. Puis il a fait demi-tour et m'a dévisagée en balbutiant : « Toi ! Que fais-tu ici ? Comment es-tu venue ? »

Dr Hamza Khatib : C'était une apparition ! Une jolie brindille aux yeux clairs. Elle riait en racontant qu'elle avait échappé aux snipers !

Je l'ai plus tard accompagnée à Antakya, où je connaissais un médecin turc qui aidait au ravitaillement.

Waad al-Kateab : Je suis revenue après ma formation, jusqu'à l'ultimatum de mon père : « Tu rentres demain ou tu ne remets plus jamais les pieds à la maison. » J'ai choisi d'obéir. Nous avons parlé, je lui ai montré mes films. Il a compris. Je suis repartie à Alep avec sa bénédiction. J'ai découvert qu'une multitude d'habitants étaient revenus vivre dans les zones libres. Nous avons quitté Salaheddine pour le quartier Sukkari, à l'hôpital Al-Qods. Hormis le personnel médical, il y avait très peu de femmes. Alors je filmais l'hôpital, le marché, je m'aventurais jusqu'à la ligne de front, puis je dormais auprès des infirmières. Avec Hamza, nos sentiments mutuels se renforçaient, mais la situation se compliquait. Daech apparut dans nos quartiers, kidnappant les journalistes et d'autres gens. L'ASL chassa les djihadistes en une semaine de combats, en janvier 2014. À peine en étions-nous débarrassés que les bombardements aux barils bourrés d'explosifs ont redoublé de violence.

Dr Hamza Khatib : En 2013 et 2014, il y avait encore une trentaine de médecins, des étudiants en médecine et beaucoup d'infrastructures : Sakhour, Al-Qods, Al-Zarzour, Al-Hakim, Al-Daqqaq, Umar ibn Abdel-Azîz... La plupart n'étaient pas vraiment des hôpitaux : une ou deux pièces fonctionnant avec quelques médecins. Chacun avait sa spécialité. Tous furent la cible des bombardements, en même temps que les ambulances, les marchés, les boulangeries... Selon la blague de l'époque, l'endroit le plus sûr, à Alep, c'était la ligne de front.

À la fin ne resta plus qu'Al-Qods, détruit lui aussi par des missiles, mais que j'ai reconstruit de mes mains. Notre spécialité était la chirurgie et l'accueil de ceux que la guerre rend invisibles. Car, pour 20 blessés, 120 autres habitants souffraient d'ulcères, de diabète, d'une maladie cardiaque ou d'un cancer. Les médicaments nous parvenaient, mais aucun ne traitait l'hémophilie, par exemple, ou le cancer. Tant que ce fut encore possible, nous avons évacué les plus malades en Turquie. Après, nous avons essayé de les soulager comme nous pouvions. Nous avons aussi ouvert une maternité, car en dépit de la mort qui flottait sur la ville, les couples continuaient de s'aimer et les femmes d'enfanter.

Waad al-Kateab : Le froid, la faim, la peur. Par un phénomène étrange, on s'y habitue. Alep était un enfer, mais c'était chez nous. Les familles démunies, avec leurs nouveau-nés et leurs ribambelles d'enfants dans les décombres, c'étaient les nôtres. Hamza et moi n'étions qu'un homme et une femme parmi eux. C'est dans cet esprit que nous avons décidé de nous marier, peu après la mort de mes deux meilleurs amis, tués dans un bombardement. La résistance, c'était le choix du bonheur malgré les circonstances. La fête eut lieu à l'hôpital. Nous avions convenu de ne pas avoir d'enfant avant que la situation s'améliore, d'ici un an ou deux. Cinq mois plus tard, j'étais enceinte de Sama et la situation n'a jamais cessé d'empirer.

Au neuvième mois de grossesse, j'étais encore dehors, filmant les ruelles, les combats et les blessés. Mon bébé est né à Alep au printemps 2015, après une césarienne. Elle fut lavée, vêtue et, comme le veut la tradition, l'*adhân* [l'appel à la prière] fut murmuré à son oreille droite. Nous nous sommes tous émerveillés à son premier cri, de même que nous célébrions chacune de ces petites vies qui surgissaient du ventre de leur mère. Les habitants étaient si nombreux à mourir, il fallait nous accrocher à ces étincelles. Les gestes les plus anodins, peindre le lit de ma fille en rose et blanc, le décorer de ballons de baudruche, le sourire de mon époux, la saveur d'un café. Telles étaient nos munitions pour vaincre l'anéantissement.

Dr Hamza Khatib : Quand une bombe-baril s'écrasait et que 25 blessés nous arrivaient, nous savions qu'au moins 15 d'entre eux allaient mourir. C'est une fatalité qu'il faut évacuer pour rester un médecin efficace. La mort était la norme, chaque vie sauvée était glorieuse. Mon rôle était de définir les priorités. Un blessé hurlant de douleur, ça signifie qu'il peut émettre un son, que son système respiratoire tient bon. Il peut attendre, même en pleurant beaucoup. Le silencieux est inquiétant, c'est lui qu'il faut examiner en premier. Dans les cas de bombes à sous-munitions, les survivants étaient déchiquetés. Par quoi fallait-il commencer, sa tête ou son estomac ? Il y avait encore les shrapnels, minuscules comme des épines, qui pénétraient le corps par milliers et détruisaient tout à l'intérieur. Cela en devenait surréaliste.

Une fois, j'ai craqué. Un garçon de 4 ans est arrivé ; sa main ne tenait plus que par un lambeau de chair. Il délirait et son père demandait : « Qu'est-ce qui lui arrive ? » J'ai répondu qu'il fallait l'amputer. Il a dit : « Bien sûr, c'est évident, mais sa vie est-elle en danger ? » Je l'ai rassuré, nous allions retirer sa main et il irait bien. L'enfant s'est alors mis à parler : « Je jure devant Dieu, jamais plus je ne ferai de bêtises ! Ne coupe pas ma main, je serai un bon garçon. À toi, je n'ai rien fait de mal ! » Son incompréhension et le lien moral qu'il établissait avec sa souffrance... On arrivait à sauver des enfants, mais leur innocence se perdait à jamais.

En théorie, c'était horrible que ma famille vive dans un lieu pareil, mais, en pratique, c'était très facile. On ne traverse pas une guerre sans amour. Nous avions les moyens de partir, de nous mettre à l'abri. Mais quoi ? Quelle excuse donner aux autres qui ne le pouvaient pas ?

Waad al-Kateab : Après avoir appelé à la chute du régime, il fallait en assumer les conséquences. Cette misère. Notre objectif avait été d'améliorer la vie en Syrie. Tout s'écroulait, nous n'avions pas le droit de nous effondrer. Je crois que mon bébé le comprenait. Sama ne pleurait jamais, même dans la salle des blessés ou quand les bombes tonnaient. Je l'emmenais partout. Comme ma caméra, elle fixait de ses grands yeux notre drame, en silence. Les massacres se multipliaient. Tandis que les secouristes extirpaient les blessés de sous les décombres, les voisins les transportaient à mobylette ou à bout de bras. Il n'y avait pas d'espace pour la réflexion.

Quand ma fille eut 5 mois, nous sommes allés la présenter à nos familles qui, dorénavant, vivaient en exil en Turquie. La mère d'Hamza insista pour garder Sama et, pour la première fois, le doute et la culpabilité nous ont envahis. Mais Hamza pensait qu'il était préférable que nous mourions ensemble, plutôt que Sama soit orpheline. Alors que les habitants étaient piégés telles des bêtes en cage, nous cherchions un accès pour les rejoindre. Avec l'aide d'un soldat de l'ASL, nous avons marché jusqu'à une ferme, puis couru une nuit entière par un labyrinthe que lui seul connaissait. Nous sommes parvenus à l'hôpital. Hamza était le dernier médecin urgentiste de la ville.

Avec le siège vint le manque de médicaments, de nourriture. L'espoir disparut à son tour et, comme tous les Alépins, nous avons envisagé la fin. Le 17 octobre 2016, il y eut vingt-quatre heures de bombardements intensifs, interrompus par des attaques au chlore. L'opposition armée perdait du terrain. Les familles fuyaient, convergeant vers les miettes de zones libérées, dont l'hôpital Al-Qods. Certains furent fusillés par l'armée de Bachar, les blessés affluaient.

Alors l'évacuation a commencé dans la panique. Les gens couraient dans les corridors, les salles de bains. L'hôpital n'était plus seulement un lieu de soins, il transmettait aussi les informations sur ces départs obligatoires, à bord de bus dont on ignorait la destination. Chaque jour, j'allais filmer l'adieu des Alépins. Ceux qui restaient encore me couraient après, terrifiés à l'idée que le docteur s'en aille, les abandonnant. Nous avons pris le dernier convoi.

Dr Hamza Khatib : Les conditions qu'imposaient les Russes étaient inhumaines. Quantité de blessés ne pouvaient attendre un jour de plus. Mais non, les Russes disaient : « La semaine prochaine, peut-être », décrétant ainsi leur mort certaine. J'ai longtemps espéré qu'une réaction internationale changerait la donne et ne forcerait pas les Alépins à l'exil. Ce n'est pas arrivé. Au début des négociations, seuls les civils devaient être évacués, ce qui fut refusé bien sûr. Cela n'avait aucun sens : la majorité des combattants étaient des étudiants, des gars ordinaires qui avaient voulu nous défendre. Ils n'avaient nulle part où aller, leurs maisons avaient été détruites comme les autres.

Moi, si je n'avais pas été médecin, j'aurais pris les armes. Ainsi périt Alep-Est et, avec elle, des dizaines de milliers de civils et le rêve d'une Syrie libérée de sa dictature. Je persiste cependant à croire que l'histoire n'est pas finie, car si les âmes des morts nous accompagnent dans l'exil, nous gardons surtout à l'esprit les nouveau-nés, chaque blessé sauvé. Il n'y a pas plus bel acte de résistance que de rester vivant.

Témoignage de Zayn

Alep, 2012-2013 et 2016[1]

J'ai suivi une formation d'infirmière et de secouriste pour venir en aide aux blessés lors des manifestations. L'Armée libre est rentrée dans notre région en juillet 2012, avec les brigades de la campagne d'Alep dont Liwâ' al-Tawhid dirigée par Abdel-Qadir Saleh[2]. Les avions du régime ont commencé à bombarder la ville. De nombreuses familles, dont la mienne, ont fui. Moi j'ai refusé de partir. J'ai intégré une équipe médicale. En faisant cela, j'allais à l'encontre des traditions : une jeune fille doit rester chez ses parents. Je suis d'un milieu conservateur et religieux. Mais j'ai insisté pour rester à l'hôpital Dar al-Shifâ', dans le quartier de Chaar[3]. L'hôpital était sur la ligne de front, des combats se déroulaient aux alentours. Les balles perdues sifflaient jusque dans la salle des urgences où je me trouvais en permanence. Le régime tentait de reprendre le contrôle de la zone. Malgré les affrontements, de nombreux bénévoles, femmes et hommes, nous ont rejoints. Il n'était plus possible de se déplacer ; je dormais à Dar al-Shifâ'. Après chaque bombardement, des corps déchiquetés y étaient transportés. À cause du nombre de cadavres et de blessés, il était devenu difficile de circuler dans les couloirs du bâtiment. Il fallait enjamber des corps pour se frayer un chemin. Je retournais chez mes parents une fois par semaine. Je me lavais et revenais immédiatement à l'hôpital.

Puis les pilonnages se sont intensifiés. Les massacres sont devenus quotidiens. On a dû disposer les corps sur le trottoir en face de l'hôpital. J'ai pris des photos des cadavres non identifiés. Je les ai conservées. Nous les enterrions et prenions soin de consigner le nom du lieu en marge de chaque photo pour que les familles puissent retrouver les tombes de leurs enfants au cas où elles viendraient les chercher. Nous faisions des prouesses, en particulier avec les cadavres déchiquetés. Nous essayions de leur redonner une apparence digne avant de les rendre à leurs proches. Nous recousions les membres sectionnés pour redonner forme humaine aux corps. La première fois que j'ai recousu de la chair humaine, c'était un homme de quatre-vingts ans. Ses intestins étaient à l'extérieur de son abdomen. Le médecin a décidé de ne pas le remettre à sa famille dans cet état. Encore aujourd'hui je suis incapable de décrire ce que j'ai ressenti. Aucun mot ne peut exprimer ce qui s'est passé. Des images de la scène me reviennent sans cesse.

À ce moment-là, je n'avais qu'une idée en tête : aider les gens et leur porter secours. Lorsqu'on nous apportait des corps d'enfants décapités, j'étais prise de tremblements. J'arrivais à

1. Extrait du chapitre « Zayn » dans Samar Yazbek, *19 femmes. Les Syriennes racontent*, *op. cit.*

2. Né en 1979, Abdel-Qadir Saleh a participé à la formation de Liwâ' al-Tawhid, une des unités de l'Armée libre. Il a été tué lors d'un raid aérien de l'armée du régime le 14 novembre 2013.

3. Quartier situé dans la zone est de la ville d'Alep contrôlée par les groupes armés de l'opposition à partir de fin 2012.

tenir la journée, mais le soir je me mettais à pleurer, cela durait toute la nuit. Je ne dormais plus. Nous étions constamment sur le qui-vive à cause des bombardements continuels et des massacres. Nous avons organisé des rotations pour dormir un peu à l'hôpital. L'hôpital comptait sept étages. Il a été complètement détruit par les bombardements. Il ne nous restait plus que le premier niveau. Fin 2012, un pilonnage sans précédent a détruit ce qui restait du bâtiment. Mon amie Bushra Shaykho a été tuée, avec beaucoup d'autres membres du personnel. Elle était volontaire comme moi. Le hasard a voulu que je survive. J'étais sur la ligne de front. J'ai vu l'avion qui a largué les bombes thermobariques. Trente-quatre personnes ont été tuées ce jour-là.

Pendant quatre jours, nous avons extrait les cadavres des décombres et j'ai retiré de mes propres mains ceux de mes amis. L'hôpital était devenu pour nous une nouvelle maison. L'équipe formait une famille. Tous ses membres ont été tués. J'étais en état de choc. Je pleurais tout le temps. Je ne savais plus quoi faire. Lorsque j'avais pris la décision de participer aux manifestations, je n'avais pas imaginé un instant que nous finirions par vivre des tueries quotidiennes. Malgré tout, j'ai continué à travailler. De nouveaux volontaires nous ont rejoints. Nous étions à pied d'œuvre vingt-quatre heures sur vingt-quatre. Vraiment, on ne faisait que ramasser des cadavres déchiquetés, enterrer des morts, soigner des blessés. « Liberté » et « dignité », les mots d'ordre que nous avions scandés lors des manifestations pacifiques sont devenus bien faibles face aux bombardements. J'étais épuisée par le travail.

Un jour, on nous a amené un blessé, un homme du régime. Il était originaire de Nabk[1]. J'ai pris soin de lui. J'ai fait en sorte qu'il contacte sa famille. Je ne ressentais aucune haine, mais des combattants l'ont emporté. Je m'occupais de tous les blessés sans distinction. Des gens se sont mis à exprimer leur ressentiment non seulement à l'égard du régime, mais également à l'égard de l'Armée libre parce que leurs enfants étaient tués, leurs maisons détruites. L'Armée libre est rentrée dans leurs quartiers et les a chassés. J'ai fait mon possible pour leur venir en aide. Ils étaient misérables, ils avaient tout perdu. J'ai été transférée dans un autre hôpital dans le quartier de Hollok sur la ligne de front. Les combats entre les deux parties y étaient très violents. Ils ont fini par s'étendre[2]. [...]

Le siège d'Alep a commencé à la fin du mois de mai 2016 et dans la même période les bombardements se sont intensifiés. Ce sont les pires moments de ma vie pendant la guerre. Les gens avaient faim et je ne pouvais rien faire pour eux. Je n'oublierai jamais le visage d'une femme âgée de 70 ans qui m'a arrêtée pour me supplier de lui donner à manger. Avec ses quatre filles, elle n'avait rien avalé depuis deux jours. J'en suis venue à espérer que nous mourions tous pour que ces souffrances cessent. Les enfants cherchaient de la nourriture dans les conteneurs de poubelles vides.

J'ai transformé un abri en unité de soins. Dans la seconde moitié de 2016, de nombreuses personnes sont mortes et les amputations ont augmenté parce que nous n'avions plus le matériel médical de base. En l'absence d'électricité, nous opérions à la lumière des téléphones portables. Comme nous n'avions plus d'eau, nous ne pouvions pas laver le sang incrusté dans le sol. L'odeur était insoutenable. Nous stérilisions les instruments chirurgicaux à la flamme. Pendant le siège, les bombardements ont changé de nature. Les bombes provoquaient des ondes de choc comme un tremblement de terre. Le sol vibrait autour de nous, même lorsque nous étions éloignés du point d'impact. Dans les bombes-barils qu'ils larguaient sur nous, ils ont ajouté du chlore.

1. Petite ville au nord de Damas.

2. Zayn est ensuite arrêtée par les forces du régime alors qu'elle tente de gagner le quartier de l'université d'Alep où elle a été autorisée à s'inscrire pour des études de psychologie. Elle subit la torture et le viol. Une partie de ce récit est reproduite dans le chap. 3 de la 2e partie de ce livre, « Témoignage de Zayn ».

Le nombre des blessés a augmenté. Lorsque je respirais les émanations de chlore, me yeux se mettaient à pleurer et à rougir, ma peau également. Après chaque bombardement, je me grattais pendant plusieurs jours. Au début, la prise d'oxygène permettait de se rétablir, mais nous n'en avons plus eu ensuite. Quant à la nourriture, elle a disparu. Il restait un peu de boulgour et de lentilles, mais nous n'avions plus de gaz ni de mazout pour le cuisiner.

Les gens brûlaient leurs habits pour cuire du boulgour. Un homme appelé Abou Abdou a entrepris d'extraire du mazout à partir de matières plastiques, en très petites quantités. Il est finalement mort lors de l'une de ses tentatives. On me donnait du persil que je mangeais avec du sel, sans huile, car nous n'en avions plus. Aux environs d'octobre-novembre, les gens étaient à bout. Je les voyais dans la rue, visage pâle et traits tirés, errant comme des fantômes. Les enfants souffraient d'anémie et de malnutrition, les jeunes mères n'avaient plus de lait pour nourrir leurs bébés parce qu'elles ne mangeaient pas. Un jour, ils ont transporté un homme à l'hôpital, les côtes apparentes, un vrai squelette. Il est mort de faim.

L'appartement que je partageais avec une amie se trouvait dans le quartier de Chaar. Le régime avait pris le contrôle de Sakhour et de Massakin Hanano[1]. J'étais si terrifiée que je n'en dormais plus. J'avais peur d'être une nouvelle fois emprisonnée. Je préférais encore mourir sous les bombes. Les immeubles autour de nous étaient détruits. Celui dans lequel nous vivions l'était à moitié. J'avais avec moi un talkie-walkie jour et nuit pour rester en liaison avec la Défense civile et les secours. Je suivais le mouvement des avions et des bombardements.

J'étais à bout, à cause de la faim, des décès, des obus qui pleuvaient. Et de cette mort que j'espérais et qui ne venait pas. Des fragments d'obus passaient par les fenêtres, mais je ne bougeais plus de mon lit. J'écoutais de la musique en mettant le volume au maximum pour m'abstraire de ce qui se passait. J'aurais voulu une mort rapide, je détestais devoir l'attendre. C'est pour cela que je mettais la musique à fond lorsque je rentrais chez moi. C'était devenu une habitude.

Chaque fois qu'un quartier était repris par le régime, ses habitants le quittaient : des masses humaines se déplaçaient d'un faubourg à l'autre, transportant avec elles de la nourriture uniquement. En une seule semaine, j'ai successivement logé dans trois lieux différents. Au fur et à mesure de la progression de l'armée, je reculais en suivant le mouvement massif de la population d'Alep. Nous fuyions sous les bombes l'avancée des forces du régime.

Le dernier jour, avant mon départ définitif d'Alep, j'ai voulu faire parvenir à un groupe de familles affamées de l'aide alimentaire. J'ai dû courir pour traverser une zone où un sniper était embusqué. En passant j'ai vu une voiture en flammes atteinte par un tir d'obus. À l'intérieur, des corps brûlaient. Je ne me suis pas arrêtée pour leur porter secours. Ils étaient morts de toute façon. Et je savais que des enfants affamés m'attendaient. Au moment d'arriver à l'endroit où les familles se trouvaient, juste avant que je ne leur donne la nourriture, une bombe a explosé. Pendant dix minutes je n'ai rien pu voir si ce n'est de la poussière noire. Puis, peu à peu j'ai distingué des choses autour de moi ; des cadavres et des morceaux de chair. Encore une fois j'avais survécu. Et je me suis dit : « Je m'en suis sortie ! Quel malheur ! » Je n'oublierai pas cette journée. Il m'a fallu trois quarts d'heure pour trouver une voiture avant de transporter les nombreux blessés. Certains sont morts devant moi et je ne pouvais rien faire pour les secourir. Ils faisaient partie des familles que je venais voir. En un court instant, ils se sont transformés en morceaux de chair éparpillés. Cela s'est passé dans le quartier d'Aghiour[2] en novembre 2016.

Généralement un violent bombardement précédait l'arrivée des soldats du régime. Ils brûlaient et détruisaient tout et ensuite ils entraient.

1. Quartiers situés au nord-est d'Alep, repris par l'armée du régime en novembre 2016.
2. Quartier du centre d'Alep à proximité de la citadelle.

Je savais qu'ils allaient reprendre le contrôle d'Aghiour. Nous sommes partis vers Zabdiyya[1]. Les gens se sont tous rassemblés là-bas, c'était la dernière étape avant la sortie d'Alep et la reprise complète de la ville par l'armée. Nous sommes restés un mois dans des abris. Nous n'avions pas d'Internet, ni d'eau non plus. J'étais si sale que j'en pleurais. Je ne me suis pas lavée pendant tout un mois. Il y avait un puits. Chaque famille avait droit à un seau d'eau et un plat de boulgour bouilli par jour dans le meilleur des cas. Certaines restaient sans manger deux, parfois trois jours. Et pourtant les gens faisaient leur possible pour s'entraider. Les bombardements redoublaient de violence et nous attendions la mort. Encore aujourd'hui je me demande comment je suis restée en vie. Des dizaines de fois je suis sortie saine et sauve des décombres et j'ai dû en extraire les cadavres de mes amis. J'étais perdue.

1. Quartier situé au sud-est d'Alep.

Témoignage de Ghassan sur la destruction de l'hôpital-maternité de Kafr Hamra (banlieue d'Alep) les 11 et 12 août 2016[1]

Témoignage recueilli en 2018 par l'association de solidarité internationale Madina, indépendante de tout parti. Elle avait développé à partir de 2013 des projets médicaux en Syrie, et ouvert une maternité le 19 janvier 2015 à Kafr Hamra, dans la banlieue ouest d'Alep. Elle fonctionnait sous son entière responsabilité avec un personnel local. Plus de mille accouchements y eurent lieu jusqu'à ce qu'un bombardement aérien, la nuit du 11 au 12 août, détruise plus de la moitié du bâtiment et provoque la mort d'un anesthésiste, d'un bénévole et d'une patiente, ainsi que la perte du matériel médical et des médicaments. Douze personnes furent blessées dont trois enfants.

Je m'appelle Ghassan et je suis le coordinateur local de l'organisation française Madina qui œuvre à l'intérieur de la Syrie. Nous avons commencé le travail il y a quatre ans, en 2014, à Alep. D'abord, nous avons exploré la province d'Alep, dans la région de Sam'ân et Kafr Hamra. À ce moment-là il y avait beaucoup de déplacés de la ville d'Alep, suite aux barils d'explosifs largués par le régime criminel. La population à Kafr Hamra s'élevait à 30 000 personnes, nous avons analysé les besoins et observé qu'il n'existait pas de service de soins gynécologiques et pédiatriques. Un projet d'un hôpital-maternité a donc été proposé. Il a fallu six mois pour tout équiper. Au début de 2015 nous étions opérationnels et nous avons commencé le travail progressivement. C'était un centre pédiatrique, gynécologique et obstétrique pour les accouchements naturels. Un peu plus tard, en novembre 2015, on a ouvert un service pour la chirurgie gynécologique, un service pédiatrique gratuit, un service de couveuses et un service de consultations cliniques.

Au début de 2016, les attaques de l'aviation et les bombardements se sont intensifiés sur des régions comme Retyan ou à « Bayanon », Tall Rif'at, etc. Ces populations ont commencé à se déplacer vers nos régions, et *Al-hamdulillâh !* (« Dieu soit loué ! ») on a pu leur offrir nos services. Le 12 août 2016, à 20 heures, nous étions en plein travail quand nous avons entendu une explosion, le son était clairement audible mais pas très proche de nous ; dix minutes plus tard, une deuxième explosion s'est fait entendre, puis encore une troisième. Une demi-heure plus tard

1. Du fait du caractère visiblement ciblé de ce bombardement, celui-ci a fait l'objet le 24 octobre 2016 d'une plainte contre X, qui a été classée sans suite le 27 février 2017. Texte de l'avis de classement rédigé par le procureur de la République du tribunal de grande instance de Bourges (avis du parquet n° 17058000017) : « Les faits ou les circonstances des faits dont vous vous êtes plaint n'ont pu être clairement établis par l'enquête. Les preuves ne sont donc pas suffisantes pour que l'affaire soit jugée par un tribunal. Le parquet de Bourges n'ayant aucune compétence en dehors du seul département du Cher, *a fortiori* pour des faits commis hors du territoire national, par des forces armées étrangères et sans preuve de victimes françaises. » Présentation par Catherine Coquio.

les équipes de la Défense civile[1] se sont dirigées aux endroits des explosions afin de faire l'état des lieux et secourir les gens qui s'y trouvaient. Pendant ce temps-là, un homme s'est rendu chez nous avec sa femme enceinte et un enfant d'à peine un an. La femme avait une blessure à la tête et l'enfant était inconscient. Par la suite on nous a amené un autre enfant et deux femmes dont une plus âgée, tous blessés. Les premiers soins d'urgence ont été apportés et on a procédé à un examen gynécologique pour vérifier si le fœtus était sain et sauf. Ensuite ils ont été transférés au service spécialisé des blessures nécessitant des interventions chirurgicales. L'enfant d'un an était en relativement bon état et stabilisé, de même qu'un autre de onze ans. Ce n'était pas le cas de la femme plus âgée.

Après avoir offert les premiers soins d'urgence, nous nous trouvions dans le sous-sol de ce bâtiment composé de quatre étages audessus du sous-sol ; les équipes pédiatriques et gynécologiques étaient respectivement dans leurs services. Une heure plus tard, à 1 heure de matin, on a entendu un bruit assourdissant, j'ai tenté de m'en approcher, mais une partie de l'équipe me l'a interdit, en disant qu'il se pouvait que le service pédiatrique ait été bombardé au premier étage. Tout le monde était sidéré, une sage-femme a essayé d'entrer et voir ce qui était arrivé, elle n'a pas pu entrer ; elle s'est mise alors à pleurer en disant que le service pédiatrique était complètement détruit, et que l'infirmier et le technicien anesthésiste à l'intérieur étaient atteints. La porte principale du service était inaccessible, on a donc essayé de pénétrer par une porte secondaire. À ce moment-là nous avons été attaqués par deux roquettes. On ne savait plus qui de nos équipes était resté et qui avait pu fuir. On a essayé de vérifier et mesurer les pertes et on a découvert qu'une infirmière, un des gardiens et une autre personne étaient blessés. On les a évacués à l'extérieur de l'immeuble. On a appelé quelques minutes plus tard les équipes de la Défense civile pour qu'elles interviennent. Sous l'aviation toujours à l'œuvre elles n'ont pas pu atteindre les lieux. L'air était lourdement poussiéreux et un incendie s'est déclenché dans l'immeuble. Un membre du personnel administratif, un gardien et un membre du cadre médical se sont évanouis.

Dix minutes plus tard, les équipes de la Défense civile ont pu évacuer les blessés. On a songé à revenir sur les lieux et vérifier qui était resté du cadre médical mais on n'a pas pu le faire à cause de l'aviation, et les équipes de la Défense civile nous ont formellement demandé de quitter les lieux pour qu'elles puissent assurer leur travail. Une heure après, elles ont commencé leurs recherches dans les débris, et cela a duré trois heures à cause de tout ce qui avait été détruit. Le sous-sol était rasé, les étages au-dessus étaient complètement effondrés. Au bout de trois heures de recherche, on n'avait retrouvé des personnes disparues que des éclats de chair dispersés au loin. Nous avons eu du mal à reconnaître leurs traits respectifs. On a ramassé les éclats et on les a enterrés. Ensuite on a transféré les blessés vers d'autres hôpitaux ou centres médicaux. La femme âgée est décédée douze heures plus tard. Les autres s'en sont sortis, deux d'entre eux sont venus se faire opérer en Turquie.

La zone a été complètement évacuée et vidée de tout service médical. Elle contenait trois centres médicaux de spécialités différentes : un hôpital de chirurgie, un centre de premiers soins, un hôpital de pédiatrie et de gynécologie. Un mois auparavant l'hôpital de chirurgie avait été ciblé pendant deux heures par des hélicoptères et six attaques de l'aviation militaire. Il s'agissait d'un immeuble de cinq étages ; un journaliste y est décédé, un conducteur d'ambulance aussi. Nizar, un de nos infirmiers, a été blessé et est décédé à l'hôpital un mois plus tard. Sortir de l'immeuble durant ces heures de bombardement était impossible, au point qu'on a pensé demander des instruments pour creuser un tunnel reliant le bâtiment et un autre afin de

1. Il s'agit des casques blancs. Sur ceux-ci voir *infra* la contribution de Cécile Hennion p. 564.

pouvoir évacuer les gens. Trois heures plus tard, ils ont pu sortir.

Dans mon travail dans l'humanitaire, à l'hôpital Madina, nos services concernaient essentiellement les civils, femmes et enfants, et jamais nous n'aurions imaginé être ciblés ainsi. Les hôpitaux ont été complètement détruits. Nous avons perdu des collègues. En termes d'équipement, tout a été perdu. Un équipement qui a nécessité deux ans pour être mis en place. Tout était vain, et la région a été privée de tout service médical. Nous nous sommes dévoués au secours de personnes en danger, avec le risque que cela comporte, mais nous ne nous attendions pas à être nous aussi visés.

Les attaques de l'aviation étaient ciblées et précises : cinq écoles de Kafr Hamra, l'unique boulangerie, les deux hôpitaux et le centre de premiers soins… Tout a été ciblé. De tout cela il ne reste plus rien à Kafr Hamra.

La Ghouta orientale, 2018
Témoignages de deux médecins

Les témoignages qui suivent ont été écrits durant l'attaque de la Ghouta orientale de février-mars 2018 et publiés en français sur le site de l'association Syrie moderne démocratique laïque. Les témoignages de ces deux médecins racontent l'enfer des bombardements, les blessures, le déchirement des familles. Ils racontent surtout l'impuissance du médecin face à l'horreur et à l'insuffisance des moyens. Exténués, ces médecins ont lutté à leur manière pour sauver des vies jusqu'aux derniers instants. Le docteur Ismail, de Hammouriyya, envoyait également quand il le pouvait des messages vidéo sur WhatsApp, certains sont encore disponibles en ligne. Le docteur Adnan vit à présent à Afrin où il exerce toujours. Nous ne savons pas ce qu'est devenu le docteur Ismail[1].

TÉMOIGNAGE DU MÉDECIN HUSSAM ADNAN

Le 22 février 2018

À ceux qui ne trouvent plus que les larmes comme moi, venez lire cela et pleurons ensemble.

Que l'humanité aille s'enterrer dans ses immondices avec toutes ses valeurs, c'est tout ce qui lui sied !

Je vous écris des entrailles de la mort.

Voilà vingt ans que mon scalpel et moi sommes les meilleurs amis. Il dansait entre mes doigts et moi je faisais mon travail avec un calme olympien. À la fin de chaque journée, je soufflais au creux de son oreille : « Tu as bien œuvré, bon travail, grâce à Dieu, nous avons sauvé beaucoup de vies. »

Mais les choses ont changé, et mon scalpel n'est plus ce qu'il était. Mes doigts n'ont plus la force de le porter. On dirait qu'une partie de mon âme s'est enracinée entre les plis de son tranchant, au point qu'il ne supporte plus la taille des blessures qu'il voit : des enfants sans membres ; sans yeux ; sans visage. Des femmes avec leurs familles recouvertes de draps pleins de terre, la terre de leur pays couverte du sang de ses propres enfants.

L'odeur de la poudre et sa couleur noire de suie voile les visages amaigris et épuisés.

Les cris des enfants, les lamentations des femmes, la colère réprimée des hommes et l'impuissance des médecins ont réussi à atteindre mon scalpel meurtri et paralysé par tout ce qu'il a vu. Mais tous ces hurlements ne sont pas parvenus jusqu'aux cœurs endormis de ce monde.

Aujourd'hui, on nous a amenés à ausculter des corps amaigris qui n'ont rien mangé depuis des jours. Des personnes ensevelies sous les décombres causés par des barils explosifs qui ne font pas de distinction entre une pierre et un être humain.

Aujourd'hui, des gravats de notre chère patrie, on a extrait une mère enceinte de sept mois avec ses deux enfants. Même si je vous disais que la misère de la terre entière se

1. Présentation par l'association Syrie MDL.

reflétait dans leurs yeux, je ne rendrais pas justice à leurs regards.

Le premier enfant n'avait plus de jambe droite et sa jambe gauche était cassée. Le deuxième avait perdu un œil et un éclat lui avait traversé la poitrine. Quant à la mère, elle luttait contre la mort car un fragment avait perforé son corps fluet. Elle rendait son dernier souffle entre nos mains.

On la voyait lutter pour rester en vie, ses yeux ne cessaient de fixer ses deux petits.

Le père était mort quelques mois auparavant.

Ils ont été transportés tous les trois jusqu'ici sur une seule couverture, les brancards censés transporter les blessés ayant tous été réquisitionnés pour remplacer les lits des malades.

Je vous en prie, essayez d'imaginer un instant la scène et l'état de cette couverture déchirée et imbibée de sang qui transporte quatre âmes : la mère, son fœtus et ses deux enfants.

L'un de mes confrères me chuchota à l'oreille : « Essayons de sauver son bébé. »

Pour la première fois de mon existence, je me suis assis pour tenter de reprendre mes esprits.

Le sauver ou le laisser heureux dans le ventre de sa mère pour qu'il ne voie pas toute l'horreur de ce monde ?

Devrais-je le laisser partir avec elle ?

Non… NON !

Mon devoir est de le sortir et de sauver des vies, c'est mon métier.

J'ai regardé autour de moi, les deux enfants déchiquetés, l'âme de la mère qui commençait à quitter son corps…

Le vacarme des avions, les explosions des barils, les cris des enfants qui déchirent les tympans et les cœurs, et mon confrère qui me chuchote encore :

« Qu'attends-tu ? Allez, il reste une vie à sauver ! »

J'ai regardé mon scalpel, mon ami de toujours, et je l'ai trouvé plus abattu que moi encore.

Pourquoi sortir ce bébé ?

Pour quelle vie et pour quel monde ?

Le monde des barils, des incendies et du désespoir ?

Le monde des orphelins, des opprimés, de l'impuissance et de la faim ?

Qui l'allaitera ?

Qui le changera ?

Qui le bercera ?

Qui le consolera ?

Oui, il lui reste un Dieu qui ne l'oublie pas, mais moi et mon scalpel sommes désormais incapables de discernement.

La voix de mon confrère m'arracha à mes pensées : « Son cœur s'est arrêté. Je vais sortir le bébé même si elle est morte ! »

Pour la première fois de ma vie, mon scalpel m'a trahi… Je l'ai posé sur la table, j'ai enlevé mes gants et me suis retourné sans dire un mot.

Mon confrère a continué à travailler, je le regardais, les larmes coulaient sur ses joues, il me jetait des œillades étonnées.

Cet événement n'a duré que quelques minutes, mais il a creusé au fond de mon cœur des sillons traçant ces années d'injustice et de répression, telles que je n'en ai jamais vues dans les livres d'histoire : ni dans les massacres des Tatares, ni pendant l'Inquisition, ni même sous le joug des Pharaons.

Au monde, à ses rois, ses grands puissants, je m'adresse à vous aujourd'hui.

Je suis certain que vous n'êtes que les exécuteurs d'un destin écrit au préalable. Mais, fermer les yeux sur des massacres qui frappent des centaines de milliers de civils n'ayant d'autre tort que celui d'être nés dans un lieu nommé la Ghouta orientale, est une honte pour vous et vos peuples.

Je ne vous demanderai pas de sauver la Ghouta,

Mais de sauver votre humanité, vos peuples, vos enfants.

Car croyez-moi, ce nouveau-né sorti du ventre de sa mère martyre est une preuve à charge contre vous.

Nourrissez-le !

Réchauffez-le !

Donnez-lui le droit à une vie digne. Je ne vous demande rien d'autre.

Arrêtez ces monstres du ciel qui portent à cet enfant et à ses semblables les barils de la mort.

Venez, marchez parmi les enfants de la Ghouta,

Touchez leurs visages, écoutez les gargouillis de leurs estomacs vides, voyez leur résignation.

N'êtes-vous pas des êtres humains aussi ?

Alors, prouvez que vos valeurs sont universelles. Que le sang humain est le même pour tous les êtres, car c'est ainsi que vous sauverez ce qui reste du souffle divin qui vous anime !

27 février 2018 à 10 heures. Le lait ensanglanté

Aujourd'hui, c'est la sixième journée de la sanglante campagne que le régime a entamée pour massacrer les 500 000 habitants assiégés dans la Ghouta orientale.

Omran est un nouveau-né de 40 jours seulement. Il a passé le quart de sa vie dans la terreur continuelle, subissant les mensonges des grands de ce monde qui ont échoué à faire respecter une trêve illusoire afin d'arrêter les massacres quotidiens de ces innocents.

Alors que les grandes puissances discutent et peinent encore à appliquer ne serait-ce qu'une trêve, un baril explosif est tombé sur la maison d'Omran. Sa maison a été anéantie. Tous les membres de sa famille aussi.

Seul survivant, Omran a été transporté au centre médical, non parce qu'il était blessé mais parce que sa vie entière était en suspens : il n'a plus personne pour s'occuper de lui, ni de maison pour le protéger.

On l'a tous entouré comme on pouvait, désemparés face à ses cris et ses pleurs. Puis on a fini par déposer ce petit être, dont la blessure était plus profonde que celle de notre patrie, sur l'un des lits pour nous occuper des blessés qui affluaient.

Entre les interventions chirurgicales, la prise en charge des personnes extirpées des décombres racontant leur effroi face aux terrifiants barils explosifs – des histoires aussi noires que le cœur de celui qui les largue depuis ses hélicoptères –, on avait oublié le petit Omran.

Ses pleurs envahissant les lieux ont attiré notre attention. L'infirmière nous a dit qu'il devait avoir faim, qu'il réclamait probablement du lait...

Mais comment lui procurer ce lait ? Comment en trouver alors que les missiles sèment le feu partout, embrasent la terre et le ciel, et que les grandes puissances attendent que ces monstres aériens achèvent d'accomplir leur mission, qui consiste à exterminer des innocents ?

On a cherché du lait, mais sans résultat. On a versé un peu de sérum de glucose dans un petit biberon, en espérant que cela ferait l'affaire. Mais le petit Omran l'a rejeté et a continué de pleurer.

Alors que l'on discutait pour trouver une solution afin de nourrir ce bébé – lui faire une perfusion ? Lui imbiber les lèvres de sérum ? – de nouveaux blessés nous ont été amenés dans la précipitation et nous avons accouru pour les secourir. Parmi eux, Firyâl, une jeune femme qui venait de perdre son mari, son bébé, sa maison et son bras droit. On a réussi à arrêter son hémorragie et refermer sa blessure. Nous sommes ensuite retournés voir le petit Omran dont les sanglots incessants nous déchiraient le cœur.

Un collègue a alors eu une idée astucieuse : Firyâl, la jeune femme blessée, pouvait nous aider. Son corps produisait encore du lait pour son bébé martyr. L'infirmière a couru vers elle, a nettoyé sa poitrine couverte de sang et y a délicatement déposé le petit Omran. Quelques secondes plus tard, l'enfant prenait le sein de Firyâl et cessait de pleurer.

Le calme s'est subitement installé. Plus de barils explosifs. Plus de vrombissements d'avions. Plus de cris de douleur.

Et on a eu le sentiment que le lait ensanglanté qui venait de nourrir le petit orphelin était en cet instant plus fort que tous les dirigeants du monde réunis.

Firyâl, qui a tout perdu, était encore capable de donner quelque chose à ce petit. Elle l'a serré dans son unique bras, comme si cet enfant était capable d'alléger ses douleurs.

Au monde, à ses dirigeants et ses rois,

Au reste de l'humanité qui nous regarde et dont on dit qu'elle possède encore un cœur, je dis :

Oui, ce lait sorti des profondeurs de nos blessures, de la destruction et du sang a pu sauver celui que vous êtes incapables de sauver.

Debout face à ce petit Omran qui a assouvi sa faim et qui dort désormais tranquillement, je vous prie de me répondre : Pourquoi permettez-vous à ces criminels de nous tuer ?

Que direz-vous à vos enfants le jour où l'Histoire écrira ces massacres ?

Aurez-vous le courage de faire face à vos peuples ?

Pourquoi permettez-vous que des massacres semblables à ceux de la Bosnie, du Kosovo ou du Rwanda se répètent ?

Qu'est-ce que le petit Omran et Firyâl ont pu commettre comme crime pour mériter cela ? Ont-ils volé votre pétrole ? Ont-ils menacé vos intérêts financiers ?

Tout ce qu'ils veulent, c'est cette « vie digne » que vous érigez comme symbole de votre civilisation.

Oubliez la Ghouta. Ne la sauvez pas. Mais tâchez au moins de sauver vos civilisations et votre humanité.

Le 1er mars 2018

Aujourd'hui c'est le neuvième jour du calendrier sanguinaire de la campagne d'extermination des 500 000 personnes assiégées de la Ghouta orientale.

Maram, une jeune femme de 18 ans, s'est mariée il y a juste quelques mois et rêve tous les jours de l'enfant qu'elle porte depuis six mois.

Il y a deux jours, Maram a fermé les yeux en rêvant de l'instant où elle allait prendre son nourrisson dans ses bras, l'enlacer, le sentir, l'embrasser, jouer avec lui…

Maram s'était laissée aller à un sommeil profond, en oubliant que, quelque part au loin, les grands dirigeants et les puissants de ce monde cautionnent le massacre le plus sanglant du XXIe siècle, démontrant que leur humanisme est seulement un slogan creux qui sert de conte pour endormir les enfants.

Maram s'est réveillée sur la table d'opération, noyée dans son sang : un fragment de métal avait perforé sa cage thoracique et provoqué une hémorragie.

Il faut l'opérer en urgence pour ne pas la perdre. Les secours nous expliquent qu'elle est enceinte de six mois. À la Ghouta on n'a pas l'équipement adapté pour ce genre de situation délicate. L'opération est alors pratiquée avec les connaissances et expertises disponibles et avec ce qui reste de spécialistes en chirurgie, qui se font aussi rares ici que les honnêtes gens dans le reste du monde.

On opère rapidement mais cela nécessite beaucoup d'unités de sang pour la transfusion ; seulement le sang disponible ne nous parvient pas à cause des bombardements intensifs qui ciblent le moindre déplacement dans les rues.

Finalement, ceux qui, parmi les personnels médicaux, ont le même groupe sanguin que Maram décident de lui faire directement don de leur sang et, après de longues heures, nous réussissons à sauver la vie de la jeune maman.

Mais l'histoire ne fait que commencer.

Pendant ma tournée de nuit, je m'approche de ma patiente pour l'ausculter, le cœur plein de l'espoir d'avoir réussi à sauver la maman et son bébé. En visionnant l'échographie, je remarque qu'il bouge beaucoup comme s'il se préparait à venir au monde.

Il ignore que l'étroit utérus maternel où il est niché est mille fois plus accueillant, malgré son inconfort, que ce vaste monde qui refuse de prendre conscience des crimes commis ici.

Maram se réveille de l'anesthésie, ou plutôt se réveille pour la première fois depuis l'heure où elle avait posé la tête sur son oreiller. Elle découvre autour d'elle des visages de personnes inconnues vêtues de blanc, tachées du rouge de son propre sang, et les fragments qu'on a retirés de sa chair. Son premier geste est de poser les mains sur son ventre pour vérifier si son bébé bouge. Malgré sa souffrance extrême, elle me demande :

– Rassurez-moi, docteur, il est vivant ?

Je lui dis « oui » en souriant.

Elle crie alors :

– Merci mon Dieu, nous sommes tous les deux saufs !

Elle tente de se lever mais en vain. Je crois d'abord qu'elle a mal et lui demande d'attendre un peu. Mais elle nous assène :

– Je ne sens pas mes jambes et je n'arrive pas à les bouger.

Mon sang se glace dans mes veines, et je veux m'assurer de ce que j'ai entendu et l'encourage :

– Essaye de nouveau de bouger un orteil ou tes jambes !

Celles-ci restent immobiles. J'applique un stimulus douloureux sa peau, mais elle ne sent toujours rien : Maram est paralysée !

Mon Dieu…

Que lui dire ?

Comment la rassurer ?

Comment puis-je éteindre la joie qu'elle éprouve d'être toujours en vie, elle ainsi que son enfant, en lui annonçant son infirmité ?

Dans mon secteur, il n'y a pas de scanner ni d'IRM qui permettrait d'identifier la cause de sa paralysie et son intensité.

Un examen et les symptômes visibles confirment cependant une paralysie générale.

À cet instant, je pense à ses rêves d'un avenir en rose : l'enfant attendu, l'heure de la naissance… Qui va porter cet enfant désormais ? Qui va l'habiller, qui va le changer ?

Maram est paralysée, car les dirigeants de ce monde et leur Conseil de sécurité sont atteints d'une infirmité touchant leur humanité et leurs valeurs morales. Ils sont tous atteints de cécité et ne peuvent voir ce qui se passe sur le sol de notre Ghouta…

Celui qui peut arrêter ce massacre mais qui ne fait rien car il fait passer en priorité sa sécurité nationale présumée et ses intérêts économiques, il faut qu'il sache qu'il construit tout cela sur les lambeaux de Maram, d'Omran et de Hala et des autres enfants de notre Ghouta.

Cherchez votre humanité, votre sécurité et vos intérêts dans les jambes de Maram ; et dans les yeux de cet enfant mort dont on ignore toujours le prénom jusqu'à présent ; et aussi dans les pieds de Hala qu'on redoute de devoir amputer demain matin ; et dans les genoux de Firyâl qui a perdu toute sa famille, mais qui a quand même réussi à allaiter Omran, alors que votre prétendue puissance n'est même pas capable de nous envoyer du lait pour lui et pour tous les autres enfants.

L'infirmité de Maram pèsera à jamais sur vos consciences et sur celles de vos enfants tant que vous accepterez passivement la possibilité de sa survenue, et que cela se reproduise.

Vous avez laissé tomber Maram quand elle avait le plus besoin de votre soutien !

Mais Dieu ne l'abandonnera pas…

À ceux qui croient que je suis en train de mendier leur sympathie, ils n'ont rien compris de ce que j'ai voulu dire.

Nous, à la Ghouta, nous savons bien où nous réfugier…

Je ne fais que témoigner de ce que je vois avec les yeux du cœur, pour que ces histoires éclatent aux yeux de ce monde qui, toutes religions confondues, est plongé dans un quotidien insignifiant et frivole et dont les principes et les morales hypocrites sont invalides…

TÉMOIGNAGE DU DOCTEUR ISMAIL

Matin du 14 mars 2018

Il est 6 heures du matin quand je parviens à sortir de sous les décombres avec ma famille. Les blessés se comptent par dizaines, les morts sont restés sous les débris de leurs maisons.

Je suis incapable d'apporter une réelle aide à quiconque alors que tout le monde m'appelle : « Docteur, docteur ! » Dans ces moments de détresse, je me sens tellement impuissant que je préférerais ne pas être médecin.

J'essaie tant bien que mal de rafistoler les blessures de quelques-uns, quand je suis interrompu par les cris des gens qui sortent d'un des abris proches : « Au secours docteur, nous avons des enfants et des femmes blessés ici. »

Je vais voir, la situation est indescriptible, aucun moyen de transporter les blessés, car on ne sait tout simplement pas où les amener, il ne reste aucun lieu sûr.

Les bombardements n'ont pas cessé une minute et ont détruit la plupart de nos abris, jusqu'aux fondations. On n'a ni médicaments ni nourriture. Il ne nous reste que la miséricorde de Dieu.

Il nous a fallu quatre heures pour parvenir à faire sortir une seule blessée (la femme de mon amie), elle a des lésions neurologiques… Le seul soin que j'ai pu lui prodiguer, ce sont des bandages sur ses blessures, puis nous l'avons laissée sous surveillance dans un des abris encore utilisables.

On est complètement coupés du monde, personne ne peut nous atteindre, ni en voiture, ni à vélo, ni même à pied.

Je viens seulement de réussir à me reposer un instant et de me rendre compte que je suis blessé à l'épaule…

C'est la fin du monde à Hammouriyya.

Je viens de sortir pour écrire ces mots.

Soir du 14 mars 2018

Ils sont en train d'anéantir Hammouriyya ! L'armée arrive depuis plusieurs axes, les morts se comptent par dizaines, c'est un vrai génocide, plus de 5 000 personnes risquent de mourir.

L'armée avance du côté est de la ville, j'ai essayé de m'enfuir, mais c'est impossible : une famille entière est morte sous mes yeux durant le bombardement aérien, alors j'ai abandonné l'idée de poursuivre ma tentative.

Nous sommes revenus, j'ai conduit mes enfants dans un abri et puis je suis ressorti, tout seul, là, afin de vous envoyer ces quelques mots.

Les blessés gisent dans les rues par dizaines et il est impossible de s'occuper d'eux à cause de l'aviation qui cible le moindre mouvement à l'extérieur.

Des dizaines de familles ont essayé quand même de s'enfuir sous la pluie de bombes et personne ne sait si elles sont toujours en vie.

L'armée avance et s'immisce dans tous les quartiers de la ville, nous pilonne avec des roquettes, des obus, nous mitraille…, appuyée par l'aviation.

Par pitié, aidez-nous, et relayez au moins ce message, car de toute façon nous savons qu'il ne nous reste que Dieu.

Je vous supplie de faire entendre ma voix à tout le monde, car vous lisez peut-être mon dernier message sur la situation à Hammouriyya.

Les casques blancs[1]

Cécile Hennion

« Lorsque pleuvent les bombes, nous accourons », ne cessent de répéter les secouristes syriens de la Défense civile (Al-Difaa al-Madani). Et tout au long du conflit, ils ont accouru. Ils ont sauté dans les cratères, émergeant empoussiérés, un corps désarticulé dans les bras, s'exposant au risque d'une seconde salve de l'aviation militaire russe ou du régime de Bachar al-Assad. Au cœur de l'enfer syrien, l'omniprésence de ces « casques blancs » – surnom qu'ils doivent à la couleur de leur couvre-chef – a fait résonner en creux une absence tragique : celle des Casques bleus et des Nations unies en général, frappées d'asthénie face à la guerre en Syrie.

Dans les villes assiégées et bombardées, dans les zones rebelles ou échappant au contrôle de Damas, ces citoyens volontaires se sont forgé une réputation de héros. Pour les habitants de Deraa, de Douma, d'Alep, d'Idlib, ils ont été les mains fouillant les gravats d'immeubles broyés par les bombes-barils ou les missiles, à la recherche d'un souffle de vie. Pour des milliers de familles aux prises avec les situations les plus désespérées, ils ont personnifié l'ultime espoir de revoir un proche vivant.

À l'image de la plupart des organisations non gouvernementales nées dans le sillage du soulèvement syrien, les casques blancs sont l'émanation spontanée d'une idée lancée par des jeunes, structurés en petites unités de quartier. À une poignée de pompiers d'avant-guerre déterminés à se rendre utiles dans les zones perdues par le régime et privées de services publics, à Idlib et à Alep, se sont greffés des habitants ordinaires issus de tous corps de métier. Raed al-Saleh, qui prendra la tête du groupe, est né en 1983, à Jisr al-Shughour. Il était vendeur de matériel électrique avant la guerre. Beaucoup ont participé aux manifestations de 2011 et assisté à la répression du régime s'abattant sans distinction sur la population civile. Certains ont combattu dans les rangs rebelles, avant d'abandonner les armes. Le code de conduite des volontaires stipule que les armes sont interdites. Tous ont en commun d'avoir rejeté la violence, sans tourner le dos à la révolution.

L'organisation britannique Ark, dont la mission est d'aider « les plus vulnérables, en particulier les réfugiés, les déplacés et les personnes en zone de conflit », fut la première à déceler le potentiel de ces jeunes Syriens, pleins d'ardeur mais sans qualification aucune. Parmi d'autres projets régionaux, l'antenne de l'organisation à Istanbul fut chargée de s'assurer de leur formation, confiée aux experts d'AKUT, une ONG turque spécialisée dans le secourisme en cas

1. Rédigé en avril 2021 pour ce livre et paru dans une version plus longue sous le titre « Les casques blancs de Syrie, à la vie à la mort », *Le Monde*, 10 décembre 2021.

de tremblements de terre. Ce qui n'aurait pu être qu'une brève collaboration entre organisations de la société civile allait se transformer en une histoire passionnelle liant, à la vie à la mort, les casques blancs à l'atypique chef du bureau d'Istanbul, James Le Mesurier. Cet énergique fils de colonel britannique, sorti major de sa promotion à l'Académie militaire de Sandhurst, qui servit comme officier au sein de la Force multinationale de l'OTAN au Kosovo, puis comme conseiller auprès du gouvernement irakien après l'invasion américaine de 2003, ne présente pas le profil de l'humanitaire type. Sa volonté farouche et la création de sa propre organisation à but non lucratif, Mayday Rescue, dédiée à cet unique projet, ont permis aux casques blancs de se structurer avec efficacité.

Hors de Syrie, et alors que la moindre initiative issue de la contestation au régime a été scrutée avec méfiance, y compris par les chancelleries condamnant la guerre menée par Assad contre son peuple, les casques blancs ont peu à peu incarné une « valeur sûre » : le courage sacrificiel au service d'une population civile que le reste du monde avait laissée mourir. Quel procès intenter à des jeunes gens dont la devise « qui sauve une vie, sauve l'humanité » est aux fondements des droits de l'homme universels[1] ? Soutenir cette « juste cause » permettait d'éviter la réprobation qu'a pu susciter dans les opinions publiques l'appui d'une opposition en exil à la légitimité discutée ou, plus encore, l'armement de bataillons rebelles soupçonnés d'islamisme radical. Ces calculs politiques, que l'on pourrait aussi bien qualifier de pis-aller, ont conduit de nombreux gouvernements à financer, entraîner ou équiper la Défense civile.

Cette manne étrangère a fourni le premier terreau sur lequel allait croître la polémique. À l'automne 2016, les États-Unis étaient le soutien financier principal de l'organisation (à hauteur de 23 millions de dollars via l'Agence américaine pour le développement international, Usaid), suivis du Royaume-Uni (via le Conflict, Stability and Security Fund), des Pays-Bas, de l'Allemagne, du Danemark ou encore du Japon. L'aide n'est parfois que ponctuelle. « La France a payé cinq séances de formation pour réagir en cas d'attaque chimique, ainsi que la remise en service d'un centre détruit à Alep », précisait à cette époque Abdelrahman al-Mawwas[2], coordinateur des opérations de sauvetage pour l'ensemble de la Syrie. La préoccupation de ce secouriste de 30 ans était alors de savoir si Paris accepterait de donner davantage. Dans un conflit internationalisé, où chaque protagoniste s'est retrouvé parrainé plus ou moins ouvertement par une puissance étrangère, ces fonds reçus ne suffisent pas à expliquer la campagne de dénigrement qui s'est déchaînée contre les casques blancs. « L'identité de nos donateurs étrangers n'est pas un secret, nous n'en avons pas honte, rétorquait d'ailleurs le coordinateur. Notre problème, ce sont ceux qui regardent les Syriens mourir, en restant les bras croisés ! »

Car si les casques blancs ont accouru sous les bombes pour porter secours, ils ont aussi cherché à montrer au reste de l'humanité ce qu'ils voyaient et ce qu'ils vivaient au quotidien avec le peuple syrien. Filmées grâce à des caméras embarquées et postées sur Twitter, Facebook, etc., les vidéos de leurs opérations de sauvetage aussi spectaculaires que dramatiques ont contribué à les tirer de l'ombre. Elles ont aussi constitué une documentation

1. Credo emprunté au Coran (Sourate V, La Table dressée, verset 32) et au Talmud (Sanhédrin IV, Michna 5).

2. Tous les propos d'Abderrahmane al-Mawwas rapportés dans ce texte ont été recueillis par l'auteur, via Skype et au cours d'un entretien réalisé, le 18 octobre 2016, lors du séjour de M. Mawwas à Paris ; voir l'article de Cécile Hennion, « Syrie. Ces "casques blancs" qui "écoutent" les bombes », *Le Monde* du 21 octobre 2016.

abondante et de première main sur les crimes de guerre commis par Damas et Moscou. Dès le mois de mars 2012, la Défense civile syrienne alertait sur l'usage, par le régime, de bombes incendiaires dans la Ghouta orientale. Après l'intervention russe de 2015, elle signalait l'apparition de bombes à fragmentation, puis celle de nouveaux missiles, notamment à Alep et à Idlib : des « bunkers busters » conçus pour frapper en profondeur, dans les sous-sols où étaient justement installés les derniers hôpitaux de fortune. Leurs images ont régulièrement été utilisées par les organisations des droits de l'homme pour étayer leurs rapports sur la situation en Syrie.

Entre 2014 et 2016, leur notoriété a largement dépassé les frontières syriennes. En mars 2015, le *New York Times* publiait une tribune de leur chef, Raed al-Saleh, dénonçant les armes barbares que sont les bombes-barils. « Ce sont des barriques rouillées, pleines d'explosifs, de clous, de verre, de shrapnels, parfois de haches », écrivait-il. Les hélicoptères du régime les « larguent sur les zones civiles afin d'éviter que le vent les détourne sur ses troupes, sur les lignes de front. Les plus grosses peuvent ravager un espace correspondant au volume de dix immeubles. » En neuf années, de 2012 à 2021, le régime syrien va utiliser 82 000 bombes-barils, tuant 11 087 civils dont 1 821 enfants[1]. Mais l'année 2015 voit aussi l'arrivée d'armes puissantes et hypermodernes avec l'intervention de la Russie, qui marque un tournant dans la guerre. Moscou veut sauver le soldat Assad et, en quelques semaines, inverse le rapport des forces en sa faveur. Les quartiers orientaux de la grande cité d'Alep, qui étaient tenus et administrés par les forces d'opposition depuis l'été 2012, sont à genoux, assiégés par le régime et pilonnés par l'aviation russe.

Mai 2016, les bombes pleuvent et, seuls, accourent les secouristes de la Défense civile, qualifiés de « chevaliers blancs » au chevet de « Syriens désespérés » par le *Wall Street Journal*[2]. Le 22 septembre 2016, l'organisation reçoit le Right Livelihood Award, le « prix Nobel alternatif », décerné par la fondation éponyme suédoise. Quelques jours plus tard, Raed al-Saleh est à New York, décrivant le supplice des Alépins devant l'Assemblée générale des Nations unies. Le secrétaire général Ban Ki-moon paraît comprendre la gravité de la situation : « Imaginez un abattoir. Eh bien c'est pire. Même un abattoir est plus humain. » Les casques blancs sont aussi en lice pour le prix Nobel de la paix[3].

Au même moment, Netflix, la célèbre plate-forme américaine de vidéos en ligne, leur consacre un documentaire-choc[4], filmé en partie grâce aux caméras fixées sur leurs casques. Le spectateur assiste, entre autres, à l'explosion d'une ambulance frappée d'un missile et à la mort instantanée de ses occupants, vues de l'intérieur du véhicule. De l'ultra-violence à l'état pur, dans les conditions du direct, qui lui vaudra l'Oscar du meilleur court-métrage documentaire. Le gratin hollywoodien (George Clooney, Ben Affleck, Daniel Craig, Daniel Day Lewis, Alejandro González Iñárritu) a signé une pétition pour que les casques blancs reçoivent le prix Nobel de la paix. Dans la foulée, Clooney annonce son intention de leur dédier un film.

1. D'après le décompte effectué par le Syrian Network for Human Rights, à la date du 15 avril 2021. https://sn4hr.org/blog/2021/04/15/56121/.

2. Sam Dagher, « White Helmets Are White Knights for Desesperate Syrians », *The Wall Street Journal*, 1er mai 2016.

3. Il sera finalement attribué au président colombien, Juan Manuel Santos. Les casques blancs seront encore nominés en 2017.

4. *The White Helmets*, réalisé par Orlando von Einsiedel (2016).

Le déferlement d'images macabres en provenance de Syrie a contribué, jour après jour, à occulter l'un des rares rayons lumineux qui a transpercé la guerre : les élans solidaires, tenaces et inventifs qui, partout, ont éclos au sein des populations civiles. Le phénomène a pourtant été massif – exceptionnel même, considéré à l'aune d'une société laminée par la défiance, les délations et le règne de l'arbitraire durant plusieurs décennies. Qu'ils aient été en quête d'éducation pour les jeunes enfants, de soins médicaux, d'aide humanitaire ou de justice, ces acteurs anonymes n'ont eu de cesse de défendre une « Syrie nouvelle », tout en sachant que cela pouvait leur coûter la vie. Pour la première fois en cinq ans et demi de guerre, voilà que quelques-uns parmi eux ont pris le devant de la scène. Alors que la Syrie vit des heures tragiques et cruciales, ce n'est pas le regard encadré de noir d'un djihadiste, ni le visage émacié d'un réfugié, qu'a choisi le *Time* pour sa une, mais des Syriens ordinaires et anonymes, portant un casque blanc et se dirigeant vers un horizon où l'on devine la fumée et les cendres. Et un titre qui redonne sa place à la dignité d'un peuple : « Qui sauve une vie, sauve l'humanité ».

Ce même souffle imprègne encore *Les Derniers Hommes d'Alep*[1], autre documentaire, triste et tendre à la fois, en hommage au courage et à la vulnérabilité des casques blancs, filmés par de jeunes activistes du Centre pour les médias d'Alep. Mais pour le régime et son allié russe, le temps est désormais à la reconquête du territoire et des esprits. Dans cette nouvelle dynamique, cet acteur imprévu, civil, populaire, héroïque et dont le seul message politique – hormis la mise en place d'une zone d'exclusion aérienne pour protéger les populations des bombardements – a été de dénoncer des crimes de guerre, est devenu un ennemi à abattre.

Sur le terrain, il s'agit de les éliminer physiquement. Quelques heures à peine après la remise du Right Livelihood Award, trois centres de la Défense civile – sur les quatre que comptait encore Alep – étaient ainsi pris pour cible par l'aviation : le premier fut pulvérisé, les deux autres rendus inutilisables. Une ambulance, un camion de pompiers et un véhicule de service furent détruits. Le 20 octobre 2016, au lendemain de la visite à Paris de Raed al-Saleh, reçu à l'Élysée, les avions frappèrent encore deux centres de la province d'Idlib, tuant un secouriste et en blessant plusieurs autres. Ce ne sont là que des exemples parmi d'autres. Selon les décomptes effectués par l'organisation, les centres et les équipes de secouristes ont été frappés à 238 reprises par des missiles ou des tirs d'artillerie, entre juin 2016 et décembre 2017. Grâce à eux, 115 000 vies auraient été sauvées depuis leur création jusqu'en 2021[2].

Être victime des bombes est devenu un corollaire de la guerre en Syrie. D'autant que les secouristes ne fuient pas l'impact, ils « accourent » même avec la peur au ventre. « J'ai peur », confiait Abderrahmane al-Mawwas. « Peur d'accomplir mon travail quand, à tout instant, la mort peut vous emporter. Le pire, c'est le sifflement des bombes. C'est comme une voix qui susurre : "Vous allez mourir..." Quand l'une d'elles s'écrase à côté, nous disons : "Ce n'est pas ton nom qu'elle murmurait aujourd'hui !" C'est devenu une blague dans notre unité, pour relâcher la pression. »

La guerre des esprits, elle, se joue ailleurs, dans les médias et sur les réseaux sociaux. La reprise d'Alep, en décembre 2016, donna lieu à des reportages, dans les médias officiels syriens, où le matériel médical et les masques à gaz, retrouvés dans les hôpitaux

1. *Last Men in Aleppo*, réalisé par Firas Fayyad (2017).
2. https://www.whitehelmets.org.

en ruine et estampillés « fabriqués en Allemagne », furent exhibés comme autant de preuves à charge d'un complot ourdi par les ennemis de la Syrie. À Moscou, la porte-parole du ministère russe des Affaires étrangères, Maria Zakharova, qualifia les casques blancs d'« agents étrangers pour d'énormes sommes d'argent », en « liens étroits avec les terroristes ». Les secouristes qui tombèrent aux mains de l'armée d'Assad furent emprisonnés, parfois soumis à d'humiliantes séances de « confessions » diffusées à heure de grande écoute à la télévision syrienne ou russe.

Les attaques n'ont jamais cessé, relayées sur les réseaux sociaux par la galaxie des partisans pro-Assad et pro-Poutine. Selon eux, les casques blancs sont des marionnettes aux mains de la CIA, des djihadistes ou des suppôts d'Israël. Parfois, un savant mélange des trois. L'évacuation en Jordanie, organisée en secret via Israël, d'une centaine de secouristes et de leurs proches après la reconquête de Deraa, en juillet 2018, provoqua la colère de Damas : « Les mots manquent pour exprimer la colère des Syriens à l'égard de ces conspirations mesquines et du soutien illimité apporté par les États occidentaux, Israël et la Jordanie, aux "casques blancs", aux bandes de Daech [...] et autres organisations terroristes », fit savoir le gouvernement. On ne compte plus les articles de l'agence de presse officielle SANA expliquant que la Défense civile n'est jamais venue à la rescousse de victimes d'attaques chimiques, qu'elle les mettait en scène, voire les provoquait elle-même. Ou affirmant, « expert » russe à l'appui, que les secouristes n'aidaient pas les blessés : ils les dépouillaient de leurs organes – comme en avaient été dépouillés les Serbes, au Kosovo... Où avait servi James Le Mesurier, le patron de l'organisation Mayday Rescue, sans laquelle les casques blancs n'existeraient pas.

Le parcours militaire du Britannique, sur lequel peuvent s'agréger toutes les théories complotistes, pèse sur les secouristes syriens comme une malédiction. La BBC, qui lui a consacré une longue enquête[1], décrit Le Mesurier comme un idéaliste un brin excentrique aux allures de Lawrence d'Arabie. Dans sa jeunesse, il aurait postulé pour rejoindre le MI6, le service de renseignements extérieurs du Royaume-Uni, en vain. L'incapacité des Occidentaux à éviter les atrocités dans les Balkans et le gâchis américain en Irak l'auraient plus tard mené à chercher des solutions concrètes avec les seules populations locales. Tous ceux qui l'ont connu rapportent qu'il vouait une admiration sans bornes au courage des casques blancs. Selon son épouse, l'homme souffrait aussi d'une profonde dépression.

La découverte de son corps sans vie, le 11 novembre 2019, au pied de son immeuble du quartier de Karaköy, sur la rive européenne du Bosphore, déclencha aussitôt les rumeurs d'un assassinat, chez ses proches comme chez ses ennemis. Les médias russes évoquèrent un « meurtre purement anglais », affirmant qu'il avait été éliminé par ses « maîtres du MI6 » lorsqu'il avait cessé d'être utile. Bachar al-Assad y vit l'œuvre de la CIA, « parce qu'il connaissait trop de secrets ». La police turque conclut à un suicide. La Défense civile exprima « son choc et sa tristesse ».

Depuis la création de l'organisation, au moins 252 secouristes ont été tués et plus de 500 d'entre eux blessés[2], le plus souvent par une seconde déflagration sur le site où ils étaient venus porter secours. Malgré les dangers, leur engagement n'a cessé de susciter des vocations. Ils étaient

1. Chloe Hadijmatheou, « Mayday : How the White Helmets and James Le Mesurier Got Pulled into a Deadly Battle for Truth », BBC News, 27 février 2021.
2. Selon le décompte réalisé par l'organisation, en mars 2021.

plus de 3 000 en 2018, dont une centaine de femmes. Depuis la reprise de la Ghouta orientale par le régime, le 21 mai 2018, leur champ d'intervention s'est rétréci. En 2021, les bombes continuent de pleuvoir encore dans l'enclave rebelle d'Idlib. Les projecteurs sont partis ; les casques blancs continuent d'accourir.

6

Urbicide et destruction du patrimoine

Guerre et destructions urbaines en Syrie

Leïla Vignal

> « Nous avons perdu le meilleur de notre jeunesse et une infrastructure qui nous a coûté beaucoup d'argent et d'efforts sur plusieurs générations. Mais en retour nous avons gagné une société plus saine et plus harmonieuse. »
>
> Bachar al-Assad, discours d'ouverture de la conférence annuelle du ministère syrien des Affaires étrangères et des Expatriés, le 20 août 2017.

Cette déclaration de Bachar al-Assad intervient à un moment où l'engagement russe aux côtés de son régime depuis octobre 2015 – alors que les forces gouvernementales syriennes étaient en difficulté – a permis la reprise d'un certain nombre de territoires tenus par divers groupes armés de l'opposition. La reconquête des quartiers orientaux d'Alep en décembre 2016 est la plus emblématique de ces opérations à cette époque, et elle marque un tournant de la guerre.

Avec cette déclaration, Bachar al-Assad dresse le bilan d'un conflit entré alors dans sa sixième année. Selon lui, ce conflit a somme toute transformé la Syrie dans un sens positif malgré les morts, les blessés, les millions de personnes ayant dû quitter leur foyer – ou peut-être précisément *du fait de* ces pertes humaines, la société étant en quelque sorte expurgée de ce qui empêchait son « harmonie ». Ce faisant, il expose benoîtement – ou cyniquement – les buts de guerre de son régime : réprimer toute opposition à son maintien à la tête de la Syrie, quel qu'en soit le prix.

Ce prix est celui d'une société amputée d'elle-même, avec en 2019 plus de 13 millions de personnes déplacées, à l'extérieur (au moins 7 millions) et à l'intérieur de la Syrie (plus de 6 millions), soit plus de la moitié des 21 millions de Syriens qui formaient la population de 2011.

Ce prix est également celui d'un pays dont de nombreuses villes et les villages ont vu leurs tissus résidentiels tout ou en partie annihilés, et dont les infrastructures en réseau (électricité et eau notamment), les systèmes de transports, et les tissus économiques ont été partiellement détruits ou profondément déstructurés. Dans certaines villes, la richesse patrimoniale des vieilles villes médiévales a subi des dommages parfois irrémédiables lorsque celles-ci ont été au cœur de la violence guerrière, en particulier des bombardements d'artillerie et des bombardements aériens effectués par les forces de Bachar al-Assad, et, à partir de 2015, de son allié russe. La destruction de la vieille ville de Homs (2012-2014) est ainsi due aux très nombreux bombardements lorsqu'elle était sous le contrôle de groupes de l'opposition armée, tout comme celle de la vieille ville d'Alep (environ 10 % des bâtiments historiques détruits et plus de 50 % endommagés de façon sévère ou modérée selon un rapport de l'UNESCO publié en 2018), dont les destructions sont cependant également liées – même si dans une moindre mesure – aux dynamitages par les forces d'opposition de monuments et de bâtiments tenus par les forces gouvernementales, ou de souterrains creusés pendant le conflit. La perte dramatique de ce patrimoine de l'humanité ne doit cependant pas masquer le fait que les destructions concernent pour l'essentiel les tissus urbains plus « ordinaires » qui constituent l'espace matériel de la vie sociale, économique et politique des Syriens.

Les destructions urbaines sont à l'évidence une composante inhérente des conflits armés. Leur importance à l'époque contemporaine reflète le fait que les villes sont devenues l'un des sites privilégiés de la violence politique dans les conflits de l'après-guerre froide[1], ce que confirme le conflit syrien. Les conséquences de cette transformation des sites de la guerre se font sentir de façon d'autant plus douloureuse que c'est dans les villes que réside désormais la majorité de la population mondiale. C'est notamment le cas de la Syrie, dont 70 % de la population vivait en milieu urbain en 2011.

Cependant, ce chapitre a pour objectif de montrer que, en Syrie, l'ampleur des destructions urbaines interdit de les considérer comme de simples dommages « collatéraux » de l'affrontement armé, mais qu'elle doit être comprise comme participant de tactiques militaires et visant des buts de guerre. Ce chapitre souligne par ailleurs le fait que ces destructions participent pleinement à la transformation radicale du peuplement de la Syrie et des cadres de la vie sociale et matérielle de ses populations. Ainsi, le propos de ce chapitre est de situer la place des destructions dans la violence politique du conflit syrien, tout d'abord en rendant compte de la géographie de celles-ci – une géographie politique, les zones détruites étant celles tenues à un moment ou à un autre du conflit par les groupes armés de l'opposition – ; la seconde partie dresse une typologie de ces destructions fondée sur l'analyse de différentes tactiques militaires et buts de guerre. Elle permet de corroborer une stratégie d'urbicide visant à détruire les conditions de reproduction des sociétés urbaines locales – stratégie que perpétuent les projets de reconstruction urbaine annoncés depuis 2018 qui sont analysés dans la dernière partie de ce chapitre[2].

Villes, destructions, populations

Les images de villes ou de quartiers dévastés par les bombardements aériens ou l'artillerie lourde ont rythmé les années du conflit. Avec la guerre, certaines villes ont été tout ou partie détruites, comme Talbissé au nord de Homs, Al-Qusayr au sud-est de cette même ville, ou encore certaines villes de l'agglomération du Grand Damas (Al-Mu'addamiyya, Darayya, Douma notamment). Au sein des grandes villes, des quartiers entiers ont été transformés en champs de ruines, comme la partie orientale d'Alep (voir cartes p. 576), les quartiers de Baba Amr ou de Khâldiyyé à Homs, ou encore le quartier du Yarmouk à Damas.

En 2019, il est cependant impossible d'établir un bilan précis et exhaustif des destructions dans le pays du fait du manque d'accès au terrain. Des estimations, provisoires et partielles, et établies à partir d'images par satellite, permettent cependant d'appréhender

1. Stephen Graham (2004a) « Cities as Strategic Sites : Place Annihilation and Urban Geopolitics », *in* Stephen Graham (dir.), *Cities, War and Terrorism : Towards an Urban Geopolitics*, Oxford, Blackwell, 2004, p. 31-54.

2. Voir aussi dans ce livre le texte de Sawsan Abou Zeineddine, « Comment Bachar al-Assad nous a arraché sa Syrie homogène », p. 745.

l'étendue de celles-ci. À la fin 2015, les Nations unies estimaient par exemple que 1,2 million d'unités résidentielles étaient endommagées et 400 000 détruites[1]. La population d'avant 2011 s'établissant à 21 millions d'habitants, et si l'on estime qu'une famille moyenne compte de 5 à 6 personnes, cela signifierait que les logements de 38 % à 46 % des familles étaient alors endommagés ou détruits. En 2017, la Banque mondiale estimait que près d'un tiers (27 %) du tissu résidentiel de dix villes syriennes avait subi des dommages, dont 7 % étaient totalement détruits[2]. Les destructions subies par les petites villes ou le monde rural sont très mal ou pas du tout évaluées. Ces estimations imparfaites rendent compte néanmoins de l'extension et de l'importance des destructions.

Ces destructions ne sont cependant pas réparties de façon spatialement homogène d'un bout à l'autre de la Syrie. Elles dessinent en effet une géographie singulière, et politique, puisqu'elles affectent majoritairement les zones tenues à un moment ou à un autre du conflit par les groupes armés d'opposition au régime[3], qu'il s'agisse de gros villages, de petites villes, ou de grandes agglomérations.

En mars 2016, la ville d'Alep était encore divisée en deux : la partie ouest était sous le contrôle des forces de Damas, et la partie est sous celui de divers groupes de l'opposition armée ; cette partie de la ville était prise en tenaille par Daech qui était présent à l'extérieur de la ville à l'est[4]. Cette carte rend clairement compte du fait que les destructions sont concentrées dans les quartiers orientaux sous contrôle des groupes armés d'opposition tandis que les quartiers tenus par l'armée gouvernementale sont dans l'ensemble épargnés.

Sans surprise, la géographie du déplacement se superpose en grande partie à la géographie des destructions. Certains villages, certaines villes, ont été partiellement ou totalement vidés de leur population, comme la petite ville d'Izra', dans le gouvernorat de Deraa, dans laquelle résidait en 2016 moins du quart de sa population originelle. Dans certaines villes, les départs de populations locales ont parfois été compensés par l'arrivée d'autres Syriens, eux-mêmes déplacés. À l'inverse, au cours de la guerre, les villes et régions qui ont connu une croissance nette de leur population sont dans l'ensemble celles qui ont été épargnées par les bombardements, et qui constituent dès lors un refuge : il s'agit pour l'essentiel de la région côtière, tenue par les forces du régime al-Assad. Depuis 2016, la région d'Idlib connaît également un fort afflux de population, en particulier du fait que les combattants (et leurs familles) ainsi qu'une partie des populations des zones de l'opposition reprises une à une par les forces du régime de Damas et ses alliés y sont déplacés dans le cadre d'« accords de réconciliation[5] ».

1. United Nations Office for Coordination of Humanitarian Aid (OCHA) : « Humanitarian Response Plan, January-December 2016 ».

2. World Bank (2017) : « Syria Damage Assessment ».

3. Exception à ce tableau, les destructions de la ville de Raqqa et de sa région sont pour l'essentiel dues à la campagne de bombardement aérien menée par la coalition internationale dirigée par les États-Unis contre Daech de 2014 à 2017.

4. La coupure d'Alep date de l'été 2012. Le tracé de la ligne de front a connu quelques variations entre l'été 2012 et la reprise des quartiers orientaux d'Alep par les forces du régime et ses alliés russes et iraniens en décembre 2016.

5. Les « accords de réconciliation » participent du processus d'Astana engagé en 2015 sous le parrainage de la Russie. Ces accords prennent des formes diverses selon les lieux : par exemple, dans certaines localités, après un cessez-le-feu, les combattants de l'opposition sont intégrés dans des unités de police ou jouent un rôle dans la gouvernance locale ; dans d'autres, la capitulation des groupes d'opposition conduit à l'évacuation de ceux-ci (en particulier vers la province d'Idlib), parfois de leur famille, parfois de la majeure partie de la population, voir Raymond Hinnebusch et Omar Imady, « Syria's Reconciliation Agreements », *Syria Studies*, vol. 9, n° 2, 2018, p. 1-14, URL : https://ojs.st-andrews.ac.uk/index.php/syria/article/view/1558.

Les destructions à Alep

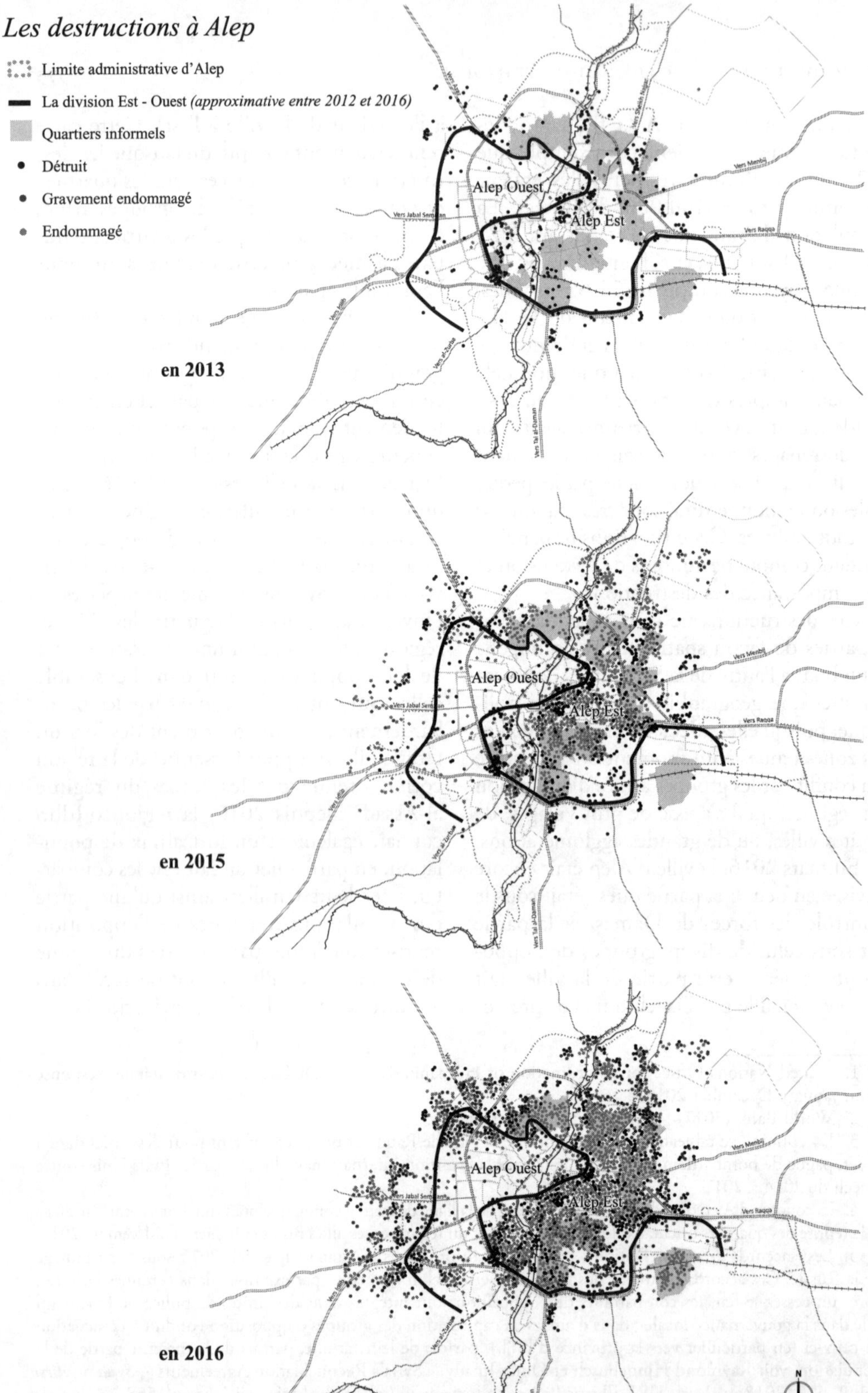

Sources : UNITAR/UNOSAT, 2013 - 2016.
Fond de carte : UN-HABITAT (modifié)
Cartographie : Rouba Kaedbey, 2019.

Typologie des destructions

Les confrontations armées se déroulant principalement en milieu urbain, un *premier type de destructions* regroupe celles qui sont liées à la *confrontation armée*. Ces destructions sont, classiquement, liées aux lignes de front et aux besoins du combat (par exemple création de no man's land pour délimiter ou sécuriser des positions). Ainsi, à Damas, la limite entre les quartiers centraux de la ville et, juste à l'est, la ville de banlieue de Jobar, longtemps tenue par l'opposition armée, présente une topographie caractéristique de ce type de destructions : des destructions linéaires, le long de la démarcation entre territoires ennemis.

Un *second type de destructions* résulte de *tactiques de la terre brûlée* qui sont apparues très tôt dans le conflit, dès 2012. Cette tactique se donne pour objectif la reprise d'un territoire au moyen de sa destruction. L'emploi de cette tactique par les forces de Damas réside sans doute dans le fait que, avec la militarisation du mouvement révolutionnaire, elles se sont trouvées dans l'incapacité de combattre sur de multiples fronts simultanément. Par exemple, en 2013, certains observateurs estiment qu'il y avait en moyenne de 80 à 100 engagements distincts par jour entre forces du régime et de l'opposition armée sur le territoire syrien[1]. Cette géographie multi-située de la confrontation a donc soumis les forces du régime à forte pression. À cette difficulté s'est ajoutée celle de combats se déroulant essentiellement en milieu urbain, un terrain pour lequel l'armée régulière était mal préparée.

La tactique de la terre brûlée semblait alors la plus à même de répondre à cette double difficulté. Bombarder une ville ou un quartier, pour l'essentiel à partir des airs (l'opposition ne possédant ni aviation, ni armes anti-aériennes), permet en effet de le vider de sa population et de ses combattants, de raser les éventuels obstacles, et d'y pénétrer ensuite afin d'en reprendre le contrôle. Cette tactique a par exemple été employée à Al-Qusayr au printemps 2013. La ville a été soumise à des bombardements aériens et d'artillerie lourde pendant plusieurs semaines par les forces gouvernementales avant que l'assaut final soit donné au mois de juin, conjointement avec la milice du Hezbollah libanais.

Cette tactique a été amplifiée avec l'engagement direct de la Russie à partir d'octobre 2015. À l'été 2018, l'aviation russe avait opéré en Syrie 39 000 raids selon le ministre russe de la Défense, soit une moyenne de 1 200 raids par mois. Ainsi, d'intenses campagnes de pilonnage aérien ont précédé la reprise des quartiers orientaux d'Alep en novembre-décembre 2016, celle de la région de la Ghouta orientale en mars-avril 2018, ou celle de la région de Deraa, au sud du pays, en juin et juillet de la même année.

Cependant, la magnitude du déplacement de la population – et la déchirure durable de la société syrienne et de son territoire que celui-ci engendre – ne peut se comprendre comme un simple effet de la confrontation armée et de ses tactiques. *Un troisième type de destructions*, qui ressemble dans sa signature spatiale physique au type précédent, résulte de *campagnes de bombardement répétées et prolongées* des zones tenues par les oppositions visant *de façon intentionnelle tissus résidentiels et autres « objets civils »* (hôpitaux, boulangeries, marchés alimentaires notamment). Ces destructions sont infligées par des campagnes d'artillerie lourde et des campagnes de bombardement aérien menées par l'aviation du régime assadien et l'aviation russe à partir de 2015. L'emploi généralisé de bombes-barils, d'une forte létalité, a également généré des dégâts matériels extrêmement importants. Cette

1. Yezid Sayigh, « Syria's Strategic Balance at a Tipping Point », Carnegie Middle East Centre, 2013, URL : https://carnegie-mec.org/2013/06/07/syria-s-strategic-balance-at-tipping-point-pub-52038).

arme non conventionnelle est économique à fabriquer – il s'agit de barils remplis d'explosifs (jusqu'à 900 kilos de TNT) et de fragments métalliques – et facile à déployer : ils sont largués à faible hauteur, depuis des hélicoptères de l'armée syrienne, directement sur les immeubles d'habitation. La ville de Darayya, mitoyenne de Damas en proche banlieue, qui fut l'un des foyers de la révolution de 2011 et qui a été soumise à un siège pendant quatre ans, a par exemple reçu plus de 5 500 de ces bombes-barils entre 2012 et sa reprise en 2016 ; cela représente entre 1 375 et 2 750 tonnes d'explosifs pour ce seul type de bombardement.

Les trois principales caractéristiques spatiales des destructions engendrées par ces campagnes sont particulièrement visibles à Alep (voir cartes p. 576) : les destructions sont situées loin des lignes de front ; elles affectent de grandes surfaces du fait de bombardements répétés et intenses qui touchent les tissus résidentiels à la manière d'un tapis ; toutes ces zones ont en commun d'être (ou d'avoir été) tenues par les groupes d'opposition au régime. Ce type de destructions pose la question de leur place dans la tactique de guerre du régime. Elles ont peut-être servi d'avertissement aux populations qui sont dans des zones toujours sous contrôle du régime et qui pourraient être tentées de se rebeller ; elles sont certainement une façon de punir les populations locales pour leur soutien supposé aux groupes armés d'opposition, ou de retourner les populations locales contre les groupes d'opposition armée déployés parmi elles. De ce point de vue, les bombardements à grande échelle et les destructions qui en résultent occupent une place centrale dans les objectifs stratégiques du régime assadien et de ses alliés : reprendre le contrôle de l'ensemble du territoire et écraser toute opposition armée. Mais le régime assadien utilise également les destructions pour faire progresser ses objectifs politiques : à court terme sa survie ; à plus longue échéance la perpétuation de sa domination sur la Syrie.

Quoi qu'il en soit, c'est bien le milieu urbain en tant que construit matériel et immatériel, creuset de la vie sociale, économique et politique, qui est visé, dans l'immédiat du conflit comme à l'avenir, celui-ci étant lourdement préempté par le départ forcé des populations et la destruction des cadres du quotidien. Détruire est de ce point de vue au cœur de la stratégie assadienne : terroriser ou punir dans le présent dans la guerre, mais aussi empêcher dans le plus long terme toute possibilité de remise en cause de son pouvoir en brisant la société syrienne, et notamment en brisant son territoire. Peu importe que le drapeau de la reconquête flotte sur un champ de ruines, et sur un pays qui a perdu un tiers de sa population d'avant-guerre. L'éclatement social et spatial de la société syrienne comme condition de maintien du régime – et qui passe notamment par la destruction des sociétés urbaines – est peut-être même sans doute précisément ce qui est visé, si l'on en croit la déclaration de Bachar al-Assad en exergue de ce chapitre.

Détruire pour quelle reconstruction ?

Des discussions autour des différentes versions de la « reconstruction » du pays ont émergé en Syrie depuis 2018 et la reconquête territoriale engagée par Damas et ses alliés.

Il est peu probable que cette « reconstruction » ait lieu sous la forme d'un grand plan. D'une part, le pays est économiquement dévasté : 90 % de la population vit sous le seuil de pauvreté ce qui empêche *de facto* la reconstruction privée. D'autre part, les ressources de l'État sont très limitées : le PIB actuel de la Syrie représente environ un cinquième de son niveau de 2010 et le coût des destructions s'élève, selon une estimation basse, à 120 milliards de dollars – à contraster avec les 3 milliards de dollars consacrés aux investissements (dont un peu moins de

1 milliard à la réhabilitation des infrastructures) dans le budget 2019 du pays. Les alliés et soutiens étrangers du régime de Damas ne sont pas prêts à engager des financements conséquents en Syrie, que ceux-ci soient publics ou privés. Enfin, en l'absence de toute perspective de sortie de guerre inclusive et de réconciliation dans un cadre validé par la communauté internationale, un engagement ambitieux des bailleurs internationaux et autres agences de développement est inenvisageable. Le régime assadien a par ailleurs exprimé à de nombreuses reprises son rejet de toute intervention sur ce volet, comme sur d'autres, de la communauté internationale.

Dans ce contexte, les seuls projets de reconstruction urbaine évoqués sont ceux portés par des hommes d'affaires proches du régime. Ces projets empruntent leur vocabulaire architectural aux villes du golfe Persique (des quartiers de tours, une voirie de grand calibre, des *shopping malls*, etc.) et sont destinés à des clientèles très aisées. Le projet de Marota City, qui devrait s'étendre sur des périmètres autrefois occupés par des quartiers informels du sud de Damas, détruits dans le conflit et vidés de leur population, est le seul de ces projets qui ait été entrepris. Néanmoins, en 2019, seule la préparation du sol avait été effectuée, même si l'annonce avait été faite en juillet de la délivrance du premier permis de construire pour une tour d'habitation sur un terrain attribué à un investisseur privé.

Cependant, une série de décrets et de lois ont été publiés au cours des années de conflit, et ils offrent désormais un cadre à ce type de projets. Publiée en avril 2018, la loi n° 10-2018[1] permet notamment aux autorités locales dans tout le pays de décider de périmètres de développement immobilier dans les quartiers informels de Syrie[2]. Ces périmètres seront développés par des compagnies en *joint-venture* réunies au sein d'une holding mise en place par les autorités locales ad hoc, ou par des investisseurs privés. Les dispositions de cette loi prévoient des formes de compensation pour les personnes détentrices de titres de propriété légaux, mais les compensations offertes ne garantissent pas le maintien sur place de ces résidents. Par ailleurs, du fait de la guerre, de très nombreux Syriens ne possèdent plus leurs titres de propriété, que ceux-ci aient été perdus, détruits, ou confisqués au cours du conflit. Par ailleurs, le délai d'un an prévu par la loi 10-2018 pour faire valoir ses droits exclut de fait de nombreux Syriens déplacés à l'étranger et qui sont dans l'impossibilité de revenir, quand bien même pourraient-ils faire état de titres de propriété légaux[3]. Enfin, la résidence dans les quartiers informels se caractérise précisément par l'absence de tels titres[4], ce qui a pour conséquence que la très grande majorité des résidents de ces quartiers est dans l'incapacité de prouver ses droits d'occupation. La loi n° 10-2018 légalise donc *de facto* l'expulsion des populations locales de leurs maisons et de leurs quartiers, ces quartiers informels au potentiel de valorisation foncière important car situés à proximité des quartiers centraux, et qui ont été des zones tenues par des groupes armés d'opposition.

Cette loi illustre bien que ce sont les modalités mêmes de la reconstruction qui

1. Une présentation de la loi n° 10-2018 et de ses conséquences est disponible sur le site Internet de Syrbanism : https://www.syrbanism.com/law10.

2. Les quartiers informels en Syrie se caractérisent par le fait que les populations résidentes n'y possèdent généralement pas de titre de propriété légalement enregistré, ou par le fait que les constructions n'y respectent pas les règles d'urbanisme. Les quartiers informels abritaient de 30 à 40 % de la population urbaine des grandes villes de Syrie.

3. Leïla Vignal, « Syrie : l'heure du retour pour les réfugiés ? », site A.O.C. Media, 22 janvier 2019, URL : https://aoc.media/analyse/2019/01/22/syrie-lheure-retour-refugies/.

4. Des systèmes de titrisation alternatifs existent cependant, mais ils ne sont pas reconnus ni enregistrés officiellement.

sont confisquées par Damas. D'une part, la reconstruction assadienne prive les anciens résidents de leurs foyers, en les en ayant chassés, en ayant bombardé les habitations, mais aussi en mettant fin à la reconnaissance *de facto* des droits et titres alternatifs qui jusqu'alors régulaient le foncier et la propriété dans les quartiers informels. D'autre part, si la réalisation effective des quartiers futuristes qu'elle permet en théorie de bâtir (on peut en effet douter de l'existence des financements pour les construire, ou de celle de clients pour y acquérir un logement) semble peu probable (tout du moins dans un futur proche), cette loi encadre et organise le transfert entre les mains d'hommes d'affaires proches du pouvoir de larges périmètres d'un foncier urbain bien situé et vidé de sa population comme de son bâti antérieur à la faveur du conflit.

De façon cruciale, cette version de la reconstruction fait table rase de la société urbaine de l'avant-guerre : son cadre matériel – résidentiel, économique, social – et ce qui relève d'un patrimoine immatériel fait de pratiques du quotidien, de sociabilités actives, d'une histoire locale et de mémoires enracinées. Les projets annoncés ne cherchent pas à reconstruire mais à construire une *autre version* de la ville, destinée à d'autres populations, et conforme aux intérêts politiques et économiques des milieux de pouvoir à Damas. Cette reconstruction annoncée en usurpe donc le nom puisqu'elle prive les Syriens de ce que pourrait être une reconstruction à laquelle participeraient les populations concernées et qui serait respectueuse des cadres de la vie sociale, culturelle, économique locale. La « reconstruction assadienne » telle qu'elle est annoncée confirme et approfondit donc la stratégie de destruction à l'œuvre pendant la guerre. Elle peut de ce point de vue être définie comme un urbicide.

Aboud Hamam, Raqqa, 2019, *Habitants de la ville dans une rue en ruine.* © Aboud Hamam.

Les Balcons d'Alep[1]

Fawaz Hussain

Alep tombe officiellement, avec sa partie est et rebelle, aux premiers jours de l'hiver 2016. Ce sera le cadeau de Noël, selon le calendrier grégorien, d'un Poutine chrétien et orthodoxe à un Assad musulman et alaouite, une branche du chiisme, religion d'État dans la Perse des temps modernes des mollahs post-pahlavites. Les images que relaient les chaînes du monde sont intenables, hallucinantes, déchirantes. L'ampleur du chaos dépasse tout entendement, donne le vertige, fait choir le moral à vingt mille lieues sous les bas-fonds de l'enfer.

Des immeubles de sept étages plaqués au sol, des châteaux de sable piétinés par les chenilles d'un char hystérique à la Mad Max de la Fédération russe… Dans une étendue inouïe de débris et de poussière, des ombres se déplacent dans un silence ouaté dicté par l'ampleur de l'horreur subie. Des hommes et des femmes tiennent sous les bras des sacs de provisions, des bidons d'eau de qualité douteuse et des couvertures. Il neige dru sur Alep et ses environs plantés d'oliveraies et de pistachiers. Errant dans un décor qui ne déparerait pas dans les superproductions hollywoodiennes traitant de l'Apocalypse, des Alépins grimpent dans des bus verts ou à l'arrière des pick-up coréens lépreux et badigeonnés de honte. *Vae victis,* malheur aux vaincus ! On le sait depuis l'Empire romain et même avant.

La ville autrefois connue pour ses pierres de taille, son savon, sa gastronomie, en particulier sa pâtisserie, est à genoux. Traqué depuis un an par l'aviation russe et une horde de loups accourus de l'ensemble du monde chiite, le cerf alépin est aux abois. Il tend sa gorge et désire fiévreusement recevoir le baiser de la mort. Savourant leur victoire tronquée, les bourreaux font perdurer l'agonie de la proie. Ils se délectent du spectacle de la mise à mort, de la destruction spectaculaire de la ville. La capitale du nord syrien est réduite à un amas de décombres. L'une des plus belles villes du Proche-Orient, autrefois un relais important sur la route de la soie, est une lancinante oraison funèbre.

Je ne regrette pas le moins du monde la débandade des barbus qui, ayant confisqué la révolution syrienne, ont précipité sa chute. Je plains les civils forcés à l'exil et les balcons tenus par des barres de fer tordues qui céderont tôt ou tard à l'appel du vide. Alep était la ville des balcons. Autrefois y était étendu à sécher le linge fleurant bon le laurier et la fleur d'oranger. En levant les yeux vers le ciel, on captait souvent des silhouettes rondelettes et furtives, surtout des mains blanches, potelées, agiles. Des

1. *Le Monde*, 2 janvier 2016. Franco-kurdo-syrien, Fawaz Hussain est l'auteur de plusieurs romans dont *Orages pèlerins* (Le Serpent à plumes) et *Les Sables de Mésopotamie* (Points) parus en 2016.

Ammar Abd Rabbo, *Into the wild* (à l'état de nature), Alep, juillet 2014. © Ammar Abd Rabbo.

Alépines tendres comme le pain de mie mettaient à sécher des chapelets de poivrons ou des guirlandes d'aubergines et de courgettes dévidées : de la provision pour l'hiver. Ces balcons constituaient toute une institution avec ses codes secrets connus uniquement des initiés. Combien de sourires et d'œillades furent échangés depuis ces espaces maintenant effondrés ? Combien de vies à présent gâchées sont nées de ces coins de paradis ? Combien ?

Dans leur exil imminent, certains s'arrêtent, promènent leurs regards hagards sur les décombres incarnant la laideur à l'état pur. Comment endiguer les ravages légués par les barils d'explosifs déversés par des hélicoptères de combat et restituer l'ambiance festive d'autrefois ? Comment revivre en particulier celle des dédales du marché couvert au pied de la majestueuse citadelle ? Sur plusieurs kilomètres y voisinaient des vendeurs de tout ce qui se mange, se prépare ou se cuisine. On y flânait tout son soûl sur les pavés patinés par le temps et le passage des hommes, marchands et touristes venus du monde entier. Les venelles des joailleries conduisaient le promeneur à celles du savon, puis aux échoppes gorgées d'épices cueillies aux quatre coins du monde. En sortant à l'air libre, cerise sur le gâteau, on se trouvait comme par magie face à l'antique citadelle dominant la ville d'origine.

Certains jeunes tracent sur ce qui reste de murs debout des phrases improbables, aussi insensées que : « On reviendra, avec la victoire au bout du fusil », « Alep, je t'ai dans la peau » ou « Quand s'arrêtera cette guerre pour que je retourne à mon poème ? » Mais comment peut-on encore espérer au sein de cette folie avide de meurtres et de ruines ? Le cœur fracassé, l'âme en lambeaux, les rescapés font semblant d'être dignes et forts. Le couteau chemine, mon frère, dans la chair, et y élit un domicile fixe. La superficie de la plaie, ma sœur, dépasse celle du corps. La chute d'Alep et de ses balcons est intenable, inhumaine, indescriptible.

Dans une de ses allocutions, le président syrien avait dit que la Syrie appartiendrait à ceux qui la défendraient et sauveraient ainsi son régime. La part du lion reviendrait aux Russes et aux Iraniens. Ces derniers ont injecté des milliards de dollars dans cette guerre et mobilisé des milliers de milices chiites pour sauver le soldat Ryan, celui de Syrie. [...] Sans posséder de qualités oraculaires, je sais que la guerre en Syrie ne finira pas avec la chute d'Alep. On sait comment éclate un conflit, mais personne ne sait dire quand et comment il finira, en particulier dans ce Proche-Orient où les problèmes une fois nés ne s'acheminent vers aucune solution. [...] Je ne crois pas qu'ils comptent pour des prunes, tous ces Syriens qui se sont battus pour une nouvelle vision du pays et qui sont morts, déplacés ou dans les camps de réfugiés. C'est triste de le dire, mais la Syrie ne connaîtra plus jamais la sérénité, d'ailleurs elle ne l'a jamais connue. Il sera de plus en plus difficile de désapprendre la violence et d'accepter l'altérité. Quant à l'échange des messages entre amoureux d'un balcon à l'autre, ce n'est pas demain qu'on le verra refleurir.

Les atteintes au patrimoine culturel

Joël Hubrecht[1]

La Syrie abrite six sites inscrits au patrimoine mondial[2] : le centre historique de Damas, fondée au IIIe millénaire av. J.-C., qui est l'une des plus anciennes villes du Moyen-Orient ; Bosra, qui fut la capitale de la province romaine d'Arabie (et conserve à ce titre un théâtre romain du IIe siècle) avant de devenir une étape majeure des caravanes se rendant à La Mecque ; le site archéologique de Palmyre, foyer culturel majeur des Ier et IIe siècles, au croisement des mondes romain, grec, arabe et perse ; l'ancienne ville d'Alep, au carrefour de plusieurs routes commerciales depuis le IIe millénaire av. J.-C, avec la Grande Mosquée fondée sous les Omeyyades et son minaret de 1090, sa citadelle du XIIIe siècle et des *médersas*, palais, caravansérails et hammams du XVIIe siècle ; le Krak des Chevaliers (1142-1271), un des châteaux datant de l'époque des croisades les mieux préservés, et Qal'at Salah al-Din, dit la « forteresse de Saladin », avec des éléments datant du Xe au XIIIe siècle ; les villages antiques du Nord, une quarantaine regroupée au sein de huit parcs, vestige de la vie rurale de l'Antiquité tardive et de l'époque byzantine, du Ier au VIIe siècle.

En juin 2013, afin d'alerter les « belligérants » et de mobiliser la communauté internationale sur les risques de destruction et de trafics d'œuvres pillées, ces six sites ont tous été placés par l'UNESCO sur la liste du patrimoine en péril[3]. Malheureusement alarmes et mises en garde ne furent pas entendues ou respectées et presque tous les sites ont été plus ou moins gravement endommagés. En 2013, le Krak des Chevaliers, l'ancienne citadelle croisée, est touché par des bombes de l'aviation syrienne qui veut en déloger un groupe armé d'origine tchétchène qui en a fait son QG. En décembre 2015, des combats dans l'ancienne ville de Bosra détériorent la cour ouest attenante au théâtre romain et plusieurs localités dans la citadelle ayyoubide qui l'entoure. En avril 2016, à Damas, un incendie dans le quartier d'al-Asrooniya, abîme la Banque ottomane du XIXe siècle. À Palmyre, la citadelle, le musée et le site archéologique comprenant le temple de Bêl et l'arc de triomphe ont subi de très graves dommages. En avril 2016, une mission de l'UNESCO retrouve, dans le musée, statues, sculptures et sarcophages défigurés, pilonnés et décapités. Sur le site archéologique, les destructions ont frappé la grande colonnade, l'arc de triomphe, l'agora et les ruines pulvérisées du temple de

1. L'auteur tient à remercier Claire A. Poinsignon pour sa relecture et ses précieux conseils.

2. https://whc.unesco.org/fr/etatsparties/sy. Il faut ajouter à ces six sites l'inscription de onze autres sites syriens sur la liste indicative nationale valant candidature à une demande de reconnaissance en tant que patrimoine mondial.

3. https://whc.unesco.org/fr/actualites/1038/.

Baalshamîn. Le temple de Bêl et la citadelle mamelouk qui surplombe la ville ont également été endommagés et truffés de mines[1]. Le 12 mai 2016, une frappe aérienne vise l'église byzantine de Saint-Siméon (ve siècle) dans un des villages antiques du nord de la Syrie. Selon une première estimation de l'UNESCO en janvier 2017 (juste après la chute d'Alep-Est), environ 60 % de la vieille ville d'Alep ont été gravement endommagés, dont 30 % totalement détruits.

Les principaux responsables de ces destructions sont d'une part les forces armées du régime et de son allié russe et, d'autre part, les fanatiques de Daech qui n'ont pas hésité à mettre en scène leur folie iconoclaste. Ainsi, à Palmyre, le temple du dieu Bêl a été endommagé par les bombardements de l'armée syrienne qui avait installé des armements lourds dans la zone archéologique, près du château et à proximité des tombeaux-tours des Ier et IIe siècles de notre ère. Une brigade de snipers s'était installée sur le toit du musée (dans la ville), lequel a reçu un obus tiré par les rebelles. Des armements lourds (chars, lance-roquettes multiples, etc.) ont été positionnés sur plusieurs collines dans la zone archéologique et des tranchées creusées au bulldozer dans plusieurs secteurs comme le camp de Dioclétien[2]. Mais le sommet de l'horreur fut atteint en août 2015, lorsque Daech, le nouvel occupant depuis trois mois, ivre de ses victoires fulgurantes et de la restauration du califat, s'en prit à « la perle du désert » en faisant sauter le temple gréco-romain de Baalshamîn, puis, une semaine plus tard, en dynamitant le temple de Bêl. Entre ces deux destructions, il décapitait l'archéologue Khaled al-Asaad, 83 ans, ancien directeur des Antiquités et du musée de Palmyre.

Une autre cause de dégradation, plus indirecte mais également délétère, réside dans les déplacements massifs des habitants de ces zones. En effet, comme le remarquait Sophie Cluzan, conservatrice du département des Antiquités orientales au musée du Louvre, les lieux de mémoire sont restés souvent des lieux de vie : « Les souks d'Alep appartiennent au patrimoine mondial selon les termes de l'UNESCO mais ils sont le cœur de la ville, un poumon économique. La vie, le présent et le passé se mêlent constamment en Syrie[3]. » Même si officiellement la préservation du patrimoine devrait incomber aux directions régionales des antiquités et à la Direction générale des Antiquités et des Musées (DGAM), dans les faits, c'est souvent les Syriens eux-mêmes et des groupes de volontaires qui s'en chargent. Si cette proximité et ces liens naturels ne sont pas sans contre-effets, comme pour les pentes orientales du Krak des Chevaliers que fragilise le développement de constructions illégales à proximité, le caractère « habité » du patrimoine entretenait une attention toute particulière à son égard. « Le cas de la ville romaine de Bosra est exemplaire », ajoute Sophie Cluzan : « Jusqu'à récemment, la population vivait dans cette ville qui, du coup, a été globalement préservée. Depuis quelques années, l'expulsion des habitants a créé une situation très difficile à gérer, les ruines étant finalement, par certains côtés, fragilisées du fait de leur absence. » « Il n'y a plus de

1. Les rapports des missions de l'UNESCO détaillant les dommages des sites de Palmyre, de Damas et du Krak des Chevaliers sont disponibles sur le site de l'organisation, URL : https://whc.unesco.org/fr/evenements/1386/.

2. Entretien avec Cheikmous Ali, « Le patrimoine syrien en danger », *Les Clés du Moyen Orient*, 26 mars 2014 : https://www.lesclesdumoyenorient.com/Entretien-avec-Cheikhmous-Ali-Le-patrimoine-syrien-en-danger.html.

3. https://www.lesclesdumoyenorient.com/Entretien-avec-Sophie-Cluzan-Le.html. Par ailleurs, elle est l'auteure d'un beau livre, *De Sumer à Canaan, l'Orient ancien et la Bible (2005)*, Seuil/musée du Louvre, 2015, https://journals.openedition.org/syria/286.

Palmyriens à Palmyre », constatait amèrement l'archéologue Muhammad Taha, exilé originaire de la cité antique, « ils sont dispersés un peu partout, oubliés. Comme un grand nombre de Syriens, déplacés dans le pays ou à l'étranger. Il ne reste que les pierres, seules, en plein désert, qui pleurent les habitants de Palmyre[1]. »

De plus, les atteintes au patrimoine ne se limitent pas à ces quelques sites emblématiques, de renommée internationale. Il y eu beaucoup d'autres sites culturels, moins médiatisés, qui subirent les tirs et les bombardements d'une guerre sans pitié ni pour les humains ni pour leurs refuges, quels qu'ils soient. Le Programme d'applications satellitaires opérationnelles de l'UNITAR (UNOSAT) a fourni, pour faciliter les opérations des organisations humanitaires, des analyses dérivées d'images par satellite[2], afin de détecter les dommages causés aux infrastructures des bâtiments et au réseau routier. Ce faisant, les experts d'UNOSAT ont observé les dommages causés au patrimoine. En 2014, l'examen de 18 zones culturelles et archéologiques a révélé un total de 24 sites détruits, 104 gravement endommagés, et 83 modérément endommagés[3].

Le pays comprend un patrimoine religieux très développé : Damas compte 92 mosquées et sa campagne proche, 387 ; Idlib en compte 308 ; Deraa, 237 ; Homs, 217 ; Alep, 158 ; Hama, 135, etc. Un grand nombre de mosquées ont été, en plus de leur fonction cultuelle, reconverties en écoles parce que les bombardements du régime les avaient détruites ou qu'elles étaient utilisées par des groupes armés djihadistes ou appartenant à la rébellion. Précisément 3 874 écoles étaient hors service, selon le SNHR[4], qui ajoute que les mosquées pouvaient aussi servir d'abris à ceux dont les maisons avaient été détruites et qu'une centaine de mosquées tenaient lieu d'hôpital. Les mosquées sont devenues des cibles privilégiées des forces armées du régime. Le SNHR a ainsi documenté, en juin 2013, une liste de 1 451 mosquées endommagées, dont 348 entièrement rasées à cause de tirs de missiles Scud, d'explosifs de TNT, d'artilleries et d'autres armes.

De tels actes sont clairement interdits en droit international et au niveau national et les responsabilités de leurs auteurs, qu'ils soient membres des institutions militaires ou civiles ou de groupes armés non gouvernementaux, sont susceptibles de condamnation en justice. Cette protection du « patrimoine culturel » (*cultural heritage*) s'est mise en place progressivement dès les premières conventions internationales sur la guerre (celles de La Haye de 1899 et de 1907) ; puis surtout après la Seconde Guerre mondiale sous l'égide de l'UNESCO avec la Convention pour la protection des biens culturels en temps de conflits armés (1954), renforcée par les protocoles additionnels de

1. Propos tenus dans le documentaire *Syrie, les derniers remparts du patrimoine* de Jean-Pierre Raynaud, Dream Way Productions, avec la participation de France Télévisions, 2016.

2. Les évaluations par imagerie satellitaire des dommages utilisent la catégorisation suivante : le lieu est dit « détruit » lorsque 75 à 100 % de la structure est détruite ; « gravement endommagé » lorsque 30 à 75 % des structures clés visibles du site sont effondrées ou partiellement endommagées ou s'il y a une activité militaire importante ou une activité civile importante (laissant supposer des pillages en cours) sur le site ; « modérément endommagé » pour 5 à 30 % de la structure endommagée ou s'il y a des activités militaires ou civiles de faible intensité contribuant aux dommages causés au site ; « possiblement endommagé » lorsqu'il n'y a pas de dommages visibles mais que des débris sont visibles autour des structures clés du site.

3. https://unosat.web.cern.ch/unitar/downloads/chs/FINAL_Syria_WHS.pdf.

4. https://sn4hr.org/public_html/wp-content/pdf/english/Targeting%20Mosques%20by%20Syrian.pdf ; voir aussi sur le bombardement et la destruction de la mosquée Owais al-Qarni dans le district d'Al-Sukkari à Alep, le 24 décembre 2013, le rapport : https://sn4hr.org/wp-content/pdf/english/Syria_without_Mosques_en.pdf.

1977 aux conventions de Genève de 1949, qui reconnaissent en tant qu'infractions graves et donc comme crimes de guerre les attaques contre le patrimoine culturel. La tendance à la criminalisation n'a cessé de s'accentuer. Si l'adhésion de la Syrie aux traités en vigueur est inégale (elle a ratifié la convention de la Haye de 1954 mais ne l'a pas intégrée dans son droit interne ou bien elle a signé mais pas ratifié son second protocole de 1999), l'État syrien a tout de même ratifié suffisamment de conventions qui promeuvent la sauvegarde de différents types de biens culturels pour que, sous différentes formes (en tant que protecteur ou en tant qu'agresseur), sa responsabilité soit engagée. De même pour Daech. Malgré sa nature étatique revendiquée, l'EI n'était certes reconnu par aucun État et organisation internationale et il n'était signataire d'aucun instrument international, mais en tant que groupe armé non étatique participant directement aux hostilités, la responsabilité de ses membres au regard des dispositions du droit international humanitaire et du droit de la guerre est tout de même engagée. Comme Emma Cunliffe, Nibal Muhesen, Marina Lostal le déplorent dans leur étude approfondie du cas syrien – mais cela vaut de manière générale –, « le problème tient moins au cadre législatif qu'à son application[1] ».

En effet, plusieurs obstacles à sa mise en œuvre effective en Syrie et dans le reste du monde demeurent. Le concept même de « patrimoine culturel » n'est pas entièrement stabilisé. Construit autour des notions de patrimoine matériel et immatériel, il comporte de nombreuses sous-catégories et échappe à une définition universellement adoptée (et même à une définition claire au sein d'instruments judiciaires comme le Statut de Rome de la Cour pénale internationale). De plus, la nécessité d'impératif militaire est un argument dérogatoire reconnu (convention UNESCO de 1954) qu'il est parfois complexe de contrer dans une procédure judiciaire, comme il peut être parfois difficile de distinguer entre des dommages collatéraux involontaires et des attaques ciblées. Enfin la Syrie n'ayant pas ratifié le Statut de Rome, elle ne pourrait être mise en cause devant la Cour pénale internationale (CPI) que suite à une saisine du Conseil de sécurité. Or si le Conseil de sécurité a adopté en février 2015 la résolution 2199, qui condamne la destruction du patrimoine culturel syrien et adopte des mesures juridiquement contraignantes pour lutter contre le trafic illicite des antiquités et biens culturels en provenance de Syrie et d'Irak, il a toujours été bloqué par les veto russes et chinois pour pouvoir saisir la CPI de la situation en Syrie.

En pratique, l'efficacité de la protection internationale reste donc très limitée et les poursuites relativement rares même si des tribunaux pénaux internationaux ont ouvert la voie et commencé à sortir de l'ombre ce type de crimes. C'est le cas en particulier du Tribunal pénal international pour l'ex-Yougoslavie (TPIY), qui a condamné, en janvier 2005, le général Pavle Strugar de l'armée populaire yougoslave à huit ans d'emprisonnement pour sa participation à l'attaque et aux destructions délibérées de la vieille ville de Dubrovnik, reconnue patrimoine mondial par l'UNESCO. Les destructions volontaires d'édifices religieux et culturels ont été intégrées dans une quinzaine d'autres affaires (en Bosnie-Herzégovine et au Kosovo). Le TPIY a affirmé que les destructions du patrimoine culturel étaient un crime au regard du droit international coutumier (ce qui permet de s'affranchir des limites des adhésions conventionnelles). Le tribunal a également conclu que, perpétrées de façon

1. Emma Cunliffe, Nibal Muhesen, Marina Lostal, « The Destruction of Cultural Property in the Syrian Conflict : Legal Implications and Obligations », *International journal of cultural property,* 2016, p. 16.

systématique ou généralisée, elles pouvaient être qualifiées de crimes contre l'humanité, au titre de « persécutions pour des raisons politiques, raciales et religieuses » mais aussi « car de fait, c'est l'humanité dans son ensemble qui est affectée par la destruction d'une culture religieuse spécifique et des objets culturels qui s'y rattachent ». En septembre 2016, la CPI a également condamné le djihadiste Al-Mahdi à neuf ans d'emprisonnement pour la destruction des mausolées de Tombouctou en 2012 en tant que crime de guerre.

Au-delà de leur qualification juridique, ce type de crime s'inscrit pour le régime dans une politique que l'on peut décrire sous la notion d'urbicide, c'est-à-dire la volonté politique de « destruction de la ville[1] » en tant qu'elle est le lieu d'une sociabilité et d'une culture urbaine ouverte ou porteuse d'une identité culturelle forte. Si l'urbicide vise l'ensemble des édifices privés et publics, il se focalise en priorité sur les grandes places collectives et les lieux de vie partagés pour en faire des zones dangereuses, inaccessibles ou en les transformant en lieux de désolation et de ruines pour aviver la terreur et pousser ses citoyens à fuir et à abandonner leur ville. C'est pourquoi, la nature spécifique des biens culturels, loin de les mettre à l'abri, en fait une cible privilégiée. C'est pourquoi également cette violence affecte à la fois des communautés en tant que telles (et la communauté sunnite a fait de la part du régime l'objet d'attaques spécifiques cherchant à exacerber les divisions et la communautarisation du conflit) mais aussi l'humanité entière (et Daech dans la mise en scène des destructions à Palmyre visait à infliger un dommage universel pour, à travers sa folie iconoclaste, manifester sa toute-puissance aux yeux du monde et défier l'ensemble de la communauté internationale). « Palmyre ne ressemblait à aucune autre cité de l'Empire. Que son art soit primitiviste, oriental, hybride ou hellénisant, que ses temples aient ou non des fenêtres, que ses notables portent un vêtement grec ou arabe, qu'on y parle l'araméen, l'arabe, le grec et même, dans les grandes occasions, le latin, on sent souffler sur Palmyre un frisson de liberté, de non-conformisme, de "multiculturalisme" », a écrit l'historien Paul Veyne, 88 ans, dans son hymne à Palmyre[2]. C'est le témoignage de cette mémoire et de cette originalité qui était insoutenable pour Daech et devait disparaître ou – dévoilant une certaine inconséquence ou hypocrisie – pouvoir être monnayé et revendu dans le cadre de trafics fructueux.

Aux enjeux mémoriaux qui traversent l'atteinte au patrimoine culturel fait écho une bataille des mémoires qui se poursuit sur un autre plan aujourd'hui. Bien que ce soit lors d'un bombardement de l'armée syrienne qu'une sculpture gothique du Krak des Chevaliers ait été endommagée, le régime, qui a repris possession de la forteresse des croisés en 2014, rejette toute la responsabilité des dégâts sur le groupe djihadiste Jound al-Cham al-Chichan (« Les soldats tchétchènes du Levant ») qui l'occupait. La réouverture du site s'est faite en grande pompe[3] dans une scénographie à la gloire du président Bachar al-Assad, à la fois vainqueur du terrorisme et restaurateur du patrimoine national syrien. Cette propagande médiatique, que le régime a aussi orchestrée autour de la « libération » de Palmyre[4], trouve des échos à l'extérieur. L'archéologue Muhammad Taha, directeur

1. Véronique Nahoum-Grappe, « L'urbicide : le meurtre du social », *Tous urbains*, 2015/3 (n° 11), p. 32-37.
2. Paul Veyne, *Palmyre, l'irremplaçable trésor*, Paris, Albin Michel, 2015.
3. Cyrille Louis, « En Syrie, le Krak des Chevaliers renaît après le chaos », *Le Figaro*, 17 janvier 2019.
4. Diana Darke, « Who Owns Syria's Cultural Heritage ? », *The Middle East Institute*, 23 septembre 2020. https://www.mei.edu/publications/who-owns-syrias-cultural-heritage.

et cofondateur du Centre des médias de Palmyre, a dû protester, dans un communiqué de presse, contre l'utilisation dans un documentaire, *Palmyre, patrimoine menacé*, produit par la ZDF, d'images filmées au prix de sa vie par un activiste pacifiste, Ibrahim Moutlak, qui montraient les dommages causés au temple de Bêl par l'armée du régime Assad, deux ans avant l'arrivée de Daech, mais qui furent remontées et décontextualisées pour être postdatées et attribuées à des dégradations du groupe islamique[1]. Pire encore, dans cette bataille des récits, le régime a l'avantage d'être l'instance officiellement reconnue comme interlocuteur par l'UNESCO, ce qui lui permet, par son influence, de marginaliser les associations indépendantes ou liées à l'opposition qui ont été créées en Syrie et hors de Syrie[2] pour œuvrer à la préservation de ce patrimoine, dans les zones sous contrôle du régime comme dans les régions dites « libérées ». Ce fut le cas lors de la conférence organisée par l'UNESCO pour la sauvegarde d'urgence du patrimoine culturel syrien, financée par l'Union européenne et lancée en mars 2014, comme s'en était alarmé Wladimir Glasman[3]. Que ce soit au moment de sa destruction ou de sa reconstruction, le traitement du patrimoine conserve, souvent à son détriment, une portée très politique.

1. Muhammad Taha, « On a tué Ibrahim une seconde fois », *Syrie News*, 12 octobre 2017.

2. La plupart de ces organisations sont basées hors de Syrie, tout en restant souvent en lien avec des Syriens sur le terrain, comme l'Association pour la protection de l'archéologie syrienne (APSA) à Strasbourg, le Projet d'archives du patrimoine syrien à Berlin, Heritage for Peace, Syrian Heritage in Danger, The Day After, etc.

3. Wladimir Glasman, « En Syrie, la "sauvegarde du patrimoine" ne peut se limiter à une coopération avec le régime », blog Un œil sur la Syrie, lemonde.fr, 4 juin 2014 ; https://www.lemonde.fr/blog/syrie/2014/06/04/en-syrie-la-sauvegarde-du-patrimoine-ne-peut-se-limiter-a-une-cooperation-avec-le-regime/.

7

Attaques chimiques

Comment les Assad ont construit leur arsenal chimique

René Backmann[1]

La décision de produire du sarin a été prise par le gouvernement de Damas au début des années 1980. Avant cette date, la seule arme chimique dont disposait le régime de Damas était une réserve de quelques munitions d'ypérite et de sarin, fournies après la guerre israélo-arabe d'octobre 1973 par l'Égypte, qui avait utilisé l'ypérite, ce gaz de combat centenaire, quelques années plus tôt contre les forces royalistes pendant la guerre du Yémen.

Mais Hafez al-Assad, qui ne voulait pas dépendre d'un autre pays arabe pour un armement aussi sensible, estimait que la Syrie devait se doter d'un arsenal d'armes chimiques qu'elle serait en mesure de produire seule, avec une technologie et des produits de base fournis par des États qui ne menacent pas son indépendance. C'est pourquoi, pendant les années 1970, des chercheurs syriens soigneusement sélectionnés, qui avaient obtenu leurs diplômes en Allemagne, ont été renvoyés dans les laboratoires universitaires et les centres de recherche allemands pour suivre une formation dans le domaine des montages industriels et de la synthèse des neurotoxiques. Coopération scientifique qui s'est poursuivie jusqu'en 1983.

Pourquoi l'Allemagne ? La réputation des scientifiques et des industriels allemands invoquée par certains des interlocuteurs de Mediapart est évidemment une des réponses crédibles. Une autre hypothèse avancée par les spécialistes de la Syrie est l'influence qu'aurait exercée sur les responsables des services secrets syriens, pendant des années, le criminel de guerre nazi Alois Brunner. Cet ancien commandant SS du camp de Drancy était réfugié depuis les années 1950 à Damas, où il aurait fini sa vie en 2001. Une chose est sûre : « Lorsque le projet sarin a démarré, se souvient un scientifique syrien, tous les chercheurs qui y travaillaient avaient été formés en Allemagne au montage de la ligne de production. »

C'est sans doute à leur demande, pour travailler avec des installations et des méthodes devenues familières, que le Centre d'études et de recherches scientifiques (CERS) syrien a choisi des entreprises allemandes pour fournir le schéma de synthèse, la technologie, la « verrerie » – c'est-à-dire le matériel des lignes de production, les conteneurs de stockage – et les produits chimiques de base nécessaires à la production du sarin.

Plusieurs des scientifiques interrogés par Mediapart affirment que c'est la firme Schott qui a fourni la verrerie. Interrogée par le *Wall Street Journal* en septembre 1988, à la suite de rumeurs sur son rôle dans la production d'armes chimiques par la

1. L'article est paru initialement sur le site Mediapart, le 2 juin 2017, sous le titre : « Armes chimiques : le régime syrien a construit son arsenal avec l'aide de plusieurs pays ».

Syrie, l'entreprise Schott n'avait pas nié avoir vendu des équipements à des clients syriens, mais déclaré ne pas savoir à quel usage était destinée la « verrerie » achetée en grande quantité par Damas. « Impossible », conteste l'un des interlocuteurs de Mediapart, familier de ce matériel. « Ils ne pouvaient pas ne pas savoir à quoi allait servir ce matériel. N'importe quel chimiste pouvait le deviner. »

En revanche, pour les équipements de laboratoire fournis par les sociétés Heraeus et Riedel, le doute était permis. Le matériel livré pouvait être utilisé par n'importe quel centre de recherche ou producteur de produits chimiques civils. Quant aux substances livrées par Merck, elles relevaient, d'après les experts syriens interrogés, des « composants chimiques de catégorie 3 ». Il s'agissait, en d'autres termes, de « précurseurs de précurseurs » qui n'étaient pas des composants du sarin, mais des produits permettant de les fabriquer. Ou de fabriquer nombre d'autres produits parfaitement inoffensifs. Merck pouvait donc ignorer l'usage final de ses livraisons. Mais les services secrets allemands ne se sont pas montrés très curieux. Et cette absence de curiosité pour les exportations à destination de la Syrie s'est poursuivie pendant près de deux décennies. À l'évidente satisfaction de Damas.

La préférence des chimistes militaires du CERS pour les produits allemands était encore évidente jusqu'aux années 2000. En réponse à une question de Die Linke après l'attaque au gaz de la Ghouta, qui a fait près de 1 400 morts et 5 000 blessés le 21 août 2013 et failli provoquer une intervention militaire internationale, le ministère de l'Économie allemand a admis, quelques semaines plus tard, que des produits chimiques – fluorure de sodium et hydrogène fluoré – qui pouvaient entrer dans le cycle de synthèse du sarin avaient été exportés en Syrie au cours des dix années précédentes. Ni Gerhard Schröder en 2002-2003, ni Angela Merkel en 2005-2006 ne s'étaient opposés aux livraisons de 40 tonnes, puis de 87 tonnes de ces produits chimiques au régime de Damas.

Premier gaz de combat « moderne » produit à domicile, le sarin syrien a été synthétisé pendant près de trente ans dans les laboratoires du CERS, sans innovations majeures par rapport au schéma importé d'Allemagne. Aux dires de ceux qui en avaient la charge, il est extrêmement difficile et dangereux à produire. Ses deux « précurseurs » peuvent être stockés dans les mêmes locaux sans risque pour le personnel en cas d'incendie ou de bombardement mais la « recette », même lorsqu'on dispose des produits adéquats, n'est pas à la portée de n'importe quel chimiste, même aguerri. Et encore moins d'un quelconque groupe terroriste. Car elle réclame une parfaite maîtrise des différentes étapes et des composés organophosphorés, qui n'est pas au programme de l'enseignement universitaire.

Elle exige, en particulier, des dosages et des conditions physiques précises, notamment de température, pour l'utilisation de certains solvants et pour la manipulation de plusieurs produits dangereux en grande quantité comme l'acide fluorhydrique. Par ailleurs, certains des produits indispensables à la production font partie de ce que les chimistes du CERS appellent « les cinq cavaliers » : ce sont des substances dont l'application industrielle est inexistante en Syrie. Et qui sont donc très difficiles à trouver et à importer.

Le neurotoxique baptisé sarin par les trois chimistes allemands – Schrader, Rüdiger et Van der Linde – qui l'ont inventé en 1939 dans les laboratoires d'IG Farben est le résultat de la réaction d'un alcool industriel, l'isopropanol, sur le précurseur final, le difluorure de méthylphosphonyle (DF), lui-même dérivé du dichlorure de méthylphosphonyle (DC), dans des lignes de production revêtues de téflon, qu'il est difficile de se procurer. Le DF est très stable, pas inflammable et peut être détruit par l'eau. Il peut être stocké longtemps, à condition de le transvaser régulièrement car il est très corrosif. Les contenants utilisés pour le stocker doivent aussi être revêtus à l'intérieur de téflon. Ceux qu'utilisaient les chimistes syriens étaient fabriqués en Allemagne, mais fournis au CERS par un négociant suisse.

Un centre de production et d'essais au sud-est de Palmyre

Pour « tamponner » l'acide (HF) produit par la réaction de l'isopropanol sur le DF, les chercheurs syriens ont eu l'idée d'ajouter à l'isopropanol une base qui n'entre pas dans la réaction de synthèse mais en facilite le déroulement. Cette base, l'hexamine, est l'une des « signatures » du sarin syrien.

L'autre signature, le diisopropyl méthylphosphonate (DIMP), est un déchet chimique caractéristique généré par le procédé de synthèse du CERS. Le résultat de la réaction, c'est-à-dire le sarin, se présente sous la forme d'un liquide laiteux, légèrement visqueux, qui n'a pratiquement pas d'odeur lorsqu'il est pur et une odeur de vieille pomme lorsque la réaction a été imparfaite. Sous sa forme liquide, le sarin est dangereux. Par contact, il est mortel. Lorsqu'il est transformé en nuage de gaz par un agent de dispersion – en l'occurrence une charge explosive très bien calibrée –, il devient mortel par inhalation.

Pour en tester l'efficacité et le dosage en fonction des lieux bombardés, de la température, de la force des vents et des autres variables opérationnelles, le CERS avait construit au sud-est de Palmyre, le long de la route qui conduit à la frontière irakienne, c'est-à-dire en plein désert, un centre de production et d'essais dont les responsables ne reculaient pas devant les moyens les plus barbares. L'un des scientifiques interrogés par Mediapart raconte qu'il avait constaté, au cours d'une visite à ce centre, l'existence d'un bâtiment dont les fenêtres ne s'ouvraient que depuis l'extérieur. « J'ai demandé si c'était une erreur. Un collègue m'a expliqué que non. Que c'était un bâtiment dans lequel les gaz étaient testés sur des détenus extraits de la prison de Palmyre. Et il m'a conseillé d'oublier ce que j'avais vu et entendu. Ce bâtiment n'existe plus. Il a été détruit, comme le reste de ce site, en 2013, après l'accord russo-américain. »

L'un des inconvénients du sarin syrien, du point de vue de ses utilisateurs militaires, est son instabilité. À l'état final, il ne peut en effet être conservé que quelques jours avant de produire un gaz qui crée de la pression à l'intérieur des projectiles, rendant le stockage très risqué. Ce qui implique d'équiper chaque base d'où doivent décoller les avions porteurs de bombes au sarin de sites de stockage des précurseurs et de préparation des munitions. Et ce qui a impliqué aussi, pour les ingénieurs du CERS, de concevoir des bombes très différentes des munitions classiques.

« Extérieurement, explique l'un d'entre eux, elles ressemblent aux bombes conventionnelles de 250 et 500 kg chargées de TNT. Mais à l'intérieur, elles sont totalement différentes, divisées en deux compartiments distincts. Le premier, à l'avant, reçoit le DF. Le second, à l'arrière, le mélange d'isopropanol et d'hexamine. Ce mélange est brassé par un agitateur que l'on peut actionner par une sorte de manivelle à l'arrière de la bombe. Lorsque les deux compartiments sont remplis, un technicien actionne la manivelle qui fait avancer l'agitateur jusqu'à briser la paroi de mica.

La réaction de synthèse du sarin se déclenche alors dans la bombe, placée sous une douche froide et maintenue dans une fourchette de température très précise, contrôlée par un thermomètre laser. Après quoi, il ne reste plus qu'à introduire dans le logement prévu, à la pointe de la bombe, la charge explosive et le détonateur,

Une roquette de fabrication syrienne utilisée pour les bombardements au sarin. © HRW.

altimétrique, chronométrique ou autre, et à accrocher la bombe sous l'aile de l'avion. La charge doit être très précisément dosée. Si elle est trop importante, la chaleur dégagée risque de provoquer la décomposition du produit, ou la formation du nuage de gaz trop loin du sol, ce qui le rendra inefficace. En principe, une bombe de 250 kg contient 133 litres de sarin, quelques kilos de TNT et un lest destiné à préserver les caractéristiques aérodynamiques de la munition. Une bombe de 500 kg contient 266 litres de sarin. L'altitude idéale d'explosion de la bombe et de formation du nuage est autour de 60 mètres. »

Lorsqu'on sait que ce gaz est mortel à dose infime et qu'il peut laisser aux blessés des séquelles neurologiques durables, on imagine le potentiel meurtrier d'une telle bombe sur une zone densément peuplée. Et son effet de terreur sur les populations voisines. Il joue, selon les dirigeants de l'opposition engagés dans les négociations de paix – jusque-là stériles – d'Astana et de Genève, un rôle clé dans la stratégie de déplacements de population de Bachar al-Assad.

Pendant près de dix ans, après la construction au début des années 1980 d'un premier centre de production près de Dumayr, au nord-est de Damas, l'institut 3000 du CERS a produit des centaines de tonnes de sarin, qui ont été stockées à l'état inerte, sous forme de précurseurs liquides DF et isopropanol. Stockage qui requiert une surveillance constante, non parce que le gaz peut être produit et libéré accidentellement – c'est impossible –, mais parce qu'il faut surveiller très régulièrement les récipients, chemisés au téflon, donc coûteux et rares sur le marché, qui contiennent le DF, et parce que les deux produits peuvent être détruits ou dégradés par l'eau et la vapeur d'eau.

Le tournant de la guerre du Golfe

Vers la fin des années 1980, pour des raisons inconnues des interlocuteurs de Mediapart – vigilance renforcée chez certains fournisseurs ? –, certains composants du sarin sont devenus très difficiles à trouver. Les chimistes du département 3000 se sont alors tournés vers un autre gaz innervant, le VX. Inventé au début des années 1950 par des chercheurs britanniques, le VX, dix fois plus mortel que le sarin et beaucoup plus stable, se présente sous la forme d'un liquide huileux qui peut se diffuser dans l'air comme dans l'eau. Il possède alors, aux yeux des responsables syriens, un autre avantage : son schéma de synthèse et ses précurseurs peuvent être fournis, après négociation, par l'Arménie. Car le prix exigé par les experts russes pour communiquer leur savoir-faire a été jugé beaucoup trop élevé par les dirigeants du CERS, qui ont obtenu des Arméniens des conditions financières plus acceptables.

Pendant plusieurs années, un site souterrain (image ci-après) dissimulé près d'Al-Nabk, à 75 km au nord-est de Damas, va produire du VX. « Au cours d'un essai de largage par hélicoptère de grenades au VX au-dessus d'une zone que les militaires avaient vidée et bouclée, raconte un chercheur syrien, les munitions qui devaient exploser à 60 mètres d'altitude ont explosé à 400 mètres. Le vent, qui était assez fort à cette altitude-là, a poussé le nuage à 25 km de la zone prévue et un troupeau de 400 moutons a été anéanti. Le gouvernement a indemnisé le propriétaire en lui expliquant qu'il s'agissait d'un test manqué d'un produit phytosanitaire. »

C'est la guerre du Golfe, en 1991, qui met un terme – provisoire – à la constitution du stock de VX. Et cela, pour des raisons étranges. Alors que le régime syrien avait choisi de rallier la coalition internationale menée par les États-Unis contre Saddam Hussein, Hafez al-Assad semblait, selon plusieurs interlocuteurs de Mediapart, hanté par la crainte que l'aviation américaine ne bombarde les sites de production et de stockage d'armes chimiques de la région, y compris les sites syriens. Connaissant les risques énormes que représenterait, pour ses soldats et la population civile, la libération accidentelle dans l'atmosphère du VX, il a ordonné l'arrêt de la production et le démantèlement des laboratoires.

Deux ans plus tard, lorsqu'il décide, rassuré, la reprise de la production, les conditions du marché ont changé. Les composants, qui viennent de plusieurs sources, sont de plus en plus chers. Le CERS entreprend alors de les produire lui-même à partir de matières premières importées.

La fabrication reprend, à Al-Nabk. Mais en 2011, le département 3000 va être décapité par l'arrestation de son directeur, Ayman Habal, que les *mukhâbarât* soupçonnent de corruption. Habal, qui informait la CIA mais ne trempait pas dans le réseau de corruption, croit être interrogé pour ses activités d'espionnage et avoue ses liens avec un agent américain à ses interrogateurs qui en ignoraient tout. Il sera exécuté le 11 avril 2012.

La même année, la production de VX s'arrête, faute de matières premières. L'opération américaine contre l'Irak et ses introuvables armes de destruction massive a polarisé une telle attention sur les composants potentiels des armes chimiques et bactériologiques qu'une véritable pénurie s'installe.

Fort de son expérience désormais solide des neurotoxiques, le CERS va substituer au VX le gaz moutarde – l'ypérite – de la guerre de 1914-1918, qui sera produit jusqu'en 2007 dans l'usine secrète d'Al-Nabk, à la place du VX. Les produits de base ne sont pas trop difficiles à trouver. L'un, le sulfure de sodium, est utilisé dans les tanneries. L'autre, le glycol, est l'un des composants de l'antigel de voiture. Ils appartiennent à ce que les chimistes appellent « la catégorie 3 » : celle des produits qu'il est impossible d'interdire. En l'occurrence, le sulfure de sodium sera fourni par l'Iran, l'acide chlorhydrique par le Pakistan et le glycol par les Pays-Bas.

Lorsque Bachar al-Assad accède au pouvoir, en juin 2000, son armée dispose de plusieurs centaines de tonnes de gaz de combat : sarin, VX, gaz moutarde.

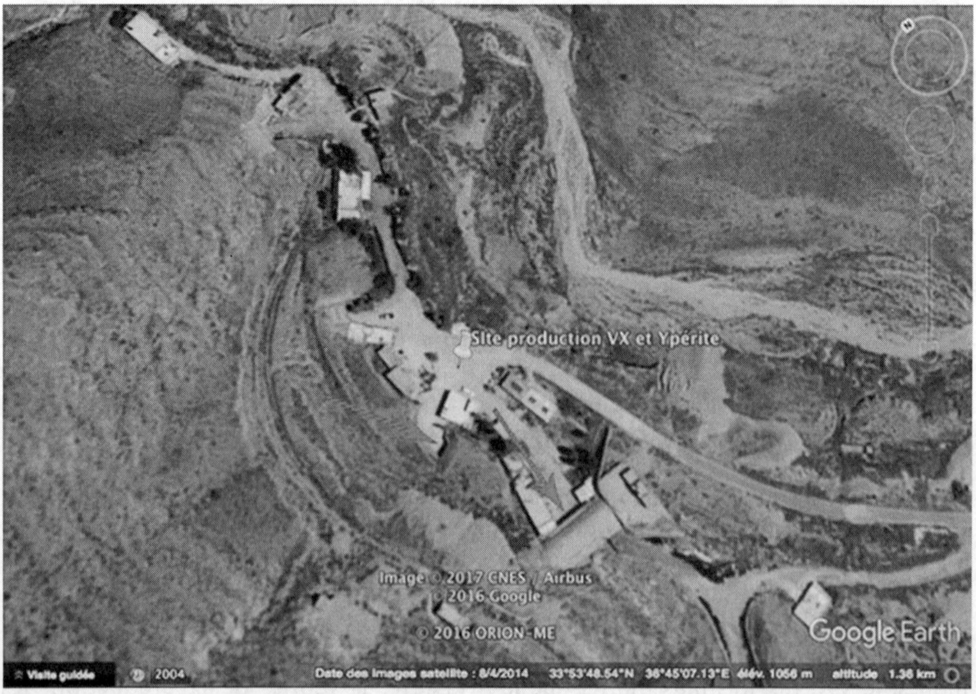

Site souterrain de production de VX et d'ypérite, près d'Al-Nabk. © Google 2016, ORION-ME 2016, CNES/Airbus 2017.

Mille tonnes de ces armes en 2011

Mais les militaires tiennent le sarin pour un agent tactique problématique : il s'évapore facilement, son efficacité dépend de la température, de la vitesse du vent, du sol sur lequel il tombe. Et cette efficacité variable complique son usage opérationnel. Le gaz moutarde, beaucoup moins létal de leur point de vue que le sarin, est plus utile sur le champ de bataille car il provoque chez l'ennemi des blessures ou des souffrances invalidantes. Et la collecte des morts, lorsque l'armée ennemie l'entreprend, mobilise infiniment moins de soldats que les soins aux blessés, chacun réclamant deux ou trois brancardiers et secouristes.

Pour toutes ces raisons, et d'autres liées à l'orgueil national démesuré de Bachar al-Assad et son clan, la Syrie délaisse début 2003 son programme d'armes chimiques au bénéfice du réacteur nucléaire que les Nord-Coréens commencent à construire à Al-Kibar, près de Deir ez-Zor, à l'est du pays. Dans l'esprit des dirigeants syriens, ce réacteur doit être le cœur d'un programme nucléaire militaire qui devrait conduire, à terme, à la production d'une arme nucléaire. Même lointain, c'est un risque que l'état-major israélien n'entend manifestement pas courir. Le 6 septembre 2007, peu avant minuit, un raid de F-15 et F-16 israéliens neutralise les radars et les défenses antiaériennes syriennes de la région et détruit le réacteur en chantier, tuant dix techniciens nord-coréens.

Ordre est donné au CERS de relancer le programme d'armes chimiques. Le centre de production du VX redémarre. Les chercheurs du département 3000 travaillent avec une nouvelle méthode de synthèse, qu'ils viennent de mettre au point et qui permet de produire du gaz à partir de produits faciles à trouver « avec les moyens du bord ». De la verrerie est alors achetée à la firme indienne Garg. La première livraison arrive sans encombre et servira à la production. La cargaison suivante, en 2008, est interceptée par les États-Unis, qui préviennent le gouvernement indien. Mais les lignes de production syriennes continuent de fonctionner.

En 2011, lorsque éclate la révolte populaire contre la dictature, les centres de stockage contiennent plus de 1 000 tonnes d'armes chimiques.

> « Nous avions 700 tonnes de sarin, 100 tonnes de VX, 263 tonnes de gaz moutarde, de quoi armer 3 000 bombes et une centaine d'ogives de Scud, précise l'un des scientifiques interrogés. Nous avions aussi du chlore, et de la ricine produite à partir des graines de ricin qu'on cultive près de Lattaquié. Dans le passé, l'institut avait même produit du BZ. C'est un hallucinogène, beaucoup plus puissant que le LSD, qui avait été développé au CERS et mis à la disposition des *mukhâbarât* pour les interrogatoires. Nous avions conçu deux pulvérisateurs, l'un de 50, l'autre de 100 ml. C'était un produit très efficace. Ses effets se dissipaient après un certain temps mais pouvaient provoquer des dégâts psychiques durables, au-delà d'une centaine de doses. Un employé du CERS qui travaillait sur ce produit est devenu fou. »

Pour délivrer ses gaz de combat, l'armée syrienne disposait jusqu'à 2010 de deux types de vecteurs : les bombes conventionnelles de 250 et 500 kg, adaptées pour disperser des armes chimiques, larguées par les Sukhoi 22 et les MiG 23 ; et les ogives des missiles sol-sol Scud, de 300 à 700 km de portée, fournis par la Corée du Nord ou produits en Syrie, capables de contenir jusqu'à 450 kg de sarin ou de VX. La consigne donnée en 2009 par Bachar al-Assad au CERS de prévoir une utilisation « domestique » des gaz et de concevoir des munitions et des vecteurs adaptés à cet usage va offrir aux militaires un arsenal beaucoup plus ample. Et plus sophistiqué. Selon l'un des anciens du CERS, l'aviation disposerait même désormais de bombes guidées.

Aux bombes et aux missiles stratégiques, viennent alors s'ajouter des grenades, jetées depuis des hélicoptères, et un éventail de missiles et de roquettes, importés de Russie comme les SS-21 de 70 à 185 km de portée ou fabriqués en Syrie, à partir d'une technologie iranienne, comme le M-600 « Fateh », de 250 km de portée. Certains engins sont même improvisés en Syrie à partir d'armes existantes. La roquette sol-sol « 330 », qui peut emporter 40 à 60 kg de sarin, est constituée d'un gros conteneur de 330 mm de diamètre, fixé sur une roquette de 122 mm, qui contient le propulseur.

« Pour lancer ces roquettes, confie un ingénieur, le CERS a conçu une rampe de lancement spéciale, fixée à l'arrière d'un camion tout-terrain. Les camions fabriqués en Turquie sous licence américaine ont été achetés via un intermédiaire comme véhicules de chantier. C'est une salve d'une dizaine de ces roquettes qui a été tirée le 21 août 2013 sur la Ghouta, provoquant près de 1 500 morts. » Après ce massacre, qui constituait une violation claire de la ligne rouge définie un an plus tôt par Barack Obama, la France, les États-Unis et le Royaume-Uni, on s'en souvient, avaient été à deux doigts de lancer contre des cibles stratégiques syriennes des frappes punitives. L'opération avait été annulée à la dernière minute en raison des réticences du Parlement britannique et du refus de Barack Obama de s'engager sans l'aval du Congrès et sans la participation de Londres.

Cet épisode, dont l'opposition syrienne démocratique garde un souvenir amer, a été suivi par un accord russo-américain, conclu à Genève le 14 septembre 2013, aux termes duquel la Syrie s'est engagée à abandonner son armement chimique et à laisser détruire, sous contrôle de Washington, de Moscou et des Nations unies, ses stocks et ses installations de production. Elle a également accepté de ratifier la convention de 1997 sur « l'interdiction de la mise au point, de la fabrication, du stockage et de l'emploi des armes chimiques et sur leur destruction ».

En juin 2014, l'Organisation pour l'interdiction des armes chimiques (OIAC) a indiqué que 92 % des armes chimiques syriennes avaient été détruites et que le reliquat avait été rassemblé sur un même site mais ne pouvait encore être évacué pour des raisons de sécurité. La Syrie a-t-elle réellement accepté de se défaire de l'intégralité de son stock ? Non. En 2015, une dizaine d'attaques au chlore sont encore recensées par Amnesty International. Selon un ancien du CERS, le chlore, qui est très bon marché et très facile à trouver puisque c'est l'agent chimique utilisé partout dans le monde pour le traitement des eaux, était utilisé – et l'est encore aujourd'hui – en remplacement du sarin. Il est facile à transporter et il est inutile de le stocker, puisque n'importe quelle usine de traitement des eaux en détient des bombonnes.

Dans son « Évaluation nationale » d'avril 2017, alimentée par les recherches des services de renseignements, le ministère français des Affaires étrangères affirme que plus d'une centaine d'allégations d'emploi de chlore et de sarin ont été recensées depuis l'adhésion de la Syrie à la convention sur l'interdiction des armes chimiques, en octobre 2013. Les trois derniers usages de chlore constatés remontent à janvier et février 2017. Dans le même document, Paris affirme que la Syrie a tenté d'acquérir, depuis 2014, « quelques dizaines de tonnes d'isopropanol » et qu'elle « n'a pas déclaré à l'OIAC des munitions tactiques (grenades, roquettes) telles que celles utilisées de façon répétée depuis 2013 ».

« En fait, confirme un ancien du CERS, le régime, tout en signant la convention des Nations unies pour répondre aux exigences de Moscou et de Washington, n'a jamais renoncé à l'usage des armes chimiques. Il a même constitué, à partir de 2013, un véritable arsenal chimique clandestin. En expliquant aux inspecteurs que certains sites de production ou de stockage étaient inaccessibles en raison des combats, en surévaluant systématiquement les pertes dues aux fuites, à la destruction par l'eau, ou aux essais, en produisant des états des stocks falsifiés, les responsables du département 3000 ont soustrait à l'OIAC assez de gaz pour continuer à tuer des gens et faire régner la terreur. Nous estimons la quantité de gaz de combat détourné à 35 tonnes. »

Le 23 mai, la sous-secrétaire générale des Nations unies aux affaires de désarmement, Mme Izumi Nakamitsu, a confirmé devant le Conseil de sécurité que 24 des 27 installations de production d'armes chimiques signalées par la Syrie avaient été détruites, mais que « la situation sécuritaire » empêchait toujours l'accès aux trois sites restants – dont un hangar d'aviation. Elle a aussi livré les résultats des enquêtes conduites après plusieurs « incidents » entre septembre 2016 et avril 2017. Elles concluent à l'utilisation de gaz de combat. Apparemment en provenance des réserves dissimulées par le régime.

Comment Bachar al-Assad a gazé son peuple

Les plans secrets et les preuves

René Backmann[1]

Dès l'été 2009, deux ans avant l'explosion de la révolte populaire syrienne, le régime de Damas avait décidé d'utiliser des gaz de combat, en particulier le sarin, un neurotoxique mortel, contre sa propre population en cas de troubles internes. Il a attendu juillet 2011, juste après la première défection d'un officier de l'armée régulière, pour ordonner aux responsables des sites de production d'armes chimiques de concevoir aussi vite que possible des munitions de petite taille – obus, grenades, ogives de roquettes – adaptées à cet usage tactique.

Mais avant la fin de l'année 2009, l'ordre avait déjà été donné d'équiper sept bases aériennes militaires de systèmes de stockage des précurseurs du sarin et de remplissage des bombes ou autres projectiles chimiques. Dans le plus grand secret, Bachar al-Assad avait formé le projet de gazer ses compatriotes en cas de menace contre son régime, et s'en était donné les moyens. La suite a montré qu'il ne s'en est pas privé, même si l'usage et la possession du sarin, et des autres armes de destruction massive à sa disposition, étaient interdits par une convention de l'ONU de janvier 1993. Texte que la Syrie, à l'époque, n'avait pas signé et qu'elle n'a ratifié, contrainte et forcée, qu'en septembre 2013.

Cela ne l'a pas empêchée de poursuivre jusqu'à aujourd'hui, en le niant, l'utilisation de son arsenal d'armes chimiques. En particulier du sarin. Produit généralement inodore et incolore, donc difficile à détecter, ce gaz de combat peut provoquer la mort en quelques minutes en paralysant le système nerveux et le système respiratoire. Il laisse chez les survivants exposés au nuage toxique de graves lésions neurologiques permanentes. À ce jour, sur les 300 000 morts de la guerre civile syrienne, les attaques au gaz par l'armée du régime de Damas auraient tué près de 2 000 personnes et fait plusieurs milliers de blessés, selon les ONG médicales et humanitaires présentes sur le terrain.

Le caractère prémédité de ces crimes de guerre du dictateur syrien est l'une des révélations obtenues par Mediapart lors d'entretiens avec plusieurs scientifiques, experts ou ingénieurs syriens impliqués dans la conception et la fabrication des armes chimiques. Ils sont aujourd'hui en exil en Europe ou au Moyen-Orient.

S'exprimant sous le couvert de l'anonymat, ces transfuges, dont certains ont aujourd'hui rejoint les rangs de l'opposition qu'ils aident notamment à se protéger contre les gaz, ont livré à Mediapart de nombreuses informations inédites sur le complexe « scientifico-militaire » syrien.

1. Mediapart, 1er juin 2017.

C'est-à-dire sur la nature – et la quantité – des armes chimiques encore détenues aujourd'hui par Damas, sur l'origine des matières premières et des installations utilisées pour les produire, l'emplacement des principaux sites d'études et de production, les vecteurs à la disposition des militaires syriens et les moyens employés pour tromper les inspecteurs de l'Organisation pour l'interdiction des armes chimiques (OIAC) et de l'ONU.

Certains d'entre eux nous ont aussi expliqué pourquoi ils s'étaient mis au service de Bachar al-Assad ou de son père. Et pourquoi ils ont choisi de fuir leur pays. Ils nous ont enfin confié quelques « secrets de fabrication » qui permettent de confirmer avec certitude l'origine syrienne de certains gaz utilisés par la dictature depuis cinq ans et qui contribueront peut-être un jour à nourrir le réquisitoire contre Bachar al-Assad et son clan devant un tribunal international.

Pour l'heure, leurs témoignages et leur expérience constituent une source d'information irremplaçable sur la vraie nature de la dictature syrienne, la personnalité de ses dirigeants, la barbarie dont ils sont capables. C'est notamment grâce aux informations livrées par certains de ces transfuges que les experts français ont identifié avec certitude, il y a deux mois, les traces du sarin sur les victimes du bombardement du village de Khan Shaykhoun, dans la province d'Idlib[1], où la dernière attaque chimique, à ce jour, de l'aviation syrienne a fait 88 morts dont 31 enfants, le 4 avril 2017.

Fabriqué depuis plus de trente ans par le régime de la famille Assad, le sarin syrien est synthétisé selon une recette que les experts considèrent comme « classique », mais qui a fait l'objet de quelques adaptations locales. De ces adaptations découle, lorsque le gaz est diffusé dans l'atmosphère, la présence de deux produits, le diisopropyl méthylphosphonate (DIMP) et l'hexamine. Le premier est un « produit secondaire » de la synthèse du gaz. Le second est une substance utilisée par les chimistes syriens pour faciliter le déroulement de la synthèse. La présence des deux constitue la signature caractéristique du sarin syrien. Signature d'autant plus facile à détecter que ces deux produits restent présents durablement dans les sols, les restes de munitions, le sang, l'urine et les tissus des victimes, où ils sont dosables, en laboratoire, par électrophorèse ou d'autres méthodes analytiques sophistiquées.

C'est fort de ces preuves irréfutables, collectées sur le terrain par les sauveteurs et les médecins et analysées par les experts des services de renseignements français à partir des indications fournies par certains des scientifiques syriens exilés, que le ministre des Affaires étrangères de François Hollande, Jean-Marc Ayrault, a rendu publique, trois semaines après l'attaque de Khan Shaykhoun, une « Évaluation nationale » accusant clairement la Syrie d'avoir « mené une attaque chimique au sarin contre les civils le 4 avril 2017[2] ».

Pourquoi Bachar al-Assad, qui avait succédé à son père Hafez al-Assad en juin 2000 avec une réputation de président moderniste, favorable à une « ouverture » politique – Nicolas Sarkozy l'avait même invité à assister au défilé du 14 juillet 2008 ! –, a-t-il décidé en 2009 de retourner contre ses compatriotes l'arme chimique stratégique dont son père avait doté la Syrie, officiellement pour instaurer un semblant d'équilibre de la terreur avec Israël, qui possédait depuis longtemps l'arme nucléaire ?

---

1. https://www.mediapart.fr/journal/international/040417/attaque-chimique-en-syrie-le-regime-assad-accuse-le-conseil-de-securite-saisi.

2. https://jp.ambafrance.org/Attaque-chimique-en-Syrie-Declaration-de-Jean-Marc-Ayrault-a-l-issue-du-Conseil-de-defense#Consulter-l-evaluation-nationale.

L'alerte du soulèvement iranien de 2009

« Parce que Bachar al-Assad avait peur, explique l'un des scientifiques syriens interrogés. La concomitance entre l'explosion de la "révolution verte" de juin 2009 en Iran et les consignes données au Centre d'études et de recherches scientifiques (CERS) de miniaturiser en urgence les munitions au gaz et d'équiper sept bases aériennes spécialement choisies d'installations de stockage des précurseurs du sarin et de dispositifs de remplissage des munitions montre clairement qu'il redoutait d'affronter la même révolte populaire qu'Ahmadinejad, dont la réélection à la présidence de la République islamique, jugée manipulée par ses opposants, avait jeté les étudiants et une partie de la population dans la rue. Bachar al-Assad savait que les réseaux sociaux avaient joué un rôle majeur dans cette "révolution Twitter", peut-être pressentait-il ce qui s'est produit deux ans plus tard. Mais il était résolu à casser les reins, par n'importe quel moyen, à tout mouvement de révolte populaire. »

« La meilleure preuve de sa panique face à une possible contestation de son régime, constate un ingénieur, lui aussi ancien du CERS, c'est qu'il a simultanément commandé 10 000 grenades lacrymogènes à l'Iran et ordonné la mise à l'étude et l'installation dès que possible, sur les grands axes de circulation, d'un réseau de portiques équipés de caméras reliées à un centre de surveillance par des fibres optiques à haut débit. S'il s'agissait seulement, comme le régime l'a annoncé alors, de surveiller et réguler la circulation, il n'était pas nécessaire d'investir dans un réseau équipé de caméras de haute définition permettant non seulement de surveiller les véhicules et les passants, mais de reconnaître les visages. Et de stocker les données. À la seule vue du cahier des charges, certains techniciens ont compris la nature exacte du projet : doter le régime d'un réseau inédit de contrôle des foules. D'autant qu'au même moment, d'autres départements recevaient l'ordre de concevoir et mettre en place un programme de surveillance de tous les réseaux de télécoms. »

Institution choyée – et étroitement contrôlée – par Bachar al-Assad comme par son père, le CERS n'est pas, contrairement à ce qu'avancent parfois les porte-parole du régime, une « version syrienne » du CNRS mais un vaste complexe scientifico-militaire créé au début des années 1970. Théoriquement voué à l'étude et à l'avancement des sciences et beaucoup mieux doté que les départements scientifiques des universités, il est rattaché directement à la présidence – et non au ministère de l'Éducation – et l'essentiel de son activité est consacré aux recherches et développements en matière d'armement.

L'armée et surtout les *mukhâbarât* exercent une surveillance très vigilante sur le recrutement et le comportement du personnel, à l'intérieur de l'institution comme au-dehors. Organisé sur un schéma quasi militaire, fondé sur des chercheurs de formation occidentale, le CERS est divisé en cinq départements, dont quatre sont identifiés par des numéros : département 1000 (électronique), département 2000 (mécanique), département 3000 (chimie), département 4000 (aviation et tous objets volants). Le cinquième département est l'Institut supérieur des sciences appliquées et de technologie (ISSAT), façade « civile » de ce complexe essentiellement militaire.

Indépendant des cinq départements, le discret « projet 99 » dissimule les bureaux et les sites de production des missiles Scud *made in Syria* qui viennent compléter les Scud à propulseur liquide fournis par la Corée du Nord. Chaque département possède, dispersés dans le pays, ses propres centres d'études, d'essais et de production, souvent camouflés en installations civiles. Plusieurs de ces sites du CERS ont été identifiés et localisés par leurs anciens utilisateurs, que nous avons rencontrés.

Sur les quelque 9 000 employés du CERS, près de 5 500, selon les estimations de ses anciens cadres interrogés par Mediapart, travaillent aujourd'hui dans les départements aviation, électronique et mécanique, au développement et à la production des missiles, bombes et roquettes. Les instituts 1000 et 2000 fournissent des pièces électroniques, des systèmes de guidage et la mécanique lourde du lancement de missiles ou de roquettes, installée sur des camions ou des blindés. Plus de 350 personnes étaient affectées au département chimie (3000), lui-même divisé en deux branches : 3100 et 3600.

Au sein de la 3100 (recherche et développement en matière de biologie, toxicologie, polymères et peintures à usage militaire), le département 3110 se consacre exclusivement aux méthodes de synthèse des armes chimiques et de leurs antidotes, ainsi qu'à la détection et à la décontamination. Plusieurs des scientifiques rencontrés par Mediapart ont travaillé et/ou ont eu des responsabilités au sein de cette unité.

Un premier emploi à Kafr Takharim, en octobre 2012

L'autre branche (3600) du département chimie était chargée de la production des armes chimiques. Elle disposait de plusieurs sites situés en plein désert, entre 60 et 100 kilomètres à l'est de Damas, dont le site historique de Dumayr, desservi par la route n° 2, partiellement détruit par l'ONU, après l'accord russo-américain de 2013 sur l'élimination des armes chimiques syriennes. L'actuel directeur du département 3000 – renommé récemment département 5000 pour brouiller les cartes – s'appelle Zuhayr Fadhloun.

Un autre site du département 3000 du CERS, celui de Jamraya, sur les flancs du mont Qassioun au nord-ouest de Damas, où étaient assemblés et stockés des missiles, a été attaqué à deux reprises par l'aviation israélienne en janvier, puis en mai 2013. Apparemment pour détruire des engins d'un type jugé dangereux par les militaires israéliens ou sur le point d'être transférés au Hezbollah libanais.

« Nombre de cadres du CERS avaient été recrutés, comme moi, après le baccalauréat, au vu de leurs notes dans les matières scientifiques et invités à poursuivre leurs études, en Syrie, puis à l'étranger, grâce à des bourses du CERS, pour devenir, par leur contribution à la modernisation des moyens militaires, des défenseurs de la Syrie, au même titre que les soldats, raconte un ancien responsable de branche dans le département 3000. À mes yeux, contribuer à doter mon pays de l'atout stratégique que constituent les armes chimiques, c'était le mettre à l'abri d'une attaque d'Israël, péril qui était présenté et, pour beaucoup de mes compatriotes, ressenti, comme récurrent en Syrie. C'était aussi lui permettre de négocier à peu près d'égal à égal avec Israël pour récupérer le Golan. Je savais qu'une guerre ne nous permettrait pas d'atteindre cet objectif. Je ne suis pas alaouite, je n'avais aucun attachement clanique au régime de Hafez al-Assad, mais je considérais le président assez bon manœuvrier pour obtenir cela d'Israël, dans le cadre, ou non, d'un accord de paix. Donc, travailler à la production d'armes chimiques stratégiques, et à un outil de dissuasion crédible, avec des avions et des missiles capables de délivrer nos munitions chimiques, ne me posait pas de problème particulier. Les doutes, et les problèmes, ne sont arrivés que lorsqu'on nous a désigné les sept bases aériennes à équiper, et ordonné de concevoir des munitions au gaz miniaturisées. Les pistes des aéroports choisis n'étaient pas assez longues pour permettre le décollage des bombardiers Sukhoi 22 ou MiG 23 de notre aviation. Elles ne se prêtaient donc pas à un usage stratégique des armes chimiques. L'une des bases n'abritait même que des hélicoptères. Une autre, celle de Soueida au sud du pays, était si proche de la frontière que les Israéliens auraient pu la détruire à coups de canon, s'ils avaient constaté qu'elle devenait dangereuse pour eux. Doter ces bases de systèmes de stockage des précurseurs du sarin et de l'équipement nécessaire pour l'introduire dans les bombes ne tenait pas debout. Il n'y avait qu'une seule conclusion à tirer : le gouvernement voulait utiliser cette arme à l'intérieur. Donc contre une révolte potentielle. J'ai fait part de mes doutes à mon supérieur. J'ai aussi fait prévenir le chef des services de renseignements, Ali Mamkouk, que nous avions reçu un ordre absurde. Ce que j'ignorais, c'est que l'idée d'utiliser le sarin contre l'opposition venait de lui. »

Lorsque pour la première fois des armes chimiques ont été utilisées à l'intérieur du pays, à Kafr Takharim, en octobre 2012, les employés du CERS qui avaient manifesté des doutes, des réserves ou des réticences, et qui avaient tous été relevés de leurs fonctions, ont pensé qu'un scandale international allait éclater et que le régime allait être contraint, au moins, de s'expliquer et, peut-être, de renoncer à cette stratégie. Erreur. L'envergure des attaques était limitée, la majorité des premières victimes étaient des combattants de l'opposition armée. L'ampleur médiatique de l'affaire est restée modeste. Son retentissement diplomatique, dérisoire. Et Bachar al-Assad a compris qu'avec quelques précautions, dont il a fini, avec le temps et l'impunité, par s'affranchir, il pouvait persister dans sa décision de gazer ses opposants. Mais les témoins de la préméditation de son crime, surtout ceux qui avaient produit les armes et affiché leur désaccord, devenaient encombrants.

C'est à ce moment, en septembre 2012, qu'un des responsables du programme d'armement chimique, Bachar Hamwi, a été enlevé par les services de renseignements devant son bureau du CERS. « Depuis, il n'a donné aucun signe de vie, raconte un de ses anciens collègues. Mais les armes miniaturisées sur lesquelles il travaillait ont été réalisées et utilisées, après sa disparition, à de multiples reprises. Il n'est pas impossible qu'il soit, aujourd'hui encore, séquestré et contraint de continuer son travail en secret en échange de la sécurité de sa famille prise en otage. »

Des gaz de combat auraient été utilisés à près de 130 reprises

C'est à ce moment aussi qu'un autre cadre du Département 3000, qui avait été relevé de ses fonctions après avoir manifesté son désaccord avec les consignes du régime, a découvert sur Internet que son nom apparaissait dans des forums dénonçant les fabricants de gaz de combat et demandant leur élimination. « Au lieu de me liquider, explique-t-il aujourd'hui, le régime avait livré mon nom au public en espérant sans doute que je serais éliminé par l'opposition. J'ai compris alors qu'il valait mieux, pour ma famille et moi, que nous quittions le pays. J'avais des amis dans l'opposition, des parents dans le Golfe et en Europe. Je suis parti. »

Malgré quelques défections, le département des armes chimiques du CERS, qui ne dépend pas de l'armée, mais de la branche aviation des *mukhâbarât*, a continué à travailler à l'adaptation du sarin à un usage interne, à concevoir des munitions miniaturisées adaptées à cette besogne et à livrer le tout à l'aviation.

Jusqu'en 2008, les précurseurs des armes chimiques étaient stockés par deux unités des *mukhâbarât* de l'aviation, l'unité 417 et l'unité 418. Après un accident, lié à la corruption d'un groupe de militaires qui avaient détourné une partie du budget affecté à la sécurité des stocks, un officier, Ghayth Ali, et une vingtaine d'autres militaires ont été mutés.

Les unités ont été directement rattachées au CERS en devenant la « branche 450 » à laquelle le stockage des produits a été confié, divisé entre les branches 451 et 452. Le pouvoir pensait ainsi réduire le niveau de corruption très élevé qui affectait l'armée, mais dont le CERS était relativement épargné. La surveillance de l'institut responsable des armes chimiques et le secret autour de leur usage interne ont été encore accrus. Ancien responsable de l'armement chimique au sein de la 5e Division de l'armée, le général Zaher al-Saket, qui a fait défection en avril 2013, a raconté ensuite à Al-Jazira que sa candidature pour le commandement de l'unité 451 avait ainsi été écartée au bénéfice du colonel Muhammad Ali Wanus (alias Ali Wannous), alaouite, donc jugé plus sûr qu'un sunnite.

À partir de juillet 2011, alors que l'armée syrienne libre vient d'annoncer sa création, la branche 450 commence le remplissage des réservoirs installés sur les bases aériennes désignées et les unités d'hélicoptères reçoivent leurs premières grenades au sarin. Dès octobre 2012, alors que le soulèvement poursuit sa militarisation, l'usage « fortement présumé » de sarin par l'armée syrienne est signalé à Kafr Takharim et à Salqin, à 60 kilomètres à l'ouest d'Alep. Puis en novembre à Harasta, près de Damas, et en décembre à Homs. Selon le recensement des « Allégations d'emploi d'armes chimiques » établi par la DGSE et annexé à l'« Évaluation nationale » du Quai d'Orsay d'avril 2017, des gaz de combat auraient été utilisés à près de 130 reprises en Syrie, entre octobre 2012 et avril 2017, contre des cibles contrôlées par l'opposition. Qu'il s'agisse de positions tenues par des combattants ou d'objectifs civils.

Une vingtaine de ces recours aux gaz de combat ont eu lieu avant l'accord russo-américain sur la destruction des armes chimiques syriennes de septembre 2013 et l'adhésion de la Syrie, le même mois, à la convention internationale sur l'interdiction des armes chimiques. Tous les autres ont eu lieu après. Ce qui confirme non seulement le mépris manifeste du droit, mais surtout le cynisme absolu du régime de Damas. Mépris et cynisme confortés par l'inaction de la communauté internationale, puis par le soutien militaire et diplomatique décisif de l'allié russe.

Selon le document compilé par la DGSE, les trois quarts des allégations d'usage d'armes chimiques par le régime syrien n'ont pas pu être « caractérisées avec une grande fiabilité par les services français », mais deux font apparaître de « fortes présomptions » d'usage du sarin, vingt-deux révèlent de « fortes présomptions de l'usage de chlore » et dans cinq cas : à Alep, à Jobar et à Saraqeb, en avril 2013, à Damas en août 2013, puis à Khan Shaykhoun le 4 avril 2017, « l'usage de sarin a été prouvé par la France ». Dans la même période, trois attaques à l'ypérite (gaz moutarde) à Hassaké (Hassetché), en juin 2015, à Marea, en août puis septembre 2015 ont été attribuées à l'organisation État islamique, qui a récupéré, notamment à Mossoul, de vieux stocks de gaz de combat de l'armée irakienne.

Au cours de l'une des attaques au sarin prouvées par les services français, à Saraqeb, un hélicoptère de l'armée syrienne a largué sur les quartiers situés à l'est de la ville trois grenades du même type. La première a explosé et libéré sa charge de gaz sans faire de victimes, la deuxième a fait un mort et une vingtaine de blessés. La troisième, qui n'a pas explosé, a été récupérée par les services français. Son analyse a démontré qu'elle contenait « un mélange solide et liquide d'environ 100 millilitres de sarin à une pureté estimée à 60 %. L'hexamine, le DF et un produit secondaire, le DIMP, ont également été identifiés » : la signature des chimistes du département 3000. L'utilisation d'un hélicoptère, la nature des munitions, l'analyse des composés chimiques retrouvés désignaient clairement, sans doute possible, le régime syrien. La « ligne rouge » définie en août 2012 par Barack Obama était clairement transgressée. Déjà. Sans provoquer de réaction notoire. Quelques mois plus tard, le 21 août 2013, c'était le massacre de la Ghouta, qui a fait près de 1 400 morts et 5 000 blessés.

La Syrie, le sarin et le monde

Yassin al-Haj Saleh[1]

Certains moments particulièrement critiques ouvrent des fenêtres sur l'histoire et font clairement apercevoir les tendances profondes et généralement obscures du monde. Tel est le cas des trois semaines qui se sont écoulées entre l'attaque chimique sur la Ghouta orientale le 21 août 2013 et l'accord entre l'Amérique et la Russie pour démanteler l'arsenal chimique du régime de Bachar al-Assad le 13 septembre 2013. Certains lieux fournissent également une coupe transversale du monde à ces moments-là. Tel est le cas de la Ghouta orientale au cours de ces trois semaines. Ce qui s'y est passé est d'abord et avant tout un massacre exécuté avec des armes chimiques interdites par une convention internationale. C'est ensuite une récompense donnée au bourreau en reconnaissant sa légitimité politique, en dépit d'un massacre commis contre son peuple destiné à tenir celui-ci en dehors de la politique – un massacre précédé par d'autres, qui avaient déjà fait à cette date 100 000 morts. Ce texte veut démontrer que le massacre est à la fois un mode de gouvernement en Syrie et un système international.

Le massacre

À 1 h 30 du matin le 21 août 2013, les habitants des villes de Zamalka et Aïn Tarama dans la Ghouta orientale et Mu'addamiyya dans la Ghouta occidentale qui n'ont pas été tués sur le coup se sont réveillés aux bruits des tirs de roquettes armées de têtes chimiques contenant du gaz sarin. Human Rights Watch révélera que ces roquettes ont été tirées – pour la plus importante attaque chimique du conflit – depuis l'aéroport militaire de Mazzé et la base de la 4e Division blindée des forces armées du régime, dirigées par Maher al-Assad, le frère de Bachar et le fils de Hafez. Selon Eliot Higgins de Bellingcat et selon Human Rights Watch, les tirs de roquettes ont été déclenchés sur des plates-formes iraniennes. Au même moment, les zones ciblées étaient pilonnées au mortier, comme elles l'étaient depuis près d'un an (et continueraient de l'être pendant quatre ans et demi après cette nuit, jusqu'à ce que le régime reprenne le territoire en avril 2018). Les personnes sous les bombes ont dû s'abriter dans les sous-sols et les étages inférieurs afin de limiter les dégâts. Malheureusement, dans une attaque chimique, c'est précisément ce qu'il ne faut pas faire.

1. Ce texte a été pour partie prononcé par l'auteur au colloque « Syrie : à la recherche d'un monde », organisé par Catherine Coquio et Nisrine Al-Zahre à Paris-Diderot, 14-15 décembre 2017 (« Détruire, effacer, nier ») : https://diderot-tv.u-paris.fr/syrie-la-recherche-dun-monde-0. Il a été traduit par Mahmoud El Hajj.

Il semble que les agresseurs voulaient faire le plus de victimes possible, tuant au gaz sarin ceux qui se sont abrités dans les sous-sols, et tuant au mortier ceux qui ont compris que c'était une attaque chimique.

Dans sa prose inoubliable et grave, Razan Zaitouneh, l'écrivaine, avocate et militante des droits de l'homme, qui vivait et travaillait dans la région, a rendu les sentiments de déchirement et de détresse par les mots d'une mère à son enfant :

> « Mon fils, lave-toi les dents et va te coucher, il est tard. Ne bois pas trop d'eau avant de dormir. Si tu entends le vrombissement d'un avion, descends à la cave, si tu sens une odeur inhabituelle, monte sur le toit, si tu n'as pas le temps de faire quoi que ce soit, alors sache que je t'aime tellement, mais que je n'y peux rien. Ce monde est sale et violent ; tu le comprendras quand tu seras grand, si tu parviens à grandir. »

Le lendemain matin, le Centre de documentation des violations en Syrie fait état de 1 302 victimes. Razan, fondatrice et responsable de Centre de documentation, suit elle-même la situation sur le terrain avec l'aide de militants locaux et des partenaires du Centre. Deux tiers des victimes sont des femmes et des enfants. Des familles entières sont tuées : père, mère et enfants. Elles sont enterrées dans des fosses communes, dans la précipitation parce qu'il est impossible de conserver les corps dans la chaleur oppressante du mois d'août, notamment avec l'électricité totalement coupée depuis novembre 2012, neuf mois avant l'attaque. Ceux qui en ont les moyens utilisent un générateur, dont le carburant devient extrêmement onéreux à cause du siège imposé. Du fait des enterrements précipités, parfois accomplis par les familles mêmes des disparus, le nom des victimes n'a pas toujours été consigné. Certains sont morts et enterrés avant que les familles n'apprennent leur sort ou bien le lieu où les ambulances les ont conduits parce que les habitants, les équipes de la Défense civile (ils ne s'appelaient pas encore les « casques blancs ») et les voisins ont réagi ensemble dans une course contre le temps et ont transféré les blessés à différents endroits. Les membres d'une même famille se retrouvent donc dispersés dans divers centres médicaux et dans différentes villes, et ont perdu la trace les uns des autres.

Le personnel médical, limité en nombre et pauvre en équipement, a fait tout ce qu'il était possible de faire, même si c'était insuffisant. De l'atropine, dont la date d'expiration était dépassée, et de l'atropine vétérinaire ont été utilisées pour traiter les blessés. Si de nombreuses vies ont été sauvées, de nombreuses autres ont été perdues à cause de la pénurie de main-d'œuvre et de ressources pharmaceutiques. Selon le Centre de documentation des violations, plus de 9 000 personnes ont été blessées. Le nombre de morts était estimé à 1 466, selon les chiffres publiés par le Centre médical unifié de la Ghouta orientale quelques jours après le massacre.

Le gouvernement par le massacre

L'attaque chimique d'août 2013 a une importance particulière dans l'histoire de la Syrie et dans l'histoire du monde, et ce pour plusieurs raisons.

Tout d'abord, c'est la plus importante utilisation d'armes de destruction massive interdites par convention internationale contre les opposants à l'État assadien, lequel avait déjà fait utiliser les armes chimiques à 21 reprises, dont 14 reconnues par les Américains. Je tiens cette information de Razan Zaitouneh lors d'une communication privée avec elle juste après l'attaque. Avant cela, le régime était progressivement passé des tirs à balles réelles à l'usage de l'artillerie plus lourde, et des tanks aux missiles, notamment les missiles Scud à longue portée. Le régime d'Assad a également utilisé des avions militaires et des bombes-barils, ainsi que le meurtre par la torture et la mort sous la torture. L'utilisation d'armes de destruction massive contre une population assiégée, pendant son sommeil, associée à un pilonnage de mortiers et suivie d'un bombardement aérien le lendemain matin, relève de ce que l'on peut appeler « le gouvernement par le meurtre », que le meurtre soit individuel ou collectif – ou peut-être plus précisément « le gouvernement par le massacre ». À chaque fois qu'une zone est ciblée par des mortiers, des roquettes, des attaques aériennes ou chimiques, l'objectif est en effet de tuer le plus de civils possible. Les bombes-barils, en particulier, détruisent non seulement les êtres humains, mais aussi les bâtiments, à moindre coût et avec d'importants dégâts.

L'attaque chimique a été précédée d'autres massacres où les victimes ont été tuées à l'arme blanche ou brûlées vives, comme à Banyas et Ras al-Nab' (gouvernorat de Tartous), et plus tôt à Darayya (près de Damas) et Karm al-Zaytoun à Homs. Ces massacres s'accompagnaient du pillage des maisons, ce qui sera plus tard communément appelé *ta'fish*, un mot inventé pour signifier cette pratique systématique. Ce qui a préparé la voie à ce massacre est la caractérisation des révolutionnaires anti-régime comme terroristes, racailles, agents de diverses puissances étrangères, contribuant ainsi à leur déshumanisation générale dans les médias grand public. Les massacres sont aussi motivés par des précédents locaux d'actes de génocide réussis, dont les responsables ont échappé à toute poursuite et sanction. Au premier chef, il y a l'important massacre de Hama en 1982, exemple notoire d'urbicide (le meurtre ou l'annihilation d'une ville). Hama a rendu possible le règne prospère de l'État assadien pendant les presque trente années qui ont suivi. Durant ce temps, les citoyens de l'État ont été transformés en êtres terrifiés, réagissant aux stimuli par des réflexes conditionnés tels que l'évitement, le retrait et l'abnégation politique. On rapporte que Rifaat al-Assad, le héros du massacre de Hama et le frère de Hafez, a affirmé que la ville pouvait désormais être gouvernée par un seul veilleur de nuit. Cette idée que le contrôle politique peut être accompli par un seul gardien, suffisant pour sécuriser tout un village ou une petite ville, est l'utopie de la tyrannie heureuse.

La politique du nihilisme

La seconde raison pour laquelle l'attaque chimique est importante tient au fait qu'elle a porté sur une zone assiégée, dont les habitants avaient déjà souffert de graves pénuries de nourriture, de médicaments, d'eau et d'électricité. Le siège systématique est une méthode de contrôle que le régime a développée pendant la révolution syrienne, quand le blocage des routes reliant les villes et les villages et l'installation de points de contrôle sont devenus insuffisants pour maîtriser le mouvement citoyen, une technique qui avait été initialement développée par le régime dans le contexte de la première guerre assadienne (1979-1982). Un slogan rimé a été lancé pour marquer le siège : *Al-jou' aw al-rukou' !* (« La faim ou la soumission ! ») Autrement dit, la population doit choisir entre la famine et la soumission politique. Plusieurs cas de morts dues à la faim ont été enregistrés à Mu'addamiyya et Madaya, ainsi qu'à Douma et dans la Ghouta orientale, comme en témoigne Samira al-Khalil dans son *Journal d'une assiégée*[1]. De nombreuses personnes sont

1. Le livre de Samira al-Khalil, *Yawmiyyât al-hisâr fî Dûmâ 2013*, édité par Yassin al-Haj Saleh, a été publié en arabe en 2016 par The Arab Institute for Research & Publishing et en français en 2022 aux Éditions iXe : *Journal d'une assiégée. Douma, Syrie.*

également mortes de faim dans l'enclave tenue par l'opposition, la Ghouta orientale étant décrite par Oussama Nassar, qui a survécu à près de cinq ans de siège, comme un camp de détention. C'était en effet le deuxième plus grand camp de détention ouvert au monde après Gaza.

La structure du slogan « La faim ou la soumission ! » est similaire à celle d'autres slogans nihilistes, tels que « Assad ou personne », « Assad ou nous brûlons le pays » et « Assad ou pas de pays ». Il ne faut pas oublier que ces slogans sont des versions plus explicites d'un ancien : « Assad pour toujours ». En forçant les Syriens à choisir entre la mort et un système d'humiliation éternelle, le régime exclut la politique, c'est-à-dire le rassemblement et l'organisation, l'expression et la parole publiques à propos des affaires publiques et les actes de contestation. Le régime assadien est fondé sur la guerre permanente contre le changement et l'avenir, privant les Syriens de toute politique. Cela exige de commettre des massacres de temps à autre afin de rendre le régime éternel. En ce sens, le massacre, le siège et la famine sont la continuation du régime de nihilisme politique, c'est-à-dire de l'État assadien, par des moyens très violents. Je parle de nihilisme politique parce que la politique n'existe pas dans l'État assadien, qui a fait de l'expression « pour toujours », et de l'annihilation de l'avenir qu'elle recouvre, un slogan que les sujets du régime étaient forcés de répéter tous les matins (dans les écoles et dans les unités de l'armée). Seule la fin de cet État pourrait constituer le commencement de la politique. C'est précisément ce que nombre des complices du régime refusent de reconnaître, notamment des puissances internationales influentes comme l'ONU, qui fournit des financements à des organisations de la « société civile » comme l'association Al-Bustan qui est la propriété de l'Arabe le plus riche de Syrie, Rami Makhlouf.

Ajoutons que le régime du nihilisme politique fournit des conditions propices à l'émergence d'un autre type de nihilisme politique, à savoir le nihilisme salafiste et djihadiste. Ainsi, il est clair que la stratégie du système international actuel, qui consiste à éliminer un nihilisme (djihadiste) sans rejeter l'autre (assadien), ouvre la voie à des nihilismes sans fin, dont les formes futures sont encore inconnues.

Permis de tuer

L'attaque est importante pour une troisième raison : l'accord russo-américain, qui a été signé trois semaines après l'attaque chimique, est en lui-même une insulte à la justice, la politique et la vérité. Non seulement le criminel a échappé à toute sanction, mais il a été politiquement reconnu sans que soit réduite sa capacité à poursuivre la guerre contre ses sujets, une guerre qui vise fondamentalement à rendre éternelle l'exclusion des citoyens de toute politique. En ce sens, l'action d'exclure les Syriens de la politique, de les empêcher d'exercer une action politique, a été acceptée au niveau international.

Que s'est-il passé ? Un accord a été trouvé pour démanteler l'arsenal chimique du régime en conséquence de ses violations du droit international, et non pas pour le meurtre de ses sujets en utilisant des armes de destruction massive et d'autres armes. L'idée de l'accord sur les armes chimiques provient d'Israël[1], État voyou et raciste auquel les deux sponsors de l'accord rivalisaient d'efforts pour donner satisfaction.

L'accord permet aux Russes de sauver le régime qu'ils soutiennent, et aux Américains

1. Jodi Rudoren, « Israeli Helped Inspire U.S.-Russia Weapons Deal With Assad, Memoir Says », *The New York Times*, 15 juin 2015.

d'empêcher une chute du régime qu'ils ne peuvent pas contrôler. Il permet au régime de gouverner pour toujours, et à Israël de le priver d'une arme qui constituait une menace contre sa sécurité. Selon le ministre israélien Yval Steinitz, qui a déclaré que l'idée de l'accord venait de Netanyahou et de lui-même, les Syriens en sortiraient également gagnants : « Ils ne subiront plus d'attaques chimiques. » Une telle déclaration constitue un déni honteux du pouvoir d'agir des Syriens qui se sont rebellés contre l'esclavage politique et qui ont subi ces attaques chimiques précisément pour que cet esclavage assadien se maintienne. Dire que nous sommes « gagnants » parce que nous ne sommes pas bombardés par des armes chimiques révèle un état d'esprit raciste et colonial, qui s'accommode sans mal du soutien à quelqu'un comme Bachar al-Assad. De plus, nous savons désormais que même cela s'est révélé faux. Les Syriens, qui avaient déjà été tués par divers types d'armes, y compris chimiques, ont continué de l'être.

L'accord n'a jamais stipulé, même pas en note, que le régime devait cesser de tuer ses sujets. Le régime comprend ainsi aisément que le meurtre de ses sujets avec des armes non chimiques est permis. Ainsi, l'accord constitue un tournant majeur dans le conflit syrien, précisément parce qu'il signifie que le régime ne peut pas être tenu pour responsable de ses crimes et que cela est acté par les interactions politiques internationales entre l'Amérique, la Russie et Israël. En ce sens, l'accord sur les armes chimiques est une suite donnée à l'attaque chimique par le droit international : une imposture internationale majeure décrit le sacrifice du peuple syrien comme un triomphe de la justice et de la politique. Contrairement à certaines illusions, Obama et Poutine sont des prolongements du bourreau chimique Bachar, tout comme l'anéantissement par l'attaque chimique est une extension de l'annihilation politique à l'œuvre pendant les quarante-trois ans du règne assadien.

De plus, l'accord chimique crée un précédent majeur pour l'utilisation des armes de destruction massive. Le système international actuel sera incapable de faire quoi que ce soit à l'avenir, parce qu'il a créé un précédent et a pratiquement récompensé ses responsables. S'il arrive qu'un autre régime génocidaire utilise des armes chimiques, biologiques ou même nucléaires contre ses citoyens, qui donc sera dans une position morale ou juridique équitable pour le tenir responsable ? Est-il vraisemblable que le système international s'unisse contre le responsable d'un génocide après qu'il a échoué à s'unir contre un autre ? Cela sera certainement très difficile s'il existe une excuse toute prête en faveur de l'auteur d'un nouveau crime, quel qu'il soit. En effet, ce précédent justifie les utilisations ultérieures d'armes chimiques par le régime. Ce dernier, qui est supposé avoir démantelé son arsenal chimique, a profité du certificat de bonne conduite que les Américains, les Russes et les Nations unies se sont empressés de lui décerner. Le prix Nobel de la paix a été attribué à l'Organisation pour l'interdiction des armes chimiques à cause de son rôle dans le prétendu désarmement du régime assadien, deux mois seulement après la signature de l'accord sur les armes chimiques. Cela constitue un acte odieux de faux témoignage : une tape dans le dos et un certificat de bonne conduite pour Bachar le génocidaire. On n'a pas retiré le prix à l'Organisation après que le régime a fait un usage répété du chlore contre son peuple, ni après celui du gaz sarin en avril 2017 à Khan Shaykhoun et à Douma en avril 2018. Personne n'a présenté d'excuses, personne n'a changé d'avis et personne n'a exigé que le meurtrier – qui n'aurait pas employé d'armes de destruction massive à nouveau s'il n'avait pas compris que son immunité était garantie – soit tenu pour responsable. Bachar a conclu avec raison de l'accord sur les armes chimiques et des prompts témoignages de gratitude pour sa coopération avec la « communauté internationale », que cette dernière ne pense pas sérieusement à lui retirer son gaz sarin, tant qu'il ne l'utilise que sur ses propres sujets. Le régime a bien compris que, s'il avait utilisé cette arme meurtrière contre Israël, il aurait été immédiatement écrasé.

Siège intérieur

Le massacre tire son importance d'une quatrième raison associée au développement de ce qu'on peut appeler un état de siège intérieur, état auquel la Ghouta orientale et Douma en particulier ont été confrontées alors que les garanties internationales rendaient improbable tout changement en Syrie. Deux semaines après l'accord sur les armes chimiques, un groupe armé salafiste est passé du statut de brigade à celui d'armée, s'identifiant avec insistance comme « l'Armée de l'Islam », tout comme Daech s'est appelé « État islamique ». Les groupes salafistes profitent en général des conditions de désespoir, du pessimisme public, et de l'absence des masses populaires, voire de leur exclusion totale, de la politique. La politique des salafistes est élitiste, suscitant des discriminations et des exclusions au sein même des musulmans en fonction de leur savoir religieux, érigé en moyen d'obtenir du pouvoir et des privilèges. L'accord sur les armes chimiques est un cadeau offert à ces organisations islamiques nihilistes, renforçant leur conception du monde comme fondamentalement mauvais, corrompu et hostile. Il leur est alors plus facile de contrôler et d'isoler leurs sujets, accusant d'« infidélité » ceux qui ne se soumettent pas, de même qu'ils étaient intimidés par les accusations de trahison à l'endroit de l'idéologie baathiste, qui décrivait déjà le monde comme une menace imminente et un complot incessant. Comme les assadiens, les salafistes tissent la violence dans la fabrique de la vie quotidienne afin d'intimider le peuple et d'assurer la sécurité de ceux qui sont au pouvoir. Parmi les victimes de ce modèle religieux de nihilisme, se trouve la femme qui a documenté l'attaque chimique, Razan Zaitouneh. Comme nous l'avons dit, Razan est l'auteure principale d'un rapport sur l'attaque publié dès le lendemain. Elle est également responsable d'un second rapport publié une semaine plus tard. Aux côtés de Razan, un autre témoin de l'attaque, Samira al-Khalil, a également été kidnappée. Dans le livre évoqué ci-dessus, Samira propose une comparaison pénible entre la détention politique qu'elle a subie entre 1987 et 1991 dans la prison pour femmes de Douma et l'état de siège qu'elle a vécu avec le peuple de Douma entre mai et décembre 2013. Elle en conclut que sa détention est une « blague » comparée au siège qui affecte indifféremment des enfants, des femmes et des hommes, et qui est accompagné d'un pilonnage constant. Le témoignage de ces deux femmes laïques, démocratiques et ne portant pas de voile, serait inestimable pour tout effort ou toute enquête internationale visant à rendre la justice au sujet de l'attaque chimique. Leur disparition forcée a peut-être été organisée pour cette raison. En plus de Razan et Samira, Wael Hamada, le mari de Razan, et Nazem Hammadi, un poète et militant des droits de l'homme, ont également été kidnappés. Les deux hommes n'étaient pas à la Ghouta au moment de l'attaque, mais ils travaillaient dans le même bureau et ont disparu avec les deux femmes.

Plusieurs semaines après l'accord sur les armes chimiques, le régime renforce son contrôle sur les entrées et les sorties du site de l'attaque, imposant un siège total du site en octobre 2013. Simultanément, l'Armée de l'Islam impose son propre siège intérieur dans ce qui était devenu le deuxième plus grand camp de détention en plein air du monde après Gaza.

*

L'attaque chimique et l'accord sur les armes chimiques manifestent un brouillage de la limite entre la guerre et la politique, à la fois en Syrie et au niveau international. La politique du régime est la guerre contre ses sujets rebelles et sa capacité de continuer cette guerre est garantie par la politique des puissances internationales les plus influentes. Autrement dit, la guerre de Bachar al-Assad est aussi celle des maîtres du monde. Le massacre n'est donc pas un événement local et passager, mais un mode de gouvernement reconnu au niveau international. Avant l'attaque, le régime a tué ses sujets pendant près de deux ans et demi, et depuis, il a continué de le faire pendant six ans déjà.

Jusqu'à 100 000 personnes ont été tuées dans le conflit concernant principalement des Syriens avant l'attaque chimique. Depuis que Bachar al-Assad a tué des Syriens avec du gaz sarin – et qu'il a été récompensé ensuite par son admission dans le cénacle des puissances internationales qui décident de l'avenir de la Syrie (un privilège dont il a privé les Syriens en utilisant du gaz sarin) –, au moins 500 000 personnes ont été tuées, et plus de 3 millions de personnes ont été déplacées. Est-il alors exagéré d'affirmer que le génocide et le déplacement forcé en Syrie ont lieu dans le cadre international créé par un accord sur les armes chimiques qui n'a pas exigé que le régime cesse de tuer ses sujets par d'autres moyens ? Ou d'affirmer que l'anéantissement et le déplacement ont eu lieu et continuent d'avoir lieu avec le consentement et sous la supervision des puissances internationales ? Ou encore d'affirmer que l'internationalisation du conflit syrien depuis la première attaque chimique est une extension des politiques assadiennes d'anéantissement et de déplacement ? Aujourd'hui, on parle de réhabiliter Bachar al-Assad et son régime, mais cette réhabilitation a d'abord été rendue possible par l'accord honteux qui a fait suite au massacre. Ainsi, Assad a bombardé des Syriens avec du gaz sarin, et le système international s'est bombardé lui-même avec une Syrie gouvernée par un Bachar plein de sarin. Cela suffit pour affirmer que le monde s'est syrianisé.

Sur le front de Jobar (Damas), 13 avril 2013

Jean-Philippe Rémy[1]

Une attaque chimique sur le front de Jobar, à l'entrée de la capitale syrienne, cela ne ressemble d'abord à rien. À rien de spectaculaire. À rien, surtout, de détectable. Tel est le but recherché : lorsque les combattants de l'Armée syrienne libre (ASL) les plus avancés dans Damas comprennent qu'ils viennent d'être exposés à des produits chimiques par les forces gouvernementales, il est trop tard. Quel que soit le gaz utilisé, il produit déjà ses effets, à quelques centaines de mètres seulement d'habitations de la capitale syrienne.

Au début, il n'y a eu qu'un bruit modeste, un choc métallique, presque un cliquetis. Et dans le fracas des combats du jour dans le secteur « Bahra 1 » du quartier de Jobar, cela n'a d'abord pas attiré l'attention des combattants de la brigade Tahrir al-Cham (« Libération de la Syrie »). « On a pensé à un obus de mortier qui n'avait pas explosé, et personne n'y a vraiment fait attention », explique Omar Haydar, responsable opérationnel de la brigade, qui tient ce secteur avancé, à moins de 500 mètres de la place des Abbassides.

Pas d'odeur, pas de fumée

Cherchant ses mots pour décrire ce son incongru, il le compare à « une canette de Pepsi qui tomberait par terre ». Pas d'odeur, pas de fumée, pas même un sifflement indiquant l'éjection d'un gaz toxique. Puis sont apparus les symptômes. Les hommes toussent violemment. Les yeux brûlent, les pupilles se rétractent à l'extrême, la vision s'obscurcit. Bientôt, surviennent les difficultés respiratoires, parfois aiguës, les vomissements, les évanouissements. Il faut évacuer les combattants les plus touchés, avant qu'ils étouffent.

De cela, les envoyés spéciaux du *Monde* ont été témoins plusieurs jours d'affilée dans ce quartier à la sortie de Damas, où la rébellion a pénétré en janvier. Depuis, l'enjeu de Jobar est crucial pour l'ASL comme pour le pouvoir. Mais, au cours d'un reportage de deux mois dans les environs de la capitale syrienne, nous avons réuni des éléments comparables dans une couronne beaucoup plus large. La gravité des cas, leur multiplication, la tactique d'emploi de telles armes montrent qu'il ne s'agit pas de simples gaz lacrymogènes utilisés sur les fronts, mais de produits d'une autre classe, bien plus toxiques.

Sur le front enchevêtré de Jobar, où les lignes ennemies sont si proches qu'on s'y insulte parfois presque aussi volontiers qu'on s'y entretue, les scènes d'attaque au

1. *Le Monde*, 27 mai 2013. Chapeau de l'article : « Guerre chimique en Syrie – Sur le front de Damas 1/5. Clandestins pendant deux mois dans Damas et sa région avec les rebelles syriens, les envoyés spéciaux du *Monde* ont constaté l'usage d'armes toxiques par les forces de Bachar al-Assad. »

gaz apparaissent ponctuellement courant avril. Pas de diffusion massive, sur des kilomètres, mais un usage occasionnel et localisé par les forces gouvernementales, visant les points de contact les plus durs avec un ennemi rebelle tout proche. Le secteur est le point d'entrée le plus en profondeur dans l'intérieur de Damas des groupes de l'ASL. Une guerre sans merci s'y déroule.

Première attaque en avril

Dans le secteur « Bahra 1 », l'un des plus avancés en direction de la grande place stratégique des Abbassides, l'un des verrous de Damas, les hommes d'Abou Jihad, dit « Arguileh » (narguilé), ont subi leur première attaque de cette nature le soir du jeudi 11 avril. Tous ont d'abord été pris au dépourvu. Ils avaient entendu parler des « gaz » utilisés sur d'autres fronts, dans d'autres régions de Syrie (notamment à Homs et dans la région d'Alep) au cours des mois écoulés, mais que faire, une fois confronté au phénomène ? Comment se protéger sans abandonner les lieux et offrir une victoire facile à l'ennemi ? « Certains hommes ont évacué, d'autres sont restés paralysés par la panique. Mais la position n'a pas été abandonnée. On ordonnait aux soldats montant au front de se munir de foulards mouillés pour se protéger le visage », explique un combattant.

Dans la foulée, une poignée de masques à gaz ont été distribués, destinés en priorité aux hommes qui tiennent des positions fixes, là où un simple mur marque parfois la limite du territoire rebelle. D'autres se contentent de la protection dérisoire de masques chirurgicaux.

Les hommes commandés par Arguileh ne sont pas les seuls à avoir subi une attaque au gaz dans les parages. Plus près du marché à la viande voisin, où sont stationnés des chars du gouvernement, les « forces spéciales » des rebelles de la Liwâ' Marawi al-Ghouta ont été exposées à des concentrations – sans doute plus importantes encore – de composés chimiques, à en juger par les effets produits sur les combattants. Nous les retrouverons dans les heures suivantes dans les hôpitaux, luttant pour survivre.

Des hommes revêtus de combinaisons

À Jobar, les combattants n'ont pas déserté leurs positions, mais ceux qui restent sur les lignes de front, pupilles rétractées, la respiration sifflante, sont « terrorisés et essaient de se calmer par des prières », admet Abou Atal, l'un des combattants de Tahrir al-Cham. Un homme d'une autre brigade est mort dans un secteur voisin. Il s'appelait Ibrahim Darwish. Il est décédé le 18 avril.

Dans la partie nord de Jobar, également visée par une attaque similaire, le général Abou Muhammad al-Kurdi, commandant de la 1re division de l'ASL (qui regroupe cinq brigades), affirme que ses hommes ont vu des militaires gouvernementaux quitter leurs positions, avant que ne surgissent des hommes « portant des combinaisons de protection chimique », lesquels auraient ensuite disposé sur le sol « des sortes de petites bombes, comme des mines », qui se seraient mises à diffuser un produit chimique dans l'atmosphère.

Ses hommes, affirme-t-il, auraient tué trois de ces techniciens. Où sont les combinaisons de protection saisies sur les cadavres ? Nul ne le sait… Les soldats exposés ce soir-là parlent d'une forte panique, d'une ruée vers l'arrière. Ce ne sont pas les civils ou les sources indépendantes qui risquent d'infirmer ou de corroborer ces affirmations : plus personne ne vit à Jobar, en dehors des combattants imbriqués dans les différents fronts du quartier.

Cela n'empêche pas de constater l'effet ravageur des gaz employés par le gouvernement syrien aux portes de sa propre capitale. Un jour d'attaque chimique sur une zone du front de Jobar, le 13 avril, le photographe du *Monde* a vu les combattants qui font la guerre dans ces maisons en ruines commencer à tousser, puis mettre leurs masques à gaz, sans hâte apparente, mais en réalité déjà exposés. Des hommes s'accroupissent, suffoquent, vomissent. Il faut fuir immédiatement le secteur. Le photographe du *Monde* souffrira, quatre jours durant, de troubles visuels et respiratoires. Ce jour-là, pourtant, les émanations de gaz avaient été concentrées dans un secteur voisin.

Ligne rouge

Faute de témoignages indépendants, de nombreux doutes ont plané sur la réalité de l'emploi d'armes chimiques, en général, par les forces gouvernementales, qui en possèdent de très importants stocks, notamment de gaz neurotoxiques, comme le sarin. Plusieurs pays – les États-Unis, la Turquie et Israël – ont déclaré posséder des éléments matériels indiquant l'utilisation d'armes de ce type, mais n'ont pas communiqué la nature exacte de leurs preuves, ni décidé si, comme l'avait promis le président Obama en août 2012, le recours à de telles armes par le pouvoir de Damas constituerait le franchissement d'une « ligne rouge » susceptible d'entraîner une intervention étrangère en Syrie contre le régime.

Le pouvoir accuse de son côté l'ASL d'utiliser également des armes chimiques, augmentant la confusion. Pour se convaincre de la réalité de l'emploi de ces composés par l'armée syrienne sur certains fronts, il faut alors interroger les médecins qui, sur place, tentent de soigner ou de sauver les combattants exposés à des gaz. Le 8 avril, à l'hôpital Al-Fateh de Kafr Batna, le plus important centre médical de la région de la Ghouta, large poche rebelle à l'est de Damas, les médecins montrent des enregistrements, sur des téléphones, de scènes de suffocation. Un raclement terrible sort de la gorge d'un homme. C'était le 14 mars et, selon le personnel médical, il venait d'être exposé à des gaz à Utayba, une ville à l'est de la Ghouta, où le gouvernement syrien mène depuis la mi-mars une vaste opération pour encercler les forces rebelles et couper leur principale route d'approvisionnement.

L'un de ces médecins, le docteur Hassan O., décrit soigneusement les symptômes de ses patients : « Les gens qui arrivent ont du mal à respirer. Ils ont les pupilles rétractées. Certains vomissent. Ils n'entendent plus rien, ne parlent plus, leurs muscles respiratoires sont inertes. Si on ne traite pas de toute urgence, c'est la mort. » Cette description correspond en tout point à celles faites par les autres médecins rencontrés en l'espace de plusieurs semaines dans les alentours de Damas. À quelques variantes près. Selon les endroits, les combattants qui en ont été les victimes affirment que les produits ont été diffusés par de simples obus, par des roquettes, voire par une forme de grenade.

Sur le front de Jobar, à la cinquième attaque de ce type, le 18 avril, les combattants de l'ASL, commandés par Omar Haydar, disent avoir vu tomber, à leurs pieds, un grand cylindre équipé d'un dispositif d'ouverture, d'une longueur d'environ 20 centimètres. S'agissait-il d'armes chimiques, et dans ce cas, diffusant quel type de substances ? Pour répondre avec précision à cette question, il faudrait établir un protocole d'enquête que les conditions du conflit rendent difficile. Procéder à des prélèvements sur des combattants exposés aux émanations au point de décéder ou d'avoir été obligés d'être hospitalisés, puis les confier à des laboratoires spécialisés à l'étranger. Un certain nombre d'entre eux ont été réalisés et sont en cours d'étude.

Une étrange routine

Depuis, à Jobar, des masques à gaz ont été distribués, ainsi que des seringues et des ampoules d'atropine, un produit injectable qui contrecarre les effets des neurotoxiques comme le sarin. Les médecins de la Ghouta suspectent l'utilisation de ce neurotoxique inodore et incolore, dont l'effet coïncide avec les observations faites sur place. Selon une source occidentale bien informée, cela n'empêche pas le pouvoir syrien d'avoir recours à des mélanges de produits, notamment avec des gaz anti-émeutes (lacrymogènes), pour brouiller les pistes et l'observation des symptômes.

Car l'enjeu est de taille, dans le cas où la preuve d'utilisation d'armes chimiques par les troupes de Bachar al-Assad serait établie. La dissimulation est donc de rigueur. Les gaz utilisés sur les fronts le sont de manière ponctuelle, évitant des épandages massifs qui constitueraient facilement des faisceaux de preuves irréfutables. Il n'en demeure pas moins que le phénomène se répète : jeudi 23 mai, les rebelles affirment qu'une nouvelle attaque aux armes chimiques a eu lieu à Adra, zone d'affrontements très durs entre le pouvoir et les rebelles au nord-est de Damas.

Dans la seconde moitié d'avril, les attaques au gaz sont presque devenues une étrange routine, à Jobar. Sur les lignes de front, les rebelles de l'ASL avaient pris l'habitude de conserver soigneusement leur masque à proximité. On organisait des séances de lavages d'yeux réguliers, avec des seringues remplies de sérum physiologique. L'effet recherché par ces attaques semblait essentiellement tactique, correspondant à ce stade à une tentative de déstabilisation des unités rebelles dans des quartiers où les soldats gouvernementaux ne sont pas parvenus à les déloger, en même temps qu'un test. Si les forces armées syriennes osent ainsi utiliser des armes chimiques dans leur propre capitale, sans déclencher de réaction internationale sérieuse, n'est-ce pas une invitation pour poursuivre l'expérimentation un peu plus largement ?

Jusqu'ici, les cas d'utilisation de gaz n'ont pas été isolés. Le seul ophtalmologue de la région, formé à l'étranger, consulte dans un petit hôpital de Sabha dont il souhaite qu'on dissimule la localisation exacte. À lui seul, il a dénombré 150 personnes touchées en l'espace de deux semaines. Près des zones touchées par les gaz, il a organisé des douches pour que les combattants exposés aux produits chimiques puissent se laver et changer d'habits pour éviter de contaminer ensuite les personnels des centres de soins.

Remède de cheval

Pour sauver les soldats dont les problèmes respiratoires sont les plus graves, il faut les porter dans le long dédale à l'intérieur de maisons dont les murs ont été percés, franchir les tranchées et tunnels creusés pour éviter les tireurs ennemis, pour arriver à une ambulance de fortune, garée sur une placette un peu en retrait, et foncer dans des rues exposées aux balles et aux obus, pied au plancher, pour atteindre un hôpital du front avant que les combattants ne meurent, étouffés.

À l'hôpital islamique de Hammouriyya, installé dans un hangar discret, le docteur assure, le 14 avril, avoir reçu, deux heures auparavant, un combattant du front de Jobar, en grande difficulté respiratoire, avec un rythme cardiaque « devenu fou ». Pour le sauver, il dit avoir effectué quinze injections successives d'atropine, ainsi que de l'hydrocortisone. Un remède de cheval, pour un cas désespéré.

La veille, dans la nuit, l'une des ambulances qui tentait d'évacuer des hommes gazés a été touchée par les tirs d'un sniper. Le chauffeur a été blessé. Le lendemain matin, les ambulanciers sont parvenus à passer la route à vitesse maximale, sous le tir d'un tank, et ont atteint cette zone du front, où une nouvelle nappe de produits chimiques venait d'être répandue. « Lorsqu'on est arrivés, on a trouvé tout le monde par terre », témoigne un infirmier d'un autre centre hospitalier de Kafr Batna, qui ne peut donner son nom de peur des représailles contre sa famille installée en zone gouvernementale.

Au cours de la matinée, dans la cour de cet hôpital installé dans un parking en sous-sol pour se protéger des tirs des MiG ou de l'artillerie gouvernementale, le chaos règne. Les soldats sont allongés aux côtés de cinq aides-soignants contaminés à leur tour à leur contact. On n'a pas terminé le décompte des soldats, qui arrivent au fil des transferts depuis le front, et sont déjà 15 au total. On court dans les salles de fortune, pour distribuer l'oxygène, réaliser des injections.

Des médicaments de plus en plus rares

Le docteur Hassan, responsable de l'hôpital, est allongé dans son minuscule bureau avec un masque à oxygène, tandis qu'on lui administre de l'atropine. Il se consacrait à ces urgences depuis une heure lorsqu'il a perdu connaissance et a commencé à suffoquer. Cet homme lutte depuis des mois pour maintenir en activité son centre de soins, aidé par des volontaires dont certains sont de simples lycéens, alors que le blocus de la région par les forces gouvernementales a pour conséquence de rendre les médicaments de plus en plus rares. Les anesthésiques manquent, les chirurgiens improvisés en sont réduits à utiliser des produits vétérinaires, comme la kétamine. La morphine a disparu. Et les stocks d'atropine ne devraient pas durer très longtemps. Le docteur a réalisé des prélèvements d'échantillons qui ont été, à travers mille difficultés, sortis en contrebande de la région. Il faudra encore quelques semaines pour connaître le résultat de leur analyse.

En se rendant dans huit centres médicaux de la partie est de la Ghouta, les envoyés spéciaux du *Monde* n'ont trouvé que deux établissements dont les responsables médicaux déclaraient ne pas avoir reçu de combattants ou de civils touchés par des attaques au gaz. À Nashibiyya, les médecins ont reçu jusqu'à soixante cas en un seul jour, en provenance du front d'Utayba, le 18 mars. La modeste structure n'avait pas les moyens de faire face à cet afflux, manquant en particulier d'oxygène. Il y a eu cinq morts, par étouffement. Quelques jours plus tard, conscients de la gravité de la situation, les médecins ont fait exhumer les dépouilles de ces victimes en présence d'autorités locales et religieuses, et ont procédé à des prélèvements de tissu qu'ils ont tenté d'expédier vers un pays voisin. Certains de ces échantillons ont été confiés à un petit groupe de combattants qui a tenté de briser l'encerclement de la région par les forces gouvernementales. À ce jour, les médecins de Nashibiyya disent ignorer si les prélèvements sont arrivés à bon port.

« Les malades devenaient comme fous »

À une dizaine de kilomètres, à l'hôpital de Douma, sous contrôle de la brigade Al-Islam, les médecins disent avoir reçu 39 patients après l'attaque chimique du 24 mars sur la ville d'Adra. Deux hommes sont décédés dans les locaux. L'un des médecins note qu'au bout de deux jours, « les malades devenaient comme fous ». Marwan, un combattant présent sur les lieux de l'attaque d'Adra, affirme avoir vu « des roquettes arriver sur le front et dégager une lumière orange », et que, lors de son propre transfert à l'hôpital, il a vu « trois hommes mourir dans les véhicules sur la route ». Dans le contexte de chaos qui règne dans la région de la Ghouta, civils et militaires meurent souvent avant d'avoir pu atteindre un centre médical.

Adra, Utayba et Jobar sont les trois points où l'utilisation de gaz est décrite par les sources locales de la région depuis le mois de mars dans la région de Damas. Une différence émerge : à Jobar, les produits ont été utilisés de manière plus prudente et plus localisée. En revanche, sur les fronts plus éloignés, comme Adra et Utayba, les quantités estimées par rapport au nombre de cas arrivés simultanément dans les hôpitaux sont plus importantes.

Mais les attaques chimiques ne sont pas la seule activité des hôpitaux de la région. Deux heures avant l'arrivée des envoyés spéciaux du *Monde*, quatre enfants aux corps lacérés, déchiquetés par des bombes de MiG, avaient été amenés en urgence à Douma. À peine stabilisés, ils ont dû quitter l'hôpital, sans espoir d'être évacués de Syrie. Sans doute, comme beaucoup, sont-ils morts en route. Les infirmiers ont filmé ces corps martyrisés, ces hurlements de douleur. « Ça, vous voyez, c'est tous les jours, et pour nous, c'est encore plus grave que les attaques chimiques : on en est arrivés là », commente, avec un regard anéanti, le médecin, qui ne peut, lui non plus, dire son nom.

« Les gens de Zamalka sont morts ! »

Majd al-Dik[1]

La nuit du 20 au 21 août 2013, je dormais chez un ami à Hammouriyya. [...] Je me suis réveillé vers 6 heures du matin. Pour la première fois à cette heure, le talkie-walkie, au lieu d'émettre un appel toutes les cinq ou dix minutes, s'est mis à fonctionner de façon ininterrompue. J'entendais des cris, un brouhaha de voix, tout le monde appelait les secours en même temps. J'ai pensé tout d'abord qu'il s'agissait d'un bombardement, comme on en avait l'habitude. Mais une voix enrouée, imprégnée de stupeur, s'est fait entendre : « Les gars, faites attention aux gaz chimiques ! »

Pressentant qu'une chose différente s'était produite, je suis sorti avec mon appareil photo. [...] J'ai pris la direction de la place principale de Hammouriyya. Là, j'ai croisé des dizaines de voitures qui se précipitaient vers le dispensaire Khoulani. [...] Tant de gens s'étaient rassemblés tout autour que la rue était bloquée. [...] Quelqu'un criait que les habitants de Zamalka étaient morts. Un vieil homme maudissait Bachar al-Assad : « Il a bombardé les gens aux gaz chimiques ! »

Ces mots m'ont violemment heurté et je n'ai pas voulu y croire. Je me suis rapproché de la porte du dispensaire et j'ai regardé à l'intérieur. Un nombre effrayant de personnes était allongé par terre. Mon corps tout entier a été parcouru de frissons. Il n'y avait plus aucun espace vide sur le sol. Ces gens étaient serrés les uns contre les autres. Les secouristes criaient d'ouvrir un passage, car des voitures amenaient encore de nouvelles victimes. Comme je connaissais les bénévoles, j'ai pu entrer. Pour la première fois, je voyais des blessés sans une seule tache de sang. J'ai été saisi d'horreur en remarquant qu'un liquide blanc s'écoulait de leur nez et de leur bouche. Par centaines, les mains sur la poitrine ou sur le cou, ils se débattaient en poussant des cris, les yeux exorbités, essayant d'inhaler un peu d'air. Puis ils cessaient de se débattre les uns après les autres, comme s'ils s'évanouissaient. « *Shuhadâ' ! Shuhadâ' !* » hurlait l'un des médecins de toute sa voix. J'ai alors compris que tous ceux qui cessaient de s'agiter étaient morts. Un immense vacarme s'élevait dans tout le bâtiment. Les secouristes ne possédaient que quelques réanimateurs manuels, des ballons-masques, à peine suffisants pour quelques personnes. À chaque instant, des corps qui s'agitaient cessaient soudainement tout mouvement. Cela ressemblait aux vagues de la mer, et chaque reflux laissait des corps sans vie.

J'ai demandé à un infirmier comment apporter mon aide. Il m'a répondu qu'il n'y avait pas assez de masques et qu'il n'y avait rien à faire. On ne pouvait pas pratiquer de respiration artificielle par la bouche : le liquide blanc constituait un obstacle, car on pouvait mourir en inhalant le gaz toxique contenu dans leurs poumons.

1. Majd al-Dik, *À l'est de Damas, au bout du monde. Témoignage d'un révolutionnaire syrien*, traduit par Nathalie Bontemps, *op. cit.*, p. 231-242.

[…] Je me suis rapproché d'un des secouristes, qui essayait de réanimer un jeune homme de vingt-cinq ans avec un des masques. J'ai enroulé mon tee-shirt autour de mon visage pour me protéger d'une odeur acide qui donnait la nausée. J'ai essayé d'empêcher le jeune homme de s'agiter, mais tous mes efforts n'y ont pas suffi. Il est mort entre nos mains. Le secouriste me l'a laissé et a couru vers une autre victime. Je regardais le jeune homme et me demandais intérieurement s'il était bien mort, simplement parce qu'il avait cessé de bouger. […]

Je me sentais d'une grande impuissance. À chaque instant, quelqu'un arrêtait de se débattre. Il était alors tiré vers le coin des cadavres. On les alignait les uns à côté des autres. […] Tous les bruits s'enchevêtraient dans mon esprit, jusqu'à ce que je me réveille en entendant de nouveau hurler : « Les gens de Zamalka sont morts ! » Je me suis alors souvenu de mes amis là-bas, au bureau médiatique et au bureau médical.

Je suis sorti, j'ai pris le talkie-walkie et j'ai demandé à être mis en contact avec la chambre d'opérations n° 3, celle de Zamalka. On m'a tout de suite répondu que personne ne répondait plus là-bas, que tous étaient au nombre des disparus. Je n'ai pas pu prononcer un mot, pas même pour confirmer que j'avais reçu l'information. Une énième voiture arrivait, remplie de victimes. Un des secouristes qui s'étaient rendus à Zamalka avait étouffé lui aussi. Il portait un masque en tissu, qui avait glissé sur son cou. […] Une nouvelle équipe devait prendre le relais pour évacuer d'autres personnes, car eux avaient déjà respiré trop de gaz. J'en ai vu un qui insistait pour y retourner quand même.

« Les gens de Zamalka sont morts ! »

Ces mots se répétaient sans arrêt dans ma tête, de plus en plus fort, comme une hallucination. J'ai couru vers la mobylette pour aller à Douma prendre la voiture, garée au Centre de documentation des violations. Toujours obnubilé par cette seule phrase, j'ai conduit tel un somnambule et j'ai failli provoquer un accident. Au Centre de documentation des violations, Kifah, qui y travaillait avec Razan et moi, m'a montré sur son téléphone une vidéo du dispensaire d'Irbine, où il avait filmé des dizaines d'enfants asphyxiés. Je n'ai pas dit un mot ni n'ai eu la force de lui raconter ce à quoi j'avais assisté moi aussi. Le brouhaha des victimes en train de se débattre contre la mort n'avait pas quitté mes oreilles.

« C'est vraiment ce qui est en train de se passer ? », ai-je finalement lâché, comme si je niais l'évidence sous mes yeux. Nous devions prendre la voiture et faire le tour des points médicaux, même si tout le monde répétait qu'il ne fallait pas aller à Zamalka, et que tous ceux qui s'y rendaient mouraient.

On est partis en voiture avec Kifah, Mahmoud, un ami que je m'étais fait depuis peu, et Razan. On a pris soin de bien fermer les vitres. Une fois arrivés à Irbine, à proximité de Zamalka, on est allés au dispensaire, installé dans un sous-sol. On s'est entretenus avec le médecin, qui nous a emmenés dans une autre pièce, là où ils entreposaient les cadavres. Avant que le médecin n'ouvre la porte, Mahmoud m'a attrapé par le bras et m'a demandé de prendre sa caméra. Il refusait d'entrer, disant qu'il ne pourrait pas supporter la vue des corps. J'ai perdu mon sang-froid et l'ai sommé d'avancer quand même. Pour la première fois, je ne savais plus ce que j'éprouvais et me déchaînais sur quiconque m'adressait la parole.

On est entrés. J'ai plaqué mon tee-shirt sur mon visage. Le sol était jonché de cadavres, alignés les uns à côté des autres. Je me suis rapproché d'eux et j'ai braqué mon appareil photo sur le liquide qui coulait de leur nez et de leur bouche. J'ai eu l'impression que mon objectif heurtait leurs yeux exorbités. Je me suis approché des corps des enfants. Je leur ai demandé de nous pardonner de ne pas être morts, et de les photographier dans cet état. Mes premières larmes ont coulé lorsque j'ai vu un homme reconnaître sa fille. Je l'ai photographié tandis qu'il la prenait dans ses bras. Et je m'en suis voulu. J'ai souhaité mourir. Cet homme n'a pas crié. Il a pris sa fille tendrement, et il est sorti avec elle. J'ai vu comment ses yeux retenaient ses larmes, comment il serrait les lèvres, comment tressaillaient les muscles de son visage.

J'ai baissé mon tee-shirt, il ne m'importait plus de me protéger. Puis j'ai photographié chaque cadavre. Il y en avait à peu près trois cents. Avant chaque cliché, je demandais pardon au mort. Pardon d'être encore en vie.

Des pick-up sont arrivés pour charger les cadavres afin qu'on les inhume. Un homme a affirmé qu'il avait dix proches parmi les victimes. Nul temps pour vérifier s'il était vraiment leur parent. « Prends les corps des gens que tu connais », a dit le médecin. On ne pouvait pas attendre les familles. Certaines d'entre elles avaient disparu en entier, et on ne savait pas qui avait survécu ou non. On a continué notre route en direction de Zamalka.

À l'approche de la ville, on a remis tee-shirts et tissus sur nos visages. Une odeur lancinante faisait se rétracter nos poumons. J'avais des vertiges. Les portes des maisons étaient cassées. On les avait démolies pour essayer de secourir ceux qui étouffaient derrière. Je reconnaissais l'odeur qui se dégageait des cadavres, mais plus forte. Dehors, l'air était jaune. J'essayais de contempler la ville. On ne rencontrait personne dans les rues, les obus pleuvaient sans discontinuer sur la zone. Tout à coup, un chien est apparu sur la route. Il avait les yeux rouges, et nous fixait. C'était peut-être le seul animal à avoir survécu, l'unique signe de vie dans la région. Je l'ai photographié et j'ai conservé sa photo.

On a roulé vers Al-Mazra'a, le quartier où s'était abattu un des obus chimiques. Malgré mon pressentiment de mort, j'ai osé descendre de voiture. J'ai bien fixé le tee-shirt sur mon visage, mais il ne me protégeait pas de l'odeur des gaz. Dès que je suis sorti du véhicule, mes poumons se sont contractés davantage. Je me frottais la poitrine. J'aurais voulu la fendre pour pouvoir mieux respirer. J'avais la nausée. Mais tout mon être restait concentré sur la photo à faire, celle du lieu de chute de l'obus. La maison qui l'avait reçu n'avait pas noirci, comme on le voyait souvent depuis le début de la guerre, elle était violette. J'ai pris la photo. Une odeur semblable à celle du vinaigre nous assaillait plus fortement. J'ai couru vers la voiture et on est repartis avant que nos poumons ne s'emplissent de gaz. Je ne sentais rien excepté le vertige, l'oppression de la respiration, et toute ma haine du monde, qui, par son silence, avait permis qu'on en arrive à un tel stade.

Plus loin, nous sommes montés sur la terrasse d'un immeuble touché par l'obus chimique. Là aussi, les portes étaient défoncées à tous les étages. Là-haut on a trouvé des vêtements, ceux d'une famille entière. Leurs propriétaires savaient-ils que le gaz perd de ses effets en hauteur ? Mais on n'a trouvé que leurs vêtements. Peut-être les avaient-ils déchirés en étouffant, comme toutes les autres victimes. La carte d'identité de l'un d'eux traînait par terre.

L'observatoire militaire posté sur la montagne ne cessait de pilonner la zone. Bien que la ville soit désertée, les obus s'abattaient encore par dizaines.

Sous l'immeuble, il y avait un enclos pour le bétail. Toutes les bêtes étaient mortes. Le même liquide blanc s'écoulait de leur nez.

On est retournés en courant à la voiture pour quitter Zamalka.

On a encore fait le tour des dispensaires de Kafr Batna, de Hammouriyya-Est et de Douma. Partout les mêmes cadavres allongés les uns à côté des autres. On consignait chaque nom, chaque identité. J'étais obligé de photographier le visage des cadavres en gros plan. Pour ne pas avoir à les fixer durant les réglages, j'ai mis l'appareil en mode automatique. Je n'osais pas les affronter, les regarder dans les yeux, ou contempler leur front qui, pour certains, portait un numéro et la mention « identité inconnue ». Ceux-là étaient morts sans que personne vienne les reconnaître.

Au point médical de Hammouriyya-Est avaient été rassemblées des centaines de femmes. Elles étaient entièrement recouvertes de linceuls de fortune, mais on était obligés de dégager leur visage pour les photographier. Chaque fois que je soulevais le tissu, j'imaginais ma mère dessous. Toutes étaient des mères. Certaines d'entre elles portaient aussi un numéro sur le front, et la même inscription. J'avais l'impression que les victimes me parlaient et me dévisageaient, que je devais oser les regarder à mon tour.

Sur les lieux, j'ai rencontré mon ami Mu'âdh, membre du comité de coordination de Zamalka. Ses yeux étaient rouges, il respirait mal. Il parlait avec difficulté et de façon décousue. Marcher lui demandait de grands efforts. Je lui ai demandé des nouvelles des personnes qu'on connaissait. Il a répondu que tous nos amis du bureau médiatique étaient morts, qu'il était l'unique survivant. Mu'âdh avait été emmené trois fois au dispensaire. Il voulait à tout prix s'en échapper, mais chaque fois qu'il le faisait il s'évanouissait de nouveau. Il était sous le choc, et moi je ne pouvais trouver aucune explication à ces montagnes de cadavres, à un tel crime. Tous les gens qu'on connaissait étaient morts, et même ceux qu'on ne connaissait pas. Il ne restait que Mu'âdh. Dans les premières heures du massacre, il m'a semblé voir plus de mille cadavres.

Personne n'a pu dormir. On a passé la nuit à rassembler les photos et à les envoyer aux agences d'information. Il a fallu que je visionne les vidéos que j'avais filmées, et que je retranscrive leur contenu sur ordinateur. Les scènes de ce jour se répétaient sans fin. Je ne voyais que des cadavres, n'entendais que les cris des agonisants au dispensaire. Je pensais à tous ceux que je connaissais à Zamalka, perdus en un clin d'œil, sur un mot de Mu'âdh. Je devais travailler et enterrer mon cœur. On n'avait pas de temps pour pleurer ni la possibilité de fuir les vidéos et les photos Il fallait les compter et les enregistrer.

Le lendemain, je suis retourné à Zamalka. La teneur de l'air en gaz avait baissé, mais l'odeur était toujours prégnante. Des bulldozers creusaient la terre et déversaient les corps dans des fosses communes. Il n'y avait pas d'électricité et aucune possibilité de les conserver. Sous la chaleur de l'été, ils avaient commencé à se décomposer. On n'avait pas non plus le temps de creuser une tombe pour chacun des morts. Un homme déposait son fils dans la fosse commune. Il m'a dit qu'il avait 20 ans. Un autre individu marchait en criant sur la route : « Où sont mes enfants et ma femme ? » Je lui ai proposé de l'emmener quelque part à mobylette. Aucune voiture ne circulait. Il m'a dit qu'au moment du massacre au gaz il combattait à Jobar. À tous ceux qu'il croisait sur son chemin, il demandait s'ils avaient vu sa femme et ses enfants.

« Peut-être qu'ils sont ailleurs, qu'ils sont vivants », lui ai-je dit. Mais il m'a répondu que l'obus était tombé dans sa rue, et que personne n'avait survécu. « Mon Dieu ! Ne me fais pas de mal ! » a-t-il hurlé. Il vociférait des lambeaux de paroles, puis se calmait et continuait à marmonner pour lui-même. Il a fini par monter derrière moi. Nous sommes arrivés chez lui. La porte était cassée, la maison vide. Il m'a montré le lit où dormaient ses deux enfants. Ses nerfs ont commencé à craquer davantage. On est ressortis et je l'ai laissé dans la rue, car il refusait que je le conduise quelque part.

Je suis revenu au Centre de documentation des violations pour envoyer les photos. Au bout de plusieurs nuits sans sommeil, j'ai commencé à faire des cauchemars, tout éveillé.

Le bureau médical a annoncé qu'il y avait eu 1 302 morts et 9 838 intoxiqués, dont 3 041 dans un état grave[1]. Un ami médecin à Douma m'a confié que, lorsqu'on lui avait amené les victimes, il ne disposait que de deux ballons-masques. Cela signifiait qu'il ne pouvait sauver que deux personnes parmi la foule, et qu'il lui avait fallu les choisir. Quant aux autres, à tous les autres, il devait les regarder mourir. Il n'y avait pas de médicaments. Faute d'autre chose, les médecins du dispensaire Khoulani n'ont pas hésité à utiliser de l'atropine vétérinaire. Toutes

1. Il n'existe pas de chiffre faisant l'objet d'un accord concernant les victimes de l'attaque chimique. De nombreux activistes de la région ont déclaré que le nombre de victimes était supérieur à 1 300. Médecins sans frontières déclare que, dans les dispensaires locaux avec lesquels cette ONG était en relation, 3 600 personnes ont présenté des troubles neurotoxiques, et 355 sont décédées. L'Observatoire syrien des droits de l'homme au Royaume-Uni a confirmé au moins 502 décès. Le Centre de documentation des violations des droits de l'homme en Syrie a pour sa part confirmé 929 décès de personnes identifiées, dont 830 dans la Ghouta orientale, la ville de Mu'addamiyya, en Ghouta occidentale, ayant également été frappée. Le gouvernement américain, dans un rapport préliminaire, a avancé le chiffre de 1 429 victimes, dont 420 enfants.

les tentatives n'ont pas réussi, mais des personnes dont les maisons étaient plus éloignées du point de chute des obus ont pu être sauvées de cette façon.

Des appels d'activistes et de médecins à l'extérieur ont commencé à affluer par Skype. Beaucoup d'organisations avaient besoin d'échantillons pour prouver le massacre. Il fallait analyser les produits, et aucun centre ne pouvait effectuer ce travail chez nous. Nous avons envoyé tous les types de prélèvements imaginables, pris sur les cadavres, humains et animaux. Nous avons récolté des éclats d'obus chimiques, des parcelles de terre noire comme du charbon, ramassées à l'endroit de leur chute. Tout serait analysé dans le but de trouver le produit qui avait été utilisé. Quand on a terminé d'écrire les rapports, on a constaté que 67 % des victimes étaient des femmes et des enfants.

Le troisième jour, mes difficultés respiratoires ont augmenté au point que je ne pouvais plus me tenir debout. Je suis allé consulter un médecin, qui m'a aussitôt demandé si je m'étais rendu à Zamalka. Il m'a aidé à m'allonger ; il ne savait pas si le médicament qu'il allait me donner serait efficace ou non. Il m'a fait une piqûre. J'ai perdu conscience, et me suis assoupi. Quand j'ai rouvert les yeux, je me sentais mieux. Le médecin m'a alors dit de vite jeter tous mes vêtements, car ils étaient imprégnés de gaz.

Un an plus tôt, Obama avait promis une intervention en Syrie si l'arme chimique était utilisée. Sa déclaration était forte, directe, on y avait cru. Tout le monde a commencé à attendre la frappe. Les médias ne parlaient que de ça. On racontait qu'il ne fallait pas dormir, car on allait entrer à Damas. À nos amis là-bas, on disait que ce n'était plus qu'une question de jours, qu'on allait enfin les revoir. On pensait à tous nos martyrs, qui ne vivraient pas ce moment avec nous.

Plusieurs jours se sont ainsi écoulés, et il ne s'est rien passé. Pourtant, le régime avait frappé à l'arme chimique quand des inspecteurs de l'ONU se trouvaient à Damas. L'intervention extérieure était donc inexorable, pensait-on.

Les membres de la commission d'enquête allaient arriver dans la Ghouta, et les brigades de l'Armée libre, en pleine agitation, se préparaient à assurer leur protection. Les médecins et les survivants étaient invités à les rencontrer et à témoigner. Le spectacle des rescapés, revenus à Zamalka dans l'espoir qu'on leur rende justice, était terrible. Ils attendaient le comité, enroulés dans les couvertures des dispensaires, pouvant à peine marcher et respirer. Beaucoup d'entre eux avaient perdu leur famille entière, et étaient restés seuls en vie. Un des obus tombés sur les lieux avait été laissé tel quel. Personne ne s'était approché ni n'avait rien modifié dans le périmètre afin qu'on puisse déterminer depuis quelle direction il avait été lancé. Après avoir anéanti tout le monde autour de lui, il était resté planté sur un terrain agricole.

Les membres du comité sont enfin arrivés. Une file de voitures s'est rangée à côté du dispensaire, et ils sont entrés à l'intérieur. Je les ai vus s'entretenir avec des rescapés.

Un rassemblement s'est aussitôt formé devant le bâtiment. Les gens se sont mis à scander des slogans contre Bachar al-Assad. Un homme de quatre-vingts ans, qui ne ratait jamais une manifestation et s'était consacré à aider les victimes du massacre, voulait parler lui aussi aux membres de la délégation. Mais ils étaient entrés prestement, ne lui en donnant pas l'occasion. Il fulminait à la porte.

Le comité s'est ensuite dirigé vers l'endroit où était tombé l'obus. On est montés sur nos mobylettes et on les a suivis, pour voir ce qu'ils allaient faire et pour les filmer en train de prendre les échantillons. Avant d'arriver à l'emplacement exact, ils ont enfilé des masques à gaz et des vêtements isolants. Face à ces matières dangereuses, leurs gestes étaient circonspects. Ils avaient des tubes et des boîtes pour y déposer leurs échantillons. Ils sont restés quelques heures, circulant dans les zones du massacre, avant de repartir.

Le plan du régime était d'envahir la Ghouta pendant l'attaque chimique. D'entrer à Zamalka à partir du périphérique, en isolant la ville de Jobar. Il espérait ainsi encercler et vaincre les combattants là-bas. En perdant Jobar, l'Armée libre perdrait aussi sa présence à Damas. Une fois à Zamalka, les hommes du régime effaceraient les preuves de son crime, et accueilleraient eux-mêmes le comité d'enquête.

Ce scénario terrible ne s'est pas réalisé. Toutes les armes disponibles dans la Ghouta ont été engagées pour contrer l'attaque sur Jobar et Zamalka. Les combattants avaient enfilé les quelques masques à gaz à leur disposition, sans savoir si le filtre était efficace et pour combien de temps, puis ils étaient partis se battre contre des dizaines de chars et de camions militaires de l'armée régulière.

Minute après minute, jour après jour, semaine après semaine, on attendait. Un ensemble de pays a fini par déclarer que l'arsenal chimique serait simplement soustrait à Bachar al-Assad[1].

Aucune intervention n'aurait lieu.

Peut-être le massacre a-t-il tout à fait disparu de la mémoire des États. Ce qu'ils n'ont pas su, c'est que les gens ont passé des mois entiers à rechercher leurs proches. Seuls, on s'est à nouveau retrouvés face à une lutte pour la survie. On a repris les activités avec les enfants dès la deuxième semaine après l'attaque.

Les membres du comité local de Zamalka avaient survécu. Bien que la plupart soient encore intoxiqués, ils ont organisé une conférence de presse en direct avec les médias étrangers. Nous les avons aidés à préparer l'événement. Les comités de coordination ont assuré un lieu et la connexion Internet. Les citoyens reporters de la région avaient couvert le massacre sous tous ses aspects. Ils avaient recueilli des paroles de témoins et de rescapés. Les comités locaux des autres villes avaient trouvé des maisons à ceux qui ne pouvaient pas retourner vivre à Zamalka.

Même au plan militaire, malgré notre peur que la région ne retombe aux mains du régime, elle a tenu bon. Tout le monde a continué à travailler, non pas parce qu'on avait encore de l'énergie, mais parce que s'arrêter signifiait s'effondrer et attendre sa mort. Tout cela dans la terreur d'une deuxième frappe chimique, puisque aucune réaction internationale n'avait suivi la première. Les premiers temps, on n'osait pas dormir, de peur d'être emportés dans notre sommeil.

1. Le 20 août 2012, dans un entretien pour la presse, Obama déclare que l'utilisation d'armes chimiques est une ligne rouge qui aura pour conséquence une intervention militaire américaine. Un an plus tard, suite à la frappe chimique, les États-Unis, la France et la Grande-Bretagne disent vouloir « punir Assad ». Des préparations militaires américaines ont lieu en Méditerranée, anticipant une décision possible. Le 30 août, le Parlement britannique refuse cette option, tandis que le Congrès américain l'accepte le 4 septembre. La France indique qu'elle est prête à participer, même sans la Grande-Bretagne. Le 9 septembre, John Kerry fait volte-face en déclarant lors d'une conférence de presse que l'intervention militaire peut être évitée si Bachar al-Assad livre son arsenal chimique complet à la communauté internationale. Bachar al-Assad accepte la proposition.

CINQUIÈME PARTIE

Le piège djihadiste

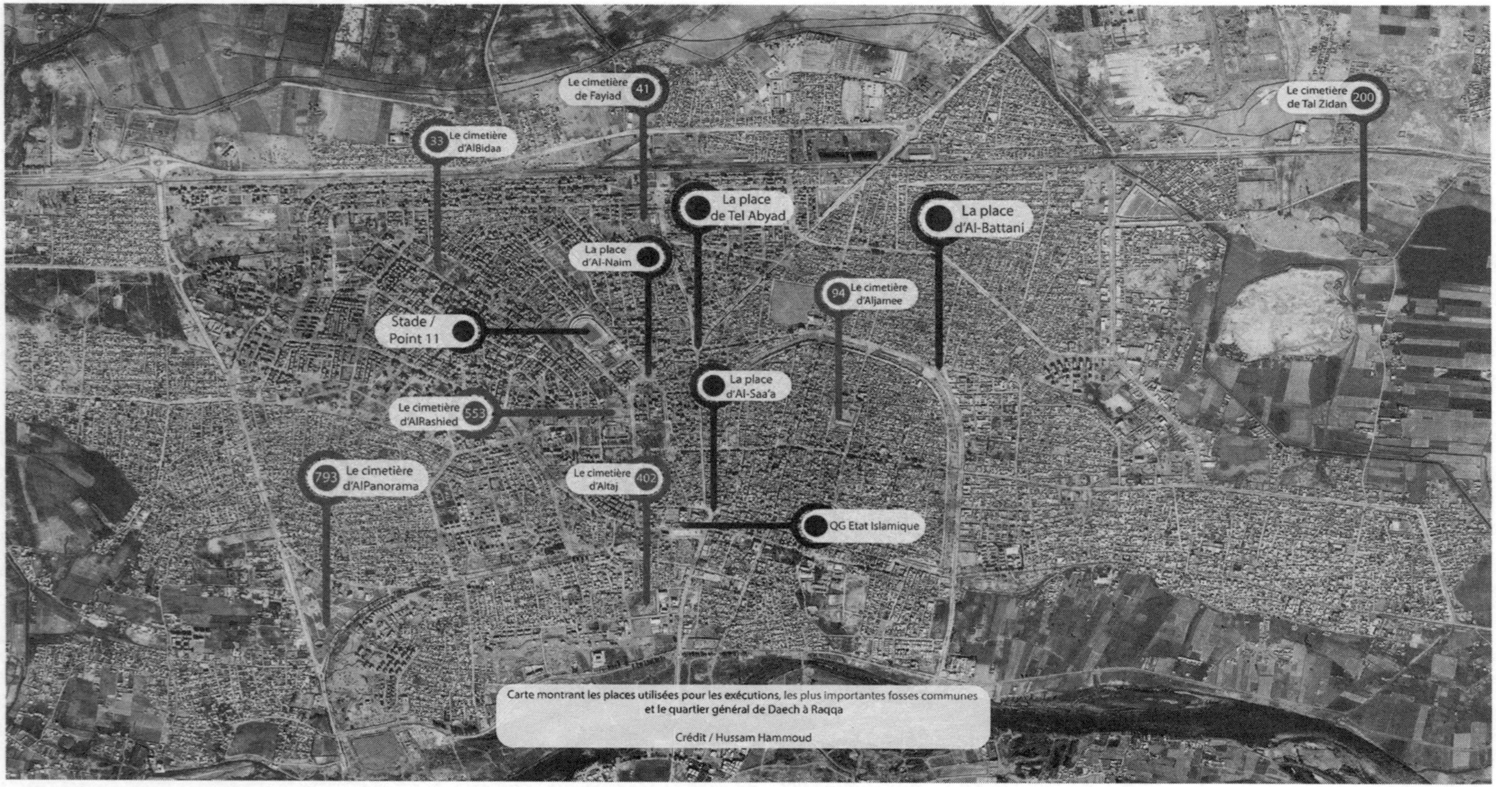

Carte des lieux des crimes commis à Raqqa. © Hussam Hammoud.

Sommaire

Introduction

Joël Hubrecht et Estelle Amy de la Bretèque

Cette cinquième partie se penche sur les exactions commises par Daech et les autres groupes armés islamistes. Si le *livre noir* se concentre surtout sur les crimes de la dictature des Assad (première partie), pour comprendre comment son système de cloisonnement de la société par une répression carcérale de plus en plus massive (seconde partie) a pu, par un double processus de communautarisation et d'internationalisation du conflit (troisième partie), se muer en une véritable destruction de cette société par une répression militarisée et une « guerre contre les civils » (quatrième partie), il faut aussi analyser le « piège djihadiste ».

Ce facteur est particulièrement complexe à appréhender du fait des nombreuses divisions et incessantes reconfigurations entre factions. À sa création le 29 juillet 2011, l'Armée syrienne libre (ASL) comprenait surtout des officiers et des soldats ayant fait défection pour protéger les manifestations, chasser les Assad du pouvoir et soutenir les visées démocratiques et supra-communautaires de la révolution. L'ASL a regroupé des dizaines de groupes armés, dont certains se sont transformés ou sont repartis pour former à l'extérieur de nouvelles coalitions. Très vite l'ASL s'est retrouvé confrontée à l'influence et à la concurrence des réseaux islamistes. Tournés vers un ennemi commun, le régime de Damas, mais nourrissant des visions irréconciliables de ce que serait une Syrie libérée des Assad, ils se sont, selon les circonstances et les zones d'opérations, affrontés militairement, ou ont évité de se confronter directement, ou encore ont formé des alliances plus ou moins durables et étroites. Le manque de contrôle et la désunion, que ce soit au sein de l'état-major de l'ASL, avec le Conseil supérieur militaire ou avec le gouvernement de la Coalition nationale syrienne, assombrissent un peu plus l'histoire de la rébellion contre un Bachar al-Assad qui n'a eu de cesse de la décrire comme une armée de terroristes. C'est cette complexité que Thomas Pierret nous aide à décrypter. Il montre que, au-delà du berceau afghan, la Syrie et l'Irak ont amené le mouvement djihadiste à l'apogée de sa puissance tout en provoquant plusieurs lignes de divisions, entre les groupes restés liés à Al-Qaida et ceux rejoignant Daech, et entre l'approche transnationale et radicale de ces deux groupes et une stratégie locale et pragmatique, incarnée aujourd'hui par la Hay'at Tahrir al-Cham (HTS).

Puis le chercheur Romain Huët, à travers la réflexion tirée de son expérience auprès d'une brigade de la ville d'Azaz, au nord-ouest d'Alep, témoigne de l'évolution à laquelle il a assisté chez ces jeunes combattants, passant de l'extase révolutionnaire en 2012, lorsque « tout devenait collectivement possible », à un désespoir sans fin, en 2018, quand l'intégrisme religieux et « la rigidification du réel expropriai[en]t les sujets de leur ouverture constitutive au monde ». La montée en puissance des islamistes repose aussi sur la brutalité avec laquelle ils ont pris possession des zones où ils s'implantaient, en s'en prenant d'abord à ceux qui portaient une vision démocratique et respectueuse des droits humains de la révolution. L'enlèvement des quatre militants Samira al-Khalil, Razan Zaitouneh, Wael Hamada, et Nazem Hammadi, en décembre 2013 à Douma (Ghouta orientale) par le groupe de Jaysh al-Islam (« l'Armée de l'Islam ») est à ce titre significatif sur bien des plans (juridique, politique, culturel, moral), ce que Yassin al-Haj Saleh, compagnon de Samira al-Khalil, cerne avec justesse. L'écrivain pointe aussi la démission et l'inanité d'une opposition qui n'a pas su mener les combats moraux et politiques contre de tels crimes. Le troisième ressort, et non des moindres, qui a contribué au développement des groupes djihadistes, c'est l'instrumentalisation machiavélique qu'en a faite Bachar al-Assad pour « prendre à revers » l'insurrection démocratique et la « disqualifier » aux yeux des pays occidentaux et puissances démocratiques ; une stratégie sur laquelle revient l'article de Firas Kontar.

Les conséquences de l'emprise islamiste ont été terribles. Elle s'est traduite par le dévoiement de l'élan révolutionnaire et la solidarité entre voisins dont témoigne Rim, cette Damascène qui a vu se vider le quartier de Barzé où elle habite et devenir le front de confrontation entre le régime et les « extrémistes barbus ». Le témoignage de la blogueuse Nissam Ibrahim, mis en forme et en perspective par Hala Kodmani, livre un récit supplémentaire de ce saccage de la liberté conquise contre le régime dans la ville de Raqqa, devenue en juin 2014 la capitale du califat de Daech. Avec l'implantation de l'État islamique, le piège s'est refermé sur la population de Syrie et celle d'Irak, d'où le groupe terroriste est venu. Les crimes que ses membres ont perpétrés sont d'une barbarie insoutenable. Édith Bouvier et Hussam Hammoud en dressent la cartographie à l'intérieur de Raqqa. C'est aussi dans cette ville que Layla Taalo fut vendue huit fois comme esclave à huit combattants différents de Daech. Son histoire, une parmi des milliers d'autres, rappelle que le crime de génocide perpétré contre sa communauté, celle des Yézidis, s'est déroulé en partie sur le sol syrien.

Les Yézidis (en kurde : Êzîdî) représentent l'une des plus petites minorités de la Syrie. Les estimations varient de 3 000 à 50 000 personnes selon les sources. Cette grande variabilité des chiffres peut s'expliquer par le fait que l'État syrien ne reconnaît pas le yézidisme comme une religion. Dans les procédures d'état civil, les Yézidis sont considérés comme étant des musulmans et ils ne constituent pas une catégorie à part dans les recensements de population. Les Yézidis de Syrie, principalement agriculteurs et éleveurs, vivent dans deux localités séparées : le canton d'Afrine (ou Afrin, Efrin, province d'Alep, nord-ouest) et la province de Hassaké (ou Hassatché, nord-est). La population yézidie en Syrie est en déclin très net depuis le début de la guerre. En 2016, l'ONG de défense des droits des minorités Société pour les peuples menacés[1] estime que deux tiers des Yézidis de Syrie ont fui le conflit pour trouver refuge à l'étranger. Les exactions rapportées contre des Yézidis en Syrie sont principalement le fait de l'intervention militaire des forces armées turques et de leurs supplétifs syriens à Afrine. Cette intervention, menée initialement pour chasser les forces armées kurdes YPG (Unités de protection du peuple) d'Afrine, a débuté fin janvier 2018. Les Nations unies rapportent alors des attaques contre des sites religieux yézidis. Diverses autres sources rapportent des exactions liées à une contrainte de conversion à l'islam. Le chapitre d'Ibrahim Simou montre que des discriminations constitutionnelles étaient en œuvre bien avant le début de la guerre civile. En 2014, après la prise de la région de Sinjar

1. Society for Threatened Peoples (STP).

par Daech (au nord-ouest de l'Irak, près de la frontière syrienne), de très nombreux Yézidis irakiens ont fui vers la Syrie afin d'échapper au génocide perpétré contre leur communauté. La majeure partie d'entre eux ont aujourd'hui quitté la Syrie. Par ailleurs, de nombreux Yézidis irakiens captifs de Daech ont été envoyés en Syrie. Il s'agit notamment de femmes victimes d'esclavage sexuel et d'enfants forcés à combattre lors d'offensives de Daech en Syrie, comme Layla Taalo. Selon le Conseil des droits de l'homme des Nations unies, en juin 2016, la plupart des plus de 3 200 Yézidis qui demeuraient alors détenus par Daech se trouvaient en Syrie.

La chute du califat a permis à une partie des survivants yézidis de se retrouver et de commencer la reconstruction de leurs familles et de leurs communautés mais, outre les milliers de morts qui ne reviendront plus, de nombreuses femmes et leurs enfants demeurent encore aux mains de ce qui reste du groupe djihadiste. La reprise de Raqqa par la coalition internationale contre Daech demeure à ce titre, et à bien d'autres, une victoire incomplète et ambivalente. Elle a mis fin aux prétentions totalitaires de Daech tout en escamotant la persistance de la dictature des Assad et en passant par pertes et profits le sort de populations entières qui, comme en témoigne le dernier texte de ce chapitre par Yassin Swehat, se sont retrouvées prises entre deux feux.

Les mouvements djihadistes. Fragmentation et résilience[1]

Thomas Pierret

Lorsque, dans la seconde moitié de 2011, le soulèvement populaire contre le régime de Bachar al-Assad (depuis 2000) se mue graduellement en insurrection armée, la mouvance djihadiste se trouve, en Syrie comme ailleurs, dans une situation de grande faiblesse. Elle vient de perdre, en l'espace de quelques mois, le chef d'Al-Qaida, Oussama Ben Laden (1957-2011), et l'un de ses principaux idéologues, l'Américano-Yéménite Anwar al-Awlaki (1971-2011), tous deux victimes d'opérations américaines. Depuis le milieu de la décennie précédente, la capacité d'Al-Qaida à mener des attentats de grande envergure contre des cibles occidentales est allée en diminuant. Parallèlement, l'État islamique en Irak, au sein duquel ont combattu la majeure partie des volontaires djihadistes syriens dans ce pays, a subi une défaite humiliante de la part des troupes américaines et de leurs supplétifs sunnites des Conseils du réveil (Majâlis al-Sahwa). En Syrie même, le régime a toléré l'utilisation de son territoire comme espace de transit et de repli pour le djihad irakien, tout en exploitant ce pacte de non-agression pour infiltrer les réseaux concernés, les détourner vers le Liban (Fath al-Islam, 2006-2007) et, *in fine*, incarcérer des militants à la prison de Saidnaya (nord de Damas).

Une discrète entrée en scène dans la guerre (2011-2012)

Les révolutions arabes du printemps 2011 apparaissent, de prime abord, comme un coup de grâce asséné à l'islamisme armé : alors que ce dernier n'avait jamais réussi à renverser aucun régime dans la région, il ne faut que quelques semaines à des manifestants pacifiques pour faire tomber des pouvoirs établis depuis des décennies. Cette double faiblesse, organisationnelle et symbolique, explique la discrétion avec laquelle les djihadistes font leur entrée en scène dans le conflit syrien. Avant même que leur action ne devienne perceptible, les réseaux concernés connaissent d'ailleurs un premier schisme puisque, dans les premiers mois de 2012, ils donnent naissance à deux organisations aux choix stratégiques opposés. Apparaît d'abord Jabhat al-Nosra, dont le fondateur syrien, Abou Muhammad al-Jolani, est à l'époque un cadre de l'État islamique en Irak. Tout en gardant secret ce lien de subordination, Jabhat al-Nosra emprunte initialement à son organisation mère un projet maximaliste qui se traduit notamment par des attaques rhétoriques contre les « États sponsors » de l'insurrection syrienne et singulièrement la Turquie, à laquelle est reprochée son appartenance à l'alliance « croisée » que

1. Cet article est paru dans le numéro 50 de la revue *Moyen-Orient*, avril-juin 2021, p. 54-59.

constitue l'OTAN. Si Ankara est spécifiquement visée, c'est parce que d'autres djihadistes, qui créent peu après le mouvement Ahrar al-Cham, choisissent d'emblée d'œuvrer en partenariat avec les Turcs et leurs alliés qataris[1].

C'est là le reflet d'une posture pragmatique, « révisionniste », qui rompt avec deux éléments centraux de l'idéologie djihadiste : à l'idéal transnational de l'État islamique en Irak et de sa franchise syrienne, Ahrar al-Cham oppose une stratégie limitée au territoire syrien ; contre l'avant-gardisme des plus radicaux, pour qui la lutte doit être l'œuvre d'une élite totalement dévouée aux préceptes djihadistes, les révisionnistes rattachent leur combat à celui du « peuple » en révolution, notion consensuelle qui permet de légitimer un degré de coopération avec l'opposition non islamiste[2].

Sur le terrain, ces postures divergentes se traduisent par des choix tactiques distincts. En raison d'effectifs alors réduits, Jabhat al-Nosra cherche à accroître sa visibilité par des attentats suicides spectaculaires tels que celui qui, en mai 2012, vise le siège de la Sécurité militaire à Damas. Ahrar al-Cham, pour sa part, recrute des combattants en masse sans trop se soucier de leur conformité idéologique et émerge rapidement comme l'une des factions rebelles les plus nombreuses[3].

Retour en force

Entre la mi-2012 et la fin de l'année 2013, l'insurrection syrienne connaît une dynamique de radicalisation et d'islamisation qui met au premier plan les factions djihadistes et apparentées. Les facteurs de cette évolution sont multiples. Dès 2011, le régime syrien a préparé cette dynamique en relâchant des centaines d'islamistes radicaux détenus à Saidnaya, parmi lesquels la plupart des futurs chefs d'Ahrar al-Cham et des figures clés de ce qui deviendra l'EI, comme Abou al-Athir qui jouera un rôle majeur dans le recrutement de combattants européens avant de mourir en 2016, tué par une frappe aérienne.

Fortes de réseaux tissés dans le militantisme et renforcées par l'expérience de la prison, les factions islamistes radicales surpassent rapidement les autres groupes rebelles en termes de capacités organisationnelles. Leurs performances militaires séduisent un nombre croissant de recrues tandis que leur discipline les préserve des dérives crapuleuses qui assombrissent l'image de certaines unités rebelles. Contrairement à une idée reçue, les financements des « États-sponsors » et des donateurs privés du Golfe sont loin d'être réservés aux groupes islamistes. Toutefois, grâce, encore une fois, à leur supériorité organisationnelle, ces derniers font indubitablement l'usage le plus efficient des ressources disponibles, qu'elles soient exogènes ou, à l'instar des puits de pétrole de l'est syrien, locales.

En 2013, les tenants de l'islamisme le plus radical sont également renforcés par l'évolution du contexte international. Au printemps, l'intervention du Hezbollah libanais dans la bataille d'Al-Qusayr conforte ceux qui, contre l'idée d'une révolution démocratique, dépeignent le conflit

1. Thomas Pierret, « Salafis at War in Syria : Logics of Fragmentation and Realignment », *in* Francesco Cavatorta et Fabio Merone, *Salafism After the Arab Awakening. Contending with People's Power*, Londres, Hurst & Co., 2017, p. 137-153.

2. Ahmad Abazeid et Thomas Pierret, « Les rebelles syriens d'Ahrar al-Cham : ressorts contextuels et organisationnels d'une déradicalisation en temps de guerre civile », in *Critique internationale* n° 78, janvier-mars 2018, p. 63-84.

3. Charles R. Lister, *The Syrian Jihad : Al-Qaeda, the Islamic State and the Evolution of an Insurgency*, Londres, Hurst & Co., 2016.

comme un affrontement sunnito-chiite à l'échelle régionale. En juillet, le coup d'État militaire contre le gouvernement élu des Frères musulmans en Égypte sape la légitimité d'une option électorale que les djihadistes avaient toujours rejetée. Le mois suivant, la décision de l'administration Obama (2009-2017) de ne pas mettre à exécution ses menaces de représailles militaires après le massacre à l'arme chimique de la Ghouta fait le jeu des extrémistes, qui avaient proclamé depuis le début qu'il ne fallait rien attendre de bon des « puissances croisées ».

La radicalisation idéologique de l'insurrection est aussi le produit d'une surenchère enclenchée par l'apparition d'une nouvelle force apparemment irrésistible. En avril 2013, en effet, le chef de l'EI en Irak, Abou Bakr al-Baghdadi (1971-2019), révoque la franchise de Jabhat al-Nosra et proclame la fusion des deux organisations en un seul et unique « État islamique en Irak et au Sham ». Cette décision répond aux inquiétudes suscitées dans l'organisation irakienne par l'évolution révisionniste de Jabhat al-Nosra, qui absorbe des factions à la conformité idéologique douteuse, établit des juridictions conjointes avec des non-djihadistes et cherche à rassurer les médias occidentaux sur ses intentions. Abou Muhammad al-Jolani ayant rejeté l'ordre de son émir irakien, deux organisations djihadistes rivales se font désormais face en Syrie, en sus de nombreux petits groupes idéologiquement apparentés qui se rallieront de manière plus ou moins formelle à l'une ou à l'autre : Jabhat al-Nosra, qui prête allégeance à Al-Qaida pour en devenir la branche syrienne ; l'État islamique en Irak et au Sham (surnommé par son acronyme arabe « Daech »), qui rompt avec l'organisation d'Ayman al-Zawahiri pour s'ériger en concurrent de cette dernière à l'échelle mondiale.

Projets étatiques « islamiques » et luttes fratricides

Son purisme idéologique et ses réseaux permettent à l'EI d'attirer à lui la majeure partie des dizaines de milliers de combattants étrangers qui rejoindront le théâtre syrien durant la décennie. Après le divorce d'avril 2013, l'organisation met en œuvre son projet de création d'un proto-État, délaissant la lutte contre le régime et tournant ses armes vers les autres factions rebelles, en particulier dans les zones frontalières dont les hommes d'Abou Bakr al-Baghdadi cherchent à prendre le contrôle. En réponse, une vaste coalition de groupes insurgés lance, dans les premiers jours de 2014, une contre-offensive qui aboutit à une division territoriale : expulsé pour l'essentiel de l'ouest syrien, l'EI instaure un contrôle exclusif sur la vallée de l'Euphrate, établissant à Raqqa les institutions centrales de son proto-État ; par-delà la frontière, le groupe progresse dans les provinces sunnites irakiennes jusqu'à la prise de Mossoul en juin 2014, où Abou Bakr al-Baghdadi se proclame chef de l'« État islamique », tout court, et « calife » des musulmans.

La mise en œuvre du projet étatique de l'EI induit une inflexion radicale dans la rhétorique mobilisatrice du groupe. Depuis le conflit afghan des années 1980, la propagande djihadiste avait mis en exergue un devoir de solidarité panislamique avec des coreligionnaires musulmans opprimés par les puissances infidèles. À compter de 2014, en revanche, ces accents pathétiques laissent place, dans les publications de l'EI, à un discours triomphaliste selon lequel les victoires de l'organisation ont rendu aux musulmans leur force et leur dignité. Dans ce récit, la Syrie et l'Irak ne sont plus seulement une terre de combat et de martyre, mais aussi et surtout le lieu de l'édification d'un État islamique idéal, véritable « cité de Dieu » en construction. Le bénéfice, pour ceux qui la rejoignent, n'est pas seulement situé dans l'au-delà, mais consiste en la satisfaction immédiate des besoins matériels et psychiques. « Je suis très heureuse ici », écrit une propagandiste de l'organisation depuis Raqqa, « essayez de nous rejoindre et vous vivrez en ce monde comme si vous étiez ses rois[1] ». Terre promise présentée comme un refuge pour ceux qui fuient l'oppression ou le manque de perspectives dans leurs pays d'origine, l'EI prend l'aspect d'un projet quasi colonial[2]. Cette orientation transparaît notamment dans la gestion des affaires tribales, confiées, comme aux grandes heures de l'impérialisme européen, à un bureau spécialisé.

Le caractère utopique de Daech est à mettre en relation avec sa dimension eschatologique assumée. La propagande du groupe fait ainsi de fréquentes références à un hadith dans lequel le prophète Muhammad prédit qu'à l'approche de la fin des temps, une bataille opposera musulmans et « Romains » à Al-Amaq ou Dabiq, deux villages de la région d'Alep alors sous contrôle de l'EI. Ils deviendront les noms respectifs de l'agence de presse de l'organisation et de son magazine en langue anglaise.

Ni la rapidité avec laquelle l'EI a évincé les factions rebelles rivales de l'est syrien en 2014, ni la résistance militaire remarquable que l'organisation opposera à ses ennemis pendant cinq ans ne s'expliquent par un éventuel soutien populaire. Le groupe a certes pu séduire une partie de la population en mettant un terme aux prédations de certains groupes armés, en édifiant une administration relativement fonctionnelle ou en présentant ses victoires fulgurantes comme un signe d'élection divine. Toutefois, même dans ses textes doctrinaux, l'EI ne conçoit pas l'assentiment populaire comme un préalable à la prise du pouvoir, mais, inversement, comme une conséquence de cette dernière. C'est ce que signifie l'une des références stratégiques de l'EI, Abou Bakr Naji – supposé pseudonyme de l'Égyptien Muhammad Hassan Khalil al-Hakim (1961-2008) – dans sa *Gestion de la barbarie* (2004), lorsqu'il écrit : « Avant la victoire, point de vertu parmi les masses. » De fait, ce n'est pas l'acclamation de la multitude qui donne l'avantage à l'EI sur ses rivaux, mais bien sa supériorité organisationnelle et sa détermination à dissuader toute rébellion par la démonstration d'une brutalité sans limites – on pense, en Syrie, à l'exécution publique de centaines de membres de la tribu insoumise des Chu'aytât en 2014. Les succès de l'EI doivent aussi beaucoup à la mise en place d'un appareil sécuritaire qui n'est pas sans rappeler celui des régimes baathistes (le commandement militaire du groupe compte un nombre important d'anciens officiers irakiens) et qui, comme ces derniers, infiltre, surveille et réprime une population perçue comme un foyer d'ennemis potentiels.

Absorbé par les assauts de la coalition internationale qui organise la riposte à partir de l'été 2014, l'EI ne progressera plus que de manière marginale dans les territoires occupés par la rébellion syrienne – son principal succès, de ce point de vue, sera la création d'une enclave dans la province de Qunaytra (à proximité du Golan) contrôlée par une filiale locale, l'Armée de Khalid ben al-Walid. Les effets indirects de l'émergence fracassante de l'EI n'en sont pas moins profonds. Pendant l'hiver 2014-2015, Jabhat al-Nosra mène, à son tour, la guerre aux factions rebelles modérées dans le nord-ouest, détruisant coup sur coup le Front des révolutionnaires de

1. Thomas Pierret et Mériam Cheikh, « I Am Very Happy Here » : Female Jihad in Syria as Personal Accomplishment », in *Hawwa. Journal of Women in the Middle East and the Islamic World,* vol. 13, n° 2, 2015, p. 241-269.
2. Félix Legrand, « The Colonial Strategy of ISIS in Syria », *Arab Reform Initiative,* juin 2014.

Syrie et le Mouvement Hazm. Engagé dans une surenchère idéologique avec l'EI, Abou Muhammad al-Jolani réaffirme son purisme djihadiste et promet à ses partisans la création d'un émirat. Privé de ressources financières substantielles après la capture de ses puits de pétrole par l'EI et des sanctions d'inspiration américaine contre ses financiers du Golfe, Jabhat al-Nosra cherche aussi à arracher à ses rivaux le contrôle de lucratifs réseaux de contrebande transfrontaliers[1]. Il s'agit par ailleurs d'éliminer des factions perçues, non sans raison, comme prêtes à collaborer avec les États-Unis dans leur guerre contre les groupes djihadistes – si la campagne aérienne de Washington se concentre sur l'EI, elle cible aussi occasionnellement des cadres d'Al-Qaida accueillis par Jabhat al-Nosra dans la région d'Idlib, dont les plus éminents sont Muhsi al-Fadli et Abou al-Khayr al-Masri, assassinés respectivement en 2015 et en 2017.

Alors qu'Abou Muhammad al-Jolani adopte une posture doctrinaire destinée à remobiliser ses troupes face à l'EI, il prend discrètement un nouveau virage qui le conduira, en 2016, à rompre avec le djihadisme pour afficher des ambitions strictement syriennes. Il s'agit, d'abord, de montrer patte blanche pour échapper à une opération militaire internationale de grande ampleur comme celle qui reprend graduellement à l'EI les territoires qu'il contrôle. Cette évolution pragmatique est encouragée par le Qatar et la Turquie, qui soutiennent activement l'offensive menée au printemps 2015 par l'Armée de la conquête, une coalition dominée par Jabhat al-Nosra et Ahrar al-Cham. Capturant les dernières positions du régime dans la province d'Idlib, l'offensive menace les bastions loyalistes de Hama et de Lattaquié et semble rapprocher les rebelles de la victoire, auquel cas Ankara et Doha auraient eu besoin, vis-à-vis des États-Unis, de partenaires syriens aussi acceptables que possible.

Le djihad relocalisé

L'intervention russe de septembre 2015, qui répond aux récentes avancées de l'insurrection, pousse également Jabhat al-Nosra sur la voie du révisionnisme. Alors que les rebelles se voient imposer par leurs États sponsors des accords de « cessation des hostilités » (2016) et de « désescalade » (2017) qui facilitent la tâche des forces loyalistes en leur permettant de concentrer leurs efforts sur une région à la fois, Jabhat al-Nosra se pose en dernier véritable défenseur d'une révolution – une notion à laquelle le groupe d'Abou Muhammad al-Jolani préférait jusqu'alors celle de djihad – trahie par tous. En juillet 2016, Jabhat al-Nosra devient donc Jabhat Fath al-Cham et rompt ses liens de subordination avec Al-Qaida. Fidèles à cette dernière, les éléments les plus radicaux de l'ex-Jabhat al-Nosra (dont ses anciens chefs militaires et religieux, Abou Humam al-Chami et Sami al-Ouraydi) se séparent d'Al-Jolani pour opérer, à partir de 2018, sous le nom de Hurrâs al-Dîn.

S'il vise à faire apparaître le groupe d'Abou Muhammad al-Jolani sous un jour moins menaçant à l'extérieur, son tournant révisionniste va en revanche de pair avec l'affirmation agressive d'ambitions hégémoniques vis-à-vis des autres factions rebelles du nord-ouest. Entre 2017 et 2019, la formation, à nouveau rebaptisée pour devenir Hay'at Tahrir al-Cham (HTS), mène plusieurs campagnes militaires victorieuses contre ses anciens alliés d'Ahrar al-Cham. S'étant rapidement rendue maître des points névralgiques de la province d'Idlib, dont sa capitale et le poste frontière de Bab al-Hawa, l'organisation met en place une

1. Thomas Pierret, « Brothers in Alms : Salafi Financiers and the Syrian Insurgency », Carnegie Middle East Center, 18 mai 2018.

administration civile, le « gouvernement syrien de salut », manière de démentir l'idée qu'un nouvel émirat djihadiste aurait vu le jour en Syrie. Parallèlement, la formation Hay'at Tahrir al-Cham coordonne avec la Turquie le déploiement des forces dépêchées par Ankara à partir d'octobre 2017 pour dissuader de futures avancées des forces loyalistes dans la province d'Idlib. En février 2020, soldats turcs et hommes d'Abou Muhammad al-Jolani seront épaule contre épaule pour repousser une percée des forces pro-régime vers la ville d'Idlib. À l'issue des combats, la formation Hay'at Tahrir al-Cham se rallie au cessez-le-feu conclu par la Turquie et la Russie et durcit la répression contre les djihadistes purs et durs qui, à l'instar de Hurrâs al-Dîn, entendent saboter un accord qui suppose leur élimination à terme[1].

Tandis que le groupe Hay'at Tahrir al-Cham consolide son contrôle sur Idlib tout en se muant en force de *statu quo*, l'EI abandonne la totalité de ses territoires aux Forces démocratiques syriennes (FDS) et, dans une moindre mesure, au régime syrien et à l'armée turque. En 2019, l'organisation perd successivement son ultime réduit de Baghouz et son « calife », Abou Bakr al-Baghdadi, tué par un commando américain alors qu'il se cachait dans la région d'Idlib, et aussitôt remplacé par Amir al-Mawla (Abou Ibrahim al-Hachimi). La déroute de l'EI n'est toutefois que temporaire : fort de réserves d'armes et d'argent cachées dans la *Badiya* (steppe désertique), le groupe se réorganise et, à partir de 2020, multiplie embuscades et assassinats dans les zones tenues par le régime et les FDS dans le centre et l'est du pays. En parallèle, ses fidèles font régner la terreur parmi les quelque 50 000 occupants du camp de réfugiés d'Al-Hol (nord-est du pays, près de la frontière irakienne), décrit par certains comme une reconstitution en miniature du proto-État jadis administré par le groupe.

Après une décennie de conflit en Syrie, la formation Hay'at Tahrir al-Cham et Daech y demeurent des protagonistes majeurs. Alors que les autres groupes rebelles ont été éliminés ou transformés en supplétifs de l'armée turque, les deux formations djihadistes sont les seuls acteurs non étatiques, avec les FDS, à disposer d'une capacité d'action relativement autonome. La normalisation du groupe d'Abou Muhammad al-Jolani et la résurgence de celui d'Amir al-Mawla indiquent que tous deux continueront d'influer significativement sur le cours des évènements. Pour ce faire, ils mettront à profit ce qui, en 2011, leur avait permis de renaître de leurs cendres, à savoir le vide politique occasionné par un demi-siècle de dictature baathiste et, à bien des égards, aggravé par la guerre et l'exil des forces vives du pays.

1. Jérôme Drevon et Patrick Haenni, « How Global Jihad Relocalises and Where it Leads. The Case of HTS, the Former AQ Franchise in Syria », European University Institute, EUI Working Papers, RCS 2021/08.

Journal de Syrie (2012-2018)

Romain Huët

Je me suis rendu à cinq reprises en Syrie en immersion dans des brigades opposées à l'armée de Bachar al-Assad. Les deux premiers séjours ont eu lieu en juillet 2012 et janvier 2013 dans la région d'Alep au sein d'une brigade affiliée à l'Armée syrienne libre. Dans les deux séjours suivants, je me suis rendu dans la région de Hama auprès d'une brigade affiliée au Front islamique. Enfin, le dernier séjour, en mai 2018 s'est déroulé à Manbij dans une brigade arabe alliée aux forces kurdes. Ces voyages avaient pour but d'entreprendre une ethnographie des groupes rebelles[1].

Au départ, mon intention n'était pas de réaliser une anthropologie de la guerre syrienne. Je souhaitais m'approcher des mouvements révolutionnaires qui traversaient le monde arabe. Il me semblait alors que quelque chose de décisif se passait. Une opportunité m'a été offerte de me rendre dans un camp de réfugiés à Killis, ville turque frontalière avec la Syrie. Mon projet était de mettre en place une cellule d'écoute afin de collecter des récits sur les souffrances liées à la guerre. Ce projet rejoignait mes orientations de recherche qui portaient sur la souffrance et ses devenirs politiques[2]. Pour des raisons diplomatiques mystérieuses, l'accès au camp de réfugiés nous a été refusé dès ma première journée à Killis. Nous nous trouvions alors face au camp, décontenancés de ne pouvoir concrétiser ce que nous travaillions depuis plusieurs mois. Tandis que nous étions face au camp à attendre qu'un bus nous conduise dans le centre-ville de Killis, nous discutâmes avec un groupe d'hommes âgés chacun d'une trentaine d'années. Ils nous interrogeaient sur les motifs de notre venue. Nous nous expliquions assez simplement. Après quelques minutes d'échanges, nous apprenions qu'il s'agissait de combattants de l'ASL. L'un d'eux, Abou Saad[3] avec qui nous nouerons ensuite une amitié profonde, me posa la main sur l'épaule et me dit : « Si tu veux voir la souffrance, viens avec nous en Syrie. » Je ne sais pas exactement ce qui s'est passé en nous à ce moment précis. Nous n'avions jamais songé à aller en

---

1. Il me faut préciser que je ne suis pas allé seul en Syrie. En 2012, j'étais en compagnie de Soraya El Khalaoui, sociologue à l'EHESS. Je n'ai pu discuter avec elle. Cependant, je lui dois beaucoup tant dans l'initiative de s'intéresser aux révolutions arabes qu'aux réflexions que l'on commençait à engager. J'alterne entre le « je » et le « nous » pour distinguer des événements factuels des impressions qu'ils m'ont suggérées. En 2014, je partais cette fois-ci avec Laurent Lhermite dans l'objectif de réaliser un film documentaire : Laurent Lhermitte et Romain Huët, *Après le printemps. Vie ordinaire des combattants syriens*, produit par Florent Verdet (de la société de production EP2-entre2prises), en collaboration avec Les Films de l'Ouest et TV Bocal, avec le soutien de Ciné 2000 et de la Région Occitanie/Pyrénées-Méditerranée et du CNC, documentaire de 63 min, 2017.

2. Romain Huët, *Fatigues. Les Devenirs politiques de la souffrance ordinaire*, Paris, PUF, 2021.

3. Pour des raisons évidentes de confidentialité, tous les prénoms ont été changés.

Syrie. L'idée nous aurait d'ailleurs terrifié. Cependant, en dépit de toute notre anxiété, nous nous sommes empressé d'accepter la proposition. Nous avons ensuite confié au hasard le soin de nous guider dans ce voyage d'exploration.

Nous montâmes dans la voiture des combattants. Nous passâmes la frontière qui, à cette époque-là, était ouverte certaines heures de la journée. Je découvrais alors la ville d'Azaz, libérée depuis quelques jours seulement. Le paysage de ruines impressionnait. Je ne comptais plus les maisons écroulées et les murs éventrés. Les routes de béton étaient trouées de partout et emplies de décombres. La voiture se frayait un chemin laborieux entre les amas de débris. Les rues étaient quasi désertes. Les civils avaient fui l'intensité des combats. Ils n'avaient pas encore fait retour dans leurs maisons. Au poste frontière, son responsable nous délivrait une autorisation de séjour. Il fallait que nous attendions quelques heures car il n'avait pas encore reçu les nouveaux tampons frappés du drapeau de la Syrie libre. Lorsqu'un des membres du bureau revint de Turquie avec le nouveau tampon, il se fit sérieusement moquer par tout le monde car il avait oublié une étoile au drapeau de la Syrie libre. Notre passeport était malgré tout tamponné. Seule la symbolique du geste comptait ; l'Armée syrienne libre contrôlait alors l'espace frontalier. J'assistais aux premiers instants de prise en charge d'un territoire par l'Armée syrienne libre.

On nous emmena ensuite au quartier général où nous rencontrâmes de très nombreux combattants. Ils aménageaient les locaux ; ils changeaient les pancartes de portes, repeignaient les murs, et restauraient ce qui avait été altéré par les combats. Nous buvions du thé et nous faisions connaissance avec Abou Layth, un commandant de l'ASL. L'atmosphère était détendue. Ils me semblaient être heureux de recevoir la visite d'étrangers. Ils nous firent visiter la ville et nous proposèrent de rencontrer les quelques familles qui étaient restées tout au long des affrontements. Ils voulaient nous montrer l'immensité des destructions, les drames que chacun avait pu vivre depuis le début de la révolution. Ils ne cessèrent de parler. Souvent, nos questions étaient inutiles tant ils éprouvaient le besoin de raconter les motifs de leur lutte, les tortures qu'ils subirent, l'emprisonnement ou la disparition de leurs proches. Ils s'empressaient de parler, de saturer la réalité de leurs mots. En tant qu'Occidental, il nous avait assigné le rôle de journaliste. Ils espéraient alors que nous ferions retentir leurs paroles dans d'autres espaces publics. Ils parlaient en clair. Ils nous racontèrent leurs espoirs, leurs attentes et la nécessité vitale de leur entreprise révolutionnaire même si elle s'accomplissait dans la douleur de la violence. Je découvrais que leurs attentes étaient fixées sur la chute de Bachar al-Assad. Sa figure revenait systématiquement. Il polarisait le motif essentiel de leur combat. L'après-Bachar était évoqué de façon plus floue : « On veut la démocratie [...] vivre libres [...] cesser la corruption [...] vivre dignement. » J'étais stupéfait par ce besoin impérieux qu'ils avaient de parler, de faire entendre leurs histoires. Ils nous confiaient comment ils vivaient cette guerre. Ils avaient à cœur de nous expliquer qu'ils se sentaient esseulés, abandonnés par la communauté internationale qui les regardait froidement mourir. Ils éprouvaient cette impression gênée d'entreprendre une action juste et en même temps d'être abandonnés de tous. Dans leurs discours, il n'y avait pas la moindre indication d'une confessionnalisation du conflit comme l'opinion commune l'affirmait à cette époque en France. Pour eux, c'était la justification principale de Bachar al-Assad pour disqualifier leur entreprise révolutionnaire. Évidemment, à cette époque, j'étais bien incapable de discerner le vrai du faux. Je me contentais de les écouter. Ce qui m'apparaissait clairement, et depuis la fenêtre étroite que j'avais sur la

Syrie, c'est que cette révolution n'avait ni modèle précis ni horizon défini clairement. Les révolutions tunisienne et égyptienne étaient pour ces quelques combattants que je rencontrais une occasion offerte par l'histoire. L'extase révolutionnaire gagnait chacun comme si, soudainement, tout devenait collectivement possible.

Quelques jours plus tard, fortement atteint par ces rencontres qui m'étaient alors extraordinaires, je voulais faire de cette expérience un travail. Mon intention ne prenait pas la forme d'un plan réfléchi et cohérent. Je me sentais moi-même désorganisé au contact d'un tel monde et d'une ambiance qui m'étaient jusqu'alors inconnus. Par l'écriture, je voulais simplement ordonner ce qui était possible. Je faisais de cette expérience une raison qui évolua avec le temps. En particulier, j'étais tiraillé par mes intérêts politiques, éthiques puis, un peu plus tard, intellectuels. Politiquement, il me fallait saisir les aspirations normatives de ces combattants qui se disaient « révolutionnaires ». Mon intention n'était pas de qualifier ou de disqualifier moralement ce qu'ils entreprenaient. Ma vue sur la situation était bien trop localisée et partielle. Néanmoins, je voulais saisir leurs justifications, observer comment ils s'y prenaient, évaluer le potentiel de généralisation de leurs désirs. Je me donnais pour tâche de transcrire et de porter leurs paroles. Ceci supposait de restituer leurs motifs en veillant à ne pas raconter uniquement ce qui me plaisait dans leur histoire, mais aussi à situer mes troubles à leur endroit. En somme, il s'agissait de raconter les puissances de cette rébellion mais aussi ses fragilités. Troubles, par exemple, quand je les ai vus basculer dans le désespoir, s'habituer à la violence, lâcher la rigueur de la justice devant la pression de la guerre, se recroqueviller progressivement dans une lecture religieuse et étroite de leurs conflits. J'y reviendrai plus tard. Ma curiosité était tout entière dirigée sur la façon dont ils affrontaient l'épreuve de la guerre, comment ils se protégeaient de la réalité lorsque celle-ci était difficile à assumer, comment ils s'arrangeaient avec une vie chaotique et profondément incertaine. C'était une façon de transformer un respect spontané en une attention analytique.

Le second aspect était éthique. Je me trouvais être le témoin momentané de leur lutte à mort. En 2012, il ne faisait aucun doute que leurs révolutions étaient disqualifiées dans nombre d'endroits du monde. On ne s'entretenait pas sérieusement sur les raisons qui conduisent une bonne partie d'un peuple à se soulever. On expliquait alors que nombre de combattants étrangers s'étaient rendus en Syrie. La révolution était envisagée presque exclusivement sous l'angle géopolitique. Les morts passaient inaperçus. Ils étaient effacés, sans visage, sans considération publique comme s'ils n'étaient pas dignes d'être pleurés[1]. Cette indifférence internationale à l'égard de la situation syrienne était symptomatique à la fois du mépris occidental à l'endroit du Proche-Orient mais aussi de la déréalisation de la violence militaire qu'employaient Bachar al-Assad et son armée. Quiconque a observé la révolution syrienne et sa transformation en une effroyable guerre ne peut être que frappé par l'histoire d'une « révolution orpheline[2] », d'un peuple massacré ou forcé à l'exil mais qui, en dépit des sévères tourments de la guerre et de l'immense asymétrie militaire, a persisté à lutter. C'est l'histoire d'un peuple exposé à la vue de tous et en même temps effacé de la scène politique, tant les motifs de cette révolution n'ont jamais été pris au sérieux. C'était un peuple mis sous censure, exposé au ressassement stéréotypé. Ces questions éthiques rejoignaient alors l'enjeu politique :

1. Judith Butler, *Ce qui fait une vie. Essai sur la violence, la guerre et le deuil*, Paris, Zones, 2010.
2. Ziad Majed, *Syrie. La révolution orpheline*, Arles, Sindbad/Actes Sud, 2014.

« exposer un peuple menacé de disparaître ». J'emprunte cette formule et cette idée à Georges Didi-Huberman. Dans son très bel ouvrage *Peuples exposés, peuples figurants* (Paris, Les Éditions de Minuit, 2012), il évoque l'exigence de l'apparaître. Or, j'ai toujours eu cette sensation persistante que ces rebelles souffraient d'un défaut d'exposition. D'ailleurs, ils ne cessaient de s'insurger contre les intentions politiques qu'on leur prêtait. Ils insistaient sur leur caractère hétérogène quand bien même certains groupes pouvaient former des projets plus précis. Pour eux, le moment de la confrontation quant à l'après-Bachar al-Assad était prématuré. Dans cet instant, ils étaient précipités dans une âpre et douloureuse lutte. Leurs existences étaient concrètement menacées. Chaque jour, la mort enlevait l'un d'eux. Leurs justifications étaient également menacées. En 2012 et les années suivantes, que retenait-on de ce peuple en « larmes », de ce peuple « en armes »[1] ?

C'est évidemment une tâche difficile que de faire apparaître un peuple dans le présent de la guerre. Il n'est pas aisé de voir, de trancher entre l'expérience véritable et la propagande. La guerre n'est pas le moment où les questions s'ouvrent. C'est plutôt le temps des certitudes. On ne combat pas dans le doute ou alors, on combat mal. Raconter la guerre en train de se faire suppose une écriture prudente. La guerre est une sorte de tunnel noir où la réalité est inquiète, troublée sinon sordide. À partir du moment où la réalité paraît confuse, elle oppose l'ethnographe à une crise de la cohérence du savoir sur la réalité. La confusion est d'abord matérielle : des ruines à perte de vue, un paysage instable jonché de débris non ordonnables, d'immenses colonnes de fumée qui noircissent le ciel, etc. La confusion est également entretenue par mon étrangeté vis-à-vis des combattants. Je dépendais d'eux pour ma survie. À partir de 2014, l'étrangeté était aussi corporelle. Ma qualité d'Européen pouvait gêner nos déplacements dans certaines zones, en particulier celles tenues par Al-Nosra. Il fallait alors me déguiser pour n'éveiller aucun soupçon. L'étrangeté était sociale et culturelle. Elle tenait aussi à la confusion de mon identification. J'ai été considéré comme un militant de la cause syrienne, un peu trop effrayé pour prendre les armes. J'ai surtout été regardé comme un journaliste, un chercheur, voire un agent des renseignements. Enfin, la confusion tenait aussi au fait que ma vie ordinaire se distinguait en tout point de celles des combattants. Ma présence était brève ; quelques semaines pour chaque voyage. Par conséquent, dans de telles conditions, un journal de Syrie ne doit pas feindre l'ordre, mais rendre la perception confuse et multiple du monde. Écrire revient à recomposer de la cohérence et du sens. Mais il importe de rappeler cette fragilité interprétative[2]. Il s'agit d'ouvrir un accès parcellaire et non-assuré à cette expérience.

Enfin, l'enjeu intellectuel s'est présenté à moi. Étudier la guerre dans le présent est une affaire délicate pour des raisons sécuritaires évidentes. Elle est généralement abordée sous l'angle stratégique et/ou économique. Ma présence sur place au milieu des combattants m'ouvrait la possibilité d'entrevoir le vécu intime de la guerre. Ma question générale était à la fois simple et tout à fait classique : comment des gens ordinaires – au sens où, pour la majorité, ils n'étaient aucunement préparés à la guerre – se laissent aisément convaincre d'exposer leur vie au nom d'une cause politique et acceptent de tuer d'autres personnes. Au fur et à mesure de mes séjours auprès des combattants, j'étais convaincu que je ne pouvais pas me contenter d'étudier leurs rationalités

1. Georges Didi-Huberman, *Peuples en larmes, peuples en armes*, Paris, Les Éditions de Minuit, 2016.
2. Michel Naepels, *Dans la détresse. Une anthropologie de la vulnérabilité*, Paris, Éditions de l'EHESS, 2019.

et leurs justifications. Il me fallait déplacer le regard pour savoir comment ils en étaient arrivés là et quel aménagement du monde les retenait dans ces dispositions guerrières. Il me fallait alors porter mon attention au monde sensible, c'est-à-dire aux manières qu'avaient les combattants d'accueillir et de vivre la violence, d'éprouver cette confrontation inégalitaire au pouvoir, leurs modalités de révolte face à l'intolérable. Dans chacun de mes voyages, j'entretenais avec les combattants un rapport concret, amical, solidaire quand bien même leurs vues politiques ne coïncidaient pas toujours avec les miennes. Cela ne m'importait pas. L'essentiel était de ne pas avoir une connaissance abstraite d'eux. Je voulais les approcher dans leur quotidienneté, dans leurs maisons lorsqu'ils étaient en repos, auprès de leurs familles ou encore sur le front dans les moments les plus intenses. Évidemment, je n'ai jamais été des leurs. Mais, souvent, il était arrivé des situations critiques qui nous avaient considérablement rapprochés. Par exemple, en avril 2014, près de Hama, nous prenions un thé tranquillement dans une maison qui accueillait une partie de la brigade. Il faisait déjà nuit. Je m'étais lancé dans un « entretien sociologique » avec un combattant lorsqu'un jeune garçon, d'à peine 14 ans, nous informa que d'après les informations qui étaient communiquées dans le talkie-walkie, un avion MiG arriverait dans la zone d'ici à cinq minutes. C'était la première fois que je les voyais inquiets. Nous sortîmes de la maison. Pour calmer mon anxiété, je m'allumais une cigarette dans la nuit noire. Les combattants me prièrent de l'éteindre car cela pourrait nous rendre visibles de l'avion. Nous nous allongeâmes dans un champ, face contre le sol, chacun espacé d'une dizaine de mètres. Puis, on entendit l'avion approcher, le moteur bourdonner. Il tournait autour de notre tête. On ne voyait rien. Il nous fallait seulement écouter. Les bombardements de nuit sont bien plus angoissants car, sous l'effet d'un mécanisme physique qui m'est inconnu, si on entend le sifflement du baril qui chute dans le ciel, cela signifie que nous ne sommes pas en danger. Si nous n'entendons rien, il est possiblement sur nous. Ces quelques minutes étaient redoutables car nous étions suspendus à l'écoute du moteur de l'avion dont le son s'approchait dangereusement et à l'espoir d'entendre ce si singulier sifflement qui précède l'explosion puis la reprise en altitude de l'avion. Une fois le danger passé, le soulagement était collectif. Momentanément, notre condition initiale était suspendue et la solidarité évidente.

Au contact de cette expérience quotidienne avec les combattants, ma question de recherche s'était progressivement précisée : elle était d'examiner les formes de subjectivation au cœur de situations durables de violence, dans l'actualité de la guerre. En d'autres termes, il s'agissait de s'intéresser aux effets subjectifs d'une exposition à la violence. Il se trouve, qu'entre 2012 et 2018, je constatais une évolution significative du climat moral des combattants, de leur rapport à eux-mêmes et au monde.

Le temps de l'exaltation

Le premier temps était celui de l'exaltation. La guerre attire. Parfois même, elle subjugue tant elle réorganise la vie. Elle est vécue comme une aventure existentielle de toute importance. Bien que problématique, cette idée, issue de la tradition romantique, est ancienne. Elle a largement été pensée par Ernst Jünger mais aussi, de façon plus méthodique, par Roger Caillois[1] et bien d'autres. La guerre vient briser la monotonie des jours d'autrefois. Elle bouleverse la tranquillité et le confort. Elle est vécue

1. Roger Caillois, *Bellone ou la Pente de la guerre*, Paris, Flammarion, 2012.

comme la source d'un retour au sens de l'existence[1]. En 2012, les combattants affirmaient clairement le caractère inédit de leur entreprise. Certes, ils éprouvaient la violence. Certains prenaient goût à manipuler des armes, à s'organiser pour combattre et à incarner cette figure du « combattant pour la liberté ». Mais, en dehors de cette fascination guerrière, tous étaient animés par la conviction que leur entreprise perçait les devenirs. Certes, leurs vies étaient constamment menacées. Cependant, ils se convainquaient d'œuvrer pour une « nouvelle Syrie ». Leur engagement dans la révolution transforma leur vie. Les combattants avaient l'assurance de leur utilité. Dans les villages que nous traversions, ils étaient traités en héros, salués, félicités et vigoureusement encouragés. De façon générale, nous savons qu'un combattant gagne en importance dans la vie sociale. Il s'occupe de tâches dont il était autrefois exclu. La guerre offre des carrières. Par exemple, Abou Rashed était agriculteur avant la révolution. En quelques semaines, il était devenu responsable de la cellule de communication de la ville d'Azaz. Il n'était pas peu fier de sa nouvelle fonction. Il collectionnait les cartes de visite des journalistes du monde entier. Il devenait l'interlocuteur du monde. Abou Rahman, étudiant, devenait cameraman. Il filmait et documentait les combats. Il écrivait l'histoire. Abou Mahmoud, jeune pharmacien, était devenu chirurgien en quelques mois. L'ascension sociale, autrefois inespérée, devenait soudainement possible.

L'exaltation tenait aussi aux conversations entre chacun. Le sentiment de vivre une expérience révolutionnaire libérait la parole. Les nuits étaient sans repos. Durant de longues heures, les combattants s'adonnaient passionnément à des conversations politiques alors qu'autrefois, ils se l'interdisaient par peur du pouvoir, des Renseignements et des représailles. Au fur et à mesure de ces échanges passionnés, ils s'appropriaient à nouveau les affaires du monde. Ils le commentaient et adressaient sérieusement leurs avis sur tous les enjeux internationaux. La guerre donnait ce sentiment singulier et enthousiasmant d'être un « sujet de l'histoire ». Elle permettait également à chacun d'accéder à une vérité nouvelle et à une intelligence quant à la place qu'il occupait dans le monde. Le combattant découvrait la force bouleversante de l'engagement pour une cause. En ce sens, comme l'avait affirmé déjà Ernst Jünger, la guerre fait advenir un nouveau « Je ». Sa vie quotidienne est bouleversée ; ses finalités, sa forme de vie, ses rapports de sociabilités, ses paysages. L'existence devient justifiée. Elle peut s'affirmer alors qu'autrefois, elle était sans envergure. L'engagement dans le monde est dorénavant doté d'un sens, d'une finalité. Le sentiment d'impuissance faiblit. L'adversaire autrefois craint et insaisissable est désormais reconnu et il est possible de le saisir à la gorge.

Être « sujet de l'histoire ». Il s'agit d'un sentiment singulier et rare. Les combattants, dont la vie d'autrefois était indifférente, deviennent désormais des êtres qui affectent le monde. Ils perçoivent immédiatement les effets de leurs actes et les résultats de leurs efforts. L'effondrement du monde, par la destruction et les villes en ruine, advient à la perception. Roger Caillois expliquait qu'il y a de « la joie dans l'anéantissement [...] d'être le témoin en même temps que l'acteur de l'effondrement du monde[2] ». L'expérience est perceptuelle. À plusieurs reprises, il m'était arrivé de m'asseoir avec eux sur un tas de ruines, légèrement en hauteur par rapport au paysage. En silence, sans être triste ni joyeux, nous voyions s'amonceler les nuées sur ces villes détruites. Quelque chose de sensible nous traversait comme si

1. Ernst Jünger, *La Guerre comme expérience intérieure*, Paris, Christian Bourgois éditeur, 2012.
2. Roger Caillois, *Bellone ou la Pente de la guerre*, *op. cit.*, p. 114.

nous percevions l'altération de la stabilité du monde. L'effondrement du monde se faisait avec fracas et non de façon lente et imperceptible comme nous en avons habituellement l'expérience. Pour citer encore Roger Caillois, « le retour au chaos apparaît en même temps comme une épreuve qui fortifie et qui exalte. Il restitue l'homme, les forces et les choses à la vérité et à la jeunesse[1]. »

L'enthousiasme des débuts tenait évidemment au caractère révolutionnaire de leur lutte. Je dois confier, qu'aux côtés des combattants, je me laissais gagner par cette effervescence collective en dépit des douleurs de la lutte. En juillet 2012, chacun était animé par la conviction que Bachar al-Assad chuterait. Les combattants l'évoquaient souvent. Ils le pressentaient dans un avenir proche. Aucun d'eux n'était en mesure d'anticiper les aventures terribles qui se préparaient. C'est là le propre d'une expérience révolutionnaire. Elle ouvre aux espérances de toute sorte avec une inconscience à peu près totale. Le climat moral était enthousiaste en dépit de l'immense asymétrie militaire avec l'armée régulière. En son temps, Henri Lefebvre soulignait bien comment le désir révolutionnaire exprime cette image scintillante de l'avenir, ce proche du merveilleux et du recommencement en même temps qu'il est susceptible de perdre en lucidité[2]. Dans le contexte syrien, il manquait sans doute à l'extase révolutionnaire les moyens matériels de s'exprimer politiquement. Certes, quelques groupes politiques avaient quelques plans sur l'avenir. Mais les combattants ordinaires ne l'évoquaient jamais. Il me semblait qu'ils n'avaient pas d'horizon, c'est-à-dire qu'ils n'avaient pas un sens plus précis d'un ordre neuf pour que l'ordre établi soit effectivement renversé. La percée des brigades dites « islamistes » a comblé ce vide.

Désespoirs

En avril puis en septembre 2014, je retournais en Syrie avec le cinéaste et ami Laurent Lhermite. Notre but était de réaliser un documentaire dans les environs de Hama. Nous nous rendions alors dans une nouvelle brigade qui se présentait comme affiliée au Front islamique. Les combats avec l'armée régulière étaient intenses, en particulier dans la ville de Murek où nous passions la plupart de notre temps. Les attaques par le ciel étaient quotidiennes. L'ambiance était tendue. Les combattants me paraissaient usés, cernés et vieillis. De façon claire, l'effervescence révolutionnaire n'était plus. Le désespoir semblait les gagner. J'entendais beaucoup moins parler de Bachar al-Assad. L'espoir de vaincre était perdu. La guerre ne suscitait plus d'enthousiasme. Le soutien populaire paraissait faiblir. Les combattants ne se vivaient plus comme des héros mais comme des vaincus dont l'horizon unique était de mourir. On ne comptait plus les morts. C'est comme si, par lassitude et habitude, on ne les pleurait plus. On passait d'une projection à une autre. Lorsqu'ils étaient convaincus de l'expérience révolutionnaire et de son succès imminent, les combattants projetaient un futur. Désormais, l'amertume gagnait chacun. Le conflit se confessionnalisait même si personne ne l'exprimait clairement. Ils s'habituaient à la violence. L'ennemi était plus fort. Il était insaisissable. Lorsqu'un combattant ennemi était capturé, les règles de justice n'avaient plus cours. La vengeance était un sentiment vif. Ce glissement se comprenait aisément.

1. *Ibid.*, p. 227.

2. Henri Lefebvre, *Critique de la vie quotidienne*, 3 vol., tome I. *Introduction* ; tome II : *Fondements d'une sociologie de la quotidienneté* ; tome III : *De la modernité au modernisme (Pour une métaphilosophie du quotidien)*, Paris, L'Arche, coll. « Le sens de la marche », 1958 (t. I), 1961 (t. II), 1981 (t. III).

Ils s'exposaient durablement à une expérience de l'effondrement du monde. Le désastre subjectif gagnait de plus en plus de combattants.

Dans un de mes premiers articles[1], j'expliquais que la guerre était une expérience concrète de l'effondrement du monde. Le rapport au monde devient non assuré au sens où les repères qui habituellement stabilisent la vie psychique sont précaires[2]. Les ordres qui organisent le quotidien sont instables ; il n'y a plus de routine. Les combattants changent de maison comme de souliers. Les villes deviennent des lieux incertains soumis aux aléas des destructions humaines. La mort frappe l'entourage proche. En 2014, non loin de Murek, nous séjournions dans une maison avec quelques combattants. Nous avions un semblant de routine. Chaque matin, nous accompagnions Abou Hassan dans la ferme voisine située à quelques centaines de mètres de là. Nous nous approvisionnions en lait. La ferme était des plus classiques. Nous accomplissions un geste du quotidien, banal, heureux et léger. Il formait la texture du quotidien. Seulement, un matin, nous arrivâmes sur place. Nous constatâmes avec stupeur la destruction totale de la ferme au cours d'un bombardement nocturne. Il n'en restait qu'un amas de débris et quelques colonnes de béton qui avaient résisté. Abou Hassan n'avait pas notre stupéfaction. Il avait un visage à la fois habitué à ce genre d'expérience et résigné. La désorientation était pour eux une affaire quotidienne. Cet effondrement du monde se manifestait concrètement dans la configuration matérielle de l'espace (paysages dévastés, destructions matérielles, omniprésence des ruines) ou dans la reconduite quotidienne de l'expérience de la perte humaine (banalisation de la violence et de la mort, coupure paranoïaque avec le reste du monde).

Dans le contexte syrien, cette exposition à la violence était d'une importance telle que les combattants oubliaient les jours d'autrefois, d'avant la guerre. En 2014, quelques jours après notre séjour en Syrie, je discutai par téléphone avec Abou Ibrahim, un combattant qui nous était proche. J'étais à Paris, devant la gare Montparnasse. Nous prenions des nouvelles de l'un et de l'autre comme il nous arrivait souvent de le faire. Abou Ibrahim me demanda de prendre une photo de l'endroit où j'étais. Je m'exécutai sans vraiment prêter d'attention à l'endroit que je photographiais. Dans la photo, on voyait une terrasse de café assez peuplée, des gens qui marchaient à la hâte dans la rue, la circulation du trafic urbain. Je la lui envoyai. Sa réaction me bouleversa : « J'avais oublié que ça existait une vie comme celle-là, la vie que l'on menait avant. » Il ajouta une émoticône de tristesse pour m'indiquer la peine qu'il ressentait dans cette confrontation à la vie normale.

De toute évidence, la guerre précipitait chacun dans une expérience du chaos, de déliaison, d'intenses adversités sans qu'aucun horizon ne puisse raisonnablement être réfléchi. Ils s'habituaient à cet état de dénuement. Ils retissaient de l'ordinaire, s'organisaient pour vivre « malgré tout ». Mais la normalité n'était jamais possible. Pour Michel Naepels, la normalité commence par le fait de se trouver un lit, de quotidiennement prendre soin de soi (se laver, se nourrir)[3]. Or la guerre empêche les possibilités mêmes de ces gestes simples. Les combattants sont tenus de vivre une vie incertaine. La fréquentation quotidienne de

1. Romain Huët, « Quand les "malheureux" deviennent des "enragés". Ethnographie de *mujâhidîn* syriens, (2012-2014) », *Culture et conflits*, n° 97, printemps 2015, p. 31-75.

2. Cette réflexion sur l'effondrement du monde est inspirée par les réflexions d'Hannah Arendt à propos de la guerre. Voir notamment Myriam Revault d'Allonnes, « Hannah Arendt, le mal banal, la guerre totale », *Espaces Temps*, n° 71-73, 1999, p. 69-83.

3. Michel Naepels, *Dans la détresse. Une anthropologie de la vulnérabilité, op. cit.*

la violence et de ses effets ajoute au désastre subjectif du combattant. Cette exposition continue à la violence et à l'effondrement du monde suspend la vie : la possibilité d'imaginer un futur, la possibilité de penser ce qui est en train de se passer, le passé, etc. Le monde est verrouillé au point qu'il est extrêmement difficile de penser la sortie de la violence[1].

Enlisement

Le combattant était enfermé dans la guerre. Cet enfermement se comprenait de plusieurs manières. Premièrement, sortir de la guerre engendrerait un coût subjectif ; renoncer à ce vers quoi l'individu s'était précipité avec espoirs et enthousiasmes en y risquant sa vie. Deuxièmement, le problème était matériel. En 2018, comment pouvaient-ils retourner à la vie civile et dans quelles conditions matérielles ? Comment redevenir invisible et renoncer aux bénéfices symboliques que possédait un combattant ? Lors de mon dernier séjour en 2018 à Manbij, je constatais ce difficile arrachement à la guerre. Je m'étais intégré au sein d'un tout autre contexte. Il s'agissait d'une brigade arabe, Jaysh al-Thuwwâr, alliée aux Kurdes. Il n'y avait guère de combats pendant tout mon séjour à l'exception de quelques affrontements sporadiques avec les forces turques situées à 1 kilomètre de notre position. Les combattants s'ennuyaient. Ils ne pouvaient prendre aucune initiative car toutes les décisions résultaient des forces kurdes et occidentales. Ils se trouvaient alors dans une alliance qui les dépossédait de leur propre guerre. Je voyais des combattants s'ennuyer, attendre sans enthousiasme, tuer le temps comme ils le pouvaient, profondément désespérés par la situation. Un jeune combattant me confiait avec dépit et secrètement qu'il songeait à rejoindre l'armée régulière de Bachar al-Assad car il ne se figurait aucun avenir. C'était évidemment un sujet tabou bien que partagé par plusieurs d'entre eux. Cette pensée était condamnée à rester inavouée. Cette figure lasse du combattant n'avait plus de commun rapport avec l'image d'un combattant héroïque, dispendieux, généreux et glorieux. Ils étaient devenus plus sobres, plus professionnels, plus formels. La guerre était devenue leur métier. Ils ne tenaient plus ensemble en raison d'un enthousiasme commun mais par habitude et devoir alors même qu'ils n'en percevaient pas toujours le sens puisque les décisions dépendaient de l'extérieur. Ils s'en tenaient à des pronostics abstraits sur l'attitude de tel ou tel pays. Seulement, ils étaient convaincus qu'ils quitteraient Manbij sans mener le moindre combat.

Ce fut effectivement le cas en juin 2018 soit un mois après notre séjour. Dans cette configuration, il n'y a plus d'expériences intenses et de limites. Il s'agit plutôt d'un engagement formel dans ce qui va de soi. Progressivement, le sentiment des nécessités politiques déclinait jusqu'à les rendre imperceptibles. Le conflit devenait moins l'affaire d'une population que d'une minorité de spécialistes dont la vie économique et la carrière dépendaient de la continuation de la guerre. À Manbij, je ne voyais ni haine ni enthousiasme. La guerre devenait une entreprise. Elle était molle ; une affaire de routine. Dès lors, comment désirer la guerre quand il n'y a plus rien à gagner au point que chacun ignorait la situation qui le rendrait victorieux. Le problème de Jaysh al-Thuwwâr était évident : la guerre servait le politique mais le politique était hors de leur portée. La guerre n'avait plus de

1. Séminaire de la plate-forme « Violence et sortie de la violence », co-animé par Michel Wieviorka, Jean-Pierre Dozon, Pierre Conesa, Fahrad Khosrokhavar et Yvon Le Bot, organisé par Sabrina Melenotte et Michel Zumkir, Paris, 21 février 2019 : https://www.fmsh.fr/fr/recherche/24279.

dessein final. Son développement n'était pas seulement indéterminé. Il n'avait plus de contours. La guerre était la conséquence de décisions prises par d'autres et qui demeuraient d'ailleurs pour les combattants largement inintelligibles. Les gains subjectifs, particulièrement éclatants au commencement de la guerre, n'étaient plus.

Ouverture et clôture du monde

Je voudrais terminer ce journal en formulant une hypothèse plus analytique qui m'a été inspirée par ces expériences. Celle-ci porte sur les conséquences de la guerre dans la subjectivité des combattants. En particulier, j'aimerais saisir comment les formes de normalité hantées par la guerre se répercutent sur la subjectivité. Or, il apparaît clairement qu'à son commencement, la guerre était l'occasion d'une radicale épreuve subjective. Les combattants étaient saisis par des ambitions révolutionnaires. Ils étaient traversés par toutes sortes d'affects, de passions, de désirs qui s'exprimaient dans nombre de combats dont ils sortaient parfois victorieux. Cette vie dans l'intensité révolutionnaire contrastait avec le temps d'avant la révolution. À l'époque, ils m'expliquaient qu'ils occupaient des rôles fonctionnels au sens où ils faisaient les choses pour les faire, sans trop y penser. Ils travaillaient pour nourrir leurs familles et pour s'assurer une vie décente mais sans songer à affecter le monde. La guerre provoquait une rupture profonde ; elle répondait à la dévitalisation en créant nombre de situations de dépassement de soi. Ils avaient une prise sur le monde. À ce moment-là, comme dans la plupart des configurations révolutionnaires, la guerre était un vecteur de subjectivation. Elle modifiait le rapport à soi. Elle les faisait songer à la possibilité de transformer le monde. Ils se réfléchissaient en même temps qu'ils s'autorisaient à imaginer la société de demain. Ils énonçaient collectivement les torts qu'ils avaient subis sous le gouvernement de Bachar al-Assad (tortures, emprisonnements arbitraires, surveillance, corruption, etc.). Ils étaient acquis à l'idée que leur passé était intolérable et inacceptable. Par la violence, mais pas seulement, ils tentaient de se défaire de ces entraves. Cette première phase existentielle était travaillée par un continuum d'intensités : la quotidienneté était bouleversée, la vie prenait un tout autre sens, les sociabilités étaient extrêmement fortes et intenses. Le combattant habitait le monde avec une intensité stupéfiante.

Seulement, cette expérience ne dura qu'un temps. Rapidement, elle désorienta. Les horizons victorieux se bouchèrent. La guerre traînait. Les morts s'accumulaient. La douleur touchait tout un chacun. Les combattants s'installaient dans une « béance chaotique[1] ». Il devenait alors nécessaire de maîtriser le chaos. Cette maîtrise se réalisa par des opérations de réductions cognitives, c'est-à-dire par une lecture simplifiée et naturalisée du réel. En 2014, et sans doute depuis quelques mois déjà, les combattants ne parlaient plus de leurs ambitions révolutionnaires. Ils naturalisaient leurs engagements : « On n'avait pas le choix », me disaient-ils à plusieurs reprises. Le rapport au réel se rétrécissait et se rigidifiait. Cette rigidification du réel passait notamment par la production de textes, par la diffusion de vidéos ou la circulation de discours qui n'étaient ni plus ni moins que des processus de réduction chaotique. La maîtrise du sens de la guerre ouvre à une simplification extrême des enjeux. Il fallait expliquer la guerre, aiguiser l'ardeur des combattants, les aider à faire face au réel. La mort était mystifiée. Le motif de la lutte tendait à se polariser autour des nécessités religieuses.

1. Félix Guattari, *Chaosmose*, Paris, Galilée, 1992.

Les combattants se coupaient du monde. Ils se persuadaient qu'ils étaient « seuls contre tous ». La vie de groupe, en totale promiscuité les uns avec les autres loin de leurs univers familiaux, s'ajoutait à cette rigidification. La quotidienneté de la guerre tuait les questions. Elle suspendait la vie en même temps qu'elle offrait à chacun des rôles, des points de vue, des comportements de soumission, des carrières, des occasions de découverte ou de perfectionnement de capacités. L'enlisement dans la guerre n'avait plus rien d'émancipateur. La subjectivité était rabattue sur un univers de valeurs replié sur lui-même. Sur ce point, la rigidification du rapport au religieux et le succès des entreprises islamiques commencèrent là où l'ambition révolutionnaire déclinait. La vision du monde se manichéisait et se tendait. D'une certaine manière, elle se stérilisait. Le recours à des instances transcendantes et omnipotentes (Dieu, la codification rigide de la vie, la distinction systématique du bien et du mal) appauvrissait radicalement les bifurcations ontologiques engendrées par les débuts de la guerre. En d'autres termes, la subjectivité se rigidifiait en tant que le sujet n'avait plus de prise sur les valeurs qui avaient présidé à son engagement initial. En somme, cette rigidification du réel expropriait les sujets de leur ouverture constitutive au monde. Dans le langage de Félix Guattari, il y a une reterritorialisation conservatrice de la subjectivité en particulier autour d'une interprétation crispée de la tradition islamique. Sur ce point encore, pour beaucoup, le recours au motif religieux ne constituait pas une revendication. Il était une conséquence et une réponse au désarroi de la guerre, à la violence, aux exils forcés, à la mort et à la désorientation quotidienne. Cette contemporanéité avec l'effondrement du monde favorisait de tels mouvements crispés de subjectivation. Il s'agissait là d'une tentative vaine de repossession de ce qui se dérobait à chacun.

En d'autres termes, cette hypothèse, que j'avais déjà formulée dans une publication antérieure, indique que les combattants sont enclins à avoir recours à des mythes pour rendre acceptable, voire désirable, l'épouvante. On reconnaîtra que cette explication est insuffisante. On pourrait même supposer qu'il n'y a aucune raison de croire que les combattants qui ont rejoint les entreprises islamistes ou les candidats étrangers au djihad sont nécessairement des êtres atomisés, manipulables et totalement sous l'emprise de l'idéologie religieuse. Cependant, l'attachement absolu au mythe religieux constitue bien, pour une frange significative des combattants, non seulement un facteur d'engagement mais, plus encore, une manière de dépotentialiser l'horreur que le réel de la guerre inspire. Le motif religieux constitue alors une ressource de sens alors que le monde apparaît comme absurde, voire comme totalement injustifié dans sa forme actuelle. Non seulement, la médiation religieuse rendrait intelligible ce qui est absurde, injuste et dépourvu de sens, mais irait également plus loin. Elle permettrait ainsi de domestiquer l'inquiétant et l'indéterminé.

Des geôles des *chabbîha* aux geôles de Jaysh al-Islam

Témoignage de Hussam Alnhar

Je suis connu comme média-activiste syrien et défenseur des droits humains sous le pseudonyme de Hussam Alnhar. À partir d'avril 2011, je me suis joint aux manifestations contre le régime de Bachar al-Assad à Douma. En juin, j'ai commencé à documenter les manifestations (vidéos *live* et photos) pour la Coordination de la municipalité. Lorsque, le 9 décembre 2011, l'armée gouvernementale a pris position dans la ville, des ***checkpoints*** ont été mis en place dans de nombreux endroits stratégiques. J'ai quitté mon emploi car, en raison de ma participation aux manifestations, je craignais d'être reconnu et arrêté au ***checkpoint*** installé à l'entrée de la mairie. Cette présence militaire massive a fait qu'un grand nombre d'arrestations ont eu lieu et la situation s'est dégradée rapidement. C'est pourquoi, en janvier 2012, j'ai déménagé à Al-Tadamun, un quartier de Damas réputé pro-régime et donc moins surveillé.

Février-septembre 2012 : une longue disparition forcée aux mains des *chabbîha*

Mais le 14 février, le bus dans lequel je me trouvais a été contrôlé à un ***checkpoint*** tenu par des ***chabbîha***[1]. Ils m'ont arrêté au motif que je suis natif de Douma (le lieu de naissance est mentionné sur les pièces d'identité) et que, selon eux, tous les habitants de cette ville sont des rebelles. Ces miliciens, qui n'avaient auparavant pas de statut officiel, étaient désormais rattachés aux services des branches sécuritaires sous le nom de « comités populaires » : ils avaient droit de vie et de mort sur les citoyens et étaient même considérés, en raison de leur affiliation aux services de sécurité, comme au-dessus des militaires et de la police dans la hiérarchie du système de répression du régime[2].

Après leur déploiement dans les quartiers de Damas, ces milices ont réquisitionné des appartements au voisinage du ***checkpoint***. J'ai été emmené dans l'un d'eux, constitué d'un salon, et de trois chambres dont deux, d'environ 9 mètres carrés, servaient de cellule. Généralement, la durée d'emprisonnement variait de quelques heures à plusieurs jours. Les personnes dont la détention dépassait les quinze jours étaient livrées à l'armée ou aux forces de sécurité. Mais, pour ma part, je suis resté détenu pendant sept mois.

La distribution des repas, constitués de sandwichs, n'était pas régulière. Nous pouvions parfois avoir un ou deux repas quotidiens et, d'autres fois, rien pendant plusieurs jours. Les tortures ont débuté douze jours après mon arrestation. Une séance hebdomadaire qui

1. Voir dans la première partie, chap. 3, l'article de Yassin al-Haj Saleh, « Les *chabbîha* et leur État ».
2. Quand ils seront admis comme supplétifs de l'armée, ces *chabbîha* porteront le nom de Forces de défense populaires (ou nationales). Tout en servant le régime, ils continueront de s'impliquer dans différentes activités illégales (trafic de drogues, prostitution, kidnapping…).

durait deux à trois heures. J'avais les yeux bandés, mais je pense qu'ils étaient trois ou quatre à me battre avec des câbles électriques et des bâtons. Il n'y avait pas d'interrogatoire. Leur objectif semblait juste de me terroriser et de me briser. Pour tenter de mettre un terme à la situation, environ deux mois après mon arrestation, j'ai fini par leur proposer de contacter mon frère Ahmad et de lui demander une rançon en échange de ma libération. Ils lui ont réclamé 20 000 dollars, une somme que mon frère était dans l'incapacité de réunir. Il a tenté de négocier avec eux. Pour accentuer la pression, mes geôliers ont redoublé d'agressivité, allant jusqu'à l'appeler en visio au cours des séances de torture pour lui réclamer leur rançon. Lors d'un de ces appels, l'un d'eux a tiré une balle de revolver dans mon genou. Mon bourreau s'est ensuite improvisé « médecin » et, sans anesthésie, tandis que deux autres ***chabbîha*** me maintenaient, c'est lui qui s'est chargé d'extraire la balle de ma jambe. La cicatrisation a traîné ensuite trois mois, avec des douleurs rendues insoutenables par de multiples infections. J'en ai gardé la cicatrice. Finalement, au début du mois de septembre 2012, mon frère a réussi à réunir la moitié de la rançon et à obtenir en échange ma libération.

Retour à Douma

Je suis ensuite retourné à Douma où je me suis installé chez mon frère et ma mère qui, suite à des bombardements, avaient entre-temps déménagé dans un autre quartier (Massaken). Mon frère, qui avait conservé un emploi, subvenait aux besoins de la famille. En décembre 2012, j'ai rejoint le comité local de la ville, qui venait d'être créé, et je participais aux distributions alimentaires et de médicaments. Je suis resté au comité local où j'étais salarié jusqu'à la fin de l'année 2014. Et comme toutes les personnes engagées dans la révolution à Douma, j'étais polyvalent. J'ai repris mon engagement de documentation au sein la Coordination de la ville de Douma ; j'ai collaboré ponctuellement avec le Centre de documentation des violations en Syrie (VDC), où j'étais chargé de vérifier et de recouper des informations de personnes qui étaient sur le terrain et de différents conseils locaux ; j'ai aussi informé l'opinion publique à l'étranger, via ma page Facebook (sous mon premier pseudo Khaled al-Fida) et en collaborant avec des journalistes étrangers ; j'ai témoigné sur les conditions de ma détention et celles de mes codétenus ; j'ai également travaillé sur les combats internes entre factions militaires dans la Ghouta orientale, sur les agressions contre des civils et des organisations de la société civile par les groupes armés radicaux présents dans la région de la Ghouta orientale, en particulier Daech, Jabhat al-Nosra et Jaysh al-Islam. Mes critiques à l'encontre de ces derniers m'ont valu d'être menacé de mort par un de leurs combattants.

Janvier-septembre 2015 : incarcération par Jaysh al-Islam

Le 4 janvier 2015, à 4 heures du matin, des hommes en armes ont forcé la porte de mon domicile. Ils avaient déjà arrêté mon frère Ahmad qui habitait dans le même immeuble. Ils nous ont conduits dans un centre de Jaysh al-Islam, un local qui avait appartenu auparavant à l'Organisation pour l'alimentation et l'agriculture (FAO). Au cours de l'arrestation à mon domicile, mes effets personnels et mon matériel informatique dans lequel se trouvait mon travail de documentation ont été confisqués. Les chefs d'accusation qui m'ont été reprochés étaient : abus d'alcool, fornication, activité médiatique, insulte et diffamation des dirigeants de Jaysh al-Islam. J'ai été condamné sans procès à la détention pour une durée indéterminée.

Encore aujourd'hui, je reste traumatisé jusque dans mon sommeil, agité de cauchemars et de réveils en sursaut, par la sauvagerie avec laquelle mon frère et moi nous avons été traités. Ces gens sont persuadés qu'en suppliciant des « mécréants » ils font preuve de rectitude morale vis-à-vis de Dieu et, qu'en plus de briser notre volonté, ils obtiendront ainsi une meilleure place au paradis. La torture a commencé dès mon arrivée, pendant plusieurs heures, pour me contraindre à leur donner mes codes et mes mots de passe pour fouiller dans mon ordinateur et mon téléphone. Durant ce premier interrogatoire, ils ont également cherché à obtenir des informations sur les personnes avec lesquelles je travaillais. Puis des périodes d'accalmie, qui pouvaient durer des mois, ont alterné avec de nouvelles séances de torture, plusieurs jours d'affilée, sans discontinuer et jusqu'à la perte de conscience. Ils me frappaient sur tout le corps et le visage avec des câbles électriques et des tuyaux de canalisation. Un jour, ils ont essayé de me casser les doigts. J'ai aussi été suspendu par les mains au plafond pendant plusieurs jours, les pieds ne touchant pas le sol. Lors des supplices, ils me mettaient un sac sur la tête pour que je ne puisse pas les voir. Ils nous torturaient alternativement mon frère et moi, et seuls nos cris permettaient de savoir que nous étions l'un et l'autre toujours en vie.

Durant les quatre premiers mois j'ai toujours été détenu seul et on m'a fait passer dans différents lieux de détention du réseau al-Towba dans la Ghouta orientale. Les cinq mois suivants, je suis resté dans une cellule collective avec huit autres détenus, des combattants et des activistes. À cette époque, j'ai enfin pu recevoir la visite de ma mère. Elle a pu venir me voir deux fois dans un lieu différent de la prison, où nous étions emmenés, afin que l'emplacement de notre prison restât secret. Par la suite, j'ai appris qu'elle se situait à Irbin. Des membres du régime y étaient aussi détenus. Ils étaient utilisés comme boucliers humains lors d'opérations militaires.

Les relations entre Jaysh al-Islam et le régime sont pourtant ambiguës. Après la chute de la Ghouta, une partie de ses combattants iront se réfugier dans la région d'Idlib et se joindront à l'Armée syrienne libre mais une autre partie de ses membres pactisera avec le régime et certains se mettront à son service. Son chef, Zahran Allouche, emprisonné pour son activisme dans les réseaux de prédication salafiste, avait été libéré à la suite de l'amnistie prononcée par Bachar al-Assad au début de la révolution de 2011. Tout comme Abou Muhammad al-Jolani, futur chef du Front al-Nosra, et d'autres islamistes (Ghassan Aboud, Abou-Issa al-Cheikh...). En 2014, après l'incorporation de plusieurs autres mouvements rebelles, Jaysh al-Islam représentait avec l'alliance du Front islamique (2013-2016) la plus grande formation islamiste armée en Syrie, rivale de Daech. Ses exactions sont au cœur même de son fonctionnement : arrestations et enlèvements, tortures, disparitions forcées, exécutions sommaires, massacres de civils, utilisation d'enfants-soldats, recours à des boucliers humains.

J'ai été en présence de Zahran Allouche à trois reprises. Le 4 janvier 2015, lorsque, accompagné de son état-major, il a supervisé une séance de torture de plusieurs heures, infligée à un groupe de prisonniers dont je faisais partie. Une dizaine de jours plus tard, il est revenu superviser un nouvel interrogatoire. Enfin, le jour de ma libération, en septembre 2015, il est venu à « la Caverne » (Al-Kahf) où on nous avait emmenés. Il m'a dit que j'étais libéré afin que ma mère ne reste plus seule. Mon frère, lui, est resté incarcéré encore une année de plus, jusqu'en octobre 2016.

Avant mon départ de la prison, j'ai été contraint de signer un engagement m'interdisant de publier une quelconque critique de Jaysh al-Islam, m'obligeant à quitter le domaine des médias et à ne participer à aucune autre activité civile. Pendant les trois premiers mois, je me suis fait discret car mes déplacements étaient étroitement surveillés. Mais, lorsque leur contrôle s'est relâché, les violences que j'avais subies n'ont fait que renforcer ma motivation à dénoncer leurs crimes.

À partir de décembre 2015, j'ai repris clandestinement mes activités via la messagerie Telegram sous le pseudo Hussam Alnhar, et j'ai commencé à collaborer avec l'association humanitaire Swa'adna Alsouria, où j'ai témoigné sur les conditions de détention dans les prisons de Jaysh al-Islam. Je documentais également les violations du régime et des factions armées présentes dans la Ghouta orientale.

Octobre 2017-mars 2018 : seconde incarcération par Jaysh al-Islam

En août 2017, j'ai monté un commerce de matériaux de construction entre les zones sous contrôle de Jaysh al-Islam et les zones sous contrôle de Faylaq al-Rahman, une faction de l'Armée syrienne libre. Le 17 octobre 2017, lors d'un de mes déplacements, j'ai été arrêté à un ***checkpoint*** par des hommes de Jaysh al-Islam et à nouveau placé en détention pour « une durée indéterminée ». J'y suis resté six mois.

Ils ont trouvé dans mon téléphone un rapport sur lequel j'étais en train de travailler à propos de leur utilisation d'enfants-soldats. Le nom du responsable de leur recrutement était mentionné ainsi que des informations concernant des exécutions de civils. Cette documentation était destinée à un avocat travaillant en France. J'ai été une nouvelle fois déplacé dans plusieurs prisons secrètes reliées entre elles par des tunnels, et à nouveau soumis aux mêmes effroyables tortures que lors de ma précédente incarcération. Nous étions nourris de façon aléatoire avec le boulgour périmé qui restait des distributions alimentaires.

Durant ma détention, ils ont perquisitionné ma maison et tous mes biens privés ont été à nouveau confisqués, y compris cette fois-ci mes papiers personnels (carte d'identité, passeport, permis de conduire, livret militaire). Le 1er avril 2018, lors de la campagne militaire contre la Ghouta orientale, le chef du bureau de la Sécurité de Jaysh al-Islam (Omar « Abou Qusai » al-Dirani) m'a fait sortir avec quatre autres détenus. J'ai pu constater à ce moment que nos geôliers étaient en bons termes avec les représentants du régime auxquels ils nous ont livrés. Pensant qu'ils allaient à leur tour nous incarcérer, j'ai prié en moi-même pour qu'ils nous exécutent sur place plutôt que d'avoir à subir à nouveau l'emprisonnement et la torture. C'est un officier russe qui finalement a ordonné qu'on nous laisse prendre un bus pour le nord de la Syrie. C'est ainsi que j'ai été évacué vers Idlib sans aucun papier d'identité ni aucune affaire.

Du nord de la Syrie à la Turquie

D'avril à juin 2018 je suis resté à Idlib dans une famille qui m'a hébergé.

En raison de la présence de Jahbat al-Nosra que je craignais, j'ai quitté la région pour aller à Afrin où, avec l'aide d'un ami, j'ai pu louer une maison, puis grâce au soutien financier de l'association Swa'adna Alsouria j'ai pu ouvrir un commerce de parfums. Le conseil local d'Afrin m'a délivré une pièce d'identité (reconnue seulement dans les zones de l'opposition). Le 2 mars 2019, peu de temps après que j'ai recommencé à dénoncer leurs exactions sur Facebook, des combattants de Jaysh al-Islam sont venus me menacer dans mon magasin. J'ai alors décidé de quitter la Syrie. Ma première tentative de passer illégalement la frontière turque a échoué et j'ai été passé à tabac par les gardes-frontières turcs. J'ai finalement réussi à entrer en Turquie le 2 mai 2019 et je suis allé directement à Istanbul pour trouver du travail. Ce fut comme le début d'une nouvelle vie jusqu'à ce qu'un émissaire de Jaysh al-Islam, que je connaissais de Douma, vienne m'avertir qu'ils avaient retrouvé ma trace et qu'ils ne me laisseraient pas tranquille. Le 20 août 2019, craignant pour ma sécurité, je suis parti vivre à Gaziantep où j'ai vécu caché chez des amis dans le quartier de Sahinbey Belediyesi. J'ai repris progressivement mes activités de défenseur des droits humains (avec l'association Freedom Jasmine), la rédaction d'articles (pour la revue en ligne All4Syria*)*, et j'ai témoigné auprès de la Commission internationale indépendante d'enquête sur la Syrie. Fin juin 2020, j'ai été reconnu par un juge militaire de Jaysh al-Islam au cours d'une rencontre informelle d'opposants de Douma. Il m'a dit qu'il avait été informé que j'allais témoigner pour l'ONU et a tenté de m'en dissuader en me menaçant. Je l'ai fait malgré tout sous mon pseudo Hussam Alnhar. Le 18 juillet 2020, j'ai été victime d'un cambriolage et agressé à mon domicile. Persuadé que Jaysh al-Islam n'était pas étranger à cette intrusion, j'ai à nouveau déménagé pour me mettre à l'abri. À partir de novembre 2020, j'ai recommencé à écrire mes articles pour divers médias (syrien, égyptien, britannique) sous un nouveau pseudo (Elias al-Terkawi). Le 16 août 2021, ayant de nouveau été menacé par des éléments de Jaysh al-Islam en raison de mes publications, j'ai quitté la ville de Gaziantep et je suis retourné à Istanbul.

Un refuge en France ?

La chose la plus difficile est de n'avoir nul endroit où vivre sans crainte d'être persécuté. Après toutes les épreuves que j'ai traversées, je cherche des conditions d'existence plus apaisées. Les trouverai-je en France où j'ai déposé une demande de visa auprès du consulat ? Certes, aucun changement de pays n'effacera les souffrances subies ni la nécessité de dénoncer les exactions du régime de Bachar al-Assad et des groupes armés comme Jaysh al-Islam. Mais à Paris, les motifs d'espoir sont plus grands. Le porte-parole de Jaysh al-Islam, Islam Allouche (pseudonyme de Madji Naameh), qui a été arrêté en janvier 2020, fait l'objet d'une mise en examen pour torture, crimes de guerre et complicités de disparitions forcées (notamment pour l'enlèvement en 2013 de quatre militants des droits humains à Douma : Razan Zaitouneh, Samira al-Khalil, Wael Hamada et Nazem Hammadi).

Quatre aspects de l'affaire des quatre disparus de Douma

Yassin al-Haj Saleh[1]

L'affaire de l'enlèvement de Samira, Razan, Wael et Nazem comporte de nombreux traits qui lui font gagner une signification historique. Une signification qui ne s'épuise pas avec leur libération toujours espérée, et qui ne se limite pas aux personnes directement concernées par le crime, à savoir les auteurs de l'enlèvement, les personnes enlevées et leurs familles. Cette affaire est premièrement juridique, deuxièmement politique, troisièmement culturelle et quatrièmement morale. Chacune de ces facettes concerne un certain nombre de Syriens et de leurs partenaires dans le monde.

L'affaire est premièrement juridique en ce qu'elle est un crime d'enlèvement et de disparition forcée de deux femmes et de deux hommes non armés, et ce en l'absence d'une quelconque accusation à leur endroit, en l'absence d'une identité publiquement déterminée de la partie responsable de l'enlèvement et d'une quelconque procédure légale. La disparition qui dure depuis deux ans et plus de sept mois fait de l'enlèvement un crime contre les familles des deux femmes et des deux hommes, qui vient s'ajouter au crime contre les quatre disparus. Le décès du père de Samira, survenu en son absence, tout comme celui du père de Nazem chargent les auteurs de l'enlèvement d'un crime plus grave qui relève de la même famille de crimes commis par l'État assadiste : considérer les gouvernés comme des personnes auxquelles il est permis de faire n'importe quoi sans la moindre crainte de conséquences ni le respect de quelconques mœurs ou valeurs.

Ce qui rend encore plus évident l'aspect juridique de l'affaire, c'est que parmi les quatre disparus se trouvent une avocate et un avocat, Razan et Nazem, et que tous quatre sont des défenseurs des droits de l'homme : tous sont des militants expérimentés des droits de l'homme, à l'exception de Samira. Ce qui est certain, c'est que le crime était directement lié à l'activité documentaire sur les droits de l'homme de Razan et du Centre de documentation des violations en Syrie.

La question est politique en second lieu. Samira, Razan, Wael et Nazem sont des opposants connus à l'État assadiste, qui étaient venus s'installer dans la Ghouta orientale et à Douma en tant qu'opposants. Ils étaient engagés dans une lutte d'intérêt général au moment de leur enlèvement, et ils ont été enlevés précisément en raison de cet engagement. La partie responsable de l'enlèvement est une partie militaire, politique et religieuse, et le contexte de l'enlèvement est celui d'une prise de contrôle militaire, politique et économique progressive de la Ghouta orientale, menée par cette partie

1. Texte paru dans *Al-Hayat* en 2016, traduit par Mahmoud El Hajj pour ce livre.

qui, avant même l'enlèvement, avait occupé à Douma une position d'autorité *de facto*, la mieux financée, la plus armée, la plus puissante et celle qui bénéficiait le plus d'un soutien extérieur. Cette position d'autorité s'est trouvée renforcée après l'accord sur l'élimination des armes chimiques du régime[1], montrant un désengagement constant de la confrontation avec le régime et un engagement croissant dans la confrontation avec diverses forces locales. Cette confrontation a atteint le niveau d'une guerre de liquidation au printemps de l'année 2016, durant laquelle des centaines de personnes sont tombées, et des enlèvements, des assassinats, des arrestations et des actes de torture ont eu lieu.

L'affaire est politique en un sens complexe. Elle s'est déroulée dans le contexte de la lutte des Syriens contre l'État assadiste, et de la volonté de la partie locale susmentionnée d'imposer son autorité à tous à Douma et dans la Ghouta orientale. Il se peut qu'un jour soit révélée une dimension politique supplémentaire, consistant dans la disparition forcée de deux témoins du massacre chimique, Razan et Samira (Wael et Nazem n'étaient pas dans la région au moment du massacre). Durant les premiers mois qui ont suivi le crime, Robert Ford (le responsable américain du dossier syrien au moment du massacre et de l'accord criminel américano-russe qui l'a suivi)[2] demandait à certains de ses interlocuteurs syriens de ne pas dire que le groupe Jaysh al-Islam (« l'Armée de l'Islam ») était l'auteur de l'enlèvement. Essayait-il de détourner les soupçons d'une implication américaine dans le crime ?

Ces deux dimensions, juridique et politique, sont bien connues, et la responsabilité politique de Jaysh al-Islam dans le crime est établie, le chef du bureau politique du groupe l'a lui-même reconnue en février de cette année[3] lorsqu'il a reçu en main propre une lettre de la part des « Amis des quatre disparus de Douma » sollicitant une aide pour faire la lumière sur leur sort (nous n'avons pas reçu de réponse à ce jour, bien que cet homme eût alors promis de répondre). Et je porte, devant toute instance indépendante, la responsabilité légale de mon insistance sur la responsabilité pénale de Jaysh al-Islam dans l'affaire.

En raison de ces deux aspects, l'affaire de Samira, Razan, Wael et Nazem s'inscrit dans la question des disparitions forcées en Syrie, dont ils sont les quatre figures les plus célèbres. Aucun redressement national syrien n'est concevable sans une résolution juste de cette question. Beaucoup de personnes ne ménageront aucun effort pour que la page de cette cause ne soit pas tournée avant que les criminels répondent de leurs actes et que la lumière soit faite sur l'ensemble du dossier.

En outre, l'affaire de Samira, Razan, Wael et Nazem est une affaire culturelle, et ce, en plus d'un sens. Plus que tout autre enlèvement politique en Syrie, leur enlèvement est étroitement lié à la lutte pour les significations et les valeurs qui, naguère, étaient une lutte pour la révolution, lutte qui a atteint son point culminant dans la révolution. Dans cette lutte, les groupes salafistes, qu'ils soient djihadistes ou en état de djihad local, ont été les griffes qui déchiquetaient les intellectuels indépendants et laïques dans les zones qu'ils contrôlaient, offrant ainsi à l'État assadiste un bénéfice symbolique qu'il n'aurait pu s'attribuer lui-même – celui d'accueillir une sorte de diversité culturelle, bien qu'en échange d'un tribut

1. Accord conclu à Genève en septembre 2013 entre le secrétaire d'État américain John Kerry et le ministre russe des Affaires étrangères Sergueï Lavrov. *(N.D.T.)*

2. Voir dans la 4e partie, chapitre 7 « Attaques chimiques », le texte de Yassin al-Haj Saleh, « La Syrie, le sarin et le monde ». (*N.D.E.*)

3. Le texte a été écrit en 2016.

politique certain. Samira, Razan, Nazem et Wael n'ont pas été enlevés exclusivement parce qu'ils sont laïques ; ils l'ont été parce qu'ils sont des révolutionnaires démocratiques indépendants, c'est-à-dire non tributaires[1]. Ils incarnent, plus que tous les autres Syriens, le lien étroit entre culture et liberté et entre liberté et implication personnelle dans la lutte populaire.

L'affaire est également culturelle en ce qu'elle soulève, inévitablement, la question de la position des intellectuels non affiliés en Syrie (ceux qui ne le sont ni aux assadistes, ni aux islamistes). Elle pose également la question de la liberté de pensée et de la liberté politique dans la confrontation avec les islamistes et pas seulement avec l'État assadiste ; elle incite à une remise en cause radicale des islamistes concernant les questions de justice, de liberté, de dignité humaine, d'égalité, de patriotisme et, bien sûr, d'indépendance de la culture. L'affaire de Samira, Razan, Wael et Nazem met en cause la manière abstraite et condescendante dont ces questions sont habituellement traitées, et nous confronte à un exemple de taille, concret et sans précédent : les quatre, qui sont deux femmes et deux hommes, ne sont pas des intellectuels que l'on peut assimiler, par exemple, à « l'athéisme » ; ils n'étaient pas non plus en conflit particulier avec les islamistes. Leur engagement au sein de l'amère lutte des Syriens pour la liberté est bien connu, c'est un engagement mené via des moyens sociaux et politiques où le facteur idéologique ne joue aucun rôle.

Par conséquent, penser la relation des islamistes à la liberté et à la justice après l'affaire des quatre disparus ne ressemblera pas à ce qu'il en était auparavant. Nous avons affaire à quatre intellectuels combattants pour lesquels la liberté est synonyme de résistance effective et de participation active à la lutte populaire, non à des intellectuels de cour ou des tributaires modernes. Il n'y a pas à poser la question de la légitimité et de la justesse de Samira, Razan, Wael et Nazem du point de vue islamiste, ni à leur demander de se justifier. C'est exactement l'inverse qu'il faut faire. Quelqu'un de sérieux en débattrait-il ?

Il est vrai que cet aspect culturel n'a pas été suffisamment mis en évidence par les intellectuels syriens. Néanmoins, l'affaire des quatre disparus de Douma a reçu relativement plus d'attention culturelle que d'autres.

Lié à cet aspect culturel, il y a un aspect moral de premier plan, qui trouve son expression la plus dense dans le fait que les deux femmes et les deux hommes sans défense, enlevés et disparus depuis près de mille jours, étaient des réfugiés à Douma ; ils avaient fui les assadistes et cherché refuge auprès des habitants de la ville. Aucun d'eux, ni Samira, ni Razane, ni Wael, ni Nazem, ne s'attendait à des mesures de sécurité particulières ; il ne leur venait même pas à l'esprit qu'un danger les menaçait personnellement, autre que celui qui menaçait tous les habitants de la région : l'agression des assadistes. Ce n'était pas le cas des personnes enlevées par Daech, dont mon frère Firas et mon ami Ismail al-Hamedh : tous les deux sont de Raqqa[2], eux et leur histoire sont bien connus dans la ville et il est probable qu'ils aient été enlevés à l'instigation de certains membres locaux et médiocres de Daech. Ce n'était pas non plus le cas de Samar Saleh et Muhammad al-Omar, enlevés par Daech dans la région où ils étaient actifs et dont Samar est originaire (Al-Atareb, dans le gouvernorat d'Alep).

1. Ou non affiliés. Parlant de « tribut politique » et de « tributaires », mais aussi, plus loin, de « non tributaires » et de « tributaires modernes », l'auteur fait usage du terme *dhimmi* dans un sens politique que la seule acception historico-religieuse du terme en français ne couvre pas. *(N.D.T.)*

2. Raqqa est la ville natale de Firas al-Haj Saleh et Ismail al-Hamedh et c'est là qu'ils ont été enlevés, alors que Douma n'était pas la ville natale des quatre disparus. *(N.D.T.)*

Ce qui rend cet aspect moral encore plus prononcé, c'est le fait que les quatre opposants sont plus invétérés et plus indépendants que ceux qui les ont enlevés, et qu'ils n'ont jamais recherché de privilèges particuliers ou un pouvoir au détriment de leurs concitoyens. En cela, ils sont une fois de plus fondamentalement différents des auteurs de l'enlèvement, dont nous savons aujourd'hui beaucoup de choses : sur leur formation, sur les millions de dollars que leur versent leurs « soutiens », sur leurs réseaux d'assassinats, leurs prisons et la torture qui y sévit, leur mainmise sur la vie et l'économie des habitants de la région, et sur leur rapide développement en une entité militaire, religieuse et commerciale qui a reproduit le modèle de quarante-six ans d'assadisme en à peine quarante-six mois. Les mois à venir peuvent encore en révéler beaucoup, mais ce que nous savons d'ores et déjà est odieux.

En tant qu'affaire juridique, l'affaire de Samira, Razan, Wael et Nazem concerne tous les militants et défenseurs des droits de l'homme. Il y a ici un potentiel d'énergie non investi aux niveaux syrien et international. En tant qu'affaire politique, elle est censée concerner tous les révolutionnaires syriens. Abstraction faite de celles qui se sont alignées, sur un mode sectaire et au mépris de tout principe, sur la ligne des islamistes, les différentes formations de l'opposition ont traité l'affaire d'une manière déshonorante. En tant que formations, et comme la plupart de leurs leaders, elles ont failli au sens de la justice et ont manqué du courage politique et moral qu'il fallait pour dire une parole de vérité sur le sujet. Et en tant qu'affaire culturelle, on espérait un plus grand soutien de la part des intellectuels dans les pays arabes et dans le monde ; un soutien qui mettrait en avant les valeurs, les dimensions intellectuelle et politique mondiales de l'affaire des quatre disparus. L'influence symbolique de certaines personnes aurait pu être un facteur de pression supplémentaire sur les auteurs de l'enlèvement et leurs soutiens.

Ces considérations sont suffisantes pour élever l'affaire de Samira, Razan, Wael et Nazem à un niveau historique et symbolique propre à en faire le fondement d'une nouvelle culture et une nouvelle politique. Les chances d'y arriver seront plus grandes si nous œuvrons à présent pour arracher la liberté des quatre disparus.

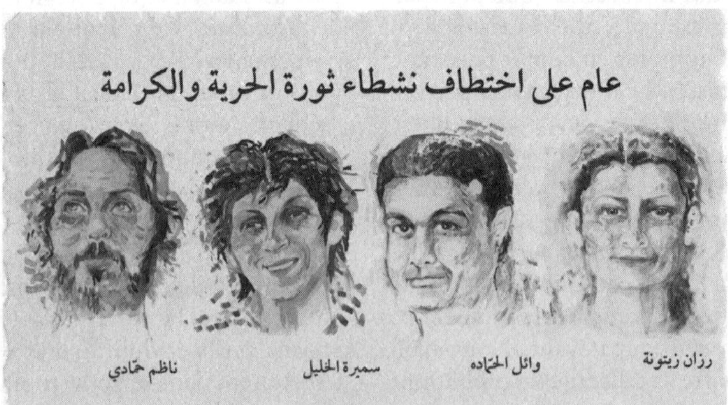

Azza Abo Rebieh, *Portrait des quatre disparus de Douma : Razan Zeitouneh, Wael Hamada, Samira al-Khalil, Nazem Hammadi* (de droite à gauche). L'inscription commémore le premier anniversaire de leur disparition en indiquant que cette peinture a été faite « un an après l'enlèvement des activistes de la révolution de la liberté et de la dignité ». © Azza Abo Rebieh.

Témoignage de Rim

Extrait de 19 femmes *de Samar Yazbek*

Je m'appelle Rim. Quand la révolution a commencé, j'avais 50 ans et j'étais fonctionnaire au ministère de l'Information. J'étais dans ma cuisine lorsque la première manifestation a eu lieu à Barzé[1] le 5 avril 2011. Les manifestants venaient de la mosquée Salam, ils appelaient à la liberté et à l'abrogation des lois relatives à l'état d'urgence. « Le peuple syrien n'accepte pas l'humiliation ! » criaient-ils. Les hommes de la Sûreté les ont dispersés. Au cours du rassemblement suivant, ils ont tué trois hommes. J'ai alors décidé de soutenir l'insurrection et de transformer ma maison en lieu de réunion. J'ai rencontré des jeunes de Barzé et fait la connaissance de Tammam al-Saab[2]. Ce dernier était un révolutionnaire intègre, un militant exceptionnel. Il avait souvent une banderole sur laquelle il avait écrit : « Nous voulons une Syrie démocratique et pluraliste. »

Je vivais à Barzé depuis 1987. La majorité des femmes du quartier travaillaient dans des entrepôts, car leurs maris avaient été pour la plupart emprisonnés par le régime dans les années 1980. Entre le régime des Assad et Barzé il y avait une histoire ancienne de vengeance qui avait commencé par un conflit entre les Brigades de défense[3] et les habitants du quartier quand Rifaat al-Assad avait décidé d'interdire le *hijab*[4]. Un homme de Barzé a tué un officier qui avait arraché le voile d'une femme. De plus, les trois quarts des terrains du quartier avaient été confisqués par l'État sans que personne ne soit jamais indemnisé. En 2001, lorsqu'une délégation du Vatican s'est rendue à Saidnaya, l'État a tracé une route pour le cortège en détruisant des maisons sans indemniser leurs habitants. La première revendication de la population a été de récupérer ses droits sur les terrains confisqués.

À Barzé, les gens se connaissent tous, même s'ils appartiennent à des classes sociales différentes. Au début de la révolution, les plus riches aidaient les plus pauvres. Ils se considéraient comme les membres d'une même tribu et tous étaient fiers d'appartenir au quartier.

Après une agression sexuelle commise lors d'une manifestation, les hommes de Barzé ont interdit aux femmes de participer aux rassemblements. C'était à la fin de 2011. Je suis allée voir ceux qui avaient pris cette décision pour leur dire que les femmes représentaient 50 % de la société. Mais pour eux, notre participation était religieusement illicite. Je leur ai rappelé qu'une

1. Barzé est devenu un quartier de Damas au début des années 1950.

2. Surnommé « l'oncle de la révolution », Tammam al-Saab était l'un des activistes pacifiques les plus connus de Barzé. Il s'est engagé dès le début de la révolution. Il a été tué par un sniper le 20 juillet 2012.

3. Milices dirigées par Rifaat al-Assad, le frère cadet du président Hafez al-Assad. Après un conflit entre les deux frères, à l'issue duquel Rifaat al-Assad a quitté la Syrie en 1984, ces milices ont été fusionnées avec l'armée syrienne pour former la 4e Division militaire et la Garde républicaine. Elles étaient connues pour leur brutalité.

4. Au début des années 1980, Rifaat al-Assad et ses milices s'engagent dans une tentative de laïcisation forcée de la société. Entre autres actions, ils entreprennent d'arracher le voile des musulmanes dans la rue.

moitié de ceux qui participaient aux rassemblements organisés par le régime étaient des femmes. Ils m'ont alors répondu : « L'honneur des femmes est une ligne rouge. » Après un long débat, ils ont fini par nous autoriser à manifester, mais séparément des hommes.

Un jour d'avril 2012, je traversais la rue lorsqu'une voiture a déboulé. Elle roulait vite et avait des vitres teintées. L'un des passagers a saisi ma main au passage et m'a jetée à terre en me tirant. Puis il m'a subitement lâchée et la voiture a reculé pour m'écraser. J'ai vu les pneus s'approcher de ma tête, mais j'ai réussi à reculer. J'ai eu la force de me relever, mais un autre type a tendu la main pour me redonner un coup et me renverser une nouvelle fois. Les gens hurlaient autour de moi parce qu'ils croyaient que j'étais morte, mon visage et ma tête étaient couverts de sang. Les hommes de la voiture ont volé mon sac et tiré des coups de feu en l'air. À l'hôpital, on m'a demandé ce qui s'était passé, j'ai dit à des inspecteurs que la voiture n'avait pas de plaque d'immatriculation, ce qui voulait dire qu'elle appartenait aux services de renseignements ou aux *chabbîha*. Ils m'ont demandé de témoigner à la télévision et de dire que des hommes de Barzé m'avaient attaquée parce que je ne suis pas voilée. J'ai refusé. La semaine suivante, un type de la Sûreté m'a appelée et a demandé à rencontrer mon mari au sujet du renouvellement de la carte d'identité qui m'avait été volée. Il voulait que le rendez-vous ait lieu dans un jardin public et non pas dans les locaux de la Sûreté, c'était inhabituel. À notre grande surprise, il a rendu à mon mari ma carte d'identité et mon sac. J'avais plusieurs fractures et des blessures sur tout le corps. J'ai arrêté d'aller au travail.

J'ai compris ensuite que c'était une stratégie employée par la Sûreté pour discréditer les manifestants. Les chars du régime ont commencé à bombarder Barzé le premier jour du ramadan 2012. Nous nous sommes réfugiés dans les sous-sols. Tammam al-Saab a été tué par un sniper. Les hommes de la Sûreté sont entrés à Barzé et ont brûlé les maisons des activistes pacifiques. Des viols et des enlèvements ont eu lieu. Les habitants de Barzé se sont organisés en groupes armés pour se défendre et protéger les manifestations. Après les rassemblements, ils se cachaient dans les vergers qui eux aussi étaient bombardés.

Suite à la création de l'Armée libre, les hommes du régime se sont mis à nous bombarder à partir d'Ich al-Warwar[1], un quartier loyaliste. Puis un conseil local a été créé avec le soutien des islamistes et des sommes d'argent importantes ont afflué. Des dissensions sont apparues dans le groupe des activistes, parmi lesquels certains pensaient que l'islam était la solution. Il y avait des modérés et des laïques, mais ils ont été soit liquidés, soit arrêtés par le régime. La méfiance entre les gens s'est installée après un désaccord sur la distribution des fonds.

Les manifestations se sont espacées, puis ont complètement disparu à cause des attaques aériennes et des coupures de routes par le régime. Les habitants de Barzé vivaient sous les bombardements dans leurs maisons détruites. Ils n'étaient pas religieux, mais ils n'ont pas protesté contre les activités secrètes de Jabhat al-Nosra qui a créé des cellules pour inciter les gens à croire que la religion était leur salut et la base de tout. Ils distribuaient secrètement de l'argent et instillaient leurs idées dans les esprits. J'étais menacée à cause de mes positions contre Jabhat al-Nosra. Nous les femmes, nous étions contre ce qui se passait, mais notre avis n'avait aucun poids.

Durant le siège, les bombes pleuvaient et la révolution s'est transformée en guerre. C'était un enfer. Nous ne pouvions plus sortir de Barzé, car les bombardements ne s'arrêtaient pas et les barrages étaient très nombreux. Jusque-là, j'avais tenu bon, mais avec le siège, la faim, les bombes, tous ces morts… ma résistance et mon courage se sont effondrés. Avec mon mari, nous ne voulions pas partir. Les gens qui sont restés étaient les plus simples et les plus pauvres. Ils me considéraient comme l'une des leurs. Ils

1. Quartier pauvre majoritairement alaouite situé dans la banlieue nord de Damas.

m'ont beaucoup appris. Le char n° 182 était posté devant notre maison, son canon dirigé contre nous. Pourtant je n'avais pas peur parce que je me sentais entourée. J'étais habitée par l'amour de mon prochain.

Un jour, notre voisine est sortie de chez elle pour arroser des fleurs. Le char a ouvert le feu. Elle a été décapitée. Nous étions assiégés à ce point : nous ne pouvions même plus mettre le nez dehors.

Au bout d'un mois de siège, l'Armée libre a disparu. Avec elle, des amis combattants sont aussi partis. C'est à ce moment-là que Jabhat al-Nosra est apparu. Nous avons essayé de quitter le quartier mais c'était impossible, car il y avait trois snipers embusqués autour de notre maison. Le régime a posté des tireurs d'élite partout, au point qu'il était même impossible de jeter nos poubelles. Je préparais du pain chez moi dans une poêle. Lorsque les réservoirs d'eau ont été bombardés, le sous-sol où nous conservions de la nourriture a été inondé. Tout a été détruit et nous n'avons plus fait de pain.

Mes voisins m'ont donné la force de rester en vie. Avant, je me considérais comme une intellectuelle, ouverte d'esprit, et je les voyais, eux, comme des conservateurs religieux. Malgré nos différences, nous nous entraidions. Ma parole était respectée. Avec la révolution, le siège et la guerre, les gens se sont vraiment révélés. Nous nous sommes acceptés et avons appris des choses les uns des autres. Ils m'ont inculqué le sens du partage. Au début du soulèvement, ils ont fait preuve à mon égard d'une amitié inconditionnelle. Face à la mort, nous étions unis comme une famille. Je pleurais sur l'épaule de ma voisine et celle-ci pleurait sur la mienne. Lors des bombardements, nous partagions tout ce que nous avions, malgré le manque de nourriture et d'eau. Le concept de honte a disparu de notre vie, la question des traditions et des coutumes a perdu de sa prépondérance. Nous étions des êtres humains face à la mort, il n'y avait plus aucune trace de haine entre nous. Je garde le souvenir du jour où mon voisin religieux, qui ne m'avait jamais serré la main auparavant, m'a prise dans ses bras pour me dire adieu. Assiégés, nous avions le sentiment que la mort pouvait surgir à tout moment, que la tasse de café que nous buvions serait la dernière et que nous nous regardions pour la dernière fois. Pourtant nous avons survécu et la vie a continué ! Les valeurs morales que j'ai observées chez mes voisins comptent dorénavant beaucoup pour moi.

L'idée même de fuir me brisait le cœur, c'était les trahir. Je voulais rester dans ma maison avec les miens, résister avec eux. Nous nous sommes préparés pour le siège. Nous avons fait l'impossible pour rester, pour ne pas abandonner nos maisons et ne pas nous trahir les uns les autres en prenant la fuite... Environ cinquante familles étaient restées malgré les bombardements. Nous avions décidé de rester tous ensemble, mais chaque matin nous découvrions que l'une d'elles avait quitté le quartier. Les gens avaient honte d'avouer leur peur devant les autres. Je ne les blâme pas, car la situation s'était beaucoup dégradée ; moi-même j'envisageais parfois de partir.

Il y avait des militantes parmi nous qui, malgré le blocus et les bombes, secouraient les blessés et apportaient de quoi manger aux combattants assiégés dans les vergers. La plus courageuse n'avait que 20 ans : elle descendait dans le lit de la rivière pour apporter au péril de sa vie de la nourriture aux gens, surtout aux enfants. Lorsqu'un obus est tombé sur un bâtiment voisin et a tué une famille entière, elle est allée ramasser les membres des corps déchiquetés.

Nous avons vu des corps en lambeaux partout. Nous ne comprenions pas pourquoi le régime s'en prenait ainsi à nous. Ceux qui nous bombardaient étaient nos compatriotes. Ils prétendaient que les habitants de notre quartier étaient des terroristes. Je vivais parmi eux et je peux affirmer que, jusqu'à l'émergence brutale de Jabhat al-Nosra, les extrémistes étaient peu nombreux.

Avec Jabhat al-Nosra, notre vie, à nous les femmes, a changé. Nous avions participé activement aux manifestations jusqu'à l'automne 2012, mais la montée des islamistes nous a obligées à arrêter.

Nous avons vécu les différentes étapes du siège. Celui-ci était tantôt continu, tantôt discontinu. Cela dépendait des affrontements, car le régime fermait toutes les sorties de Barzé après chaque combat. Au début du siège, à l'automne 2012, on ne trouvait plus de nourriture et de produits de première nécessité. Mais la période la plus difficile a été février-mars 2013, surtout dans la deuxième moitié de mars, car, comme le régime, Jabhat al-Nosra avait placé des tireurs entre les bâtiments. Nous ne sortions plus de nos maisons. Il n'y avait plus d'électricité, d'eau, ni de nourriture. Internet était disponible uniquement dans les bâtiments où il y avait encore de l'électricité.

Dans notre immeuble, pendant les bombardements, les habitants des étages supérieurs descendaient habiter chez nous. Nous partagions tout : le peu de nourriture qui nous restait, ainsi que nos peines et nos rares moments de bonheur. La nouvelle que l'un de nous avait survécu nous réjouissait, mais immédiatement après il fallait pleurer la mort d'un autre.

Un jour, une bombe thermobarique a été larguée sur nous. Elle a creusé un grand trou dans notre jardin, la terre a tremblé autour de moi. Je suis restée sourde pendant une journée entière. Nous n'avons pas entendu l'explosion, car ce genre de bombe produit un appel d'air. Les habitants de Damas et des autres banlieues, eux, l'ont entendue.

Nous étions convaincus que nous allions être tués dans un bombardement un jour ou l'autre. Lors des raids aériens, les vitres des fenêtres volaient en éclats sur nous, les objets de la maison tombaient. Et nous finissions enterrés sous les décombres. Mais à chaque fois, nous sortions vivants des ruines. Je n'arrive pas à croire que je vis encore !

Les derniers jours, il n'y avait plus de pain. Avec mes voisins, nous avons cuisiné ce qu'il nous restait de riz et de boulgour. Nous étions sur le point de mourir, translucides, incapables de penser à quoi que ce soit. Mais nous étions à l'unisson : nous riions et pleurions ensemble comme si nous étions les miroirs les uns des autres. Nous avions un réservoir d'eau au sous-sol que nous partagions avec les voisins. Nous buvions très peu. Nous n'avions plus rien. Nous avons essayé de partir, car nous étions en train de mourir de soif et de faim. Au *checkpoint* du régime, les soldats nous ont refoulés en nous traitant de terroristes. Je suis retournée à la maison avec mon mari et nous avons décidé de mourir ensemble. Nous avions faim et nous n'avions pas dormi depuis des jours. Les odeurs des poubelles que nous ne pouvions pas jeter nous étouffaient. Notre voisin a été tué par un sniper alors qu'il essayait de jeter ses ordures. Les rats et les insectes pullulaient. Finalement, les hommes de la Sûreté sont venus pour nous annoncer qu'il y avait une trêve et que nous devions quitter les lieux, car le régime voulait vider le quartier de sa population. J'avais un petit sac, déjà prêt, dans lequel j'avais mis tous mes papiers officiels. J'ai laissé ma maison comme elle était et nous sommes partis précipitamment sous les tirs qui continuaient malgré la trêve. Nous étions vingt civils, les derniers à quitter Barzé. Ils nous ont fouillés minutieusement avant de nous laisser sortir.

À une centaine de mètres du poste de contrôle, la vie était complètement différente. Nous étions sales et nos visages étaient couverts de poussière. Je pleurais. Mes voisins sont partis chacun dans une direction différente. Lorsque j'ai regardé derrière moi vers le lieu que je quittais, je me suis évanouie.

En quittant Barzé, j'ai vu que l'Armée libre n'était effectivement plus là. Il y avait uniquement des extrémistes barbus, vêtus de longues tuniques qui ressemblaient aux tenues afghanes. J'ai compris qu'ils appartenaient à Jabhat al-Nosra. Nous étions le 21 mars 2013 et c'était la première fois que je les voyais de près.

Nos efforts ont été vains, mais nous avons fait tout notre possible pour la réussite de la révolution. Pendant le siège, nous avons lancé des projets de microcrédit pour que les femmes puissent acquérir une autonomie financière. Les habitantes de Barzé étaient de vraies battantes. Elles s'impliquaient dans leur travail comme des hommes. Elles tenaient des magasins, enseignaient dans les écoles et dirigeaient des jardins d'enfants. C'est dans les hôpitaux de campagne que leur travail était le plus dur. Elles m'ont communiqué leur force et appris la simplicité. Comme elles connaissaient peu de choses sur les droits des femmes, j'ai organisé des stages pour travailler avec elles sur cette question. Nous n'avions pas le même niveau de conscience – et c'est normal dans la société syrienne – mais la plupart étaient d'accord pour refuser la militarisation de la révolution.

Après mon départ de Barzé, j'ai demandé l'asile en France. J'habite à Paris maintenant. Mais en réalité je vis toujours là-bas chez moi à Barzé, comme si je n'étais pas vraiment ici, en France.

Seule dans Raqqa
Le blog de Nissan Ibrahim

Hala Kodmani

Nissan Ibrahim est le pseudo sous lequel Ruqia Hassan Muhammad, jeune Raqqaoui, qui a étudié la philosophie à l'université d'Alep, ouvre sur Facebook en août 2011 une page où elle appelle ses compatriotes à rejoindre les soulèvements contre la dictature. La ville de Raqqa restera majoritairement à l'écart du mouvement jusqu'en mars 2012 et les obsèques du jeune Ali al-Babinci, 16 ans, tué lors d'une manifestation au centre de la ville, enclenchent la spirale habituelle entre cortèges funèbres, manifestations et brutalisation de la répression. Le régime écrase les protestations pacifiques et un front de libération se forme. En mars 2013 l'Armée syrienne libre parvient à investir la ville. Nissan raconte dans ses posts cette libération éphémère, les assemblées d'autogestion, la liberté de parole jusqu'à ce que des formations islamistes (Ahrar al-Cham, Front al-Nosra) reprennent progressivement le contrôle de la ville. Mais ce sont les hommes de Daech qui, dès juillet 2013, s'affichent et font régner la terreur (assassinats, enlèvements). La ville de plus de 200 000 habitants devient, de juin 2014 à octobre 2017, la capitale syrienne du « califat » autoproclamé des djihadistes de Daech. Dans son livre Seule dans Raqqa *publié en 2017 (Équateurs, réédité en poche chez Pocket en 2018), la journaliste franco-syrienne Hala Kodmani, qui s'est elle-même rendue pour un reportage à Raqqa en 2013, restitue à travers des extraits de la page de Nissan cette descente aux enfers de sa ville jusqu'à son dernier post à la fin de juillet 2015, peu avant son arrestation par Daech puis son exécution le 6 janvier 2016. Aux fils des pages, la voix de Ruqia/Nissan et celle de Hala cheminent ensemble, formant un ensemble testamentaire où la journaliste professionnelle apporte ses qualités de synthèse, contextualise mais aussi interroge et dialogue avec la journaliste citoyenne de Raqqa.*

> « Que retient le laïc du Coran ? Que "Dieu est clément et miséricordieux". Que retient l'islamiste ? Que "punir les impies est la voie du pardon". Alors, il considère que tout le monde est impie. – 6 juillet 2015.
> Il y a des têtes coupées sur le rond-point Al-Naïm ! Pour la première fois, j'apprends que les "mécréants" sont décapités et défigurés. Avons-nous mal compris le Coran ou ceux qui nous torturent sont-ils tout sauf des musulmans ! – 24 juillet 2014. »

Ramadan est le mois du djihad par excellence. En référence aux guerres menées par le prophète Muhammad contre les infidèles il y a quatorze siècles, les combattants de Daech poursuivent leur conquête. Ils lancent l'assaut contre la dernière place forte tenue par les forces du régime de Bachar al-Assad, à la périphérie de Raqqa. Faut-il pour autant croire que ces deux tyrans ne sont pas de mèche ?

> « Daech veut attaquer la 17e Division. Une nuit terrible nous attend. L'armée tire sur la ville et le canon tonne partout. La fête qui vient sera aussi noire que celle que nous avons déjà connue, les

enfants. Vous, Daech, si vous aviez mon cœur, vous verriez combien je vous hais. – 23 juillet 2014.
Un obus vient de tomber dans notre rue. Les amis, je n'ai pas peur de mourir, mais je crains d'être mutilée. Dieu soit avec nous !
Ça y est, la 17e Division est tombée. Ceux qui sont loin nous félicitent de cette libération ou de la capitulation tandis que ceux qui sont à l'intérieur de Raqqa retiennent leur souffle dans l'attente de la vengeance. Dieu, protège-nous ! – 24 juillet 2014. »

Les représailles du régime ne tardent pas. Son aviation qui, depuis la prise de Raqqa par Daech, venait occasionnellement rappeler son existence en larguant quelques missiles au hasard, lance plusieurs raids.

> « Le pilote Abou Haydar a bombardé aujourd'hui tous les centres névralgiques de Daech, mais ils étaient vides. Pourquoi n'a-t-il pas visé leur QG, ni le marchand de cocktails de fruits où ils se pressent à longueur de journée ? – 24 juillet 2014.
> Je suis étonnée que certains sympathisants du régime d'Assad me demandent en amie sur Facebook. Mes chéris, nous sommes ennemis. Les révolutionnaires appartiennent à trente-six courants différents. Ils se battent entre eux, comme des coqs, et n'ont pas besoin de vous, pff !
> Le seul gage qui puisse nous faire oublier les crimes de Daech serait la tête de Bachar al-Assad ! – 26 juillet 2014. »

Aussi puissants qu'impitoyables, les djihadistes de l'État islamique comme la dictature de Bachar al-Assad continuent de s'acharner contre les Syriens. Ces derniers dénoncent la complicité insidieuse qui relie ces deux tyrannies, l'une se nourrissant de l'autre. Et ils ne sauraient dire laquelle est la moindre. À Raqqa, le débat est parfois houleux. « Qui compte les flagellations ne souffre pas autant que celui qui les reçoit. » Ce dicton populaire prend un sens étrangement littéral sous le joug de Daech. Dans la ville, qui a historiquement composé avec ses gouvernants, quels qu'ils soient, la majorité de la population se tait et se terre tandis que certains collaborent activement. La nouvelle puissance de l'État islamique lui fait gagner de plus en plus de partisans. Par opportunisme, nécessité ou avidité, des chefs de tribus, des notables, des commerçants, des artisans prêtent allégeance publiquement aux « émirs » djihadistes. Les moyens financiers colossaux déployés depuis la proclamation du califat aiguisent les appétits et suscitent des vocations. Les conquêtes en Irak et dans la région pétrolifère syrienne de Deir ez-Zor accroissent et diversifient les ressources de l'organisation qui devient une véritable « État ». Celui-ci met en place un système d'impôt islamique, de redevances et de contraventions, prélevés auprès de la population. Son califat compte quelque 10 millions de ressortissants syriens ou irakiens. Il gagne en autonomie et se détache peu à peu des financements extérieurs. Il peut payer des salaires aux « fonctionnaires » de ses différents services et à ses combattants supérieurs à ceux qu'ils recevaient sous leur gouvernement précédent. Il recrute par milliers des employés, souvent en quête de gagne-pain, y compris dans la population de Raqqa qui lui devient redevable, voire reconnaissante.

> « Soudain, les Daech sont devenus des *mujâhidîn* (combattants) aux yeux de la majorité de la population. Avez-vous oublié ceux qui ont péri de leurs mains encore ensanglantées ? Avez-vous oublié les civils abattus par les snipers ou dans les confrontations ? Par Dieu, même si vous libérez la Palestine, vous resterez à nos yeux des criminels sanguinaires, des voleurs de révolution et de religion. Comme je l'ai souvent dit, dans cette ville, celui qui épouse ma mère devient mon oncle ! – 25 juillet 2014. »

De plus en plus virulente à l'égard des compromissions des habitants de Raqqa, Nissan continue de résister à ce qui ressemble à « la rhinocérite » décrite dans la pièce de Ionesco et qu'elle voit progresser dans sa ville. Elle dénonce les actions djihadistes et affirme ses positions sans retenue. Toujours cachée derrière son pseudo, elle compte de plus en plus de sympathisants sur Facebook, y compris des Irakiens qui subissent comme elle la loi de Daech, mais aussi d'« amis » plus malveillants. Si elle se sent moins seule depuis quelque temps, elle sait aussi qu'elle est repérée et surveillée par les services et les agents de Daech.

> « La meilleure réponse aux chiens qui aboient n'est-elle pas d'aboyer plus fort qu'eux ? Alors, renchérissons et tant pis pour moi et mes ennemis. Daech, nous sommes des musulmans et nous le resterons malgré vos mentalités pourries !
> J'ai rêvé de devenir une martyre : "Est-il possible que je sois tuée par les dirigeants ?" Leurs chiens aboient, menacent et insultent. – 30 juillet 2014.
> Quand ils m'adressent leurs pires menaces parce que j'ai la langue trop pendue, j'ai envie de répondre avec les mots les plus grossiers. Mais finalement je me ravise pour ne pas anéantir le fruit de mon travail.
> Menacez autant que vous voudrez, nous allons vous vaincre et vous juger devant Dieu. Attendez, nous sommes patients ! – 5 septembre 2014. »

De quel travail parle Nissan dans ce post ? S'agit-il du nouveau rôle qu'elle s'est attribué, celui de reporter citoyenne alors que Raqqa est déserté par les jeunes activistes ? Elle reste en contact avec plusieurs de ses « amis » d'avant, réfugiés en Turquie. Elle est une précieuse source d'information pour eux. Certains d'entre eux craignent pour elle et commencent à la mettre en garde contre les risques qu'elle court. Elle répond à leurs messages privés avec l'arrogance de celle qui est persuadée qu'elle ne peut être identifiée sous pseudo, d'autant qu'elle ne sort plus que recouverte du *niqâb* réglementaire. Elle pousse même parfois la provocation jusqu'à afficher pour la première fois sa photo à visage découvert sur sa page Facebook. Ceux de ses contacts qui ne la connaissent pas doutent qu'il s'agisse de son vrai portrait. De rares proches l'identifient alors. Ils s'affolent de la voir s'exposer ainsi.

À l'un de ceux qui lui reprochent son irresponsabilité, elle répond : « Je n'ai plus rien à perdre et mon cou est à leur disposition. » L'idée d'avoir la tête tranchée ne lui fait plus peur. Consciente des risques, ce n'est pas la première fois qu'elle évoque son propre martyre. Se prend-elle pour une héroïne de tragédie ? À quel point les menaces qu'elle reçoit sont-elles dangereuses ? Une chose est certaine, Nissan a abandonné toute la réserve et la prudence qu'elle observait du temps de l'espérance.

Cartographie des crimes de Daech à Raqqa

Édith Bouvier et Hussam Hammoud

Les exécutions à Raqqa

Dès sa proclamation officielle, l'État islamique (EI) règne par la peur, pour mieux contrôler les populations qui vivaient sur son territoire. Des exécutions publiques sont organisées régulièrement contre tous ceux considérés comme coupables par l'organisation. Une répression et une violence qui terrorisent les habitants de Raqqa qui ont peur de parler ou même de regarder un des membres de l'EI à l'idée de subir les pires châtiments.

Plusieurs places, parmi les plus célèbres de la ville, sont choisies pour y pratiquer ces exécutions, la place al-Naim, la place al-Battani, la place al-Saa'a et enfin la place Tall Abyad. Toutes ces places sont proches de bâtiments administratifs de l'EI et donc sous une surveillance constante des membres de l'organisation djihadiste, ce qui empêche la population et les proches de récupérer les corps et de les enterrer sans l'autorisation des djihadistes.

Ammar a 32 ans, il est avocat. Né à Raqqa, il n'a quitté la ville qu'en 2016 avec ses parents afin de fuir les bombardements. Il décrit les scènes d'exécutions répétées à Raqqa. Quand on l'interroge sur la période pendant laquelle la ville était sous le contrôle de l'organisation de Daech, sa main se met à trembler. « Cette violence nous a rendus psychologiquement malades. Je pensais avoir réussi à effacer ces images, que je ne me souviendrais pas de toutes ces horreurs, mais dès le début de mon récit, je me suis souvenu de tout[1]. »

La terreur commence dès l'arrivée de l'EI et la proclamation du califat en 2014. « Parmi mes premiers souvenirs, je me souviens d'un homme de 60 ans que les membres de l'organisation avaient jeté du huitième étage d'un bâtiment de la rue de Tall Abyad. Ils l'accusaient d'homosexualité. C'est là que l'horreur a commencé. »

Avant qu'Ammar ne quitte Raqqa à l'été 2016, l'État islamique laisse dans sa mémoire des scènes qu'il n'oubliera jamais. À commencer par le souvenir de son ami Abou Charif. « Il était chauffeur de taxi. Mais l'organisation l'a accusé d'avoir transporté des explosifs depuis les zones contrôlées par les Kurdes jusqu'aux zones de l'EI. Ils l'ont jugé et reconnu coupable de trahison selon eux. Ils ont attaché un sac rempli d'explosifs sur son dos et l'ont fait courir dans le désert avant de le faire exploser. »

Le jeune homme, aujourd'hui réfugié en Turquie, se souvient également de ses quatre collègues de l'équipe de football de Raqqa, exécutés par l'organisation sous prétexte qu'ils ont trahi l'État islamique avec la coalition internationale. « Ils leur ont coupé

1. Entretien réalisé par les auteurs en novembre 2020.

la tête sur la place al-Naim. L'un d'eux a tenté de résister, alors pour le maintenir, quatre membres de l'EI l'ont démembré et ont séparé sa tête de son corps. Par la suite, les habitants de Raqqa se souviennent de cette date comme étant celle du jour de l'exécution des athlètes. »

Petit à petit les exécutions sont devenues presque banales : « Un jour, une voiture de Daech s'est arrêtée au carrefour entre les rues d'Al-Amasi et Tall Abyad, des hommes en sont sortis et ont exécuté quatre détenus et ont abandonné leurs corps, en plein milieu de la rue. Ils ont ensuite repris leur course, comme si de rien n'était. Cette violence quasiment imprévisible nous rendait fous, on savait qu'ils avaient droit de vie et de mort sur nous et qu'ils pouvaient nous tuer sous n'importe quel prétexte. »

Il reprend son récit avec difficulté, les images reviennent. Des images qui vont hanter les habitants de Raqqa encore longtemps. « Certains des corps crucifiés sont restés accrochés à des poteaux pendant trois jours sur la place Tall Abyad après avoir été poignardés dans le cœur, et certaines têtes sont restées accrochées pendant des semaines sur les murs de la place al-Naim. »

La plupart du temps, ces exécutions sont pratiquées par des brigades de l'EI, dont le nombre exact est difficile à évaluer. Chacune a ses propres méthodes d'exécution. La brigade la plus importante est celle baptisée « Al-Adnani », du nom du porte-parole de l'État islamique, elle se compose d'environ 50 combattants, et elle est directement rattachée au bureau de sécurité de l'EI. L'identité des membres de cette brigade reste secrète car ils apparaissent toujours le visage dissimulé sous un foulard noir. Leurs victimes n'ont jamais révélé aucune information par crainte de représailles.

La pire prison de Daech, « le stade noir »

Les habitants de Raqqa surnomment le stade de la ville « le stade noir », en raison de ses murs en béton sombre. Avant l'arrivée de l'EI, ils venaient là en famille partager un moment heureux et soutenir leur équipe de football. Ensuite, les rires ont cessé pour laisser place aux cris et aux cadavres. Sous les gradins de pierre, les vestiaires et salles de musculation deviennent le siège des polices militaire, islamique et secrète de Daech. Près de 1 500 personnes, des Syriens et des étrangers, ont été enfermées là, beaucoup ont été tuées après avoir subi les pires tortures. Le stade noir devient « le Point 11 » pour les Syriens, la pire prison de Daech. L'État islamique n'a pas choisi ce lieu par hasard. Ses murs épais et la vaste étendue des sous-sols représentent la base idéale pour se protéger des bombardements des avions du régime de Bachar al-Assad, puis de ceux de la coalition internationale.

Tareq[1] a 28 ans lorsqu'il est arrêté en 2015 par les hommes cagoulés de noir de l'EI et incarcéré dans le stade noir. Il est accusé d'être un activiste opposé à l'État islamique. « Leur système de renseignements était effrayant, on ne pouvait rien leur cacher. Ils ont enquêté sur mes publications sur les réseaux sociaux depuis 2013, ils cherchaient ce que j'avais publié pour le critiquer. Je ne sais pas comment ils ont fait pour récupérer des captures d'écran de messages que j'avais publiés puis effacés de ma page depuis 2014. » Lorsqu'on l'interroge sur sa détention, c'est tout d'abord un souvenir sensoriel qui lui revient. « Dès mon arrivée, j'ai senti l'odeur de la mort qui sortait encore des cellules. Partout sur les murs, je voyais des centaines d'écrits, des témoignages de leur passage laissés par d'anciens prisonniers. Ils écrivaient leurs noms et le

1. Entretien réalisé par les auteurs en novembre 2020.

nombre de jours passés en détention, en espérant que l'information parvienne à leurs familles. »

Le jeune homme passe deux mois dans une cellule, il est ensuite miraculeusement libéré parce que ses « juges[1] » estiment que sa faute ne mérite pas la mort. De peur d'être à nouveau arrêté et incarcéré, Tareq quitte sa ville et son pays.

Cinq ans plus tard, il parvient à identifier deux de ses bourreaux comme étant Anas al-Karraf et Abou Hamza (ce dernier est originaire de la ville de Tabqa). « Ils torturaient les prisonniers en les fouettant avec toutes sortes d'objets et ou en les accrochant à des chaînes au mur afin de leur soutirer des informations. Un autre homme, Fawwaz al-Hassan, que les autres djihadistes appelaient "Abou Ali", avait l'habitude de venir à la prison sous le prétexte de notre instruction religieuse, mais en fait, c'était un psychopathe qui prenait plaisir à nous humilier, nous battre et nous insulter. Il nous menaçait souvent de nous tuer et de nous décapiter. »

Un peu à l'écart, des femmes sont incarcérées, elles aussi, dans les sous-sols du stade. Beaucoup moins nombreuses, elles entendent, elles aussi, les cris et les tortures que subissent les détenus[2]. « Nuit et jour, on entendait des cris de torture. Mais le plus insupportable, c'était quand les gardiens venaient le matin et appelaient les noms de certaines personnes. Ils leur demandaient de laisser leurs affaires dans les cellules, puis ils disparaissaient. Le lendemain, les mêmes gardiens revenaient et distribuaient les affaires que ces prisonniers avaient laissées. Nous savions qu'ils avaient été exécutés, mais nous ne savions pas quand arriverait notre tour. Cette incertitude nous rongeait. » À force de voir partir les autres détenus, Tareq perd l'espoir d'être libéré vivant de prison ; d'autant plus que de nombreux autres activistes comme lui ont déjà été exécutés. Cinq ans plus tard, il se considère toujours comme miraculeusement libéré, surtout après toutes les menaces qu'il a reçues en prison. Les plus terrifiantes étaient celle d'« Abou Ali », lorsqu'il lui disait : « Si cela ne tenait qu'à moi, vous seriez déjà exécuté. » Petit à petit, les souvenirs de Tareq se font plus clairs, les images remontent à la surface. « Je me souviens de la plupart des visages que j'ai vus, qui ont disparu dans cette prison. Notamment celui d'un petit garçon kurde de 13 ans. « Il avait rejoint les rangs de l'organisation, mais les djihadistes l'accusaient de les avoir trahis avec la coalition internationale. ». Dans cette prison, de nombreux Occidentaux, journalistes et humanitaires ont été incarcérés, certains ont été tués. Tareq a partagé sa cellule avec 17 employés de l'ONG américaine World Vision. Après deux semaines d'incarcération, tous ont été libérés. Ils étaient accusés d'avoir fait entrer au sein du califat des exemplaires de la Bible et d'avoir invité les gens à Manbij à se convertir au christianisme.

Lors de l'un des raids de la coalition internationale sur « le Point 11 » en 2015, les gardiens ont fermé les cellules des prisonniers et les ont laissés sous les bombardements. Tareq se souvient de la panique au sein des prisonniers : « Ils se sont enfuis au milieu des cris des prisonniers, on les suppliait de nous aider, tout le monde avait peur que le bâtiment ne s'effondre, mais les responsables de la prison ne faisaient que courir et insulter les prisonniers, "Vous êtes les amis de la coalition. Vous le méritez ce châtiment, mais nous, nous serons protégés

1. Un juge de l'EI était forcément membre de l'organisation et basait ses jugements sur la loi coranique. Tous n'avaient pas forcément reçu un enseignement en droit.

2. Entretien réalisé par les auteurs en août 2017 avec une Syrienne détenue pendant dix jours dans cette prison.

par Dieu", nous criaient-ils. Finalement le bâtiment a résisté et nous aussi. »

Aujourd'hui encore, le stade est debout, les cellules ont été vidées de leurs prisonniers depuis 2017 et la chute de l'EI, les matchs de football ont repris, mais les stigmates demeurent.

Les fosses communes

Des milliers de personnes de Raqqa sont toujours à la recherche des corps de leurs proches disparus dans les fosses communes de la ville. Selon la dernière déclaration de l'équipe d'intervention du conseil civil[1], le nombre de corps découverts entre début 2018 et mi-2020 est supérieur à 6 200, dans 25 fosses communes à Raqqa. La plupart d'entre eux sont des civils exécutés par Daech ou tués par les bombardements de la coalition internationale[2].

Yasser al-Khamis[3] est le responsable de l'équipe d'intervention initiale. Il raconte les premiers corps découverts dans d'immenses fosses communes. « On a retrouvé 553 corps de civils au milieu d'un stade de football, puis on les a enterrés dans le cimetière Al-Rachid, dans le centre de la ville de Raqqa. Mais il est souvent impossible d'identifier les victimes compte tenu du matériel dont nous disposons. La coalition internationale et les donateurs refusent toujours de nous fournir du matériel pour identifier les personnes via leur ADN, donc ces corps n'ont toujours pas de nom la plupart du temps. »

Ahed[4] est maman de deux enfants à Raqqa. Depuis 2016, son père et son frère ont été arrêtés par l'organisation État islamique, ils étaient accusés d'espionnage pour le compte de la coalition internationale. « Ces accusations sont fausses, le principal désaccord était que mon père avait refusé de donner la maison d'un de mes frères pendant qu'il voyageait en Europe aux membres de Daech. Mon frère a tenté de soutenir mon père, alors ils les ont arrêtés tous les deux. Leur sort est toujours incertain, mais j'ai bien peur qu'ils soient morts car toutes les prisons de l'EI ont disparu. S'ils étaient encore en vie, ils seraient déjà retournés chez eux », raconte la jeune femme avec un réalisme triste. Chaque jour, Ahed attend de retrouver leurs corps dans une fosse commune. « J'espère pouvoir les reconnaître en distinguant les vêtements qu'ils portaient au moment de leur arrestation. »

Les équipes responsables continuent toujours leur travail dans la ville de Raqqa pour ramasser les corps. Le nombre augmente chaque jour à mesure que de nouvelles fosses communes sont découvertes, dont la plus grande était celle d'Al-Fakhikha au sud de l'Euphrate, dans laquelle environ 1 000 corps ont été découverts. Dans la fosse commune de Panorama dans la partie sud-ouest de la ville, il a été dénombré 793 corps, en plus de dizaines d'autres tombes dispersées.

Ces corps en décomposition restent une empreinte de la période noire que Raqqa a vécue sous le contrôle de l'organisation terroriste, qui a englouti des milliers de Syriens, hommes, femmes et enfants.

Les femmes sous l'EI

Les libertés des femmes se sont considérablement rétrécies sous le joug de l'EI.

---

1. En 2013, les révolutionnaires de Raqqa mettent en place un conseil local, mais cette expérience ne dure que cinq mois à cause de l'arrivée de l'EI. Depuis 2017, cette administration est remplacée par le conseil civil de Raqqa (basé à Ayn Issa jusqu'en 2018), et gérée par une coalition composée de Kurdes et d'Arabes des Forces démocratiques syriennes (FDS).
2. Informations extraites d'un article disponible à l'adresse : https://watan.fm/news/politics/syria/143185.
3. Entretien réalisé par les auteurs en 2019.
4. Entretien réalisé par les auteurs en 2018.

Sous des prétextes religieux, l'organisation impose aux femmes de ne pas se déplacer dans la rue sans un homme de leur famille. Mais ces règles ne s'appliquent pas aux femmes affiliées au groupe terroriste.

Mais même pour les femmes qui appartiennent à l'idéologie djihadiste, les libertés sont très encadrées. Des brigades des femmes de la *hisba* (police islamique) patrouillent dans les rues et surveillent le comportement et les tenues des femmes, allant jusqu'à les punir si elles désobéissent.

Umm Aïcha[1] était l'une des femmes qui travaillaient dans la prison pour femmes de l'EI, située dans le quartier de Al-Tawousiyya à Raqqa. Elle nous a décrit les violences et les tortures qu'elle faisait subir aux femmes en prison. « Les femmes se faisaient fouetter le dos et dans certains cas, on leur arrachait les ongles simplement parce qu'elles portaient du vernis à ongles et qu'elles n'avaient pas couvert leurs mains avec des gants dans la rue. » Même après la défaite de l'EI, Umm Aïsha n'exprime aucun remords, convaincue d'avoir agi en servant Dieu.

Shayma'[2] a 34 ans, elle habite à Raqqa avec son mari qui a rejoint les rangs des combattants de l'EI. Fin 2015, quand celui-ci est tué par un raid aérien dans la campagne de Deir ez-Zor, elle se retrouve seule pour nourrir leurs trois enfants. L'EI impose aux veuves de combattants comme elle de se remarier avec d'autres combattants. La responsable de ces mariages est une Marocaine, connue sous le surnom d'Umm Adam[3]. Fatiha Mejjati, c'est son vrai nom, est l'une des seules femmes qui ont eu le titre d'*amira* (l'équivalent féminin d'un émir) au sein de l'organisation terroriste. Début 2016, Umm Adam convoque Shayma' et lui désigne un combattant de Daech comme futur mari. Cependant, Shayma' supplie Umm Adam en pleurant de ne pas la forcer à épouser quelqu'un, expliquant qu'elle voudrait seulement vivre pour ses enfants. « J'avais peur que ce deuxième mari ne subisse le même sort que le premier et que je sois à nouveau veuve et encore et encore. Umm Adam m'a offert alors un "accord d'exploitation". Elle acceptait que je ne me remarie pas et que je reçoive un salaire mensuel de 300 dollars. En échange, je devais l'aider à trouver des femmes pour les combattants de l'organisation. En fait, c'était des viols. La plupart des femmes étaient des étrangères qui avaient tenté de s'enfuir. Elles étaient emprisonnées et n'avaient pas d'autre choix que d'épouser les hommes qu'on leur désignait ou mourir. »

Le recrutement des enfants

À partir de 2015, les enfants font partie intégrante de la propagande de l'EI. Peu évoqués au début de la guerre, ils sont désormais présents aux côtés de leurs parents dans les vidéos. Parfois, les « petits lionceaux », comme l'organisation terroriste les surnomme, jouent sur des toboggans, mangent des bonbons et affichent des sourires radieux, comme si ces filles et ces garçons grandissaient dans un pays en paix. Fin 2016, l'ignominie monte d'un cran, l'organisation commence à perdre du terrain en Irak et en Syrie, il lui faut choquer plus encore pour parler d'elle. Elle met alors en scène des enfants, en tenue militaire, en train d'exécuter des prisonniers au milieu d'un parc d'attractions désaffecté[4].

1. Entretien réalisé par les auteurs en 2018.
2. *Id.*
3. https://www.middleeasteye.net/fr/reportages/daech-fatiha-mejjati-oum-adam-marocaine-etat-islamique-syrie.
4. Extraits du livre d'Édith Bouvier et Céline Martelet, *Un parfum de djihad. Qui sont ces Françaises qui ont rejoint une organisation terroriste ?* paru en février 2018, chez Plon.

Comme pour contrebalancer l'horreur des vidéos de propagande impliquant des enfants (mais jamais de fillettes), l'État islamique évoque souvent les programmes scolaires révolutionnaires mis en place. L'organisation introduit la mort partout dans l'éducation des enfants. Toutes les illustrations dans le livre de mathématiques consistent à additionner et à soustraire des armes ou des munitions et en géométrie, il est demandé aux enfants de calculer l'angle et la vitesse à laquelle tombe un mortier qui vise un groupe d'infidèles.

Les membres de l'EI pouvaient envoyer leurs enfants dans des camps d'entraînement afin d'apprendre le maniement des armes.

En 2015, le Comité des droits de l'enfant des Nations unies publie un rapport[1] alarmant dénonçant l'enlèvement et le recrutement par l'État islamique d'un grand nombre d'enfants pour en faire des combattants. « Des enfants sont utilisés comme kamikazes, y compris des enfants handicapés ou ceux qui ont été vendus à des groupes armés par leurs familles. »

Quelques jours après la chute de l'organisation djihadiste, lors d'une visite au camp d'Al-Hol dans le nord-est de la Syrie[2], nous avons interrogé une Irakienne, membre de l'EI, sur le sort de son mari transféré en Irak pour y être jugé. Elle a expliqué qu'il n'avait commis aucun crime et qu'il « exécutait seulement la loi de Dieu ». À côté d'elle, son fils, âgé alors de 12 ans, a souligné que « c'était les infidèles qui leur faisaient subir ces souffrances ».

Ces mots ne sont pas anodins, ils révèlent les traces laissées par l'EI dans les esprits des habitants de la région. Des traces qui représentent une réelle menace pour l'avenir. Ces enfants qui ont connu la guerre, la peur et la privation subissent aujourd'hui encore les mêmes souffrances. La guerre est terminée, mais les conditions de vie sont toujours aussi difficiles, beaucoup de Syriens sont toujours déplacés dans un camp en attendant de pouvoir rentrer chez eux quand Raqqa sera reconstruite. Aujourd'hui encore, les cellules dormantes de l'EI continuent de terroriser les habitants. Et personne n'accompagne ces enfants dans leur retour à la vie.

1. Extrait du rapport des Nations unies publié le 5 février 2015 : https://www.ohchr.org/EN/HRBodies/HRC/RegularSessions/Session28/_layouts/15/WopiFrame.aspx?sourcedoc=/EN/HRBodies/HRC/RegularSessions/Session28/Documents/A.HRC.28.69_E.doc&action=default&DefaultItemOpen=1.

2. Reportage réalisé sur place par les auteurs en mars 2019.

Les discriminations légales envers les Yézidis dans la Syrie d'Assad

Ibrahim Simou[1]

Les Yézidis de Syrie[2], comme d'autres minorités religieuses des pays arabes et musulmans, ont dû faire face à des situations où régnaient harcèlement, arbitraire, persécution, oppression, injustice, destruction de l'identité, perte de la dignité, déni des droits fondamentaux, tout cela dans une optique génocidaire. Ces situations injustes qui vont être listées ci-dessous ont eu de lourdes conséquences sur les destinées personnelles et collectives des Yézidis. Les Yézidis de Syrie n'ont souvent eu d'autre choix que d'émigrer, de fuir vers un ailleurs où la vie serait possible.

Les moyens de pression sur les Yézidis de Syrie étaient de deux natures : des persécutions religieuses et des persécutions nationales. Nous allons ci-dessous détailler ces deux points.

PERSÉCUTIONS NATIONALES

Les persécutions nationales peuvent être divisées en deux catégories : les persécutions communautaires résultant de la domination des clans arabes, d'une part, et les persécutions pratiquées par l'État représenté par les pouvoirs officiels, d'autre part.

Les persécutions communautaires résultant de la domination des clans arabes

Les persécutions envers la communauté yézidie sont dues au contrôle de la région de la Djézireh par des clans arabes qui ont un monopole de force et d'éminence. Ceci est dû d'une part à leur affiliation au

1. Ibrahim Simou est un avocat yézidi de Syrie, aujourd'hui réfugié en Allemagne. Son article a été traduit de l'arabe par Saido Silo. Si les revendications les plus radicales des communautarismes contribuent à miner la cohésion nationale du pays (voir l'analyse de Paolo G. Pinto sur « Le confessionnalisme dans la guerre civile syrienne » dans la troisième partie de ce livre), ce texte témoigne du fait que la perpétration du génocide des Yézidis par Daech a été, en partie, facilité par la marginalisation préexistante du yézidisme en Syrie. Présentation et annotation par Estelle Amy de la Bretèque.

2. Les Yézidis de Syrie vivent dans deux localités séparées : le canton d'Afrine (ou Afrin, Efrin, province d'Alep, nord-ouest) et la province de Hassaké (nord-est). Dans le canton d'Afrine, les villages sont divisés entre trois régions : Guma, Shikak et Sherew. Selon Sebastian Maisel, en 2016, dans la région d'Afrine, une vingtaine de villages comptent des habitants yézidis, trois villages (Basuran, Fiqla et Baflun) sont entièrement peuplés par des Yézidis, et cinq autres villages comptent une majorité d'habitants yézidis (Qibare, Shadere, Ghezewiye, Iskan et Qestel Jindo). Dans la province de Hassaké (nord-est), 52 villages compteraient des habitants yézidis, mais de nombreux villages semblent avoir été abandonnés avant 2016. De nombreux Yézidis de Hassaké ont fui (vers l'Irak ou la Turquie) tôt dans le conflit, en raison de leur proximité des lignes de front avec Daech ou du Front Al-Nosra. (*N.D.E.*)

nationalisme arabe, gage du soutien des autorités à l'égard de ces clans y compris dans leurs actions tyranniques, mais aussi à l'engagement des membres de ces clans au sein du parti Baath au pouvoir. En lien étroit avec les dirigeants de ce parti, les clans arabes ont usé de leur position de force pour convoiter la terre, l'argent, les biens des Yézidis et parfois même leurs femmes. Ceci a été rendu possible par l'état de peur dans lequel vivaient les Yézidis, une peur héritée de génération en génération, qui rendait toute déclaration, plainte, allusion, allégation auprès des autorités gouvernementales impossible.

Les persécutions étatiques

– *Par le biais de la Constitution :*

Certaines discriminations sont inscrites dans la Constitution syrienne. Les Yézidis, comme les Kurdes, ont été soumis à une politique d'arabisation forcée. Cette politique systématique vise à éradiquer leur langue, leur culture et leur conscience nationale en les coupant de leurs racines. Elle apparaît dans le texte de la Constitution syrienne ainsi que dans d'autres lois. Voici quelques exemples tirés de la Constitution de 1973.

* Article 1 al. 3 : « Le peuple du pays arabe syrien fait partie de la nation arabe qui travaille et lutte pour atteindre son unité globale. »

* Article 23 al. 1 : « La culture nationaliste et socialiste est le fondement de la construction d'une société socialiste arabe unifiée et vise à renforcer les valeurs morales, à atteindre les idéaux les plus élevés de la nation arabe, à développer la société et à servir les causes de l'humanité. L'État œuvre à la promotion et à la protection de cette culture. » Cet article, qui glorifie la nation arabe, a été conçu pour diffuser les valeurs et la culture arabes dans la société syrienne sans aucune prise en compte des autres composantes ethniques de cette société.

* Article 8 : « Le parti socialiste arabe Baath est le principal parti de la société et de l'État et il dirige un front national progressiste qui travaille à unir les énergies des masses du peuple et à le mettre au service des objectifs de la nation arabe. » Cet article souligne clairement que la culture visée est la culture (et les valeurs) du parti Baath au pouvoir et non les valeurs humaines des Arabes. Le parti Baath au pouvoir a été considéré comme le chef de l'État et de la société et le pouvoir a été usurpé par une mentalité mafieuse.

* Article 4 : « L'arabe est la langue officielle. »

En conséquence, cette Constitution, qui a été rédigée avec une mentalité autoritaire et répressive, d'une part, et exclusive, d'autre part, a donné la priorité incontestée à la langue et à la culture arabes et a aboli d'autres langues et cultures du tissu syrien. Le gouvernement a encouragé une mentalité de Renseignement militaire qui a amené la Syrie dans le bourbier des guerres brutales actuelles. Au début de la guerre en Syrie les autorités ont probablement tenté de pacifier la rue syrienne et ont cherché, en théorie et officiellement, à réduire l'esprit de supériorité unilatérale qui était inscrit dans la Constitution syrienne de 1973. C'est ainsi qu'une nouvelle Constitution a vu le jour en 2012. Hormis quelques changements mineurs, la principale nouveauté de la nouvelle Constitution de 2012 est l'abrogation de l'article 8, qui imposait l'idéologie Baath comme guide de la nation syrienne. Cependant, la Constitution de 2012 maintient clairement (a) une ligne nationaliste arabe (alors même que les Constitutions de 1920 et 1930 ne décrivaient pas la nation syrienne comme « arabe »), et (b) tend à achever la politique de dissolution des éléments non arabes en Syrie en les fondant dans la culture arabe.

Ainsi, l'article 1 al. 1 de la Constitution de 2012 présente la Syrie comme « la République arabe syrienne » : « La République arabe syrienne est un État fédéral, démocratique, souverain et indivisible : aucun morceau de son territoire, qui fait partie de la patrie arabe, ne peut être cédé. » L'alinéa 2 dispose : « Le peuple syrien fait partie de la nation arabe. » Quant à l'article 4 de la nouvelle Constitution, il se situe dans la continuité de la promotion de la langue arabe et dispose : « L'arabe est la langue officielle de l'État. »

– *Par une législation et des pratiques injustes :*

Le législateur syrien ne s'est malheureusement pas arrêté à l'arbitrage constitutionnel. Il a également été mû par une obsession exclusive et puritaine pro-arabe qui avait pour objectif de vider la région kurde de ses habitants kurdes (et des Yézidis parmi eux). Une politique d'appauvrissement de ces régions a été délibérément mise en place. En raison de la détérioration des conditions économiques et de l'importance du chômage, les populations kurdes n'ont eu d'autre choix que d'émigrer vers les régions arabes ou de fuir la Syrie.

a) *Impossibilité pour les Kurdes et les Yézidis de posséder des biens immobiliers.* Il était interdit aux Kurdes et aux Yézidis de posséder des biens ou toute forme de propriété immobilière. Toute la région kurde, sous prétexte qu'elle était une zone frontalière, était considérée comme une « zone de restriction légale » et une « zone d'exception ». Ceci est contraire aux normes morales, aux valeurs démocratiques des droits de l'homme et au principe de l'égalité des chances. Ainsi, le décret n° 193 publié en 1952 et modifié par le décret n° 49 adopté en 2008 prévoyait, « pour des raisons de sécurité », des procédures administratives extrêmement complexes. « Il n'est pas permis d'établir, de transférer, de modifier ou d'acquérir un droit immobilier sur un bien situé dans une zone frontalière ou d'occuper ce bien par la location, l'investissement, ou de quelque manière que ce soit pour une période de plus de trois ans pour le nom ou pour le bénéfice d'une personne physique ou morale, sauf autorisation préalable, que le bien soit construit ou non dans le cadre du régime. » Durant la même période, les autorités syriennes, sur la base du décret législatif n° 193 de 1952, ont permis à des familles arabes des campagnes d'Alep, de Raqqa et d'autres gouvernorats, de posséder des terres kurdes/yézidies situées à la frontière avec la Turquie. Ceci s'est déroulé dans le cadre de la campagne de mise en place d'une « ceinture arabe », permettant de clôturer la région kurde.

b) *Déni de prises de fonctions et de postes dans l'État et les administrations publiques.* Les pouvoirs publics ont empêché les Kurdes et les Yézidis de jouer un quelconque rôle dans la direction de l'État, dans les administrations publiques, dans l'armée, dans le système judiciaire. Ceci, alors même que de nombreux Kurdes et Yézidis ont acquis des qualifications scientifiques et universitaires élevées. Les candidatures au Parlement ou dans l'administration locale ont systématiquement été évincées. Dans les gouvernorats, la candidature locale d'un employé devait recevoir une approbation des pouvoirs centraux. Chaque candidature était soumise à des études de sécurité complexes et opaques qui aboutissaient au rejet du candidat local pour des « raisons de sécurité », ou en clair, parce qu'il est kurde (ou yézidi).

c) *Dénationalisation.* Plus de 25 % des Yézidis ont été déchus de leur nationalité à la suite du recensement de 1961 et privés des droits civiques et des droits de citoyenneté les plus élémentaires. Ces personnes n'ont pas d'identité et pas d'existence légale, les naissances et les mariages ne sont pas consignés dans les registres officiels. Ces personnes privées de nationalité sont appelées « les étrangers de Hassaké[1] », ou « les *maktoumîn* de Hassaké », c'est-à-dire « les non enregistrés de Hassaké ».

d) *Suppression des références à l'identité kurde/yézidie.* La politique d'arabisation de l'article 3 de la Constitution a incité les autorités syriennes à remplacer les toponymes kurdes/yézidis par des noms arabes : les noms de villages, de routes, de lieux-dits, etc., ont été changés. En référence à l'article 4 de la Constitution, et sous prétexte que l'arabe est la langue officielle, les services d'état civil n'enregistraient que les prénoms arabes pour les nouveau-nés.

PERSÉCUTIONS RELIGIEUSES

Les persécutions religieuses se présentent sous deux formes. D'abord, comme un mépris de la société yézidie en raison de la vision islamique des takfîrî, *qui déclarent que « les Yézidis n'adorent pas Dieu ».*

Depuis la création de l'État et jusqu'à nos jours, les cheikhs et les religieux conservateurs ont régulièrement émis des fatwas (secrètes ou publiques) affirmant que « les Yézidis sont des infidèles, des esclaves des démons et des mauvais esprits, c'est un groupe mal orienté qui devrait être remis sur le chemin de la justice et du véritable islam ». Dans les localités de Hassaké, Armawa et Qahtaniyah les individus yézidis étaient souvent harcelés lorsqu'ils vendaient leur production agricole ou leur bétail à des musulmans. À cela s'ajoute le fait que les enlèvements et viols de jeunes filles yézidies étaient fréquents. Ces dernières étaient ensuite contraintes de se convertir à l'islam.

Les habitants des villages arabes adjacents aux villages yézidis ont très massivement soutenu le groupe Jabhat al-Nosra et les factions extrémistes qui occupaient la région de Ras al-Ain à la fin de 2012. Les voisins arabes ont aidé les factions extrémistes radicales salafistes à occuper les villages yézidis d'Al-Assadiyya, Jafila, Taliliyya et Dardara et ont facilité le meurtre de deux frères : Murad et Ali Saado, habitants du village d'Al-Assadiyya. Ils ont encouragé la saisie des terres agricoles, des maisons d'habitation, du bétail et d'autres propriétés dans les villages susmentionnés. Le meurtre des deux frères Saado et les pillages qui ont suivi ont entraîné le déplacement de plus de 95 % des Yézidis dans le gouvernorat de Hassaké.

Les persécutions se présentent sous une deuxième forme : soit à la lumière des textes constitutionnels et législatifs, soit à la lumière des ordonnances et instructions administratives de l'autorité dirigeante.

– *Injustices et désaveux constitutionnels.* L'article 3 de la Constitution syrienne donne la priorité à l'islam sur les autres religions par un texte explicite. « L'islam est la religion du chef de l'État. La jurisprudence islamique est une source majeure de législation. »

L'article 1 al. 2 du Code civil syrien explicite le rang de la loi islamique parmi les sources de la législation de la manière suivante : « (1) Les textes législatifs s'appliquent à toutes les questions. (2) S'il n'y a pas de texte législatif qui puisse être appliqué, alors par la coutume, et selon les principes du droit naturel et les règles de

1. Hassaké ou Hassetché (en kurde : Hesîçe), ville du nord-est de la Syrie.

justice, le juge statue selon les principes de la charia islamique. »

– *Statut personnel et affaires familiales.* Il n'y a pas de tribunal spécial en Syrie pour les Yézidis à l'instar de ceux qui existent pour les chrétiens, les juifs et les druzes. Les Yézidis sont donc tenus de suivre les tribunaux islamiques de la charia pour toutes les procédures liées au statut personnel, tels le mariage et le divorce, la garde et la pension alimentaire ou l'héritage. En effet, l'article 306 de la loi syrienne sur le statut personnel dispose : « Les dispositions de cette loi s'appliquent à tous les Syriens, sauf dans les cas prévus par les deux articles suivants : a) l'article 307 autorise la création d'un tribunal du statut personnel ou familial pour les druzes, et b) l'article 308 autorise les confessions chrétiennes et juives à régler leurs relations personnelles selon le système ecclésiastique/religieux auquel elles appartiennent. » De plus, bien que la Syrie soit un État centralisé (qui n'est ni fédéral ni un État de cantons), et malgré l'unité et la centralisation de la législation, l'examen et les procédures liées au statut personnel des Yézidis avaient lieu à Alep et à Afrine par des tribunaux civils. Ceci constitue une violation de la loi conformément à l'article 542 du Code de procédure civile.

En outre, la Cour de cassation syrienne à Damas a statué dans sa décision n° 1095 du 25 septembre 1999 délivrée sur la base du procès n° 2279 de 1999, et ratifiée pour la deuxième fois par la décision n° 257 du 19 mars 2001, que les tribunaux de la charia peuvent s'abstenir d'examiner les questions de statut personnel des Yézidis en Syrie. Cette décision a rendu la situation des Yézidis encore plus instable, car les services officiels se sont abstenus d'enregistrer les mariages, les divorces et les naissances. Aucune solution n'a été cherchée par les autorités pour résoudre le problème : les Yézidis qui avaient des procédures judiciaires en cours n'ont pu bénéficier d'aucun recours. Les Yézidis se sont retrouvés dans l'impossibilité de faire reconnaître légalement leur statut personnel et familial.

– *État civil.* À la suite du recensement publié en 1962, il y a eu des erreurs (souvent délibérées) et des transgressions dans les actes d'état civil de nombreux Yézidis sur lesquels il a été écrit dans le champ de la religion « musulman » au lieu de « yézidi ». Depuis lors, l'État a voulu imposer l'islam par la force aux Yézidis. Les actions en justice des Yézidis contre la Direction de l'état civil afin de « corriger l'erreur qui s'est produite » ont été rejetées. La raison avancée pour ce rejet est que la demande de correction est une « apostasie de l'islam ». Je cite l'une des décisions judiciaires où il est rapporté que : « a) les plaignants n'ont en fait pas pratiqué les rituels islamiques ; b) les plaignants n'ont pas déclaré leur islam ouvertement ou avec insistance. À cet égard, la cour d'appel de Hassaké, qui est considérée comme une référence judiciaire dans son cercle spatial, a décidé que les plaignants étaient considérés comme des apostats de l'islam. » Les tribunaux civils sont passés d'une institution judiciaire censée défendre les droits et l'équité à une maison de fatwas religieuses gardienne de la « non-apostasie de l'islam ».

Il faut noter que l'apostasie en terre d'Islam a de graves conséquences : elle peut entraîner la confiscation d'argent, la privation d'héritage, ou le divorce. En termes pratiques et dans les faits, si un homme ou une femme yézidis qui ont la mention « musulman » sur leur acte d'état civil épousent une personne d'une autre religion (ici « yézidi ») ces personnes risquent un procès pour apostasie. Depuis les années 1980, il y a eu beaucoup de cas de Yézidis qui sont passés par les mains du mufti de Hassaké et par la direction de la Sécurité politique du gouverneur de Hassaké. Ceci signifie que l'État usait de son influence et de son pouvoir pour imposer l'islamisation. Cette islamisation forcée a eu de graves effets sociaux, psychologiques et juridiques sur les individus et les familles yézidies qui ont été déclarés officiellement musulmans.

Témoignages de Yézidis devant la justice syrienne

Devant le tribunal de la charia

Le tribunal de la charia est le tribunal légalement compétent pour examiner les affaires familiales et le statut personnel des Yézidis. Mais les témoignages des Yézidis y sont irrecevables. Le préjudice grotesque et injuste se manifeste sous deux formes contradictoires. D'une part, la Cour de la charia islamique est imposée aux transactions des Yézidis (selon l'article 2 de la loi syrienne sur le statut personnel), et d'autre part, conformément au texte coranique, la Cour islamique ne peut accepter les témoignages des Yézidis (sur les procédures de mariage par exemple).

Devant le système judiciaire civil

Bien que le législateur syrien n'ait pas spécifié, en dehors des questions juridiques, la religion comme condition d'éligibilité pour enregistrer un témoignage, de nombreux juges se sont abstenus de prendre ou d'enregistrer les témoignages de Yézidis. Ce refus de transactions civiles constituait souvent un affront à la dignité du témoin yézidi et sapait son existence, ses capacités et son humanité.

Interdiction de construire un temple religieux pour le culte et les rituels religieux

En 1998, les autorités de Sécurité du gouvernorat de Hassaké ont empêché, pour des « obligations de sécurité », la construction d'un « temple religieux » yézidi dans le village de Tulko. De manière générale, il a également été interdit de fonder des associations, des organismes ou des centres culturels et sociaux. Lorsqu'un groupe de Yézidis a demandé une autorisation en 1995 à la Direction du travail et des affaires sociales, la réponse reçue a été la suivante : « La création d'associations, de centres ou d'organismes culturels pour les minorités de Syrie nécessite la publication d'un décret républicain. » C'est donc au président lui-même de donner son accord, et, si l'affaire était portée devant le président, il s'abstiendrait de donner son accord, au minimum pour des raisons de sécurité.

Enseignement de l'islam aux élèves yézidis

Le ministère de l'Éducation a imposé des programmes de religion musulmane aux élèves yézidis dans les écoles. Il délivre aux élèves à la fin des niveaux préparatoire et secondaire un certificat d'examen qui indique que la religion de l'élève yézidi est l'islam.

Sous les deux occupations turques d'Afrine en mars 2018 et de Ras al-Ain fin 2019

L'armée turque, l'Armée syrienne libre et ses factions islamistes extrémistes ont détruit des sanctuaires yézidis dans la région d'Afrine et saisi des zones de terres yézidies plantées d'oliviers (et d'autres arbres fruitiers). Les forces occupantes ont obligé les civils yézidis qui n'avaient pas fui à se convertir à l'islam, à payer des redevances et à faire suivre à leurs enfants un enseignement de la loi islamique. Les contrevenants étaient jugés par des tribunaux islamiques de nature militaire. De nombreux Yézidis ont été exécutés durant l'occupation d'Afrine.

Les mêmes pratiques ont été observées dans la région de Ras al-Ain où des Yézidis vivaient encore, répartis dans une douzaine de villages. Suite à l'occupation turque de cette région en octobre 2019 (et à la prise de contrôle effective des factions salafistes à la solde du régime turc), des biens, des terres, du bétail et des cultures agricoles ont été pillés. Ceci a contraint l'ensemble des villageois à fuir.

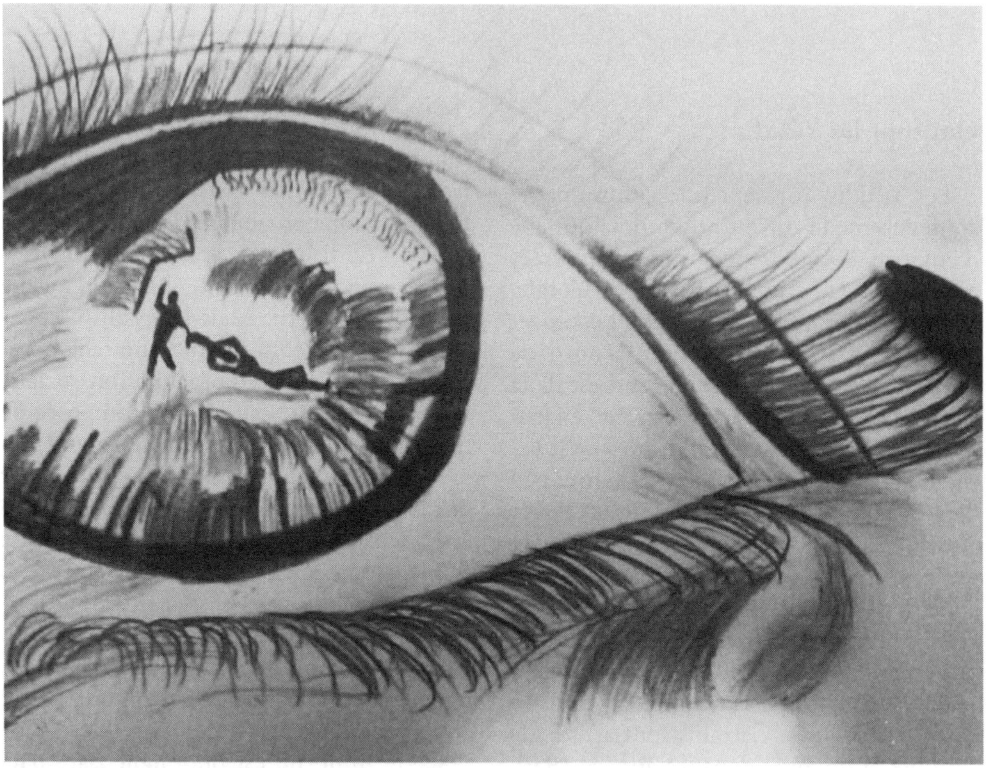

Shilan Abdullah, Yézidie d'Afrin réfugiée en France, *Souvenirs douloureux*, 2019. © Shilan Abdullah.

Le sort des Yézidis de Sinjar dans le califat de Daech (Irak-Syrie)

Estelle Amy de la Bretèque et Farhad Shamo-Roto

Qui sont les Yézidis ?

Les Yézidis[1] forment une communauté confessionnelle ou ethno-confessionnelle d'environ 800 000 personnes dispersées entre l'Irak, la Syrie, l'Arménie, la Géorgie, la Russie et l'Europe de l'Ouest. Le « foyer originel » des Yézidis couvre le nord de l'Irak (Cheikhan et Sinjar), le sud-est de la Turquie (notamment les régions de Hakkari et de Mardin) et le nord-est de la Syrie (Djézireh et Afrine). Il reste aujourd'hui très peu de Yézidis en Turquie, d'où ils ont fui vers le Caucase en 1828-1829 et 1915-1916. Ceux qui vivaient en Turquie après le génocide arménien (1915-1916) ont émigré en masse vers l'Allemagne dans les années 1980. On estime la diaspora yézidie en Allemagne à 150 000 personnes. En France, à environ 20 000 personnes. Certains sont arrivés de Turquie et de Syrie dans les années 1980, d'autres sont venus du Caucase dans les années 1990. Enfin, une dernière vague de réfugiés arrive ces dernières années d'Irak et de Syrie. De nombreux Yézidis vivent actuellement dans des camps de réfugiés en Turquie ou en Grèce. Les réfugiés d'Irak sont pour l'essentiel des rescapés des massacres de Sinjar, perpétrés par l'organisation État islamique en août 2014.

Les Yézidis sont les adeptes du yézidisme, une religion ancienne et endogène du Moyen-Orient. Mais le yézidisme peut être décrit à la fois comme une religion et comme un système d'organisation sociale. La société yézidie est en effet composée de trois grands groupes héréditaires et endogames. Une personne yézidie appartient, par sa naissance et jusqu'à sa mort, à l'un d'entre eux : deux de ces groupes sont constitués de spécialistes religieux, (appelés *cheikh* et *pîr*). Le troisième groupe est constitué des non-spécialistes, appelés « disciples » (*murîd*). Chacun de ces groupes se divise ensuite en lignages qui sont eux-mêmes pour partie endogames.

Cette minorité est de longue date particulièrement isolée et nimbée de mystère. La religion yézidie se transmet oralement et secrètement au sein des lignages de religieux. Il n'y a pas de livre sacré, mais un ensemble de textes, récits et prières (*qewl*, *beyt*, *du'a*...)

1. L'orthographe « Yézidi(s) » est la plus courante en français, c'est celle que nous utiliserons dans ce texte. Dans les sources anglophones, « Yazidi » est privilégié. En kurde, le mot est orthographié « Êzîdî » en alphabet latin et *ÆĕsÒcsÏcs* en alphabet arabe. Au sein de la communauté, les Yézidis débattent du nom à attribuer à la langue qu'ils parlent. Ces divergences reflètent des positionnements identitaires et politiques. Certains appellent leur langue *ezdîkî*, d'autres considèrent qu'ils parlent le dialecte *kurmanji* du kurde. Au-delà de différences régionales et lignagières (notamment dans la prononciation ou l'usage de certains mots), les Yézidis parlent tous la même langue (il y a une intercompréhension entre les membres du groupe), à l'exception de deux villages situés dans la plaine de Ninive (Ba'shiqe et Bahzani) qui parlent une version dialectale de l'arabe.

qui sont transmis oralement[1]. La cosmologie yézidie gravite autour d'un Dieu unique entouré de sept anges. Le plus important de ces anges est *Melek Tawûs* (« l'ange-paon »), choisi par Dieu pour gouverner le monde. Dans le passé, les Yézidis ont été stigmatisés, qualifiés d'« adorateurs du diable », tant par la communauté musulmane que par la communauté chrétienne[2]. La raison se trouve dans l'interprétation du personnage de l'ange-paon qui, d'après les détracteurs des Yézidis, serait le diable, sauvé, et adoré sous forme d'un paon. Les Yézidis ont subi en conséquence des discriminations et des massacres répétés au cours de l'histoire.

Dans l'Empire ottoman, les Yézidis ont connu des campagnes de persécution. Par décret (*ferman*), la Sublime Porte mobilisait les tribus arabes et kurdes contre eux et facilitait l'installation de ces tribus sur les terres agricoles des Yézidis[3]. Le mot *ferman*, qui renvoie initialement à un décret de la Sublime Porte, désigne aujourd'hui toute opération visant à convertir, à réduire en esclavage ou à anéantir la population yézidie. Si la violence commise à l'encontre de la communauté yézidie par les membres de Daech depuis 2014 revêt une portée et une ampleur incomparables, le phénomène de persécution des Yézidis n'est pas nouveau. Le massacre de Sinjar en 2014 est en effet le 74e *ferman* (massacre, persécution) dont les Yézidis entendent garder la mémoire. Le 73e *ferman* eut lieu dans la même région en 2007, lors des attentats de Til Ezer et Siba Sheikh Khidir (explosions de camions piégés au cœur des marchés de ces villes) faisant plus de 500 victimes. Le 72e *ferman* était le génocide arménien de 1915-1916 au cours duquel les Yézidis ont également été massacrés. Les habitants de Sinjar gardent aussi en mémoire leur fuite au XVIIe siècle de la région située à l'est du Tigre pour trouver refuge dans la montagne de Sinjar, isolée au milieu des terres arides de la haute Mésopotamie[4]. Les Yézidis du Caucase, eux, se souviennent de leur fuite de la région de Gaziantep en 1828-1829 vers les villes de Van et Kars (Turquie orientale), et d'une nouvelle migration au moment du génocide arménien en 1915-1916 vers l'actuelle Arménie. Cette mémoire transgénérationnelle est aujourd'hui mise en mots sous la forme de chants épico-tragiques par des bardes sur les plateaux télé des chaînes communautaires et les scènes amplifiées des fêtes de mariage. Dans le passé, le cadre était celui des veillées. Ces souvenirs sont aussi souvent mélodisés dans les berceuses et dans les lamentations funèbres[5].

1. Pour une étude exhaustive et détaillée des textes sacrés oraux des Yézidis, voir : Khanna Omarkhali, *The Yezidi Religious Textual Tradition : From Oral to Written. Categories, Transmission, Scripturalisation and Canonisation of the Yezidi Oral Religious Texts,* Wiesbaden, Harrassowitz Verlag, 2017. Sur la religion yézidie voir notamment Philip G. Kreyenbroek, *Yezidism-Its Background, Observances and Textual Tradition,* Lewiston, NY, Edwin Mellen Press, 1995 ; Khanna Omarkhali, *Йезидизм : Из глубины тысячелетий* [*Yézidisme : du fond des âges*]. Saint-Pétersbourg : Издательский дом Санкт-Петербургского государственного университета [Edition de l'université d'État de Saint-Pétersbourg], 2005.

2. Les écrits des orientalistes et des missionnaires européens du XIXe siècle ont largement relayé ce mythe. Voir notamment Père Anastase Marie de Saint-Élie, « La découverte récente des deux livres sacrés des Yézidis », *Anthropos,* tome VI, 1911, p. 1-39 ; Giuseppe Furlani, *Testi Religiosi dei Yezidi,* coll. « Testi e documenti per la Storia delle Religioni », Bologne, Nicola Zanichelli editore, 1930 ; Alphonse Mingana, « Devil-Worshippers : Their Beliefs and Their Sacred Books », *Journal of the Royal Asiatic Society of Great Britain and Ireland (JRAS),* juillet 1916, p. 505-525.

3. Voir notamment Nelida Fuccaro, *The Other Kurds : Yazidis in Colonial Iraq,* New York, I.B. Tauris, 1999.

4. *Id., ibid.,* p. 46-48.

5. Estelle Amy de la Bretèque, *Paroles mélodisées. Récits épiques et lamentations chez les Yézidis d'Arménie,* Paris, Classiques Garnier, 2013 ; Estelle Amy de la Bretèque et Christine Allison, « Princes, Thieves and Death. The Making of Heroes amongst the Yezidis of Armenia », *in* Lloyd Ridgeon (dir.), *Javanmardi. The Ethics and Practice of Persianate Perfection,* Londres, Gingko Library, 2018, p. 338-370.

Répartition géographique des Yézidis en Irak

Début 2014, la population yézidie en Irak était estimée à 640 000 personnes, parmi lesquelles environ 400 000 vivaient dans la région de Sinjar[1].

Le district de Sinjar (en kurde : Shingal), situé à l'ouest de Mossoul sur la frontière syrienne, regroupait ainsi près des deux tiers de la population yézidie d'Irak. Il est scindé par le mont Sinjar qui le traverse d'ouest en est. Au nord de la montagne, les Yézidis vivaient dans six zones de peuplement ou « villages collectifs » (*mujamma'at*) dont les toponymes kurdes et arabes ont coexisté depuis la politique d'arabisation mise en place par les baathistes dans les années 1970 : Khansour/Al-Ta'mim, Dukuri/Al-Hittin, Dahula/Al-Qadisiyya, Borak/Yarmouk, Gohbal/Al-Andalus, Zorava/Al-Orouba, et dans le sous-district de Sinouni/Al-Snoun. Au sud de la montagne, les Yézidis étaient regroupés dans quatre zones : Tal Qassab/Al-Ba'th, Tal Banat/Al-Walid, Karzak/Al-Adnaniyah, Siba Sheikh Khidir/Jazeera, et dans le sous-district de Til Ezer/Al-Qahtaniya. Les Yézidis vivaient également dans la ville de Sinjar aux côtés d'autres communautés, notamment arabes et kurdes musulmanes. Enfin, les Yézidis vivaient également dans un ensemble de petits villages (plus petits que les zones décrites ci-dessus) comme Kocho et Solagh, Hardan, Hatimiyya et Rambuzi.

Le tiers restant des Yézidis vivait dans le district de Cheikhan, à la frontière entre les montagnes du Kurdistan et la plaine de Ninive. C'est là que se situe le centre spirituel de la communauté (Lalish) et que vivent le prince (*mîr*) et le chef spirituel (*Baba Cheikh*). « Contrairement à la communauté yézidie de fermiers tribaux pauvres de Sinjar éloignée des centres urbains, les Yézidis de Cheikhan ont été davantage exposés aux efforts d'assimilation du gouvernement irakien (en ce qui concerne l'accès à l'éducation et aux services publics, par exemple) et en contact avec d'autres communautés, notamment chrétiennes. La majeure partie de l'élite intellectuelle économique et politique yézidie vient donc naturellement de Cheikhan[2]. »

Enfin, un petit nombre de Yézidis vit dans la banlieue de Mossoul, à Bachiqa, ainsi que dans plusieurs villes et villages des plaines de Ninive dépendant des districts de Tel Kaif (Alqosh et Fayda) et Al-Hamdaniyya.

Politiques étatiques envers les Yézidis en Irak

L'État irakien, fondé au début des années 1920, a mis en œuvre une politique visant à diminuer l'autonomie et l'isolationnisme de la communauté yézidie, y compris en niant leur refus de la conscription militaire. La révolution de 1958 a aboli la monarchie irakienne, mais les politiques envers les Yézidis n'ont pas changé. Le régime baathiste a tenté de contrôler et d'assimiler les Yézidis à la « nation irakienne ». À partir de 1977, les Yézidis sont enregistrés comme « Arabes » lors des recensements démographiques. Au début des années 1980, considérés comme une minorité arriérée et incontrôlable, les Yézidis ont subi plusieurs vagues de déplacements forcés. Les villages sur la montagne ont été rasés par l'armée et les habitants ont

1. Christine Allison, « The Yazidis », Oxford Research Encyclopedia of Religion, 2017, disponible à l'adresse : http://oxfordre.com/view/10.1093/acrefore/9780199340378.001.0001/acrefore-9780199340378-e-254. (Consulté le 7 décembre 2018.)

2. FIDH/Kinyat – « Irak. Crimes sexuels contre la communauté yézidie : le rôle des djihadistes étrangers de Daech », octobre 2018, disponible à l'adresse : https://www.fidh.org/IMG/pdf/irak723francweb.pdf.

été concentrés dans des « villages collectifs » (*mujamma'at*) construits dans la plaine, au milieu des populations arabes elles-mêmes déplacées en masse pour créer une « ceinture arabe » autour du mont Sinjar[1]. Cette politique de déplacement des Yézidis dans des complexes d'habitations éloignés de la montagne et d'attribution de terres arables voisines aux tribus arabes a ainsi donné au régime Baath de Saddam Hussein un contrôle total et permis une acculturation certaine des Yézidis.

La vie dans les villages collectifs et les relations de voisinage avec les musulmans se sont avérées plutôt bonnes. Il était par exemple d'usage de choisir un *keriv* musulman pour la circoncision d'un jeune garçon. Sorte de parrain, le *keriv* désigne l'homme qui tient le jeune garçon sur ses genoux lors de la circoncision. Ces relations de parenté symbolique construisaient des liens d'amitié et de fratrie symbolique entre les deux communautés.

Dans les années 1990, le gouvernement a distribué des terres de la région de Sinjar à ses soutiens politiques de la région de Mossoul. De hauts gradés de l'armée et des forces de sécurité irakiennes, des chefs de tribus arabes et de nombreux enseignants de l'université de Mossoul sont ainsi devenus propriétaires de terrains à Sinjar. Ces terrains étaient auparavant la propriété officielle de l'État (*miri*), mais les Yézidis les considéraient néanmoins comme la propriété de leur communauté et les cultivaient. De nombreux Yézidis ont tenu ces nouveaux voisins arabes pour responsables de leur rétrogradation économique au rang de paysans sans terre.

La chute de Saddam Hussein en 2003 a déséquilibré le pouvoir en Irak en faveur des Kurdes. Depuis 2003, les territoires yézidis sont *de facto* contrôlés par les pechmergas kurdes, dont la majorité est affiliée au parti démocratique kurde. Les villageois arabes, dont la présence à Sinjar et ailleurs dans la province de Ninive résultait de la politique démographique du régime précédent, ont été contraints de quitter la région. Les Yézidis ont tiré profit de ce changement. La communauté yézidie, cooptée par les dirigeants kurdes, a bénéficié de postes haut placés dans la région au sein de l'administration kurde, à mesure que la politique locale s'éloignait du baathisme.

Mais la chute de Saddam Hussein et l'effondrement de l'État irakien ont aussi provoqué la montée en puissance de groupes insurrectionnels islamistes dans la région. Hostiles aux Yézidis qu'ils considèrent comme des mécréants, les factions multiplièrent les enlèvements et les attentats. En 2007, quatre attaques simultanées visant les Yézidis ont fait plus de 500 morts et des milliers de blessés au sud de la montagne (dans les villages de Til Ezer et Siba Sheikh Khidir).

À l'été 2014, accueillie par les populations arabes sunnites qui se considèrent comme délaissées par le pouvoir chiite en place à Bagdad, Daech s'empare presque sans combattre de Mossoul (le 10 juin 2014) et de la plaine de Ninive. Puis, à la fin de juin, Daech occupe la région de Tall Afar.

L'organisation État islamique a su exacerber la rancœur au sein de la population locale et ainsi renforcer le soutien que lui apportait la population arabe. Le 3 août 2014, les liens qui unissaient les populations arabes et yézidies se sont rompus brutalement. Des tribus arabes entières se sont ralliées opportunément à Daech, espérant tirer un bénéfice du départ ou du massacre de leurs voisins.

1. Sur la vie des Yézidis dans les villages collectifs, voir l'article de Eva Savelsberg, Siamend Hajo et Irene Dulz, « Effectively Urbanized. Yezidis in the Collective Towns of Sheikhan and Sinjar », *Études rurales*, n° 186, 2010, p. 101-116.

La prise de Sinjar par Daech

Le 3 août 2014, l'organisation État islamique a mené une attaque extrêmement organisée dans la région de Sinjar[1]. La région était alors administrée et défendue par les forces kurdes du Kurdistan irakien, les pechmergas. La ville de Sinjar est prise en quelques heures par les combattants de Daech. Les pechmergas n'ont opposé aucune résistance : la veille de l'offensive de Daech ils ont reçu l'ordre de se retirer, laissant 400 000 Yézidis sans armes ni moyens de défense face aux combattants de Daech. Cet abandon est vécu comme une trahison par les habitants de Sinjar.

La logique précise mise en place par Daech lors de son offensive sur la région de Sinjar démontre son intention de capturer le plus grand nombre de femmes et d'enfants yézidis afin d'en faire des esclaves et des enfants-soldats. En quelques heures, des milliers de Yézidis n'ayant pu fuir à temps sont capturés. Hommes et femmes sont séparés et sommés de renier leur foi pour se convertir à l'islam. Les hommes qui refusent sont exécutés sur-le-champ et enterrés dans des fosses communes. Les hommes convertis serviront durant plusieurs mois à des travaux agricoles et à garder le bétail utile à Daech, mais on ne sait plus rien de leur sort à compter du printemps 2015. Les femmes âgées ont aussi été sommairement exécutées[2]. Plusieurs milliers de jeunes filles et de femmes avec ou sans enfants sont kidnappées. Elles sont enfermées dans des bâtiments administratifs et des écoles dans lesquels elles sont comptabilisées et triées selon leur âge et leur beauté, avant d'être envoyées sur tout le territoire détenu par l'organisation État islamique en Irak et en Syrie.

Fuyant l'arrivée de Daech, les Yézidis se sont précipités vers la montagne, en voiture ou à pied. L'ONG Yazda estime qu'environ 250 000 femmes, hommes et enfants ont cherché refuge dans la montagne[3]. Certains ont été rattrapés dans leur fuite, notamment sur la route en lacet qui relie la ville de Sinjar à la montagne. Les Yézidis qui ont réussi à atteindre la montagne de Sinjar ont vite été confrontés à une réalité dramatique. Dans cette chaîne de montagnes arides longue de 100 kilomètres, des milliers de civils ont erré sans eau, ni nourriture, ni ombre, ni possibilité d'assistance médicale. Les récits font état de personnes mangeant des feuilles ou de l'herbe pour survivre, d'autres mourant de soif sous des températures dépassant parfois les 50 °C. Des centaines de Yézidis sont morts avant qu'une coalition composée de volontaires yézidis, de forces kurdes syriennes (YPG[4]) et de forces du parti des travailleurs du Kurdistan (PKK[5]) aidée par des frappes aériennes de la coalition internationale réussisse à

1. Daech a lancé son attaque sur Sinjar depuis Mossoul et Tall Afar en Irak, depuis Al-Shaddadi et la région de Tel Hamis (Hassaké) en Syrie. Le but était ainsi de prendre le contrôle de la région depuis les quatre points cardinaux en ciblant les principales routes et voies de sortie de la région. Rapport (2016) de la commission d'enquête du Conseil des Nation unies pour les droits de l'homme, § 23.

2. Le rapport de l'ONG Yazda publié le 28 janvier 2016 identifie 35 fosses communes dans la région de Sinjar (Yazda, 2016, p. 10). Le 15 mars 2019 un premier charnier est exhumé à Kocho. Le « charnier des mères » où ont été enterrées 78 femmes du village de Kocho a été exhumé en octobre 2020. Les exhumations sont très partielles à ce jour et de nouveaux charniers sont encore régulièrement découverts.

3. ONG Yazda, « Mass Graves of Yazidis Killed by the Islamic State Organization or Local Affiliates on or after August 3, 2014 », 2016, disponible à l'adresse : https://www.academia.edu/37176156/2016_Yazda_Mass_Graves_Report_of_Yazidis_Killed_by_the_Islamic_State. (Consulté le 9 décembre 2020.)

4. Les Unités de protection du peuple (YPG) constituent la branche armée du parti de l'union démocratique syrien (PYD). Elles sont formées en 2011 lors de la guerre civile syrienne.

5. La branche armée du parti des travailleurs du Kurdistan (PKK) est appelée HPG (les forces de défense du peuple). Ces forces ont été formées en 2000 lors du VIIe congrès extraordinaire du PKK.

ouvrir un corridor entre les monts Sinjar et la Syrie. Le corridor, ouvert le 14 août, a permis à des dizaines de milliers de Yézidis de rejoindre la Syrie. De là, la plupart des réfugiés sont retournés en Irak dans la région du Kurdistan où ils vivent dans des camps. Certains Yézidis ont pris la route de l'exil vers la Turquie et l'Europe, d'autres encore sont restés au Rojava (Kurdistan syrien). Environ 1 500 Yézidis sont restés sur les monts Sinjar, refusant de descendre de la montagne qu'ils considèrent comme un refuge[1].

En mai 2017, un rapport de PLOS Medicine publie une estimation du nombre de personnes assassinées et kidnappées par Daech (tout en mentionnant que les résultats de l'étude sont probablement très en deçà des chiffres réels). Selon ce rapport 3 100 Yézidis ont été assassinés : 1 400 exécutés et 1 700 morts sur le mont Sinjar pendant le siège du mois d'août 2014. Le rapport estime que 6 800 Yézidis ont été enlevés. À l'époque de ce recensement, près de 4 300 Yézidis s'étaient échappés[2], mais 2 500 étaient toujours portés disparus.

La région de Sinjar qui comptait environ 400 000 habitants avant 2014, est encore aujourd'hui presque entièrement vide. Au Kurdistan irakien, en Syrie ou en Turquie, les réfugiés de Sinjar vivent aujourd'hui majoritairement dans des camps. Depuis la reconquête de la région de Sinjar par les forces du PKK, YPG et les pechmergas du PDK en novembre 2015, certains Yézidis lassés de vivre dans des camps n'ont vu d'autre solution que de retourner vivre dans les villages de la plaine de Sinjar. Ils s'installent dans des maisons souvent largement détruites, sans électricité ni eau courante. Mais les réfugiés estiment la région peu sûre et n'ont plus confiance en leurs voisins musulmans qui ont soutenu Daech[3]. L'ONG Yazda affirme ainsi que, sur les 320 000 réfugiés de 2014, seulement 50 000 sont restés ou sont retournés à Sinjar, 180 000 vivent toujours dans le Kurdistan irakien et 90 000 se sont enfuis vers l'Europe[4].

La politique de Daech envers les Yézidis : exécutions, esclavage et enfants-soldats

Les massacres de Sinjar ont marqué le début d'une campagne extrêmement brutale et systématique pour supprimer l'identité yézidie. Les hommes ont été contraints de choisir entre la conversion à l'islam et la mort. Les filles, les femmes et leurs enfants ont été enlevés et détenus en captivité avant d'être vendus ou troqués comme esclaves. Des garçons, dont certains n'avaient que sept ans, ont été envoyés dans les camps de recrutement en Syrie où ils ont reçu un endoctrinement à l'idéologie de Daech et ont été contraints de suivre une formation militaire.

---

1. Ils y vivent essentiellement sous des tentes installées par des ONG travaillant dans la région. Voir par exemple le documentaire : https://www.youtube.com/watch?v=8sxaz0LdBW8.

2. Durant les trois années d'existence du califat de Daech, des centaines de femmes et de familles yézidies ont pu être libérées grâce à des réseaux de passeurs. Organisés par des Yézidis qui avaient gardé des contacts avec des Arabes de la région, ces réseaux s'appuient sur des individus présents au cœur des territoires contrôlés par Daech. Voir Patrick Desbois (dir.), *Les Larmes du passeur. Au cœur des missions pour sauver les esclaves yazidis*, Monaco, Éditions du Rocher, 2021.

3. Allan Kaval, « À Sinjar, le timide retour des réfugiés yézidis », *Le Monde*, 12 décembre 2015, disponible à l'adresse : https://www.lemonde.fr/proche-orient/article/2015/12/12/a-sinjar-le-timide-retour-des-refugies-yezidis_4830390_3218.html. (Consulté le 4 juin 2019.)

4. Jérémy André, « L'amère victoire des Yézidis du Sinjar contre Daech », *La Croix*, 4 août 2017, disponible à l'adresse : https://www.la-croix.com/Monde/Moyen-Orient/Lamere-victoire-Yezidis-Sinjar-contre-Daech-2017-08-04-1200867755.

Le sort des hommes et des garçons de plus de douze ans

Après avoir été capturés, les hommes et garçons ayant atteint l'âge de la puberté ont été immédiatement séparés des femmes et des enfants. Les combattants de Daech ont alors sommairement exécuté tous ceux qui refusaient de se convertir à l'islam. La plupart ont été tués d'une balle, d'autres ont eu la gorge tranchée. Ces exécutions avaient souvent lieu à l'endroit même de la capture (dans le village, sur le bord de la route…) et les corps étaient laissés *in situ*. Dans d'autres cas, des groupes d'hommes étaient emmenés à l'écart pour y être exécutés.

Les hommes et garçons de plus de douze ans qui acceptaient de se convertir devenaient des captifs de Daech. Ils ont été transférés dans des sites à Tall Afar, Al-Baaj ou Mossoul où ils effectuaient des travaux obligatoires : constructions ou gardiennage de troupeaux. Ils étaient aussi obligés de prier et de se laisser pousser la barbe. En septembre 2014, Daech a déplacé les Yézidis « convertis » à Qasr Maharab et Qasil Qio, deux villages chiites dont les habitants avaient fui l'avancée de Daech, situés près de Tall Afar, puis, pour certains, dans le quartier Al-Khadra de Tall Afar. En avril et mai 2015, Daech a vidé Qasr Maharab, Qasil Qio et Al-Khadra. Les femmes et les enfants ont été vendus comme esclaves. Les hommes et garçons de plus de douze ans ont disparu : aucune information n'est à ce jour disponible sur le sort que Daech leur a fait subir.

Le sort des femmes

Au cœur de la stratégie de l'État islamique réside l'enlèvement des femmes yézidies et de leurs enfants comme *sabaya* (butins de guerre). Le récit de captivité de Layla Taalo (publié dans cet ouvrage) est un témoignage parmi de nombreux autres. Certains ont été rendus publics tels celui de Nadia Murad[1] ou celui de Lamia Haji Bachar[2]… D'autres, beaucoup plus nombreux, remplissent les étagères des bureaux de sauvetage des otages yézidis de Dohuk (Kurdistan irakien) ou les archives d'ONG internationales[3]. Enfin, nombreux sont ceux qui restent secrets, ou murmurés, par bribes, à l'oreille. Pourtant, un tel massacre n'est pas le fruit du hasard. Il se prépare. Avant la prise de Sinjar par Daech, le Département de la recherche et de la fatwa islamique (*Diwan al-'Iftaa wa al-Buhuth*) avait statué que les membres de ce groupe ne font pas partie des « religions du livre » (ils ne possèdent pas de livre sacré), qu'ils sont des infidèles (*kuffār*) dont l'asservissement est « un aspect fermement établi par la charia » et que « toute personne qui contredit ce fait met en doute les versets du Coran et les paroles du prophète (*sallallāhu 'alayhi wa sal-lam*) et est coupable d'apostasie[4] ». En vertu de cela, les femmes yézidies – contrairement aux chrétiennes, aux chiites et à d'autres – peuvent être systématiquement violées. C'est ainsi que s'est institutionnalisée la vente des esclaves yézidies.

L'organisation État islamique a rédigé et publié différentes instructions, livrets et lettres d'information légitimant la captivité et l'asservissement des femmes, des fillettes

1. Nadia Murad a reçu le prix Nobel de la paix en 2018. Elle a écrit un livre avec Jenna Krajeski, *Pour que je sois la dernière*, préface d'Amal Clooney, Paris, Fayard, 2018, dans lequel elle raconte son histoire. Un long métrage lui a également été consacré : *On Her Shoulders* d'Alexandra Bombach, Los Angeles Ryot films, 2018.

2. Lamia Haji Bachar et Nadia Murad ont reçu le prix Sakharov « pour la liberté de l'esprit » en 2016. Rescapées de Daech, toutes deux sont devenues des icônes de la communauté yézidie.

3. Sur la visibilité internationale donnée aux femmes yézidies par les médias et les institutions occidentales, voir Estelle Amy de la Bretèque, « Des larmes pour ambassade. Les Yézidis sur la scène internationale après les massacres de Sinjar », *Terrain* n° 73, 2020, p. 27-43.

4. Islamic State, « The Failed Crusade », *Dâbiq, Islamic State Isis Magazine*, n° 4, 2014, p. 17, disponible à l'adresse : https://clarionproject.org/docs/islamic-state-isis-magazine-Issue-4-the-failed-crusade.pdf.

et des enfants ainsi que l'exécution des hommes yézidis qui refusaient de se convertir. Quelques mois après la prise de Sinjar, le magazine Dâbiq (e-journal officiel de Daech) comprend un article de quatre pages intitulé « Résurgence de l'esclavage avant l'heure[1] ». Cette publication est considérée comme la première confirmation « officielle » au sein de Daech de la résurgence de la pratique d'Al-Sabi (capture et asservissement des femmes d'incroyants). L'édition de Dâbiq d'octobre 2014 explique ainsi comment, avant les massacres de Sinjar, des étudiants de la charia membres de l'État islamique ont étudié la question des Yézidis et se sont tout particulièrement intéressés de savoir s'ils devaient être traités comme un groupe de polythéistes (*mushrikîn*) ou comme un groupe de musulmans ayant abandonné l'islam en toute conscience (*murtaddîn*). Cette « étude » conclut que la communauté yézidie remonte à une période pré-islamique, qu'elle n'a jamais accepté l'islam, qu'elle doit par conséquent être traitée comme une communauté polythéiste, et que les musulmans auront à répondre de la continuité de son existence le jour du jugement. Contrairement aux chrétiens et aux juifs, appartenant aux « peuples du Livre », les Yézidis ne sont pas autorisés à payer l'impôt *Jizya* pour continuer à pratiquer leur religion. De plus, contrairement à ceux qui ont tourné le dos à l'islam qui, selon l'organisation État islamique, devront choisir entre le retour à l'islam et l'exécution, les femmes et les enfants yézidis peuvent être capturés comme *sabaya* et *sabi* et asservis comme prises de guerre. Une fois cette analyse exposée, l'article annonce fièrement qu'après leur capture à Sinjar, 20 % des femmes et des enfants yézidis ont été convoyés vers les autorités de l'organisation État islamique et le reste réparti et attribué aux combattants de Daech ayant participé aux combats.

L'EI a également publié une brochure intitulée « Questions et réponses sur l'emprisonnement et les esclaves », destinée à livrer des directives précises. En voici un extrait reproduit dans la préface d'Amal Clooney au récit autobiographique de Nadia Murad (*Pour que je sois la dernière*, *op. cit.*) : « Question : est-il permis d'avoir des rapports sexuels avec une femme esclave qui n'a pas atteint la puberté ? Réponse : Il est permis d'avoir des rapports sexuels avec une femme esclave non encore pubère si elle est capable de rapports. Question : Est-il permis de vendre une captive ? Réponse : Il est permis d'acheter, de vendre ou d'offrir en cadeau les captives et esclaves, parce qu'elles sont de simples propriétés. »

Selon un fascicule de l'organisation État islamique intitulé « Des règles du Créateur sur la capture et l'asservissement de prisonnières » publié en octobre 2014[2], la capture et l'asservissement des femmes et des enfants yézidis présentaient de nombreux « avantages » : 1) la récompense de ses propres combattants ; 2) l'humiliation d'une communauté d'infidèles – en l'occurrence les Yézidis – ennemis de Daech ; 3) la propagation de *tawhid* (le monothéisme islamique) ; 4) le salut des âmes des captives qui doivent se convertir ; à cela s'ajoute 5) la « miséricorde » ainsi octroyée aux hommes qui ne sont pas mariés (et qui ne sont donc pas tentés de pécher en ayant des relations sexuelles non autorisées).

Le sort des enfants capturés avec leurs mères

Les enfants en bas âge sont vendus et revendus avec leur mère esclave. Ils constituent un « lot ». En captivité, les enfants

1. *Id.*, *ibid.*, p. 14-17.

2. Traduction anglaise par Aymenn Jawad al-Tamimi, « Unseen Islamic State Pamphlet on Slavery », *Pundicity Informed Opinion and Review*, 29 décembre 2015, URL : http://www.aymennjawad.org/2015/12/unseen-islamic-state-pamphlet-on-slavery.

sont maltraités par les « propriétaires » du « lot ». Les témoignages livrent de nombreux cas de torture d'enfants dans le but de punir ou de faire pression sur la mère. Ils sont aussi souvent battus lorsqu'ils pleurent ou font du bruit (par les combattants ou leurs épouses). De manière générale, les enfants des *sabaya* vivent dans des conditions très précaires (comme les mères) : ils manquent de nourriture, d'eau, et ils vivent en hiver dans des pièces sans chauffage[1].

Lorsqu'une fille d'esclave atteint l'âge de neuf ans, elle est séparée de sa mère et revendue comme esclave. Lorsqu'un garçon atteint l'âge de sept ans, il est lui aussi séparé de sa mère et envoyé dans un camp d'entraînement de Daech (puis au front).

Le sort des garçons de plus de sept ans

Au moment de l'attaque de Sinjar, la plupart des garçons non pubères ont été capturés et emmenés à Tall Afar ou Mossoul avec leurs mères[2]. Ce n'est qu'au bout de deux semaines que les combattants ont séparé les fils de plus de sept ans de leurs mères pour les envoyer dans des camps d'entraînement. Lorsqu'un enfant de captive atteignait l'âge de sept ans, il était systématiquement retiré à sa mère et envoyé en camp d'entraînement ou en camp militaire. Ils étaient alors dispersés sur le territoire contrôlé par Daech : à Dohuk, Tall Afar ou Al-Baaj en Irak ou encore à Raqqa, Tabqa, Tall Abyad et Suluk en Syrie. Ils y recevaient un nouveau prénom et devenaient de nouvelles recrues de Daech. Ils étaient obligés de suivre des sessions d'entraînement militaire pendant lesquelles ils apprenaient à manier les armes, ainsi que des sessions de récitation coranique. Ils étaient battus lorsqu'ils n'arrivaient pas à mémoriser correctement le Coran. Ils devaient regarder régulièrement des vidéos de propagande montrant des combats, des décapitations et des missions suicides. Lorsque leur formation était terminée les garçons étaient envoyés au combat selon les besoins du groupe[3].

Les fils des Yézidis convertis sont restés avec leur famille et ont été emmenés dans les villages de Qasr Maharab et Qasil Qio. Comme tous les hommes de ces villages, ils étaient obligés d'aller à la mosquée pour prier tous les jours sous peine d'être battus. En avril 2015, quand les villages ont été vidés et les familles séparées, les garçons de plus de sept ans ont été envoyés dans des camps d'entraînement.

Des violences constitutives de génocide et de crimes contre l'humanité

Les publications de l'organisation État islamique ont été largement diffusées sur les canaux médiatiques de l'organisation. De nombreuses vidéos ont aussi circulé via ces mêmes canaux ou par la communication individuelle des membres de Daech. Ainsi, juste après les massacres de Sinjar, des vidéos de l'organisation État islamique ont célébré la conversion de centaines de Yézidis à l'islam. Ces vidéos montraient la réception de bienvenue à l'arrivée de bus transportant des musulmans nouvellement convertis dans les territoires contrôlés par l'organisation État islamique[4]. Les vidéos de propagande ont également mis en scène

1. Rapport (2016) de la commission d'enquête du Conseil des Nations unies pour les droits de l'homme, § 81 à § 86.
2. À cet égard, le village de Kocho représente une exception : les garçons ont directement été séparés des mères.
3. Rapport (2016) de la commission d'enquête du Conseil des Nations unies pour les droits de l'homme, § 90 à § 97.
4. Vidéo publiée sur YouTube le 21 août 2014 : https://www.youtube.com/watch?v=I_kriGisGV8. (Consulté le 7 décembre 2020.)

les enfants soldats[1]. Des vidéos publiées en ligne par des membres de Daech ont également montré des scènes de discussions joyeuses sur l'achat et la vente de femmes yézidies[2]. La nature et la portée des crimes commis contre les Yézidis sont, par conséquent, parfaitement connues.

La Commission d'enquête internationale et indépendante des Nations unies sur la Syrie a conclu que le comportement de Daech vis-à-vis de la communauté yézidie faisait l'objet d'une communication stratégique délibérée et que ses membres avaient commis des crimes constitutifs de crimes contre l'humanité, de crimes de guerre, de génocide ainsi que d'autres violations des droits fondamentaux internationaux à l'encontre de la communauté yézidie (cf. le rapport précité, 2016). Les témoignages recueillis (par des ONG, des associations, des journalistes, etc.) sont aujourd'hui très nombreux. Ils révèlent et attestent l'asservissement systématique de femmes et d'enfants ainsi que la pratique généralisée de violences physiques et psychologiques graves, comme les violences volontaires, la torture, les traitements dégradants et inhumains, le fait d'affamer et de priver de soins hygiéniques et médicaux de base, les transferts forcés et le recours systématique aux violences à caractère sexuel qu'ont endurés les femmes et les enfants yézidis aux mains de leurs ravisseurs ou dont ils ont été témoins, souvent pendant plusieurs années de captivité. Un rapport de la Fédération internationale pour les droits de l'homme (FIDH), a également analysé les informations recueillies sur le rôle particulier qu'ont joué les djihadistes étrangers de l'État islamique dans la mise en œuvre de cette idéologie (cf. le rapport FIDH/Kinyat précité, 2018). Ces ressortissants non irakiens, y compris des citoyens et résidents de pays membres de l'Union européenne et d'autres États parties au Statut de la Cour pénale internationale, font partie de ceux qui ont perpétré ces violences, constitutives de génocide et de crimes contre l'humanité ainsi que d'autres crimes perpétrés contre la population yézidie.

1. Les reportages de France 24 (https://www.dailymotion.com/video/x2in8mw) et de Canal + (https://www.youtube.com/watch?v=O7RnpDLiqoM) présentent des images de propagande de Daech mettant en scène des enfants.

2. Vidéo publiée sur YouTube le 6 juillet 2016 : https://www.youtube.com/watch?v=Y0B1LW-eyxA (Des djihadistes de l'État islamique prenant le thé et discutant de ce qu'ils ont fait à leur *sabaya*). (Vidéo consultée le 8 décembre 2020.)

Témoignage de Layla Taalo et de son frère Kaled[1]

Camp de Sharya, Kurdistan irakien, 2017

Layla Taalo Khudher Alali a été kidnappée par Daech en août 2014 avec ses deux enfants : Salar (3 ans) et Sara (1 an). Elle est restée captive deux ans, huit mois et six jours. Durant cette période, elle a été victime d'abus psychologiques et physiques, de viols et de tortures. Depuis sa libération, en 2017, Layla vit dans le camp de réfugiés de Sharya près de Dohuk (au Kurdistan irakien) avec ses enfants, ses deux nièces qui étaient elles aussi captives de Daech et ses parents. Elle est sans nouvelles de son mari et de ses frères depuis qu'ils ont été pris par Daech.

Après sa libération, Layla a souhaité rendre publique son histoire. Son frère Kaled est devenu sa plume, consignant le récit de sa sœur dans un livre qui a été traduit en anglais sous le titre Layla and the Nights of Pain. *Elle a également confié son histoire à des journalistes occidentaux. Aujourd'hui, Layla est engagée dans la lutte contre l'exploitation sexuelle des femmes yézidies. Pour ses actions, elle a reçu, en 2018, le « Mother Teresa Memorial Awards for Social Justice ».*

Layla : Je suis née en 1987. J'ai grandi dans la ville de Sinjar. Mon mari s'appelait Marwan Khalil. Il était originaire du village de Bahzani et était policier à Mossoul. Nous nous sommes mariés en 2010. Nous avons vécu ensemble pendant quatre ans. Au début de notre mariage nous vivions à Bahzani. Puis nous sommes venus à Sinjar car la situation était compliquée à Bahzani. Avant l'attaque de Daech, nous vivions avec mon mari et mes deux enfants dans la maisonnée de mon beau-frère à Sinjar. Je ne travaillais pas. J'ai deux enfants. Le nom de mon fils est Salar et celui de ma fille est Sara. Les hommes de Daech ont changé le nom de mes enfants. Salar est devenu Abdurahman et Sara est devenue Hajar.

Une semaine avant le 3 août nous avions pris peur et nous avions réussi à partir de Sinjar vers Dohuk, mais ils [les pechmergas, forces kurdes du Kurdistan d'Irak, qui contrôlaient la région] nous ont dit que les Yézidis étaient en sécurité à Sinjar et que rien ne pouvait nous arriver. Alors on est revenus à Sinjar avant le 3 août. Toute notre famille était partie de Sinjar et nous sommes revenus parce qu'ils nous ont dit cela… Les pechmergas stoppaient les voitures aux *checkpoints* et disaient aux gens qui fuyaient Sinjar de rentrer chez eux où ils seraient en sécurité. Dix jours avant l'attaque nous étions au Kurdistan, puis nous sommes rentrés et Daech a attaqué. En fin d'après-midi, le 2 août, nous entendions le bruit de combats et d'avions près de nous, mais nous étions confiants. Au matin du 3 août à 7 heures nous avons vu des hordes de gens qui fuyaient, alors

1. Témoignage recueilli par Farhad Shamo-Roto en 2017, traduit et annoté par Farhad Shamo Roto et par Estelle Amy de la Bretèque en 2020. Le prénom du frère de Layla Taloo est orthographié Kaled comme indiqué sur le site www.laylataalo.org.

nous avons préparé quelques affaires et nous avons fui nous aussi vers le mont Sinjar. Sur la route, nous avons été rattrapés par Daech. Et j'ai été kidnappée.

Kaled, frère de Layla [Kaled montre une carte de la région de Sinjar] : Voici les villages yézidis de la région de Sinjar : Siba Sheikh Khidir est le village le plus éloigné de la montagne. Ensuite vient le village de Til Ezer. Puis, un peu plus près le village de Gir-zark. Les villages de Tel-Banat et Tel-Qasab sont très proches de la montagne. Et ici se trouve la frontière entre la région de Sinjar et la région de Al-Baaj où Daech était présent. Et puis, au loin le village yézidi de Kocho, qui est, lui, à 21 kilomètres de la montagne. Dans la région de Sinjar, les Yézidis étaient avec les pechmergas. Il y avait aussi deux divisions militaires irakiennes qui étaient présentes. Ces soldats ont quitté la région juste après la prise de Mossoul, un mois avant l'attaque de Sinjar. Seul un groupe de soldats irakiens, dirigé par un général du nom de Waleed, est resté défendre l'aéroport de Til Ezer contre Daech. Après la prise de Tall Afar, des musulmans chiites et des Turkmènes se sont réfugiés à Sinjar. Les Yézidis ont ouvert leurs maisons pour accueillir ces réfugiés. C'était en juin, je ne sais plus quel jour exactement... Avant le 3 août, il y avait le projet de construire un camp de réfugiés à Sinjar pour les chiites et les Turkmènes qui avaient fui Mossoul, mais une semaine avant l'attaque de Daech, ils ont reçu l'ordre de partir pour le Kurdistan ou pour le sud de l'Irak, alors la construction du camp a été annulée et ils sont partis. Les chiites ont été déplacés officiellement vers le sud de l'Irak, Bagdad et Kerbela. Seuls les Yézidis ont été laissés à Sinjar. Nous ne savions pas ce qui se passait. Pendant deux mois Daech était tout près de Sinjar, mais sans attaquer. Puis les chiites sont partis pour le sud de l'Irak. Nous ne savions pas quel scénario était planifié. Le 3 août au matin, les familles qui fuyaient ont été arrêtées avant le début de la route en lacet qui mène à la montagne. Nous n'avons pas réussi à atteindre le sommet de la montagne. À ce moment précis, personne ne comprenait ce qui se passait, les gens se ruaient vers la montagne, il y avait beaucoup de voitures, les routes étaient bloquées, et tout le monde avait peur.

Layla : Quand Daech est arrivé, j'ai vu qu'ils tuaient les gens, je l'ai vu de mes yeux. Nous avions des armes chez nous mais nous savions qu'ils tueraient immédiatement les personnes armées. Nous espérions que nous aurions plus de chance si nous n'étions pas armés. Dans notre voiture nous avions juste emporté des habits et de la nourriture car nous pensions ne rester que quelques jours dans la montagne avant de redescendre. Nous avons tous été stoppés par deux voitures de Daech dans lesquelles il y avait environ 10 personnes. À ce moment j'ai enlevé la carte SIM du téléphone de mon mari pour cacher toute preuve qu'il travaillait pour la police ou pour le gouvernement. Notre voiture était petite, c'était une Opel Omega, mais nous étions 19 personnes à l'intérieur. Les voitures de Daech étaient des pick-up armés avec des drapeaux de Daech et des armes Douchka (DshK 38). Ils nous ont arrêtés et encerclés. Ils ont pris l'argent et les téléphones portables de tout le monde. J'ai alors caché mon portable et le portable de mon mari. Quand ils m'ont demandé mon téléphone j'ai menti et j'ai répondu que je le leur avais déjà donné. Ils nous ont amenés du bas de la montagne vers le centre-ville de Sinjar dans une ambulance (qui appartenait à l'hôpital de Sinjar) et dans des voitures confisquées à des Yézidis. Nous avons été amenés à l'office administratif de la ville de Sinjar. Ils ont mis tous les hommes dans une pièce et ont laissé toutes les femmes et les enfants dehors dans la cour du bâtiment. Puis les membres de Daech sont venus voir les femmes et les enfants pour se choisir des filles. Le premier combattant de Daech qui s'est approché était un Arabe du nom de Khalid. Il cherchait la plus jolie fille. Il a fait le tour de la cour pour choisir. Puis il a choisi une fille et a dit : « Maintenant tu es mon esclave. » À ce moment-là nous ne savions pas ce qu'« esclave » voulait dire. Le combattant l'a mise sur le côté et lui a dit d'attendre sans bouger qu'il revienne. Quand il est parti, la mère de la fille a changé ses habits pour qu'il ne puisse pas la reconnaître. À son retour, Khalid n'a d'abord pas retrouvé la jeune fille, mais il a cherché longuement et a fini par la reconnaître. Il lui a arraché ses vêtements et l'a emmenée en la traînant sur le sol. [Layla montre des vidéos et des photos de l'endroit où ils ont été emprisonnés, elle identifie sur les photos l'endroit où la première fille a été prise.]

Après le départ de la première fille, les combattants de Daech ont commencé à prendre en photo chaque femme et chaque enfant. Tous étaient yézidis, à l'exception d'une fille chiite qui a été mise à l'écart. Les combattants de Daech pensaient qu'elle mentait et qu'elle était elle aussi une Yézidie. Alors elle a dit que ses trois frères ont été tués, et les membres de Daech ont compris que les frères se battaient contre eux. Alors ils ont emmené la fille ailleurs, je ne sais pas où, peut-être dans une autre prison.

Ils prenaient des photos sans demander les noms, ni aucune autre information. Puis ils ont mis les plus jolies filles dans un bus qui est parti. Moi, personnellement, je suis restée sur place jusqu'à 20 heures quand j'ai été emmenée avec quelques membres de ma famille à Al-Baaj. Mais nous n'avons pas été emmenées comme « esclaves ». Avant qu'ils nous prennent j'ai appelé mon frère qui était dans la région du Kurdistan pour lui dire que nous avions été kidnappés par Daech. Les combattants m'ont emmenée moi et mes enfants avec une petite voiture (du type Opel Omega) qui avait appartenu à des Yézidis (qui avaient fui). J'étais avec mes deux belles-sœurs et leurs enfants. Il y avait d'autres voitures avec des combattants armés qui nous suivaient sur la route pour Al-Baaj. Et notre conducteur était aussi un combattant de Daech. Je suis restée à Al-Baaj trois ou quatre ou cinq jours, je ne sais plus... Il y avait beaucoup de combattants de Daech, beaucoup de femmes yézidies aussi. À un moment ils ont amené dans la pièce à l'étage du dessus un groupe de jeunes filles yézidies en pleurs. Ils les ont triées pour qu'elles soient choisies comme esclaves. Après ça, deux femmes de Daech sont venues pour vérifier si les filles étaient vierges ou pas. J'ai pensé que moi et les autres mères on ne nous prendrait pas comme esclaves, alors on a donné des enfants à des jeunes filles pour qu'elles ne soient pas non plus emmenées comme esclaves.

Après quatre jours, ils m'ont transférée, avec mes enfants à Tall Afar. Ils nous ont mis dans une grande école dans laquelle il y avait déjà des femmes yézidies, des enfants et quelques jeunes filles. Depuis que nous avions été emmenés de Sinjar nous n'avions plus eu de nouvelles des hommes et de nos maris... Nous sommes restés quelques jours dans cette école, puis ils nous ont emmenés dans la prison de Badush. La vie était horrible là-bas : il n'y avait pas de nourriture, aucune possibilité de se laver. Ils nous donnaient de la nourriture avariée et nous restions sous un soleil de plomb. Dans cette prison, il n'y avait ni matelas ni couvertures. Nous avons trouvé de grands cartons dans lesquels mettre nos enfants. Il y avait beaucoup de monde, pas de toilettes, pas de savon, pas d'eau, rien... Un jour, un bloc de béton est tombé sur un enfant. Ils ont emmené l'enfant, on ne sait pas ce qu'il est advenu de lui après. Ensuite, ils nous ont ramenés à Tall Afar. Ils nous ont déposés devant la porte d'une école. Il y avait deux combattants de Daech : Haji Baqr et Haji Mahdi. Ils se moquaient de nous, insultaient notre religion, nous menaçaient en pointant leurs armes vers nos têtes. Ils ont pris deux filles, Suhila et Almas, mes nièces. Ils nous ont mis dans l'école et ont fermé la porte à clé. Il y avait deux autres femmes de ma famille qui étaient enfermées avec moi dans l'école.

[Kaled, le frère de Layla, montre les photos de 19 membres de sa famille. Trois membres de la famille du cousin de Layla ont émigré au Canada, mais ils n'ont pas de nouvelles de son cousin Azad (qui a probablement été tué). Il montre des photos des autres membres de la

Burhan Shamo-Roto, *Une famille en fuite sur le mont Sinjar*, 5 août 2014. © Burhan Shamo-Roto. Cf. le texte du frère, Farhad Shamo-Roto, et d'Estelle Amy de la Bretèque dans les pages précédentes.

famille, mentionnant les noms de Malak et de Rithwan qui sont toujours en captivité. Et puis, les photos de Salar, Sara et Layla qui ont survécu. Sur une photo on voit Layla juste après qu'elle a été libérée, portant encore la burka.]

Ils ont dit aux femmes que les hommes yézidis sont toujours vivants et que nous (les femmes) devions nous convertir à l'islam, prier et comprendre l'islam. J'ai dit aux soldats de Daech que si j'avais la certitude que les hommes sont vivants, alors j'accepterais de faire ce qu'ils demandaient. Un combattant de Daech a appelé d'autres combattants pour s'assurer que mon mari était toujours en vie. Le combattant appelé a fait venir Marwan, mon mari, au téléphone et j'ai pu parler avec lui. Il était en prison à Tall Afar et il m'a dit de faire ce que les membres de Daech me demandaient. Après ça, ils ont amené nos maris et nous ont tous convertis à l'islam. Puis ils nous ont amenés dans un village nommé Kasir al-Mhrab. Dans ce village, ils nous ont installés dans une maison. De nos fenêtres, on voyait des personnes mortes ou mourantes qui étaient enterrées juste devant notre maison dans des fosses communes. Certains étaient tués devant nos yeux. Nous sommes restés dans ce village pendant un mois et demi, puis nous avons été déplacés dans le quartier de Malain. Là, ils nous ont donné des vaches et des moutons qui avaient été volés ou confisqués et ils nous ont utilisés comme travailleurs agricoles. Les femmes devaient notamment traire les animaux et ils venaient tous les jours chercher le lait. À cette période nous étions tous ensemble, mon mari, mes enfants et moi. Puis ils nous ont transférés dans un quartier appelé « vert » (Al-Xathra). C'était le 28 avril 2015. J'étais malade, alors Marwan a essayé de sortir pour rapporter des médicaments. Mais ce jour-là ils ont pris tous les hommes de la région, en les triant par âge… Ça a été la dernière fois que j'ai vu mon mari, Marwan.

Après cela, ils nous ont tous transférés, femmes et enfants, à Raqqa, en Syrie. Nous avons été transportés dans cinq camions containers et bus. À Raqqa, ils nous ont mis pendant une semaine dans une prison souterraine qui était en fait des égouts, avec des eaux usées qui y stagnaient. C'était un vrai enfer ! Puis ils nous ont déplacés vers un bâtiment qui ressemblait à un bâtiment d'université ou d'institut de recherche. Ils nous ont dit de nous laver, de nous nettoyer pour que nous soyons vendus comme esclaves. Dans ce bâtiment, un homme saoudien nommé Abo Azam a établi un registre en écrivant les noms des femmes et des enfants et quelques informations personnelles sur chacun. Je suis restée quarante jours dans ce bâtiment. Puis un combattant nommé Abo Anas al-Iraqi, originaire de Mossoul, m'a prise pour esclave, pour lui-même. Il a été le premier combattant à me prendre pour esclave.

Abo Anas se faisait appeler Amir (chef). Il avait environ 40 ans et avait deux autres femmes, une Irakienne et une Syrienne. Il m'a amenée dans un appartement dans lequel il m'a violée et battue brutalement plusieurs fois par jour. Une autre fille yézidie vivait aussi dans l'appartement, elle s'appelait Hayam et avait 18 ans. Elle était l'esclave d'un autre combattant nommé Abo Mutasab al-Halabi. Le combattant qui avait pris Hayam n'habitait pas dans cet appartement, il habitait avec sa femme officielle et ne venait qu'occasionnellement. Au bout de trois jours, Abo Anas m'a dit qu'il ne me voulait plus et il m'a offerte en cadeau. Un autre homme est venu. Son nom était Saif al-Iraqi et il était lui aussi originaire de Mossoul. Il avait 27 ans. Il a agi avec moi comme le premier. Les viols, les coups, les humiliations, sont devenus une routine quotidienne. Puis, au bout d'un mois, Saif m'a donnée en cadeau à une autre personne.

Pendant tout ce temps, mes enfants étaient avec moi. Mais ils (les combattants de Daech) ne les laissaient jamais dans la même pièce que moi. Ils nous gardaient séparément et fermaient les portes à clé. L'appartement dans lequel nous étions n'était pas grand. C'était dans la rue al-Nour à Raqqa. Il y avait trois chambres : deux chambres avec un lit et une pièce avec un canapé, et puis le salon et la cuisine. J'étais obligée de rester toujours dans le lit d'Abo Anas (ou des suivants), alors que mes enfants dormaient dans une autre pièce avec Hayam (l'autre jeune fille yézidie).

La troisième personne s'appelait Abdullah Hashim. C'était un chirurgien esthétique originaire de Bagdad. La même routine a continué. Il me violait et me battait. Il enfermait mes enfants et les torturait. Nous avions constamment faim. Je suis restée avec Abdullah Hashim pendant huit mois. J'avais un tatouage avec le nom de mon mari sur mon bras. Quand Abdullah Hashim avait vu cela, il m'avait dit : « Quand je reviendrai te voir il faut que ce tatouage ait disparu, sinon je te tuerai et je prendrai tes enfants. » Je ne voulais pas perdre mes enfants, alors j'ai essayé d'effacer le tatouage avec diverses méthodes. Rien ne marchait. Finalement j'ai pris un rasoir, un couteau et des ciseaux et j'ai râpé ma peau jusqu'à ce que cela disparaisse. Cela faisait très mal, mais ça a marché. Le tatouage a disparu, mais la blessure s'est infectée. Je nettoyais avec de l'eau mais cela ne suffisait pas.

Un jour, j'ai dit à Abdullah Hashim que j'étais enceinte. Il m'a fait avorter en me donnant des médicaments. J'ai commencé à saigner et le sang n'arrêtait pas de couler. Il m'a alors enfermée avec mes enfants dans un autre appartement. Nous étions seuls. Selon la loi islamique de l'EI, les femmes qui saignent ne peuvent être vendues comme esclaves, de même que les femmes enceintes. Je suis restée un mois avec mes enfants dans cet appartement. J'avais mal, je saignais. Je suis tombée dans une sorte de coma, je délirais. Mes veines étaient sèches et ma blessure au bras s'infectait de plus en plus. Abdullah Hashim ne venait plus me voir. Il envoyait de temps de temps un certain Abu Fida avec un peu de nourriture. Je l'ai supplié de m'emmener voir un docteur. Finalement Abu Anas et Abu Fida m'ont emmenée voir un docteur, puis ils m'ont emmenée à l'hôpital où j'ai été soignée et mise sous perfusion pour malnutrition. Les docteurs me demandaient pourquoi j'avais tant tardé à me faire soigner. Je n'osais pas leur dire que j'étais une esclave. Après quelques jours, j'allais mieux et je suis sortie de l'hôpital. J'ai été à nouveau enfermée dans le même appartement.

Un jour, vers minuit, Adbullah Hashim est entré avec quatre autres hommes. Il m'a ordonné de me changer, de me maquiller et de leur servir un jus de fruits. Je tenais le plateau en tremblant. Ils me dévisageaient tous longuement. J'étais sûre qu'ils étaient venus pour m'acheter à Adbullah Hashim. Quand ils voulaient nous vendre, on devait se maquiller, mettre du parfum, des habits de prostituées pour faire monter notre prix. À la fin de la soirée l'un des invités, un homme saoudien, m'a achetée. Je ne sais pas quel était le prix. Je suis restée avec lui pendant six jours. Il a fait tout comme les autres. Il ne nous donnait que très peu de nourriture et je me privais pour que mes enfants puissent, eux, manger à leur faim.

Puis j'ai été vendue à Abo Hamza, un autre Saoudien. Il m'a emmenée chez lui. Il avait deux épouses. Je travaillais nuit et jour pour elles, je faisais tout dans la maison. Et lui, il me violait sauvagement. Mes enfants étaient très mal traités dans cette maison. Ils les frappaient avec des cordes, ils leur versaient de l'eau glacée sur la tête en les laissant dans le froid dehors, ils les séparaient l'un de l'autre. Puis j'ai été vendue à un autre Saoudien, Abo Rawaha. Mais au bout de trois jours Abo Hamza m'a reprise. Je travaillais dur dans la maison. Je suis tombée enceinte. Abo Hamza m'a dit que je pouvais garder cet enfant mais qu'il allait vendre mes enfants pour compenser la perte (car il ne pourrait plus me vendre moi). Je suis devenue folle à ces mots. J'ai porté des charges lourdes, j'ai sauté du haut du toit... Mais rien n'y faisait. Je le suppliais de ne pas vendre mes enfants... Un miracle s'est produit et j'ai commencé à saigner. Je faisais une fausse couche ! Malheureusement, le sang ne s'est pas arrêté de couler. Il a fallu me faire un curetage à l'hôpital. Abo Hamza ne s'est pas opposé à cela, car il savait que si je venais à mourir il ne pourrait plus tirer aucun bénéfice de moi. L'opération a eu lieu sans anesthésie, c'était horrible. J'étais épuisée, mais je voulais retourner au plus vite dans l'appartement pour retrouver mes enfants.

Quelques jours plus tard, Abo Hamza m'a dit qu'il allait me vendre. Malgré ma fatigue, il m'a forcée à m'habiller avec de beaux habits obscènes, du maquillage, un brushing dans les cheveux... Il apportait tous les jours des combattants, jusqu'à ce que l'un d'entre eux ait envie de m'acheter. Ils avaient l'habitude de prendre des photos des esclaves et de les partager sur les réseaux sociaux avec la mention du prix. La vente a mis quelques jours. Personne ne voulait acheter une esclave si pâle et si faible. Finalement, c'est encore un Saoudien qui m'a achetée. Son nom était Abo Hajar. Il était comme les autres combattants : cruel et brutal. Au bout d'un mois, il a voulu me vendre. Je l'ai alors supplié d'appeler mes frères, pour qu'ils envoient de l'argent et que je puisse acheter ma liberté. Il voulait de l'argent. Il a semblé convaincu.

Kaled : Layla a demandé à Abo Hajar si elle pouvait contacter son frère pour qu'il lui envoie de l'argent. Selon la charia, en payant 7 500 dollars elle pouvait devenir libre (avec un certificat officiel de Daech). Elle aurait pu ainsi devenir indépendante et responsable d'elle-même mais en restant obligatoirement dans la région contrôlée par Daech. Alors Layla a contacté notre frère Marwan (le mari de Layla s'appelait aussi Marwan) via Hayam, la jeune esclave avec qui elle avait été détenue chez Abo Anas, son premier maître-tortionaire, puisque Hayam avait déjà ce certificat de Daech. On n'avait malgré tout pas le droit d'utiliser nos téléphones portables, mais Hayam utilisait le sien en secret. Layla a donné le numéro de téléphone de notre frère Marwan à Hayam. Alors pour la première fois Hayam a appelé Marwan et lui a dit que Layla est avec elle et qu'elle veut lui parler.

Abo Hajar reçut l'argent et il s'arrangea pour obtenir les papiers, pour que Layla soit libre (au sein des territoires contrôlés par Daech). Abo Hajar venait d'Arabie saoudite. Nous avions envoyé l'argent par un ami d'Abo Hajar qui n'était pas un combattant de Daech. Il nous avait envoyé une photo de sa carte d'identité et nous avons pu lui transférer de l'argent à Raqqa. Cette personne connaissait très bien Hayam, alors nous avons eu confiance en lui. À Raqqa, ou en Irak, il était possible de transférer de l'argent d'un bureau à un autre. Mais il était impossible de transférer de l'argent de l'extérieur de la région contrôlée par Daech vers l'intérieur. La personne qui a reçu l'argent à Raqqa s'appelle Faraj, nous sommes en contact avec lui et son frère jusqu'à aujourd'hui. Je parle avec sa famille, avec sa mère, et sa mère pleure toujours quand elle évoque notre situation.

Pendant toute cette période, Hayam parlait souvent au téléphone. Hayam a confié ses peurs à notre frère Marwan. Elle avait peur de revenir chez elle en musulmane convertie. Elle pensait que personne ne l'accueillerait, ne l'accepterait, ni ne voudrait se marier avec elle. Mais Marwan a réussi à la convaincre du contraire. Aujourd'hui, notre frère Marwan est l'époux de Hayam, alors Hayam est devenue notre belle-sœur. Un an après leur mariage, Hayam et Marwan ont eu un fils qu'ils ont appelé Daniel.

Layla : Nous avions un plan pour que je sois libérée. Secrètement, nous avions convenu avec Abo Hajar qu'Osama al-Amriki, un dealer d'esclaves que je connaissais déjà, me prendrait comme esclave au tribunal de Daech, mais que ce serait juste une astuce pour me libérer. À la cour, l'argent ne pouvait être que « pour Dieu » (*fi sabil Allah*), parce qu'au tribunal on ne pouvait pas dire « vendre/acheter des esclaves ». Nous avions prévu qu'il m'achèterait à la cour en prétendant vouloir me prendre comme esclave. Abo Osama al-Amriki était venu d'Amérique, c'est pourquoi on l'appelait ainsi, et il était musulman..., mais il était roux et blanc avec des yeux verts. Il ressemblait vraiment à un Américain, pas à quelqu'un qui vient des pays arabes. Il s'était converti à l'islam, mais il n'était même pas capable d'écrire en arabe. Je ne sais pas quand il avait rejoint Daech. On lui a donné l'argent pour que je sois libérée, que je ne sois plus esclave. Après que mon frère m'eut envoyé 7 500 dollars, je suis arrivée chez le combattant américain. Je suis restée dans sa maison pendant vingt-cinq jours. Je n'étais pas son esclave mais, à cette période-là, il avait deux esclaves yézidies. J'ai habité chez lui jusqu'à ce qu'il me donne en mariage à Abo Hani, un combattant libanais.

Kaled : Après avoir reçu le certificat de libération du statut d'esclave, Layla a pu nous contacter régulièrement. J'ai pu contacter de mon côté des passeurs pour la sortir de la région. Mais Layla me disait : « Je ne reviens pas. » Layla refusait de venir parce que la famille de sa belle-sœur Amsha et ses enfants étaient toujours captifs. Elle voulait les aider à se libérer... Amsha avait 50 ans et elle ne savait pas utiliser un téléphone portable. Amsha était alors avec le dealer d'esclaves saoudien Abo Saad al-Thib. Elle était sur le marché, attendant d'être vendue. Layla, via Abo Osama al-Amriki, a demandé d'acheter Amsha à Abo Saad al-Thib. Abo Osama al-Amriki a appelé Abo Saad al-Thib et a demandé Amsha pour 5 000 dollars. Layla, qui était devenue une « femme libre », avait le droit de mettre le hijab et d'aller dans un magasin pour acheter un téléphone portable. Elle a appelé la famille d'Amsha et a dit : « J'ai la possibilité de racheter Amsha pour 5 000 dollars. » La famille d'Amsha a répondu qu'ils envoyaient l'argent. Ils ont envoyé 5 000 dollars à Raqqa via un businessman basé à Istanbul.

L'argent est arrivé à Layla car Amsha n'avait pas le droit de recevoir d'argent puisqu'elle n'avait pas de certificat de « femme libre ». Layla a donc reçu l'argent et a trouvé le moyen de faire parvenir cet argent à Abo Saad al-Thib. Mais il a refusé de donner Amsha à Layla, parce que Layla n'était pas mariée, et parce qu'il avait compris qu'elles allaient fuir ensemble. Alors Abo Saad al-Thib a dit qu'avant de pouvoir acheter Amsha, Layla devait se marier. Layla avait deux options : s'enfuir seule ou se marier et prendre Amsha avec elle en attendant de trouver un autre plan d'évasion. Layla a alors pris la décision de se marier. La cour de la charia a donné Layla en mariage à Abo Hani, originaire du Liban. Abo Hani était aussi un membre d'Al-Qaida très connu. Il était sur la liste noire des terroristes recherchés dans de nombreux pays comme les États-Unis, la France, etc.

Layla : En tout, j'ai donc été vendue huit fois à huit combattants différents. Deux fois, j'ai été le cadeau d'un combattant à un autre, mais six fois j'ai été vendue et achetée. Je connais le prix de la dernière transaction : 7 500 dollars. C'était pour mon mariage. J'ai été vendue à Abo Hani qui avait déjà deux femmes : la première était originaire du Liban et la seconde venait des Pays-Bas. La femme du Liban ne vivait plus avec lui, mais celle des Pays-Bas vivait avec lui. J'ai rencontré la seconde, mais nous vivions dans des appartements différents. Elle était très méchante avec moi, et disait que je lui avais pris son mari. Ce combattant libanais a été le dernier à m'acheter, et il s'est officiellement marié avec moi, selon la loi de la charia. Je suis alors devenue sa femme et non plus son esclave.

Kaled : Layla a réussi à acheter Amsha et à la ramener dans la maison où elle vivait, mais nous avons perdu le lien avec elles, alors on a commencé à perdre espoir de les faire revenir. On appelait sur le numéro de téléphone de Layla, mais il n'y avait jamais de réponse jusqu'au jour où un homme a répondu en arabe... On a complètement perdu espoir. Un mois plus tard, Layla nous a appelés d'un autre numéro de téléphone et a dit qu'Abo Hani n'était pas à la maison. Je lui ai dit de ne pas nous rappeler mais je lui ai donné le numéro d'un homme yézidi nommé Abdullah Shlim, qui était un passeur. Après ça, nous avons donné 6 500 dollars pour chaque personne, y compris pour les enfants (Salar, Sara et les enfants de Amsha aussi). Au total, nous avons payé 38 500 dollars.

Arrivés à Kobané, les rescapés libérés de Daech ont témoigné de ce qui leur était arrivé et devaient raconter avec qui ils avaient été en contact. C'était la procédure. Abo Hani s'appelait en réalité Basil Hassan. L'armée américaine, qui était alors à Kobané, a voulu en savoir plus sur lui car c'était un terroriste connu. Abo Hani voyageait dans le monde entier pour organiser des attaques terroristes. C'était un proche de Abou Bakr al-Baghdadi. Layla et Amsha sont restées à Kobané pendant huit jours pour les besoins de l'enquête. Elles ont rencontré des membres de l'armée américaine, des guérilleros du PKK aussi... elles répondaient à des questions tous les jours.

[Kaled montre une photo de Layla et Hayam après qu'elles ont échappé à Daech.]

De Kobané, Layla et Amsha sont allées au camp de Nawroz à Derk. Elles y ont passé une nuit, puis elles sont parties pour le village de Khanasor, dans la région de Sinjar (Irak). En fait, Layla et Salar sont parties un peu plus tard car l'enquête à propos d'Abo Hani était longue, mais Sara et Amsha sont parties quelques jours avant, par la même route.

Layla : Quand on est arrivées dans les camps, j'avais vraiment peur que les Yézidis ne nous acceptent pas et qu'ils nous tuent. On m'avait dit que c'est cela qui allait se passer. Mais quand je suis arrivée, j'ai appris que le Baba Cheikh[1] avait annoncé publiquement que les femmes et les jeunes filles rescapées de Daech étaient bienvenues et qu'elles étaient attendues à Lalish. Alors on a compris qu'on allait être acceptées.

Mon frère Kaled m'a soutenue dans mon envie de raconter ce qui m'était arrivé. Je voulais parler de ce qui était arrivé aux Yézidis, et j'étais sûre que je ne serais pas la seule. J'ai tout raconté à Kaled qui a mis mon histoire par écrit et en a fait un livre. J'ai écrit mon histoire pour que tout le monde sache ce qui est arrivé à la communauté yézidie. Après avoir partagé mon histoire, j'ai vu que les gens s'y intéressaient et

1. Baba Cheikh est le nom donné au chef spirituel des Yézidis. Il dirige le « Conseil spititual » et il et présent lors de rencontres religieuses ou de cérémonies, notamment celles qui ont lieu à Lalish (lieu de pèlerinage principal des Yézidis).

qu'ils nous respectaient. Maintenant, les Yézidis et la communauté internationale me respectent et savent ce qui m'est arrivé. Parce que nous, les survivantes, nous avons commencé à raconter ce qui nous est arrivé. Nadia Murad a eu le prix Nobel de la paix, j'ai eu le prix « Mère Teresa ». Mais malgré tout, même si on est acceptées et respectées, notre vie ne sera plus jamais comme avant. Je n'aurai plus une vie normale. Mon espoir est que mes enfants puissent, eux, avoir une vie normale. J'espère pouvoir sortir d'Irak, aller en Australie, parce que je ne vois aucun futur en Irak, et on ne peut pas retourner à Sinjar. Et puis, je ne veux pas retourner à Sinjar, parce que mon mari n'y est plus.

Kaled : On voit peu de soutien envers les survivantes. La majorité d'entre elles vivent encore dans les camps, sous des tentes, dans de mauvaises conditions. Il y a peu de soutien psychologique. Il y a juste un centre de soins, dans lequel travaille le docteur Naghm. Il y a aussi le docteur Osmat, directeur de l'hôpital de Dohuk qui prend soin des jeunes filles et des enfants. Aujourd'hui on y a emmené mes deux nièces Shima et Suhila. Il y a des milliers de filles, de femmes et d'enfants qui ont besoin d'aide et de soins. J'ai étudié quatre ans la psychologie à l'université, alors je fais au mieux pour aider ma famille…, mais il y a des milliers de personnes sans aucun accompagnement psychologique. Il y a des ONG qui viennent et qui aident un peu. Et à Dohuk il y a le docteur Glavis qui fait un suivi psychologique des survivants.

Layla : Pour moi la liberté c'est quand je ne suis l'esclave de personne et que personne ne peut me contrôler. Quand j'étais prisonnière, esclave, ils avaient le droit de me faire ce qu'ils voulaient et je n'avais pas même le droit de parler. Mais aujourd'hui je suis libre et je peux parler à qui je veux sur cette terre, je peux voyager et personne ne peut m'arrêter. Par exemple, à Raqqa, en prison, et même dans les maisons, les portes étaient toujours fermées à clé.

J'espère que mon histoire sera publiée dans de nombreuses langues pour que des gens puissent nous aider. Il y a beaucoup de personnes qui ne savent pas qui sont les Yézidis, quelle est notre religion, notre histoire… Je voudrais que les gens connaissent notre histoire, pour qu'ils sachent et sentent combien nous avons souffert. Jusqu'à aujourd'hui ces souffrances et tortures continuent. Il y a près de 3 000 Yézidis encore en captivité, alors nous voulons partager notre histoire pour aider ceux qui sont toujours captifs. Notre souhait le plus cher est que les personnes qui sont encore captives survivent et que l'on arrive à les libérer.

L'instrumentalisation de la guerre contre Daech

Firas Kontar

Daech, meilleur ennemi du régime syrien

Une des premières actions qu'a entreprises le régime syrien avec le début des manifestations en mars 2011 a été la libération de djihadistes des différentes prisons, notamment celle de Saidnaya. Ces prisonniers djihadistes étaient le fruit de la stratégie irakienne du régime syrien. Après l'invasion américaine de l'Irak en 2003, le régime syrien a favorisé la guerre sainte contre l'occupation américaine de l'Irak, la capitale Damas était devenue la porte d'entrée des djihadistes souhaitant combattre en Irak. L'objectif d'Assad à travers ce soutien était d'empêcher toute velléité américaine de répéter le scénario irakien en Syrie. En ouvrant la frontière irakienne aux djihadistes et en faisant de Damas leur base arrière, Assad a fortement contribué au chaos irakien post-invasion américaine. Surtout, le régime a constitué un réseau djihadiste manipulable à souhait via ses services de renseignements. Dans un livre intitulé *The Syrian Jihad*, Charles Lister[1], membre de l'Institut du Moyen-Orient, explique comment Bachar al-Assad a favorisé l'émergence de la mouvance djihadiste en Syrie. Il revient sur la libération de 260 détenus islamistes de la prison de Saidnaya, à la fin de mars 2011. Une autre libération a eu lieu en juin 2011. À cette même période, Bachar al-Assad va jeter dans ses prisons des milliers de Syriens qui manifestaient pacifiquement contre son régime. La grande majorité est toujours en prison. Beaucoup sont morts sous la torture[2].

Les événements montrent qu'il y a eu une collaboration active entre le régime syrien et l'État islamique confirmant l'instrumentalisation des djihadistes par le régime. Le chapitre suivant de ce livre est consacré aux accords commerciaux entre Daech et le régime.

D'autres événements mettent en évidence la collaboration militaire entre le régime syrien et Daech. La nuit du 24 au 25 juillet 2018, un cauchemar frappe la province de Soueida, région à majorité druze située dans le Sud syrien : les djihadistes de Daech attaquent plusieurs localités du nord de la province. Or l'armée syrienne, son aviation, tout comme l'aviation russe, n'ont pas réagi pour contrer l'offensive islamiste, dont la présence dans la région doit beaucoup au

1. Charles Lister est chercheur au Middle East Institute à Washington DC, spécialiste du terrorisme et des insurrections au Moyen-Orient et particulièrement en Syrie. Son livre *The Syrian Jihad* est une analyse des facteurs qui ont permis l'émergence de la mouvance djihadiste en Syrie.

2. De 2011 à juillet 2020 l'ONG SN4HR a documenté la mort de 14 269 Syriens dont 46 femmes et 176 mineurs dans les prisons du régime.

régime : en mai 2018, des djihadistes de Daech avaient été évacués par l'armée du régime depuis le camp de Yarmouk (situé dans la banlieue de Damas) vers le désert situé à l'est de Soueida. Les villages de la région étaient défendus jusqu'alors par des brigades druzes d'autodéfense. Ce sont ces mêmes forces qui, peu avant l'attaque, ont été affaiblies par le régime. Le 20 juillet, le régime syrien avait procédé au retrait des armes légères détenues par ces brigades. Certaines unités avaient également été redéployées dans une ville voisine, à Deraa, où le régime menait alors des opérations contre la rébellion. Le 22 juillet, quarante-huit heures avant l'attaque, les cheikhs druzes Youssef Jarbouh et Hammoud al-Hinnawi, membres du groupe des chefs spirituels de la communauté druze, institution à la botte du régime de Damas, reçurent la visite d'une délégation militaire russe, avec à sa tête un colonel. SHAAM Network, site d'information syrien, fait état de cette visite le jour même sur son site Internet[1]. Lors de cette réunion, les Russes exigent l'enrôlement rapide des 30 000 réservistes de la ville qui refusaient jusqu'alors de rejoindre les rangs de l'armée du régime. Le colonel russe évoque un risque élevé d'« attaques terroristes » si les jeunes ne se mobilisent pas rapidement. Le militaire russe exige que le commandement des brigades d'autodéfense de Soueida soit désormais placé sous contrôle du régime syrien. Jusqu'ici, ces brigades, notamment la « Brigade des Cheikhs de la Dignité », disposaient d'un fonctionnement relativement autonome, ce qui permettait aux appelés qui les rejoignaient d'éviter l'enrôlement forcé dans les unités de l'armée du régime. La tragédie de Soueida, qui provoquera la mort de plus de 200 personnes, va servir au régime syrien pour en masquer une autre. La couverture médiatique éphémère de cette attaque de Daech par la presse internationale offre en effet un paravent utile au régime qui, au même moment, annonce à sa population la mort de 1 000 activistes de la ville de Darayya[2] détenus dans ses geôles depuis 2011-2012. Darayya, située dans la banlieue de Damas, était l'épicentre de la révolution pacifique. Yahya Shurbaji[3], un de ses activistes les plus engagés, est déclaré mort. Il n'avait cessé de répéter en 2011 : « Je préfère mourir plutôt que de prendre les armes et devenir un assassin. » Cette annonce vient gonfler le bilan des autres activistes et prisonniers politiques déclarés morts lors de ces dernières semaines par le régime syrien. La « loi du mort-kilomètre » est démontrée par cet événement tragique : les milliers de morts sous la torture qu'admet enfin le régime syrien sont totalement éclipsés par l'attaque de Daech.

Ces événements viennent renforcer les accusations de connivence entre Bachar al-Assad et son meilleur ennemi Daech, au point qu'il aurait du mal à s'en passer. Pour la population de Soueida, cela ne fait en tout cas guère de doute au vu du déroulement des événements : la visite de la délégation russe et ses exigences quarante-huit heures avant les attaques, le déplacement des djihadistes de Daech de Yarmouk aux alentours de Soueida, le retrait des armes aux brigades locales, l'immobilisme des forces d'Assad et de l'armée

1. Lien vers l'article en arabe de SHAAM Network : http://www.shaam.org/news/syria-news/-…السويداء-ل وفد-روسي-يزور-عقل-طائفة-الموحدين-للمرة-الثانية تحديد-مصير.html.

2. *L'Express* du 24 juillet 2018, « Syrie : après des années d'incertitude, des familles apprennent le décès de proches détenus », URL : https://www.lexpress.fr/actualites/1/monde/syrie-apres-des-annees-d-incertitude-des-familles-apprennent-le-deces-de-proches-detenus_2027363.html.

3. Article du 23 juillet 2018, « The Death of 2 Brothers, Activists in Popular Uprising, Due to Torture in Syrian Regime Detention Center, July 23 » : http://sn4hr.org/sites/news/2018/07/23/death-2-brothers-activists-popular-uprising-due-torture-syrian-regime-detention-center-july-23/.

russe… autant d'éléments qui montrent qu'Assad est prêt à s'appuyer sur son adversaire pour mettre au pas l'ensemble de la population syrienne. Si celle-ci n'est pas dupe – le préfet de Soueida a été expulsé des cérémonies de commémoration par les habitants – que peut-elle faire face à un tel machiavélisme ?

La propagande sur le récit civilisationnel

« La loi du mort-kilomètre » : principe journalistique selon lequel les informations ont plus ou moins d'importance suivant leur proximité, sociologique, géographique, culturelle, avec l'auditeur, le lecteur, ou le téléspectateur. Ce principe est le fil conducteur de la propagande du régime syrien qui va assimiler la guerre qu'il mène aux Syriens à la guerre contre le terrorisme des pays occidentaux. C'est ce principe du mort-kilomètre qui fait que les victimes de Daech ont occupé bien plus de temps d'information et d'articles dans nos médias que les victimes de Bachar al-Assad. L'Européen lambda s'identifiera plus facilement aux personnes touchées par un attentat islamiste que par les forces de sécurité syriennes car il a le sentiment de savoir ce que peuvent vivre les victimes d'une telle attaque. Force est ainsi de constater qu'un sujet sur les exactions du régime syrien fera beaucoup moins d'audience qu'un reportage sur Daech diffusé simultanément. Or cette différence de traitement médiatique offre un confort à Bachar al-Assad et à ses troupes : leurs crimes passent en grande partie inaperçus auprès du grand public et, quoiqu'ils fassent, ils apparaîtront toujours comme un moindre mal par rapport aux djihadistes.

De mars 2011 à juin 2020, l'ONG Syrian Networks for Human Rights a documenté la mort de 226 546 civils[1] sur le territoire syrien. Plus de 90 % des morts sont de la responsabilité d'Assad et de ses alliés. En Syrie, Daech et les autres brigades djihadistes sont responsables de moins de 5 % des pertes civiles. D'après cette même ONG, le régime est responsable de 98,87 % des 14 423 morts sous la torture en détention. Cette nécessaire mais triste comptabilité nous éclaire sur la tragédie syrienne et sur le fait qu'Assad et ses alliés sont les principaux responsables du désastre que vivent les Syriens. Pourtant, la perception qu'ont beaucoup de citoyens occidentaux de la Syrie est loin de cette réalité. Celle-ci a été biaisée par l'apparition de Daech, organisation avec laquelle le régime de Bachar al-Assad a habilement joué, aidé en cela par des médias internationaux qui ont concentré la couverture du drame syrien sur les crimes de Daech, faisant ainsi le jeu du régime syrien.

Il suffit, pour étayer cela, de mettre en perspective l'indignation internationale provoquée par les destructions commises par Daech sur le site de Palmyre et comparer avec les destructions du patrimoine causées par le régime et ses alliés. Comment expliquer le silence médiatique suite aux bombardements du fameux Krak des Chevaliers[2] en juillet 2013 par le régime ou le saccage du site antique de Bosra, endommagé par les bombardements du régime syrien dans l'indifférence générale le 28 juin 2018 ? L'aviation syrienne a bombardé ce théâtre antique, l'un des mieux conservés au monde, faisant des dégâts considérables.

1. SN4HR documente quotidiennement les morts civils par état civil, sexe, cause, date, lieu et responsabilité. Ce chiffre ne tient pas compte des disparus et des hommes armés morts au combat.

2. Lien sur les bombardements sur le Krak des Chevaliers : https://www.letemps.ch/monde/fameux-krak-chevaliers-bombarde.

Palmyre, août 2015. Destruction par Daech de deux temples du site de Palmyre. Source : vidéo de propagande de Daech.

Dans un rapport de l'université de Dartmouth publié en octobre 2015 par le journal *Near Eastern Archaeology*, l'étude des données satellites révèle que l'EI est responsable de 42,7 % des destructions massives qui ont touché le patrimoine syrien. Quant aux pillages, seuls 16,5 % sont le fait de l'EI, 83,5 % des sites pillés se situant dans des zones tenues par le régime syrien, les milices kurdes et les forces d'opposition. L'observation a été menée sur 1 300 des 8 000 sites archéologiques que compte le pays. Pour Jesse Casana, professeur associé de l'Université, la focalisation autour de l'EI conduit à une croyance répandue que le groupe EI est le principal coupable de pillages. Une étude du Middle East Institute[1], publiée en septembre 2020, démontre que le principal responsable de la destruction du patrimoine syrien est le régime :

« Depuis le début de la guerre, de nombreuses organisations conservent des enregistrements photographiques et vidéos détaillés des dommages causés au patrimoine. Grâce à leurs efforts, une énorme base de données a maintenant été constituée, prouvant l'étendue de la destruction et la manière dont les dommages se sont produits. Les données montrent que de loin les plus grands dommages aux monuments historiques de la Syrie sont le fait du régime, tout comme les chiffres confirment que 90 % des civils tués et 95 % des travailleurs médicaux tués l'ont été par le régime. Compte tenu de l'énorme disparité des armes entre le régime et les rebelles, cela n'est guère surprenant. La destruction par bombardement aérien ne peut être causée que par des bombardiers et des hélicoptères gouvernementaux syriens et russes. L'Armée syrienne libre et les différents groupes rebelles n'ont jamais eu de puissance aérienne. »

Après la reconquête de Palmyre par les forces du régime syrien aidées par l'aviation russe, Vladimir Poutine envoie le 5 mars

1. https://www.mei.edu/publications/who-owns-syrias-cultural-heritage.

2016 son ami, le chef d'orchestre russe Valery Gergiev, diriger un concert symphonique dans l'amphithéâtre de la cité antique syrienne de Palmyre. Un acte de propagande usant de la thématique civilisationnelle « nous les civilisés contre eux les barbares ». Cette propagande occulte bien des réalités, la première d'entre elles concerne les modalités réelles de l'action militaire du régime syrien et de ses alliés contre l'État islamique.

Et la stratégie d'Assad connaît un succès indéniable : la communauté internationale est devenue totalement indifférente face à ses crimes. Dans un article[1] rédigé au moment de la prise d'Alep, Marie Peltier, historienne et chercheuse spécialiste de la propagande qui travaille sur le récit civilisationnel, livre son analyse : « Symbole d'une débâcle sur un plan éthique – l'Europe et les États-Unis ayant, par leur désengagement, accordé *de facto* un blanc-seing au régime Assad et à ses alliés. Triomphe aussi sur le plan de la propagande et de la confusion. Au moment où les civils d'Alep-Est, massacrés à grande échelle par les pouvoirs de Damas et Moscou, tentent de fuir les bombardements aveugles, une narration d'inversion des réalités semble à certains égards l'emporter. » Dans un entretien donné à *La Croix*[2] durant l'offensive du régime syrien sur Alep en décembre 2016, Manon-Nour Tannous, docteure en relations internationales, rappelle que les rebelles ont chassé Daech d'Alep dès janvier 2014. Et pourtant l'offensive du régime et de ses alliés à Alep, qui n'épargne ni hôpitaux ni écoles, est présentée par le régime syrien et ses alliés comme un acte antiterroriste contre les djihadistes. Un article de Sputnik[3] du 13 décembre 2016, « Alep : les djihadistes déposent les armes, pas les médias », tente de déconstruire la réalité, les faits, les témoignages, les centaines de rapports d'ONG et de l'ONU sur les crimes de guerre et crimes contre l'humanité commis par les forces gouvernementales syriennes et ses alliés. Cet article évoque des rumeurs, au mieux des accusations, ou de la manipulation journalistique – extrait : « Que dire en effet des accusations répétées dans les médias à l'encontre des autorités syriennes, mais également russes, dans le conflit en Syrie ? »

Cette propagande civilisationnelle n'aurait pas été possible sans le concours de personnalités politiques occidentales comme Marine Le Pen, Thierry Mariani, Jean-Luc Mélenchon ainsi que différents groupes et organisations. Une étude des prises de position de Jean-Luc Mélenchon montre qu'il reprend les éléments narratifs du régime syrien en évoquant « Les Daech de la Ghouta » dans un tweet publié en mars 2018, et ce, durant l'offensive du régime syrien sur les zones rebelles de la Ghouta où les djihadistes de Daech ne sont pas présents. Il va jusqu'à « féliciter » Poutine pour son action en Syrie dans une émission télévisée[4]. En avril 2018, alors que de nombreux rapports[5] accusent l'aviation russe de crimes de guerre pouvant

1. « La chute d'Alep, c'est la victoire de la propagande complotiste », par Marie Peltier : https://souriahouria.com/la-chute-dalep-cest-la-victoire-de-la-propagande-complotiste-par-marie-peltier/.

2. Article publié le 15 décembre 2012, « Alep-est était le symbole de la troisième voiew », https://www.la-croix.com/Monde/Moyen-Orient/Alep-etait-symbole-troisieme-voie-2016-12-15-1200810725.

3. Lien https://fr.sputniknews.com/points_de_vue/201612131029159921-alep-djihadistes-medias/.

4. Émission de France 2 « On n'est pas couché », samedi 20 février 2016.

5. Rapport d'Amnesty International, 20 février 2018, « Syrie. Les bombardements incessants de civils en Ghouta orientale constituent des crimes de guerre », https://www.amnesty.org/fr/latest/news/2018/02/syria-relentless-bombing-of-civilians-in-eastern-ghouta-amounts-to-war-crimes/.

être qualifiés de crimes contre l'humanité, Jean-Luc Mélenchon rencontre l'ambassadeur russe à Paris[1], il se dit « inquiet d'une escalade militaire », conséquence de l'attaque chimique sur la ville de Douma[2] dans les faubourgs de Damas. Dans l'article publié sur son blog J.-L. Mélenchon explique souhaiter établir « un partenariat franco-russe stable tourné vers des objectifs communs de paix ». Lors de cette rencontre le leader de La France insoumise (LFI) ne protestera pas contre les crimes commis par le régime de Poutine en Syrie ni contre le soutien inconditionnel du régime de Poutine à Assad, contraire au droit des peuples à disposer d'eux-mêmes, il ne considère pas les innombrables veto russes au Conseil de sécurité comme une entrave à la paix et à la sécurité en Syrie. Une position qui montre clairement un parti pris loin des notions de justice et de droit, le parti pris du narratif civilisationnel sur fond de conspirationnisme. On peut mesurer la propagation du récit conspirationniste sur la Syrie à travers une phrase faussement attribuée à Laurent Fabius selon qui « Al-Nosra[3] fait du bon boulot en Syrie » – un mensonge qui sous-entend que la France soutient Al-Qaida. Ce *fake* a été repris par une majorité de candidats à la présidentielle de 2017. Cette propagande sur fond de récit civilisationnel et conspirationniste va atteindre son paroxysme grâce à l'association française SOS Chrétiens d'Orient qui prétend mener des actions humanitaires en faveur de chrétiens victimes de la guerre en Syrie. Une enquête menée par Élie Guckert, Ariane Lavrilleux et Frank Andrews pour Mediapart et publiée en septembre 2020[4] révèle que l'association soutient financièrement et logistiquement des miliciens accusés de crimes de guerre et affiliés au régime syrien. L'enquête démontre que cette organisation prend prétexte d'actions humanitaires en faveur de chrétiens pour lever des fonds et qu'en réalité les fonds sont en grande partie utilisés en soutien des milices armées affiliées au régime ainsi que dans des actions de communication reprenant la propagande du régime syrien sur le récit civilisationnel.

Des prétendus amis du peuple syrien[5] ont aussi instrumentalisé l'EI

L'inaction occidentale suite à l'attaque chimique de la Ghouta – et ce malgré la ligne rouge d'Obama – a mis l'administration américaine dans l'embarras. Pour la reconquête de son territoire, l'armée de Bachar al-Assad bombarde les zones civiles : hôpitaux, marchés et écoles sont sciemment ciblés. Face à cette stratégie de crimes contre l'humanité, les Européens et l'administration américaine ne bougent pas. Les pays occidentaux qui, par la suite, mèneront la guerre contre l'EI dans le cadre de la coalition internationale, refusent l'appel de l'opposition syrienne

1. Compte rendu de cette rencontre entre Jean-Luc Mélenchon et l'ambassadeur russe à Paris : https://melenchon.fr/2018/04/19/rencontre-avec-lambassadeur-de-russie-en-france-apres-le-bombardement-en-syrie/.

2. Attaque qui a eu lieu le 7 avril 2018, le rapport de l'organisation pour l'interdiction des armes chimiques confirme l'usage de chlore par le régime syrien : https://www.francetvinfo.fr/monde/revolte-en-syrie/attaque-chimique-en-syrie/syrie-de-la-chlorine-a-bien-ete-utilisee-lors-de-l-attaque-chimique-contre-la-ville-de-douma-en-2018_3214491.html.

3. Branche d'Al-Qaida en Syrie.

4. « SOS Chrétiens d'Orient, une "start-up" française au service du régime de Bachar el-Assad », Mediapart, 23 septembre 2020, https://www.mediapart.fr/journal/international/230920/sos-chretiens-d-orient-une-start-francaise-au-service-du-regime-de-bachar-el-assad.

5. Groupe de pays réunis pour la première fois le 24 février 2012 et qui a pour objectif de mettre un terme à la guerre en Syrie. Parmi les pays représentés : États-Unis, France, Arabie saoudite, Qatar, Turquie.

à une zone d'exclusion aérienne[1], et ce, alors que les bombardements aériens du régime syrien sont responsables de la majorité des victimes civiles, de la destruction des infrastructures et de l'exil de millions de Syriens devenus des réfugiés. Faire de l'EI le responsable du chaos syrien et irakien, et agir en fonction de ce constat en grande partie faussé, a été la stratégie de la coalition menée par les États-Unis dans la région. Ainsi l'administration américaine a sciemment éclipsé le problème Assad, qui a entrepris une guerre contre sa population, pour ne gérer que les conséquences. Un choix facile à assumer politiquement face à une population occidentale focalisée sur le terrorisme islamiste et pour qui toute intervention militaire est devenue synonyme d'ingérence politique depuis l'invasion de l'Irak en 2003 par les troupes américaines.

L'administration du président Obama a fait de l'État islamique un ennemi utile. « L'État islamique est le visage du mal », a déclaré Obama à la suite des attentats de Paris en novembre 2015. Son secrétaire d'État, John Kerry, a ajouté que l'État islamique était « l'ordre de Satan », et Barack Obama a exhorté « tout le monde à se concentrer sur la destruction de l'EI ». L'État islamique permet ainsi d'éclipser la politique très compromettante et déshonorante menée par l'administration de Barack Obama et de ses alliés vis-à-vis des crimes de Bachar al-Assad.

Mars 2016. Dans un entretien au magazine *Atlantic*, le président Barack Obama déclare être fier de ne pas avoir bombardé le régime syrien en août 2013 à la suite de l'attaque chimique de la Ghouta : « Le fait que j'ai été capable de m'abstraire de la pression immédiate et de réfléchir à ce qui était dans l'intérêt de l'Amérique, pas seulement par rapport à la Syrie mais aussi par rapport à notre démocratie, a été l'une des décisions les plus difficiles qui soit », jugeant que « c'était la bonne décision à prendre ». Il est difficile de comprendre comment le fait de laisser autant de crimes contre l'humanité impunis permet un quelconque progrès de la démocratie. 113 735 morts sont recensés[2] fin 2013 en Syrie. En mars 2016, au moment où Obama se dit fier de sa décision de ne pas être intervenu pour mettre un terme aux crimes de Bachar al-Assad, le nombre de morts du conflit syrien était estimé à 470 000 morts[3], soit 350 000 morts depuis le renoncement du président Obama en août 2013.

1. À partir de l'été 2012, et bien avant l'apparition de Daech, le régime syrien utilise les bombardements aériens contre les civils notamment à Alep et largue des bombes-barils. Ces barils sont chargés de produits explosifs et débris de métaux et font des carnages parmi les civils. En décembre 2012 le régime syrien tire même des missiles SCUD sur Alep.

2. Données du centre de réflexion britannique Oxford Research Group. https://www.nouvelobs.com/monde/guerre-en-syrie/20131124.OBS6775/syrie-plus-de-11-000-enfants-tues-dans-le-conflit.html.

3. Données du Syrian Center for Policy Research (SCPR) : https://www.liberation.fr/planete/2016/03/10/bilan-des-victimes-l-impossible-comptage_1438845.

« Des data et de la chair »

Yassin Swehat[1]

Jamais Raqqa n'avait fait l'objet d'autant de cartes à haute définition, telles qu'on les voit aujourd'hui circuler dans les différents médias régionaux et internationaux. Les plus professionnelles de ces cartes, qui détaillent les artères de la ville jusque dans leurs moindres ruelles, sont généralement éditées en anglais. Les sites Internet spécialisés dans le suivi des opérations militaires – ils ont essaimé ces dernières années – actualisent heure après heure l'évolution de la situation, en modifiant les couleurs de la carte au rythme des avancées opérées par les Forces démocratiques syriennes (FDS) soutenues par la coalition internationale contre l'organisation Daech, et du reflux de cette dernière vers les zones du centre-ville.

En examinant le système de désignation des rues et des quartiers qui est employé dans ces cartes, on constate un mélange hybride d'appellations d'usage utilisées par les habitants de la ville, et d'appellations officielles que l'on retrouve sur les plaques bleues installées par la municipalité à la fin du siècle dernier et qui, de fait, sont peu utilisées par les gens du cru. Ces appellations officielles sont mieux connues des experts militaires et des technocrates de la coalition que de nous, les Raqqawis. Nous, nous devons recourir à la carte pour tenter de comprendre de quel lieu parlent les médias, dans ce dédale de couleurs changeantes, en présumant qu'il doit s'agir de tel quartier étant donné la position de telle rue dont nous reconnaissons l'emplacement.

Les experts militaires et les technocrates connaissent également une chose que la plupart d'entre nous ignorent totalement, à savoir les data de la géolocalisation des bâtiments et des rues, et probablement des casernes et entrepôts d'armes de Daech. Nos maisons, les maisons de nos parents, celles de nos amis, nos écoles, nos zones commerçantes et industrielles, nos parcs, nos places publiques, et même ces sempiternels dos-d'âne sur nos routes : nous ignorons que tout cela correspond à une réalité chiffrée, à la croisée de latitudes et de longitudes… Nous ne sommes pas des experts militaires.

De même que les experts militaires et les technocrates connaissent – tout comme les politiciens, les universitaires, les journalistes et le grand public – les multiples exactions commises par Daech à Raqqa. Tous ont vu les images de crucifixion, de lapidation, d'amputation et de décapitation diffusées par Daech, avec une qualité de résolution presque aussi bonne que celle des cartes, restituant parfaitement l'évolution de la situation militaire en temps réel. Ils ont également vu et entendu de nombreux témoignages de notre part, recueillis avec cet enthousiasme que toute personne s'étant entretenue avec des journalistes et des experts (et parfois même des hommes politiques) sait reconnaître : l'avidité de se faire

1. Texte publié en arabe le 21 juin 2017 sur aljumhuriya.net, traduit par Marianne Babut.

conter les horreurs perpétrées par l'escadron daechien de la mort. Mais ce qu'ils ignorent probablement, c'est que nous, pour parler de l'enlèvement de quelqu'un, on dit : « Ils l'ont soulevé. » Que pour évoquer la décapitation de l'un des nôtres, on dit : « Ils l'ont découpé. » Personne ne leur a jamais traduit littéralement ces expressions en anglais. À force de nous entendre les répéter, certains ont mémorisé les noms de nos martyrs, de nos morts. Mais la plupart ne les connaissent pas, car ça ne les intéresse pas. Les images, qu'elles soient en haute définition ou prises avec un téléphone portable tremblotant, montrent toutes la même chose : de la chair. Or la chair n'a pas de nom. La chair n'a pas de personnalité. Elle n'a ni proches, ni parents, ni amis, ni voisins. Et le cycle de vie de la chair pixélisée est extrêmement court – quelques secondes tout au plus.

Le public mondial entend, voit et discute abondamment du « bastion de Daech », jusqu'à l'écœurement. Cela fait plusieurs années maintenant que les nouvelles de Daech inondent les journaux et les écrans de télévision, *a fortiori* lorsqu'un attentat est commis là-bas, à Paris, Londres ou Bruxelles. Sur les cartes à haute définition de Raqqa, les signaux soudain s'affolent et virent au rouge vif, indiquant les points de la « capitale de Daech » que les raids aériens punitifs doivent frapper.

Dans les couloirs de la politique et de l'état-major international, Raqqa a désormais une existence. La « capitale du califat » est âgée de quatre ans. La ville a vu le jour comme un ensemble de data assez générales sur le « Palais du gouvernorat » devenu siège de Daech, puis a grandi comme un vaste réseau de coordonnées, dans les mailles duquel une grande quantité de chair s'est retrouvée coincée. Une chair qui, pas une seule fois, n'a eu la même valeur que les victimes des attentats de Paris, Londres et Bruxelles. C'est que la victime a une histoire qui ne rencontre jamais celle des habitants du « bastion de Daech ».

La victime est gênante. Selon qu'elle meurt ou qu'elle survit, elle, ou sa famille, requiert dans un premier temps réconfort et attention, ou bien deuil et hommage. Puis dans un second temps, les victimes ont besoin d'aide pour reprendre pied, surmonter la douleur de l'épreuve et se tourner à nouveau vers l'avenir. Ça fait beaucoup ! Nous, tout ce que l'on peut espérer, c'est au mieux une reconnaissance partielle en tant qu'un *collateral damage* mentionné dans les rapports militaires qui documentent le décès des centaines de civils morts sous les bombes de la coalition ou les roquettes des FDS. La formule anglaise a le mérite d'être plus élégante et moins dramatique que des termes comme « ils l'ont soulevé », « ils l'ont découpé » ou encore « leur maison est désormais six pieds sous terre ».

Nous ne sommes pas reconnus comme égaux dans la souffrance (bien que les nôtres soient plus grandes encore). Nous ne sommes pas perçus comme des égaux en termes de sens et de valeur. L'égalité est l'ennemie du réalisme efficace, elle rend la bataille plus compliquée. L'égalité signifierait que nous soyons considérés comme des partenaires dans le combat contre Daech. Or cela ne fait pas partie des impératifs de la bataille. Daech est en train de reculer et perdra bientôt son « bastion », dans une guerre qui n'aura pas voulu de nous pour ce que nous sommes : des partenaires. Au contraire, on nous a ordonné de rester silencieux et immobiles comme de la gelée, en attendant passivement de nous faire expulser, *sine die*, vers différents camps. Cela, sans savoir qui d'entre nous pourra un jour retrouver sa maison – si tant est qu'il en reste quelque chose – et qui, le cas échéant, sera sommé de prouver qu'il n'est pas membre de Daech. Ces quatre dernières années ont été tellement éprouvantes… Nous sommes peut-être devenus – qui sait ? – des victimes du syndrome de Stockholm qui s'identifient à ceux qui ont « découpé » leurs parents et amis.

Entre la rue Al-Mu'tazz et la rue Al-Wadi, il y a une série de passages exigus et enchevêtrés que l'on appelle « les sept sentiers », ou encore « les sept rues ». Les maisons y sont pour la plupart anciennes et ne comptent qu'un étage. Elles donnent sur des ruelles étroites où un petit véhicule ne peut passer qu'au prix de multiples manœuvres. Il y a quelques jours, ce quartier a essuyé une rafale de missiles sous lesquels une famille entière a péri. Nous ne connaissons pas la géolocalisation des « sept sentiers ». Nous ne pouvons donc même pas invoquer le prétexte « réaliste » de la « nécessité militaire » pour expliquer cette frappe. Nous sommes contraints de taire notre douleur, sans quoi on nous soupçonne de nous être « daechisés » (Daech en a, il est vrai, glané plus d'un). Nous ne connaissons pas non plus les coordonnées géographiques du passage d'Al-Saado, mais nous savons qu'il se situe au sud de la rue Al-Mansour dans une zone densément peuplée, et qu'il a croulé sous les bombes à son tour. Pourtant, l'une des familles d'Al-Saado comptait parmi les siens deux jeunes frères tombés en martyrs pour avoir résisté à Daech. Le premier, Muhammad, a été tué par Daech à ses débuts, alors qu'il exerçait son activité de secouriste. Le second, Bichr (frère de Muhammad), a été tué en représailles de son travail d'information contre l'organisation terroriste.

Nous ignorons également la géolocalisation d'Al-Hota, cette cavité naturelle transformée en charnier, où Daech jetait les cadavres de ses victimes raqqawies comme non raqqawies, civiles comme militaires, kurdes comme arabes. Al-Hota a été libérée il y a maintenant plusieurs mois. Et il a fallu tout ce temps pour que la communauté internationale (comprendre la coalition) entende que nous avions besoin d'aide pour découvrir ce qu'étaient devenus nos disparus par centaines, « soulevés » par Daech.

Nous ne savons pas décrypter les coordonnées de géolocalisation. Sur ce point, nous ne pouvons nous en prendre qu'à nous-mêmes. En revanche, nous n'avons pas besoin de savoir lire une carte pour repérer les casernes érigées à tour de bras par les FDS, avec la bénédiction de la coalition. D'après les témoignages de ceux qui ont eu la chance d'en sortir vivants, ces casernes servent toutes sans exception de prisons. La presse internationale est au courant, puisque c'est également là que sont détenus les journalistes et activistes occidentaux pris en otage. Malgré cela, la coalition n'a jamais rendu publics les résultats de l'inspection de ces lieux. Aucune image, aucun document n'en est jamais sorti. Les familles de disparus n'ont jamais été consultées dans le cadre d'une quelconque enquête.

Sous peu, Daech aura perdu « son bastion ». Ce sera alors un grand événement pour la terre entière. Car chaque défaite de Daech est une nouvelle réjouissante pour tout le monde, y compris pour nous. Il y a toutefois un élément absent dans l'équation entre la chute de la « capitale de Daech » et la récupération, dans tous les sens du terme, de leur ville par les Raqqawis. Or ceux qui oseront pointer du doigt cet élément absent se verront vite accusés de complaisance envers l'organisation terroriste qui est venue se blottir dans leur vie, dans leur ville. Nous n'avons pas été de simples pertes civiles, embarquées par destinée dans la bataille. Nous avons été, avant tout, une gêne. Une gêne parce que nos familles, nos maisons, nos commerces, nos souvenirs, nos vies tout entières se trouvaient au mauvais endroit. Un obstacle, un embarras logé entre les latitudes et les longitudes de leurs cartes.

Derrière la densité de ce réseau de coordonnées, nous n'avons aucune visibilité. C'est à peine si l'on distingue cet amas de chair silencieux et encombrant, né en 2014 et appelé à mourir avec la chute du « bastion de Daech ». Nous ne sommes pas de la chair. Nous sommes nés avant Daech et nous avons bien l'intention de lui survivre encore longtemps. Et nous voulons vivre dignement. Connaîtriez-vous les coordonnées de la dignité ?

SIXIÈME PARTIE

« Reconstruire » pour effacer

Reem Alghazi, *Qui va où ?*, novembre 2013, Damas. La photographie montre sur le mur des écrits révolutionnaires qui ont été pulvérisés et effacés par les forces de sécurité à Damas. Source : Mémoire créative de la révolution syrienne. © Reem Alghazi.

Sommaire

Sommaire

Introduction

Cécile Boëx

La violence éradicatrice du régime de Bachar al-Assad ne se limite pas aux opérations militaires et répressives : elle investit également la démographie, l'économie, les récits et les mémoires.

Cette sixième partie analyse différentes stratégies qui visent à remodeler le territoire, la population, les flux de capitaux et de marchandises ainsi que les esprits. Ici, la destruction se renforce et se redéploie sur les décombres qu'elle a engendrés dans de multiples opérations de recyclage et de dépeçage des êtres, de la matière et du sens.

Le premier chapitre de cette partie est consacré aux déplacements forcés à l'intérieur (6,7 millions en 2021) et à l'extérieur de la Syrie (6,6 millions). Hasan Arfeh montre comment ces déplacements de grande ampleur à Homs, Damas et Alep s'inscrivent dans une tactique de remaniement démographique, esquissé d'ailleurs avant 2011 dans des grands projets de rénovation urbaine, qui vise à consolider le contrôle du régime. Celui-ci s'opère d'abord au moyen de massacres ciblés, d'offensives et de sièges militaires puis, à partir de 2014, d'évacuations de combattants et de civils des zones rebelles vers le nord de la Syrie en vertu d'accords de « réconciliation », par l'entremise de délégations russes ou iraniennes. Hasan Arfeh explique également comment la loi n° 10 de 2018 institutionnalise et approfondit ce processus d'épuration démographique en permettant l'appropriation des terres des déplacés et des exilés pour créer des zones de « développement ». Dans le texte suivant, Mu'tazz Murad, qui a participé à un comité civil de négociation de la fin des combats à Darayya en 2016, expose l'absence totale de marge de manœuvre dans ce processus et comment les habitants ont été acculés au départ. Il raconte comment les parcelles cultivées pour la subsistance quotidienne sous le siège ont été visées par des bombardements au moment même de la période de négociation de la « trêve ». Le dessin d'Azza Abo Rebieh, artiste syrienne résidant aujourd'hui au Liban, représente le moment du départ, avec un funeste bus vert affrété par le régime pour transporter celles et ceux qui rejoignent la cohorte des déplacés. Symbole de la défaite et de la fin de la résistance, le véhicule, tel un vautour de métal escorté par des oiseaux de mauvais augure, laisse derrière lui un champ de ruines et les tombes. Il a englouti les survivants, invisibles, pour les conduire vers l'inconnu et d'autres ruines à venir. Dans le dernier texte, à travers un récit choral et acéré, Naïla Mansour tranche dans l'intimité de l'expérience de la perte dans l'exil. Ceux qu'elle appelle « les absents » se disloquent en silence, sans traces. Loin des proches avec qui ils ne peuvent plus partager la souffrance et avec lesquels ils ne se reconnaissent plus, ils se consument dans la culpabilité « de ne pas être assez morts ». En errance dans les lieux, parmi les objets du quotidien et dans la langue, ils perdent même la mémoire et la possibilité de raconter leurs expériences.

Le deuxième chapitre de cette partie explore l'économie de la ruine, qui s'inscrit dans le double mouvement du pillage et de la reconstruction, achevant de déstructurer le tissu social et urbain et effaçant les traces des violences guerrières. Le premier texte, dû à Rafia Salama, analyse la généralisation et l'organisation du pillage, ses logiques rétributives, ses hiérarchies et ses implications sociales et morales. Ce qu'elle nomme une « économie cannibale » recouvre une multitude de circuits et de pratiques. Objets du quotidien, matériaux d'usines, câbles de cuivre volés dans des zones sous contrôle de l'opposition, constituent des butins de guerre. Les responsables militaires se réservent les biens les plus lucratifs, générant des conflits parfois violents entre les différents corps de l'armée et des unités spéciales. Dans le deuxième texte, Marc Hakim et Jihad Yazigi reviennent sur les chiffres et les acteurs de l'effondrement de l'économie syrienne depuis 2011. Ils soulignent que les ressources naturelles ont été livrées à la Russie et à l'Iran en échange de considérations politiques, économiques et d'un soutien militaire. Dans ce contexte, la reconstruction constitue un levier politique qui permettra au régime de renforcer son contrôle sur la société et l'économie. Dans le texte suivant, Sawsan Abou Zeineddine déplie les logiques politiques, sociales et économiques de l'urbicide, ce « massacre de l'urbain » rigoureusement planifié qui découpe les futurs contours de la « Syrie homogène » selon des critères d'allégeance politique, d'identités religieuses et/ou sociales. Ce nettoyage doit faire place aux grands projets de « développement urbain », à l'image de Homs dont les destructions ont visé les quartiers pauvres, les zones d'habitat informel et les quartiers à majorité sunnite. Le processus de « reconstruction », appuyé par de nouvelles lois et impliquant des hommes d'affaires affidés au régime, parachève les destructions militaires dans des transactions immobilières qui reconfigurent une géographie expurgée et sans mémoire. Les accords de « réconciliation » s'inscrivent également dans une logique d'épuration sous couvert de retour à la normale. Dans sa contribution, qui forme le troisième volet de cette partie, Moawiya Hamoud décrit l'état de déliquescence économique d'Al-Mu'addamiyya, banlieue située au sud-ouest de Damas, peu de temps après ces accords, où les habitants sont livrés à eux-mêmes. Pour subvenir aux besoins de leurs familles, de nombreux jeunes hommes n'ont d'autre choix que de rejoindre les rangs de l'armée syrienne ou de ses milices. Ainsi, les plans de « réconciliation » et de « reconstruction » constituent d'autres moyens de poursuivre la guerre, comme le souligne Christophe Boltanski dans sa contribution qui clôt la deuxième partie. Moins bruyante et moins voyante, cette guerre se livre dans des études de marché, des plans d'occupation des sols, de nouvelles lois et des grands projets immobiliers qui profitent à de nouveaux hommes d'affaires syriens qui s'emploient à ériger la vitrine du pouvoir retrouvé de Bachar al-Assad en effaçant ses crimes.

Le troisième et dernier chapitre de cette sixième partie porte sur les méthodes, les lexiques et les acteurs du déni, du négationnisme et de la ré-information. De quelles manières s'opèrent la neutralisation ou l'inversion de l'ordre des responsabilités et quels en sont les effets ? Il s'agit également d'interroger le brouillage des polarités droite/gauche sur les scènes politiques françaises et européennes qui fait converger les extrêmes autour de la relativisation des crimes commis par le régime de Bachar al-Assad. Quelques jours après le massacre de Houla perpétré le 25 mai 2012, Wladimir Glasman décrivait la version officielle des faits. Ce texte montre comment ceux-ci se réécrivent et comment d'autres coupables sont désignés, insaisissables et forcément manipulés de l'extérieur. Ce motif central et récurrent du discours officiel depuis 2011 alimente la confusion et la peur. Il justifie également la violence au nom de la lutte contre le terrorisme. Dans le texte suivant, Cécile Boëx analyse les manières dont le négationnisme se réinvente avec la profusion des images sur les réseaux sociaux. La stratégie des médias officiels syriens évolue en fonction des rapports de force et des audiences (syriennes ou étrangères) visées, suivant une logique paradoxale qui mobilise dans certains cas l'image-preuve et dans d'autres, la remise en question de l'authenticité des images. Le régime syrien est ainsi parvenu à intégrer les images de ses exactions à son récit pour afficher son impunité. Nicolas Hennin retrace l'évolution de la propagande du régime et montre comment elle se renforce avec l'intervention militaire russe en 2015. Il en examine également les différentes stratégies, acteurs, espaces et temporalités. Ainsi, alors que les journalistes étrangers étaient frappés de déni d'accès au début de la révolte, au fur et à mesure de l'évolution du conflit, ceux-ci sont par la suite soigneusement choisis pour relayer le discours officiel. Sur la toile, des blogueurs organisent des campagnes de ré-information. Ces « offensives narratives » sont d'autant plus actives et visibles lors des grandes batailles ou des attaques chimiques. Elles trouvent un écho particulier au sein des extrêmes droites françaises et européennes. Albert Herskowicz en expose les termes et les modalités : rejet de la démocratie, anti-islamisme, antisémitisme et défense des chrétiens d'Orient. De même, le régime cherche à obtenir activement l'appui des partis d'extrême droite tout comme des fractions de la droite pro-Poutine, qui défendent la théorie du « moindre mal » selon laquelle le maintien de Bachar al-Assad au pouvoir est préférable aux djihadistes de Daech, ignorant l'opposition ou l'assimilant à ces derniers. Cette attitude se retrouve à l'opposé du spectre politique, motivée par des arguments différents. Enfin, dans sa contribution concluant la sixième partie du livre, Sarah Kilani revient sur les lignes de fracture de la gauche radicale dont une partie a été particulièrement réceptive aux discours complotistes. Elle montre comment l'anti-atlantisme et la critique des médias dominants irriguent un discours révisionniste.

1

Une « ingénierie démographique »

L'institutionnalisation du changement démographique en Syrie

Hasan Arfeh[1]

Avant 2011, la population de la Syrie était estimée à 21 millions d'âmes. Mais après huit ans de conflit, 5 millions de personnes ont fui le pays[2], et plus de 6 millions d'entre elles ont été déplacées à l'intérieur, entre la province d'Idlib et le nord de la Syrie. Ce déplacement n'est pas seulement une conséquence de la guerre, mais plutôt le résultat d'une stratégie du régime et de ses alliés pour reprendre le contrôle du pays. Ce dernier a procédé à des déplacements forcés à grande échelle à Homs, Damas, Alep et dans les campagnes avoisinantes afin d'opérer un changement démographique. Homs est un exemple particulièrement frappant de sa future stratégie. Les premiers signes ont été observés en février 2012, lorsque les forces du régime ont détruit le quartier de Baba Amr tenu par l'opposition dans le sud de Homs. Après un assaut intense, environ 35 000 habitants ont été chassés vers d'autres parties de Homs et vers la campagne. Peu après, le massacre du quartier de Karm al-Zaytoun a conduit environ 50 000 résidents à partir. Après leur offensive contre Baba Amr, les forces du régime se sont tournées vers d'autres quartiers tenus par l'opposition comme Bayyada et Khâldiyyé en mars 2012. 190 000 personnes ont été déplacées cette année-là. Fin 2013, les habitants du quartier de Qusayr, situé dans la campagne de Homs le long de la frontière libanaise, ont également été déplacés de force.

Une approche systématique du changement démographique

Lorsque le régime a commencé à prendre le dessus militairement, il a eu recours à la médiation russe ou iranienne pour négocier des accords de réconciliation – ressemblant davantage à des conditions de reddition – pour déplacer de force les groupes d'opposition armés et les résidents encore présents. Tous ont été obligés de partir dans des bus réquisitionnés par le gouvernement – les fameux bus verts –, surveillés par des observateurs de l'ONU et des conseillers militaires russes. Une série d'accords ont été conclus à partir de février et de mai 2014 pour évacuer les combattants et les civils du vieux Homs et de Damas vers d'autres quartiers et la campagne, certains ayant finalement été déplacés vers le nord de la Syrie : Al-Wa'r (ou Al-Waer) en décembre 2015 ; Khan al-Sheikh et Zakiya dans la campagne de Damas en novembre 2016 ; Qudsayya, Al-Hamé, et Mu'addamiyya dans la

1. Traduit et remanié à partir du texte paru sur le site atlanticcouncil.org (The Atlantic Council) le 4 avril 2019.

2. Après dix ans de conflit, le chiffre est de plus de 5,5 millions.

campagne de Damas en octobre 2016 ; Al-Tall en novembre 2016 ; Alep-Est en décembre 2016 et Wadi Barada en janvier 2017. En avril 2017, un accord clé a été conclu concernant quatre villes longtemps contestées : Al-Zabadani, Madaya, Kafrayya et Al-Fo'a. Celui-ci a été signé par les groupes extrémistes Hay'at Tahrir al-Cham (HTS) et Ahrar al-Cham d'une part, et par le régime, ainsi que le Hezbollah et l'Iran, d'autre part. L'accord stipulait que les signataires échangeraient des prisonniers et qu'il y aurait un échange de résidents de Madaya et d'Al-Zabadani dans la campagne de Damas contre les résidents de Kafrayya et d'Al-Fo'a dans la campagne d'Idlib.

L'Iran est un acteur essentiel des accords de réconciliation et envoie ses propres négociateurs pour travailler avec l'opposition afin de s'assurer que les intérêts du régime sont représentés. L'accord des quatre villes, par exemple, a rapproché les loyalistes, principalement chiites, de la capitale, renforçant ainsi le contrôle du régime et de l'Iran. Celui-ci a forcé les résidents proches de l'opposition à quitter la Ghouta orientale, dans la campagne de Damas, pour Idlib, vidant ainsi les zones environnantes de la présence de l'opposition. En jouant un rôle dans ces accords, l'Iran a cherché à étendre son influence sur la Syrie après la guerre et à protéger ses intérêts régionaux. Bassam Quwwatly, président d'une organisation de défense des droits de l'homme en Syrie, connue sous le nom d'Ahrar[1], déclare : « L'Iran considère que son objectif est de relier l'Irak au Liban, à la mer Méditerranée et aux frontières syro-palestiniennes. Il y parvient en noyautant des agglomérations et en installant des habitants de la confession chiite. Même si l'Iran était contraint de quitter la Syrie, il conserverait une présence et resterait un acteur incontournable, de Bou-Kamal à Deir ez-Zor, en passant par Palmyre, Homs, Al-Qusayr et Damas. »

Légaliser le changement démographique

Le régime n'a pas utilisé que les accords de réconciliation pour imposer le changement démographique. Il est allé plus loin et a ratifié de nouvelles lois pour légaliser son contrôle des propriétés et des terres. Le 2 avril 2018, Assad promulgue la loi n° 10 selon laquelle tout organe administratif ou conseil local a « l'autorisation de créer une ou plusieurs zones de développement dans le cadre du plan de développement public des unités administratives ». Les zones définies comme telles peuvent être transférées à une société holding pour lancer des projets de développement. Dans les trente jours, les propriétaires doivent présenter une preuve de propriété. Dans le cas contraire, la propriété revient à l'organe administratif. Trente jours ne suffisent pas aux propriétaires pour présenter des documents, en particulier pour les personnes déplacées, ce qui laisse le champ libre à l'appropriation par le régime de vastes quantités de biens et de terres. La loi n° 10 s'appuie sur le décret n° 66, qui prévoit la création de deux zones de développement autour de la seule province de Damas. En revanche, cette loi étend le pouvoir du régime à la réhabilitation des zones résidentielles dans toute la Syrie, lui conférant une large autorité pour contrôler de vastes territoires, en particulier ceux récupérés sur l'opposition.

En réclamant des biens et des terres à ceux qui s'opposent au régime, cette loi les punit encore plus. Rama Zahir, assistante du ministre des Travaux publics et du Logement, prétend cependant que « la loi n° 10 contribue au traitement des bidonvilles résidentiels, des délits collectifs et des zones détruites par les activités terroristes. Elle garantit la construction de divers complexes industriels, résidentiels et

1. En 2020, Ahrar est devenu un parti politique en exil.

d'investissement qui disposent de services et d'infrastructures de haute qualité ». Quant à Ibrahim al-Husayn, juge et directeur du Centre al-Kawakibi pour la justice transitionnelle et les droits de l'homme, il déclare : « Le principe de base de l'État qui promulgue une législation visant les bidonvilles dans certaines zones à reconstruire ou endommagées par des catastrophes et des guerres est louable. Cependant, on ne peut s'empêcher de se méfier de cette loi en raison des circonstances dans lesquelles elle a été élaborée. »

Un certain nombre de groupes de défense des droits de l'homme et d'analystes ont critiqué la loi, ce qui a obligé le régime à promulguer l'amendement n° 42/2018, qui fixe le délai laissé aux propriétaires pour soumettre leurs documents à un an au lieu d'un mois. Néanmoins, cet amendement n'apaise pas les craintes : il ne peut garantir que cette loi, d'autres lois sur la propriété et des lois pénales ne soient utilisées pour punir les opposants, d'autant plus que le décret législatif n° 63/2012 accorde la possibilité de saisir les biens des membres de l'opposition. Le régime a ainsi utilisé plusieurs tactiques – guerre, déplacement, reconstruction – afin d'engendrer des bouleversements majeurs dans la composition démographique de la Syrie. Comme celui-ci continue d'agir en toute impunité, il est peu probable que les Syriens déplacés retrouvent un jour leurs biens. Il est également peu probable que les organismes internationaux puissent tenir le régime pour responsable de ces changements juridiques, car ils n'ont pas été en mesure de mettre fin à la guerre, ni au déplacement de millions de Syriens. Ces changements auront un effet global significatif sur la stabilité en Syrie et créeront un environnement propice à la poursuite des conflits confessionnels dans un avenir proche.

La fin de Darayya

Les derniers jours, pour que ne meure la mémoire

Mu'tazz Murad[1]

Le 27 février 2016, l'accord de cessation des hostilités en Syrie est entré en vigueur. L'espoir nous est revenu, ce jour-là. Nous nous sommes dit que nous resterions à Darayya et que nous n'en serions pas déplacés. Nous pensions que la communauté internationale avait finalement contraint le régime d'Assad à s'incliner et à accepter une solution politique conformément aux résolutions des Nations unies. Durant les dernières heures de ce soir-là, la ville était au bord de l'effondrement militaire. Soutenu par le pouvoir et la technologie russes, le régime avait ouvert une brèche majeure dans le front Nord. Les roquettes à courte portée, connues sous le nom de *roquettes-éléphants*, n'étaient pas les seules à voler dans nos cieux et au-dessus de nos terres. Les hélicoptères militaires larguaient sur nous des barils et des conteneurs d'explosifs. Ces projectiles étaient capables de détruire une zone comparable à la surface d'un terrain de volley-ball. À minuit, précisément, cette nuit-là, et alors que le régime était en train d'avancer sûrement et rapidement sur ce front, les bombardements ont cessé et la campagne militaire a laissé place à une accalmie. Personne parmi nous n'y croyait. Nous nous demandions si nous rêvions.

Quelques jours auparavant, l'envoyé spécial de l'ONU en Syrie avait déclaré parvenir à une trêve dans le pays. Mais des informations, qui commençaient alors à circuler, rapportaient que le régime avait exclu Darayya de l'accord. C'était là une idée que la situation sur le terrain confortait : le régime semblait chercher une solution militaire et rejeter toute désescalade dans la ville. Ces informations ont finalement été démenties, l'envoyé spécial de l'ONU ayant confirmé que Darayya était bien concernée par l'accord politique. En théorie, je considérais que le moment viendrait où Assad se verrait contraint d'accepter une solution politique mettant fin au massacre du peuple syrien. Et je disais, à cette époque-là, à tous ceux qui me contactaient et semblaient angoissés, effondrés et désespérés : « Soyez patients, le moment de l'entrée en vigueur de l'accord est imminent. » Et c'est ce qui s'est finalement produit. Après minuit, ce soir-là, un nouvel espoir nous est apparu, un avenir sans guerres ni déplacements. En dépit de toutes les difficultés attendues, l'accord américano-russe a marqué un nouveau départ pour les habitants de la ville.

Au cours des jours suivants, il était devenu clair que le régime ne voulait pas laisser passer, jusque dans la ville, l'aide de l'ONU composée de convois de secours et de convois médicaux. Le régime ayant réussi, un mois plus tôt, à couper Darayya de la ville de Mu'addamiyyat al-Cham, Darayya s'est trouvée assiégée. Nous avons alors décidé de compter sur nous-mêmes et sur nos ressources. Nous avons informé les habitants de la ville de la nécessité, pour nous tous, d'investir

1. Texte rédigé en février-mars 2020, traduit par Marc Hakim. La version arabe a ensuite été publiée dans SyriaTV.

tout espace cultivable afin de survivre, en attendant le moment où la communauté internationale pourrait à nouveau contraindre le régime d'Assad à relâcher sa pression. Durant ces mois extrêmement difficiles, le conseil local, grâce à sa capacité de gérer les ressources et à son équipe toujours active, a réussi à cultiver le plus grand nombre possible de surfaces agricoles en y faisant pousser du blé, de l'orge, des fèves, du maïs et d'autres cultures. Il a également mis en place un programme d'intervention d'urgence pour distribuer des paniers alimentaires à toutes les familles de la ville, deux fois par semaine ou au début du mois. Via son service de communication, il a lancé une campagne pour mettre en lumière la réalité exceptionnelle de la ville et la souffrance de ses habitants pris au piège depuis des années, à travers une série de vidéos et de photos, mettant à contribution des femmes, des enfants et des jeunes.

En quelques semaines, les surfaces semées ont commencé à se remplir de cultures et nous avons commencé à en manger. J'avais, à ce moment-là, commencé à cultiver le verger de la famille de nos proches. J'y ai fait pousser toutes les cultures possibles : radis, laitues, persil, courgettes, aubergines, maïs, concombres, tomates et haricots. J'ai également haubané et fertilisé les vignes, les figuiers et les mûriers, qui étaient en mauvais état à cause des projectiles et des barils d'explosifs. Je m'exerçais, ce faisant, à l'agriculture – l'un des plus beaux ouvrages et des plus proches de mon cœur. J'étais proche de la terre, de son odeur et de sa générosité. Et, pour la première fois de ma vie, je mangeais ce que mes mains avaient planté. Le radis rouge était le premier aliment à mûrir et à être récolté. La surface cultivée n'était pas grande, mais elle était suffisante pour nourrir des dizaines de familles. Voilà comment je dressais des plans, comme nombre d'habitants.

Le régime a finalement compris que Darayya ne tomberait pas tant que les habitants auraient de quoi manger en cultivant. Il lui fallait brûler ces cultures pour que la ville s'agenouille. Et c'est, en effet, ce qu'il a commencé à faire. En mai de la même année, les forces du régime ont violé la trêve déclarée et ont commencé à avancer sur le front ouest, du côté des vergers, qui représentaient le panier alimentaire de Darayya assiégée. Elles ont commencé à bombarder tout espace vert, même lorsqu'il s'agissait de quelques mètres carrés. Les barils étaient largués minutieusement. Toutes les cultures stratégiques telles que le blé, l'orge et la fève ont été brûlées, comme les cultures quotidiennes telles que le persil, la laitue, la menthe, la courgette et le concombre. Au cours de cette période, une nouvelle machine de guerre a fait son apparition : *al-Kâsiha* (la démineuse). Elle ne ressemblait à aucune autre machine à laquelle les soldats de l'Armée syrienne libre avaient été confrontés. Elle était équipée, de tous les côtés, de renforts en fer, en acier et en terre. L'épaisseur de ces renforts était supérieure à un mètre de chaque côté. La machine ressemblait à un immeuble de deux étages se déplaçant sur le sol. En comparaison, le char n'était rien d'autre qu'un vilain petit gamin. Ainsi, en quelques semaines, la ville a perdu tous ses espaces verts et nous sommes restés assiégés dans une zone ne dépassant pas 2 kilomètres carrés.

Le 16 mai, une délégation des Nations unies et du Bureau de l'envoyé spécial est entrée à Darayya pour y évaluer la réalité de la situation. Ses membres ont rencontré les familles, hommes, femmes et enfants. Ils ont visité les écoles, les lieux publics, les cimetières et les ateliers de raffinage où l'on transformait le plastique en essence. Ils ont échangé avec des enfants qui avaient grandi dans des conditions de guerre et de siège étouffantes. Les enfants leur ont demandé des choses simples : des bananes, des pommes, des biscuits et du chocolat. La délégation est retournée à Damas, chargée de la douleur des gens et de leur besoin de paix et de sérénité. Mais avant même que la délégation internationale ne soit partie de la ville, le régime s'est remis à la bombarder. L'un des habitants, qui gardait son troupeau de moutons, a été tué ce jour-là, comme près de la moitié de son troupeau. Le régime et ses alliés ne voulaient pas d'un accord. Ils se sont relayés pour le processus de négociation avec un comité de jeunes de Darayya. Les négociations ont d'abord eu lieu avec l'envoyé du régime, membre de la 4e Division de l'armée. Mais lorsque le régime a compris que Darayya assiégée voulait mettre fin à la guerre, il a augmenté l'intensité des bombardements. Ensuite, la Russie est intervenue et son délégué a déclaré qu'il parrainerait les négociations et trouverait une solution appropriée. Les négociations avec la délégation russe ont duré un mois et se sont déroulées à Genève. Pendant ce temps, le régime bombardait sans relâche. Une moyenne de 50 à 80 barils d'explosifs par jour a été enregistrée. Un membre de la délégation russe a ensuite déclaré que la 4e Division de l'armée exigeait une solution militaire.

Cette fois, c'est une délégation du Hezbollah libanais qui est intervenue. Après avoir entendu le souhait de la ville assiégée de mettre fin à la guerre, la délégation a déclaré qu'elle parrainerait cet accord. Elle a littéralement ajouté : « M. Hassan Nasrallah a informé Bachar al-Assad qu'il n'enverrait plus ses soldats à Darayya tant que les habitants de la ville voudront la paix. » Mais un mois plus tard, la délégation a fait savoir que le Hezbollah n'avait pas réussi à persuader le régime d'Assad de donner un quelconque accord. Au cours de ce mois, une nouvelle arme est entrée sur le champ de bataille : les barils incendiaires au napalm. Ces barils constituaient une escalade sans précédent. Même les enfants et les femmes qui avaient commencé à s'habituer aux barils d'explosifs « ordinaires » étaient terrorisés en permanence. Avant, lorsqu'ils entendaient le bruit de l'hélicoptère militaire portant les barils d'explosifs, ils se réfugiaient dans l'endroit le plus sûr sous au moins trois toits quelque part au milieu d'un bâtiment pour n'être pas atteints par les fragments de barils et les dégâts de la destruction. Mais les flammes des barils au napalm atteignaient tous les coins et recoins d'un bâtiment et en faisaient du charbon. Il est alors devenu clair, pour tout observateur, que la chute de la ville n'était plus qu'une question de temps. Tout était quasi épuisé : la nourriture, le matériel médical et les munitions. De même, les fleurons des hommes et des chefs militaires de la ville étaient tombés au combat au cours des derniers mois. Tout le monde, dans la ville, réfléchissait à la manière de protéger les enfants et les femmes, de les faire sortir et gagner un endroit sûr, accompagnés par les Nations unies, avant que les derniers n'affrontent leur destin. Le 25 août, dans un moment de désespoir, l'envoyée du régime, Kinana Houéja[1], a fait savoir qu'elle visiterait Darayya le lendemain matin et que la guerre s'arrêterait pendant vingt-quatre heures, au cours desquelles un accord devait être conclu.

Lorsque Kinana est arrivée aux environs de la ville, elle a été surprise d'avoir affaire à un comité de négociation composé de trois civils – j'en faisais partie. Elle a alors demandé à rencontrer les chefs militaires, qui sont venus. Elle a été encore plus surprise. Ils ne portaient pas de longue barbe, comme l'on disait d'eux. C'étaient de jeunes hommes, beaux, portant un uniforme militaire. C'étaient des Syriens. Ils ne venaient pas d'Afghanistan, de Tchétchénie ni d'aucun autre pays étranger. Elle a entendu nos propos puis a répondu, étonnée : « Je ne vois aucun problème dans ce que vous dites, je ne sais pas pourquoi nous sommes en guerre ! » Nous lui avons dit : « Vous devriez poser cette question aux responsables du régime. Nous disons la même chose depuis des mois : nous voulons mettre fin à la guerre, cette ville appartient à ses habitants, peut y rester qui veut, et peut en partir qui veut. » Elle est retournée à Damas le jour même, se montrant optimiste quant à la concrétisation rapide d'un accord. Mais le lendemain, son discours a complètement changé. Elle a exigé que la ville soit vidée de tous ses habitants en trois jours, faute de quoi il y aurait une guerre totale. Sa demande a pris tout le monde de court. Au nom de quoi peut-on demander aux gens de tout laisser derrière eux et de choisir

1. Kinana Houéja (ou Hwejeh) est une présentatrice d'émission et de journal télévisé. Issue d'une famille d'officiers et de proches du régime, elle a été utilisée par celui-ci dans les négociations avec les rebelles lors des déplacements de villes assiégées vers le nord du pays.

entre quitter leur ville et la guerre totale ? Il n'y avait pas d'autre choix. Au cours des trois jours suivants, les convois d'habitants commencèrent à quitter Darayya pour deux directions : le camp de Harjala, à proximité de Damas, ou Idlib.

Des milliers de personnes – des civils et des militaires – ont quitté la ville, et cette scène a marqué les esprits. Les soldats du régime, au bord de la route, regardaient, stupéfaits, au même titre que les civils qui se trouvaient dans les rues de la périphérie de Damas et sur l'autoroute de Mazzé. Tout le monde regardait ces gens qui avaient résisté bravement, quatre ans durant, à une machine militaire d'une extrême brutalité et qui sortaient de la matrice de la mort vers un nouveau destin. Ce n'étaient pas des étrangers ou des intrus. C'étaient des gens qui s'étaient battus pendant quatre ans, afin de n'être pas déplacés de leur terre et remplacés par des sectaires et des *zaynabiyines*[1]. Ils n'ont pas pu atteindre cet objectif. Mais ils ont eu l'honneur de résister. Et ceux qui, parmi eux, ont été tués, sont restés debout comme les arbres jusqu'à la dernière minute.

Azza Abo Rebieh, *L'Arrière-Train*, 2014. Dessin à l'encre, 50 × 75 cm (reproduit en couleurs dans le cahier central). © Azza Abo Rebieh.

1. Membres d'une milice soutenant le régime via l'Iran, composée de mercenaires chiites pakistanais (*Zainab* est un symbole religieux chiite). Le mot désigne ici les mercenaires religieux étrangers.

Pas un millimètre en deçà de la mort.
Six réfugiés en quête d'issue

Naïla Mansour[1]

> « Pendant vingt ans il n'avait pensé qu'à son retour. Mais une fois rentré, il comprit, étonné, que sa vie, l'essence même de sa vie, son centre, son trésor, se trouvait hors d'Ithaque, dans les vingt ans de son errance. Et ce trésor, il l'avait perdu et n'aurait pu le retrouver qu'en racontant. »
>
> Milan Kundera, *L'Ignorance*

Ce texte aurait dû être écrit dans la langue parlée par ses personnages, leur langue maternelle, mais au dernier moment ceux-ci ont décidé de dissimuler, par pudeur, leur souffrance derrière un honorable style écrit. Il était également prévu que chaque récit disposât d'un espace à part, marqué par un sous-titre en caractères gras, mais les sentiments des différents personnages se sont confondus, ils se superposent parfois si bien qu'ils ne forment plus qu'une seule histoire. Aussi s'excusent-ils s'il vous est parfois difficile de démêler « nous », « je », « il » et « elle ». [...]

Syriens, ils ont quitté leur Syrie la même année que moi, en 2014. Ils sont partis pour des raisons différentes, à des âges différents, et s'inscrivent dans des histoires et des parcours individuels différents. Ils ont subi la guerre du régime syrien contre leur pays durant quatre années, et ils en ont payé le prix à des degrés divers : perte (perte de personnes chères), dommages matériels variables, séquelles physiques, expérience directe (visuelle, tactile) de l'horreur et des attaques chimiques, des massacres de masse. Ces personnages dissemblables ont pourtant tous un petit élément en commun : au moment où commence l'exil et où ils quittent le pays, quelque chose s'embrouille en eux. [...] S'éloigner de la mort spectaculaire c'est devenir absent. Une absence difficile à vivre à plus d'un titre, on n'envisage pas sans terreur d'être soudain coupé de cette communion dans la douleur qui vous unit à ceux que vous aimez là-bas, et avec qui on ne se reconnaît plus.

Dans mon histoire, tout le monde se sent coupable de ne pas être assez mort. Tout ce qui dépasse le danger de mort, ne serait-ce que d'un millimètre, est déclaré invivable. Voilà ce que disent ces personnages, avec pudeur parfois. Ils ne participent plus de cette complicité de la souffrance et du témoignage contre la mort. Ce qui les terrifie, c'est l'éventualité de ne plus en être, parce qu'ils ont rompu avec la matrice de la douleur qui les définissait. Ils sont les absents. Les gens chers,

---

1. Texte publié en juin 2015 sur le site lesnouvellesantigones.org et sur babelmed.net ; traduit de l'arabe par Lotfi Nia.

restés là-bas, se remémoreront un jour certains événements fondateurs pour la collectivité. Ceux qui sont partis seront en dehors de cette mémoire-là. Retrouveront-ils, à leur retour, les mêmes lieux, les leurs, qui les attendent ? Autre chose encore les terrifie : être incapable de se définir autrement que par la mort. Le corps se déchire ici aussi, mais pas comme là-bas, il se disloque sans bruit, sans couleur rouge, il se disloque dans le vide, sans marquer la mémoire, cette mémoire douloureuse et tellement désirée.

Chacun d'entre eux s'y est pris de manière très singulière avec la douleur. Certains ont choisi de gémir, d'autres de ne rien voir, ne pas voir le désastre pour ne pas se laisser aller, ne pas gémir parce qu'il faut se secouer, y croire de manière volontariste et rude. Pourtant au début de leur exil, les uns comme les autres sont d'accord pour dire que la seule vie possible est là-bas, sous le toit de la mort. Tous sont complices du bourreau. Ils ne veulent plus qu'une chose : être la victime exemplaire, la victime dont « il » rêve. Comme le bourreau ne s'est pas senti suffisamment coupable, ils ont pris sur eux une partie du fardeau. Dans mon histoire tout le monde se sent coupable de ne pas être assez mort. Tout ce qui dépasse le danger de mort, ne serait-ce que d'un millimètre, est déclaré invivable.

Je suis soudain devenu mon père

[...] Nous avons quitté la Syrie pour le Liban avant que j'aie terminé ma deuxième année à l'université. Quand j'ai pris la décision de partir du Liban et d'aller en France, j'ai consulté mon père. Lui, mon modèle, mon héros, mon père de soixante ans me dit : « Fais ce que tu juges opportun... » Sa réponse m'a fendu le cœur. Aujourd'hui, quand il y a une situation délicate ou une décision à prendre, il dit à mes frères de me demander..., à moi qui ai vingt ans.

Sacrifice

[...] Ils disent : l'exil permet de redéfinir ce qu'est la patrie. C'est une deuxième langue qui vous éloigne de votre langue première pour vous permettre de la réassimiler. C'est une perte, une défaite nécessaire pour reconstruire l'identité première. Je ne me souviens pas de ce qu'ils disent d'autre. Les premiers jours, il y avait deux questions obsédantes : à quel moment précis j'ai pris la décision de tout quitter ? Et pourquoi ? J'étais attirée vers la mort par une force centripète. Pourquoi je suis partie ? Il y avait les enfants, l'avenir, le fait de sauver une vie, deux, quatre – toutes ces raisons me semblent secondaires aujourd'hui, transparentes, je ne vois plus pourquoi. Je n'étais pas en danger de mort à Damas en fin de compte. Partir était une sorte de choix politique, celui de s'arracher à cette schizophrénie : tant qu'on n'arrive pas à rallier les régions libérées, on est de fait sous la protection du régime. Je ne pouvais plus accepter de rester dans l'indéfini. C'était un problème d'identité tout compte fait. Je n'appartenais à aucun des espaces existants, ni à l'espace libéré, ni au Damas du régime. Parmi les expressions que j'ai lues au début de la révolution sans les comprendre très bien, il y en a une qui me semble assez honnête en fin de compte, c'est celle de « sympathisant de la révolution ». Je fais partie de ces sympathisants. Quelle saleté cette expression ! Elle signifie en creux qu'il n'y a pas confusion entre toi et la révolution. Quand est-ce qu'on se confond avec la révolution, quand est-on la révolution et pas seulement un sympathisant ? Une fois mort ? Maintenant ces phrases me reviennent de manière automatique parce que j'ai oublié les raisons de mon départ.

La perte de mémoire est un phénomène précoce dans mon expérience personnelle d'émigration et d'exil. L'amnésie est la perte poussée à outrance. Être accro au souvenir, l'ennemi du temps. Je n'arrête pas de refaire l'inventaire de mes souvenirs, ils ne doivent pas disparaître et glisser à travers mes doigts comme le reste de ma vie. Je les ramène comme un berger qui a peur pour ses brebis. C'est épuisant de surveiller le musée de la mémoire. À chaque fois que je m'obstine à vouloir rattraper les fantômes, ils m'échappent…, et ils me sautent dessus quand je m'y attends le moins…, sans forme, un fourmillement dans les membres, un engourdissement de la tête…, degré de luminosité d'un milieu d'après-midi et une chaleur toute damascène qu'accompagne la voix du muezzin venue d'on ne sait où dans cette ville où l'appel du muezzin n'est pas en usage…, détails susceptibles de faire sortir le corps en question de la mémoire en question. La bataille qui consiste à limiter les pertes quand on a quitté le pays est perdue d'avance. À chaque fois que ma fille bute sur un mot en arabe, un seul, j'ai l'impression que quelque chose s'écroule en moi, ce qui reste me file entre les doigts. Un proverbe : « Quelle histoire… Y a pas deux jours qu'il est parti loin là-bas, et voilà qu'il demande : il est où le fleuve déjà ? » Ce n'est pas une affaire d'identité ou de nationalité. Il s'agit seulement de se rendre compte de l'ampleur des pertes. Quand tu sens qu'il ne te reste rien d'autre que la langue, tu tiens le coup et tu veilles à parler bien, en réalité tu ne fais que compter ce que tu as perdu en dehors de la langue, et il faut bien l'avouer tu ne gagnes pas au change. La pensée du non-retour contribue à mon effondrement intérieur. Je fais attention à tout ce qui se dit sur le parcours des immigrés dans le monde, les histoires de diaspora, au bout de combien de générations on revient ?

J'ai passé un semestre universitaire entier à débattre avec mes étudiants de questions de langue sur l'intraduisible… À la fin de chaque cours, ils me disaient : « Bon ! Donnez-nous votre proposition maintenant. » Je n'ai jamais réussi à leur donner ma version à moi, je contournais la difficulté en essayant de les convaincre que mon cours avait pour objectif de les initier à un certain nombre de problèmes théoriques. Qu'est-on capable de proposer pour contrebalancer les pertes ? Quand mon père est sorti de prison, il n'était pas intact, pas entier, une partie de lui-même n'est pas revenue. Peut-être ne reviendrons-nous pas, comme cette partie de mon père. La bataille qui consiste à limiter les pertes quand on a quitté le pays est perdue d'avance. À chaque fois que ma fille bute sur un mot en arabe, un seul, j'ai l'impression que quelque chose s'écroule en moi, ce qui reste me file entre les doigts.

Paris… Qu'est-ce qui pousse le clochard qui se retrouve par terre ? Cette odeur-là. L'odeur des sans-logis m'a habitée durant plusieurs mois. L'odorat est plus archaïque que la vue, c'est ce que m'a dit cette femme. L'odeur est notre penchant premier pour ce qui est terrien, elle est antérieure à la fierté, à la verticalité, à l'érection. Mère, besoins primaires, odeur de feuilles de figuier dans l'air sec de la vieille maison de ma grand-mère au village… L'odeur… Tout au long de mes premiers mois d'exil, j'ai rêvé qu'on me fuyait à cause de mon odeur : je me retrouvais nue au milieu des gens et je déféquais, tout à coup l'odeur s'échappait… Il y a trente ans, mon père et ses camarades s'entassaient dans une vieille prison au milieu du vieux Damas – chacun d'entre eux disposant de 70 centimètres pour vivre. Là aussi l'odeur devait être forte. À quel moment le sans-logis se laisse-t-il tomber ? A-t-il atteint une vérité qui nous échappe encore ? J'aurais peut-être dû me laisser tomber. Je me serais écroulée, si tel avait été mon destin… Dès les premiers moments de la révolution, mon père a été terrifié à l'idée que je sois mise en prison. « Tu n'es pas du genre à faire de la prison, tu ne supporterais pas ! » Qui est du genre à faire de la prison ? Qui peut supporter tout cela ? J'aurais bien dû le supporter si tel avait été mon destin. Mais j'ai fait des manières, je ne suis pas restée. Je regarde la couverture du clochard… Hiver 2013, Fatna ne dort pas, elle regarde la couverture dont elle se couvre, ses enfants et elle, on dirait une peau de tigre. Elle se demande : « Est-ce que cette couverture est comestible ? Il n'y a plus rien à manger dans tout le camp. » À quel moment s'autorise-t-on à s'écrouler ?

Je ne suis pas adaptée à mon environnement, c'est une question de format. Je suis comme un chameau, comme Gulliver au pays des nains. On est des gens bizarres, comment vont-ils nous comprendre ? Ces sols en bois me semblent instables, sans doute nous rendent-ils encore plus bizarres. Les logements sont petits, ce n'est pas la faute à nos corps bizarres... Nos nerfs ne supportent pas tout ce bruit, tout ce non-bruit. J'ai soudain pris conscience de l'ampleur de notre drame quand Adnan est arrivé à Paris. Il avait vingt-deux ans au déclenchement de la révolution, il en avait vingt-six quand il a quitté la Syrie. En quatre ans il a tout connu. Arrestation, traque, le siège de Douma, les attaques chimiques, les bombardements aux barils, les missiles, les charniers après l'attaque chimique, les corps déchiquetés après les bombardements. Il sourit, puis il rit franchement et raconte : « En avril 2011 j'ai été horrifié au moment de toucher le corps du premier martyr de Douma qu'on a porté depuis la Grande Mosquée. Après les bombardements aux barils, j'arrivais à manipuler des corps déchiquetés sans m'émouvoir, le plus important était de retrouver avec quelle jambe mettre telle tête, enterrer rapidement, ramasser les petits morceaux et les enfouir pour éviter les maladies et les odeurs. »

Je suis dérangée par ce rire décalé par rapport à son récit. D'accord, d'accord ! Il rit pour ne pas se suicider. Je sais. Il poursuit. Soudain, à ses rires succède la colère : « Les bombardements, les avions, les obus, les missiles, les barils, tout ça n'est pas si grave. Ce n'est rien, vraiment. On y devient insensible avec le temps. Ce qui est totalement terrifiant, par contre, c'est le risque de tomber sur un barrage quand tu sors de Douma. »

Silence, puis rire de nouveau. Moi, je ne ris pas. Je suggère : « Il faudrait peut-être que tu voies un psychologue. » « Ce n'est pas mon truc de me plaindre, répond-il. De toute façon je préfère mon état actuel à la vie qu'on avait avant 2011. Au moins cette révolution aura ouvert la porte de l'espoir et... aujourd'hui on peut parler. Avant 2011, je ne connaissais pas l'espoir, maintenant tout reste possible. Toi, si tu es partie, c'est que tu n'étais pas à la hauteur de la situation, non ? Ce n'est pas mon truc de me plaindre. Y en a plein parmi ceux qui obtiennent le droit d'asile en Europe et dans le monde qui n'ont pas souffert à "l'intérieur". Il ne leur est rien arrivé de grave. Je ne crois pas que l'asile soit une décoration qu'on accroche à la boutonnière de ceux qui le méritent. Rien ne changera. Avant, mon père gagnait 1 500 livres syriennes, l'horizon était complètement bouché, on n'appartenait ni aux partis d'opposition ni aux partis du pouvoir... On en a payé le prix. Et on le paye encore. Je dois trimer pour garantir des ressources à ceux de "l'intérieur", les assiégés, c'est la seule justification morale de ma présence ici. »

« Justification morale », l'expression revient peut-être des dizaines de fois durant l'entretien avec Adnan. Il a besoin d'une justification morale pour rester en vie. Nous évoquons ensemble un ami commun qui a été arrêté à plusieurs reprises pendant la révolution. De sa dernière arrestation, il lui reste des séquelles physiques définitives. « Je lui ai demandé à plusieurs reprises de nous rejoindre à l'intérieur de la Ghouta. On avait besoin de lui. Il n'a pas donné suite... Il a prétexté qu'il devait rester à Damas pour des raisons politiques, pour poursuivre la lutte là-bas. Tu vois, personne n'est prêt à payer le prix. » J'essaye de compter combien de fois est revenu le terme « prix ». Plus, ou moins, que « justification morale » ? Mes pensées s'évadent, je me rappelle un texte de Saïd al-Batal[1] sur les gens de l'intérieur du siège, et ceux de l'extérieur, je pense à moi « la sympathisante de la

1. Ce jeune homme a vécu deux ans de siège dans la Ghouta orientale. Il a photographié et écrit des textes sur son expérience. L'un de ces textes a été traduit en français sur le site de *L'Express*, http://www.lexpress.fr/actualite/syrie-fermer-tranquillement-les-yeux_1656336.html.

révolution », à « Un, un, un, le peuple syrien est un[1] ! », à ce lointain soir d'automne où je n'ai pas réussi à courir dans l'escalier pour prévenir mon père qu'ils venaient l'arrêter… Je n'ai pas réussi à réparer les torts, je n'ai pas réussi à empêcher que ma mère et mon père soient sacrifiés, je ne me suis pas laissé sacrifier moi-même comme j'aurais dû.

S'en tirer

[…] L'exil est la trahison des larmes. Les vannes s'ouvrent de manière imprévue et inconsidérée. C'est au moment où l'agent de police s'est saisi de ma main, pour prendre mes empreintes digitales sur la feuille, que mes larmes ont coulé. Cette prise d'empreintes est la confirmation la plus criante, la plus symbolique, de la mention *stateless*[2] qui figure sur le laissez-passer qui m'a permis de voyager jusqu'ici. Mon exil est compliqué, complexe. En tant que Palestinien, je me retrouve exilé de mon pays d'accueil, la Syrie. Je dois donc redéfinir ce de quoi je suis exilé. Je considère que la Syrie est mon pays, mais la révolution a singulièrement compliqué les choses du point de vue identitaire. Certaines phrases, comme « T'es Palestinien, et pour la révolution ? T'es de notre côté ? Super ! », « Palestinien ? Occupez-vous de vos affaires, vous autres », étaient très difficiles à digérer. Dès le début, j'ai senti que j'allais perdre la Syrie. Aujourd'hui, il y en a qui essayent de récupérer cette histoire, ou qui rabâchent des propos éculés du genre : « Le destin des Palestiniens de Syrie est en dehors de Syrie. » Si le monde est capable d'accueillir 600 000 réfugiés palestiniens hors de Syrie, il est sûrement capable de les faire revenir en Palestine.

Quand j'ai été blessé en 2012, ce sont des amis à moi qui m'ont porté jusqu'à l'hôpital. Ils étaient onze, aujourd'hui il n'en reste plus que quatre, les sept autres ont été soit tués, soit emprisonnés et, à ce titre, ils sont en danger de mort. Mes amis ont toujours été là pour me dire si j'étais sur la bonne voie. Je me suis toujours tourné vers eux pour savoir si j'allais dans la bonne direction, si j'étais en cohérence avec moi-même. Aujourd'hui, je suis sans point de repère. Depuis que Nabil a été tué dans le camp, à l'automne dernier, je ne sais plus pour qui je dois marcher sur la route de la vie. Nabil, l'ami d'enfance. Je pensais que leur disparition me poserait un problème d'avenir – avec qui vieillir ? En vérité, mon problème est avec le passé : comment continuer à vivre avec tous ces souvenirs ? Aucune justification ni aucune victoire ne compensera jamais la perte. Je ruse avec ma conscience, je minimise l'ampleur de ce que j'ai perdu, mais le souvenir me rattrape à tout instant. Je fais correspondre chaque paysage, chaque détail perçu ici, à son équivalent là-bas : le bus, la rue, les gens dans la rue, les arbres… Je savais dire les yeux fermés quels arbres avaient été taillés dans la rue de Beyrouth en face de la faculté de droit.

En Syrie je jouais avec la langue dont je reformulais la grammaire à ma guise, et je faisais des théories à partir de mes petits jeux. Aujourd'hui, je subis la langue. La moindre règle de la grammaire française me fait peur. Comment les Français pourraient-ils se douter, en m'entendant ânonner leur langue, que je suis un meneur dans ma société ? J'ai passé ma vie à faire éclore la jeunesse, en tant qu'enseignant, qu'entraîneur, que militant. Ceux que je voulais faire venir à maturité sont tombés en martyrs. Comment s'en douteraient-ils ? Comment me présenter, et pourquoi le ferais-je d'ailleurs ? Peut-être pour mériter de poser, un jour, des fleurs sur la tombe de ceux que j'aime dans le cimetière du camp de Yarmouk[3].

1. Slogan politique utilisé au début de la révolution pour rejeter la thèse du régime qui présentait le soulèvement comme un mouvement confessionnel sunnite.

2. « Apatride » (en anglais). Les Palestiniens syriens sont considérés comme des apatrides.

3. Le camp de réfugiés palestiniens de Yarmouk se situait au sud de Damas. C'était l'un des plus importants camps de la diaspora palestinienne.

Apesanteur

Mon problème ici, c'est que les souvenirs restent au niveau de l'enveloppe cérébrale et ne vont pas au-delà. Je vois un paysage, et ça reste un paysage, il n'est pas accompagné de palpitations, sueurs, odeurs. Ceci n'est pas du souvenir. Voilà peut-être pourquoi je ne supporte plus ma voix. Je n'aime plus parler. Je me contente du nécessaire par SMS. J'évite toute effusion vocale.

Ici je suis indéfinie. Je suis devenue l'égale de tous dans un effacement de ma singularité, mais il n'y a pas que cela. Je me retrouve aussi amputée de tous les signaux sociaux, de tous les rites, que je maîtrisais à la perfection et parmi lesquels je me mouvais. Mon étrangeté, l'étrangeté de la langue, ma maladresse, l'exiguïté de ma marge de manœuvre, tout ça me rend doublement déracinée. Moi qui pouvais, de par la nature de mon travail, aider des dizaines de familles en un seul jour quand j'étais en Syrie… Aujourd'hui je dépends de directives, d'aides, et de la bonne volonté de celui qui me traduit. Ce n'est pas grave. Je m'attends à pire, je mérite pire. Je mérite de me retrouver à la rue parce que j'ai quitté la Syrie. Avant que je parte, nous avons évoqué la possibilité d'un départ groupé de toute la famille, mon père a répondu de manière implacable : « On est déjà partis une fois de Palestine et on s'est retrouvés en Syrie, on sait ce que ça veut dire partir. On ne ressortira de chez nous que pour rejoindre la tombe. » Je comprends tout à fait.

Je n'ai pu m'avouer ma condition de réfugié de guerre qu'au bout de plusieurs mois de vie ici. Au début, j'ai mobilisé toutes mes forces et toutes mes économies pour éviter de regarder cette réalité en face, ne pas tomber dans les rouages d'un système qui vous attrape par les cheveux, et vous met le nez sur la pancarte « Tu es réfugié ». Je n'y suis pas arrivé. Ici, en tant qu'étranger, il est impossible d'intégrer rapidement la vie ordinaire, tu as beau être financièrement blindé ou être bardé de diplômes, ça ne change rien. Personne n'acceptera de te louer un logement, tu seras donc contraint d'attendre que l'État t'attribue un logement social, en tant que réfugié. À chaque fois que j'ai voulu m'occuper des démarches administratives par moi-même, je me suis heurté à un mur, on te fait comprendre que tu ne peux arriver à rien en raison de ta maîtrise limitée de la langue : « Vous devriez faire appel à un travailleur social ou aux associations et structures en charge des réfugiés. » Dans ces administrations tout dépend de l'humeur de la personne que tu as en face, de son degré d'empathie avec toi. Pour finir, ils disent que la plupart des problèmes de la deuxième génération de Maghrébins en France tiennent au fait que la famille est devenue dépendante de l'aide sociale, et qu'on a ainsi retiré aux pères leur autorité symbolique, les rendant impuissants aux yeux de leurs enfants. Je ne veux pas que mes enfants vivent cette expérience. En fait, j'étais quelqu'un d'important dans mon pays, ma société. Je contrôlais toutes les dimensions de ma vie. Aujourd'hui, le moindre détail me jette dans un état de détresse maladif. J'ai peur que les enfants n'apprennent pas la langue assez vite, j'ai peur qu'ils se perdent dans ce nouveau système scolaire, j'ai peur qu'ils soient persécutés à cause de leurs origines, j'ai peur qu'ils ne s'adaptent pas au régime alimentaire, j'ai peur qu'ils se gâchent dans un système éducatif qui va à vau-l'eau. Je sais bien que mes peurs sont infondées parfois, mais mon angoisse vient de l'impression que je ne contrôle plus rien. Je suis dans un état d'apesanteur totale.

Au début, j'ai mobilisé toutes mes forces et toutes mes économies pour éviter de regarder cette réalité en face, ne pas tomber dans les rouages d'un système qui vous attrape par les cheveux, et vous met le nez sur la pancarte « Tu es réfugié ».

J'ai une drôle de manière de me représenter le temps, j'aimerais que toutes les difficultés, les difficultés liées à l'installation dans un nouvel endroit, passent le plus vite possible, que ça passe en quelques heures… Mon père disait souvent qu'ils n'étaient devenus des êtres humains qu'à partir du moment où ils sont sortis du système d'aide de l'UNRWA[1], qu'ils sont devenus autonomes, qu'ils ont construit leur propre vie à Damas. J'ai l'impression que j'essaye d'escamoter rétroactivement cette période qui remonte à plus de soixante-sept ans. Je cours comme si je pouvais prendre le temps de vitesse, mais tout ce que je fais c'est générer du stress autour de moi. Je ne supporte pas l'immobilité. Tout le monde doit être en mouvement, sans cesse, comme dans une ruche. J'apprends la langue, j'essaye de poursuivre mes études, je continue les démarches administratives, j'aide les enfants. Qu'est-ce que je veux prouver ? À qui ? Je n'en sais rien, mais c'est ce que j'ai trouvé pour rester en contact avec l'avenir.

Ce qui est arrivé dans notre pays nous a rendus semblables aux animaux qui pressentent un tremblement de terre, nous sentons ce que les autres ne sentent pas. Les premiers jours, quand je suis arrivé ici, je pouvais voir très clairement la catastrophe inéluctable. Il est impossible qu'une telle quantité de violence puisse s'accumuler dans un coin comme la Syrie, et laisser le reste du monde intact. C'est impossible. Pensaient-ils vraiment ne pas pouvoir être éclaboussés par le sang de là-bas ? Après les événements de *Charlie Hebdo*, j'ai eu l'impression que quelque chose était rentré dans l'ordre, enfin qu'ils connaissent un peu aussi le terrible parfum de la mort.

Pinar Selek dit dans un petit livre sur l'exil qu'avant d'avoir été contrainte à l'exil, quand elle était encore dans son pays, à Istanbul, elle ne cessait de répéter cette phrase de Virginia Woolf : « En tant que femme, je n'ai pas de pays. En tant que femme, je ne veux pas de pays. Le monde entier est mon pays. » Elle s'exerçait à construire une sorte de maison mentale à partir de plein d'endroits différents, il faut dire que la nature de son combat l'obligeait à passer pas mal de temps à marcher dans les rues. Mais quand elle a goûté à l'exil, les choses ont changé. Ça n'a absolument pas été facile. Elle a résisté en essayant d'ouvrir les fenêtres et les portes pour agrandir son pays et permettre à d'autres vents d'entrer chez elle, en elle. Est-ce que je peux, moi aussi, arriver à ouvrir portes et fenêtres à d'autres vents ? Je n'en sais rien, aujourd'hui je sais seulement que je vais faire grandir mes enfants le plus vite possible pour pouvoir y retourner.

Ici et là-bas

[...] Qu'est-ce que tu veux que je dise ? Toute ma vie, j'ai tout fait pour ne rien dire et ne rien faire qui me fasse remarquer, rien qui crève les yeux des autres... Pleurs et silence... Moi je déteste ceux qui disent et font des choses qui crèvent les yeux des autres. Je ne te dirai qu'une seule chose : « Remets-t'en à Dieu, place ta confiance en Lui, et regarde ! Ce soleil, c'est le même qui se lève là-bas. »

1. UNRWA : Office de secours et de travaux des Nations unies pour les réfugiés de Palestine au Moyen-Orient.

2

Pillages et expropriations à l'ombre de la « reconstruction » et de la « réconciliation »

Les années du pillage

Rafia Salama[1]

Le vol en Syrie est clairement condamné dans la plupart des interactions quotidiennes, que ce soit entre les usagers des transports en commun, les amis, en famille ou sur les marchés entre clients et vendeurs. Pourtant, le pillage y est de plus en plus visible. Loin de se cantonner à un ou plusieurs lieux – au sein de ce que l'on appelle les marchés des sunnites par exemple – les produits issus du pillage se répandent jusqu'aux nombreux étalages et charrettes ambulantes présents partout en ville ou encore, dans des magasins éphémères. Après la fin de la bataille de la Ghouta[2], dans les bus conduisant à Jaramana[3], on pouvait entendre les usagers faire des remarques au passage de camions remplis de meubles, de citernes d'eau, de petits matériels électroménagers ou de grosses machines pour les ateliers de confection. Si les passagers maudissaient et méprisaient les voleurs, parfois, l'un d'entre eux descendait pour regarder les ustensiles de cuisine d'occasion sur les étalages au bord de la route.

Parler du pillage entre soi permet d'exprimer une part du mécontentement provoqué par la guerre. Ces discussions se terminent souvent par l'expression *Allah yifarejj*, « que Dieu nous libère », qui, prudemment, par peur des disputes ou des conséquences sécuritaires que des accusations directes pourraient provoquer, renvoie la responsabilité de la guerre à un inconnu. Cette formule donne à tous les camps impliqués dans le conflit l'impression d'une satisfaction morale, tout en exprimant un sentiment de culpabilité envers la victime qui permettrait à la fois de s'acquitter de toute responsabilité personnelle et de redessiner les limites des droits et des devoirs brouillées par la guerre. Dans la nouvelle réalité syrienne, le pillage pourrait agir comme un nouveau contrat social. Il semble que le terme de « pillage » (*ta'fish*) convienne exactement à la scène à laquelle on assiste. Il signifie se saisir de toutes les propriétés qu'un individu ne peut défendre, trop apeuré qu'il est de perdre ce qu'il a de plus important encore, c'est-à-dire sa propre existence. Le terme de « pillage » est donc véritablement lié au sort et à la faiblesse des Syriens face à ce que l'on nomme le *tachbîh*[4] qui désigne l'acte

1. Publié en ligne par Al-Jumhuriya en septembre 2018.

2. La capitulation des derniers combattants appartenant aux factions rebelles présents dans la Ghouta date de début avril 2018.

3. Quartier situé au sud-est de Damas qui s'étend vers la Ghouta. Principalement habité par des membres de la minorité druze, ce quartier étendu a également accueilli de nombreux réfugiés irakiens, puis à partir de fin 2011 des déplacés du sud de la Syrie.

4. Ce terme désigne l'action des *chabbîha*. Depuis 2011, ces derniers sont des hommes alaouites armés appartenant à des milices irrégulières combattant auprès de l'armée régulière. Avant la guerre, ils agissaient

de demander l'aide des forces du régime de manière directe ou indirecte pour imposer ce que la personne qui subit le *tachbîh* ne veut pas. Le *tachbîh* se réalise dans l'acte même de piller. Qu'ils soient visibles ou pas, ces deux actes sont très probablement à l'origine de la misère imposée à nos vies. On ne pourra s'en défaire qu'en tentant de les affronter.

Qui est l'acheteur ?

L'achat d'un bien volé trahit une attitude favorable au régime. En effet, la plupart des marchés qui se forment dans l'urgence pour mettre en vente les biens volés investissent des endroits réputés pour être favorables au régime comme Jaramana, Dahiyat Harasta[1] et Kachkoul[2]. Il est probable que la situation politique contribue concrètement à l'affaiblissement des vertus morales des acheteurs, qui devraient s'abstenir d'acheter des biens volés. Mais les partisans du régime sont influencés par un discours de propagande patriotique qui les en rend incapables. Le chantage moral pratiqué par les partisans du régime invoquant le sacrifice des combattants au front tandis que les autres vivaient confortablement chez eux, consiste à autoriser ceux qui ont combattu à voler, ou à faire ce que bon leur semble desdits « terroristes » et de leurs biens, ces derniers étant, de leur point de vue, la cause des problèmes et des souffrances du peuple. Les pro-régime justifient les actions des pilleurs par la pauvreté de ces derniers, et la souffrance qu'ils ont endurée au front pour défendre le pays contre les terroristes. Ce raisonnement les place dans un régime d'exception auquel ceux qui n'ont pas combattu ne peuvent prétendre, et conceptuellement, il érige le pillage en « butin de guerre », notion existant par ailleurs dans l'Islam.

Les partisans du régime estiment que les zones sous contrôle de l'opposition sont des lieux « terroristes » où tout est permis. Cette justification constitue à elle seule un véritable défi. Mais le fait de justifier le pillage ne signifie pas pour autant que l'on va acheter un frigo volé ! Celui qui l'achète le fait parce qu'il est bon marché. Cet acheteur, apparemment capable de subvenir seul à ses besoins, bénéficie aussi du rationnement alimentaire destiné aux plus nécessiteux. Le déclin économique généralisé permet en effet à certains Syriens l'accès à des aides qu'ils n'ont en réalité pas pleinement le droit de percevoir. Cela vaut également pour les opposants. Un véritable problème moral émerge donc indépendamment des positions politiques. Théoriquement, tout le monde semble s'opposer à l'achat des biens provenant du pillage et les acheteurs ne s'en vantent pas publiquement. Ils préfèrent d'ailleurs utiliser le terme « d'occasion » pour qualifier ces objets. En pratique, l'attractivité des prix est un facteur déterminant et d'ailleurs, dans cette situation particulière, la position politique des uns et des autres perd de son importance par rapport à leur situation économique et morale, que chacun résume ainsi : « Si je ne profite pas de ces produits, d'autres le feront, or j'en ai davantage le droit. ».

De la théorie à la pratique, on peut repérer toute une variété de justifications. Le débat tourne autour de plusieurs types d'arguments et de questions. Déterminer s'il s'agit d'un vol ou non : « Beaucoup de personnes vendent ces affaires » ; les options disponibles : « Acheter d'occasion

---

quasi exclusivement sur la côte syrienne, dans la région de Lattaquié. Ils s'adonnaient à des activités de contrebande et s'organisaient en bandes criminelles redoutées par la population. Voir à leur sujet le texte de Yassin al-Haj Saleh dans la première partie, chapitre 3, p. 95.

1. Quartier situé au nord-est de Damas édifié en 1982 par Hafez al-Assad afin de loger les officiers de l'armée syrienne et leurs familles.

2. Quartier situé au sud de Damas et à proximité de Jaramana.

est la seule option, et il n'y a pas la possibilité d'acheter du neuf » ou « Le neuf est trop cher » ; enfin le nihilisme : « Cela ne va rien changer pour personne si j'achète ou non. » Parfois, on se justifie par le fait d'affronter le crime dont on a soi-même été potentiellement victime. Ainsi, de nombreux acheteurs à Damas et ses banlieues sont eux-mêmes des déplacés dont, pour la majorité, le niveau de vie a suffisamment baissé pour qu'ils tombent en dessous du seuil de pauvreté. Penser à la morale est un luxe. En été, lorsque la température atteint 40 °C, l'achat d'un ventilateur provenant du pillage plutôt que de se contenter d'un papier cartonné en guise d'éventail, représente l'unique moyen d'améliorer ses conditions d'existence. Dans ces cas-là, il n'est plus possible de penser aux autres ou de prêter une attention morale à son comportement personnel.

L'État et ses conflits intérieurs

« La terre est à nous et ce qui est au-dessus de la terre est à vous » : cette phrase, censée être prononcée par les chefs, circule parmi les soldats. On dit que le ministre de la Défense, le général Fahd al-Frêj, a annoncé qu'il ne voulait pas voir subsister un seul écrou dans la ville de Mliha[1] tant celui-ci était furieux du coût élevé que sa reconquête avait coûté. Mais l'État est schizophrène. Le vol est permis pour dédommager le sacrifice présumé des combattants dans la reconquête de la terre. Le pillage, le butin et la razzia autorisée constituent leur récompense. En même temps, les lois de l'État, sa Constitution ainsi que ses pouvoirs exécutifs et judiciaires permettent parfois de poursuivre certaines personnes pour des actes de pillage antérieurement autorisés. C'est ainsi que le discours officiel des médias nie le pillage dans son ensemble et prétend que les pilleurs détenus par la police militaire russe[2] ont usurpé leur appartenance à l'armée syrienne et sont recherchés par la justice. Au même moment, les nouvelles annoncent que selon le ministre de l'Intérieur Al-Shaar, l'État a récupéré des biens volés pour une valeur d'1 milliard de livres syriennes et que les tribunaux sont remplis de suspects, militaires, inculpés pour « vol lors de troubles » : nom officiel donné au pillage. Il paraîtrait même que les combattants de la 4e Division[3] et les milices alliées soient autorisés à consommer des pilules d'amphétamine (captagon) et du cannabis que leur commandant leur fournirait. S'ils sont arrêtés en dehors de leur unité militaire par une brigade de lutte anti-drogue, l'enquête est interrompue, ils sont relâchés immédiatement et l'accusation est retirée. Mais lorsqu'ils sont pris en flagrant délit d'acte de pillage, ils sont laissés seuls face à leur sort : leur commandant les renie, et ce, même s'il leur avait permis de se livrer à de tels actes.

Les ordres sont donnés pour ratisser les zones durant un certain temps. Cette période est exclusivement consacrée au pillage. La date limite étant fixée, les voleurs « de l'armée » doivent agir rapidement. Mais dans le camp de Yarmouk par exemple, la durée du pillage a été prolongée car les soldats n'avaient pas eu le temps de tout prendre. Le facteur temps est décisif et celui qui commence le premier aura la part la plus importante. Ainsi, à Darayya, la 4e Division et les services de renseignements de l'armée de l'air se trouvaient sur deux fronts distincts, et lorsque le moment du pillage vint, l'armée de l'air pénétra la

1. Ville de la Ghouta orientale.

2. En 2018, les médias officiels avaient relayé l'arrestation par la police militaire russe de plusieurs pilleurs présumés en train d'agir sur un territoire repris aux combattants rebelles.

3. La 4e Division blindée dirigée par Maher al-Assad est considérée comme une unité d'élite.

première dans la zone afin que ses membres se saisissent de la meilleure part du butin. Cela provoqua un incident grave entre les deux unités et pour éviter un affrontement, Maher al-Assad (commandant de la 4e Division) et Jamil Hassan (chef des services de renseignements de l'armée de l'air) durent parlementer et optèrent pour une résolution en faveur de la 4e Division. Les conflits autour du pillage sont tels qu'ils provoquent des morts et des blessés parmi les membres des forces du régime elles-mêmes, comme dans les films américains où les criminels se trahissent mutuellement et constamment, où règne la loi du plus fort, le plus puissant captant le plus de biens au détriment de ceux qui n'ont pas la force de l'affronter. On se demande alors qui va rester. Qui est le plus fort ? Et pour combien de temps ? La guerre s'est transformée en une sorte d'élection majeure pour désigner le gang le plus puissant qui contrôlera la Syrie.

La hiérarchie dans le pillage existe pour indiquer à la fois celui qui, au vu et au su de tous, est autorisé à voler sans obligation de rendre des comptes, et pour désigner ceux qui sont abandonnés à leur sort de voleurs s'ils ont le malheur d'être pris en flagrant délit. Si le flagrant délit en matière de pillage conduit inévitablement à l'arrestation, certains ne tombent jamais sous le coup de cette accusation. Les usines, les fabriques et même les institutions de l'État et tout ce qui peut contenir du matériel lourd, tout cela est réservé aux grands voleurs. Les machines agricoles et de nombreux équipements provenant de la Ghouta, qui constituaient le capital économique de leurs propriétaires, ont été stockés dans des entrepôts de l'ancienne foire internationale de Damas, au centre de la capitale. C'est ainsi que sous le regard médusé des piétons et des automobilistes se trouvant dans cette zone, la circulation a été bloquée par les policiers chargés de faire progresser le convoi des poids lourds confisqués vers ces entrepôts. Au lieu de contester et d'exiger la justice, ceux qui ont un peu d'argent pourront peut-être acheter à prix réduit ce dont ils ont besoin. Se soumettant ainsi à ceux qui ont tous les droits, ils combattent le *tachbîh* en achetant des biens provenant du pillage afin de limiter leurs propres pertes. Continuer à vivre malgré tout est la seule façon de ne pas capituler.

Évolution et institutionnalisation

Certains combattants des milices se disent être plus fiers de ce qu'ils faisaient dans le passé qu'aujourd'hui. Pour eux, apporter une machine à laver ou un réfrigérateur à leur famille appauvrie est la preuve matérielle qu'ils ont vaincu ou qu'ils se sont vengés des « terroristes » responsables de la mort de leurs camarades, qu'il faut punir au nom de l'État par des représailles collectives et pas seulement en punissant les combattants. Comme si la leçon à tirer de tout cela devait être collective et historique. En même temps, on s'étonne de l'efficacité de la machine économique du pillage, de sa parfaite organisation ainsi que de l'implication de ceux qui n'ont jamais participé à une seule bataille.

La compagnie syrienne du cuivre et du métal, située dans le quartier de Mazzé[1], dont le rôle principal est de gérer les affaires de Muhammad Hamsho[2] et de Maher al-Assad, se charge d'acheter le cuivre pillé aux commandants de l'armée syrienne. Au volant de voitures aux vitres fumées et sans plaque d'immatriculation, ceux-ci viennent échanger leurs factures contre des valises

1. Quartier situé au sud-ouest de Damas.
2. Homme d'affaires proche de la famille Al-Assad et associé de Maher al-Assad (frère de Bachar al-Assad), magnat de l'industrie, il est l'une des plus grandes fortunes de Syrie.

d'argent liquide. Trois personnes encadrées par des gardes du corps appartenant à la 4e Division ainsi que quelques membres du personnel de la compagnie, vêtus d'un uniforme militaire et portant des armes, sont présents pour organiser le transport, la pesée du cuivre et le paiement, qui se déroulent entre les zones pillées et l'usine sidérurgique de Hamsho située à Adra[1]. Des camions se rendent sur les lieux du pillage afin de ramener le cuivre jusqu'à Adra, puis Muhammad Hamsho l'écoule principalement sur les marchés libanais et syrien à des prix compétitifs. Celui-ci achète le kilo à environ 1 500 livres syriennes (3 dollars) alors que son prix réel est d'environ 5 000 livres syriennes (10 dollars).

La méthode d'extraction du cuivre témoigne d'une opération de destruction sans précédent. L'asphalte est brûlé avec de l'essence et le sol est creusé par des bulldozers qui en extraient les câbles de cuivre. Entre chaque poteau électrique, il y a environ 15 mètres de câble, un seul mètre est vendu pour environ 100 000 livres syriennes (200 dollars). Ces câbles sont ensuite placés dans ce qu'on nomme un *borat*, une grosse machine qui permet de faire fondre le plastique et d'en séparer le cuivre. Les fumées qui se sont échappées du camp de Yarmouk durant plusieurs jours après la fin de la bataille provenaient de ces machines et du pillage du cuivre. Chacun pouvait alors observer dans la ville ce qu'il avait pris l'habitude de voir dans le ciel sombre de la guerre. Dorénavant le ciel était différent, empli de fumée : il ne signifiait pas de nouveaux morts, mais annonçait une paix obscure dans laquelle tous vivraient désormais, pour longtemps.

Une économie cannibale

Le pillage aggrave à plusieurs niveaux les dégâts économiques de la guerre et augmente la facture de la reconstruction de ce qui a été volé et vendu à bas prix. Faire revenir des quartiers entiers à l'état de chantier, détruire les murs et tout ce qui a résisté à la guerre pour en extraire et voler plus facilement tout ce qui en reste, tout cela converge dans un processus systématique d'appauvrissement du pays. La production est remplacée par un recyclage des biens dont on fait baisser les prix et dont on remplace les propriétaires, faisant ainsi tourner une économie prédatrice qui finit par s'épuiser elle-même jusqu'à son ultime souffle. Une économie de charognards. À cause de la baisse drastique du niveau de vie, celui qui souhaite acquérir des produits neufs, et qui se détourne des marchés d'occasion, devra se contenter de produits de piètre qualité. Une économie parallèle a inondé le marché de produits de mauvaise qualité que le vendeur n'est pas en mesure de garantir. Or l'achat de tels produits est risqué. Auparavant, les finitions et l'ameublement des maisons étaient faits pour durer, aujourd'hui, on est entré dans l'ère du temporaire. Ces objets ont une durée de vie si éphémère que leur utilisation doit être immédiate. Des réparateurs en tout genre se spécialisent dans la survie de ces objets. Et souvent ils utilisent des équipements dont on ne sait d'où ils proviennent. En effet, dans un processus de guerre en cours, l'utilisation de ce qui est disponible prime et chacun accepte de perdre à nouveau ses biens.

1. Ville située au nord de Damas où se trouve une vaste zone industrielle.

L'effondrement de l'économie entrave la reconstruction

Marc Hakim et Jihad Yazigi[1]

Depuis 2011 l'économie syrienne est marquée par une baisse massive de sa production mesurée en termes réels. Cette situation a un impact important à la fois sur les revenus de la population et sur les perspectives à long terme de l'économie. Selon les données de la Banque mondiale, le PIB de la Syrie en 2015 s'élève à 14 milliards de dollars (estimation du FMI), contre 60 milliards de dollars en 2010. Le taux de croissance est de –15 % avec un solde budgétaire de –24 % du PIB et un taux d'inflation de 25,8 %. Les crédits alloués à la reconstruction et à la réhabilitation dans le budget 2019, qui font partie des dépenses d'investissement, sont prévus à hauteur de 50 milliards de livres syriennes, soit seulement 1,3 % des dépenses budgétées. En regard, lors de sa dernière apparition dans le budget, le ministère de la Défense représentait environ 20 % des dépenses. Les recettes, estimées à 3 882 milliards de livres syriennes, incluent les prêts contractés pour couvrir le déficit, auprès de la Banque centrale de Syrie principalement. Environ 42 % des recettes sont classées dans la catégorie fourre-tout « revenus divers ». D'autres proviennent des compagnies pétrolières, y compris étrangères – alors qu'en pratique celles-ci ne sont plus présentes sur le marché –, du secteur financier et immobilier public, de la téléphonie et des impôts.

Enfin, cela fait des années que les salaires n'ont pas augmenté, alors que leur valeur réelle ne représente plus aujourd'hui qu'une fraction de ce qu'elle était avant le soulèvement, ce qui signifie que le taux de pauvreté a considérablement augmenté. Il concerne 82,5 % de la population à la fin de 2014 contre 30 % en 2010 (dont 64,7 % sont dans l'extrême pauvreté contre 13 % en 2010). Le pouvoir d'achat de la population a diminué proportionnellement, ce qui entrave la demande globale de l'économie avec un taux de chômage de 57,7 % en 2014 contre 14,9 % en 2011. En même temps, le manque d'investissements signifie que le capital nécessaire pour réparer, entretenir et développer les infrastructures et la capacité de production du pays n'est pas au rendez-vous. En livrant ses ressources naturelles à la Russie et à l'Iran en échange de considérations politiques, économiques et financières, et d'un soutien militaire, le gouvernement syrien a sérieusement hypothéqué les revenus à long terme du pays et son indépendance politique. De même, en ramenant ses dépenses au plus bas niveau possible pour gagner du temps, il hypothèque l'avenir en réduisant des investissements indispensables

1. Source : *Bulletin du Comité Syrie-Europe, après Alep*, n° 12, juin 2019, https://esprit.presse.fr/actualites/comite-syrie-europe-apres-alep/reconstruire-la-syrie-42188. Sources vidéos complémentaires sur le projet Marota City, https://www.youtube.com/watch?v=NPWU_0qsZEM https://www.youtube.com/watch?v=rcLpxypMWCw.

et des dépenses essentielles, telles que l'éducation et la santé.

Les sanctions et leur impact

Les sanctions imposées par l'administration américaine et l'Union européenne (UE) sont loin d'être la cause principale des difficultés économiques. La cause principale de la détérioration des conditions économiques et sociales vient des destructions massives, imputables en majorité au régime syrien et à l'aviation russe. La coalition internationale est responsable de la destruction de la ville de Raqqa. Quant à la Turquie, elle a facilité le pillage du tissu industriel d'Alep, avec le concours de l'Iran et des groupes armés de l'opposition. D'autres facteurs peuvent aussi expliquer cette situation catastrophique, notamment la fuite des capitaux et de la classe moyenne, la dépréciation massive de la livre syrienne, la fragmentation du pays en plusieurs zones de contrôle, les monopoles et les oligopoles détenus par de puissants hommes d'affaires sur le marché domestique, ainsi que le rôle omniprésent des réseaux corrompus du régime. Les politiques du gouvernement, avec la complicité de ses alliés étrangers, ont aussi été très préjudiciables à l'économie. Dans le secteur sensible de l'énergie, la production pétrolière s'est effondrée de 96 % depuis le début de la crise, selon le ministre syrien du Pétrole. Le régime dépend aujourd'hui de l'Iran pour ses importations de brut, alors que la Syrie exportait du pétrole, lequel représentait 25 % des revenus du régime avant 2011. Le gouvernement a prolongé les contrats des compagnies de téléphonie mobile à des conditions défavorables au contribuable pour vingt ans, il a cédé Stroytransgaz pour quarante-neuf ans à la Russie ainsi que 70 % de tous les revenus générés par la production et l'exportation de phosphate dans la région de Palmyre et de Raqqa, il a réduit les subventions sur divers produits pétroliers, ce qui a fait augmenter de manière significative les prix à la consommation, et a alloué des fonds importants au projet immobilier de luxe Marota City au détriment de programmes de logements sociaux, plus nécessaires mais privés de crédit.

Les sanctions occidentales imposées à la Syrie depuis 2011 se divisent en deux catégories : celles qui visent les individus et les entités associés au régime et celles qui frappent les secteurs de l'économie. Quelques centaines d'individus et d'entités politiques et militaires ou appartenant aux services de sécurité font l'objet de sanctions, dont un homme d'affaires, proche du régime, Samer Foz, visé pour la première fois par l'UE en janvier 2019. Les secteurs de l'économie touchés par les sanctions sont l'énergie, les banques et le secteur des technologies de l'information et des télécommunications. Des exemptions existent pour le secteur agricole, pour le secteur pharmaceutique, et pour d'autres produits non sensibles. Il est aussi important de rappeler que les sanctions ne sont imposées que par les États-Unis et l'UE et non par l'ONU. En conséquence, la Syrie peut continuer à commercer avec des dizaines de pays à travers le monde. Les affirmations, selon lesquelles les sanctions renforcent les réseaux illégaux et corrompus du régime, sont exagérées. Ces réseaux, avant les sanctions, avaient déjà une emprise croissante sur l'économie. Cela dit, le renforcement récent des sanctions, en particulier, depuis novembre 2018, la tentative américaine de bloquer toute fourniture de produits pétroliers à la Syrie par voie maritime, a eu un effet négatif sur la population, ce qui renforce le dilemme. La levée des sanctions représenterait un énorme coup de pouce économique, financier et politique pour le régime. Elle doit donc absolument être conditionnée à des avancées politiques, même modestes, dans l'intérêt général de la population. Avant d'envisager la levée des sanctions, il serait souhaitable de repenser le système pour cibler à la fois les hommes d'affaires alliés au régime et les projets qui discriminent des segments spécifiques de la population.

Le coût de la reconstruction de la Syrie, estimé entre 100 et 200 milliards de dollars, confirme l'enjeu que cela représente pour l'ensemble de la région. Mais le régime syrien et ses partenaires ont déjà fixé leurs conditions. Dès 2012, le régime s'est efforcé d'élaborer le cadre légal et réglementaire afin de mettre en œuvre une vision ambitieuse de la reconstruction en tant que processus de stabilisation autoritaire. Le régime a l'intention d'utiliser la reconstruction pour réimposer son autorité, resserrer son contrôle sur la société et l'économie, et modifier fondamentalement la démographie pour obtenir ce qu'Assad a lui-même qualifié de « société plus saine et plus homogène ». Tout financement direct du gouvernement ou des autorités locales – qui sont en réalité des chefs de guerre locaux et des membres de réseaux criminels, arrivés au pouvoir pendant le conflit – aurait des conséquences très négatives.

Comment Bachar al-Assad nous a arraché sa Syrie homogène

Sawsan Abou Zeineddine[1]

Dans son discours du 20 août 2017, Bachar al-Assad déclare avoir obtenu sa Syrie homogène. Tout en annonçant la mort des « meilleurs » jeunes hommes du pays et la destruction d'infrastructures ayant coûté « beaucoup d'argent et d'effort à plusieurs générations », il rassure ses partisans quant à sa victoire d'une Syrie « plus saine et plus homogène, au véritable sens du terme et non au sens structurel ». Il souligne aussi que « les orientations futures de la politique syrienne seront basées sur la poursuite de la lutte contre les terroristes et leur anéantissement où qu'ils soient, mais également sur des réconciliations nationales qui, sous leurs différentes formes, ont prouvé leur efficacité [ainsi que] sur la reprise des relations avec l'extérieur et la relance de l'économie ». Quelques mois après ce discours, la Ghouta, à l'est de Damas, sera assiégée. Il l'écrasera, la détruira et la piétinera. Il frappera son peuple avec des armes chimiques, le poursuivra d'un quartier à l'autre, l'attaquant jusqu'en ses abris. Il y enverra ses soldats prendre des photos-souvenirs de visages terrifiés, avant de procéder à la « réconciliation ». Il donnera aux gens le choix entre l'expulsion dans ses bus verts à destination du nord, là où se situent les frontières de sa Syrie homogène, et l'engloutissement dans sa terre via les centres pour réfugiés où, arrêtés, torturés (à mort pour certains), ils finiront par scander le slogan « Par mon âme et par mon sang je me sacrifierai pour toi Bachar », et par faire la guerre en son nom et sous son drapeau dans le but d'étendre les frontières de sa Syrie homogène. Bachar al-Assad avait auparavant « écrasé » la vieille ville de Homs, Yarmouk, Darayya, Al-Wa'r, Al-Mu'addamiyya, Al-Tall, Khan al-Sheikh, Alep-Est, Wadi Barada, Al-Zabadani, Madaya, Al-Qaboun et Barzé, il « écrasera » plus tard ce qui reste des quartiers du sud de Damas, de la banlieue nord de Homs et la ville de Deraa. Il procédera à la « réconciliation » de ses habitants en leur offrant ces deux options, avant de partir à nouveau en guerre dans le but d'étendre les frontières de sa Syrie homogène sur le front d'Idlib.

L'urbicide homogénéisateur : du « rêve » à sa réalisation

Ainsi, le discours de Bachar al-Assad en 2017 reconnaît de façon à peine voilée l'urbicide, cette destruction systématiquement militarisée de l'urbain dès le premier jour de la révolution, dans le but de déclencher et d'intensifier les combats pour façonner une Syrie d'après-guerre homogène. Toute personne dont l'identité religieuse ou géographique pouvait représenter un trouble politique, ou dont la classe sociale et

1. Texte paru sur le site du journal en ligne Al-Jumhuriya (aljumhuriya.net).

économique ne lui permettait pas de gagner une place dans ce pays, en a été éradiquée. La Syrie n'est une terre fertile que pour les privilégiés et les élites politiques, sociales et économiques. L'histoire de l'urbicide en Syrie commence par des slogans évocateurs tagués sur les murs : « Assad, ou nous brûlons le pays ». Pour le régime, ce « pays » est celui d'Assad et les villes présentant d'autres allégeances sont brûlées. Les maisons, les rues, les places, les réseaux et les terres seront détruits pour n'être plus qu'une pièce de l'ensemble homogène, même si ce n'est qu'une ville-fantôme.

L'ampleur des destructions des bastions de la révolution, jusque dans les zones géographiques éloignées des lignes de front, au cœur des quartiers résidentiels et des centres commerciaux politiquement et économiquement stratégiques, indique que la destruction massive n'est pas uniquement le résultat d'opérations militaires. Ces destructions, en majeure partie causées par des barils d'explosifs largués depuis les hélicoptères, et non par des armes capables de viser des cibles, correspondent à un urbicide qui n'est ni un hasard, ni un dommage collatéral d'opérations militaires, mais bien un moyen parmi d'autres d'une guerre visant à l'homogénéisation.

Ainsi, la destruction de la moitié de la ville de Homs correspondrait aux zones délimitées par un ancien projet d'urbanisme controversé, nommé « Dream of Homs », lancé en 2007 par le gouverneur de l'époque, Iyad Ghazal. Ce projet axé sur les zones pauvres, les quartiers informels et certains quartiers du centre-ville, avait alors suscité une polémique parmi les habitants qui craignaient de se voir confisquer leurs terres et détruire leurs biens, au profit de transactions immobilières suspectes au prétexte de développer, agrandir et moderniser le centre-ville. À l'époque, des manifestations populaires, des banderoles et des slogans pressaient les autorités locales « de ne pas arroser les vergers de Homs avec le sang de leurs propriétaires », signifiant par là même que la poursuite du projet le ferait nécessairement couler. Bien que, pour tenter de contenir leur colère, les autorités locales aient assuré aux citoyens que le projet ne prévoyait pas d'expropriations arbitraires, celles-ci débutèrent dès 2009 et la mise en œuvre du projet se poursuivit jusqu'au début de la révolution en 2011, qui en marqua l'arrêt, tout au moins jusqu'à ce que la sécurité soit rétablie.

De nombreux habitants de Homs pensent que la destruction de leur ville fait partie d'un plan d'aménagement forcé permettant de relancer le « Dream of Homs », dans un contexte politique où les divisions confessionnelles, sectaires et sociales sont exacerbées. Cette hypothèse est étayée par le fait que le siège de Homs et l'expulsion systématique de sa population entre 2012 et 2014, en raison des opérations militaires ou des accords de déplacements, ont touché essentiellement les quartiers qui faisaient partie du plan « Dream of Homs ». La carte des destructions systématiques de Homs dessine clairement une courbe qui part de l'extrémité nord-est de la ville et traverse son centre vers le sud-est. Elles touchent principalement les quartiers à majorité sunnite bordant les quartiers alaouites, restés, eux, en grande partie intacts.

Bab al-Sibâ', Al-Qusour, Baba Amr et Khâldiyyé sont des quartiers sunnites qui ont été témoins des mêmes destructions et déplacements. À elle seule, la bataille de Baba Amr, qui n'a duré qu'un mois, a entraîné le déplacement de ses 50 000 habitants et la destruction de 600 bâtiments, dont 200 entièrement. Au même moment à Homs, les quartiers d'Al-Firdaws et d'Al-Mahatta, de la Ghouta, qui se caractérisent par une présence alaouite ou militaire, ont été relativement épargnés. Dans Khâldiyyé, l'un des quartiers les plus importants de « Dream of Homs », 1 250 bâtiments ont été détruits ainsi que deux mosquées, dont celle de Khâlid ibn al-Walîd, symbole de la ville. Quant aux quartiers à majorité sunnite de Bab al-Durayb, Bab Houd et Bab Tadmor, soit le cœur de la ville et son centre commercial formant les zones les plus importantes du projet « Dream of Homs », ils ont subi la destruction de plus de 1 200 bâtiments, dont 15 sites de marchés locaux.

Depuis la reprise du contrôle de ces quartiers par le régime, ses habitants n'ont été autorisés à retourner dans les ruines de leur maison que pour récupérer une partie de leurs biens. En 2014, les résidents d'Al-Hamîdiyya, d'Al-Qusour et d'Al-Qarabis ont été autorisés à rentrer chez eux tandis que les Nations unies, sous supervision du régime, ont amorcé la réhabilitation du quartier d'Al-Hamîdiyya, à majorité chrétienne, à l'exclusion de tous les autres quartiers. En 2015, par le biais des médias officiels, le régime annonçait que la reconstruction des zones à habitats informels se ferait suivant les plans du « Dream of Homs », selon le décret n° 66 – problématique en tant que tel, comme nous le verrons ci-dessous – offrant le cadre juridique pour la reconstruction de Homs et son « rêve », renforçant par là la rumeur d'un projet confessionnel et de classe.

Entre 2012 et 2013, au moyen de bulldozers et d'explosifs, l'armée syrienne a pris d'assaut des quartiers résidentiels de Hama et Damas qui avaient connu un mouvement révolutionnaire avant que le régime n'en prenne le contrôle et n'annonce la fin des combats. Sept quartiers représentant la surface de 200 terrains de football sont rasés alors que leurs habitants sont expulsés sans préavis ni même compensation. Selon un rapport de Human Rights Watch sur ces démolitions systématiques, les responsables du régime ont déclaré que ces efforts s'inscrivaient dans le cadre de projets de développement urbain visant à éliminer les quartiers informels dans la région. Pourtant, le fait que les habitants de ces zones disposent pour une grande part de leurs titres de propriété, montre qu'il s'agissait bien de destructions massives, comme d'ailleurs le gouverneur de la banlieue de Damas, Hussein Makhlouf, le confirmait dans une interview en octobre 2012, déclarant que ces opérations étaient « nécessaires pour expulser les combattants de l'opposition ».

Al-Qaboun était l'un de ces quartiers. Près de 18 hectares y ont été démolis en deux temps. D'abord en 2012, lors d'affrontements violents entre le régime et les combattants de l'opposition, suivis d'une féroce contre-attaque des forces du régime sur le quartier, qui lui permit d'en reprendre le contrôle. Durant cinquante jours, 1 250 magasins et 650 maisons ont été démolis. Les destructions s'achevèrent durant un second temps en 2013 dans des circonstances restées inconnues. Human Rights Watch conclut que même dans un contexte de guerre, les cibles civiles ne peuvent être considérées comme légitimes pour des opérations militaires. Les maisons démolies ne constituaient pas des cibles militaires : elles n'étaient pas utilisées comme abris pour les combattants ou pour planifier et lancer des attaques, ni même pour stocker des munitions et des armes. Ces démolitions ne peuvent être justifiées que par des opérations punitives contre une partie de la population perçue par le régime comme menaçante et à éliminer pour imposer l'homogénéité. Ces massacres visaient donc les habitations ; ils ciblaient les civils en détruisant leurs biens.

Il en va de même à Homs où le Conseil des ministres et les autorités locales damascènes ont identifié des zones du quartier d'Al-Qaboun à reconstruire en avril 2018. Il s'agissait non seulement des zones démolies arbitrairement entre 2012 et 2013, mais également d'autres zones ciblées par le régime dans une série de nouvelles démolitions sur près de 35 hectares le long de l'autoroute internationale, entre 2017 et 2018, après l'application de l'accord de mai 2017 qui prévoyait le déplacement des habitants du quartier. Ces démolitions n'étaient pas seulement un moyen de punir dans une guerre cherchant à imposer l'homogénéité politique de la population, elles faisaient aussi partie d'un plan plus vaste visant à faire le vide et expulser les propriétaires pour mener à bien des projets de reconstruction. Le régime syrien a bouclé le quartier après l'avoir vidé de ses habitants. Certains endroits étaient interdits à la circulation, tandis que dans d'autres, les résidents ont été autorisés à entrer à condition de laisser leurs cartes d'identité aux barrages sécuritaires, de payer une taxe et d'en sortir dans la même journée. Il semble que la consigne interdisant totalement ou permettant sous condition l'entrée dans les quartiers soit relative et évolue en fonction de données que seuls les responsables du régime connaissent, étant les seuls autorisés à y travailler.

Selon une des femmes déplacées à Idlib dans le cadre de l'accord de Qaboun, au cours des mois qui ont suivi le déplacement, un de ses proches a pu y entrer en échange de pots-de-vin afin de jeter un œil sur sa maison. Il put constater que celle-ci était toujours debout. L'année suivante, lorsqu'il entra de nouveau dans le quartier, il la trouva en ruine. Le propriétaire n'avait pourtant pas reçu d'avis de démolition, ni d'indemnisation, alors même que sa maison ne se trouvait pas dans un quartier informel. Cette fois, les responsables du régime n'ont pas invoqué le projet de développement urbain pour justifier les démolitions comme ils l'avaient fait auparavant, ils ont prétendu que ces nouvelles démolitions étaient nécessaires pour faire sauter les tunnels laissés par les « terroristes » dans le quartier.

La question des zones d'habitat informel a été militarisée et politisée. Les décisions du régime à l'égard de ces zones au début des années 2000 oscillaient entre leurs soi-disant « règlement et amélioration », et leur « développement », terme qu'il faut traduire par démolition et reconstruction. Mais la guerre semble avoir réglé la question en faveur de la deuxième option. Il n'y a pas de négociation dans les quartiers informels, ou plus précisément, dans ceux à majorité sunnite qui ont, à un moment, participé à la révolution et ont donc été majoritairement visés par les destructions et les démolitions. La guerre pour l'homogénéisation ne passe pas seulement par les destructions et les démolitions. C'est une guerre de manipulation et de reconditionnement des existences, c'est une guerre du pain, de l'eau, de l'électricité ; c'est une guerre des rues, des barrages, des sièges et des déplacements forcés, durant laquelle les réseaux d'infrastructures, d'installations et de services ont été utilisés dans des combats anarchiques menés par le régime suivi des factions rebelles.

Alep, ville-pilote : démolition et réhabilitation

Alep, divisée en deux par la guerre à partir de 2012, a été vidée des deux tiers de sa population estimée à 3 millions de personnes avant-guerre, suite à la reprise de contrôle par le régime dans la deuxième moitié de 2016. Selon les estimations de l'ONU de 2017, les destructions ont touché près de la moitié des habitations et plus de 80 % des structures commerciales. Une grande partie de ces dommages concerne la zone connue sous le nom d'Alep-Est, qui échappait au contrôle du régime et qui abritait principalement des quartiers informels construits par les migrants ruraux marginalisés venus chercher en ville une meilleure situation. Plus tard, les militants et les activistes de la ville s'y sont réfugiés pour fuir les zones contrôlées par le régime. L'expulsion des habitants d'Alep n'était pas le fruit du hasard. D'une part, elle visait la partie de la ville qui comprenait des segments économiques et politiques indésirables, d'autre part, elle était le résultat ultime d'un travail systématique de destructions. Celles-ci ne visaient pas aveuglément les bâtiments des zones révolutionnaires, mais ciblaient leurs installations, services publics et infrastructures.

Début 2014, les zones contrôlées par le régime – Alep-Ouest – ne dépassaient pas 33 % des quartiers. Pourtant la ville comportait plus de 1 450 barrages, dont environ 1 050 tenus par les forces du régime, réparties le long des lignes de front et au cœur même de ses zones de contrôle dans les quartiers résidentiels. Barrages fixes et volants ont été utilisés non seulement pour imposer les limites du contrôle militaire du régime, mais surtout pour filtrer les mouvements à la recherche des identités « menaçantes » ou « hétérogènes » afin de les éliminer. De l'autre côté, les 400 barrages des différentes factions de l'opposition étaient principalement concentrés sur les lignes de front et sur les principales voies d'approvisionnement. Il n'y en avait pas dans les quartiers résidentiels. Les factions de l'opposition ont également utilisé les rues d'Alep comme arme dans leur guerre contre le régime. L'exemple le plus clair fut la coupure de la voie principale d'approvisionnement des quartiers ouest après avoir pris le contrôle de Khanasir, entre août et octobre 2013. Le prix d'un sachet de pain à Alep-Ouest a alors atteint 150 livres syriennes, puis il est revenu à son prix normal de 15 livres après la campagne militaire du régime menée en octobre pour briser le « siège d'Alep ». Au même moment, à Alep-Est, le prix du sachet de pain était environ cinq fois supérieur. À l'est, environ la moitié des boulangeries ont été mises à l'arrêt début 2014, la plupart ayant été systématiquement détruites par les bombardements du régime. À l'ouest, elles fonctionnaient normalement. Alep-Est a été témoin des « massacres du pain », documentés par Human Rights Watch. L'un des boulangers de Bab Al-Hadid a témoigné dans le rapport de l'organisation que le 21 août 2012, l'un des hélicoptères du régime planait dans la région depuis des heures au moment de l'ouverture de la boulangerie en soirée. Plus de 200 personnes faisaient la queue lorsque l'hélicoptère lança ses obus, laissant des dizaines de cadavres couverts de farine et de poussière.

Alep-Est ne recevait qu'environ six heures d'électricité par jour dans les quartiers, selon l'état des réseaux et des infrastructures électriques. D'après les statistiques des Nations unies en août 2016, des points médicaux ont également été ciblés de manière systématique et continue, jusqu'à ce qu'il ne reste plus que 24 hôpitaux ou centres médicaux, dont 10 avaient fermé du fait de l'absence de médecins. Fin 2016, Alep-Est était quasiment vidée de ses habitants, privés de tous moyens de subsistance, il n'en restait alors qu'environ 325 000. Ce sont eux qui ont vécu le siège de la ville et ont subi la campagne militaire la plus violente, avant que le régime proclame la « réconciliation » et les déplace de force dans les bus verts. Leur défilé, très médiatisé, a duré plusieurs jours, laissant la ville d'Alep habitée uniquement par ceux qui étaient considérés comme faisant partie de la Syrie homogène.

Les opérations de réhabilitation de la Syrie ont commencé à Alep. L'ONU a mis en place une liste des lieux prioritaires à réhabiliter afin d'assurer le retour des personnes déplacées. Mais le régime a refusé les listes de l'ONU et a présenté ses propres listes. Finalement, huit zones ont été retenues et les Nations unies ont commencé à travailler sur trois d'entre elles dans le cadre d'un projet pilote. Les déclarations de l'ONU sur l'avancement des travaux en 2017 indiquent que les travaux d'entretien des écoles, des centres médicaux et des centres de services se faisaient tous dans les quartiers situés à l'ouest d'Alep. Les déclarations de l'Union européenne et des États-Unis ont clairement montré qu'aucun financement pour la reconstruction de la Syrie ne serait accordé avant une véritable transition politique conduite sous les auspices des Nations unies. Mais il ne semble pas que le régime en soit affecté, tout au moins jusqu'à présent, puisqu'il a déjà commencé la reconstruction.

Au nom de la « loi ». Liquidation des zones d'habitat informel et expropriations de masse

L'absence de titres de propriété dans les quartiers informels en fait des cibles faciles pour les premières entreprises de reconstruction. Prônant le développement urbain, les projets de reconstruction affichent modernité et globalisation dans des campagnes commerciales, montrant de nombreuses tours, des espaces verts, des étendues d'eau, ainsi que des enfants souriants sur les épaules de leurs parents tout aussi souriants et sereins ; visages bien éloignés de ceux qui, fatigués, désorientés et poussiéreux, ont été témoins des massacres et des destructions systématiques. Ces personnes au visage radieux vivront dans des « ghettos » urbains verts à mille lieues de ceux qui, se trouvant de l'autre côté de leurs murs, sont jonchés de bâtiments gris et laids, de part et d'autre de rues encombrées et arides.

Le premier projet de reconstruction s'intitule Marota City ; ce nom, judicieusement choisi par le régime « protecteur des minorités », désigne en syriaque la ville de la souveraineté que ce dernier vient réimposer sur les zones rebelles. Bachar al-Assad l'a personnellement inaugurée en venant y poser la première pierre de ce que sera le visage urbain de sa Syrie homogène. Le projet de Marota City se situe au cœur de Damas, dans les vergers d'Al-Razi qui s'étirent le long d'une zone bordant quelques ambassades, des ministères, l'université, ainsi que des quartiers résidentiels et commerciaux. Essentiellement constitués de quartiers informels dont les habitants se sont soulevés contre le régime, qui cependant n'en perdit jamais complètement le contrôle, les vergers d'Al-Razi sont l'une des deux zones ciblées par le décret législatif n° 66 de 2012. Celui-ci énonce les bases juridiques et financières de la confiscation des biens situés en zones d'habitat informel afin de les réaménager dans le cadre d'investissements immobiliers privés. Les vergers d'Al-Razi ont été évacués de force et les maisons démolies. Les habitants, auxquels on a promis des logements temporaires et offert de modestes compensations financières, couvrant à peine quelques mois de loyer sur le marché immobilier exponentiel de Damas, n'ont aucune chance de retourner sur leurs terres, en raison des procédures juridiques complexes et rigides, et du coût exorbitant des habitations de ces futures tours, réservées aux seules « élites » économiques du pays.

Ainsi, en vertu du décret n° 66, le régime a commencé à s'attaquer aux zones d'habitat informel en attendant la promulgation de lois qui réglementeront les démolitions de ce qui en reste, sans même que les propriétaires puissent faire valoir juridiquement leurs droits. En Syrie, la loi ne bénéficie pas d'institutions protectrices. Pourtant, le régime est clair dans sa bataille, à l'échelle locale et internationale, il veut renaître en reproduisant une Syrie homogène par le biais de la « loi », même si cette loi arbitraire, injuste et partisane ne sert que ses propres intérêts et ceux des gens qui l'entourent ; peu importe comment les choses se déroulent tant que cela passe par la loi ! Avant le décret n° 66, la loi n° 63 a été promulguée en 2012 pour confisquer les biens des « terroristes ».

Adoptant la terminologie du terrorisme dictée par le régime, cette loi criminalise ainsi une grande partie des opposants politiques, leurs familles et leurs connaissances, et les prive de leurs biens immobiliers. Puis en 2015, le décret législatif n° 19 a vu le jour. Il permet aux conseils d'administration locaux de créer des holdings privées anonymes pour la gestion de biens immobiliers sans s'acquitter de taxes. Ainsi, la Damascus Sham Holding Company est créée en 2016 pour une valeur de 60 milliards de livres syriennes. Dirigée par le gouverneur de Damas, Adel al-Olabi, elle gère le projet de Marota City en partenariat avec plusieurs autres sociétés appartenant aux plus grands détenteurs de capitaux syriens, comme Rami Makhlouf, Samer Foz et Mazen al-Tarzi pour un capital total de 380 milliards de livres syriennes. En 2016, c'est au tour du décret législatif n° 11 d'être promulgué. Celui-ci prévoit l'interruption, en raison de la guerre, des enregistrements du cadastre dans les zones tombées hors du contrôle du régime, assimilant ainsi les transactions immobilières dans ces lieux, durant toutes ces années, à des violations foncières. La même année, le décret n° 12 automatise le traitement du cadastre selon des procédures strictes, privant de leurs droits ceux ayant perdu leurs titres de propriété sous les décombres de leur maison ou durant leurs déplacements successifs, et empêchant l'enregistrement de ceux dont les propriétaires, pour de multiples raisons, ne peuvent accéder aux administrations. En 2018, le décret n° 3 exige que les maisons soient détruites avec tout ce qui se trouve à l'intérieur : meubles, souvenirs et cadavres. Cette loi restreint non seulement le droit des personnes de prouver leurs droits immobiliers, mais s'oppose aussi à ce qu'elles puissent récupérer leurs biens, ainsi que les victimes restées sous les décombres de leurs maisons.

La dernière de ces lois, la plus complexe et la plus problématique, qui porte le numéro 10, est promulguée en 2018 et modifiée la même année par la loi n° 42. Celle-ci encadre toutes les lois et tous les décrets précédents, et annonce les lieux concernés par la reconstruction dans le cadre de nouveaux projets similaires à celui de Marota City. La loi n° 10 prévoit un élargissement des zones concernées par le décret n° 66, qui ciblait uniquement les zones d'habitat informel. Elle permet aux administrations locales d'identifier les zones qu'elles jugent propices à des projets de reconstruction selon des procédures strictes, imposant aux propriétaires et aux locataires de prouver leurs droits de propriété sur ce qui, à défaut, devient, sans compensation aucune, propriété de ces administrations.

À première vue, cet ensemble de lois et de règlements pourrait ne pas sembler mériter l'attention que nous lui portons. En effet, ces lois ne sont pas très différentes de nombreuses législations mises en place dans la plupart des pays en voie de développement ou développés, qui cherchent à mettre en œuvre des projets de gentrification permettant de remplacer les classes populaires par les classes sociales plus aisées. Ces changements de population se font par le biais de projets de développement urbain néolibéraux, qui nécessitent de modifier l'identité et la culture de l'espace urbain. Mais dans le contexte politique et socio-économique de la Syrie, ces législations sont plus complexes que ne le sont les encadrements légaux des projets de gentrification néolibéraux. Le cadre législatif adopté pour les projets de reconstruction en Syrie impose des procédures exécutives complexes qui exigent d'amener en personne la preuve de ses titres de propriété, ou de le faire par le biais d'un membre de la famille ou d'une personne ayant procuration dans des délais très courts. Cela pose deux problèmes.

Premièrement, plus de 11 millions de Syriens sont désormais réfugiés ou déplacés à l'intérieur de leur propre pays et ne peuvent pas venir apporter la preuve de propriété de leurs biens selon les conditions imposées. Seuls 9 % d'entre eux disposent des documents officiels nécessaires à l'enregistrement de leurs biens. En outre, la plupart des personnes déplacées venant de zones qui étaient hors du contrôle du régime, qui ont été par conséquent le plus dévastées au moment de leur reconquête par le régime, et qui sont majoritairement incluses dans des projets de reconstruction, ne sont pas en mesure d'obtenir des services de sécurité les autorisations nécessaires à l'enregistrement des documents prouvant la propriété de leurs biens. À toutes ces contraintes, s'ajoutent les centaines de milliers de détenus et victimes de disparitions forcées dans les prisons, qui ne peuvent pas faire de démarches, ni personnellement ni par l'intermédiaire d'un proche ou d'une personne en possession d'une procuration. Cet ensemble de lois n'est qu'un moyen clair de dépouiller près de la moitié de la population syrienne de ses biens.

Deuxièmement, ces lois traitent de la question des droits à la propriété dans le cadre de projets de reconstruction dictés par une dichotomie régulier/irrégulier : ils s'appuient sur une normativité légaliste qui ne prend pas en considération les systèmes de propriété coutumiers locaux. En effet, seule la moitié des terres syriennes était enregistrée avant la guerre, et la suspension des inscriptions dans une grande partie des registres cadastraux aggrave encore cette situation. De plus, la notion de « quartiers informels » renvoie à un sujet épineux, elle est souvent évaluée en fonction des contrôles de construction et des principes de planification imposés par l'État, ainsi que des documents de propriété. En réalité, les habitants des quartiers informels possèdent pour la plupart des documents attestant de la propriété de leurs terres, mais pas nécessairement de leurs maisons, construites sans autorisation ou en contrevenant aux principes de la planification et de l'utilisation du sol.

De ce point de vue, le phénomène des quartiers informels ne peut être traité selon les politiques urbaines traditionnelles en Syrie, qui ont été l'une des causes principales de son émergence en raison de politiques inflexibles, incapables de répondre aux besoins urbains des populations et de contenir les réalités de la pression démographique, ainsi que les processus d'urbanisation rapide. Par conséquent, l'examen des questions relatives au droit à la propriété dans le cadre du processus de reconstruction considéré sous l'angle étroit de la notion de régulier/irrégulier prive automatiquement une large partie de la population de ses droits sur ses terres et ses maisons. La structure législative édictée par le régime pour contrôler le processus de reconstruction correspond à une logique d'exclusion et de discrimination arbitraire qui tente de légitimer les violations et les pratiques urbaines injustes que le régime a menées dans ses nombreux urbicides. Cela correspond à l'étape la plus précise de son ingénierie stratégique et systématique de formation de la Syrie homogène, fondée sur des intérêts politiques et économiques ; la Syrie conquise par des hommes d'affaires affidés du régime qui s'associent dans des projets de reconstruction, tandis que des milliers de personnes sont rayées de la carte et que les décombres de leurs maisons sont recyclés dans des accords immobiliers établissant de nouveaux espaces géographiques.

Mu'addamiyyat al-Cham : une ville fantôme au cœur de la « Syrie utile »

Moawiya Hamoud

17 février 2017

Cinq mois ont passé depuis que le préfet de Rif Dimashq (province de Damas), envoyé par le régime d'Assad, s'est rendu à Al-Mu'addamiyya, en compagnie d'une délégation du ministère de la Réconciliation. Flanqué d'un cheikh enturbanné, il a tenu, devant une foule réunie place de la Mairie, un discours sur la « réconciliation ». À cette occasion, il a réaffirmé le respect par l'État de l'ensemble de ses engagements, à commencer par la libération des détenus et la régularisation de la situation des habitants afin qu'ils puissent retrouver une vie normale, ou encore la « réouverture » de la ville et le rétablissement des services publics en son sein. Mais dans cette ville sinistrée de la Ghouta occidentale, pas une seule de ces promesses n'a été honorée. Ni par l'État et ses bataillons de correspondants dépêchés sur place par la chaîne de télévision officielle, ni par le préfet de Rif Dimashq et ses confrères de la délégation du ministère de la Réconciliation, débarqués ce jour-là à Al-Mu'addamiyya dans des voitures de luxe. Le régime n'a pas libéré les centaines de prisonniers, contrairement à ce qu'il avait annoncé. Il n'a même pas pris la peine de renseigner les familles sur leur sort. Aucun service public n'a été rétabli, malgré la désignation par l'État d'un « conseil municipal » agissant sous son contrôle. Les détritus n'ont toujours pas été ramassés dans les rues adjacentes à la place de la Mairie, depuis le jour où cette dernière a été nettoyée afin que le représentant de « l'État de la Syrie utile » puisse, conformément à son souhait, s'y rendre et y être photographié.

En vertu d'un « accord de réconciliation » entre le régime et l'opposition, l'évacuation en octobre 2016 vers la province d'Idlib des opposants refusant de déposer les armes ainsi que des familles de Darayya déplacées à Al-Mu'addamiyya venait « mettre un terme » au siège de la ville et à la politique consistant à faire mourir de faim et d'épuisement ses habitants, politique menée durant des années par les milices du régime. La ville de Mu'addamiyyat al-Cham fut l'une des premières à s'insurger contre le régime. Elle fut également l'une des premières à conclure avec lui une trêve début 2014, après que sa population eut subi toutes sortes d'exactions, allant du massacre au couteau de dizaines d'habitants par les milices d'Assad aux multiples bombardements aériens, frappes de roquettes et autres projectiles. Dans cette guerre, Mu'addamiyyat al-Cham fut également le premier terrain d'expérimentation d'armes chimiques telles que le chlore, le gaz sarin et le napalm. En dépit de la « trêve » décrétée en 2014, le siège fut maintenu et des gens continuèrent de mourir de faim jusqu'à ce que le régime ait clos le dossier de Darayya et propose une « réconciliation » avec Mu'addamiyyat al-Cham sous la forme d'une épuration ethnique. Sur près de 40 000 personnes vivant aujourd'hui à Al-Mu'addamiyya, il n'est pas une famille qui ne compte parmi les siens au moins un mort, un blessé, ou encore un exilé – de ceux que le régime désigne comme ayant été « reniés et rejetés par les leurs ».

Pour la population restée dans la ville, il n'y a ni travail, ni source de revenus d'aucune sorte. Le gouvernement ne s'est pas contenté de ne pas honorer les « clauses de la réconciliation ». Il n'a versé, en cinq mois, à la ville « revenue dans le giron patriotique » que 900 000 livres syriennes (soit 2 000 dollars) censées couvrir les besoins de dizaines de milliers d'habitants. Cela est le fruit d'une politique délibérée : le seul gagne-pain possible pour les familles est donc de rejoindre les rangs des forces armées du régime, de ses « comités populaires » et ses milices de *chabbîha*. Ces « employeurs » envoient leurs représentants à Al-Mu'addamiyya pour qu'ils y organisent des réunions et racontent aux jeunes comment se déroule la vie en dehors de ce « kilomètre carré » verrouillé. Il devient soudain possible pour ces jeunes assiégés depuis des années de franchir les barrages, de sortir de leur ville ravagée, s'ils acceptent de travailler comme combattants à la solde des milices qui ont tué leurs familles et anéanti leur ville. Ainsi, cinquante jeunes d'Al-Mu'addamiyya ont récemment intégré les « forces auxiliaires » de la 4e Division de l'armée, après avoir signé un contrat de six mois pour un salaire mensuel de 40 000 livres syriennes (70 dollars). Jusqu'à présent, leur mission consiste à combattre au sein des troupes de la 4e Division blindée commandée par Maher al-Assad, dans la région de Rif Dimashq (province de Damas).

Une autre partie des jeunes s'est vue « autorisée » à suivre une session d'entraînement au sein des forces de la police, dans un centre dépendant du ministère de l'Intérieur à proximité d'Al-Mu'addamiyya. Quatre-vingt-cinq jeunes hommes ont intégré cette formation car, comme l'a expliqué l'un d'eux au site d'information Al-Modon : « Nous n'avons aucun moyen de subsistance. Nous avons choisi cette option car elle consiste à travailler pour la police, ce qui est un moindre mal. Il n'est toutefois pas certain que l'on obtienne l'accréditation à l'issue de cette formation, ni même que l'on soit admis au sein du ministère de l'Intérieur. » Quinze jeunes, dont certains avaient combattu dans l'Armée libre avant la « réconciliation », ont intégré les milices des « comités populaires » intervenant dans la région du Qalamoun. Un jour, un responsable des comités a emmené ces jeunes à l'extérieur de la ville, de l'autre côté du barrage. De cette expédition, ne sont revenus qu'un cadavre et trois blessés. Les autres avaient disparu. Le régime a dit que Daech avait attaqué un de ses barrages dans le Qalamoun oriental la nuit où ces jeunes étaient en mission, et qu'il y avait eu un mort et trois blessés. Les autres ont volé les armes confiées par les comités et se sont enfuis avec. Les comités leur avaient pourtant promis des salaires pouvant aller jusqu'à 100 000 livres par mois.

Malgré le prosélytisme médiatique annonçant le retour de l'État syrien, ce dernier est résolument « fini ». Ce qui s'est passé à Mu'addamiyya donne une illustration à petite échelle de sa déliquescence. Au-delà de l'exploitation médiatique de la supposée « réconciliation », rien n'a de consistance. Le régime a interdit toutes les activités de la société civile et obligé l'ensemble des organisations humanitaires œuvrant depuis Damas (dont celles dépendant de l'ONU) à passer par ses institutions, et notamment par la plus importante d'entre elles, l'association Al-Amana al-Souriya (Syria Trust) dirigée par l'épouse du président, Asma al-Assad, qui perçoit des millions de dollars versés par les Nations unies et les pays donateurs, lesquels, de fait, financent le régime. Les quelque 15 000 habitants de Basâtîn al-Razi, une zone voisine de Darayya, viennent de se voir octroyer un délai très court pour quitter les lieux et abandonner leur terre. On s'attend donc à ce qu' Al-Mu'addamiyya connaisse prochainement une forte hausse de population, puisqu'il est probable que la ville soit leur destination première. Car, bien qu'il n'y ait là-bas ni travail, ni révolution, ni État, Al-Mu'addamiyya fait tout de même, au final, partie de « la Syrie utile ».

Profiteurs de guerre : Monopoly en Syrie

Christophe Boltanski[1]

De très haut, les meurtrissures d'une guerre se remarquent à peine. Sur Google Earth, Damas s'étend, semblable à une coulée grise, le long d'une montagne au drapé ocre. Mais, au milieu du paysage urbain, l'image satellite montre distinctement une grosse tache blanche. Au sud de l'« Autostrade », la quatre voies qui file vers la frontière libanaise et, au-delà, vers Beyrouth, la zone de Bassâtîne (ou Bassatine) a été effacée, comme par un coup de gomme. Ce n'est plus qu'un vaste terrain vague, un espace vide quadrillé par des tranchées de canalisations et le tracé de futures artères. Pas un arbre, pas un mur.

Samia ne peut contempler son ancien faubourg que sur l'écran de son ordinateur. La jeune femme au corps frêle hésite à en parler. « Elle est terrifiée », confiera son époux. Même, ici, à Chtaura, au pied du mont Liban où elle vit réfugiée depuis cinq ans. La Syrie qu'elle a fuie avec sa famille n'est distante que d'une vingtaine de kilomètres. Âgée de 29 ans, elle travaille dans une association qui vient en aide à des dizaines de milliers de Syriennes échouées comme elle, avec leurs enfants, dans la Beqaa, une longue vallée encadrée par deux lignes de crête saupoudrées de neige.

Elle saisit le moindre prétexte pour s'échapper, arpente fiévreusement son centre aux allures d'école, avec ses tableaux à chevalet et ses ribambelles de gamins, fait mine de téléphoner, disparaît dans une pièce et resurgit dans une autre. « Il faut faire très attention à ses propos, y compris au Liban, et ne jamais rien dire contre le régime des Assad », explique l'une de ses amies qui s'occupe de la bibliothèque. Toujours la peur d'une dénonciation, de représailles, même à distance. Le régime syrien ne manque pas d'alliés dans les environs, à commencer par le parti chiite Hezbollah qui, plus loin sur la route, placarde à chaque réverbère des portraits de ses martyrs et de ses imams.

La jeune femme finit par sortir de son silence en échange de la promesse de ne pas donner son nom, ni même son prénom. Rien qui puisse l'identifier. Samia, alors ? À mesure qu'elle plonge dans son passé, elle se détend. Elle garde un souvenir enchanteur de son quartier aux allures de village, à l'ouest de Damas, baptisé Bassâtîne, les « Jardins » en arabe, à cause de ses vergers et de ses figues de barbarie à la chaire juteuse, vendues à la fin de l'été sur de petits lits de glace. « Mes grands-parents étaient paysans. Je suis née dans une vieille ferme en terre, avec un toit en bois, entourée de cultures. Durant mon adolescence, mon père a tout refait en béton et ajouté un étage ». Elle sourit : « C'était une vie merveilleuse. Mes oncles habitaient aux

1. Article paru dans la revue *XXI*, printemps 2019, n° 46.

alentours. Bassâtîne, c'était une grande famille ».

En mars 2011, en plein « printemps arabe », Bassâtîne se soulève, à l'instar de nombreuses banlieues populaires de la Ghouta, cette « oasis » autrefois fertile qui entoure la capitale syrienne. À cause de son emplacement stratégique, à deux pas des ministères, l'armée s'empresse d'écraser la révolte. Après un massacre – 150 morts en une journée –, le pouvoir reprend la maîtrise des lieux en août 2012. Six mois plus tard, Samia doit se cacher. Son mari craint d'être arrêté. L'un de ses frères a été tué au cours d'une manifestation, un autre, capturé à un barrage, a disparu, comme tant d'autres. Le couple franchit clandestinement la frontière.

Huit ans après le début du soulèvement, les combats approchent de la fin et la question du retour se pose. À eux, comme à l'ensemble des 5,6 millions de Syriens exilés dans le monde. Au Liban, où ils sont plus d'1,5 million, les pressions ne cessent de s'accroître. Interdiction de travailler ou même d'ouvrir une boutique, titres de séjour non reconduits, harcèlements policiers. En cinq ans, le mari de Samia a été interpellé à quatre reprises par la Sécurité libanaise pour des broutilles, détenu parfois quelques heures, avant d'être relâché. Depuis deux mois, les Nations unies ne lui versent plus les 25 dollars d'aide mensuelle accordés aux réfugiés. Il ignore pourquoi. Regagner la Syrie ? Le couple y pense, bien sûr. Mais comment savoir si leur nom ne figure plus sur les listes des personnes recherchées ? Et surtout où aller ?

De leur maison à Damas, il ne subsiste rien. « Tout a été détruit. Mais pas à cause des bombardements », précise Samia. Aucun rapport avec la guerre sans merci livrée aux insurgés à quelques kilomètres de là, à coups d'obus et de barils d'explosifs. Loin d'être un rebelle, son père, un modeste garagiste resté en Syrie, soutient jusqu'à maintenant le régime et ne cesse de pester contre les jeunes révolutionnaires. « Il passe son temps à dire que tout est de notre faute. » En juin 2014, il a reçu un avis d'expulsion. « Deux semaines après, des bulldozers aplatissaient notre immeuble. » Un processus mené par étapes jusqu'aux derniers départs en 2017. L'ensemble des 4 000 familles de Bassâtîne ont perdu leur logement.

Grand, massif, une barbe bien taillée, une paire de Ray-Ban pendue au col de sa chemise, son époux – appelons-le Abou Ali – conserve dans son iPhone des photos des démolitions. « Ça c'était mon école », s'écrie-t-il devant le cliché d'un bâtiment attaqué à la pelleteuse. « Ils ont aussi utilisé de la dynamite. Le régime a voulu punir la population. Bassâtîne, c'était le dernier quartier de Damas où il n'exerçait pas un contrôle absolu ». Sur leur terrain, les autorités ont prévu d'élever « une tour », croit savoir Samia qui ajoute : « Ils ne veulent plus d'un quartier populaire. »

Un petit Dubai

Ce n'est pour l'instant qu'une ville numérique, visible en ligne. Des gratte-ciel étincelants, bordés de palmiers et de pièces d'eau, une arche digne de celle de la Défense à Paris, des immeubles en marbre avec piscine intérieure, des parkings souterrains encombrés de Mercedes dernier cri, des avenues rectilignes et vides, d'immenses centres commerciaux parcourus par des escalators, des appartements aux meubles design, avec vue sur les montagnes avoisinantes, un parvis où déambulent des hommes en costume-cravate et des femmes vêtues à l'européenne. À la vitesse d'un jeu vidéo, les images de synthèse dessinent les contours d'une *skyline* de verre et d'acier prête à pousser à quelques kilomètres du vieux souk et des remparts.

À gauche : Mohannad Zayat, Binich, avril 2020. Une école ravagée sert de refuge pour ceux qui n'ont pas de tente dans le camp de déplacés voisin. © Mohannad Zayat.
À droite : Projet immobilier Marota City. Source : Image du clip de promotion de Marota City (2019).

Une musique d'hôtel et des formules ronflantes accompagnent le clip de promotion en 3D de ce petit Dubai prévu aux portes de l'antique capitale des Omeyyades. Le film aligne une litanie de chiffres : 214 hectares, 168 tours, 12 000 unités de logement, 60 000 résidents, 4 stations essence, 28 kilomètres de pistes cyclables, 27 000 emplois permanents… Exit Bassâtîne et ses habitants qui réclamaient la fin de la dictature. Bienvenue à Marota City ! – La cité de la « Nation » en syriaque, la langue préislamique. En dépit de son nom, cet ensemble résidentiel ne sera réservé qu'à une poignée de privilégiés. « Le prix moyen des appartements tournera entre 500 000 dollars et 1 million », affirme un expert onusien.

Un tel étalage de luxe surprend dans un pays en ruine qui compte 12 millions de déplacés. Marota City est le plus grand projet immobilier lancé à ce jour par Bachar al-Assad. Le raïs l'a inauguré en personne, en posant la première pierre en 2016. La cité nouvelle doit devenir la vitrine de son pouvoir retrouvé, le symbole d'une Syrie renaissante. Diligenté par la municipalité de Damas et chapeauté par une holding, la Damascus Cham Company, ce vaste plan d'aménagement est conduit par des sociétés privées à la tête desquelles se trouvent de nouveaux hommes d'affaires syriens. De parfaits inconnus, avant le soulèvement, devenus richissimes à la faveur de la guerre civile. Des centaines d'hectares changent de main. Des terres très recherchées que les promoteurs s'emploieront à développer d'une façon ou d'une autre. Le cash ne manque pas, malgré la misère générale. « En Syrie, les chefs de milice ont accumulé des fortunes en liquide, grâce au pillage et au racket. Ils cherchent aujourd'hui des moyens de blanchir leur argent », explique Joseph Daher, qui enseigne la science politique à l'université de Lausanne.

De nombreux seigneurs de guerre achètent des stations-service et, tant pis, si l'essence fait défaut. D'autres ouvrent des bars. À Damas, ils étalent leur fortune dans des boîtes de nuit dont ils sont bien souvent les propriétaires. Sous les lasers du Mazzika ou du VIP Club, il n'est pas rare de voir des clients claquer 400 000 livres syriennes (800 dollars) en une soirée. D'autres enfin optent pour la pierre, une valeur sûre qui permet des gains rapides. « Elle ne meurt jamais », dit un dicton syrien. Parmi ces profiteurs, un nom revient, toujours le même. Parti de rien ou presque, Samer Foz est à la tête d'un empire. Sur sa propre chaîne, Lana TV, où il apparaît régulièrement, cet homme de 45 ans, petit et trapu, aux yeux bleus, légèrement dilatés, arbore des cheveux plaqués en arrière, une barbe de trois jours, un costume italien de couleur sombre, et l'inévitable montre en or. « Quand vous amassez beaucoup d'argent, vous finissez par vous demander ce que vous pouvez faire pour votre pays », déclarait-il en août dernier, au *Wall Street Journal*, sa seule interview accordée à un média occidental. « Si vous n'essayez pas de le reconstruire, qui le fera ? » Sollicité par différents canaux, il n'a pas répondu à notre demande d'entretien.

Les activités de son groupe, Aman Holding, vont de la pharmacie à l'acier, en passant par l'agroalimentaire et, bien sûr, l'immobilier. En mars 2018, Samer Foz a racheté pour 115 millions de dollars à un prince saoudien le plus grand palace de Damas, le Four Seasons, fréquenté par le personnel de l'ONU et les diplomates de passage. À Marota City, il prévoit d'ériger trois tours géantes, de 50 à 70 étages, les plus hautes de la ville, ainsi que cinq ensembles résidentiels. Coût des travaux : 300 millions de dollars. D'où provient son argent ? Interrogé sur l'origine mystérieuse de sa fortune, il explique avoir « bossé pendant quatre ans sans être confronté à la moindre concurrence » du fait du conflit et de l'exil d'une bonne partie de l'élite économique du pays.

La confiance de Bachar

Samer Foz est né en mai 1973, dans une famille sunnite, à Lattaquié, sur la Méditerranée, un bastion des Assad. Son père tient une pharmacie et milite dans les instances locales du Baath, le parti au pouvoir. Au début des années 1990, le jeune Samer suit des cours à l'université américaine de Paris, revient chez lui sans avoir décroché de diplôme et se lance dans les affaires. « Quand je l'ai connu, avant 2011, il était plus ou moins dans l'immobilier. C'était un type normal qui se débattait pour obtenir des prêts bancaires », se souvient, sous couvert de l'anonymat, l'un de ses compatriotes qui dirige plusieurs entreprises à Damas.

Jusqu'au moment où le général Dhu al-Himma Shalish le remarque. Cet oncle du président Bachar al-Assad, davantage versé dans le business que dans l'art de la guerre, le prend sous son aile et l'associe à ses manœuvres financières. Son influence décuple avec le soulèvement en mars 2011 et l'entrée en vigueur des sanctions internationales, l'année suivante. Il faut alors des hommes neufs, inconnus des chancelleries, frappés d'aucun interdit.

Est-ce un legs de sa jeunesse parisienne ? Samer Foz se flatte d'avoir d'excellents contacts en France. Cette histoire, il la raconte à tout le monde : fort de ses relations, il dit avoir négocié le dégel d'une partie des avoirs syriens bloqués à Paris, soit plusieurs centaines de millions d'euros déposés à l'UBAF, l'Union des banques arabes et françaises. Cette opération, effectuée en 2012 sous un motif humanitaire afin de permettre au gouvernement syrien d'acheter du blé et de l'orge auprès de gros minotiers de l'Hexagone, aurait signé le début de son ascension. « C'est comme ça qu'il a acquis la confiance de Bachar », assure ce même entrepreneur qui, comme de nombreuses personnes rencontrées pour cette enquête, ne peut pas donner son nom.

Dans le même temps, alors que les combats font rage dans son pays, Samer Foz multiplie les investissements en Turquie : une usine d'eau minérale à Erzurum, des silos à grains à Iskenderun, une mine d'or au sud d'Ankara, un hôtel 5 étoiles sur la côte… Encore une fois, avec quels capitaux ? Les siens ou ceux de ses protecteurs ? Il obtient au passage la nationalité turque et une soudaine notoriété dont il se serait volontiers dispensé.

Sur les images de la seconde chaîne publique turque, TRT Haber, datant de décembre 2013, on le reconnaît aisément, avec son blouson noir et sa barbe de trois jours. La tête basse, encadré par deux gardes en uniforme, il descend, menotté, les marches de la Sûreté d'Istanbul, suivi par ses complices présumés. Le voilà impliqué dans l'assassinat de Ramzi Matta, un businessman égypto-ukrainien, dont le corps a été retrouvé quatre mois plus tôt, à moitié mangé par les chiens, sur une colline rocailleuse dominant la mer de Marmara.

Les caméras de vidéosurveillance permettent vite aux enquêteurs de reconstituer les déplacements de la victime, depuis son arrivée à l'aéroport Atatürk, le 14 juin 2013, jusqu'à sa disparition le lendemain, dans une usine désaffectée de Bağcilar, un faubourg situé sur la rive européenne. La police identifie ceux qui l'accompagnent et arrête onze personnes dont Samer Foz. Ce dernier est accusé d'être le commanditaire d'un crime dicté par la vengeance. Ramzi Matta lui avait soutiré 14 millions de dollars contre une cargaison de céréales qu'il ne lui a jamais livrée. Foz reconnaît son différend avec le négociant égyptien, mais affirme tout ignorer du meurtre. La justice turque le condamne à quatre ans et deux mois de prison, puis le libère en mai 2014, contre le paiement d'une caution de 3 millions de dollars.

Une faible dépense au regard du magot qu'il s'apprête à amasser. Depuis 2014, l'État islamique contrôle la plupart des champs de pétrole du nord-est de la Syrie. Le régime a un besoin vital en fuel et en carburant, mais ne peut négocier directement avec les djihadistes. Il préfère passer par des intermédiaires. Comme Samer Foz, et son partenaire de l'époque, Houssam Katerji, un député, issu d'une grande tribu de Raqqa. Le premier apporte les fonds, le second fournit les camions-citernes. Ils payent le baril de brut entre 8 et 10 dollars et le revendent trois fois plus cher à la raffinerie de Homs. Un industriel du secteur estime entre 500 000 et 1 milliard de dollars les profits réalisés chaque année par ce commerce illégal. Une somme, selon lui, partagée entre les deux hommes et les Assad.

Avec ce pactole, Samer Foz participe à l'effort de guerre en finançant des milices, comme celle très redoutée des « Aigles du désert », qui l'aident à sécuriser ses convois. Les autorités lui permettent en retour de racheter pour une bouchée de pain des biens qu'elles menacent de confisquer à de grands patrons en disgrâce. L'ancien président de la chambre d'industrie, Imad Ghreiwati, concessionnaire de Kia, Land Rover, Ford et LG, a dû ainsi lui céder l'ensemble de ses actifs, après avoir fui à Dubai.

Des affairistes d'un côté, des sans-logis de l'autre. Samer Foz et les réfugiés de la Ghouta racontent la même histoire, celle d'une reconstruction de la Syrie menée contre une partie de son peuple, d'une guerre poursuivie par d'autres moyens, à coups d'études de marché, de plans d'occupation des sols et d'expropriations. Car Bassâtîne ne constitue pas un cas isolé. Plusieurs faubourgs de Damas sont menacés par des opérations immobilières analogues. Tous ont en commun d'avoir été des foyers du soulèvement.

Pourquoi rentrer ?
Il ne reste que des tombes

Une pluie torrentielle balaye l'autoroute qui dévale la montagne en direction de la Beqaa, au Liban. À mi-pente, le ciel se dégage et, en bas dans la vallée, apparaissent les premiers cubes blancs, pareils à des morceaux de sucre. Les tentes carrées, fournies par l'ONU, aux toits lestés par des pneus usagés afin de résister aux vents, sont parfois recouvertes de bâches publicitaires, réputées plus solides, des réclames aux couleurs criardes, vestiges d'une société de consommation inaccessible à ses occupants. Il s'agit plutôt de bivouacs, d'abris de fortune, dispersés à travers la campagne, nichés à la lisière des villages, au milieu des champs ou entre deux immeubles inachevés, hérissés de fers à béton. Les Libanais prohibent toute installation en dur, tout ce qui pourrait rappeler les camps palestiniens qu'ils tiennent pour responsables de leur propre guerre civile, quarante-quatre ans plus tôt.

À 5 kilomètres de Chtaura, dans la bourgade d'Al-Marj, le campement se trouve en retrait de la route, au-delà d'un ruisseau asséché, transformé en décharge. Entouré d'un grillage, il est formé d'une soixantaine de caravanes, don d'un mécène saoudien. Ici, comme ailleurs, interdit d'entrer sans permis. Un bout de papier réclamé en vain à la municipalité, puis au siège local des Renseignements militaires, et obtenu enfin au ministère de la Défense, à Beyrouth. Le responsable du camp à la barbe poivre et sel scrute avec inquiétude mon autorisation et l'envoie par SMS à un officier, le même qui trois jours plus tôt avait refusé de me la délivrer. Malgré le froid, il marche pieds nus dans des tongs fatiguées et flotte dans ses vêtements. Interrogé sur son âge, il grimace : « J'ai 47 ans, mais on a tous vieilli prématurément. »

Abou Ammar tient une minuscule supérette réservée aux réfugiés, près de la grille d'entrée. Il cède sa chaise en plastique, s'assoit sur une bouteille de gaz, et, tout en parlant, vend ses conserves à une clientèle composée d'enfants. Cet ancien ouvrier en bâtiment vient de Darayya, la banlieue voisine de Bassâtîne, à 7 kilomètres au sud de Damas, « comme les trois quarts des gens qui sont ici », dit-il. Un bastion d'une révolte au départ pacifique, célèbre pour ses partisans de la non-violence, de jeunes protestataires qui défiaient les soldats avec des roses, un mouvement très vite noyé dans le sang. La ville a ensuite été encerclée et bombardée durant quatre ans, jusqu'à l'évacuation de ses derniers habitants. Abou Ammar s'est sauvé avant le début du siège, en août 2012.

Il a deux fils de 20 et 22 ans. « Si nous rentrons, ils seront enrôlés de force dans l'armée. C'est pour eux que j'ai décidé de partir. » Pourquoi regagnerait-il son pays ? En Syrie, il ne lui reste que des tombes. Abou Ammar déplore vingt-cinq morts dans sa seule famille. « Sans compter ceux qui ont disparu ». Soit « sept ou huit personnes ». Sa petite maison n'existe plus. « Elle a été pulvérisée par un missile ». Son jardin, planté d'arbres fruitiers, ses carrés de menthe et de persil qu'il vendait le vendredi sur les marchés gisent sous un tas de gravats.

Depuis sa chute, « Darayya est fermée ». Des checkpoints disposés tout autour en interdisent l'accès. « Le régime prétend vouloir le retour des réfugiés. Mais où sont-ils supposés vivre ? » Dans la ville fantôme, l'armée poursuit son œuvre de destruction. « Les édifices encore debout, les soldats les font sauter, les uns après les autres ». Pourquoi ? « Mais parce que nous sommes des terroristes ! », s'écrie-t-il en souriant. « Des régions entières sont devenues des déserts. » Il y a quelques mois, d'anciens riverains ont pu, pour la première fois, lui envoyer des photos du quartier.

Le 25 août dernier, la population a été autorisée, exceptionnellement, à entrer dans Darayya, l'espace de quelques heures, le temps de voter à des élections locales aux résultats connus d'avance. Un exercice de propagande destiné à prouver le retour du pays à la normale. Sur Internet, les médias officiels montrent une foule en liesse, agitant le drapeau tricolore syrien. Ils n'ont pas filmé, en revanche, tous ceux qui, une fois leur empreinte digitale apposée en bas du bulletin, erraient ce jour-là, au milieu des ruines, à la recherche de leurs anciens logements.

« C'était incroyable. Les gens n'arrivaient même pas à retrouver leur rue », raconte Zouhour. Des yeux clairs, un voile noir qui lui masque le menton, cette femme, rencontrée au centre de Chtaura, a été alertée par une amie qu'elle ne possédait plus que des décombres, elle aussi. Âgée de 45 ans, cette ancienne enseignante d'arabe est partie de Darayya le 12 novembre 2012, trois mois après le décès de son fils aîné, un étudiant en mathématiques tué lors d'un rassemblement. Un drame dont elle préfère « ne pas parler » par « peur pour les deux enfants qui [lui] restent ».

Zouhour a tout perdu. « On a laissé nos titres de propriété là-bas. On pensait revenir deux jours plus tard. » Même si elle les avait conservés, elle ne pourrait pas les utiliser car, depuis, elle a divorcé. Quand, par hasard, ces réfugiées syriennes détiennent des actes juridiques, ils sont établis au nom du mari, souvent mort ou disparu. De toute façon, leurs biens ne figurent généralement pas au cadastre et ne sont pas reconnus par les autorités. Avant-guerre, près de la moitié des habitants de Damas et de ses environs logeaient dans des zones déclarées inconstructibles.

D'où l'émoi suscité par les offensives immobilières du régime. Cette fois, la cible est Darayya la rebelle, Darayya, la ville martyre. Encore un rêve futuriste sorti des cartons d'un émirat du Golfe. Encore un joli nom syriaque et une arabesque en guise de logo. Quatre fois plus grande que Marota, Basilia City s'étendra sur 880 hectares et englobera également les banlieues limitrophes d'Al-Qadam et d'Al-Hajar al-Aswad, ainsi qu'une partie du camp palestinien de Yarmouk, autre théâtre d'affrontements acharnés.

Ces deux mégaprojets s'appuient sur un ordre signé de la main de Bachar al-Assad, datant du 20 septembre 2012. Le décret n° 66 autorise les gouvernorats à raser ces zones (désignées sous les numéros 101 et 102) déclarées « en infraction collective », parce que bâties sans permis, à poser de nouvelles infrastructures, définir un plan d'occupation des sols et trouver des promoteurs. Les propriétaires peuvent être dédommagés ou entreprendre eux-mêmes les travaux, à condition d'enregistrer leurs titres dans les trente jours. Un délai impossible à respecter dans un pays en guerre, surtout quand les ayants droit sont morts, détenus, en fuite, ou simplement déclarés « terroristes », donc privés de l'ensemble de leurs droits.

Les compensations évoquées par les autorités sont ridicules. Distribuées sous forme de parts dans les futurs complexes résidentiels ou versées en livres syriennes, une monnaie qui ne vaut plus rien, elles atteignent tout au plus l'équivalent de quelques milliers d'euros et ne permettent pas de racheter un appartement où que ce soit à Damas, une ville encaissée, surpeuplée avec l'afflux des déplacés, déjà inabordable avant le conflit. Au moment où s'écrivent ces lignes, aucune des personnes interrogées pour cet article n'a touché la moindre indemnité.

Effacer des mémoires les champs de morts

Le gouvernement de Bachar al-Assad prétend lutter contre l'habitat illégal, un phénomène devenu massif aux cours des dernières décennies, sous la pression de l'exode rural et de la spéculation immobilière. Officiellement, il s'agit de mettre fin aux bidonvilles, aux îlots de misère, qui enserrent la capitale. « Les citoyens auront accès à des logements neufs, vendus au juste prix et dotés de tous les services […], au lieu de vivre dans des bâtiments construits sans autorisation, et qui ne répondent pas aux exigences de base », promettait le directeur administratif du projet Basilia City, dans un communiqué publié en décembre 2017. À l'époque, il affirmait contre toute évidence avoir relogé 90 % des personnes déclarées éligibles.

« Comme par hasard, ses projets ne frappent que les populations qui se sont opposées à lui, remarque l'économiste syrien Jihad Yazigi, aujourd'hui en exil à Paris. Les quartiers informels peuplés d'alaouites (la communauté dont sont issus les Assad) sont également nombreux autour de Damas. Aucun n'est touché. » Comme la colline de Mazzé 86, un entassement de béton situé au-dessus de Bassâtîne, où vivent des vétérans des Brigades de défense de Rifaat al-Assad, un autre oncle de Bachar, ou encore, plus au nord, la cité d'Al-A'rine, habitée par des membres de la garde présidentielle et leurs familles. Des banlieues transformées en places fortes durant la guerre et en base de recrutement pour les *chabbîha*, les milices du régime. « Sans elles, la ville de Damas serait tombée depuis longtemps entre les mains des rebelles », explique un homme d'affaires syrien rencontré à Beyrouth.

Comment viabiliser des champs de morts ? Effacer jusque dans les mémoires des années de carnages ? Le long du périphérique sud qui marquait autrefois la ligne de front, des travaux sont en cours pour élargir les bas-côtés et créer un no man's land de 300 mètres de large. Ailleurs, ce sont des immeubles que des soldats dynamitent. Partout, dans la Ghouta, des colonnes de pelleteuses viennent parachever la victoire militaire acquise sur le terrain. Les organisations de défense des droits de l'homme, comme Amnesty International, accusent le pouvoir syrien de chercher, sous couvert de développement urbain, à détruire les preuves de ses crimes et à rendre impossible tout retour des réfugiés. « Le régime utilise cet outil pour changer la ville et procéder à un nettoyage social et politique », résume le journaliste syrien Mazen Ezzi, correspondant à Paris du site d'information Al-Modon, qui suit depuis le début cette bataille foncière.

En Syrie, Wi'am, 33 ans, exerçait de hautes fonctions au ministère de la Santé. Fin 2012, elle a émigré au Liban avec sa famille. « Ma mère veut à tout prix rentrer à Darayya, soupire-t-elle. Elle se dit prête à dormir sous une tente s'il le faut. Mais on ne la laissera pas faire. » Wi'am est désemparée. Elle vient de recevoir un avis de reconduite à la frontière. « La Sécurité libanaise a découvert que je travaillais pour une ONG, ce qui est illégal, et m'a donné un mois pour quitter le territoire. Où vais-je aller ? Je ne peux pas revenir dans mon pays. » À Chtaura, comme dans d'autres villes du Liban, la Sûreté générale a ouvert un bureau chargé de coordonner les « retours volontaires ». Un euphémisme qui cache une politique d'expulsion plus ou moins forcée. Les policiers vérifient auprès de leurs homologues syriens que les candidats ne sont pas fichés et organisent ensuite leur rapatriement à grand renfort de publicité dans des autobus verts affrétés par Damas. Les départs se font au compte-gouttes. Quelques milliers par an, pas davantage. « Ceux qui partent sont les plus pauvres. Car ils n'ont rien à perdre », dit Wi'am. Les autres se méfient. Ils craignent d'être arrêtés dès qu'ils auront passé la frontière. « Quand on voit que tu viens de Darayya, on te prend et tu disparais. »

Bachar al-Assad ne souhaite pas voir rappliquer une population qu'il juge suspecte et dont l'arrivée ne ferait qu'aggraver une situation humanitaire déjà catastrophique. « Mais, politiquement, il a intérêt à permettre le retour de certains réfugiés pour dire que la guerre est finie », estime un opposant qui a trouvé asile à Paris. Depuis quelques mois, le dictateur syrien envoie donc des émissaires à l'étranger pour tenter de convaincre des personnalités en exil de revenir.

L'argent, le nerf de la paix

Au cœur de Londres, le quartier de Mayfair déploie ses chemises à rayures et ses costumes taillés sur mesure en devanture. Entre deux enseignes en lettres d'or, des échafaudages masquent un bel immeuble de pierre de taille. Dans le hall, où trône encore un sapin de Noël, le portier consulte son registre et se lève pour appeler l'ascenseur. Au dernier étage, un autre huissier sert de guide à travers une sorte de salle de marché. Le maître des lieux est séparé de ses jeunes employés rivés à leurs écrans par une baie vitrée. Il occupe un bureau ovale orné de trophées, de diplômes et autres distinctions honorifiques. Tout en faisant les cent pas, il discute au téléphone d'une affaire juridique visiblement compliquée. « *Mish ma'qoul !* » (« Ce n'est pas possible ! »), lâche-t-il en arabe, avant de raccrocher.

Il compte parmi les Syriens les plus riches du monde et ne souhaite pas, lui aussi, que son identité soit divulguée. Détenteur de la nationalité britannique, il dirige une importante multinationale. Cela fait des années qu'il ne revient plus dans son pays natal, mais continue d'y mener des actions caritatives. Il finance plusieurs organisations qui viennent en aide aux réfugiés, ainsi que des initiatives citoyennes et pacifiques. Un crime, pour le régime. « Cela me vaut d'être inscrit sur la liste de ceux qui soutiennent le terrorisme. En théorie, ils peuvent saisir l'ensemble de mes biens, mais ils ne l'ont pas fait et, de toute façon, je ne possède presque plus rien, là-bas. »

En novembre dernier, il a été contacté à deux reprises par un mystérieux envoyé de Damas. Son nom ? Samer Foz, l'émissaire officieux, le bâtisseur de Marota City, « Il se trouvait de passage à Londres et a demandé à me rencontrer, via un tiers. Il m'a fait dire que tout cela était un malentendu. Il prétendait vouloir lui aussi réformer le pays, mais trouvait plus efficace d'agir de l'intérieur. Il désirait discuter avec moi des moyens de faire avancer les choses. J'ai refusé. »

D'autres industriels, marchands ou financiers syriens ont ainsi été approchés au cours des derniers mois, par Samer Foz, notamment. Ils sont nombreux à avoir émigré, par défiance envers leurs dirigeants ou du fait de l'insécurité, à cause des menaces d'enlèvement et du racket. Ils vivent avec leur famille, à Dubai, Londres, ou Beyrouth, font parfois de brèves incursions à Damas, mais n'envisagent pas une réinstallation définitive. Le pouvoir baathiste recherche leur appui et, plus encore, leur argent, le nerf de la paix à venir.

« Mais des gens comme moi qui, avant la guerre, formaient la classe d'affaires, ne reviendront pas, prévient le millionnaire de Mayfair. Il ne faudra pas compter sur nous pour rebâtir le pays. Quiconque a de la fortune et ne témoigne pas d'une loyauté aveugle envers Bachar al-Assad et son régime est considéré comme une menace pour la sécurité nationale. »

Les nouveaux entrepreneurs syriens entretiennent tous des liens étroits avec les Assad. Samer Foz ne serait qu'une façade. « La puissance qu'il a acquise le prouve, affirme un expert onusien. Il sert de prête-nom au président. Il ne pourrait pas décrocher de tels contrats s'il ne l'avait pas derrière lui. »

Pendant longtemps, c'était Rami Makhlouf, le cousin et ami d'enfance de Bachar, qui gérait les affaires du clan. Il régnait sur des pans entiers de l'économie nationale, depuis la téléphonie mobile jusqu'aux cigarettes, en passant par le tourisme, la vente de Mercedes ou les duty free-shops. Mais depuis 2012, il figure sur la liste noire de l'Union européenne et des États-Unis, comme la plupart des hommes forts du régime. Ses avoirs en Occident sont gelés. Déclaré indésirable, il ne peut pas circuler, ni commercer librement.

Jusqu'à encore récemment, Samer Foz bénéficiait d'une incroyable liberté de mouvement. Un jour à Paris, un autre à Oslo ou Berlin. « Comment fait-il pour être tout le temps fourré dans l'espace Schengen ? » s'interrogeait, à l'automne dernier, une diplomate européenne. Elle était assise dans un vieux restaurant beyrouthin, aux murs couverts de miroirs violacés, où résonnait le glouglou des narguilés. « Qui lui délivre ses visas ? poursuivait-elle, avec une pointe de colère. Et avec quels papiers se déplace-t-il ? » Foz possède une société, El-Aman For Jets, enregistrée à St. Kitt, dans les îles Vierges britanniques. Son nom apparaît dans les Panama Papers, ce scandale sur des compagnies offshore révélé par un consortium de journalistes en 2016. Détiendrait-il un passeport de ce petit paradis fiscal ?

Jusqu'à la fin 2018, il voyage partout et se montre de moins en moins discret, comme s'il avait soif de reconnaissance. Quand il décide de visiter les bureaux de sa filiale à Beyrouth, il débarque en convoi, à l'instar d'un chef d'État, flanqué d'une vingtaine de gardes du corps.

Les dirigeants libanais, appâtés par les profits qu'ils espèrent tirer de la reconstruction de la Syrie, le reçoivent à bras ouverts. L'an dernier, le président Michel Aoun a failli lui accorder la nationalité libanaise, ainsi qu'à 374 autres personnalités étrangères. Devant le tollé suscité par son décret de naturalisation, le chef de l'État a dû revoir sa liste. Sur ordre exprès de Bachar al-Assad, Samer Foz a finalement décliné l'offre.

L'homme incarne une normalisation en trompe-l'œil. Il se veut la figure emblématique d'une Syrie débarrassée de ses décombres et de ses populations rebelles. En août dernier, Foz comptait parmi les principaux organisateurs de la foire commerciale de Damas, censée accueillir des entreprises du monde entier. « À part des exposants russes et iraniens, il n'y avait pas foule », reconnaît l'un des participants, chef concepteur dans un gros cabinet libanais d'architecture. Il a fixé rendez-vous à Badaro, un quartier de Beyrouth plutôt branché. Comme ses concurrents, il lorgne les mégaprojets du gouvernement syrien. « Marota City représente enfin une chance de réaliser un grand centre d'affaires, se félicite-t-il. Ici, tous les bureaux d'études sont très excités. » Il se rend régulièrement sur place. « Cela fait un an que l'on fait des offres. On planifie, on réfléchit au design, mais rien ne se passe ! On sent qu'il n'y a pas d'argent. » Et puis, comment bâtir sans matériaux, ni ouvriers qualifiés ? Le dernier obstacle est juridique : « Nos chantiers ne seraient pas couverts. Les compagnies d'assurances refusent de garantir des pays sous sanction. »

La dernière mesure de l'Union européenne devrait calmer encore un peu plus ses ardeurs. Au moment où s'écrivent ces lignes, les vingt-sept États membres viennent de décider, à l'initiative de la France, de rajouter Samer Foz à leur liste noire. Sa société, Aman Group, l'un de ses principaux actionnaires, Khaldoun al-Zoubi, et son ancien partenaire, Houssam Katerji, se retrouvent également mis à l'index, ainsi que huit autres hommes d'affaires « éminents [qui] réalisent des bénéfices importants du fait de leur lien avec le régime ». Tous ou presque font partie des principaux promoteurs de Marota City. La chef de la diplomatie européenne, Federica Mogherini, les accuse de participer à un projet d'« expropriation des terres appartenant aux personnes déplacées » et de les empêcher ainsi « de regagner leur foyer ». Une politique assumée par Bachar al-Assad. « Nous avons perdu les meilleurs de nos jeunes et [...] beaucoup d'argent, déplorait-il de sa voix monocorde, dans un discours en août 2017. Mais en retour, nous avons gagné une société plus saine et plus harmonieuse. »

3

Effacements, falsifications, négationnismes

Le drame de Houla selon Bachar al-Assad

Wladimir Glasman[1]

Lors d'une conférence de presse organisée à Damas, le 27 mai 2012, le porte-parole du ministère syrien des Affaires étrangères, Jihad Maqdisi, a présenté la version officielle de ce qui s'était passé deux jours plus tôt à Houla. Il a annoncé la mise en place d'une commission d'enquête composée de militaires et de magistrats, qui rendrait publics sous trois jours les résultats de ses « investigations indépendantes ». Mais, pour autant, il n'a pas jugé utile de reporter à plus tard ce qu'il avait à dire.

Il s'est d'abord attaché à disculper les « forces de protection du régime » de tout rôle et responsabilité dans le massacre. Il a expliqué que, installées en petit nombre et en position défensive dans cinq points différents, aux alentours de Taldou, elles n'avaient pas quitté les barricades derrière lesquelles elles étaient retranchées. Elles s'étaient contentées de répliquer aux tirs effectués dans leur direction. Aucun char n'était entré dans le village et il n'y avait eu aucun tir d'artillerie. Ces forces pouvaient d'autant moins avoir commis les crimes que les médias et certains responsables étrangers s'étaient empressés de leur imputer, que, selon les témoignages parvenus aux autorités syriennes, la totalité des victimes avaient été tuées soit à bout portant, soit à l'arme blanche. Il n'était pas, enfin, dans les traditions de la « glorieuse armée syrienne » de s'en prendre à la population que ses hommes faisaient serment de protéger. Il a ensuite désigné les meurtriers. Il s'agissait de « centaines d'hommes lourdement armés disposant de matériels sophistiqués ». Ils étaient arrivés à Taldou à 14 heures précises, en provenance de diverses localités. À peine descendus de leurs pick-up, qui étaient équipés de mortiers, de mitrailleuses lourdes et de missiles antichars, ils s'étaient lancés dans l'opération qu'ils avaient soigneusement « programmée en concertation avec des puissances étrangères ». Des enregistrements entre les mains des services syriens en faisaient foi. Ils ne s'étaient retirés que vers 23 heures. Les forces de protection du régime déploraient 3 martyrs et 16 blessés, dont certains dans un état grave. Il a finalement été révélé que Houla n'avait pas été la seule localité attaquée. L'opération terroriste avait également ciblé Choumariyeh.

Rendus publics deux jours plus tard, les résultats de l'enquête conduite sous l'autorité du général Qasem Jamal Sleiman ont confirmé les propos du porte-parole et apporté quelques éléments nouveaux. S'agissant des confirmations, elle avait établi que les décès n'avaient pas résulté de

1. Ce texte a été publié initialement le 11 juin 2012 sur le blog Un œil sur la Syrie d'Ignace Leverrier (pseudonyme de Wladimir Glasman) : https://www.lemonde.fr/blog/syrie/2012/06/11/le-massacre-de-houla-en-syrie-etape-deliberee-dune-strategie-assumee-34/. Voir aussi, sur le massacre de Houla, la première partie de l'enquête d'Ignace Leverrier / Wladimir Glasman reproduite dans la deuxième partie de ce livre, p. 430.

tirs d'artillerie, mais de coups et blessures avec des instruments tranchants. D'ailleurs aucun des témoins n'avait accusé l'armée syrienne. La tuerie avait été le fait de groupes armés en provenance de Rastan, Talbissé et Al-Qusayr. Entre 600 et 800 hommes au total y avaient participé. En revanche, il avait été découvert que « toutes les victimes appartenaient à des familles pacifiques, qui n'avaient jamais participé aux manifestations et qui étaient en désaccord avec les groupes terroristes armés ». Un « certain nombre d'entre elles étaient des proches d'un député à l'Assemblée du Peuple », récemment élu à la faveur d'un « scrutin que l'opposition avait condamné ». Ces familles étaient le premier objectif de l'opération. Il s'agissait donc d'un acte de vengeance, qui avait été élargi à d'autres familles… Enfin, « les observateurs internationaux s'étaient rendus sur les lieux non pas à l'appel d'activistes mais à la demande de personnalités officielles », et « ce n'est qu'après leur arrivée que le flot d'accusations mensongères contre l'armée syrienne avait commencé à se répandre ». En conclusion, sortant de la simple présentation des faits, l'enquête estimait, d'une part, que « ce massacre s'inscrivait dans le plan occidental visant à frapper l'unité nationale de la Syrie et à créer parmi sa population une *fitna* (guerre intestine) », et que, d'autre part, « cette opération n'avait pu être réalisée sans que le Conseil national syrien (CNS) en ait eu connaissance ». […]

Lorsqu'il intervient, le dimanche 3 juin, devant l'Assemblée du Peuple dont les membres ont été renouvelés le 7 mai précédent, Bachar al-Assad évoque le drame de Houla. Il ne le fait pas en entamant son discours. Le nom de la ville n'est pas mentionné lorsqu'il invite les députés à respecter une minute de silence en « hommage aux martyrs civils et militaires » disparus depuis le début de la crise. Il rejette son évocation au terme de son allocution. Il donne ainsi l'impression de vouloir banaliser cet événement, dont les médias du monde entier ont longuement parlé. Tendu et mal à l'aise, il s'abstient de présenter les excuses de l'État pour l'incapacité manifestée par les forces de sécurité. Prétextant que les familles concernées ont été totalement décimées, il ne présente pas de condoléances. De même, il ne fait allusion à aucune compensation ou dédommagement pour les blessés ou les proches des victimes. De manière contournée, il reconnaît – mais uniquement pour condamner ceux qui « exploitent de simples erreurs… » – que certains éléments de l'armée ont de temps en temps commis des fautes. Mais il ajoute aussitôt que ceux qui se comportent de la sorte en portent seuls la responsabilité, puisqu'ils agissent sans ordre de leurs chefs. À l'écoute comme à la lecture de son discours, le chef de l'État paraît moins soucieux de condamner le drame de Houla, qu'il ne mentionne pas explicitement à ce moment, que de se mettre personnellement à l'abri d'une enquête internationale susceptible d'établir que des massacres en général, et celui-ci en particulier, ont été commis par « ses » *chabbîha*.

Concernant les faits du 25 mai, il déclare : « La semaine passée, suite à l'horrible tuerie perpétrée à Houla, "on" a accusé les forces armées. "On" a dit d'abord qu'elle avait été causée par un bombardement d'artillerie et des tirs de chars. Mais "on" a aussitôt fait machine arrière, parce qu'"on" a senti que, en accusant les forces armées de ce crime, "on" accusait tous les citoyens de ce pays sans exception d'être des criminels et des terroristes. "On" a alors changé de discours et parlé de milices fidèles à l'État. Pour nous, ce qui s'est passé à Houla, mais aussi à Azzaz, au Midan, à Deir ez-Zor, à Alep et dans de nombreux autres lieux en Syrie, sont des massacres abominables et des actes sauvages. Mais en réalité, même les bêtes sauvages ne commettent pas ce que nous avons vu, surtout à Houla. » On ne s'attardera pas sur son recours au terme *wuhouch* (bêtes sauvages) pour désigner les auteurs du massacre, même si certains croient y distinguer une fine allusion, non pas au nom d'origine de la famille Al-Assad – dont un ancêtre à la force peu commune avait gagné le sobriquet d'al-wahch (singulier de *wuhouch*) en défiant un ours en combat singulier –, mais aux *chabbîha*, pour qui ce substantif est utilisé dans le sens positif d'homme courageux, ne reculant devant rien et prêt à tout pour satisfaire son *mu'allem*, son patron. Mais on notera, en étudiant le vocabulaire du chef de l'État et en comparant cette allocution à ses précédentes interventions, que le discours reste strictement le même : « Le terrorisme (52 citations) est le moyen utilisé depuis le premier jour par l'extérieur (28) pour faire à la Syrie une véritable guerre (6) et y mener, via des criminels (11), un projet de *fitna* (7) et de destruction (7) de la patrie (87). » Comme à son habitude, Bachar al-Assad oppose constamment ceux qui veulent le terrorisme à ceux qui, comme lui, cherchent à promouvoir des réformes (13) et un processus politique (10) par le biais du dialogue (32). Il affirme enfin qu'il n'est « pas question pour l'État de baisser les bras face à la menace terroriste, qui doit être combattue jusqu'à son extinction ».

Les formes du déni face à la profusion des images[1]

Cécile Boëx

À l'heure des nouvelles formes de documentation de la violence de masse rendues possibles par les technologies numériques, le négationnisme et la réinterprétation des faits se réinventent avec la profusion des images et produisent de nouvelles formes de dissimulation. Au fil de l'évolution des rapports de force et des alliances stratégiques, le régime de Bachar al-Assad a réajusté sa propagande pour neutraliser la documentation audiovisuelle sans précédent de ses exactions. Cette propagande se déploie différemment selon les audiences (syriennes ou étrangères) qu'elle vise, suivant une logique paradoxale qui mobilise dans certains cas l'image-preuve et dans d'autres, la remise en question de l'authenticité des images. Le doute, véritable levier politique, puise aussi bien ses ressources dans la viralité que dans l'enclavement et l'incomplétude des images.

L'image, preuve à géométrie variable

Le 20 avril 2015, France 2 diffuse une interview exclusive de Bachar al-Assad. Celle-ci intervient dans un contexte où les groupes djihadistes dominent la scène combattante en Syrie. L'expansion djihadiste s'exporte, notamment en France, où les attentats contre *Charlie Hebdo* et l'Hyper Cacher de Vincennes ont eu lieu quelques mois plus tôt. Face à un journaliste qui n'est pas sur son terrain (l'entretien a lieu à Damas et en anglais, au sein d'un protocole qu'on imagine extrêmement contraignant), Bachar al-Assad se voit offrir une occasion d'affirmer sa légitimité et de renverser l'ordre des responsabilités en accusant les pays occidentaux de soutenir les « groupes terroristes » infiltrés en Syrie depuis 2011. Redéfinissant les cadres de sa prise de parole en répondant systématiquement aux questions par d'autres, il se pose en défenseur du peuple syrien et en rempart contre le chaos et la barbarie. Il explique que des « terroristes », dès le début du « conflit », ont « commencé à attaquer des civils et des propriétés publiques et privées ». Pour prouver ce qu'il avance, il ajoute : « Tout ceci est sur Internet, ce sont eux qui ont mis ces vidéos en ligne, pas nous. Notre rôle en tant que gouvernement est de défendre notre société et nos citoyens. » Bachar al-Assad nie ici l'existence même d'une révolte et réduit les milliers de vidéos documentant les manifestations mais aussi les actions protestataires, les funérailles et la répression qui circulaient alors sur Internet, à des vidéos de terroristes filmant leurs propres exactions. Cette affirmation

1. Ce texte est une version remaniée de l'article paru le 18 mai 2021 sur le site laviedesidées.fr sous le titre : « Les images de la révolte. Exaction et guerre médiatique en Syrie », https://laviedesidees.fr/IMG/pdf/20210517_syriesansimages.pdf.

mensongère s'appuie sur le fait que ces vidéos amateurs et anonymes ont rarement affleuré à la surface des médias occidentaux. De fait, leur multitude et aussi leur caractère amateur les ont rendues opaques. N'existent et ne sont « vraies » que celles qui sont devenues virales, souvent les plus choquantes. Peu après, il en cite d'ailleurs une : celle où l'on voit Khalid al-Ahmad, surnommé « le rebelle syrien cannibale », ouvrir la poitrine du cadavre d'un soldat de l'armée syrienne avec son couteau, en retirer un organe et mordre dedans[1]. Cette vidéo, connue de tous, contrairement aux vidéos fuitées d'actes de torture et d'exécution de l'armée syrienne et de ses milices supplétives, devient le symptôme et le symbole de la barbarie de l'autre camp et de l'aveuglement de l'Occident, que Bachar al-Assad accuse d'être dans le déni de ce qu'est le conflit syrien : « Comment pouvez-vous ignorer cette réalité alors qu'ils la diffusent et vous disent que c'est la réalité ? »

Paradoxalement, les images qui documentent les exactions du régime n'existent pas ou sont qualifiées de fausses parce qu'invérifiables. Lorsque David Pujadas montre des photographies prises par des activistes pour documenter l'utilisation de barils d'explosifs, leur véracité est remise en cause (fig. 1 et 2). Ce n'est d'ailleurs pas très difficile puisque cette juxtaposition de deux photos montrant un projectile largué depuis un hélicoptère avec celle d'un gros plan de bombe, prises à des moments différents, ne prouve effectivement rien. Émerge ici le rôle ambigu du journaliste qui, faisant mine de vouloir piéger Bachar al-Assad, lui donne des arguments pour réfuter la valeur probatoire de ces images et l'existence de l'utilisation des armes qu'elles sont censées dénoncer. Ce dernier rétorque : « Cette image que vous montrez, qu'est-ce que c'est ? Je n'ai jamais vu une chose de ce genre dans notre armée. Je ne parle pas des hélicoptères. Je parle de ces deux photos. Qu'est-ce qui vous permet de les associer l'une à l'autre ? » Dans un autre entretien écrit avec le magazine américain *Foreign Affairs*[2] à la même période, le journaliste évoque les photos du « dossier César » – qui regroupe 45 000 clichés et documents de détenus torturés à mort dans l'un des centres de détention de la capitale – exfiltré par un membre de la police militaire en charge de photographier les cadavres[3]. Bachar al-Assad

Fig. 1 et 2. Captures d'écran. David Pujadas montrant des photos d'un hélicoptère et d'une bombe-baril. France 2, 20 avril 2015.

1. Cette vidéo a d'abord été montrée par des combattants proches de Khalid al-Ahmad à deux journalistes du *Time* qui en ont obtenu une copie et l'ont diffusée le 12 mai 2013 avec le titre : « Savage Online Videos Fuel Syria's Descent Into Madness », https://world.time.com/2013/05/12/atrocities-will-be-televised-they-syrian-war-takes-a-turn-for-the-worse/.
2. Cf. « A Conversation With Bashar [Bachar] al-Assad », mars/avril 2015, p. 58-65.
3. Voir « Les preuves du "dossier César" », par Garance Le Caisne, dans la 2e partie du présent ouvrage.

ironise alors : « Ce qui est drôle avec cette administration [Obama], c'est la première dans l'histoire à établir ses évaluations et les décisions qui en découlent sur les réseaux sociaux. On l'appelle l'"administration des réseaux sociaux", ce qui n'est pas de la politique. Il s'agit de fausses allégations. Vous pouvez vous procurer des photos de n'importe qui et dire que c'est de la torture. Qui a pris ces photos ? Personne ne sait. Aucune vérification n'a été faite, ce ne sont que des allégations sans preuve. » Il ajoute : « Les photos ne sont pas claires dans les personnes qu'elles montrent. On ne voit qu'une tête par exemple, et des crânes. Qui dit que ça a été fait par le gouvernement et pas par des rebelles ? Qui dit que la victime est syrienne ? Par exemple, les photos publiées au début de la crise provenaient de l'Irak et du Yémen. »

Le prétexte du fake

Le contexte d'incertitude propre au conflit, exacerbé par la multiplicité des contenus numériques et leur circulation rapide, a favorisé la mise en ligne de récits fictifs fabriqués en Occident prompts à susciter l'émoi et la fascination. Ces fictions, empreintes « d'orientalisme, de figures héroïques improbables, de naïveté face à l'impact politique des nouvelles technologies et de récits narcissiques d'empathie[1] », accentuent la confusion tout comme la méfiance autour des témoignages de manifestants et d'activistes. L'une des plus célèbres, la vidéo intitulée (en anglais) *Syria ! Syrian Hero Boy Rescue Girl in Shoot Out*, a enflammé les réseaux sociaux en novembre 2014. Elle montre des échanges de tirs dans une rue en ruine (fig. 3). La scène est filmée à la dérobée depuis le trou d'un mur. Un homme sort du bâtiment d'en face en courant sous les balles. Ceux qui filment et qui observent la scène s'écrient en arabe : « *Allahu akbar !* [Dieu est le plus grand] Il s'est enfui. Tu as vu comment ils lui ont tiré dessus. Vous avez vu ?! Ce sont vraiment des chiens. » Un autre demande ensuite : « Vous voyez quelque chose ? » La caméra semble chercher et se dirige sur la gauche. On distingue alors un garçon à terre en même temps que l'un d'eux s'écrie : « Regardez les gars, il bouge ! Il est vivant ! » L'enfant se lève et court vers une carcasse de voiture. Un tir retentit, il s'effondre. Les hommes hors-champ crient et se lamentent : « Oh mon Dieu, il est mort ! » Quelques secondes après, il se relève, sous leurs exclamations (fig. 4). On le voit alors tendre la main. Une petite fille apparaît et ils courent sous les tirs puis disparaissent derrière un mur. La faible résolution de l'image, les mouvements d'objectif incessants, le format très court (à peine une minute) ainsi que les émotions et les commentaires hors-champ, imitent le format des vidéos amateurs.

C'est lorsque cette vidéo est reprise par l'une des principales chaînes YouTube de l'opposition, Shaam News Network, qu'elle devient virale, atteignant rapidement plus de quatre millions de vues[2]. Elle suscite une forte émotion, ravivant la flamme héroïque des premiers temps de la révolution à un moment où les manifestations ont fait place au conflit armé et où les groupes djihadistes occupent le devant de la scène médiatique depuis l'instauration du « califat » par l'organisation État islamique[3]. Les nombreux commentaires dans toutes les langues indiquent d'ailleurs que ce contexte influence l'interprétation de cette vidéo,

1. Omar al-Ghazzi, « On the Afterlife of False Syria Reporting », in Zahera Harb (dir.), *Reporting the Middle East : The Practice of News in the Twenty-First Century*, Londres, I.B. Tauris, 2017, p. 1113.

2. À ce jour, la vidéo est toujours en ligne sur cette chaîne avec 4 652 586 vues et 2 347 commentaires : https://www.youtube.com/watch?v=mgwO6oni-wY.

3. Stefan Tarnowski, « What Have We Been Watching ? Bidayyat », 5 mai 2017 », en ligne (consulté le 11 avril 2021).

Fig. 3. Capture d'écran de la vidéo *Syrian Hero Boy*, YouTube, 10/11/2014.

Fig. 4. Photographie du tournage de *Syrian Hero Boy*. © Lars Klevberg.

beaucoup pensant que ce sont des combattants de l'État islamique qui crient *Allahu akbar* et qui tirent sur les enfants. D'autres comprennent que les snipers sont ceux du régime. Cette pluralité des interprétations est entretenue par l'absence d'éléments de contextualisation. Néanmoins, les commentaires laissent apparaître de nombreux doutes quant à l'authenticité de la vidéo, certains avançant des arguments précis comme le manque de crédibilité des commentaires hors-champ, trop composés et mal joués, la poussière censée représenter l'impact et le garçon qui est miraculeusement indemne ou encore, le fait que la petite fille cachée derrière la voiture est exposée pour le sniper mais qu'il ne la vise que lorsqu'elle passe devant la caméra. Les médias internationaux s'emparent de cette vidéo, mais avec prudence. Si quelques-uns comme les sites NY Daily News ou The Telegraph lui accordent du crédit, les autres soupçonnent un *fake*. Ce doute alimente la viralité de la vidéo. Quelques jours plus tard, le cinéaste norvégien qui a réalisé ce film annonce qu'il s'agit d'une fiction tournée à Malte avec des réfugiés syriens dans le même décor que le film *Gladiator*. Dans un entretien avec la BBC[1], il déclare avoir voulu présenter le film comme réel « pour susciter un débat sur les enfants dans les zones de conflit ». Le ministère de l'Information syrien réagit à l'annonce du *fake* sur sa page en ligne en affirmant qu'elle constitue un exemple de la conspiration médiatique contre la Syrie, précisant aussi que 50 Norvégiens ont rejoint les rangs de groupes djihadistes[2].

Omran Daqneesh et la réécriture des faits par l'histoire d'une image

La guerre médiatique menée par le régime et ses alliés adopte une tactique différente lorsqu'une vidéo authentique documentant des exactions devient virale. Il s'agit alors de produire un contre-récit, qui permet de faire passer les faits au second plan, d'éluder les responsabilités et de retourner l'image contre ses auteurs. Le 17 août 2016, le monde découvre la photo d'un enfant de trois ans, installé à l'arrière d'une ambulance. Omran Daqneesh est hagard et silencieux, son visage est maculé de sang et son corps est blanchi par la poussière des décombres desquels il vient d'être extirpé. Cette image est tirée de la capture d'écran d'une vidéo[3]

1. « Syrian "Hero Boy" Video Faked by Norwegian Director », 14 novembre 2014, en ligne (consulté le 10 avril 2021).

2. Stefan Tarnowski, « What Have We Been Watching ? Bidayyat », art. cité. Le communiqué du ministère syrien de l'Information n'est plus en ligne aujourd'hui.

3. https://www.youtube.com/watch?v=7cfBmRW3isc, 4 382 216 vues le 20 avril 2021.

mise en ligne sur YouTube par le Centre médiatique d'Alep (AMC Markaz Halab al-i'lâmî), filmée dans le quartier d'Al-Qaterji à Alep-Est, une zone rebelle alors bombardée par l'aviation syrienne et russe. Ce jour-là, la frappe fait plusieurs blessés. Parmi eux, l'un des frères du petit garçon, qui succombera à ses blessures. Omran est le premier secouru par des membres de la Défense civile syrienne[1]. Comme toujours, des activistes médiatiques filment et photographient pour documenter le bombardement et l'opération de secours. La viralité de cette image contraint le régime et ses alliés russes à une réponse. Celle-ci est confuse. Le 19 août, le ministère de la Défense russe publie un communiqué affirmant que leurs avions ne procèdent pas à des frappes dans des zones habitées et que les destructions qui apparaissent dans les « médias occidentaux » indiquent qu'il ne s'agit pas d'une frappe aérienne mais de l'explosion d'une bombe artisanale au gaz largement utilisée par les « terroristes » dans cette région[2]. Interrogé en octobre par une chaîne de télévision suisse[3], Bachar al-Assad, visiblement agacé par le journaliste qui lui montre une photo du petit Omran devenue « symbole de la guerre », déclare que cette photo est truquée. Devant cette affirmation, difficilement tenable, un récit alternatif est élaboré pour désamorcer le pouvoir accusateur de cette image et retourner son capital médiatique au profit des médias pro-régime.

Un peu moins d'un an plus tard, une série d'interviews diffusées par des chaînes de télévision syriennes, russes, iraniennes et libanaises (pro-Hezbollah) sont tournées avec le père d'Omran. Celui-ci, comme d'autres civils, a été évacué avec sa famille depuis peu par l'armée syrienne dans une zone sous contrôle du régime[4]. Il affirme que la photo est authentique mais que l'image de son fils a été instrumentalisée pour la promotion des groupes rebelles. Il remet également en doute le fait qu'il s'agisse d'une frappe aérienne, puisqu'il n'a pas entendu le son des avions. Dans l'un

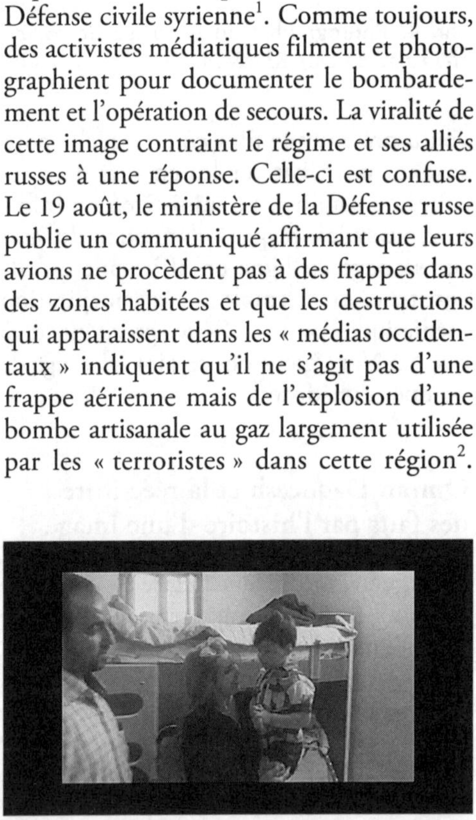

Fig. 5. Interview pour la télévision syrienne. Source : images de propagande de la télévision nationale syrienne.

Fig. 6. Séquence d'ouverture du reportage avec Kinana 'Allouch de l'agence de presse Ruptly, diffusé sur la chaîne Sputnik France.

1. Voir « Les casques blancs », par Cécile Hennion dans le chapitre 5 de la 4e partie du présent ouvrage.

2. Communiqué cité dans un article de Hady al-Khatib pour le site Bellingcat qui démontre, vidéos et imagerie satellitaire à l'appui, que la frappe du 17 août 2016 résulte bien d'un bombardement aérien. Cf. « Fact-checking Russia's Claim That it Didn't Bomb a 5 Years Old in Syria », https://www.bellingcat.com/news/mena/2016/09/01/fact-checking-russias-claim-didnt-bomb-5-year-old-syria/ (consulté le 21 avril 2021).

3. https://www.srf.ch/news/international/assad-ich-greife-keine-menschen-an-ich-verteidige-sie (consulté le 20 avril 2021.

4. « Première apparition de Omran Daqneesh sur les médias du régime syrien » (en arabe), journal en ligne Enab Baladi, https://www.enabbaladi.net/archives/154229.

de ces reportages, la présentatrice syrienne Kinana'Allouch[1] lui demande de raconter comment il a reçu des propositions d'argent pour sortir de Syrie afin qu'il témoigne contre l'armée syrienne (fig. 5). Il déclare également avoir changé le nom de son fils, craignant qu'il se fasse enlever. Dans le reportage diffusé par l'agence de presse en ligne Ruptly, appartenant à la chaîne russe RT, le père reprend les mêmes arguments[2]. La vidéo s'ouvre sur un téléphone portable qui diffuse l'extrait d'une émission sur CNN avec une présentatrice en larmes devant la photo d'Omran mutique et ensanglanté (fig. 6). Cette mise en abyme déplace l'intention documentaire première de cette photo sur le terrain de sa mise en spectacle médiatique. Aussi, elle suggère que le témoignage du père constitue l'envers du décor. L'image du petit Omran souriant, entouré de jouets, est censée effacer et remplacer celle de l'horreur, tout comme le récit d'indignation du père contre l'instrumentalisation de la photo de son fils est censé occulter la mort de son autre enfant, le traumatisme du bombardement et innocenter les tueurs. L'ordre des images et des responsabilités est inversé. La réalité des faits est détournée par une histoire tissée autour d'une photo, dont on imagine aisément qu'elle a été soigneusement scénarisée : comment le père aurait-il pu s'y soustraire ? Ce contre-récit élaboré autour d'une image symbolique rappelle l'interview avec le père et l'oncle de Hamza al-Khatib, un enfant de 13 ans torturé à mort après avoir été arrêté avec son père alors qu'il manifestait à Deraa en mai 2011. Convoqués par Bachar al-Assad pour qu'il leur présente ses condoléances, au sortir de leur entrevue, ils déclaraient devant les caméras de la télévision syrienne combien ils aimaient leur président et étaient confiants dans l'enquête qui allait être menée pour établir la vérité. Ce théâtre morbide et obscène est le prix exorbitant de la survie.

L'archive contre le déni, la distorsion et l'effacement

Le régime syrien est ainsi parvenu à intégrer les images de ses exactions à son récit pour afficher son impunité. Le déni et la distorsion des faits se nourrissent de l'excès d'images et de leurs excès[3] : d'un côté, la masse fait écran et de l'autre, la brutalité de certaines d'entre elles et les émotions qu'elles suscitent les érigent en symboles, rejetant hors-champ toutes les autres. C'est sur ce double principe d'opacité que prospèrent différentes stratégies du doute, renforcées par le contexte d'incertitude propre au conflit ainsi que par l'enchaînement rapide des événements et de ce qui fait événement. Le brouillage des perceptions s'inscrit dans une course contre la montre. Une grande partie des crimes commis par le régime sont documentés par de multiples sources (audiovisuelles, photographiques, textuelles ou orales). Mais le patient travail d'exhumation, de collecte, de recoupement, de contextualisation et d'analyse s'inscrit dans une temporalité qui n'est pas celle de l'événement. Contre ce brouillage et l'amnésie inhérente au flux informationnel, l'acte d'archive résiste à l'effacement et à la distorsion en restituant l'épaisseur des faits et en recréant de la cohérence dans la fragmentation. La documentation de la violence a très tôt fait l'objet d'une forme d'activisme à part entière. Par exemple, dès juin 2011, le

1. Elle a présenté de nombreux reportages aux côtés de l'armée syrienne. En 2016, elle s'est également fait connaître pour avoir pris un selfie à Alep, tout sourire, avec en arrière-plan des cadavres de combattants rebelles, déclarant qu'il s'agissait de membres de bandes armées turques et tchétchènes.

2. https://www.youtube.com/watch?v=Gtd9hNw1O0Y.

3. Voir Aurélie Ledoux, « Vidéos en ligne : la preuve par l'image ? », *Esprit*, mars-avril 2009.

Violation Documentation Center in Syria[1] rassemble et analyse des données collectées sur le terrain (témoignages, documents, vidéos, photos) à l'attention de journalistes ou d'organisations de défense des droits de l'homme. En 2014, Syrian Archive[2] est créée à Berlin pour sauvegarder, vérifier et contextualiser une partie de la production audiovisuelle et numérique qui circule sur les réseaux sociaux, également à des fins journalistiques et juridiques. Dans une optique davantage axée sur la mémoire, le site The Creative Memory of the Syrian Revolution[3], basé à Beyrouth, rassemble et préserve depuis 2013 la production artistique, culturelle et intellectuelle issue de la révolte et du conflit sous forme de textes, de photographies et de vidéos, également collectés sur Internet. Parallèlement à ces initiatives institutionnalisées, des pratiques spontanées d'archivages voient le jour sur YouTube ou Facebook.

L'archivage de la production audiovisuelle et numérique issue de la révolte et du conflit en Syrie induit ainsi différentes pratiques de collecte, d'organisation, de description et de transmission, souvent avec des moyens très limités. Alors que le conflit est toujours en cours, l'archive, qui relève d'une multitude de trajectoires, fait partie intégrante du conflit, qui se prolonge et se relocalise en elle à travers des actes de sauvegarde, des mises en récit mémorielles, ou des espoirs de réparation. Ce devenir archive ne va pas sans violence puisqu'il porte implicitement en lui l'incapacité des images à faire sens au présent, tout comme le spectre de la fossilisation. C'est aussi dans le décalage entre le temps de l'événement et le temps de l'archive que le déni s'insinue et se renforce. Cette masse de documentation a suscité énormément d'attentes. Plus le temps passe, plus les données s'accumulent, sans effet. Au moment où j'écris ces lignes, les bombardements se poursuivent à Idlib et plus de 128 000 personnes sont toujours détenues ou ont disparu après une arrestation arbitraire[4]. Si les premiers procès de Coblence contre un ancien colonel et un membre des services de renseignements responsables d'actes de torture constituent une brèche dans l'impunité, les « élections présidentielles » du 26 mai ont marqué la persistance du déni dans un rituel politique surréaliste qui vient encore provoquer et humilier celles et ceux qui ont éprouvé la violence dans leur chair.

1. Fondé notamment par Mazen Darwish et Razan Zaitouneh, laquelle est enlevée, avec trois de ses collègues (son mari Wael Hamada, Samira al-Khalil et Nazem Hammadi), à Douma par le groupe islamiste Jaysh al-Islam, https://vdc-sy.net/en/.

2. https://syrianarchive.org/.

3. https://creativememory.org/fr/archives/. Cf. Catherine Coquio, « Archiver la révolution syrienne. *creativememory.org* ou le tact de l'archiviste », *Diacritik*, 9 avril 2021.

4. Selon le Réseau syrien des droits de l'homme (SNHR).

De la propagande comme arme de guerre

Nicolas Hénin

Si les armées d'aujourd'hui s'intéressent de façon croissante aux « espaces immatériels » (cyber, informationnel…), la Syrie constitue un cas d'école. Depuis le déclenchement de la révolution, un dispositif complexe de propagande a été mis en place, comprenant des actions destinées aux différents publics visés, qu'ils soient syriens, régionaux ou à l'international. Rudimentaire les premiers temps, utilisant les ressorts dépourvus de subtilité hérités de la période pendant laquelle les cadres baathistes du ministère de l'Information allaient se former en Union soviétique[1], la propagande de guerre est progressivement devenue plus complexe, et a énormément pris en assurance et en ampleur avec l'engagement militaire russe en 2015. Ainsi, la position vis-à-vis des journalistes étrangers est passée d'un « déni d'accès » via un refus de visas à un adoubement de journalistes « compatibles » : pas plus d'un par rédaction, et pas pour toutes les rédactions. Parallèlement, des influenceurs, blogueurs ou youtubeurs, ont été recrutés afin de participer à la campagne de « ré-information ». Il convient de rappeler brièvement l'histoire de la couverture médiatique de la révolution syrienne : au déclenchement des « printemps arabes », Bachar al-Assad se sentait relativement sûr de lui, convaincu que la vague ne l'atteindrait jamais. Lorsque la révolution éclata, toutefois, il prit soin de filtrer les accès des témoins extérieurs. Les visas de presse, déjà délivrés au compte-gouttes, furent suspendus. Mais les révolutionnaires, reprenant les usages de leurs prédécesseurs tunisiens, égyptiens ou libyens, entreprirent de tout filmer avec leurs téléphones et diffuser les informations via les réseaux sociaux et les plates-formes d'hébergement de vidéos. Rapidement, des journalistes, dont l'auteur de ces lignes, parvinrent à entrer clandestinement dans le pays, contournant ainsi les restrictions de visas, même si c'était sans pouvoir beaucoup circuler dans le pays et en courant de grands risques : plusieurs journalistes occidentaux, dont l'Américain Austin Tice, ont été capturés par le régime. D'autres furent tués, dont cinq Français. À partir de la fin 2012, et surtout de mi-2013, l'organisation État islamique en Irak et au Levant (EIIL, qui deviendra EI en 2014) débuta une vaste campagne d'enlèvements dans les zones tenues par l'opposition. Les rédactions cessèrent d'y envoyer des reporters. Parallèlement, Damas desserra un peu la vanne des visas. Mais les journalistes « côté régime », cornaqués, choisis, manquent de liberté dans ce qu'ils rapportent : ils savent que leur

1. Wladimir Glasman, « Dans la Syrie de Bachar al-Assad la désinformation est aussi une affaire de famille », blog Un œil sur la Syrie, lemonde.fr, 25 février 2012.

accès au terrain est conditionné à l'appréciation que le ministère de l'Information fera de leur production. Sans être idéal, l'accès côté rebelles était bien plus libre, ne serait-ce que du fait de l'éclatement des groupes. Cependant, l'incapacité des révolutionnaires à protéger les reporters occidentaux des djihadistes mit un terme à la couverture médiatique dont ils avaient un temps profité.

C'est une contradiction de ce conflit que d'être à la fois l'un des plus documentés de l'histoire récente, grâce aux nouvelles technologies qui peuvent faire de quiconque dispose d'un téléphone doté d'une caméra et d'un accès à Internet un témoin de crimes de guerre et une source pour les historiens de demain, et en même temps un conflit où la circulation de l'information a été particulièrement contrainte. Les objectifs principaux de la propagande assadienne ont été de porter deux messages, aussi bien à l'intérieur qu'à l'extérieur de la Syrie : d'une part, convaincre que le régime est le seul système légitime et pouvant assurer la stabilité (le fameux argument « moi ou le chaos » assumé jusqu'à la production du slogan « Assad ou on brûle le pays »), et, d'autre part, dénigrer l'opposition de toutes les façons possibles. Il s'est agi de nier ses aspirations démocratiques, de la caricaturer comme islamiste, sectaire, terroriste, agent de l'étranger. Il est plus facile pour un tyran de décrire son opposition comme une « révolution de couleur » ourdie par des puissances malignes, de flatter la fibre souverainiste de son opinion en insistant sur chaque connexion que l'opposant peut avoir avec l'étranger. Dans le cas syrien, cette ficelle a été tirée jusqu'à d'absurdes théories complotistes sur une alliance entre l'Occident et les groupes djihadistes, qui ont pourtant connu un véritable succès en France[1].

Cet effort de propagande était particulièrement nécessaire aux premiers temps du soulèvement. Plus tard, lorsque l'opposition se morcela et se radicalisa en partie, la communication pro-régime s'est repue de ces travers, et a réécrit l'histoire en surdéterminant l'inéluctabilité de sa radicalisation. Pourtant, à bien y regarder, les débuts de la révolution syrienne furent remarquablement pacifiques. Alors qu'en Égypte, on constatait de violentes échauffourées dans les rues du Caire, et qu'en Libye on assistait à une militarisation et à une guerre civile dès les premiers jours, il fallut des mois aux manifestants pour se convaincre, sous les coups de boutoir de la répression, de répondre par la force en mobilisant une armée d'abord destinée à l'autodéfense : l'Armée syrienne libre.

Les Syriens connaissaient le logiciel du régime Assad. Ils savaient le piège que représentait le recours à la force. Pendant des mois, ils préférèrent n'opposer que des chants et des danses aux mitraillages et vagues d'arrestation. Ils étaient bien conscients, comme le décrivait de façon remarquable sur son blog feu Wladimir Glasman[2], que le régime était beaucoup plus à l'aise confronté à un ennemi armé plutôt qu'à un adversaire pacifique, et que le recours à la violence était finalement un piège. Dès les premières manifestations, le régime n'eut de cesse de décrire les révolutionnaires comme des terroristes. À force d'être répété (et peut-être en partie parce qu'il a été répété), ce postulat s'est en partie réalisé. L'aspect autoréalisateur de plusieurs narratifs de propagande mériterait un développement à part.

1. Par exemple Maxime Chaix, *La Guerre de l'ombre en Syrie*, Éric Bonnier éditeur, mars 2019.

2. Wladimir Glasman, né en 1942 à Rabat (Maroc), est décédé le 21 août 2015 à Paris. C'était un chercheur arabisant et diplomate français, grand connaisseur de la Syrie où il a été en poste entre 2001 et 2008. Deux de ses articles sont reproduits dans ce livre. (*N.D.E.*)

Il ne s'agit pas ici de nier des liens entre les rebelles et les djihadistes, mais de rappeler qu'ils sont souvent ténus ou complexes, liés au fait qu'ils se côtoient sur un même territoire. Rappeler aussi que ces deux camps ont régulièrement été en lutte ouverte, et pas uniquement du fait d'une compétition pour le contrôle d'un territoire ou l'accès aux subsides d'un sponsor étranger mais parce que leurs modèles de société étaient incompatibles. Il n'y a pas lieu non plus d'occulter les crimes que les révolutionnaires, qu'ils soient considérés comme « islamistes » ou « modérés », ont pu commettre : enfants soldats, détentions et exécutions d'opposants, utilisation de civils comme boucliers humains même si ceux-ci étaient surtout pris au piège des nasses urbaines créées par les sièges du régime. L'immense majorité des crimes commis en Syrie depuis le déclenchement de la révolte est imputable aux forces de Bachar al-Assad et à ses supplétifs.

La désinformation de guerre a redoublé lors des grandes dates du conflit : les grandes batailles ou les principales attaques chimiques. Dans *Le Monde*[1], Christophe Ayad décrit la « machine de propagande sophistiquée [qui] a ciblé, pendant plusieurs mois, les opinions publiques occidentales, notamment en France, le pays le plus engagé aux côtés de la rébellion anti-Assad depuis le début de la révolution en 2011 ». « La propagande de guerre, rappelle Ayad, n'est pas qu'un enrobage, une sorte de présentation marketing des opérations militaires, mais une composante de ces opérations qui consiste, entre autres, à brouiller la perception du camp adverse avec un bombardement d'informations propres à désorienter les opinions et à paralyser leurs gouvernants. En même temps que les armées russe et syrienne bombardaient Alep, elles bombardaient nos populations d'éléments de langage et de représentations désensibilisantes. Et ces offensives narratives sont tactiquement tout aussi importantes. Il ne faut surtout pas négliger les effets produits sur le théâtre des opérations par les stratégies informationnelles mises en place en Occident. » Dans *Libération*[2], Luc Mathieu rapporte qu'en pleine bataille d'Alep, les hélicoptères du régime lançaient au-dessus de la zone des tracts sur lesquels on lisait : « Vous savez que tout le monde vous a abandonnés. Ils vous ont laissés seuls face à votre destin et personne ne vous aidera. » Le narratif d'un abandon par l'Occident fut donc utilisé comme une arme visant à démoraliser civils et combattants et à faciliter leur reddition. Grâce à cette propagande, le désintérêt occidental pour les crimes de guerre en Syrie devient performatif : il est employé pour commettre encore plus de crimes de guerre, et pour tirer bénéfice des crimes de guerre déjà commis.

Dans son article précédemment cité, Ayad décrit l'un des principaux ressorts de cette propagande : l'inversion. « Si les guerres ont toujours mis en branle l'affrontement de deux narrations, jamais on n'a assisté à une telle transformation des victimes en bourreaux, des sauveteurs en terroristes, et des massacreurs en libérateurs. » Même la négation des crimes devient une lutte contre la « désinformation »[3] ! Les casques blancs, ONG fondée par James Le Mesurier, ancien officier britannique, qui a permis de sauver des milliers de vies et, peut-être aussi important, qui a documenté des centaines de massacres, sont devenus l'une des cibles

1. Christophe Ayad, « La propagande et la guerre de l'information ont tenu une place essentielle dans la bataille d'Alep », *Le Monde*, 7 juillet 2017.

2. Luc Mathieu, « Alep-Est à l'agonie », *Libération*, 30 novembre 2016.

3. Alexandre Del Valle, « Armes chimiques en Syrie : le spectre de la désinformation », site Atlantico (https://atlantico.fr), 29 août 2013.

principales de ce matraquage mensonger. Le déferlement de calomnies a été tel – après avoir été accusé de détournement de fonds Le Mesurier a été accusé par le ministère des Affaires étrangères russe d'être un ancien agent du MI6 « en lien avec des terroristes » – qu'il a fini par pousser l'humanitaire à la dépression puis au suicide[1].

Ces opérations de propagande passent par plusieurs effecteurs. Très tôt, la Syrian Electronic Army s'est livrée à des piratages qui, s'ils ne pouvaient avoir la prétention d'inverser les perceptions, visaient au moins à semer le doute sur la véracité des informations, étape préalable avant toute diffusion de désinformation[2]. Les réseaux sociaux sont devenus l'un des espaces les plus visibles et centraux des débats et de la diffusion d'idées. C'est donc tout naturellement qu'ils ont été investis. Le 17 octobre 2018, Twitter annonçait avoir suspendu un lot de près de 4 000 comptes ayant produit environ 9 millions de tweets liés à l'Internet Research Agency (IRA), organisme russe para-étatique en charge d'opérations d'influence pour le compte du Kremlin. Ces comptes, dont la création est concomitante de la montée en puissance du dispositif militaire russe sur le terrain, ont été très actifs dans la propagation de narratifs sur le conflit syrien dans les différentes zones linguistiques[3]. Ce qui est ici remarquable, est l'instrumentalisation, par ces comptes, de la menace djihadiste au service de narratifs qui excèdent largement les simples représentations du conflit syrien : par exemple, l'un des pics d'activité de ce lot de postiches gérés par l'IRA est le 22 mars 2016, date des attentats de Bruxelles. Ce jour-là, des centaines de tweets furent postées, qui contenaient des hashtags tels que #IslamKills ou #RefugeesAreISIS. D'autres attentats, tel celui à la voiture-bélier de Manhattan le 16 septembre, furent encore l'occasion de promouvoir des narratifs anti-réfugiés et islamophobes. Mais l'objectif principal demeure la mise en question des crimes commis en Syrie, à commencer par les usages d'armes chimiques. En avril 2017, après l'attaque de Khan Sheikhoun, ces comptes cherchèrent à imposer le hashtag #SyriaHoax pour suggérer une machination derrière leur attribution, par les observateurs, aux forces du régime.

L'efficacité de telles campagnes ne doit pas être sous-estimée. En août 2015, le Conseil de sécurité des Nations unies avait mis en place un *joint investigation mechanism* (JIM) pour enquêter sur les attaques chimiques. Les premiers résultats avaient été accablants pour Damas. Dans la foulée, la Russie avait déclenché une vague de fausses informations sur les réseaux sociaux destinée à décrédibiliser l'ONU, avant de porter le coup de grâce à son mécanisme au mois de novembre 2017, en refusant au Conseil de sécurité le renouvellement de son mandat. Durant ses années de fonctionnement, la propagande russe, bipolaire, ne cessa de réclamer des enquêtes internationales en clamant qu'on « manquait de preuves » pour attribuer la responsabilité des attaques chimiques, tout en détruisant méticuleusement la crédibilité de l'institution qui était en charge d'enquêter. L'offensive informationnelle a constitué un renfort constant de l'offensive diplomatique. Dès lors que l'armée russe s'est engagée sur le terrain syrien, les médias d'État russes en français sont venus en appui faire leur part de désinformation sur le conflit. Pour *Libération*, Hala Kodmani s'est ainsi penchée sur « un

1. Chloe Hadjimatheou, « Mayday : How the White Helmets and James Le Mesurier Got Pulled into a Deadly Battle for Truth », BBC News, 27 février 2021.

2. Peter Apps, « Rumeurs et désinformation nourrissent le conflit syrien », Reuters, 7 août 2012.

3. « Russia's Twitter Campaign : Influencing Perceptions of the Syrian Conflict », syriaaccountability.org, 12 décembre 2018.

mois d'intox » concernant la Syrie, défaisant méticuleusement les fausses nouvelles propagées par Sputnik et Russia Today[1].

Les médias français ne sont pas en reste. L'émission « Un œil sur la planète », sur France 2, a ainsi mis en scène une série de reportages plus que biaisés[2]. Auteur d'une biographie de Bachar al-Assad manquant singulièrement de distance et intervenant régulier des événements de l'ambassade russe à Paris et de ses organisations satellites, Régis Le Sommier couvre régulièrement la Syrie pour *Paris Match*, toujours du côté du régime, et en reprenant globalement ses narratifs. Les vecteurs de propagande parmi les plus efficaces ont été les « influenceurs » sélectionnés sur les doigts d'une main dans chaque pays, auxquels a été accordé un large accès à la Syrie et aux cadres du régime avec mission de faire passer leurs messages. Aucun grand pays ou zone linguistique n'en est dépourvu. On se souvient ainsi de la Canadienne Eva Bartlett, qui apparut dans une vidéo virale dans laquelle elle se présentait comme une « journaliste indépendante ». Si ce n'est que ses publications révèlent le profil d'une activiste pro-régime syrien qui écrit régulièrement sur « les mensonges occidentaux », sur « l'ONU [qui] étouffe les crimes de guerre », et appelle à « déconstruire le récit occidental » ou encore affirme que « les médias occidentaux ignorent la réalité »[3]. Au Royaume-Uni ont opéré Vanessa Beeley et Finian Cunningham, en Allemagne Albrecht Müller… Les médias d'État russes, RT et Sputnik, les invitent régulièrement. Mais le Graal pour eux demeure une apparition dans un média traditionnel. Quelle ironie de la part de personnages sulfureux qui ne cessent par ailleurs de conspuer les « médias du système » et le *mainstream*… En France, les principaux influenceurs pro-régime ont été Pierre Le Corf, installé depuis 2016 à Alep où, sous couvert d'humanitaire, il promeut, notamment via sa page Facebook, les narratifs du régime et SOS Chrétiens d'Orient. Cette association, fondée en 2013 avec un discours presque en miroir de celui des djihadistes qui quittaient alors par centaines la France pour rejoindre l'EI, présente le régime comme un rempart nécessaire à la protection des communautés chrétiennes locales. Ce récit, fondé sur de légitimes préoccupations et un exode dramatique des chrétiens d'Orient, méprise la complexité sociale et politique des différents pays au profit d'une représentation civilisationnelle du monde : eux et nous, les chrétiens luttant pour leur survie face à une guerre menée par les musulmans. Ce faisant, il confirme celui des djihadistes et surexpose les chrétiens d'Orient en les associant aux crimes du régime.

La guerre en Syrie est devenue une matrice fondamentale de récits complotistes, à l'image de ce que le 11-Septembre avait pu engendrer comme regain narratif[4]. Elle flatte ceux qui sont à la recherche d'un récit alternatif. Il ne faut en aucune manière en être surpris : les plus grands drames humains, à commencer par les grands crimes, sont les supports naturels de théories complotistes qui visent d'une façon ou d'une autre à minorer la responsabilité de leurs auteurs en installant des thèses révisionnistes. La Syrie représente un cadre idéal pour des névroses certes non contemporaines mais réactivées : l'antisémitisme, avec la figure d'un Assad idole de

1. Hala Kodmani, « Russia Today, Sputnik… Un mois d'intox passé au crible », *Libération*, 3 mai 2018.

2. Marie Peltier, « Syrie : quand "Un œil sur la planète" se fait le porte-voix de Damas », *L'Express*, 21 février 2016.

3. Pauline Moullot, « Propagande prorusse sur Alep : qui est cette "journaliste indépendante" qui cartonne sur le Web ? », *Libération*, 15 décembre 2016.

4. Marie Peltier, *Obsession. Dans les coulisses du récit complotiste*, Paris, Éditions Inculte/Dernière Marge, 2018.

la « résistance » face à Israël, l'islamophobie avec son lot de représentations caricaturales, depuis les Amazones kurdes en première ligne de l'Occident face aux hordes djihadistes, jusqu'aux chrétiens d'Orient enrôlés dans un conflit civilisationnel qui les dépasse autant qu'il les dessert, forcés de quitter des terres attestant de leur présence depuis des millénaires. L'arrivée sur notre sol de la menace terroriste et les réponses parfois brutales et maladroites apportées par les États ont contribué à alimenter ce mouvement.

Il convient pour conclure cet article de saluer le travail de documentation indispensable mené par des Syriens, avec le soutien de partenaires de par le monde : Syrian Archives, le Violation Documentation Center (VDC), le Réseau syrien des droits de l'homme (SNHR), le Centre syrien pour les médias et la liberté d'expression (SCM) et tous les reporters citoyens anonymes qui ont, parfois au prix de leur vie, contribué à documenter les événements. À défaut d'avoir pu empêcher les massacres, il reste encore l'écriture de l'histoire et l'imputation aux bourreaux de leurs responsabilités effectives, afin de s'assurer que ces criminels seront frappés d'infamie pour l'éternité[1]. Pour partie, cette histoire commence à s'écrire, en défiant la propagande, dans les prétoires. Pas ceux de la Cour pénale internationale (CPI), impuissante, tout comme l'est le Conseil de sécurité, mais dans les pays où le droit dispose de règles de territorialité leur permettant de juger les crimes de guerre commis à l'étranger. En Allemagne, dans la ville de Coblence où s'est ouvert un premier procès sur les crimes contre l'humanité perpétrés dans la branche 251 de la Sécurité d'État, l'avocat et militant Anwar al-Bunni, qui y a été torturé pour avoir notamment cofondé le Centre syrien d'études et de recherches juridiques, s'en réjouit : « Les deux accusés n'étaient que des pions dans un système de détention conçu comme une arme pour faire obéir l'ensemble de la société », déclare-t-il à l'ouverture du procès[2]. « Cette machinerie fonctionne malheureusement encore, mais ses rouages vont être exposés. Ceux qui se sentaient intouchables vont affronter les faits. »

1. « Ne laissons pas Bachar al-Assad réécrire la guerre », tribune collective, *Libération*, 9 mars 2021.
2. Delphine Nerbollier, « Le premier procès de tortionnaires syriens s'ouvre en Allemagne », *Le Temps*, 22 avril 2020.

Les extrêmes droites françaises et européennes

Albert Herskowicz

Les obsessions de l'extrême droite trouvent en Syrie un écho sur lequel Bachar al-Assad sait parfaitement jouer : défense des régimes autoritaires et rejet de la démocratie, anti-islamisme (réduit à sa frange djihadiste), antisémitisme, défense de la chrétienté persécutée. Il n'est donc pas étonnant que la propagande du régime syrien ait trouvé un relais actif dans ces groupes extrémistes, eux-mêmes divers et fortement divisés et dans des milieux soucieux de présenter une image publique plus modérée, mais sensibles à des thématiques sécuritaires et religieuses.

Des connivences anciennes avec les idéologies fascistes et l'antisémitisme

Les relations entre le régime syrien et l'extrême droite datent de bien avant la révolution de 2011. Le régime avait accueilli de nombreux nazis dont un des pires criminels de guerre, Alois Brunner, adjoint d'Eichmann, responsable en France du camp de Drancy et organisateur de très nombreuses déportations dont celle des Juifs de Salonique. Brunner arrive en Syrie vers 1954 ; plus tard, en 1971, il est embauché directement comme conseiller du gouvernement de Hafez al-Assad. Il aide le pouvoir syrien à mettre en place des techniques de torture dans les prisons.

Le général Moustapha Tlass, éternel ministre syrien de la Défense (de 1972 à 2004), représente la continuité du régime syrien puisqu'il est confirmé par Bachar al-Assad, arrivé au pouvoir en 2000, lors de la mort de son père. Dès 1994, Frédéric Chatillon, alors dirigeant du GUD (Groupe Union Droit), milice d'extrême droite ultraviolente, se rapproche de Tlass. Le régime d'Hafez al-Assad finance les activités du GUD et voit en Chatillon une porte ouverte vers les mouvements extrémistes occidentaux. C'est aussi l'époque d'un tournant politique du GUD, qui relativise son combat anticommuniste et adopte une ligne ouvertement antisémite. Le général Tlass est connu pour ses positions négationnistes envers la Shoah et a fait éditer le faux antisémite nommé *Protocoles des Sages de Sion*. C'est pour cette raison qu'il devra abandonner son projet de soutenir une thèse à la Sorbonne.

Chatillon fait profiter ses amis de ses contacts au sein du régime syrien et invite la fine fleur des milieux complotistes à se rendre à Damas. Il organise notamment en 2006 un voyage au Liban et en Syrie en compagnie d'Alain Soral et de Dieudonné, ainsi qu'un autre voyage de presse en août 2011, aux côtés de Thierry Meyssan, l'animateur complotiste du Réseau Voltaire. Ce dernier vit et agit d'ailleurs à Damas. Sans surprise, il s'attellera rapidement à dénoncer une tentative de déstabilisation menée par l'OTAN, le Qatar et l'Arabie saoudite, pour assurer la « domination sioniste » de la région. Chatillon mélange en permanence l'activisme politique et les affaires. Il fonde une nébuleuse de sociétés commerciales qu'il mettra ensuite au service du Front national puis du Rassemblement national (RN). Chatillon lui-même devient un proche conseiller de Marine Le Pen, comme le montre précisément le livre de Destal et Turchi, *Marine est au courant de tout*[1]. Sa société principale, nommée Riwal, élargit ses activités, notamment avec sa filiale Riwal Syria, « spécialisée dans la promotion des sociétés privées et des institutions publiques syriennes en France ». L'agence crée notamment le site du ministère du Tourisme syrien. En décembre 2009, Riwal Syria réalise ainsi une campagne pour le ministère syrien du Tourisme, en faisant tourner à Paris un car portant le slogan « Syrie, une nouvelle ère[2] ». En juin 2011, trois mois après le début de la révolte et des manifestations contre Assad, Chatillon lance le site InfoSyrie, présenté comme « organe de ré-information » c'est-à-dire de propagande pro-régime. Il le fera durer un an, avant de poursuivre son activité sur Facebook. En mars 2016, Chatillon figure également dans la délégation française reçue par Bachar al-Assad, qui mêle des députés Les Républicains (dont déjà Thierry Mariani qui rejoindra ensuite le RN) et des figures d'extrême droite.

Cet attrait de l'extrême droite pour le régime Assad n'est évidemment pas uniquement français. En 2005, David Duke, ancien dirigeant du Ku Klux Klan, promoteur de théories racistes et négationnistes, antisémite enragé et futur soutien de Trump, était invité en grande pompe à Damas où il a prononcé un discours antisémite en s'attaquant aux « sionistes qui occupent New York et à l'État d'Israël ». Ce discours, qui a été retransmis par la télévision syrienne, voulait illustrer la convergence entre son idéologie de la suprématie de la race blanche et une certaine rhétorique « antisioniste » dans le monde arabe. Il y déclarait : « En Amérique et partout dans le monde, il n'y a que les sionistes pour vouloir la guerre et non la paix. [...] Cela me fait mal de vous dire qu'une partie de mon pays [États-Unis] est occupée par les sionistes, tout comme une partie de votre pays, le Golan, est occupée par les sionistes. Les sionistes occupent la plus grande partie des médias américains et contrôlent pour une large part le gouvernement américain[3]. »

Contre les musulmans, l'axe « civilisationnel » Bachar-Poutine

Avec le début du soulèvement en mars 2011, le soutien de l'extrême droite internationale s'approfondit et change de dimension. Sa mouvance s'oppose à la vague des révolutions qui se développent à partir de 2011 dans les pays arabes. Pour ceux qui méprisent aussi violemment les populations arabes et musulmanes, seuls des dictateurs sont à même de « mater » les populations qui réclament la justice et la démocratie. Depuis le début du conflit en Syrie, Bachar al-Assad attire les courants d'extrême droite en Occident, au point d'en être devenu l'un des symboles. On a ainsi trouvé ses portraits chez les responsables de l'émeute suprémaciste de Charlottesville en 2017, à côté de portraits de Hitler[4]. La vision de l'extrême droite occidentale du conflit syrien est qu'il

1. Mathias Destal, Marine Turchi, *Marine est au courant de tout... Argent secret, financements, hommes de l'ombre. Une enquête sur Marine Le Pen*, Paris, Flammarion, 2017, chap. 17, p. 354 à 366.
2. *Id.*, *ibid.*, p. 362.
3. https://www.youtube.com/watch?v=21wyi5eGpxA.
4. voir https://info-antiraciste.blogspot.com/2017/08/charlottesville-comment-la-syrie-dassad.html.

y a un régime qui impose l'ordre et la stabilité face à des « indigènes ». Assad représente dans cet imaginaire collectif une figure centrale, il est devenu l'un de leurs modèles. Ils le défendent face aux protestations contre la politique répressive du régime et à ses massacres, qui sont niés ou relativisés.

Au sein de l'Union européenne, les exemples sont légion. « Poutine et Assad sont de notre côté », déclare en novembre 2016 Paul Nuttal, alors leader de l'UK Independence Party (UKIP), le parti de la droite nationaliste et xénophobe de Nigel Farage. Il est loin d'être le seul : les néonazis d'Aube dorée en Grèce, les fascistes de Forza Nuova et Casa Pound en Italie, mais aussi les ultranationalistes polonais, espagnols ou belges affichent tous leur soutien au régime Assad. À la fin d'août 2019, le groupe néofasciste italien Casa Pound visitait ainsi en grande pompe la ville syrienne d'Alep, assiégée et bombardée par le régime et l'aviation russe, puis reconquise par eux en 2016. Le ministère du Tourisme syrien a alors salué sur sa page Facebook cette « délégation italienne » en publiant une photo mettant en avant le drapeau de ce groupe.

C'est avec beaucoup d'intelligence, voire de machiavélisme, que Damas a fait évoluer sa propagande au cours du conflit, pour séduire les pans de l'extrême droite occidentale. Ces dernières années d'autres groupes fascistes et d'extrême droite en Europe se sont rendus en Syrie pour exprimer leur soutien au régime de Damas, comme en juin 2013, Nick Griffin, le leader du British National Party (BNP), ou des fascistes polonais du groupe Falanga. Ces derniers, venus en « mission de solidarité », ont d'ailleurs rencontré à l'époque le Premier ministre et le ministre aux Affaires étrangères syriennes. L'European Solidarity Front, regroupement d'organisations fascistes de toute l'Europe (National Rebirth of Poland, Casa Pound d'Italie, Black Lilly de Grèce, etc.), a organisé de nombreuses manifestations et conférences en faveur du régime syrien. L'European Solidarity Front s'affirme notamment « ouvert à tous ceux qui aiment la Syrie, et soutiennent la solidarité avec le président Assad, la nation syrienne et son armée ». Les fascistes grecs de Black Lilly ont également été accusés d'avoir envoyé des militants en Syrie pour combattre militairement aux côtés des forces du régime syrien.

Depuis le début du conflit, au-delà de la propagande, c'est l'image du régime qui a permis de regrouper ces nouveaux partisans. Bachar est devenu pour eux un symbole à défendre, d'autant plus qu'ils le voient comme un homme assiégé par ceux dont ils estiment qu'ils sont leurs ennemis : les islamistes et les « mondialistes ». Mais le régime ne se contente pas de l'appui des groupes de l'extrême droite la plus radicale. Il désire obtenir l'appui actif des « grands » partis d'extrême droite, dotés d'une représentation parlementaire, ainsi que des fractions de la droite dure pro-Poutine à la lisière de celle-ci. Le Front national français joue un rôle important dans cette stratégie. « J'ai dit dès le début du conflit syrien, et j'étais la seule à l'époque, que contribuer à la chute de Bachar al-Assad c'est permettre à l'EI [groupe État islamique, Daech] de gouverner la Syrie », déclarait Marine Le Pen, alors candidate à l'élection présidentielle, dans un entretien accordé en février 2017 au quotidien libanais *L'Orient-Le Jour*. Elle savait parfaitement à quoi s'en tenir, en raison de sa proximité avec Frédéric Chatillon, ami et organisateur de sa campagne en même temps que relais du régime syrien.

Une partie de la droite française n'a pas tardé à reprendre les arguments du FN, en les adaptant à sa propre posture politique. Contrainte de reconnaître les violations grossières des droits de l'homme par le régime syrien, elle a donc recours à la théorie du « moindre mal » puisqu'en face d'Assad on ne trouverait selon elle que les djihadistes de Daech. Dans ce but, l'opposition syrienne doit être ignorée ou stigmatisée comme djihadiste. La chute de la ville d'Alep en décembre 2016, après une offensive du régime et de ses alliés, a nourri les discours des pro-Bachar, applaudissant ainsi une « victoire » de Damas et de Moscou contre « les terroristes ». Quelques semaines plus tard, c'était au tour d'une délégation du mouvement d'extrême droite française du Rassemblement national (ex-FN), emmenée par Thierry Mariani, de se rendre en Syrie et de rencontrer Bachar al-Assad. Le magazine français d'extrême droite *Valeurs actuelles* décrivait cette visite comme « une manière, pour le parti de Marine Le Pen, d'exprimer son soutien envers le régime de Damas et de le féliciter pour sa lutte contre le terrorisme islamiste ».

L'homme clé de cette stratégie de soutien est Thierry Mariani. Cet ancien ministre de Nicolas Sarkozy, de 2010 à 2012, s'est toujours situé dans l'aile la plus droitière de l'UMP puis de LR. Il a basculé officiellement vers le RN lors des élections européennes de 2018, ce qui lui a permis de devenir eurodéputé et de donner un nouvel élan à ses activités. Son regroupement au sein de l'UMP/LR, dénommé « la Droite populaire », était déjà ouvert aux positions racistes et xénophobes du FN. Il a lui-même présenté de nombreux projets législatifs durcissant le statut des immigrés. Mariani a aussi rapidement représenté la pointe du lobby de soutien à Poutine. Il a ainsi défendu l'annexion de la Crimée par la Russie en mars 2014 et y a organisé en juillet 2015 un voyage de députés français afin d'affirmer cet appui. C'est cette même méthode des voyages qu'il utilise pour organiser un front de soutien au régime syrien. Ces déplacements constituent autant de pèlerinages destinés à marteler des éléments de propagande bien rodés : le régime Assad est stable, il a vaincu Daech et les djihadistes, l'ordre règne à Damas. L'eurodéputée RN Virginie Jorion déclarait ainsi en septembre 2019, au retour d'une visite à Damas, sous la houlette de l'incontournable Mariani, qu'elle se sentait plus en sécurité à Damas qu'à Paris.

Pour la défense de la chrétienté : une instrumentalisation mensongère

L'arme cruciale utilisée par l'extrême droite afin d'élargir l'acceptation du régime syrien s'appuie sur l'instrumentalisation de la défense des chrétiens d'Orient. Cette manipulation a été mise en place, dès 2011, par les services de propagande syriens eux-mêmes, autour notamment de la figure de Mère Agnès-Mariam de la Croix. Celle-ci est chargée de porter la bonne parole du régime et de manipuler les journalistes étrangers. Elle a été mise en cause dans la mort du journaliste français Gilles Jacquier, tué à Homs en janvier 2012. Celui-ci a sans doute payé de sa vie le fait d'avoir échappé au contrôle des services de renseignements. Ces derniers scrutaient attentivement le déroulement de sa visite, en coopération avec la religieuse qui avait joué les intermédiaires. Cet axe de propagande, imaginé par le régime, s'est trouvé décuplé par la mise en place en France de l'organisation SOS Chrétiens d'Orient. Celle-ci a réussi le tour de force de réunir toutes les familles de l'extrême droite française autour d'une même cause, puisqu'on y trouve, pêle-mêle, des identitaires, des anciens de L'Œuvre française, de nombreux cadres du RN et des catholiques intégristes.

SOS Chrétiens d'Orient (SOS-CO) a été fondée en 2013 par Charles de Meyer et Benjamin Blanchard. Le premier est un ancien assistant du député d'extrême droite Jacques Bompard. Il est maintenant assistant parlementaire de l'eurodéputé RN Thierry Mariani dont on a noté le rôle central. Benjamin Blanchard est un ancien collaborateur de l'eurodéputée du Front national Marie-Christine Arnautu, et également animateur sur Radio Courtoisie. Les deux fondateurs se seraient rencontrés lors d'une garde à vue en avril 2013, dans le cadre d'une action de La Manif pour tous (en opposition à la reconnaissance du mariage homosexuel). Un businessman, nommé Olivier Demeocq, organise leur premier voyage en Syrie, grâce aux contacts de son ami Frédéric Chatillon, dont nous avons décrit ci-dessus l'implantation ancienne auprès de la dictature des Assad. Demeocq a depuis rompu avec eux, en critiquant la manipulation de leur prétendue action humanitaire. De 2014 à 2018, leurs collectes annuelles de dons passent de 1 à 8 millions d'euros.

Leur entreprise trouve un écho particulier chez les jeunes de la droite catholique radicale, déçus par l'échec de La Manif pour tous et l'adoption du mariage pour tous. Au moment où « la France leur paraît atteinte par le double mal du sécularisme libéral et de l'islam, les chrétiens d'Orient leur offrent un témoignage de martyrs sous le joug de l'islamisme, un modèle de christianisme authentique pour le rétablissement de l'ordre moral en France ainsi qu'un récit donnant un sens providentiel à l'histoire nationale de la France », analyse le chercheur Alexis Artaud de La Ferrière, dans *Les Cahiers d'EMAM*[1]. L'hebdomadaire chrétien *La Vie* affirme aussi que « les dirigeants et fondateurs [de SOS Chrétiens d'Orient] sont tous des jeunes issus de la droite catholique identitaire ». L'association traditionnelle de l'Église chargée de défendre les chrétiens d'Orient (l'Œuvre d'Orient) se prononce dans le même sens. SOS-CO se revendique « apolitique ». Mais elle faisait partie des partenaires de la « Convention de la droite » organisée par l'ancienne députée frontiste Marion Maréchal en septembre 2019, au cours de laquelle Éric Zemmour a prononcé un discours de guerre civile et religieuse.

L'essentiel des fonds de SOS Chrétiens d'Orient provient de particuliers et de paroisses catholiques. Mais deux députés et une sénatrice du parti Les Républicains lui ont néanmoins apporté 16 000 euros en 2016, en puisant dans les fonds de leur « réserve parlementaire » avant que celle-ci ne soit supprimée. Le député Alain Marsaud (Les Républicains) a signé à l'ONG un chèque de 8 000 euros, suivi de Jean-Frédéric Poisson, l'ancien président du parti chrétien-démocrate de Christine Boutin avec 5 000 euros, et enfin Joëlle Garriaud-Maylam, qui représentait les Français de l'étranger, avec 3 000 euros. Poisson, ancien candidat à la primaire de la droite en 2016, est un soutien de Assad et s'est rendu à Damas pour le rencontrer. Il est également connu pour ses propos antisémites[2]. Mediapart a révélé dans une enquête approfondie les liens matériels de SOS-CO avec le régime syrien[3]. Il s'agit notamment d'opérations de communication avec divers personnages de l'entourage d'Assad et avec des dignitaires chrétiens locaux, connus pour leurs turpitudes financières. Pire encore, SOS-CO soutiendrait des milices armées qui combattent pour Bachar al-Assad et ont commis des exactions dans la région de Hama. C'est d'autant plus choquant que l'association a été considérée pendant plusieurs années comme partenaire de la Défense nationale par le ministère français des Armées. Les révélations qui se sont accumulées à son propos ont contraint le ministère à mettre fin à cette collaboration.

Au final, c'est avec beaucoup d'habileté que le régime syrien a fait évoluer sa propagande au cours du conflit, pour séduire

1. Alexis Artaud de La Ferrière, « SOS Chrétiens d'Orient : le renouveau du conservatisme catholique français au prisme de l'Orient », *Les Cahiers d'EMAM*, n° 32, 2020.

2. https://info-antiraciste.blogspot.com/2016/10/le-crachat-antisemite-du-candidat.html.

3. https://www.mediapart.fr/journal/dossier/international/sos-chretiens-d-orient-une-ong-francaise-au-service-du-regime-syrien.

les pans de l'extrême droite et de la droite radicale occidentales. Celles-ci ont joué leur rôle dans la défense d'un régime mis en cause pour ses atrocités mais qui a finalement réussi à échapper à de réelles sanctions, grâce à son alliance avec la Russie qui lui garantit un veto automatique face aux velléités de condamnation de l'ONU. Ainsi, depuis le début de la révolution syrienne, la ville de Damas est devenue un lieu de pèlerinage pour toutes les mouvances de l'extrême droite mondiale, et plus particulièrement européenne. On pourrait résumer cet attrait en quatre points, selon le politologue Ziad Majed[1] : « Il s'agit d'abord d'une fascination pour la violence, pour cette puissance sans limite d'Assad qui s'abat contre des gens qui méritent d'être punis. La deuxième raison est qu'ils considèrent Assad comme "leur blanc". C'est "le suprémaciste blanc syrien" qui vient châtier des "indigènes". Troisièmement, Assad est celui qui massacre des musulmans, ce qui, pour les racistes/islamophobes, est quelque chose de bien. Enfin, et surtout, il est l'allié de l'un des "prophètes de l'extrême droite : Vladimir Poutine" », analyse le chercheur. « Cette internationale nationaliste autoritaire est unie autour de la figure de Poutine, qui est hostile à ce qu'elle appelle le mondialisme, et souvent unie par les questions d'identité. »

L'engagement massif et polymorphe de l'extrême droite au côté du régime syrien représente un défi que le mouvement de solidarité affronte avec difficulté, en raison des confusions qui règnent au sujet de la Syrie dans le camp de la gauche. Le positionnement d'une partie de celle-ci témoigne d'une porosité manifeste à la propagande du régime et de son soutien russe. Une grille de lecture se réclamant d'un anti-impérialisme frappé de strabisme aboutit ainsi à privilégier l'axe Assad-Poutine-Iran face à un complot occidental qui serait déterminé par le pétrole et le gaz. On n'est guère éloigné de la géopolitique à la sauce complotiste. Jean-Luc Mélenchon va jusqu'à déclarer qu'il fait confiance à Poutine pour « régler le problème » des djihadistes, auxquels il assimile d'ailleurs les habitants de la Ghouta bombardés par le gaz sarin du régime[2]. On aboutit ainsi à une confusion dont le seul bénéficiaire est un régime qui maîtrise parfaitement les différents registres lui permettant d'atténuer l'horreur de ses actes, voire de les justifier.

1. Ziad Majed est notamment l'auteur avec Farouk Mardam-Bey et Subhi Hadidi du livre *Dans la tête de Bachar al-Assad*, Arles, Solin/Actes Sud, 2018.

2. https://www.francetvinfo.fr/monde/proche-orient/offensive-jihadiste-en-irak/video-melenchon-felicite-poutine-pource-que-fait-la-russie-en-syrie_1324879.html.

Syrie : gauches irréconciliables

Sarah Kilani[1]

En 2011, les Syriens se soulèvent contre Bachar al-Assad. Avec les années, le soulèvement populaire initialement non-violent, réprimé avec une violence inouïe, s'arme. La Syrie devient alors une table de billard pour les puissances extérieures. À l'automne 2016, le régime aidé de son allié russe bombarde Alep. Cet événement survient en pleine campagne présidentielle française et révèle une profonde fracture au sein de la gauche. Beaucoup sont surpris par son ampleur. Militante de la gauche radicale ayant suivi de très près la révolution syrienne, je fus de ceux-là.

Alors que les images d'Alep nous parvenaient, nous fûmes un certain nombre à relayer les témoignages pour que le gouvernement français fasse cesser les bombardements puis la déportation des civils. Mais cela nécessitait des relais de la part des organisations politiques de gauche. De ce côté-là, à quelques exceptions près, le silence fut au mieux assourdissant, quand il ne fut pas rompu par des saillies cyniques. On préférait ironiser sur le traitement médiatique prétendument « orwellien » de la situation, fruit d'une « propagande mensongère » du conflit syrien. Pour certains, Alep n'était que l'un des fiefs de l'État islamique et des « avatars d'Al-Qaida, rapidement repeints en démocrates » par la presse française et plus généralement occidentale. Faire état d'un élément factuel tel que les multiples bombardements d'hôpitaux dont s'est rendu coupable le régime devenait une « manipulation destinée à impressionner ». Jean-Luc Mélenchon préféra quant à lui les circonvolutions pseudo-géostratégiques, réduisant le conflit à une supposée affaire d'oléoducs et de gazoducs. De surcroît, le responsable de La France insoumise expliquait que les événements syriens n'étaient qu'une contamination du chaos irakien. Il niait aussi au passage que 80 % des frappes russes s'en prenaient aux groupes rebelles et non à l'État islamique. Ces chiffres étaient d'ailleurs selon lui issus de la propagande de guerre.

Aujourd'hui, d'autres font de l'offensive actuelle du régime contre la Ghouta une analyse en des termes similaires. Le choix du traitement très particulier des événements fait par certains médias de la gauche française, et plus largement européenne, n'est qu'un prolongement des arguments mobilisés lors de l'épisode d'Alep : les images serviraient une propagande, les groupes armés ne seraient que des djihadistes prenant les civils en otages, la balance entre les crimes serait à l'équilibre entre les deux camps de ce conflit. Conséquence, le discours médiatique dominant – forcément servi par les puissances occidentales – agirait activement à diaboliser Bachar al-Assad afin de justifier

1. Texte paru dans *Le Magazine littéraire* le 23 avril 2018.

« une éventuelle action militaire contre lui ». Cette vision va au-delà d'une interprétation alternative des événements pour remettre directement en question l'existence même des faits. Ce mécanisme peut conduire à nier certains crimes avérés tels que l'usage de gaz sarin contre les populations ou encore le bombardement systématique et délibéré des hôpitaux. Étonnant de la part d'une gauche qui, contrairement à la droite ou l'extrême droite, se targue d'être dans le camp des progressistes, des démocrates, des révolutionnaires, de la justice et de la solidarité internationale.

Souvent présentés comme annexes ou secondaires, ces désaccords sur la guerre en Syrie sont la manifestation de deux visions radicalement différentes de la politique et du monde ; deux visions irréconciliables, toujours vouées à s'affronter et qui s'incarnent finalement dans deux traditions distinctes de la gauche. La première est très attachée aux libertés individuelles, aux droits humains, à l'internationalisme, à la démocratie et parfois aux valeurs révolutionnaires d'émancipation et de lutte contre la tyrannie. On peut, à gros traits, y rassembler des anarchistes, des communistes libertaires, les post-situationnistes, une partie du NPA, d'Ensemble, du parti socialiste, des sociaux-démocrates et des écologistes. L'autre est plus étatiste, jacobine et universaliste. Une partie de La France insoumise, du parti communiste (PCF) et des souverainistes de gauche y trouvent leur place. Cette description peut paraître artificielle, d'autant plus que le positionnement sur le conflit syrien transcende largement la logique partisane et relève aussi de l'intime. Pour autant, certaines lignes de force se dessinent et l'origine de cette fracture semble provenir de représentations politiques différentes.

Un des points d'ancrage majeurs du révisionnisme prend racine dans l'anti-atlantisme, devenu un élément fondateur d'une partie de la gauche. Il y a certes l'héritage de la guerre froide mais, bien davantage, les authentiques mensonges et crimes avérés dont se sont rendus coupables les États-Unis au Moyen-Orient, de « l'opération Ajax » en Iran au complot portant sur les prétendues armes de destruction massive de Saddam Hussein. Tout cela a durablement marqué les esprits et a alimenté un anti-impérialisme à deux vitesses, mâtiné de conspirationnisme. À cet égard, la responsabilité des États-Unis est immense dans le discrédit dont est victime la révolution syrienne. Les théories complotistes élaborées consistent à voir de l'intentionnalité et des causalités là où il n'y a que de la contingence afin de ramener les États-Unis à la position d'éternel coupable de tous les chaos du Moyen-Orient. Elles se propagent et aboutissent à des logiques campistes selon lesquelles l'ennemi de mon ennemi devient un ami. La Russie et l'Iran, parties prenantes du conflit syrien et principaux alliés de Bachar al-Assad, bénéficient alors d'une mansuétude certaine. L'impérialisme iranien et les extrémismes djihadistes iraniens et du Hezbollah libanais sont complaisamment sous-estimés, voire ignorés.

Cet anti-atlantisme pavlovien aux accents conspirationnistes est à corréler à la critique des médias. Le film *Les Nouveaux Chiens de garde* a largement marqué les parcours et la pensée de la gauche critique. Non sans fondement, certes, comme le montre par exemple la manière quasi systématique dont les propositions d'ordre économique de la gauche sont rabrouées dans la presse et sur les plateaux de télévision. Mais cela a alimenté par ricochet une attitude hypercritique envers toutes les informations relayées par la presse dite mainstream. Cette dernière ne servirait qu'une version « validée » et « consensuelle » des faits. Dans le cas syrien, cette attitude parfois paranoïaque alimente en partie un discours révisionniste.

En outre, la lecture du conflit syrien s'effectue parfois au prisme de l'universalisme occidental, de son rapport maladif à l'islam, sur une zone et une situation qu'elle ne comprend ni ne veut saisir. L'adoption en Syrie d'un lexique commun – celui de l'islam – aisément accessible à tous pour verbaliser des revendications d'ordre politique et social (et non religieux) devient ainsi incompréhensible. La gauche d'essence jacobine ne peut saisir alors l'origine de la porosité entre les groupes armés quelle que soit leur obédience, ou encore le recours à des références religieuses chez les combattants issus de la société civile et confrontés à la perspective d'une mort certaine. Dès lors, le conflit syrien est réduit à des enjeux français : il s'agirait d'une guerre entre un régime prétendument laïque – en dépit du fait que la Constitution syrienne fait mention de la confession musulmane obligatoire pour le président et de la charia comme inspiration du droit – et des groupes djihadistes, salafistes, ou composés simplement de musulmans, dont les spécificités sont systématiquement gommées. Ainsi le dictateur syrien, principal carburant du djihadisme en Syrie, se voit-il revêtu des oripeaux du « moindre mal », la priorité étant de « renouer avec le projet universaliste que notre diplomatie et nos armes doivent porter ».

Peu importe la communautarisation de la société caractéristique du régime syrien depuis quarante ans, ou encore sa stratégie délibérée de radicalisation religieuse des groupes armés, illustrée par le massacre prioritaire des démocrates ou la libération de centaines de djihadistes. Finalement, dans le « Moyen-Orient compliqué », une vision essentialiste voudrait que l'Arabe soit enclin au recours à la violence et à l'islam pour régler ses conflits et que la dictature, loin d'être un des maux responsables des phénomènes de radicalisation, soit en fait un mal nécessaire : la tyrannie comme prix de la stabilité. Une partie de la gauche a été « déçue » par les révolutions arabes et leur incapacité apparente à proposer des formules proches des siennes. D'ailleurs, il n'est pas impossible que le rapport jacobin à l'État conditionne cette lecture du conflit. Comment croire à une révolution populaire sans leader et sans parti comme le fut le soulèvement syrien à son origine ? Dans la tradition populiste de gauche, largement oublieuse de la période 1789-1792, l'émancipation ne peut avoir lieu que si elle s'incarne dans un leader autour duquel peuvent s'agréger les forces populaires. L'incapacité à comprendre les dynamiques sociales et politiques, individuelles et collectives conduisant au soulèvement spontané condamne cette gauche à la cécité face à la capacité révolutionnaire du peuple syrien.

La construction d'un récit conspirationniste du conflit s'est enfin aussi nourrie d'un antisémitisme dont on sait qu'il n'a jamais été l'apanage de la seule extrême droite. Loin ici l'idée d'avaliser l'insupportable habitude qu'ont certains d'abuser du qualificatif d'antisémite pour disqualifier d'emblée les discours de leurs opposants, surtout lorsqu'ils sont progressistes. Mais, en l'espèce, comment le nier ? La dynastie Assad se pose depuis toujours comme un rempart contre « l'ennemi sioniste ». L'État hébreu, dans cette logique, est vu comme l'inspirateur d'une vaste conspiration régionale dont la révolution syrienne n'est qu'un des avatars. Certains, jetés à corps perdu dans la défense de la juste cause palestinienne, balaient les crimes du Hamas – que nous ne renvoyons certainement pas ici dos à dos avec les crimes du gouvernement israélien – et dans le même temps dénient toute légitimité au soulèvement du peuple de Syrie contre son tyran en brandissant *ad nauseam* l'argument de l'existence de groupes djihadistes parmi les groupes armés de l'opposition syrienne. Peu importe qu'avant le début de la révolution, le dernier coup de feu entre Israël et la Syrie ait eu lieu il y a plus de trente ans, ou encore que le régime syrien ait réprimé dans le sang le soulèvement du camp palestinien de Yarmouk près de Damas.

Ce qui se passe dans la gauche radicale française, mais aussi européenne, n'a rien de nouveau, si ce n'est dans la cristallisation en temps réel des dynamiques de campisme et de minimisation des atrocités du régime syrien. À l'époque de la sortie du rapport Khrouchtchev ou, plus tard, des œuvres de Soljenitsyne, le PCF et certains intellectuels avaient été salis par leur soutien à un système de capitalisme d'État bureaucratique ou la négation des crimes de Staline, alors que des francs-tireurs comme Socialisme ou Barbarie, les situationnistes ou d'autres penseurs considéraient qu'il ne fallait pas mentir et se mentir au nom du bloc contre bloc. Autre théâtre, même manifestation, la guerre en Bosnie-Herzégovine a été le champ d'un soutien actif d'une partie de la gauche au gouvernement de Slobodan Milošević. L'histoire se répète.

Postface

Ahmad Salam Aleak, Idlib, 26 mai 2021. Manifestation contre le régime des Assad. Source : Mémoire créative de la révolution syrienne. La source indique que la photographie représente une grande manifestation qui a rassemblé des milliers de Syriens de différentes régions en mai 2021 dans la ville d'Idlib sous le slogan « Aucune légitimité pour al-Assad et ses élections », refusant les élections illégitimes organisées par le régime criminel. © Ahmad Salam Aleak.

Lettre à Samira

Yassin al-Haj Saleh[1]

13 août 2017

Sammour, dans ma précédente lettre, j'ai essayé de te donner une idée de la situation humanitaire en Syrie. Certains affirment que c'est la pire crise humanitaire depuis le Rwanda en 1994 et la pire crise des réfugiés depuis la Seconde Guerre mondiale. Le plus terrifiant, à mes yeux, c'est que, d'une part, notre tragédie, de fait, s'est déroulée sous supervision internationale, en présence des Américains, des Russes, de la France et de la Grande-Bretagne et ce n'était pas faute d'informations crédibles, ceci durant près de six ans et demi (et non pas trois mois, comme au Rwanda) et, d'autre part, le responsable de ce désastre national et humanitaire, Bachar al-Assad, reste au pouvoir ; on parle de « réhabiliter le regime », sorte de récompense pour tous ses crimes.

Que signifie tout cela, Sammour ? Quel sens donner à un demi-million de morts, à la vie détruite de milliers de personnes quand les puissances mondiales, dans le monde actuel, travaillent à réhabiliter non seulement les conditions qui ont mené à ce désastre mais aussi la junte régnante responsable de la mort de 2 % des gouvernés ? Cela signifie tout simplement que tous ceux qui sont morts n'ont aucune importance, de même pour ceux qui ont été torturés et pour les vies détruites de milliers de Syriens. C'est une manière de nous dire que les centaines de milliers de victimes ont été sacrifiées pour rien. Pour rien les hurlements des torturés, la peine des mères, des pères et des enfants. Tout cela ne constitue pas un tribut pour quoi que ce soit et n'est d'aucune utilité. Le sang versé n'aura pas apporté la liberté et les sacrifiés ne sont pas une offrande pour le salut. En résumé, nos morts ne sont pas des martyrs et nous n'avons pas de cause. Ce désastre n'apportera pas de changement politique, les criminels resteront impunis, il n'y aura pas de justice. Aucune nouvelle perspective pour le pays et les Syriens ne seront pas en meilleure position pour envisager leur avenir et celui du pays.

Cela signifie que les vies sacrifiées ne garantiront pas la vie de ceux qui ont échappé à la mort, de même pour les horreurs subies par ceux qui ont été torturés, elles n'épargneront pas ceux qui ont échappé à la torture.

Sammour, peux-tu seulement t'imaginer ? Quand nos souffrances sont vidées de leur sens, nous quittons le cercle des humains fait de souffrances et de sens. Nous sommes alors

---

1. Texte tiré de Yassin al-Haj Saleh, *Lettres à Samira,* trad. de l'arabe par Souad Labbize, préface de Ziad Majed, postface de Wejdan Nassif, Curnier (Drôme), Éditions des Lisières, 2021. « Sammour » est Samira al-Khalil, enlevée à Douma par Jaysh al-Islam en décembre 2013 avec Razan Zaitouneh. L'épouse de Yassin al-Haj Saleh, restée disparue, est la destinataire de ces « Lettres ». Voir son texte « Quatre aspects de l'affaire des quatre disparus de Douma », p. 657.

considérés comme des choses sans valeur qui ne souffrent pas tandis que les architectes de notre désastre sont, eux, considérés comme des humains, ou bien nous sommes relégués à un ordre de sous-humains et les mêmes architectes de notre désastre sont, eux, dans une position de surhumains, voire de dieux. Sammour, peux-tu seulement t'imaginer ? Le racisme se surpasse lui-même, sous prétexte de combattre Daech, n'importe quel raciste et fasciste peut mettre le masque d'un civilisé progressiste et raffiné.

Quand on estime que la mort de 100 parmi les nôtres, 1 000 ou 10 000 ou même 1 million, équivaut de toute façon à zéro, cela signifie effectivement que chacun de nous, ou tous ensemble réunis, vaut zéro et que notre extermination n'est pas un dommage et n'est pas condamnable. Nul doute que ce sont des dieux ceux qui ont présenté notre drame de telle façon qu'il n'y ait pas de différence à leurs yeux entre peu et beaucoup de morts. Non seulement il a été permis de nous condamner au nom de la « guerre contre le terrorisme » mais c'est au nom de cette lutte que nous sommes condamnés sur simple présomption de terrorisme ou de « groupes de soutien au terrorisme » comme l'a déclaré Bachar al-Assad. Ainsi, nous allons de la perte de sens au permis de tuer, à la privation de justice, à l'extermination et à la perte de la vie.

Sammour, cela n'est-il pas terrifiant ? Être déplacé et condamné, torturé et condamné, assassiné et condamné ; qu'on condamne les agressés et les tués à la place des agresseurs et des criminels ? Terrifiant d'être maudits de cette façon et traités comme des maudits par des dieux cruels, d'être abandonnés dans des souffrances sans limites et que rien n'y fasse, rien ne nous sauve.

Ils disent qu'il n'existe pas d'alternative à Bachar al-Assad, reconduisent son mandat parce qu'il est fiable et sous contrôle. Les puissants qui gouvernent le monde veulent posséder notre changement, la mesure de ce changement, sa direction, son rythme et ses résultats et que nous soyons, nous, dépossédés de notre histoire, que notre histoire soit juste une partie de l'histoire des puissants.

Sammour, le plus terrible c'est que nos efforts les plus louables sont irrémédiablement condamnés à ne pas laisser d'impact et que tout ce que nous faisons avec sincérité n'est pas fructueux. L'action et l'inaction donnent le même résultat, et c'est zéro de toute manière. C'est la résignation, une condamnation à mort, la reprise du travail de Bachar al-Assad.

Cette histoire syrienne ne ressemble à aucune autre de l'histoire contemporaine pleine de sang et de souffrances. Les autres histoires soit elles n'étaient pas aussi médiatisées ou n'étaient que locales et sans intervention des puissances internationales, soit elles n'avaient pas duré aussi longtemps ou n'avaient pas entraîné un tel coût humain et matériel ou encore n'avaient pas condamné, comme notre histoire, tout espoir pour l'avenir. Ou bien les puissances internationales étaient déjà unies ou bien elles se sont unifiées après des divisions, dans notre pays, auprès du principal criminel (ou dans une neutralité positive en sa faveur), ce qui fait que notre histoire est universelle, c'est l'histoire du monde.

Le problème est que l'unique leçon politique à tirer est le nécessaire changement du monde. Puisque c'est le monde qui entrave le changement et vide nos vies de tout sens, il faudrait le changer afin que nous vivions et que nos vies aient un sens. Néanmoins, Sammour, cela signifie que nous sommes condamnés à sortir de l'action, de la politique, de toute tentative d'agir sur notre propre sort pour une longue période. Changer le monde n'est pas juste une formule mais le titre d'un destin terrifiant, tu le sais, de notre lutte pour changer la Syrie. Le monde, Sammour, est une grande Syrie et le changer signifie la généralisation de l'horreur qui nous touche tous sur cette planète.

Néanmoins, cela demeurera le seul défi pour réhabiliter le sens de notre souffrance, honorer la mémoire de nos victimes et faire que le drame syrien fasse bouger le monde qui doit changer. Ce qui est dénué de sens, c'est ce monde qui nie le sens de notre cause, il est de notre devoir de le changer pour nous et pour tous ceux qui souffrent et n'ont aucune importance.

Sammour, tu sais que notre vieux maître Marx enjoignait aux philosophes de changer le monde et pas seulement de l'expliquer. Plus tard, il confia la tâche de changer le monde uni par le capitalisme au prolétariat, aux classes exploitées et organisées dans le monde capitaliste, les classes dominées qui n'avaient rien à perdre en cas de révolution mais qui avaient tout à gagner. Ceux dont on attend qu'ils changent le monde sont ceux à qui le monde nie tout sens, ceux qu'on a éjectés de l'histoire, qu'on a tués, torturés et exilés. Ceux qu'on rabaisse continuellement.

Sammour, nous sommes le prolétariat du sens, les parias du sens, les damnés qui n'ont pas le droit de condamner ni celui de parler du bien et du mal.

Sammour, aujourd'hui notre cause en est là, dans une situation inconfortable entre le déni de sens à notre égard et le tragique espoir de changer le monde et qu'on nous reconnaisse un sens.

Changer le monde commence par les proches. Les islamistes, à qui tout sens est nié comme pour nous, sont trop étroits d'esprit et égoïstes pour être une force de changement. Ton enlèvement, en particulier, illustre plus que tout autre exemple la bassesse des islamistes et leur inhérente incapacité à changer le sens et la structure du monde. Ce sont de lamentables nihilistes, des désespérés.

Sammour, nous sommes ceux qui n'ont rien à perdre en changeant le monde d'aujourd'hui, les damnés dont le sens se limite à travailler à changer le monde qui nous refuse tout sens. Nous, c'est-à-dire ceux qui sont comme toi et avec toi.

Néanmoins, encore une fois c'est une destinée terrible et non juste une idée courageuse à noter pour passer à la suivante. La destinée possède mais ne peut être possédée. Je le sais depuis ton enlèvement. Je le perçois avec mes yeux et avec les tiens.

Dans un « monde en perdition » « l'oasis »[1], c'est toi, dans ton double ou triple siège. Sois saine et sauve.

Des baisers mon cœur. (Yassin)

1. Référence au poème de Mahmoud Darwich, « La Qasida de Beyrouth ».

Quand le temps des monstres finira-t-il ?

Catherine Coquio, Joël Hubrecht, Naïla Mansour, Farouk Mardam-Bey

Nous aurions aimé donner à ce livre une autre conclusion. Écrire que les récits réunis dans ces pages appartiennent à un passé récent mais révolu. Que les crimes restent encore à juger mais qu'au moins ils ont été tous mis au jour, documentés, et qu'ils sont désormais connus de tous et unanimement condamnés. Tourner la page du malheur. Conjurer la « malédiction moyen-orientale ». Malheureusement nous n'en avons pas terminé avec les découvertes macabres et les révélations écœurantes sur cette décennie monstrueuse. En mai 2022, le journal *The Guardian* révélait l'existence d'une vidéo filmée par des officiers réguliers des services de renseignements militaires lors d'un massacre commis dans le quartier d'Al-Tadamon, en périphérie de Damas, le 16 avril 2013 : quarante et un prisonniers maltraités et exécutés avant que leurs corps ne soient brûlés et détruits sous les sarcasmes de leurs bourreaux. Images atroces. Il y en aura d'autres. Et pire encore, nous n'en avons pas non plus fini avec la dictature de Bachar al-Assad. Sa victoire, celle que Moustafa Khalifé, en février 2012, n'annonçait pas – car la défaite de la révolution et des aspirations démocratiques du peuple syrien n'étaient pas encore inéluctables – mais qu'il anticipait et redoutait, s'est réalisée. Le « Survivant », au sens que donne Elias Canetti à ce terme, c'est-à-dire le despote qui édifie sa puissance (une puissance de nuisance) sur la mort de ses ennemis mais surtout de ses propres sujets, réaménage aujourd'hui son pouvoir pour mieux dicter ce qui pourrait figurer dans la suite de ce « Livre noir ».

Il met en scène sa « réélection » forcément triomphale, en fixant d'avance un score (95,1 %) qui proclamera aux yeux de tous l'asservissement rétabli de « son » peuple. Il règle ses comptes en promulguant de nouveaux oukases contre ceux qu'il juge défaillants ou déloyaux. Son cousin milliardaire Rami Makhlouf, symbole arrogant et encombrant de corruption et, là est l'erreur fatidique, mauvais payeur, en a fait les frais. Même si elle l'a rendu plus dépendant de ses parrains russes et iraniens, la guerre que Bachar al-Assad a conduite sur son propre sol n'a pas changé la nature du régime. Maintenant que les combats se sont (provisoirement) arrêtés, il s'attache à le réhabiliter à l'étranger, non sans un certain succès. Ses services de renseignements ont ainsi réintégré Europol, après neuf ans de suspension, malgré la menace que cela représente pour tous ses opposants réfugiés à l'extérieur. Le régime se sent désormais assez fort pour rejouer la comédie du respect des conventions internationales, faire voter une loi interdisant la torture (loi n° 16 de mars 2022) et décréter une « amnistie générale » visant les crimes terroristes commis avant le 30 avril 2022. Il a ainsi libéré progressivement, de mai à juin 2022, plusieurs centaines de détenus. Il l'a fait à sa manière, hypocrite et cruelle jusque dans la mise en scène de sa « clémence ». Les familles, qui n'avaient pas été informées de qui serait libéré ni quand, s'attroupaient aux portes des prisons, aussi déboussolées que ceux qui en sortaient quand l'espoir qu'ils avaient de revoir leurs proches s'effondrait. Ceux qui avaient la chance de pouvoir quitter l'enfer pénitencier, qui ne représentent qu'un nombre limité par rapport à l'ensemble de ceux qui restent enfermés (plus de 132 667 en mars 2022 selon le Réseau syrien des droits humains – SNHR), retrouvent les leurs à l'extérieur mais ils ne retrouvent pas pour autant leur liberté, tant c'est le pays tout entier qui est une prison à ciel ouvert. La liberté de parole demeure plus que jamais contrôlée par le pouvoir. Une nouvelle loi prévoit même une peine d'au moins six mois de prison à l'encontre de ceux qui oseraient diffuser des informations « portant atteinte au prestige » de l'État et une peine d'un an de prison pour « tout Syrien qui, par écrit ou verbalement, appelle à la cession du territoire syrien ». Isolé dans son palais du mont Mazzé (Mezzeh), surplombant les rues propres et quadrillées de Damas, Bachar al-Assad dicte les lois, l'histoire et l'opinion d'une population décimée et sommée de se taire.

Quant aux pays de la communauté internationale qui avaient condamné, souvent même avec « fermeté », les crimes commis en Syrie, eux aussi désormais se taisent. Nul besoin pour cela de loi de censure et de persécutions. Le silence se nourrit aussi bien de l'indifférence et de l'inconséquence que de la peur. « La communauté internationale a abandonné le peuple syrien [...] Le minimum vital ne lui est même pas apporté », a déclaré le 27 janvier 2022 le Secrétaire général adjoint aux Affaires humanitaires et Coordonnateur des secours d'urgence de l'ONU, Martin Griffiths, devant le Conseil de sécurité. Quelques semaines après, c'était au tour de l'UNICEF d'alerter sur les besoins d'assistance humanitaire de plus de 9,3 millions d'enfants syriens (2,8 millions réfugiés à l'extérieur et 6,5 millions en Syrie), le nombre le plus élevé d'enfants en souffrance enregistré depuis 2011. Amnesty international, dans un rapport publié en septembre 2021, dénonçait des dizaines de cas de réfugiés qui, à leur retour, avaient été victimes de représailles, de torture et de viols : « Si les hostilités militaires ont pris fin, la propension du gouvernement syrien à commettre de graves atteintes aux droits humains reste intacte », prévenait l'ONG. Pourtant les gouvernements turc et libanais, et en Europe, en particulier le Danemark et la Suède, continuent de presser les réfugiés d'accélérer leur rapatriement. L'attention du monde et l'urgence se tournent ailleurs, sur le continent européen où l'Ukraine, victime de l'agression militaire de la Russie voisine, est à son tour mise à feu et à sang. Les bombardements sont opérés sous les ordres des mêmes généraux tout juste revenus du champ de bataille syrien, comme le général Alexandre Vladimorovitch Dvornikov, qui, avant de raser les rues de Marioupol avait pulvérisé celles d'Alep. Là aussi les maternités, les écoles et les théâtres sont des cibles. Là aussi les populations civiles sont des ennemis à abattre. Les crimes impunis perpétrés en Syrie « jettent une ombre sinistre sur l'Ukraine » s'alarme un éditorialiste du *New York Times*, Ben Hubbard, qui craint que Poutine ne reproduise en Ukraine les mêmes méthodes qu'en Syrie avec la conviction que « les "lignes rouges" fixées par l'Occident peuvent être franchies sans conséquences à long terme ; que la diplomatie prétendument destinée à stopper la violence peut être utilisée pour en détourner l'attention ; et que les autocrates peuvent commettre des atrocités et faire face à des sanctions internationales, tout en restant au pouvoir » (*NYT* du 15 mars 2022). « De la Syrie à l'Ukraine, le criminel est le même », pouvait-on lire sur des pancartes brandies par des manifestants venus célébrer le onzième anniversaire du soulèvement dans la seule partie du territoire syrien où il est encore possible de le faire sans crainte, dans l'enclave d'Idlib. Des slogans de solidarité qui, comme l'observe Yassin Swehat (sur le site Al-Jumhuriya), se mêlent aussi parfois à l'amertume de voir soudain possibles des réactions qui leur furent refusées tel l'élan de générosité envers les réfugiés ukrainiens, l'Assemblée générale des Nations unies adoptant par consensus une résolution obligeant les cinq membres permanents du Conseil de sécurité à justifier leur recours au veto (26 avril 2022), les enquêteurs de la Cour pénale internationale et de nombreux pays venus en renfort recueillir les preuves des crimes commis.

Bien sûr, malgré le soutien indéfectible que Poutine et Bachar al-Assad se sont apporté (la Syrie étant, avec le Bélarus, l'Érythrée et la Corée du Nord, un des seuls États à s'être opposés à la résolution onusienne du 2 mars 2022 condamnant l'invasion de l'Ukraine et exigeant le retrait des forces russes), les deux dictatures et les deux situations de guerre ne se confondent pas. Pour autant l'attaque de Kiev ne se serait sans doute pas déroulée sans l'*hubris* avivée par les « succès » militaires remportés par Moscou en Syrie. Cela aura été « la guerre d'Espagne » de notre génération, disait l'ambassadeur Michel Duclos, cité dans l'introduction de ce livre. Nous avons fermé les yeux sur ce qui se passait en Syrie mais le cauchemar syrien est devenu un cauchemar européen. Et si ce « Livre noir » n'est pas en mesure et n'a pas pour but de proposer les moyens de mettre fin à ce cauchemar, nous n'en sortirons qu'en comprenant véritablement les événements qui se sont déroulés dans la décennie passée sur le sol syrien et les raisons (ou les déraisons) de l'échec des puissances démocratiques à soutenir un mouvement populaire et initialement pacifique qui aspirait à se libérer d'une dictature. Puisse cet ouvrage, à son échelle et dans ses limites, contribuer à ce travail historique et à cet examen de conscience indispensable. Puissent ces pages empêcher la tentation de l'oubli et le risque, toujours fort, du négationnisme. Puisse ce « Livre noir » célébrer aussi, en creux, l'héroïsme et les idéaux démocratiques des révolutionnaires. Puisse-t-il enfin avoir convaincu son lecteur que les crimes documentés ne doivent pas être tus et ne peuvent rester impunis. Comment arriver sinon à clore ce que Hamit Bozarslan appelle le « temps des monstres » ? C'est ainsi que l'historien et politologue qualifie la décennie 2011-2021 dans le monde arabe, en reprenant la description gramscienne d'un entre-deux historique chaotique qui sépare l'ancien qui résiste mais n'est déjà plus et le nouveau qui s'annonce mais n'est pas encore advenu. Ce que d'autres analystes, en l'étendant à l'ensemble du globe et des crises des années 2020, appellent l'« interrègne ». La Syrie n'est pas une anomalie géopolitique déconnectée des enjeux globaux de notre époque. Sa situation et son devenir sont, au contraire, profondément révélateurs de notre temps. Bien qu'il n'y ait pas de bonne manière de conclure un tel livre, nous espérons donc qu'en le refermant, ceux qui auront soutenu la lecture des souffrances endurées par le peuple syrien continueront, avec conviction et lucidité, de se préoccuper de son sort actuel parce que, hier comme aujourd'hui, nos destins, en Europe et en Orient, continuent de se faire écho et d'être liés.

Annexes

Chronologie

1918 octobre	Le gouvernement arabe du prince Fayçal.
1920 mars	Le Congrès syrien proclame l'indépendance du royaume de Syrie.
1920 juillet	Prise de Damas par les Français.
1920 août	Création par les Français d'un Territoire autonome des alaouites.
1920 septembre	Création des États de Damas et d'Alep.
1921 mars	Création de l'État druze.
1925 juillet	Début de la grande révolte syrienne.
1936	Traité franco-syrien.
1941	La France Libre s'empare de la Syrie.
1946	Évacuation des troupes françaises de Syrie.
1947 avril	Fondation du parti Baath (parti de la Résurrection arabe)
1948	Guerre israélo-arabe.
1949 mars	Coup d'État anti-hachémite de Husni al-Zaïm.
1949 août	Coup d'État pro-hachémite de Sami Hinnawi.
1949 décembre	Coup d'État anti-hachémite d'Adib al-Chichakli.
1950	Première Constitution après l'indépendance.
1952	Fusion du parti Baath et du parti socialiste arabe.
1952 avril	Dictature d'Adib al-Chichakli.
1954 février	Coup d'État contre la dictature d'Al-Chichakli et rétablissement du régime parlementaire.
1958 février	Union syro-égyptienne. Interdiction des partis politiques en Syrie.
1958 juin	Réforme agraire.
1961 juillet	Nationalisation des banques et des grandes entreprises industrielles.
1961 septembre	Un coup d'État militaire met fin à la République arabe unie.
1963 mars	Coup d'État militaire, le parti Baath au pouvoir.
1966 février	Coup d'État contre la direction historique du Baath, Hafez al-Assad est ministre de la Défense.
1967 juin	Guerre des Six Jours. La Syrie perd le Golan.

1970 septembre	L'OLP expulsée de Jordanie. Mort du président Nasser.
1970 novembre	Coup d'État militaire, Hafez al-Assad prend le pouvoir.
1971 mars	Hafez al-Assad, plébiscité président de la République.
1973 mai	Nouvelle Constitution.
1973 octobre	Guerre dite du Kippour.
1974 mai	Accord syro-israélien de désengagement.
1975 avril	Début de la guerre civile libanaise.
1976 juin	Invasion des troupes syriennes du Liban.
1978	Paix israélo-égyptienne.
1978 février	Deuxième mandat de Hafez al-Assad.
1979	Révolution islamique en Iran.
1979 décembre	Début de l'insurrection d'une branche radicale des Frères musulmans.
1980 juin	Massacre de détenus à la prison de Palmyre.
1980 septembre	Début de la guerre Iran-Irak.
1982 février	Massacre de Hama. Les forces du régime tuent plus de 20 000 civils dans la ville.
1982 juin	Invasion israélienne du Liban.
1983	Affrontements entre Syriens et Palestiniens à Tripoli au Liban.
1984 mai	Crise au sein du pouvoir syrien et expulsion de Rifaat al-Assad.
1985	Troisième mandat de Hafez al-Assad.
1991	La Syrie dans la coalition dirigée par les États-Unis pour la libération du Koweït.
1991 mai	Loi n° 10 sur les investissements privés.
1991 décembre	Quatrième mandat de Hafez al-Assad.
1993	Accords israélo-palestiniens d'Oslo.
1994	Mort dans un accident de voiture de Bassel, fils aîné de Hafez al-Assad et son successeur présumé.
1999 février	Cinquième mandat de Hafez al-Assad.
2000 juin	Mort de Hafez al-Assad.
2000 juillet	Bachar al-Assad est plébiscité président de la République après un amendement de la Constitution.
2000 septembre	« Printemps de Damas » : déclarations, pétitions et forums réclamant des réformes, la fin de l'état d'urgence, la libération des détenus politiques et le retour des exilés.
2001 février	Le régime arrête des politiques, des intellectuels et des activistes signataires des pétitions et ferme les forums.
2001 septembre	Attaque terroriste à New York.
2002	La Syrie dans l'« axe du mal » de George W. Bush.
2003	Invasion américaine de l'Irak.

2004 septembre	Résolution n° 1559 du Conseil de sécurité demandant le retrait de l'armée syrienne du Liban.
2005 février	Assassinat du Premier ministre libanais Rafic Hariri.
2005 avril	Les troupes syriennes quittent le Liban.
2005 septembre	Déclaration de Damas : des partis et des personnalités de l'opposition réclament une transition démocratique dans le pays. La majorité des signataires vivant en Syrie sont arrêtés par le régime et emprisonnés.
2006 juillet	Guerre libano-israélienne.
2007	Nouveau mandat de sept ans pour Bachar al-Assad.
2008 juin	Massacre de détenus dans la prison de Saidnaya.
2008 juillet	Visite à Paris de Bachar al-Assad à l'invitation de Nicolas Sarkozy.
2008 octobre	Relations diplomatiques entre la Syrie et le Liban.
2011 mars	Début du soulèvement populaire syrien.
2012	Nouvelle Constitution syrienne.
2013 avril	Le Hezbollah intervient ouvertement en Syrie pour soutenir le régime. Des milices chiites irakiennes et afghanes interviennent également sous commandement iranien.
2013 juillet	Le régime impose des sièges de plusieurs localités en Syrie.
2013 août	Massacre chimique dans la Ghouta à Damas.
2013 septembre	Accord russo-américain sur l'armement chimique de la Syrie. Le régime salue l'accord comme une victoire.
2014 janvier	Daech s'empare de la ville de Raqqa.
2014 juin	Daech prend Mossoul, et Al-Baghdadi se proclame calife de l'État islamique. Formation de la coalition internationale contre Daech en Irak et en Syrie.
2015 septembre	Début de l'intervention russe.
2016 décembre	Reconquête par le régime et ses alliés d'Alep-Est.
2017 octobre	La coalition internationale contre Daech le chasse de Raqqa.
2018 mars	La Turquie s'empare de la ville d'Afrine.
2018 avril	Reconquête par le régime et ses alliés de la Ghouta de Damas.
2018 mai	Le régime et ses alliés détruisent ce qui reste du camp de réfugiés palestiniens à Yarmouk, au sud de Damas. Loi n° 10 permettant au régime de saisir des biens pour des fins de « reconstruction ».
2018 juillet	Reconquête par le régime et ses alliés de la province de Deraa dans le sud du pays.
2019 octobre	La Turquie mène une vaste opération contre les forces kurdes dans le nord de la Syrie.
2019 décembre	Offensive du régime et de l'aviation russe au sud-est du gouvernorat d'Idlib.

2020 mars Offensive de l'armée turque après la mort de 33 de ses soldats dans une attaque des forces du régime visant à reconquérir Idlib et entraînant l'exode de centaines de milliers de civils. Quelques jours plus tard un accord russo-turc de cessez-le-feu est signé.

2021 mai Au terme d'une mascarade électorale Bachar al-Assad est « réélu » pour la quatrième fois avec un score de 95,1 %. L'émissaire onusien pour la Syrie, M. Geir Pedersen, estime que le processus politique s'est enlisé, que la crise économique s'aggrave, que les tensions sociales restent fortes en l'absence de progrès sur la question des détenus et des personnes enlevées et disparues et qu'en avril, il y a eu une escalade significative des hostilités dans le nord-ouest de la Syrie.

202… ? Fin de la dynastie des Assad et chute de la dictature.

Des films documentaires, témoins indispensables de ces dix années de guerre

Homs, chronique d'une révolte
(Titre original : *Return to Homs*), Talal Derki, 2012 (89 min)

Tourné sur près de deux ans à Homs, du début du soulèvement à la quasi-destruction de la ville, ce documentaire suit le jeune footballeur Abdel-Basset al-Sarout, devenu la voix des révoltés de la ville. Il a obtenu le grand prix du jury au Festival de Sundance 2014. Visible en accès libre sur le site arte.tv

Syrie, instantanés d'une histoire en cours
Collectif Abounaddara, 2014 (52 min)

Un chauffeur qui cherche son chemin à Damas, un grand mufti qui se trahit allègrement, des soldats qui dansent avec leurs armes, un homme qui voudrait pouvoir pleurer son père, une femme qui s'esclaffe face à un barbu en treillis, des enfants au regard brouillé par l'horreur. Tels sont quelques fragments de l'histoire que le cinéma peut montrer face au flux des images d'actualité.

Le Sergent immortel
(Titre original : *The Immortal Sergent*), Ziad Kalthoum, 2013 (72 min)

Ziad Kalthoum finit son service militaire dans l'armée syrienne, mais son service se prolonge, car la révolution vient de débuter. En 2011, il est envoyé à l'est de Damas. Là-bas, il filme avec son téléphone les microbus, les casernes, les routes, mais aussi les avions et les chars qui bombardent la Ghouta. Chaque après-midi il remet des vêtements civils et s'en va travailler comme assistant du film *Une échelle pour Damas* de Muhammad Malas. Avec une petite caméra, il filme les coulisses, les techniciens, les figurants, qui sont pour certains des déplacés d'autres villes syriennes.

Eau argentée, Syrie autoportrait
Ossama Mohammed avec Wiam Simav Bedirxan, 2014 (92 min)

Ce film est né de la rencontre à distance d'Ossama Mohammed, exilé à Paris depuis mai 2011, condamné à regarder les images postées par les jeunes révolutionnaires sur YouTube et de Wiam Simav Bedirxan, une jeune Syrienne kurde, prise dans les rets du siège de Homs. Présenté hors compétition en séance spéciale à Cannes le 16 mai 2014.

Notre terrible pays

(Titre original : *Our Terrible Country*) Muhammad Ali Atassi et Ziad Homsi, 2014 (95 min)

La caméra suit le départ en exil de Yassin al-Haj Saleh, de Douma, près de Damas, à Istanbul via Raqqa, sa ville natale. Présenté en avant-première à l'Institut du monde arabe (IMA) à Paris, il a obtenu le grand prix du Festival international du documentaire Marseille 2014.

Coma

Sarah Fattahi, 2015 (92 min)

Trois femmes dans un appartement de Damas, dans un bâtiment encore debout. Trois générations en état de siège, dans un pays également sous le feu des balles et des bombes. Une grand-mère, une mère et une fille, telles des fantômes dans un monde oublié et dehors, une guerre féroce qui fait rage. Un dialogue silencieux et douloureux sur un monde qui s'écroule. Premier long métrage de la réalisatrice, *Coma* a été récompensé par plusieurs prix, notamment au festival Visions du réel la même année.

300 Miles

Orwa Maqdad, 2016 (95 min)

Le réalisateur a offert une caméra à sa jeune nièce. Il est à Alep, elle est à Deraa. Malgré la distance qui les sépare, ils maintiennent un lien et filment leur quotidien et leurs entourages. Ce film est une chronique d'un pays déchiré, des luttes pacifiques et armées et de la vie qui continue malgré tout. Au fil des mois, chacun des protagonistes, interroge le sens du conflit qui perdure.

Little Gandhi

Sam Kadi, 2016 (93 min)

Le jeune pacifiste Ghiath Matar, connu sous le nom de Little Gandhi, a marqué avec ses amis, fleurs et bouteilles d'eau à la main, le soulèvement de Darayya, dans la banlieue de Damas. Récompensé au Festival européen du film indépendant, *Little Gandhi* a été présenté dans le monde entier, de la Turquie aux États-Unis.

City of Ghosts

(Cité de fantômes), Matthew Heineman, 2017 (92 min)

Ce documentaire s'appuie sur les vidéos émanant du groupe activiste local nommé Raqqa is being slaughtered silently (Raqqa est massacrée en silence), qui s'est opposé localement à Daech. Il contient notamment des images rares documentant l'arrivée de ses hommes dans la ville.

On the Edge of Life

Yasser Kassab, 2017 (44 min)

À travers des conversations par Skype avec ses parents qui vivent à Alep et des bribes de journal intime filmé, le cinéaste, exilé en Turquie « comme au bord de la vie », évoque la Syrie qu'il a quittée, où son frère a été tué par un obus. Ce premier film documentaire du cinéaste a été primé au festival Cinéma du réel à Paris et projeté dans de nombreux festivals internationaux.

Les Derniers Hommes d'Alep
Firas Fayyad, 2017 (89 min)

Un homme scrute la trajectoire d'un avion à l'horizon : « À cause de ce salaud de Bachar, on regarde en permanence vers le ciel ! On ne regarde même plus devant nous ! » Khaled est membre de la Défense civile syrienne, ces volontaires appelés plus communément casques blancs, auxquels ce film, primé à Sundance et nommé aux Oscars, est consacré.

Syrie, les derniers remparts du patrimoine
Jean-Luc Raynaud, 2017 (52 min 58 s)

Ces remparts, qui travaillent dans l'ombre, refusent la disparition de leur culture, qui est aussi la nôtre, puisque la Syrie antique est un des berceaux de notre civilisation. Le film désigne les responsables des crimes commis contre ce patrimoine commun. Visible en libre accès sur la plateforme Vimeo, il a obtenu quatre prix.

Darayya, la bibliothèque sous les bombes,
Delphine Minoui et Bruno Joucla, avec la collaboration de Shadi Matt, 2018 (64 min)

Inspiré d*es Passeurs de livres de Darayya* de Delphine Minoui, coréalisé par Bruno Joucla, le film met en scène trois jeunes hommes qui exhument des milliers de livres des décombres de leur ville bombardée par l'armée syrienne, pour les rassembler dans une bibliothèque clandestine.

Still Recording
(La caméra tourne encore), Ghiath Alhaddad Ayoub et Saeed Al Batal, 2018 (123 min)

En 2011, Saeed et Milad quittent Damas pour rejoindre la Ghouta orientale où leur caméra, pendant plus de quatre ans, capte la vie à Douma, depuis l'euphorie des débuts jusqu'à la détresse. Leur témoignage, réalisé à partir de 450 heures de rushes, constitue une sorte de testament d'une génération qui a cru en la révolution et un manifeste cinématographique pour filmer autrement la guerre. Il a obtenu plusieurs prix dont celui du public à Venise.

Pour Sama
(Titre original: *For Sama*), Waad al-Kateab et Edward Watts, 2019 (95 min)

Waad al-Kateab, amoureuse d'un médecin d'un hôpital clandestin d'Alep, se marie et accouche d'une petite fille, prénommée Sama (« ciel », en arabe), sous les bombes. Elle filme leur vie quotidienne, matière d'une « lettre » à sa fille qui a bouleversé la critique et le public en salle, y compris aux Oscars. Meilleur film documentaire 2020.

The Cave
(La grotte), Firas Fayyad, 2019 (102 min)

The Cave suit Amani Ballour, jeune femme médecin à Douma, devenue directrice d'un hôpital de fortune souterrain, en dépit des résistances de certains. Attirer l'attention sur le sort des civils innocents, au prix de l'inconfort du spectateur, était le but du réalisateur qui a obtenu deux prix.

Ayouni
(Mes yeux, mon amour), Yesmin Fedda, 2020 (85 min)

Noura et Machi sont en quête de réponse pour leurs proches, Bassel Safadi et Paolo Dall'Oglio, qui figurent parmi les 100 000 personnes disparues en Syrie. Confrontées à l'absence d'informations, l'espoir est ce qui les fait tenir. Filmé pendant six ans dans différents pays, *Ayouni* donne des visages et des voix aux absents et montre le combat sans relâche des familles.

Little Palestine, journal d'un siège
Abdallah al-Khatib, 2021 (83 min)

Ce documentaire d'Abdallah al-Khatib, jeune militant du Fatah, entre 2013 et 2015 dans le camp palestinien de Yarmouk, installé depuis 1957 en banlieue de Damas, retrace le siège par le régime syrien de cette zone de réfugiés sous la forme d'un journal intime tragique et poétique.

Présentation des contributeurs

A

Abazied Racha : Présidente de l'association Syrie moderne démocratique laïque (SMDL). Responsable des projets éditoriaux et événementiels du Centre arabe de recherches et d'études politiques de Paris (CAREP Paris).

Abo Rebieh Azza : Artiste syrienne née à Hama en 1980, diplômée du département de gravure de la faculté des Beaux-Arts de Damas en 2002. Primée au concours de la jeune gravure du musée Ostrobothnien de Vaasa, en Finlande. Elle a participé à plusieurs expositions à Beyrouth, Londres, New York et Paris. Elle restitue dans ses gravures ses mois d'emprisonnement dans les geôles de la branche 215 en 2015.

Achour Douha : Journaliste syrienne. Ancienne militante communiste, emprisonnée en 1993. Elle a participé au début du soulèvement en 2011. Elle est aujourd'hui réfugiée en France. Elle a témoigné dans *19 femmes. Les Syriennes racontent* de Samar Yazbek (Stock 2019 pour la traduction française).

Albukai Najah : Artiste syrien, exilé en France, il a fait paraître en 2021 une sélection de ses dessins de prison dans *Tous témoins* (Actes Sud).

Alnhar Hussam : Média-activiste syrien et défenseur des droits humains. Il a contribué à la documentation des crimes commis en Syrie, en particulier de ceux du groupe Jaysh al-Islam.

Al-Zahre Nisrine : En Syrie, elle a enseigné dans les universités de Homs et de Damas. Installée en France depuis 2014, elle a été maîtresse de conférences (Paris VIII) et est actuellement maîtresse de langue à l'EHESS. Elle est membre fondatrice de l'ANR Shakk. Ses recherches actuelles portent sur le lexique de la révolte et la guerre en Syrie. Elle est membre fondatrice et membre du comité éditorial du site Al-Jumhuriya. Elle est aussi traductrice, notamment de *La Mémoire collective* de Maurice Halbwachs (2017).

Amy de la Bretèque Estelle : Anthropologue et ethnomusicologue à l'université Paris Nanterre. Auteure de *Paroles mélodisées. Récits épiques et lamentations chez les Yézidis d'Arménie*, paru en 2013 aux éditions Classiques Garnier.

Arfeh Hasan : Journaliste syrien, diplômé de la faculté d'information de l'université de Damas. Il travaille dans la presse depuis 2008. Ses articles ont été publiés dans divers sites internet et journaux arabes et internationaux.

B

Backmann René : Chroniqueur de politique internationale à Mediapart. Ancien rédacteur en chef au *Nouvel Observateur* où il a dirigé le service étranger.

Bakry Leila : Activiste syrienne, directrice du centre des femmes de la Ghouta orientale.

Bayrakdar Faraj : Journaliste et poète, il est arrêté en 1978 puis une seconde fois en 1987. Il ne sera relâché qu'après quinze ans de détention, à la suite d'une campagne internationale menée notamment par Amnesty et le PEN Club international. Ses poèmes ont été traduits en français dans *Ni vivant, ni mort* (Al Dante, 1998) et *Je ne l'aime pas en deuil* (Alidades, 2006).

Blachère Émilie : Reporter à *Paris Match*. Le 22 février 2012, elle a perdu son compagnon Rémi Ochlik, reporter photographe réputé, tué à Homs en Syrie. Auteure de *Une fleur sur les cadavres. Sur les traces des chasseurs de bourreaux* (Plon, 2017).

Bobseine Haley : chercheuse, analyste et conseillère indépendante arabophone auprès d'organisations internationales. Elle a notamment dirigé le programme d'assistance aux réfugiés irakiens au Moyen-Orient à Beyrouth et publié de nombreux articles (sur le site Foreign Policy, pour le think tank Carnegie Endowment for International Peace, le Middle East Institute, etc.).

Boëx Cécile : Enseignante-chercheuse à l'École des hautes études en sciences sociales (EHESS), elle travaille sur les liens entre les images et le politique au Moyen-Orient, plus particulièrement en Syrie. Depuis 2011, elle étudie les pratiques et les usages de la vidéo par des protestataires ordinaires, des activistes et des groupes armés. Elle a co-dirigé *Syrie, une nouvelle ère des images. De la révolte au conflit transnational* (CNRS, 2021).

Boltanski Christophe : Journaliste, écrivain et chroniqueur français, rédacteur en chef de la revue *XXI*. Il a reçu en 2010 le prix Bayeux-Calvados des correspondants de guerre et le prix Fémina 2015 pour son roman *La Cache*.

Bouvier Édith : Journaliste française indépendante, auteur de livres et réalisatrice de documentaires. Grand reporter, elle s'est rendue dès le début du conflit en Syrie. En 2012, elle a été blessée à Homs lors du bombardement ciblé contre le centre de presse. Auteure de *Chambre avec vue sur la guerre* (Flammarion, 2012).

C

Chalandon Sorj : Écrivain, journaliste français, membre de la rédaction du *Canard enchaîné*. Auteur d'*Une promesse* (prix Médicis 2006), de *Retour à Killybegs* et du *Quatrième Mur (*prix Goncourt des lycéens en 2013). Il a travaillé trente-quatre ans à *Libération*. Prix Albert-Londres en 1988.

Chalier Jonathan : Rédacteur en chef adjoint de la revue *Esprit*. Cofondateur du Comité Syrie-Europe.

Coquio Catherine : Professeur de littérature comparée à l'université de Paris. Elle a fondé l'Association internationale de recherches sur les crimes contre l'humanité et les génocides (1997-2008). Auteure de *Rwanda. Le réel et les récits* (2004) ; *L'Enfant et le* *génocide* (2007, avec Aurélia Kalisky) ; *Le Mal de vérité ou l'utopie de la mémoire* (2015) ; postface de *19 femmes* de Samar Yazbek. Elle a co-organisé avec Nisrine Al-Zahre le cycle *Syrie : à la recherche d'un monde* (décembre 2017-janvier 2018). Cofondatrice du Comité Syrie-Europe en 2016.

D

Dabbagh Obeida : Citoyen franco-syrien, il a perdu son frère et son neveu dans les geôles du pouvoir syrien et a déposé une plainte contre X au tribunal de grande instance de Paris qui a débouché sur l'émission par la justice française en 2018 des trois premiers mandats d'arrêt contre des dignitaires du régime syrien.

Dik Majd al- : Révolutionnaire syrien réfugié en France. Engagé dans les manifestations démocratiques, actif dans l'aide médicale, fondateur de centres pour les enfants dans la Ghouta orientale, il écrit à son arrivée en France, à la fin de 2014, avec Nathalie Bontemps, *À l'est de Damas, au bout du monde* (Don Quichotte, 2016), apprend le français par lui-même puis reprend ses études. Il termine actuellement un master intitulé *Crises : interventions d'urgence et actions de développement* à la Sorbonne.

G

Garapon Antoine : Magistrat, ancien secrétaire général de l'Institut des hautes études sur la justice, animateur sur France Culture d'une émission consacrée à la pensée juridique, directeur de la collection « Le Bien commun » aux éditions Michalon. Auteurs de nombreux ouvrages dont *Des crimes qu'on ne peut ni punir ni pardonner* (Odile Jacob, 2002).

Glasman Wladimir (1942-2015) : Chercheur arabisant et diplomate français, en poste en Syrie entre 2001 et 2008. Sous le pseudonyme d'Ignace Leverrier, il est l'auteur du blog Un œil sur la Syrie. Auteur avec Ignace Dalle du livre *Le Cauchemar syrien* paru, après son décès, chez Fayard en 2016.

H

Hadidi Subhi : Critique littéraire, journaliste et traducteur syrien né à Qamichli en 1951. Il est éditorialiste au quotidien arabe de Londres *Al-Quds Al-Arabi* et l'auteur d'essais, notamment sur l'œuvre d'Edward Said et sur la poésie arabe contemporaine.

Haj Saleh Yassin al- : Écrivain syrien, ancien détenu. Auteur de plusieurs ouvrages dont, traduits en français : *Récit d'une Syrie oubliée, sortir la mémoire des prisons* (Les prairies ordinaires, 2015), *La Question syrienne* (Actes Sud, 2016), *Lettres à Samira* (Éditions des Lisières, 2021).

Hakim Marc : Praticien hospitalier, docteur en médecine. Membre du Comité Syrie-Europe, après Alep, coauteur du bulletin d'information sur la Syrie de la revue *Esprit*, il a également contribué au livre collectif *Sur la révolution syrienne* (Éditions La Lenteur, 2017), au blog Un œil sur la Syrie, et à la création et traduction du site Le conflit syrien pour les nuls.

Hammoud Hussam : Journaliste syrien, originaire de Raqqa. Il travaille dans plusieurs zones de Syrie depuis le début de la révolution syrienne contre Bachar al-Assad en 2011. Il a travaillé à Deir ez-Zor, Deraa, Idlib, Alep et Tabqa, puis il est retourné à Raqqa après la défaite de l'État islamique (Daech) en 2018.

Hamoud Moawiya : Journaliste syrien de la ville de Mu'addamiyya dans la Ghouta occidentale, il est aujourd'hui réfugié en France.

Hariri Hasna al- : Militante syrienne, originaire de Bousra al-Harir (Deraa). Figure de la révolution syrienne, elle est l'une des premières femmes à avoir osé témoigner publiquement des violences sexuelles perpétrées dans les prisons du régime.

Hasday Antoine : Journaliste ayant collaboré au site Slate, il a rejoint l'équipe du site spécialisé dans le renseignement et l'intelligence économique Intelligence Online.

Hassan Ruqia : Sous le pseudonyme de Nissan Ibrahim, elle a tenu un blog dans lequel elle a raconté le quotidien de sa ville – Raqqa – et la guerre en Syrie. Exécutée en septembre 2015 par Daech, elle est considérée comme la première femme journaliste victime du groupe djihadiste.

Hénin Nicolas : Ancien reporter de guerre, aujourd'hui consultant. Spécialiste du Moyen-Orient, ex-otage en Syrie, Prix de la fondation May Chidiac pour le courage en journalisme en 2014. Auteur notamment de *Jihad Academy. Nos erreurs face à l'État islamique* (Fayard, 2015) et de *La France russe : Enquête sur les réseaux de Poutine* (Fayard, 2016).

Herskowicz Albert : Animateur de l'association Memorial 98, créée en 1998, qui lutte contre le racisme, l'antisémitisme et les négationnismes. Membre du Collectif pour une Syrie libre et démocratique (CPSLD).

Hotary Nivin : Militante des droits humains de la région de la Ghouta orientale. Réfugiée dans le nord de la Syrie, elle travaille principalement sur les droits des femmes.

Hubrecht Joël : Responsable de suivi scientifique et de programme à l'Institut des études et de la recherche sur le droit et la justice (IERDJ), membre du comité de rédaction de la revue *Esprit*. Membre fondateur du Comité Syrie-Europe, après Alep.

Huët Romain : Maître de conférences en sciences de la communication à l'université Rennes 2. Auteur du film, *Après le printemps. Vie ordinaire des combattants syriens*, coréalisé avec Laurent Lhermite, DVD L'Harmattan, avril 2019.

Hussain Fawaz : Écrivain kurde de langue française et traducteur. Né dans le nord-est de la Syrie, il s'installe à Paris en 1978. Il est l'auteur de plusieurs romans dont *Le Kurde qui regardait passer les nuages* (éditions Zinedi, 2019), *Le Syrien du septième étage* (Le Serpent à Plumes, 2018), *Le Rêveur des bords du Tigre* (Les Escales, 2017), et il traduit également en kurde les grands auteurs français (Camus, Saint-Exupéry…).

I

Ismail Salwa : Professeure de sciences politiques à la SOAS à Londres. Elle est l'auteure de *The Rule of Violence : Subjectivity, Memory and Government in Syria* (Cambridge University Press, 2018).

K

KADDOUR Omar : Poète, romancier et journaliste syrien. Il a publié en langue arabe deux recueils de poèmes dans les années 1990 et quatre romans entre 2002 et 2013. En 2014, il a quitté Damas pour le Liban. Il vit en France depuis 2015.

KARABET Aram : Citoyen syrien d'origine arménienne, militant communiste emprisonné en 1987. Auteur de *Treize ans dans les prisons syriennes. Voyage vers l'inconnu* (Actes Sud, 2013).

KATEAB Waad al- : Journaliste et réalisatrice syrienne née en 1991, qui s'est fait connaître en filmant la vie dans la ville d'Alep, de 2011 à 2016, pendant le soulèvement et la guerre civile, réalisatrice du documentaire oscarisé *Pour Sama.*

KHALAF Fawzya : Survivante et témoin du massacre de Houla.

KHATIB Abdallah al- : Réalisateur palestinien de Syrie. Son film *Little Palestine (Diary of a Siege)* est sorti en 2021.

KHATIB Hamza : Médecin et directeur d'hôpital demeuré à Alep lors du siège de la ville. Il est le mari de la journaliste Waad al-Kateab. Son pseudonyme est un hommage au jeune Hamza Khatib, torturé et tué à Deraa en février 2011.

KILANI Sarah : Médecin anesthésiste-réanimateur, militante anticapitaliste pour une démocratie radicale et une écologie politique.

KODMANI Hala : Journaliste franco-syrienne, grand reporter pour *Libération.* Prix de l'Association de la presse diplomatique française en 2013 pour sa couverture de la situation en Syrie. Fondatrice de l'Association française Souria Houria (Syrie Liberté). Elle a publié *La Syrie promise* (Actes Sud, 2014) et *Seule dans Raqqa* (Éditions des Équateurs, 2017).

KONTAR Firas : Juriste et opposant au régime syrien. Il a participé aux premières manifestations et publié sur le site Rue89 le 5 avril 2011 l'article « À Damas, le régime de Bachar al-Assad prépare un bain de sang ».

L

LE CAISNE Garance : Journaliste indépendante. Auteure d'*Opération César. Au cœur de la machine de mort syrienne* (Stock, 2015). Prix de littérature frère et sœur Scholl (*Geschwister-Scholl-Preis*) en Allemagne en 2016.

M

MAAROUF Joumana : Pseudonyme de Wejdan Nassif. Ancienne prisonnière politique, elle est institutrice en 2011. La correspondance qu'elle a entretenue, de 2012 à 2014, avec son amie traductrice Nathalie Bontemps, a été traduite par cette dernière. Ses lettres ont été publiées aux éditions Buchet-Chastel en avril 2014.

MAJED Ziad : Politologue, professeur à l'université américaine de Paris et chercheur franco-libanais. Il est l'auteur de *Syrie, la révolution orpheline (*Actes Sud, 2014) et coauteur avec Subhi Hadidi et Farouk Mardam-Bey de *Dans la tête de Bachar al-Assad (*Actes Sud, 2018).

Mansour Naïla : Universitaire et réfugiée syrienne. Elle a écrit sous pseudonyme dans plusieurs revues et ouvrages sur les blessures de son pays et de sa vie. Elle a codirigé la réalisation de ce *livre noir*.

Mardam-Bey Farouk : Né à Damas en 1944, il est cofondateur et membre du comité de rédaction de la *Revue d'études palestiniennes* (1981-2008), conseiller culturel à l'Institut du monde arabe (1989-2008), il dirige depuis 1995 la collection « Sindbad » chez Actes Sud.

Mohammed Ossama : Réalisateur syrien, exilé en France depuis 2011. En 1988, son premier long métrage, *Étoiles de jour*, avait été primé (Quinzaine des réalisateurs, Grand Prix et Prix de la critique à Valence). Il est le coauteur, avec Wiam Simav Bedirxan, d'*Eau argentée, Syrie autoportrait* (2014).

Mongin Olivier : Essayiste et éditeur. Auteur de nombreux ouvrages sur les passions démocratiques, l'urbanisme et le cinéma. Il a dirigé la revue *Esprit* de 1988 à 2013.

Murad Mu'tazz : il a été incarcéré durant deux ans (2003-2005) en raison de son militantisme civil au sein des Chebab de Daraya. Lors du siège de la ville, il était membre du Conseil local de Daraya en tant que président du bureau des relations publiques.

N

Nahoum-Grappe Véronique : Anthropologue et ethnologue. Elle a travaillé sur la violence, les rapports entre les sexes, la dépendance. Elle a dirigé l'ouvrage collectif *Vukovar-Sarajevo : la guerre en ex-Yougoslavie* (éditions Esprit, 1993). Membre fondatrice du Comité Syrie-Europe, après Alep.

Napolitano Valentina : Chercheuse à l'Institut français du Proche-Orient à Amman. Auteure de *S'engager à Yarmouk. Sociologie de la militance palestinienne en Syrie*, thèse soutenue sous la direction de Hamit Bozarslan en 2015 à l'EHESS.

Nassar Oussama : Artiste syrien et militant des droits humains, directeur du Mouvement non-violent syrien basé dans la Ghouta orientale.

P

Perrin Jean-Pierre : Journaliste, correspondant de guerre et écrivain français. Son dernier roman *Une guerre sans fin* est paru en 2021 chez Payot et Rivages.

Pierret Thomas : Chargé de recherche à l'Iremam (Aix-en-Provence). Il a publié notamment le livre *Baath et islam en Syrie. La dynastie Assad face aux oulémas* (PUF, 2011).

Pinto Paolo G. : Professeur d'anthropologie et directeur du Centre d´études du Moyen-Orient (NEOM) de l´université Federal Fluminense, au Brésil. Il est coéditeur d'*Ethnographies of Islam : Ritual Performances and Everyday Practices* (Edinburgh University Press, 2013) et *Saintly Spheres and Islamic Landscape : Emplacements of Spiritual Power Accross Time and Place* (Brill, 2021).

Poinsignon Claire A. : Journaliste et auteure de *L'Europe de A à Z*, ARTE/Rouergue (2008), et de deux séries, *Polyphonies syriennes (2015-2016)* et *Chroniques syriennes (2018-2019)*, pour le site nonfiction.fr. Membre du Comité Syrie-Europe, après Alep.

R

RÉMY Jean-Philippe : Journaliste, correspondant du *Monde* à Johannesburg et chef du bureau Afrique du quotidien, lauréat du prix Bayeux des correspondants de guerre en 2013.

S

SAHLOUL Najwa : Maître de conférences en langue et littérature arabe, université Jean Moulin (Lyon 3). Membre du Comité d'information pour une Syrie libre et démocratique.

SALAMEH Rafia : Militante féministe syrienne qui vit dans le grand Damas. Elle est également journaliste et réalisatrice de films documentaires dont *Simple as Water* (2020).

SARKIS Chamsy : Ancien chercheur au CNRS en biologie moléculaire, et créateur d'une société de biotechnologie. Dès le printemps 2011, il cofonde le collectif SMART pour soutenir les manifestants en Syrie qui demandent la chute du régime. En 2013, il se consacre entièrement à l'activisme médiatique en Syrie, créant plusieurs médias syriens et plusieurs ONG de soutien aux médias syriens libres.

SAYYED Abdulhay : Avocat syrien indépendant. Auteur de nombreux articles dont *La condition syrienne, un défi pour le droit* (revue *Esprit*, juillet 2020).

SEURAT Michel (1947-1986) : Sociologue et chercheur au Centre national de la recherche scientifique (CNRS). Ses travaux portent notamment sur l'islam politique en Syrie et la guerre civile libanaise. Pris en otage par le Hezbollah en 1988, il meurt en captivité. Auteur avec Olivier Carré, en 1983, des *Frères musulmans 1928-1982* (rééd. L'Harmattan, 2002) et de *Syrie, l'État de barbarie* (Seuil, 1989, rééd. PUF, 2012).

SHAMI Leila al- : Blogueuse et activiste anglo-syrienne, cofondatrice de Tahrir-ICN, réseau de lutte anti-autoritaires au Moyen-Orient, en Afrique du Nord et en Europe. Coauteure, avec Robin Yassin-Kassab, de *Burning Country : Syrians in Revolution in War*, 2016 (traduit en France en 2019 aux Éditions L'échappée sous le titre *Burning Country. Au cœur de la révolution syrienne*).

SHAMO-ROTO Farhad : Militant des droits humains, originaire du Sinjar, il étudiait en Irak la biologie à l'université jusqu'au génocide de 2014 contre la communauté des Yézidis. Réfugié en France depuis 2017, il y poursuit ses études. Il a fondé et préside l'association La voix des Yézidis.

SIMOU Ibrahim : Avocat yézidi de Syrie, aujourd'hui réfugié en Allemagne.

SWEHAT Yassin : Journaliste syro-espagnol, intéressé par le journalisme narratif et les questions de la mémoire historique. Cofondateur et rédacteur en chef du site Al-Jumhuriya.

V

VAISSIÉ Cécile : Professeure des universités en études russes et soviétiques à l'université Rennes 2. Auteure des *Réseaux du Kremlin en France* (Les Petits Matins, 2016).

VIGNAL Leïla : Maîtresse de conférences en géographie (université Rennes 2), membre du programme ANR SHAKK-*Syrie : conflits, déplacements, incertitudes*, coordonnatrice du pôle Europe du think tank Terra Nova. Elle a dirigé *The Transnational Middle East : People, Places, Borders (*Routledge, 2016).

Y

YASSIN-KASSAB Robin : Journaliste et écrivain anglais. Auteur de *The Road from Damascus* (2009). Son livre *Burning Country*, coécrit avec Leila al-Shami, paru en 2016 chez Pluto Press a été publié en français par L'échappée, en 2019, sous le titre : *Burning Country. Au cœur de la révolution syrienne.*

YAZBEK Samar : Écrivaine et journaliste. Elle a publié notamment *Feux croisés, journal de la révolution syrienne* (Buchet/Chastel, 2012), *Les Portes du néant* (Stock, 2016), *19 femmes, les Syriennes racontent* (Stock, 2019). Fondatrice de l'ONG Women now for Development.

YAZIGI Jihad : Fondateur et directeur de la publication économique *The Syria Report.*

Z

ZAITOUNEH Razan : Avocate syrienne, militante renommée des droits humains, cofondatrice du Centre de documentation des violations en Syrie (VDC), membre de l'association Women now for Development. Elle a été enlevée à Douma, par le groupe Jaysh al-Islam, le 9 décembre 2013 avec son mari Wael Hamada, sa collègue Samira al-Khalil et Nazem Hammadi. Ils sont depuis portés disparus.

ZEINEDDINE Sawsan Abou : Architecte syrienne, elle poursuit ses études à Londres dans le domaine de l'urbanisme.

Index sélectif des personnes et des lieux

Remerciements

Nous tenons à remercier les auteurs et les éditeurs qui nous ont donné l'autorisation de publier à nouveau des articles ou de larges extraits d'ouvrages :

L'État de barbarie de Michel Seurat, Seuil, 1989.
Ni vivant ni mort de Faraj Bayrakdar, traduction d'Abdellatif Laâbi, Al Dante, 1998.
Éloge de la haine de Khaled Khalifa, Sindbad/Actes Sud, 2011.
Treize ans dans les prisons syriennes. Voyage vers l'inconnu d'Aram Karabet, traduit par Nathalie Bontemps, Actes Sud, 2013.
Récits d'une Syrie oubliée. Sortir la mémoire des prisons de Yassin al-Haj Saleh, traduit de l'arabe par Marianne Babut et Nathalie Bontemps, Les Prairies ordinaires, 2015.
La Question syrienne du même auteur, articles traduits par Nadia Leïla Aissaoui, Ziad Majed et Farouk Mardam-Bey, Sindbad/Actes Sud, 2016.
Le Fil de nos vies brisées de Cécile Hennion, Anne Carrière, 2019.
Lettres de Syrie de Joumana Maarouf, traduites par Nathalie Bontemps, Buchet-Chastel, 2014.
À l'est de Damas au bout du monde de Majd al-Dick, témoignage d'un révolutionnaire syrien, avec Nathalie Bontemps, Don Quichotte, 2016.
Une fleur sur les cadavres d'Émilie Blachère, Plon, 2017.
Seule dans Raqqa, Hala Kodmani, Équateurs, 2017.
Burning Country. Au cœur de la révolution syrienne de Leila al-Shami et Robin Yassin-Kassab, traduit de l'anglais par un collectif, « Sciences humaines et sociales », L'échappée, 2019.
19 femmes de Samar Yazbeck, Stock, 2019.

Ainsi que des articles parus dans *Le Monde, Libération,* le blog Un œil sur la Syrie ; le site Slate ; la revue *Esprit* ; la revue *XXI* ; les rapports d'Amnesty International, de Human Right Watch, du Centre de documentation sur les violations des droits (Violations Documentation Center, VDC). Plusieurs paraissent pour la première fois en français venant notamment des sites de Razan Zaitouneh (http://www.razanwzaitouneh.com/), Al-Jumhuriya (https://www.aljumhuriya.net/en) et Al-Modon (https://www.almodon.com).

Table des illustrations

Dans le cahier central :

Table

DEUXIÈME PARTIE
L'univers concentrationnaire syrien

TROISIÈME PARTIE
Un régime en guerre contre sa population

QUATRIÈME PARTIE

Politiques de la destruction
Des crimes contre l'humanité à ciel ouvert

SIXIÈME PARTIE

« Reconstruire » pour effacer

ANNEXES

RÉALISATION : NORD COMPO À VILLENEUVE-D'ASCQ
IMPRESSION : NORMANDIE ROTO IMPRESSION S.A.S. À LONRAI
DÉPÔT LÉGAL : SEPTEMBRE 2022. N° 150233 (2203259)
IMPRIMÉ EN FRANCE